Follow Me!

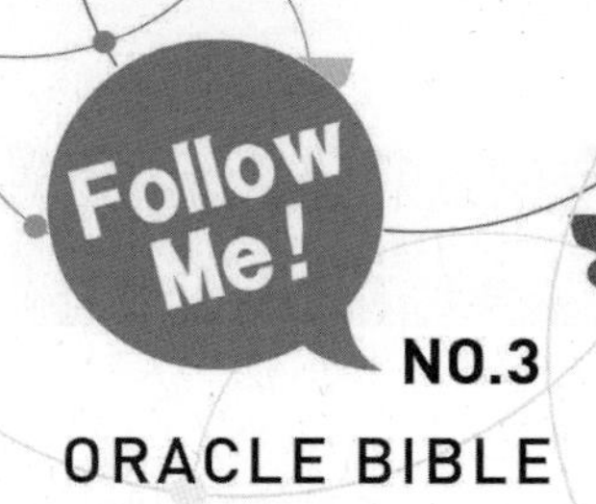

NO.3
ORACLE BIBLE

한권으로 끝내는 오라클 11g 부터 12c 완벽바이블

| 최 원 준 · 양 현 수 · 김 보 겸 지음 |

- 미국 오라클 본사 DB 컨설팅 및 삼성SDS 아키텍처 17년 노하우를 집대성
- OCP 자격증 준비를 위한 필독서

아티오
ArtStudio

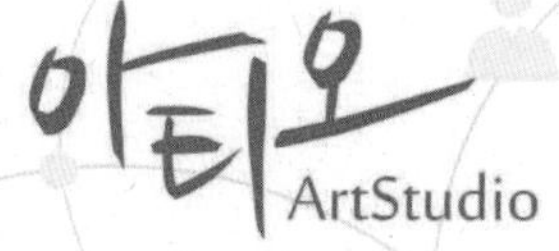

Preface

오라클 9i 바이블 책을 출판한지 벌써 7, 8년이 흘러갔다 .한 가정의 가장으로서 그리고 몸담고 있던 회사의 조직원으로서 정말 바쁘게 살아온 듯하다. 3,4년 전 쯤일까? 11g 바이블을 준비하던 중 이리저리 바쁘다는 핑계로 쓰다가 말다가 쓰다가 말다가 ….
결국 12c 버전이 출시된 이 시점까지 오게 되었다.

특히 12c 버전에서 오라클 아키텍처의 변화가 크게 느껴진다. 예전 한참 인기를 끌었던 그리드 (Grid) 개념에서 효율적인 자원 사용, 통합 그리고 원가 절감을 목적으로 하는 클라우드 (Cloud) 개념으로 완전히 다가선 느낌이다. 이제는 더 이상 기다릴 수 없다는 생각에 큰 마음먹고 다시 펜을 들었다 .

이번에 출간하는 책은 기본적으로 12c 버전을 통해 새롭게 소개되는 멀티테넌트 아키텍처 이해가 중요한 포인트가 되겠지만 사실상 11g와 12c 버전을 모두 아우를 수 있는 내용으로 구성해 보았다.

Part01에서는 독자들이 오라클 데이터베이스에 대한 내용 이해를 위해 실습할 수 있는 환경을 구성할 때 참고할 수 있는 부분을 소개하고 있다. 특히 가상화 Linux 환경 구성 과정을 통해 요즘 한참 요구되고 있는 Linux OS를 조금 더 이해할 수 있는 기회가 되기 바란다.
Part02에서는 오라클 데이터베이스를 다루기 위해 기본적으로 이해해야 하는 SQL에 대한 내용이 소개된다.
Part03에서는 데이터베이스 운영자에게 가장 관심이 될 수 있는 오라클 아키텍처와 세부 관리 기능들이 자세히 소개된다. Part03은 저자가 가장 고민이 많았던 파트가 아닌가 싶다. 너무 내용을 깊이 들어가도 안되겠고 너무 얕게 들어가도 안되겠기에 결국 중급 정도를 타겟으로 하고 나름 초보자들도 중급 이상의 내용을 이해할 수 있도록 최선을 다해 내용을 준비해 보았다.
Part04에서는 드디어 12c 버전의 핵심 아키텍처인 멀티테넌트에 대한 내용이 다루어진다. 아무래도 완전히 새로운 아키텍처이므로 좀더 신중하게 한줄 한줄 넘어가기 바란다.
마지막으로 **Part05**에서는 12c 데이터베이스에 대한 백업 및 복구 과정에 대하여 다루어진다. RMAN은 그 자체만 하더라도 별도의 책으로 집필해야할 만큼 큰 토픽이라고 본다 .이 책에서는 RMAN에 대한 기본적인 내용 소개 정도로 다루어졌다.

아무쪼록 오라클 데이터베이스에 대한 독자들의 관심에 작은 도움이라도 되고 싶은 마음에 나름 열심히 준비해 보았다. 저자가 서술한 한 단어, 한 마디, 한 줄이라도 독자 누군가에게 도움이 될 수 있기를 진심으로 바라는 바이다.

지난 4개월간 회사 업무 수행하랴, 책 작업하랴 특히 주말에도 거의 도서관에서 하루종일 시간 보내고 밤늦게나 집에 들어왔으니 가정 특히 아이들에게 소홀했던 것 같아서 많이 미안한 마음이 든다.

그래도 "어떻게 1,000 페이지나 쓸 수가 있어? 정말 대단해 아빠! 아빠가 자랑스러워! 나도 아빠처럼. 한 분야에 전문가가 꼭 될거야"라고 응원해주는 내 소중한 아들 승빈이. 너무 바빠서 오랜만에 만난 우리 딸 하은이가 하던 말이 지금도 잊을 수가 없다. 어느 날 간만에 일찍 일어나서는 출근하는 나를 보며 "아빠! 다음에 또 오세요!" 세상에… 웃을 수만은 없었던 하은이의 한 마디. 하은아! 아빠는 매일매일 너 잘 때 꼭 안아주고 뽀뽀해 줬단다. 사랑해요 우리 딸.
그리고 이번 출판을 허락해주시고 꼼꼼한 편집 작업 지원해주신 출판사 아티오 김정철 대표님 감사드립니다.

마지막으로 지난 14년간 내 곁을 한결같이 든든히 지켜주고 항상 나를 믿어주는 아내 이금미. 따뜻한 밥 먹이겠다고 도서관으로 점심 준비해서 와주고 주말이면 내가 아이들한테 미안할까봐 나름 나 없이 아이들이랑 일정 잡아 움직이고… 당신 멋진 여자인 것 알지? 이번 책 집필하는 동안 혼자서 많이 힘들었을 내 아내에게 진심으로 감사하다는 말을 전하는 바이다.
그 무엇보다 나의 가정을 항상 눈동자처럼 지켜주시고 항상 필요할 때 필요한 만큼 채워주시고 더욱 풍성케 인도하시는 아버지 하나님 감사합니다.

한 여름 늦은 저녁에

최원준 (wchoi1031@gmail.com)

소스 파일 제공

실습을 위한 스크립트 파일은 아티오(www.atio.co.kr) 자료실에서 다운받으시면 됩니다.

1권 : Contents

Part 01 작업 환경 설정

Part 02 오라클 SQL

Contents

Contents

Contents

Contents

ORACLE

database

작업 환경 설정

PART 01

Part 01에서는 이 책의 내용 이해를 위한 실습에 도움을 주고자 오라클 12c 데이터베이스 환경을 구성하는 모든 과정을 소개하고 있다.

IT 기술을 공부하는데 있어 저자 개인적으로 좋아하는 말이 있는데 "백문이 불여일견" 영어로는 "Seeing is Believing"라는 문장이다. 다시 말하자면 IT 기술을 이해하는데 있어 단순히 눈으로 공부하는 것만으로는 부족하다는 의미이다.

이번 장을 통해 독자 개인적으로 PC(데스크탑 혹은 랩탑) 어딘가에 오라클 12c 실습 환경을 구성하고 이를 통해 직접 명령어 하나하나 실행시키면서 끝까지 마무리할 수 있기 바란다.

Chapter 01 가상화 소프트웨어(OVM VirtualBox) 설치

이번 장에서는 가상화(VM) 기반 오라클 12c 데이터베이스 환경 구성을 위한 가상화 소프트웨어(OVM VirtualBox)를 설치하는 과정을 소개한다. VM 구성 시 다양한 가상화 소프트웨어가 적용 가능하지만 만약 독자가 이미 OVM VirtualBox가 아닌 VMware 기반 VM 소프트웨어를 사용하고 있다면 굳이 OVM VirtualBox를 새로 설치해야할 필요는 없다. 오라클 소프트웨어를 설치하기 위해 필요한 패키지들만 제대로 설치한다면 VMware 기반 VM 소프트웨어 사용도 무방하다.

다음은 이번 장에서 다루게 될 세부 사항들이다.

- Section 01 OVM VirtualBox 설치

●●● oracle 01

OVM VirtualBox 설치

① 다음의 링크를 통해 오라클 사이트에 접속한 후 OVM VirtualBox 소프트웨어를 PC에 다운로드 받도록 한다.

http://www.oracle.com/technetwork/server-storage/virtualbox/downloads/index.html

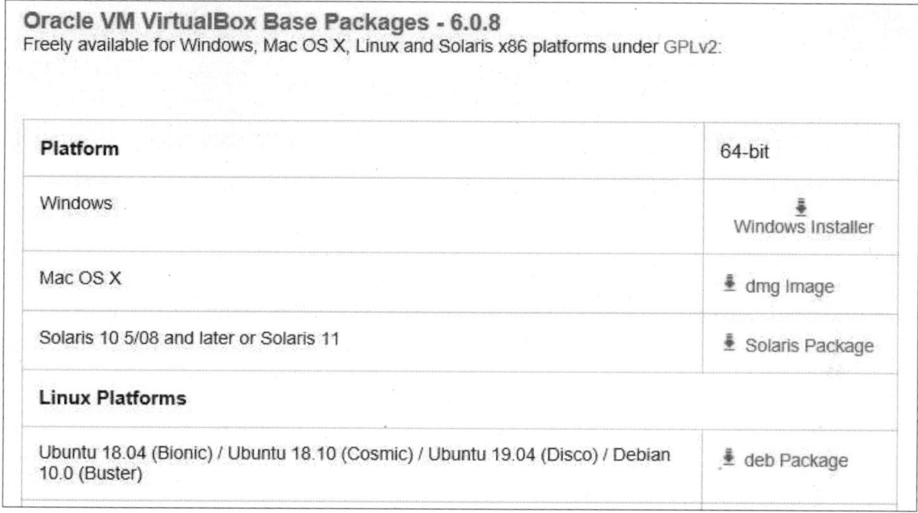

Oracle VM VirtualBox Base Packages - 6.0.8

Freely available for Windows, Mac OS X, Linux and Solaris x86 platforms under GPLv2:

Platform	64-bit
Windows	Windows Installer
Mac OS X	dmg Image
Solaris 10 5/08 and later or Solaris 11	Solaris Package
Linux Platforms	
Ubuntu 18.04 (Bionic) / Ubuntu 18.10 (Cosmic) / Ubuntu 19.04 (Disco) / Debian 10.0 (Buster)	deb Package

<OVM VirtualBox 설치 파일 다운로드>

② 여기서는 윈도우 버전을 기준으로 하여 다음과 같이 Windows 플랫폼에 해당하는 링크(Windows installer)를 통해 해당 설치 파일 다운로드를 진행한다.

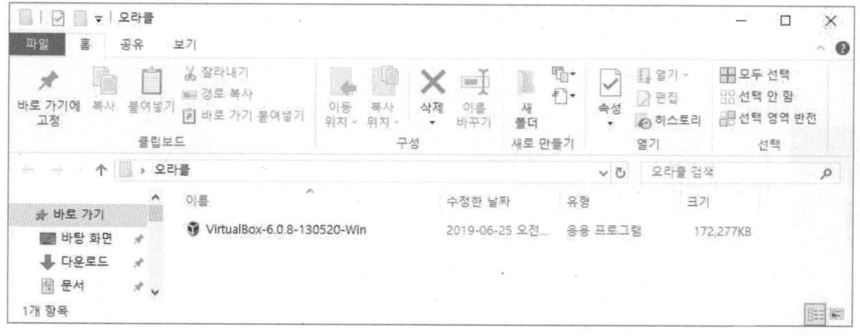

<다운로드 받은 OVM VirtualBox 설치 파일>

③ 다운로드 받은 설치 파일을 실행하여 OVM VirtualBox 설치를 본격적으로 시작한다. 일반적으로 OVM VirtualBox 설치 과정은 대부분 〔Next〕〔Next〕〔Next〕 …. 해주면서 진행하면 큰 문제없이 성공적으로 설치 완료된다.

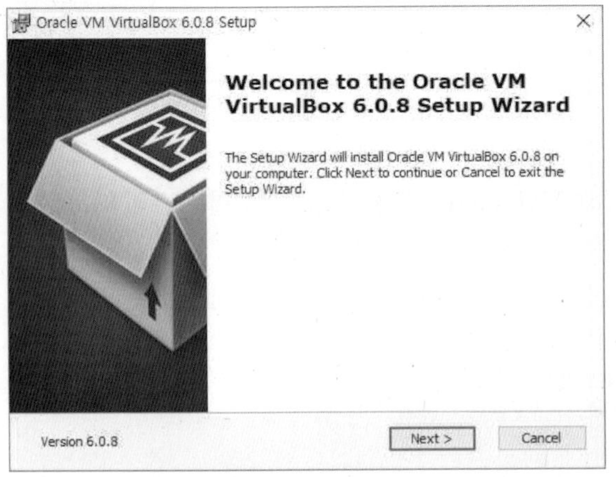

〈OVM VirtualBox 설치 마법사 시작〉

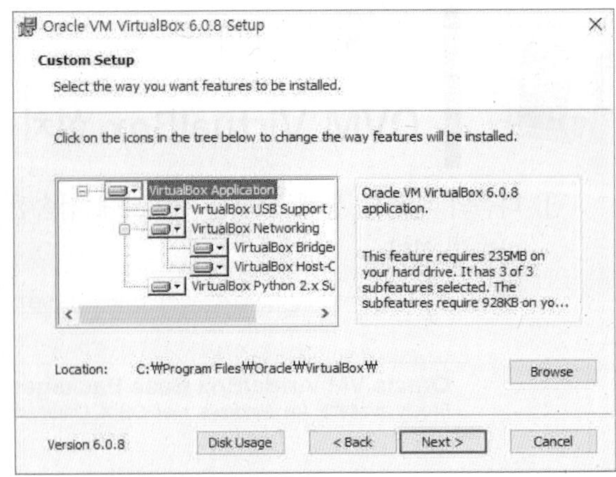

〈OVM VirtualBox 설치 Custom 옵션 선택1〉

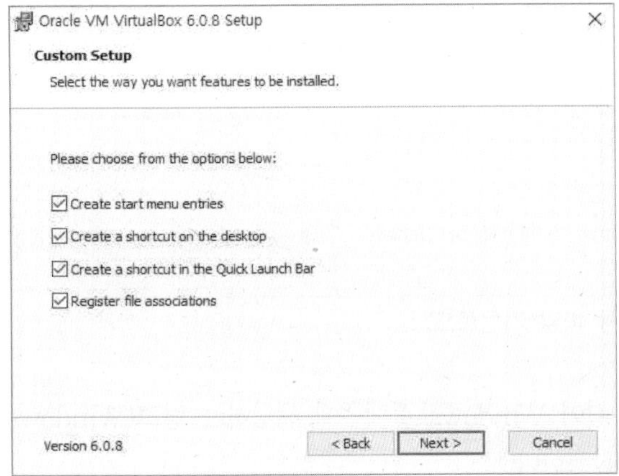

〈OVM VirtualBox 설치 Custom 옵션 선택2〉

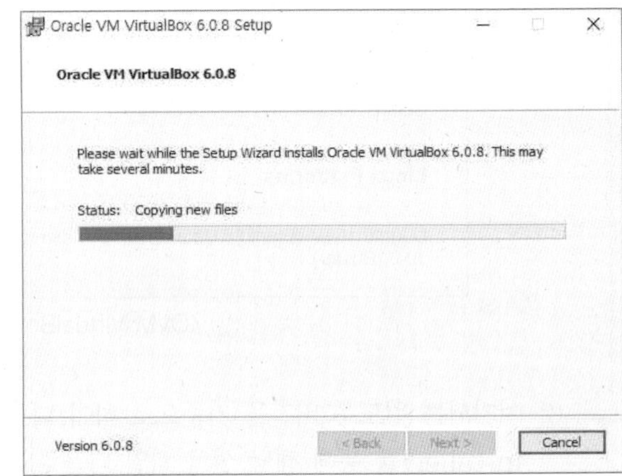

〈OVM VirtualBox 설치 진행 중〉

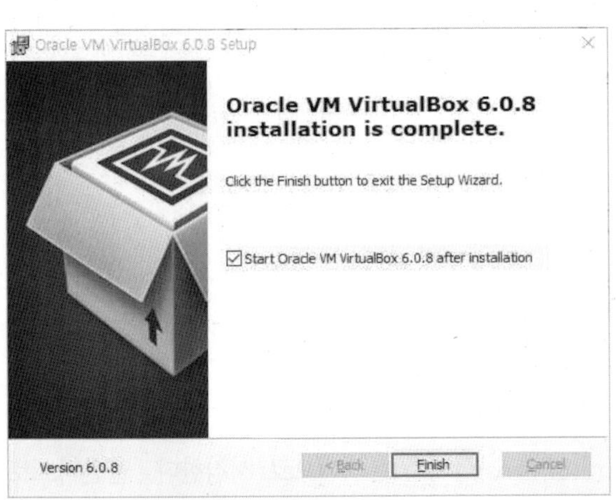

〈OVM VirtualBox 설치 완료〉

④ 이처럼 OVM VirtualBox 설치가 완료되면 윈도우 바탕 화면에 OVM VirtualBox 아이콘이 설정되었음을 확인할 수 있다.

<OVM VirtualBox 아이콘>

⑤ OVM VirtualBox 아이콘을 더블 클릭하면 OVM 기반 가상화 VM을 구성할 수 있는 OVM VirtualBox 관리자 화면이 시작된다.

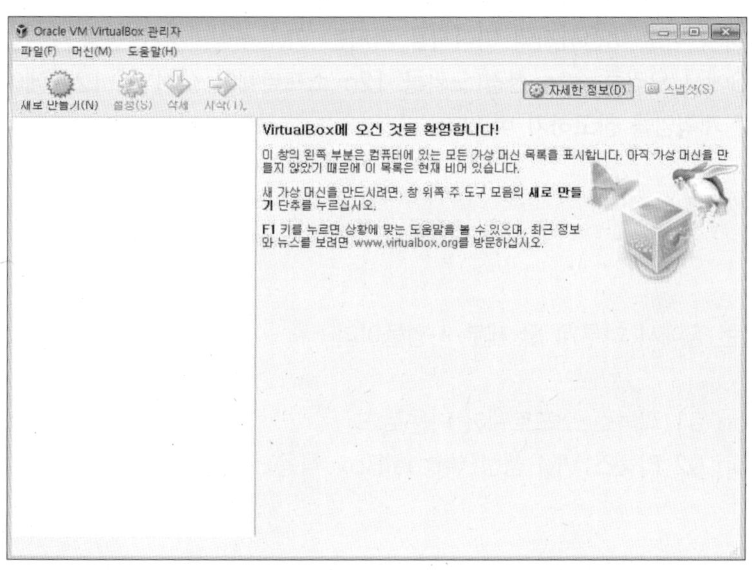

<OVM VirtualBox 실행 초기 화면>

Chapter 02 리눅스 Virtual Machine(VM) 생성

이번 장에서는 Chapter 01에서 설치한 가상화 소프트웨어를 사용하여 Virtual Machine (VM)을 생성하는 과정을 소개한다. 이제 생성하는 VM 이미지는 오라클 12c 소프트웨어 설치를 시작하기 바로 이전까지의 이미지를 가지는 VM 구성까지가 수행 대상이 된다. 이후 Chapter 03에서 오라클 12c 환경(오라클 12c 소프트웨어 설치 및 12c 데이터베이스 생성)을 구성할 계획임을 참고하기 바란다.

다음은 이번 장에서 다루게 될 세부 사항들이다.

- Section 01 리눅스 소프트웨어 다운로드
- Section 02 리눅스 VM 생성(VirtualBox 적용)

●●● oracle 01

리눅스 소프트웨어 다운로드

먼저 www.oracle.com 웹사이트 접속 시 사용하게 될 로그인을 생성하기 바란다. 앞으로 오라클을 지속적으로 공부하고자 한다면 반드시 오라클 사이트 접속을 위한 로그인이 필요하기 때문이다.

① http://www.oracle.com/index.html 로그인 후 Downloads 〉 Linux and Oracle VM 링크로 연결한다.

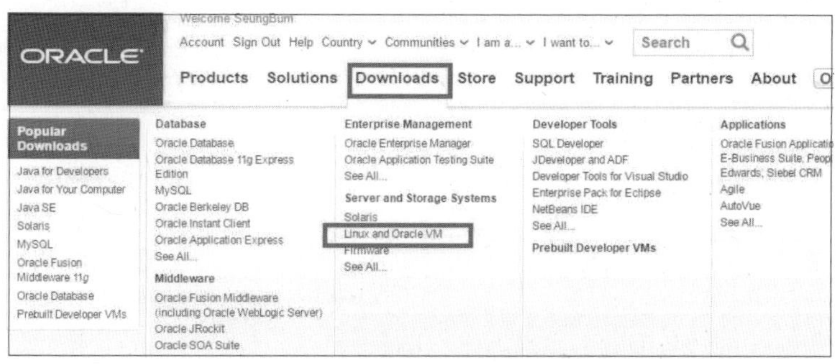

〈Linux and Oracle VM 옵션 선택〉

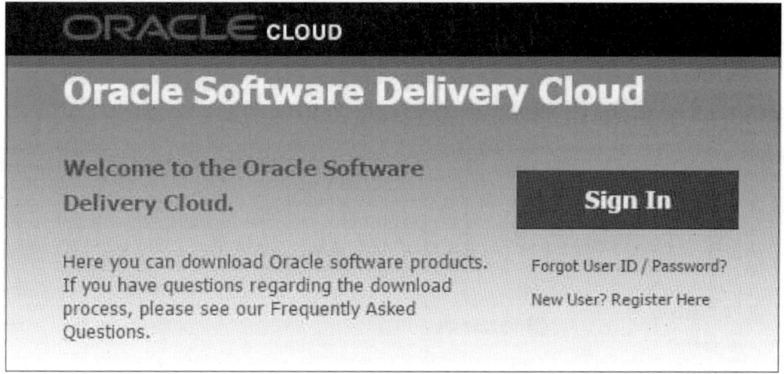

〈오라클 사이트 로그인 화면〉

② Oracle Linux 6.6 버전 〉 x86-64bit 를 선택하고 [Continue] 버튼을 눌러 다음으로 진행한다.

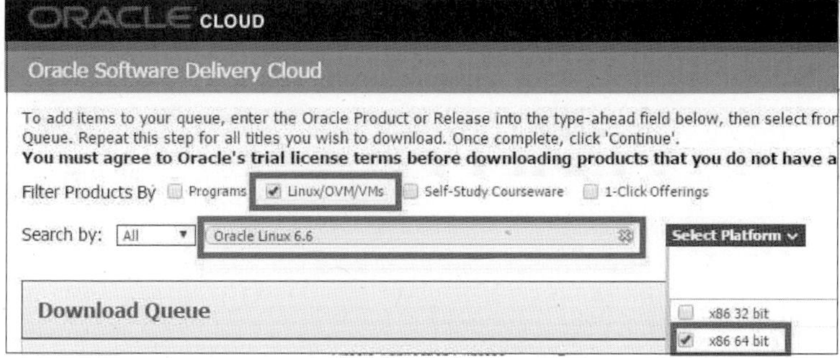

〈Oracle Linux 6.6 선택〉

③ 다운로드 하고자 하는 리눅스 OS 파일을 확인하여 설치한다.

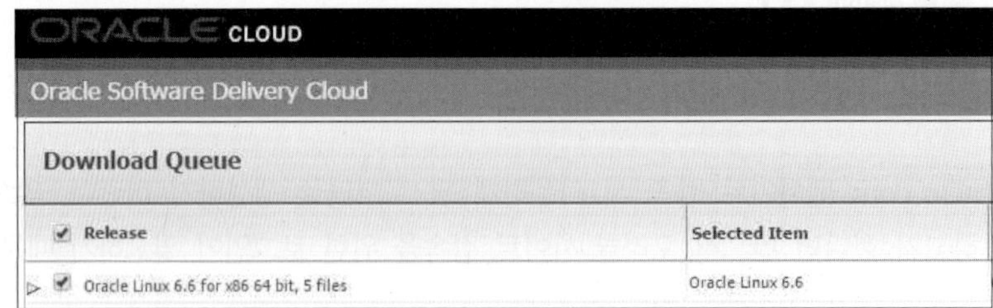

<Oracle Linux 6.6 x86 64bit 버전 선택>

④ 선택한 리눅스 OS 파일에 대한 다운로드 과정이 진행된다.

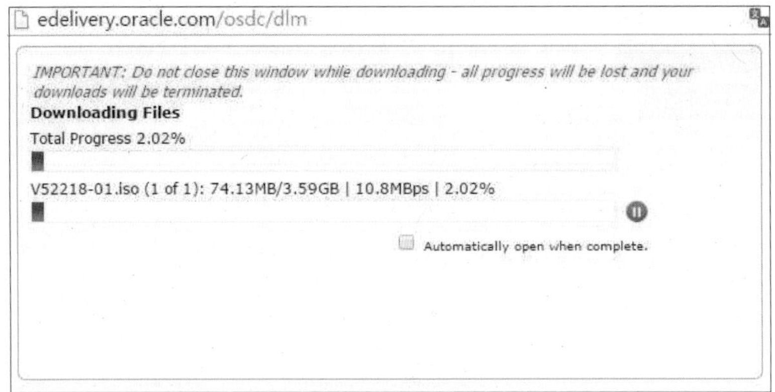

<다운로드 진행사항 확인>

⑤ 리눅스 OS 파일이 성공적으로 PC에 다운로드된 것을 확인하도록 한다.

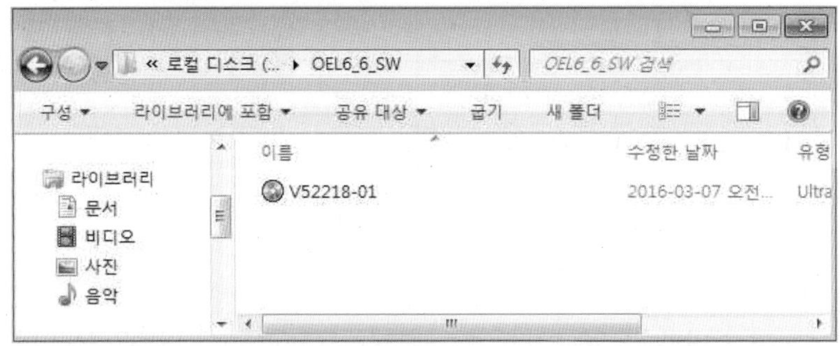

<오라클 리눅스 6.6 버전 ISO 파일 다운로드 완료 확인>

다운로드된 v52218-01.iso 파일은 이후 Virtual box를 사용하여 리눅스 OS를 설치할 때 사용하게 된다.

●●● oracle 02

리눅스 VM 생성(VirtualBox 적용)

① VirtualBox 관리자 실행 후 왼쪽 상단 〔새로 만들기(N)〕를 눌러 새로운 VM 이미지 생성을 시작한다.

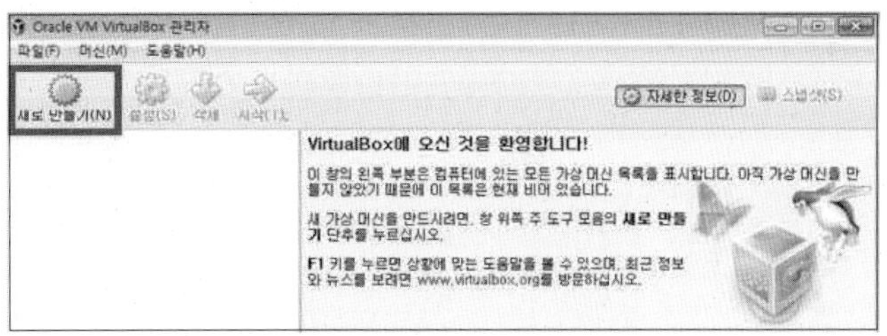

〈VirtualBox 관리자 초기 화면〉

② VM 이름 및 운영체제 설정
생성하고자 하는 VM에 Oracle Enterprise Linux 6.6-64bit 버전을 설치하고자 하므로 이에 해당하는 〔종류(T)〕와 〔버전(V)〕 옵션을 선택하도록 한다.

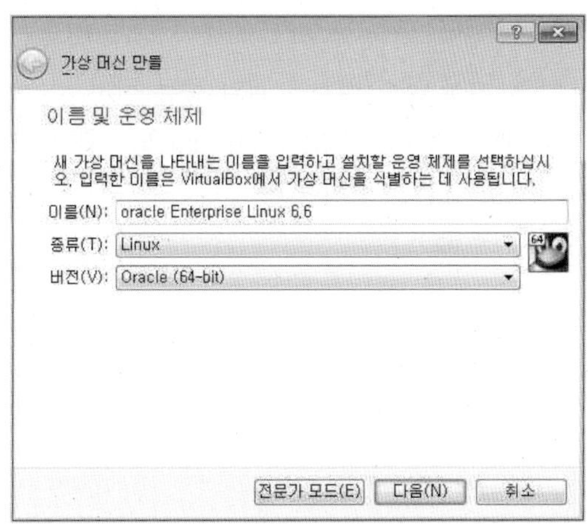

〈가상 머신 이름 및 운영체제 선택〉

③ 가상 메모리 크기 설정
VM에 장착할 가상 메모리의 크기를 2048MB로 설정한다.
독자들이 현재 사용하고 있는 PC의 메모리 사양에 따라 2048MB 보다 크게 잡을 수도 있는 문제지만 저자의 경험으로는 실제 운영 환경이 아닌 실습 환경 구성 시에는 2048MB 정도면 요즘 대부분의 PC 사양을 고려할 때 충분할 것이라 생각된다.

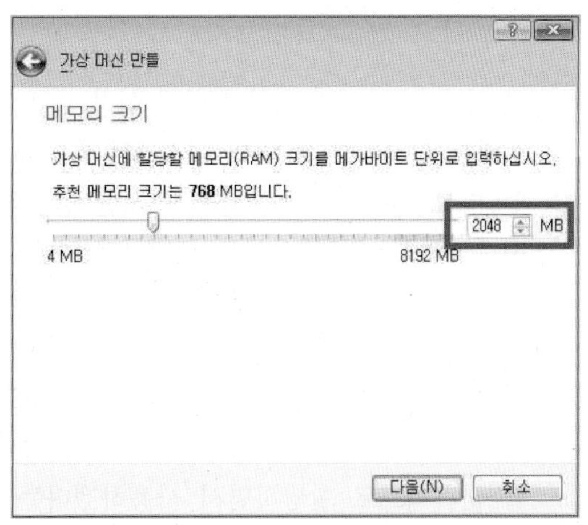

〈가상 메모리 크기 설정〉

④ 가상 하드 디스크 설정

VM에 장착할 가상 하드 디스크 크기는 20GB로 설정한다.

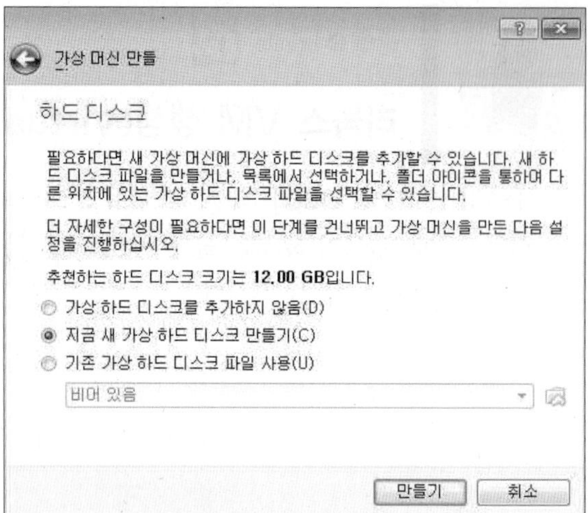

〈가상 하드 디스크 공간 설정〉

⑤ 가상 하드 디스크 파일 종류 설정

현재 생성하는 VM이 VirtualBox 환경이므로 VDI 옵션을 선택한다.

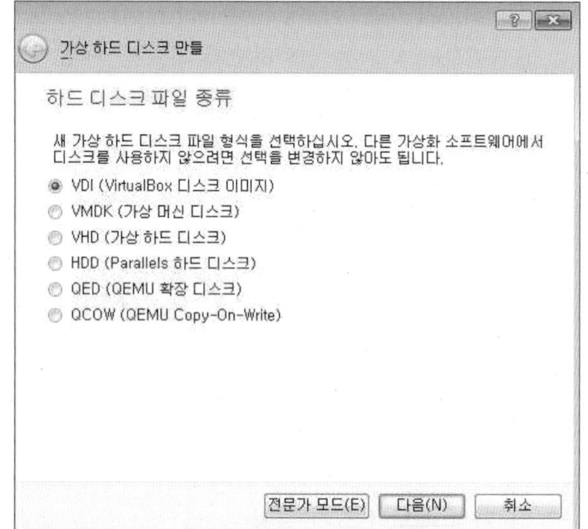

〈가상 하드 디스크 파일 종류 설정〉

⑥ 가상 하드 디스크 할당 방식 설정

현재 생성하는 가상 하드 디스크의 용량을 어떤 방식으로 사용할 것인지에 대한 설정으로서 〔동적할당(D)〕 옵션을 선택한다. 이는 처음부터 최대 (예를 들어, 20GB를 할당하는 경우)의 공간을 모두 할당하여 사용하는 것이 아니라 필요한 크기만큼 사용하다가 필요에 따라 커지는 형태로 최대 20GB 공간까지를 순차적으로 할당하면서 사용하겠다는 의미이다.

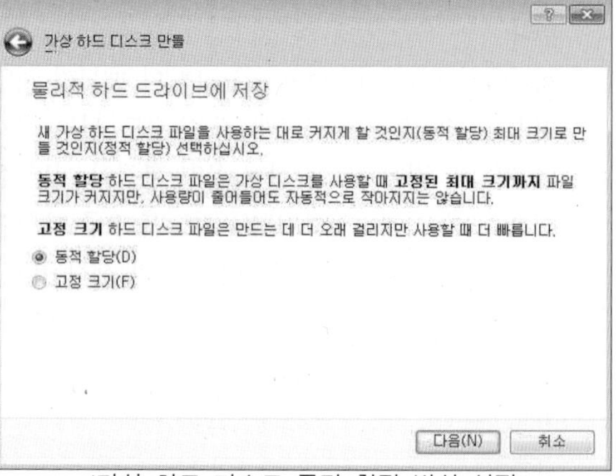

〈가상 하드 디스크 공간 할당 방식 설정〉

⑦ 가상 하드 디스크 파일 위치 및 크기 설정

현재 생성하는 가상 하드 디스크의 파일 이름과 위치 그리고 최대 할당 용량을 설정한다. 여기서는 C:/12c_VM_VirtualBox 디렉토리 아래에 12c_VM_VirtualBox_Disk.vdi라는 파일의 이름으로 저장하고 총 20GB의 디스크 용량을 할당하고자 한다.

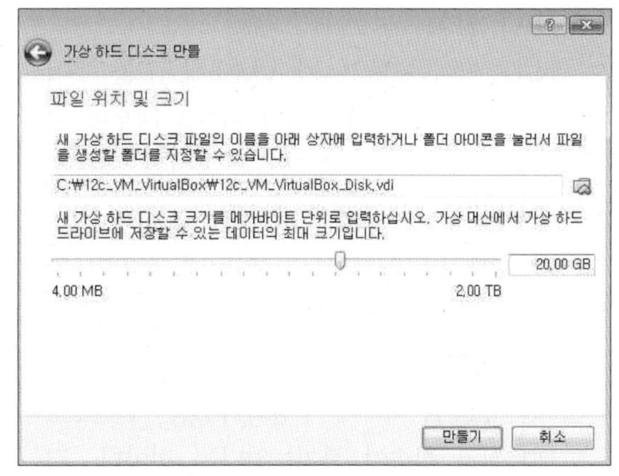

〈가상 하드 디스크 파일 위치 및 크기 설정〉

⑧ VM 초기 구성 완료

지금까지는 메모리와 디스크 공간을 할당하는 등 기본적인 초기 구성이 완료되었고 상단에 위치한 〔설정(S)〕 옵션을 통해 실질적인 세부 설정을 시작하도록 한다.

〈VM 초기 구성 완료 화면〉

⑨ 네트워크 설정

이 글을 읽고 있는 독자 가운데 본인이 네트워크 전문가인 경우라면 이미 알고 있는 내용이겠지만 네트워크 분야에 약한 분들을 위해 잠시 부가 설명이 필요할 듯 싶다. VirtualBox를 이용하여 VM을 만들 때 DHCP로 IP를 할당하게 되면 VM의 IP 주소가 고정되지 못한다는 사실이 종종 VM 사용자들에게 네트워크 문제를 야기시키곤 한다. 그래서 아래와 같은 옵션을 통해서 VM으로 고정 IP를 할당하는 방법을 살펴보도록 한다.

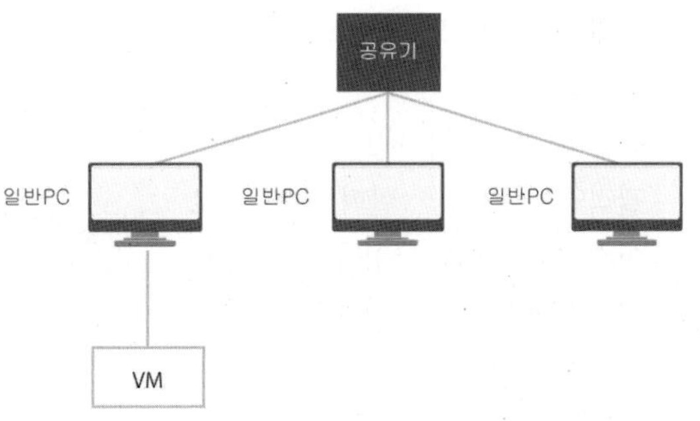

〈VM 기반 일반 네트워크 구성〉

우측의 그림은 VM이 관련된 일반적인 네트워크 구성을 보여주고 있다. 외부 네트워크가 하나의 공유기를 거쳐 3대의 A, B, C 컴퓨터와 연결되어 있고 그 중 PC-A에는 VM이 구성되어 있는 기본적인 구조를 보여준다. 이때 독자의 PC를 PC-A라고 보면 될듯하다.

NAT 방식

NAT 방식은 PC-A가 VM에게 IP를 부여하는 방식으로써 PC-A와 PC-A 내부에 구성된 VM끼리만 네트워크 통신이 가능한 방식으로, PC-A에서 인터넷 접속이 가능한 상태라면 VM에서도 인터넷 접속이 가능하도록 허락하는 설정이다.

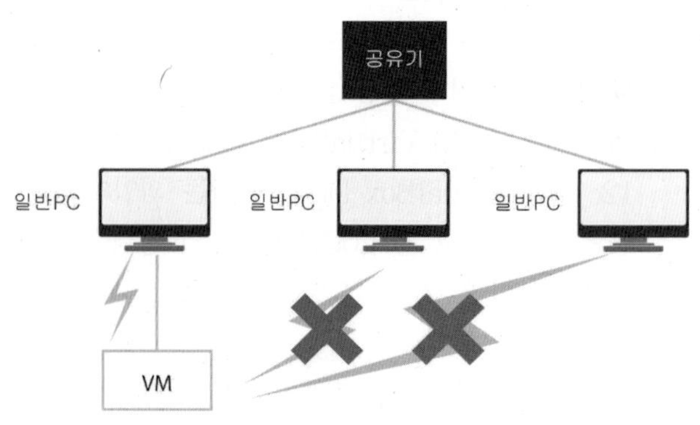

〈NAT 방식 네트워크 구성도 및 특성〉

NAT 구성의 단점이라면 PC-B와 PC-C에서는 PC-A 내부에 구성되어 있는 VM으로 네트워크 접속이 불가능하다는 점이다. 결국은 독자의 개인용 PC 내부에서 VM을 생성한 경우 다른 외부 PC에서는 VM(독자의 PC 내부에 구성된) 으로 접속이 허락되지 않는다는 점을 기억하기 바란다. 또 하나의 단점이라면 PC-A가 인터넷에 접속되지 않은 경우 VM과 PC-A 사이 간의 네트워크 접속에 문제가 발생할 수 있다는 점이다.

브리지드 방식(Bridged)

브리지드 방식은 상단에 위치한 공유기가 VM에게 IP를 부여하는 방식으로써 공유기의 측면에서는 VM도 그저 하나의 PC로 간주하고 개별적으로 IP를 할당하는 방식이라고 이해하면 될듯하다. 이처럼 브리지드 방식의 구성이 되면 PC-A 뿐만 아니라 PC-B나 PC-C에서도 VM과 통신이 가능해진다. 서버 형식으로 VM을 사용하고자 한다면 브리지드 방식으로 구성해야 할 필요가 있다.

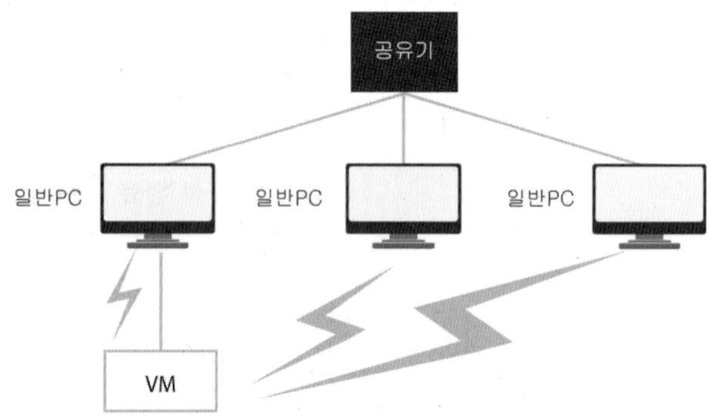

〈브리지드 방식 네트워크 구성도 및 특성〉

VM 환경에서의 네트워크 설정에 대한 개괄적인 내용을 살펴보았으므로 이제 네트워크 구성을 진행해보기로 한다. 실습 환경 구성상의 단순화를 위해 다음과 같은 옵션을 선택하여 한 개의 네트워크 어댑터(어댑터1)만을 구성하도록 한다.

다음에 연결됨(A) : 브리지 어댑터 무작위 모드(P) : 모두 허용

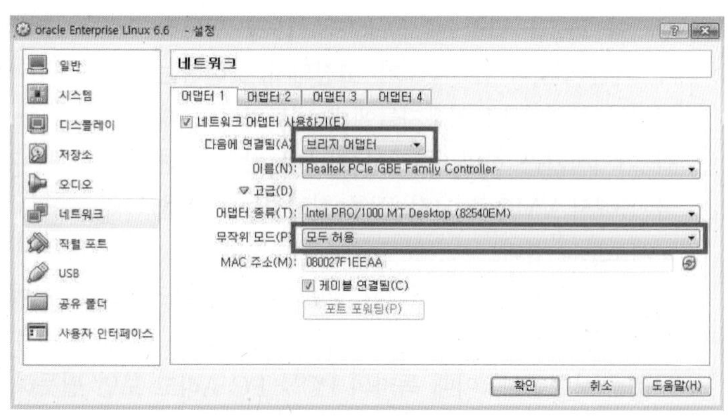

〈브리지드 방식 네트워크 옵션 설정〉

⑩ 가상 CD/DVD 드라이브 설정

다음의 화면을 통해서 이전 과정에서 생성했던 20GB 가상 디스크를 확인할 수 있다. 이제 진행해야 할 작업은 사전에 다운로드 해놓은 리눅스 OS(Oracle Enterprise Linux 6.6) 소프트웨어를 가상 CD/DVD를 통해 마운트 시키는 일이다. 그래야 리눅스 OS 설치를 시작할 수 있기 때문이다.

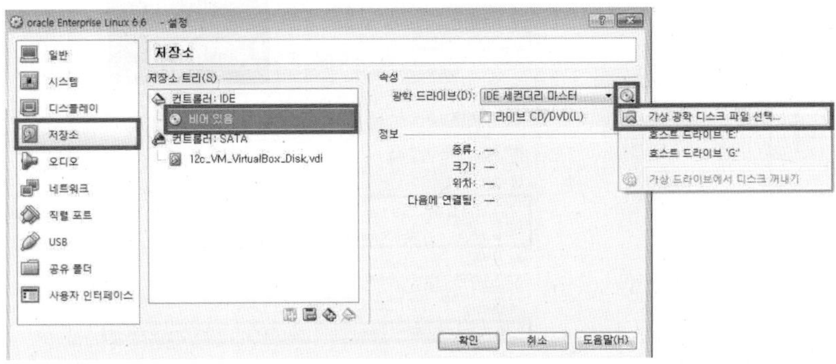

〈리눅스 OS 소프트웨어 선택 옵션〉

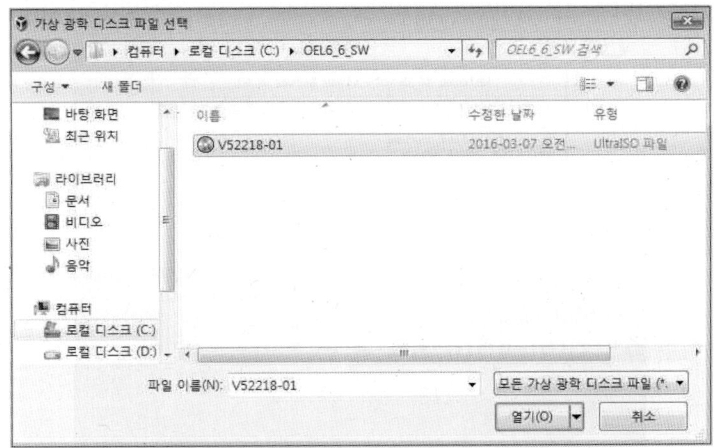

〈사전에 PC에 다운로드된 ISO 파일 선택〉

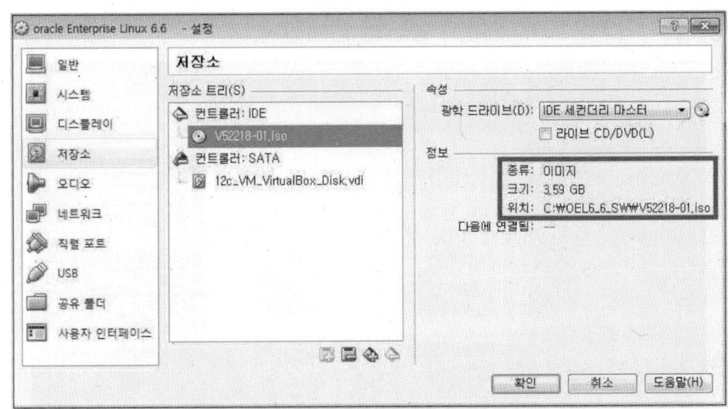

〈로딩된 Linux ISO 파일 확인〉

⑪ 지금까지 수행한 설정 값들을 확인하고 상단의 〔시작(I)〕 버튼을 눌러 VM을 구동시키도록 한다.

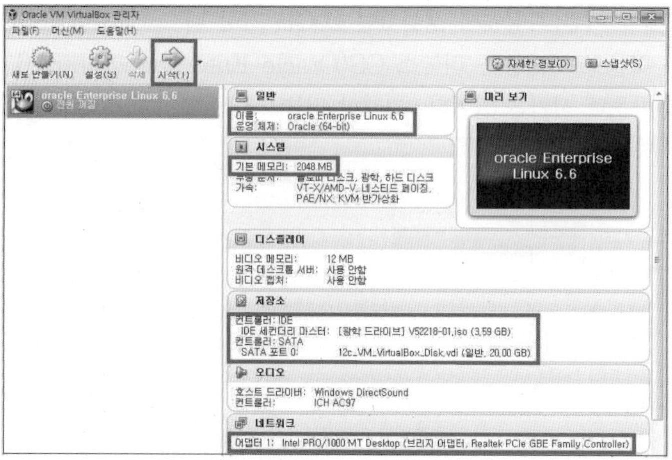

〈리눅스 OS 설치 시작〉

⑫ 초기 설치를 위한 옵션인 "Install or upgrade an existing system"을 선택한다.

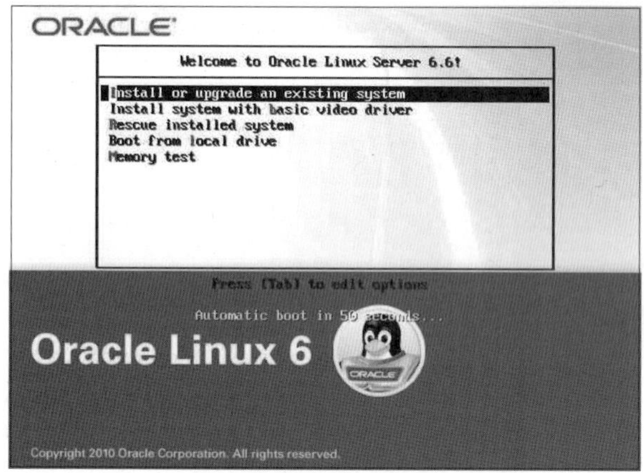

〈리눅스 OS 설치를 위한 옵션 선택〉

⑬ 미디어 테스팅 여부 확인으로서 "Skip" 옵션을 선택한다.

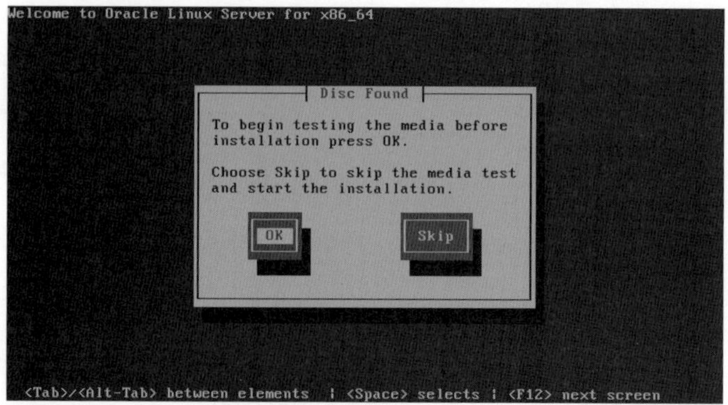

〈미디어 테스팅 여부 확인〉

⑭ 설치 과정 수행동안 사용하게 될 언어를 선택하는 화면으로 "English"를 선택한다.

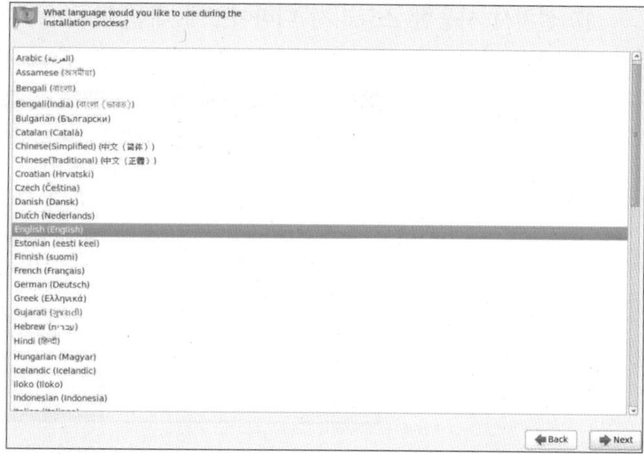

〈언어 선택〉

⑮ 설치 과정 수행 시 사용하게 될 키보드 형식으로 "US English"를 선택한다.

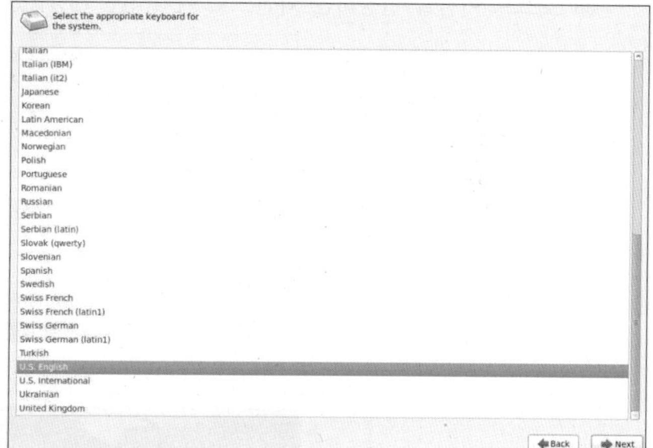

〈키보드 형식 선택〉

⑯ 설치 과정 수행 시 사용하게 될 스토리지 형식으로 "Basic Storage Device"를 선택한다.

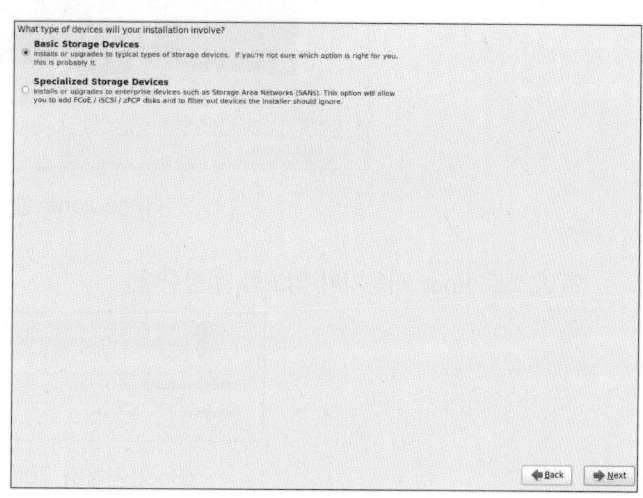

〈스토리지 형식 선택〉

⑰ 설치시 사용할 스토리지 디바이스에 대한 Format 여부를 결정한다. "Yes discard any data" 옵션을 선택하여 기존 데이터가 있다 하더라도 포맷하도록 한다.

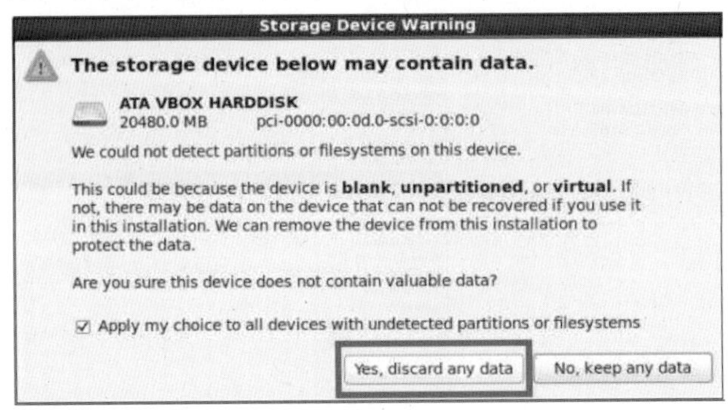

〈포맷 여부 결정〉

⑱ 호스트 이름을 설정하는 화면으로 여기서는 "ora12cvm01"을 설정했다.

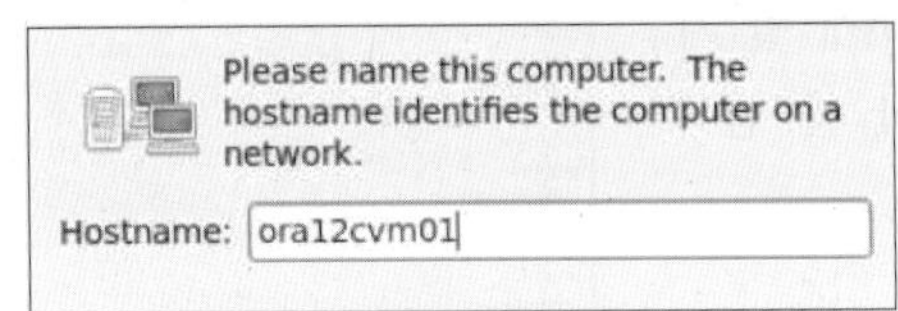

〈호스트 이름 설정〉

⑲ 호스트 Time zone을 설정하는 화면으로 "Asia/Seoul"을 선택한다.

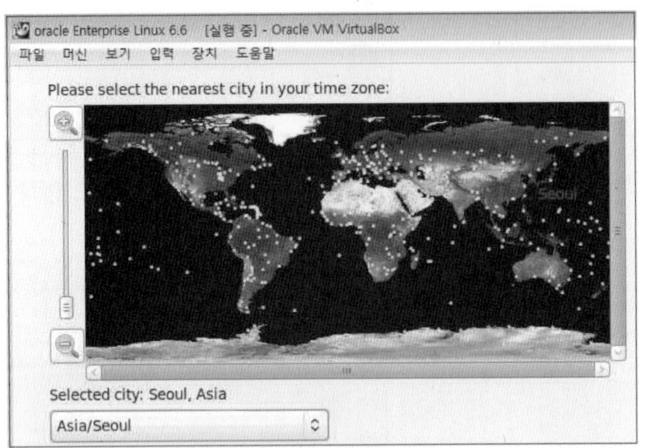

〈Time zone 설정〉

⑳ 호스트 Root 사용자의 암호를 설정한다.

The root account is used for administering the system. Enter a password for the root user.

Root Password: ••••••

Confirm: ••••••

〈Root 사용자 암호 설정〉

㉑ 스토리지 초기화 옵션 화면으로 "Use All Space"를 선택하여 기존에 존재하는 파티션이 있다 하더라도 모두 초기화시킨다. 이어서 "Review and modify partitioning layout" 옵션을 선택하여 스토리지 파티션 정보를 확인하도록 한다.

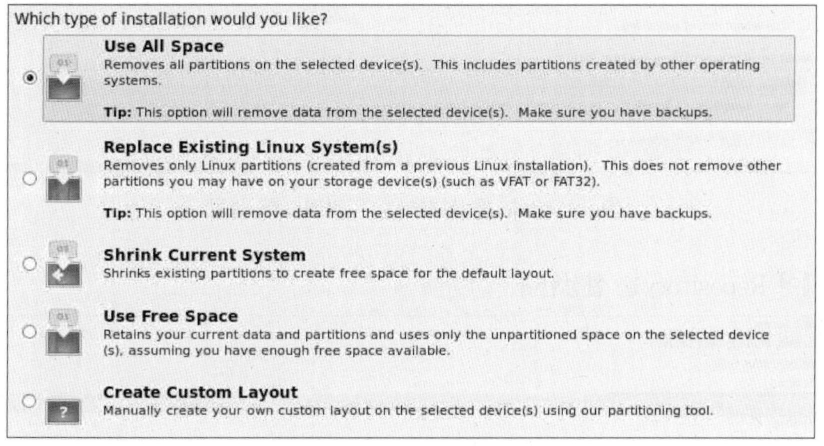

<스토리지 초기화 옵션 설정>

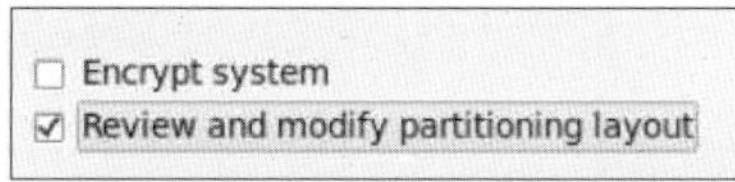

<파티션 정보의 확인 여부 선택>

Please Select A Device

Device	Size (MB)	Mount Point/ RAID/Volume	Type	Format
▽ LVM Volume Groups				
▽ vg_ora12cvm01	19976			
lv_root	17928	/	ext4	✓
lv_swap	2048		swap	✓
▽ Hard Drives				
▽ sda (/dev/sda)				
sda1	500	/boot	ext4	✓
sda2	19979	vg_ora12cvm01	physical volume (LVM)	✓

<스토리지 파티션 정보 확인>

㉒ 설정된 스토리지 파티션을 실제로 시스템에 적용하는 옵션으로 "Write changes to disk" 옵션을 선택한다.

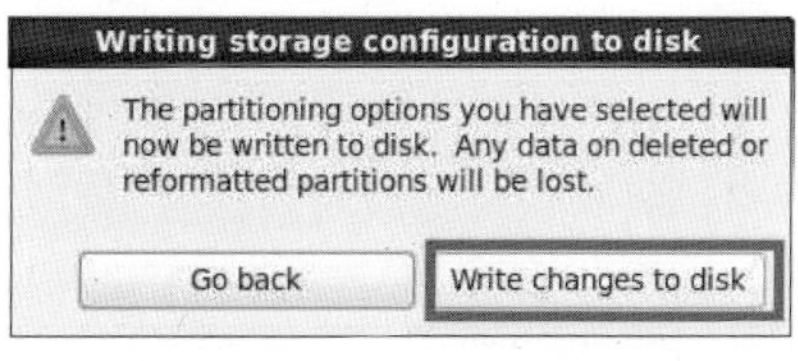

<설정된 스토리지 파티션을 적용>

㉓ Boot loader를 설치하는 디바이스를 설정한다. 일반적으로 기본적으로 사용하게 될 디바이스 목록이 이미 리스트되어 있어 따로 선택할 필요는 없다.

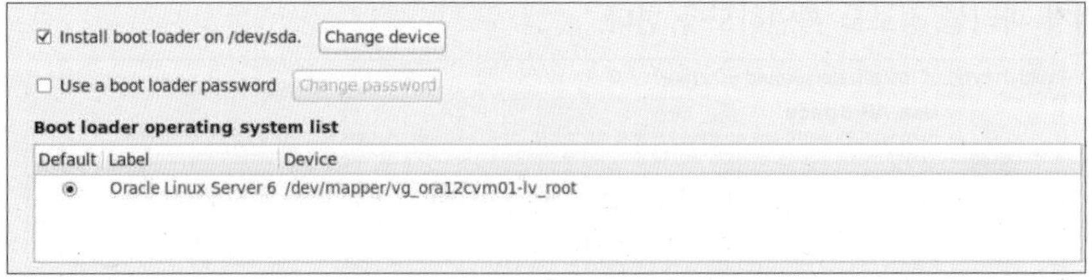

〈Boot loader를 설치하는 디바이스를 설정〉

㉔ 소프트웨어 Repository를 설정한다.

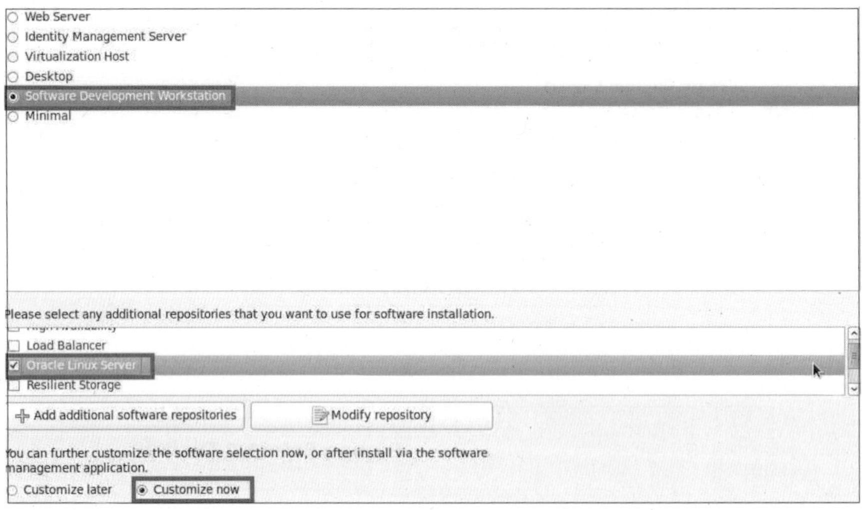

〈Oracle Linux Server Repository 선택〉

㉕ 필요한 리눅스 패키지를 선택하고 설정한다.

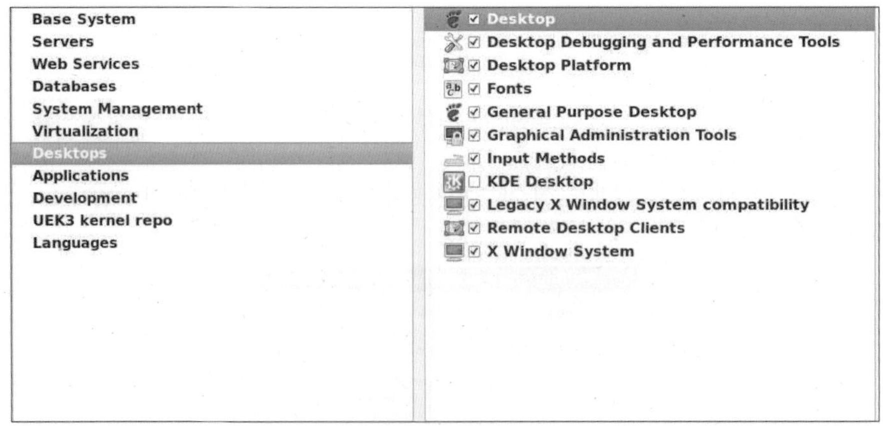

〈Desktop 옵션 선택〉

㉖ 리눅스 OS 설치를 시작한다.

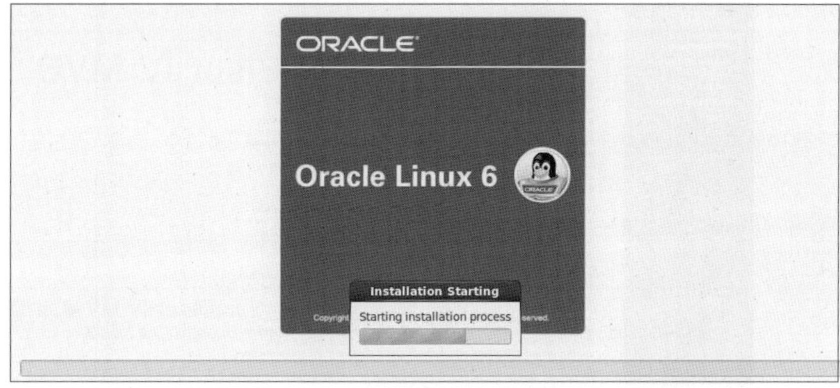

<리눅스 OS 설치 시작>

㉗ 설치가 완료된 후 Reboot를 진행한다.

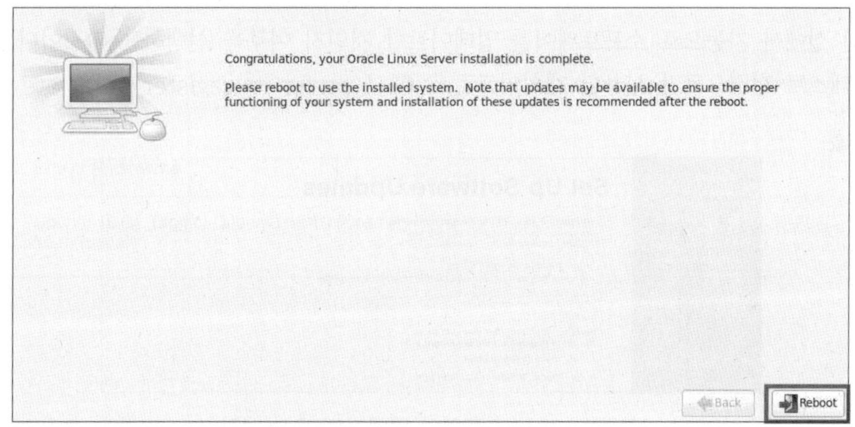

<리눅스 OS 설치 완료 후 Reboot>

㉘ 이상으로 리눅스 설치가 완료된다. 다음은 추가 옵션에 대한 설치 및 과정을 살펴보도록 한다.

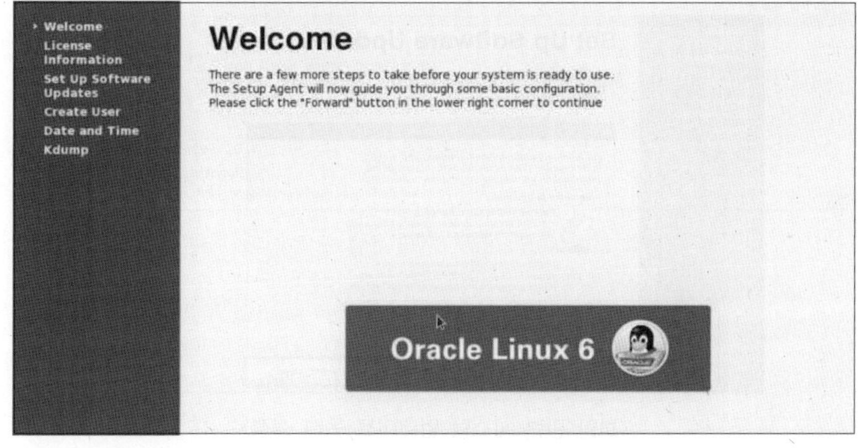

<리눅스 OS 설치 후 추가 설정>

㉙ 리눅스 소프트웨어를 사용하는데 대한 라이선스 협약에 대해 동의하는 과정을 보여준다.

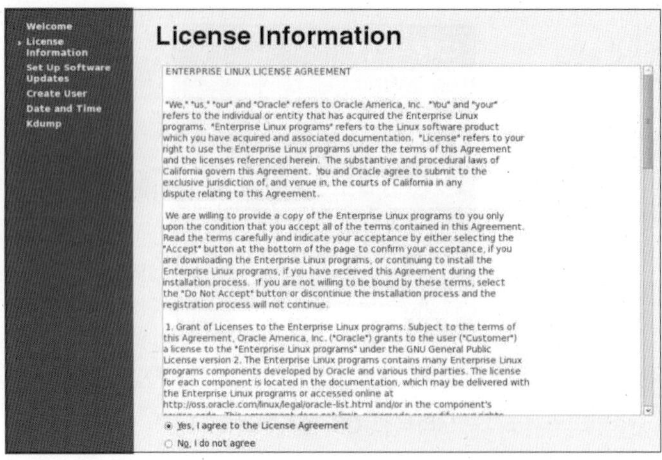

<라이선스 협약 확인>

㉚ 온라인 상에서 자동으로 소프트웨어를 업데이트할 것인지 여부를 선택하는 과정이다. 여기서는 단순히 테스트 환경으로만 사용할 계획이므로 "NO, I prefer to register at a late time"를 선택한다.

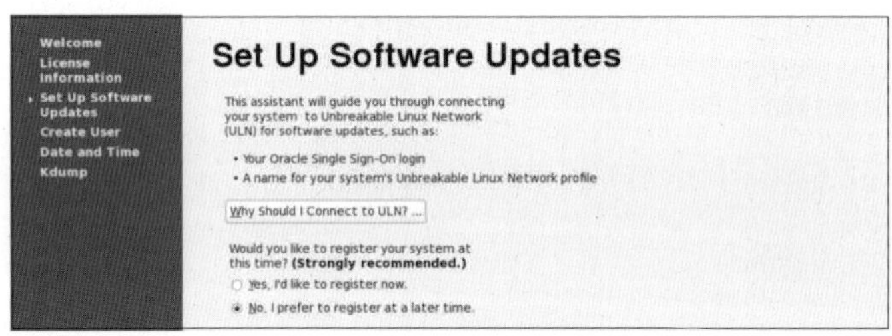

<리눅스 OS 소프트웨어 업데이트 옵션 설정>

㉛ 다음은 보안 관련 소프트웨어 옵션을 설정하는 화면이다. 앞과 동일한 이유로 "No thanks~" 옵션을 선택한다.

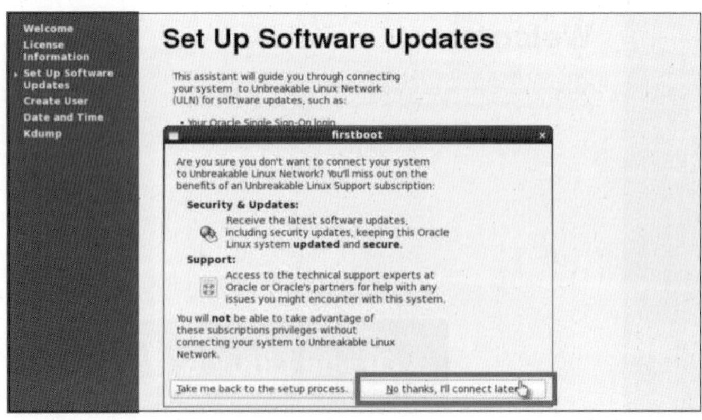

<보안 관련 시스템 업데이트 옵션 설정>

㉜ 다음은 선택된 리눅스 OS에 사용자를 생성하는 과정이다. 여기서는 오라클 소프트웨어 설치 과정 가운데 일괄적으로 필요로 하는 사용자를 생성할 계획이므로 Skip한다.

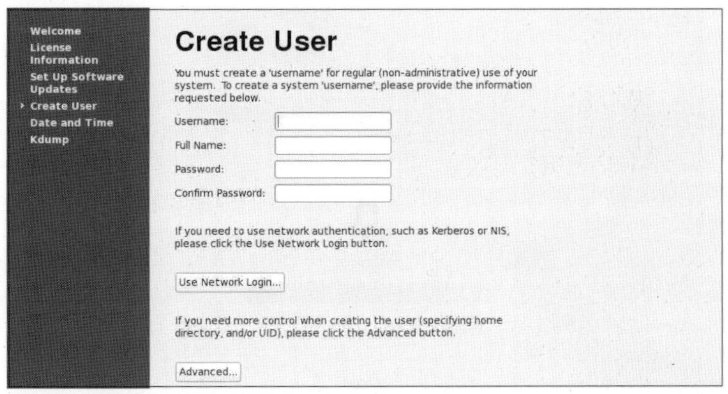

〈리눅스 OS 사용자 설정〉

㉝ 시스템 시간을 설정하는 과정이다.

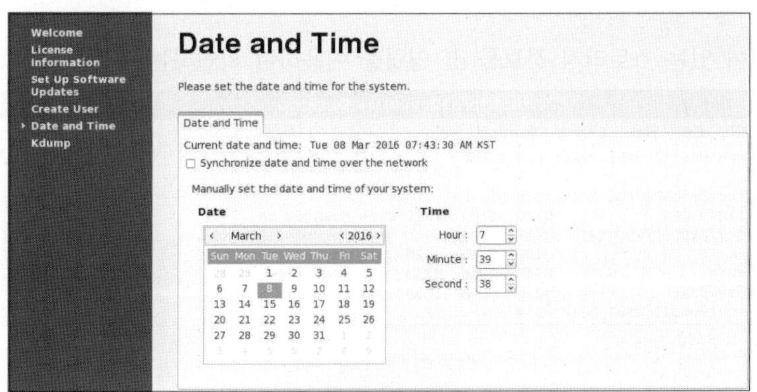

〈시간 설정 확인〉

㉞ 시스템이 비정상적으로 종료되었을 경우 문제점에 대한 Debugging을 하기 위한 로그 정보를 저장하게 될 Kdump 옵션을 설정하는 화면이다.

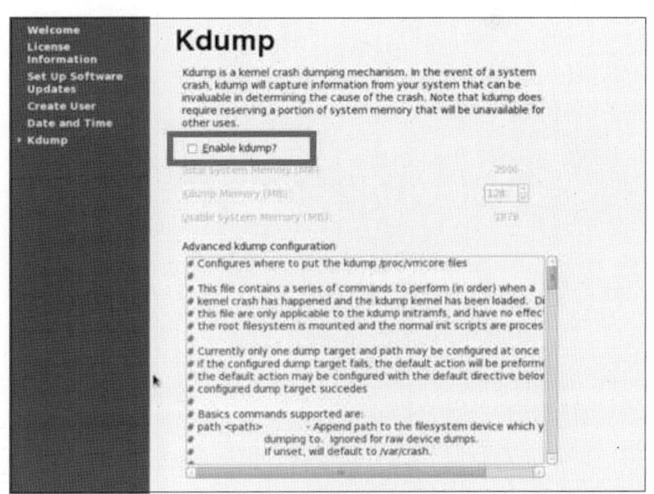

〈Kdump 설정 여부 확인〉

㉟ 최종적으로 모든 설치가 완료된 후 시스템에 접속하는 과정을 보여준다. 지금까지 일반 사용자를 생성한 적이 없으므로 Root 사용자로 접속하도록 한다.

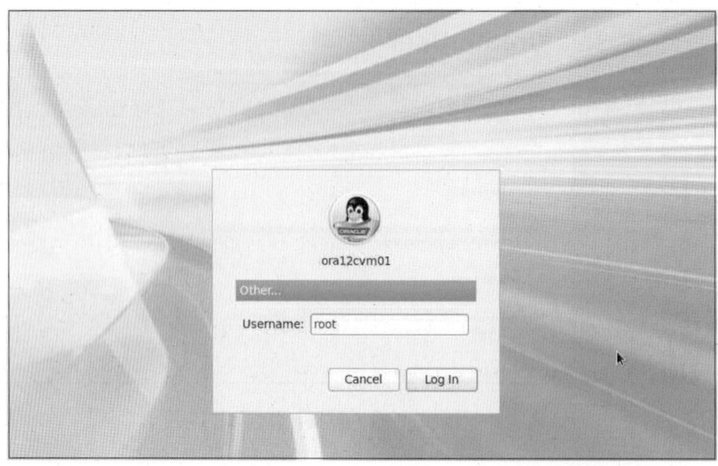

<성공적으로 설치 완료된 리눅스 OS 시작 화면>

㊱ 현재 구성되어 있는 스토리지 정보를 df 명령을 이용하여 확인하는 과정을 보여준다.

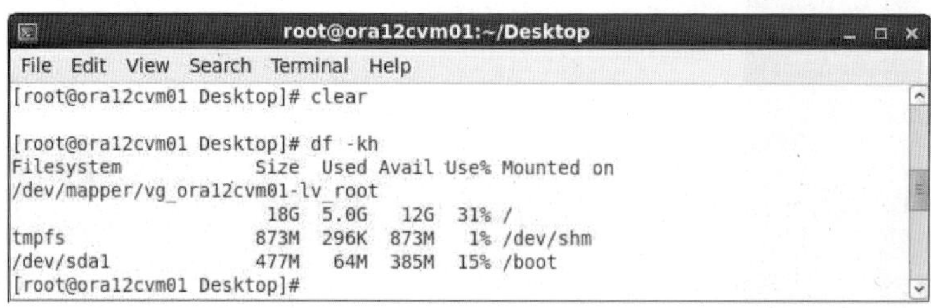

<스토리지 구성 확인>

*VirtualBox guest addition update 설치

VirtualBox 사용시 해상도 문제와 Guest OS - Host OS 간의 텍스트 복제 불가와 같은 문제들을 해결하기 위해 VirtualBox guest addition update를 추가로 설치하도록 한다.

① 게스트 확장 CD를 통해 추가 옵션을 설정하는 과정을 보여준다.

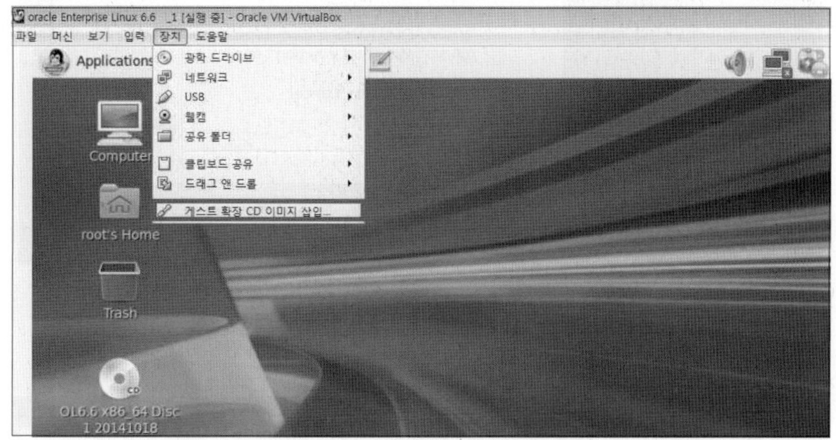

〈게스트 확장 CD 이미지 삽입 옵션 선택〉

tip

만약 CD/DVD 드라이브가 이미 마운트(Mount)되어 있는 경우에는 [게스트 확장 CD 이미지 삽입] 이라는 메뉴를 선택해도 에러 메시지 없이 아무 일도 발생하지 않는다. 그러므로 이미 마운트되어 있는 CD/DVD 드라이브를 [Eject] 시켜주고 진행하도록 한다.

② 다음과 같이 기존의 CD/DVD를 〔Eject〕 시킨 후 진행하면 VirtualBox guest addition update 설치를 위한 CD/DVD 이미지가 자동적으로 마운트되는 것을 확인할 수 있다.

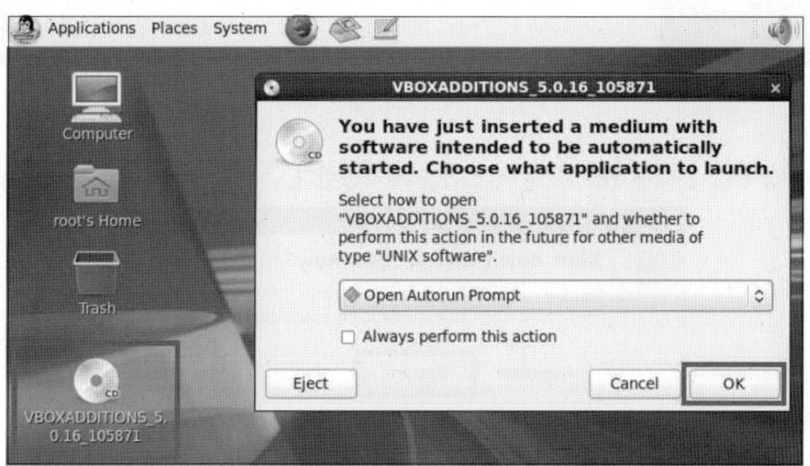

〈VirtualBox 게스트 확장 CD 마운트 확인〉

③ 게스트 확장 CD를 실행하는 과정을 보여준다.

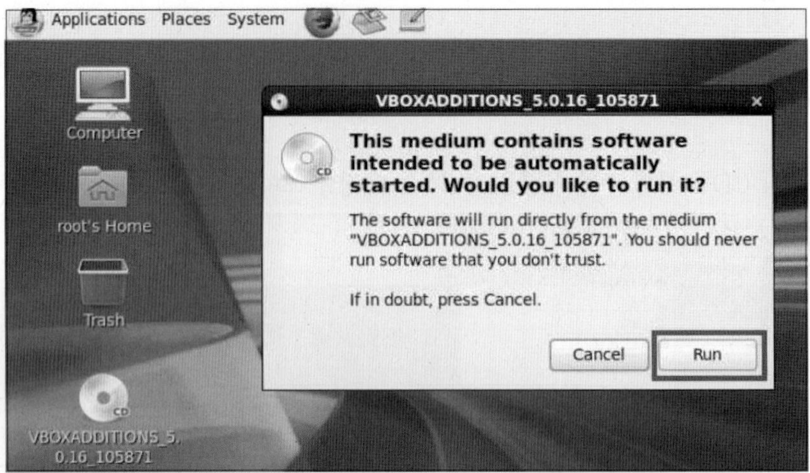

<게스트 확장 CD 실행>

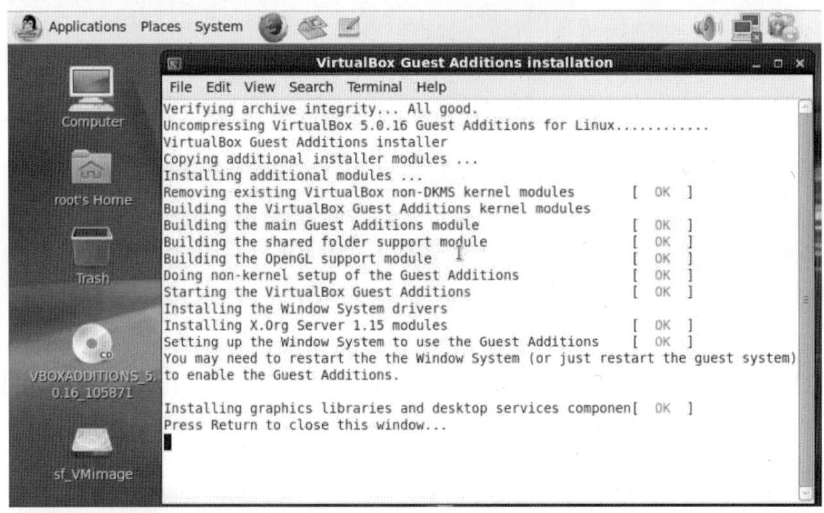

<게스트 확장 CD 실행 과정>

④ 게스트 확장 CD 설치가 완료된 후 시스템을 재가동한다.

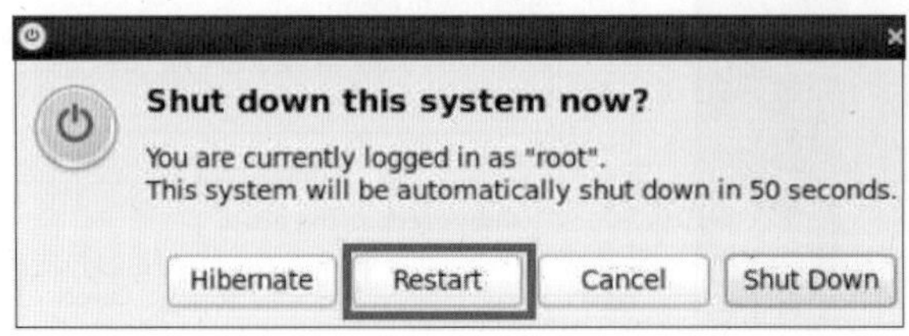

<시스템 재가동>

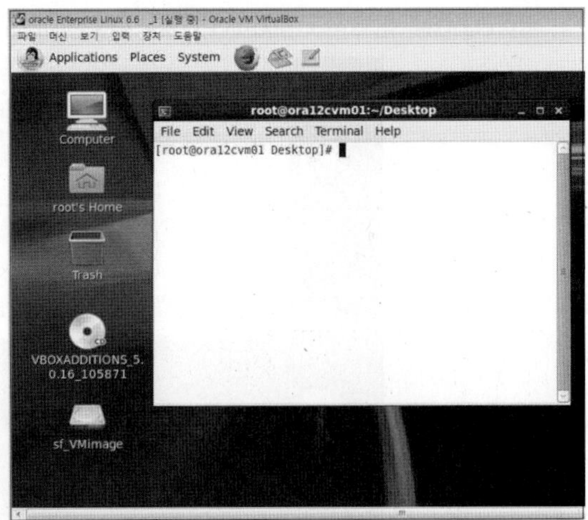

다음은 현재 설정된 IP 정보를 확인하는 과정을 보여준다.

① eth0 네트워크 인터페이스에 할당된 IP 정보가 보이지 않으므로 다음과 같이 IP를 설정하도록 한다.

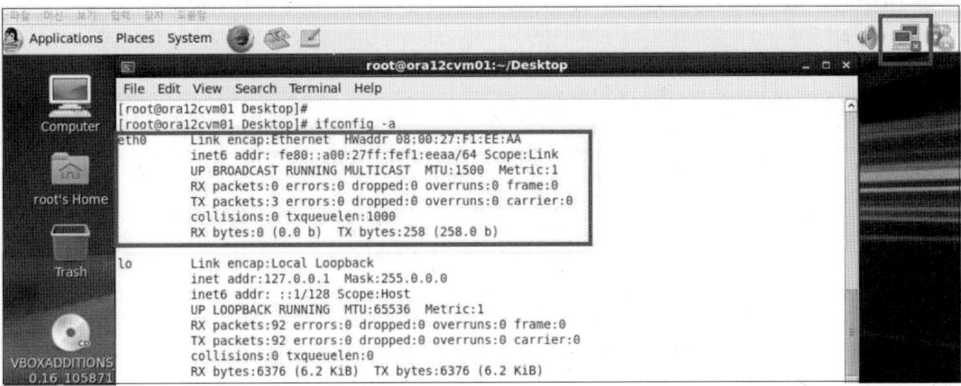

<ifconfig 결과>

② System 탭 〉 Preferences 〉 Network connections 메뉴를 선택하여 네트워크 설정을 진행한다.

<네트워크 구성 메뉴 선택>

③ eth0를 선택하고 Edit 버튼을 눌러 네트워크 설정을 진행한다.

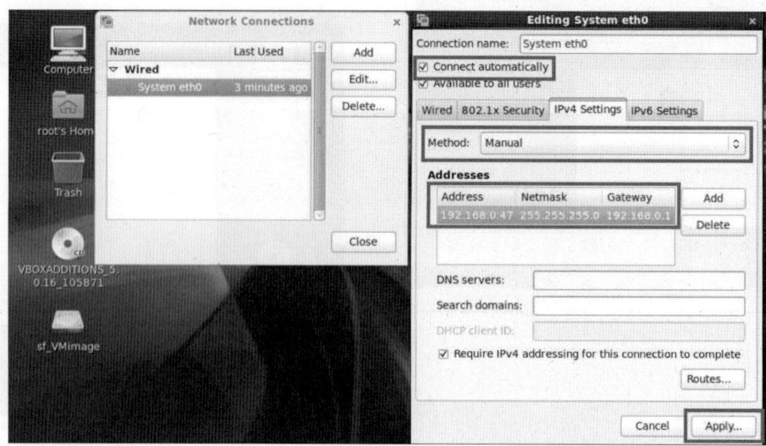

<Network 세부 구성>

④ 다시 ifconfig -a 명령을 실행하여 IP가 제대로 설정되었는지 확인하도록 한다.

<ifconfig 결과>

⑤ 설정된 IP에 대한 ping 명령을 수행함으로써 IP가 유효함을 확인한다.

```
root@ora12cvm01:~/Desktop
File Edit View Search Terminal Help
[root@ora12cvm01 Desktop]#
[root@ora12cvm01 Desktop]# ping 192.168.0.15
PING 192.168.0.15 (192.168.0.15) 56(84) bytes of data.
64 bytes from 192.168.0.15: icmp_seq=1 ttl=64 time=0.075 ms
64 bytes from 192.168.0.15: icmp_seq=2 ttl=64 time=0.066 ms
64 bytes from 192.168.0.15: icmp_seq=3 ttl=64 time=0.062 ms
64 bytes from 192.168.0.15: icmp_seq=4 ttl=64 time=0.069 ms
64 bytes from 192.168.0.15: icmp_seq=5 ttl=64 time=0.069 ms
64 bytes from 192.168.0.15: icmp_seq=6 ttl=64 time=0.069 ms
^C
--- 192.168.0.15 ping statistics ---
6 packets transmitted, 6 received, 0% packet loss, time 5048ms
rtt min/avg/max/mdev = 0.062/0.068/0.075/0.007 ms
[root@ora12cvm01 Desktop]#
[root@ora12cvm01 Desktop]#
```

<IP에 대한 ping 확인>

Chapter 03 오라클 12c 데이터베이스 소프트웨어 설치

이번 장에서는 오라클 12c 데이터베이스 소프트웨어 설치 과정을 살펴보고자 한다.

다음은 이번 장에서 다루게 될 세부 사항들이다.

- Section 01 ISO 이미지 변환 툴 다운로드
- Section 02 12c 오라클 소프트웨어 다운로드
- Section 03 오라클 12c 데이터베이스 소프트웨어 설치를 위한 OS 환경 설정
- Section 04 오라클 12c 데이터베이스 소프트웨어 설치
- Section 05 오라클 12c 데이터베이스 소프트웨어 삭제/제거

●●● oracle 01

ISO 이미지 변환 툴 다운로드

Host OS에서 Guest OS(2장에서 생성한 리눅스 VM)로 임의의 파일, 프로그램 등을 로딩(Loading) 시켜주어야 할 때가 자주 발생하는데 이때 손쉽게 사용할 수 있는 방법 중에 하나가 바로 ISO 이미지 로딩 방식이다. 특히 오라클 공식 사이트에서 다운받은 오라클 관련 소프트웨어들을 VM으로 로딩해야 하는 경우 ISO 형식으로 전환하게 되면 바로 CD/DVD 이미지로 마운트하여 사용할 수 있다.

참고로 여기서는 UltraISO라는 유틸리티를 사용하고 있다. 이미 온라인 상에 무료로 사용할 수 있는 ISO 전환 유틸리티가 많이 올라와 있으니 사용하기 편한 제품으로 선택하여 사용하면 된다.

●●● oracle 02

12c 오라클 소프트웨어 다운로드

다음의 링크를 통해서 오라클 소프트웨어를 다운받도록 한다.

http://www.oracle.com/technetwork/database/enterprise-edition/downloads/index.html

<오라클 12c 소프트웨어 선택>

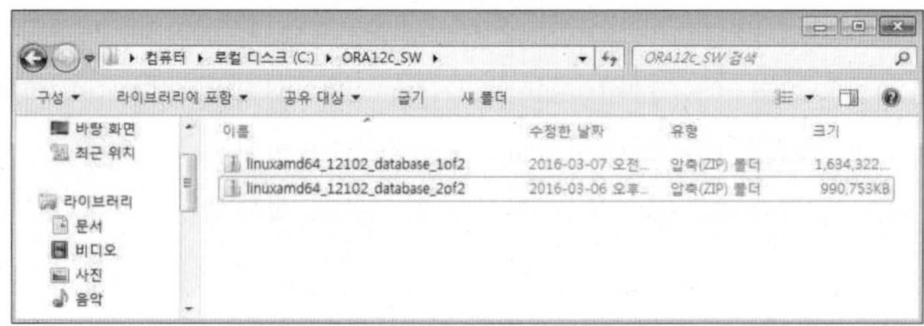

<오라클 12c 소프트웨어 다운로드>

이처럼 다운받은 오라클 소프트웨어들은 UltraISO 유틸리티를 사용하여 다음과 같이 ISO 이미지로 변환시켜 준다. 다음은 UltraISO 유틸리티를 사용하여 다운받은 zip 파일을 ISO 이미지 형식으로 변환시킨 파일을 보여준다. 이후에 VM으로 로딩/마운트할 때 ISO 이미지 형식을 사용할 예정이다.

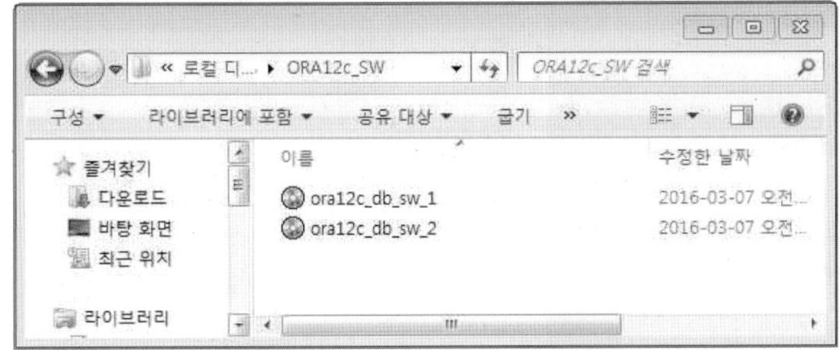

<ISO 이미지 생성 완료>

●●● oracle 03

12c 오라클 소프트웨어 설치를 위한 OS 환경 설정

*리눅스 OS 패키지 설치

Step1) 리눅스 OS 패키지 리스트 파악

리눅스 OS를 설치할 때 거의 대부분 기본 옵션을 선택했었다. 하지만 오라클 소프트웨어 설치를 고려해 보면 다음과 같은 패키지들이 추가로 요구된다는 점을 기억하기 바란다. 사실 실습환경을 구성할 때는 몇몇 패키지들이 빠져도 그럭저럭 넘어갈 수 있지만 실무에서는 이러한 상황이 이후 큰 장애를 발생시킬 수도 있다는 점을 기억하고 리눅스 패키지 설치를 실습한다는 마음으로 진행해주기 바란다.

```
compat-libcap1-1.10-1.x86_64.rpm
compat-libstdc++-33-3.2.3-69.el6.x86_64.rpm
libaio-devel-0.3.107-10.el6.x86_64.rpm
libstdc++-devel-4.4.7-3.el6.x86_64.rpm
glibc-devel-2.12-1.107.el6.x86_64.rpm
glibc-headers-2.12-1.107.el6.x86_64.rpm
kernel-headers-2.6.32-358.el6.x86_64.rpm
gcc-4.4.7-3.el6.x86_64.rpm cpp-4.4.7-3.el6.x86_64.rpm
cloog-ppl-0.15.7-1.2.el6.x86_64.rpm
mpfr-2.4.1-6.el6.x86_64.rpm
ppl-0.10.2-11.el6.x86_64.rpm
gcc-c++-4.4.7-3.el6.x86_64.rpm
ksh-20100621-19.el6.x86_64.rpm
vsftpd-2.2.2-11.el6.x86_64.rpm
```

Step2) CD/DVD 드라이브 마운트

리눅스 OS 파일(ISO)을 CD/DVD로 마운트 시키도록 한다. 만약 현재 CD/DVD 드라이브에 다른 이미지가 로딩되어 있다면 〔Eject〕 시키고 진행하도록 한다.

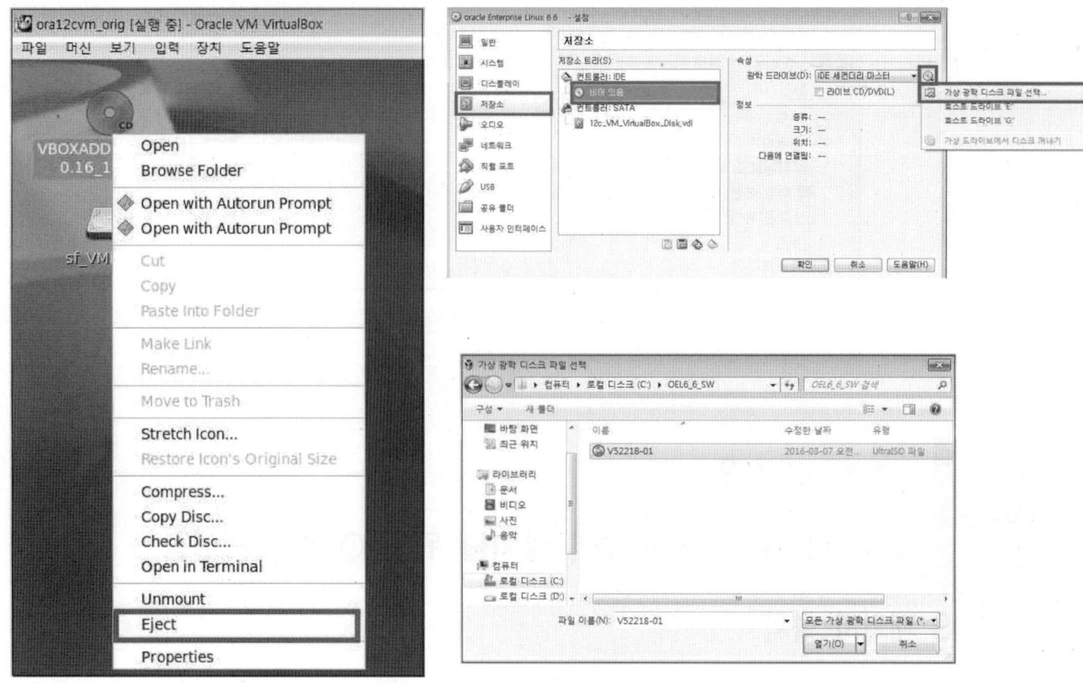

〈리눅스 OS 소프트웨어 ISO 이미지〉

다음과 같이 자동적으로 리눅스에 마운트된 것을 확인할 수 있다.

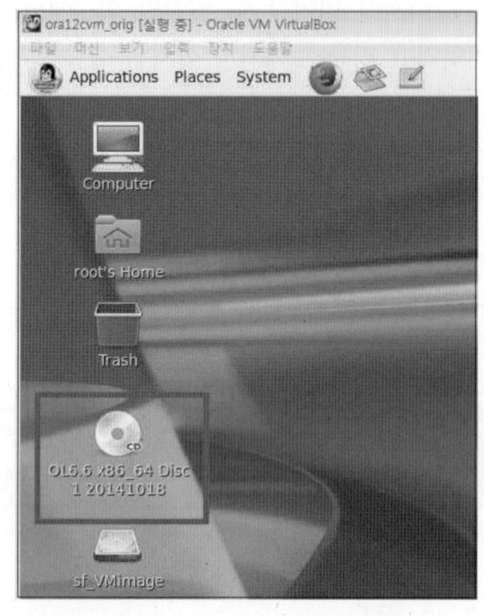

〈리눅스 OS 소프트웨어 마운트 확인(Desktop)〉

다음과 같이 /dev/sr0 디바이스에 /media/OL6.6 x86_64 Disc 1 20141018가 CD/DV 드라이브로서 마운트되어있는 것을 확인할 수 있다.

```
root@ora12cvm01:~/Desktop
File Edit View Search Terminal Help
[root@ora12cvm01 Desktop]#
[root@ora12cvm01 Desktop]# df -kh
Filesystem            Size  Used Avail Use% Mounted on
/dev/mapper/vg_ora12cvm01-lv_root
                       18G  5.1G   12G  31% /
tmpfs                 873M  280K  873M   1% /dev/shm
/dev/sda1             477M   64M  385M  15% /boot
/dev/sr0              3.6G  3.6G     0 100% /media/OL6.6 x86 64 Disc 1 20141018
[root@ora12cvm01 Desktop]#
[root@ora12cvm01 Desktop]#
```

〈리눅스 OS 소프트웨어 마운트 확인(df 명령)〉

```
[root@ora12cvm01 OL6.6 x86_64 Disc 1 20141018]# cd /media/OL6.6 x86_64 Disc 1 20141018
bash: cd: /media/OL6.6: No such file or directory
```

cd 명령이 실패한 이유는 디렉토리 이름(/media/OL6.6 x86_64 Disc 1 20141018) 중간중간에 빈 공간이 존재하기 때문인데 다음과 같이 따옴표를 사용하면 문제없이 진행할 수 있다.

```
[root@ora12cvm01 Desktop]# cd "/media/OL6.6 x86_64 Disc 1 20141018"
[root@ora12cvm01 OL6.6 x86_64 Disc 1 20141018]# ls -lrt
total 1492
drwxr-xr-x. 2 root root 698368  Oct 19  2014 Packages
-rw-r--r--. 1 root root    108  Oct 19  2014 supportinfo
-rw-r--r--. 1 root root   1011  Oct 19  2014 RPM-GPG-KEY-oracle
-rw-r--r--. 1 root root   1011  Oct 19  2014 RPM-GPG-KEY
-rw-r--r--. 1 root root 182414  Oct 19  2014 RELEASE-NOTES-x86-en.html
-rw-r--r--. 1 root root  67304  Oct 19  2014 RELEASE-NOTES-x86-en
-rw-r--r--. 1 root root 182414  Oct 19  2014 RELEASE-NOTES-x86_64-en.html
-rw-r--r--. 1 root root  67304  Oct 19  2014 RELEASE-NOTES-x86_64-en
-rw-r--r--. 1 root root 182414  Oct 19  2014 RELEASE-NOTES-en.html
-rw-r--r--. 1 root root  67304  Oct 19  2014 RELEASE-NOTES-en
-rw-r--r--. 1 root root   7054  Oct 19  2014 README-en.html
-rw-r--r--. 1 root root   2619  Oct 19  2014 README-en
-rw-r--r--. 1 root root  18390  Oct 19  2014 GPL
-rw-r--r--. 1 root root   3334  Oct 19  2014 eula.py
-rw-r--r--. 1 root root   8529  Oct 19  2014 eula.en_US
-rw-r--r--. 1 root root   8529  Oct 19  2014 EULA
drwxr-xr-x. 4 root root   2048  Oct 19  2014 Server
lrwxrwxrwx. 1 root root     15  Oct 19  2014 repodata -> Server/repodata
drwxr-xr-x. 3 root root   2048  Oct 19  2014 ResilientStorage
drwxr-xr-x. 3 root root   2048  Oct 19  2014 HighAvailability
drwxr-xr-x. 3 root root   2048  Oct 19  2014 LoadBalancer
drwxr-xr-x. 3 root root   2048  Oct 19  2014 ScalableFileSystem
drwxr-xr-x. 3 root root   2048  Oct 19  2014 UEK3
drwxr-xr-x. 3 root root   2048  Oct 19  2014 EFI
-rw-r--r--. 1 root root     98  Oct 19  2014 media.repo
```

```
drwxr-xr-x. 2 root root   2048 Oct 19  2014 isolinux
drwxr-xr-x. 3 root root   2048 Oct 19  2014 images
-r--r--r--. 1 root root   6517 Oct 19  2014 TRANS.TBL
[root@ora12cvm01 OL6.6 x86_64 Disc 1 20141018]# cd Packages
rpm -ivh compat-libcap1-1.10-1.x86_64.rpm compat-libstdc++-33-3.2.3-69.el6.x86_64.rpm
rpm -ivh libaio-devel-0.3.107-10.el6.x86_64.rpm
rpm -ivh libstdc++-devel-4.4.7-3.el6.x86_64.rpm
rpm -ivh glibc-devel-2.12-1.107.el6.x86_64.rpm glibc-headers-2.12-1.107.el6.x86_
64.rpm kernel-headers-2.6.32-358.el6.x86_64.rpm
rpm -ivh gcc-4.4.7-3.el6.x86_64.rpm cpp-4.4.7-3.el6.x86_64.rpm cloog-ppl-0.15.7-1
.2.el6.x86_64.rpm mpfr-2.4.1-6.el6.x86_64.rpm ppl-0.10.2-11.el6.x86_64.rpm
rpm -ivh gcc-c++-4.4.7-3.el6.x86_64.rpm
rpm -ivh ksh-20100621-19.el6.x86_64.rpm
rpm -ivh vsftpd-2.2.2-11.el6.x86_64.rpm
```

Step3) 사용자 생성 및 리눅스 커널 파라미터 설정

```
groupadd -g 601 oinstall
groupadd -g 602 dba
groupadd -g 603 backupdba
groupadd -g 604 dgdba
groupadd -g 605 kmdba
groupadd -g 606 oper
useradd -u 60101 -g oinstall -G dba,backupdba,dgdba,kmdba,oper oracle

[root@ora12cvm01 ora12cvm01_scripts]# passwd oracle
Changing password for user oracle.
New password:
BAD PASSWORD: it is based on a dictionary word
BAD PASSWORD: is too simple
Retype new password:
passwd: all authentication tokens updated successfully.
```

다음과 같이 /etc/sysctl.conf 파일에 다음 파라미터를 추가한다.

```
kernel.shmmni = 4096
kernel.sem = 250 32000 100 128
fs.file-max = 6815744
fs.aio-max-nr = 1048576
net.ipv4.ip_local_port_range = 9000 65500
net.core.rmem_default = 262144
net.core.rmem_max = 4194304
net.core.wmem_default = 262144
net.core.wmem_max = 1048576
```

다음과 같이 파라미터가 추가된 것을 확인한다.

```
[root@ora12cvm01 ora12cvm01_scripts]# cat /etc/sysctl.conf
# Kernel sysctl configuration file for Red Hat Linux
#
# For binary values, 0 is disabled, 1 is enabled.  See sysctl(8) and
# sysctl.conf(5) for more details.
# Controls IP packet forwarding
net.ipv4.ip_forward = 0
# Controls source route verification
net.ipv4.conf.default.rp_filter = 1
# Do not accept source routing
net.ipv4.conf.default.accept_source_route = 0
# Controls the System Request debugging functionality of the kernel
kernel.sysrq = 0
# Controls whether core dumps will append the PID to the core filename.
# Useful for debugging multi-threaded applications.
kernel.core_uses_pid = 1
# Controls the use of TCP syncookies
net.ipv4.tcp_syncookies = 1
# Disable netfilter on bridges.
net.bridge.bridge-nf-call-ip6tables = 0
net.bridge.bridge-nf-call-iptables = 0
net.bridge.bridge-nf-call-arptables = 0
# Controls the default maxmimum size of a mesage queue
kernel.msgmnb = 65536
# Controls the maximum size of a message, in bytes
kernel.msgmax = 65536
# Controls the maximum shared segment size, in bytes
kernel.shmmax = 68719476736
# Controls the maximum number of shared memory segments, in pages
kernel.shmall = 4294967296
#For Oracle 12c Installation
kernel.shmmni = 4096
kernel.sem = 250 32000 100 128
fs.file-max = 6815744
fs.aio-max-nr = 1048576
net.ipv4.ip_local_port_range = 9000 65500
net.core.rmem_default = 262144
net.core.rmem_max = 4194304
net.core.wmem_default = 262144
net.core.wmem_max = 1048576
[root@ora12cvm01 ora12cvm01_scripts]#
```

이제 sysctl -p 명령을 사용하여 OS 커널에 반영하도록 한다.

```
[root@ora12cvm01 ora12cvm01_scripts]# sysctl -p
net.ipv4.ip_forward = 0
net.ipv4.conf.default.rp_filter = 1
net.ipv4.conf.default.accept_source_route = 0
kernel.sysrq = 0
kernel.core_uses_pid = 1
net.ipv4.tcp_syncookies = 1
net.bridge.bridge-nf-call-ip6tables = 0
net.bridge.bridge-nf-call-iptables = 0
net.bridge.bridge-nf-call-arptables = 0
kernel.msgmnb = 65536
kernel.msgmax = 65536
kernel.shmmax = 68719476736
kernel.shmall = 4294967296
kernel.shmmni = 4096
kernel.sem = 250 32000 100 128
fs.file-max = 6815744
fs.aio-max-nr = 1048576
net.ipv4.ip_local_port_range = 9000 65500
net.core.rmem_default = 262144
net.core.rmem_max = 4194304
net.core.wmem_default = 262144
net.core.wmem_max = 1048576
[root@ora12cvm01 ora12cvm01_scripts]#
```

다음과 같이 /etc/security/limits.conf 파일에 다음 파라미터를 추가한다.

```
oracle  soft nproc   2047
oracle  hard nproc   16384
oracle  soft nofile  1024
oracle  hard nofile  65536
oracle  soft stack   10240
oracle  hard stack   32768
```

다음과 같이 파라미터가 추가된 것을 확인한다.

```
[root@ora12cvm01 ora12cvm01_scripts]# cat /etc/security/limits.conf
# /etc/security/limits.conf
#
#Each line describes a limit for a user in the form:
#
#<domain>        <type>  <item>  <value>
#
#Where:
#<domain> can be:
#        - a user name
#        - a group name, with @group syntax
#        - the wildcard *, for default entry
#        - the wildcard %, can be also used with %group syntax,
#                 for maxlogin limit
#
#<type> can have the two values:
#        - "soft" for enforcing the soft limits
#        - "hard" for enforcing hard limits
#
#<item> can be one of the following:
#        - core - limits the core file size (KB)
#        - data - max data size (KB)
#        - fsize - maximum filesize (KB)
#        - memlock - max locked-in-memory address space (KB)
#        - nofile - max number of open file descriptors
#        - rss - max resident set size (KB)
#        - stack - max stack size (KB)
#        - cpu - max CPU time (MIN)
#        - nproc - max number of processes
#        - as - address space limit (KB)
#        - maxlogins - max number of logins for this user
#        - maxsyslogins - max number of logins on the system
#        - priority - the priority to run user process with
#        - locks - max number of file locks the user can hold
#        - sigpending - max number of pending signals
#        - msgqueue - max memory used by POSIX message queues (bytes)
#        - nice - max nice priority allowed to raise to values: [-20, 19]
#        - rtprio - max realtime priority
#
#<domain>      <type>  <item>         <value>
#
#*               soft    core            0
#*               hard    rss             10000
#@student        hard    nproc           20
```

```
#@faculty        soft    nproc          20
#@faculty        hard    nproc          50
#ftp             hard    nproc          0
#@student        -        maxlogins     4
#For Oracle 12c Installation
oracle  soft nproc   2047
oracle  hard nproc   16384
oracle  soft nofile  1024
oracle  hard nofile  65536
oracle  soft stack   10240
oracle  hard stack   32768
# End of file
```

Step4) 디렉토리 설정

오라클 12c 데이터베이스 소프트웨어를 설치할 디렉토리를 생성한다.

오라클 12c 데이터베이스 소프트웨어 설치 위치: /u01/app/oracle/product/12.1.0/dbhome_1

사실 이후에 GUI 환경에서 실제로 소프트웨어를 설치하는 과정에서 필요한 디렉토리를 자동 생성해준다. 그러므로 굳이 여기서 미리 만들어주어야할 필요는 없지만 오라클 운영자 입장에서는 미리 해당 파일 시스템이나 디렉토리를 준비해놓는 습관이 필요하다고 본다.

```
[root@ora12cvm01 ~]# cd /
[root@ora12cvm01 /]# pwd
/
[root@ora12cvm01 /]# cd u01
 [root@ora12cvm01 u01]# mkdir app
[root@ora12cvm01 u01]# cd app
[root@ora12cvm01 app]# mkdir oracle
[root@ora12cvm01 app]# cd oracle
[root@ora12cvm01 oracle]# mkdir product
[root@ora12cvm01 oracle]# cd product
[root@ora12cvm01 product]# mkdir 12.1.0
[root@ora12cvm01 product]# cd 12.1.0
[root@ora12cvm01 12.1.0]# mkdir dbhome_1
[root@ora12cvm01 12.1.0]# cd dbhome_1
[root@ora12cvm01 dbhome_1]# pwd
/u01/app/oracle/product/12.1.0/dbhome_1
[root@ora12cvm01 u01]# chown -R oracle:oinstall /u01
```

CD/DVD 드라이브에 마운트되어질 오라클 12c 소프트웨어 설치를 위해 임시적으로 사용할 공간을 /stage라는 이름으로 생성한다.

```
[root@ora12cvm01 12.1.0]# cd /
[root@ora12cvm01 /]# mkdir stage
[root@ora12cvm01 /]# chown -R oracle:oinstall stage
[root@ora12cvm01 /]# chmod -R 775 stage
```

아래 u01과 stage라는 디렉토리의 ownership과 permission이 oracle:oinstall, 755 또는 775로 설정되어 있는지 최종적으로 확인하도록 한다.

```
[root@ora12cvm01 /]# cd /
[root@ora12cvm01 /]# ls -lrt
total 110
drwxr-xr-x.   2 root   root      4096 Nov  1  2011 srv
drwxr-xr-x.   2 root   root      4096 Nov  1  2011 mnt
drwxr-xr-x.  11 root   root      4096 Sep 10  2014 lib
drwx------.   2 root   root     16384 Mar  8 08:44 lost+found
drwxr-xr-x.  13 root   root      4096 Mar  8 08:49 usr
drwxr-xr-x.  22 root   root      4096 Mar  8 09:08 var
dr-xr-xr-x.   2 root   root      4096 Mar  8 09:10 bin
drwxr-xr-x.  10 root   root      4096 Mar  8 09:16 cgroup
dr-xr-xr-x.   5 root   root      1024 Mar  8 09:16 boot
drwxr-xr-x.   4 root   root      4096 Mar  8 09:49 opt
dr-xr-xr-x.   2 root   root     12288 Mar  8 09:50 sbin
drwxr-xr-x.   2 root   root         0 Mar  9 03:49 misc
drwxr-xr-x.   2 root   root         0 Mar  9 03:49 net
dr-xr-xr-x.  13 root   root         0 Mar  9 12:49 sys
dr-xr-xr-x. 157 root   root         0 Mar  9 12:49 proc
drwxr-xr-x.   7 root   root         0 Mar  9 12:49 selinux
drwxr-xr-x.  20 root   root      3760 Mar  9 12:49 dev
dr-xr-x---.  29 root   root      4096 Mar  9 12:52 root
drwxr-xr-x.   4 root   root      4096 Mar  9 13:39 media
dr-xr-xr-x.  10 root   root     12288 Mar  9 14:14 lib64
drwxrwxrwt.  20 root   root      4096 Mar  9 14:22 tmp
drwxr-xr-x.   3 root   root      4096 Mar  9 14:30 home
drwxr-xr-x. 125 root   root     12288 Mar  9 15:20 etc
drwxr-xr-x.   3 oracle oinstall 4096 Mar  9 15:34 u01
drwxrwxr-x.   2 oracle oinstall 4096 Mar  9 15:41 stage
```

Step5) 오라클 12c 데이터베이스 소프트웨어 로딩

Host OS에 저장되어 있는 오라클 12c 소프트웨어를 Guest OS의 CD/DVD 드라이브로 마운트시킨 후 /stage 디렉토리로 옮긴다. 이때 모든 과정을 Oracle 사용자로 수행하기 위해 현재 Root 사용자로 접속되어 있는 상태라면 로그아웃을 진행하고 다시 Oracle 사용자로 다시 로그인하도록 한다.

〈오라클 사용자로 시스템 로그인〉

Oracle 사용자로 로그인 한 후 현재 CD/DVD에 다른 이미지가 마운트되어 있는 경우라면 〔Eject〕 시키도록 한다.

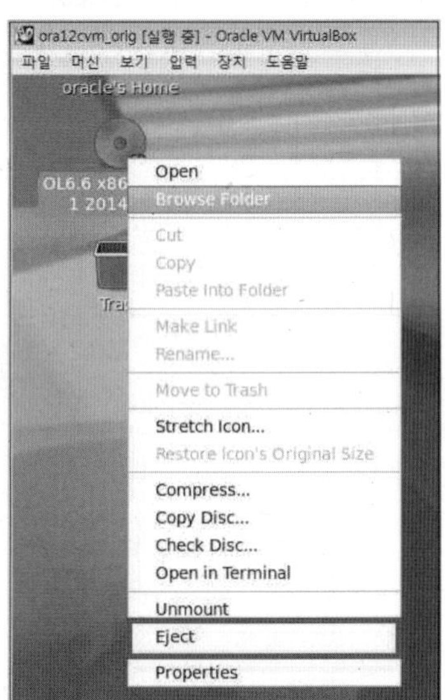

〈기존 CD/DVD 마운트시 Eject 수행〉

이제 오라클 12c 데이터베이스 소프트웨어를 CD/DVD 드라이브로 마운트 시키도록 한다.

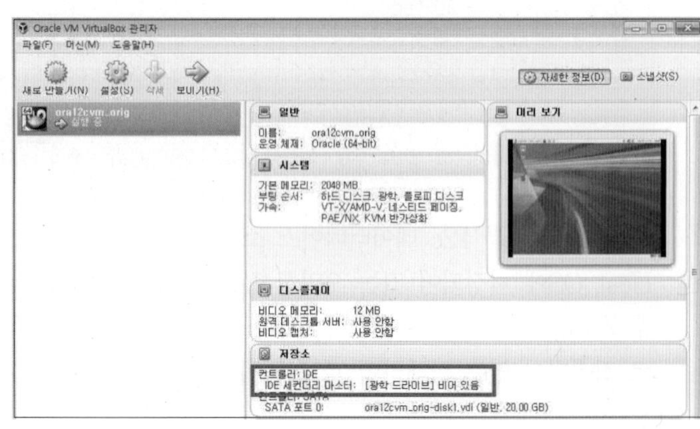

〈CD/DVD가 비어있음을 확인〉

오라클 공식 웹사이트로부터 다운로드 받은 오라클 12c 데이터베이스 소프트웨어들(2개 파일)이 ISO 파일 형태로 저장되어 있는 것을 확인할 수 있다. 한 번에 하나의 파일씩 VM으로 마운트 시키고 /stage 디렉토리로 복사하도록 한다.

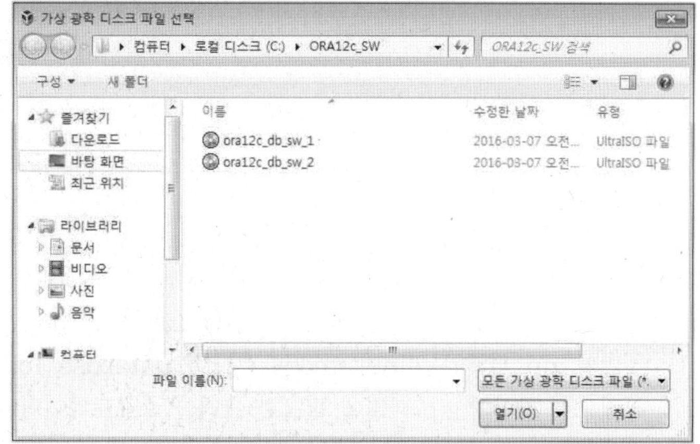

〈오라클 12c 소프트웨어 ISO 이미지〉

성공적으로 마운트되면 다음과 같이 /dev/sr0 드라이브에 마운트가 된다.

```
[oracle@ora12cvm01 Desktop]$ df -k
Filesystem           1K-blocks    Used Available Use% Mounted on
/dev/mapper/vg_ora12cvm01-lv_root
                     17938864 5249756  11754812  31% /
tmpfs                  893644     280    893364   1% /dev/shm
/dev/sda1              487652   64687    393269  15% /boot
/dev/sr0              1634372 1634372         0 100% /media/20160307_013502
[oracle@ora12cvm01 Desktop]$ cd /media/20160307_013502
[oracle@ora12cvm01 20160307_013502]$ ls
linuxamd64_12102_database_1of2.zip
[oracle@ora12cvm01 20160307_013502]$ cp linuxamd64_12102_database_1of2.zip /stage/12c_sw
[oracle@ora12cvm01 ~]$ umount /media/20160307_013502
```

같은 방식으로 두번째 소프트웨어를 /stage/12c_sw 디렉토리로 복사한다.

```
[oracle@ora12cvm01 Desktop]$ df -k
Filesystem           1K-blocks    Used Available Use% Mounted on
/dev/mapper/vg_ora12cvm01-lv_root
                     17938864 6884200  10120368  41% /
tmpfs                  893644     500    893144   1% /dev/shm
/dev/sda1              487652   64687    393269  15% /boot
/dev/sr0               990804  990804         0 100% /media/20160307_013502
[oracle@ora12cvm01 Desktop]$ cd /media/20160307_013502
[oracle@ora12cvm01 20160307_013502]$ ls
linuxamd64_12102_database_2of2.zip
[oracle@ora12cvm01 20160307_013502]$ cp linuxamd64_12102_database_2of2.zip /stage/12c_sw/
```

/stage/12c_sw 디렉토리로 가서 복사된 파일들에 대한 실행권한을 확인하고 압축을 풀도록 한다.

```
[oracle@ora112:korea:12c_sw]$ ls -lrt
total 2627652
-r-xr-xr-x 1 oracle oinstall 1673544724 Mar 9 22:06 linuxamd64_12102_database_
1of2.zip
-r-xr-xr-x 1 oracle oinstall 1014530602 Mar 9 22:09 linuxamd64_12102_database_
2of2.zip
```

첫번째 zip 파일인 linuxamd64_12102_database_1of2.zip에 대한 압축을 먼저 풀도록 한다. 기본적으로 첫번째 zip 파일에 필요한 오라클 소프트웨어의 대부분이 포함되어있다고 보면 된다.

```
[oracle@ora112:korea:12c_sw]$ unzip linuxamd64_12102_database_1of2.zip
[oracle@ora112:korea:12c_sw]$ ls -lrt
total 2627656
drwxr-xr-x 7 oracle oinstall 4096 Jul 7 2014 database
-r-xr-xr-x 1 oracle oinstall 1673544724 Mar 9 22:06 linuxamd64_12102_database_
1of2.zip
-r-xr-xr-x 1 oracle oinstall 1014530602 Mar 9 22:09 linuxamd64_12102_database_
2of2.zip
```

두번째 zip 파일의 압축을 풀게 되면 database 라는 동일한 디렉토리가 또 생성되고 그 아래 압축이 풀리므로 처음 생성되었던 database 라는 디렉토리의 이름을 database_1 이라고 잠시 변경하도록 한다. 이후에 다시 database 라는 이름으로 원복시킬 것이다.

```
[oracle@ora112:korea:12c_sw]$ mv database database_1
[oracle@ora112:korea:12c_sw]$ unzip linuxamd64_12102_database_2of2.zip
Archive: linuxamd64_12102_database_2of2.zip
creating: database/stage/Components/oracle.ctx/
creating: database/stage/Components/oracle.ctx/12.1.0.2.0/
creating: database/stage/Components/oracle.ctx/12.1.0.2.0/1/
creating: database/stage/Components/oracle.ctx/12.1.0.2.0/1/DataFiles/
.....
.....
[oracle@ora112:korea:12c_sw]$ ls
database database_1 linuxamd64_12102_database_1of2.zip linuxamd64_12102_database_
2of2.zip
```

방금 압축 풀린 /stage/12c_sw/database/stage/Components/ 디레토리 아래에 seed 데이터베이스를 생성할 때 사용하게 될 파일이 존재하는지 확인하도록 한다.

```
[oracle@ora112:korea:Components]$ cd /stage/12c_sw/database/stage/Components/
[oracle@ora112:korea:Components]$ ls -lrt *seed*
oracle.rdbms.install.seedb:
```

/stage/12c_sw/database/stage/Components/ 디렉토리 아래 있는 모든 파일을 /stage/12c_sw/database_1/stage/Components/ 디렉토리로 복사하는 마지막 작업을 진행한다.

```
[oracle@ora112:korea:Components]$ cp -r /stage/12c_sw/database/stage/Components/*
/stage/12c_sw/database_1/stage/Components/
```

오라클 설치를 위한 모든 파일들이 /stage/12c_sw/database_1/stage/Components/ 아래 준비가 되었으니 database 디렉토리는 제거하고 database_1 는 원래 이름 database 로 원복하도록 한다.

```
[oracle@ora112:korea:Components]$ cd /stage/12c_sw/
[oracle@ora112:korea:12c_sw]$ ls
database                database_1                linuxamd64_12102_database_1of2.zip
linuxamd64_12102_database_2of2.zip
[oracle@ora112:korea:12c_sw]$ rm -rf database
[oracle@ora112:korea:12c_sw]$ mv database_1 database
[oracle@ora112:korea:12c_sw]$ ls -lrt
```

●●● oracle 04

오라클 12c 데이터베이스 소프트웨어 설치

이제 실질적으로 오라클 12c 데이터베이스 소프트웨어 설치를 진행하도록 한다. 오라클 12c 데이터베이스 소프트웨어 설치는 /stage/database 디렉토리 아래에 위치하는 runInstaller 스크립트를 사용한다. 오라클 12c 데이터베이스 소프트웨어 설치는 오라클 사용자로 접속한 후 진행하도록 한다.

① Runinstaller 스크립트 실행

```
[oracle@ora12cvm01 stage]$ cd /stage
[oracle@ora12cvm01 stage]$ ls -lrt
total 2625092
drwxr-xr-x. 7 oracle oinstall       4096 Jul  7  2014 database
-rwxrwxr-x. 1 oracle oinstall 1673544724 Mar  9 16:02 linuxamd64_12102_database_1of2.zip
-rwxrwxr-x. 1 oracle oinstall 1014530602 Mar  9 16:09 linuxamd64_12102_database_2of2.zip
[oracle@ora12cvm01 stage]$ cd database
[oracle@ora12cvm01 database]$ ls -lrt
total 36
-rwxr-xr-x.  1 oracle oinstall  500 Feb  7  2013 welcome.html
-rwxr-xr-x.  1 oracle oinstall 8533 Jul  7  2014 runInstaller
drwxr-xr-x.  2 oracle oinstall 4096 Jul  7  2014 rpm
drwxrwxr-x.  2 oracle oinstall 4096 Jul  7  2014 sshsetup
drwxrwxr-x.  2 oracle oinstall 4096 Jul  7  2014 response
drwxr-xr-x. 14 oracle oinstall 4096 Jul  7  2014 stage
drwxr-xr-x.  4 oracle oinstall 4096 Mar  9 16:25 install
```

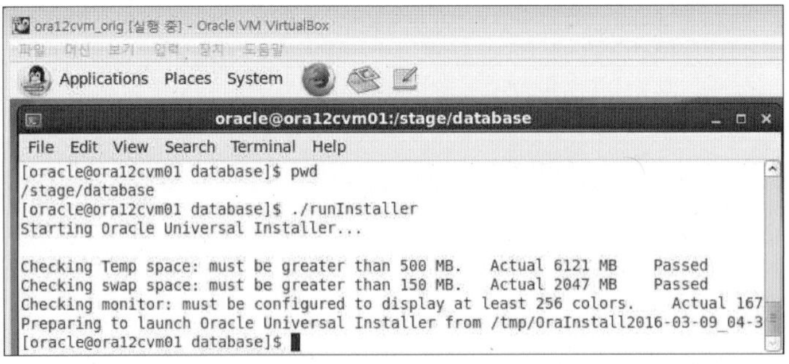

<runinstaller 실행>

② Configure security updates

보안 관련 자료를 My oracle support로부터 제공받을 수 있는 옵션을 제공한다. 현재 실습환경 구성이므로 이를 적용할 이유는 없다. 실무에서도 사실 이 옵션을 적용한 적은 한번도 없는 듯 하다. 옵션을 선택하지 말고 다음으로 넘어간다. 이 때 팝업 창이 하나 뜨면서 한번 더 확인하는 과정을 거치는데 〔YES〕라고 확인하고 진행하도록 한다.

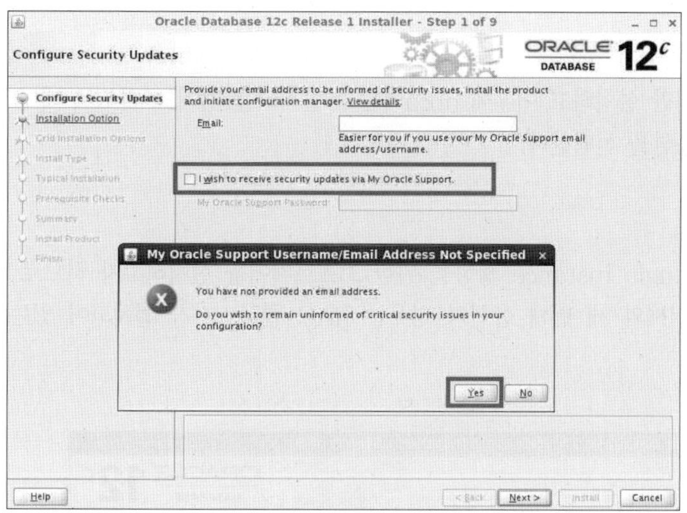

〈Security updates 설정〉

③ Select installation option

현재 설치하고자 하는 설치 옵션을 선택하는 화면이다.

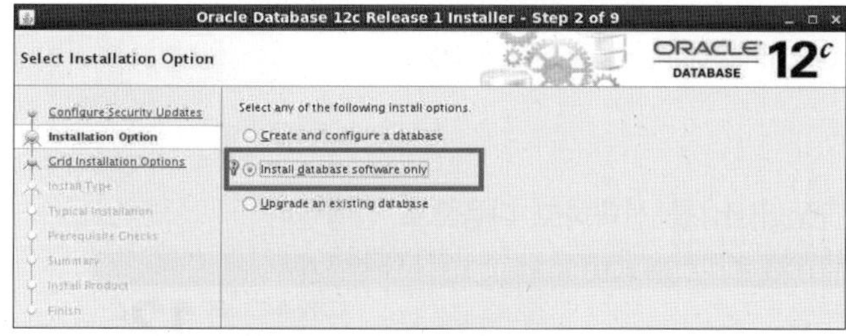

〈Installation option 설정〉

- Create and configure a database : 오라클 소프트웨어를 설치함과 동시에 하나의 데이터베이스도 함께 생성하는 경우 선택할 수 있는 옵션
- Install database software only : 오라클 소프트웨어만 설치하는 옵션으로서 데이터베이스는 이후에 별도 작업으로 생성하고자 할 때 선택할 수 있는 옵션
- Upgrade an existing database : 현재 생성되어 있는 데이터베이스를 업그레이할 때 선택할 수 있는 옵션

이 책에서는 오라클 소프트웨어만 설치하고 이후에 dbca라는 유틸리티를 가지고 별도로 데이터베이스를 생성할 것이므로 두 번째 옵션을 선택한다.

④ Grid installation options
여기서는 RAC 환경이 아닌 Single instance 생성을 위한 소프트웨어를 설치하고자 하므로 첫 번째 옵션을 선택한다. 참고로 두 번째와 세 번째 옵션의 경우는 RAC 클러스터가 설치되어 있는 환경의 경우 적용 가능한 옵션이다.

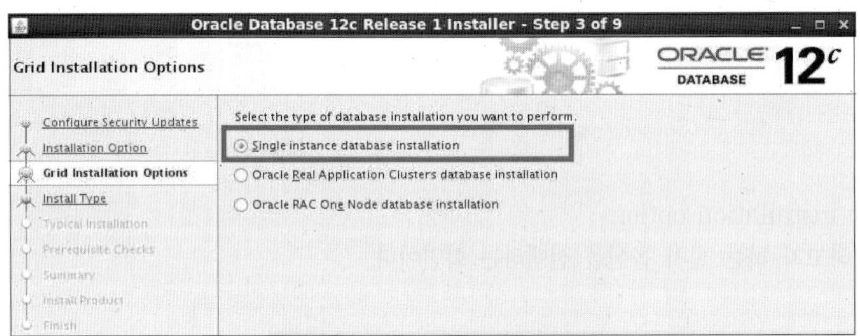

<Grid installation options 설정>

⑤ Select product language
소프트웨어가 사용하게 될 언어로 [English]를 선택하고 다음으로 진행한다.

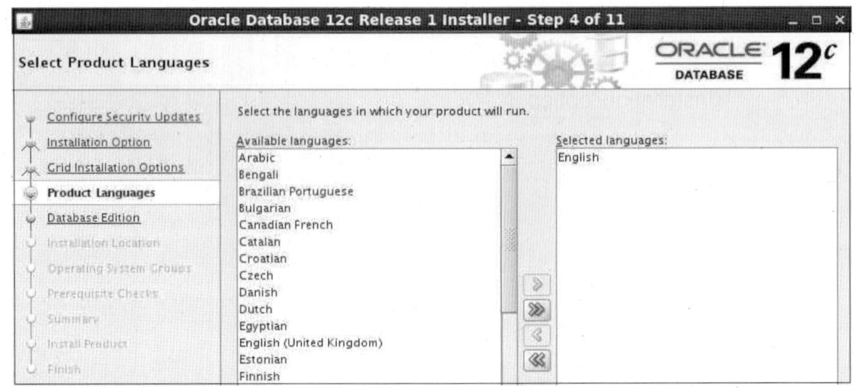

<Product language 옵션 설정>

⑥ Select database edition

Enterprise edition 옵션을 선택하고 다음으로 진행한다. 실무에서는 오라클 소프트웨어 라이선스를 정할 때 Enterprise edition과 Standard edition 라이선스와의 솔루션 가격 차이가 워낙 많이 나기 때문에 많이 고민해야 하는 상황이 발생한다. 따라서 Enterprise edition이 요구되지 않는다면 Standard edition으로 선택하는 것도 비용 절감에 큰 도움이 되기도 한다.

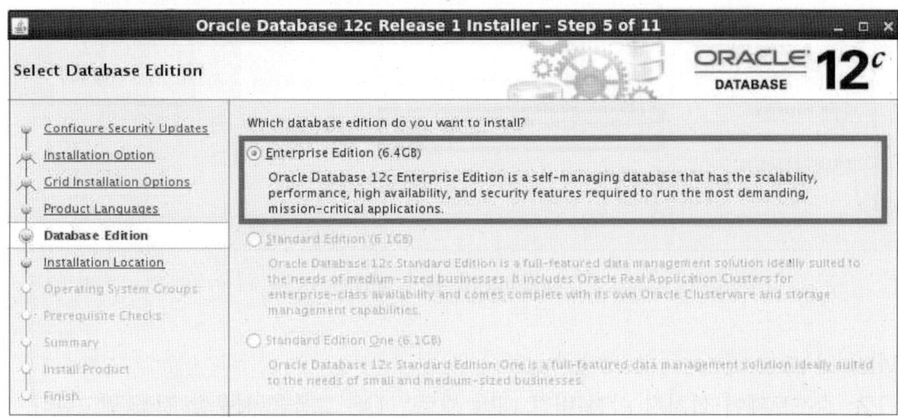

〈Database edition 옵션 설정〉

⑦ Specify installation location

Oracle base : 오라클 소프트웨어 설치 관련 파일들이 저장되는 위치로서 /u01/app/oracle로 설정한다.

Software location : 소프트웨어가 실질적으로 설치/저장되어질 위치를 말하며 /u01/app/oracle/product/12.1.0/dbhome_1로 설정한다.

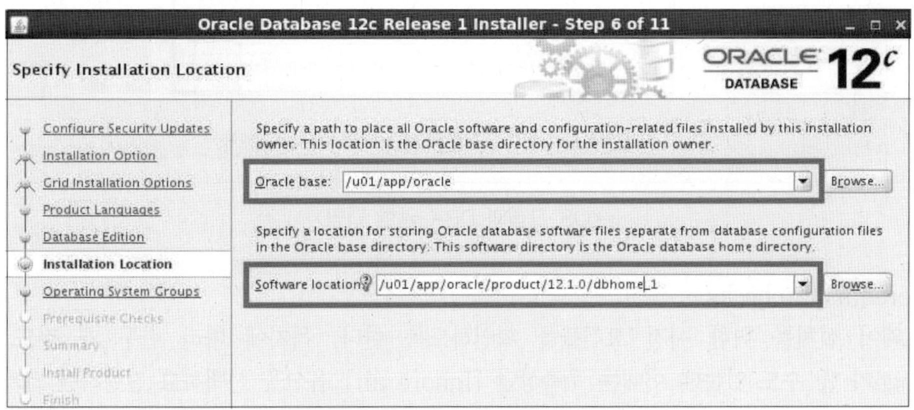

〈Installation location 옵션 설정〉

⑧ Create inventory

소프트웨어 설치 관련 메타 데이터를 관리할 인벤토리를 저장하는 공간을 설정한다.

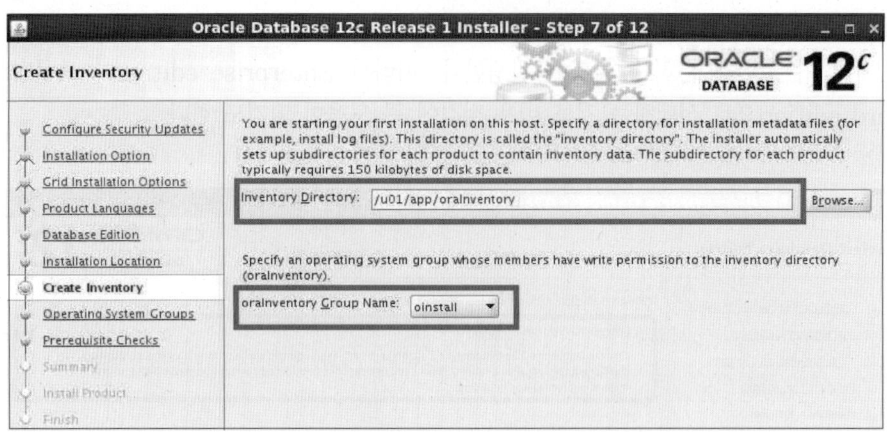

〈Inventory 옵션 설정〉

⑨ Privileged operating system groups

오라클 12c 소프트웨어 설치시 이전 버전 대비 새로운 OS 그룹을 사용할 것을 권고한다. 백업/복구를 담당하는 osbackupdba, 데이터 가드를 담당하는 osdgdba, 암호화를 담당하는 oskmdba가 이것인데 이들 dba 권한을 가진 os 그룹을 여기서 맵핑해주도록 한다.

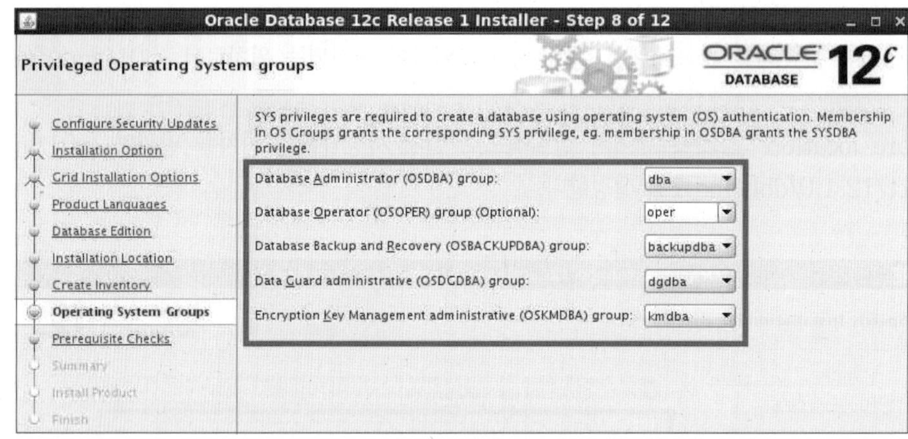

〈OS 그룹과 DBA 권한 맵핑〉

⑩ Prerequisite checks

소프트웨어 설치를 위한 사전 요건들을 확인하도록 한다. 독자에 따라 한두 개 정도 Warning message가 뜰 수도 있는데 이때는 우측상단 〔Ignore all〕 옵션을 선택하고 진행하면 크게 문제되지 않는다. 하지만 실제 운영 환경에서는 모든 사전 요건들이 충족되도록 확인한 후 다음으로 진행하도록 해야 한다는 점을 유의하기 바란다.

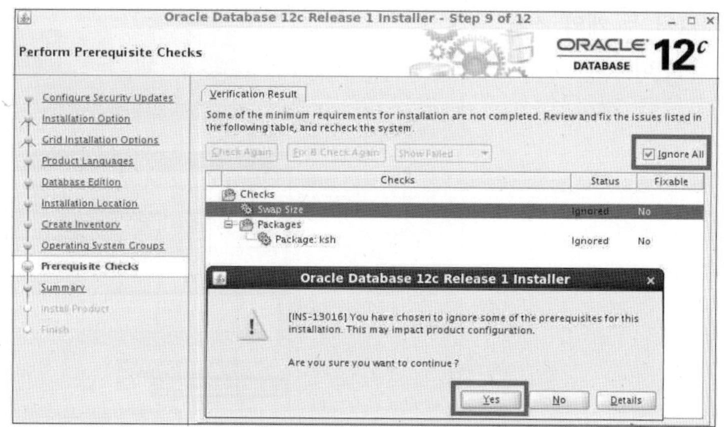

〈사전 요건 확인〉

⑪ 12c 데이터베이스 소프트웨어 설치에 대한 요약 화면을 보여준다.

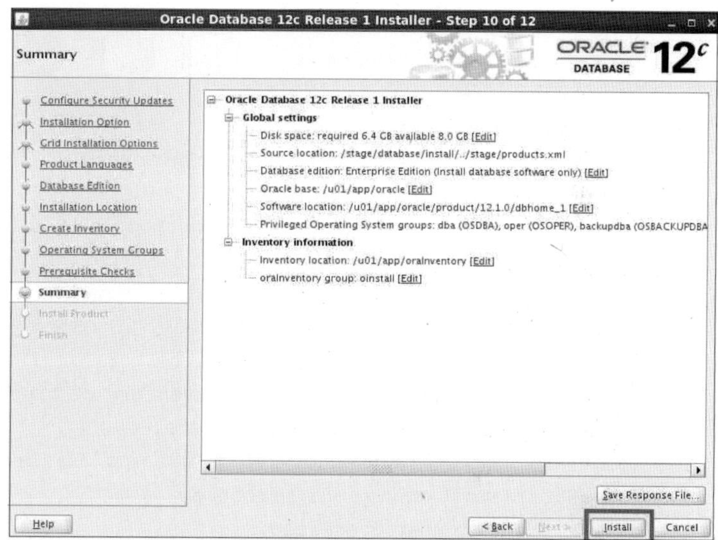

〈설치 요약 정보 확인〉

⑫ Install product

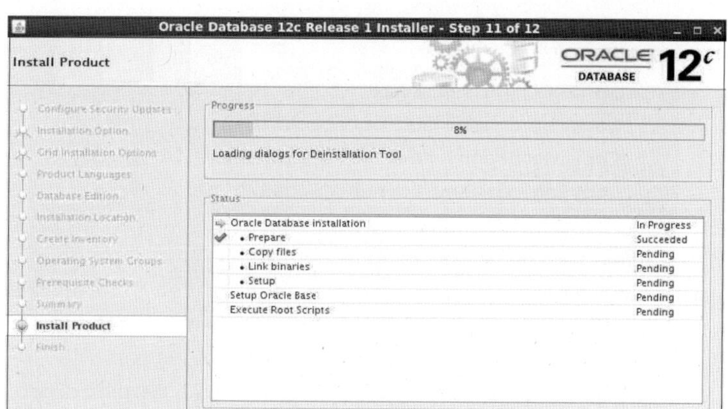

〈설치 진행 확인〉

⑬ "Root" 사용자로써 두 개의 스크립트를 진행하도록 한다.

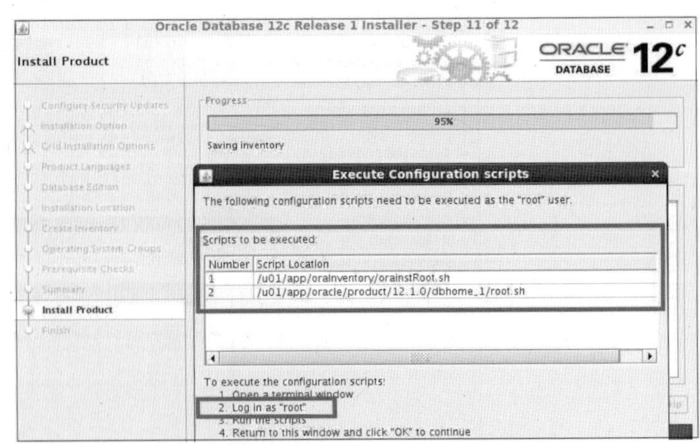

<Root 사용자로 실행하는 스크립트>

```
[oracle@ora12cvm01 Desktop]$ su - root
Password:
[root@ora12cvm01 ~]#
[root@ora12cvm01 ~]# cd /u01/app/oraInventory/
[root@ora12cvm01 oraInventory]# ls
ContentsXML  logs  oraInst.loc  orainstRoot.sh  oui
[root@ora12cvm01 oraInventory]# ./orainstRoot.sh
Changing permissions of /u01/app/oraInventory.
Adding read,write permissions for group.
Removing read,write,execute permissions for world.
Changing groupname of /u01/app/oraInventory to oinstall.
The execution of the script is complete.
[root@ora12cvm01 oraInventory]# cd /u01/app/oracle/product/12.1.0/dbhome_1/
[root@ora12cvm01 dbhome_1]# ./root.sh
Performing root user operation.

The following environment variables are set as:
    ORACLE_OWNER= oracle
    ORACLE_HOME=  /u01/app/oracle/product/12.1.0/dbhome_1

Enter the full pathname of the local bin directory: [/usr/local/bin]:
   Copying dbhome to /usr/local/bin ...
   Copying oraenv to /usr/local/bin ...
   Copying coraenv to /usr/local/bin ...

Creating /etc/oratab file...
Entries will be added to the /etc/oratab file as needed by
Database Configuration Assistant when a database is created
Finished running generic part of root script.
Now product-specific root actions will be performed.
[root@ora12cvm01 dbhome_1]#
```

⑭ 설치 완료

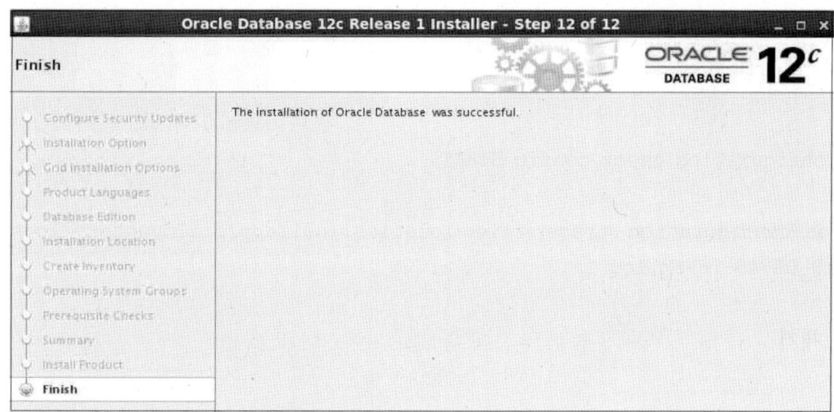

이상으로 12c 데이터베이스 소프트웨어 설치가 완료된다.

●●● oracle 05

오라클 12c 데이터베이스 소프트웨어 삭제/제거

다음은 설치 과정에 문제가 생기거나 소프트웨어를 제거하고자 하는 경우 수행하는 절차를 소개한다. 실행 스크립트는 $ORACLE_HOME/deinstall이다.

① $ORACLE_HOME/deinstall 수행

```
######################## 소프트웨어 제거 ####################

[oracle@ora112:korea:~]$ cd $ORACLE_HOME/deinstall
[oracle@ora112:korea:deinstall]$ ls
bootstrap_files.lst  deinstall     deinstall.xml  readme.txt  sshUserSetup.sh
bootstrap.pl         deinstall.pl  jlib           response    utl
[oracle@ora112:korea:deinstall]$ ./deinstall
Checking for required files and bootstrapping ...
Please wait ...
Location of logs /u01/app/oraInventory/logs/

############ ORACLE DECONFIG TOOL START ############

######################### DECONFIG CHECK OPERATION START #########################
## [START] Install check configuration ##

Checking for existence of the Oracle home location /u01/app/oracle/product/12.1.0/ dbhome_1
Oracle Home type selected for deinstall is: Oracle Single Instance Database
```

```
Oracle Base selected for deinstall is: /u01/app/oracle
Checking for existence of central inventory location /u01/app/oraInventory

## [END] Install check configuration ##

Network Configuration check config START

Network de-configuration trace file location:/u01/app/oraInventory/logs/netdc_check
2016-03-10_06-49-16-PM.log
```

② 리스너 제거

```
Specify all Single Instance listeners that are to be de-configured. Enter .(dot) to
deselect all. [LISTENER]: < 엔터친다>

Network Configuration check config END

Database Check Configuration START

Database de-configuration trace file location: /u01/app/oraInventory/logs/databasedc_
check2016-03-10_06-49-22-PM.log

Use comma as separator when specifying list of values as input
```

③ 제거하려는 소프트웨어 아래 생성되어 있는 DB가 존재하는 경우 DB까지 제거해준다.

```
Specify the list of database names that are configured in this Oracle home [korea]: <
엔터친다>
###### For Database 'korea' ######

Single Instance Database
The diagnostic destination location of the database: /u01/app/oracle/diag/rdbms/korea
Storage type used by the Database: FS
Database file location: /u01/app/oracle/oradata/korea,/u01/app/oracle/fast_recovery_
area/korea
Fast recovery area location: /u01/app/oracle/fast_recovery_area/KOREA
database spfile location: /u01/app/oracle/product/12.1.0/dbhome_1/dbs/spfilekorea.ora

The details of database(s) korea have been discovered automatically. Do you still want
to modify the details of korea database(s)? [n]: <엔터친다>
Database Check Configuration END
Oracle Configuration Manager check START
OCM check log file location : /u01/app/oraInventory/logs//ocm_check5039.log
Oracle Configuration Manager check END
```

```
######################### DECONFIG CHECK OPERATION END #########################


####################### DECONFIG CHECK OPERATION SUMMARY #######################
Oracle Home selected for deinstall is: /u01/app/oracle/product/12.1.0/dbhome_1
Inventory Location where the Oracle home registered is: /u01/app/oraInventory
Following Single Instance listener(s) will be de-configured: LISTENER
The following databases were selected for de-configuration : korea
Database unique name : korea
Storage used : FS
Checking the config status for CCR
Oracle Home exists with CCR directory, but CCR is not configured
CCR check is finished
Do you want to continue (y - yes, n - no)? [n]:<y 라고 쓰고 엔터친다>
A log of this session will be written to: '/u01/app/oraInventory/logs/deinstall_deconfig
2016-03-10_06-49-13-PM.out'
Any error messages from this session will be written to: '/u01/app/oraInventory/logs/
deinstall_deconfig2016-03-10_06-49-13-PM.err'

######################## DECONFIG CLEAN OPERATION START ########################
Database de-configuration trace file location: /u01/app/oraInventory/logs/databasedc_
clean2016-03-10_06-53-54-PM.log
Database Clean Configuration START korea
This operation may take few minutes.
Database Clean Configuration END korea

Network Configuration clean config START

Network de-configuration trace file location: /u01/app/oraInventory/logs/netdc_clean
2016-03-10_06-55-29-PM.log

De-configuring Single Instance listener(s): LISTENER

De-configuring listener: LISTENER
    Stopping listener: LISTENER
    Warning: Failed to stop listener. Listener may not be running.
    Deleting listener: LISTENER
    Listener deleted successfully.
Listener de-configured successfully.

De-configuring Naming Methods configuration file...
Naming Methods configuration file de-configured successfully.

De-configuring backup files...
Backup files de-configured successfully.
```

```
The network configuration has been cleaned up successfully.

Network Configuration clean config END

Oracle Configuration Manager clean START
OCM clean log file location : /u01/app/oraInventory/logs//ocm_clean5039.log
Oracle Configuration Manager clean END

######################### DECONFIG CLEAN OPERATION END #########################

####################### DECONFIG CLEAN OPERATION SUMMARY #######################
Successfully de-configured the following database instances : korea
Following Single Instance listener(s) were de-configured successfully: LISTENER
Cleaning the config for CCR
As CCR is not configured, so skipping the cleaning of CCR configuration
CCR clean is finished
#######################################################################

############# ORACLE DECONFIG TOOL END #############

Using properties file /tmp/deinstall2016-03-10_06-47-47PM/response/deinstall_2016-03-10_
06-49-13-PM.rsp
Location of logs /u01/app/oraInventory/logs/

############ ORACLE DEINSTALL TOOL START ############


####################### DEINSTALL CHECK OPERATION SUMMARY #######################
A log of this session will be written to: '/u01/app/oraInventory/logs/deinstall_
deconfig2016-03-10_06-49-13-PM.out'
Any error messages from this session will be written to: '/u01/app/oraInventory/logs/
deinstall_ deconfig2016-03-10_06-49-13-PM.err'

######################## DEINSTALL CLEAN OPERATION START ########################
## [START] Preparing for Deinstall ##
Setting LOCAL_NODE to ora112
Setting CRS_HOME to false
Setting oracle.installer.invPtrLoc to /tmp/deinstall2016-03-10_06-47-47PM/oraInst.loc
Setting oracle.installer.local to false

## [END] Preparing for Deinstall ##
Setting the force flag to false
Setting the force flag to cleanup the Oracle Base
Oracle Universal Installer clean START
```

```
Detach Oracle home '/u01/app/oracle/product/12.1.0/dbhome_1' from the central inventory
on the local node : Done

Delete directory '/u01/app/oracle/product/12.1.0/dbhome_1' on the local node : Done

The Oracle Base directory '/u01/app/oracle' will not be removed on local node. The
directory is in use by Oracle Home '/u01/app/oracle/product/11.2.0/dbhome_1'.

Oracle Universal Installer cleanup was successful.

Oracle Universal Installer clean END


## [START] Oracle install clean ##

Clean install operation removing temporary directory '/tmp/deinstall2016-03-10_
06-47-47PM' on node 'ora112'

## [END] Oracle install clean ##


######################### DEINSTALL CLEAN OPERATION END #########################


####################### DEINSTALL CLEAN OPERATION SUMMARY #######################
Successfully detached Oracle home '/u01/app/oracle/product/12.1.0/dbhome_1' from the
central inventory on the local node.
Successfully deleted directory '/u01/app/oracle/product/12.1.0/dbhome_1' on the local
node.
Oracle Universal Installer cleanup was successful.

Oracle deinstall tool successfully cleaned up temporary directories.
#######################################################################

############# ORACLE DEINSTALL TOOL END #############
```

이상으로 오라클 12c 데이터베이스 소프트웨어를 제거하는 과정을 살펴보았다.

Chapter 04 오라클 12c 데이터베이스 생성

이번 장에서는 오라클 12c 데이터베이스 생성 과정에 대해서 살펴보고자 한다.
특히 CDB, PDB 개념이 새롭게 소개되면서 기존 버전에서 접하지 못한 데이터베이스 생성 옵션들에 대한 개념을 이해할 필요가 있다.
CDB와 PDB 관련 세부적인 내용, 특히 PDB 생성, 제거 그리고 플러그인/언프러그에 대한 내용은 Part 04에서 더욱 자세히 소개된다.

다음은 이번 장에서 다루게 될 세부 사항들이다.

- Section 01 Oracle 사용자 프로파일 설정
- Section 02 CDB와 PDB 동시 생성(DBCA 사용) - Advanced mode 옵션 선택
- Section 03 CDB와 PDB 동시 생성(DBCA 사용)
  - [Create a database with default configuration] 옵션 선택
- Section 04 CDB만 생성(DBCA 사용) - Advanced mode 옵션 선택
- Section 05 Non CDB 생성(DBCA 사용) - Advanced mode 옵션 선택
- Section 06 12c 데이터베이스 생성 시 스크립트 사용 방법
- Section 07 샘플 스키마 설치

●●● oracle 01

Oracle 사용자 프로파일 설정

데이터베이스를 생성하기 전에 Oracle 사용자의 프로파일을 설정해주도록 한다. 그리고 중요한 환경 변수들을 Oracle 사용자의 프로파일에 반영시켜주도록 한다.

- PS1 : 사용자 OS 프롬프트 설정 변수
- ORACLE_BASE : 오라클 소프트웨어 설치 관련 위치 정보 설정 변수
- ORACLE_HOME : 오라클 소프트웨어 설치 위치 설정 변수
- PATH : 명령어 수행 시 해당 디렉토리까지 가지 않고도 스크립트를 실행할 수도록 하는 설정 변수
- ORACLE_SID : 오라클 데이터베이스 SID 설정 변수

다음과 같은 설정으로 .bash_profile에 반영해주도록 한다.

```
[oracle@ora12cvm01 stage]$ vi .bash_profile
# .bash_profile
# Get the aliases and functions
if [ -f ~/.bashrc ]; then
        . ~/.bashrc
fi
# User specific environment and startup programs
export PS1=$'\\n[$LOGNAME@\h:$ORACLE_SID]'
export TMP=/tmp
export TMPDIR=$TMP
export ORACLE_BASE=/u01/app/oracle
export ORACLE_HOME=$ORACLE_BASE/product/12.1.0/dbhome_1
export ORACLE_SID=korea
export PATH=/usr/sbin:$PATH
export PATH=$ORACLE_HOME/bin:$PATH
export LD_LIBRARY_PATH=$ORACLE_HOME/lib:/lib:/usr/lib
export CLASSPATH=$ORACLE_HOME/jlib:$ORACLE_HOME/rdbms/jlib
```

주의할 점은 .bash_profile 내용을 업데이트만 했다고 바로 시스템에서 반영되지 않는다는 점을 기억하기 바란다. 다음과 같이 ./.bash_profile 명령으로 바로 반영시키도록 한다.

```
[oracle@ora12cvm01 ~]$ . ./.bash_profile
[oracle@ora12cvm01:korea]
 [oracle@ora12cvm01:korea]echo $ORACLE_HOME
/u01/app/oracle/product/12.1.0/dbhome_1
```

```
[oracle@ora12cvm01:korea]echo $ORACLE_SID
korea
[oracle@ora12cvm01:korea]echo $PATH
/u01/app/oracle/product/12.1.0/dbhome_1/bin:/usr/sbin:/usr/lib64/qt-3.3/bin:/usr
/local/bin:/usr/bin:/bin:/usr/local/sbin:/usr/sbin:/sbin:/home/oracle/bin
[oracle@ora12cvm01:korea]echo $TMP
/tmp
```

이제 오라클 12c 데이터베이스를 생성하는 다양한 방법을 살펴보도록 한다.

●●● oracle 02

CDB와 PDB 동시 생성(DBCA 사용) (Advanced mode 옵션 선택)

CDB와 PDB를 동시에 생성할 때 Advanced mode 옵션을 적용하여 진행하는 과정을 살펴본다.

- 전역 데이터베이스 이름(Global database name) : korea.oracle.com(CDB)
- SID : korea(CDB)
- PDB 이름 : seoul

데이터베이스 생성 모드(Creation mode)는 다음 두 가지 옵션 중 하나를 선택할 수 있다.
〔Create a database with default configuration〕 : 데이터베이스 생성과정이 내부 기본 옵션들로 설정되어 진행된다. 특히 샘플스키마 설치가 지원되지 않으며 데이터베이스가 OMF 기반으로 생성되는 등 이후 다양한 구성 확인 시 여러모로 번거로울 듯하여 가급적이면 선택하지 않도록 한다.
〔Advanced mode〕 : 다양한 구성 설정 가능한 옵션으로서 12c 데이터베이스 생성 시 기본적으로 이 옵션을 적용하도록 권고하는 바이다.

① DBCA 실행

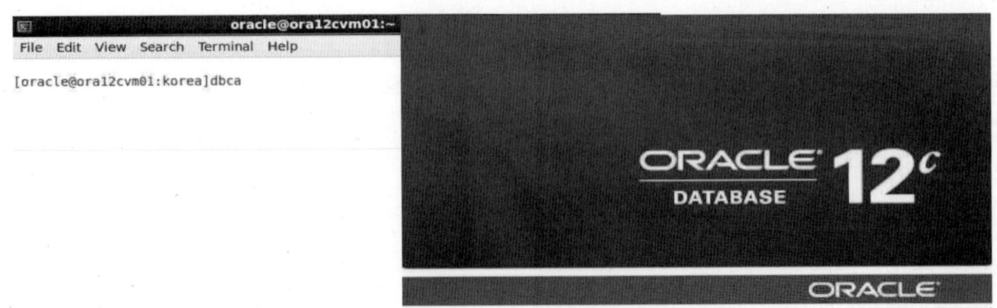

<DBCA 실행 및 초기 화면>

② Database Operation 선택

신규 데이터베이스를 만드는 경우 〔Create Database〕 옵션을 선택한다.

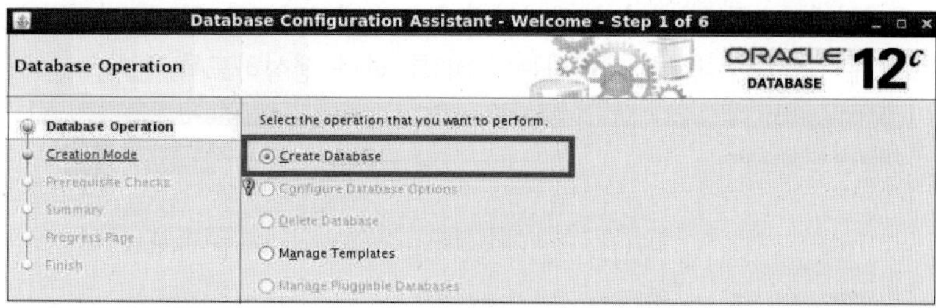

③ Creation Mode 선택

데이터베이스 생성 모드를 선택한다. 기본적인 옵션을 유지하면서 신규 데이터베이스를 생성하는 경우에는 〔Create a database with default configuration〕 옵션을 선택하고, DBA 세부적인 설정을 원하는 경우 〔Advenced mode〕를 선택하고 진행한다.

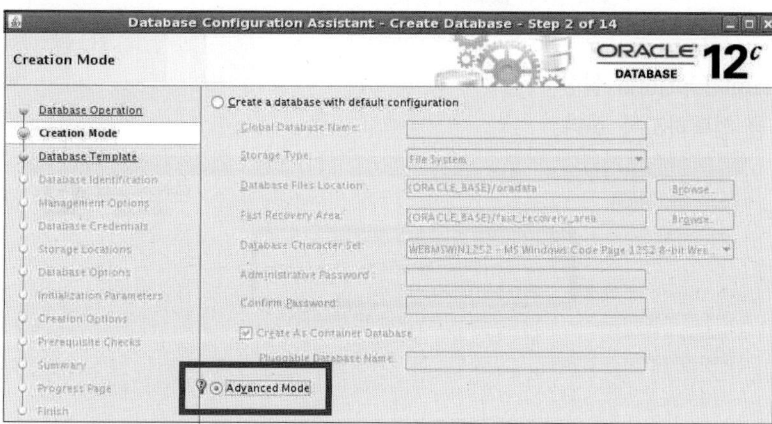

④ Database Template

〔General Purpose or Transaction Processing〕 옵션을 선택한다. 실습용 데이터베이스이므로 가장 일반적인 형태의 데이터베이스로 설정해도 무방하다.

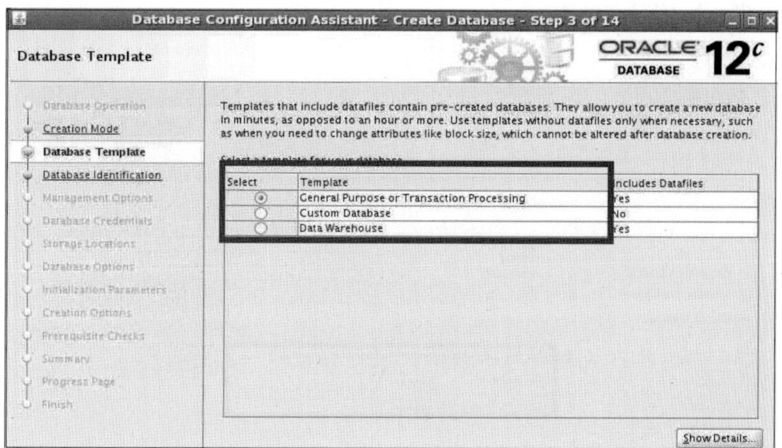

⑤ Database Identification 설정

〔Global Database Name〕은 'korea.oracle.com'으로, 〔SID〕는 'korea'로 설정한다. 그리고 koea라는 데이터베이스를 컨테이너 데이터베이스로 생성하도록 한다. 마지막으로 korea라는 컨테이너 데이터베이스 내부에 seoul이라는 PDB를 하나 생성하도록 한다.

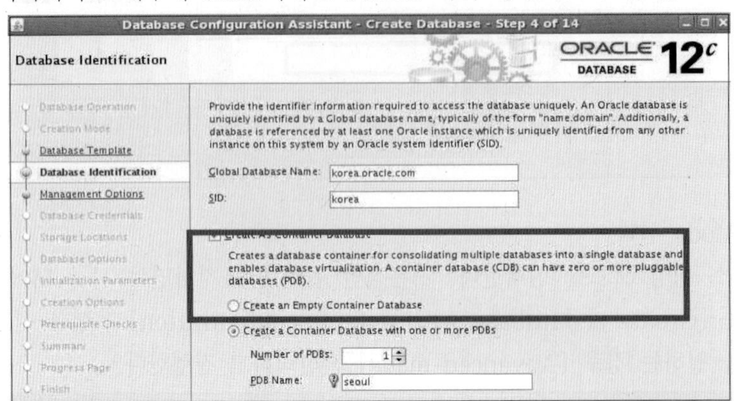

⑥ Management Options 설정

EM 설정을 선택하도록 한다.

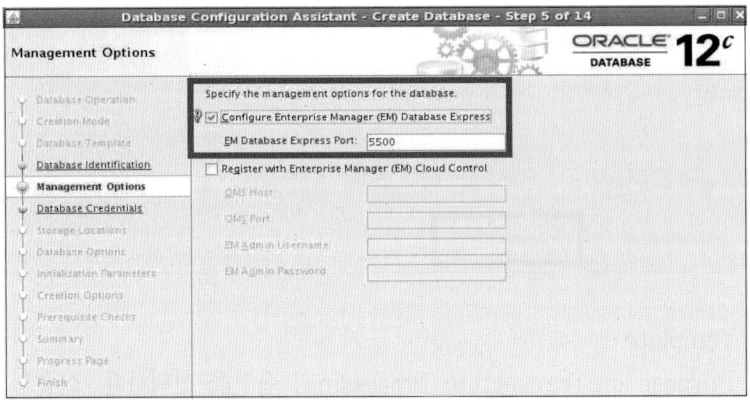

⑦ Database Credentials 설정

SYS, SYSTEM 사용자의 암호를 설정한다.

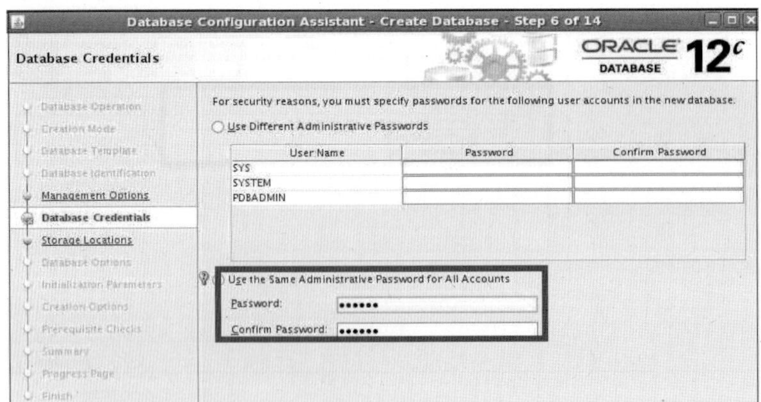

⑧ Network Configuration 설정

리스너의 이름은 'LISTENER', 포트는 '1521'로 설정한다.

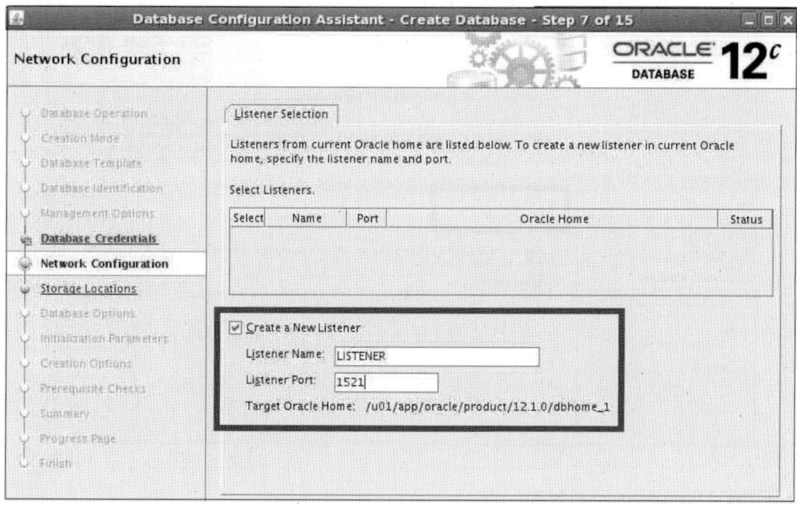

⑨ Storage Locations 설정

데이터베이스 파일의 위치를 설정한다. 모두 공통적으로 ORACLE_BASE/oradata 아래 생성하도록 한다. 그리고 Fast Recovery Area는 ORACLE_BASE/fast_recovery_area로 설정한다.

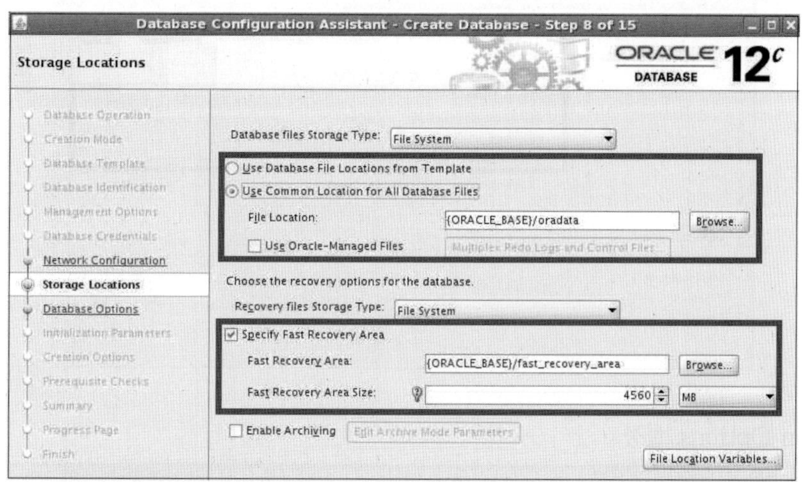

FRA 이후 RMAN 작업 및 아카이브 파일 생성시 사용하는 공간이라고 이해하면 된다.

⑩ Sample Schemas 설정

데이터베이스를 생성할 때 오라클이 제공하는 스키마들이 자동으로 생성되도록 하는 옵션이다.

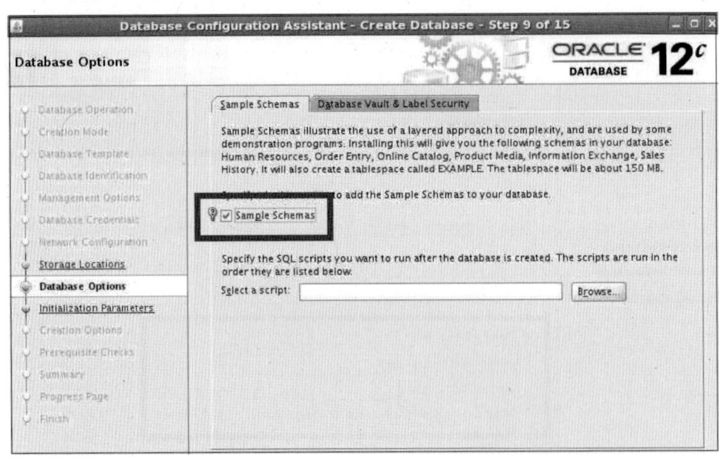

⑪ Initialization Parameters 설정

데이터베이스 생성 및 관리시 필요한 초기화 파라미터를 설정한다. 실제 운영 데이터베이스가 아닌 경우에는 기본적으로 선택되어 있는 옵션 그대로 일단 유지하고 진행하도록 한다. 이후 언제든지 변경이 가능하기 때문이다.

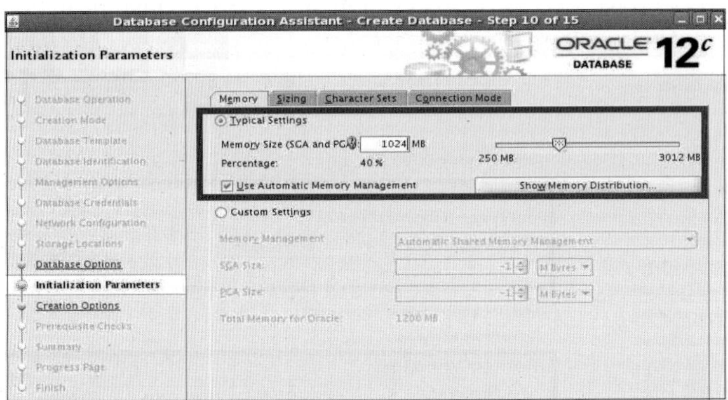

⑫ Creation Options 설정

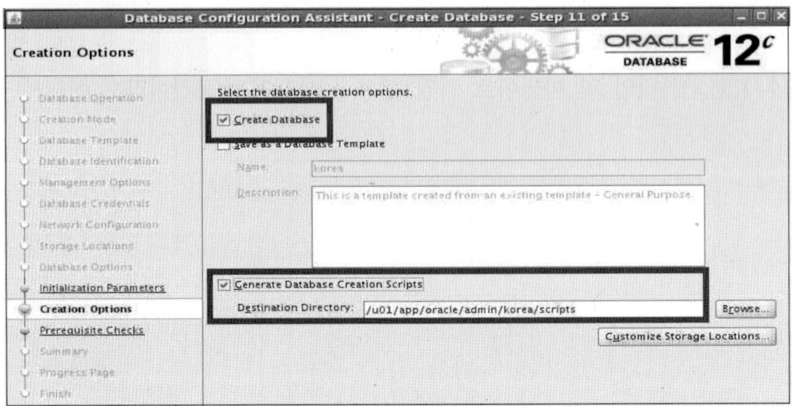

⑬ Summary 설정

최종적으로 설정된 옵션들을 확인하도록 한다.

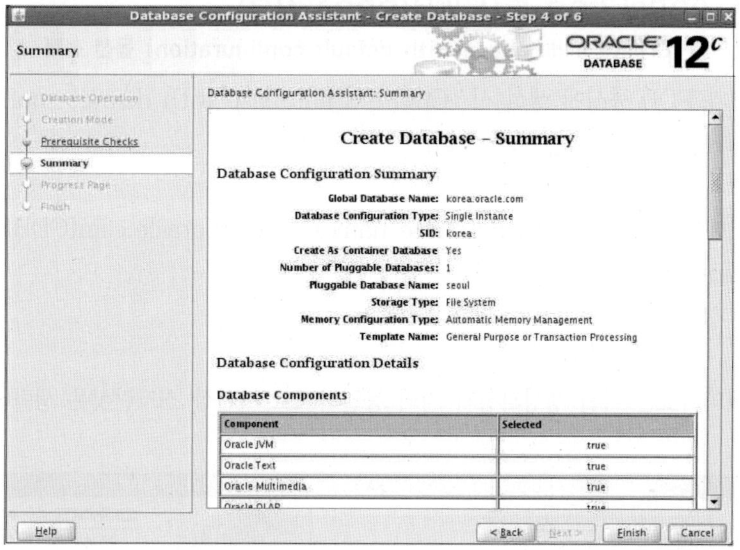

⑭ Finish

데이터베이스 생성 완료 화면이 나타난다.

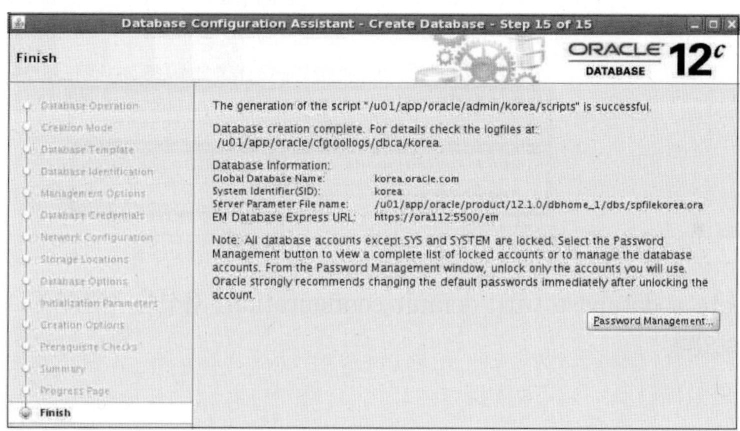

이상으로 Advanced mode 옵션을 적용한 CDB와 PDB 동시 생성 과정을 살펴보았다.

●●● oracle 03

CDB와 PDB 동시 생성(DBCA 사용)
- 〔Create a database with default configuration〕 옵션 선택

이번에는 CDB와 PDB 동시에 생성 시 〔Create a database with default configuration〕 옵션을 적용하여 진행하는 과정을 살펴보도록 한다.

- 전역 데이터베이스 이름(Global database name) : japan.oracle.com(CDB)
- SID : japan(CDB)
- PDB 이름 : tokyo

다음 화면을 제외하고는 이전 생성과정과 거의 동일하므로 지면상 스크린샷은 생략하도록 한다.

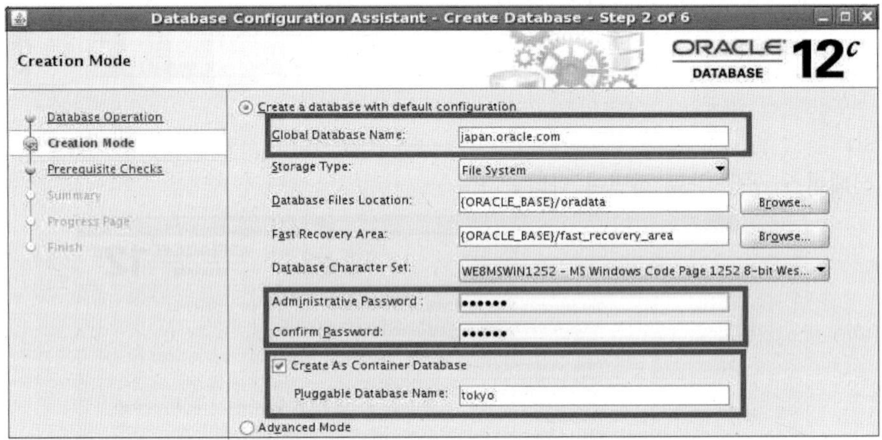

이상으로 〔Create a database with default configuration〕 옵션을 적용한 CDB와 PDB 동시 생성과정을 살펴보았다.

●●● oracle 04

CDB만 생성(DBCA 사용) - Advanced mode 옵션 선택

PDB 생성없이 CDB만 생성하는 과정을 살펴보고자 한다. PDB 생성없이 CDB만 생성한다고 해서 NonCDB가 되는 것은 아니라는 점을 기억 바란다. PDB가 비어있는 CDB라고 이해하면 된다.

- 전역 데이터베이스 이름(Global database name) : usa.oracle.com(CDB)
- SID : usa(CDB)
- [Create as container database] 옵션 선택
- [Create an empty container database] 옵션 선택

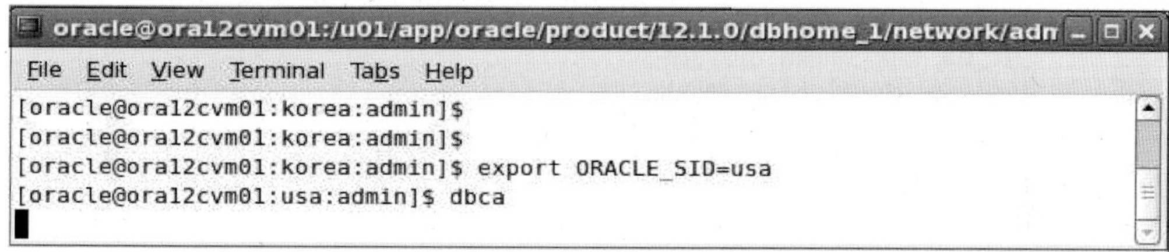

```
[oracle@ora12cvm01:korea:admin]$
[oracle@ora12cvm01:korea:admin]$
[oracle@ora12cvm01:korea:admin]$ export ORACLE_SID=usa
[oracle@ora12cvm01:usa:admin]$ dbca
```

다음 화면을 제외하고는 이전 생성 과정과 거의 동일하므로 지면상 스크린샷은 생략하도록 한다.

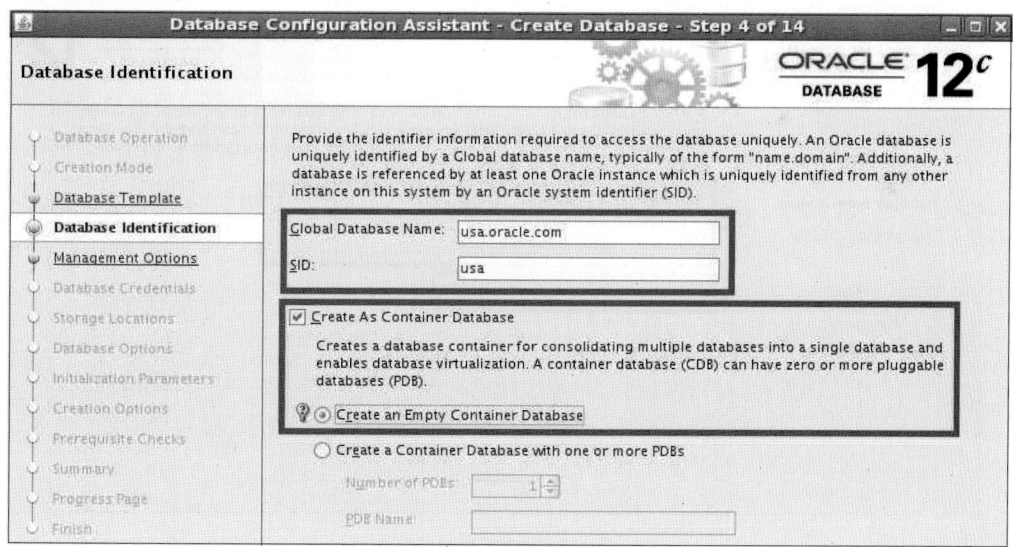

이상으로 [Advanced] 옵션을 적용한 CDB 생성(CDB only)과정을 살펴보았다.

●●● oracle 05

Non CDB 생성(DBCA 사용) - Advanced mode 옵션 선택

12c의 멀티테넌트(CDB, PDB) 개념이 적용되지 않는 일반 12c 데이터베이스(Non CDB)를 생성하는 과정을 살펴보고자 한다. 이 과정이 바로 지금까지 11g 버전에서 생성하던 일반적인 데이터베이스 생성 과정과 동일하다고 생각하면 된다.
CDB와 PDB 개념이 전혀 없는 예전과 동일한 방식의 데이터베이스 생성 과정이다.

- 전역 데이터베이스 이름(Global database name) : boston.oracle.com
- 인스턴스 이름(SID) : boston

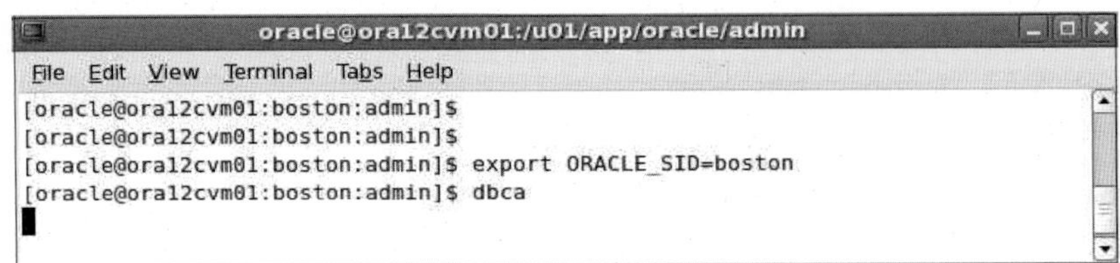

다음 화면을 제외하고는 이전 생성 과정과 거의 동일하므로 지면상 스크린샷은 생략하도록 한다.

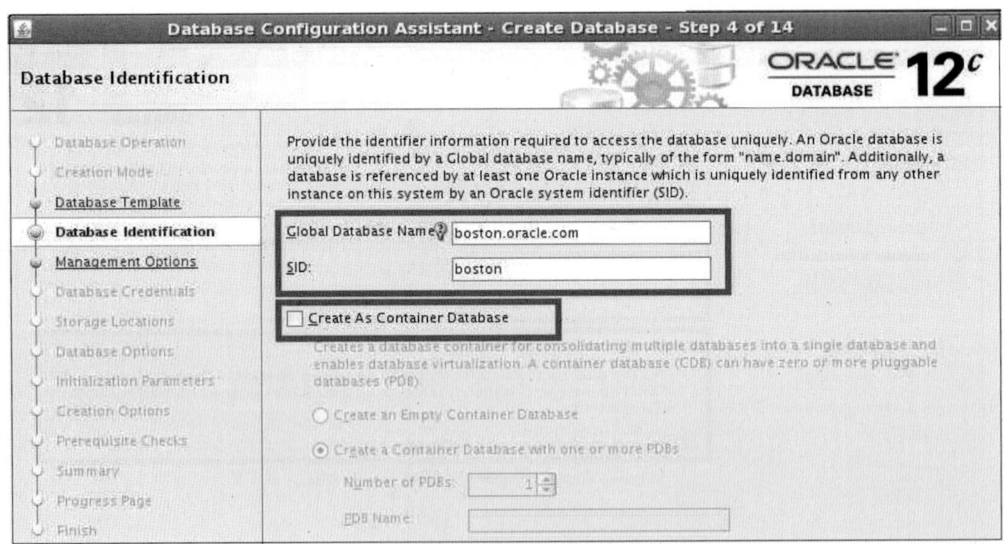

<Non CDB 생성 옵션>

이상으로 〔Advanced〕 옵션을 적용한 Non CDB 생성 과정을 살펴보았다.

●●● oracle 06

12c 데이터베이스 생성 시 스크립트 사용 방법

지금까지 DBCA를 사용하여 데이터베이스를 생성하는 다양한 방법에 대해 살펴보았다. 이제는 DBCA를 사용하지 않고 일반 Unix/Linux/SQL 스크립트를 사용하여 데이터베이스를 생성하는 과정을 소개하고자 한다.

다양한 방법으로 12c 데이터베이스 생성 스크립트를 개발해서도 얼마든지 신규 데이터베이스를 생성할 수 있겠지만 DBCA를 사용할 것을 권고하는 바이다.

이제 기존에 DBCA부터 자동 생성된 스크립트를 사용하여 신규 데이터베이스를 생성하는 과정을 자세히 살펴보도록 한다.

※ 기존 데이터베이스를 생성할 때 만들어진 스크립트면 아무거나 사용해도 무방하다.

- DBCA를 통해 얻은 기존 데이터베이스(Boston) 생성 스크립트 위치 :
  /u01/app/oracle/admin/boston/scripts
- 신규 데이터베이스(china) 생성 스크립트 위치 :
  /u01/app/oracle/admin/china/scripts

일단 기존의 생성된 스크립트 위치와 스크립트들이 존재하는지 확인하도록 한다.

```
[oracle@ora12cvm01:boston:scripts]$ cd /u01/app/oracle/admin/boston/scripts
[oracle@ora12cvm01:boston:scripts]$ ls
boston.sh             initbostonTempOMF.ora postDBCreation.sql
boston.sql            initbostonTemp.ora    postScripts.sql
cloneDBCreation.sql   init.ora              rmanRestoreDatafiles.sql
CloneRmanRestore.sql  lockAccount.sql       tempControl.ctl
```

신규 데이터베이스 생성 시 사용하게 될 스크립트의 위치를 생성한다.

```
[oracle@ora12cvm01:korea:scripts]$ export ORACLE_SID=china
[oracle@ora12cvm01:korea:schema]$ cd /u01/app/oracle/admin/
[oracle@ora12cvm01:korea:admin]$ mkdir china
[oracle@ora12cvm01:korea:admin]$ cd china
[oracle@ora12cvm01:korea:china]$ mkdir scripts
```

/u01/app/oracle/admin/boston/scripts 아래 모든 스크립트를 신규 데이터베이스 생성 시 사용하게 될 스크립트 위치로 복사한다.

```
[oracle@ora12cvm01:china:scripts]$ cp -R /u01/app/oracle/admin/boston/scripts *
/u01/app/oracle/admin/china/scripts/
[oracle@ora12cvm01:china:scripts]$ ls
boston.sh              initbostonTempOMF.ora    postDBCreation.sql
boston.sql             initbostonTemp.ora       postScripts.sql
cloneDBCreation.sql    init.ora                 rmanRestoreDatafiles.sql
CloneRmanRestore.sql   lockAccount.sql          tempControl.ctl
```

복사된 파일 이름을 "boston"에서 "china"로 모두 변경한다.

```
[oracle@ora12cvm01:china:scripts]$ ls
boston.sh              initbostonTempOMF.ora    postDBCreation.sql
boston.sql             initbostonTemp.ora       postScripts.sql
cloneDBCreation.sql    init.ora                 rmanRestoreDatafiles.sql
CloneRmanRestore.sql   lockAccount.sql          tempControl.ctl
[oracle@ora12cvm01:china:scripts]$ mv boston.sh china.sh
[oracle@ora12cvm01:china:scripts]$ mv boston.sql china.sql
[oracle@ora12cvm01:china:scripts]$ mv initbostonTempOMF.ora initchinaTempOMF.ora
[oracle@ora12cvm01:china:scripts]$ mv initbostonTemp.ora initchinaTemp.ora
```

각각의 데이터베이스 생성 관련 스크립트를 vi로 열고 'boston' 이라는 글자를 모두 'china' 로 변경한다. 예를 들어, china.sh 스크립트에 대해서 작업을 한다면 다음과 같다.

```
[oracle@ora12cvm01:china:scripts]$ vi china.sh
#!/bin/sh

OLD_UMASK=`umask`
umask 0027
mkdir -p /u01/app/oracle
mkdir -p /u01/app/oracle/admin/china/adump
mkdir -p /u01/app/oracle/admin/china/dpdump
mkdir -p /u01/app/oracle/admin/china/pfile
mkdir -p /u01/app/oracle/audit
mkdir -p /u01/app/oracle/cfgtoollogs/dbca/china
mkdir -p /u01/app/oracle/fast_recovery_area
mkdir -p /u01/app/oracle/fast_recovery_area/china
mkdir -p /u01/app/oracle/oradata/china
mkdir -p /u01/app/oracle/product/12.1.0/dbhome_1/dbs
umask ${OLD_UMASK}
PERL5LIB=$ORACLE_HOME/rdbms/admin:$PERL5LIB; export PERL5LIB
ORACLE_SID=china; export ORACLE_SID
```

```
PATH=$ORACLE_HOME/bin:$PATH; export PATH
echo You should Add this entry in the /etc/oratab: china:/u01/app/oracle/product/
12.1.0/dbhome_1:Y
/u01/app/oracle/product/12.1.0/dbhome_1/bin/sqlplus  /nolog  @/u01/app/oracle/admin/
china/scripts/china.sql
~
~
:1,$s/boston/china/g
```

마지막 라인에 :1,$s/boston/china/g 설정이 전역적으로 boston이라는 글자를 china로 변경시켜주는 명령이 되겠다. 무척 유용한 vi 명령이니만큼 잘 기억하기 바란다.
동일한 vi 작업을 나머지 모든 스크립트에 적용한다.

```
[oracle@ora12cvm01:china:scripts]$ vi china.sql
[oracle@ora12cvm01:china:scripts]$ vi cloneDBCreation.sql
[oracle@ora12cvm01:china:scripts]$ vi CloneRmanRestore.sql
[oracle@ora12cvm01:china:scripts]$ vi initchinaTempOMF.ora
[oracle@ora12cvm01:china:scripts]$ vi initchinaTemp.ora
[oracle@ora12cvm01:china:scripts]$ vi init.ora
[oracle@ora12cvm01:china:scripts]$ vi lockAccount.sql
[oracle@ora12cvm01:china:scripts]$ vi postDBCreation.sql
[oracle@ora12cvm01:china:scripts]$ vi postScripts.sql
[oracle@ora12cvm01:china:scripts]$ vi rmanRestoreDatafiles.sql
[oracle@ora12cvm01:china:scripts]$ vi tempControl.ctl
ORACLE_HOME과 ORACLE_SID 설정을 확인하고 데이터베이스 생성을 시작하도록 한다.
[oracle@ora12cvm01:china:scripts]$ echo $ORACLE_HOME
/u01/app/oracle/product/12.1.0/dbhome_1
[oracle@ora12cvm01:china:scripts]$ echo $ORACLE_SID
china

[oracle@ora12cvm01:china:scripts]$ ./china.sh
You should Add this entry in the /etc/oratab: china:/u01/app/oracle/product/12.1.0/
dbhome_1:Y
SQL*Plus: Release 12.1.0.2.0 Production on Fri Mar 11 14:40:24 2016
Copyright (c) 1982, 2014, Oracle.  All rights reserved.
Enter new password for SYS:
Enter new password for SYSTEM:
Enter password for SYS:
Connected to an idle instance.
SQL> spool /u01/app/oracle/admin/china/scripts/CloneRmanRestore.log append
SQL> startup mount pfile="/u01/app/oracle/admin/china/scripts/initchinaTempOMF.ora";
ORA-00845: MEMORY_TARGET not supported on this system
<실패>
```

ORA-00845: MEMORY_TARGET not supported on this system 에러로 인하여 데이터베이스 생성에 실패하였다. 이유는 파라미터 파일에 설정된 memory_target 파라미터값이 tmpfs 마운트 포인트보다 크게 설정되었기 때문이다.
현재 memory_target 파라미터값이 1024m으로 설정된 것을 확인할 수 있다.

```
[oracle@ora12cvm01:china:scripts]$ cd /u01/app/oracle/admin/china/scripts
[oracle@ora12cvm01:china:scripts]$ ls
china.sh               initchinaTempOMF.ora   postDBCreation.log
china.sql              initchinaTemp.ora      postDBCreation.sql
cloneDBCreation.log    init.ora               postScripts.log
cloneDBCreation.sql    lockAccount.log        postScripts.sql
CloneRmanRestore.log   lockAccount.sql        rmanRestoreDatafiles.sql
CloneRmanRestore.sql   mkplug_v3_china.log    tempControl.ctl

[oracle@ora12cvm01:china:scripts]$ vi init.ora
###############################################
# Miscellaneous
###############################################
compatible=12.1.0.2.0
diagnostic_dest=/u01/app/oracle
memory_target=1024m
```

다음은 현재 설정되어 있는 tmpfs의 크기를 살펴보도록 한다.

```
[oracle@ora12cvm01:china:scripts]$ df -kh
Filesystem  Size  Used Avail Use% Mounted on
/dev/sda3           93G    38G   51G   44%  /
/dev/sda1          289M    35M  240M   13%  /boot
tmpfs              1.6G   664M  975M   41%  /dev/shm
/dev/hdc            34M    34M     0  100%  /media/20160310_165235
```

저자의 리눅스 VM 환경의 경우 tmpfs 마운트 포인트로 전체 1.6GB가 할당되어있으나 현재 사용가능한 용량은 975MB로서 1GB가 채 못되고 있는 것을 확인할 수 있다. 바로 이러한 이유로 데이터베이스 생성이 실패하였던 것이다. 3개의 xxx.ora 파일로부터 memory_taget 값을 일단 500MB 정도로 하향 조정시킨 후 다시 china.sh 스크립트를 실행시키면 이번에는 정상적으로 진행되는 것을 확인할 수 있고 성공적으로 데이터베이스 생성이 완료된다.

```
[oracle@ora12cvm01:china:scripts]$ sqlplus '/as sysdba'
SQL> select instance_name from v$instance;
INSTANCE_NAME
--------------------------------------------------
China
```

DBCA 로부터 자동 생성된 스크립트를 사용하는 방법을 권고하는 이유는 12c 버전에서의 변동사항 및 특이설정 사항들을 모두 반영한 스크립트이기 때문이다. 자칫 예전 버전에서 사용하던 스크립트를 12c에서 그대로 사용하게 되면 12c에서의 특이 설정 사항들을 제대로 반영하지 못할 수도 있다. 이러한 이유로 가급적이면 DBCA 생성 스크립트를 사용함이 가장 안전하고 확실한 방법이 아닐까 싶다.

●●● oracle 07

샘플 스키마 설치

데이터베이스를 생성한 후 샘플 스키마가 생성되어있지 않는 경우에 이를 인위적으로 생성하는 과정을 소개하고자 한다. 먼저 Nosample이라는 데이터베이스 내부에 샘플 스키마가 생성되어 있는지 HR 스키마의 생성여부를 통해 확인해본다

```
[oracle@ora12cvm01:nosample:schema]$ echo $ORACLE_SID
nosample
[oracle@ora12cvm01:nosample:schema]$ sqlplus '/as sysdba'
SQL> select username from dba_users where username ='HR';
no rows selected
```

테스트해보니 HR 스키마가 생성되어있지 않는 것을 확인할 수 있다.
따라서 현재 12c 데이터베이스 소프트웨어가 설치되어있는 위치에 샘플 스키마 생성을 위해 오라클로부터 제공받은 Template 스크립트들이 소프트웨어 설치 시 복사되어있는지 확인하도록 한다.

```
[oracle@ora112:nosample:schema]$ cd $ORACLE_HOME/demo/schema
[oracle@ora12cvm01: nosample:schema]$ ls -lrt
total 34336
-rw-r--r-- 1 oracle oinstall    1600 Aug 16  2006 mk_dir.sql.sbs
-rw-r--r-- 1 oracle oinstall    2322 Apr  3  2009 drop_sch.sql
-rw-r--r-- 1 oracle oinstall   16977 Jun 26  2014 sted_mkplug.sql.dbl
-rw-r--r-- 1 oracle oinstall   27653 Jun 26  2014 mkplug.sql
drwxr-xr-x 2 oracle oinstall    4096 Mar 10 19:48 human_resources
drwxr-xr-x 2 oracle oinstall    4096 Mar 10 19:48 bus_intelligence
drwxr-xr-x 2 oracle oinstall    4096 Mar 10 19:48 sales_history
drwxr-xr-x 3 oracle oinstall    4096 Mar 10 19:54 order_entry
drwxr-xr-x 2 oracle oinstall    4096 Mar 10 19:54 log
-rw-r--r-- 1 oracle oinstall    1757 Mar 10 19:55 mk_dir.sql.ouibak
-rw-r--r-- 1 oracle oinstall    1757 Mar 10 19:55 mk_dir.sql
```

확인 결과 화면을 보면 12c 소프트웨어 설치 시 복사되었어야 할 스크립트들이 다수 누락되어 있음을 확인할 수 있다. 예를 들어, hr 스키마를 생성시켜주는 template 스크립트인 hr_main.sql 스크립트가 human_resources 디렉토리 아래 존재하는 경우에는 이미 샘플 스키마를 생성시키는 일련의 template 스크립트들이 소프트웨어를 설치할 때 함께 설치되었다는 의미이지만 이들 스크립트들이 보이지 않는다는 얘기는 소프트웨어를 설치할 때 이미 누락되었다고 이해하면 된다.

DBCA를 사용하여 데이터베이스를 생성할 때 〔sample schema〕 옵션을 선택하게 되면 해당 샘플 스키마들이 자동적으로 데이터베이스 내부에 생성되어 있어야 하는데 이처럼 template 스크립트들이 소프트웨어 설치할 때 누락된 상태라면 샘플 스키마 생성이 불가능해진다. 이러한 문제가 발생하는 경우에는 다음과 같이 인위적으로 샘플 스키마들을 생성해주도록 한다.

일단 아티오 홈페이지의 자료실에서 다운받은 이 책의 소스 자료에서 샘플 스키마 생성 스크립트(sample_schema.zip)를 찾아 이를 ISO 이미지(sample_schema.iso)로 변환시킨 후 VM으로 CD/DVD 드라이브를 사용하여 로딩하도록 한다.

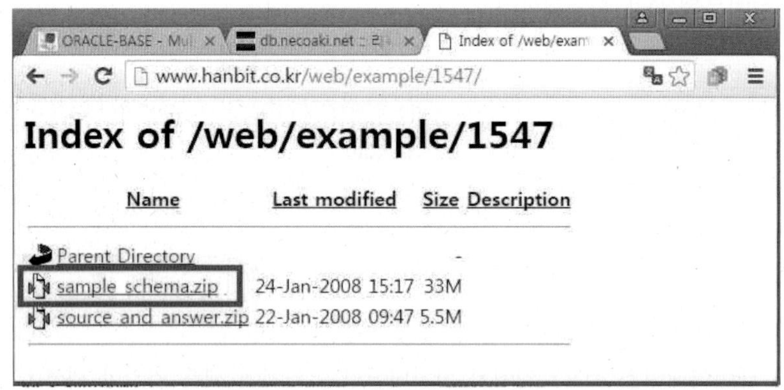

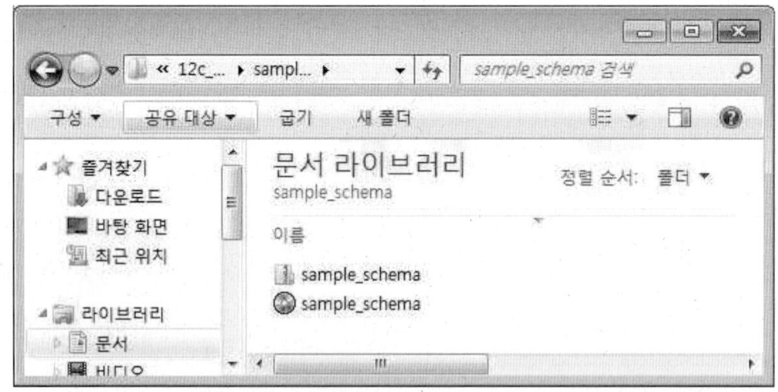

```
[oracle@ora12cvm01:nosample:schema]$ df -k
Filesystem          1K-blocks      Used  Available  Use%  Mounted on
/dev/sda3            97213968  37359200   54836868   41%  /
/dev/sda1              295561     35134     245167   13%  /boot
tmpfs                 1677312    628404    1048908   38%  /dev/shm
/dev/hdc                34262     34262          0  100%  /media/20160310_165235
[oracle@ora12cvm01: nosample:schema]$ cd /media/20160310_165235
[oracle@ora12cvm01: nosample:20160310_165235]$ ls -lrt
total 34211
-r-xr-xr-x 1 oracle root 35031805 Mar 10 16:51 sample_schema.zip
 [oracle@ora12cvm01: nosample:20160310_165235]$ pwd
/media/20160310_165235
[oracle@ora12cvm01: nosample:20160310_165235]$ cp sample_schema.zip /u01/app/oracle/
product/12.1.0/dbhome_1/demo/schema/
[oracle@ora12cvm01: nosample:schema]$ cd /u01/app/oracle/product/12.1.0/dbhome_1/
demo/schema/
[oracle@ora12cvm01: nosample:schema]$ ls -lrt
total 34336
-rw-r--r-- 1 oracle oinstall      1600  Aug 16  2006 mk_dir.sql.sbs
-rw-r--r-- 1 oracle oinstall      2322  Apr  3  2009 drop_sch.sql
-rw-r--r-- 1 oracle oinstall     16977  Jun 26  2014 sted_mkplug.sql.dbl
-rw-r--r-- 1 oracle oinstall     27653  Jun 26  2014 mkplug.sql
drwxr-xr-x 2 oracle oinstall      4096  Mar 10 19:48 human_resources
drwxr-xr-x 2 oracle oinstall      4096  Mar 10 19:48 bus_intelligence
drwxr-xr-x 2 oracle oinstall      4096  Mar 10 19:48 sales_history
drwxr-xr-x 3 oracle oinstall      4096  Mar 10 19:54 order_entry
drwxr-xr-x 2 oracle oinstall      4096  Mar 10 19:54 log
-rw-r--r-- 1 oracle oinstall      1757  Mar 10 19:55 mk_dir.sql.ouibak
-rw-r--r-- 1 oracle oinstall      1757  Mar 10 19:55 mk_dir.sql
-r-xr-xr-x 1 oracle oinstall 35031805  Mar 11 13:36 sample_schema.zip
[oracle@ora12cvm01: nosample:schema]$ unzip sample_schema.zip
Archive:  sample_schema.zip
replace mk_dir.sql? [y]es, [n]o, [A]ll, [N]one, [r]ename: A
inflating: mk_dir.sql
  inflating: mk_dir.sql.ouibak
  inflating: mk_dir.sql.ouibak.1
  inflating: mkplug.sql
inflating: mksample.sql
......
......
```

HR 스키마 생성을 위한 스크립트들이 복사되어있는지 확인하도록 한다.

```
[oracle@ora12cvm01: nosample:schema]$ cd human_resources
[oracle@ora12cvm01: nosample:human_resources]$ ls
hr_analz.sql  hr_comnt.sql  hr_dn_c.sql  hr_drop.sql  hr_main.sql
hr_code.sql   hr_cre.sql    hr_dn_d.sql  hr_idx.sql   hr_popul.sql
```

이것으로 일단 스크립트들은 모두 복사된 상태라고 보면 될듯하다. 이제 실제로 샘플 스키마들을 생성하도록 한다.

```
[oracle@ora12cvm01:nosample:schema]$ sqlplus '/as sysdba'

SQL*Plus: Release 12.1.0.2.0 Production on Fri Mar 11 15:33:30 2016

Copyright (c) 1982, 2014, Oracle.  All rights reserved.

Connected to:
Oracle Database 12c Enterprise Edition Release 12.1.0.2.0 - 64bit Production
With the Partitioning, OLAP, Advanced Analytics and Real Application Testing
options

SQL> @mksample.sql

specify password for SYSTEM as parameter 1:
Enter value for 1: oracle

specify password for SYS as parameter 2:
Enter value for 2: oracle

specify password for HR as parameter 3:
Enter value for 3: hr

specify password for OE as parameter 4:
Enter value for 4: oe

specify password for PM as parameter 5:
Enter value for 5: pm

specify password for IX as parameter 6:
Enter value for 6: ix

specify password for  SH as parameter 7:
Enter value for 7: sh
```

```
specify password for  BI as parameter 8:
Enter value for 8: bi

specify default tablespace as parameter 9:
Enter value for 9: users

specify temporary tablespace as parameter 10:
Enter value for 10: temp
specify log file directory (including trailing delimiter) as parameter 11:
Enter value for 11: /tmp/
```

여기까지 입력하고 엔터를 치면 샘플 스키마 생성이 진행되며 대략 10분 이내로 완료된다. 중간중간 에러 메시지가 보이는데 이는 새로운 스키마 오브젝트를 생성할 때 혹시라도 현재 존재하고 있는 스키마 오브젝트가 있는 경우 먼저 제거 후 다시 생성하는 방식으로 진행되기 때문인데 크게 신경 쓸 필요는 없지만 이후 로그 파일을 확인해보는 건 좋은 습관일 듯 하다.
마지막으로 HR 스키마가 생성되었는지 확인하도록 한다.

```
SQL> select username from dba_users where username ='HR';

USERNAME
--------------------------------------------------------------------------------
HR
1 row selected.
```

이상으로 간단하게 샘플 스키마를 생성하는 방법을 소개하였다.

ORACLE

database

오라클 SQL

PART 02

Part 02에서는 오라클 데이터베이스에 저장된 데이터에 대한 처리를 위한 언어인 SQL에 대한 기본적인 문법과 기능을 이해하고 오라클 데이터베이스 관리에 필요한 기본적인 사항들을 소개한다.

Chapter 01 SQL 기본과 Select 명령어(문장) 소개

오라클 데이터베이스를 제대로 사용하기 위해서는 서버와의 효율적인 대화를 위해 SQL 문장 사용에 능숙해질 필요가 있다. 따라서 이번 장에서는 SQL의 기본적인 내용과 임의의 쿼리를 실행할 때 사용하는 Select 문장에 대하여 설명하고자 한다.

다음은 이번 장에서 다루게 될 세부 사항들이다.

- Section 01 SQL 명령어(문장)의 5가지 구분 방식
- Section 02 Select 문장의 키워드(Keyword)와 신텍스(Syntax)의 소개
- Section 03 SQL 문장 사용 시 유의사항
- Section 04 산술 연산자와 우선순위
- Section 05 널(Null) 값의 사용
- Section 06 컬럼 alias의 정의와 사용
- Section 07 Concatenation 연산자의 정의와 사용

●●● oracle 01

SQL 명령어(문장)의 5가지 구분 방식

일단 SQL에 관한 자세한 내용들에 들어가기에 앞서서 SQL에 관계된 기본적인 명령어들은 어떤 종류가 있으며 어떤 방식으로 구분되어지는지 살펴보도록 한다.
오라클에서는 SQL 명령어를 다음과 같이 크게 다섯 가지 종류로 구분하고 있다.

- General query - Select
- Data Manipulation Language(DML) - Update, Insert, Delete, Merge
- Data Definition Language(DDL) - Create, Alter, Rename, Truncate, Drop
- Transactional control - Commit, Rollback, Savepoint
- Data control language - Grant, Revoke

앞으로 이 책의 나머지 과정을 이해하기 위해서는 위에 나열되어 있는 명령어들을 접하게 될 일이 자주 발생하게 된다. 따라서 각각의 명령어와 구분 방식을 이번에 완전히 이해하고 넘어가기 바란다.

*Select

이 책을 읽고있는 독자들이라면 아마도 최소한 한 번쯤은 학교 수업을 통해서 혹은 회사 교육 과정을 통해서 Select ....from .....where.... 문장을 작성해본 적이 있을 것이다. 또한 더 나아가 어떤 독자들은 오라클의 SQL*Plus 유틸리티라든지 mySQL 환경에서 실제로 데이터베이스 서버로부터 데이터를 직접 쿼리해 본적도 있을 것으로 생각된다. 이처럼 반드시 데이터베이스 전문가가 아닐지라도 많은 사람들이 쉽게 접하게 되는 명령어인 Select 명령어의 기능은 알다시피 너무나 간단하다. 이미 존재하는 임의의 데이터베이스 오브젝트들 - 예를 들어 테이블 또는 데이터 딕셔너리 뷰(Data dictionary views) - 로부터 원하는 데이터를 꺼내어 간단히 출력시켜 주는 역할을 한다.
참고로 Part 02에서는 실습을 위한 스키마로서 sample schema중 하나인 scott 스키마를 사용한다.

$ sqlplus scott/tiger

```
SQL> select ename,job,mgr,sal,deptno
   from emp
   where deptno=20;
```

	ENAME	JOB	MGR	SAL	DEPTNO
1	SMITH	CLERK	7902	800	20
2	JONES	MANAGER	7839	2975	20
3	SCOTT	ANALYST	7566	3000	20
4	ADAMS	CLERK	7788	1100	20
5	FORD	ANALYST	7566	3000	20

*Update, Insert, Delete, Merge

이번에 설명하고자 하는 대부분의 명령어들 역시 꽤 눈에 익숙해 보일 것이다. 이들은 주로 데이터베이스 내부에 저장되어져 있는 임의의 데이터들을 지우거나(Delete) 변경하거나(Update) 때로는 새로운 데이터를 삽입(Insert)하여 기존의 데이터에 변화를 주는 기능을 한다. 영어 표현을 보면 더욱 확신이 간다. Data Manipulation Language(DML)이라는 단어를 사전에서 찾아보면 쉽게 이해가 갈 것이다. 중간에 위치한 Manipulation이란 단어는 '교묘하게 다룬다' 또는 '처리하다'의 의미로 해석할 수가 있으며 기존의 로우 데이터에 변화를 준다는 점 이것이 바로 Select 명령어와의 큰 차이점이라고 볼 수 있을 것 같다.

Update, Insert 그리고 Delete 명령어 이외에 Merge라는 명령어가 눈에 띄는데 이 책을 읽고 있는 독자 중에 많은 분들이 아마도 처음 대하게 되는 명령어가 아닐까 싶다. 이후에 Chapter 07 DML 과정에서 더욱 자세하게 설명되겠지만 궁금한 것을 못 참고 넘어갈 독자들의 편의를 위해 간단하게 설명하고 넘어가고자 한다.
결론부터 말하자면 Merge 명령어는 두 테이블의 정보를 하나로 통합시켜주는 역할을 한다는 것이다. 예를 들어 어느 회사의 DBA가 여름 출장을 떠나기 전에 자신이 관리하는 데이터베이스 오브젝트 중 가장 중요하다고 생각하던 임의의 테이블 하나(psu.emp_data->scott.emp)를 안전하게 새로운 테이블 이름(scott.emp_temp)으로 백업을 받아 놓았다고 하자. 지금 이 두 개의 테이블은 서로 다른 이름을 가지고 있으나 결국은 같은 데이터를 가지는 테이블이란 점을 기억하기 바란다.

그리고 현재 기존의 테이블(scott.emp_temp)은 DBA가 휴가를 떠나있던 열흘동안 보통 때와 마찬가지로 계속적으로 트랜잭션이 존재했다고 가정하자. 이때 열흘의 휴가를 마치고 돌아온 DBA가 자신만의 용도로 관리하고 있던 임시 테이블(scott.emp_temp)에 그동안 테이블에 생긴 변화를 반영시키려고 할 때 바로 Merge 명령어를 사용할 수 있다. 이 두 개의 테이블을 머지시키기 위해서는 두 테이블을 조인할 수 있는 컬럼이 요구되는데 바로 이 컬럼들의 값들이 일치하면 원래의 테이블 데이터를 가지고 임시 테이블을 갱신(Update)시키고 이들이 일치하지 않는다면 다시 말해서 임시 테이블에 존재하지 않는다면 원래의 테이블 값을 임시 테이블에 추가(Insert)시키는 과정이 발생한다.

결국은 두 개의 테이블을 하나의 통합된 값을 가질 수 있도록 하는 명령어가 되겠다.
더욱 자세한 내용은 이후 7장 DML 과정에서 다시 살펴보도록 한다.

*Create, Alter, Rename, Truncate, Drop

이들은 흔히 Data Definition Language(DDL)라고 불리워지는 명령어들이다. 그렇다면 DDL과 바로 위에서 설명한 DML과의 차이는 무엇일까? 너무나 많은 분들이 궁금해하는 질문이기도 하며 너무나 많은 분들이 아직도 확실한 차이를 알지 못하고 있는 질문이기도 하다.
그래서 테이블이란 하나의 데이터베이스 오브젝트를 사용하여 이 두 명령어들의 차이점에 대하여 이해를 돕고자 한다. 일단 DDL이라고 한다면 임의의 테이블의 구조 자체를 변하게 하는 명령어라고 생각하면 어떨까 싶다. 여기서 "구조 자체를 변하게 하는"이라는 표현을 좀더 자세히 설명하자면 다음과 같다. 예를 들어 임의의 테이블 내부에 새로운 컬럼을 생성(Alter 명령)한다던지 기존의 테이블에 설정되어져 있던 스토리지 파라미터에 변화(Alter 명령)를 준다던지 하는 작업들이 해당될 수 있을 것 같다. 그리고 더 나아가 새로운 테이블을 생성(Create 명령)한다던지 기존에 존재하는 테이블을 제거한다던지(Drop 명령) 임의의 테이블에 존재하는 모든 로우 데이터를 삭제하는(Truncate 명령) 작업들도 해당된다. 나중에 더욱 자세하게 설명하겠지만 DDL 명령들은 그때그때 마다 바로 자동 커밋(Automatic commit)이 이루어지고 데이터베이스 내부의 구조에 관한 정보를 담고있는 데이터 딕셔너리 테이블의 정보를 갱신한다는 중요한 개념 또한 여기서 반드시 기억하고 넘어가기 바란다.

tip

DDL 명령들은 그때그때 마다 바로 자동커밋(Automatic commit)되므로 인위적으로 커밋을 수행하지 않아도 된다.

반면에 DML은 테이블의 구조를 변경시키지는 못하지만 임의의 테이블 내부에 저장된 기존의 로우 데이터 자체에 변화를 주는 명령어라고 이해한다면 아마도 DDL과 DML을 구분짓는 가장 쉬운 이해방법이 될듯하다. 물론 DML 명령의 경우는 반드시 커밋(Commit)을 인위적으로(Manually) 시켜주어야만 실제 트랜잭션이 데이터베이스에 반영된다는 점 또한 DDL 명령과 다르다.

tip

DML 명령은 반드시 커밋을 인위적으로 시켜주어야만 실제 트랜잭션이 데이터베이스에 반영된다.

*Commit, Rollback, Savepoint

커밋(Commit) 명령과 롤백(Rollback) 명령은 너무나 중요한 명령어들이며 오라클 DBA라면 반드시 이해한 후에 사용해야 하는 명령이다. 먼저 데이터베이스 시스템에서의 "트랜잭션(Transaction)"과 "커밋(Commit)"이 어떤 의미를 가지고 있는지에 관하여 먼저 이해하는 것이 필요하다.

기본적으로 트랜잭션이라고 함은 오라클 사용자로부터 요구된 작업 하나 하나를 의미하고 커밋이란 이러한 트랜잭션이 발생하는 경우 새롭게 생성되거나 갱신된 데이터들의 변경사항 정보(리두 로그 정보)를 임의의 디스크 영역(리두 로그 파일)에 물리적으로 저장하는 과정을 말한다.

그리고 오라클에서 하나의 트랜잭션이라는 의미는 마지막으로 커밋이 발생한 이후부터 다음 커밋이 발생할 때까지의 사용자들이 데이터베이스에 대하여 실행한 작업을 의미한다는 점을 반드시 이해해야 하는데 그 이유는 잠시 후에 롤백의 개념을 살펴보면 쉽게 이해가 된다. 먼저 다음의 그림을 통해서 커밋 과정을 살펴보고자 한다.

그림에서 LGWR가 사용자로부터 커밋 명령이 실행됨에 따라 리두 로그 버퍼에 있는 리두 기록을 리두 로그 파일에 안전하게 저장하고 있는 과정을 볼 수 있다.

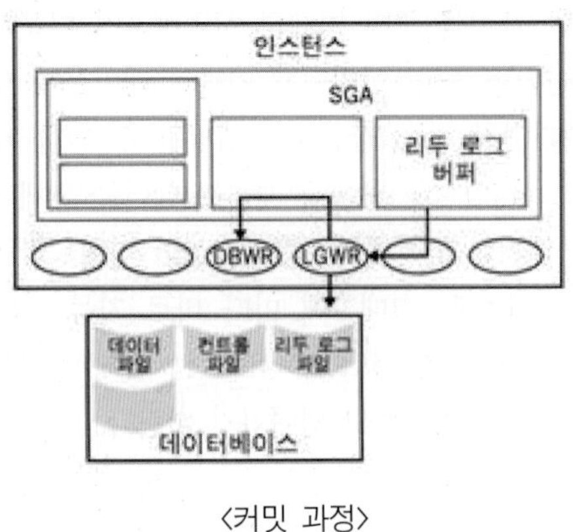

〈커밋 과정〉

이처럼 일단 리두 로그 파일에 내려적히게 되면 데이터베이스에 물리적인 문제가 생기지 않는 한은 데이터는 안전하다고 볼 수가 있다. 하지만 이러한 커밋이 발생하기 전에는 모든 작업이 메모리에서 발생하므로 언제든지 데이터를 잃을 수도 있는 문제가 항상 존재하게 된다는 사실에 유의하기 바란다. 이처럼 메모리상에 진행되고 있는 임의의 트랜잭션들은 언제든지 롤백 명령에 의하여 다시 원래의 상태로 돌아갈 수가 있게 되는데 바로 이것이 롤백의 기능이다. 다시 한 번 강조하지만 일단 커밋된 데이터는 절대로 롤백될 수 없다.

앞에서 언급한 것처럼 일반적으로 롤백이란 아직 커밋되지 않은 트랜잭션들을 다시 원점으로 되돌려놓는다는 개념을 말하는데 다음 일련의 명령어 실행 과정을 통해서 완전한 이해를 돕고자 한다.
scott라는 오라클 사용자가 scott.emp 테이블에 대하여 다음과 같은 명령어들을 실행한다.

SQL〉 select * from emp;

	EMPNO	ENAME	JOB	MGR	HIREDATE	SAL	COMM	DEPTNO
1	7369	SMITH	CLERK	7902	80/12/17	800	(null)	20
2	7499	ALLEN	SALESMAN	7698	81/02/20	1600	300	30
3	7521	WARD	SALESMAN	7698	81/02/22	1250	500	30
4	7566	JONES	MANAGER	7839	81/04/02	2975	(null)	20
5	7654	MARTIN	SALESMAN	7698	81/09/28	1250	1400	30
6	7698	BLAKE	MANAGER	7839	81/05/01	2850	(null)	30
7	7782	CLARK	MANAGER	7839	81/06/09	2450	(null)	10
8	7788	SCOTT	ANALYST	7566	87/04/19	3000	(null)	20
9	7839	KING	PRESIDENT	(null)	81/11/17	5000	(null)	10
10	7844	TURNER	SALESMAN	7698	81/09/08	1500	0	30
11	7876	ADAMS	CLERK	7788	87/05/23	1100	(null)	20
12	7900	JAMES	CLERK	7698	81/12/03	950	(null)	30
13	7902	FORD	ANALYST	7566	81/12/03	3000	(null)	20
14	7934	MILLER	CLERK	7782	82/01/23	1300	(null)	10

지금 테이블에 저장되어져 있는 각각의 데이터들은 이미 데이터 파일에 안전하게 저장되어 있는 상태라고 가정하고 다음의 과정을 진행하도록 한다.

Step1) Insert 문장 실행

empno가 8000인 직원의 정보를 테이블에 추가한다.

```
SQL> insert into emp (empno,ename,job,mgr,hiredate,sal,comm,deptno)
    values (8000,'test','manager','8000','2016-03-14',8000,100,30);
```

	EMPNO	ENAME	JOB	MGR	HIREDATE	SAL	COMM	DEPTNO
1	7369	SMITH	CLERK	7902	80/12/17	800	(null)	20
2	7499	ALLEN	SALESMAN	7698	81/02/20	1600	300	30
3	7521	WARD	SALESMAN	7698	81/02/22	1250	500	30
4	7566	JONES	MANAGER	7839	81/04/02	2975	(null)	20
5	7654	MARTIN	SALESMAN	7698	81/09/28	1250	1400	30
6	7698	BLAKE	MANAGER	7839	81/05/01	2850	(null)	30
7	7782	CLARK	MANAGER	7839	81/06/09	2450	(null)	10
8	7788	SCOTT	ANALYST	7566	87/04/19	3000	(null)	20
9	7839	KING	PRESIDENT	(null)	81/11/17	5000	(null)	10
10	7844	TURNER	SALESMAN	7698	81/09/08	1500	0	30
11	7876	ADAMS	CLERK	7788	87/05/23	1100	(null)	20
12	7900	JAMES	CLERK	7698	81/12/03	950	(null)	30
13	7902	FORD	ANALYST	7566	81/12/03	3000	(null)	20
14	7934	MILLER	CLERK	7782	82/01/23	1300	(null)	10
15	8000	test	manager	8000	16/03/14	8000	100	30

아직 커밋이 실행되지 않았기 때문에 empno가 8000인 직원의 정보는 아직도 메모리에 존재한다는 점에 유의하고 다음의 과정을 계속 수행하도록 한다.

Step2) Commit 문장 실행

```
SQL> commit;
Commit complete.
```

이제 커밋을 했기 때문에 테이블에 새로운 데이터가 추가되었다는 변경 사항(리두 로그 정보)이 리두 로그 버퍼로부터 리두 로그 파일로 내려 적혔다고 이해하면 된다.

Step3) Update 문장 실행

이번에는 empno가 8000, ename이 test인 학생의 sal 컬럼과 job 컬럼의 정보를 다음과 같이 갱신하도록 한다.

	EMPNO	ENAME	JOB	MGR	HIREDATE	SAL	COMM	DEPTNO
1	7369	SMITH	CLERK	7902	80/12/17	800	(null)	20
2	7499	ALLEN	SALESMAN	7698	81/02/20	1600	300	30
3	7521	WARD	SALESMAN	7698	81/02/22	1250	500	30
4	7566	JONES	MANAGER	7839	81/04/02	2975	(null)	20
5	7654	MARTIN	SALESMAN	7698	81/09/28	1250	1400	30
6	7698	BLAKE	MANAGER	7839	81/05/01	2850	(null)	30
7	7782	CLARK	MANAGER	7839	81/06/09	2450	(null)	10
8	7788	SCOTT	ANALYST	7566	87/04/19	3000	(null)	20
9	7839	KING	PRESIDENT	(null)	81/11/17	5000	(null)	10
10	7844	TURNER	SALESMAN	7698	81/09/08	1500	0	30
11	7876	ADAMS	CLERK	7788	87/05/23	1100	(null)	20
12	7900	JAMES	CLERK	7698	81/12/03	950	(null)	30
13	7902	FORD	ANALYST	7566	81/12/03	3000	(null)	20
14	7934	MILLER	CLERK	7782	82/01/23	1300	(null)	10
15	8000	test	CLERK	8000	16/03/14	2000	100	30

Step2에서 Commit이 발생했기 때문에 비로소 트랜잭션이 종료된 것이며 Step3부터 새로운 트랜잭션이 시작된다는 점 반드시 유의하기 바라며 현재 Step3이 수행되고 나면 새로 갱신된 2000, CLERK이란 데이터를 가지는 오라클 블록들이 데이터 파일에 바로 저장되는 것이 아니라 현재 메모리에 위치한 상태라는 걸 이해해야만 한다.
오라클 내부적으로는 이러한 임의의 변경사항에 대한 더티 블록(Dirty block)이 데이터베이스 버퍼 캐시에 저장되어진다는 사실 또한 이해해야 할 중요한 사항중 하나이다.

그렇다면 변경되기 이전 데이터인 8000, manager라는 컬럼값은 어디에 저장되어 있을까?
일단 변경 작업이 발생하게 되면 오라클은 내부적으로 변경 이전값을 언두라는 공간에 일시적으로 저장하게 된다. 이후 롤백 또는 Read consistency를 지원하기 위하여 사용된다.
언두 공간에 저장되는 변경 이전값들은 해당 트랜잭션이 커밋되기 전까지는 무조건 남아있게 되지만 일단 커밋되고 나면 새로운 트랜잭션에 의해 발생되는 변경 이전값들에 의해 Over write될 수도 있다.

.

Step4) 롤백 명령 실행

이제 롤백 명령을 실행하도록 한다. 과연 어떤 상황이 벌어지게 될까? Step3에서 실행한 Update 명령으로 변경, 제거되었던 이전 데이터를 저장하던 언두 블록들이 메모리 또는 디스크의 언두 세그먼트로부터 복구되는 롤백 상황이 벌어진다. 결국은 데이터베이스 내부의 데이터 상태는 Step3이 실행되기 바로 이전의 상태로 돌아가게 되며 기존의 데이터가 다음과 같이 복구된다.

```
SQL> rollback;
Rollback complete.
```

롤백이 성공적으로 발생했는지 확인한다. Update 하기 전의 상태로 돌아가야만 한다.
다음은 s_id=103의 정보가 다시 이전 상태로 복구되었음을 보여준다.

```
SQL> select * from emp
where empno=8000;
```

	EMPNO	ENAME	JOB	MGR	HIREDATE	SAL	COMM	DEPTNO
1	8000	test	manager	8000	16/03/14	8000	100	30

마지막으로 세이브 포인트(Savepoint) 명령은 사용자가 일련의 트랜잭션을 진행하는 동안 일정한 시점에서 세이브 포인트를 지정하게 되면 이후에 임의의 트랜잭션을 롤백하려고 할 때 이전에 지정한 세이브 포인트 이후의 트랜잭션만을 롤백할 수 있도록 해주는 기능을 제공한다.

*Grant, Revoke

Grant와 Revoke 명령은 Data control language로 구분되는데 이들의 역할은 오라클 데이터베이스 운용시 요구되어지는 일련의 역할과 권한을 임의의 오라클 사용자에게 부여(Grant), 철회(Revoke)하는 기능을 제공한다.
이제부터 본격적으로 Select 명령에 관하여 설명을 시작하도록 한다. 데이터베이스 시스템에서의 Select 문장은 다음의 크게 3가지 기능을 가진다고 오라클 측에서는 소개하고 있다.

- 프로젝션(Projection) 기능
  프로젝션 기능은 간단히 말하자면 오라클 사용자가 Select 문장을 사용할 때 컬럼을 선택할 수 있는 기능을 말한다.
- 셀렉션(Selection) 기능
  셀렉션 기능은 쿼리하고자 하는 컬럼이 일단 정해지고 나서 각각의 컬럼에 대한 로우 데이터를 선택할 수 있는 기능을 말한다.
- 조이닝(Joining) 기능
  조인 기능은 여러 개의 테이블에 저장되어져 있는 로우 데이터들을 테이블간의 관계를 사용하여 연결한 후 로우 데이터를 선택할 수 있는 기능이다.

위에서 언급한 3 가지의 기능은 개념을 따로 만들어 그럴듯하게 소개해서 그렇지 사실상 별도의 새로운 개념이 아니다. 만약 두 개의 테이블에서 테이블 조인(Joining)을 한 후 두 개의 테이블에서 여러 개의 컬럼에 대한 로우 데이터를 Select 문장을 사용해서 쿼리해 본 경험이 있다면 이미 위에서 언급한 3 가지 기능을 직접 경험해본 셈일 것이다.

> **tip**
> 한 가지 강조하고 넘어가고 싶은 것은 바로 projection에 대한 개념이다. 가끔 OCP 시험에 출제되곤 한다.

●●● oracle 02

Select 문장의 키워드(Keyword)와 신텍스(Syntax)의 소개

*Select 문장의 키워드와 신텍스

```
SELECT * | {[ DISTINCT ] column | expression [ column alias ],...}
FROM table name;
```

위 문장에서 Select 문장의 키워드는 Select와 From이다. 이 2 개의 키워드를 기본으로 하고 다음에 소개되는 각각의 신텍스를 적용하여 Select 문장을 작성한다.

*Select 문장에 사용되는 신텍스(Syntax) 소개

* (에스트리스크)

"에스트리크"라고 불리어지는 표시로서 임의의 테이블을 쿼리할 때, "모든(all)" 컬럼의 데이터를 선정하려고 할 때 일일이 모든 컬럼 이름을 써줄 필요 없이 원하는 쿼리가 가능하도록 하는 특수 문자이다. 다음은 student 테이블로부터 모든 컬럼의 정보를 얻기 위한 쿼리 문장이다.

Query1****

```
SQL> select empno,ename,job,mgr,hiredate,sal,comm,deptno
from emp;
```

	EMPNO	ENAME	JOB	MGR	HIREDATE	SAL	COMM	DEPTNO
1	7369	SMITH	CLERK	7902	80/12/17	800	(null)	20
2	7499	ALLEN	SALESMAN	7698	81/02/20	1600	300	30
3	7521	WARD	SALESMAN	7698	81/02/22	1250	500	30
4	7566	JONES	MANAGER	7839	81/04/02	2975	(null)	20
5	7654	MARTIN	SALESMAN	7698	81/09/28	1250	1400	30
6	7698	BLAKE	MANAGER	7839	81/05/01	2850	(null)	30
7	7782	CLARK	MANAGER	7839	81/06/09	2450	(null)	10
8	7788	SCOTT	ANALYST	7566	87/04/19	3000	(null)	20
9	7839	KING	PRESIDENT	(null)	81/11/17	5000	(null)	10
10	7844	TURNER	SALESMAN	7698	81/09/08	1500	0	30
11	7876	ADAMS	CLERK	7788	87/05/23	1100	(null)	20
12	7900	JAMES	CLERK	7698	81/12/03	950	(null)	30
13	7902	FORD	ANALYST	7566	81/12/03	3000	(null)	20
14	7934	MILLER	CLERK	7782	82/01/23	1300	(null)	10

Query2****

```
SQL> select * from emp;
```

	EMPNO	ENAME	JOB	MGR	HIREDATE	SAL	COMM	DEPTNO
1	7369	SMITH	CLERK	7902	80/12/17	800	(null)	20
2	7499	ALLEN	SALESMAN	7698	81/02/20	1600	300	30
3	7521	WARD	SALESMAN	7698	81/02/22	1250	500	30
4	7566	JONES	MANAGER	7839	81/04/02	2975	(null)	20
5	7654	MARTIN	SALESMAN	7698	81/09/28	1250	1400	30
6	7698	BLAKE	MANAGER	7839	81/05/01	2850	(null)	30
7	7782	CLARK	MANAGER	7839	81/06/09	2450	(null)	10
8	7788	SCOTT	ANALYST	7566	87/04/19	3000	(null)	20
9	7839	KING	PRESIDENT	(null)	81/11/17	5000	(null)	10
10	7844	TURNER	SALESMAN	7698	81/09/08	1500	0	30
11	7876	ADAMS	CLERK	7788	87/05/23	1100	(null)	20
12	7900	JAMES	CLERK	7698	81/12/03	950	(null)	30
13	7902	FORD	ANALYST	7566	81/12/03	3000	(null)	20
14	7934	MILLER	CLERK	7782	82/01/23	1300	(null)	10

예상한 것처럼 query1과 query2의 쿼리 결과는 같다. 출력하고자 하는 컬럼의 수가 많은 경우 간단히 사용할 수 있는 특수 문자이다.

Distinct

영문인 "distinct"는 한국말로 의역하자면 "중복되지 않는(Suppress duplicates) 로우 데이터 값"이라고 표현할 수 있다. 주로 distinct 키워드를 사용하는 경우는 임의의 컬럼에 중복된 값들이 존재하는 경우 사용자가 그 가운데 유일한 로우 데이터들만 출력시키고자 할 때이다.

```
SQL> select distinct job
     from emp;
```

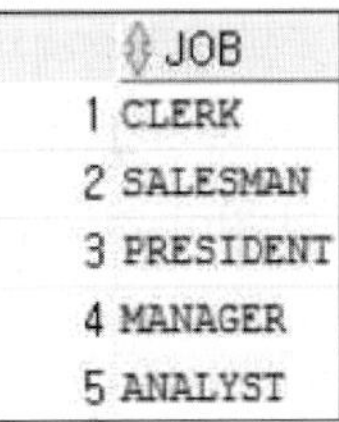

	JOB
1	CLERK
2	SALESMAN
3	PRESIDENT
4	MANAGER
5	ANALYST

Column name | expression

출력하고자 하는 컬럼의 이름(Column name)들을 설정해줄 수도 있으며 임의의 표현을 사용할 수도 있다. 컬럼의 이름을 설정하는 것은 너무나 기본적인 개념이지만 표현의 사용에 관해서는 많은 독자가 물음표를 찍을 수도 있을 것 같아 부가 설명을 하고자 한다. 여기서 표현(Expression)이란, 예를 들어 그냥 단순히 sal 값을 쿼리하는 것이 아니라 "sal * 100"이란 방식으로 표현하는 것인데 주로 기존 컬럼의 값에 임의의 계산을 거친 결과를 출력하고자 할 때 적용하게 되는 방식이다.

```
SQL> select sal,sal*10
       from emp
       where empno=7369;
```

	SAL	SAL*10
1	800	8000

Column alias

일반적으로 SQL에서 임의의 컬럼을 쿼리하는 경우 해당하는 컬럼 이름이 그 컬럼에 대한 헤딩(Heading)으로서 출력된다. 하지만 어떤 경우에는 컬럼 이름만으로는 의미를 알아보기 어려워 출력 시 임의의 컬럼에 대한 alias를 부여할 수가 있다. 먼저 컬럼을 선택하고 뒤에 그 컬럼에 대한 alias를 부가한다. 아래의 예에서는 "Salary Alias"이 바로 컬럼 sal에 대한 alias가 된다.

```
SQL> select sal "Salary Alias"
     from emp
     where empno=7369;
```

	Salary Alias
1	800

이 시점에서 한 가지 미리 언급하고자 하는 것은 이 책을 읽어나가면서 SQL 문장을 대할 때 각각의 SQL 문장 또는 명령문들이 문장(Statement), 절(Clause) 그리고 키워드(Keyword)라는 레벨(Level)로 나누어 표현됨을 이해하기 바란다.
먼저 키워드는 위에서 이미 언급했지만 Select 또는 From들이 예가 될 수 있다. 다시 말하자면 키워드는 오라클에서 정한 예약어라고 이해하면 좋을 듯 싶다. 그리고 절이라고 한다면 전체 문장 가운데 일부분을 말하는데 Select 절과 From 절로 나누어진다고 이해하면 된다. 마지막으로 이러한 여러 개의 절이 결국 하나의 완성된 문장을 이루게 된다.

●●● oracle 03

SQL 문장 사용 시 유의사항

• SQL 문장(Statement)은 한 줄 또는 여러 줄로서 표현이 가능하다.

```
SQL> select sal "Salary Alias" from emp where empno=7369;
```

위의 문장을 다음 문장처럼 여러 줄에 표현해도 상관없다.

```
SQL> select sal "Salary Alias"
     from emp
     where empno=7369;
```

- SQL 키워드는 줄여서 약자로 사용할 수 없으며 키워드 자체를 나누어서 사용할 수 없다.
  다음의 예를 통해서 확인할 수 있듯이 'select'라는 키워드를 'se'와 'lect'로 나누어서 사용할 수 없으며 'from'이라는 키워드를 'fr'과 'om'으로 나눌 수 없다.

```
SQL> se
SP2-0042: unknown command "se" - rest of line ignored.
SQL> select sal fr
  2  om emp
  3  whe
  4  re empno=7369;
om emp
*
ERROR at line 2:
ORA-00923: FROM keyword not found where expected
```

- SQL 문장은 대소문자의 구별이 없다
- SQL 문장에서의 절은 일반적으로 서로 다른 줄에 써주는 것이 이후에 전체 문장의 흐름을 이해하는데 편하다.

```
SQL>select sal "Salary Alias"               # select 절
from emp                                    # from 절
where empno = 7369;                         # where 절
```

- SQL*Plus에서의 SQL 문장의 컬럼 헤딩 설정은 다음과 같다.
  - SQL*Plus :　number 컬럼 → right justified
    char과 date 컬럼 → left justified
    기본 헤딩 → 대문자로 표시

●●● oracle 04

산술 연산자와 우선순위

*+(더하기), -(빼기), *(곱하기), /(나누기)

이들 연산자들이 섞여서 함께 사용되는 경우의 우선순위는 *, /, +, - 순서이다. 다시 말해서 * (곱하기) 연산이 가장 먼저 발생하며, - (빼기) 연산이 맨 마지막으로 발생한다.

```
SQL> select ename,1.05*sal+120
     from emp
     where empno=7369;
```

	ENAME	1.05*SAL+120
1	SMITH	960

앞의 문장은 결국 다음 문장과 같은 결과를 출력한다.

```
SQL> select ename,(1.05*sal)+120
     from emp
     where empno=7369;
```

	ENAME	(1.05*SAL)+120
1	SMITH	960

*(　) 괄호

괄호는 산술 연산자에는 포함되지 않지만 괄호의 사용으로 산술 연산자의 혼용으로 초래될 수 있는 혼동을 줄여주는 기능을 제공한다. 나아가 기본적으로 산술 연산자들이 가지는 우선순위를 괄호의 사용으로 무시할 수 있다. 다음 예에서 sal 값이 $800이라고 가정하면

```
SQL> select ename,(1.05*sal)+120
     from emp
     where empno=7369;
```

	ENAME	1.05*SAL+120
1	SMITH	960

위의 문장의 결과는 * 곱하기 연산자가 먼저 실행되고 나서 + 더하기 연산자가 실행되는 결과(1.5 * 800) + 120 = 960을 가져다주지만 다음의 괄호를 사용하게 되면 + 더하기가 먼저 실행되고 나서 나온 결과에 * 곱하기가 실행됨으로 인해 1.5*(800 +120) =966처럼 완전히 다른 결과를 출력한다.

```
SQL> select ename,1.05*(sal+120)
     from emp
     where empno=7369;
```

	ENAME	1.05*(SAL+120)
1	SMITH	966

●●● oracle 05

널(Null) 값의 사용

널 값에 대한 정의와 이해는 오라클 데이터베이스 운용에 있어서 무척 중요한 부분을 차지한다. 널 값을 제대로 이해하지 못하면 사용자들의 쿼리가 전혀 기대치 않은 결과를 초래할 수도 있기 때문이다.

*널 값의 정의

일반적인 정의는 다음과 같다. 널 값이란 비어있는 것도 아니고 0(Zero)도 아닌 알 수 없는(Unknown) 값이 컬럼에 저장되어 있을 때 그 값을 널 값이라고 부른다. "어떤 값이 존재는 하지만 어떤 값인지를 알 수 없는 값"이라는 식으로 이해하도록 한다. 쉽게 말해 널 값은 어떤 데이터 형태도 가지고 있지 않은 그저 임의의 값이 존재하긴 하지만 사용 불가능한 값이라고 이해하는 것이 좋을 듯하다. 오라클 데이터베이스에서는 임의의 컬럼에 널) 값이 저장되는 것을 허용하고 있다. 하지만 종종 임의의 컬럼에 널) 값이 저장됨에 따라 데이터베이스의 디자인 측면에서 문제를 발생시키는 경우가 발생할 수도 있으므로 그러한 특정 컬럼에 대해서는 Not null 제한 조건 또는 Primary key 제한 조건을 걸어서 널 값이 저장될 수 없도록 제한을 두기도 한다.

그리고 Primary key가 걸리는 컬럼인 경우는 대부분 Not null 제한 조건을 함께 가지곤 하는데 그 이유는 간단하다. Primary key는 데이터의 유일성을 보증해야 하기 때문이다. 널 값이 여러 로우에 나타난다는 것 역시 데이터의 중복을 의미한다는 것을 반드시 명심하기 바란다.

```
SQL> select empno,ename,mgr
     from emp;
```

	EMPNO	ENAME	MGR
1	7369	SMITH	7902
2	7499	ALLEN	7698
3	7521	WARD	7698
4	7566	JONES	7839
5	7654	MARTIN	7698
6	7698	BLAKE	7839
7	7782	CLARK	7839
8	7788	SCOTT	7566
9	7839	KING	(null)
10	7844	TURNER	7698
11	7876	ADAMS	7788
12	7900	JAMES	7698
13	7902	FORD	7566
14	7934	MILLER	7782

위의 쿼리는 사원번호(empno), 사원이름(ename)과 담당 매니저의 사번번호(mgr)를 출력하는 예제이다. 현재 empno 컬럼값이 7839에 해당하는 mgr 컬럼 값이 널 값을 보이고 있는데 이 의미는 현재 담당 매니저의 사원번호(mgr)가 할당되지 않은 상태라는 것을 보여준다.

*널(Null) 값의 연산

다음의 경우는 널 값을 가지는 데이터를 가지고 연산을 하는 경우를 정리해본 것인데 주목할만하다. 특히 empno 컬럼값이 7839에 해당하는 mgr 컬럼 값이 현재 널 값을 가지고 있다는 사실에 유의하기 바란다.

null * 숫자 = null

```
SQL> select empno,ename,mgr, mgr*10
     from emp;
```

	EMPNO	ENAME	MGR	MGR*10
1	7369	SMITH	7902	79020
2	7499	ALLEN	7698	76980
3	7521	WARD	7698	76980
4	7566	JONES	7839	78390
5	7654	MARTIN	7698	76980
6	7698	BLAKE	7839	78390
7	7782	CLARK	7839	78390
8	7788	SCOTT	7566	75660
9	7839	KING	(null)	(null)
10	7844	TURNER	7698	76980
11	7876	ADAMS	7788	77880
12	7900	JAMES	7698	76980
13	7902	FORD	7566	75660
14	7934	MILLER	7782	77820

숫자 / null = null 또는 unknown

임의의 숫자를 널 값으로 나누는 연산의 결과를 살펴보도록 한다.

```
SQL> select empno,ename,mgr, mgr/10
     from emp
     where empno=7839
```

	EMPNO	ENAME	MGR	MGR/10
1	7839	KING	(null)	(null)

null / 0 = error

알 수 없는 값을 0으로 나눈다는 것은 논리적으로 성립하지 않으므로 에러가 발생한다.

●●● oracle **06**

컬럼 alias의 정의와 사용

기본적으로 SQL 문장을 사용해서 임의의 컬럼으로부터 원하는 로우 데이터 값을 쿼리하게 되면 화면에는 각각의 컬럼 이름들이 컬럼 헤딩으로 출력되고 각각의 컬럼 헤딩 아래에 각각의 로우 데이터들이 출력된다. 그런데 이때 문제가 되는 것이 출력되는 컬럼 헤딩 자체가 종종 이해하기 어렵거나 너무 길어 표현하는데 문제가 발생할 수도 있다는 것이다. 결국은 출력된 자료를 보면서 데이터 분석과 이해를 해야하는 경우 다소 불편할 수도 있다는 것이다. 이러한 이유로 오라클은 임의의 컬럼에 대한 alias를 사용할 수 있는 기능을 제공하고 있다. 물론 alias를 정의해줄 때 어느 누구든 이해하기 쉽게 설정해주어야 한다는 것은 당연한 것이다.

```
SQL> select sal salary
     from emp
     where empno=7369;
```

	SALARY
1	800

가장 기본적인 방법으로 스페이스를 컬럼 이름 뒤에 주고 바로 컬럼 alias를 설정해주는 것이다. 하지만 앞의 경우에 salary이라고 쓴 컬럼 alias는 실제로 출력시 모두 대문자로 출력된다는 점에 유의하기 바란다. 이처럼 대문자, 소문자에 민감하게 출력을 원할 때에는 반드시 아래에 소개하는 것처럼 " "를 사용하면 된다.

```
SQL> select sal "SaLary"
     from emp
     where empno=7369;
```

	SaLary
1	800

as와 " "를 사용하여 컬럼 alias를 설정할 수도 있다

```
SQL> select sal as "SaLary"
     from emp
     where empno=7369;
```

	SaLary
1	800

alias에 스페이스(space)가 존재하는 경우

```
SQL> select sal "SaLary test"
     from emp
     where empno=7369;
```

	SaLary test
1	800

특히 주의해야 하는 경우는 위의 예문에서 "SaLary test" 처럼 " "를 사용하는 경우인데 컬럼 alias에 특수 문자라든지 스페이스가 있다면 반드시 " "를 사용해서 컬럼 alias를 설정해주어야 한다.

다음의 경우는 컬럼 alias에 특수 문자가 있는 경우 에러가 발생하는 과정을 보여준다.

```
SQL> select sal salary & bonus
     from emp
     where empno=7369;

Enter value for bonus: 1
old   1: select sal salary & bonus
new   1: select sal salary 1
select sal salary 1
                  *
ERROR at line 1:
ORA-00923: FROM keyword not found where expected
```

다음은 컬럼 alias가 " "을 사용하지 않는 상태에서 스페이스를 포함하는 경우에 에러가 발생함을 보여준다. 이처럼 임의의 컬럼 alias를 사용할 때 컬럼 alias가 특수 문자나 스페이스를 포함하는 경우에는 반드시 " "를 사용하도록 한다.

```
SQL> select sal salary and bonus
     from emp
     where empno=7369;

select sal salary and bonus
                  *
ERROR at line 1:
ORA-00923: FROM keyword not found where expected
```

●●● oracle 07

Concatenation 연산자의 정의와 사용

Concatenation 연산자는 두 개 이상의 컬럼을 하나의 컬럼처럼 출력시키기 원할 때 사용하거나 기존의 컬럼에 문자열을 부가하여 조금 더 이해가 쉽도록 출력하기 원할 때 사용할 수 있는 연산자이다. SQL 문장을 사용해서 쿼리할 때 Select 절 속에 "||"라는 수직바를 사용해서 Concatenation 연산자를 적용할 수 있다. 보다 쉬운 이해를 위해 좌측의 예를 살펴보도록 한다.

좌측 결과를 보면 empno, ename 그리고 job 라는 3개의 컬럼들이 마치 하나의 컬럼처럼 출력된 것을 볼 수 있다. 이번에는 우측처럼 컬럼을 출력할 때 컬럼 값들 사이사이에 일련의 문자를 추가하는 방법을 살펴보도록 하자.

```
SQL> select empno||ename||job from emp;      SQL> select empno|| ' is ' ||job from emp;
```

	EMPNO||ENAME||JOB
1	7369SMITHCLERK
2	7499ALLENSALESMAN
3	7521WARDSALESMAN
4	7566JONESMANAGER
5	7654MARTINSALESMAN
6	7698BLAKEMANAGER
7	7782CLARKMANAGER
8	7788SCOTTANALYST
9	7839KINGPRESIDENT
10	7844TURNERSALESMAN
11	7876ADAMSCLERK
12	7900JAMESCLERK
13	7902FORDANALYST
14	7934MILLERCLERK

	EMPNO||'IS'||JOB
1	7369 is CLERK
2	7499 is SALESMAN
3	7521 is SALESMAN
4	7566 is MANAGER
5	7654 is SALESMAN
6	7698 is MANAGER
7	7782 is MANAGER
8	7788 is ANALYST
9	7839 is PRESIDENT
10	7844 is SALESMAN
11	7876 is CLERK
12	7900 is CLERK
13	7902 is ANALYST
14	7934 is CLERK

이처럼 Concatenation 연산자를 사용하면 컬럼 출력시 문자를 추가할 수 있다. 물론 다음과 같이 "job 's emp_number"란 컬럼 alias를 Concatenation된 컬럼에 부여해줄 수도 있다. 여러 개의 컬럼이 하나의 컬럼으로 간주되므로 단 하나의 컬럼 alias가 사용된 예이다.

```
SQL> select empno|| ' is ' ||job AS " job 's emp_number"
     from emp;
```

	job 's emp_number
1	7369 is CLERK
2	7499 is SALESMAN
3	7521 is SALESMAN
4	7566 is MANAGER
5	7654 is SALESMAN
6	7698 is MANAGER
7	7782 is MANAGER
8	7788 is ANALYST
9	7839 is PRESIDENT
10	7844 is SALESMAN
11	7876 is CLERK
12	7900 is CLERK
13	7902 is ANALYST
14	7934 is CLERK

다음의 Select 문장은 emp 테이블로부터 현재 소속되어 있는 부서의 번호(deptno)을 얻기 위한 쿼리이다. 하지만 다음의 쿼리는 컬럼에 존재하는 모든 값들을 중복 여부에 상관없이 출력해준다.

```
SQL> select deptno from emp;
```

	DEPTNO
1	20
2	30
3	30
4	20
5	30
6	30
7	10
8	20
9	10
10	30
11	20
12	30
13	20
14	10

부서의 목록을 얻기 위한 쿼리라면 중복된 부서의 번호는 별 의미가 없으므로 이 경우에는 아래의 쿼리처럼 distinct라는 키워드를 사용해서 중복된 부서의 번호를 제거한 후 출력시켜주는 것이 보다 깔끔한 쿼리가 된다.

```
SQL> select distinct deptno from emp;
```

	DEPTNO
1	30
2	20
3	10

다음의 경우는 여러 컬럼에 distinct 키워드를 적용하는 방법이다.

```
SQL> select distinct deptno,job from emp;
```

	DEPTNO	JOB
1	20	CLERK
2	30	SALESMAN
3	20	MANAGER
4	30	CLERK
5	10	PRESIDENT
6	30	MANAGER
7	10	CLERK
8	10	MANAGER
9	20	ANALYST

이처럼 distinct 키워드 이후에 여러 개의 컬럼이 오면 설정된 모든 컬럼에 distinct 키워드의 기능이 적용된다는 점에 유의하기 바란다. 결국 이 경우 2개의 컬럼에 일괄적으로 distinct 키워드가 적용되고 있음을 확인할 수 있다.

Chapter 02 Where 절 사용과 로우 데이터의 분류

Chapter 01에서는 임의의 데이터를 서버로부터 출력시키기 위한 기본 Select 문장에 대하여 알아보았고 이번 장에서는 데이터를 쿼리할 때 임의의 조건을 부여하는 경우를 살펴보고자 한다. 이처럼 임의의 쿼리에 조건을 부여할 때는 여러 가지 방법이 있지만 가장 간단하고 기본적인 방법이 바로 Where 절을 사용하는 것이다.

다음은 이번 장에서 다루게 될 세부 사항들이다.

- Section 01 Where 절의 사용
- Section 02 문자열과 날짜의 사용
- Section 03 비교 조건 연산자의 사용
- Section 04 논리 연산자의 사용
- Section 05 연산자 우선순위
- Section 06 Order by 절

●●● oracle 01

Where 절의 사용

Where 절을 사용하면 데이터 선택 시 조건(제한)을 부여할 수 있다. 다시 말해서 데이터 선택 시 임의의 조건을 부여함으로서 더욱 정확한 데이터를 쿼리할 수 있는 기능을 제공한다.

Where 절을 포함하는 Select 문장의 기본 형식은 다음과 같다.

```
SELECT * | {[ DISTINCT ] column name | expression [ column alias ],...}
FROM table name
WHERE conditions;
```

그리고 필요한 경우 Where 절에는 하나 또는 그 이상의 조건들이 설정될 수 있다.
다음은 empno 컬럼 값이 7369인 사원의 번호와 이름을 쿼리하는 문장이다.

```
SQL> select empno,ename
    from emp
    where empno=7369;
```

	EMPNO	ENAME
1	7369	SMITH

●●● oracle 02

문자열과 날짜의 사용

SQL에서 문자열(Character strings)과 날짜(Date)는 반드시 Single quotation (' ') 안에 표기해야만 한다. 그리고 문자열은 대소문자에 민감하고 날짜는 표현 형식에 민감하므로 이들을 사용하는 경우 주의를 요한다. 다시 말해서 'Wonjun Choi'와 'WONJUN CHOI'는 완전히 다른 문자열로 저장된다는 의미이다.

다음은 사원의 이름(ename)과 번호(empno) 그리고 고용일(hiredate)에 관한 정보를 보여주는 쿼리 결과이다. 이 결과를 기본으로 문자열과 날짜에 관한 설명을 이어가고자 한다.

```
SQL> select empno,ename,hiredate
    from emp;
```

	EMPNO	ENAME	HIREDATE
1	7369	SMITH	80/12/17
2	7499	ALLEN	81/02/20
3	7521	WARD	81/02/22
4	7566	JONES	81/04/02
5	7654	MARTIN	81/09/28
6	7698	BLAKE	81/05/01
7	7782	CLARK	81/06/09
8	7788	SCOTT	87/04/19
9	7839	KING	81/11/17
10	7844	TURNER	81/09/08
11	7876	ADAMS	87/05/23
12	7900	JAMES	81/12/03
13	7902	FORD	81/12/03
14	7934	MILLER	82/01/23

다음과 같이 이름(ename)이 FORD인 사원의 번호(empno)와 고용일(hiredate) 컬럼 값을 찾는 쿼리를 실행하도록 한다.

```
SQL> select empno,ename,hiredate
    from emp
    where ename='FORD';
```

	EMPNO	ENAME	HIREDATE
1	7902	FORD	81/12/03

이처럼 이름이 FORD라는 사원에 관한 정보가 출력되었다. 하지만 다음의 쿼리는 아무 데이터도 출력하지 않는다. 왜냐면 ford라는 문자열은 테이블 내에 존재하지 않기 때문이다.

```
SQL> select empno,ename,hiredate
    from emp
    where ename='ford';
```

EMPNO	ENAME	HIREDATE

위에서 살펴본 것처럼 문자열을 사용하는 경우 세심한 주의가 요구된다. 글자가 하나라도 잘못되면 오라클은 전혀 이해를 하지 못한다.
오라클 12c에서는 날짜를 저장할 때 세기, 년도, 달, 일, 시간, 분, 초를 표시하는 내부적 숫자(Numeric) 값을 사용한다. 하지만 기본 출력 형식은 DD-MON-RR이다. DD는 날, MON은 달 그리고 RR은 년도의 표시이다. 출력 형식이란 의미는 데이터베이스 내부에는 실제로는 더 많은 정보가 숫자 값(세기, 년도, 달, 일, 시간, 분, 초의 형태)으로 저장되어 있지만 출력 시에는 기본적으로

DD-MON-RR의 값들만 출력된다는 것을 의미한다. 이후에 이러한 출력 형식을 변경하는 경우를 다룰 때 좀더 자세히 언급하도록 하겠다.
다음으로는 이름이 'FORD'라는 사원의 번호(empno)와 고용일(hiredate)을 출력하여 쿼리하는 문장을 살펴보자. 특히 date라는 데이터 타입을 가지는 hiredate 컬럼의 출력 형식에 주의하기 바란다.

```
SQL>select empno,ename,hiredate
    from emp
    where ename='FORD';
```

	EMPNO	ENAME	HIREDATE
1	7902	FORD	81/12/03

81/12/03 이라는 값이 출력되었음을 확인할 수 있다.
독자들 가운데는 위의 hiredate라는 컬럼에 어떤 방식으로 날짜를 추가하였는지 궁금해 할 수도 있을 것 같아 참고로 다음의 예를 함께 제공한다.

```
SQL> insert into emp (empno, ename, job, mgr, hiredate, sal, comm, deptno)
values (8000,'test','manager','8000',to_date('MAY 14,2016','MON DD YYYY'),8000,100,30);
```

위의 Insert 명령으로 추가된 'test'라는 사원의 고용일(hiredate)은 입력시의 형식('MON DD YYYY')과 출력시 (오라클 기본 출력 형식 DD-MON-RR)의 형태가 다른 것을 확인할 수가 있다. 결국은 어떤 형식으로 데이터가 저장되어졌는지에 상관없이 출력 시에는 기본적으로 DD-MON-RR의 형식을 가진다는 의미임을 반드시 기억하기 바란다. 물론 출력 시에도 기본 출력 형식이 아닌 다른 형식으로 출력이 가능하다는 것 또한 마찬가지이다.

●●● oracle 03

비교 조건 연산자의 사용

Where 절에서 임의의 값들을 서로 비교할 필요성이 있는 경우 사용할 수 있는 비교 조건 연산자를 소개하고자 한다. 다음은 비교 조건 연산자를 설명하기 위한 기본 테이블의 내용을 보여주고 있다.

```
SQL>select * from emp;
```

	EMPNO	ENAME	JOB	MGR	HIREDATE	SAL	COMM	DEPTNO
1	7369	SMITH	CLERK	7902	80/12/17	800	(null)	20
2	7499	ALLEN	SALESMAN	7698	81/02/20	1600	300	30
3	7521	WARD	SALESMAN	7698	81/02/22	1250	500	30
4	7566	JONES	MANAGER	7839	81/04/02	2975	(null)	20
5	7654	MARTIN	SALESMAN	7698	81/09/28	1250	1400	30
6	7698	BLAKE	MANAGER	7839	81/05/01	2850	(null)	30
7	7782	CLARK	MANAGER	7839	81/06/09	2450	(null)	10
8	7788	SCOTT	ANALYST	7566	87/04/19	3000	(null)	20
9	7839	KING	PRESIDENT	(null)	81/11/17	5000	(null)	10
10	7844	TURNER	SALESMAN	7698	81/09/08	1500	0	30
11	7876	ADAMS	CLERK	7788	87/05/23	1100	(null)	20
12	7900	JAMES	CLERK	7698	81/12/03	950	(null)	30
13	7902	FORD	ANALYST	7566	81/12/03	3000	(null)	20
14	7934	MILLER	CLERK	7782	82/01/23	1300	(null)	10

*=, 〉, 〉=, 〈, 〈=, 〈 〉 연산자

다음은 임금(sal)을 2000 이상 받고 있는 사원들의 이름을 찾는 쿼리이다. 여기서 〉= 연산자는 같거나 큰 의미로 해석할 수 있으므로 다음은 2000과 같거나 그 이상 받고 있는 사원들의 이름(ename), 직무(job) 그리고 임금(sal)을 출력하는 쿼리와 그 결과를 보여준다.

```
SQL> select ename,job,sal from emp where sal>=2000;
```

	ENAME	JOB	SAL
1	JONES	MANAGER	2975
2	BLAKE	MANAGER	2850
3	CLARK	MANAGER	2450
4	SCOTT	ANALYST	3000
5	KING	PRESIDENT	5000
6	FORD	ANALYST	3000

앞의 결과를 통해서 알 수 있듯이 모든 결과 값의 기준은 Where 절에 해당하는 sal 컬럼 값이 2000보다 같거나 큰 값이 기준이 된다는 것이다. 〈 〉 연산자는 =의 반대 의미로서 종종 != 또는 ^=와 혼용해서 사용할 수 있다는 점도 기억하기 바란다.

*Between A and B 연산자

Between A and B 연산자는 A, B 사이의 값을 비교해서 구하는 연산자로서 임의의 컬럼 값이 두 숫자의 사이에 오는 조건을 만족시키는 값을 구할 때 사용한다.

```
SQL> select  ename,job,sal from emp where sal between 1000 and 2000;
```

위의 쿼리는 sal이 1000 이상 그리고 2000 이하를 받고 있는 사원들의 이름을 구하고 있다. 한 가지 유의해야 하는 사항이라면 컬럼 값의 비교 시 A와 B의 값 자체도 비교 범위에 포함된다는 사실이다. 따라서 이 경우 1000과 2000, 이 2개의 값도 조건에 포함된다는 사실을 기억하기 바란다.

*IN 연산자

IN 연산자의 경우는 특정 다수 값과 비교하는 경우를 지원한다.

```
SQL> select ename,job,sal from emp where sal IN (800, 1600);
```

이처럼 IN 연산자는 숫자(number: 800, 1600) 에 대한 특정 다수 값에 대한 조건을 설정할 수 있을 뿐만 아니라 다음과 같이 문자열과 날짜의 비교 역시 가능케 한다. 하지만 이들의 경우는 반드시 ' ' 사이에 문자열과 날짜를 넣어줘야만 한다는 사실에 유의하기 바란다.

```
select  ename ,job, sal from emp where job IN ('CLERK', 'MANAGER');
```

*Like 연산자

Like 연산자는 임의의 문자 또는 문자열이 포함된 값을 찾으려고 할 때 아주 유용하게 사용되는 연산자이다. 다음의 쿼리는 사원들 가운데 이름이 'S'(대문자 에스, S)로 시작하는 사원들을 찾고 있다. 뒤에 나오는 '%'는 그 뒤의 문자열은 무시한다고 보면 된다. 결국 '%' 앞에 있는 문자열이 포함된 모든 데이터가 출력된다.

```
SQL> select ename,job,sal from emp where ename like 'S%';
```

	ENAME	JOB	SAL
1	SMITH	CLERK	800
2	SCOTT	ANALYST	3000

다음의 쿼리는 앞뒤로 %가 사용된 경우이다. 따라서 앞뒤로 어떤 문자열이 몇 개가 오든 상관없이 문자열 중간에 'S'라는 문자만 있으면 찾는 조건에 만족된다.

```
SQL> select  ename,job,sal from emp where ename like '%S%';
```

	ENAME	JOB	SAL
1	SMITH	CLERK	800
2	JONES	MANAGER	2975
3	SCOTT	ANALYST	3000
4	ADAMS	CLERK	1100
5	JAMES	CLERK	950

다음의 쿼리는 '%가 찾는 문자열의 앞에 위치하는 경우인데 이때는 앞에 어떤 문자열이 몇 개가 오든 상관없이 문자열의 마지막 문자가 'S'이기만 하면 조건에 만족된다.

```
SQL> select  ename,job,sal from emp where ename like '%S';
```

	ENAME	JOB	SAL
1	JONES	MANAGER	2975
2	ADAMS	CLERK	1100
3	JAMES	CLERK	950

다음의 쿼리는 '_'를 사용하는 경우인데 '_'를 사용하게 되면 각각의 문자의 위치와 순서에 유의해야 한다. 예를 들어 설명하자면 다음과 같다.

```
SQL> select  ename,job,sal from emp where ename like '_A%';
```

	ENAME	JOB	SAL
1	WARD	SALESMAN	1250
2	MARTIN	SALESMAN	1250
3	JAMES	CLERK	950

위의 쿼리는 전체 문자열에서 두 번째 문자가 'A'이기만 하면 조건을 만족하는 경우이다. '%를 사용하고 있으므로 'A' 뒤에 몇 개의 문자가 오든 상관없다. 결국 '_'는 첫 번째 문자를 대신하는 용도로 사용된다는 의미가 된다. 반면에 뒤에 위치한 %는 몇 개의 문자가 오든 상관없이 '%' 하나로 대신할 수가 있다는 이야기가 된다.

지금까지 문자열을 비교 또는 검색할 때 '%'와 '_'를 사용하는 경우를 살펴보았다. 그런데 문제는 검색하려는 문자열 가운데 '%'나 '_'가 포함되어 있다면 어떻게 해결해야 할 것인지에 있다. 다음의 쿼리는 test_라는 문자열이 포함된 데이터를 검색하고 있다. test_라는 문자열에는 '_'가 포함되어 있으므로 이 경우에는 다음의 쿼리처럼 Escape 문자를 사용하여 '_' 문자를 검색 대상에 포함시킬 수 있다.

```
SQL> insert into emp (empno, ename ,job, mgr, hiredate, sal, comm, deptno)
values (8001,'test_1','manager','8000','2016-03-14',8000,100,30);
SQL> select ename
from emp
where ename like 'test\_%' escape '\';
```

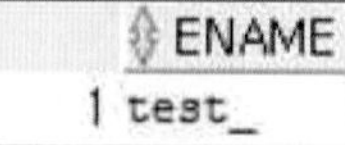

	ENAME
1	test_

*Is null과 Is not null

임의의 컬럼 값이 널(Null)인지 아닌지를 비교하는 기능을 제공한다.
다음의 쿼리는 모든 사원 가운데 comm 컬럼이 널인 사원들의 이름(ename)과 그들의 보너스(comm)를 출력하고 있다. 간단히 Is null이란 키워드를 사용하여 처리하게 된다.

```
SQL> select ename,job,sal,comm
from emp
where comm IS NULL;
```

	ENAME	JOB	SAL	COMM
1	SMITH	CLERK	800	(null)
2	JONES	MANAGER	2975	(null)
3	BLAKE	MANAGER	2850	(null)
4	CLARK	MANAGER	2450	(null)
5	SCOTT	ANALYST	3000	(null)
6	KING	PRESIDENT	5000	(null)
7	ADAMS	CLERK	1100	(null)
8	JAMES	CLERK	950	(null)
9	FORD	ANALYST	3000	(null)
10	MILLER	CLERK	1300	(null)

위와는 상반되게 Is null의 반대의 개념으로 Is not null이 사용될 수 있다. 다음은 comm 컬럼에 널 값이 저장되지 않은 조건을 만족시키는 사원들의 이름, 직무, 임금, 보너스 값을 출력하는 쿼리를 보여주고 있다.

```
SQL> select ename,job,sal,comm from emp where comm IS NOT NULL;
```

	ENAME	JOB	SAL	COMM
1	ALLEN	SALESMAN	1600	300
2	WARD	SALESMAN	1250	500
3	MARTIN	SALESMAN	1250	1400
4	TURNER	SALESMAN	1500	0

oracle 04

논리 연산자의 사용

*AND 연산자

앞뒤의 조건이 모두 사실(True)이면 결국 결과가 사실(True)이 나오며 앞뒤 어느 하나라도 거짓(False)이면 결과는 거짓(False)으로 나온다.

다시 말해서 Where 절에 AND 연산자가 사용되면 앞뒤의 조건 모두 만족시켜야 한다는 제한이 걸리게 된다. 다음의 쿼리는 임금(sal)이 1000 이상이고 이름(ename)이 S로 시작하는 사원의 이름과 직무, 임금을 검색하고 있다. 이 경우 앞의 두 조건 모두를 동시에 만족시키는 'SCOTT'라는 학생의 정보만이 출력되고 있음을 확인할 수 있다.

```
SQL> select ename,job,sal
   from emp
   where sal >= 1000 and ename like 'S%';
```

	ENAME	JOB	SAL
1	SCOTT	ANALYST	3000

*OR 연산자

앞뒤의 조건 중 어느 하나라도 사실(True)이면 결국 결과가 사실(True)이 나온다. OR 연산자는 앞에서 설명한 AND 연산자와는 다르게 앞뒤의 조건 중 어느 한 조건을 만족시키는 결과라 할지라도 아무 문제가 없다는 이야기가 된다. 다음의 쿼리는 임금(sal)이 1000 이상이거나 이름(ename)이 S로 시작하는 사원의 이름과 직무, 임금을 검색하고 있다. 이 경우 위의 두 조건 중 어느 하나라도 만족시키는 데이터라면 그 모든 데이터가 출력될 수 있다.

```
SQL> select ename,job,sal
   from emp
   where sal >= 1000 or ename like 'S%';
```

	ENAME	JOB	SAL
1	SMITH	CLERK	800
2	ALLEN	SALESMAN	1600
3	WARD	SALESMAN	1250
4	JONES	MANAGER	2975
5	MARTIN	SALESMAN	1250
6	BLAKE	MANAGER	2850
7	CLARK	MANAGER	2450
8	SCOTT	ANALYST	3000
9	KING	PRESIDENT	5000
10	TURNER	SALESMAN	1500
11	ADAMS	CLERK	1100
12	FORD	ANALYST	3000
13	MILLER	CLERK	1300

*Not 연산자

Not 연산자는 임의의 조건이 거짓(False)이면 결과가 반대로 사실(True)을 돌려준다. 다음의 쿼리는 'CLERK', 'MANAGER'라는 직무(job)가 아닌 사원들의 이름과 직무, 임금을 출력하는 문장이다. 일단 'CLERK', 'MANAGER'라는 직무(job)인 사원들을 찾은 다음 이들을 제외한 직무를 가지는 사원들의 대한 값을 구하면 된다. In 연산자와 함께 사용되고 있다는 점에 유의하기 바란다.

```
SQL> select ename,job,sal
  from emp
where job not in ('CLERK','MANAGER');
```

	ENAME	JOB	SAL
1	ALLEN	SALESMAN	1600
2	WARD	SALESMAN	1250
3	MARTIN	SALESMAN	1250
4	SCOTT	ANALYST	3000
5	KING	PRESIDENT	5000
6	TURNER	SALESMAN	1500
7	FORD	ANALYST	3000

기억해야 할 사항은 Not 연산자의 경우 다음과 같이 다른 비교 연산자들(In, Like, Between, Null)과 함께 사용이 가능하다는 것이다.

Not like 연산자

```
SQL> select ename,job,sal
   from emp
   where ename not like ('%S');
```

	ENAME	JOB	SAL
1	SMITH	CLERK	800
2	ALLEN	SALESMAN	1600
3	WARD	SALESMAN	1250
4	MARTIN	SALESMAN	1250
5	BLAKE	MANAGER	2850
6	CLARK	MANAGER	2450
7	SCOTT	ANALYST	3000
8	KING	PRESIDENT	5000
9	TURNER	SALESMAN	1500
10	FORD	ANALYST	3000
11	MILLER	CLERK	1300

Not between A and B 연산자

```
SQL> select ename,job,sal
   from emp
   where sal not between 1000 and 2000;
```

	ENAME	JOB	SAL
1	SMITH	CLERK	800
2	JONES	MANAGER	2975
3	BLAKE	MANAGER	2850
4	CLARK	MANAGER	2450
5	SCOTT	ANALYST	3000
6	KING	PRESIDENT	5000
7	JAMES	CLERK	950
8	FORD	ANALYST	3000

Not null 연산자

```
select ename,job,sal
   from emp
   where comm is not null;
```

	ENAME	JOB	SAL
1	ALLEN	SALESMAN	1600
2	WARD	SALESMAN	1250
3	MARTIN	SALESMAN	1250
4	TURNER	SALESMAN	1500

●●● oracle 05

연산자 우선순위

지금까지 여러 가지 연산자들에 관하여 알아보았는데 실제로 SQL 문장을 작성하다가 보면 이들 연산자가 동시에 여러 개가 조합되어 사용되는 경우가 대부분이므로 이들간의 우선순위를 제대로 파악할 필요가 있다. 다음은 연산자들간의 우선순위를 표로 만들어본 것이다. 하지만 괄호( )를 사용하는 경우가 최우선 순위를 가진다는 사실을 반드시 기억하기 바란다.

우선순위	연산자
1	산술 연산자
2	Concatenation 연산자
3	비교 연산자
4	Is Null/Is not null In /Not in Like
5	Between/ Not between
6	NOT 연산자
7	AND 연산자
8	OR 연산자

*연산자 우선순위의 적용

다음은 연산자 우선순위의 적용을 보여주는 쿼리이다.

```
SQL> select ename,job,sal,comm
   from emp
   where ename like 'S%' or ename like 'A%' and sal >1000;
```

	ENAME	JOB	SAL	COMM
1	SMITH	CLERK	800	(null)
2	ALLEN	SALESMAN	1600	300
3	SCOTT	ANALYST	3000	(null)
4	ADAMS	CLERK	1100	(null)

일단 위의 쿼리로부터 연산자들의 종류부터 파악하도록 하자.
위의 연산자 우선순위 표에 의하면 산술 연산자가 가장 먼저 적용되고 그 다음이 AND 연산자 그리고 마지막으로 OR 연산자가 적용되어야 한다.
이처럼 연산자 우선순위를 고려하여 위의 쿼리를 다시 해석하자면 다음과 같다.
모든 사원들 가운데 A로 시작하는 이름(ename)을 가지고 임금을 1000 이상 받는 사원들이거나 또는 모든 사원들 가운데 S로 시작하는 이름(ename)을 가지는 사원들의 이름(ename)과 직무(job), 임금(sal), 보너스(comm)을 출력하라.

*연산자 우선순위와 괄호 ( )의 적용

우선순위만을 고려한 위의 쿼리로부터 괄호 ( )를 적용하게 되면 결과는 다음과 같이 달라진다.

```
SQL> select ename,job,sal,comm
from emp
where (ename like 'S%' or ename like 'A%') and sal >1000;
```

	ENAME	JOB	SAL	COMM
1	ALLEN	SALESMAN	1600	300
2	SCOTT	ANALYST	3000	(null)
3	ADAMS	CLERK	1100	(null)

이처럼 SQL 문장을 작성할 때 연산자 우선순위와 괄호( )의 사용에 익숙하지 않다면 원하는 데이터를 출력하는데 어려움이 있으므로 유의하기 바란다.

●●● oracle 06

Order By 절

Order by 절은 임의의 쿼리 결과를 일련의 순서로 다시 정렬하기 위해 사용된다.
Order by 절을 포함한 Select 문장의 기본 형식은 다음과 같다.

```
SELECT * | {[ DISTINCT ] column name | expression [ column alias ],...}
FROM table name
[ WHERE condition]
[ ORDER BY {column name, expression} [asc|desc] ] ;
```

*문자의 순서

예들 들자면 사원이름(ename)을 출력하는 경우 그 이름들을 알파벳 순서로 (Ascending 순서 또는 Descending 순서) 다시 정렬하는 경우를 말한다.
오라클은 특별한 설정이 없는 한 Ascending 순서를 적용하여 출력하는 것을 기본으로 한다.

```
SQL> select empno,ename from emp order by ename desc;
```

이 쿼리는 사원들의 사원번호(empno)와 사원이름(ename)을 출력한다. 그러나 출력시 순서를 사원이름(ename) - Desceding 순서: z y x w......c b a 순서로 - 을 기준으로 한다는 것을 의미한다.
여기서는 desc라는 키워드를 사용해서 기존의 기본설정인 asc 순서를 무시하고 있다.

	EMPNO	ENAME
1	7521	WARD
2	7844	TURNER
3	7369	SMITH
4	7788	SCOTT
5	7934	MILLER
6	7654	MARTIN
7	7839	KING
8	7566	JONES
9	7900	JAMES
10	7902	FORD
11	7782	CLARK
12	7698	BLAKE
13	7499	ALLEN
14	7876	ADAMS

*숫자의 순서

앞의 쿼리는 문자에서의 asc와 desc 설정을 살펴보았는데 숫자의 경우는 어떨까?
숫자에서 asc가 설정되면 1 2 3 ....이처럼 작은 숫자로부터 점점 커지는 숫자가 나중 순서가 되며 desc가 설정되면 큰 숫자가 가장 먼저 오고 점점 숫자가 작아지는 순서를 가지게 된다.

```
SQL> select empno,ename from emp order by empno desc;
```

	EMPNO	ENAME
1	7934	MILLER
2	7902	FORD
3	7900	JAMES
4	7876	ADAMS
5	7844	TURNER
6	7839	KING
7	7788	SCOTT
8	7782	CLARK
9	7698	BLAKE
10	7654	MARTIN
11	7566	JONES
12	7521	WARD
13	7499	ALLEN
14	7369	SMITH

*날짜의 순서

날짜의 경우도 앞의 두 경우와 마찬가지 개념을 적용할 수 있는데 asc가 설정되면 가장 오래된 과거의 시점이 가장 먼저 위치하게 되며 최근 시점이 가장 나중에 위치하게 된다. desc 설정은 반대의 경우가 될 것이다.
다음의 쿼리는 사원들 가운데 사원번호(empno)와 사원이름(ename), 고용일(hiredate)을 출력하는데 가장 나중에 등록한 사원들이 가장 먼저 출력되도록 작성되어있다. 이 경우 desc가 아닌 asc 설정이 되면 가장 먼저 등록한 학생들이 가장 먼저 출력된다.

```
SQL> select empno,ename,hiredate from emp order by hiredate desc;
```

	EMPNO	ENAME	HIREDATE
1	7876	ADAMS	87/05/23
2	7788	SCOTT	87/04/19
3	7934	MILLER	82/01/23
4	7902	FORD	81/12/03
5	7900	JAMES	81/12/03
6	7839	KING	81/11/17
7	7654	MARTIN	81/09/28
8	7844	TURNER	81/09/08
9	7782	CLARK	81/06/09
10	7698	BLAKE	81/05/01
11	7566	JONES	81/04/02
12	7521	WARD	81/02/22
13	7499	ALLEN	81/02/20
14	7369	SMITH	80/12/17

*널(Null) 값의 순서

널 값의 경우는 Order by를 고려하는 경우 각별한 주의가 요구된다. 먼저 결론부터 말하자면 asc 설정의 경우는 널 값이 가장 나중에 출력되며 반대로 desc 설정의 경우는 널 값이 맨 처음 출력된다.

```
SQL> select empno,ename,comm from emp order by comm asc;
```

	EMPNO	ENAME	COMM
1	7844	TURNER	0
2	7499	ALLEN	300
3	7521	WARD	500
4	7654	MARTIN	1400
5	7788	SCOTT	(null)
6	7839	KING	(null)
7	7876	ADAMS	(null)
8	7900	JAMES	(null)
9	7902	FORD	(null)
10	7934	MILLER	(null)
11	7698	BLAKE	(null)
12	7566	JONES	(null)
13	7369	SMITH	(null)
14	7782	CLARK	(null)

위의 쿼리 결과를 통해 comm 컬럼에 널 값을 가지는 데이터가 나중에 출력되고 있음을 확인할 수 있다. 다음의 예는 Descending 순서로 정리한 것이다. 널 값이 먼저 출력되고 있는 것을 확인할 수가 있다.

```
SQL> select empno,ename,comm from emp order by comm desc;
```

	EMPNO	ENAME	COMM
1	7369	SMITH	(null)
2	7782	CLARK	(null)
3	7902	FORD	(null)
4	7900	JAMES	(null)
5	7876	ADAMS	(null)
6	7566	JONES	(null)
7	7698	BLAKE	(null)
8	7934	MILLER	(null)
9	7788	SCOTT	(null)
10	7839	KING	(null)
11	7654	MARTIN	1400
12	7521	WARD	500
13	7499	ALLEN	300
14	7844	TURNER	0

*Order by 절에서의 컬럼 alias의 사용

Order by 절에 기본적으로는 컬럼 이름을 사용하지만 때로는 다음과 같이 컬럼 alias를 사용할 수도 있다.

```
SQL> select empno,ename E from emp order by E desc;
```

	EMPNO	E
1	7521	WARD
2	7844	TURNER
3	7369	SMITH
4	7788	SCOTT
5	7934	MILLER
6	7654	MARTIN
7	7839	KING
8	7566	JONES
9	7900	JAMES
10	7902	FORD
11	7782	CLARK
12	7698	BLAKE
13	7499	ALLEN
14	7876	ADAMS

*Order by 절에서의 복수 컬럼의 사용

지금까지는 Order by 절에 단 하나의 컬럼 또는 컬럼 alias를 사용해서 출력의 순서를 설정했다. 하지만 오라클은 Order by 절에 하나이상의 컬럼을 사용할 수 있는 기능을 제공하고 있다. 물론 쿼리의 대상이 되는 테이블 내에 설정된 컬럼들은 모두 Order by 절에 사용될 수 있는 자격이 있다.

```
SQL> select empno,ename,sal from emp order by ename,sal desc;
```

아래의 쿼리는 ename와 sal 컬럼을 사용해서 순서를 정하고 있다. 앞에 있는 ename 순서로 일단 순서를 정한다. 만약 2개의 동일한 값 ename이 존재하는 경우 그 다음 순서는 Order by 절의 두 번째 컬럼인 sal 컬럼의 값에 의하여 정해진다. 지금 앞의 쿼리의 경우는 ename을 적용할 때는 기본인 asc 설정을 사용하며 sal을 적용할 때는 desc 설정을 사용하고 있음을 알 수 있다.

	EMPNO	ENAME	SAL
1	7876	ADAMS	1100
2	7499	ALLEN	1600
3	7698	BLAKE	2850
4	7782	CLARK	2450
5	7902	FORD	3000
6	7900	JAMES	950
7	7566	JONES	2975
8	7839	KING	5000
9	7654	MARTIN	1250
10	7934	MILLER	1300
11	7788	SCOTT	3000
12	7369	SMITH	800
13	7844	TURNER	1500
14	7521	WARD	1250

한 가지 마지막으로 언급하고자 하는 것은 바로 Order by 절에 적용될 수 있는 컬럼이 반드시 Select 절에 존재할 필요는 없다는 점이다. OCP 시험에 자주 출제되는 사항이므로 반드시 기억하기 바란다.

tip

Order by 절에 적용될 수 있는 컬럼이 반드시 Select 절에 존재할 필요는 없다.

Chapter 03 단일 행 함수(Single-row-function)

오라클 데이터베이스 내부에 저장된 데이터들에 대하여 여러 가지 함수를 실행할 수가 있는데 크게 두 가지 종류의 함수로 구분한다. 바로 이번 장에서 다루게 될 단일 행 함수와 Chapter 04에서 다루게 될 복수 행 함수가 그것이다. 단일 행 함수라 함은 입력되는 로우 데이터가 하나인 경우이다. 결국 단 하나의 로우 데이터를 처리해서 단 하나의 결과를 출력시키는 함수가 바로 단일 행 함수인 것이다.

다음은 이번 장에서 다루게 될 세부 사항들이다.

- Section 01 SQL 함수
- Section 02 문자 함수
- Section 03 숫자 함수
- Section 04 Date 데이터 타입과 날짜 함수
- Section 05 데이터 타입 변경 함수
- Section 06 오라클 RR 데이터 타입 형식
- Section 07 네스트(Nested) 함수
- Section 08 널(Null) 값을 처리하는 함수
- Section 09 조건부 함수

●●● oracle 01

SQL 함수

오라클은 2가지 형태 - 단일 행 함수와 복수 행 함수 - 의 SQL 함수를 지원하고 있다. 단일 행 함수라 함은 각각의 단일 로우 데이터들에 대하여 임의의 함수를 처리하여 각각 단일의 결과 값을 처리하는 기능을 제공한다. 반면에 복수 행 함수는 일련의 그룹의 로우 데이터를 처리해서 각각의 그룹에 대한 결과 값을 처리하는 기능을 제공하는 차이를 가진다. 이러한 복수 행 함수는 그룹 함수라고 불리어지기도 한다. 그룹 함수에 관한 자세한 내용은 5장에서 다루어진다.

단일 행 함수는 기본적으로 각각의 로우에 위치한 데이터를 다루게 되는데 단일 행 함수에 대한 인자(Aargument)는 다음의 4가지로 정리해 볼 수 있다.

- 사용자 정의 상수
- 변수 값
- 컬럼 이름
- 표현(Expression)

한 가지 유의해야 할 사항은 단일 행 함수는 Select, Where 그리고 Order by 절에서 모두 사용 가능하다는 것이다. 단일 행 함수는 각각의 기능에 따라 크게 다음의 5가지 종류로 구분할 수 있다.

- 문자 함수(Character function)
  Character 데이터 타입으로 구성된 임의의 로우 데이터를 받아들여 Character 또는 Numeric으로 결과를 처리하는 기능을 제공한다. 임의의 문자열을 받아들여 그들을 소문자로 출력하는 기능이라든지 아니면 반대로 대문자로 출력하는 함수가 문자 함수의 예가 될 수 있다.
- 숫자 함수(Numeric function)
  Numeric 데이터 타입으로 구성된 데이터를 받아들여 숫자로 결과를 출력하는 기능을 제공한다. 임의의 숫자에 대한 반올림 값을 출력하는 함수가 예가 될 수 있다.
- 날짜 함수(Date function)
  Date 데이터 타입으로 저장되어 있는 로우 데이터에 대하여 임의의 함수를 적용하여 결과 값을 처리하는 기능을 제공한다. 여러 가지 함수가 존재하는데 이중 결과가 숫자로 출력되는 month_between을 제외한 나머지 함수들은 모두 Date 데이터 타입으로 출력된다.
- 데이터 타입 변경 함수(Data conversion function)
  임의의 데이터 타입을 가지는 데이터에 대하여 데이터 타입 변경 함수를 적용하여 다른 데이터 타입으로 변경하는 기능을 제공한다. Numeric 데이터 타입으로 저장되어 있는 임의의 데이터를 Character 데이터 타입으로 변경하여 출력한다던지 Character 데이터 타입으로 저장되어 있는 임의의 데이터를 Date 데이터 타입으로 변경하여 출력하는 함수들이 그 예가 될 수 있다. 주의할 사항은 데이터 타입 변경 함수가 기존의 데이터 타입 자체를 완전히 변경시키는 역할을 하지 않는다는 점이다. 데이터 타입 변경 함수의 주된 역할은 기존의 데이터 타입을 변경하여 다른 데이터 타입으로 출력하고자 할 때 적용할 수 있다는 것이다. 이미 데이터 베이스에 저장되어져 있는 임의의 데이터에 대한 데이터 타입 자체는 변경되지 않는다는 사실에 유의하기 바란다.

tip

데이터 타입 변경 함수가 기존의 데이터 타입 자체를 완전히 변경시키는 역할을 하지 않는다

- 일반 기능 함수(General function)

  일반 기능 함수는 대부분 널 값을 처리하는 함수들과 If-then 문장을 처리하는 몇 가지 유사한 함수들이 포함되며 어떤 데이터 타입에도 적용해서 사용할 수 있다는 점에 유의하기 바란다.

●●● oracle 02

문자 함수

문자 함수는 임의의 문자열 또는 문자열을 포함하는 컬럼 값을 처리하는 기능을 제공한다. 크게 두 가지의 종류로 나누어볼 수 있는데 첫째는 알파벳 문자열에 대한 대, 소 문자를 다루는 함수이며 두 번째는 임의의 문자열로부터 임의의 문자 또는 문자열에 대한 일부분을 처리하는 함수이다.
먼저 알파벳 대소 문자 처리에 관한 함수를 살펴보도록 하자.

*Upper 함수

```
Upper (column name | 'character string')
```

Upper 함수는 임의의 컬럼 혹은 문자열을 모두 대문자 알파벳으로 변환시켜 주는 기능을 제공한다.
다음의 예는 임의의 문자열에 Upper 함수를 적용하는 경우인데 dual 테이블을 사용해서 출력한다.
dual 테이블은 오라클 서버가 제공하는 임시 테이블로서 이처럼 임의의 간단한 함수 처리가 요구되는 경우 사용할 수 있는 더미(Dummy) 테이블이다.

```
SQL> select upper('Oracle OCP Exam')
 from dual;
```

	UPPER('ORACLEOCPEXAM')
1	ORACLE OCP EXAM

'Oracle OCP Exam'라는 문자열이 모두 대문자로 출력되고 있음을 확인할 수 있다.
위에서 살펴본 예는 각각의 함수에 대한 인수를 임의의 컬럼 이름 대신 실제 문자열을 적용하는 경우였다. 다음의 경우는 emp 테이블의 임의의 컬럼(이 경우, ename)을 Upper 함수의 인수로 사용하는 경우를 보여준다.

```
SQL> select upper(ename)
 from emp;
```

	UPPER(ENAME)
1	SMITH
2	ALLEN
3	WARD
4	JONES
5	MARTIN
6	BLAKE
7	CLARK
8	SCOTT
9	KING
10	TURNER
11	ADAMS
12	JAMES
13	FORD
14	MILLER

위의 출력 결과를 통해서 알 수 있는 것처럼 Upper 함수는 임의의 문자열 혹은 임의의 컬럼에 저장되어져 있는 문자열을 대문자로 출력하는 기능을 제공한다. 하지만 실제 저장되어 있는 데이터 자체를 대문자로 바꾸는 것이 아니라 데이터를 출력하는 경우에만 적용되고 있다는 사실에 유의하기 바란다.

*Lower 함수

```
Lower (column name | 'character string')
```

Lower 함수는 임의의 컬럼 혹은 문자열을 모두 소문자 알파벳으로 변환시켜 주는 기능을 제공한다.

```
SQL> select lower ('Oracle OCP Exam')
     from dual;
```

	LOWER('ORACLEOCPEXAM')
1	oracle ocp exam

'Oracle OCP Exam'라는 문자열이 모두 소문자로 출력되고 있음을 확인할 수 있다.
다음의 경우는 임의의 컬럼 값에 Lower 함수를 적용하고 있는 것을 보여준다.

```
SQL> select lower(ename)
 from emp;
```

	LOWER(ENAME)
1	smith
2	allen
3	ward
4	jones
5	martin
6	blake
7	clark
8	scott
9	king
10	turner
11	adams
12	james
13	ford
14	miller

*Inicap 함수

```
Inicap (column name | 'character string')
```

Inicap 함수는 Initial(문자열의 맨 처음 문자) 문자를 알파벳 대문자(Capital 또는 Uppper case)로 변환시켜 출력시켜 주는 기능을 제공한다.

```
SQL> select initcap('Oracle OCP Exam')
from dual;
```

	INITCAP('ORACLEOCPEXAM')
1	Oracle Ocp Exam

'Oracle OCP Exam'라는 문자열에 속하는 각각의 문자들의 첫 번째 문자들(Oracle, Ocp, Exam)이 모두 대문자로 출력되고 있음을 확인할 수 있다.

여기서 한 가지 유의해야 하는 사항은 문자열이 여러 단어로 이루어져 있는 경우 각각의 단어의 첫 번째 문자를 대문자로 변환시킨다는 점이다.

다음의 경우는 임의의 컬럼 값에 Initcap 함수를 적용하고 있는 것을 보여준다.

```
SQL> select initcap(ename)
 from emp;
```

결국 이 함수들의 경우 각각의 함수의 인수로서 특정 컬럼 이름(Column) 또는 임의의 문자열(Charater string)이 적용될 수 있는데 특히 임의의 문자열을 적용하는 경우에는 그 문자열이 반드시 ' ' 내부에 사용되어야 한다는 점을 주의하기 바란다. 쉬운 개념이지만 실무에서 자주 범하는 실수이기도 하다.
다음은 임의 문자열의 문자들에 대한 여러 가지 기능을 제공하는 함수들에 대하여 살펴보도록 한다.

	INITCAP(ENAME)
1	Smith
2	Allen
3	Ward
4	Jones
5	Martin
6	Blake
7	Clark
8	Scott
9	King
10	Turner
11	Adams
12	James
13	Ford
14	Miller

*Length 함수

```
Length (컬럼 이름 | '임의 문자열')
```

Length 함수는 임의의 컬럼 값 또는 문자열이 몇 개의 문자로 이루어져 있는지 그 숫자를 출력하는 기능을 제공한다.

```
select length('Oracle OCP Exam')
from dual;
```

	LENGTH('ORACLEOCPEXAM')
1	15

결국, Oracle OCP Exam라는 문자열 전체는 15개의 문자 또는 위치로 이루어져 있음을 보여준다

*Instr 함수

```
Instr(column name | 'character string', 'character', [ ,s ],[ t ])
```

Instr 함수는 임의의 컬럼 값 또는 임의 문자열(Character string)에 대하여 s 위치서부터 특정 문자가 t 번째 나오는 위치를 출력한다(기본 값 s=1, t=1).
Instr('Oracle OCP Exam', 'O', 2 ,1) 함수는 Oracle OCP Exam이라는 문자열에 대하여 두 번

째 위치로부터 특정 문자 'O'를 찾기 시작해서 첫 번째 나오는 위치를 출력한다. 결국 전체 문자열 가운데 두 번째 위치하고 있는 문자는 Oracle에서 'r'이다. 그러므로 'r'부터 시작해서 'O'가 첫 번째 나타나는 위치이므로 OCP의 'O'의 위치(8 → 처음부터 시작해서 8 번째 문자)를 출력하게 된다.

```
SQL> select instr('Oracle OCP Exam','O',2,1)
 from dual;
```

	INSTR('ORACLEOCPEXAM','O',2,1)
1	8

O	r	a	c	l	e		O	C	P		e	x	a	m
1	2	3	4	5	6	7	8	9	10	11	12	13	14	15

이때 만약 s가 1로 선택되었다면 결과는 바뀐다. 왜냐하면 첫 번째 출연하는 'O'라는 문자를 찾기 시작하는 위치가 두 번째 위치(r)에서 첫 번째 위치(O)로 바뀌었기 때문인데 이때 결과는 Oracle에서 'O'가 된다.

```
SQL> select instr('Oracle OCP Exam','O',1,1)
from dual;
```

	INSTR('ORACLEOCPEXAM','O',1,1)
1	1

O	r	a	c	l	e		O	C	P		e	x	a	m
1	2	3	4	5	6	7	8	9	10	11	12	13	14	15

*Trim 함수

```
Trim(leading | trailing | both , column name | 'character' FROM 'character string')
```

Trim 함수의 첫 번째 인수는 특정 문자를 제거(Trim)할 때 임의 문자열의 처음(Leading) 문자를 제거할 것인지, 맨 마지막에 위치한(Trailing) 문자를 제거할 것인지, 아니면 양쪽 끝에(Both) 존재하는 문자를 모두 제거할 것인지를 선택할 수 있도록 한다. 그리고 두 번째 인수로서는 제거하려는 특정 문자(Character)가 위치하며 이후 바로 FROM이라는 키워드가 위치한다. 그리고 마지막으로 임의의 문자열(Character string)이 위치한다.
다음은 전체 문자열에서 맨 첫 번째 문자인 'O'를 제거하는 과정을 보여주고 있다.

```
SQL> select trim('O' from 'Oracle OCP exam')
 from dual;
```

TRIM('O'FROM'ORACLEOCPEXAM')
1 racle OCP exam

만약 맨 첫 번째 인수를 인위적으로 설정해주지 않으면 오라클은 기본적으로 Leading 옵션을 사용한다는 것에 유의하기 바란다.

*Concat 함수

```
Concat(column name | 'character string', column name | 'character string')
```

Concat 함수는 컬럼 또는 임의 문자열을 하나로 합쳐주는 기능을 제공한다. 다음의 쿼리는 'I love Oracle'과 'Do you ?'라는 2개의 문자열을 하나로 합쳐주는 처리 과정을 보여준다.

```
SQL> select concat('I love Oracle',' Do you ?')
 from dual;
```

CONCAT('ILOVEORACLE','DOYOU?')
1 I love Oracle Do you ?

*Substr 함수

```
Substr(column name |'character string',[ s ],[ length ])
```

Substr 함수는 컬럼 또는 임의 문자열에 대하여 s 위치로부터 시작해서 Length 길이 만큼을 뽑아내서 출력하는 기능을 제공한다.
다음은 'Oracle OCP Exam'이라는 문자열 가운데 8 번째 위치로부터 문자 3개(길이)를 출력하는 처리 과정을 보여준다.

```
SQL> select substr('Oracle OCP Exam',8,3)
 from dual;
```

SUBSTR('ORACLEOCPEXAM',8,3)
1 OCP

O	r	a	c	l	e		O	C	P		e	x	a	m
1	2	3	4	5	6	7	8	9	10	11	12	13	14	15

만약 s가 음수(-)를 가지는 경우가 되면 시작 위치가 음수 방향 다시 말하자면 임의 문자열의 마지막이 된다는 의미이므로 주의하기 바란다.

```
SQL> select substr('Oracle OCP Exam',-6,3)
 from dual;
```

SUBSTR('ORACLEOCPEXAM',-6,3)
1 P E

O	r	a	c	l	e		O	C	P		e	x	a	m
-15	-14	-13	-12	-11	-10	-9	-8	-7	-6	-5	-4	-3	-2	-1

*Lpad 함수

```
Lpad(column name | 'character string', L , 'character')
```

Lpad는 Left padding의 약자로 이해할 수도 있는데 이는 컬럼 또는 임의의 문자열에 대하여 전체 L 만큼의 문자 영역을 확보한 후 컬럼 또는 임의 문자열을 일단 오른쪽을 기준으로 정렬한 다음에 왼쪽으로 남은 공간(전체 L 자릿수만큼이 이미 확보되어 있는 상태이므로)을 특정 문자로 채워서 출력시키는 기능을 제공한다.

```
SQL> select lpad('I love Oracle',15,'$')
from dual;
```

LPAD('ILOVEORACLE',15,'$')
1 $$I love Oracle

$	$	I		l	o	v	e		O	r	a	c	l	e
1	2	3	4	5	6	7	8	9	10	11	12	13	14	15

*Rpad 함수

```
Rpad(column name | 'character string', R , 'character')
```

Rpad는 Right padding의 약자로 이해할 수도 있는데 컬럼 또는 임의의 문자열에 대하여 전체 R 만큼의 문자 영역을 확보한 후 컬럼 또는 임의 문자열을 일단 왼쪽을 기준으로 정렬한 다음에 오른쪽으로 남은 공간(전체 R 자릿수만큼이 이미 확보되어 있는 상태이므로)을 특정 문자로 채워서 출력시키는 기능을 제공한다.

```
SQL> select rpad('I love Oracle',15,'$')
from dual;
```

	RPAD('ILOVEORACLE',15,'$')
1	I love Oracle$$

I		l	o	v	e		O	r	a	c	l	e	$	$
1	2	3	4	5	6	7	8	9	10	11	12	13	14	15

tip

Lpad 함수와 Rpad 함수와의 차이를 쉽게 암기하려면 Lpad 함수는 특정 문자가 왼쪽(Left)에 위치하며 Rpad 함수의 경우는 특정 문자가 오른쪽(Right)에 위치한다라고 이해하면 된다.

*Replace 함수

```
Replace('character string', 'old character string', 'new character string')
```

Replace 함수는 임의 문자열(Character string)에 대하여 특정 문자열(Old character string)을 찾고 그 찾은 특정 문자열(Old character string)을 대치 문자열(New character string)로 대치(Replace)하는 기능을 제공한다.

```
SQL> select replace('I love Oracle','Oracle','my Tiffany')
from dual;
```

	REPLACE('ILOVEORACLE','ORACLE','MYTIFFANY')
1	I love my Tiffany

●●● oracle 03

숫자 함수

숫자 함수는 함수의 인수로서 숫자를 받아들이며 함수 처리 후 결과 값도 숫자로 출력한다.
오라클에서 지원하는 숫자 함수로는 다음의 3가지가 있다.

*Trunc 함수

```
Trunc(column name | number, t )
```

Trunc 함수는 인수로서 컬럼(Column name) 또는 숫자(Number)가 가능하며 t가 양수인 경우에는 소수점 t자리까지만 출력하고 t+1 위치부터는 무조건 제거하는 기능을 제공한다.
다음의 예를 살펴보자.

```
SQL> select trunc(67.887,2)
 from dual;
```

	TRUNC(67.887,2)
1	67.88

6	7	.	8	8	7
-2	-1	0	+1	+2	+3

이 경우 67.887이라는 숫자로부터 소수점 아래 2(t)자리까지만 출력하고 3(t+1)자리부터는 무조건 제거된다.
하지만 t가 음수로 설정되면 상황이 달라진다. 소수점을 기준으로 왼쪽으로 t자리부터 제거된다.

```
SQL> select trunc(67.887,-1)
 from dual;
```

	TRUNC(67.887,-1)
1	60

6	7	.	8	8	7
-2	-1	0	+1	+2	+3

위의 예는 t 값이 -1로 설정되어 있다. 그러므로 소수점으로부터 왼쪽으로 -1 번째 자리부터 제거된다. 다음과 같이 만약 t가 설정되어 있지 않은 경우는 오라클은 기본적으로 0(t)을 부여하는데 결국 소수점 0 번째, 즉 소수점자리부터 무조건 버린다는 이야기로서 t 값이 음수인 경우의 방법을 따른다.

```
SQL> select trunc(67.887)
 from dual;
```

	TRUNC(67.887)
1	67

6	7	.	8	8	7
-2	-1	0	+1	+2	+3

*Mod 함수

```
Mod(m , n)
```

Mod 함수는 m 값을 n으로 나눈 나머지 값이 출력하는 기능을 제공한다.
다음은 10을 3으로 나눈 나머지 값을 출력시킨다.

```
SQL> select mod(10,3)
 from dual;
```

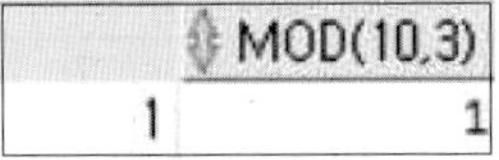

	MOD(10,3)
1	1

다음은 10을 2로 나눈 나머지 값을 출력시킨다.

```
SQL> select mod(10,2)
from dual;
```

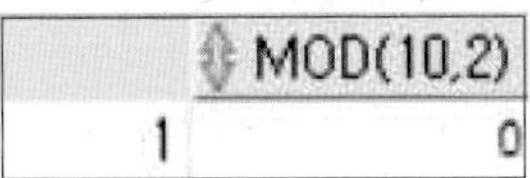

	MOD(10,2)
1	0

*Round 함수

```
Round(column name | number, r )
```

Round 함수는 우리가 어릴 적부터 많이 익숙한 반올림 함수이다. 두 번째 인수로서 r은 Trunc 함수와 마찬가지로 양수 또는 음수를 가질 수 있다. 양수는 "소수점 아래(+) r 번째로", 그리고 음수는 "소수점 위(-) r 번째로"라고 해석하면 된다.
r이 양수를 가지는 경우를 먼저 살펴보도록 하자.

```
SQL> select round(67.887,2)
from dual;
```

	ROUND(67.887,2)
1	67.89

이 경우 67.887이라는 숫자를 반올림하는데 소수점 아래 둘째 자리(r=2)로 반올림하라는 이야기가 된다. 바로 앞 문장에서 '로'라는 문자에 강조한 이유는 많은 사람들이 Round 함수를 다룰 때 이 부분을 제대로 파악하지 못하기 때문이다. 둘째 자리로 반올림해야 하므로 결국 셋째 자리에 있는 값을 보고 반올림 여부를 결정해야 한다는 의미가 된다.

6	7	.	8	8	7
-2	-1	0	+1	+2	+3

= 67.89

이번에는 r이 음수 값을 가지는 경우를 살펴보도록 하자.

```
SQL> select round(67.887,-1)
 from dual;
```

	ROUND(67.887,-1)
1	70

●●● oracle 04

Date 데이터 타입과 날짜 함수

오라클에서 Date 데이터 타입을 다룰 때 많은 오라클 사용자들이 제대로 이해하지 못하고 있음을 필자는 너무도 많이 보아왔다. 이번 기회를 통해 반드시 이해하고 넘어가기 바란다.
일반적으로 오라클은 Date 데이터 타입에 속하는 날짜(century, year, month, day, hours, minutes, seconds)들을 표현하기 위하여 이들을 내부적으로는 숫자 형태로 저장하는 것을 기본으로 한다. 하지만 이들을 출력할 때는 실제 내부적으로 저장되어 있는 데이터의 형태와는 다르게 오라클은 기본적으로 DD-MON-RR의 형태로 출력한다는 점을 유의하기 바란다.
어쨌든 "1994년 4월12일 오후 6시 28분 49초"라는 실제 데이터는 다음처럼 내부적으로 저장된다.

century	year	month	day	hour	minute	second
19	98	04	12	6	28	49

하지만 SQL*Plus를 사용하여 위의 날짜 데이터를 출력하게 되면 04-Apr-98로 화면에 출력된다. 그러므로 독자들이 유의하여야 할 점은 출력할 때 보이는 날짜 데이터(04-Apr-98)는 내부적으로 저장되어 있는 실제 데이터들 가운데 날짜(DD), 월(MON) 그리고 년도(RR)를 오라클이 정하는 기본 형태인 DD-MON-RR의 형태로 단순히 출력한다는 사실을 이해해야 한다는 것이다.
그리고 또 한 가지 지적하고 싶은 것은 바로 년도(Year)에 대한 사항이다. 오라클은 내부적으로 년도를 4자릿수로 저장한다. 처음 2자리는 Century 그리고 나머지 2자리가 바로 Year이다. 그러므로 04-Apr-98로 화면에 출력된다 하더라도 실제로 년도는 1998이라는 4자리로 저장되어 있음 또한 반드시 기억하기 바란다.
일반 날짜 관련 함수들을 알아보기 전에 오라클에서 지원하는 Sysdate라는 특수한 날짜 함수의 소개와 함께 날짜를 가지고 계산을 하고자 할 때 적용하는 기본적인 방법을 소개하고자 한다.

*Sysdate 함수

Sysdate 함수는 특별히 사용자로부터 함수에 대한 인수를 요구하지 않는다. 그 자체로서 오라클 내부적으로 현재 날짜를 처리해서 출력해주는 기능을 제공한다.

```
SQL> select sysdate
  from dual;
```

	SYSDATE
1	16/03/28

오라클을 사용해서 애플리케이션을 작성하는 경우 자주 사용할 수 있는 날짜 함수이므로 잘 기억하고 넘어가기 바란다.
이제 날짜들을 가지고 기본적인 계산을 하는 경우에 적용하는 방법들에 대하여 잠시 언급하고자 한다.

① Date + number

기존의 Date 데이터 타입을 가지는 날짜에 날(Day)을 더하는 계산이 가능하다. 다음은 Sysdate (16/03/28) 값에 10일을 더하는 경우를 보여준다.

```
SQL> select sysdate +10
 from dual;
```

	SYSDATE+10
1	16/04/07

② Date - number

기존의 Date 데이터 타입을 가지는 날짜에서 Day를 빼는 계산이 가능하다. 다음은 sysdate (16/03/28) 값에서 10일을 빼는 경우를 보여준다.

```
SQL> select sysdate -10
 from dual;
```

	SYSDATE-10
1	16/03/18

③ Date - date

두 Date 데이터 타입을 가지는 날짜 사이에 뺄셈이 가능하다. 결과는 두 날짜 사이의 날(Day)의 차이를 보여준다.

```
SQL> select sysdate - hiredate
 from emp;
```

	SYSDATE-HIREDATE
1	12885.5343171296296296296296296296296296
2	12820.5343171296296296296296296296296296
3	12818.5343171296296296296296296296296296
4	12779.5343171296296296296296296296296296
5	12600.5343171296296296296296296296296296
6	12750.5343171296296296296296296296296296
7	12711.5343171296296296296296296296296296
8	10571.5343171296296296296296296296296296
9	12550.5343171296296296296296296296296296
10	12620.5343171296296296296296296296296296
11	10537.5343171296296296296296296296296296
12	12534.5343171296296296296296296296296296
13	12534.5343171296296296296296296296296296
14	12483.5343171296296296296296296296296296

④ **Date + number/24**

기존의 Date 타입을 가지는 날짜에서 임의의 시간(Hour)을 더하는 계산이 가능하다.

```
SQL> select sysdate +100/24
 from dual;
```

	SYSDATE+100/24
1	16/04/01

⑤ **Date + date**

임의의 날짜와 날짜를 더한다는 것은 논리적으로 맞지 않으므로 오라클은 이 경우 다음과 같은 에러를 발생시킨다.

```
SQL> select sysdate+hiredate
 from emp;
ERROR at line 1:
ORA-00975: date + date not allowed
```

tip

날짜와 날짜를 더하는 연산은 불가능하다.

자, 이제 각각의 날짜 관련 함수들을 알아보도록 하자.

*Months_between 함수

```
Months_between(date1, date2)
```

Months_between 함수는 두 날짜 사이의 달수(Month)의 차이를 보여주는데 대부분의 경우는 date1이 date2보다 나중 날짜가 오게된다. 결국 함수의 값은 양수로 나온다. 하지만 date1이 date2보다 이전 시점이면 결과는 음수로 나온다. 결국 이후 시점('12-SEP-97')이 이전 시점('01-DEC-95')보다 더 큰 값으로 오라클은 인식한다는 점에 유의하기 바란다.

```
SQL> select months_between('2016-04-02','2015-03-03')
 from dual;
```

	MONTHS_BETWEEN('2016-04-02','2015-03-...
1	12.96774193548387096774193548387096774194

위의 쿼리 결과는 이 두 날짜('2016-04-02','2015-03-03') 사이에 몇 달(Month)의 차이가 있는지를 보여준다.

*Next_day 함수

```
Next_day(date,'character string')
```

Next_day 함수는 기준이 되는 날짜(Date)로부터 문자열(Character string)에 설정된 날이 몇 일인지를 출력해준다. 문자열에는 Monday, Tuesday, Wednesday와 같은 요일 정보가 설정된다.

```
SQL> select next_day(sysdate,1)
 from dual;
```

	NEXT_DAY(SYSDATE,1)
1	16/04/03

결과는 오늘(2016-03-28) 이후에 처음 오는 일요일(Sunday)의 날짜를 보여준다.

*Last_day 함수

```
Last_day(date)
```

Last_day 함수는 임의의 날짜가 기준이 되는 날짜로부터 '문자열'에 설정된 날이 언제인지를 출력해준다. 문자열에는 Monday, Tuesday, Wednesday와 같은 날이 설정된다.

```
SQL> select last_day(sysdate)
 from dual;
```

	LAST_DAY(SYSDATE)
1	16/03/31

결과는 16년 3월의 마지막 날이 언제인지를 보여준다.

*Add_months 함수

```
Add_months(date,month)
```

Add_months 함수는 기준이 되는 날짜로부터 임의의 달(Month)수를 더하는 기능을 제공한다. 현재 날짜(2016-03-28)인 경우 다음 명령을 수행하면 결과는 2016년 3월 28일 이후 8개월이 지난 시점의 날짜를 보여준다.

```
SQL> select add_months(sysdate,8)
 from dual;
```

	ADD_MONTHS(SYSDATE,8)
1	16/11/28

*Round 함수

```
Round(date, [,' format '])
```

Round 함수는 임의의 날짜에 대하여 반올림(Round)할 수 있는 기능을 제공한다. Format 자리에는 기본적으로 Month 또는 Year가 설정될 수 있다.

Round 함수의 경우는 앞에서 언급한 함수와는 달리 컬럼 이름을 반드시 지정해주어야 한다. 특정 날짜를 지정해주게 되면 다음과 같이 에러가 발생한다.

```
SQL>  select round(sysdate, 2)
 from dual;
ERROR at line 1:
ORA-01722: invalid number
```

그러므로 다음과 같이 컬럼 이름을 지정하도록 하자. 다음의 쿼리 결과는 독자들이 Round, Trunc 함수의 적용에 관한 기존 값과의 비교를 위해 emp 테이블의 hiredate 컬럼의 값을 보여준다.

```
SQL> select hiredate
 from emp;
```

	HIREDATE
1	80/12/17
2	81/02/20
3	81/02/22
4	81/04/02
5	81/09/28
6	81/05/01
7	81/06/09
8	87/04/19
9	81/11/17
10	81/09/08
11	87/05/23
12	81/12/03
13	81/12/03
14	82/01/23

```
SQL> select round(hiredate,'MONTH')
 from emp;
```

	ROUND(HIREDATE,'MONTH')
1	81/01/01
2	81/03/01
3	81/03/01
4	81/04/01
5	81/10/01
6	81/05/01
7	81/06/01
8	87/05/01
9	81/12/01
10	81/09/01
11	87/06/01
12	81/12/01
13	81/12/01
14	82/02/01

위의 결과는 hiredate 컬럼 값에 대한 달(Month)로의 반올림한 값을 보여준다. 첫 번째 로우 데이터인 80년 12월 17에 대해서 살펴보도록 하자. 달(Month)로의 반올림 결과는 결국 날(Day)로부터 반올림해야 한다. 날(Day)이 17이므로 반올림되어 달(Month) 값이 81년 1월이 되는 것이다.

```
SQL> select round(hiredate,'YEAR')
 from emp;
```

	ROUND(HIREDATE,'YEAR')
1	81/01/01
2	81/01/01
3	81/01/01
4	81/01/01
5	82/01/01
6	81/01/01
7	81/01/01
8	87/01/01
9	82/01/01
10	82/01/01
11	87/01/01
12	82/01/01
13	82/01/01
14	82/01/01

위의 결과는 hiredate 컬럼 값에 대한 년(Year)로의 반올림한 값을 보여준다. 첫 번째 로우 데이터인 80년 12월 17에 대해서 살펴보도록 하자. 년(Year)로의 반올림 결과는 달(Month)로부터 반올림해주어야 한다. 달(Month)이 12이므로 반올림되어 년(Year) 값이 81년이 되는 것이다.

*Trunc 함수

```
Trunc(date, [,' format '])
```

Trunc 함수는 임의의 날짜에 대하여 제거(Trunc)할 수 있는 기능을 제공한다. format 자리에는 기본적으로 Month 또는 Year가 설정된다.

```
select trunc(hiredate,'MONTH')
 from emp;
```

	TRUNC(HIREDATE,'MO...
1	80/12/01
2	81/02/01
3	81/02/01
4	81/04/01
5	81/09/01
6	81/05/01
7	81/06/01
8	87/04/01
9	81/11/01
10	81/09/01
11	87/05/01
12	81/12/01
13	81/12/01
14	82/01/01

위의 결과는 hiredate 컬럼 값에 대한 달(Month)에서의 Truncate한 결과 값을 보여준다.
예를 들어, 첫 번째 로우 데이터인 80년 12월 17에 대해서 살펴보도록 하자. 달(Month)까지는 그대로 유지하고 날(Day) 값을 모두 제거(Truncate)한 값을 보여준다. 여기서 제거한다는 개념은 완전히 없애는 것이 아니라 첫 번째 날(Day)로 표현된다는 것이다.

```
SQL> select trunc(hiredate,'YEAR')
from emp;
```

	TRUNC(HIREDATE,'YEAR')
1	80/01/01
2	81/01/01
3	81/01/01
4	81/01/01
5	81/01/01
6	81/01/01
7	81/01/01
8	87/01/01
9	81/01/01
10	81/01/01
11	87/01/01
12	81/01/01
13	81/01/01
14	82/01/01

이 결과는 hiredate 컬럼 값에 대하여 년도(Year)에서의 Truncate 한 결과 값을 보여준다.
예를 들어, 첫 번째 로우 데이터인 80년 12월 17에 대해서 살펴보도록 하자. 년(Year)까지는 그대로 유지하고 달(Month) 값을 모두 제거(Truncate)한 값을 보여준다. 여기서도 제거한다는 개념이 사용되는데 이 경우는 첫 번째 달(Month)로 표현된다는 것이다.

●●● orac05

데이터 타입 변경 함수

*To_char 함수

```
To_char (date, 'format'): 날짜 데이터를 문자로의 변환 -- fm 키워드 사용
```

이미 이전에도 언급한 적이 있듯이 date 데이터 타입을 가지는 날짜들은 기본적으로 DD-MON-RR의 형태로 출력된다. 하지만 종종 이와 같은 기본 출력 형식에서 벗어나 사용자의 편의에 따라 출력하기 원하는 경우도 있을 것이다. 이때 사용할 수 있는 함수가 바로 To_char 함수이다.

```
SQL> select hiredate
from emp;
```

	HIREDATE
1	80/12/17
2	81/02/20
3	81/02/22
4	81/04/02
5	81/09/28
6	81/05/01
7	81/06/09
8	87/04/19
9	81/11/17
10	81/09/08
11	87/05/23
12	81/12/03
13	81/12/03
14	82/01/23

tip
기본적으로 오라클은 DD-MON-RR 형태로 출력한다. 하지만 다른 형태로 출력을 원할 때 바로 다음과 같이 To_char 함수를 사용한다.

```
SQL> select to_char(hiredate,'YYYY-MM-DD')
 from emp;
```

	TO_CHAR(HIREDATE,'YYYY-MM-DD')
1	1980-12-17
2	1981-02-20
3	1981-02-22
4	1981-04-02
5	1981-09-28
6	1981-05-01
7	1981-06-09
8	1987-04-19
9	1981-11-17
10	1981-09-08
11	1987-05-23
12	1981-12-03
13	1981-12-03
14	1982-01-23

좌측처럼 hiredate 컬럼 값을 'YYYY-MM-DD'의 형식으로 출력하고 있다.

또 다른 출력을 살펴보도록 하자.

```
SQL>select to_char(hiredate,'MM/DD/YY')
from emp;
```

	HIREDATE
1	80/12/17
2	81/02/20
3	81/02/22
4	81/04/02
5	81/09/28
6	81/05/01
7	81/06/09
8	87/04/19
9	81/11/17
10	81/09/08
11	87/05/23
12	81/12/03
13	81/12/03
14	82/01/23

이처럼 다른 형태로 변환시키려고 할 때 To_char 함수의 두 번째 인수인 'format' 자리에 원하는 형식을 설정해주기만 하면 된다.

다음은 오라클에서 지원하는 사용 가능한 Date 데이터 타입에 대한 출력 형식의 예를 보여준다.

- YYYY : 1998
- YEAR(Year) : NINETEEN EIGHTY NINE(Nineteen Eighty Nine)
- MM : 12
- MONTH(Month) : DECEMBER(December)
- MON(Month) : DEC(Dec)
- DY(Dy) : FRI(Fri)
- DAY(Day) : FRIDAY(Friday)
- DD(Dd) : 24
- AM 또는 PM
- A.M 또는 P.M
- HH
- HH12 : 시간 단위가 1부터 12 사이
- HH24 : 시간 단위가 1부터 24 사이
- MI : 분 단위가 0부터 59 사이
- SS : 초 단위가 0부터 59 사이
- SSSSS : 초 단위가 자정을 넘긴 이후부터 시작하는 경우. 결국 0부터 86399 사이
- " of " : 임의의 문자열을 " " 사이에 설정하여 출력이 가능하다.
- TH(th) : 서수로 표현하는 경우. DD가 12인 경우 DDTH는 12TH로 출력된다.
- SP(sp) : 알파벳으로 표현하는 경우. DD가 12인 경우 DDSP는 Twelve로 출력된다.
- SPTH 또는 THSP : 서수와 알파벳을 함께 사용 가능하다. DD가 12인 경우 SPTH는 Twelveth로 출력된다.

date 데이터 타입의 컬럼 값에 대한 출력 형식에 관한 몇 가지 예를 더 살펴보도록 하자.
다음은 'MM/DD HH12:MI:SS YYYY' 형식과 'DDth"of" Month "of" YYYY'으로 출력하는 과정을 보여준다.

```
SQL> select to_char(hiredate,'MM/DD HH12:MI:SS YYYY')  from emp;
```

	TO_CHAR(HIREDATE,'MM/DDHH12:MI:SSYYYY')
1	12/17 12:00:00 1980
2	02/20 12:00:00 1981
3	02/22 12:00:00 1981
4	04/02 12:00:00 1981
5	09/28 12:00:00 1981
6	05/01 12:00:00 1981
7	06/09 12:00:00 1981
8	04/19 12:00:00 1987
9	11/17 12:00:00 1981
10	09/08 12:00:00 1981
11	05/23 12:00:00 1987
12	12/03 12:00:00 1981
13	12/03 12:00:00 1981
14	01/23 12:00:00 1982

```
SQL>select to_char(hiredate,'DDth" of" MM "of" YYYY')
 from emp;
```

	TO_CHAR(HIREDATE,'DDTH"OF"MM"OF"YYYY')
1	17TH of 12 of 1980
2	20TH of 02 of 1981
3	22ND of 02 of 1981
4	02ND of 04 of 1981
5	28TH of 09 of 1981
6	01ST of 05 of 1981
7	09TH of 06 of 1981
8	19TH of 04 of 1987
9	17TH of 11 of 1981
10	08TH of 09 of 1981
11	23RD of 05 of 1987
12	03RD of 12 of 1981
13	03RD of 12 of 1981
14	23RD of 01 of 1982

위의 쿼리 결과의 경우 DD라는 대문자 형식을 사용했기 때문에 서수 표현(th, st.....)이 영문 대문자 형식으로 출력되고 있다는 점에 유의하기 바란다. dd라는 소문자 형식을 쓴다면 서수가 다음과 같이 소문자 형식으로 출력된다.

```
SQL> select to_char(hiredate,'ddth" of" MM "of" YYYY')
 from emp;
```

	TO_CHAR(HIREDATE,'DDTH"OF"MM"OF"YYYY')
1	17th of 12 of 1980
2	20th of 02 of 1981
3	22nd of 02 of 1981
4	02nd of 04 of 1981
5	28th of 09 of 1981
6	01st of 05 of 1981
7	09th of 06 of 1981
8	19th of 04 of 1987
9	17th of 11 of 1981
10	08th of 09 of 1981
11	23rd of 05 of 1987
12	03rd of 12 of 1981
13	03rd of 12 of 1981
14	23rd of 01 of 1982

다음은 'ddspth " of " MONTH "of" YYYY' 출력 형식을 사용하는 경우를 살펴보도록 하자.

```
SQL> select to_char(hiredate,'ddspth " of " MM "of" YYYY')
 from emp;
```

	TO_CHAR(HIREDATE,'DDSPTH"OF"MM"OF"YYYY')
1	seventeenth of 12 of 1980
2	twentieth of 02 of 1981
3	twenty-second of 02 of 1981
4	second of 04 of 1981
5	twenty-eighth of 09 of 1981
6	first of 05 of 1981
7	ninth of 06 of 1981
8	nineteenth of 04 of 1987
9	seventeenth of 11 of 1981
10	eighth of 09 of 1981
11	twenty-third of 05 of 1987
12	third of 12 of 1981
13	third of 12 of 1981
14	twenty-third of 01 of 1982

다음은 fm 키워드를 사용해서 날짜 표현을 더욱 보기 좋게 만드는 과정을 살펴보고자 한다.

tip

기본적으로 fm 키워드는 날짜 표현 시 빈 공간과 앞에 나오는 0을 없애주는 역할을 한다.

다음의 예를 살펴보도록 하자.

```
SQL> select to_char(hiredate,'DD/MM/YYYY')
 from emp;
```

	TO_CHAR(HIREDATE,'DD/MM/YYYY')
1	17/12/1980
2	20/02/1981
3	22/02/1981
4	02/04/1981
5	28/09/1981
6	01/05/1981
7	09/06/1981
8	19/04/1987
9	17/11/1981
10	08/09/1981
11	23/05/1987
12	03/12/1981
13	03/12/1981
14	23/01/1982

위의 결과는 fm 키워드 없이 사용한 경우를 출력하고 있다. 날짜를 보게 되면, "05/12/1980" 이런 방식으로 출력되어있 는 것을 볼 수가 있다. 하지만 fm 키워드를 사용하게 되면 아래의 쿼리처럼 자리 수를 맞추기 위하여 나온 0을 제거해주며 동시에 출력시 앞의 빈 공간을 제거하는 기능을 제공한다. 다음의 경우를 통해 이를 확인해볼 수가 있다.

```
SQL> select to_char(hiredate,'fmDD/MM/YYYY')
 from emp;
```

그렇다면 원래의 저장된 값들이 완전히 바뀌어지는 것일까? 그렇지 않다. 다시 한 번 강조하지만 지금 하고 있는 작업은 원래의 값들을 출력할 때 임시적으로 변환해 주는 과정을 살펴보고 있다는 점을 분명히 해두기 바란다.

	TO_CHAR(HIREDATE,'FMDD/MM/YYYY')
1	17/12/1980
2	20/2/1981
3	22/2/1981
4	2/4/1981
5	28/9/1981
6	1/5/1981
7	9/6/1981
8	19/4/1987
9	17/11/1981
10	8/9/1981
11	23/5/1987
12	3/12/1981
13	3/12/1981
14	23/1/1982

To_char(number, 'format'): 숫자(numeric) 데이터를 문자로 변환 - fx 키워드 사용

이 경우는 임의의 숫자(Numeric) 데이터를 문자 형식으로 변환하여 출력할 때 사용 가능하다. 물론 기존의 데이터 타입 자체를 변환시키는 것이 아니라 임시적으로 다른 형태로 출력을 원할 때 사용하는 방법임을 다시 한 번 강조하는 바이다.

```
SQL> select sal
 from emp;
```

	SAL
1	800
2	1600
3	1250
4	2975
5	1250
6	2850
7	2450
8	3000
9	5000
10	1500
11	1100
12	950
13	3000
14	1300

이처럼 sal이란 컬럼 값들이 단순하게 출력되어진 것을 볼 수가 있는데 이때 To_char 함수를 사용해서 원하는 형식으로 출력할 수가 있다.

다음은 sal 컬럼 값을 출력할 때 '$99, 999.00' 형식으로 출력하는 과정을 보여주고 있다.

```
SQL> select to_char(sal,'$99,999.00')
 from emp;
```

	TO_CHAR(SAL,'$99,999.00')
1	$800.00
2	$1,600.00
3	$1,250.00
4	$2,975.00
5	$1,250.00
6	$2,850.00
7	$2,450.00
8	$3,000.00
9	$5,000.00
10	$1,500.00
11	$1,100.00
12	$950.00
13	$3,000.00
14	$1,300.00

이 경우 sal 값을 출력하되 앞에 $ 사인을 붙여주고, 1000불 단위에 컴마를 찍어주고, 소수 둘째 자리까지 표현해주도록 설정하고 있다.
다음은 오라클에서 지원하는 사용 가능한 형식들을 보여준다.

- 9
  숫자의 위치를 설정해 준다. 9가 쓰여진 자릿수가 전체 숫자를 표현하는 자릿수이다. 999999라는 형식의 예를 보자. 이는 전체 6자리를 설정하고 만약 숫자 자체가 6자리를 채우지 못하는 경우가 생기면 그냥 원래 자릿수만 표현한다는 형식을 지원한다. 숫자가 1705라면 결과는 단순히 1705로 출력된다.
- 0
  숫자 표현시 공간이 생기는 경우 숫자 앞의 빈 공간을 그대로 두지 않고 0으로 채우고자 할 때 사용 가능하다.

099999라는 형식의 예를 보자. 이는 전체 6자리를 설정하고 숫자가 6자리를 모두 채우지 못하는 경우 맨 앞자리부터 0으로 채우라는 형식을 지원한다. 결과는 001705이다. 이 경우 1705라는 숫자가 전체 6자리를 채우지 못하므로 처음 두 빈 공간을 0으로 채우는 기능을 지원한다.
다음은 0을 사용하여 출력한 경우이다. 앞에서 '9'를 사용한 출력 결과와 비교해보기 바란다.

```
SQL> select to_char(sal,'$00,000.00')
 from emp;
```

	TO_CHAR(SAL,'$00,000.00')
1	$00,800.00
2	$01,600.00
3	$01,250.00
4	$02,975.00
5	$01,250.00
6	$02,850.00
7	$02,450.00
8	$03,000.00
9	$05,000.00
10	$01,500.00
11	$01,100.00
12	$00,950.00
13	$03,000.00
14	$01,300.00

- $: $ 사인 사용이 가능하다.
- . : 소숫점을 지정된 위치에 사용이 가능하다.
- , : 컴마(,)를 지정된 위치에 사용이 가능하다.

●●● oracle 06

오라클 RR 데이터 타입 형식

오라클 9i 이후로부터 새롭게 소개되는 Date 데이터 타입이 바로 RR 형식이다. RR 형식의 적용을 살펴보면 무척 재미가 있는데 이에 대하여 하나씩 살펴보도록 하자. 일단 가장 큰 장점이라면 세기(Century)에 대한 계산이 입력되는 년도에 따라 오라클 내부적으로 자동적으로 이루어진다는 것이다. 다음의 2가지 상황(Case)을 보면서 기존의 YY 형식과의 비교를 통하여 이에 대한 더 자세한 개념을 설명하도록 한다.

Case1)

1. 현재 시점 : 2003년 - 2000년대(21세기)의 전반부(2000년도부터 2049년도까지)
2. 입력 데이터가 세기의 전반부에 속하는 경우(0부터 49년까지) : 오라클 사용자가 데이터베이스에

임의의 Date 데이터 타입 컬럼에 대하여 15-APR-03이라는 값의 입력하는 경우를 말한다.
기존의 YY 데이터 타입 또는 새롭게 지원되는 RR 데이터 타입을 사용하는 경우에 사용자가 15-APR-03이라는 값(0부터 49년도 사이의 값)을 해당 컬럼에 입력하게 되면 오라클 내부적으로는 2003년 4월 15일이라는 날짜로 인식하여 해당 컬럼에 저장하게 된다.

Case2)

1. 현재 시점: 2003년 - 2000년대(21세기)의 전반부(2000년도부터 2049년도까지)
2. 입력 데이터가 세기의 후반부에 속하는 경우(50년도부터 99년도까지) : 오라클 사용자가 데이터베이스에 임의의 Date 데이터 타입 컬럼에 대하여 15-APR-97이라는 값을 입력하는 경우를 말한다.

이처럼 현재 시점이 2003년 - 21세기의 전반부(0년도부터 49년도까지)- 인 경우 기존의 YY 데이터 타입을 사용하는 경우는 오라클 내부적으로 입력하고 있는 그 시점을 따라 2097년 4월 15일이라는 날짜로 입력되지만 새롭게 지원되는 RR 데이터 타입을 사용하는 경우라면 한 세기 이전(20세기)인 1997년 4월 15일이라는 날짜가 입력된다.
결국 앞의 설명으로부터 우리는 한 가지 결론을 내릴 수가 있다. 먼저 기존의 YY 데이터 타입을 사용하는 경우는 입력시키는 데이터의 년도(03 또는 97)가 무엇이든 간에 오라클 사용자가 그 데이터를 입력시키고 있는 바로 그 세기(21세기-2003년 또는 2097년)를 따르게 된다는 것을 의미하지만 RR 데이터타입을 사용하게 되면 입력시키려는 년도(03)가 0부터 49년 사이의 데이터라면 21세기의 년도(2003)를 따르게 되고 50년부터 99년 사이의 데이터(97)라면 그 이전 세기(20세기-1997)의 년도로서 입력된다는 것을 의미한다.

그렇다면 데이터를 입력시키는 현재 시점이 1900년대(20세기) 후반부(50년도부터 99년도까지)라면 어떻게 될까? 예를 들어, 현재 시점을 현재보다 4년 전인 1999년도(20세기)로 설정하도록 한다.
YY 데이터 타입을 사용하는 경우는 앞의 21세기의 경우와 마찬가지로 입력시키는 년도(03 또는 97)에 상관없이 무조건 그 세기(20세기)로서 인식(1903년 또는 1997년으로)되지만 RR을 사용한다면 달라진다. 일단 입력시키는 년도가 0부터 49년도 사이이면 그 다음 세기(21세기)로서 인식되며 입력시키는 년도가 50년도부터 99년도 사이라면 현재 세기(20세기)를 따른다.
결국 현재 시점이 1999년인 경우, 입력시키는 년도가 03이라면 그 다음 세기인 21세기 값(2003년)이 되며, 입력시키는 년도가 97이라면 현재 시점의 세기인 20세기의 값(1997)으로서 인식된다는 뜻이다.

다음은 앞에서 설명한 RR과 YY의 데이터 타입 적용을 정리한 표이다.

	현재 시점	입력 데이터 DD-MON-YY 또는 DD-MON-RR	실제 입력된 데이터의 해석
YY	2003년	15-APR-97	2097년 4월 15일
RR	2003년	15-APR-97	1997년 4월 15일

●●● oracle 07

네스트(Nested) 함수

네스트(Nested) 함수는 다음과 같이 임의의 함수 내부에 또 다른 함수를 포함하는 경우이다.

```
함수1(함수2(함수3( ) ) )
```

아주 기본적인 개념이지만 당연히 가장 내부에 있는 함수3부터 처리하게 되며 함수3의 결과가 함수2의 입력 데이터가 되고, 마지막으로 함수2의 처리 결과가 함수1의 입력 데이터로서 사용하게 되는 순서를 따르게 된다.
네스트(Nested) 함수 사용에 있어 가장 중요한 사항이 바로 처리 순서임을 반드시 기억하기 바란다.

```
SQL> select ename, NVL(to_char(comm),'No TA assigned')
 from emp
 where comm is null;
```

	ENAME	NVL(TO_CHAR(COMM),'NOTAASSIGNED')
1	SMITH	No TA assigned
2	JONES	No TA assigned
3	BLAKE	No TA assigned
4	CLARK	No TA assigned
5	SCOTT	No TA assigned
6	KING	No TA assigned
7	ADAMS	No TA assigned
8	JAMES	No TA assigned
9	FORD	No TA assigned
10	MILLER	No TA assigned

comm 컬럼으로 부터 널(Null) 값이 존재하는 로우 데이터만을 선별하여 널(Null) 값이 존재하는 자리에 임의의 문자열을 대신 출력해주고 있는 것을 볼 수 있다.
다시 원래의 설명으로 돌아가도록 하자. 이제는 위의 네스트(Nested) 함수를 사용하는 예를 살펴보도록 하자. 먼저 앞에서 언급한 것처럼 처리 순서를 파악하도록 한다.

① 가장 내부에 있는 함수인 to_char(comm)를 처리한다. 이미 다 알다시피 to_char(comm) 함수는 comm 컬럼에 저장되어 있는 숫자를 문자열로 변환시켜주는 기능을 한다.
② 이제 외부 함수인 Nvl( ) 함수가 처리되는데 이는 함수에 입력되는 입력 데이터가 널(Null)인 경우 널(Null)인 컬럼의 자리에 임의의 문자열을 입력시켜서 출력시키는 기능을 한다. 따라서 결과

적으로는 comm 컬럼 값들을 일단 문자열로 변경시키되 만약 그 문자열이 널(Null) 값을 가지는 경우에는 그 자리에 널(Null) 값 대신 'No TA assigned'라는 문자열을 대신 출력시키는 SQL 문장을 소개하고 있는 것이다.

●●● oracle 08

널(Null) 값을 처리하는 함수

데이터베이스를 운용하다가 보면 의도적이든 아니든 간에 임의의 컬럼에 널(Null) 값이 존재하게 된다. 오라클에서 널의 개념은 무척 중요하다. 그러므로 완전한 이해와 이러한 널 값을 어떤 식으로 처리해주어야 하는지에 대한 개념까지도 가지고 있어야 데이터를 처리할 때 특히 데이터의 출력시 보다 이해가 쉬운 정보를 얻을 수가 있다.

널 값을 처리하는 부분에 대해서는 네스트 함수 예로 살펴본 적이 있는데 여기서는 보다 자세한 설명이 이어진다. 일단 다음의 4가지 널 값 관련 함수가 오라클에서 지원된다.

*Nvl 함수

```
Nvl(a, b)
·a: 널(Null)을 포함하는 컬럼 이름 또는 임의의 값
·b: 널(Null) 값을 대치할 값
```

Nvl 함수를 사용하는 경우 가장 조심해야 할 부분이 바로 널을 가지는 컬럼의 데이터 타입과 대치하는 값의 데이터 타입이 반드시 일치해야 한다는 점이다. 다음의 예를 살펴보도록 하자.

다음의 쿼리는 discount 컬럼을 출력할 때 임의의 컬럼 값에 널 값이 존재하면 그 널 공간을 0으로 채우는 결과를 보여준다.

일단 emp에 데이터를 추가하고 어떤 값들을 가지고 있는지 살펴보도록 한다.

```
SQL> insert into emp (empno,ename,job,mgr,hiredate,sal,comm,deptno)
values (8001,'test_','manager','8000',to_date('MAY 14,2016','MON DD YYYY'), 8000,100,30);
SQL> select comm from emp;
```

	COMM
1	100
2	(null)
3	300
4	500
5	(null)
6	1400
7	(null)
8	(null)
9	(null)
10	(null)
11	0
12	(null)
13	(null)
14	(null)
15	(null)

15개의 로우 가운데 단지 5개의 로우만이 정상적인 데이터를 가지고 있는 것을 확인할 수 있다.

다음은 이렇게 널(Null) 값을 가지는 로우의 경우 그 자리에 0이라는 값을 대신 삽입하여 출력하는 결과를 보여준다.

```
SQL> select NVL(comm,0)
 from emp;
```

	NVL(COMM,0)
1	100
2	0
3	300
4	500
5	0
6	1400
7	0
8	0
9	0
10	0
11	0
12	0
13	0
14	0
15	0

다음은 Date 데이터 타입인 경우인데 이때 Date 데이터 타입은 반드시 ' '를 사용하여 표현해야 한다는 점을 기억하기 바란다.

tip

Date 데이터 타입은 반드시 ' '를 사용하여 표현해야 한다.

보다 나은 이해를 위해 현재 hiredate 컬럼에 데이터를 하나 더 추가하고 어떤 데이터를 저장하고 있는지 먼저 확인하도록 한다.

```
SQL> insert into emp (empno,ename,job,mgr,hiredate,sal,comm,deptno)
values (8000,'test2','CLERK','8000','',2000,null,20);
select hiredate from emp;
```

	HIREDATE
1	16/03/14
2	(null)
3	80/12/17
4	81/02/20
5	81/02/22
6	81/04/02
7	81/09/28
8	81/05/01
9	81/06/09
10	87/04/19
11	81/11/17
12	81/09/08
13	87/05/23
14	81/12/03
15	81/12/03
16	82/01/23

앞의 결과를 통해 확인할 수 있듯이 현재 1개의 로우 데이터가 널(Null) 값을 가지고 있는 것을 볼 수 있다.

아래의 예는 앞의 결과처럼 만약 hiredate라는 컬럼이 널(Null) 값을 가지는 경우에는 그 자리에 널(Null) 값 대신 '2016-03-03'라는 Date 데이터 타입을 가지는 값을 삽입하여 출력하는 경우를 보여주고 있다.

```
SQL> select NVL(hiredate,'2016-03-03')
 from emp;
```

	NVL(HIREDATE,'2016-03-03')
1	16/03/14
2	16/03/03
3	80/12/17
4	81/02/20
5	81/02/22
6	81/04/02
7	81/09/28
8	81/05/01
9	81/06/09
10	87/04/19
11	81/11/17
12	81/09/08
13	87/05/23
14	81/12/03
15	81/12/03
16	82/01/23

그렇다면 반드시 '2016-03-03'처럼 Date 데이터 타입을 가지는 컬럼의 데이터가 널(Null)인 경우 반드시 Date 데이터 타입의 로우 데이터만을 삽입해야 하는지 확인해 보도록 하자.
다음의 경우는 hiredate라는 컬럼에 'No Date Specified'라는 일반 문자열을 삽입하는 경우인데 에러를 발생시키고 있다. 왜냐하면 현재 다루고 있는 컬럼이 문자열을 저장하고 있는 컬럼이 아니라 Date 데이터 타입을 가지는 컬럼이기 때문이다.

```
SQL> select NVL(hiredate,'No Date Specified')
 from emp;

ERROR at line 1:
ORA-01858: a non-numeric character was found where a numeric was expected
```

다음의 경우는 문자열을 가지는 ename 컬럼의 경우이며 Date 데이터 타입의 경우와 마찬가지로 ' '를 사용하여 출력시 널(Null) 값을 임의의 문자열로 표현한다. 하지만 이때는 Numeric, Varchar2 그리고 Date 데이터 타입의 데이터들도 아무 문제 없이 널(Null) 값의 자리에 삽입이 가능하다는 점에 유의하기 바란다. 보다 나은 이해를 위해 현재 ename 컬럼에 데이터를 추가하고 어떤 데이터를 저장하고 있는지 먼저 확인하도록 하자.

```
SQL> insert into emp (empno,ename,job,mgr,hiredate,sal,comm,deptno)
values (8003,null,'CLERK','8000','',2000,null,20);

SQL> select ename from emp;
```

	ENAME
1	test_
2	test2
3	(null)
4	SMITH
5	ALLEN
6	WARD
7	JONES
8	MARTIN
9	BLAKE
10	CLARK
11	SCOTT
12	KING
13	TURNER
14	ADAMS
15	JAMES
16	FORD
17	MILLER

```
SQL> select NVL(ename,'No Date Specified')
 from emp;
```

	NVL(ENAME,'NODATESPECIFIED')
1	test_
2	test2
3	No Date Specified
4	SMITH
5	ALLEN
6	WARD
7	JONES
8	MARTIN
9	BLAKE
10	CLARK
11	SCOTT
12	KING
13	TURNER
14	ADAMS
15	JAMES
16	FORD
17	MILLER

다음은 ename 컬럼이 널(Null)인 경우 'No Date Specified'라는 문자열 값을 대신 삽입해서 출력하는 과정을 보여준다. ename 컬럼이 Varchar2 데이터 타입을 가지고 있으므로 아무 문제없이 삽입이 가능하다. Numeric도 마찬가지로 문제 없이 삽입이 가능하다.

*Nvl2 함수

```
Nvl2(a, b, c)
·a: 널(Null)을 포함하는 컬럼 이름 또는 임의의 값
·b: a가 널(Null)이 아니면 b를 출력
·c: a가 널(Null)이면 c를 출력
```

다음의 쿼리는 사원들을 출력할 때 그들의 임금)에 대한 정보를 보다 이해하기 쉽게 표현하는 결과를 보여준다. 만약 보너스없이 임금을 받는 사원인 경우는(이 경우가 바로 Null 값을 가지는 경우이다) comm 컬럼 옆에 'SAL Only'라고 출력하고 임금+보너스를 받은 사원의 경우는 'SAL+COMM'라고 출력해줌으로써 보너스를 받는 사원이 누군지 또는 보너스를 받지 못한 사원은 누군지 쉽게 구분할 수 있도록 출력해준다.

```
SQL> select ename, sal, comm, NVL2(comm,'SAL + COMM','Sal Only') Total_Sal
 from emp;
```

	ENAME	SAL	COMM	TOTAL_SAL
1	test_	8000	100	SAL + COMM
2	test2	2000	(null)	Sal Only
3	(null)	2000	(null)	Sal Only
4	SMITH	800	(null)	Sal Only
5	ALLEN	1600	300	SAL + COMM
6	WARD	1250	500	SAL + COMM
7	JONES	2975	(null)	Sal Only
8	MARTIN	1250	1400	SAL + COMM
9	BLAKE	2850	(null)	Sal Only
10	CLARK	2450	(null)	Sal Only
11	SCOTT	3000	(null)	Sal Only
12	KING	5000	(null)	Sal Only
13	TURNER	1500	0	SAL + COMM
14	ADAMS	1100	(null)	Sal Only
15	JAMES	950	(null)	Sal Only
16	FORD	3000	(null)	Sal Only
17	MILLER	1300	(null)	Sal Only

*Nullif 함수

```
NVL2(a, b, c)
·a : 널(Null)을 포함하는 컬럼 이름 또는 임의의 값
·b : 널(Null)을 포함하는 컬럼 이름, 또는 임의의 값
```

Nullif 함수는 a와 b 값을 비교한 후 만약 두 값이 같으면 널(Null) 값을 결과로 돌려주며 그들이 같지 않으면 a 값을 결과로 돌려준다.

*Coalesce 함수

```
Coalesce (a,b,c)
```

Coalesce 함수는 일단 a 값이 널(Null)인지를 확인한다. 널(Null)이 아니면 그냥 그 값(a)을 결과로 돌려주며 널(Null)이면 그 다음 b 값을 확인한다. 역시 마찬가지로 b 값이 널(Null)이 아니면 그냥 그 값(b)을 결과로 돌려주며 널(Null)이면 c 값이 최종 결과가 된다.

```
SQL> ename, coalesce(comm, comm,10)
 from emp;
```

	ENAME	COALESCE(COMM,COMM,10)
1	test_	100
2	test2	10
3	(null)	10
4	SMITH	10
5	ALLEN	300
6	WARD	500
7	JONES	10
8	MARTIN	1400
9	BLAKE	10
10	CLARK	10
11	SCOTT	10
12	KING	10
13	TURNER	0
14	ADAMS	10
15	JAMES	10
16	FORD	10
17	MILLER	10

●●● oracle 09

조건부 함수

조건 함수는 If-then-else 형식을 말하는데 기본적인 프로그래밍에 대한 지식이 있는 독자라면 무척 익숙한 개념이 될 것이다. 오라클에서는 다음 2 가지의 기능을 제공한다.

*Case

```
Case 컬럼 when 비교 대상 then 실행
        [ when 비교 대상 then 실행 ]
        ..........
else 실행
end
```

일단 다음의 예를 가지고 Case 문장에 대하여 설명하고자 한다.

```
SQL> select ename, job, sal,
         CASE job WHEN 'CLERK' THEN 1.25*sal
                        WHEN 'MANAGER' THEN 1.30*sal
                        WHEN 'SALESMAN' THEN 1.40*sal
                ELSE    sal
          END
     updated_sal_info
from emp;
```

	ENAME	JOB	SAL	UPDATED_SAL_INFO
1	test_	manager	8000	8000
2	test2	CLERK	2000	2500
3	(null)	CLERK	2000	2500
4	SMITH	CLERK	800	1000
5	ALLEN	SALESMAN	1600	2240
6	WARD	SALESMAN	1250	1750
7	JONES	MANAGER	2975	3867.5
8	MARTIN	SALESMAN	1250	1750
9	BLAKE	MANAGER	2850	3705
10	CLARK	MANAGER	2450	3185
11	SCOTT	ANALYST	3000	3000
12	KING	PRESIDENT	5000	5000
13	TURNER	SALESMAN	1500	2100
14	ADAMS	CLERK	1100	1375
15	JAMES	CLERK	950	1187.5
16	FORD	ANALYST	3000	3000
17	MILLER	CLERK	1300	1625

제일 먼저 job 컬럼을 통해서 job이 CLERK인 컬럼을 찾으면 그 로우에 해당하는 임금(sal)에 1.25를 곱한 값이 "updated_sal_info"라는 새로운 컬럼에 출력된다. 두 번째로 MANAGER를 찾고 그 로우에 해당하는 임금(sal) 값에 1.30을 곱한 값을 "updated_sal_info" 라는 새로운 컬럼에 출력

한다. 세 번째로 SALESMAN를 찾고 그 로우에 해당하는 임금(sal) 값에 1.40을 곱한 값이 "updated_sal_info"라는 새로운 컬럼에 출력된다. 현재 찾고 있는 특정 job 값에 대한 처리는 모두 끝난 상태이다. 하지만 이들 3 가지 직무(Job)에 속하지 않은 나머지 jon 값들은 단순히 그 임금(sal) 값을 "updated_info_info" 라는 새로운 컬럼에 출력되도록 설정된다. 바로 이 부분이 Else 절에서 설정된다.

*Decode

```
Decode(컬럼,
        비교 대상, 실행
[,비교 대상, 실행][기본 설정 값])
```

Decode는 Case 문장과는 달리 If-then-else 문장을 실행하는 함수의 일종으로 Case 문장과 거의 같은 기능을 실행하게 된다. 다음 예를 살펴보면 아마 쉽게 이해가 될 것이다.

```
SQL> select ename, job, sal,
       DECODE(job, 'MANAGER', 1.25*sal,
                   'MANAGER' , 1.30*sal,
                   'SALESMAN', 1.40*sal,
                   sal
) updated_sal_info
 from emp;
```

Case 문장이든 Decode 함수이든 사용자의 선호에 따라서 어느 하나의 기능을 사용하면 된다. 그리고 한 가지 조언하고 싶은 것은 프로그래밍에 있어서 같은 기능을 하는 여러 가지 함수나 문장이 지원되는 경우 여러 가지 기능을 혼용해서 사용하지 말고 어느 하나 사용자의 이해에 편한 한 가지 방법을 정해서 그것을 자주 사용하도록 하는 것이 보다 수월한 프로그램 작성 방법이 될 것이라는 것이다.

Chapter 04 그룹 함수(Group function)

Chapter 03에서는 하나의 로우를 처리해서 하나의 결과를 출력시키는 단일 행 함수에 관하여 알아보았고 이번 장에서는 다수의 로우를 처리해서 하나의 결과를 출력시키는 복수 행 함수에 대하여 살펴보도록 한다. 복수 행 함수들은 대부분 그룹 함수의 성격을 가진다. 결국 여러 개의 로우 데이터를 그룹 형식으로 받아들여서 함수를 실행하고 그 결과를 출력시킨다는 의미이다.

다음은 이번 장에서 다루게 될 세부 사항들이다.

- Section 01 그룹 함수의 정의와 구분
- Section 02 Avg, Sum Min, Max, Stddev & Variance 함수
- Section 03 Count ({*|[Distinct|All]}) 함수
- Section 04 널(Null) 값과 그룹 함수
- Section 05 Group by 문장의 사용
- Section 06 Having 절의 사용

●●● oracle 01

그룹 함수의 정의와 구분

그룹 함수는 한 번에 하나의 로우 데이터를 처리하는 단일 행 함수와는 달리 한 번에 여러 로우 데이터를 처리하기 때문에 복수 행 함수라고도 불리어진다. 아주 간단한 예로 학생들의 등록금 합을 구하는 경우를 생각해 보자. 이 경우 그룹 함수의 처리를 위해 제공되는 데이터는 여러 학생들 각자의 등록금이 되며 함수의 결과는 모든 학생의 등록금 총합이 된다. 여기에서 꼭 기억해야 할 사항은 그룹 함수를 적용하는 경우에 널(Null) 값은 제외하면서 계산된다는 점이다. 그렇다면 Null 값을 가지는 데이터까지도 포함해서 계산하고자 하는 경우는 어떻게 해야 할까? 이때는 Nvl 함수를 사용하여 Null 값을 가지는 데이터에 임의의 값(주로 이런 경우 0)을 추가한 후 그룹 함수를 적용한다.

> **tip**
>
> 그룹 함수를 적용하는 경우에 Null 값은 제외하면서 계산된다.

오라클에서는 다음과 같이 7가지의 그룹 함수가 제공된다.

- Avg : 임의의 컬럼에 저장된 로우 데이터에 대한 평균을 구하는 함수이다.
- Count : 임의의 컬럼에 몇 개의 로우 데이터가 존재하는지 그 숫자를 결과로 출력한다.
- Max : 임의의 컬럼에 저장된 로우 데이터 가운데 최댓값을 결과로 출력한다.
- Min : 임의의 컬럼에 저장된 로우 데이터 가운데 최솟값을 결과로 출력한다.
- Stdev : 임의의 컬럼에 저장된 로우 데이터에 대한 표준편차를 결과로 출력한다.
- Sum : 임의의 컬럼에 저장된 로우 데이터에 대한 총합을 결과로 출력한다.
- Variance : 임의의 컬럼에 저장된 로우 데이터에 대한 분산값을 결과로 출력한다.

●●● oracle 02

Avg, Sum Min, Max, Stddev & Variance 함수

emp 테이블의 sal 컬럼의 데이터를 가지고 각각의 함수를 설명하고자 한다. 보다 쉬운 이해를 위해 sal 컬럼을 출력한다.

```
SQL> select sal from emp;
```

	SAL
1	8000
2	2000
3	2000
4	800
5	1600
6	1250
7	2975
8	1250
9	2850
10	2450
11	3000
12	5000
13	1500
14	1100
15	950
16	3000
17	1300

*Avg 함수

```
Avg ([Distinct|All] N) 함수
```

Avg 함수는 임의의 컬럼에 저장된 값들의 평균값을 출력한다. 주의할 사항은 이처럼 Avg 함수를 사용하여 평균값을 구할 때 널(Null) 값은 대상에서 제외된다는 것이다.

```
SQL>select AVG(sal)
 from emp;
```

	AVG(SAL)
1	2413.2352941176470588235294117647058823 53

*Sum 함수

```
Sum([Distinct|All] N) 함수
```

Sum 함수는 임의의 컬럼에 저장된 값들의 총합을 출력한다. 주의할 사항은 Avg 함수와 마찬가지로 총합을 구할 때 널(Null) 값은 대상에서 제외된다는 것이다.

```
SQL>select sum(sal)
 from emp;
```

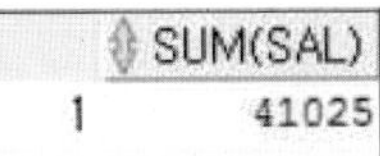

	SUM(SAL)
1	41025

*Min 함수

```
Min([Distinct|All] N) 함수
```

Min 함수는 임의의 컬럼에 저장된 값들 가운데 가장 작은 최솟값을 출력한다. 주의할 사항은 Avg, Sum 함수와 마찬가지로 널(Null) 값은 대상에서 제외된다는 것이다.

```
SQL>select min(sal)
 from emp;
```

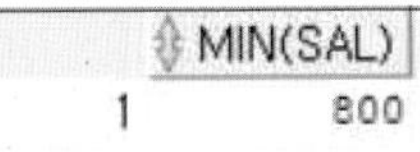

	MIN(SAL)
1	800

*Max 함수

```
Max([Distinct|All] N) 함수
```

Max 함수는 임의의 컬럼에 저장된 값들 가운데 가장 큰 최댓값을 출력한다. 주의할 사항은 Avg, Sum, Min 함수와 마찬가지로 널(Null) 값은 대상에서 제외된다는 것이다.

```
SQL>select max(sal)
 from emp;
```

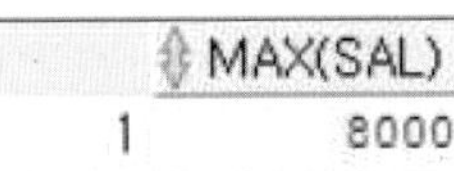

	MAX(SAL)
1	8000

*Stddev 함수

```
Stddev([Distinct|All] N) 함수
```

Stddev 함수는 임의의 컬럼에 저장된 값들의 표준편차 값을 출력한다. 주의할 사항은 Avg, Sum, Min, Max 함수와 마찬가지로 널(Null) 값은 대상에서 제외된다는 것이다.

```
SQL>select stddev(sal)
 from emp;
```

	STDDEV(SAL)
1	1791.475422989796583225353577159618585378

*Variance 함수

```
Variance([Distinct|All] N) 함수
```

Variance 함수는 임의의 컬럼에 저장된 값들의 분산 값을 출력한다. 주의할 사항은 Avg, Sum, Min, Max, Stddev 함수와 마찬가지로 널(Null) 값은 대상에서 제외된다는 것이다.

```
SQL>select VARIANCE(sal)
 from emp;
```

	VARIANCE(SAL)
1	3209384.19117647058823529411764705882353

특히 Avg, Sum, Stddev와 Variance 함수는 아래의 쿼리를 통해 알 수 있는 것처럼 문자열에 대해서는 처리하지 못한다. 함수 실행의 대상이 되는 ename 컬럼은 varchar2 데이터 타입을 가지고 있다는 점을 참고하기 바란다.

tip

Avg, Sum, Stddev와 Variance 함수는 Numeric 데이터 타입의 데이터만을 처리한다.

```
SQL>select SUM(ename)
 from emp;

ERROR at line 1:
ORA-01722: invalid number

SQL>select avg(ename)
 from emp;

ERROR at line 1:
ORA-01722: invalid number

SQL>select stddev(ename)
 from emp;

ERROR at line 1:
ORA-01722: invalid number

SQL>select VARIANCE (ename)
 from emp;

ERROR at line 1:
ORA-01722: invalid number
```

하지만 Max, Min 함수의 경우는 문자열을 가진 컬럼에 대해서도 다음과 같이 처리할 수 있다. 보다 쉬운 이해를 위해 먼저 ename 컬럼을 살펴보도록 하자.

```
SQL>select ename
 from emp;
```

	ENAME
1	test_
2	test2
3	(null)
4	SMITH
5	ALLEN
6	WARD
7	JONES
8	MARTIN
9	BLAKE
10	CLARK
11	SCOTT
12	KING
13	TURNER
14	ADAMS
15	JAMES
16	FORD
17	MILLER

이처럼 ename 컬럼은 문자열로 구성되어 있다. 다음은 이러한 ename의 출력 결과를 order by 절을 사용해서 순차적으로 출력해본 예이다. 이들의 값과 Max, Min 함수의 결과치를 비교해 보도록 하자.

```
SQL>select ename
 from emp
 order by ename;
```

	ENAME
1	ADAMS
2	ALLEN
3	BLAKE
4	CLARK
5	FORD
6	JAMES
7	JONES
8	KING
9	MARTIN
10	MILLER
11	SCOTT
12	SMITH
13	TURNER
14	WARD
15	test2
16	test_
17	(null)

위의 결과로부터 가장 작은 값으로 간주되는 것은 바로 ADAMS란 값이다. 이것은 알파벳 순서로 값이 나열되기 때문이다(A가 가장 작은 값으로 인식된다). 그리고 가장 큰 값은 test_ 란 값임을 알 수가 있다. 이제 Max와 Min 함수를 적용해서 각각을 출력해 보도록 하자.

```
SQL>select MAX(ename)
 from emp;
```

	MAX(ENAME)
1	test_

```
select MIN(ename)
 from emp;
```

	MIN(ENAME)
1	ADAMS

결과적으로 말하자면 Max, Min 함수의 결과는 다음의 쿼리의 결과를 통해 확인해 볼 수가 있다.

```
SQL>select ename
 from emp
 order by ename;
```

●●● oracle 03

Count ({*|[Distinct|All]}) 함수

Count 함수는 크게 3 가지의 구분으로 나누어볼 수가 있다. 특히 널 값을 가지는 컬럼에 대한 Count 함수 값의 경우 주의해서 해석, 처리해야 한다.

*Count (*)

함수의 인수로서 *(Asterisk 아스테리스크)를 사용하게 되면 임의의 테이블에 설정된 임의 또는 모든 컬럼에 대하여 저장되어 있는 모든 로우 데이터의 숫자를 결과 값으로 출력한다. 이때 중복된 로우 데이터와 널 값을 가지는 로우 데이터마저도 *를 사용하게 되면 포함돼서 결과가 출력된다는 점에 주의하기 바란다.

```
SQL>select count(*)
 from emp;
```

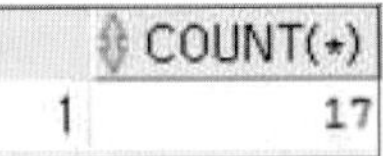

	COUNT(*)
1	17

tip

Count(*)는 중복된 로우 데이터와 널 값을 가지는 로우 데이터마저도 계산에 적용된다.

*Count(column | expression)

Count는 앞의 *를 사용하는 경우와 거의 같으나 널 값은 함수 처리 시 제외된다는 사실에 유의하기 바란다. 결국 이 말은 해당 컬럼에 대해서 널이 아닌 데이터가 얼마나 존재하는지 확인하는 경우에 사용될 수 있다는 의미이다.

tip

Count(컬럼 또는 표현)의 경우 한 가지 유의해야 하는 사항은 널 값은 포함하지 않지만 중복된 값은 함수처리 시 포함된다는 것을 의미한다.

```
SQL>select deptno from emp;
```

	DEPTNO
1	30
2	20
3	20
4	20
5	30
6	30
7	20
8	30
9	30
10	10
11	20
12	10
13	30
14	20
15	30
16	20
17	10

deptno 컬럼에는 10, 20, 30 이라는 3개의 값이 존재함을 확인할 수 있다. 중복된 값도 해당된다는 점에 유의하기 바란다.

```
SQL>select count(deptno) from emp;
```

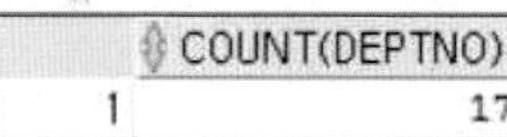

	COUNT(DEPTNO)
1	17

*COUNT(DISTINCT column | expression)

이 경우는 앞의 *를 사용하는 경우와 거의 같으나 중복된 값은 함수처리 시 제외된다는 것이 특징이다. 물론 널 값이 여러 개가 존재하는 경우 이들 중 하나만 함수 처리에 포함되고 나머지 널 값들은 제외된다.

```
SQL>select count(distinct deptno)
 from emp;
```

	COUNT(DISTINCTDEPTNO)
1	3

●●● oracle 04

널(Null) 값과 그룹 함수

위에서도 잠시 언급했지만 그룹 함수를 적용할 때는 기본적으로 널 값을 가지는 데이터는 제외된다. 하지만 Nvl 함수를 사용해서 널 값을 0으로 변환시킨 후 그룹 함수를 적용하는 것은 가능하다.
그렇다면 Nvl 함수를 사용해서 그룹 함수를 적용하는 것과 일반적으로 단순히 그룹 함수를 적용하는 것과는 어떤 차이가 있는 것일까? 다음의 간단한 예를 통해 살펴보도록 하자.

다음과 같이 그룹 함수를 단순히 적용하면 결과는 다음과 같다.

```
SQL>select AVG(comm)
 from emp;
```

	AVG(COMM)
1	460

이때 평균값은 (모든 사원들에게 적용된 보너스 비율의 총합) /(보너스를 받은 학생들의 수)로서 계산된다. 하지만 다음과 같이 Nvl 함수를 적용하는 경우는 그 결과가 완전히 달라진다.

```
SQL>select AVG(NVL(comm,0))
 from emp;
```

	AVG(NVL(COMM,0))
1	135.294117647058823529411764705882352941

이 경우 평균값은 (모든 사원들에게 적용된 보너스 비율의 총합)/(모든 사원들의 수)로서 계산된다. 이처럼 그룹 함수를 적용하는 경우 사용자의 의미 전달 목적에 따라 Nvl 함수를 적용할 수도 있다는 점을 기억하기 바란다.

●●● oracle 05

Group by 문장의 사용

Group by 문장을 사용하는 이유는 간단하다. 원래 저장되어져 있는 데이터들을 임의의 그룹으로 나누어서 출력해보자는 것이다. 예를 들어, 모든 사원들 가운데 ename 또는 job에 따라 그룹을 만들어 얻고자 하는 데이터를 그룹별로 이해하기 쉽게 출력하고자 할 때 사용될 수 있다.
다음은 Group by 절이 포함된 쿼리의 기본 구조를 보여준다.

```
SELECT column name
FROM table name
[WHERE condition]
[GROUP BY column name]
[ORDER BY column name]
```

*Where, Group by, Order by 절의 적용과 순서

특히 Where 절, Group by 절 그리고 Order by 절을 사용할 때 적용 순서에 주의하기 바란다.
Where 절이 가장 먼저 위치하며 그 다음 Group by 절이 오며 필요하다면 Order by 절이 마지막에 위치한다. 오라클 OCP 자격증 시험에 자주 나오는 문제이기도 하므로 반드시 기억하기 바란다.
Group by 절을 사용할 때 Where 절을 사용하기도 하는데 이유는 당연하다. 그룹으로 나누기 전에 필요로 하는 로우 데이터만을 찾아내는 기능을 Where 절이 제공하기 때문이다. 그렇다면 Order by 절은 Group by 절과 어떤 관계가 있을까? 일반적으로 Group by를 실행하게 되면 선택된 데이터들은 오름차순으로 자동 정렬된다. 이러한 정렬 방법을 인위적으로 바꾸고자 할 때 주로 Order by 절을 적용한다.

- Group by 절에는 컬럼 alias는 설정할 수 없다
- Group by 절에는 일반 컬럼 이름을 반드시 사용해야 한다.

tip

alias로는 Group by 절을 적용할 수 없다.

그룹 함수에 표시되지 않은 컬럼은(Select 절에서) 반드시 Group by 절에 설정되어야만 한다.

```
SQL>select job, AVG(sal)
from emp
group by job;
```

	JOB	AVG(SAL)
1	CLERK	1358.33333333333333333333333333333333333
2	SALESMAN	1400
3	PRESIDENT	5000
4	MANAGER	2758.33333333333333333333333333333333333
5	manager	8000
6	ANALYST	3000

만약 Select 절에 그룹 함수와 컬럼 이름을 함께 사용하기 원한다면 컬럼 이름은 반드시 Group by 절에 명시되어야 한다.

앞의 쿼리는 emp 테이블로부터 각각의 직무(Job)와 각각의 직무에 해당하는 사원들의 평균 임금(sal) 값을 출력시키는 문장이다. 이때 Where 절이 사용되지 않았는데, 이 경우 오라클은 기본적으로 모든 로우 데이터를 출력시키게 된다. 결국 여러 Job 컬럼을 그룹으로 나눈 후 각각의 Job 컬럼에 속하는 사원들의 임금(sal) 값의 평균값을 계산하여 각각의 직무별로 출력하게 된다.

다음의 쿼리는 Select 절에 그룹 함수만을 명시하고 아무런 컬럼 이름을 명시하지 않은 경우를 보여준다. 다시 말하자면, 임의의 컬럼 이름이 Group by 절에 설정되었다 하더라도 그 컬럼 이름을 반드시 Select 절에 명시할 필요는 없다는 것을 의미한다.

```
SQL>select AVG(sal)
from emp
group by job;
```

	AVG(SAL)
1	1358.33333333333333333333333333333333333
2	1400
3	5000
4	2758.33333333333333333333333333333333333
5	8000
6	3000

하지만 이 경우는 Group by에 의해서 로우 데이터들이 구분되어질 뿐 그 출력 자체로는 의미가 약해진다. 왜냐하면 그룹을 만들기는 했는데 어느 기준으로 그룹을 만들었는지 출력을 보는 사람들에게는 혼란을 줄 수 있기 때문이다. 따라서 가급적이면 Group by에서 설정해준 컬럼 이름을 Select 절에 함께 설정해주는 것이 출력 데이터의 보다 쉬운 이해를 위한 좋은 습관이 될 것이다.

*다수 컬럼에 대한 Group by 절의 적용

앞에서 살펴본 대부분의 Group by 절은 단일 컬럼에 적용한 경우였지만 다수 컬럼에 적용이 가능하다는 것을 지적하고 싶다.

다음의 쿼리는 deptno 컬럼과 job 컬럼에 Group by를 적용한 예를 보여주고 있다.

```
SQL>select deptno, job , AVG(sal)
from emp
group by deptno, job;
```

일단 첫 번째 컬럼에 의하여 그룹핑(Grouping)이 실행되고 나서 그 결과를 가지고 다시 두 번째 컬럼에 의하여 그룹핑이 실행된다. 위의 경우는 일단 deptno로서 구분이 되며 그 결과를 다시 job을 가지고 구분한다. 그리고 마지막으로 이렇게 두 번의 그룹핑 과정 실행을 통해 나온 결과에 따라 sal 값을 출력하게 된다.

그룹 함수를 사용해서 Group by 절에 제한을 줄 때에는 Where 절을 사용할 수 없다. 다음의 예를 보면 훨씬 이해가 쉬울 것이다.
Where 절을 보면 AVG(sal) 〉 1000이라는 문장을 실행함으로써 Group by 절에 의하여 얻어진 결과 값(Avg 함수)에 제한을 주려 하고 있다. 그러나 Where 절에 그룹 함수가 위치하고 있기 때문에 이 문장은 에러를 일으킨다.

```
SQL>select job, AVG(sal)
from emp
where AVG(sal) >2000
group by job;
```

이러한 경우 Having 절을 Where 절 대신 사용하면 다음과 같이 아무런 문제없이 원하는 결과를 얻을 수가 있다.

```
SQL>select job, AVG(sal)
from emp
group by job
having AVG(sal) >2000;
```

쉽게 정리하자면 다음과 같다. Avg, Sum과 같은 그룹 함수는 Where 절에 사용할 수 없다. 반드시 써야하는 경우에는 Where 절 대신 Having 절을 사용하면 된다.

tip

Avg, Sum과 같은 그룹 함수는 Where 절에 사용할 수 없다. 반드시 써야하는 경우에는 Where 절 대신 Having 절을 사용하면 된다.

●●● oracle 06

Having 절의 사용

Having 절은 Group by 절을 통해서 간략하게 설명하였듯이 그룹 함수의 결과를 제한하려는 경우 사용한다.
Having 절을 사용하는 경우 기본적인 쿼리 구조는 다음과 같다.

```
SELECT column name
FROM table name
[WHERE condition]
[GROUP BY column name]
[HAVING group function condition]
[ORDER BY column name]
```

다음은 Having 절을 사용하는 예를 보여준다.

```
SQL>select job, AVG(sal)
from emp
where ename LIKE 'S%'
group by job
having AVG(sal) >2000
order by AVG(sal);
```

가장 먼저 ename 컬럼 값에 대한 Where 절이 실행된다. 대문자 S로 시작하는 이름들을 일단 선택한 후 다음으로 Group by 절을 실행함으로써 이들을 그룹핑한다. 그룹핑한 결과를 가지고 각각의 전공에 따라 평균 임금 값을 구하며 출력시 평균 임금 값이 2000 이상인 값들만을 출력한다. 최종적으로 Order by 절을 적용함으로써 평균 임금 값을 오름차순으로 출력하게 된다.
결국 이름이 S로 시작하며 각각의 직무에 따른 사원 평균 임금을 구하는 쿼리가 된다. 물론 출력시에 평균 임금) 값이 가장 적은 값들이 먼저 출력된다. 왜냐하면 기본적으로 Order by는 오름차순(작은 수가 먼저 & 큰 수가 나중)으로 정렬하기 때문이다. 다시 한 번 강조하지만 Where, Group by, Having 그리고 Order by를 모두 함께 적용하는 경우에는 이들의 순서에 유의하기 바란다.

Chapter 05 테이블 조인(Table join)과 연산

테이블 조인은 오라클을 사용하는 사용자라면 누구나 익숙해야만 하는 기본적인 개념이다. 만약 임의의 데이터베이스에 모든 정보를 가지고 있는 단 하나의 테이블만이 존재한다면 사실상 조인의 개념은 필요 없을지도 모른다 하지만 대부분의 경우에는 적어도 하나 이상의 테이블을 가지게 되며 이들 테이블간의 관계를 통하여 원하는 특정 데이터를 쿼리하게 된다. RDBMS의 개념을 사용하는 데이터베이스라면 반드시 테이블 조인은 이루어질 수밖에 없다는 점을 기억하기 바란다.
그렇다면 여러 테이블을 조인시키는 경우 최소한 몇 개의 조인이 요구되어질까? 가장 간단한 예는 두 개의 테이블을 조인시키는 경우인데 이때는 최소한 한 개의 조인이 요구되며, 세 개의 테이블을 조인시키는 경우에는 최소한 두 개의 조인이 요구된다. 결국 n 개의 테이블을 조인시킬 때는 최소 n-1 개의 조인이 요구된다는 결론을 내릴 수 있다.

다음은 이번 장에서 다루게 될 세부 사항들이다.

- Section 01 Cartesian products
- Section 02 Equi 조인
- Section 03 테이블 alias를 사용하는 조인
- Section 04 Non-equi 조인
- Section 05 Outer 조인
- Section 06 Self 조인

●●● oracle 01

Cartesian products

Cartesian product는 조인 조건이 설정되어 있지 않은 경우라든지 조인 조건이 유효하지 않은 경우에 오라클에서 내부적으로 처리하는 조인 방식이다. 결국 Cartesian product는 테이블 조인이 사용되지 않는 경우에 실행된다고 생각하면 아주 간단하다. 다음의 예를 살펴보도록 하자.

```
SQL> select empno, ename, loc
from emp, dept;
```

현재 emp 테이블에는 14개의 로우 데이터가 저장되어 있고 dept 테이블에는 4개의 로우 데이터가 저장되어있는 상태이다. Cartesian product의 결과가 주는 의미는 사실 약하다. 왜냐하면 모든 테이블의 로우 데이터들을 모두 조합시킨 값이기 때문이다. 특별한 의도가 없는 이상은 가급적이면 사용하지 않도록 하는 것이 좋다.

●●● oracle 02

Equi 조인

Equi 조인은 보통 테이블을 조인할 때 사용하게 되는 기본적인 조인 방법이다. 이를 간단히 설명하자면 Where 조건절에 임의의 컬럼을 지정하는 경우 양쪽의 테이블에 공통으로 존재하는 컬럼을 비교하게 되는데 이때 '='를 사용하는 경우라고 볼 수가 있다. Equi 조인은 대부분의 경우 Primary key와 Foreign key를 조인시키는 경우에 자주 사용되곤 한다.
다음의 예는 emp 테이블과 dept 테이블을 Primary key와 Foreign key를 사용해서 조인하는 경우를 보여준다. 특히 Where 조건절에 두 테이블을 조인하는 조건을 명시하고 있는데 이때 '='를 사용하고 있는 것에 유의하기 바란다.

```
SQL> select emp.empno, emp.ename, emp.deptno, dept.loc
 from emp,dept
 where emp.deptno = dept.deptno;
```

	EMPNO	ENAME	DEPTNO	LOC
1	7782	CLARK	10	NEW YORK
2	7839	KING	10	NEW YORK
3	7934	MILLER	10	NEW YORK
4	7566	JONES	20	DALLAS
5	7902	FORD	20	DALLAS
6	7876	ADAMS	20	DALLAS
7	7369	SMITH	20	DALLAS
8	7788	SCOTT	20	DALLAS
9	7521	WARD	30	CHICAGO
10	7844	TURNER	30	CHICAGO
11	7499	ALLEN	30	CHICAGO
12	7900	JAMES	30	CHICAGO
13	7698	BLAKE	30	CHICAGO
14	7654	MARTIN	30	CHICAGO

●●● oracle 03

테이블 alias를 사용하는 조인

일반적으로 테이블 alias는 테이블을 조인할 경우 각각의 테이블 이름보다는 해당하는 alias를 사용함으로써 전체적인 SQL 문장 처리의 효율을 증가시키기 위해 사용된다.

tip

"SQL 문장 처리의 효율을 증가시킨다"는 의미는 보다 작은 SQL 문장을 사용함으로써 메모리로부터의 부담을 줄여줄 수 있다는 것을 의미한다.

특히 테이블의 이름이 무척 긴 경우에는 테이블 alias를 사용하면 상당히 편하게 문장을 작성할 수가 있게 된다.
다음의 쿼리는 테이블 alias를 사용하는 경우와 사용하지 않는 경우를 보여주고 있다.

테이블 alias를 사용하지 않는 경우

```
SQL> select emp.empno, emp.ename, emp.deptno, dept.loc
 from emp,dept
 where emp.deptno = dept.deptno;
```

테이블 alias를 사용하는 경우

```
SQL> select e.empno, e.ename, e.deptno, d.loc
 from emp e,dept d
 where e.deptno = d.deptno;
```

테이블 alias를 사용할 때 alias의 길이가 30 문자까지 가능하지만 가급적이면 짧게 설정해주는 것이 좋으며 alias 자체가 테이블 이름을 연상시킬 수 있도록 의미 있는 alias를 설정해주는 습관을 가지는 것이 좋다. 일단 한 번 생성된 alias는 현재 사용하고 있는 Select 문장 내에서만 유효하다는 점 또한 기억하기 바란다.

●●● oracle 04

Non-equi 조인

Non-equi 조인은 조인의 한 종류로서 Equi 조인(조인시 Where 절에 =를 사용하는)인 경우를 제외한 모든 조인의 경우가 Non-equi 조인에 포함된다. 그렇다면 어떤 경우가 Non-equi 조인에 해당할 수 있을까?

Non-equi 조인의 하나의 예로서 between A and B 문장을 살펴보도록 하자.

```
SQL> select  e.empno, e.ename, e.deptno, d.loc
 from emp e, dept d
 where e.sal between 1500 and 2000;
```

	EMPNO	ENAME	DEPTNO	LOC
1	7499	ALLEN	30	NEW YORK
2	7499	ALLEN	30	DALLAS
3	7499	ALLEN	30	CHICAGO
4	7499	ALLEN	30	BOSTON
5	7844	TURNER	30	NEW YORK
6	7844	TURNER	30	DALLAS
7	7844	TURNER	30	CHICAGO
8	7844	TURNER	30	BOSTON

●●● oracle 05

Outer 조인

일단 조인 조건이 Where 절에 주어지게 되면 쿼리에 의하여 출력될 수 있는 결과는 당연히 그 조인 조건을 만족시키는 경우가 된다. 그러므로 그 조건에 만족하지 않는 로우 데이터는 출력되지 않는다. emp 테이블과 dept 테이블의 데이터를 사용하여 Outer 조인에 대하여 설명하고자 한다.

```
SQL> select * from emp;
```

	EMPNO	ENAME	JOB	MGR	HIREDATE	SAL	COMM	DEPTNO
1	7369	SMITH	CLERK	7902	80/12/17	800	(null)	20
2	7499	ALLEN	SALESMAN	7698	81/02/20	1600	300	30
3	7521	WARD	SALESMAN	7698	81/02/22	1250	500	30
4	7566	JONES	MANAGER	7839	81/04/02	2975	(null)	20
5	7654	MARTIN	SALESMAN	7698	81/09/28	1250	1400	30
6	7698	BLAKE	MANAGER	7839	81/05/01	2850	(null)	30
7	7782	CLARK	MANAGER	7839	81/06/09	2450	(null)	10
8	7788	SCOTT	ANALYST	7566	87/04/19	3000	(null)	20
9	7839	KING	PRESIDENT	(null)	81/11/17	5000	(null)	10
10	7844	TURNER	SALESMAN	7698	81/09/08	1500	0	30
11	7876	ADAMS	CLERK	7788	87/05/23	1100	(null)	20
12	7900	JAMES	CLERK	7698	81/12/03	950	(null)	30
13	7902	FORD	ANALYST	7566	81/12/03	3000	(null)	20
14	7934	MILLER	CLERK	7782	82/01/23	1300	(null)	10

```
SQL> select * from dept;
```

	DEPTNO	DNAME	LOC
1	10	ACCOUNTING	NEW YORK
2	20	RESEARCH	DALLAS
3	30	SALES	CHICAGO
4	40	OPERATIONS	BOSTON

이 두 개의 테이블을 조인하여 결과를 출력시켜 보자. 특히 각각의 테이블의 deptno 컬럼에 관심을 두고 보기 바란다.

```
SQL> select e.empno, e.ename, e.deptno, d.loc
 from emp e,dept d
 where e.deptno = d.deptno;
```

	EMPNO	ENAME	DEPTNO	LOC
1	7782	CLARK	10	NEW YORK
2	7839	KING	10	NEW YORK
3	7934	MILLER	10	NEW YORK
4	7566	JONES	20	DALLAS
5	7902	FORD	20	DALLAS
6	7876	ADAMS	20	DALLAS
7	7369	SMITH	20	DALLAS
8	7788	SCOTT	20	DALLAS
9	7521	WARD	30	CHICAGO
10	7844	TURNER	30	CHICAGO
11	7499	ALLEN	30	CHICAGO
12	7900	JAMES	30	CHICAGO
13	7698	BLAKE	30	CHICAGO
14	7654	MARTIN	30	CHICAGO

먼저 dept 테이블의 정보와 실행된 결과를 비교해보도록 하자.
결과를 잘 살펴보면 loc 컬럼의 결과에는 모든 정보가 출력되고 있지 않다. 원래는 Boston의 Loc 데이터가 존재하고 있었는데 지금은 Loc 정보가 출력되고 있지 않음을 알 수가 있다.

그러므로 이 두 개의 테이블이 조인하려고 할 때 조인의 기준이 되고 있는 loc 컬럼에 데이터가 누락되어 있거나 널 값이 존재하게 되면 조인은 실패로 돌아가며 누락된 loc 컬럼 값을 가지고 있지 않은 로우는 출력되지 않는다. 이유는 간단하다. 조인할 수 있는 기준이 되는 Loc 정보가 존재하지 않기 때문이다. 이때 누락된 Boston의 Loc 정보마저도 출력하기 원할 때 다음과 같이 Outer 조인을 적용할 수 있다. (+) 사인에 유의하여 보기 바란다.

```
SQL> select e.empno, e.ename, e.deptno, d.loc
 from emp e,dept d
 where e.deptno(+) = d.deptno;
```

	EMPNO	ENAME	DEPTNO	LOC
1	7782	CLARK	10	NEW YORK
2	7839	KING	10	NEW YORK
3	7934	MILLER	10	NEW YORK
4	7566	JONES	20	DALLAS
5	7902	FORD	20	DALLAS
6	7876	ADAMS	20	DALLAS
7	7369	SMITH	20	DALLAS
8	7788	SCOTT	20	DALLAS
9	7521	WARD	30	CHICAGO
10	7844	TURNER	30	CHICAGO
11	7499	ALLEN	30	CHICAGO
12	7900	JAMES	30	CHICAGO
13	7698	BLAKE	30	CHICAGO
14	7654	MARTIN	30	CHICAGO
15	(null)	(null)	(null)	BOSTON

이처럼 Outer 조인을 적용할 때는 (+) 사인을 사용한다. (+) 사인은 데이터가 부족한 테이블 쪽에 붙여주면 된다. 결국 boston라는 지역의 경우 실제적으로는 dept 테이블과 조인이 불가능하지만 마치 임의의 더미(Dummy) 값을 dept 테이블에 (+) 추가함으로서 그 더미 값으로 인해 조인이 가능한 것처럼 처리해주는 기능을 한다고 볼 수가 있다.

boston이라는 지역에 관한 출력을 살펴보면 empno, ename이라는 데이터가 emp 테이블에 존재하지 않음에도 불구하고 마치 존재하는 것처럼 출력되어 있다는 사실을 알 수 있다. 이처럼 존재하지 않는 테이블 쪽에 (+) 사인을 붙여주면 마치 존재하는 것처럼 출력이 가능해진다.
지금까지는 emp 테이블과 조인 결과와의 관계를 통해 Outer 조인을 적용하는 경우를 살펴보았고 이제는 dept 테이블과 조인 결과와의 관계를 살펴보고자 한다. 특히 Outer 조인을 적용함에 있어서 앞에서 언급한 내용들이 마찬가지로 대부분 적용된다.

다음은 Outer 조인 적용 시 유의 사항이다.

① (+) 사인은 반드시 한쪽에만 붙을 수가 있다. 테이블 양쪽 동시에 사용은 불가능하다.
② Outer 조인을 적용하는 경우에는 IN 연산자 또는 OR 연산자와 함께 사용할 수 없다.

●●● oracle 06

Self 조인

Self라는 말의 의미는 "자기 자신"이라고 볼 수가 있는데 Self 조인은 그 의미대로 조인을 하는데 제3의 다른 테이블과 조인하는 것이 아니라 자기 테이블로 자기 자신이 조인하는 것이라고 볼 수가 있다.
다음의 쿼리는 학생들과 조교간의 관계를 출력하고 있는데 조교 역시 학생들이므로 student 테이블을 Self 조인하면 원하는 결과를 얻을 수가 있다.
Self 조인을 확인하기 위해 먼저 emp 테이블의 내용을 한 번 출력해보자.

```
SQL> select empno, ename
from emp;
```

	ENAME	JOB
1	SMITH	CLERK
2	ALLEN	SALESMAN
3	WARD	SALESMAN
4	JONES	MANAGER
5	MARTIN	SALESMAN
6	BLAKE	MANAGER
7	CLARK	MANAGER
8	SCOTT	ANALYST
9	KING	PRESIDENT
10	TURNER	SALESMAN
11	ADAMS	CLERK
12	JAMES	CLERK
13	FORD	ANALYST
14	MILLER	CLERK

앞의 결과를 보면 이름에 따른 직무를 확인 할 수 있다.

```
SQL> select e.ename || ' s job is '||e2.job AS " ok?"
 from emp e, emp e2
 where e.ename = e2.ename;
```

	ok?
1	SMITH s job is CLERK
2	ALLEN s job is SALESMAN
3	WARD s job is SALESMAN
4	JONES s job is MANAGER
5	MARTIN s job is SALESMAN
6	BLAKE s job is MANAGER
7	CLARK s job is MANAGER
8	SCOTT s job is ANALYST
9	KING s job is PRESIDENT
10	TURNER s job is SALESMAN
11	ADAMS s job is CLERK
12	JAMES s job is CLERK
13	FORD s job is ANALYST
14	MILLER s job is CLERK

Chapter 06 서브쿼리(Subqueries)

서브쿼리는 Select 문장 내부에 포함되어 있는 또 다른 Select 문장을 말한다. 결국 임의의 쿼리가 실행되고 나서 그 결과를 가지고 또 다른 쿼리를 실행시키는 과정에서 사용되는 쿼리를 말한다. 실무에서 다루게 되는 대부분의 쿼리는 그다지 간단하지만은 않다. 그러므로 종종 서브쿼리를 반드시 사용해야지만 해결할 수 있는 경우가 많으므로 완전한 이해를 바란다.

다음은 이번 장에서 다루게 될 세부 사항들이다.

- Section 01 서브쿼리(Subquery) 신텍스(Syntax)와 종류
- Section 02 단일 행 서브쿼리(Single row subquery)
- Section 03 서브쿼리에서 그룹 함수의 사용과 Having 절과의 관계
- Section 04 복수 행 서브쿼리의 정의와 In, Any 그리고 All 연산자의 사용
- Section 05 서브쿼리와 널(Null) 값

●●● oracle 01

서브쿼리(Subquery) 신텍스(Syntax)와 종류

서브쿼리의 기본 문장 형식은 다음과 같다.

```
SELECT * | {[ DISTINCT ] column name | expression [ column alias ],...}
FROM table name
WHERE expression operator
              ( SELECT * | {[ DISTINCT ] column name | expression[ alias ],...}
              FROM table name
              WHERE condition );
```

위의 경우는 하나의 서브쿼리가 적용되고 있음을 보여주지만 종종 원하는 결과의 출력을 위해서는 얼마든지 계속적으로 서브쿼리를 추가시킬 수가 있다. 다음과 같은 경우에 서브쿼리를 사용할 수 있다.

*Where 절

```
SQL> select empno, ename, sal
 from emp
 where sal > (select sal
 from emp
      where sal=1600);
```

	EMPNO	ENAME	SAL
1	7566	JONES	2975
2	7698	BLAKE	2850
3	7782	CLARK	2450
4	7788	SCOTT	3000
5	7839	KING	5000
6	7902	FORD	3000

위의 쿼리는 Where 절에 서브쿼리를 적용하고 있는 것을 보여주고 있다. 기본적으로 서브쿼리가 먼저 실행되며 그 결과를 가지고 메인쿼리를 처리하게 된다.

*From 절

메인쿼리와 서브쿼리를 연결시켜 주는 기능을 하게 되는 Operator(연산자)로서는 〉, =, 〈 같은 단일 행 연산자 또는 In, Any, All과 같은 복수 행 연산자들이 사용될 수 있다.
다음은 서브쿼리를 사용하는데 있어서의 유의사항을 정리한 것이다.

① 서브쿼리는 반드시 ( )를 사용해서 설정해주어야 한다.
② 서브쿼리를 사용할 때는 비교 조건의 오른쪽에 설정해주어야 한다.
③ Top-analysis를 수행하는 경우가 아니라면 대부분의 서브쿼리에는 Order by절을 사용하지 않도록 한다.
④ 오라클 8i 이전에는 단지 하나의 Order by 절이 메인쿼리의 마지막 부분에 사용될 수 있었지만 오라클 8i 이후로는 서브쿼리에서도 사용이 가능하다.
⑤ 단일 행을 출력하는 서브쿼리를 사용하게 되면 단일 행을 다루는 단일 행 연산자(〈, =, 〉 etc)를 사용해서 비교해야 하고 복수 행을 출력하는 서브쿼리를 사용하게 되는 경우라면 반드시 복수 행을 다루는 복수 행 연산자(In, All, Any etc)를 사용해서 쿼리를 작성해야 한다.

결과적으로 서브쿼리는 다음의 두 가지 종류로 나눌 수가 있다.

- 단일 행 서브쿼리
- 복수 행 서브쿼리

●●● oracle 02

단일 행 서브쿼리(Single row subquery)

앞에서도 간략하게 살펴본 것이지만 단일 행 서브쿼리는 기본적으로 서브쿼리를 통해서 나오는 결과가 단일 행을 가진다는 것을 의미한다. 결국 단 하나의 로우가 서브쿼리로부터 계산되어서 나오면 그것이 바로 단일 행 서브쿼리가 된다.
다음은 단일 행 서브쿼리를 적용하는 경우 사용될 수 있는 단일 행 비교 연산자의 종류를 나열한 것이다.

=, 〉, 〈, 〉=, 〈=, 〈 〉

다음은 =와 〉 연산자를 사용하는 경우의 예를 보여주는 쿼리이다.

```
SQL> select ename,sal
 from emp
 where ename =
 (select ename
 from emp
 where ename='JONES')
 and sal >
 (select sal
 from emp
 where sal=1600);
```

	ENAME	SAL
1	JONES	2975

2 개의 서브쿼리가 사용되고 있는데 각각의 서브쿼리에서 나오는 결과가 각각 단 하나의 값이라는 점에 유의하기 바란다. 첫 번째 쿼리에서는 'JONES'이라는 이름(Ename)를 출력하게 되며 두 번째 쿼리에서는 sal가 1600보다 큰 사원의 값을 출력하게 된다. 이 두 조건이 현재 And 연산자로 연결되어 있기 때문에 이 두 조건을 동시에 만족하는 값이 결과로 출력되고 있는 것이다.

●●● oracle 03

서브쿼리에서 그룹 함수의 사용과 Having 절과의 관계

서브쿼리에 그룹 함수가 사용되는 경우를 살펴보도록 하자.

```
SQL> select ename,sal
 from emp
 where sal =
 (select MAX(sal)
               from emp);
```

	ENAME	SAL
1	KING	5000

위에 실행되고 있는 서브쿼리의 경우 emp 테이블로부터 가장 큰 임금(sal) 값을 찾고 있는 것을 알 수 있다. 일단 그 값(여기서는 5000이라는 단일 값)을 찾은 다음 메인쿼리가 실행되는 순서를 밟게 된다.

다음으로는 Having 절과 서브쿼리와의 관계를 살펴보도록 한다.

```
SQL> select job, MIN(sal)
 from emp
 group by job
 having MIN(sal) >
 (select MIN(sal)
 from emp
 where job='CLERK');
```

	JOB	MIN(SAL)
1	SALESMAN	1250
2	PRESIDENT	5000
3	MANAGER	2450
4	ANALYST	3000

위의 문장은 각각의 직무 중 가장 작은 임금을 받는 사원들을 구하는 쿼리이다. 그런데 각 직무의 사원들 가운데 가장 작은 임금을 받는 학생을 정할 때 한 가지 조건을 만족시켜야만 한다. 바로 그 조건이 서브쿼리로부터 나오게 된다. 이 경우는 직무가(job)가 'CLERK'인 사원 중 가장 작은 임금보다 큰 경우만을 찾는 쿼리가 된다.
결국, 각각의 직무로부터 각각 가장 적은 임금을 받는 사원 정보를 찾는데 이때 고려해야하는 것이 바로 그 직무의 임금 중 CLERK의 최저 임금보다 커야만 한다는 것이다.
그러므로 일단 서브쿼리로부터 CLERK 직무 중 가장 작은 임금 가운데 가장 최저 값(800)을 찾은 다음 각각의 직무로부터 검색된 최저 임금 값과 비교해서 조건에 맞는 결과를 최종적으로 출력해주게 된다.
다음은 그룹 함수를 사용할 때 주의해야 하는 사항을 몇 가지 정리해본 것이다.

① Where 절이 시작하면서 바로 그룹 함수가 나오면 그 문장은 에러를 발생한다. 그때는 Where 절 대신 Having 절을 사용해야만 한다.

```
SQL> select empid,MIN(sal)
 from emp
 group by job
 where MIN(sal) >
 (select MIN(sal)
 from emp
 where sal=1600);
*
ERROR at line 4:
ORA-00933: SQL command not properly ended
```

② 서브쿼리에서 Group by 절과 그룹 함수를 함께 사용하는 경우 서브쿼리를 통해 나오는 값과의 연산을 위해 단일 행 연산자가 사용되면 에러가 발생한다. 왜냐하면 Group by 절을 사용하게 되면 각각 그룹별로 여러 개의 값이 나오기 때문에 결국 서브쿼리는 복수개의 값을 산출하게 된다. 그런데 그때 그 값을 메인쿼리와 비교하고자 할 때 단일 행 연산자(=, 〈, 〉 etc)를 사용하면 오라클은 에러를 발생시킨다. 그때는 복수 행 연산자를 사용하면 된다.

다음과 같이 복수 행 연산자(In)를 사용하면 아무 문제없는 문장이 된다.

```
SQL> select ename,sal
 from emp
 where sal IN
 (select MIN(sal)
       from emp
group by ename);
```

	ENAME	SAL
1	ALLEN	1600
2	JONES	2975
3	FORD	3000
4	SCOTT	3000
5	CLARK	2450
6	MILLER	1300
7	SMITH	800
8	MARTIN	1250
9	WARD	1250
10	TURNER	1500
11	ADAMS	1100
12	BLAKE	2850
13	KING	5000
14	JAMES	950

③ 서브쿼리로부터 널(Nnull) 값이 산출되는 경우가 종종 발생하곤 한다. 오라클이 이 경우 에러 메시지를 띄우지는 않지만 가급적이면 이처럼 서브쿼리가 널(Null)값을 산출하는 문장은 사용하지 않도록 하는 것이 좋다. 왜냐하면 아무 의미가 없는 쿼리가 되기 때문이다. 다음의 서브쿼리는 존재하지 않는 'Pong' 이라는 사원의 이름(Ename)과 같은 이름(Ename)을 가지는 사원들의 정보를 얻고자 하는 문장인데 아무런 데이터도 출력되지 않는다. 이유는 간단하다. 서브쿼리로부터 널(Null)값이 산출되기 때문이다. 이 널(Null) 값과 이름(Ename)이 다시 비교가 되고 있으므로 아무 의미 없는 Where 절이 되고 만다.

```
SQL> select ename, sal
 from emp
 where ename =
 (select ename
 from emp
       where ename = 'Pong');

no rows selected
```

●●● oracle 04

복수 행 서브쿼리의 정의와 In, Any 그리고 All 연산자의 사용

복수 행 서브쿼리는 서브쿼리에서 산출되는 값이 하나가 아닌 다수가 되는 경우이다. 그러므로 메인쿼리에서는 이러한 다수의 값을 다룰 수 있는 복수 행 연산자를 사용해야만 한다.
오라클은 크게 세 가지 종류의 복수 행 연산자를 사용하는데 다음과 같다.

*In 연산자

In 연산자는 리스트에 있는 각각의 값들과 비교하여 값이 같으면 해당하는 결과를 출력시킨다.

```
SQL> select ename, sal
 from emp
 where sal IN (800, 1000, 1600, 2000, 2500);
```

	ENAME	SAL
1	SMITH	800
2	ALLEN	1600

위의 결과는 모든 사원들 가운데 임금이 In 연산자 리스트에 나오는 값들에 해당하는 학생에 대한 결과를 출력시킨다. 결국 임금을 800 받는 사원, 1000 받는 사원, 1600 받는 사원, 2000 받는 사원 그리고 2500 받는 사원 들의 이름(Ename) 값을 출력하고 있다.

*Any 연산자

Any 연산자는 크게 세 가지 방법으로 사용된다.

① 〈 Any

"〈 Any"는 다음과 같이 Any 연산자 리스트에 있는 값들 가운데 가장 큰 값보다 작기만 하면 조건을 만족한다.

```
SQL> select ename, sal
 from emp
 where sal < ANY (800, 1000, 1600, 2000, 2500);
```

	ENAME	SAL
1	SMITH	800
2	ALLEN	1600
3	WARD	1250
4	MARTIN	1250
5	CLARK	2450
6	TURNER	1500
7	ADAMS	1100
8	JAMES	950
9	MILLER	1300

결과를 보면 2500보다 적게 sal을 받고 있는 사원들의 결과를 출력하고 있는 것을 알 수 있다.

② 〉Any

" 〉Any"는 다음과 같이 Any 연산자 리스트에 있는 값들 가운데 가장 작은 값보다 크기만 하면 조건을 만족시킨다.

```
SQL> select ename, sal
 from emp
 where sal > ANY (800, 1000, 1600, 2000, 2500);
```

	ENAME	SAL
1	ALLEN	1600
2	WARD	1250
3	JONES	2975
4	MARTIN	1250
5	BLAKE	2850
6	CLARK	2450
7	SCOTT	3000
8	KING	5000
9	TURNER	1500
10	ADAMS	1100
11	JAMES	950
12	FORD	3000
13	MILLER	1300

리스트 가운데 가장 작은 값(800) 보다 많은 sal을 받는 사원들의 정보를 출력하고 있는 것을 알 수 있다.

③ = Any

"= Any"는 다음과 같이 In 연산자와 같은 기능을 한다.

```
SQL> select ename, sal
 from emp
 where sal = ANY (800, 1000, 1600, 2000, 2500);
```

	ENAME	SAL
1	SMITH	800
2	ALLEN	1600

*All 연산자

All 연산자는 크게 두 가지 방법으로 사용된다.

① 〈 All

"〈 All"는 다음과 같이 Any 연산자 리스트에 있는 값들 가운데 가장 작은 값보다 작기만 하면 조건을 만족한다.

```
SQL> select ename, sal
 from emp
 where sal < all (800, 1000, 1600, 2000, 2500);
no rows selected
```

② 〉 All

" 〉 All"은 다음과 같이 Any 연산자 리스트에 있는 값들 가운데 가장 큰 값보다 크기만 하면 조건을 만족시킨다.

```
SQL> select ename, sal
 from emp
 where sal > all (800, 1000, 1600, 2000, 2500);
```

	ENAME	SAL
1	JONES	2975
2	BLAKE	2850
3	SCOTT	3000
4	KING	5000
5	FORD	3000

●●● oracle 05

서브쿼리와 널(Null) 값

다음의 쿼리를 살펴보도록 하자.

```
SQL> select e.ename
 from emp e
 where e.comm NOT IN
 (select e2.comm
 from emp e2);
```

어디에 문제가 발생한 것일까? 먼저 서브쿼리가 어떤 값들을 산출하는지 살펴보도록 하자.

```
SQL> select e2.comm
 from emp e2
```

	COMM
1	(null)
2	300
3	500
4	(null)
5	1400
6	(null)
7	(null)
8	(null)
9	(null)
10	0
11	(null)
12	(null)
13	(null)
14	(null)

쿼리 결과로부터 알 수 있는 것처럼 서브쿼리의 결과 가운데 전체 14개의 로우 중에 단지 4개의 로우만이 Comm 컬럼 값을 가지고 있으며 나머지 10개의 로우는 모두 널(Null) 값이 저장되어 있다는 사실을 알 수 있다.

서브쿼리에서 산출된 값들 가운데 널(Null) 값이 포함되어 있다 하더라도 다음과 같이 In 연산자를 사용하면 아무 문제없이 쿼리가 실행된다.

```
SQL> select e.ename
 from emp e
 where e.comm IN (select e2.comm
 from emp e2);
```

	ENAME
1	ALLEN
2	WARD
3	MARTIN
4	TURNER

하지만 Not In 연산자를 사용하게 되면 널(Null) 값을 처리할 때 다음과 같이 문제가 생긴다. 서브쿼리에서 산출되는 값들 가운데 하나라도 널(Null) 값이 포함되어 있으면 Not In 연산자는 전체가 널(Null) 인 것처럼 처리한다.

tip

서브쿼리를 사용할 때 산출되는 값들 가운데 Null 값이 포함되어 있을 가능성이 있다면 Not In 연산자는 사용하지 않는 것이 좋다.

```
SQL> select e.ename
 from emp e
 where e.comm NOT IN
               (select e2.comm
               from emp e2);

no rows selected
```

Chapter 07 Data Manipulation Language(DML) 사용 방법

앞에서 살펴본 것처럼 일반적으로 쿼리(Query)라고 하면 Select 문장을 사용하여 단순히 원하는 데이터를 찾아오는 것을 말한다. 기존에 저장되어 있는 데이터에는 아무런 변화가 없는 것이 대부분이다. 단순히 Where 절에서 제공하는 조건에 만족하는 컬럼에 대한 데이터만 가지고 오는 것을 일반적으로 쿼리라고 부른다. 그러면 DML 문장이란 또 어떤 것일까? SQL 문장 중에 Insert, Update, 그리고 Delete 명령을 사용하는 문장을 우리는 일반적으로 DML 문장이라고 말한다. 이번 장에서는 DML 문장의 기능을 소개한다.

다음은 이번 장에서 다루게 될 세부 사항들이다.

- Section 01 Insert 문장의 사용
- Section 02 Update 문장의 사용
- Section 03 Delete 문장의 사용
- Section 04 DML과 With check option의 사용
- Section 05 컬럼에 대한 기본 값(Default)의 설정 방법과 Insert 문장의 적용
- Section 06 Merge 문장의 사용
- Section 07 커밋(Commit)과 롤백(Rollback) 명령어의 사용
- Section 08 데이터 읽기 일관성(Read consistency)
- Section 09 데이터 잠금(Locking)

●●● oracle 01

Insert 문장의 사용

Insert 문장은 임의의 데이터를 해당 테이블에 추가하는 기능을 하는 문장이다.
다음은 Insert 문장의 기본 형식을 보여준다.

```
INSERT INTO table name [(column name[,column name....])]
VALUES (value[,value...]);
```

임의의 데이터를 추가할 때 발생할 수 있는 여러 가지 경우를 한 번 살펴보도록 하자.

널(Null) 값을 추가하는 경우

경우에 따라서 테이블에 널(Null) 값을 추가해야 하는 상황이 벌어지곤 하는데 어떤 식으로 처리해야 하는지 살펴보도록 하자. 많이 혼동하는 부분이니 만큼 각별한 주의를 기울이기 바란다.
일단 오라클에서는 다음 두 가지 방법을 제공한다.
첫 번째는 컬럼 이름을 명시할 때 널(Null) 값을 추가하고자 하는 컬럼 이름 자체를 명시하지 않고 처리하는 방법이다 다음의 예를 살펴보면 알다시피 dept 테이블에 새로운 로우를 추가하려고 할 때 deptno를 제외한 컬럼 이름들만을 Insert 절에 명시하고 Values 절에 Loc 컬럼 값을 넣지 않는 방법을 사용하는 경우이다.

```
SQL> insert into dept(deptno, dname)
 values(50,'DEVELOPER');
select * from dept;
```

	DEPTNO	DNAME	LOC
1	50	DEVELOPER	(null)
2	10	ACCOUNTING	NEW YORK
3	20	RESEARCH	DALLAS
4	30	SALES	CHICAGO
5	40	OPERATIONS	BOSTON

이렇게 널(Null) 값이 추가된 결과를 확인해보도록 하자.

아무 문제없이 맨 마지막 로우에 새로운 데이터가 추가되어 있는 것을 확인할 수 있다. 이때 loc 컬럼에는 널(Null) 값이 추가되어 있는 것을 유의하기 바란다.

두 번째 방법으로는 모든 컬럼 이름을 명시하되 Values 절에 널(Null) 값을 추가하려는 컬럼에 대해서 널(Null) 이라는 값 자체를 명시해주면 해결된다. 널(Null) 값을 명시할 때 그 해당 컬럼이 어떤 데이터 타입을 가지느냐에 따라 방법이 달라진다.
다음의 경우는 loc라는 varchar2 데이터를 가지는 컬럼에 널(Null) 값을 추가하는 경우이다. 이때는 그냥 Null이라고 명시해주면 된다. 하지만 해당 컬럼이 문자열을 가지는 경우라든지 Date 데이터 타입을 가지는 경우가 되면 반드시 ' ' 안에 Null이라고 명시해주어야 한다.

```
SQL> insert into dept(deptno, dname, loc)
 values(60,'SALES',null);
```

새로운 값을 추가하는 경우

널(Null) 값을 추가하는 경우와 크게 다른 것이 없다. 특히 주의해야하는 사항은 Numeric 데이터 타입을 가지는 컬럼과 varchar2와 같은 문자열 데이터 타입을 가지는 컬럼 그리고 Date 데이터 타입을 가지는 컬럼에 대하여 임의의 값을 추가할 때 ' '를 사용하는 부분에 유의하기 바란다.

sysdate 값을 컬럼에 추가하는 경우

종종 sysdate를 임의의 컬럼에 추가해야 하는 경우가 있는데 이때는 ' '를 사용할 필요 없이 그대로 명시해주면 된다.

```
SQL> insert into emp
values(8000,'LEWIS','CLERK',8000,sysdate,100,100,30);

1 row created.
```

Date 데이터 타입을 가지는 값을 추가하는 경우

Date 데이터 타입을 가지는 컬럼에 임의의 새로운 값을 추가하는 경우 오라클 사용자들이 머뭇거리게 되는 경우를 필자는 많이 보아왔다. 이번 기회에 분명히 이해하고 넘어가기 바란다.
가장 쉬운 방법은 다음과 같이 값을 추가할 때 오라클에서 제공하는 기본 형식인 DD-MON-YY 형식으로 명시해주는 것이다. 하지만 DD-MOM-YY 형식을 사용하게 되면 세기에 관한 정보는 현재 사용하고 있는 세기의 값을 기본적으로 가진다는 사실에 유의하기 바라며 혹시라도 다른 세기의 값을 추가하는 경우에는 RR 형식을 사용하는 것이 안전하다. 왜냐하면 RR 형식은 자동적으로 세기의 값을 처리해주기 때문이다.

```
SQL> insert into emp
values(8000,'LEWIS','CLERK',8000,'16-03-04',100,100,30);
1 row created.
```

하지만 이처럼 기본 형식에 맞추어 추가하게 되면 시간에 대한 값이 기본적으로 자정(00:00:00)의 값으로 추가된다는 사실에 유의해야 한다. 이러한 이유로 만약 시간에 대한 값을 임의의 시간으로 정해주려면 기본 형식을 사용해서는 안 된다.
이러한 경우 날짜를 의미하는 임의의 문자열을 아래의 문장처럼 To_date 함수를 사용하여 변환한 후 추가시켜 주어야 한다는 사실을 반드시 기억하기 바란다.

```
SQL> insert into emp
values(8000,'LEWIS','CLERK',8000,TO_DATE('03 10 2016','MM DD YYYY'),100,100,30);
1 row created.
```

저자의 경험으로 가장 좋은 방법은 Date 데이터 타입을 다룰 때에는 사용자가 편하게 사용하는 한 가지 방법을 계속적으로 사용하는 것을 권장하고 싶다. 보다시피 여러 가지 방법으로 Date를 추가할 수가 있는데 여러 방법을 혼용하는 것보다는 어느 하나의 방법을 선택해서 사용하는 것이 혼동을 막는 방법이 될 수 있을 것 같다.

기존 테이블에서 임의의 값을 선정하여 새로운(혹은 '또 다른') 테이블에 추가하는 경우

이 경우는 자주 발생하지는 않지만 알아두면 유용하게 적용될 수 있는 방법이다. 예를 들어 임의의 테이블이 존재하고 있는데 그 테이블의 데이터 가운데 임의의 데이터를 선정한 후 그들을 다른 테이블로 추가하고자 할 때 사용할 수 있는 방법이다.

emp와 구조가 같은 emp2 테이블 생성

```
SQL> CREATE TABLE emp2 AS SELECT * FROM emp
WHERE 1=0;

SQL> insert into emp2 ( empno, ename, job, mgr, hiredate, sal, comm, deptno)
 select empno, ename, job, mgr, hiredate, sal, comm, deptno from emp
 where ename like 'S%';

2 rows created.
```

다음의 쿼리는 emp 테이블로부터 선정된 임의의 컬럼들이 새로운 emp2라는 테이블로 추가된 결과를 보여준다.

```
select * from emp2;
```

	EMPNO	ENAME	JOB	MGR	HIREDATE	SAL	COMM	DEPTNO
1	7369	SMITH	CLERK	7902	80/12/17	800	(null)	20
2	7788	SCOTT	ANALYST	7566	87/04/19	3000	(null)	20

Insert 문장과 Unique, Primary key 제한 조건과의 관계

Insert 문장을 실행할 때 가장 주의해야할 사항은 바로 데이터 추가 시 그 테이블에 설정되어 있는 Unique 제한 조건 또는 Primary 제한 조건을 위반하는지에 대한 문제이다.

다음의 경우는 Unique 제한 조건을 위반하는 경우를 보여준다.

기존에 dept 테이블에는 30이라는 부서번호(deptno)가 존재하고 있다. 그 상태에서 같은 30이라는 부서번호(deptno)를 추가하려고 하면 에러가 발생한다. 왜냐하면 현재 dept 테이블의 deptno 컬럼에는 Primary key 제한 조건이 설정되어 있기 때문이다. 한 가지 참고로 언급하자면 일단 Primary key 제한 조건이 임의의 컬럼에 설정되면 자동적으로 Unique 제한 조건이 활성화된다. 그러므로 다음의 문장은 에러를 발생시키게 되는 것이다.

결론적으로 말하자면 임의의 새로운 데이터를 추가시키는 경우 새로운 데이터가 기존의 컬럼에 존재하는지 한 번쯤은 확인해보는 습관을 가지는 것이 좋을 듯 싶다.

tip

Insert 문장을 실행할 때 가장 주의해야할 사항은 바로 데이터 추가 시 그 테이블에 설정되어 있는 Unique 제한 조건 또는 Primary 제한 조건을 위반하는지에 대한 문제이다.

```
SQL> insert into dept(deptno, dname, loc)
 values(30,'SALES','SEOUL');
ERROR at line 1:
ORA-00001: unique constraint (PSU.PK_DEPTNO) violated
```

●●● oracle 02

Update 문장의 사용

Update 문장은 임의의 테이블에 저장되어 있는 기존의 데이터를 갱신하는 기능을 하는 문장이다.

다음은 Update 문장의 기본 형식을 보여준다.

```
UPDATE table name
SET column name= new value[,column name =new value....]
[WHERE condition];
```

Insert 문장과 Update 문장의 차이점

Insert 문장의 경우는 한 번 문장을 사용할 때 하나의 로우 데이터만을 추가할 수 있지만 Update 문장의 경우는 한 번에 여러 데이터를 한꺼번에 갱신할 수 있다는 차이점이 있다.
부서번호가 10인에 할당된 지역(Loc)을 기존 NEW YORK에서 SEOUL로 갱신하는 간단한 Update 문장의 실행을 살펴보도록 하자.

```
SQL> update dept
 set loc='SEOUL'
 where deptno =10;
1 row updated.
```

다음은 동시에 여러 데이터를 한꺼번에 갱신하는 과정과 Update 문장 실행 시 서브쿼리를 함께 사용할 수 있음을 보여준다.

```
SQL> update emp
 set deptno =(select deptno
 from dept
 where deptno =10),
 sal = (select sal
 from emp
 where empno=7369)
 where ename='WARD';
1 row updated.
```

Update 문장의 실행과 Primary key - Foreign key 제한 조건과의 관계

Update 문장을 사용할 때 가장 신경 써야하는 부분은 바로 Primary key - Foreign key 제한 조건에 관한 것이다. 너무나 중요한 사항이므로 반드시 이해하고 넘어가기 바란다.
다음의 문장을 살펴보도록 하자. 지금 현재 작업의 대상이 되는 테이블은 emp 테이블이다. 하지만 Update 문장을 실행하기 전에 우리는 먼저 대상이 되는 테이블이 제3의 테이블과 Primary key - Foreign key 제한 조건으로 묶여있는지를 확인해 볼 필요가 있다. 왜냐하면 Parent 테이블을 갱신하는 것은 아무 문제가 없으나 Child 테이블을 갱신하는 경우에는 문제가 발생할 수가 있다. 지금 현재 emp 테이블은 dept 테이블의 Child 테이블로 설정되어 있고 dept 테이블은 emp 테이블에 대하여 Parent 테이블로 설정되어 있다.
다음은 이들 두 테이블을 Primary key - Foreign key 제한 조건으로 묶어주는 명령어를 보여준다

(필자가 student와 dept 테이블을 생성하고 나서 다음의 명령어가 포함된 스크립을 이미 실행시킨 후이다).

```
SQL> ALTER TABLE emp ADD (
CONSTRAINT fk1_dept_id FOREIGN KEY (deptno)
REFERENCES DEPT(deptno));
```

이렇게 실행하고 나면 dept 테이블은 Parent 테이블로서 설정되고 emp 테이블은 Child 테이블로 설정된다. 그렇다면 어떤 테이블이 Parent이고 어떤 테이블이 Child 테이블이 될까? 간단하게 이야기하자면 Foreign key를 가지는 테이블이 Child 테이블이 되며 그 Foreign key에 해당하는 Primary key를 가지는 테이블이 바로 Parent 테이블이 되는 것이다.
앞의 테이블을 통해서 설명하자면 dept 테이블에서의 부서번호(deptno) 컬럼은 현재 Primary key로 설정되어 있는 상태이고 이 Primary key에 해당하는 emp 테이블에서의 부서번호(deptno) 컬럼이 바로 Foreign key가 된다. 그러므로 emp 테이블은 dept 테이블에 대하여 Child 테이블이 되며 반대로 dept 테이블은 emp 테이블에 대하여 Parent 테이블이 되는 것이다.
먼저 결론부터 이야기하자면 Child 테이블을 갱신할 때는 새로 입력되는 데이터가 반드시 Parent 테이블에 존재해야만 한다는 것이다.

tip

Child 테이블을 갱신할 때는 새로 입력되는 데이터가 반드시 Parent 테이블에 존재해야만 한다.

다음의 Update 문장을 살펴보자.

```
SQL> update emp
set deptno=200;

ERROR at line 1:
ORA-02291: integrity constraint (PSU.FK1_DEPTNO) violated - parent key not foud
```

에러 메시지를 보면 알겠지만 현재 emp 테이블(Child 테이블)의 deptno 값을 200으로 갱신하려고 하는데 그 200이란 수(deptno)가 Parent 테이블인 dept 테이블로부터 찾을 수가 없었다는 것을 의미한다.
하지만 다음과 같이 dept 테이블에 존재하는 deptno로 갱신하면 아무 문제없이 갱신이 가능하다.

```
SQL> update emp
set deptno=30;
18 rows updated.
```

●●● oracle 03

Delete 문장의 사용

Delete 문장은 테이블에 존재하는 임의의 로우 데이터를 삭제하는 기능을 제공한다.
다음은 Delete 문장의 기본 형식을 보여준다.

```
DELETE [FROM] table name
[WHERE condition];
```

다음은 간단한 Delete 문장을 소개한 것이다.
테스트를 위하여 Row 데이터 하나를 추가하고 삭제하겠다.

```
SQL> insert into emp
values(8000,'LEWIS','CLERK',8000,sysdate,100,100,30);

SQL> delete from emp
where empno=8000;
```

Delete 문장을 실행할 때 가장 주의해야 하는 부분은 Update 문장의 경우처럼 Primary key - Foreign key 제한 조건에 관한 것이다. Delete 문장의 경우는 Child 테이블에서는 별 문제가 되지 않는다. 삭제하려는 데이터가 Parent 테이블에 존재하는가와는 상관없이 삭제가 가능하다. 하지만 Parent 테이블에 존재하는 데이터를 삭제하는 경우에는 주의가 요구된다.

tip

Delete 문장의 경우는 Child 테이블에서는 별 문제가 되지 않는다. 삭제하려는 데이터가 Parent 테이블에 존재하든 상관없이 삭제가 가능하다. 하지만 Parent 테이블에 존재하는 데이터를 삭제하는 경우에는 주의가 요구된다.

결론부터 말하자면 Parent 테이블로부터 삭제하려는 컬럼 값이 Child 테이블에 여전히 존재하고 있는 상태라면 삭제가 불가능하다는 것이다. 다음의 Delete 문장을 살펴보자.

```
SQL> delete from dept where deptno=10
```

현재 dept 테이블은 Parent 테이블이며 emp 테이블은 Child 테이블로 설정되어 있다고 본다면 위의 문장은 Parent 테이블(dept 테이블)로부터 부서 번호(deptno)가 10이란 로우를 삭제하는 문장이다. 그런데 에러가 발생했다. 이유는 앞에서 설명한대로 10이라는 부서 번호(deptno)가 현재

Child 테이블인 emp 테이블에 여전히 존재하기 때문이다. 굳이 재미있게 표현하자면 아이들이 사용하고 있는 과자를 부모가 뺏어버리는 경우가 되는 것이다. 과자를 아이들이 가지고 있는 한은 부모는 그 과자를 뺏을 수 없다는 이야기이다.

●●● oracle 04

DML과 With Check Option의 사용

DML 문장을 실행할 때 종종 서브쿼리를 사용하곤 하는데 이때 한 가지 유의해야할 사항이 있다. 서브쿼리 내부 Where 절에서 사용한 컬럼 이름은 반드시 서브쿼리 내부의 Select 절에 명시되어야만 한다는 것이다. With check option은 바로 이 부분에 대하여 확인해주는 역할을 한다.
몇 가지 예를 통해서 그 이유를 알아보도록 하자.
먼저 With check option 없이 사용하는 문장을 살펴보자.

```
SQL> insert into (select empno,ename,job,mgr,hiredate,
 sal,comm
 from emp
 where deptno=30)
 values (8000,'LEWIS','CLERK',8000,sysdate,100,100);
```

위의 문장은 현재 'LEWIS'라는 사원의 정보를 새롭게 추가할 때 부서 번호(deptno)가 30이라는 값과 Select 절에 명시한 컬럼 값을 설정하고 있다. 원래의 의도는 부서 번호(deptno) 값도 함께 추가하는 것이지만 실제 실행 결과는 다르게 나온다. Select 절에 부서 번호(deptno)를 명시하지 않았기 때문에 deptno=30이란 값은 추가되지 못하며 그 자리에는 다음 결과처럼 널(Null) 값이 들어가게 된다.

```
SQL> select * from emp;
```

	EMPNO	ENAME	JOB	MGR	HIREDATE	SAL	COMM	DEPTNO
1	8000	LEWIS	CLERK	8000	16/03/29	100	100	(null)
2	7369	SMITH	CLERK	7902	80/12/17	800	(null)	20
3	7499	ALLEN	SALESMAN	7698	81/02/20	1600	300	30
4	7521	WARD	SALESMAN	7698	81/02/22	1250	500	30
5	7566	JONES	MANAGER	7839	81/04/02	2975	(null)	20
6	7654	MARTIN	SALESMAN	7698	81/09/28	1250	1400	30
7	7698	BLAKE	MANAGER	7839	81/05/01	2850	(null)	30
8	7782	CLARK	MANAGER	7839	81/06/09	2450	(null)	10
9	7788	SCOTT	ANALYST	7566	87/04/19	3000	(null)	20
10	7839	KING	PRESIDENT	(null)	81/11/17	5000	(null)	10
11	7844	TURNER	SALESMAN	7698	81/09/08	1500	0	30
12	7876	ADAMS	CLERK	7788	87/05/23	1100	(null)	20
13	7900	JAMES	CLERK	7698	81/12/03	950	(null)	30
14	7902	FORD	ANALYST	7566	81/12/03	3000	(null)	20
15	7934	MILLER	CLERK	7782	82/01/23	1300	(null)	10

이러한 실수를 미리 확인하고 보다 정확한 문장을 생성하기 위하여 다음과 같이 With check option을 사용하는 것이다.

```
SQL> insert into (select empno,ename,job,mgr,hiredate,
 sal,comm
 from emp
 where deptno=30 WITH CHECK OPTION)
 values (8000,'LEWIS','CLERK',8000,sysdate,100,100);
ERROR at line 3:
ORA-01402: view WITH CHECK OPTION where-clause violation
```

이처럼 With check option을 사용하게 되면 Select 절에 명시되지 않은 컬럼의 데이터를 추가하려는 경우 에러를 발생시키며 문장을 수정할 것을 요구하게 된다.
다음은 새롭게 수정된 문장이며 Select 절에 부서 번호(deptno)가 포함되어져 있는 것을 확인할 수 있다.

```
SQL> insert into (select empno,ename,job,mgr,hiredate,
 sal,comm,deptno
 from emp
 where deptno=30 WITH CHECK OPTION)
 values (8000,'LEWIS','CLERK',8000,sysdate,100,100,30);
```

	EMPNO	ENAME	JOB	MGR	HIREDATE	SAL	COMM	DEPTNO
1	8000	LEWIS	CLERK	8000	16/03/29	100	100	30
2	7369	SMITH	CLERK	7902	80/12/17	800	(null)	20
3	7499	ALLEN	SALESMAN	7698	81/02/20	1600	300	30
4	7521	WARD	SALESMAN	7698	81/02/22	1250	500	30
5	7566	JONES	MANAGER	7839	81/04/02	2975	(null)	20
6	7654	MARTIN	SALESMAN	7698	81/09/28	1250	1400	30
7	7698	BLAKE	MANAGER	7839	81/05/01	2850	(null)	30
8	7782	CLARK	MANAGER	7839	81/06/09	2450	(null)	10
9	7788	SCOTT	ANALYST	7566	87/04/19	3000	(null)	20
10	7839	KING	PRESIDENT	(null)	81/11/17	5000	(null)	10
11	7844	TURNER	SALESMAN	7698	81/09/08	1500	0	30
12	7876	ADAMS	CLERK	7788	87/05/23	1100	(null)	20
13	7900	JAMES	CLERK	7698	81/12/03	950	(null)	30
14	7902	FORD	ANALYST	7566	81/12/03	3000	(null)	20
15	7934	MILLER	CLERK	7782	82/01/23	1300	(null)	10

oracle 05

컬럼에 대한 기본 값(Default)의 설정 방법과 Insert 문장의 적용

오라클을 사용하다가 보면 임의의 컬럼 값에 항상 같은 값이 요구되는 경우가 종종 발생한다. 그런 경우 일일이 데이터를 추가시킬 때마다 Insert 문장에 번복되는 데이터를 명시해줄 필요 없이 기본 값을 설정해주면 보다 수월하게 데이터 추가가 가능해진다.

임의의 컬럼에 대한 기본 값을 설정하는 방법은 간단하다. 테이블을 생성할 때 다음과 같이 설정해주면 된다. reg_date 컬럼에 대하여 유의하여 보기 바란다.

```
SQL> CREATE TABLE STUDENT (
s_id NUMBER(5) NOT NULL,
s_name VARCHAR2(12),
dept_id NUMBER(5),
reg_date DATE DEFAULT SYSDATE,
major_id VARCHAR2(10),
tuition NUMBER(10),
ta_id NUMBER(5),
discount NUMBER(3,2),
sex varchar2(10),
CONSTRAINT PK_S_ID PRIMARY KEY (s_id)
USING INDEX PCTFREE 5 )
```

이처럼 임의의 컬럼에 기본 값을 설정할 때는 〔column name〕〔data type〕 그리고 〔default〕〔default value〕 순서로 설정해주면 된다. 지금 위의 경우는 기본 값으로서 sysdate를 reg_date라는 컬럼에 설정해주고 있다.

이렇게 일단 Default 값을 설정하고 나면 그 이후는 다음과 같이 사용할 수가 있다.

```
SQL> insert into STUDENT
 values(144,'Koko',120,DEFAULT,'ART_303',3200,1,
 null,'FEMALE');
```

●●● oracle 06

Merge 문장의 사용

Merge 문장은 조건에 따라 임의의 데이터를 추가한다든지 갱신할 수 있는 기능을 제공한다. 예를 들어, 어떤 회사의 오라클 DBA가 한 달간 휴가를 다녀올 예정이라고 하자. 휴가를 가기 전 DBA는 자신이 관리하여 왔던 emp 테이블의 복사본 테이블(copy_emp)을 만들어놓은 상태이다. 어느 시점에서든지 그 복사본 테이블(copy_emp)은 emp 테이블의 데이터와 일치해야만 한다는 것을 전제로 보자. 그가 휴가를 보내는 수일동안 emp 테이블에는 많은 트랜잭션이 발생했을 것이다. 그러므로 휴가에서 돌아오면 그는 emp 테이블에 발생된 변경된 데이터를 자신이 따로 관리하는 복사본 테이블(copy_ emp)에 반영해야만 한다. 이때 emp 테이블과 자신의 복사본 테이블(copy_ emp)을 비교하여 기존에 존재하는 데이터에 대해서는 변경 사항을 반영하여 Update를 실행하고 새롭게 추가된 데이터가 존재한다면 Insert 문장을 실행하여 이 두 테이블들(emp 와 copy_ emp)이 동일한 데이터를 가질 수 있는 기능을 제공하는 것이 바로 Merge 문장이다.

```
SQL> CREATE TABLE emp2 AS SELECT * FROM emp
WHERE 1=0;
SQL> rollback;
SQL> merge into emp2 as copy
using emp e
on (copy.empno = e.empno)
  when matched then
                update set
                copy.empno = e.empno,
                copy.ename = e.ename,
                copy.job = e.job,
                copy.mgr = e.mgr,
                copy.hiredate = e.hiredate,
```

```
                copy.sal = e.sal,
                copy.comm = e.comm,
                copy.deptno = e.deptno
        when not mached then
                insert  values(e.empno,  e.ename,  e.job,  e.mgr,  e.hiredate,
e.sal,e.comm, e.deptno);
```

Match 조건은 사용자 나름대로 설정할 수가 있는데 주로 임의 테이블의 Primary key를 사용한다.

●●● oracle 07

커밋(Commit)과 롤백(Rollback) 명령어의 사용

1장에서도 간략하게 커밋과 트랜잭션(Transaction)에 대하여 언급한 적이 있지만 워낙 중요한 개념이니 만큼 분명한 이해를 요구한다.

*트랜잭션

마지막으로 실행한 커밋 명령 이후부터 새로운 커밋 명령을 실행하는 시점까지 수행된 DML 명령들을 말한다. 예를 들어, 2시간 전에 커밋을 실행하고 나서 3개의 DML을 수행했다고 보자. 그리고 이제(결국 마지막으로 실행한 커밋 이후 2시간이 지난 지금) 새로운 커밋을 실행하려고 한다면 그 2시간 동안 수행됐던 3개의 DML 명령들이 바로 하나의 트랜잭션이라고 말할 수 있는 것이다.

많은 독자들이 트랜잭션이라고 하면 어떤 명령이든 하나의 명령 실행을 이야기하는 것으로 오해하고 있는 것을 많이 보아왔다. 다시 한 번 강조하지만 하나의 트랜잭션이라고 하면 하나 또는 여러 개의 DML 명령을 모두 묶어서 의미할 수 있다는 사실에 유의하기 바라며 이러한 트랜잭션은 커밋과 커밋 사이에 발생한 모든 DML을 의미한다는 것 또한 반드시 기억하기 바란다.

결국 3번의 커밋을 실행했다면 그동안 몇 개의 DML 명령이 실행되었던 간에 3개의 트랜잭션이 성공적으로 수행됐다는 의미가 된다.

DDL(Data Definition Language) 문장의 경우는 어떨까? DDL 문장은 하나 하나의 문장이 수행될 때마다 내부적으로 자동커밋이 발생하므로 하나 하나의 문장이 하나의 트랜잭션이라고도 말할 수 있다.

*커밋

커밋이란 이러한 트랜잭션이 발생하는 경우 변경 정보인 리두 로그가 리두 로그 버퍼로부터 리두 로그 파일로 물리적으로 저장하는 과정을 말한다고 앞에서 이미 언급한 적이 있다. 그리고 일단 커밋을 하면 다시는 완료된 트랜잭션으로 인하여 변경된 데이터를 복구할 방법이 없다는 사실을 반드시 기억하기 바란다.
그리고 커밋에는 자동 커밋(Automatic commit)과 인위적 커밋(Manual commit)이라는 두 가지 종류가 있다는 사실도 기억하기 바란다.

tip

자동 커밋
•DDL 문장이 실행되는 경우
•SQL*Plus 유틸리티를 정상적으로 종료하는 경우

마지막으로 커밋 전과 후의 상태에 대하여 부가 설명을 하고자 한다. 일단 커밋이 발생하기 전에는 해당 로우에 대한 잠금(Lock)이 걸리게 되며 이로 인하여 다른 사용자들은 해당 로우에 대한 갱신을 할 수 없게 된다. 하지만 일단 커밋이 되고 나면 해당 로우에 걸려있던 잠금이 해제되며 비로소 다른 사용자들이 해제된 로우에 대하여 작업이 가능해진다.

*롤백(Rollback)

그렇다면 과연 롤백이란 무엇인가? 영어에 익숙한 독자라면 아마도 'Rollback' 이란 영문 스펠링을 보면 어느 정도는 롤백이 어떤 기능을 하는지 예측할 수 있을 것이다. 영어 표현으로서의 Rollback은 이전 상태로 다시 돌아간다는 것을 의미한다. 결국 롤백은 임의의 DML 트랜잭션이 실행되고 있다 하더라도 그 DML 트랜잭션이 커밋되기 전에는 언제든지 트랜잭션이 발생하기 전 상태로 돌아갈 수 있다는 것을 의미한다.
롤백이 발생하는 이유는 여러 가지가 있겠지만 가장 빈번하게 발생하는 경우는 임의의 트랜잭션이 수행되는 동안 내부적으로 에러가 발생하여 트랜잭션이 실패로 끝나는 경우이다. 오라클은 이러한 경우 자동적으로 현재 진행하고 있던 트랜잭션의 롤백을 수행한다.
또 다른 경우는 트랜잭션을 수행하는 사용자 자신이 실행하고 있는 트랜잭션에 문제가 있다는 사실을 인지하고 의도적으로 현재 진행하고 있던 트랜잭션을 롤백시키는 경우이다.

DDL 문장의 경우는 롤백을 적용하는 의미가 없다. 왜냐하면 앞에서도 언급한대로 DDL 문장은 종료되는 순간에 이미 자동적으로 커밋이 발생하기 때문에 다시 롤백한다는 개념을 적용할 수 없다. 그러므로 DDL 문장을 실행할 때는 주의를 요구한다. 왜냐하면 일단 DDL 문장이 종료된 다음에는 롤백 명령을 사용해서 다시 원상태로 돌아갈 방법이 없기 때문이다(하지만 방법은 존재한다. 그것은 다시 DDL 문장을 사용하여 원래의 상태를 만들어 주는 것이다).

tip

자동 롤백 : SQL*Plus 유틸리티의 비정상적 종료(시스템 문제)

롤백이 실행된 후의 상황을 정리하자면 다음과 같다.

- 모든 데이터가 원래 상태로 돌아온다
- 해당 로우에 걸려있던 잠금(Lock)이 해제된다.

*트랜잭션의 종료

트랜잭션이 종료되는 데는 여러 이유가 있지만 가장 큰 이유는 앞에서도 설명한 것과 같이 해당 트랜잭션이 커밋 또는 롤백되는 순간이다. 그 다음으로 트랜잭션의 종료를 야기하는 원인으로는 DDL 명령의 실행이다. DDL 문장은 DML 문장과는 다르게 인위적으로 커밋을 수행시킬 필요가 없다. DDL 문장의 경우는 DDL 문장이 실행돼서 종료되는 순간 자동 커밋이 내부적으로 발생하기 때문이다.
또 다른 이유로는 시스템에 문제가 발생하여 시스템 자체가 문제를 야기시키는 경우이다. 예를 들어 2시간 동안 임의의 트랜잭션이 수행되고 있는 동안에 갑자기 시스템에 문제가 발생하는 경우 오라클은 그동안의 트랜잭션을 종료시키고 롤백을 수행한다.

*세이브포인트(Savepoint)의 사용

오라클에서는 임의의 트랜잭션을 롤백할 때 사용할 수 있는 세이브포인트라는 또 다른 옵션을 제공한다. 일반적으로 롤백은 최근 실행한 커밋 이후 발생한 모든 트랜잭션을 원상태로 돌려주는 역할을 하는데 세이브포인트를 사용하게 되면 사용자가 롤백을 원할 때 모든 트랜잭션을 롤백하는게 아니라 원하는 세이브포인트로만 롤백할 수 있도록 해준다.
다음은 세이브포인트의 적용방 법을 보여준다

.

Step1) Commit : 결국 여기서부터 트랜잭션이 시작된다.
Step2) Delete 문장 실행
Step3) Savepoint A 설정
Step4) Update 문장 실행
Step5) Insert 문장 실행
Step6) Savepoint B 설정
Step7) Update 문장 실행
Step8) Rollback to savepoint B

Step8을 실행하게 되면 전체 트랜잭션을 모두 롤백하는 것이 아니라 바로 Step7에서 실행했던 Update 문장만이 롤백된다. 만일 Rollback to savepoint A라고 한다면 Step4, Step5 Step6, Step7까지 실행한 Update 문장, Insert 문장, Savepoint A 문장 그리고 두 번째 실행된 Update 문장까지 롤백하는 결과를 가져다 준다.
그리고 커밋이 실행되는 동시에 설정되었던 모든 세이브포인트가 해제된다는 사실도 염두에 두기 바란다.

*문장 레벨 롤백(Statement level rollback)

만약 하나의 트랜잭션 내에서 여러 개의 DML 문장을 실행하고자 하는데 그중 하나의 DML 문장 실행이 실패로 돌아갔다면 과연 어떤 식으로 롤백이 되어지는지 알아보도록 하자.

Step1) Commit 실행(새로운 트랜잭션의 시작)
Step2) Insert 문장 실행(성공)
Step3) Update 문장 실행(성공)
Step4) Delete 문장 실행(실패)

이러한 경우 Step4에서 실행한 Delete 문장만이 자동적으로 롤백되어지고 그 이전에 발생한 Step2와 Step3에서 성공적으로 수행된 문장들은 커밋 또는 롤백되기를 기다리며 그대로 남아있게 된다. 따라서 이러한 경우에는 Step2와 Step3에 대한 커밋 또는 롤백은 인위적으로 수행해주어야 한다.

●●● oracle 08

데이터 읽기 일관성(Read consistency)

데이터 읽기 일관성(Read consistency)은 전체적인 오라클의 이해를 위해 무척 중요한 개념이다. 어느 시점에서든지 오라클 사용자들은 일관적으로 동일한 데이터를 읽을 수 있어야 한다는 의미이다. 이 상황이 발생하는 이유는 다음과 같다.

(가정)
① A와 B라는 오라클 사용자가 동시에 같은 데이터베이스 인스턴스에서 작업을 한다.
② A 사용자가 Update 문장을 사용하여 dept 테이블의 deptno 20에 대한 Loc 값을 DALLAS에서 SEOUL로 갱신한다.
③ A 사용자는 자신이 실행한 Update 문장에 대하여 커밋을 실행하지 않은 상태이다.

이 경우 B라는 사용자는 A 사용자가 deptno를 20에 대한 Loc를 SEOUL로 갱신했음에도 불구하고 여전히 Loc가 DALLAS라는 값을 쿼리하게 된다. 왜냐하면 A라는 사용자가 아직 자신의 트랜잭션을 커밋하지 않았기 때문이다. 하지만 일단 A 사용자가 커밋을 실행하게 되면 트랜잭션이 완료되었기 때문에 이후로부터는 모든 사용자가 갱신된 값(DALLAS)을 쿼리하게 된다.

Step1) A 사용자가 자신의 컴퓨터를 사용해서 다음의 과정을 실행한다.
먼저 변경 이전의 값을 확인한다.

```
SQL> select * from dept;
```

	DEPTNO	DNAME	LOC
1	10	ACCOUNTING	NEW YORK
2	20	RESEARCH	DALLAS
3	30	SALES	CHICAGO
4	40	OPERATIONS	BOSTON

```
SQL> update dept
 set loc='SEOUL'
 where deptno =20;
1 row updated.

SQL> select * from dept;
```

	DEPTNO	DNAME	LOC
1	10	ACCOUNTING	NEW YORK
2	20	RESEARCH	SEOUL
3	30	SALES	CHICAGO
4	40	OPERATIONS	BOSTON

Step2) B 사용자가 자신의 컴퓨터를 사용해서 다음의 과정을 실행한다.
A 사용자가 아직 커밋을 실행하지 않은 이 시점에서는 아직도 다음과 같이 갱신되기 이전 값을 쿼리하게 된다.

```
SQL> select * from dept;
```

	DEPTNO	DNAME	LOC
1	10	ACCOUNTING	NEW YORK
2	20	RESEARCH	DALLAS
3	30	SALES	CHICAGO
4	40	OPERATIONS	BOSTON

Step3) A 사용자가 다음과 같이 커밋을 실행한다.

```
SQL> commit;
Commit complete.
```

Step4) B 사용자도 비로소 새롭게 갱신된 새로운 값을 쿼리하게 된다.

	DEPTNO	DNAME	LOC
1	10	ACCOUNTING	NEW YORK
2	20	RESEARCH	SEOUL
3	30	SALES	CHICAGO
4	40	OPERATIONS	BOSTON

●●● oracle 09

데이터 잠금(Locking)

데이터 잠금은 오라클 데이터베이스를 사용하면서 요구되는 아주 중요한 개념이니 만큼 완전한 이해를 바란다. 이미 앞에서도 커밋과 롤백을 설명하면서 언급한 적이 있지만 데이터가 어느 시점에 있어서 동일한 값이 쿼리되어야 한다는 측면에서 데이터 잠금은 중요한 역할을 한다. 일단 트랜잭션이 시작되면 그 트랜잭션이 커밋 또는 롤백되어지기 전까지는 그 해당 로우에 잠금이 걸리게 된다. 그러므로 트랜잭션을 수행하고 있는 사용자만이 새롭게 갱신된 또는 변경된 데이터를 볼 수가 있다. 다른 사용자들은 그 해당 로우에 대하여 갱신되기 전 다시 말하자면 이전 데이터를 쿼리하게 되는 것이다. 왜냐하면 해당 로우에 잠금이 걸려있기 때문이다. 이러한 잠금이 요구되는 이유는 간단하다. 여러 명의 사용자들이 동시에 접속해서 작업을 할 수 있다고 가정한다면 어느 시점에서 데이터의 일관성이 없어질 수가 있기 때문이다. 이러한 측면에서 데이터 잠금은 반드시 존재해야만 한다. 일단 어느 누구든 먼저 해당 로우에 잠금을 걸게되면 그 이외의 사용자는 절대로 그 로우 데이터를 변경하지 못한다는 사실 반드시 기억하기 바란다.

> **tip**
>
> 잠금의 목적 중에 가장 중요한 사항은 바로 임의의 시점에서의 데이터의 일관성을 유지시켜 준다는 것이다.

기본적으로 오라클은 자동적으로 잠금을 제공하지만 사용자들이 자신들이 원할 때 인위적으로도 잠금을 수행할 수도 있다.

Chapter 08 테이블의 생성과 관리(기본)

일반적으로 데이터베이스에서의 오브젝트(Object)라고 하면 기본적으로 테이블, 인덱스, 제약 조건(Constraints), 뷰(View), 시퀀스(Sequence), 그리고 시노님(Synonym)을 말하는데 이들 가운데 테이블은 데이터베이스의 기본을 이루는 일반적인 데이터가 저장되는 장소이므로 가장 많이 사용되는 동시에 가장 중요한 역할을 한다. 이번 장에서는 테이블에 관련된 내용을 살펴보도록 한다.

다음은 이번 장에서 다루게 될 세부 사항들이다.

- Section 01 테이블 생성과 기본 형식
- Section 02 데이터 딕셔너리 테이블/뷰에 대한 쿼리
- Section 03 데이터 타입(Data type)의 구분
- Section 04 오라클 Datetime 데이터 타입의 소개
- Section 05 서브쿼리를 사용한 테이블의 생성
- Section 06 Alter table 문장의 적용- 컬럼의 삽입, 수정, 제거
- Section 07 Set unused 옵션의 적용
- Section 08 테이블의 제거(Dropping)
- Section 09 Truncate table 명령을 사용한 테이블의 로우 데이터의 제거

●●● oracle 01

테이블 생성과 기본 형식

기본적으로 테이블이라는 것은 데이터베이스 내에 존재하는 하나의 논리적인 오브젝트들 가운데 하나로서 각각의 데이터들이 저장되는 장소라고 이해하면 될 것 같다. 이후에 설명되어지겠지만 이러한 테이블과 그 안에 저장되어진 데이터들은 테이블스페이스라는 논리적인 공간에 저장되며 결국 데이터 파일이라는 물리적인 기억장치에 영구적으로 보관, 저장되어 관리되어진다.

우리는 정보의 바다에서 살고 있다고 봐도 과언이 아니다. 어디를 가던 여러 종류의 정보들을 대하며 살아가고 있다. 신문, 잡지들을 통해서나 사람들의 대화를 통해서도 많은 정보들을 얻으며 또는 다른 사람들에게 전하며 살아가고 있다. 물론 그 모든 정보들이 현재 나에게 모두 필요한 것은 아닐 것이다. 우리가 데이터베이스라는 개념을 들여오면서 얻게 된 장점 중에 하나는 이제는 그 많은 정보들 가운데 적어도 우리에게 필요한 정보만큼은 제대로 관리를 하면서 살아갈 수 있게 되었다는 것이다.

일반적으로 테이블이라 함은 이러한 정보들이 기본적으로 저장되어지는 곳이다. 물론 임의의 데이터베이스에 어떤 데이터들이 저장되어 있는지를 가장 쉽게 이해할 수 있는 방법이 바로 데이터베이스 내에 생성되어져 있는 테이블의 데이터를 살펴보는 것이다. 그만큼 데이터베이스 시스템이라는 넓은 개념 가운데 어쩌면 가장 중요하고 기본이 되는 부분이라고 생각해도 될 것이다.

그리고 관계형 데이터베이스 모델에서의 중요한 개념중 하나인 실체(Entity)라 함은 주로 테이블 자체를 말하며 테이블 내의 컬럼들은 주로 각각의 실체가 가지는 속성이라고 간주하게 된다. 결국은 하나의 테이블은 임의의 실체가 가지는 속성들의 집합이라고 이해해도 되는 것이다.

테이블은 언제든지 생성 가능하며 테이블의 구조 역시 언제든지 변경이 가능하다는 점에 유의하기 바란다. 실무에서는 대부분 데이터베이스(인스턴스)를 만들 때 일련의 스크립트를 준비하게 되는데 이때 테이블을 생성하는 부분을 전담하는 임의의 SQL 실행 파일(예를 들어, Table.sql)을 생성하게 된다. 이렇게 생성된 테이블을 사용하다가 보면 때로 새로운 테이블을 추가해야 하는 경우도 생길 수도 있고 기존에 존재하는 테이블의 구조를 변경해주어야 하는 경우도 발생할 수가 있는데 오라클에서는 이러한 작업을 할 수 있도록 지원한다. 심지어는 변경하려는 테이블이 현재 온라인이라 할지라도 변경이 가능하다.

다음은 테이블을 만들 때 테이블의 이름을 설정하는데 있어서 요구되는 몇 가지 제한사항을 나열한 것이다.

- 테이블의 이름은 반드시 영문자로 시작해야 한다.
- 테이블 이름의 길이는 1부터 시작해서 30글자의 길이를 넘을 수 없다.
- 테이블 이름에는 A부터 Z, a부터 z, 숫자로서는 0 부터 9까지, 마지막으로 특수 문자로서는 _, $, # 만이 가능하다.
- 같은 사용자의 스키마 내에 이미 존재하고 있는 테이블 이름은 재사용이 불가능하다. 하지만 다른 사용자의 스키마에 포함되어 있다면 이미 존재하는 테이블 이름도 재사용할 수 있다.
- 오라클에서 제공하는 키워드들은 테이블 이름으로 사용될 수 없다.

tip

특수 문자로서는 _, $, # 만이 가능하다.

다음은 Create table 문장의 기본 형식을 보여준다.

```
CREATE TABLE [schema name.table name]
( column name data type [DEFAULT expression] [ ,... ] );
```

다음과 같이 student 테이블과 dept 테이블을 생성할 수 있다.

```
CREATE TABLE SCOTT.STUDENT (
s_id NUMBER(5) NOT NULL,
s_name VARCHAR2(12),
dept_id NUMBER(5),
reg_date DATE,
major_id VARCHAR2(10),
tuition NUMBER(10),
ta_id NUMBER(5),
discount NUMBER(3,2),
sex varchar2(10),
CONSTRAINT PK_S_ID PRIMARY KEY (s_id)
USING INDEX PCTFREE 5 TABLESPACE psux1)
PCTFREE 5 PCTUSED 70
TABLESPACE psud1;

CREATE TABLE SCOTT.DEPT (
dept_id NUMBER(5) NOT NULL,
dept_name VARCHAR2(12),
ta_id NUMBER(5),
dept_loc_id NUMBER(8),
CONSTRAINT PK_DEPT_ID PRIMARY KEY (dept_id)
USING INDEX PCTFREE 5 TABLESPACE psux1)
PCTFREE 5 PCTUSED 70
TABLESPACE psud1;
```

앞의 기본 형식을 이루는 사항들 가운데 스키마 이름이 무엇인지 잠시 살펴보고자 한다.
지금 scott이라는 오라클 사용자가 자신의 사용자 아이디와 암호를 입력한 후에 오라클 데이터베이스에 접속하였다고 보자. 일단 접속에 성공한 후라면 현재 scott 이라는 사용자는 자신의 스키마 내에 들어오게 된 것이고, 이제부터 자신이 생성하게 되는 테이블, 뷰 또는 인덱스 같은 데이터베이스 오브젝트들은 scott이라는 사용자가 소유하게 된다는 점 기억하기 바란다. 바로 이것이 스키마에 대한 기본적 개념이 될 것이다.

자신이 생성한 오브젝트를 가지고 작업을 하는 경우라면 굳이 스키마 이름을 명시해줄 필요는 없지만 종종 다른 사용자에 의하여 생성된 오브젝트를 가지고 작업을 하는 경우 테이블 이름 앞에 그 오브젝트를 실제로 소유하는 오라클 사용자의 사용자 아이디(스키마 이름)를 반드시 써주어야 한다 (scott.student). 여기서는 scott 이라는 스키마 이름에 주목하기 바란다.

오라클 데이터베이스에는 다음과 같이 크게 두 가지 종류의 테이블이 존재한다.

① 사용자 테이블

사용자 테이블이라고 하면 오라클 사용자들이 생성하게 되는 일반적인 테이블들을 말한다.
예를 들자면, scott이라는 오라클 사용자에 의하여 생성되고 관리되는 student 또는 dept 테이블이 된다.

② 데이터 딕셔너리 테이블(Data dictionary tables) & 뷰(Data dictionary views)

오라클 서버가 생성하고 직접 관리까지 맡아서 하는 테이블들을 말하며 사실상 베이스 테이블(Base table)이라고 명명하는 것이 정확한 표현이다. 이들은 특히 데이터베이스를 운용함에 있어서 중요한 관련 정보들을 관리해주는 기능을 한다. 일반적으로 테이블들의 소유자는 각각의 테이블을 생성한 사용자가 되겠지만 데이터 딕셔너리 테이블의 경우는 sys 사용자가 모두 소유한다. 그렇다면 데이터 딕셔너리 뷰는 무엇일까. 이들은 데이터 딕셔너리 테이블을 기본으로 하여 생성한 뷰들을 말한다. 사실상 데이터 딕셔너리 테이블들은 사용자들이 쿼리할 수가 없다. 왜냐하면 데이터 딕셔너리 테이블의 정보가 사용자의 명령에 의하여 그 내용이 바뀌게 되면 오라클 전체에 문제가 생길 수가 있기 때문이다. 다시 한 번 강조하지만 데이터 딕셔너리 테이블은 오라클에 의하여 생성되고 관리된다는 점 기억하기 바란다. 어쨌건 이러한 데이터 딕셔너리 테이블을 근간으로 하여 생성된 데이터 딕셔너리 뷰를 통해서 사용자들은 현재 데이터베이스가 어떤 상태에 있으며 어떤 세팅이 되어있는지 확인할 수가 있다.
데이터 딕셔너리 뷰가 제공하는 내용들은 현재 오라클 데이터베이스의 상태와 구조에 대한 정보이므로 일반적인 테이블들과는 전혀 다른 정보를 가진다는 점에 유의하기 바란다. 데이터 딕셔너리 뷰는 다음의 4가지의 기본 형태를 가지므로 쉽게 구별할 수 있을 것이다.

- DBA_(ex. dba_tables)
- ALL_(ex. all_tables)
- USER_(ex. user_tables)
- V$ (ex. v$database)

tip

데이터 딕셔너리 테이블은 오라클 내부적으로 생성되고 관리된다.

여기 소개되는 DBA_, ALL_,USER_, V$는 Prefix이다. 이러한 Prefix로 시작하는 뷰들이 바로 데이터 딕셔너리 뷰이다. 이후 Part 03 오라클 데이터베이스 관리 과정에서 더욱 자세하게 다루어진다. 여기서는 기본적인 개념만을 확인하기 바란다.

●●● oracle 02

데이터 딕셔너리 테이블/뷰에 대한 쿼리

이미 앞에서 언급한 적이 있지만 일반적으로 데이터 딕셔너리 테이블을 쿼리하는 것은 불가능하다. 그렇기 때문에 오라클은 데이터 딕셔너리 뷰를 제공하는 것이고 우리는 데이터 딕셔너리 테이블을 쿼리하는 대신 이들을 쿼리함으로서 원하는 정보를 얻게 된다. 다음은 몇 가지 예를 보여준다.

다음은 user_tables라는 데이터 딕셔너리 뷰로서 사용자가 생성하고 관리하고 있는 테이블들에 관한 정보를 출력해준다. 컬럼의 이름들을 보면 알 수 있듯이 일반 사용자들이 가지고 있는 일반 테이블과는 전혀 다른 모습들을 보여준다.

```
SQL> select * from user_tables;
```

	TABLE_NAME	TABLESPACE_NA...	CLUSTER_NAME	IOT_NAME	STATUS	PCT_FREE	PCT_USED	INI_TRANS	MAX_TRANS	INIT
1	LOGMNR_PARAMETER$	SYSTEM	(null)	(null)	VALID	10	40	1	255	
2	LOGMNR_SESSION$	SYSTEM	(null)	(null)	VALID	10	40	1	255	
3	MVIEW$_ADV_WORKLOAD	SYSTEM	(null)	(null)	VALID	10	40	1	255	
4	MVIEW$_ADV_BASETABLE	SYSTEM	(null)	(null)	VALID	10	40	1	255	
5	MVIEW$_ADV_SQLDEPEND	SYSTEM	(null)	(null)	VALID	10	40	1	255	
6	MVIEW$_ADV_PRETTY	SYSTEM	(null)	(null)	VALID	10	40	1	255	
7	MVIEW$_ADV_TEMP	SYSTEM	(null)	(null)	VALID	10	40	1	255	
8	MVIEW$_ADV_FILTER	SYSTEM	(null)	(null)	VALID	10	40	1	255	
9	MVIEW$_ADV_LOG	SYSTEM	(null)	(null)	VALID	10	40	1	255	
10	MVIEW$_ADV_FILTERINSTANCE	SYSTEM	(null)	(null)	VALID	10	40	1	255	
11	MVIEW$_ADV_LEVEL	SYSTEM	(null)	(null)	VALID	10	40	1	255	
12	MVIEW$_ADV_ROLLUP	SYSTEM	(null)	(null)	VALID	10	40	1	255	
13	MVIEW$_ADV_AJG	SYSTEM	(null)	(null)	VALID	10	40	1	255	
14	MVIEW$_ADV_FJG	SYSTEM	(null)	(null)	VALID	10	40	1	255	
15	MVIEW$_ADV_GC	SYSTEM	(null)	(null)	VALID	10	40	1	255	
16	MVIEW$_ADV_CLIQUE	SYSTEM	(null)	(null)	VALID	10	40	1	255	

다음은 임의의 사용자가 생성해서 관리하고 있는 데이터베이스 테이블의 리스트를 보여준다. 지금 쿼리하고 있는 뷰는 user_catalog라는 뷰이다.

```
SQL> select * from user_catalog;
```

	TABLE_NAME	TABLE_TYPE
1	AQDEF_AQCALL	VIEW
2	AQDEF_AQERROR	VIEW
3	AQ$_DEF$_AQCALL_F	VIEW
4	AQ$_DEF$_AQERROR_F	VIEW
5	AQ$_INTERNET_AGENTS	TABLE
6	AQ$_INTERNET_AGENT_PRIVS	TABLE
7	AQ$_QUEUES	TABLE
8	AQ$_QUEUE_TABLES	TABLE
9	AQ$_SCHEDULES	TABLE
10	CATALOG	SYNONYM
11	COL	SYNONYM
12	DEF$_AQCALL	TABLE
13	DEF$_AQERROR	TABLE
14	DEF$_CALLDEST	TABLE
15	DEF$_DEFAULTDEST	TABLE
16	DEF$_DESTINATION	TABLE
17	DEF$_ERROR	TABLE
18	DEF$_LOB	TABLE

다음은 임의의 사용자가 생성해서 관리하고 있는 모든 데이터베이스 오브젝트의 리스트를 보여준다. 지금 쿼리하고 있는 뷰는 user_obeject라는 뷰이다.

```
SQL> select * from user_objects;
```

	OBJECT_NAME	SUBOBJECT_NAME	OBJECT_ID	DATA_OBJECT_ID	OBJECT_TYPE	CREATED	LAST_DDL_TIME	TIMESTAMP	STATUS
1	LOGMNR_SESSION_EVOLVE$	(null)	1052	9380	TABLE	09/08/15	09/08/15	2009-08-15:00:17:23	VALID
2	LOGMNR_SESSION_EVOLVE$_PK	(null)	1053	9381	INDEX	09/08/15	09/08/15	2009-08-15:00:17:23	VALID
3	LOGMNR_EVOLVE_SEQ$	(null)	1054	(null)	SEQUENCE	09/08/15	09/08/15	2009-08-15:00:17:23	VALID
4	LOGMNR_SEQ$	(null)	1055	(null)	SEQUENCE	09/08/15	09/08/15	2009-08-15:00:17:23	VALID
5	LOGMNR_UIDS$	(null)	1056	(null)	SEQUENCE	09/08/15	09/08/15	2009-08-15:00:17:23	VALID
6	LOGMNR_GLOBAL$	(null)	1057	9323	TABLE	09/08/15	09/08/15	2009-08-15:00:17:23	VALID
7	LOGMNR_GT_TAB_INCLUDE$	(null)	1058	(null)	TABLE	09/08/15	09/08/15	2009-08-15:00:17:23	VALID
8	LOGMNR_GT_USER_INCLUDE$	(null)	1059	(null)	TABLE	09/08/15	09/08/15	2009-08-15:00:17:23	VALID
9	LOGMNR_GT_XID_INCLUDE$	(null)	1060	(null)	TABLE	09/08/15	09/08/15	2009-08-15:00:17:23	VALID
10	LOGMNR_UID$	(null)	1061	9404	TABLE	09/08/15	09/08/15	2009-08-15:00:17:23	VALID
11	LOGMNR_UID$_PK	(null)	1062	9405	INDEX	09/08/15	09/08/15	2009-08-15:00:17:23	VALID
12	LOGMNRC_DBNAME_UID_MAP	(null)	1065	9282	TABLE	09/08/15	09/08/15	2009-08-15:00:17:23	VALID
13	LOGMNRC_DBNAME_UID_MAP_PK	(null)	1066	9283	INDEX	09/08/15	09/08/15	2009-08-15:00:17:23	VALID
14	LOGMNR_LOG$	(null)	1067	9342	TABLE	09/08/15	09/08/15	2009-08-15:00:17:23	VALID
15	LOGMNR_LOG$_PK	(null)	1068	9343	INDEX	09/08/15	09/08/15	2009-08-15:00:17:23	VALID
16	LOGMNR_LOG$_FLAGS	(null)	1069	9344	INDEX	09/08/15	09/08/15	2009-08-15:00:17:23	VALID
17	LOGMNR_LOG$_FIRST_CHANGE#	(null)	1070	9345	INDEX	09/08/15	09/08/15	2009-08-15:00:17:23	VALID
18	LOGMNR_LOG$_RECID	(null)	1071	9346	INDEX	09/08/15	09/08/15	2009-08-15:00:17:23	VALID

●●● oracle 03

데이터 타입(Data type)의 구분

기본적으로 임의의 테이블을 생성하기 위해서는 각각의 컬럼을 설정해주어야 하며 각각의 컬럼이 어떤 데이터 타입을 가지는지 설정해주어야 한다. 오라클은 다음과 같은 데이터 타입을 지원한다.

Number

```
number[(a,b)]
```

일반적으로 대부분의 숫자를 저장하게 될 컬럼의 경우 Number 데이터 타입을 사용하게 된다. a 자리는 소수점 왼쪽에 설정할 수 있는 숫자의 자릿수이며 b자리는 소수점 이후 설정할 수 있는 자릿수를 설정한다. 예를 들어, student 테이블에서의 discount라는 컬럼 설정을 보게 되면 number(3,2) 라고 되어있는데 이는 소수점 왼쪽으로 3자리 그리고 소수점 이하 2자리를 설정한다는 의미이다.

Char

```
char[(size)]:
```

Char 데이터 타입은 문자열을 다루는 컬럼을 설정할 때 사용하곤 한다. Varchar2 데이터 타입과는 달리 Char 데이터 타입은 정해진 크기가 이미 할당되어지므로 그다지 효율적이지 못하다. 다음과 같이 Char(20)으로 설정하게 되면 내부적으로 20자리만큼의 영역이 무조건 할당되므로 그 내부에 3자리의 문자열이 저장된다 하더라도 나머지 17자리의 영역이 비어진 상태로 저장되게 된다. 그 다지 효율적이지 못한 데이터 관리가 될 것이다.

tip

Char 데이터 타입을 사용하는 예로서는 전화번호를 저장할 컬럼의 경우가 된다. 전화번호의 자릿수는 이미 정해져 있으므로 이런 경우는 Varchar2 데이터 타입을 사용할 이유가 없다.

Varchar2

```
varchar2(size)
```

Varchar2 데이터 타입은 Char 데이터 타입의 단점을 보완할 수 있는 데이터 타입이다. Varchar2 데이터 타입을 사용하게 되면 전체를 얼마로 설정하든 내부적으로는 해당하는 문자열이 가지는 크기만큼만 자리를 차지하게 되는 효율적인 부분을 제공한다.

Date
날짜와 관계된 데이터를 저장할 때 사용하는 데이터 타입이다.

Clob
크기가 4 G 내의 문자열을 저장할 때 사용하는 데이터 타입이다.

Long
크기가 2GB 내의 문자열을 저장할 때 사용하는 데이터 타입이다.

Raw & long raw
로우 바이너리 파일을 저장할 때 사용하는 데이터 타입이다.
예를 들어 이미지 파일, 비디오 파일과 같은 바이너리 파일을 저장할 때 사용할 수 있다.

Blob
바이너리 데이터가 4GB 내인 경우 사용할 수 있는 데이터 타입이다.

Rowid
로우 아이디를 저장할 때 사용하는 데이터 타입이다.

oracle 04

오라클 Datetime 데이터 타입의 소개

오라클에서는 Time zone와 Local time zone의 개념을 적용할 수 있는 데이터 타입을 제공한다.

*Timestamp[(초이하 자릿수)]

Timestamp 데이터 타입은 기존의 날짜를 저장할 때 초 이하의 자릿수를 함께 표시할 수 있는 기능을 제공한다. 다음은 new_student 테이블을 생성하는 문장을 보여주고 있다.

```
SQL>create table new_student
 (s_id          number(5) NOT NULL,
 s_name         varchar2(12),
 major_id               varchar2(10),
 new_start_date         TIMESTAMP(7)) ;
```

이제 new_student 테이블에 로우 데이터를 추가하도록 하자.

```
SQL>insert into new_student
values (500,'kegon','ART_106',TO_DATE('03 05,2016','MM DD,YYYY'));
SQL>insert into new_student
values (501,'eunjoo','MATH_204',TO_DATE('02 05,2016','MM DD,YYYY'));
SQL>insert into new_student
values (502,'joongmoon','MSIS_201',TO_DATE('04 05,2016','MM DD,YYYY'));
```

new_start_date라는 컬럼에 저장된 값이 어떤 형태로 저장이 되어있는지 확인하도록 하자.

```
SQL>select * from new_student;
```

	S_ID	S_NAME	MAJOR_ID	NEW_START_DATE
1	500	kegon	ART_106	16/03/05 00:00:00.000000000
2	501	eunjoo	MATH_204	16/02/05 00:00:00.000000000
3	502	joongmoon	MSIS_201	16/04/05 00:00:00.000000000

위의 결과를 아래 문장의 결과와 비교해보기 바란다. 아래의 문장은 기존의 Date 데이터 타입을 사용하고 있는 student 테이블로부터 reg_date 컬럼의 값을 출력한 것이다. 보시다시피 아래의 날짜들은 단지 기본 형태인 DD-MON-RR 형태로 출력된 것을 볼 수가 있다.

위의 문장의 경우를 보면 "16-03-05 00.00.00.0000000 AM"처럼 초이하 자릿수가 7자리로 출력되고 있는 것을 확인할 수 있다. 00시 00분 00 초 이후 7자리가 0이 출력된 것은 new_start_date라는 컬럼을 만들 때 Timestamp(7)이라고 설정했기 때문이다. 만약 Timestamp(6)이라고 했다면 초이하 자릿수가 6자리 출력되었을 것이다.

*Timestamp[(초 이하 자릿수)] with time zone

Timestamp with time zone 데이터 타입은 오라클 사용자가 위치한 시간대와 UTC와의 시간차를 날짜 정보와 함께 출력시켜 준다. 예를 들어, 미국 동부의 경우는 UTC로부터 -4:00, 미국 서부는 UTC로부터 -7:00이라고 표현할 수가 있다.

다음은 new_student_tz 테이블을 생성하는 문장을 보여주고 있다.

```
SQL>SQL>create table new_student_tz
  (s_id          number(5) NOT NULL,
  s_name         varchar2(12),
  major_id       varchar2(10),
  new_start_date         TIMESTAMP(7) with time zone) ;elect * from new_student;
```

이제 new_student_tz 테이블에 로우 데이터를 추가하도록 하자.

```
SQL>insert into new_student_tz
values (500,'kegon','ART_106',TO_DATE('03 05,2003','MM DD,YYYY'));
SQL>insert into new_student_tz
values (501,'eunjoo','MATH_204',TO_DATE('02 05,2003','MM DD,YYYY'));
SQL>insert into new_student_tz
values (502,'joongmoon','MSIS_201',TO_DATE('04 05,2003','MM DD,YYYY'));
```

new_start_date 라는 컬럼에 저장된 값이 어떤 형태로 저장이 되어있는지 확인하도록 하자.

	S_ID	S_NAME	MAJOR_ID	NEW_START_DATE
1	500	kegon	ART_106	03/03/05 00:00:00.000000000 ASIA/SEOUL
2	501	eunjoo	MATH_204	03/02/05 00:00:00.000000000 ASIA/SEOUL
3	502	joongmoon	MSIS_201	03/04/05 00:00:00.000000000 ASIA/SEOUL

new_start_date 컬럼값의 마지막 부분을 보면 "-00:00"이라는 현재 Time zone(서울)을 함께 출력하고 있는 것을 확인할 수 있다. 결국 Time zone 정보를 가지게 되면 임의의 날짜에 대한 정확한 분석이 가능해진다.

*Interval year to month

Interval year to month 데이터 타입은 임의의 시간 간격(Period)에 대한 데이터를 저장하려고 할 때 'year'와 'month'을 사용하겠다는 의미이다.
다음은 Interval_to_month라는 컬럼을 Interval year(3) to month라는 데이터 타입을 사용하여 생성하고 있는 과정을 보여준다. 여기서 Year(3)이 의미하는 것은 년도를 입력할 때의 자릿수이다. 결국 3자릿수의 년도(Year 값)를 입력한다는 의미이다.

```
SQL> create table new_student_itv
 (s_id number(5) NOT NULL,
 s_name          varchar2(12),
 major_id        varchar2(10),
 interval_to_month INTERVAL YEAR(3) TO MONTH);
```

이제 120년과 2개월이란 시간 간격을 의미하는 120-2라는 데이터를 추가해보도록 하자.

```
SQL> insert into new_student_itv
values (600,'Yuno','MATH_221','120-2');
```

실제로 interval_to_month 컬럼에 어떤 형태의 데이터가 저장되었는지 확인해보도록 하자.

```
SQL> select * from new_student_itv;
```

	S_ID	S_NAME	MAJOR_ID	INTERVAL_TO_MONTH
1	600	Yuno	MATH_221	+120-02

하지만 다음과 같이 데이터를 입력할 때 Month 값 없이 Year 값('120')만을 입력하게 되면 에러가 발생한다. 왜냐하면 테이블을 생성할 때 interval_to_month 컬럼을 Interval year(3) to month로 설정했기 때문이다.

```
SQL> insert into new_student_itv
values (601,'Jiyoon','ART_330','120');
ERROR at line 2:
ORA-01867: the interval is invalid
```

부득이 Month가 0인 경우에는 다음과 같이 '120-0'이란 값으로 추가해주어야 한다.

```
SQL> insert into new_student_itv
2 values (601,'Jiyoon','ART_330','120-0');
```

●●● oracle 05

서브쿼리를 사용한 테이블의 생성

테이블을 생성할 때 기존에 있는 테이블로부터 서브쿼리를 사용하여 임의의 값들을 가져오는 방법이 오라클에서는 가능하다.
다음은 emp 테이블로부터 deptno가 20인 학생들만을 따로 서브쿼리를 사용해서 뽑아낸 다음 이를 새로운 테이블(empcopy)에 저장하는 과정을 보여준다.

```
SQL> create table empcopy
 as
 select empno,ename,job,mgr,hiredate,sal,comm,deptno
 from emp
 where deptno=20;
```

내용을 확인해보자.

```
SQL> select * from empcopy;
```

	EMPNO	ENAME	JOB	MGR	HIREDATE	SAL	COMM	DEPTNO
1	7369	SMITH	CLERK	7902	80/12/17	800	(null)	20
2	7566	JONES	MANAGER	7839	81/04/02	2975	(null)	20
3	7788	SCOTT	ANALYST	7566	87/04/19	3000	(null)	20
4	7876	ADAMS	CLERK	7788	87/05/23	1100	(null)	20
5	7902	FORD	ANALYST	7566	81/12/03	3000	(null)	20

여기서 한 가지 주의해야 할 사항이 있는데 이는 바로 서브쿼리에서 표현(Expression) - sal*0.2 - 을 사용하는 경우이다. 다음의 경우를 살펴보면 알다시피 에러가 발생하고 있다. 이유는 서브쿼리에서 표현을 사용하여 새로운 테이블을 생성하는 경우 그 표현에 대한 컬럼 alias를 반드시 설정해주어야 하기 때문이다.

tip

서브쿼리에서 표현을 사용해서 새로운 테이블을 생성하는 경우 표현에 대한 컬럼 alias가 새롭게 생성하는 테이블의 컬럼 이름으로 자동적으로 설정된다.

```
SQL> create table empcopy_express_error
 as
 select empno,ename,job,mgr,hiredate,sal*0.2,comm,deptno
 from emp
 where deptno=20;
ERROR at line 3:
ORA-00998: must name this expression with a column aliasSQL> select * from empcopy;
```

하지만 다음과 같이 서브쿼리에 표현(Expression)이 포함된 경우 그에 대하여 컬럼 alias를 사용하게 되면 아무 문제없이 테이블을 생성할 수가 있다.

```
SQL> create table empcopy_express_error
 As  select empno,ename,job,mgr,hiredate,sal*0.2 sal,comm,deptno
       from emp
 where deptno=20;

SQL> select * from empcopy_express_error;
```

	EMPNO	ENAME	JOB	MGR	HIREDATE	SAL	COMM	DEPTNO
1	7369	SMITH	CLERK	7902	80/12/17	160	(null)	20
2	7566	JONES	MANAGER	7839	81/04/02	595	(null)	20
3	7788	SCOTT	ANALYST	7566	87/04/19	600	(null)	20
4	7876	ADAMS	CLERK	7788	87/05/23	220	(null)	20
5	7902	FORD	ANALYST	7566	81/12/03	600	(null)	20

oracle 06

Alter table 문장의 적용- 컬럼의 삽입, 수정, 제거

기존에 생성해 놓은 테이블이 존재하는 경우 종종 그 구조에 대하여 변경이 요구되는 때가 있다. 특히 테이블의 컬럼에 관하여 추가, 변경 그리고 삭제하는 경우 Alter table 문장을 사용하여 처리할 수 있다. 다음은 각각의 경우에 따른 예를 보여준다.

*컬럼의 삽입(Add)

```
SQL>alter table dept add (dept_chair_name varchar(20));
Table altered.

SQL> alter table dept
2 add (dept_chair_name varchar(20));
Table altered.
```

Desc dept 명령을 사용하여 dept_chair_name이라는 컬럼이 dept 테이블에 생성된 것을 확인할 수 있다.

```
SQL>desc dept;
```

```
이름              널        유형
--------------- -------- ------------
DEPTNO          NOT NULL NUMBER(2)
DNAME                    VARCHAR2(14)
LOC                      VARCHAR2(13)
DEPT_CHAIR_NAME          VARCHAR2(20)
```

이처럼 새롭게 컬럼을 추가하게 되면 맨 마지막 컬럼 자리에 위치하게 되며 처음에는 Null 값이 저장되어진다.

*컬럼의 수정(Modify)

기존의 컬럼에 설정된 사항을 변경하고자 하는 경우 Modify 절을 사용할 수 있다.
다음은 기존의 varchar2(20)를 varchar2(25)로 변경하는 과정을 보여준다.

```
SQL>alter table dept  modify (dept_chair_name varchar2(25));
```

Desc dept 명령을 사용하여 dept_chair_name이라는 컬럼에 설정되었던 varchar2(20)가 이제는 varchar2(25)로 변경된 것을 확인할 수 있다.

```
desc dept;
```

```
이름              널       유형
---------------- -------- ------------
DEPTNO           NOT NULL NUMBER(2)
DNAME                     VARCHAR2(14)
LOC                       VARCHAR2(13)
DEPT_CHAIR_NAME           VARCHAR2(25)
```

이처럼 컬럼의 크기를 증가시키는 것은 해당 컬럼에 데이터가 존재하든 Null 값이 존재하든 아무 상관없이 가능하지만 해당 컬럼에 임의의 값이 존재하면 컬럼의 크기를 줄이는 경우에는 문제가 발생한다. 다음의 과정은 컬럼의 크기를 20에서 15로 줄이는데도 아무 에러가 발생하지 않고 있음을 보여준다. 그 이유는 해당 컬럼에 Null 값만이 존재하기 때문이다. 다시 말해서 아무것도 저장되지 않은(Null 값) 경우에는 컬럼의 크기를 줄이는 것이 가능하지만 데이터가 존재하면 에러가 발생한다.

```
SQL>alter table dept modify (dept_chair_name varchar2(15));
```

*컬럼의 제거(Drop)

dept_chair_name이라는 컬럼을 제거하는 과정을 보여준다.

```
SQL> alter table dept  drop column dept_chair_name;
SQL>desc dept;
```

```
이름     널       유형
------ -------- ------------
DEPTNO NOT NULL NUMBER(2)
DNAME           VARCHAR2(14)
LOC             VARCHAR2(13)
```

이처럼 기존의 컬럼을 제거할 때 유의사항은 다음과 같다.

- 한 번에 한 컬럼씩만 제거가 가능하다
- 한 컬럼을 제거하고 나서도 최소한 하나의 컬럼이 테이블에 존재해야만 한다.
- 일단 컬럼이 제거되고 나면 회복이 불가능하다.

●●● oracle 07

Set unused 옵션의 적용

기존의 테이블에 설정되어져 있는 컬럼들 가운데 하나 또는 여러 개의 컬럼들을 Unused(사용하지 않는) 상태로 설정할 수가 있다. 일단 컬럼이 Unused 상태가 되면 쿼리를 해도 출력되지 않으며 Desc 명령으로도 출력되지 않는다. 그렇다면 실질적으로 컬럼이 완전히 저장되어져 있던 디스크 상에서 없어진 것일까?
그렇지 않다. 일단 Unused 상태가 되면 여전히 원래 저장되어져 있던 디스크 어딘가에 저장된 상태로 남아있게 된다. 나중에 Drop 명령으로 제거되면 그때서야 비로써 완전히 디스크로부터 사라지게 된다는 점 반드시 기억하기 바란다.
다음은 dept_chair_name 이라는 컬럼을 unused 컬럼으로 설정해주고 나중에 Drop unused column 명령을 사용하여 제거하는 과정을 보여준다. 특히 user_unused_col_tabs라는 데이터 딕셔너리 뷰를 통해서 몇 개의 unused 컬럼이 생성되어져 있는지를 확인할 수 있는 기능도 제공한다.

```
SQL> alter table dept set unused (dept_chair_name);
Table altered.
SQL> select * from user_unused_col_tabs;
```

	TABLE_NAME	COUNT
1	DEPT	1

이처럼 현재 dept 테이블에는 하나의 unused 컬럼이 설정되어진 상태임을 알 수가 있다. 이제 이렇게 unused 컬럼으로 설정된 컬럼을 제거하도록 하자.

```
SQL> alter table dept drop unused columns;

SQL> desc dept;
```

```
이름     널        유형
------ -------- ------------
DEPTNO NOT NULL NUMBER(2)
DNAME           VARCHAR2(14)
LOC             VARCHAR2(13)
```

```
SQL> select * from user_unused_col_tabs;
no rows selected
```

●●● oracle 08

테이블의 제거(Drop)

일단 테이블이 제거되면 그 내부에 저장되어져 있는 모든 로우 데이터와 설정되어있던 인덱스도 함께 제거된다. 그러나 뷰(View)나 시노님(Synonym)의 경우에는 제거되지 않고 남아있게 되지만 사실상 아무 역할을 못하는 무효(Invalid)한 상태로 남게 된다.

> **tip**
>
> 당연한 이야기지만 테이블을 제거할 때는 해당 테이블을 생성한 사용자이든지 아니면 상위 권한을 가진(Drop any table 권한) 사용자이어야만 한다는 점 기억하기 바란다.

```
SQL> drop table dept;
Table dropped.
```

특히 Drop table 명령을 사용할 때는 각별한 주의가 필요하다. 이는 Drop table 명령이 실행되면 자동적으로 커밋이 수행되어 이것을 다시 돌이킬 방법이 없기 때문이다.

●●● oracle 09

Truncate table 명령을 사용한 테이블의 로우 데이터의 제거

Truncate table 명령은 Delete 명령과 마찬가지로 테이블 내의 모든 로우 데이터를 제거하는 역할을 한다. 하지만 DML 명령인 Delete 명령과는 다르게 Truncate 명령은 DDL 명령이므로 일단 명령이 실행되고 나면 다시 롤백할 수가 없다. 그만큼 Drop table 명령과 마찬가지로 (사용에) 각별한 주의를 기울이기 바란다. 하지만 Truncate 명령의 경우 DDL 명령이기 때문에 Delete 명령보다 더 빨리 처리된다는 것은 장점이기도 하다(왜냐하면 롤백이 발생하지 않기 때문이다).

또 한 가지 Delete 명령과 구별되는 사항은 바로 데이터를 저장하고 있던 디스크 영역에 대한 처리 부분이다.

Delete 명령의 경우는 일단 데이터를 제거한 이후에도 여전히 디스크 영역을 가지고 있게 되지만 Truncate 명령의 경우는 실행 즉시 데이터가 차지하던 영역을 오라클에게 환원시켜주게 된다. 그러므로 Truncate 명령을 사용하는 것이 전체적인 Resource 사용 측면에서 보다 효율적이라고도 말할 수 있을 것 같다.

마지막으로 Truncate 명령을 Parent 테이블에 실행하게 되면 주의를 기울여야 한다. 만약 여전히 제한 조건이 유효한 상태라면 Parent 테이블을 Truncate 시킬 수 없다는 점에 유의하기 바란다.

tip

DML 명령인 Delete 명령과는 다르게 Truncate 명령은 DDL 명령이므로 일단 명령이 실행되고 나면 다시 롤백할 수가 없다.

```
SQL> truncate table dept;
ERROR at line 1:
ORA-02266: unique/primary keys in table referenced by enabled foreign keys
```

이때는 반드시 다음과 같이 해당 제한 조건을 제거하든지 사용 불가능 상태(Disable)로 만든 후에 테이블을 Truncate 하기 바란다.

```
SQL>alter table dept disable constraint PK_DEPT_ID cascade;
Table altered.
```

제한 조건이 삭제되었기 때문에 이제는 테이블 dept를 Truncate 할 수 있다.

```
SQL> truncate table dept;
Table truncated.

SQL>select * from dept;
no rows selected
```

Chapter 09 제약 조건(Constraints)

제약 조건이라 함은 기본적으로 오라클 내부에 저장될 데이터 또는 이미 저장되어져 있는 데이터가 항상 유효한 데이터가 될 수 있도록 조정해주는 기능을 한다. 아무리 데이터베이스 디자인을 잘 설계하였더라도 그 내부에 저장되는 데이터가 전체 목적에 맞지 않는 엉터리 데이터가 저장되어 관리된다는 것은 엄청난 결과를 초래할 수도 있기 때문에 항상 올바르고 유효한 데이터가 관리될 수 있도록 하기 위하여 임의의 제약 조건을 적용한다.

다음은 이번 장에서 다루게 될 세부사항들이다.

- Section 01 제약 조건의 정의와 구분
- Section 02 Not null 제약 조건
- Section 03 Primary key와 Foreign key 제약 조건
- Section 04 Unique 제약 조건
- Section 05 Check 제약 조건
- Section 06 제약 조건의 추가
- Section 07 제약 조건의 제거
- Section 08 제약 조건을 사용 불가능 상태(Disable)로 변경
- Section 09 제약 조건을 사용 가능 상태(Enable)로 변경
- Section 10 컬럼 제거 시 제약 조건을 함께 연속적(Cascade)으로 제거
- Section 11 어떤 컬럼에 어떤 제약 조건이 설정되어 있는지 확인

●●● oracle 01

제약 조건의 정의와 구분

관계형 데이터베이스라고 하면 임의의 데이터베이스 내에 존재하는 여러 테이블들이 서로 관계를 가지며 운영되어진다는 것을 의미하게 된다. "데이터의 무결성을 설정한다"의 의미는 다음과 같다. 일단 처음 데이터베이스 설계하는 과정 가운데서 테이블 사이의 관계를 분명하게 설정하고 그에 대한 제약 조건(Constraint)들을 사용하여 각각의 테이블에 저장되는 데이터 또는 테이블에 적용하는 것을 말한다. 결국 이러한 제약 조건의 사용은 데이터베이스 내에 보다 정확하고 분명한 데이터들을 가질 수 있도록 해주는 기능을 제공하게 된다.

그럼 왜 데이터베이스의 무결성을 유지하기 위하여 그러한 제약 조건들이 필요로 되는지 실례를 들어 생각해 보도록 하자.
우리는 적어도 한 번쯤은 웹사이트들을 서핑하면서 자신의 이름과 생일을 사용하여 임의의 웹사이트에 회원으로 등록해 본 적이 있을 것이다.
주로 먼저 이름을 적고 그 다음에 생년월일을 제시하게 되는데 2000년이 되면서 많은 웹사이트의 닷컴 회사들에서는 생일을 입력하는 GUI(Graphical User Interface)의 입력 부분을 기존의 2자리의 수에서 4자리 수로 수정을 하였다.

이 경우 4자리 수로 설정된 컬럼에 단지 2자리 수인 "69"라고 입력을 한 후 전송 또는 확인 버튼을 누르게 되면 에러가 발생하고, 4자리 수로 입력해달라는 메시지가 뜨게 된다. 다시 "1969"라고 4자리 수로 입력을 하면 아무 문제없이 다음 단계로 넘어가게 되는 등의 경험을 최소한 한 번 정도는 가지고 있을 것이다.
간단한 예이지만 해당 컬럼에 임의의 제약 조건을 적용함으로써 데이터베이스 내부의 무결성을 보장한다는 중요한 개념을 보여주고 있다.

오라클에서 부여해줄 수 있는 제약 조건은 크게 다음과 같이 구분할 수 있다 .

- Not null 제약 조건
- Primary key와 Foreign key 제약 조건
- Unique 제약 조건
- Check 제약 조건

●●● oracle 02

Not Null 제약 조건

Null 값은 "알 수 없는 값"을 의미하며 관계형 데이터베이스에서 무척 중요한 역할을 한다.
아래의 student 테이블을 생성하는 경우를 보면, s_id 컬럼에 대하여 현재 Not null 제약 조건을 설정해준 상태라는 것을 알 수가 있다. 이처럼 Not null이 설정된 컬럼에는 반드시 어떤 데이터이든 들어가야만 Not null 조건을 만족하게 된다. 이후에 만약 s_id 컬럼에 비어있는 데이터가 들어가게 되면 에러를 발생하게 된다. 이처럼 Not null 제약 조건이 설정되어 있지 않은 컬럼들은 데이터가 입력되지 않는다 하더라도 아무 문제가 발생하지 않는다. 다음은 Not null 제약 조건이 설정된 s_id 컬럼과 dept_id 컬럼을 보여준다.

```
SQL> CREATE TABLE STUDENT (
s_id NUMBER(5) NOT NULL,
.....................................
.....................................
SQL> CREATE TABLE DEPT (
dept_id NUMBER(5) NOT NULL,
.....................................
.....................................
```

●●● oracle 03

Primary key와 Foreign key 제약 조건

다음은 student 테이블과 dept 테이블이라는 두 개의 테이블을 생성하는 Create 문장을 보여주고 있다.

```
SQL> CREATE TABLE STUDENT (
s_id NUMBER(5) NOT NULL,
      .....................................
      .....................................
dept_id NUMBER(5),
      .....................................
      .....................................
```

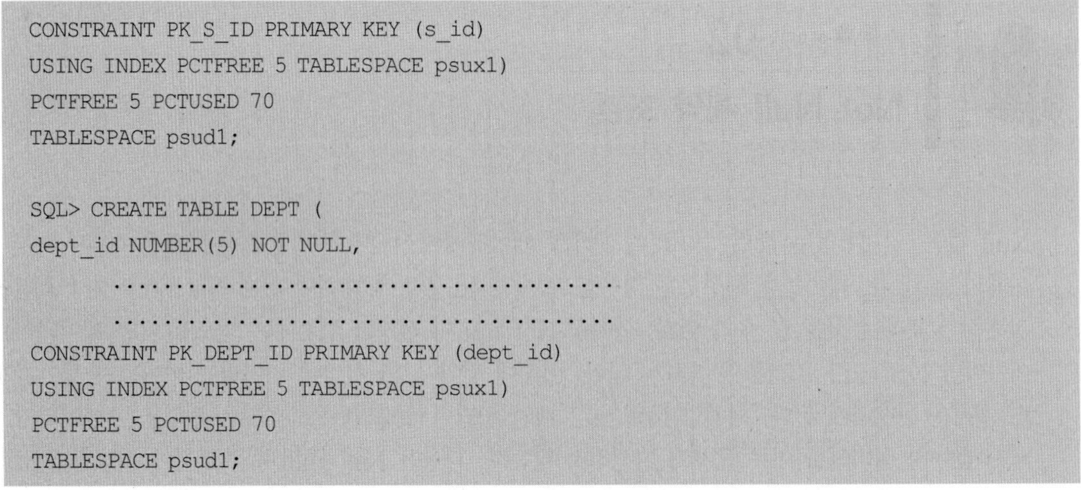

```
CONSTRAINT PK_S_ID PRIMARY KEY (s_id)
USING INDEX PCTFREE 5 TABLESPACE psux1)
PCTFREE 5 PCTUSED 70
TABLESPACE psud1;

SQL> CREATE TABLE DEPT (
dept_id NUMBER(5) NOT NULL,
      ......................................
      ......................................
CONSTRAINT PK_DEPT_ID PRIMARY KEY (dept_id)
USING INDEX PCTFREE 5 TABLESPACE psux1)
PCTFREE 5 PCTUSED 70
TABLESPACE psud1;
```

컬럼 이름을 주의해서 한 번 봐주기 바란다. 기억해야 할 것은 지금 우리가 하고 있는 작업은 2개의 테이블 관계를 설정하는 방법을 소개하기 위한 것이다. 이를 위해 다음의 2가지 중요한 개념을 소개한다. 바로 Primary key와 Foreign key가 그것이다. 먼저 student 테이블의 첫 번째 컬럼을 보면 s_id라는 컬럼을 찾을 수가 있다.

어느 고등학교에 "최원준"이란 학생이 존재한다고 가정하자. 이름이 같은 학생이 전교에 몇 명씩 있을 수는 있지만 그 사람 자체로는 유일하게 존재하는 것이다(한 사람을 둘 또는 셋으로 나눌 수는 없으므로). 이 같은 상황에서 각각의 학생들에게 고유번호를 나누어주었다면 그 번호들은 학생들을 구분하는 유일한 값이 되는 것은 당연할 것이다.

이제 student 테이블을 다시 보면 s_id는 각각의 로우(Row) 정보들을 대표하는 값들로 되어있음 또한 쉽게 확인할 수가 있다. 다시 말해서 student 테이블에서 s_id 컬럼 값들을 아무리 찾아봐도 중복된 값은 존재하지 않는다. 바로 이것이 Primary key에 관한 기본적인 조건이 된다. 같은 설명이 dept 테이블의 경우에도 마찬가지로 적용된다. 결국 Primary key는 어떤 로우(Row) 전체를 대표할 수 있는 컬럼에 부여되는 제약 조건이 되는 셈이다.

참고로 Primary key에 포함되지 않는 컬럼들은 functionally dependent 컬럼이라고 부른다는 것을 기억하고 넘어가기 바란다.

자, 그러면 이제는 Foreign key가 과연 무엇이며 Primary key와 어떤 의미를 가지고 적용되는지 알아보도록 하자. 위에서 살펴본 것처럼 dept_id는 dept 테이블에서 Primary key로서 이미 설정되어진 상태이다.

이번엔 student 테이블을 참고하길 바란다. 중간 부분에 dept_id 컬럼이 존재하고 있음을 확인할 수 있다. student 테이블에 존재하는 dept_id 값들은 dept 테이블에서 Primary key로 설정된 dept_id 컬럼에 저장된 값들로부터 나온 것이라고 봐도 과언이 아니다(마치 어머니가 아기를 낳듯이) student 테이블의 dept_id 컬럼에 저장된 모든 값들은 dept 테이블에 저장되어 있는 dept_id 컬럼 값의 부분 집합이라고 말할 수도 있다는 것이다.

Foreign key는 이처럼 한 테이블(지금의 경우는 dept 테이블)에서의 Primary key(dept_id)가 다른 임의의 테이블(여기서는 student 테이블)에서 Primary key 아니면 functionally dependent 컬럼중에 하나가 되는 경우를 말한다. 지금 student 테이블에서는 functionally dependent 컬럼 가운데(왜냐하면 dept_id 컬럼이 student 테이블에서 Primary key가 아니므로) 하나에 해당하는 dept_id 컬럼이 Foreign key로서 설정된 상태인 것이다.
다음은 실제적으로 Primary key와 Foreign key를 설정하는 SQL 문장을 살펴보도록 한다.

```
SQL> alter table table student add (
 constraint fk1_dept_id foreign key (dept_id)
 references dept(dept_id);

Table altered.
```

결국 두 개의 테이블의 관계를 Primary key와 Foreign key의 개념으로 연관(Join)시키고 있음을 우리는 확인할 수가 있다. 여기서 한 가지 더 설명을 하자면 이러한 Primary/Foreign key 관계가 있을 때 Primary key가 설정된 테이블을 우리는 Parent 테이블이라고 명명하며 Foreign key가 설정된 테이블을 Child 테이블이라고 명명한다는 점 기억하기 바란다.
그럼 왜 이러한 연관 관계를 설정해야만 하는가에 대한 질문이 제기될 수가 있다. 많은 시중의 책들을 보면 너무나 복잡하게 설명을 해놓은 것을 보게 된다. 사실 이건 아주 간단하게 대답할 수 있는 질문이다. 우리가 실무에서 데이터를 처리할 때 원하는 데이터를 어느 한 테이블에서 모두 구할 수만 있다면 이러한 복잡해 보이는 관계들을 설정해야할 이유가 없다. 하지만 실제로는 단 하나의 테이블에서 원하는 데이터를 얻는 경우란 거의 드물기 때문에 여러 개의 테이블들을 연관시켜서 원하는 데이터를 얻어야만 하는 상황이 되고 마는 것이다. 이때 각 테이블간의 관계를 연관시킴으로써 궁극적으로 SQL 문장을 사용하여 수월한 데이터 처리를 가능케 하자는 것이 바로 데이터 테이블간의 관계를 설정하고 계획하는 목적이 되는 것이다. 결국 이러한 개념이 관계형 데이터베이스를 이해하는 데에 중요한 한 부분이 아닌가 싶다.
다음은 Foreign key 제약 조건을 사용할 때 적용 가능한 키워드들이다.

- **References**
  해당하는 Parent 테이블의 테이블 이름과 컬럼을 설정해 준다.
- **On delete cascade**
  만약 Parent 테이블(dept)의 로우 데이터가 삭제되는 경우 자동적으로 Child 테이블의 로우 데이터 값이 삭제된다.
- **On delete set null**
  만약 Parent 테이블(dept)의 로우 데이터가 삭제되는 경우 자동적으로 Child 테이블의 로우 데이터 값이 Null 값으로 변환된다.

만일 On delete cascade 또는 On delete set null 옵션을 사용하지 않고 테이블을 생성하게 되면 여전히 Foreign key에 해당하는 로우 데이터가 Child 테이블에 존재하는 한 Parent 테이블의 Primary key에 해당하는 값은 삭제할 수 없다.

마지막으로 한 가지만 부가설명 하고자 한다. 지금까지 Child 테이블에서 임의의 컬럼에 Foreign key를 설정할 때 항상 Parent 테이블에서 Primary key가 설정되어 있는 것만을 고려했는데 사실상 Foreign key 컬럼이 될 수 있는 자격은 반드시 Primary key 가 설정된 컬럼만 존재하는 것은 아니라는 점이다. Unique 제약 조건이 설정된 컬럼 역시도 Child 테이블에서 Foreign key 컬럼으로서 설정이 가능하다는 점에 유의하기 바란다. 사실상 대부분의 독자들이 Foreign key를 생각하면 반드시 Primary key 만을 고려하곤 하는데 이것은 잘못된 생각임을 지적하는 바이다. $$Parent 테이블의 컬럼에 저장된 데이터의 유일성만 보장된다면 어떤 Parent 테이블에서의 컬럼도 Child 테이블에서 Foreign key로서 설정 가능하다.

●●● oracle 04

Unique 제약 조건

Unique key 제약 조건이라는 것은 Primary key와 마찬가지로 Unique 제약 조건이 정의된 컬럼에 있는 데이터들은 중복되어질 수 없이 유일하여야 한다는 것인데 그러면 사실상 앞에서 설명한 Primary key와 크게 구별되지 않는다. 그럼 어떤 차이점이 있을까?

Unique key 제약 조건은 해당하는 컬럼이 Null value를 가질 수도 있다는 것이 차이점인 것이다.

> **tip**
>
> 결국은 Primary key에 해당하는 컬럼은 절대로 비어 있을 수가 없지만(Not null 상태) Unique key에 해당하는 컬럼은 비어 있을 수도 있다는 이야기가 된다.

다음의 SQL 문장을 살펴보도록 하자.

```
select * from dept;
```

	DEPTNO	DNAME	LOC
1	10	ACCOUNTING	NEW YORK
2	20	RESEARCH	SEOUL
3	30	SALES	CHICAGO
4	40	OPERATIONS	BOSTON

현재 deptno 10은 이미 등록되어져 dept 테이블에 현재 저장되어 있기 때문에 누군가가 이미 등록된 다른 deptno를 사용해서 등록하려고 하는 경우에는 다음과 같이 에러가 발생하게 된다.

```
SQL> insert into dept values(10,'JJJ','SEOUL');
ERROR at line 1:
ORA-00001: unique constraint (PSU.PK_DEPTNO) violated
```

하지만 새로운 아이디(deptno=60)를 가지고 등록을 하게 되면 Unique 제약 조건을 위반하지 않게 되기 때문에 다음과 같이 아무 문제없이 데이터가 추가되어질 수 있다.

```
SQL> insert into dept values(60,'JJJ','SEOUL');
1 row created.

SQL> select * from dept;
```

	DEPTNO	DNAME	LOC
1	60	JJJ	SEOUL
2	10	ACCOUNTING	NEW YORK
3	20	RESEARCH	SEOUL
4	30	SALES	CHICAGO
5	40	OPERATIONS	BOSTON

oracle 05

Check 제약 조건

Check 제약 조건은 임의의 컬럼에 저장될 데이터 값들에 대하여 데이터로서 유효한지 여부를 확인하는 제약 조건이다. 실무에서 자주 사용되어지는 제약 조건이므로 유의하여 보기 바란다. 왜냐하면 실무에서는 데이터베이스 내에 불필요한 데이터들을 저장하는 경우에 전체 시스템에 영향을 줄 수도 있기 때문에 컬럼의 정의를 내릴 때부터 컬럼에 들어가게 될 데이터에 대하여 Check 제약 조건을 부여하는 경우가 많다.

다음과 같이 기존의 테이블에 Check 제약 조건을 부여할 수 있다.

```
SQL> alter table emp  add constraint ck_sal check (sal >0);
```

앞의 과정에서 볼 수 있듯이 현재 Sal이 적어도 0보다 큰 값이 저장되어지도록 Check 제약 조건을 설정했다. 결국 0 또는 0보다 작은 값이 실수로 추가되어질 때 Check 제약 조건이 다음과 같이 수행된다.

```
SQL> insert into emp values(8000,'PAM','MANAGER',30,sysdate,0,0,30);
ERROR at line 1:
ORA-02290: check constraint (PSU.CK_SAL) violated
```

하지만 다음과 같이 0보다 큰 값(sal =1000)을 사용하면 아무 문제없이 추가가 가능하다.

```
SQL> insert into emp  values(8000,'PAM','MANAGER',30,sysdate,1000,0,30);
```

●●● oracle 06

제약 조건의 추가

이미 설정된 제약 조건을 변경하는 것은 불가능하다. 그러므로 만약 기존 제약 조건을 변경하기 원한다면 기존의 제약 조건을 제거(Drop)한 후 다시 생성해야만 한다.
다음은 이미 생성된 테이블에 제약 조건을 추가하는 문장의 기본 형식을 보여준다.

```
ALTER TABLE table name
ADD [CONSTRAINT constraint name] constraint name(column name);
```

다음은 Check 제약 조건을 추가하는 경우를 예를 들어 보여주고 있다.

```
SQL>  alter table studentadd constraint ck_sal check (sal >0);
```

- 제약 조건의 이름을 명시하지 않은 경우에는 오라클이 자동적으로 제약 조건의 이름을 지정해준다는 점을 기억하기 바란다.

- Alter table 문장에서 Modify 절을 사용하면 이미 생성된 컬럼에 대하여 Not null 제약 조건은 추가가 가능하다. 하지만 다른 제약 조건의 경우에는 이러한 방법을 사용할 수 없다. 참고로 Not null 컬럼을 설정하기 위해서는 컬럼이 완전히 비어있든지 아니면 그 컬럼에 대한 모든 로우 데이터가 저장되어 있는 상태이어야만 가능하다.

tip

이미 설정된 제약 조건을 변경하는 것은 불가능하다. 그러므로 만약 기존 제약 조건을 변경하기 원한다면 기존의 제약 조건을 제거(Drop)한 후 다시 생성해야만 한다.

●●● oracle 07

제약 조건의 제거

다음은 이미 생성된 테이블에 제약 조건을 제거하는 문장의 기본 형식을 보여준다.

```
Alter table 테이블 이름
Drop Primary Key | Unique(컬럼 이름)| Constraint 제약 조건 이름[Cascade] ;
```

Primary key 또는 Unique key 제약 조건을 제외한 제약 조건을 제거할 때

기존에 설정되어 있는 제약 조건을 제거하려면 일단 제거하려는 제약 조건의 정확한 이름을 user_constraint 뷰로부터 얻어야만 한다.

```
SQL> select constraint_name, constraint_type, table_name from user_constraints;
```

	CONSTRAINT_NAME	CONSTRAINT_TYPE	TABLE_NAME
1	SYS_C0011103	C	STUDENT
2	SYS_C0011105	C	NEW_STUDENT
3	SYS_C0011106	C	NEW_STUDENT_TZ
4	SYS_C0011107	C	NEW_STUDENT_LOCALTZ
5	SYS_C0011108	C	NEW_STUDENT_ITV
6	CK_SAL	C	EMP
7	FK_DEPTNO	R	EMP
8	PK_DEPT	P	DEPT
9	PK_EMP	P	EMP
10	PK_S_ID	P	STUDENT

이 가운데 불필요한 제약 조건들을 제거하도록 하자. 예로서 CHECK_SAL라는 제약 조건들을 제거하도록 한다.

```
SQL> alter table emp drop constraint ck_sal;
Table altered.
```

다시 한 번 user_constraints 뷰의 결과를 통해 확인해보도록 한다.

```
SQL> select constraint_name, constraint_type, table_name from user_constraints;
```

	CONSTRAINT_NAME	CONSTRAINT_TYPE	TABLE_NAME
1	SYS_C0011103	C	STUDENT
2	SYS_C0011105	C	NEW_STUDENT
3	SYS_C0011106	C	NEW_STUDENT_TZ
4	SYS_C0011107	C	NEW_STUDENT_LOCALTZ
5	SYS_C0011108	C	NEW_STUDENT_ITV
6	FK_DEPTNO	R	EMP
7	PK_DEPT	P	DEPT
8	PK_EMP	P	EMP
9	PK_S_ID	P	STUDENT

Primary key/Foreign key 제약 조건 또는 Unique key 제약 조건을 제거할 때

Primary key를 제거하는 경우에는 일반적으로 일단 Parent/child 테이블 관계가 설정되어 있는지 먼저 확인하고 단순히 Primary key만 존재하고 그 키가 다른 테이블에 Foreign key와 연관되어져 있지 않은 경우라면 아무 걱정 없이 Primary key 제약 조건을 제거해주면 된다. 하지만 제거하려는 Primary key 제약 조건이 다른 테이블에서 Foreign key와 연관되어 있는 경우에는 일단 Parent 테이블에서 Primary key를 제거하고 난 후 Child 테이블에서의 Foreign key 제약 조건을 제거해 주는 순서를 지키는 것이 바람직하다. 이때 사용할 수 있는 방법이 바로 Cascade 옵션이다. Parent 테이블에서의 Primary key 제약 조건을 제거하고 나서 자동적으로 Child 테이블에서의 Foreign key 제약 조건을 제거하는 기능을 한다.

만약 다음과 같이 Parent 테이블(dept)로부터 Primary key 제약 조건을 제거할 때 Cascade 옵션을 사용하지 않으면 그 키를 제거할 수 없다. 이유는 간단하다. Child 테이블에 Foreign key 제약 조건이 현재 사용 중이기 때문이다.

```
SQL> alter table dept drop primary key;
ERROR at line 1:
ORA-02273: this unique/primary key is referenced by some foreign keys
```

하지만 다음과 같이 Cascade 옵션을 사용하면 Parent 테이블(dept)로부터 Primary key 제약 조건을 제거하는 동시에 Child 테이블(student)로부터 Foreign key 제약 조건마저도 제거해 준다.

```
SQL> alter table dept drop primary key cascade;
Table altered.
```

user_constraints 뷰의 결과를 통해 확인해 보도록 한다. dept 테이블의 Primary key 제약 조건과 emp 테이블에서의 Foreign key 제약 조건이 동시에 제거되어야만 한다.

```
SQL> select constraint_name, constraint_type, table_name from user_constraints;
```

	CONSTRAINT_NAME	CONSTRAINT_TYPE	TABLE_NAME
1	SYS_C0011103	C	STUDENT
2	SYS_C0011105	C	NEW_STUDENT
3	SYS_C0011106	C	NEW_STUDENT_TZ
4	SYS_C0011107	C	NEW_STUDENT_LOCALTZ
5	SYS_C0011108	C	NEW_STUDENT_ITV
6	PK_EMP	P	EMP
7	PK_S_ID	P	STUDENT

PK_DEPT 와 FK_DEPTNO 제약 조건이 제거된 것을 확인할 수 있다. 이처럼 일단 제거된 제약 조건들은 데이터 딕셔너리에 더 이상 남아있지 않으므로 user_constraints와 같은 데이터 딕셔너리 뷰를 통해서 조차 정보를 얻을 수 없다.

●●● oracle 08

제약 조건을 사용 불가능 상태(Disable)로 변경

다음은 이미 생성된 테이블에서 제약 조건을 일시적으로 사용 불가능 상태로 만드는 문장의 기본 형식을 보여준다.

```
ALTER TABLE 테이블 이름
DISABLE CONSTRAINT 제약 조건 이름 [CASCADE] ;
```

CHECK_GRADE_CK이라는 제약 조건을 사용 불가능 상태로 만들어 보자. 결과 비교를 위해 현재의 상태부터 먼저 확인하고 나서 실행하도록 하자. 특히 다음 결과 가운데 status 컬럼값이 어떻게 변경되는지를 주의 깊게 지켜보기 바란다.

```
SQL> select constraint_name, constraint_type, table_name, status from user_constraints;
```

	CONSTRAINT_NAME	CONSTRAINT_TYPE	TABLE_NAME	STATUS
1	SYS_C0011103	C	STUDENT	ENABLED
2	SYS_C0011105	C	NEW_STUDENT	ENABLED
3	SYS_C0011106	C	NEW_STUDENT_TZ	ENABLED
4	SYS_C0011107	C	NEW_STUDENT_LOCALTZ	ENABLED
5	SYS_C0011108	C	NEW_STUDENT_ITV	ENABLED
6	PK_EMP	P	EMP	ENABLED
7	PK_S_ID	P	STUDENT	ENABLED

status 컬럼값을 보면 알다시피 현재 모든 제약 조건들이 사용가능(Enable)한 상태임을 보여준다. 이제 PK_S_ID이라는 Check 제약 조건을 사용 불가능 상태로 만들어보자.

```
SQL> alter table student disable constraint PK_S_ID cascade;
Table altered.
```

user_constraints 뷰의 결과를 통해 PK_S_ID 제약 조건에 대한 status 컬럼이 어떻게 변경되었는지 확인해보도록 한다.

```
SQL> select constraint_name, constraint_type, table_name, status from user_constraints;
```

	CONSTRAINT_NAME	CONSTRAINT_TYPE	TABLE_NAME	STATUS
1	SYS_C0011103	C	STUDENT	ENABLED
2	SYS_C0011105	C	NEW_STUDENT	ENABLED
3	SYS_C0011106	C	NEW_STUDENT_TZ	ENABLED
4	SYS_C0011107	C	NEW_STUDENT_LOCALTZ	ENABLED
5	SYS_C0011108	C	NEW_STUDENT_ITV	ENABLED
6	PK_EMP	P	EMP	ENABLED
7	PK_S_ID	P	STUDENT	DISABLED

Unique key와 Primary key를 사용 불가능 상태로 만들면 이들에 설정되어 있던 Unique 인덱스가 해제된다는 점과 Cascade 옵션이 사용되면 사용 불가능 상태로 만들려고 하는 제약 조건과 연관되어져 있는 제약 조건 마저도 함께 사용 불가능 상태로 변환된다는 점에 유의하기 바란다.

●●● oracle 09

제약 조건을 사용 가능 상태(Enable)로 변경

다음은 이미 생성된 테이블에 제약 조건을 일시적으로 사용 가능 상태로 만드는 문장의 기본 형식을 보여준다.

```
Alter table 테이블이름
Enable constraint 제약 조건이름 [Cascade] ;
```

사용 불가능 상태로 변환된 PK_S_ID라는 제약 조건을 다시 원래대로 사용 가능 상태로 만들어 보자. 결과 비교를 위해 현재의 상태를 먼저 확인하고 나서 실행하도록 하자. 특히 다음 결과 가운데 status 컬럼 값이 어떻게 변경되는지를 주의 깊게 지켜보기 바란다.

```
SQL> select constraint_name, constraint_type, table_name, status from user_constraints;
```

status 컬럼값을 보면 알다시피 현재 check_grade_ck_2라는 제약 조건이 사용불가능(Disabled)한 상태임을 보여준다.
이제 PK_S_ID이라는 Check 제약 조건을 사용 가능 상태로 만들어보자.

```
SQL> alter table student enable constraint PK_S_ID;
Table altered.
```

user_constraints 뷰의 결과를 통해 PK_S_ID 제약 조건에 대한 status 컬럼이 어떻게 변경되었는지 확인해보도록 한다.

```
SQL> select constraint_name, constraint_type, table_name, status from user_constraints;
```

	CONSTRAINT_NAME	CONSTRAINT_TYPE	TABLE_NAME	STATUS
1	SYS_C0011103	C	STUDENT	ENABLED
2	SYS_C0011105	C	NEW_STUDENT	ENABLED
3	SYS_C0011106	C	NEW_STUDENT_TZ	ENABLED
4	SYS_C0011107	C	NEW_STUDENT_LOCALTZ	ENABLED
5	SYS_C0011108	C	NEW_STUDENT_ITV	ENABLED
6	PK_EMP	P	EMP	ENABLED
7	PK_S_ID	P	STUDENT	ENABLED

① Unique key와 Primary key 제약 조건에 대하여 사용 가능 상태로 만들면 해제되었던 Unique 인덱스가 자동적으로 생성된다.

② Cascade 옵션으로 사용 불가능 상태가 되었던 Primary key 제약 조건을 다시 사용 가능 상태로 변환시키면 이론적으로는 Primary key에 상관 있었던 Foreign key 제약 조건도 동시에 자동적으로 재 설정되어야 하지만 실제로는 그렇지 않다. Cascade 옵션에 의하여 Primary key와 동시에 제거되었던 Foreign key 제약 조건은 인위적으로 다시 설정해주어야 한다는 점을 반드시 기억하고 넘어가기 바란다.

tip

Cascade 옵션으로 사용 불가능 상태가 되었던 Primary key 제약 조건을 다시 사용 가능 상태로 변환시키면 이론적으로는 Primary key에 상관 있었던 Foreign key 제약 조건도 동시에 자동적으로 재 설정되어야 하지만 실제로는 그렇지 않다. Cascade 옵션에 의하여 Primary key와 동시에 제거되었던 Foreign key 제약 조건은 인위적으로 다시 설정해주어야 한다

●●● oracle 10

컬럼 제거 시 제약 조건을 함께 연속적(cascade)으로 제거

다음은 이미 생성된 테이블의 컬럼을 제거하려고 할 때 그에 해당하는 제약 조건마저도 함께 제거하는 문장의 기본 형식을 보여준다.

```
Alter table 테이블 이름
Drop 컬럼 이름 Cascade constraints;
```

① 임의 테이블의 컬럼을 제거하는 경우 세심한 주의가 요구된다.
특히 Primary key를 제거하는 경우에는 더욱이 그렇다. 만약 Primary key가 설정된 컬럼이 단독적으로 사용되는 컬럼이라면 아무 문제없이 다음과 같이 제거할 수 있다.

```
SQL> alter table emp  drop (comm) ;
Table altered.
```

결국 "단독적으로 사용되는 컬럼"이 의미하는 것은 Primary key 컬럼이 다른 테이블의 Foreign key로서 사용되지 않는 경우를 말한다. 그저 그 테이블 내에서만 유효한 제약 조건인 경우이다. 하지만 임의의 테이블에 설정된 Primary key가 다른 테이블에 Foreign key로서 사용될 경우 해당 Primary key 컬럼을 제거할 때와는 다르게 처리되어야만 한다.

다음은 Parent 테이블인 dept 테이블로부터 Primary key 제약 조건이 설정되어 있는 deptno 컬럼을 제거하려는 경우를 보여주는데 이러한 문장은 에러를 발생시킨다.

```
SQL>  alter table dept drop (deptno) ;
ERROR at line 2:
ORA-12992: cannot drop parent key column
```

이처럼 Parent/child 테이블 연관이 있는 경우에는 Parent 테이블의 Primary key 컬럼을 제거할 때 다음과 같이 Cascade 옵션을 사용하도록 한다.

```
SQL> alter table dept drop (deptno) CASCADE CONSTRAINTS;
Table altered.
```

tip

Parent/child 테이블 연관이 있는 경우에는 Parent 테이블의 Primary key 컬럼을 제거하는 경우 Cascade 옵션을 사용하도록 한다.

② 컬럼 제거 시 그 컬럼에 걸려있는 제약 조건 속에 또 다른 컬럼이 함께 연관되어져 있는 경우 주의해야한다(Multi column constraint). 이때 역시 Cascade 옵션을 사용해야 한다.
다음과 같이 emp 테이블에 check_sal 이라는 Check 제약 조건을 설정하자. 이때 Check 제약 조건 속에 두 개의 컬럼(sal 컬럼과 comm 컬럼)을 포함시키도록 하자. 이처럼 하나의 제약 조건 속에 두 개 이상의 컬럼이 연관되어져 있는 경우에 이 들 컬럼중 어느 하나 또는 모두를 제거하려고 하면 오라클은 에러를 발생시킨다. 이때는 반드시 Cascade 옵션을 사용하여 해당 컬럼들을 제거하여야 한다.

```
SQL> alter table emp add constraint check_sal check (sal <2000 and comm <1);
Table altered.
```

Cascade 옵션 없이 tuition 컬럼 또는 discount 컬럼 중 하나를 제거해보자.

```
SQL>  alter table emp drop (comm);
ERROR at line 2:
ORA-12991: column is referenced in a multi-column constraint
```

다음은 Cascade 옵션을 사용하여 tuition 컬럼 또는 discount 컬럼중 하나를 제거하고 실제로 제거가 되었는지 확인해보도록 하자.

```
SQL> alter table emp drop (comm) cascade constraints ;
Table altered.
SQL> desc emp;
```

위의 결과를 보면 알 수 있는 것처럼 아무 문제없이 comm 컬럼이 제거된 것을 확인할 수 있다.

●●● oracle **11**

어떤 컬럼에 어떤 제약 조건이 설정되어 있는지 확인

실무에서 일하다가 보면 자주 확인하게 되는 부분이 바로 어떤 컬럼에 어떤 제약 조건이 설정되어있는지에 관한 문제이다. 다음의 데이터 딕셔너리 뷰를 통해 유용한 정보를 얻을 수가 있다. 다음은 user_cons_columns 뷰가 어떤 컬럼 정보를 가지고 있는지 Describe 명령으로 확인한 결과이다.

```
SQL> desc user_cons_columns;
```

```
이름              널        유형
--------------- -------- --------------
OWNER           NOT NULL VARCHAR2(30)
CONSTRAINT_NAME NOT NULL VARCHAR2(30)
TABLE_NAME      NOT NULL VARCHAR2(30)
COLUMN_NAME              VARCHAR2(4000)
POSITION                 NUMBER
```

다음은 현재 사용자가 생성한 테이블 컬럼들에 설정되어져 있는 제약 조건들을 user_cons_columns 뷰로부터 확인하고 있다.

```
SQL> select constraint_name ,table_name, column_name
from user_cons_columns;
```

	CONSTRAINT_NAME	TABLE_NAME	COLUMN_NAME
1	PK_EMP	EMP	EMPNO
2	SYS_C0011103	STUDENT	S_ID
3	PK_S_ID	STUDENT	S_ID
4	SYS_C0011105	NEW_STUDENT	S_ID
5	SYS_C0011106	NEW_STUDENT_TZ	S_ID
6	SYS_C0011107	NEW_STUDENT_LOCALTZ	S_ID
7	SYS_C0011108	NEW_STUDENT_ITV	S_ID

Chapter 10 뷰(Views)

뷰를 생성하는 이유는 기본적으로 데이터 액세스(Access)에 제한을 주기 위한 것과 복잡한 쿼리 과정을 단순화시키기 위함이다. 뷰를 생성하기 위해서는 기본이 되는 테이블이 반드시 존재해야만 하는데 이를 베이스 테이블(Base table)이라고 한다. 결국 베이스 테이블을 기본으로 뷰를 생성하게 되며 사용자들은 베이스 테이블을 건드리지 않고 뷰를 통해서 데이터를 액세스할 수 있게 된다. 이러한 이유로 실제 저장되어져 있는 데이터를 보호할 수 있는 방어막 기능을 한다고도 말할 수 있는 것이다. 또 다른 이유는 복잡한 쿼리를 단순화시킬 수 있다는 것인데 자주 사용하는 쿼리 결과를 내기 위해서 복잡한 쿼리 문장을 매번 사용해야할 필요가 없이 이미 그러한 복잡한 쿼리 문장을 사용해서 나온 결과를 뷰로 생성해 놓은 다음에 그냥 단순히 그 뷰를 대신해서 쿼리하게 된다면 매번 복잡한 쿼리 문장을 사용할 필요 없이 뷰에 대한 간단한 쿼리 명령으로 같은 효과를 볼 수 있다.

다음은 이번 장에서 다루게 될 세부 사항들이다.

- Section 01 Simple 뷰와 Complex 뷰의 소개
- Section 02 뷰(View)의 생성
- Section 03 뷰의 변경(Modify)
- Section 04 DML과 뷰와의 관계
- Section 05 With check option
- Section 06 With read only option
- Section 07 뷰를 통한 로우 데이터의 삭제
- Section 08 뷰를 통한 로우 데이터의 갱신과 추가
- Section 09 뷰의 제거
- Section 10 인라인 뷰(Inline view)의 소개
- Section 11 Top-N 분석

●●● oracle 01

Simple 뷰와 Complex 뷰의 소개

뷰는 simple 뷰와 Complex 뷰로 나눌 수 있다.

Simple 뷰

뷰를 생성할 때 베이스 테이블로서 하나의 테이블을 사용하게 되며 뷰를 만들 때 함수(Function)라든지 그룹을 이루어서 생성할 수 없다. 그리고 Simple 뷰를 통해서는 아무 문제없이 베이스 테이블에 대한 DML 문장을 실행할 수 있다는 장점이 있다.

Complex 뷰

Complex 뷰는 베이스 테이블로서 하나 이상의 테이블을 사용하며 뷰를 만들 때 함수라든지 그룹을 이루어서 생성할 수 있다. Simple 뷰와 비교할 때 중요하게 고려해야 하는 점은 바로 Complex 뷰를 통한 베이스 테이블에 대한 DML 처리 문제이다. Complex 뷰를 통해서 DML을 수행할 수 있지만 항상 그런 것은 아니라는 점이다.
다음은 dept_sal_emp라는 Complex 뷰를 emp 테이블과 dept 테이블로부터 생성하는 문장이다.
하기에 앞서 view의 생성 권한을 주어야 한다.

```
SQL> grant CREATE VIEW TO scott;
SQL> CREATE or replace VIEW dept_sal_emp
(LOC,MinSal,MaxSal)
AS
SELECT d.loc, MIN(e.sal), MAX(e.sal)
FROM emp e, dept d
WHERE e.deptno= d.deptno
GROUP BY d.loc ;

SQL> select * from dept_sal_emp
```

	LOC	MINSAL	MAXSAL
1	NEW YORK	1300	5000
2	SEOUL	800	3000
3	CHICAGO	950	2850

●●● oracle 02

뷰(View)의 생성

다음은 뷰를 생성하는 문장의 기본 형식을 보여준다.

```
CREATE [ OR REPLACE] [FORCE|NOFORCE] VIEW view name [alias...]
AS sub query
[WITH CHECK OPTION [ CONSTRAINT constraint name] ]
[WITH READ ONLY [ CONSTRAINT constraint name] ]
```

Force/Noforce

뷰를 생성하는 대부분의 경우는 베이스 테이블이 존재한다는 가정하에서 이루어진다. 하지만 베이스 테이블이 존재하지 않는 경우에도 뷰를 생성할 수가 있는데 이때는 Force 옵션을 적용할 수 있다. Noforce 옵션의 경우는 뷰를 생성할 때 반드시 베이스 테이블이 존재해야만 한다는 것을 의미한다. 특별한 설정이 없다면 Noforce 옵션이 기본적으로 사용된다.

With check option

해당 뷰를 생성할 때 사용한 컬럼 값을 변경하지 못하도록 설정해준다. 이후 자세한 설명이 이어진다.

With read only

생성하고 있는 뷰를 통해서 DML을 수행할 수 없다는 옵션을 지정해준다.
일단 뷰를 생성하고 나면 다음과 같은 과정이 가능해진다.
① user_views라는 데이터 딕셔너리뷰에 해당 뷰의 정보가 저장한다.
② 뷰를 통해서 베이스 테이블의 정보를 쿼리 또는 갱신할 수 있다.

●●● oracle 03

뷰의 변경(Modify)

필자의 경우 일반적으로 뷰를 생성할 때는 아예 Or replace 옵션을 사용하여 뷰를 생성하곤 한다. 굳이 이유를 찾는다면 혹시라도 기존에 존재하는 같은 이름의 뷰가 있다면 그냥 대신해 버리라는 의미가 될 것 같다. 이미 생성된 뷰의 내용을 변경하고 싶은 경우 기존의 뷰를 제거하고 다시만들 필요 없이 Or replace 옵션을 사용하면 간단히 해결된다.
다음은 기존에 생성해둔 뷰에 컬럼 alias를 추가하고자 할 때 적용할 수 있는 방법을 소개한다. 이때 주의해야 하는 사항은 컬럼 alias를 생성할 때 설정하는 alias들의 순서와 그 이후에 나오는 As select 문장에 명시된 컬럼의 순서가 일치해야 한다는 점이다.

```
SQL> select * from emp;
SQL> create OR REPLACE view phy_emp_regular_view
(empno2, ename2, job2, sal2)
as select empno, ename, job, sal
from emp
where deptno=20;
View created.
```

다음은 그 결과를 확인할 수 있는 쿼리이다. 특히 컬럼 alias에 유의하기 바란다.

```
SQL> select * from phy_emp_regular_view;
```

	EMPNO2	ENAME2	JOB2	SAL2
1	7369	SMITH	CLERK	800
2	7566	JONES	MANAGER	2975
3	7788	SCOTT	ANALYST	3000
4	7876	ADAMS	CLERK	1100
5	7902	FORD	ANALYST	3000

oracle 04

DML과 뷰와의 관계

다음은 뷰를 통해 임의의 데이터의 값을 변경하는 과정을 보여준다. 먼저 phy_emp_regular_view 라는 뷰를 생성하자.

```
SQL> CREATE OR REPLACE VIEW phy_emp_regular_view
 as
 SELECT empno, ename, job, sal
 FROM emp
 WHERE deptno = 20;
View created.
```

다음은 뷰에 저장된 내용을 확인하는 과정이다.

```
SQL> select * from phy_emp_regular_view;
```

	EMPNO	ENAME	JOB	SAL
1	7369	SMITH	CLERK	800
2	7566	JONES	MANAGER	2975
3	7788	SCOTT	ANALYST	3000
4	7876	ADAMS	CLERK	1100
5	7902	FORD	ANALYST	3000

이제 phy_emp_regular_view에 저장된 ename 값을 갱신해보자.

```
SQL> update phy_emp_regular_view
set ename = 'TOM'
where empno=7566;
1 row updated
```

아무 문제없이 갱신된 결과를 다음의 쿼리를 사용하여 확인할 수 있다.

```
SQL> select * from phy_student_regular_view;
```

	EMPNO	ENAME	JOB	SAL
1	7369	SMITH	CLERK	800
2	7566	TOM	MANAGER	2975
3	7788	SCOTT	ANALYST	3000
4	7876	ADAMS	CLERK	1100
5	7902	FORD	ANALYST	3000

그렇다면 이제 phy_emp_regular_view에 저장된 sal 값을 갱신해보자.

```
SQL> update phy_emp_regular_view
2 set dept_id =60
3 where s_id=148;
1 row updated.
```

Update 문장이 어떤 상황을 야기했는지 다음의 쿼리를 통해서 확인해 보도록 하자.

```
SQL> select * from phy_student_regular_view;

S_ID S_NAME DEPT_ID MAJOR_ID
---------- ------------ ---------- ----------
149 Brian 20 PHY_104
```

dept_id 값이 20에서 60으로 변경되면서 phy_student_regular_view에 조금 전까지 존재하던 s_id =148인 학생의 정보가 더 이상 존재하지 않는다는 사실을 알 수가 있다. 왜 이런 일이 발생한 것일까? 다음 With check option 부분을 참고하기 바란다.

●●● oracle 05

With check option

앞에서도 잠시 언급한 적 있지만 With check option은 뷰를 생성할 때 기준이 되었던 컬럼 값이 변경되는 상황을 막아주는 기능을 한다.
다음의 경우를 살펴보자.

```
SQL> CREATE or replace VIEW phy_student_view
AS
SELECT s_id,s_name,dept_id,major_id
FROM student
WHERE dept_id = 20;
```

위의 문장은 student 테이블(베이스 테이블)로부터 dept_id가 20인 학생들의 일부 정보를 모아서 phy_student_view라는 simple 뷰를 생성하는 과정을 보여주고 있다.
다음은 지금 생성한 뷰의 정보를 쿼리한 것이다.

```
SQL> select * from phy_student_view;

S_ID S_NAME DEPT_ID MAJOR_ID
---------- ------------ ---------- ----------
148 Jacky 20 PHY_209
149 Brian 20 PHY_104
```

다음은 phy_student_view를 통해서 s_id =148인 학생의 정보를 Update 시키는 과정을 보여준다.

```
SQL> update phy_student_view
2 set dept_id =60
3 where s_id=148;
update phy_student_view
*
ERROR at line 1:
ORA-01402: view WITH CHECK OPTION where-clause violation
```

이처럼 With check option 에러가 발생한다. 예를 들어 임의의 뷰에 대하여 Update 문장을 실행할 때 그 뷰에 포함되지 않는 값으로 갱신하게 되면 결국 에러가 발생한다.
위의 phy_student_view라는 뷰는 dept_id가 20인 학생들의 정보로 이루어져 있는데 dept_id 값을 60으로 바꾼다는 것은 상식적으로 맞지 않는 DML 문장이 되는 것이다. 이를 확인해주는 옵션이 바로 With check option이다.

●●● oracle 06

With read only option

앞에서도 잠시 언급한 적이 있지만 With read only option은 뷰를 생성한 후 어느 누구도 DML을 수행할 수 없도록 설정해주는 기능을 한다.
다음은 With read only 옵션을 사용해서 뷰를 생성하는 과정을 보여준다.

```
SQL> CREATE or replace VIEW phy_student_read_onlyview
AS
SELECT s_id,s_name,dept_id,major_id
FROM student
WHERE dept_id = 20
WITH READ ONLY;
```

s_id가 148인 학생의 major_id 정보를 갱신해보도록 하자. 이 결과는 에러를 발생시킨다.

```
SQL> update phy_student_read_onlyview
2 set major_id='PHY_335'
3 where s_id =148;
set major_id='PHY_335'
*
ERROR at line 2:
ORA-01733: virtual column not allowed here
```

●●● oracle 07

뷰를 통한 로우 데이터의 삭제

Simple 뷰를 사용하는 경우는 아무 문제없이 임의의 로우 데이터를 삭제할 수 있지만 Complex 뷰를 사용하는 경우는 다음의 조건 하에서는 로우 데이터의 삭제가 불가능하다.

그룹 함수와 Group by 절을 사용하여 만든 Complex 뷰인 경우

다음의 뷰는 MIN(s.tuition), MAX(s.tuition)라는 그룹 함수를 사용하였고 동시에 Group by 절을 사용하였다.

```
SQL> CREATE or replace VIEW dept_tuition_student
(Department_Name,MinTuition,MaxTuition)
AS
SELECT d.dept_name, MIN(s.tuition), MAX(s.tuition)
FROM student s, dept d
WHERE s.dept_id= d.dept_id
GROUP BY d.dept_name ;

SQL> select * from dept_tuition_student;

DEPARTMENT_N MINTUITION MAXTUITION
------------ ---------- ----------
ART               11500      22000
ECON               9300      12900
IE                 9300      16500
MATH               4500       4500
ME                 4500       4500
MSIS               4500       4500
PHY                7600      12900
STAT               8900       9700

8 rows selected.
```

이제 dept_tuition_student 뷰로부터 department_name이 ART인 로우 데이터를 삭제해보자. 결과를 먼저 말하자면 Delete 문장은 실패하고 만다. 이유는 뷰를 생성할 때 그룹 함수와 Group by 절을 사용하였기 때문이다.

```
SQL> delete from dept_tuition_student
2 where department_name='ART';
delete from dept_tuition_student
*
ERROR at line 1:
ORA-01732: data manipulation operation not legal on this view

Distinct 옵션을 사용하여 만든 complex 뷰인 경우
SQL>CREATE or replace VIEW dept_tuition_distinct_student
2 (Department_Name,MinTuition,MaxTuition)
3 as
```

```
4 select distinct(d.dept_name),MIN(s.tuition), MAX(s.tuition)
5 FROM student s,dept d
6 WHERE s.dept_id= d.dept_id
7 GROUP BY d.dept_name;
View created.

SQL> select * from dept_tuition_distinct_student;
DEPARTMENT_N MINTUITION MAXTUITION
------------ ---------- ----------
ART               11500      22000
ECON               9300      12900
IE                 9300      16500
MATH               4500       4500
ME                 4500       4500
MSIS               4500       4500
PHY                7600      12900
STAT               8900       9700

8 rows selected.
```

Distinct 옵션을 사용하여 만들어진 dept_tuition_distinct_student 뷰 가운데 department_name이 'ART'인 로우 데이터를 삭제해보자. 결과를 먼저 말하자면 Delete 문장은 실패하고 만다. 이유는 뷰를 생성할 때 Distinct 옵션을 사용하였기 때문이다.

```
SQL> delete from dept_tuition_distinct_student
2 where Department_Name
3 ='ART';
delete from dept_tuition_distinct_student
*
ERROR at line 1:
ORA-01732: data manipulation operation not legal on this view
```

Rownum 키워드를 사용하는 경우

```
SQL> CREATE or replace VIEW dept_tuition_rownum_student
2 (Department_Name,MinTuition,MaxTuition)
3 as
4 select distinct(d.dept_name),MIN(s.tuition), MAX(s.tuition)
5 FROM student s,dept d
6 WHERE s.dept_id= d.dept_id AND rownum <5
7 GROUP BY d.dept_name;
View created.
```

```
SQL> select * from dept_tuition_rownum_student;
DEPARTMENT_N MINTUITION MAXTUITION
------------ ---------- ----------
ECON              12900      12900
IE                 9300       9300
MSIS               4500       4500
STAT               8900       8900
```

Rownum 키워드를 사용하여 만들어진 dept_tuition_rownum_student 뷰 가운데 department_name이 'ECON'인 로우 데이터를 삭제해보자. 결과를 먼저 말하자면 Delete 문장은 실패하고 만다. 이유는 뷰를 생성할 때 Rownum 키워드를 사용하였기 때문이다.

```
SQL> delete from dept_tuition_rownum_student
2 where department_name ='ECON';
delete from dept_tuition_rownum_student
*
ERROR at line 1:
ORA-01732: data manipulation operation not legal on this view
```

●●● oracle 08

뷰를 통한 로우 데이터의 갱신과 추가

Simple 뷰를 사용하는 경우는 아무 문제없이 임의의 로우 데이터를 갱신할 수 있지만 Complex 뷰를 사용하는 경우는 다음의 조건 하에서는 로우 데이터의 갱신이 불가능하다.

- 그룹 함수와 Group by 절을 사용하여 만든 Complex 뷰인 경우
- Distinct 옵션을 사용하여 만든 Complex 뷰인 경우
- Rownum 키워드를 사용하는 경우
- 컬럼 설정시 표현(Expression)을 사용하는 경우(ex. tuition*3)

뷰를 사용하여 로우 데이터를 추가할 때 Simple 뷰를 사용하는 경우는 위의 경우와 마찬가지로 아무 문제없이 임의의 로우 데이터를 추가할 수 있지만 Complex 뷰를 사용하는 경우는 다음의 조건 하에서는 로우 데이터의 추가가 불가능하다.

- 그룹 함수와 Group by 절을 사용하여 만든 Complex 뷰인 경우
- Distinct 옵션을 사용하여 만든 Complex 뷰인 경우
- 컬럼 설정시 표현(Expression)을 사용하는 경우(ex. tuition*3)
- Rownum 키워드를 사용하는 경우
- 뷰에 의하여 선택된 컬럼들 가운데 Not null 컬럼이 없는 경우

마지막 조건을 조금 더 자세히 살펴보면 다음과 같다.
뷰를 생성할 때 Not null로 설정된 컬럼을 포함하지 않았다면 뷰를 통해서 로우 데이터를 추가할 때도 마찬가지로 그 Not null로 설정된 컬럼에는 Null 값이 들어갈 수밖에 없게 된다.
그러므로 Not null 제한 조건을 위반하게 되는 것이다.

●●● oracle 09

뷰의 제거

뷰를 제거하는 방법은 다음과 같다.

```
DROP VIEW 뷰 이름;
```

다음은 dept_tuition_student 라는 뷰를 제거하는 문장을 보여준다.

```
SQL> drop view dept_tuition_student;
View dropped.
```

●●● oracle 10

인라인 뷰(Inline view)의 소개

인라인 뷰는 간단히 말하자면 From 절에 뷰를 만들면서 서브쿼리를 사용하는 것이라고 이해하면 될 것 같다. 다음의 예를 살펴보자.

```
SQL>select s.s_name,s.tuition,s.dept_id,inlineview.maxtuition
2 from student s, (select dept_id,max(tuition) maxtuition
3 from student
4 group by dept_id) inlineview
5 where s.dept_id = inlineview.dept_id
6 and s.tuition < inlineview.maxtuition;
```

위의 문장은 student 테이블과 인라인 뷰와의 조인을 통해 임의의 값을 출력하고 있는 과정을 보여주고 있다. 이처럼 From 절에서 서브쿼리로서 사용되는 뷰를 인라인 뷰라고 한다.

다음은 인라인 뷰를 사용한 결과를 보여준다.

```
S_NAME            TUITION    DEPT_ID MAXTUITION
------------ ---------- ---------- ----------
Brian        7600          20       12900
Tom          8900          30        9700
Sean                9300          60          16500
Jennifer            9300         110          12900
Peter       11500         120       22000
```

●●● oracle 11

Top-N 분석

Top-N 분석은 일련의 출력 데이터를 일단 임의의 순서로 정렬한 후 그 중 일부의 데이터만을 출력할 수 있는 기능을 제공한다. 예를 들자면, "학생들 가운데 가장 등록금(Tuition)을 많이 내고 있는 5명을 출력하라" 또는 "학생들 가운데 최근에 등록한 학생들 3명을 출력하라" 는 것들이 Top-N 분석의 예가 될 수 있을 것 같다. 이때 인라인 뷰가 사용되기도 한다는 점에 유의하기 바란다.
다음은 학생들 가운데 가장 Tuition을 많이 내고 있는 5명을 출력하는 Top-N 분석 문장과 그 결과이다.

```
SQL> select s_name, tuition
2 from (select s_name,tuition
3 from student
4 order by tuition desc)
5 where rownum <=5;

S_NAME TUITION
------------ ----------
Jerry                22000
Park                 16500
Joan                 12900
Jacky                12900
Peter                11500
```

Chapter 11 데이터베이스 스키마 오브젝트 소개

오라클에서의 데이터베이스 오브젝트는 다음 5가지로 크게 구분한다. 이미 테이블과 뷰에 관하여서는 앞에서 충분히 살펴보았고 이번 장에서는 그 외의 데이터베이스 오브젝트에 관한 기본적인 사항을 설명한다. 다시 한 번 강조하지만 데이터베이스 오브젝트라고 하면 임의의 스키마에 반드시 속해야 한다는 사실이다. 다시 말하면 데이터베이스 오브젝트들은 반드시 임의의 사용자가 생성해야 한다는 것이고 이들이 결국 그 사용자 스키마에 포함되는 오브젝트가 된다는 것이다. 일단 이처럼 생성된 오브젝트들은 자신들을 생성한 사용자에 의해서는 아무 문제 없이 사용 가능하지만 다른 사용자에 의하여 생성된 오브젝트들을 사용하려는 경우에는 반드시 해당 오브젝트를 사용할 수 있는 권한을 그 사용자로부터 부여 받아야만 사용 가능하다는 사실 반드시 기억하고 넘어가기 바란다.

다음은 이번 장에서 다루게 될 세부 사항들이다.

- Section 01 시퀀스의 생성
- Section 02 Currval과 Nextval의 사용
- Section 03 트리거(Trigger)에서의 시퀀스 사용
- Section 04 시퀀스의 수정과 제거
- Section 05 인덱스의 생성과 제거
- Section 06 로우 아이디(ROWID)
- Section 07 시노님(Synonym)의 생성과 제거

●●● oracle 01

시퀀스의 생성

시퀀스(Sequence)는 테이블을 생성할 때 실무에서 주로 자주 사용되어지는 오라클 데이터베이스 오브젝트 가운데 하나이다. 대부분의 시퀀스가 요구되어지는 경우는 Primary key에 해당하는 일련의 정수들을 시퀀스 문장의 옵션들을 통해 자동적으로 발생, 컬럼에 저장시킴으로써 Primary key가 가져야하는 조건 중 가장 중요한 유일성(Uniqueness)을 보장하기 위함인 것이다.

특히 오라클 사용자 여러 명이 동시에 작업을 하게 되는 경우 Key 값을 설정해주기가 어려워질 수도 있기 때문이다.

그리고 대부분 시퀀스에 의하여 생성된 (Primary key에 해당하는) 데이터는 SQL 문장에 의하여 자주 쿼리되지 않는 경우가 많은데 독자들이 이 부분에 대하여 조금은 고개를 갸우뚱할지도 모르겠다. 물론 실무에서조차도 Primary key를 만족시키는 것에 더 중요성을 두고 실제 데이터 자체가 어떤 의미를 오라클 사용자에게 주게 될지가 그다지 중요한 사항이 아닌 경우에 주로 시퀀스를 사용하여 Primary key가 되는 컬럼의 데이터를 생성하곤 한다.

어떤 임의의 룰(Rule)에 의하여 자동적으로 생성된 데이터이니 만큼 사실 데이터 자체로는 별로 의미가 없어지는 건 당연한 이야기가 될 것이다.

다음은 시퀀스를 생성하는 문장의 기본 형식을 보여준다.

```
CREATE SEQUENCE sequence name
        [ INCREMENTED BY number ]
        [ START WITH number]
        [ {MAXVALUE number | NOMAXVALUE} ]
        [ {MINVALUE number | NOMINVALUE} ]
        [ {CYCLE | NOCYCLE} ]
        [ {CACHE number | NOCACHE} ] ;
```

- Incremented by
  Start with 옵션에 의해 시퀀스가 생성되기 시작하면 얼마씩 증가하는지에 관한 설정이다.
- Start with : 시퀀스가 시작하는 번호를 설정한다.
- Maxvalue 숫자 | Nomaxvalue
  시퀀스가 가질 수 있는 최댓값을 사용자가 임의로 설정할 수 있다. 반면에 Nomaxvalue 옵션은 Ascending 순서일 때는 10^27 그리고 Descending 순서일 때는 -1로 설정된다는 것을 의미한다. 오라클은 기본적으로 Nomaxvalue 옵션을 사용한다.
- Minvalue 숫자 | Nominvalue
  시퀀스가 가질 수 있는 최솟값을 사용자가 임의로 설정할 수 있다. 반면에 Nominvalue 옵션은 Ascending 순서일 때는 1 그리고 Descending 순서일 때는 10 ^26(10 에 26승)으로 설정된다는 것을 의미한다. 오라클은 기본적으로 Nominvalue 옵션을 사용한다.

- Cycle | Nocycle
  시퀀스의 최댓값 또는 최솟값에 도달하는 경우 다시 시퀀스가 할당되도록 할 지에 대한 옵션이다. Nocycle 이라면 일단 최댓값 또는 최솟값에 도달하게 되면 거기서 시퀀스는 더 이상의 번호를 할당하지 않게 된다. 오라클은 기본적으로 Nocycle 옵션을 사용한다.
- Cache 숫자 | Nocache
  시퀀스에 의하여 생성되는 번호 가운데 몇 개의 값을 메모리에 저장할 것인지에 관한 옵션이다. 기본적으로 오라클은 20개의 시퀀스값을 메모리에 저장시킨다.

다음은 empno_sequence 라는 시퀀스를 생성하는 문장이다.

```
SQL> CREATE SEQUENCE empno_sequence
INCREMENT BY 1
START WITH 1
MAXVALUE 9999999
MINVALUE 1
NOCYCLE
CACHE 20;
```

Primary key를 생성할 때 시퀀스를 사용하는 경우에는 Cycle 옵션을 사용하지 않도록 하는 것이 좋다. 왜냐하면 Primary key는 반드시 유일한 값을 가져야 하기 때문이다. 일단 시퀀스를 생성한 후에는 user_sequences라는 데이터 딕셔너리 뷰를 통해서 자세한 내용을 확인할 수가 있다.

```
SQL> desc user_sequences;
```

```
이름            널       유형
------------- -------- ------------
SEQUENCE_NAME NOT NULL VARCHAR2(30)
MIN_VALUE              NUMBER
MAX_VALUE              NUMBER
INCREMENT_BY  NOT NULL NUMBER
CYCLE_FLAG             VARCHAR2(1)
ORDER_FLAG             VARCHAR2(1)
CACHE_SIZE    NOT NULL NUMBER
LAST_NUMBER   NOT NULL NUMBER
```

```
SQL> select sequence_name,min_value,max_value,increment_by,last_number
from user_sequences;
```

	SEQUENCE_NAME	MIN_VALUE	MAX_VALUE	INCREMENT_BY	LAST_NUMBER
1	EMPNO_SEQUENCE	1	9999999	1	1

tip

Primary key를 생성할 때 시퀀스를 사용하는 경우에는 Cycle 옵션을 사용하지 않도록 하는 것이 좋다. 왜냐하면 Primary key는 반드시 유일한 값을 가져야 하기 때문이다.

oracle 02

Currval과 Nextval의 사용

```
SQL> CREATE SEQUENCE numbering_game
START WITH 100
INCREMENT BY 2
MAXVALUE 500
MINVALUE 100
CYCLE
ORDER
CACHE 2;
```

이와 같이 임의의 시퀀스가 일단 생성되면 Currval과 Nextval이라는 두 개의 수도 컬럼(Pseudo column)을 virtual 테이블 - DUAL- 로부터 Select 문장을 사용하여 다음과 같이 쿼리(Query)할 수가 있다.
Currval의 값은 현재의 값을 가지고 있는 컬럼을 말하고 Nextval은 현재의 값(Currval)이후에 INcrement by 옵션에 의하여 생성되는 값을 가지게 되는 컬럼을 말한다.
아래의 쿼리들은 numbering_game이라는 시퀀스를 실행할 때 dual 테이블로부터 얻게 되는 값들을 보여준다.

```
SQL> SELECT numbering_game.nextval FROM DUAL;
```

	NEXTVAL
1	100

이 상황에서 Currval 값은 100이 저장되어지고 다음 쿼리의 결과는 100 이후에 2 만큼 증가되는 다음 숫자를 보여주게 된다.

```
SQL> SELECT numbering_game.nextval FROM DUAL;
```

```
SQL> SELECT numbering_game.nextval FROM DUAL;
```

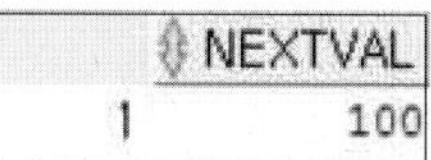

만약 500이라는 최댓값에 도달하게 되면 자동적으로 처음의 값으로 돌아가게 되는 것을 다음 쿼리를 통해 보여주고 있다.

```
SQL> SELECT numbering_game.nextval FROM DUAL;
```

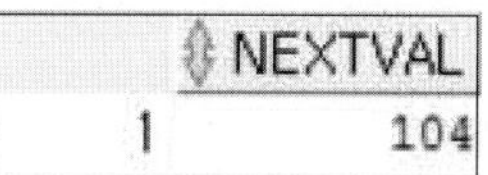

이번에 소개되는 문장들은 Currval 값과 Nextval 값이 어떤 식으로 오라클 내부적으로 값을 저장하는지 보여주고 있다.

```
SQL> SELECT numbering_game.currval FROM DUAL;
```

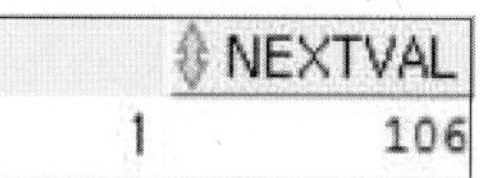

현재 currval에는 104이 저장되어 있다
다음의 쿼리는 currval 값을 기준으로 다음 값을 보여준다.

```
SQL> SELECT numbering_game.nextval FROM DUAL;
```

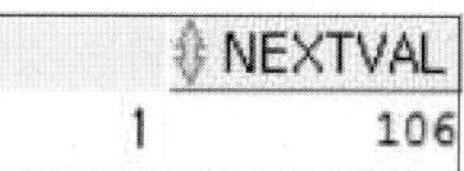

현재 Currval 값은 106이 저장되어 있다
다음은 현재 Currval에 저장되어 있는 값을 보여주고 있다.

```
SQL> SELECT numbering_game.currval FROM DUAL;
```

●●● oracle 03

트리거(Trigger)에서의 시퀀스 사용

실무에서 시퀀스를 사용하게 대부분의 경우는 오라클 애플리케이션 프로그램을 작성할 때 트리거라든지 스토어드 프로시저(Stored procedure)를 사용하게 되는 경우이다.
다음은 바로 아래의 scott_trigger 트리거에서 사용되어지는 scott_sub_seq 시퀀스를 생성하는 과정을 보여주고 있다. 이때 scott_sub_seq를 생성하는 자는 scott 라는 사용자임을 기억하길 바란다.

```
SQL> CONNECT scott/scott_pw;
SQL> CREATE SEQUENCE scott_sub_seq
INCREMENT BY 1
START WITH 1
MINVALUE 1
NOCACHE
ORDER;
```

다음은 위에서 생성되어진 scott_sub_seq라는 시퀀스를 불러서 사용하게 될 scott_trigger라고 하는 트리거의 한 부분이다.

```
SQL> CONNECT scott_dba/scott_dba_pw;
SQL> CREATE OR REPLACE TRIGGER scott_trigger
.....
.....

SQL> INSERT INTO scott_emp (emp_id, gender, update_date)
VALUES (scott.scott_sub_seq.CURRVAL, 'M', sysdate);
.....
.....

END;
```

트리거를 생성하는 사용자의 로그인 과정을 보여주고 있다.
scott_dba라는 사용자가 현재 scott_trigger라는 트리거를 생성하고 있다.
scott 사용자가 소유하고 있는 오브젝트 가운데 scott_sub_seq라는 오브젝트(여기서는 시퀀스)를 선택하고 scott_sub_seq 오브젝트로 하여금 CURRVAL 값을 가져다가 scott_emp라는 테이블의 emp_id 라는 컬럼에 저장하라고 하는 명령이 된다.
앞의 Insert 명령이 실행되게 되면 scott가 소유하고 있는 scott_sub_seq라는 시퀀스가 사용 가능해지게 되고 scott_sub_seq라는 시퀀스가 발생시키는 CURRVAL 값을 사용할 수가 있게 되는 것이다.

●●● oracle 04

시퀀스의 수정과 제거

그러면 일단 만들어진 시퀀스를 수정하려고 하는 경우에는 어떻게 해야 하는지 다음의 예를 보도록 하자. 다음은 시퀀스를 수정하는 문장의 기본 형식을 보여준다.

```
ALTER SEQUENCE sequence name [option new value]
```

다음은 이미 생성했던 numbering_game이라는 시퀀스의 옵션 값을 수정하는 문장을 보여준다.

```
SQL> ALTER SEQUENCE numbering_game INCREMENT BY 5;
```

현재 2만큼씩 증가하던 것을 이제는 5씩 증가하도록 수정한 것이다. 다른 옵션들도 이와 같이 수정이 가능하다.
더 이상 시퀀스가 필요 없는 경우 간단하게 Drop sequence 명령을 사용하여 제거할 수 있다.
다음은 시퀀스를 수정하는 문장의 기본 형식을 보여준다.

```
DROP SEQUENCE 시퀀스 이름;
```

다음은 이미 생성했던 numbering_game이라는 시퀀스를 제거하는 문장을 보여준다.

```
SQL> DROP SEQUENCE numbering_game;
```

●●● oracle 05

인덱스의 생성과 제거

간단한 개념이지만 많은 오라클 사용자들이 사실 제대로 이해하지 못하고 사용하고 있는 개념인 듯하다. 인덱스를 사용하면 데이터를 찾으려고 할 때 빨리 찾을 수 있다라는 개념만을 가지고 사용하고 있는 경우가 더욱 많다 하지만 무척 중요한 개념이니 만큼 이번 기회에 반드시 자세히 이해하고 넘어가기 바란다. 누구나 적어도 책 한 권쯤은 지금 주변 어딘가에 있을 것이다. 어떤 책이든 좋다. 대부분 요즘 나오는 책들은 거의 마지막 부분에 인덱스가 포함되어 있는 것이 보통의 경우이다.
지금 저자의 경우도 이 책을 쓰는데 필요한 자료를 모으기 위해 사용하던 900 페이지가 넘는 오라클 관련 책 하나가 곁에 있다. 갑자기 B-tree index에 대하여 자료를 찾을 일이 생겼다고 가정을 한다면 900 페이지가 넘는 이 책을 처음부터 한 장씩 뒤지면서 B-tree 인덱스에 대한 부분을 찾는다는 건 아무래도 무리가 되는 작업이 될 것이다. 그러나 다행히도 이 책의 저자는 마지막 부분에 인덱스를 포함시켜 주었고 그 인덱스를 통하면 단 10 초도 안 걸려서 B-tree 인덱스에 관한 578 이라는 페이지 번호를 찾을 수가 있게 된다. 그리고 그 페이지 넘버를 펴면 필자가 찾으려고 하던 B-tree 인덱스에 대한 내용을 바로 찾아볼 수가 있게 된다. 바로 여기에 인덱스가 주는 장점이 잘 설명되어 있는 것이다. 인덱스에 대해서는 다음과 같이 정리할 수가 있다.

- 인덱스는 스키마 오브젝트중 하나이다
  인덱스는 스키마 오브젝트중 하나로서 어떤 사용자가 생성했느냐에 따라 해당 인덱스에 대한 스키마가 정해진다.
- 임의의 쿼리를 실행할 때 풀 테이블 스캔(Full table scan)을 하지 않고 Rowid를 사용하여 원하는 로우 데이터를 찾아온다.
- 디스크 I/O를 감소시킴으로써 보다 빠른 검색이 가능토록 한다
- 오라클 서버에 의하여 관리된다.
- 인덱스는 자동적으로 생성 가능하다.
  임의의 컬럼에 Primary key 또는 Unique key 제한 조건을 설정하는 동시에 해당 컬럼에는 인덱스가 자동적으로 생성된다.
- 인덱스는 인위적으로 생성 가능하다.
  Primary key 또는 Unique key가 아닌 컬럼에는 인위적으로 인덱스를 생성해야 한다.

다음은 인덱스를 생성하는 문장의 기본 형식을 보여준다.

```
CREATE INDEX index name ON table name(column name[,column name]....);
```

다음은 dept 테이블의 dept_name 컬럼에 index_dept_name라는 인덱스를 설정하고 있는 문장을 보여주고 있다.

```
SQL> CREATE INDEX index_dept_name
ON dept(dept_name));
```

그렇다면 어떤 상황에서 인덱스를 생성해야만 할까? 기본적으로 인덱스가 제대로 역할을 하기 위해서는 다음의 조건을 만족시켜야만 한다.

- 테이블에 저장된 로우가 많은 경우
- 자주 쿼리되는 로우 데이터가 전체 로우의 5% 미만인 경우
- 특정 컬럼이 테이블 조인 시 자주 사용되는 경우
- 특정 컬럼이 Null 값을 많이 가지고 있는 경우
- 특정 컬럼이 여러 가지 다른 값들을 많이 가지는 경우(High cardinality)

현재 설정된 인덱스에 관한 정보를 얻기 위해서는 user_indexes와 user_ind_columns이라는 데이터 딕셔너리 뷰를 참조하기 바란다.

```
SQL> select index_name,index_type,table_name
from user_indexes;
```

	INDEX_NAME	INDEX_TYPE	TABLE_NAME
1	PK_S_ID	NORMAL	STUDENT
2	PK_EMP	NORMAL	EMP

인덱스를 설정하는 방법은 여러 가지가 존재한다.
만약 지금 설정해 놓은 인덱스에 몇 개의 컬럼을 더 추가하려고 한다든지 기존의 컬럼을 삭제하려는 경우에는 어떻게 해야 할까?
테이블의 경우에는 Alter table 명령을 사용하여 작업할 수가 있었지만 불행하게도 인덱스의 경우에는 일단 기존의 인덱스를 Drop하고 나서 다시 Create 해주어야 한다.
다음은 인덱스를 제거하는 문장의 기본 형식을 보여준다.

```
DROP INDEX [schema name.] index name
index_ dept _name이란 인덱스를 제거하려면 다음의 명령을 실행한다.
SQL> DROP INDEX index_dept_name;
```

현재 설정되어져 있는 index_dept_name이라는 인덱스를 제거하고 있다.
인덱스는 아무나 제거할 수 있는 것은 아니다. 인덱스를 제거할 수 있는 사용자는 인덱스를 생성한 사용자 자신 또는 그에게 Drop any index라는 권한을 부여받은 다른 사용자이다.
한 가지 유의해야 할 사항은 일단 인덱스가 제거되고 나면 해당 인덱스 정보는 데이터 딕셔너리로부터 동시에 제거된다는 사실이다.

Part 02 오라클 SQL 기본 과정에서는 간단한 개념과 기본적으로 인덱스를 설정하는 SQL 명령에 대해서만 설명하고 이에 대한 더 자세한 설명은 Part 03 오라클 데이터베이스 관리 과정에서 다루도록 한다.

●●● oracle 06

로우 아이디(ROWID)

인덱스는 책의 경우에서 뿐만이 아니라 오라클 데이터베이스 시스템에서도 원하는 데이터를 얻으려고 SQL 문장을 사용하여 쿼리를 하는 경우 더욱 빠르게 데이터를 찾아올 수 있다는 장점을 가지게 된다. 책의 경우에 페이지 번호를 사용하여 B-tree 인덱스에 관한 자료를 찾았던 것을 우리는 기억한다. 나중에 더 설명이 되는 내용이지만 먼저 간단히 이야기하자면 지금 페이지 번호에 해당하는 것이 오라클 데이터베이스에서 바로 로우 아이디라는 것임을 잠시 기억하고 넘어가기 바란다. 오라클 데이터베이스에서는 로우 아이디를 가지고 실제 데이터를 찾는다는 개념. 그것이 가장 쉽게 일반적인 인덱스의 개념을 설명하는 것이 될 것 같다. 그러면 과연 로우 아이디란 무엇인지 먼저 알아보도록 하자.
로우 아이디는 임의의 컬럼에 해당하는 로우 데이터가 물리적으로 데이터베이스 디스크의 어딘가에 저장되어 있는지에 대한 주소라고 이해하면 될 것 같다. 결국 주소를 가지고 어느 누군가를 찾는 것이 당연히 쉬운 것처럼 데이터베이스의 경우에도 마찬가지가 되는 것이다. 데이터가 물리적으로 어디에 저장되어 있는지 그 주소를 가지고 찾아가는 것, 바로 이것이 인덱스를 사용하게 되면 얻게 되는 이점이 되는 것이다.

tip

로우 아이디는 임의의 컬럼에 해당하는 로우 데이터가 물리적으로 데이터베이스 디스크 어딘가에 저장되어 있는지에 대한 주소이다.

```
SQL>
select * from dept;
```

	DEPTNO	DNAME	LOC
1	10	ACCOUNTING	NEW YORK
2	20	RESEARCH	SEOUL
3	30	SALES	CHICAGO
4	40	OPERATIONS	BOSTON

위의 dept 테이블을 통해서 로우 아이디에 관하여 자세하게 알아보도록 하자.
이와 같은 테이블이 생성되고 나면 각각의 로우 데이터에 해당하는 디스크 상의 주소가 자동적으로 생기게 되는데 바로 이것이 로우 아이디라고 앞에서 설명했던 것을 기억하기 바란다. 다음의 쿼리는 각각의 로우 데이터에 대하여 설정되어진 로우 아이디를 함께 보여주고 있다.

```
SQL> select deptno,dname,loc,rowid
from dept;
```

	DEPTNO	DNAME	LOC	ROWID
1	10	ACCOUNTING	NEW YORK	AAAR3vAAEAAAACHAAA
2	20	RESEARCH	SEOUL	AAAR3vAAEAAAACHAAB
3	30	SALES	CHICAGO	AAAR3vAAEAAAACHAAC
4	40	OPERATIONS	BOSTON	AAAR3vAAEAAAACHAAD

참고적으로 로우 아이디는 전체적으로 80 bits를 사용하게 되는데 기본적으로 네 부분으로 나누어져 있다. 오브젝트 넘버(32bits), 파일 넘버(10bits), 블록 넘버(22bits) 마지막으로 로우 넘버(16bits)로 구성된다.
쉽게 말하자면 전체적으로 18개의 문자 혹은 숫자로 표현이 되는데 각각의 문자/숫자는 base-64 형식으로 되어져 있다.

AAABbo	AADA	AAAAP	AAA
↑	↑	↑	↑
오브젝트 넘버	파일 넘버	블록 넘버	로우 넘버

처음 6개의 문자/숫자는 오브젝트의 넘버(Object number)를 표현하며, 그 다음 4개의 문자/숫자는 파일의 넘버(File number)를 표현하고, 그 다음 5개의 문자/숫자는 블록의 넘버(Block number)를 표현하며, 마지막 3개의 문자/숫자는 로우 넘버(Row number)를 표현하게 된다.

●●● oracle 07

시노님(Synonym)의 생성과 제거

하나의 데이터베이스에는 여러 개의 스키마가 존재할 수 있다. 예를 들어 scott라는 스키마 내에 scott 사용자가 생성한 dept라는 하나의 테이블이 존재한다고 보자. 이제 또 다른 general이라는 사용자가 아무 권한도 없이 scott 사용자가 생성한 dept 테이블을 참조하려고 하면 다음과 같이 에러가 발생하게 된다.

```
$ sqlplus general/general_pw
SQL>SELECT * FROM dept;
ERROR at line 1:
ORA-00942: table or view does not exist
```

하지만 다음과 같이 참조하려고 하는 오브젝트를 소유하고 있는, 다시 말해서 참조하려는 오브젝트를 생성한 사용자의 스키마의 이름(여기서는 scott)을 사용하여 dept 테이블을 참조하게 되면 아무 문제없이 참조가 가능하다.

```
$sqlplus general/general_pw
SQL> select * from scott.dept;

DEPT_ID DEPT_NAME TA_ID DEPT_LOC_ID
---------- ------------ ---------- -----------
10         MATH              115        10002
20         PHY               148        10001
30         STAT                         10006
60         IE                179        10007
90         ME                137        10004
110        ECON              126        10003
120        ART               155        10005
140        MSIS              107        10008
150        ARCH              140        10009
170        CHE               173        10008
180        TUU               188        10002

11 rows selected.
```

데이터베이스 내의 모든 사용자가 생성한 오브젝트들은 이처럼 그들을 생성한 주인, 결국 스키마 이름을 앞에 붙여서 사용하곤 한다. 누가 주인인지를 확실하게 하기 위해서 말이다.
지금 예를 들어본 경우는 겨우 2개의 스키마와 단 한개 테이블을 가지는 경우를 소개하고 있지만 실무의 경우라면 이보다 훨씬 많은 수의 스키마와 테이블을 가지고 작업을 하게 될 것이다.
그렇게 되면 이러한 많은 데이터베이스 오브젝트를 가지고 프로그램을 작성하게 되는 Application 개발자들의 관점에서 본다면 어떤 테이블이 어느 스키마에 해당되어 있는지가 무척 혼란스러운 경우가 발생할 수가 있다.
그렇다고 일일이 스키마 이름을 앞에 붙여서 작업을 하기도 번거로울 수도 있고 사실 그 많은 오브젝트들이 해당되어지는 스키마 이름을 일일이 찾아서 확인하는 과정 자체도 무척 번거로운 일이 되는 경우가 많다. 이러한 상황의 해결을 위해 오라클에서는 시노님 이라는 개념을 지원해주고 있는데 scott.dept의 경우를 들어 설명하고자 한다.
다음은 인덱스를 제거하는 문장의 기본 형식을 보여준다.

```
CREATE [public] SYNONYM synonym name FOR object name
```

다음은 scott 사용자가 TB_student와 TB_dept라는 시노님을 생성하기 위하여 사용한 문장을 보여준다.

```
SQL> CREATE PUBLIC SYNONYM TB_student for scott.student;
SQ:> CREATE PUBLIC SYNONYM TB_dept for scott.dept;
```

scott 사용자가 소유하고 있는 dept라는 테이블을 다른 스키마의 사용자가 참조하기 위해서 기존에는 항상 scott.dept라고 표현했어야 했지만 이제는 간단하게 TB_dept라는 스키마를 사용하여 간단하게 표현해줌으로써 보다 효율적으로 scott 스키마에 해당하는 dept 테이블을 다른 스키마의 사용자 혹은 개발자들의 측면에서 사용되어질 수 있는 것이다. 결국 다른 스키마에 있는 임의의 테이블을 참조하는 경우 보다 수월한 방법을 제공하는 것이 바로 시노님을 사용하는 것이다.
다음은 시노님을 제거하는 문장의 기본 형식을 보여준다.

```
DROP SYNONYM synonym name;
```

ORACLE

database

멀티테넌트 아키텍처

PART 04

기존 오라클 데이터베이스 아키텍처에서는 운영 환경이든 개발 환경이든 상관없이 각각의 데이터베이스(인스턴스)를 생성할 때마다 각각의 인스턴스에 개별적인 메모리(SGA, PGA)를 할당해주고 각각의 데이터베이스마다 개별적인 데이터베이스 파일들을 생성해주는 방식으로 운영해왔다. 이러한 구성 아키텍처로 인해 자원을 불필요하게 허비하는 상황이 발생하곤 했는데 아마도 오라클 데이터베이스를 운영해본 독자라면 충분히 동감하는 부분이라고 생각된다. 특히 요즘 한참 주목을 받고 있는 클라우드(Cloud)라는 새로운 아키텍처를 고려해 본다면 자원 할당에 있어 보다 효율적인 방법을 적용해야 할 것이라는 당면 과제를 더 이상 피하기는 쉽지 않아 보인다. 이러한 고민에 대한 부분적인 해결책으로 12c 버전에서 새롭게 제시된 멀티테넌트 아키텍처에 대해 소개하고자 한다.

Chapter 01 멀티테넌트(Multitenant) 아키텍처 개요

이번 장에서는 12c 버전을 통해 새롭게 소개되는 멀티테넌트 아키텍처에 대해 소개하고자 한다. 특히, CDB와 PDB에 대한 명확한 개념을 이해하는 것이 중요하다.

다음은 이번 장에서 다루게 될 세부 사항들이다.

●●● oracle 01

멀티테넌트 아키텍처 개요

가장 간단하게 멀티테넌트 아키텍처에 대해서 정의하자면 다음과 같다.

> [하나의 오라클 CDB(Container database) 내부에 다수의 PDB(Pluggable database)를 생성, 관리하는 멀티테넌트 컨테이너(Multitenant container) 아키텍처]

그렇다면 도대체 CDB는 무엇이고 PDB는 또 무엇인지….
이걸 가지고 앞으로 뭘 어쩌자는건데?
솔직히 저자도 처음 12c 멀티테넌트 개념에 대해 들었을 때 지금 독자가 느끼는 그 느낌 그대로였다고 고백한다. 자 이제 멀티테넌트가 무엇인지 함께 하나씩 하나씩 이해해보도록 하자.
12c 이전 버전 데이터베이스의 경우 시스템(SYS, SYSTEM 사용자) 메타 데이터와 일반 사용자(예를 들어, hr 사용자) 메타 데이터가 많은 부분 중복 저장되는 아키텍처로 운영되어 왔다. 하지만 12c 멀티테넌트 아키텍처에서는 이들을 분리 저장함에 의해 Oracle Supplied 데이터의 중복을 피할 수도 있고 각종 업그레이드나 패치 작업도 예전보다 용이하게 수행할 수 있는 아키텍처가 제공된다.
다음의 그림을 살펴보도록 한다.

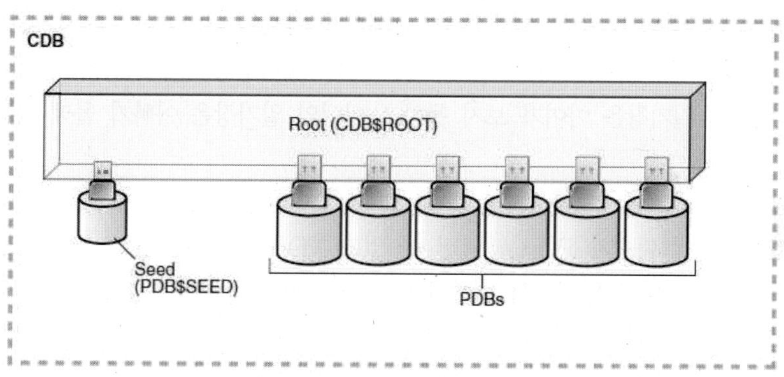

〈CDB 구조〉

멀티테넌트 아키텍처에서 CDB는 다음 3개의 컨테이너(Container)로 구성된다.

① Root 컨테이너 : CDB$ROOT라고 불리며 오라클 제공 메타 데이터(Oracle supplied metadata)와 공통의 사용자(Common users) 정보를 저장하고 있다.

tip

오라클 제공 메타 데이터란 데이터베이스를 생성하면 기본적으로 제공해주는 PL/SQL 패키지들(dbms_job, dbms_output, dbms_stats 등등)에 대한 소스 코드(Source code)가 좋은 예가 될듯하다. 그리고 공통의 사용자(Common users)란 모든 컨테이너에 공통적으로 존재하는 사용자를 의미한다. sys나 system 사용자가 그 예가 된다. 이후에 더 자세한 설명이 이어진다.

② Seed 컨테이너 : PDB$SEED라고 불리며 새로운 PDB를 생성할 때 사용되는 일종의 Template 이다. PDB를 생성할 때 이미 내부적으로 생성해놓은 기본 데이터베이스 이미지(Template)를 기반으로 만들게 되는데 이를 Seed 컨테이너라고 부른다

③ PDB 컨테이너 : 기존 버전에서 일반적으로 생성, 관리했던 데이터베이스를 12c에서는 PDB라고 부른다. 애플리케이션 측면에서 볼 때 접속하게 되는 데이터베이스가 바로 PDB라고 이해하면 될 듯하다.

독자들 입장에서는 Root 컨테이너나 Seed 컨테이너에 대해서는 아직 잘은 모르겠고 PDB 만큼은 서둘러 이해하고 싶을 듯해서 먼저 PDB에 대해 간략히 설명하고자 한다. 일단 PDB 생성 방법을 보면 쉽게 이해가 될듯하다. PDB는 처음부터 PDB$SEED로부터 생성할 수도 있고, Non-CDB를 PDB 형태도 전환도 가능하며, 기존 PDB로부터 복제(Cloning)함으로서 다른 PDB를 생성할 수도 있다. 물론 임의의 CDB에서 PDB를 뽑아내어 다른 CDB에 끼워주는 방법도 얼마든지 가능하다.
한 가지 재미있는 것은 PDB 내에서 데이터 딕셔너리 뷰나 성능 뷰를 조회하면 해당 PDB에 관한 정보만 조회가 가능하다는 점이다. 하지만 CDB$ROOT에 접속하여 cdb_로 시작하는 데이터 딕셔너리 뷰를 조회하게 되면 CDB와 PDB에 대한 모든 메타 데이터 조회가 가능하다. 비유가 맞는지 모르겠지만 마치 아빠의 일기장은 아이가 보지 못하고 아이의 일기장은 아빠가 몰래 볼 수 있는 것처럼 말이다.

하나의 CDB 내부에 다수의 PDB를 가질 수 있고 PDB는 Full backward compatibility 속성을 가진다. 즉, 애플리케이션 입장에서 기존 DB(이하 non-CDB)에서 잘 수행되었다면 DB가 PDB로 전환되었다고 문제가 되지는 않고, 반대의 경우도 마찬가지로 PDB의 형식으로 사용하던 DB를 Non-CDB로 빼내어 구성해도 애플리케이션 입장에서는 문제가 없다는 의미가 된다.
또한 12c 멀티테넌트 아키텍처는 빠른 프로비져닝(Provisioning) 및 빠른 플러그인/언프러그 성능을 제공하는데 이러한 장점은 한참 인기 상승중인 클라우드 아키텍처를 고려할 때 상당히 매력적인 부분이자 Selling point가 아닌가 싶다. 따라서 패치나 업그레이드가 매우 빠르고(낮은 버전의 CDB에서 언플러그해서 상위 버전의 CDB로 플러그인 하면 된다) PDB-PDB, CDB-PDB 간에 엑세스가 명확히 구분되어 있어 보안 측면에서도 강력함을 제공한다.
그러면 CDB와 PDB가 데이터베이스 측면에서는 어떤 이해가 필요한지 살펴보도록 한다. 다음 그림을 통해서 알 수 있듯이 PDB가 특정 애플리케이션 지원을 위한 독자적인 테이블스페이스와 임시 테이블스페이스를 저장, 관리한다는 사실이며 그 외 거의 모든 핵심 데이터베이스 파일들(데이터 파일, 컨트롤 파일, 리두 로그 파일)은 CDB의 관리 하에 있다는 사실이다.

결국 이 의미는 CDB가 공유할 수 있는 큰 울타리를 제공하고 각자 자신들 만의 데이터를 보유하고 있는 PDB들이 임의의 CDB에 플러그인 되거나 CDB로부터 언플러그 되는 등 상당히 Flexible한 데이터베이스 아키텍처를 제공할 수 있다는 뜻이다.

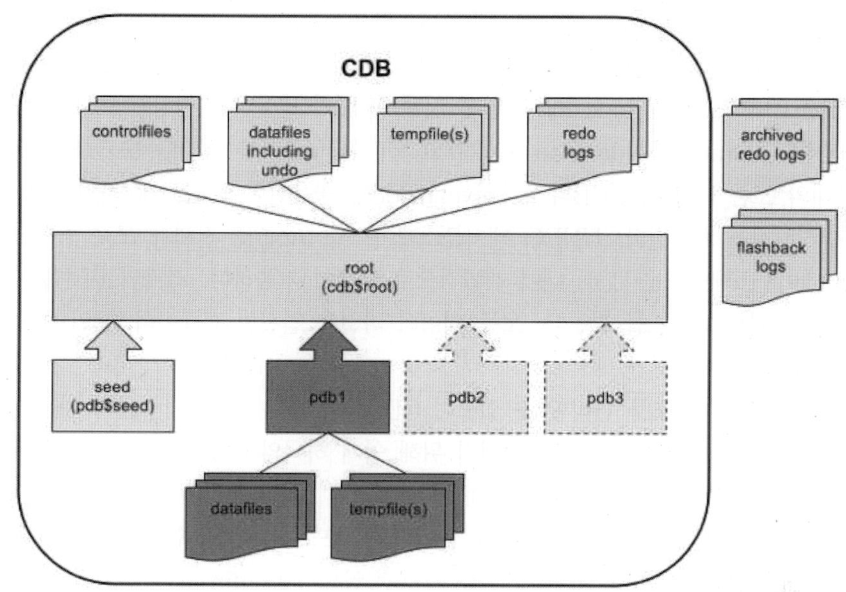

그리고 이후에 다시 설명되겠지만 데이터 딕셔너리 측면에서도 큰 변화가 존재한다. CDB와 PDB에 중복되어 저장될 수도 있는 공통 오브젝트들에 대한 메타 데이터 정보는 CDB에만 저장되고 PDB 내부에 저장되어 있는 오브젝트들에 대한 메타 데이터 정보는 PDB 내부의 데이터 딕셔너리에 분리 저장함으로서 각각의 PDB들이 플러그인 혹은 언플러그 작업에 있어 복잡성을 최소화 시켜준다. 이러한 변화는 데이터 딕셔너리 뷰의 구성에도 큰 영향을 주었음을 아래와 같이 확인할 수 있다.

- CDB_xxx : 모든 컨테이너에 존재하는 모든 오브젝트(CDB$ROOT와 모든 PDB 포함)
- DBA_xxx : 현재 컨테이너에 존재하는 모든 오브젝트(CDB$ROOT 혹은 각각의 PDB)
- ALL_xxx : 현재 컨테이너의 현재 사용자에 의해 접근(Access) 가능한 오브젝트(CDB$ROOT 혹은 각각의 PDB)
- USER_xxx : 현재 컨테이너의 현재 사용자에 의해 생성된(Owned) 가능한 오브젝트 (CDB$ROOT 혹은 각각의 PDB)

●●● oracle 02

CDB와 PDB 영역 이해

하나의 CDB 내부에는 총 252개의 PDB를 관리할 수 있으며 각각의 PDB들은 SGA와 UNDO,

REDO를 공유한다. 각각의 PDB는 자신만의 System, Sysaux 테이블스페이스를 가지고 독립적으로 운영도 가능하다. 디폴트로 CDB는 하나의 Temp 테이블스페이스를 가지지만 PDB들은 자신만의 Temp 테이블스페이스를 가질 수 있다

세 가지 컨테이너 Type(root, seed, PDB)이 있으며 PDB를 바라보는 각각의 애플리케이션은 독립적으로 각각의 DB를 바라보고, Physical한 측면에서 봤을 때 CDB는 기존 DB처럼 인스턴스와 데이터 파일을 가지고 있다. Redo log 파일은 전체 CDB가 공유하고 변경된 PDB에 대한 구분자를 가지고 구분한다. Oracle GoldenGate(OGG)도 이러한 구분자를 식별할 수 있도록 업그레이드 되었다. CDB 내의 모든 PDB는 CDB의 Archive mode를 공유한다. Control 파일도 공유되고 각 PDB에 대한 변경사항을 기록한다. UNDO 테이블스페이스와 temp도 전체가 모두 공유하지만 필요에 따라 Temp 테이블스페이스는 PDB 내에 개별적으로 생성이 가능하다. 각각의 PDB는 개별적인 System, Sysaux 테이블스페이스를 갖는다. 모든 데이터 파일은 연관된 컨테이너 ID인 CON_ID 값을 가지고 있다.

서버는 여러 개의 CDB를 관리할 수 있으며 CDB들은 다른 Patch level과 다른 SLA를 가질 수 있다. PDB들은 SLA와 Patch 이점을 얻기 위해 쉽게 하나의 CDB로부터 다른 CDB로 옮길 수 있다. Data guard 구성 시 CDB는 Non-CDB와 동일하게 Physical standby를 항상 Read only mode로 오픈하고 PDB들은 Read only mode 이외의 모드로 오픈할 수 없다. Database vault는 각각 PDB에서 Database vault metadata를 가지고 있으며 Realm 같은 정책들은 자신의 PDB 내에서만 유효하다. Audit은 CDB와 PDB level에서 가능하다.

CDB와 PDB에 연관된 요소들에 대한 내용을 살펴보면 다음과 같다.

전체 CDB에 연관된 요소

- 모든 PDB에 대해 하나의 Character set(Unicode 추천)
- 오라클 소프트웨어 버전
- Data guard
- Scheduled RMAN backup
- 초기화 파라미터(한 개의 Spfile에서 PDB에 대한 다른 파라미터 값을 지정)
- 컨트롤 파일
- Redo log file
- Flash back log file
- UNDO

특정 PDB에 연관된 요소

- RMAN Point-in-time 복구 & Ad hoc backup
- Instance의 Open mode : Mounted, Read Only, Read Write / 〔Un〕 Restricted
- Flush shared pool

- IsSes_Modifiable이 True이면서 False가 아닌 모든 파라미터. 그 외 Open_cursors, Resource_ Manager_Plan과 같은 파라미터들
- Database vault

●●● oracle 03

사용자 관리

Common user와 Local user로 구분되어 관리 가능하다. Common user는 Oracle supplied (SYS, SYSTEM) user와 C##으로 시작하여 생성한 User이고 Local user는 하나의 PDB에 접속하는 User이다. 하나의 PDB는 Local user에 의해서 관리되고 여러 개의 PDB는 Common user에 의해서 관리된다. 권한이 있는 Common user는 PDB간의 접근이 가능하고 권한은 권한을 부여한 컨테이너에 안에서만 유효하다.

- Local user : PDB 각각의 Data dictionary에 정의되고, PDB 외부에서는 참조가 불가능하다. Local user는 해당 스키마가 정의된 PDB에만 접근 가능하고, Local user는 Root data dictionary에 정의가 불가능하다.
- Common User : Root의 Data dictionary에만 정의되고, Common user를 만드는 순간 각각의 PDB에는 복제된 Common user가 생긴다. 따라서 Root에 보일 뿐만 아니라 다른 모든 PDB에서도 Common user가 보인다. Common user는 Administrative task를 수행 가능하며 적절한 권한이 주어진 경우에 CDB를 Startup하거나 PDB를 오픈하는 등의 작업이 가능하다.

Data dictionary view 중 CDB_pdbs는 CDB내에 있는 모든 PDB를 가리키며, CDB_tablespaces는 CDB 내의 모든 테이블스페이스를, CDB_users는 CDB(Common, Local) 내에 있는 모든 user를 보여준다. PDB내에 있는 정보는 DBA_ view를 통하여 확인 가능하다.
권한과 역할에 있어서는 CDB_xxx는 DBA_xxx에 대한 Union all with CON_ID이고, Oracle12c non-CDB는 COND_ID=0이다. 따라서 PDB에서 CDB_xxx하면 자기 것만 보여서 PDB에서 CDB_xxx view와 DBA_xxx view 결과 값은 동일하다. 모든 롤은 Local user/Common user에 관계없이 Grant가 가능하고 그 권한은 권한을 받은 대상이 어떤 종류의 User(또는 Role)이냐에 따라 달라진다. 예를 들어 'Create session'을 Common user에게 주면 모든 PDB와 CDB에 접속이 가능할 것이고 Local 유저에게 주면 해당 PDB만 접속 가능하다.

●●● oracle 04

세션과 서비스

모든 PDB는 디폴트로 개개의 이름을 가지고 있다. CDB도 이름을 가지며 CDB 생성 시 도메인 이름과 결합된 고유의 이름을 가진다. 각 이름은 CDB_SERVICES 또는 V$SERVICES에서 조회 가

능하다. 이러한 Service name은 전체의 CDB를 통틀어 유일해야 한다. CDB로 접속하기 위한 방법에는 여러 가지가 있다.

- OS 권한을 이용한 접속 방법(sqlplus / as sysdba)
- EasyConnect(CONNECT username/pass@ hostname:portnumber/service_name)
- tnsnames.ora(CONNECT username/pass@net_service_name)

Service name을 추가하고자 할 때는 DBMS_SERVICE 패키지를 사용하거나 srvctl 또는 EM을 사용하면 된다. PDB 간에는 DB link로 접속하고 Common user는 전체 PDB에 접속이 가능하다.

●●● oracle 05

리소스 관리

새로운 플러거블 아키텍처 장점 중 하나로 Oracle database 12c workload resource management를 사용하여 플러거블 데이터베이스별로 우선순위를 할당할 수 있다. 시스템의 우선순위는 매우 간단히 상/중/하로 할당할 수 있다. 만약 우선순위가 상위인 시스템에 대한 요구가 발생하면 우선순위가 하위인 시스템에서 상위인 시스템으로 리소스가 자동 이동한다. 즉, 다른 모든 데이터베이스 애플리케이션에 피해를 주면서까지 한 애플리케이션이 리소스를 독식하는 일이 없도록 리소스 우선순위를 할당할 수 있다.
각각의 PDB에 대해 간섭을 최소화 하며 다음 두 가지 레벨로 리소스를 관리할 수가 있다.

- CDB level(PDB 간) : PDB간의 시스템 리소스나 CDB shared object에 대한 경합을 관리하는 방식
- PDB level(PDB 내) : PDB 내에서 리소스를 관리할 수 있다.

CPU, IO, Session, Parallel server에 대해 최대와 최소 리소스 사용량을 보장하고 일단 PDB에 시스템 리소스의 특정 포션을 할당한 후 각 PBD에서는 할당받은 리소스를 세션 레벨로 다시 쪼개어 할당하게 된다.
CDB resource plan은 PDB간의 CPU를 어떻게 할당할지를 결정하며 Share, Utilization limit, Default directive 등으로 관리 가능하다. 예를 들어 'Share' 방식으로 리소스 플랜을 지정하였을 경우 각 리소스에 대해 33%의 CPU 사용률을 보장받고, 100%의 CPU limit이 설정된 경우, 다른 PDB가 플러그인 되면 자동적으로 각각 1/4씩 공유하게 된다. 만약 새로 플러그인된 PDB가 Share 값이 2로 지정하면, 리소스를 각각 1/5, 1/5, 1/5, 2/5로 지정받는다.

●●● oracle 06

백업/복구/플래시백 데이터베이스

CDB, PDB에 대해서 RMAN을 통하거나 Hot backup(Begin/end backup)으로 백업이 가능하다. 복구는 아래와 같은 다양한 방법들을 제공한다.

- Instance recovery : CDB level only
- Complete media recovery : CDB, PDB level, Tablespace level
- Incomplete media recovery :
  - CDB, PDB level
  - TSPITR root tablespace only(SYSTEM,UNDO,SYSAUX 제외)
- Flashback database
  - CDB, PDB level
- Block recovery : 예전과 동일

●●● oracle 07

12.1 CDB로의 데이터베이스 이관

마이그레이션하는 방법에는 세 가지가 있다.

① 기존 DB를 12c로 업그레이드한 이후에 CDB에 플러그인하는 방식
non-CDB 11.2.0.3 이상에서 12c로 업그레이드 한 후 CDB로 플러그인한다. dbms_pdb.describe procedure를 통하여 12c non-CDB의 데이터 파일 목록을 XML 파일로 생성 후 PDB로 플러그인한다.

② CDB에 빈 PDB를 미리 생성해놓고 Export/Import(dump)를 사용해서 데이터를 옮기는 방식
CDB에서 Create pluggable database 명령어로 새로운 PDB를 생성한 후 Export/Import를 사용하여 데이터를 옮긴다.
11g 전체 데이터를 로딩할 때는 Transportable database(TDB), 일부 데이터만 전송 시에는 Transportable tablespace(TTS) 기능을 사용한다.

③ Replication을 이용해서 옮기는 방식

세 방식 모두 PDB에서는 불필요한 부분(공통적인 메타 데이터)이 제거되는 특징이 있다.
이렇게 Data pump나 Golden gate 같은 기존의 데이터 마이그레이션 툴을 사용해 기존 환경의 데이터를 매우 손쉽게 새로운 플러거블 데이터베이스 아키텍처로 마이그레이션할 수 있고, 기존 데이터베이스를 오라클 데이터베이스 12c 릴리스 버전 수준으로 업그레이드를 한 다음, 새로운 컨테이너 환경에 간단히 연결할 수도 있다.

Chapter 02 CDB, PDB 접속 및 기본 설정 이해

이번 장에서는 CDB, PDB 접속을 위한 네트워크 구성 및 CDB, PDB 접속 방법에 대해 소개하고자 한다.

다음은 이번 장에서 다루게 될 세부 사항들이다.

- Section 01 CDB, PDB 접속을 위한 네트워크 구성
- Section 02 CDB, PDB 접속 방법

●●● oracle 01

CDB, PDB 접속을 위한 네트워크 구성

일단 먼저 리스너 구성을 확인하도록 한다.

```
[oracle@ora12cvm01:korea:~]$ cd $ORACLE_HOME/network/admin
[oracle@ora12cvm01:korea:admin]$ cat listener.ora
# listener.ora Network Configuration File:
      /u01/app/oracle/product/12.1.0/dbhome_1/network/admin/listener.ora
# Generated by Oracle configuration tools.
LISTENER =
  (DESCRIPTION_LIST =
    (DESCRIPTION =
      (ADDRESS = (PROTOCOL = TCP)(HOST = ora12cvm01)(PORT = 1521))
      (ADDRESS = (PROTOCOL = IPC)(KEY = EXTPROC1521))
    )
)
```

LISTENER라는 이름의 리스너가 현재 1521번 포트에 구성되어 있음을 확인할 수 있다. 다음은 리스너 상태를 확인하도록 한다.

```
[oracle@ora12cvm01:korea:~]$ lsnrctl status
Services Summary...
Service "korea.oracle.com" has 1 instance(s).
  Instance "korea", status READY, has 1 handler(s) for this service...
Service "koreaXDB.oracle.com" has 1 instance(s).
  Instance "korea", status READY, has 1 handler(s) for this service...
Service "seoul.oracle.com" has 1 instance(s).
  Instance "korea", status READY, has 1 handler(s) for this service...
The command completed successfully
```

3개의 리스너 서비스가 등록되어 있음을 확인할 수 있다. 이 가운데 CDB korea로의 접속은 서비스 korea.oracle.com을 통해서 가능하며 PDB seoul로의 접속은 서비스 seoul.oracle.com을 통해서 가능함을 확인하였다.

tip

Global database name 설정 시 korea.oracle.com으로 입력한 적이 있는데 korea는 db_name 그리고 oracle.com은 db_domain 파라미터값과 결과적으로 맵핑된다는 사실을 기억하기 바란다.

이제 CDB, PDB로의 원격 접속을 위해 tnsnames.ora 파일에 2개의 새로운 TNS alias 를 설정하도록 한다.

```
KOREA =
  (DESCRIPTION =
    (ADDRESS = (PROTOCOL = TCP)(HOST = ora12cvm01)(PORT = 1521))
    (CONNECT_DATA =
      (SERVER = DEDICATED)
      (SERVICE_NAME = korea.oracle.com)
    )
  )

SEOUL =
  (DESCRIPTION =
    (ADDRESS = (PROTOCOL = TCP)(HOST = ora12cvm01)(PORT = 1521))
    (CONNECT_DATA =
      (SERVER = DEDICATED)
      (SERVICE_NAME = seoul.oracle.com)
    )
)
```

이제 tnsping을 통해 확인하도록 한다.

```
[oracle@ora12cvm01:korea:admin]$ tnsping korea
Used TNSNAMES adapter to resolve the alias
Attempting to contact (DESCRIPTION = (ADDRESS = (PROTOCOL = TCP)(HOST =
ora12cvm01)(PORT = 1521)) (CONNECT_DATA = (SERVER = DEDICATED) (SERVICE_NAME =
korea.oracle.com)))
OK (10 msec)

[oracle@ora12cvm01:korea:admin]$ tnsping seoul
Used TNSNAMES adapter to resolve the alias
Attempting to contact (DESCRIPTION = (ADDRESS = (PROTOCOL = TCP)(HOST =
ora12cvm01)(PORT = 1521)) (CONNECT_DATA = (SERVER = DEDICATED) (SERVICE_NAME =
seoul.oracle.com)))
OK (0 msec)
```

이상으로 기본적인 네트워크 구성을 확인하였다.

●●● oracle 02

CDB, PDB 접속 방법

이미 Part 01에서 실습환경 구성 시 DBCA를 사용하여 CDB(korea), PDB(seoul)를 생성하는 과정을 살펴본 적이 있다. 만약 이 과정이 익숙하지 않은 독자가 있다면 Part 01 88 페이지로 돌아가서 12c 데이터베이스 생성 과정에 대해 다시 확인하고 돌아오기 바란다. 대부분의 DBCA 화면/옵션들이 거의 이전 버전 DBCA 경우와 큰 차이가 없지만 아래의 화면/옵션의 경우는 분명한 차이가 있다. 한 번도 본적이 없던 옵션들이 몇 가지 보일텐데 예를 들면, 〔Create as Container Database〕 〔Pluggable Database Name〕 옵션들이 바로 12c 멀티테넌트 아키텍처에서 적용 가능한 옵션으로 반영된 것이다. 일단 상단의 Global database name에는 CDB 이름을 입력하고 아래 Pluggable database name에는 PDB 이름을 입력하면 된다.
여기서는 CDB는 korea, PDB는 seoul 이라는 이름으로 생성하였음을 확인할 수 있다.

〈CDB 생성 옵션 설정 화면〉

데이터베이스는 생성되었는데 접속하지 않고 사용하지 않으면 무슨 소용이 있겠는가! 그래서 접속을 시도해본다. 기본적으로 $ORACLE_HOME과 $ORACLE_SID 변수 값을 확인하고 이전 버전에서와 마찬가지 방법으로 sqlplus를 사용하여 접속하면 아무 문제없이 CDB korea로의 접속이 가능하다.

```
[oracle@ora12cvm01:korea:~]$ echo $ORACLE_HOME
/u01/app/oracle/product/12.1.0/dbhome_1
[oracle@ora12cvm01:korea:~]$ echo $ORACLE_SID
korea
[oracle@ora12cvm01:korea:~]$ sqlplus '/as sysdba'
SQL>
```

현재 접속된 인스턴스는 korea라는 CDB 인스턴스이다. CON_ID(컨테이너 아이디) 값이 0을 가진다라는 정보를 v$database 통해 확인할 수 있으며, v$instance 뷰를 통해서도 현재 인스턴스의 상태를 확인할 수 있다.

> **tip**
>
> CDB$ROOT 컨테이너의 CON_ID(컨테이너 아이디)는 항상 0이다.

```
SQL> select name,cdb,con_id from v$database;

NAME                      CDB        CON_ID
----------------------- --------- ----------
KOREA                     YES           0

SQL> select instance_name,status,con_id from v$instance;
INSTANCE_NAME
------------------------------------------------
STATUS                                 CON_ID
---------------------------------- ----------
korea
OPEN                                    0
```

이제 현재 접속중인 컨테이너 이름을 확인하도록 한다. 앞에서 이미 언급한 적이 있지만 CDB에 대한 컨테이너의 이름은 CDB$ROOT이며 PDB에 대한 컨테이너 이름은 특정 PDB 이름이라는 점 다시 한 번 기억하기 바란다.

```
SQL> show con_name
CON_NAME
------------------------------
CDB$ROOT
```

결국, CDB로의 접속은 항상 하던 방식 그대로 진행하면 된다. 이제 PDB seoul로 접속을 시도해 보도록 한다. 항상 하던 대로 ORACLE_HOME과 ORACLE_SID를 설정하고 진행한다. PDB seoul의 인스턴스 이름은 seoul이라고 설정한다.

```
[oracle@ora12cvm01:korea:~]$ export ORACLE_SID=seoul
[oracle@ora12cvm01:seoul:~]$ echo $ORACLE_HOME
/u01/app/oracle/product/12.1.0/dbhome_1
[oracle@ora12cvm01:seoul:~]$ echo $ORACLE_SID
seoul
```

```
[oracle@ora12cvm01:seoul:~]$ sqlplus '/as sysdba'
SQL*Plus: Release 12.1.0.2.0 Production on Thu Mar 10 15:19:30 2016
Copyright (c) 1982, 2014, Oracle.  All rights reserved.
Connected to an idle instance.
```

"Connected to an idle instance" 라는 메시지는 접속하고자 하는 인스턴스(PDB seoul 이라는 인스턴스)가 현재 Close 상태라는 의미이기 때문에 인스턴스를 아직 시작하지 않은 상태라 생각하고 스타트업 시키도록 한다.

```
SQL> startup
ORA-01078: failure in processing system parameters
LRM-00109: could not open parameter file
      '/u01/app/oracle/product/12.1.0/dbhome_1/dbs/initseoul.ora'
```

그런데 파라미터 파일이 없다는 메시지가 나온다. 이처럼 여전히 PDB 인스턴스를 시작하는데 문제가 발생하고 있는 것을 확인할 수 있는데, 답부터 이야기하자면 PDB에 접속하는 방법은 기존에 수행하던 방식하고는 사뭇 다르다. 다음은 PDB에 접속하는 4가지 방식을 살펴보고자 한다.

OS 상에서 바로 PDB로 접속(tnsnames.ora 적용)

OS 상에서 tnsnames.ora 파일을 사용해서 원격 접속 방식으로 PDB에 접속하는 방식이다.

```
[oracle@ora12cvm01:korea:admin]$ sqlplus sys/oracle@seoul as sysdba
SQL> show con_name
CON_NAME
------------------------------
SEOUL
```

이제 PDB seoul 인스턴스에 접속된 것을 확인할 수 있다.

CDB$ROOT 접속 후 PDB에 접속(tnsnames.ora 파일 사용)

일단 CDB에 접속한 후 TNS aliasa를 사용하여 PDB에 접속하는 방식이다.

```
[oracle@ora12cvm01:korea:admin]$ export ORACLE_SID=korea
[oracle@ora12cvm01:korea:admin]$ sqlplus / as sysdba
SQL> conn sys/oracle@seoul as sysdba
Connected.
SQL> show con_name
CON_NAME
------------------------------
SEOUL
```

TWO_TASK 를 통한 PDB 접속

TWO_TASK 라는 환경변수를 사용하여 PDB에 접속하는 방식이다.
원격지 데이터베이스에 접속할 때는 다음과 같이 @TNSalias 형태로 설정하는 것이 일반적이다. 먼저 TWO_TASK 환경변수가 어떤 설정인지 먼저 살펴보도록 한다.
다음과 같은 TNS alias가 설정되어 있다고 보고 항상 하던 방식으로 원격 접속을 시도해 보자.

```
SEOUL_TWO_TASK =
  (DESCRIPTION =
    (ADDRESS = (PROTOCOL = TCP)(HOST = ora12cvm01)(PORT = 1521))
    (CONNECT_DATA =
      (SERVER = DEDICATED)
      (SERVICE_NAME = seoul.oracle.com)
    )
)
[oracle@ora12cvm01:korea:admin]$ sqlplus sys/oracle@seoul_two_task as sysdba
SQL> show con_name
CON_NAME
------------------------------
SEOUL
```

이제 다음과 같이 TWO_TASK 환경변수를 사용해보도록 한다.

```
[oracle@ora12cvm01:korea:admin]$ export TWO_TASK=seoul_two_task
[oracle@ora12cvm01:korea:admin]$ sqlplus sys/oracle as sysdba
SQL> show con_name
CON_NAME
------------------------------
SEOUL
```

"@seoul_two_task" 설정을 사용하는 방식과 동일한 결과를 제공하는 것을 확인할 수 있다. 한 가지 기억할 것은 TWO_TASK 환경변수에 적용되는 변수 값으로는 ORACLE_SID, 즉 인스턴스 이름이 아니라 tnsnames.ora 파일에 설정된 TNS alias가 된다는 점이다
만약 TWO_TASK 환경변수를 한동안 사용하지 않을 이유라면 다음과 같이 비활성화 시켜주도록 한다.

```
[oracle@ora12cvm01:korea:admin]$ unset TWO_TASK
```

Alter session 명령을 사용한 접속

일단 CDB korea에 접속하고 이후 Alter session 명령을 사용하여 PDB seoul로 접속하는 방식이다.

```
[oracle@ora12cvm01:korea:admin]$ export ORACLE_SID=korea
[oracle@ora12cvm01:korea:admin]$ sqlplus '/as sysdba'
SQL> show con_name
CON_NAME
------------------------------
CDB$ROOT
SQL> alter session set container=seoul;
Session altered.
SQL> show con_name
CON_NAME
------------------------------
SEOUL
```

이상으로 PDB 에 접속하는 4가지 방법을 살펴보았다.

Chapter 03 PDB 생성, 제거, 플러그인, 언플러그, 추가 구성(Manual)

이번 장에서는 PDB 신규 생성 및 제거와 언플러그와 프러그인에 대해 소개하고자 한다.

다음은 이번 장에서 다루게 될 세부 사항들이다.

- Section 01 PDB 신규 생성
- Section 02 PDB 언플러그
- Section 03 PDB 플러그인

●●● oracle 01

PDB 신규 생성

- 신규로 생성하고자 하는 PDB 이름 : korea, pusan
- PDB korea, pusan이 플러그인 되어질 CDB : korea

먼저 알아둘 점은 PDB를 생성한다는 의미가 아무것도 없는 상태에서 PDB 생성 스크립트를 작성하고 이를 실행함에 의해 수행한다는 의미가 아니라 CDB 내부에 PDB$SEED라는 컨테이너 (PDB 생성 시 사용하는 데이터베이스 Template)를 사용하여 이미 존재하는 데이터베이스를 복제하는 방식으로 진행하게 된다는 점을 기억하기 바란다. 그러므로 다음 두 가지 방법 중 하나를 선택해서 PDB를 생성할 수 있다. 현재 PDB$SEED의 위치를 확인하도록 한다.

```
SQL> select name from v$datafile;

NAME
--------------------------------------------------------------------
/u01/app/oracle/oradata/korea/system01.dbf
/u01/app/oracle/oradata/korea/sysaux01.dbf
/u01/app/oracle/oradata/korea/undotbs01.dbf
/u01/app/oracle/oradata/korea/pdbseed/system01.dbf
/u01/app/oracle/oradata/korea/users01.dbf
/u01/app/oracle/oradata/korea/pdbseed/sysaux01.dbf
```

PDB$SEED 파일들이 /u01/app/oracle/oradata/korea/pdbseed/ 디렉토리 아래 저장되어 있다는 것을 확인할 수 있다.

file_name_convert 문장

file_name_convert 파라미터는 파일의 위치가 소스 위치와 타겟 위치가 다른 경우 맵핑해주기 위해 사용하는 파라미터로서 주로 RMAN 백업/복구 작업 시 유용하게 사용된다.

```
SQL> create pluggable database seoul admin user seoul_admin
2  identified by oracle
3 file_name_convert=('/u01/app/oracle/oradata/korea/pdbseed/',
'/u01/app/oracle/oradata/korea/seoul/');
Pluggable database created.
```

결국 기존 PDB template 데이터베이스의 데이터 파일 위치는 /u01/app/oracle/oradata/korea/pdbseed/ 이지만 신규로 생성될 PDB는 /u01/app/oracle/oradata/korea/seoul/ 위치에 생성하고자 하는 것이다.

pdb_file_name_convert 파라미터

```
[oracle@ora12cvm01:korea:~]$ sqlplus '/as sysdba'
SQL> show parameter pdb_file_name_convert
NAME                                 TYPE
------------------------------------ ----------------------------------
VALUE
------------------------------
pdb_file_name_convert                string

SQL> alter session set pdb_file_name_convert='/u01/app/oracle/oradata/korea/pdbseed/',
  2  '/u01/app/oracle/oradata/korea/pusan/';
Session altered.

SQL> create pluggable database pusan admin user pusan_admin identified by oracle;
Pluggable database created.
```

기본적으로 PDB를 생성할 때는 Create pluggable database 시스템 권한을 가진 사용자로서 DB에 접속해야 한다.

```
SQL> COLUMN pdb_name FORMAT A20
SELECT pdb_name, status
FROM   dba_pdbs
ORDER BY pdb_name;

PDB_NAME             STATUS
-------------------- ------------------------------
PDB$SEED             NORMAL
PUSAN                NEW
SEOUL                NEW

SQL>COLUMN name format a20
SQL> select name, open_mode
  2  from v$pdbs
  3  order by name;

NAME                 OPEN_MODE
-------------------- ----------------------
PDB$SEED             READ ONLY
PUSAN                MOUNTED
SEOUL                MOUNTED
```

신규 생성된 PDB는 NEW라는 상태와 MOUNTED 라는 오픈 모드로 설정된다. 최소한 한 번은 READ WRITE라는 오픈 모드로 오픈시켜 주어야 상태가 정상적으로 설정된다.

```
SQL> alter pluggable database seoul open;
Pluggable database altered.
SQL> alter pluggable database pusan open;
Pluggable database altered.

SQL> select name, open_mode
  2  from v$pdbs
  3  order by name;

NAME               OPEN_MODE
----------------- --------------------
PDB$SEED           READ ONLY
PUSAN              READ WRITE
SEOUL              READ WRITE

SQL> SELECT pdb_name, status
FROM   dba_pdbs
ORDER BY pdb_name;

PDB_NAME            STATUS
----------------- ---------------------------
PDB$SEED            NORMA
PUSAN               NORMAL
SEOUL               NORMAL
```

마지막으로 현재 생성되어 있는 PDB seoul에 속한 데이터 파일과 임시 파일을 확인하도록 한다.

```
SQL> select con_id, PDB_ID,PDB_NAME from cdb_pdbs
  2  where con_id=3;
    CON_ID     PDB_ID    PDB_NAME
---------- ---------- --------------------
         3          3       SEOUL

SQL> select file_name from dba_temp_files;
FILE_NAME
------------------------------------------------------------------------
/u01/app/oracle/oradata/korea/seoul/pdbseed_temp012016-03-10_08-07-35-PM.dbf
```

●●● oracle 02

PDB 언플러그

PDB에 대한 언플러그 작업은 일종의 백업을 수행하는 의미로 이해하면 쉬울듯하다. 실제적으로 xml 파일 형식이나 아카이브 파일 형식으로 백업을 받는 옵션을 사용하게 된다. 이후 다른 CDB로 플러그인할 때 이전에 받아둔 이들 백업을 사용하여 간단하게 플러그인하게 되는 구조이다.
PDB pusan을 CDB korea로부터 언플러그 작업을 수행하도록 한다. 참고로 여기서는 xml 파일 형식으로 백업하는 방식으로 진행하고자 한다.

```
SQL> alter pluggable database pusan unplug into
       '/u01/app/oracle/oradata/korea/pusan/pusan.xml';
alter pluggable database pusan unplug into
       '/u01/app/oracle/oradata/korea/pusan/pusan.xml'
*
ERROR at line 1:
ORA-65025: Pluggable database PUSAN is not closed on all instances.
```

이처럼 임의의 PDB를 언플러그 작업 시에는 해당 PDB가 종료 상태이어야 한다는 점을 기억하기 바란다.

```
SQL> alter pluggable database pusan close;
Pluggable database altered.
SQL> alter pluggable database pusan unplug into
       '/u01/app/oracle/oradata/korea/pusan/pusan.xml';
Pluggable database altered.

SQL> SELECT name, open_mode
FROM   v$pdbs
ORDER BY name;  2    3
NAME                 OPEN_MODE
------------------ --------------------
PDB$SEED             READ ONLY
PUSAN                MOUNTED
SEOUL                READ WRITE
SQL> drop pluggable database pusan keep datafiles;
SQL> SELECT name, open_mode
FROM   v$pdbs
ORDER BY name;  2    3
NAME                 OPEN_MODE
```

```
----------------- --------------------
PDB$SEED            READ ONLY
SEOUL               READ WRITE
```

PDB를 삭제하면서 사용하던 데이터 파일들은 그대로 둔 채 삭제가 가능하고 파일들을 제거하면서 PDB 삭제도 가능하다. 파일을 그대로 유지한 채 삭제한 경우에는 다시 같은 PDB를 플러그인하게 될 때 보다 신속하게 작업을 완료할 수 있게 된다는 장점을 제공한다.

●●● oracle 03

PDB 플러그인

PDB에 대한 플러그인 작업은 일종의 복원을 수행하는 의미로 이해하면 쉬울듯하다.
이전에 PDB를 언플러그할 때 생성한 xml 파일이나 아카이브 파일을 사용하여 임의의 CDB로 플러그인할 때 복원하는 개념으로 작업을 수행하게 된다.
먼저 플러그인 하고자 하는 PDB의 버전과 플러그인 되는 대상 CDB 버전과의 호환성 여부(Compatibility)를 확인하도록 한다.

```
SQL> SET SERVEROUTPUT ON
SQL> DECLARE
    l_result BOOLEAN;
  BEGIN
  l_result := DBMS_PDB.check_plug_compatibility(
   pdb_descr_file => '/u01/app/oracle/oradata/korea/pusan/pusan.xml',
   pdb_name       => 'pdb2');
   IF l_result THEN
  DBMS_OUTPUT.PUT_LINE('compatible');
  ELSE
  DBMS_OUTPUT.PUT_LINE('incompatible');
    END IF;
  END;
  /
compatible
```

호환성에는 문제가 없는 것으로 확인하였다. 이때 호환성 문제가 있다고 출력되면 pdb_plug_in_violations 뷰를 통해 분석하고 해결한 후 진행해야 한다.

*PDB 플러그인(동일 CDB내에서 Nocopy 적용)

Nocopy 옵션을 적용하기 위해서는 PDB seoul에 속해있는 모든 데이터 파일들을 PDB pusan이 사용하게 될 데이터 파일의 위치로 이미 복사를 해둔 상태일 때 사용가능한 옵션이다.

- 동일한 CDB 내에서 언프러그/플러그인
- CDB 이름 : korea
- PDB 플러그인 옵션 : NOCOPY
- 언플러그/제거 PDB 이름 : seoul
- 언플러그 시 PDB xml 파일 위치와 이름 : /u01/app/oracle/oradata/korea/seoul/seoul.xml
- 생성하고자 하는 PDB 이름 : seoul
- PDB seoul의 데이터 파일 위치 : /u01/app/oracle/oradata/korea/seoul
- 데이터 파일 복사(/u01/app/oracle/oradata/korea/seoul 에서 /u01/app/oracle/oradata/korea/ seoul) 필요 여부 : 불필요(이미 존재함)

```
SQL> drop pluggable database seoul keep datafiles;
```

PDB seoul은 CDB로부터 제거되지만 데이터 파일들은 여전히 원래 위치에 남아있다.

```
SQL> create pluggable database seoul using
       '/u01/app/oracle/oradata/korea/seoul/seoul.xml'
  2  NOCOPY;
Pluggable database created.
```

*PDB 플러그인(동일 CDB, CLONE 적용)

동일한 CDB 내부에 같은 GUID(Global Unique Identifier)를 가지는 PDB들이 동시에 존재할 수 없다.

- 동일한 CDB 내에서 언프러그/플러그인
- CDB 이름 : korea
- PDB 플러그인 옵션 : CLONE
- 언플러그되어 있는 PDB 이름 : seoul
- 언플러그된 PDB xml 파일 위치와 이름 : /u01/app/oracle/oradata/korea/seoul/seoul.xml
- PDB seoul 의 데이터 파일 위치 : /u01/app/oracle/oradata/korea/seoul
- 플러그인 하고자 하는 PDB 이름 : clone_seoul

- 플러그인 되어질 PDB clone_seoul의 데이터 파일 위치 : /u01/app/oracle/oradata/korea/clone_seoul
- 데이터 파일 복사(/u01/app/oracle/oradata/korea/seoul에서 /u01/app/oracle/oradata/korea/clone_seoul) 필요 여부 : 불필요

현재 PDB seoul이 제거된 상태가 아니라 단순히 언플러그 되어있는 상황이라고 본다.
여전히 CDB 입장에서는 PDB seoul은 존재하는 데이터베이스이다. 이 상황에서 동일한 GUID 를 가지는 PDB는 기본적으로 생성하지 못한다. 이때 가능한 방법이 바로 CLONE 옵션을 적용하는 것이다. CLONE 옵션을 적용하게 되면 새로운 PDB가 생성(CLONE 옵션 적용)될 때 새로운 GUID를 부여해준다.

```
[oracle@ora12cvm01:korea:seoul]$ ls -lrt
total 758596
-rw-r----- 1 oracle oinstall  20979712 Mar 14 15:54
      pdbseed_temp012016-03-10_08-07-35-PM.dbf
-rw-r----- 1 oracle oinstall 262152192 Mar 14 15:58 system01.dbf
-rw-r----- 1 oracle oinstall 513810432 Mar 14 15:58 sysaux01.dbf
-rw-r--r-- 1 oracle oinstall      4788 Mar 14 15:58 seoul.xml

SQL> create pluggable database clone_seoul as clone
using '/u01/app/oracle/oradata/korea/seoul/seoul.xml'
file_name_convert                                                                    =
('/u01/app/oracle/oradata/korea/seoul','/u01/app/oracle/oradata/korea/clone_seoul/');
Pluggable database created.
SQL>  @check_pdb.sql

CON_ID  PDB_NAME              STATUS
------ ------------------- --------------------
     3  SEOUL                 UNPLUGGED
     2  PDB$SEED              NORMAL
     4  CLONE_SEOUL           NEW

SQL> alter pluggable database clone_seoul open;
SQL>  @check_pdb.sql

CON_ID PDB_NAME               STATUS
------ -------------------- --------------------
     3  SEOUL                 UNPLUGGED
     2  PDB$SEED              NORMAL
     4  CLONE_SEOUL           NORMAL
```

*PDB 플러그인(다른 CDB 사이, COPY 적용)

다른 CDB 간 언프러그/플러그인

- Source CDB 이름 : korea
- Target CDB 이름 : usa
- CDB korea 로부터 언플러그되어질 PDB 이름 : seoul
- 언플러그된 PDB seoul에 대한 xml 파일 위치와 이름 : /u01/app/oracle/oradata/korea/seoul/seoul.xml
- PDB seoul의 데이터 파일 위치 : /u01/app/oracle/oradata/korea/seoul
- 플러그인 하고자 하는 PDB 이름 : newyork
- 플러그인 옵션 : CLONE
- 플러그인 되어질 PDB newyork의 데이터 파일 위치 : /u01/app/oracle/oradata/usa/newyork
- 데이터 파일 복사(/u01/app/oracle/oradata/korea/seoul에서 /u01/app/oracle/oradata/usa/newyork) 필요 여부 : 필요

*CDB korea 에서 PDB seoul 상태 확인

```
SQL> @check_pdb.sql
CON_ID  PDB_NAME                   STATUS
------ ------------------ ---------------------
     3  SEOUL                      UNPLUGGED
     2  PDB$SEED                   NORMAL
```

CDB usa에서 xml 파일을 점검한다.

```
SQL> select name from v$database;
NAME
---------------------------
USA
SQL> @pdb_check_compatibility.sql
Compatible

create pluggable database seoul
using '/u01/app/oracle/oradata/korea/seoul/seoul.xml'
file_name_convert=('/u01/app/oracle/oradata/korea/seoul/',
'/u01/app/oracle/oradata/usa/seoul/');
```

자동으로 복사하면서 PDB seoul을 CDB usa 내부에 플러그인한다.
CDB usa에서 확인한다.

```
SQL> @check_pdb.sql
CON_ID  PDB_NAME                   STATUS
------ -------------------- --------------------
     3  SEOUL                      NORMAL
     2  PDB$SEED                   NORMAL
```

*PDB 플러그인(다른 CDB 사이, CLONE 적용)

```
 create pluggable database clone_same_seoul
using '/u01/app/oracle/oradata/korea/seoul/seoul.xml'
file_name_convert                                                              =
('/u01/app/oracle/oradata/korea/seoul','/u01/app/oracle/oradata/usa/clone_seoul/');
```

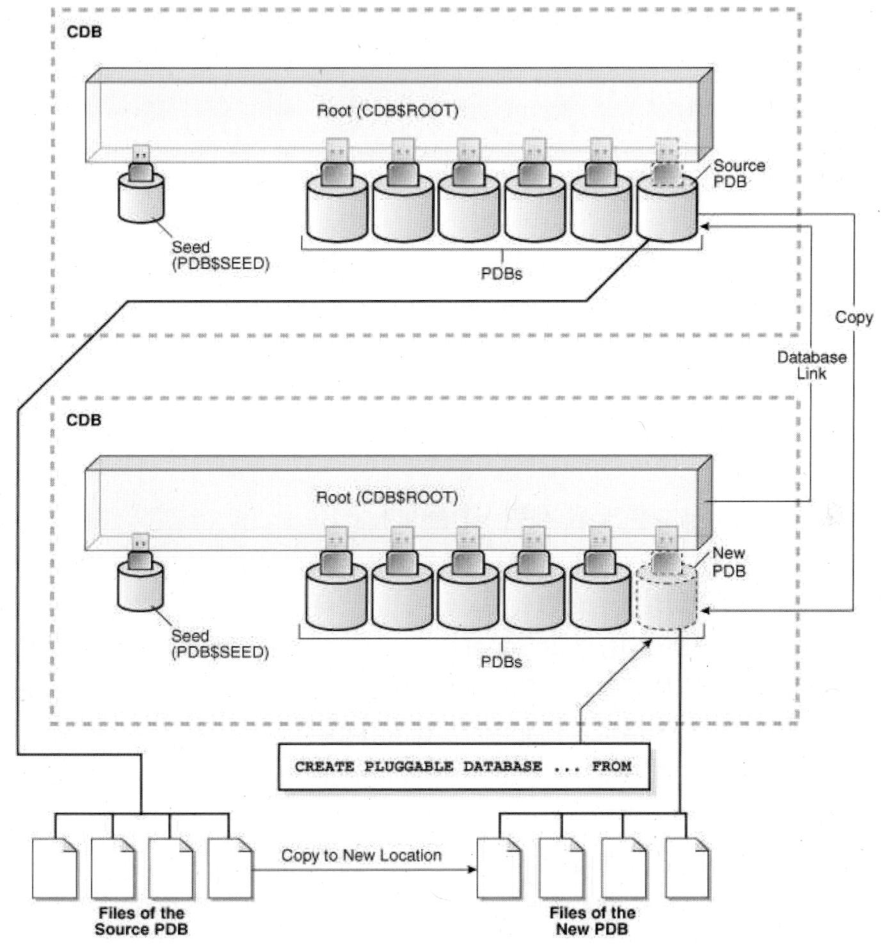

〈PDB4간 플러그인 과정〉

Chapter 04 PDB 생성, 제거, 플러그인, 언플러그, 추가 구성(DBCA)

이번 장에서는 PDB를 생성하고 제거하는 기본적인 과정 및 다른 CDB로 플러그인/언플러그인하는 과정을 소개하고자 한다. 기존의 Non-CDB 환경에서 임의의 DB를 옮기는 과정에 비해 무척 간단하다는 사실을 알게될 것이다.

다음은 이번 장에서 다루게 될 세부 사항들이다.

●●● oracle 01

PDB 신규 생성

신규로 PDB를 생성하는 과정에 대해서 살펴보도록 한다. 신규 PDB 생성도 CDB 입장에서 보면 플러그인(Create database가 아닌 Create pluggable database) 되는 상황이라는 점 이해하기 바란다.

- 신규로 생성하고자 하는 PDB 이름 : pusan
- PDB pusan이 플러그인 되어질 CDB : korea

<DBCA 시작>

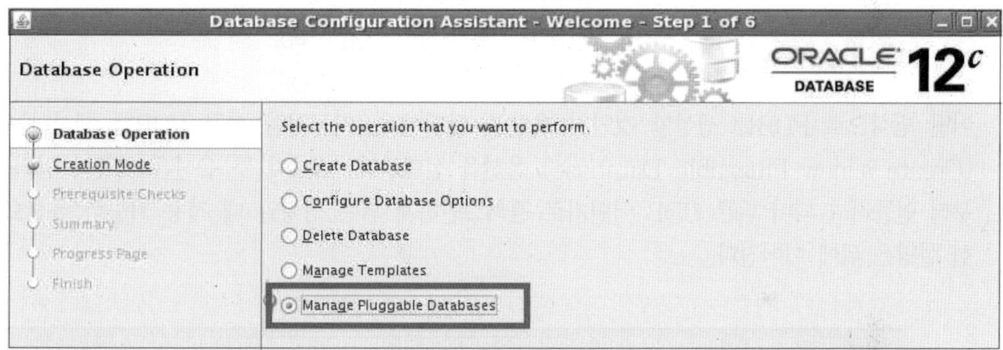

<PDB 관리를 위한 옵션 선택>

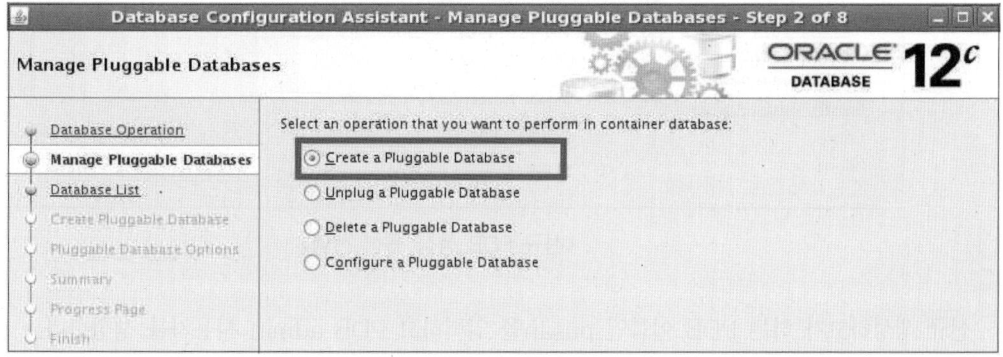

<신규 PDB 생성 옵션 선택>

신규로 생성하고자 하고자 하는 PDB pusan이 플러그인 되어질 대상 CDB korea를 CDB 리스트로부터 선택한다.

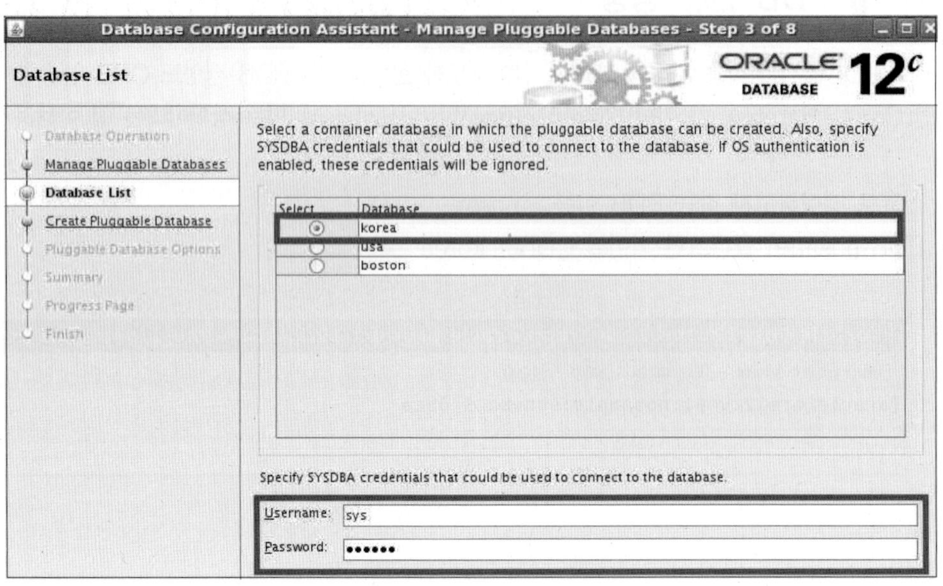

〈신규 PDB를 저장할 CDB 선택〉

어떤 방식으로 PDB를 생성할 것인지 옵션을 선택한다. 지금처럼 신규 PDB를 생성하는 경우에는 [Create a new Pluggable Database] 옵션을 선택한다. 나머지 두 옵션은 기존의 임의의 CDB로부터 언플러그 되어 다른 CDB 어딘가로 플러그인하게 되는 상황일 때 적용 가능한 옵션으로서 자세한 설명은 뒤에 이어진다.

〈신규 PDB 생성 옵션 선택〉

신규 생성하고자 하는 PDB 이름인 pusan을 입력하고 PDB admin 사용자를 생성한다.
이때 sys와 system과 같은 admin 사용자들은 PDB의 admin 사용자로서 생성이 불가능하다. 그 이유는 이들은 이미 CDB korea에서 Global admin 사용자로서 생성, 관리되는 중이기 때문이다.

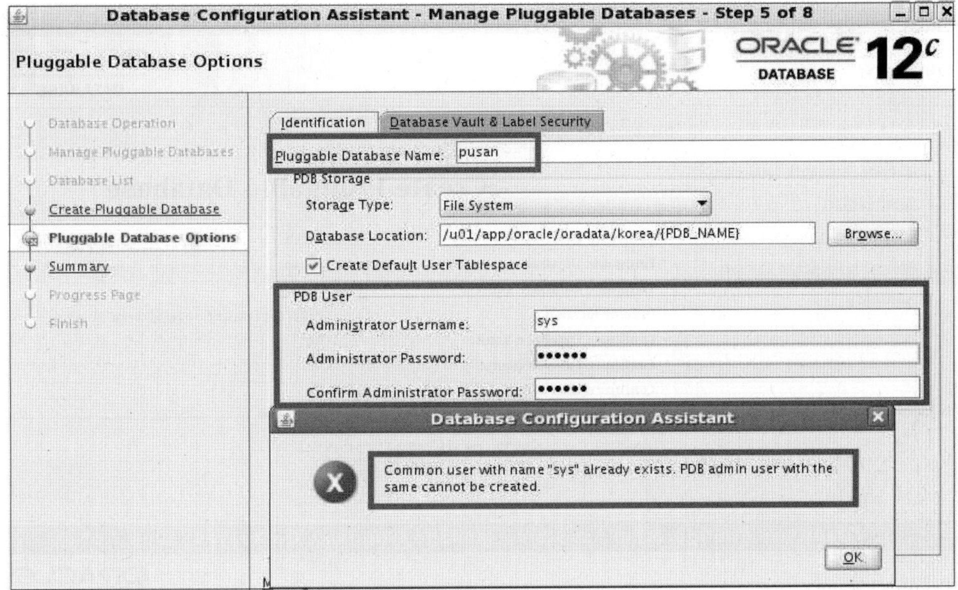

<신규 PDB 관리자 설정 #1>

pusan_admin이라는 admin 사용자를 생성하도록 한다. 이 사용자는 앞으로 PDB pusan에 대한 Local admin 사용자로서의 역할을 담당하게 된다.

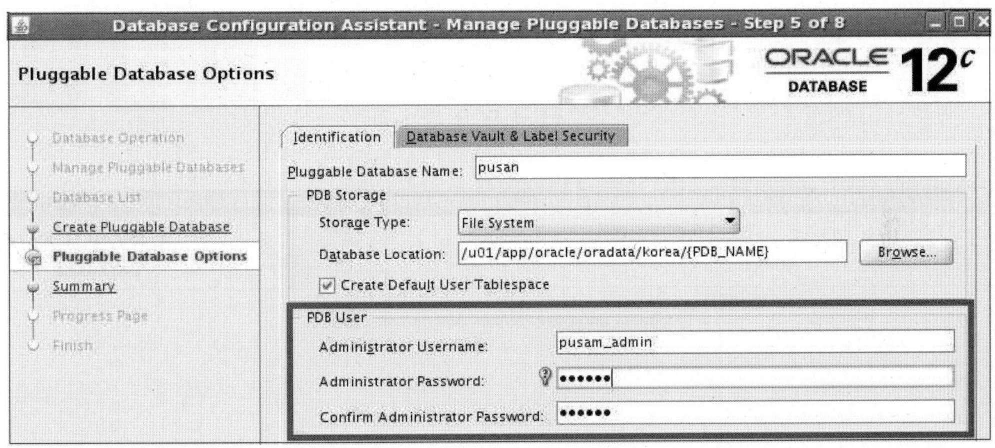

<신규 PDB 관리자 설정 #2>

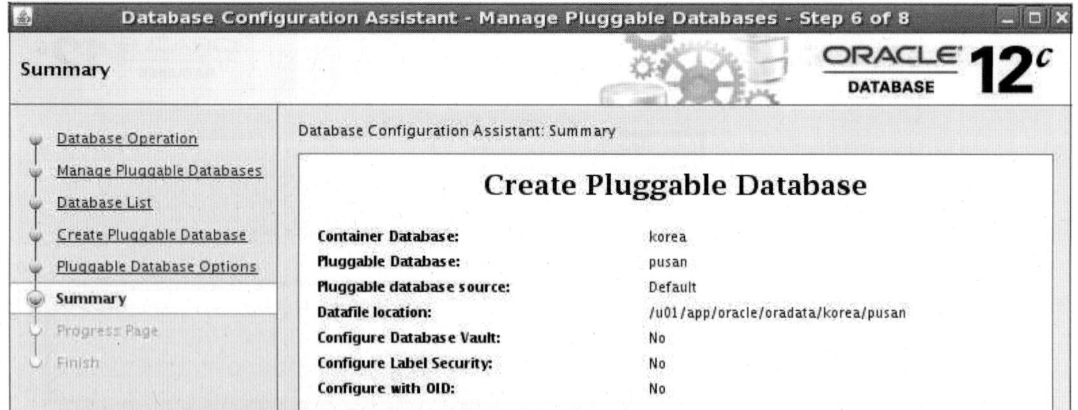

〈신규 PDB 생성 요약〉

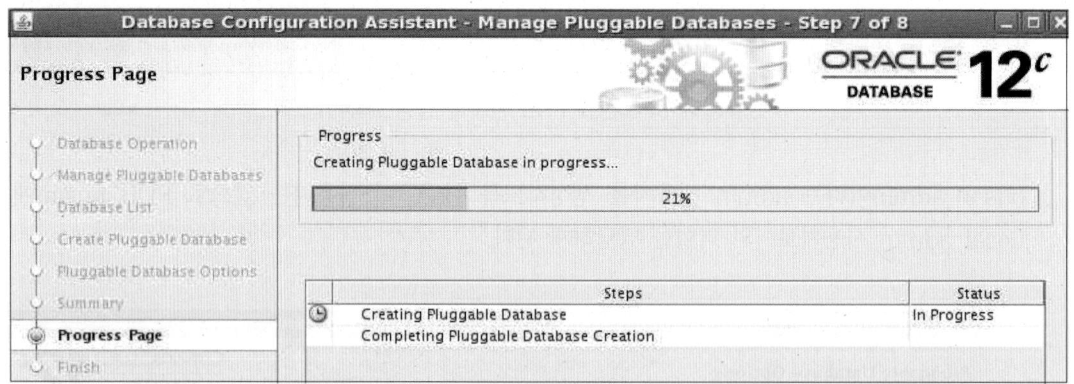

〈신규 PDB 생성 과정〉

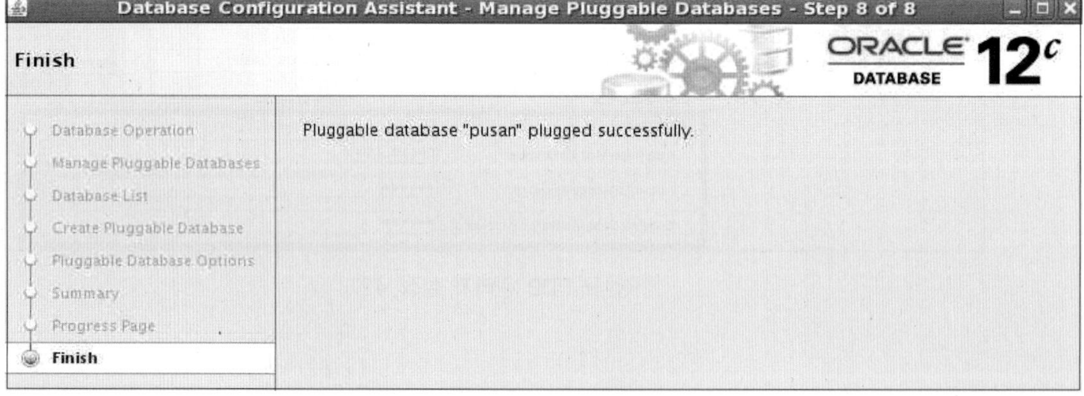

〈신규 PDB 생성 완료〉

이상으로 신규 PDB 생성 과정에 대해서 살펴보았다.

●●● oracle 02

PDB 언플러그(Generate pluggable database file set 옵션)

임의의 CDB로부터 임의의 PDB를 언플러그 하는 과정에 대해서 살펴보도록 한다.

- 언플러그하고자 하는 PDB 이름 : pusan
- 언플러그하고자 하는 PDB가 플러그인 되어있는 CDB 이름 : korea
- 언플러그 옵션 : Generate pluggable database file set 옵션

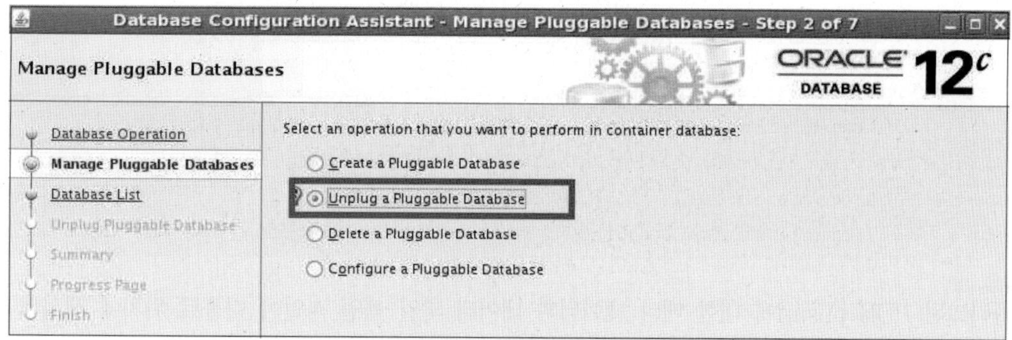

<기존 PDB에 대한 언플러그드 옵션>

PDB pusan이 현재 플러그인되어 있는 CDB korea를 CDB 리스트로부터 선택한다

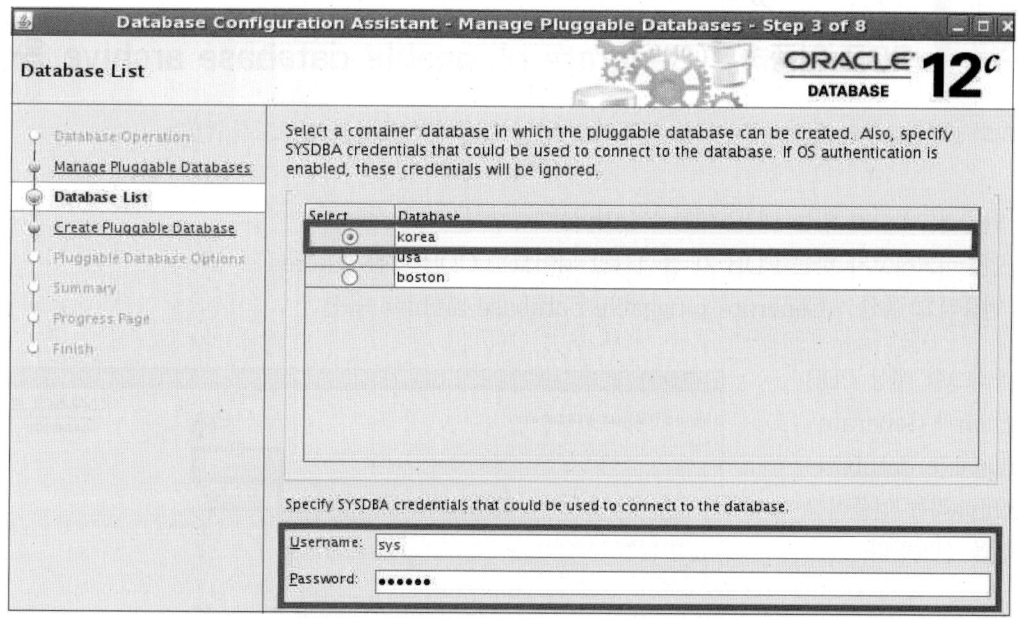

<기존 PDB가 플러그인되어 있는 CDB 선택>

언플러그할 대상 PDB pusan과 'Generate pluggable database file set' 언플러그 옵션을 선택한다.

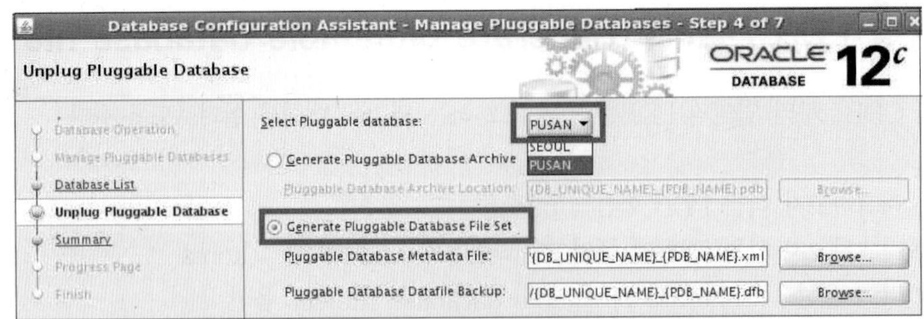

<Database file set 방식으로 언플러그드 수정 옵션 선택>

```
[oracle@ora12cvm01:nosample:templates]$ cd
      /u01/app/oracle/product/12.1.0/dbhome_1/assistants/dbca/templates
[oracle@ora12cvm01:nosample:templates]$ ls -lrt PUSAN*
-rw-r----- 1 oracle oinstall      5357 Mar 11 17:03 PUSAN.xml
-rw-r----- 1 oracle oinstall 136323072 Mar 11 17:04 PUSAN.dfb
```

언플러그된 PDB pusan에 대한 메타 데이터와 데이터 파일 백업 파일이 디폴트 위치에 생성된 것을 확인할 수 있다.

oracle 03

PDB 언플러그(Generate pluggable database archive 옵션)

임의의 CDB로부터 임의의 PDB를 언플러그 하는 과정에 대해서 살펴보도록 한다.

- 언플러그하고자 하는 PDB 이름 : inchon
- 언플러그하고자 하는 PDB 가 플러그인 되어있는 CDB 이름 : korea
- 언플러그 옵션 : Generate pluggable database archive 옵션

언플러그할 대상 PDB Inchon과 Generate pluggable database archive라는 언플러그 옵션을 선택한다.

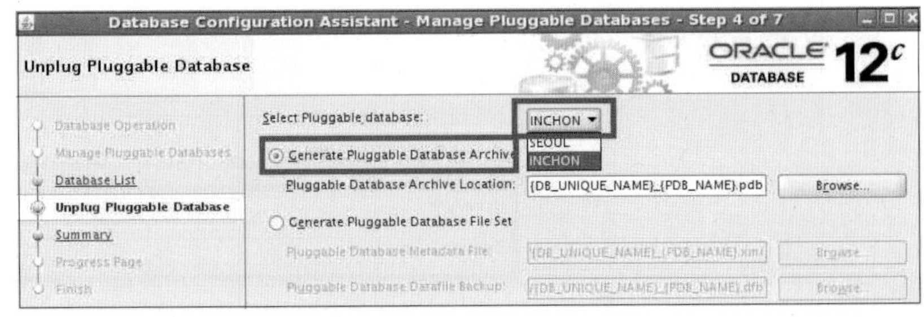

언플러그된 PDB inchon에 대한 아카이브 파일이 디폴트 위치에 생성된 것을 확인할 수 있다.

```
[oracle@ora12cvm01:nosample:templates]$ cd
      /u01/app/oracle/product/12.1.0/dbhome_1/assistants/dbca/templates
[oracle@ora12cvm01:nosample:templates]$ ls -lrt INCHON*
-rw-r----- 1 oracle oinstall 123856596 Mar 11 17:15 INCHON.pdb
```

●●● oracle 04

PDB 플러그(Generate pluggable database file set 옵션)

임의의 CDB로부터 언플러그 되어진 임의의 PDB를 다시 임의의 CDB로 플러그하는 과정에 대해서 살펴보도록 한다. 임의의 PDB가 언플러그 되어질 때 해당 PDB에 대한 백업 이미지를 생성하게 되는데 이후 임의의 CDB로 플러그인할 때 그 이미지를 사용함으로서 플러그인 작업을 수행하게 된다는 점을 기억하기 바란다.

- 플러그인 하고자 하는 PDB 이름 : pusan
- PDB pusan이 언플러그 된 CDB 이름 : korea
- PDB pusan이 다시 플러그인 되어질 CDB 이름 : usa(오픈 상태이어야 함)
- 플러그인 시 설정할 PDB 이름 : usa_pusan
- 플러그인 옵션 : Generate pluggable database archive 옵션

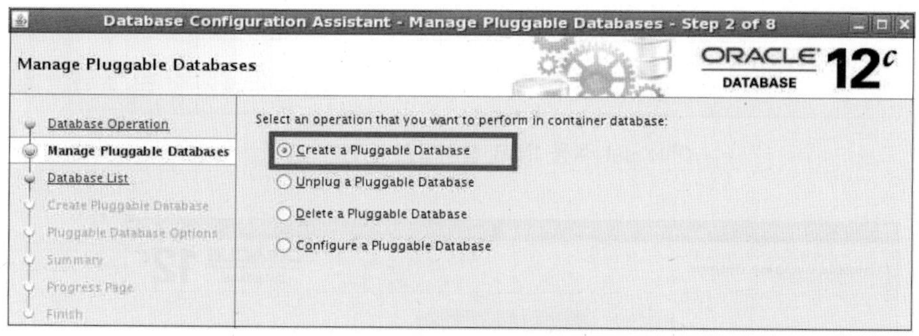

<CDB 생성 옵션 선택>

CDB usa로 플러그인 한다.

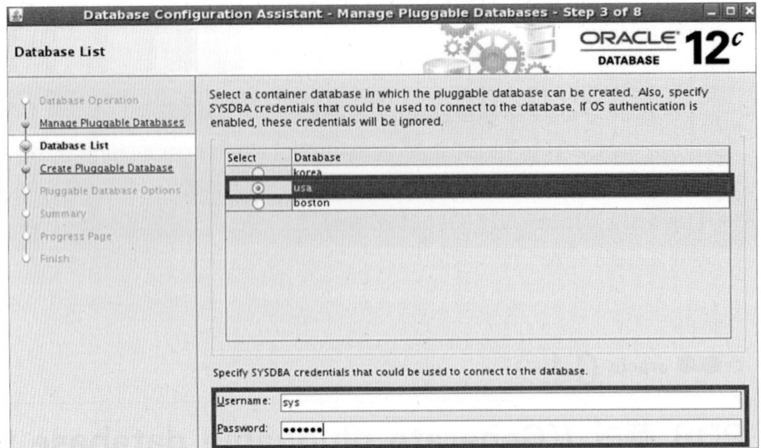

<플러그인하고자 하는 CDB 선택>

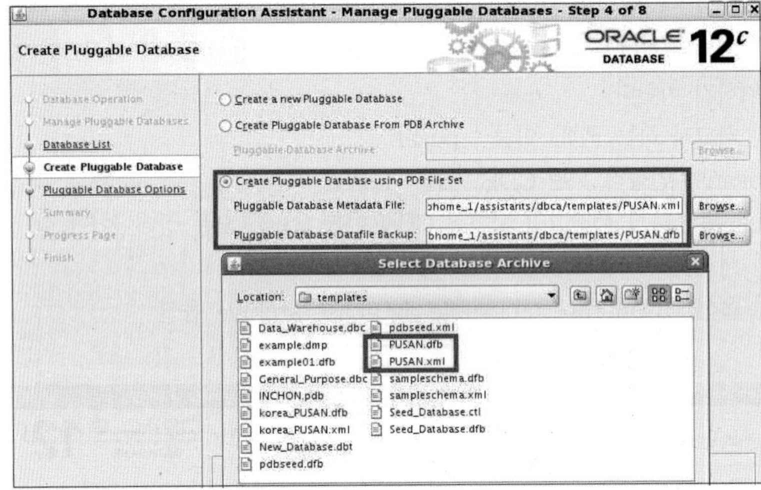

<File set 적용 PDB 플러그인 수행>

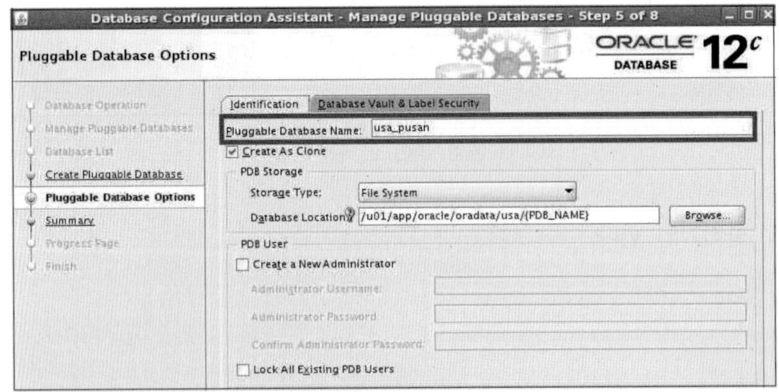

<PDB 이름 설정>

●●● oracle 05

PDB 플러그(Generate pluggable database archive 옵션)

임의의 CDB로부터 언플러그 되어진 임의의 PDB를 다시 임의의 CDB로 플러그 하는 과정에 대해서 살펴보도록 한다.

- 플러그인 하고자 하는 PDB 이름 : inchon
- PDB inchon이 언플러그 된 CDB 이름 : korea
- PDB inchon이 다시 플러그인 되어질 CDB 이름 : usa(오픈 상태이어야 함)
- 플러그인 시 설정할 PDB 이름 : inchon
- 플러그인 옵션 : Generate pluggable database archive 옵션

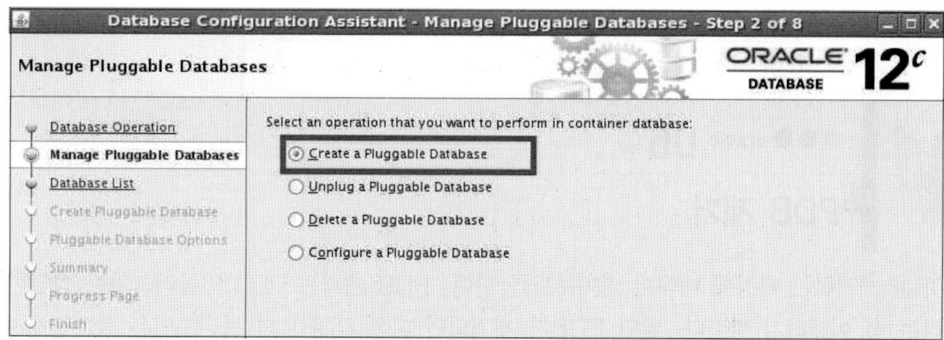

<PDB 생성>

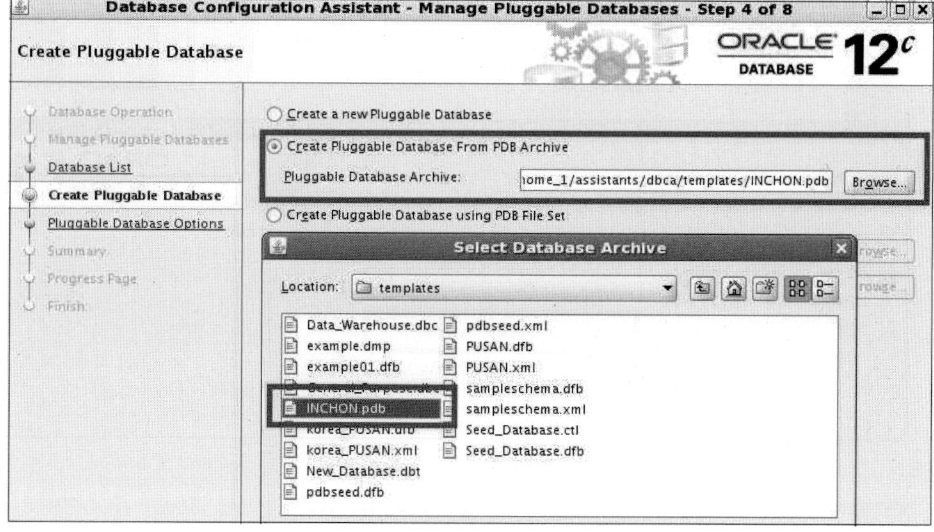

<Archive 적용 PDB 플러그인 수행>

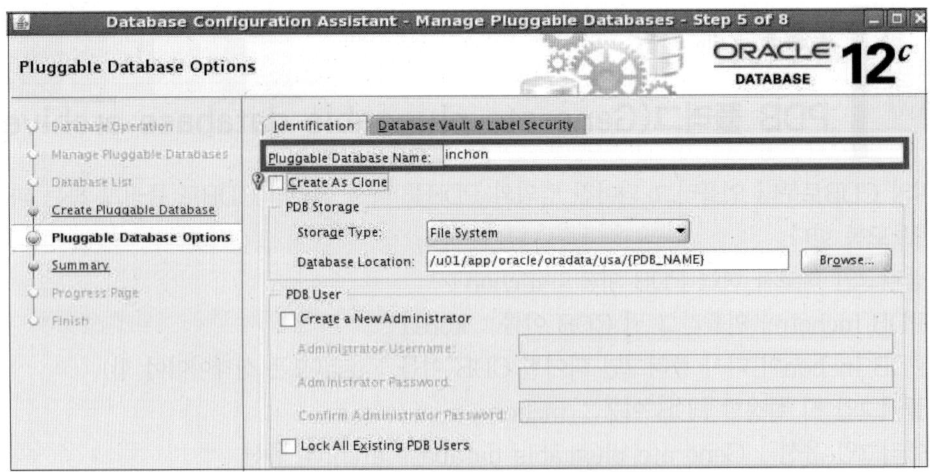

〈PDB 이름 설정〉

●●● oracle 06

PDB 제거

PDB를 제거하는 과정에 대해서 살펴보도록 한다. PDB 제거는 PDB 언플러그와는 상당히 다른 개념이라는 점 이해하기 바란다. 일단 PDB가 제거되면 다른 CDB로의 플러그인은 불가능해지만 PDB가 언플러그 되면 다른 CDB로 얼마든지 플러그인이 가능하다는 의미이다.

- 제거하고자 하는 PDB 이름 : seoul
- PDB seoul이 플러그인 되어있는 CDB 이름 : kroea

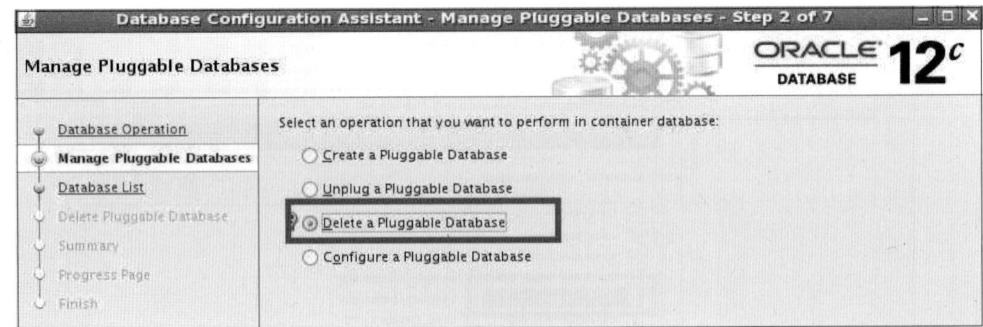

〈PDB 제거 옵션 선택〉

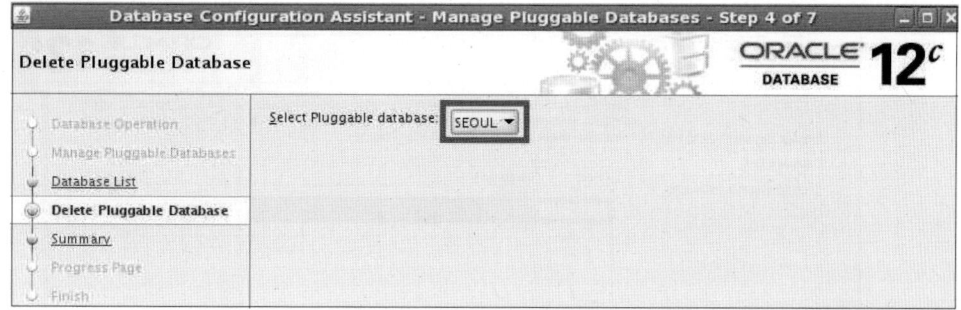

<제거할 PDB 이름 선택>

●●● oracle 07

PDB 구성 옵션 설정

기존 PDB 구성 옵션에 대한 재구성을 하고자 하는 경우에 대해서 살펴보도록 한다.

- 재구성하고자 하는 PDB 이름 : usa_pusan
- PDB usa_pusan이 플러그인 되어있는 CDB 이름 : usa

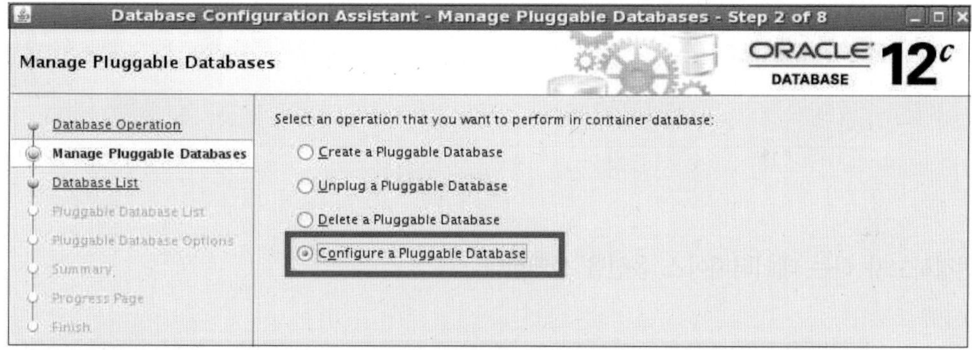

<PDB 구성 변경 옵션 선택>

구성 옵션을 변경하고자 하는 PDB usa_pusan이 현재 플러그인 되어있는 CDB usa를 CDB 리스트로부터 선택한다.

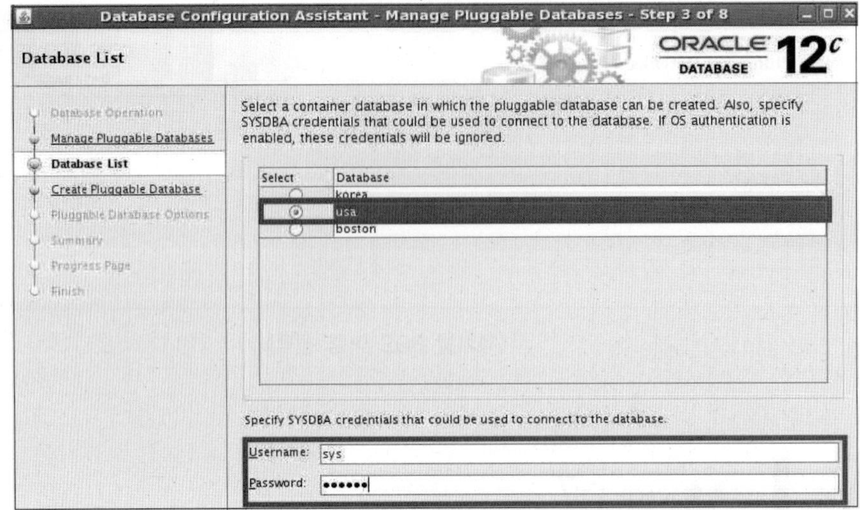

〈CDB 선택〉

데이터베이스 구성 옵션 재구성 대상인 PDB usa_pusan을 선택한다.

〈PDB 선택〉

변경하고자 하는 데이터베이스 옵션을 선택한다.

〈PDB에 대한 변경 옵션 선택〉

Chapter 05 CDB, PDB 세부 관리

이번 장에서는 CDB, PDB에 대한 세부 관리 사항에 대해 소개하고자 한다.
세부 내용 설명을 위한 환경설정은 다음과 같다.

- CDB 이름 : korea
- CDB 내부 root 컨테이너 이름 : CDB$ROOT
- CDB 내부 PDB 컨테이너 이름 : seoul
- CDB 내부 PDB 컨테이너 이름 : pusan

다음은 이번 장에서 다루게 될 세부 사항들이다.

- Section 01 멀티테넌트 CDB, PDB 기본 구성 정보 확인
- Section 02 CDB, PDB 시작과 종료
- Section 03 CDB 접속을 위한 네트워크 설정
- Section 04 PDB 접속을 위한 네트워크 설정
- Section 05 CDB, PDB 사용자 및 권한 관리
- Section 06 CDB, PDB 초기화 파라미터 설정
- Section 07 CDB, PDB 테이블스페이스 관리

●●● oracle 01

멀티테넌트 CDB, PDB 기본 구성 정보 확인

현재 구성되어 있는 멀티테넌트 환경을 이해하도록 한다. 일단 CDB korea로 접속한 후 아래 명령을 실행한다.

```
SQL>column con_id format 9999
SQL>column pdb_id format 9999
SQL>column pdb_name format a15
SQL>column status format a10
SQL>select con_id ,pdb_id,pdb_name,status from cdb_pdbs order by 1;
CON_ID PDB_ID  PDB_NAME        STATUS
------ ------ --------------- ----------
     2      2   PDB$SEED         NORMAL
     3      3   SEOUL            NORMAL
     4      4   PUSAN            NORMAL
```

현재 CDB 내부에 설정된 모든 서비스를 확인할 수 있다.

```
SQL> select name, con_id from v$active_services order by 1;
NAME                     CON_ID
-------------------- ------
SYS$BACKGROUND              1
SYS$USERS                   1
korea.oracle.com            1
koreaXDB                    1
pusan.oracle.com            4
seoul.oracle.com            3
```

●●● oracle 02

CDB, PDB 시작과 종료

멀티테넌트 환경에서 CDB와 PDB를 시작하고 종료시키는 방법을 살펴보도록 한다.

*CDB 시작과 종료

먼저 CDB korea 내부의 root 컨테이너(CDB$ROOT)로 접속하도록 한다. 혹시 이미 시작되어 있는 상태라면 다음과 같이 CDB korea 전체를 종료시키도록 한다.

이후에 다시 자세히 설명 되겠지만 CDB를 종료시키면 내부에 플러그인되어 있는 모든 PDB 컨테이너들도 함께 종료된다는 점이다. 현재 실습 환경에서 보자면 CDB korea가 종료되면 내부에 플러그인 되어있는 PDB seoul도 동시에 종료된다는 것을 의미한다.

```
[oracle@ora12cvm01:korea:~]$ export ORACLE_HOME
/u01/app/oracle/product/12.1.0/dbhome_1
[oracle@ora12cvm01:korea:~]$ export ORACLE_SID
korea
[oracle@ora12cvm01:korea:~]$ sqlplus '/as sysdba'
SQL> show con_name
CON_NAME
------------------------------
CDB$ROOT
SQL> shutdown immediate
Database closed.
Database dismounted.
ORACLE instance shut down.
```

CDB korea가 종료된 상태이므로 다시 CDB korea를 시작한다.

```
SQL> startup
ORACLE instance started.
Total System Global Area   1073741824   bytes
Fixed Size                    2932632   bytes
Variable Size               666894440   bytes
Database Buffers            398458880   bytes
Redo Buffers                  5455872   bytes
Database mounted.
Database opened.
```

메시지만 봐서는 Non CDB 환경이랑 별 달라 보이지 않지만 내부적으로는 상당히 큰 차이가 있다. 멀티테넌트 환경(CDB 환경)에서 CDB가 시작되면 CDB 인스턴스를 시작하고 컨트롤 파일을 마운트시키며 마지막으로 오픈 시에는 root 컨테이너만 오픈하는 과정을 수행한다. 결국 이 상황에서는 PDB 접속이 불가능하다는 이야기이다. 왜냐하면 PDB가 PDB 컨테이너의 하나이며 아직 PDB 컨테이너가 오픈된 상태가 아니기 때문이다.

*PDB 시작과 종료

PDB를 시작하기 전에 현재 PDB들의 상태부터 확인해보도록 한다.

```
SQL> select name, open_mode from v$pdbs;
NAME            OPEN_MODE
------------    ---------------
PDB$SEED        READ ONLY
SEOUL           MOUNTED
PUSAN           MOUNTED
```

PDB$SEED는 원래 Read only 상태가 정상이므로 아무 문제가 없지만 seoul과 pusan이라는 두 개의 PDB는 현재 Mount 상태이므로 접속이 불가능 한 상태를 의미한다. PDB 시작과 종료는 현재 어느 컨테이너에 접속한 상태이냐에 따라 다음 두 가지 방법을 적용할 수 있다.

SQL Plus 명령을 사용하는 방법(PDB 에 직접 접속한 경우)

먼저 SQL Plus 명령을 사용하는 방법을 살펴보도록 한다..

```
[oracle@ora12cvm01:korea:~]$ sqlplus sys/oracle@seoul as sysdba
SQL> show con_name
CON_NAME
------------------------------
SEOUL
SQL> startup;
Pluggable Database opened.
SQL> shutdown immediate
Pluggable Database closed.
```

Alter pluggable database 명령을 사용하는 방법(CDB$ROOT에 접속한 경우)

Alter pluggable database 명령은 CDB에 접속해서 PDB를 시작 또는 종료시키는 경우에 사용할 수 있다.

```
[oracle@ora12cvm01:korea:~]$ sqlplus '/as sysdba'
SQL> show con_name
CON_NAME
------------------------------
CDB$ROOT
SQL> alter pluggable database seoul open;
Pluggable database altered.
SQL> select name, open_mode from v$pdbs;
NAME            OPEN_MODE
----------      ----------
PDB$SEED        READ ONLY
SEOUL           READ WRITE
PUSAN           MOUNTED
```

이제 PDB seoul도 Read write 모드로 오픈되었음을 확인할 수 있다.

만약 다수의 PDB가 CDB 내부에 존재하는 경우에 이들 모든 PDB를 한 번에 시작시키고자 하는 경우에는 다음과 같이 All이라는 옵션을 사용하면 간단히 해결된다. 다시 CDB를 종료시키고 seoul과 pusan 두 개의 PDB를 모두 동시에 시작시켜 보도록 한다.

```
SQL> shutdown immediate
Database closed.
Database dismounted.
ORACLE instance shut down.
SQL> startup
SQL> alter pluggable database all open;
SQL> column name format a15
SQL>column open_mode format a15
SQL>select name, open_mode from v$pdbs;
SQL>
NAME           OPEN_MODE
-------------- ---------------
PDB$SEED       READ ONLY
SEOUL          READ WRITE
PUSAN          READ WRITE
CDB는 오픈 상태에 두고 PDB seoul만 종료시키는 방법을 살펴보도록 한다.
```

만약 CDB에 접속한 상태에서 Shutdown immediate 명령을 수행하면 현재 접속되어 있는 CDB 자체가 종료되어지기 때문에 다음과 같이 Alter 명령을 사용하여 특정 혹은 모든 PDB를 종료시켜야 한다.

```
SQL> alter pluggable database seoul close immediate;
NAME           OPEN_MODE
-------------- ---------------
PDB$SEED       READ ONLY
SEOUL          MOUNT
PUSAN          READ WRITE
```

물론, 두 PDB를 동시에 종료시키려면 all 옵션을 사용하면 된다.

```
SQL> alter pluggable database all close immediate;
SQL> select name, open_mode from v$pdbs;
NAME           OPEN_MODE
-------------- ---------------
PDB$SEED       READ ONLY
SEOUL          MOUNTED
PUSAN          MOUNTED
```

또한 Except라는 옵션을 사용하게 되면 특정 PDB를 제외(Exception)한 다른 모든 PDB를 시작시키거나 종료시킬 수도 있다.

```
SQL> alter pluggable database all except seoul open;
SQL> select name, open_mode from v$pdbs;
NAME           OPEN_MODE
-------------- ---------------
PDB$SEED       READ ONLY
SEOUL          MOUNTED
PUSAN          READ WRITE
```

●●● oracle 03

CDB 접속을 위한 네트워크 설정

멀티테넌트 환경에서의 기본 네트워크 환경 설정에 대해 살펴보도록 한다.
12c 멀티테넌트 환경이라 할지라도 기본적인 네트워크 구성은 이전 버전과 크게 다르지는 않다. 일단 먼저 리스너 구성을 확인하도록 한다.

```
[oracle@ora12cvm01:korea:~]$ cd $ORACLE_HOME/network/admin
[oracle@ora12cvm01:korea:admin]$ cat listener.ora
# listener.ora Network Configuration File:/u01/app/oracle/product/12.1.0/
dbhome_1/network/admin/listener.ora
# Generated by Oracle configuration tools.
LISTENER =
  (DESCRIPTION_LIST =
    (DESCRIPTION =
      (ADDRESS = (PROTOCOL = TCP)(HOST = ora12cvm01)(PORT = 1521))
      (ADDRESS = (PROTOCOL = IPC)(KEY = EXTPROC1521))
    )
)
```

LISTENER라는 이름의 리스너가 현재 1521번 포트에 구성되어 있음을 확인할 수 있다. 다음은 LISTENER라는 이름의 리스너의 상태, 특히 어떤 서비스들이 현재 등록되어있는지를 확인하도록 한다.

```
[oracle@ora12cvm01:korea:~]$ lsnrctl status
Services Summary...
Service "korea.oracle.com" has 1 instance(s).
  Instance "korea", status READY, has 1 handler(s) for this service...
Service "koreaXDB.oracle.com" has 1 instance(s).
  Instance "korea", status READY, has 1 handler(s) for this service...
Service "seoul.oracle.com" has 1 instance(s).
  Instance "korea", status READY, has 1 handler(s) for this service...
The command completed successfully
```

위의 결과를 통해 현재 리스너에는 3개의 서비스가 등록되어 있음을 확인할 수 있다. 모두 "READY" 상태이므로 동적 리스너 등록(Dynamic service registration)이 이루어져있다는 사실도 확인할 수 있다. 이 가운데 CDB korea로의 접속은 서비스 "korea.oracle.com"를 통해서 가능하며 CDB 내부에 플러그인 되어있는 PDB seoul로의 접속은 서비스 "seoul.oracle.com"을 통해서 가능함을 확인하였다.

먼저 CDB korea로의 접속을 위한 네트워크 설정을 살펴보자.
CDB로의 로컬 접속(Local connection)은 기본적으로 $ORACLE_HOME과 $ORACLE_SID 변수값을 확인하고 이전 버전에서와 마찬가지 방법으로 sqlplus를 사용하여 접속하면 아무 문제없이 CDB korea로의 접속이 가능하다. 이처럼 CDB korea에 접속한다는 이야기는 결국 그 CDB korea 내부에 존재하는 root 컨테이너인 CDB$ROOT에 접속하는 것이라 이해하면 된다.

```
[oracle@ora12cvm01:korea:~]$ echo $ORACLE_HOME
/u01/app/oracle/product/12.1.0/dbhome_1
[oracle@ora12cvm01:korea:~]$ echo $ORACLE_SID
korea
[oracle@ora12cvm01:korea:~]$ sqlplus '/as sysdba'
SQL> select instance_name from v$instance;
INSTANCE_NAME
------------------------------------------------
Korea
```

이처럼 현재 접속된 인스턴스는 korea라는 CDB 인스턴스임을 확인할 수 있다.
CDB로의 원격 접속(Remote connection)은 역시 항상 해오던 방식 그대로 다음과 같은 TNS alias를 tnsnames.ora 파일에 설정함으로 접속이 가능하다.

```
KOREA =
  (DESCRIPTION =
    (ADDRESS = (PROTOCOL = TCP)(HOST = ora12cvm01)(PORT = 1521))
    (CONNECT_DATA =
      (SERVER = DEDICATED)
      (SERVICE_NAME = korea.oracle.com)
    )
)
[oracle@ora12cvm01:korea:admin]$ tnsping korea
Used TNSNAMES adapter to resolve the alias
Attempting to contact (DESCRIPTION = (ADDRESS = (PROTOCOL = TCP)(HOST = ora12cvm01)
PORT = 1521)) (CONNECT_DATA = (SERVER = DEDICATED) (SERVICE_NAME = korea.oracle.om)))
OK (10 msec)
```

```
[oracle@ora12cvm01:korea:~]$ sqlplus sys/oracle@korea as sysdba
SQL> select instance_name,status,con_id from v$instance;
INSTANCE_NAME
------------------------------------------------
STATUS                             CON_ID
------------------------------------ ----------
korea
OPEN                                    0
```

tip

CDB$ROOT 컨테이너의 CON_ID(컨테이너 아이디)는 항상 0이다. 지금 korea라는 CDB 내부에 설정되어 있는 Root 컨테이너의 이름이 바로 CDB$ROOT 컨테이너이며 그 컨테이너의 ID는 0이라는 의미이다.

이제 현재 접속된 컨테이너 이름을 확인하도록 한다.

```
SQL> show con_name
CON_NAME
------------------------------
CDB$ROOT
```

이상으로 CDB korea로의 로컬 및 원격 접속을 위한 네트워크 설정과 접속 확인 과정을 살펴보았다.

●●● oracle 04

PDB 접속을 위한 네트워크 설정

PDB seoul로의 접속을 위한 네트워크 설정을 살펴보자.
CDB 접속 방식과 마찬가지로 ORACLE_HOME과 ORACLE_SID를 설정하고 진행해보자.

```
[oracle@ora12cvm01:korea:~]$ export ORACLE_SID=seoul
[oracle@ora12cvm01:seoul:~]$ echo $ORACLE_HOME
/u01/app/oracle/product/12.1.0/dbhome_1
[oracle@ora12cvm01:seoul:~]$ echo $ORACLE_SID
seoul
[oracle@ora12cvm01:seoul:~]$ sqlplus '/as sysdba'
SQL*Plus: Release 12.1.0.2.0 Production on Thu Mar 10 15:19:30 2016
Copyright (c) 1982, 2014, Oracle.  All rights reserved.
Connected to an idle instance.
```

"Connected to an idle instance"라는 메시지는 접속하고자 하는 인스턴스(PDB seoul이라는 인스턴스)가 시작되지 않은 상태라는 의미이므로 바로 인스턴스를 시작(Startup) 시키도록 한다.

```
SQL> startup
ORA-01078: failure in processing system parameters
LRM-00109: could not open parameter file
        '/u01/app/oracle/product/12.1.0/dbhome_1/dbs/initseoul.ora'
```

파라미터 파일을 찾을 수 없다는 에러 메시지가 출력되는 상황이 발생하고 있다. 이런 문제가 발생하는 이유는 무엇일까? PDB 접속은 뭔가 다른 설정이 필요할까? 결론부터 이야기하자면 CDB 내부의 PDB에 접속하는 방법은 기존에 수행하던 방식하고는 사뭇 다르다. PDB에 접속하는 4가지 방식을 살펴보도록 한다.

OS 상에서 PDB로 접속(tnsnames.ora 적용)

CDB korea로의 로컬 접속에는 TNS alias가 굳이 필요하지 않았던 것을 기억하도록 한다. 하지만 PDB로의 접속 시에는 로컬 접속이라 하더라도 TNS aias를 사용해야 한다는 점을 기억하도록 한다. tnsnames.ora 파일을 사용해서 실제로는 로컬 접속이지만 원격 접속 방식으로 PDB에 접속하는 과정을 살펴보도록 한다.

```
[oracle@ora12cvm01:korea:admin]$ sqlplus sys/oracle@seoul as sysdba
SQL> select instance_name,status,con_id from v$instance;

INSTANCE_NAME
------------------------------------------------
STATUS                                   CON_ID
------------------------------------ ----------
korea
MOUNTED                                       0


SQL> show con_name
CON_NAME
------------------------------
Seoul
```

"seoul"이라는 TNS alias를 사용하여 PDB seoul 컨테이너에 접속된 것을 확인할 수 있다.

CDB$ROOT 접속 후 PDB에 접속(tnsnames.ora 파일 사용)

일단 CDB에 접속한 후 TNS alias를 사용하여 PDB에 접속하는 방식이다.

```
[oracle@ora12cvm01:korea:admin]$ export ORACLE_SID=korea
[oracle@ora12cvm01:korea:admin]$ sqlplus / as sysdba
SQL> conn sys/oracle@seoul as sysdba
Connected.
SQL> show con_name
CON_NAME
------------------------------
SEOUL
```

TWO_TASK를 통한 PDB 접속

TWO_TASK 라는 환경변수를 사용하여 PDB에 접속하는 방식이다.

원격지 데이터베이스에 접속할 때는 다음과 같이 @TNSAlias 형태로 설정하는 것이 일반적이다. 먼저 TWO_TASK 환경변수가 어떤 설정인지 살펴보도록 한다. 다음과 같은 @NS alias가 설정되어 있다고 보고 항상 하던 방식으로 원격 접속을 시도해 보자.

```
SEOUL_TWO_TASK =
  (DESCRIPTION =
    (ADDRESS = (PROTOCOL = TCP)(HOST = ora12cvm01)(PORT = 1521))
    (CONNECT_DATA =
      (SERVER = DEDICATED)
      (SERVICE_NAME = seoul.oracle.com)
    )
)
[oracle@ora12cvm01:korea:admin]$ sqlplus sys/oracle@seoul_two_task as sysdba
SQL> show con_name
CON_NAME
------------------------------
SEOUL
```

이제 다음과 같이 TWO_TASK 환경변수를 사용해보도록 한다.

```
[oracle@ora12cvm01:korea:admin]$ export TWO_TASK=seoul_two_task
[oracle@ora12cvm01:korea:admin]$ sqlplus sys/oracle as sysdba
SQL> show con_name
CON_NAME
------------------------------
SEOUL
```

"@seoul_two_task" 설정을 사용하는 방식과 동일한 결과를 제공하는 것을 확인할 수있 다. 한 가지 기억할 것은 TWO_TASK 환경변수에 적용되는 변수 값으로는 ORACLE_SID, 즉 인스턴스 이름이 아니라 tnsnames.ora 파일에 설정된 TNS alias가 된다는 점이다.
만약 TWO_TASK 환경변수를 한동안 사용하지 않을 이유라면 다음과 같이 비활성화 시켜주도록 한다.

```
[oracle@ora12cvm01:korea:admin]$ unset TWO_TASK
```

alter session 명령을 사용한 접속

일단 CDB korea에 접속하고 이후 Alter session 명령을 사용하여 PDB seoul로 접속하는 방식이다.

```
[oracle@ora12cvm01:korea:admin]$ export ORACLE_SID=korea
[oracle@ora12cvm01:korea:admin]$ sqlplus '/as sysdba'
SQL> show con_name
CON_NAME
------------------------------
CDB$ROOT
SQL> alter session set container=seoul;
Session altered.
SQL> show con_name
CON_NAME
------------------------------
SEOUL
```

이상으로 PDB 에 접속하는 4가지 방법을 살펴보았다.

●●● oracle 05

CDB, PDB 사용자 및 권한 관리

멀티테넌트 환경에서의 사용자 및 권한/역할관리는 기존의 Non CDB 환경에서의 개념과 상당히 다르다. 일단 사용자의 경우 Common 사용자와 Local 사용자 두 가지 형태로 나누어지며 역할(roles)도 사용자와 마찬가지로 Common 역할과 Local 역할 두 가지 형태로 나누어진다. 일단 간단히 정의하자면 다음과 같다.

- Common 사용자 : 모든 컨테이너(CDB$ROOT와 모든 PDB)에 존재하는 사용자
- Local 사용자 : 특정 PDB에만 존재하는 사용자. 동일한 사용자 이름이 다른 PDB에 존재해도 무방하다.
- Common 역할 : 모든 컨테이너(CDB$ROOT와 모든 PDB)에 존재하는 역할
- Local 역할 : 특정 PDB에만 존재하는 역할. 동일한 사용자 이름이 다른 PDB에 존재해도 무방하다.

*Common 사용자 생성 및 관리

- Common 사용자를 생성하기 위해서는 CDB$ROOT 컨테이너에 접속해야만 한다.
- Common 사용자의 사용자 이름은 'C##' 또는 'c##'으로 시작해야만 한다.
- Common 사용자 이름은 CDB 내 모든 컨테이너에 중복되지 말아야 한다.
- Common 사용자 생성 시 container=all 이라고 명시하면 모든 container에 생성된다. CDB$ROOT에 접속한 상태에서 아무런 명시하지 않으면 기본설정이 container=all 로서 적용된다.

CDB$ROOT에 접속해서 c##c_user 사용자를 생성하면 모든 PDB에서 c##c_user 사용자가 자동 생성되어짐을 확인할 수 있다.

```
[oracle@ora12cvm01:korea:admin]$ sqlplus '/as sysdba'
SQL> show con_name
CON_NAME
------------------------------
KOREA
SQL> create user c##c_user identified by c_user_pw;
SQL> grant create session to c##c_user;
SQL> select username from dba_users;
USERNAME
--------------------------------------------------------------------------------
ORACLE_OCM
OJVMSYS
SYSKM
XS$NULL
GSMCATUSER
MDDATA
SYSBACKUP
C##C_USER
```

PDB seoul에서 c##c_user 사용자 생성 여부를 확인하도록 한다.

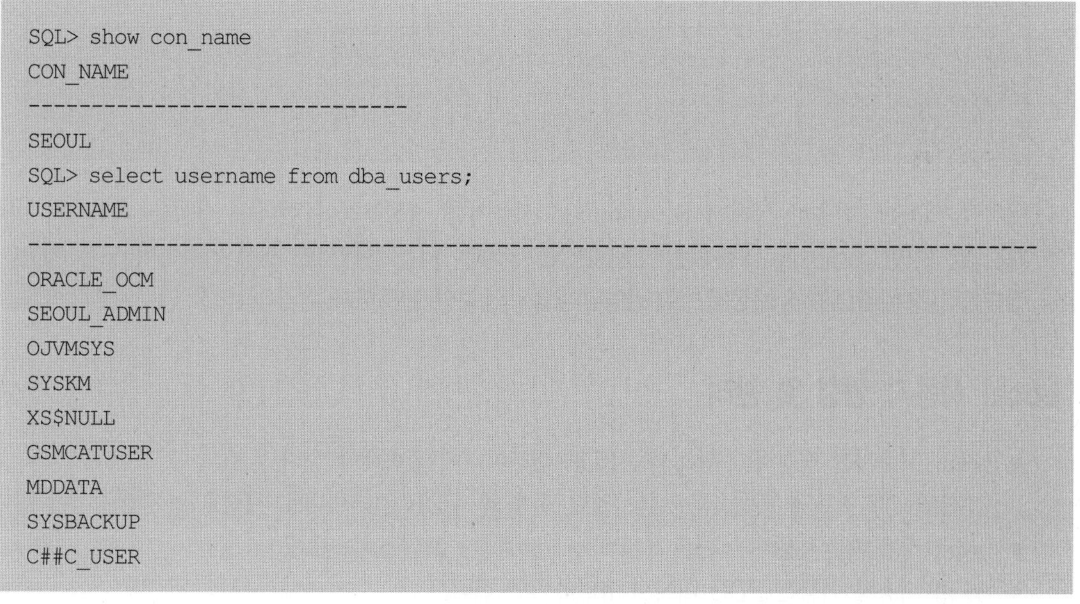

```
SQL> show con_name
CON_NAME
------------------------------
SEOUL
SQL> select username from dba_users;
USERNAME
--------------------------------------------------------------------------------
ORACLE_OCM
SEOUL_ADMIN
OJVMSYS
SYSKM
XS$NULL
GSMCATUSER
MDDATA
SYSBACKUP
C##C_USER
```

PDB pusan에서 c##c_user 사용자 생성 여부를 확인하도록 한다.

```
SQL> show con_name
CON_NAME
------------------------------
PUSAN
SQL> select username from dba_users;
USERNAME
--------------------------------------------------------------------------------
ORACLE_OCM
OJVMSYS
SYSKM
XS$NULL
GSMCATUSER
MDDATA
SYSBACKUP
C##C_USER
```

이처럼 CDB$ROOT를 통해 생성된 common 사용자는 자동적으로 모든 PDB 에 자동 생성된다는 사실을 확인하였다. 이제 PDB seoul로 접속하여 common 사용자를 생성하도록 한다.

```
SQL> show con_name
CON_NAME
------------------------------
SEOUL
SQL> create user c##c_seoul_user identified by c_seoul_user_pw;
create user c##c_seoul_user identified by c_seoul_user_pw
            *
ERROR at line 1:
ORA-65094: invalid local user or role name
```

이처럼 PDB로 접속한 상태에서는 common 사용자를 생성하지 못한다는 사실을 기억하기 바란다. 다시 말하자면 common 사용자는 CDB$ROOT 컨테이너를 통해서만 생성 가능하며 모든 CDB 내부 컨테이너(모든 PDB)에 자동적으로 반영된다고 이해하면 될듯하다.

*Local 사용자 생성 및 관리

- Local 사용자를 생성하기 위해서는 PDB 컨테이너에 접속해야 한다.
  CD$ROOT 접속을 하는 경우에는 일단 접속 후 PDB 컨테이너로 세션을 변경해주어야 한다.
- Local 사용자의 사용자 이름은 "C##" or "c##" 가 포함될 수 없다.
- Local 사용자 이름은 PDB 내에서 유일해야만 한다.
- Local 사용자 생성 시 container=current 이라고 명시하면 현재 접속된 Container 내부에만 생성된다.

CDB$ROOT 컨테이너에 접속하여 Local 사용자를 생성하도록 한다.

```
SQL> show con_name
CON_NAME
------------------------------
KOREA
SQL> create user korea_user identified by korea_user_pw;
create user korea_user identified by korea_user_pw
            *
ERROR at line 1:
ORA-65096: invalid common user or role name
```

PDB seoul로 세션을 변경한 후 다시 생성해보도록 한다. 지금 생성하는 Local 사용자는 PDB seoul 내부에만 생성되어진다.

```
SQL> alter session set container=seoul;
SQL> show con_name
CON_NAME
------------------------------
SEOUL
SQL> create user korea_user identified by korea_user_pw;
```

이처럼 현재 접속된 컨테이너가 PDB인 경우만 Local 사용자를 생성할 수 있으며 이처럼 생성된 Local 사용자는 해당 PDB 내부에서만 생성된다는 사실을 기억하기 바란다.

*Common 역할 생성 및 관리

Common 역할의 경우 앞에서 언급한 Common 사용자 생성 시 고려했던 제약 사항들 대부분을 그대로 적용한다. CDB$ROOT 컨테이너에 접속하여 Common 역할을 생성하도록 한다.

```
SQL> show con_name
CON_NAME
------------------------------
CDB$ROOT
SQL> create role c##c_role1;
Role created.
SQL> grant create session to c##c_role1;
SQL> grant c##c_role1 to c##c_user;
```

이제 PDB seoul로 접속하여 CDB$ROOT를 통해 생성한 Common 역할(c##c_role1) 을 PDB seoul의 Local 사용자에게 부여하도록 한다.

```
SQL> show con_name
CON_NAME
------------------------------
SEOUL
SQL> grant c##c_role1 to korea_user;
```

*Local 역할 생성 및 관리

Local 역할의 경우 앞에서 언급한 Local 역할 생성 시 고려했던 제약 사항들 대부분을 그대로 적용한다.

```
SQL> show con_name
CON_NAME
------------------------------
SEOUL
SQL> create role seoul_role1;
SQL> grant seoul_role1 to c##c_user;
SQL> grant seoul_role1 to korea_user;
```

일반적으로 PDB에 접속해서 Local 사용자와 Local 역할/권한을 고려한다면 사실 12c 이전 방식과 동일하다고 볼 수 있다.

●●● oracle 06

CDB, PDB 초기화 파라미터 설정

*CDB에 접속한 상태에서 파라미터를 변경하는 경우

CDB에서 파라미터를 관리하는 방법은 Non CDB에서의 관리 방법과 크게 다르지 않다. 단지 CDB에 대해서만 해당 파라미터 값을 반영할 것인지 아니면 내부 다른 PDB 파라미터 값에도 동시에 반영할 것인지에 대한 옵션을 선택 적용하면 된다.
CDB에서 임의의 파라미터를 변경하는 Alter system 명령에 Container 옵션을 사용하지 않는 경우 그리고 container =current 라는 옵션을 적용하게 되면 CDB$ROOT 컨테이너 파라미터에만 변경사항이 반영된다. PDB에는 반영되지 않는다. 일단 CDB에 접속한다.

```
SQL> show con_name
CON_NAME
------------------------------
CDB$ROOT
SQL> show parameter db_file_multiblock_read_count
NAME                                    TYPE
------------------------------------ ----------------------------------
VALUE
------------------------------
db_file_multiblock_read_count         integer
98
```

동일한 파라미터값이 PDB seoul에서 설정되어 있는지 확인하도록 한다.

```
SQL> show con_name
CON_NAME
------------------------------
SEOUL
SQL> show parameter db_file_multiblock_read_count
NAME                                    TYPE
------------------------------------ ----------------------------------
VALUE
------------------------------
db_file_multiblock_read_count         integer
98
```

CDB와 PDB이 동일한 값 98을 가지는 것을 확인할 수 있다.
이제 CDB에서 파라미터 값을 변경하도록 한다.

```
SQL> show con_name
CON_NAME
------------------------------
CDB$ROOT
SQL> alter system set db_file_multiblock_read_count=16;
SQL> show parameter db_file_multiblock_read_count
NAME                                 TYPE
------------------------------------ ----------------------------------
VALUE
------------------------------
db_file_multiblock_read_count        integer
16
```

CDB는 예상대로 16으로 변경된 것을 확인할 수 있다.
이제 PDB에서 파라미터 값이 반영되었는지 확인하도록 한다.

```
SQL> show con_name
CON_NAME
------------------------------
SEOUL
SQL> show parameter db_file_multiblock_read_count
NAME                                 TYPE
------------------------------------ ----------------------------------
VALUE
------------------------------
db_file_multiblock_read_count        integer
98
```

PDB는 여전히 기존 값 98을 가지고 있는 것을 확인할 수 있다.
이상으로 Alter system 명령 실행 시 Container 옵션을 쓰지 않던지 container=current라는 옵션을 사용하면 CDB$ROOT 컨테이너에만 적용되고 다른 PDB에는 반영되지 않는다는 사실을 확인하였다. 이제 Alter system 명령에 container=all 옵션을 적용하도록 한다.

```
SQL> show con_name
CON_NAME
------------------------------
CDB$ROOT
SQL> alter system set db_file_multiblock_read_count=32 container=all;
SQL> show parameter db_file_multiblock_read_count

NAME                                 TYPE
------------------------------------ ----------------------------------
```

```
VALUE
------------------------------
db_file_multiblock_read_count       integer
32
```

PDB에서 파라미터 값이 반영되었는지 확인하도록 한다.

```
SQL> show con_name
CON_NAME
------------------------------
SEOUL
SQL> show parameter db_file_multiblock_read_count
NAME                                 TYPE
------------------------------------ ---------------------------------
VALUE
------------------------------
db_file_multiblock_read_count       integer
32
```

이처럼 Alter system 명령 실행 시 container =all 옵션을 사용하게 되면 모든 PDB에도 자동으로 반영된다는 사실을 기억하기 바란다.

*PDB에 접속한 상태에서 파라미터를 변경하는 경우

이번에는 PDB로 접속해서 Alter system 명령으로 파라미터를 변경하는 방법을 살펴보도록 한다. 이미 살펴본바 대로 CDB에서 파라미터를 변경할 때 container=all 옵션을 사용하게 되면 그 변경 사항이 다른 PDB에 반영된다고 설명한 적이 있다.
하지만 PDB 입장에서 그 파라미터 값을 CDB와 다르게 변경할 수 있는지 여부를 확인하도록 한다. 결과부터 이야기하자면 변경 가능하지만 특정 파라미터에 대해서만 가능하다. 어떤 파라미터들이 PDB에서 변경 가능한지 확인하기 위해서는 다음의 쿼리를 사용하면 된다.

```
SQL> COLUMN name FORMAT A35
SQL>COLUMN value FORMAT A35
SQL>SELECT name, value
FROM   v$system_parameter
WHERE  ispdb_modifiable = 'TRUE'
ORDER BY name;

NAME                                VALUE
----------------------------------- -----------------------------------
O7_DICTIONARY_ACCESSIBILITY          FALSE
_catalog_foreign_restore             FALSE
```

```
asm_diskstring
cell_offload_compaction              ADAPTIVE
cell_offload_decryption              TRUE
cell_offload_parameters
cell_offload_plan_display            AUTO
cell_offload_processing              TRUE
cell_offloadgroup_name
commit_logging
commit_wait
commit_write
create_stored_outlines
cursor_bind_capture_destination      memory+disk
cursor_sharing                       EXACT
db_block_checking                    FALSE
db_create_file_dest
db_create_online_log_dest_1
db_create_online_log_dest_2
db_create_online_log_dest_3
db_create_online_log_dest_4
db_create_online_log_dest_5
db_file_multiblock_read_count        32
db_index_compression_inheritance     NONE
db_performance_profile
db_securefile                        PREFERRED
db_unrecoverable_scn_tracking        TRUE
ddl_lock_timeout                     0
deferred_segment_creation            TRUE
dst_upgrade_insert_conv              TRUE
enable_ddl_logging                   FALSE
exclude_seed_cdb_view                TRUE
fixed_date
global_names                         FALSE
heat_map                             OFF
inmemory_clause_default
inmemory_force                       DEFAULT
inmemory_query                       ENABLE
inmemory_size                        0
java_jit_enabled                     TRUE
job_queue_processes                  1000
listener_networks
log_archive_dest_1
log_archive_dest_10
log_archive_dest_11
log_archive_dest_12
log_archive_dest_13
log_archive_dest_14
log_archive_dest_15
```

```
log_archive_dest_16
log_archive_dest_17
log_archive_dest_18
log_archive_dest_19
log_archive_dest_2
log_archive_dest_20
log_archive_dest_21
log_archive_dest_22
log_archive_dest_23
log_archive_dest_24
log_archive_dest_25
log_archive_dest_26
log_archive_dest_27
log_archive_dest_28
log_archive_dest_29
log_archive_dest_3
log_archive_dest_30
log_archive_dest_31
log_archive_dest_4
log_archive_dest_5
log_archive_dest_6
log_archive_dest_7
log_archive_dest_8
log_archive_dest_9
log_archive_dest_state_1          enable
log_archive_dest_state_10         enable
log_archive_dest_state_11         enable
log_archive_dest_state_12         enable
log_archive_dest_state_13         enable
log_archive_dest_state_14         enable
log_archive_dest_state_15         enable
log_archive_dest_state_16         enable
log_archive_dest_state_17         enable
log_archive_dest_state_18         enable
log_archive_dest_state_19         enable
log_archive_dest_state_2          enable
log_archive_dest_state_20         enable
log_archive_dest_state_21         enable
log_archive_dest_state_22         enable
log_archive_dest_state_23         enable
log_archive_dest_state_24         enable
log_archive_dest_state_25         enable
log_archive_dest_state_26         enable
log_archive_dest_state_27         enable
log_archive_dest_state_28         enable
log_archive_dest_state_29         enable
```

```
log_archive_dest_state_3             enable
log_archive_dest_state_30            enable
log_archive_dest_state_31            enable
log_archive_dest_state_4             enable
log_archive_dest_state_5             enable
log_archive_dest_state_6             enable
log_archive_dest_state_7             enable
log_archive_dest_state_8             enable
log_archive_dest_state_9             enable
log_archive_min_succeed_dest         1
max_dump_file_size                   unlimited
max_string_size                      STANDARD
nls_calendar
nls_comp                             BINARY
nls_currency
nls_date_format
nls_date_language
nls_dual_currency
nls_iso_currency
nls_language                         AMERICAN
nls_length_semantics                 BYTE
nls_nchar_conv_excp                  FALSE
nls_numeric_characters
nls_sort
nls_territory                        AMERICA
nls_time_format
nls_time_tz_format
nls_timestamp_format
nls_timestamp_tz_format
object_cache_max_size_percent        10
object_cache_optimal_size            102400
olap_page_pool_size                  0
open_cursors                         300
optimizer_adaptive_features          TRUE
optimizer_adaptive_reporting_only    FALSE
optimizer_capture_sql_plan_baseline FALSE
optimizer_dynamic_sampling           2
optimizer_features_enable            12.1.0.2
optimizer_index_caching              0
optimizer_index_cost_adj             100
optimizer_inmemory_aware             TRUE
optimizer_mode                       ALL_ROWS
optimizer_secure_view_merging        TRUE
optimizer_use_invisible_indexes      FALSE
optimizer_use_pending_statistics     FALSE
optimizer_use_sql_plan_baselines     TRUE
```

```
parallel_degree_level              100
parallel_degree_limit              CPU
parallel_degree_policy             MANUAL
parallel_force_local               FALSE
parallel_instance_group
parallel_io_cap_enabled            FALSE
parallel_min_time_threshold        AUTO
pdb_file_name_convert
pdb_lockdown
pdb_os_credential
plscope_settings                   IDENTIFIERS:NONE
plsql_ccflags
plsql_code_type                    INTERPRETED
plsql_debug                        FALSE
plsql_optimize_level               2
plsql_v2_compatibility             FALSE
plsql_warnings                     DISABLE:ALL
query_rewrite_enabled              TRUE
query_rewrite_integrity            enforced
recyclebin                         on
remote_dependencies_mode           TIMESTAMP
resource_limit                     TRUE
resource_manager_plan              SCHEDULER[0x4446]:DEFAULT_MAINTENAN
                                   CE_PLAN
result_cache_mode                  MANUAL
result_cache_remote_expiration     0
resumable_timeout                  0
sessions                           472
shared_servers                     1
skip_unusable_indexes              TRUE
smtp_out_server
sort_area_retained_size            0
sort_area_size                     65536
spatial_vector_acceleration        FALSE
sql_trace                          FALSE
sqltune_category                   DEFAULT
star_transformation_enabled        FALSE
statistics_level                   TYPICAL
temp_undo_enabled                  FALSE
timed_os_statistics                0
timed_statistics                   TRUE
workarea_size_policy               AUTO
xml_db_events                      enable

183 rows selected.
```

이처럼 총 183개의 파라미터만이 PDB에서 변경 가능하다. db_file_multiblock_read_count 파라미터도 PDB에서 변경 가능한 파라미터이므로 다른 값으로 변경해보도록 한다.

```
SQL> show parameter db_file_multiblock_read_count
NAME                                  TYPE
------------------------------------ ----------------------------------
VALUE
db_file_multiblock_read_count         integer
64
```

이상으로 CDB, PDB 에서의 파라미터 설정에 대한 내용을 살펴보았다.

●●● oracle 07

CDB, PDB 테이블스페이스 관리

*CDB 테이블스페이스 관리

CDB에서 테이블스페이스를 관리하는 방법은 Non CDB 에서의 관리 방법과 크게 다르지 않다. 특이한 점은 12c 버전에서 cdb_tablespaces라는 데이터 딕셔너리 뷰가 새롭게 추가되었다는 점이다.
CDB와 PDB 모두 cdb_tablespaces라는 데이터 딕셔너리 뷰를 참조할 수는 있지만 CDB에서는 CDB 내부 모든 PDB에 생성되어 있는 테이블스페이스 정보까지도 con_id 컬럼을 사용하여 참조 가능하나 PDB에서 cdb_tablespaces라는 데이터 딕셔너리 뷰를 참조하면 dba_tablespace 데이터 딕셔너리 뷰를 참조할 때와 동일한 결과를 출력하게 된다는 의미이다. 결국 12c에서의 dba_tablespace 뷰는 현재 어떤 컨테이너에 접속되어 있든지 해당 컨테이너에만 속하는(Locally) 테이블스페이스의 정보를 출력해주는데에 반해 cdb_tablespace 뷰 경우에는 CDB 전체적인 테이블스페이스의 정보를 출력해준다는 점이며 PDB에 접속해서 cdb_tablespace 뷰를 참조하게 되면 참조는 가능하지만 CDB 전체적인 테이블스페이스 정보 확인이 불가능하여 결과적으로 dba_tablespace 뷰의 결과값과 동일한 정보를 확인하게 된다는 것이다. 일단 CDB에 접속하여 현재 생성되어 있는 테이블스페이스와 해당 데이터 파일에 대한 정보를 확인하도록 한다.

```
SQL> show con_name
CON_NAME
------------------------------
KOREA
SQL> select tablespace_name from  dba_tablespaces;
TABLESPACE_NAME
----------------------------------------------------------------------
SYSTEM
SYSAUX
```

```
UNDOTBS1
TEMP
USERS
SQL> select file_name from dba_data_files;
FILE_NAME
--------------------------------------------------------------
/u01/app/oracle/oradata/korea/system01.dbf
/u01/app/oracle/oradata/korea/sysaux01.dbf
/u01/app/oracle/oradata/korea/undotbs01.dbf
/u01/app/oracle/oradata/korea/users01.dbf

SQL> column con_id format 999
SQL> column tablespace_name format a20
SQL> select con_id,tablespace_name from cdb_tablespaces;
CON_ID TABLESPACE_NAME
------ ---------------
     3 SYSTEM
     3 SYSAUX
     3 TEMP
     3 USERS
     1 SYSTEM
     1 SYSAUX
     1 UNDOTBS1
     1 TEMP
     1 USERS
     4 SYSTEM
     4 SYSAUX
     4 TEMP
     4 USERS
13 rows selected.
SQL> column con_id format 999
SQL> column file_name format a60

SQL>  select con_id, file_name from cdb_data_files;
CON_ID FILE_NAME
------ ------------------------------------------------------------
     4 /u01/app/oracle/oradata/korea/pusan/system01.dbf
     4 /u01/app/oracle/oradata/korea/pusan/sysaux01.dbf
     4 /u01/app/oracle/oradata/korea/pusan/pusan_users01.dbf
     3 /u01/app/oracle/oradata/korea/seoul/system01.dbf
     3 /u01/app/oracle/oradata/korea/seoul/sysaux01.dbf
     3 /u01/app/oracle/oradata/korea/seoul/seoul_users01.dbf
     1 /u01/app/oracle/oradata/korea/system01.dbf
     1 /u01/app/oracle/oradata/korea/sysaux01.dbf
     1 /u01/app/oracle/oradata/korea/undotbs01.dbf
     1 /u01/app/oracle/oradata/korea/users01.dbf
10 rows selected.
```

이처럼 CDB에서의 dba_tablespace, dba_data_files 뷰는 현재 CDB$ROOT 컨테이너 내부에 생성된 테이블스페이스와 데이터 파일 정보를 제공해주고 cdb_tablespaces, cdb_data_files 뷰는 CDB 내 모든 컨테이너에 저장된 모든 테이블스페이스와 모든 데이터 파일의 정보를 con_id 컬럼으로 구별지어 제공해준다라는 사실을 확인하였다.
이제 CDB 테이블스페이스 관련 간단한 작업을 수행해보도록 한다.

```
SQL> show con_name
CON_NAME
------------------------------
KOREA
SQL> SQL> create tablespace test
  2  datafile '/u01/app/oracle/oradata/korea/test01.dbf' size 1M;
SQL> select con_id,tablespace_name from cdb_tablespaces;
CON_ID TABLESPACE_NAME
------ ---------------
     4 SYSTEM
     4 SYSAUX
     4 TEMP
     4 USERS
     3 SYSTEM
     3 SYSAUX
     3 TEMP
     3 USERS
     1 SYSTEM
     1 SYSAUX
     1 UNDOTBS1
     1 TEMP
     1 USERS
     1 TEST
SQL> alter tablespace test
  2  add datafile '/u01/app/oracle/oradata/korea/test02.dbf' size 1M;
SQL> drop tablespace test including contents and datafiles;
```

*PDB 테이블스페이스 관리

현재 PDB seoul 내부에 생성되어 있는 테이블스페이스, 데이터 파일 정보를 dba_tablespace 뷰를 통해 확인하도록 한다.

```
SQL> select tablespace_name from dba_tablespaces;
TABLESPACE_NAME
---------------
SYSTEM
```

```
SYSAUX
TEMP
USERS
SQL> column file_name format a60
SQL> select file_name from dba_data_files;

FILE_NAME
------------------------------------------------------------
/u01/app/oracle/oradata/korea/seoul/system01.dbf
/u01/app/oracle/oradata/korea/seoul/sysaux01.dbf
/u01/app/oracle/oradata/korea/seoul/seoul_users01.dbf
```

PDB seoul에 접속하여 테이블스페이스, 데이터 파일 관련 작업을 수행해본다.

```
SQL> create tablespace p_test
2  datafile '/u01/app/oracle/oradata/korea/seoul/p_test01.dbf' size 1M;
```

PDB에서 추가된 테이블스페이스 정보는 CDB에 접속해서 cdb_tablespace 뷰를 참조하면 확인 가능하다.

```
SQL> show con_name
CON_NAME
------------------------------
KOREA
SQL> select con_id,tablespace_name from cdb_tablespaces;
CON_ID TABLESPACE_NAME
------ ---------------
     4 SYSTEM
     4 SYSAUX
     4 TEMP
     4 USERS
     3 SYSTEM
     3 SYSAUX
     3 TEMP
     3 USERS
     3 P_TEST
     1 SYSTEM
     1 SYSAUX
     1 UNDOTBS1
     1 TEMP
     1 USERS
     1 TEST
```

```
15 rows selected.
SQL> alter tablespace p_test
  2  add datafile '/u01/app/oracle/oradata/korea/seoul/p_test02.dbf' size 1M;
SQL> drop tablespace p_test including contents and datafiles;
```

*언두(Undo) 테이블스페이스 관리

PDB의 경우 PDB 개별적인 언두 테이블스페이스를 가지지 못한다는 점을 빼고는 기존 Non CDB 환경과 큰 차이가 없다. 즉, CDB에 생성된 언두 테이블스페이스가 모든 PDB와 공유한다고 이해하면 된다.

```
SQL> show con_name
CON_NAME
------------------------------
KOREA
SQL> select con_id,tablespace_name from cdb_tablespaces;

CON_ID TABLESPACE_NAME
------ ---------------
     4 SYSTEM
     4 SYSAUX
     4 TEMP
     4 USERS
     3 SYSTEM
     3 SYSAUX
     3 TEMP
     3 USERS
     1 SYSTEM
     1 SYSAUX
     1 UNDOTBS1
     1 TEMP
     1 USERS
     1 TEST

14 rows selected.

SQL> show con_name
CON_NAME
------------------------------
SEOUL
SQL> select tablespace_name from dba_tablespaces;
TABLESPACE_NAME
---------------
SYSTEM
SYSAUX
TEMP
USERS
```

이처럼 CDB로부터는 언두 테이블스페이스가 생성되어있는 것을 확인할 수 있으나 PDB에서는 언두 테이블스페이스 자체가 보이지도 않는다는 것을 확인할 수 있다. 하지만 재밌는 것은 v$datafile 뷰를 통해서는 CDB 언두 테이블스페이스에 대한 데이터 파일 정보는 조회가 가능하다는 점이다.

```
SQL> show con_name
CON_NAME
------------------------
SEOUL
SQL> select name from v$datafile;
NAME
--------------------------------------------------------------------
/u01/app/oracle/oradata/korea/undotbs01.dbf
/u01/app/oracle/oradata/korea/seoul/system01.dbf
/u01/app/oracle/oradata/korea/seoul/sysaux01.dbf
/u01/app/oracle/oradata/korea/seoul/seoul_users01.dbf
```

*임시(Temporary) 테이블스페이스 관리

기본적으로 CDB에만 임시 테이블스페이스를 생성하고 모든 PDB들이 공유하는 방식이지만 원하는 경우 PDB 개별적인 임시 테이블스페이스를 생성할 수 도 있다는 점을 제외하고는 기존 Non CDB 환경과 큰 차이가 없다. 일단 PDB가 오픈되지 않은 상태에서 CDB로부터 임시 테이블스페이스 관련 정보를 확인하도록 한다.

```
SQL> column con_id format 9999
SQL> column file_name format a70
SQL> select file_name from dba_temp_files;
FILE_NAME
---------------------------------------------------------------
/u01/app/oracle/oradata/korea/temp01.dbf

SQL> select con_id, file_name from cdb_temp_files;
CON_ID FILE_NAME
------ ---------------------------------------------------------------
     1 /u01/app/oracle/oradata/korea/temp01.dbf
```

하나의 임시 파일이 생성되어 있음을 확인할 수 있다.
이제 PDB seoul과 PDB pusan를 오픈시켜 보도록 한다.

```
SQL> show con_name
CON_NAME
------------------------------
SEOUL
SQL> startup
Pluggable Database opened.

SQL> show con_name
CON_NAME
------------------------------
PUSAN
SQL> startup
Pluggable Database opened.
```

다시 CDB로부터 임시 파일 정보를 확인하도록 한다.

```
CON_ID FILE_NAME
------ ------------------------------------------------------------
     1 /u01/app/oracle/oradata/korea/temp01.dbf
     3 /u01/app/oracle/oradata/korea/seoul/temp012016-03-10_08-07-35-PM.dbf
     4 /u01/app/oracle/oradata/korea/pusan/pusan_temp012016-03-12_01-55-35-PM.dbf
```

PDB seoul과 PDB pusan에 대한 임시파일들이 생성되어있음을 확인할 수 있다.

*디폴트(Default) 테이블스페이스 관리

기본적으로 CDB에 대한 디폴트 테이블스페이스 설정과 디폴트 임시 테이블스페이스 설정 방법은 기존 Non CDB 환경과 차이가 없다
단, PDB의 경우는 Alter pluggable database 명령을 사용하여 디폴트 테이블스페이스와 디폴트 임시 테이블스페이스를 설정한다.

```
SQL> alter pluggable database default tablespace users;
SQL> alter pluggable database default temporary tablespace temp2;
하지만 이전 버전과의 호환성 지원 목적으로 기존의 Alter database 명령도 지원하고 있다.
SQL> alter database default tablespace users;
SQL> alter database default temporary tablespace temp2;
```

Chapter 06 CDB, PDB 백업 및 복구

이번 장에서는 CDB, PDB 백업 및 복구에 대해 소개하고자 한다.
세부 내용 설명을 위한 환경설정은 다음과 같다.

- CDB 이름 : korea
- CDB 내부 root 컨테이너 이름 : CDB$ROOT
- CDB 내부 PDB 컨테이너 이름 : seoul

다음은 이번 장에서 다루게 될 세부 사항들이다.

- Section 01 RMAN 백업
- Section 02 RMAN 복원/복구

oracle 01

RMAN 백업

*CDB 백업

CDB 데이터베이스를 백업하는 방식은 기존에 사용하던 방식과 다르지 않다. 한 가지 차이점이라면 CDB 데이터베이스를 백업하게 되면 내부에 플러그인 되어있는 모든 PDB들도 함께 백업된다는 점이다.

```
[oracle@ora12cvm01:korea:~]$ rman target /
Recovery Manager: Release 12.1.0.2.0 - Production on Sun Mar 13 23:51:44 2016
Copyright (c) 1982, 2014, Oracle and/or its affiliates.  All rights reserved.
connected to target database: KOREA (DBID=1713573245)
RMAN> backup database plus archivelog;
Starting backup at 13-MAR-16
ORACLE error from target database:
ORA-00258: manual archiving in NOARCHIVELOG mode must identify log

using target database control file instead of recovery catalog
allocated channel: ORA_DISK_1
channel ORA_DISK_1: SID=28 device type=DISK
specification does not match any archived log in the repository
backup cancelled because there are no files to backup
Finished backup at 13-MAR-16
Starting backup at 13-MAR-16
using channel ORA_DISK_1
RMAN-00571: ===========================================================
RMAN-00569: =============== ERROR MESSAGE STACK FOLLOWS ===============
RMAN-00571: ===========================================================
RMAN-03002: failure of backup plus archivelog command at 03/13/2016 23:59:53
RMAN-06149: cannot BACKUP DATABASE in NOARCHIVELOG mode
RMAN> exit
```

온라인 RMAN 백업을 수행하기 위해서는 CDB 데이터베이스가 아카이브 모드이어야 한다. CDB에서 다음과 같이 아카이브 모드로 변경해주도록 한다.

```
[oracle@ora12cvm01:korea:~]$ sqlplus '/as sysdba'
SQL>  archive log list
Database log mode              No Archive Mode
Automatic archival             Disabled
Archive destination            USE_DB_RECOVERY_FILE_DEST
Oldest online log sequence     30
Current log sequence           32
```

```
SQL> shutdown immediate
SQL> startup mount
SQL> alter database archivelog;
SQL> alter database open;
SQL> archive log list
Database log mode              Archive Mode
Automatic archival             Enabled
Archive destination            USE_DB_RECOVERY_FILE_DEST
Oldest online log sequence     30
Next log sequence to archive   32
Current log sequence           32
```

일단 CDB에서 아카이브 모드로 전환되면 내부의 PDB들도 아카이브 모드로 자동 설정된다.

```
[oracle@ora12cvm01:korea:~]$ sqlplus sys/oracle@seoul as sysdba
SQL> alter pluggable database seoul open;
SQL> archive log list
Database log mode              Archive Mode
Automatic archival             Enabled
Archive destination            USE_DB_RECOVERY_FILE_DEST
Oldest online log sequence     30
Next log sequence to archive   32
Current log sequence           32
[oracle@ora12cvm01:korea:~]$ sqlplus sys/oracle@pusan as sysdba
SQL> alter pluggable database pusan open;
SQL> archive log list
Database log mode              Archive Mode
Automatic archival             Enabled
Archive destination            USE_DB_RECOVERY_FILE_DEST
Oldest online log sequence     30
Next log sequence to archive   32
Current log sequence           32
```

CDB 데이터베이스가 아카이브 모드로 설정되었으므로 다시 RMAN 온라인 백업을 수행하도록 한다.

```
[oracle@ora12cvm01:korea:~]$ rman target /
RMAN> backup database plus archivelog;
Starting backup at 14-MAR-16
current log archived
using target database control file instead of recovery catalog
allocated channel: ORA_DISK_1
channel ORA_DISK_1: SID=48 device type=DISK
channel ORA_DISK_1: starting archived log backup set
channel ORA_DISK_1: specifying archived log(s) in backup set
```

```
input archived log thread=1 sequence=33 RECID=2 STAMP=906423215
input archived log thread=1 sequence=34 RECID=3 STAMP=906423370
channel ORA_DISK_1: starting piece 1 at 14-MAR-16
channel ORA_DISK_1: finished piece 1 at 14-MAR-16
piece  handle=/u01/app/oracle/fast_recovery_area/KOREA/backupset/2016_03_14/o1_mf
_annnn_TAG20160314T001611_cgc11vjt_.bkp tag=TAG20160314T001611 comment=NONE
channel ORA_DISK_1: backup set complete, elapsed time: 00:00:01
Finished backup at 14-MAR-16
Starting backup at 14-MAR-16
using channel ORA_DISK_1
channel ORA_DISK_1: starting full datafile backup set
channel ORA_DISK_1: specifying datafile(s) in backup set
input datafile file number=00001 name=/u01/app/oracle/oradata/korea/system01.dbf
input datafile file number=00003 name=/u01/app/oracle/oradata/korea/sysaux01.dbf
input datafile file number=00004 name=/u01/app/oracle/oradata/korea/undotbs01.dbf
input datafile file number=00006 name=/u01/app/oracle/oradata/korea/users01.dbf
input datafile file number=00033 name=/u01/app/oracle/oradata/korea/test01.dbf
channel ORA_DISK_1: starting piece 1 at 14-MAR-16
channel ORA_DISK_1: finished piece 1 at 14-MAR-16
piece  handle=/u01/app/oracle/fast_recovery_area/KOREA/backupset/2016_03_14/o1_mf
_nnndf_TAG20160314T001612_cgc11wy3_.bkp tag=TAG20160314T001612 comment=NONE
channel ORA_DISK_1: backup set complete, elapsed time: 00:01:28
channel ORA_DISK_1: starting full datafile backup set
channel ORA_DISK_1: specifying datafile(s) in backup set
input datafile file number=00025 name=/u01/app/oracle/oradata/korea/seoul/sysaux01.dbf
input datafile file number=00024 name=/u01/app/oracle/oradata/korea/seoul/system01.dbf
input datafile file number=00026 name=/u01/app/oracle/oradata/korea/seoul/seoul_users01.dbf
channel ORA_DISK_1: starting piece 1 at 14-MAR-16
channel ORA_DISK_1: finished piece 1 at 14-MAR-16
piece   handle=/u01/app/oracle/fast_recovery_area/KOREA/2DC2D96401767F23E0530F00A
8C0B9F6/backupset/2016_03_14/o1_mf_nnndf_TAG20160314T001612_cgc14nwo_.bkp
tag=TAG20160314T001612 comment=NONE
channel ORA_DISK_1: backup set complete, elapsed time: 00:00:35
channel ORA_DISK_1: starting full datafile backup set
channel ORA_DISK_1: specifying datafile(s) in backup set
input datafile file number=00007 name=/u01/app/oracle/oradata/korea/pdbseed/sysaux01.dbf
input datafile file number=00005 name=/u01/app/oracle/oradata/korea/pdbseed/system01.dbf
channel ORA_DISK_1: starting piece 1 at 14-MAR-16
channel ORA_DISK_1: finished piece 1 at 14-MAR-16
piece    handle=/u01/app/oracle/fast_recovery_area/KOREA/2DB0D26567BB09D4E0536E00
A8C09144/backupset/2016_03_14/o1_mf_nnndf_TAG20160314T001612_cgc15qjw_.bkp
tag=TAG20160314T001612 comment=NONE
channel ORA_DISK_1: backup set complete, elapsed time: 00:00:45
Finished backup at 14-MAR-16
Starting backup at 14-MAR-16
current log archived
using channel ORA_DISK_1
```

```
channel ORA_DISK_1: starting archived log backup set
channel ORA_DISK_1: specifying archived log(s) in backup set
input archived log thread=1 sequence=35 RECID=4 STAMP=906423541
channel ORA_DISK_1: starting piece 1 at 14-MAR-16
channel ORA_DISK_1: finished piece 1 at 14-MAR-16
piece  handle=/u01/app/oracle/fast_recovery_area/KOREA/backupset/2016_03_14/o1_mf
_annnn_TAG20160314T001901_cgc175hw_.bkp tag=TAG20160314T001901 comment=NONE
channel ORA_DISK_1: backup set complete, elapsed time: 00:00:01
Finished backup at 14-MAR-16
Starting Control File and SPFILE Autobackup at 14-MAR-16
piece   handle=/u01/app/oracle/fast_recovery_area/KOREA/autobackup/2016_03_14/o1_mf
_s_906423543_cgc178hl_.bkp comment=NONE
Finished Control File and SPFILE Autobackup at 14-MAR-16
RMAN>
```

이처럼 CDB로 접속하여 RMAN 백업 명령을 수행하면 모든 컨테이너들이 함께 백업된다는 사실을 확인하였다.

*CDB$ROOT 컨테이너 백업

CDB 내부 컨테이너 가운데 Root 컨테이너인 CDB$ROOT만 백업하는 과정을 살펴보도록 한다. 특히 새로운 접속 명령어인 rman target=/ 와 새로운 백업 명령어인 Backup database root가 소개된다.

```
[oracle@ora12cvm01:korea:~]$ rman target=/
RMAN> backup database root;
Starting backup at 14-MAR-16
using target database control file instead of recovery catalog
allocated channel: ORA_DISK_1
channel ORA_DISK_1: SID=48 device type=DISK
channel ORA_DISK_1: starting full datafile backup set
channel ORA_DISK_1: specifying datafile(s) in backup set
input datafile file number=00001 name=/u01/app/oracle/oradata/korea/system01.dbf
input datafile file number=00003 name=/u01/app/oracle/oradata/korea/sysaux01.dbf
input datafile file number=00004 name=/u01/app/oracle/oradata/korea/undotbs01.dbf
input datafile file number=00006 name=/u01/app/oracle/oradata/korea/users01.dbf
input datafile file number=00033 name=/u01/app/oracle/oradata/korea/test01.dbf
channel ORA_DISK_1: starting piece 1 at 14-MAR-16
channel ORA_DISK_1: finished piece 1 at 14-MAR-16
piece  handle=/u01/app/oracle/fast_recovery_area/KOREA/backupset/2016_03_14/o1_mf
_nnndf_TAG20160314T002437_cgc1koh6_.bkp tag=TAG20160314T002437 comment=NONE
channel ORA_DISK_1: backup set complete, elapsed time: 00:01:15
Finished backup at 14-MAR-16
```

```
Starting Control File and SPFILE Autobackup at 14-MAR-16
piece  handle=/u01/app/oracle/fast_recovery_area/KOREA/autobackup/2016_03_14/o1_mf
_s_906423952_cgc1n158_.bkp comment=NONE
Finished Control File and SPFILE Autobackup at 14-MAR-16
```

이상으로 CDB 내부의 PDB들을 제외한 CDB$ROOT 컨테이터만 백업하는 방법을 살펴보았다.

*PDB 백업

PDB 백업은 크게 두 가지 방법으로 수행할 수 있다. 첫 번째는 CDB에 접속하여 PDB 를 백업하는 방법 그리고 또 하나는 PDB에 직접 접속하여 백업하는 방법이다. 차례로 살펴보도록 한다.

CDB에 접속해서 PDB를 백업하는 방법

```
[oracle@ora12cvm01:korea:~]$ rman target /
RMAN> backup pluggable database seoul;
Starting backup at 14-MAR-16
using target database control file instead of recovery catalog
allocated channel: ORA_DISK_1
channel ORA_DISK_1: SID=55 device type=DISK
channel ORA_DISK_1: starting full datafile backup set
channel ORA_DISK_1: specifying datafile(s) in backup set
input datafile file number=00025 name=/u01/app/oracle/oradata/korea/seoul/sysaux01.dbf
input datafile file number=00024 name=/u01/app/oracle/oradata/korea/seoul/system01.dbf
input datafile file number=00026 name=/u01/app/oracle/oradata/korea/seoul/seoul_users01.dbf
channel ORA_DISK_1: starting piece 1 at 14-MAR-16
channel ORA_DISK_1: finished piece 1 at 14-MAR-16
piece  handle=/u01/app/oracle/fast_recovery_area/KOREA/2DC2D96401767F23E0530F00A8
C0B9F6/backupset/2016_03_14/o1_mf_nnndf_TAG20160314T003418_cgc23ty2_.bkp
tag=TAG20160314T003418 comment=NONE
channel ORA_DISK_1: backup set complete, elapsed time: 00:00:45
Finished backup at 14-MAR-16

Starting Control File and SPFILE Autobackup at 14-MAR-16
piece  handle=/u01/app/oracle/fast_recovery_area/KOREA/autobackup/2016_03_14/o1_mf
_s_906424504_cgc258b7_.bkp comment=NONE
Finished Control File and SPFILE Autobackup at 14-MAR-16
```

PDB에 직접 접속해서 백업하는 방법

```
[oracle@ora12cvm01:korea:~]$ rman target=sys@seoul
RMAN> backup database plus archivelog;
Starting backup at 14-MAR-16
using target database control file instead of recovery catalog
allocated channel: ORA_DISK_1
channel ORA_DISK_1: SID=48 device type=DISK
specification does not match any archived log in the repository
backup cancelled because there are no files to backup
Finished backup at 14-MAR-16

Starting backup at 14-MAR-16
using channel ORA_DISK_1
channel ORA_DISK_1: starting full datafile backup set
channel ORA_DISK_1: specifying datafile(s) in backup set
input datafile file number=00025 name=/u01/app/oracle/oradata/korea/seoul/sysaux01.dbf
input datafile file number=00024 name=/u01/app/oracle/oradata/korea/seoul/system01.dbf
input datafile file number=00026 name=/u01/app/oracle/oradata/korea/seoul/seoul_users01.dbf
channel ORA_DISK_1: starting piece 1 at 14-MAR-16
channel ORA_DISK_1: finished piece 1 at 14-MAR-16
piece  handle=/u01/app/oracle/fast_recovery_area/KOREA/2DC2D96401767F23E0530F00A8
C0B9F6/backupset/2016_03_14/o1_mf_nnndf_TAG20160314T003650_cgc28lqf_.bkp
tag=TAG20160314T003650 comment=NONE
channel ORA_DISK_1: backup set complete, elapsed time: 00:00:25
Finished backup at 14-MAR-16

Starting backup at 14-MAR-16
using channel ORA_DISK_1
specification does not match any archived log in the repository
backup cancelled because there are no files to backup
Finished backup at 14-MAR-16

Starting Control File and SPFILE Autobackup at 14-MAR-16
piece   handle=/u01/app/oracle/fast_recovery_area/KOREA/autobackup/2016_03_14/o1_
mf_s_906424636_cgc29dck_.bkp comment=NONE
Finished Control File and SPFILE Autobackup at 14-MAR-16
RMAN>
```

*테이블스페이스와 데이터 파일 백업

테이블스페이스 백업

멀티테넌트 환경에서는 CDB와 PDB에서 각각 필요로 하는 테이블스페이스를 생성할 수 있는데 이들 테이블스페이스 이름이 서로 같다고 하더라도 사실상 아무 문제가 없다. 그러므로 특정 테이블스페이스를 백업하는 경우에는 해당 PDB에 직접 접속하여 백업해주어야 한다.

```
[oracle@ora12cvm01:korea:~]$ rman target=sys@seoul
RMAN> backup tablespace system, sysaux;
Starting backup at 14-MAR-16
using channel ORA_DISK_1
channel ORA_DISK_1: starting full datafile backup set
channel ORA_DISK_1: specifying datafile(s) in backup set
input datafile file number=00025 name=/u01/app/oracle/oradata/korea/seoul/sysaux01.dbf
input datafile file number=00024 name=/u01/app/oracle/oradata/korea/seoul/system01.dbf
channel ORA_DISK_1: starting piece 1 at 14-MAR-16
channel ORA_DISK_1: finished piece 1 at 14-MAR-16
piece  handle=/u01/app/oracle/fast_recovery_area/KOREA/2DC2D96401767F23E0530F00A
8C0B9F6/backupset/2016_03_14/o1_mf_nnndf_TAG20160314T010049_cgc3okbt_.bkp
tag=TAG20160314T010049 comment=NONE
channel ORA_DISK_1: backup set complete, elapsed time: 00:00:25
Finished backup at 14-MAR-16
Starting Control File and SPFILE Autobackup at 14-MAR-16
piece  handle=/u01/app/oracle/fast_recovery_area/KOREA/autobackup/2016_03_14/o1_mf
_s_906426074_cgc3pcl0_.bkp comment=NONE
Finished Control File and SPFILE Autobackup at 14-MAR-16
```

데이터 파일 백업

데이터 파일 백업의 경우에는 데이터 파일 각각 유일한 파일 번호가 할당되어 있으므로 CDB와 PDB에서 모두 백업이 가능하다

```
[oracle@ora12cvm01:korea:~]$ sqlplus '/as sysdba'
SQL> select con_id, file_id, file_name from cdb_data_files;
CON_ID FILE_ID
------ -------
FILE_NAME
--------------------------------------------------------------------------------
     3      24
/u01/app/oracle/oradata/korea/seoul/system01.dbf
```

```
    3     25
/u01/app/oracle/oradata/korea/seoul/sysaux01.dbf

    3     26
/u01/app/oracle/oradata/korea/seoul/seoul_users01.dbf

    1      1
/u01/app/oracle/oradata/korea/system01.dbf

    1      3
/u01/app/oracle/oradata/korea/sysaux01.dbf

    1      4
/u01/app/oracle/oradata/korea/undotbs01.dbf

    1      6
/u01/app/oracle/oradata/korea/users01.dbf

    1     33
/u01/app/oracle/oradata/korea/test01.dbf
```

이제 PDB로부터 특정 데이터 파일을 백업하도록 한다.

```
[oracle@ora12cvm01:korea:~]$ rman target=sys@seoul
target database Password:
connected to target database: KOREA (DBID=1713573245)
RMAN>  backup datafile 24,25,26;
Starting backup at 14-MAR-16
using channel ORA_DISK_1
channel ORA_DISK_1: starting full datafile backup set
channel ORA_DISK_1: specifying datafile(s) in backup set
input datafile file number=00025 name=/u01/app/oracle/oradata/korea/seoul/sysaux01.dbf
input datafile file number=00024 name=/u01/app/oracle/oradata/korea/seoul/system01.dbf
input datafile file number=00026 name=/u01/app/oracle/oradata/korea/seoul/seoul_users01.dbf
channel ORA_DISK_1: starting piece 1 at 14-MAR-16
channel ORA_DISK_1: finished piece 1 at 14-MAR-16
piece  handle=/u01/app/oracle/fast_recovery_area/KOREA/2DC2D96401767F23E0530F00A8
C0B9F6/backupset/2016_03_14/o1_mf_nnndf_TAG20160314T011351_cgc4fzo8_.bkp
tag=TAG20160314T011351 comment=NONE
channel ORA_DISK_1: backup set complete, elapsed time: 00:00:25
Finished backup at 14-MAR-16
```

```
Starting Control File and SPFILE Autobackup at 14-MAR-16
piece  handle=/u01/app/oracle/fast_recovery_area/KOREA/autobackup/2016_03_14/o1_mf
_s_906426856_cgc4gs4x_.bkp comment=NONE
Finished Control File and SPFILE Autobackup at 14-MAR-16
```

●●● oracle 02

RMAN 복원/복구

*CDB 완전 복구

CDB 데이터베이스를 완전 복구하는 방식은 기존에 사용하던 방식과 다르지 않다. 한 가지 고려해야 할 사항이라면 CDB 데이터베이스를 복원/복구하는 경우 CDB 내부에 플러그인 되어있는 모든 PDB들도 함께 복원/복구된다는 점이다. RMAN 명령어 상으로는 기존 버전과 동일하다.
간단한 데모를 위해 먼저 CDB 데이터 파일(CDB$ROOT, PDBSEED, PDB)을 삭제하고 완전복구를 수행하도록 한다.

```
[oracle@ora12cvm01:korea:korea]$ cd /u01/app/oracle/oradata/korea/
[oracle@ora12cvm01:korea:korea]$ rm system01.dbf sysaux01.dbf users01.dbf
       test01.dbf undotbs01.dbf
[oracle@ora12cvm01:korea:korea]$ cd /u01/app/oracle/oradata/korea/seoul/
[oracle@ora12cvm01:korea:seoul]$ rm system01.dbf sysaux01.dbf seoul_users01.dbf
[oracle@ora12cvm01:korea:seoul]$ cd /u01/app/oracle/oradata/korea/pdbseed/
[oracle@ora12cvm01:korea:pdbseed]$ rm system01.dbf sysaux01.dbf

SQL> shutdown immediate
ORA-01116: error in opening database file 1
ORA-01110: data file 1: '/u01/app/oracle/oradata/korea/system01.dbf'
ORA-27041: unable to open file
Linux-x86_64 Error: 2: No such file or directory
Additional information: 3
SQL> shutdown abort
ORACLE instance shut down.

[oracle@ora12cvm01:korea:~]$ rman target=/
RMAN> startup mount
RMAN> restore database;
Starting restore at 14-MAR-16
using target database control file instead of recovery catalog
allocated channel: ORA_DISK_1
channel ORA_DISK_1: SID=21 device type=DISK
```

```
channel ORA_DISK_1: starting datafile backup set restore
channel ORA_DISK_1: specifying datafile(s) to restore from backup set
channel ORA_DISK_1: restoring datafile 00001 to /u01/app/oracle/oradata/korea/system01.dbf
channel ORA_DISK_1: restoring datafile 00003 to /u01/app/oracle/oradata/korea/sysaux01.dbf
channel ORA_DISK_1: restoring datafile 00004 to /u01/app/oracle/oradata/korea/undotbs01.dbf
channel ORA_DISK_1: restoring datafile 00006 to /u01/app/oracle/oradata/korea/users01.dbf
channel ORA_DISK_1: restoring datafile 00033 to /u01/app/oracle/oradata/korea/test01.dbf
channel ORA_DISK_1: reading from backup piece /u01/app/oracle/fast_recovery_area/
KOREA/backupset/2016_03_14/o1_mf_nnndf_TAG20160314T102909_cgd4z5n3_.bkp
channel ORA_DISK_1: piece handle=/u01/app/oracle/fast_recovery_area/KOREA/backupset
/2016_03_14 /o1_mf_nnndf_TAG20160314T102909_cgd4z5n3_.bkp tag=TAG20160314T102909
channel ORA_DISK_1: restored backup piece 1
channel ORA_DISK_1: restore complete, elapsed time: 00:01:05
channel ORA_DISK_1: starting datafile backup set restore
channel ORA_DISK_1: specifying datafile(s) to restore from backup set
channel ORA_DISK_1: restoring datafile 00024 to /u01/app/oracle/oradata/korea/
      seoul/system01.dbf
channel ORA_DISK_1: restoring datafile 00025 to /u01/app/oracle/oradata/korea/
      seoul/sysaux01.dbf
channel ORA_DISK_1: restoring datafile 00026 to /u01/app/oracle/oradata/korea/
      seoul/seoul_users01.dbf
channel ORA_DISK_1: reading from backup piece /u01/app/oracle/fast_recovery_area
/KOREA/2DC2D96401767F23E0530F00A8C0B9F6/backupset/2016_03_14/o1_mf_nnndf_TAG2016
0314T102909_cgd51k61_.bkp
channel ORA_DISK_1: piece handle=/u01/app/oracle/fast_recovery_area/KOREA
/2DC2D96401767F23E0530F00A8C0B9F6/backupset/2016_03_14/o1_mf_nnndf_TAG20160314T1
02909_cgd51k61_.bkp tag=TAG20160314T102909
channel ORA_DISK_1: restored backup piece 1
channel ORA_DISK_1: restore complete, elapsed time: 00:00:35
channel ORA_DISK_1: starting datafile backup set restore
channel ORA_DISK_1: specifying datafile(s) to restore from backup set
channel ORA_DISK_1: restoring datafile 00005 to /u01/app/oracle/oradata/korea
      /pdbseed/system01.dbf
channel ORA_DISK_1: restoring datafile 00007 to /u01/app/oracle/oradata/korea
      /pdbseed/sysaux01.dbf
channel ORA_DISK_1: reading from backup piece /u01/app/oracle/fast_recovery_area
/KOREA/2DB0D26567BB09D4E0536E00A8C09144/backupset/2016_03_14/o1_mf_nnndf_TAG2016
0314T102909_cgd52yfh_.bkp
channel ORA_DISK_1: piece handle=/u01/app/oracle/fast_recovery_area/KOREA/
2DB0D26567BB09D4E0536E00A8C09144/backupset/2016_03_14/o1_mf_nnndf_TAG20160314T10
2909_cgd52yfh_.bkp tag=TAG20160314T102909
channel ORA_DISK_1: restored backup piece 1
channel ORA_DISK_1: restore complete, elapsed time: 00:00:35
Finished restore at 14-MAR-16
RMAN> recover database;
```

```
Starting recover at 14-MAR-16
using channel ORA_DISK_1

starting media recovery
media recovery complete, elapsed time: 00:00:03

Finished recover at 14-MAR-16
RMAN> alter database open;

[oracle@ora12cvm01:korea:korea]$ ls -lrt
total 1858728
-rw-r----- 1 oracle oinstall  10493952  Mar 13 19:18 temp02.dbf
-rw-r----- 1 oracle oinstall  10493952  Mar 13 19:30 temp03.dbf
-rw-r----- 1 oracle oinstall  62922752  Mar 14 10:32 temp01.dbf
drwxr-x--- 2 oracle oinstall      4096  Mar 14 10:38 seoul
drwxr-x--- 2 oracle oinstall      4096  Mar 14 10:38 pdbseed
-rw-r----- 1 oracle oinstall   5251072  Mar 14 10:40 users01.dbf
-rw-r----- 1 oracle oinstall 173023232  Mar 14 10:40 undotbs01.dbf
-rw-r----- 1 oracle oinstall   1056768  Mar 14 10:40 test01.dbf
-rw-r----- 1 oracle oinstall 838868992  Mar 14 10:40 system01.dbf
-rw-r----- 1 oracle oinstall 702554112  Mar 14 10:40 sysaux01.dbf
-rw-r----- 1 oracle oinstall  52429312  Mar 14 10:40 redo03.log
-rw-r----- 1 oracle oinstall  52429312  Mar 14 10:40 redo01.log
-rw-r----- 1 oracle oinstall  52429312  Mar 14 10:40 redo02.log
-rw-r----- 1 oracle oinstall  17973248  Mar 14 10:40 control01.ctl
```

위의 Restore database 명령 실행 과정을 살펴보면 CDB에 대한 완전복구를 수행하면 PDB 데이터 파일들도 동시에 복원/복구된다는 사실을 확인할 수 있다.

*Root container 완전 복구

CDB 내부 CDB$ROOT 컨테이너만을 복원/복구해야 하는 상황이 발생하는 경우 적용할 수 있는 방법을 설명하도록 한다. 간단한 데모를 위해 먼저 CDB 중 CDB$ROOT에 속한 데이터 파일들을 삭제하고 완전복구를 수행하도록 한다.

```
[oracle@ora12cvm01:korea:korea]$ cd /u01/app/oracle/oradata/korea/
[oracle@ora12cvm01:korea:korea]$ rm system01.dbf sysaux01.dbf users01.dbf
      test01.dbf undotbs01.dbf
SQL> shutdown immediate
ORA-01116: error in opening database file 1
ORA-01110: data file 1: '/u01/app/oracle/oradata/korea/system01.dbf'
ORA-27041: unable to open file
```

```
Linux-x86_64 Error: 2: No such file or directory
Additional information: 3
SQL> shutdown abort
ORACLE instance shut down.

[oracle@ora12cvm01:korea:~]$ rman target=/
RMAN> startup mount

RMAN> restore database root;
Starting restore at 14-MAR-16
using target database control file instead of recovery catalog
allocated channel: ORA_DISK_1
channel ORA_DISK_1: SID=21 device type=DISK

channel ORA_DISK_1: starting datafile backup set restore
channel ORA_DISK_1: specifying datafile(s) to restore from backup set
channel ORA_DISK_1: restoring datafile 00001 to /u01/app/oracle/oradata/korea/
       system01.dbf
channel ORA_DISK_1: restoring datafile 00003 to /u01/app/oracle/oradata/korea/
       sysaux01.dbf
channel ORA_DISK_1: restoring datafile 00004 to /u01/app/oracle/oradata/korea/
       undotbs01.dbf
channel ORA_DISK_1: restoring datafile 00006 to /u01/app/oracle/oradata/korea/
       users01.dbf
channel ORA_DISK_1: restoring datafile 00033 to /u01/app/oracle/oradata/korea/
       test01.dbf
channel ORA_DISK_1: reading from backup piece /u01/app/oracle/fast_recovery_area
/KOREA/backupset/2016_03_14/o1_mf_nnndf_TAG20160314T102909_cgd4z5n3_.bkp
channel ORA_DISK_1: piece handle=/u01/app/oracle/fast_recovery_area/KOREA/backupset/
2016_03_14/o1_mf_nnndf_TAG20160314T102909_cgd4z5n3_.bkp tag=TAG20160314T102909
channel ORA_DISK_1: restored backup piece 1
channel ORA_DISK_1: restore complete, elapsed time: 00:01:15
Finished restore at 14-MAR-16
RMAN> recover database;

Starting recover at 14-MAR-16
using channel ORA_DISK_1

starting media recovery
media recovery complete, elapsed time: 00:00:02

Finished recover at 14-MAR-16

RMAN> alter database open;
```

*PDB 완전복구

PDB 복구는 CDB로부터 복원/복구하는 방법과 특정 PDB에 접속하여 복원/복구하는 방법 모두 가능하다.

CDB에 접속하여 복원/복구하는 방법

```
[oracle@ora12cvm01:korea:~]$ cd /u01/app/oracle/oradata/korea/seoul
[oracle@ora12cvm01:korea:seoul]$ ls
seoul_users01.dbf  sysaux01.dbf  system01.dbf  temp1.dbf
[oracle@ora12cvm01:korea:seoul]$ rm seoul_users01.dbf sysaux01.dbf system01.dbf
temp1.dbf
[oracle@ora12cvm01:korea:~]$ rman target=/
RMAN> alter pluggable database seoul close;
using target database control file instead of recovery catalog
Statement processed
RMAN> restore pluggable database seoul;

Starting restore at 14-MAR-16
allocated channel: ORA_DISK_1
channel ORA_DISK_1: SID=1 device type=DISK
channel ORA_DISK_1: starting datafile backup set restore
channel ORA_DISK_1: specifying datafile(s) to restore from backup set
channel ORA_DISK_1: restoring datafile 00024 to /u01/app/oracle/oradata/korea
      /seoul/system01.dbf
channel ORA_DISK_1: restoring datafile 00025 to /u01/app/oracle/oradata/korea/
      seoul/sysaux01.dbf
channel ORA_DISK_1: restoring datafile 00026 to /u01/app/oracle/oradata/korea/
      seoul/seoul_users01.dbf
channel ORA_DISK_1: reading from backup piece /u01/app/oracle/fast_recovery_area/
KOREA/2DC2D96401767F23E0530F00A8C0B9F6/backupset/2016_03_14/o1_mf_nnndf_TAG20160
314T102909_cgd51k61_.bkp
channel ORA_DISK_1: piece handle=/u01/app/oracle/fast_recovery_area/KOREA/
2DC2D96401767F23E0530F00A8C0B9F6/backupset/2016_03_14/o1_mf_nnndf_TAG20160314T10
2909_cgd51k61_.bkp tag=TAG20160314T102909
channel ORA_DISK_1: restored backup piece 1
channel ORA_DISK_1: restore complete, elapsed time: 00:00:36
Finished restore at 14-MAR-16
RMAN> recover pluggable database seoul;
Starting recover at 14-MAR-16
using channel ORA_DISK_1
starting media recovery
media recovery complete, elapsed time: 00:00:00
Finished recover at 14-MAR-16
RMAN> alter pluggable database seoul open;
```

PDB에 접속하여 복원/복구하는 방법

```
[oracle@ora12cvm01:korea:~]$ cd /u01/app/oracle/oradata/korea/seoul
[oracle@ora12cvm01:korea:seoul]$ ls
seoul_users01.dbf  sysaux01.dbf  system01.dbf  temp1.dbf
[oracle@ora12cvm01:korea:seoul]$  rm  seoul_users01.dbf  sysaux01.dbf  system01.dbf
temp1.dbf
[oracle@ora12cvm01:korea:~]$ rman target=sys@seoul

Recovery Manager: Release 12.1.0.2.0 - Production on Mon Mar 14 11:17:24 2016

Copyright (c) 1982, 2014, Oracle and/or its affiliates.  All rights reserved.

target database Password:
connected to target database: KOREA (DBID=1713573245)

RMAN> shutdown immediate;

using target database control file instead of recovery catalog
database closed

RMAN> restore database;

Starting restore at 14-MAR-16
allocated channel: ORA_DISK_1
channel ORA_DISK_1: SID=45 device type=DISK

channel ORA_DISK_1: starting datafile backup set restore
channel ORA_DISK_1: specifying datafile(s) to restore from backup set
channel  ORA_DISK_1:  restoring  datafile  00024  to  /u01/app/oracle/oradata/korea/
      seoul/system01.dbf
channel  ORA_DISK_1:  restoring  datafile  00025  to  /u01/app/oracle/oradata/korea/
      seoul/sysaux01.dbf
channel  ORA_DISK_1:  restoring  datafile  00026  to  /u01/app/oracle/oradata/korea/
      seoul/seoul_users01.dbf
channel ORA_DISK_1: reading from backup piece /u01/app/oracle/fast_recovery_area/KOREA/
2DC2D96401767F23E0530F00A8C0B9F6/backupset/2016_03_14/o1_mf_nnndf_TAG20160314T10
2909_cgd51k61_.bkp
channel    ORA_DISK_1:    piece    handle=/u01/app/oracle/fast_recovery_area/KOREA/
2DC2D96401767F23E0530F00A8C0B9F6/backupset/2016_03_14/o1_mf_nnndf_TAG20160314T10
2909_cgd51k61_.bkp tag=TAG20160314T102909
channel ORA_DISK_1: restored backup piece 1
channel ORA_DISK_1: restore complete, elapsed time: 00:00:26
Finished restore at 14-MAR-16
RMAN> recover database;
```

```
Starting recover at 14-MAR-16
using channel ORA_DISK_1
applied offline range to datafile 00024
offline range RECID=71 STAMP=906462866
applied offline range to datafile 00025
offline range RECID=70 STAMP=906462866
applied offline range to datafile 00026
offline range RECID=69 STAMP=906462866

starting media recovery
media recovery complete, elapsed time: 00:00:01

Finished recover at 14-MAR-16

RMAN> startup
database opened
```

*테이블스페이스와 데이터 파일 완전 복구

테이블스페이스 레벨의 복원/복구 경우에는 해당 PDB에 직접 접속하여 진행해야만 한다. 왜냐하면 같은 이름의 테이블스페이스가 얼마든지 CDB 내부에 존재할 수도 있기 때문이다. 하지만 데이터 파일 레벨의 복원/복구 경우에는 CDB(CDB$ROOT, PDB$SEED, PDB) 각각의 컨테이너에 속한 각각의 데이터 파일에 대한 전체적인 유일한 식별자가 존재하기 때문에 CDB에 접속하든지 PDB에 접속하든지 모두 수행 가능하다.

```
SQL> show con_name
CON_NAME
------------------------------
SEOUL
SQL> select tablespace_name from dba_tablespaces;
TABLESPACE_NAME
------------------------------------------------------------
SYSTEM
SYSAUX
TEMP
USERS

SQL> select file_name from dba_data_files;
FILE_NAME
-------------------------------------------------------------------
/u01/app/oracle/oradata/korea/seoul/system01.dbf
/u01/app/oracle/oradata/korea/seoul/sysaux01.dbf
/u01/app/oracle/oradata/korea/seoul/seoul_users01.dbf
```

일반 테이블스페이스에 속한 데이터 파일을 삭제한다.

```
[oracle@ora12cvm01:korea:seoul]$ rm seoul_users01.dbf
RMAN> alter database datafile 26 offline;
Database altered.
MAN> restore datafile 26;
Starting restore at 14-MAR-16
using channel ORA_DISK_1
channel ORA_DISK_1: starting datafile backup set restore
channel ORA_DISK_1: specifying datafile(s) to restore from backup set
channel ORA_DISK_1: restoring datafile 00026 to /u01/app/oracle/oradata/korea/seoul
/seoul_users01.dbf
channel ORA_DISK_1: reading from backup piece /u01/app/oracle/fast_recovery_area/
KOREA/2DC2D96401767F23E0530F00A8C0B9F6/backupset/2016_03_14/o1_mf_nnndf_TAG20160
314T102909_cgd51k61_.bkp
channel ORA_DISK_1: piece handle=/u01/app/oracle/fast_recovery_area/KOREA/2DC2D
96401767F23E0530F00A8C0B9F6/backupset/2016_03_14/o1_mf_nnndf_TAG20160314T102909_
cgd51k61_.bkp tag=TAG20160314T102909
channel ORA_DISK_1: restored backup piece 1
channel ORA_DISK_1: restore complete, elapsed time: 00:00:01
Finished restore at 14-MAR-16
RMAN> recover datafile 26;
Starting recover at 14-MAR-16
using channel ORA_DISK_1
applied offline range to datafile 00026
offline range RECID=69 STAMP=906462866
starting media recovery
media recovery complete, elapsed time: 00:00:00
Finished recover at 14-MAR-16

RMAN> alter database datafile 26 online;
```

*Container database(CDB) 시점 복구

CDB 시점 복구는 기존의 시점 복구 방식과 동일하다. 한 가지 고려할 사항은 CDB가 시점 복구되면 모든 PDB들도 동시에 시점 복구가 되어버린다는 것이다.

```
SQL> shutdown immediate
ORA-01116: error in opening database file 1
ORA-01110: data file 1: '/u01/app/oracle/oradata/korea/system01.dbf'
ORA-27041: unable to open file
Linux-x86_64 Error: 2: No such file or directory
Additional information: 3
SQL> shutdown abort
ORACLE instance shut down.

[oracle@ora12cvm01:korea:~]$ rman target=/
RMAN>startup mount;
RMAN>run
{set until time "to_date('12-MAR-2016 12:00:00','DD-MON-YYYY HH24:MI:SS')";
Restore database;
Recover database;
alter database open resetlogs;
}
```

NOTE

ORACLE

database

백업 및 복구

PART 05

Part 05에서는 오라클 데이터베이스에 대한 백업과 복구 과정을 소개한다. 특히, RMAN과 Data dump 유틸리티에 대한 충분한 이해가 요구된다.

Chapter 01 RMAN 개요

이번 장에서는 오라클에서 제공되는 RMAN 유틸리티에 대한 개념 및 기본 구성 정보를 소개한다.

다음은 이번 장에서 다루게 될 세부 사항들이다.

- Section 01 Backup & Recovery 용어 소개
- Section 02 RMAN의 기능 소개

●●● oracle 01

Backup & Recovery 용어 소개

일단 RMAN 백업에 들어가기 앞서 백업과 복구에서 사용하는 여러 용어들에 대한 설명을 먼저 하고 지나가도록 하겠다. 백업을 하는 방법이나, 상황에 따라서 Backup의 명칭이나 Recovery의 명칭이 달라진다.

Hot backup(Online backup)

오라클 데이터베이스를 끄지 않고 진행하는 백업으로 백업을 진행하는 도중에도 DB 서비스가 가능하다. Hot backup을 진행하기 위해서는 반드시 DB에 접속해서 Archive mode를 켜줘야 진행이 가능한데, 그 이유는 데이터베이스의 일관성을 유지하기 위해서이다. No archive mode에서도 백업은 할 수 있긴 하지만 유저의 사용을 제한한 읽기 전용 테이블스페이스나 오프라인 테이블스페이스만 백업이 가능하다.

Cold backup(Offline backup)

오라클 데이터베이스를 끈 상태로 진행하는 백업이다. 데이터베이스가 정상 종료돼서 모든 SCN이 정상적인 경우에 진행 가능하다. DB를 완전히 끈 상태에서는 백업을 수행할 수 없기 때문에 DB를 Mount mode로 둔 상태에서 백업을 진행하게 된다. 데이터베이스를 항상 켜두지 않아도 되는 경우나, 백업량이 너무 많아서 Open 상태로 진행하면 너무 오래 걸리고, 서버에 부하를 주는 경우에는 Cold backup을 하게 된다.

Incremental backup(증분 백업)

매일 백업을 새로 받는 것은 비효율적이기 때문에 오라클은 변경된 데이터만을 백업하는 기능을 지원한다. 이 백업을 하는 경우에 숫자를 지정할 수 있는데, 그 숫자보다 작거나 같은 날부터 지금까지의 변경 사항에 대해서만 백업이 가능하다.

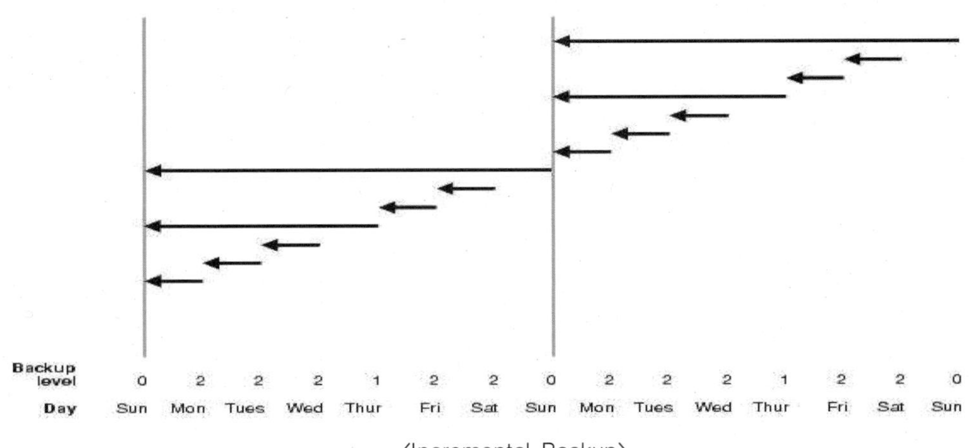

<Incremental Backup>

Cumulative backup(누적 백업)

오라클에서 만든 백업 방식이다. 이것도 똑같이 숫자를 설정하게 되는데, 그 숫자보다 무조건 작은 때부터 지금까지의 변경 사항에 대해서 백업한다. Incremental backup에 비해 좀 더 Strict한 방법이기 때문에 백업하는 양이 더 많다.

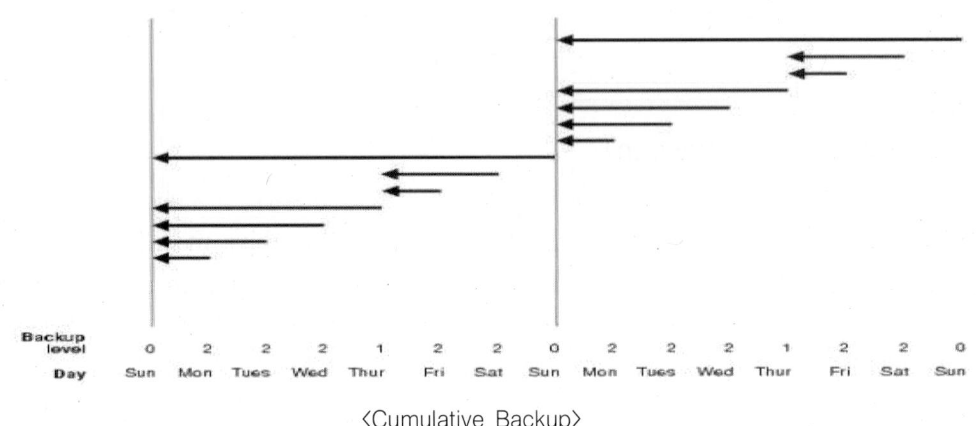

〈Cumulative Backup〉

Restore(복원)

Restore는 실제 DB 복구를 하는 과정에서 백업한 파일로부터 물리적인 파일을 적절한 위치로 복사하는 과정이다. 과거에 백업이 시작한 때의 한 시점으로 데이터베이스를 돌려놓는다. 이 상태에서는 복구 과정이 모두 끝나지 않았기 때문에 데이터베이스를 Open하려고 해도 Open되지 않는다.

Recovery(복구)

Restore로 DB를 특정 시점으로 돌려놓은 상태에서 백업해둔 Archive log를 적용해서, 과거에 백업이 끝났을 때의 시점으로 DB를 완벽하게 복구하는 과정이다. 이 과정이 끝난 이후에는 데이터베이스가 정상적으로 Open이 된다. Archive log를 적용하는 과정에서 사용자는 자신이 원하는 sequence나 SCN 까지만 복구하는 선택을 할 수도 있다. 그런 선택을 하는 이유는 불완전 복구를 해야 하는 경우가 있기 때문이다. 아래 그림에서 백업 파일을 복원한 뒤에 Archive log로 복구하는 과정이 Recovery 과정이다.

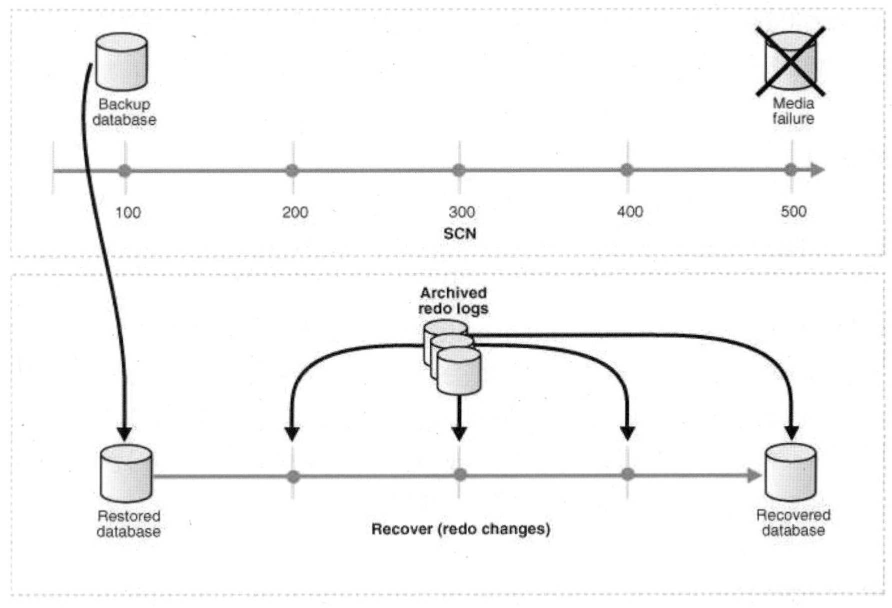

<recover & restore>

불완전 복구

부득이하게 Archive log를 모두 적용하지 못하는 상황에, DB를 전부 복구하지 않고, 사용자가 원하는 시점까지만 복구해야 하는 경우에는 불완전 복구를 하게 된다. 불완전 복구를 할 때에 사용자는 특정 SCN이나 Archive log의 Sequence 숫자를 지정해서 원하는 곳까지 복구를 할 수도 있다. 완전 복구가 가능한 이전 이미지가 있더라도, 그 이미지는 불완전 복구가 가능한 이미지보다 과거의 이미지이기 때문에, 과거의 이미지를 통해 완전 복구하는 것보다 불완전 복구를 하는 편이 좀 더 데이터를 많이 복구할 수 있는 경우가 많다.

완전 복구

보통의 경우 DB를 완벽하게 복구하는 것이 최적의 상황이기 때문에, 완전 복구를 한다. DB를 복원시킨 후에 모든 Archive log를 적용해서 DB를 완벽하게 복구한다.

User-managed 백업, 복구

이 책에서는 RMAN을 이용한 백업과 복구에 대해서만 다루지만, RMAN이 없던 때에 백업, 복구하던 방식을 User-managed 방식이라고 한다. 물리적인 데이터 파일이나, spfile, conrolfile들에 대해 DBA가 직접 OS상에서 데이터 파일을 복사하거나, SQL에 접속하여 명령어를 통해서 백업과 복구를 하는 방식이 있었다.

Catalog database

RMAN 백업이나 복구에 관련된 정보들은 보통 컨트롤 파일에 저장이 된다. 하지만 이러한 정보는 보관 기간이 따로 있고, 컨트롤 파일의 관리를 따로 해줘야 하기 때문에 백업에 관련된 정보를 저장하는

Recovery catalog database를 만들 수 있다. Catalog DB에 보관을 하면 더 오랜 기간을 보관할 수 있고, 백업/복구 스크립트도 서버에 저장해두고 사용할 수도 있다.

Retention

백업을 하는 경우에는 결국 여러 번 백업을 하기 때문에 백업 파일이 여러 개 생기게 될 것이다. 하지만 과거의 백업은 현재의 정보와 차이가 점점 커지기 때문에 어느 정도 이상의 시간이 지난 백업 파일은 필요가 없어지게 된다. 이런 백업 파일들이 어느 정도 이상부터 필요 없다고 정하는 정책을 Retention policy라고 한다. Retention policy에는 두 가지 종류가 있는데, 시간을 기준(Window)으로 하는 정책과 개수(Redundancy)를 기준으로 하는 정책이 있다. Window를 1주일로 설정해 놓으면 그 이전 백업 파일은 Obsolete가 되고, Redundancy를 7로 설정해 놓으면 최근 7개만 유지하겠다는 의미로 가장 오래된 백업 파일이 Obsolete로 설정된다. RMAN에서는 이러한 Obsolete되어진 백업 파일만을 따로 삭제할 수 있는 기능도 제공된다.

Cross checking

백업을 하게 되면 OS상에 백업 파일이 생기게 된다. 나중에 이 파일을 사용할 때를 대비해서 백업 파일이 실제 백업 위치에 있는지 확인해 볼 수 있다. Cross checking이 이 과정을 말한다. 실제 백업 위치에 파일이 없는 경우에는 RMAN은 자신이 가지고 있는 백업 정보를 Expired 됐다고 변경한다. 그리고 Expired만 따로 삭제를 할 수 있다. 즉, Cross checking을 하기 전에는 OS상에서 백업 파일을 지워도 RMAN은 모른다. 백업 파일에 대한 메모리도 그대로 잡고 있는 문제나, 나중에 백업 할 때에 파일이 없는 문제를 미리 해결하기 위해서는 Cross checking이 필요하다.

Data pump

지금까지 설명한 내용들은 RMAN이든, User-managed 백업이든 물리적으로 파일을 복사하는 방식이었다. 하지만 Oracle은 Data pump라는 기능도 지원하는데, 데이터베이스의 내용을 논리적으로 백업하는 방법이다. 즉, 파일 복사가 아니라 SQL 문장으로 데이터베이스의 내용을 빼내거나, 다시 넣어주는 방법이다. 모든 정보들이 SQL 문장으로 추출되기 때문에 추출된 문장들을 다시 SQL에서 실행해주는 방식으로 데이터베이스를 복구한다.

●●● oracle 02

RMAN의 기능 소개

RMAN은 Oracle에서 지원하는 백업 툴이기 때문에, Oracle DB에 최적화된 여러 편리한 기능들을 제공한다. 기존에 사용하던 User-managed 백업의 비효율적인 부분들을 없애거나, 관리하기 편하도록 여러 기능들을 만들어 놓았다.

Incremental backup

기존의 백업은 파일을 통째로 백업하는 것이기 때문에, 변화한 부분만을 찾아서 백업할 수가 없었다. 따라서 통째로 백업하는 데에 걸리는 시간이 당연히 훨씬 오래 걸린다. RMAN에서는 Incremental과 Cumulative 두 가지 방식으로 사용자가 사용하고 싶은 정책에 따라서 원하는 대로 빠르게 백업을 진행할 수 있다.

Block media recovery

데이터 파일에 문제가 생긴 경우, 대부분의 경우 모든 부분에 문제가 생긴 것이 아니고 데이터 파일 중에 일정 부분만이 문제가 발생하는 경우가 많다. 이런 경우에 모든 데이터베이스를 전부 복구하는 것은 엄청난 비용의 낭비이다. RMAN에서는 손상된 블록만을 복구할 수 있는 기능도 만들어 두었다. 복구를 진행하는 때에 Block을 지정해서 복구를 할 수도 있다.

Unused block compression

기존에는 앞에서도 말했다시피 모든 파일을 통째로 복구했다. 하지만 실제로 데이터 파일을 살펴보면, 데이터 파일 전체를 사용하고 있는 경우는 없다. 전체를 사용하고 있다면, 다른 데이터 파일을 만들어서 실제로는 그것을 사용하고 있을 것이다. 모두 쓰고 있지 않은데 데이터 파일을 전체 복사하는 방법은 효율적이지 않다. RMAN에서는 데이터 파일 안에서 실제로 사용하는 부분만을 백업하는 기능이 있다.

Retention policy

기존에는 백업 후에도 백업 파일을 관리하는 것이 효율적이지 않았다. 물리적인 Copy를 한 백업 파일들을 DBA들은 특정 장소를 지정해서 저장해두고, 일일이 시간을 체크하거나, 개수를 맞춰가면서 관리를 했었다. RMAN은 새로운 백업을 할 때에 미리 설정해둔 정책대로 알아서 기존의 백업 데이터들의 상태를 변경해준다. 오래돼서 필요 없어진 백업 파일들은 따로 지정을 해두어 나중에 간단하게 삭제할 수 있어졌다.

Catalog

마찬가지로 백업 파일이나 스크립트들에 대한 관리 매뉴얼을 만들어두고, 그 매뉴얼대로 처리를 했다. 백업 정보들에 대해서는 따로 관리대장을 쓰거나, 파일을 만들어서 거기에 기록해두는 방식으로 관리를 했었지만, 매우 비효율적이었다. 이를 개선하기 위해 RMAN에서는 Catalog database라는 것을 만들어두고 DB를 등록해둔 후 거기에 백업 파일의 정보나 Job Script 등의 모든 백업 정보들에 대해 저장해서 일괄적이고 효율적이게 관리하는 기능을 지원한다.

Chapter 02 RMAN 명령어

이번 장에서 학습할 내용은 RMAN의 명령어들이다. RMAN에서는 여러 가지 작업을 할 수 있다는 것을 앞에서 설명했으므로 그 기능들을 수행하기 위한 명령어들에 대해서 알아보기로 한다.

다음은 이번 장에서 다루게 될 세부 사항들이다.

- Section 01 RMAN 접속과 명령어 확인
- Section 02 RMAN 명령어 종류
- Section 03 RMAN 명령어 소개
- Section 04 RMAN 배치 파일

●●● oracle 01

RMAN 접속과 명령어 확인

일단 RMAN에 접속해보자. 접속을 위한 명령어는 OS에서 간단하게 'rman target /'라고 입력하면 된다.

```
[oracle@ora12cvm01:orcl:~]$ rman target /

Recovery Manager: Release 12.1.0.2.0 - Production on Sun Mar 27 12:21:22 2016

Copyright (c) 1982, 2014, Oracle and/or its affiliates.  All rights reserved.

connected to target database (not started)

RMAN>
```

수행 결과 RMAN>이라고 나타나면 정상 접속된 것이다. console 창에서 rman 명령어를 사용할 때에 뒤에 붙을 수 있는 파라미터들은 다음과 같다.

접속할 데이터베이스 지정		Logging에 대한 설정	
target	Target DB	cmdfile	Run할 파일의 위치지정
catalog	Recovery catalog DB	log	log남길 위치지정
nocatalog	Catalog를 안 쓰겠다고 표시	Trace	debug 메시지를 남길 위치지정
auxiliary	Data Guard에서 사용함	Append	log 파일에 이어서 씀

<RMAN 명령어 관련 파라미터>

예를 들어 rman target / log '/u01/log.txt/' 처럼 사용할 수 있다.

```
[oracle@ora12cvm01:orcl:~]$ rman target / log "/u01/log"
RMAN>
```

보다시피 조금 더 간단하게 접속이 되는 것을 확인할 수 있다. 데이터베이스에 접속할 때, Local database가 아닌 경우에는 ID와 Password를 입력해주어야 한다. 'rman target / '은 사실 rman target ID/password를 간략하게 사용한 것이다.
현 실습환경의 경우에는 rman target oracle/oracle이라고 입력해도 똑같이 접속할 수 있다.

```
[oracle@ora12cvm01:orcl:~]$ rman target oracle/oracle

Recovery Manager: Release 12.1.0.2.0 - Production on Sun Mar 27 12:24:11 2016

Copyright (c) 1982, 2014, Oracle and/or its affiliates.  All rights reserved.

connected to target database (not started)

RMAN>
```

●●● oracle 02

RMAN 명령어 종류

RMAN의 명령어에 대해서 보고 싶다면 접속한 후에 아무렇게나 입력한 후에 Enter 키를 눌러보면, 사용 가능한 여러 명령어들이 에러 메시지와 함께 나온다. RMAN은 사용자가 잘못 입력한 경우에 항상 이런 형태로 어떤 식으로 명령어를 사용해야 하는 지에 대해서 가이드를 보여주고 있다. 각각의 명령어들에 대해서 Parameter 없이 입력을 해도 이런 형태로 에러 메시지가 나오게 된다.

```
RMAN> adf

RMAN-00571: ===========================================================
RMAN-00569: =============== ERROR MESSAGE STACK FOLLOWS ===============
RMAN-00571: ===========================================================
RMAN-00558: error encountered while parsing input commands
RMAN-01009: syntax error: found "identifier": expecting one of: "advise, allocat
e, alter, analyze, associate statistics, audit, backup, begin, @, call, catalog,
 change, comment, commit, configure, connect, convert, copy, create, create cata
log, create global, create script, create virtual, crosscheck, declare, delete,
delete from, describe, describe catalog, disassociate statistics, drop, drop cat
alog, drop database, duplicate, exit, explain plan, flashback, flashback table,
grant, grant catalog, grant register, host, import, insert, list, lock, merge, m
ount, noaudit, open, print, purge, quit, recover, register, release, rename, rep
air, replace, report, "
RMAN-01008: the bad identifier was: adf
RMAN-01007: at line 1 column 1 file: standard input

RMAN>
```

〈RMAN 명령어 확인〉

이 명령어들을 사용하는 방법은 두 가지가 있다. Interactive mode와 Batch mode로 나뉘는데, Interactive mode는 사용자가 일일이 Command line에 입력해야 하는 형태를 말한다. 입력해야 하는 명령어가 많은 경우에는 별도의 실행 파일에 모두 입력해두고 사용하는 Batch mode를 사용해서 실행하게 된다.

명령어들은 세 가지 종류의 명령어로 분류가 가능하다. Stand-alone 명령어, Job 명령어, 예외 명령어가 있다. Stand-alone은 Interactive mode에서만 사용이 가능한 명령어들이고, Job 명령어는 Batch mode에서만 사용이 가능한 명령어들이다. 마지막 명령어들은 두 곳 모두 사용 가능한 명령어들이 속한다. 사실 과거에는 분류를 했었지만 최근에는 몇 가지 명령어들 빼고는 양쪽 다 사용 가능하기 때문에 Oracle 공식 문서에서도 특별히 분류하지는 않고 모두 나열해서 설명하고 있다.

●●● oracle 03

RMAN 명령어 소개

많은 명령어들 중에서 많이 사용하면서 중요한 명령어들 몇 개를 소개해보려고 한다.

*Show 명령어

Show 명령어는 RMAN의 기본 설정(Setting)에 대해서 확인할 수 있는 명령어이다. 일단 데이터베이스가 종료되어 있는 상태이기 때문에 데이터베이스는 시작하도록 한다. SQL과 똑같이 RMAN에서 Startup 명령어를 통해서 데이터베이스를 시작할 수 있다.
간단한 Sql 문장들은 RMAN에서도 실행이 가능하다. 예를 들어 RMAN〉 sql 'alter system suspend' 같이 실행이 가능하다. sql로 접속을 따로 하지 않더라도 어느정도 RMAN에서 처리할 수 있다. show all; 명령어를 통해서 기본적인 파라미터 설정(Parameter setting)을 확인할 수 있다. 각각의 Configure문이 현재 RMAN의 설정 값에 대해서 보여주고 있다. 각각에 대해서 확인 할 수도 있고, all을 통해서 전체 설정을 확인할 수도 있다.

```
RMAN> show all;

RMAN configuration parameters for database with db_unique_name ORCL are:
CONFIGURE RETENTION POLICY TO REDUNDANCY 1; # default
CONFIGURE BACKUP OPTIMIZATION OFF; # default
CONFIGURE DEFAULT DEVICE TYPE TO DISK; # default
CONFIGURE CONTROLFILE AUTOBACKUP OFF; # default
CONFIGURE CONTROLFILE AUTOBACKUP FORMAT FOR DEVICE TYPE DISK TO '%F'; # default
CONFIGURE DEVICE TYPE DISK PARALLELISM 1 BACKUP TYPE TO BACKUPSET; # default
CONFIGURE DATAFILE BACKUP COPIES FOR DEVICE TYPE DISK TO 1; # default
CONFIGURE ARCHIVELOG BACKUP COPIES FOR DEVICE TYPE DISK TO 1; # default
CONFIGURE MAXSETSIZE TO UNLIMITED; # default
CONFIGURE ENCRYPTION FOR DATABASE OFF; # default
CONFIGURE ENCRYPTION ALGORITHM 'AES128'; # default
CONFIGURE COMPRESSION ALGORITHM 'BASIC' AS OF RELEASE 'DEFAULT' OPTIMIZE FOR LOAD TRUE ; # default
CONFIGURE RMAN OUTPUT TO KEEP FOR 7 DAYS; # default
CONFIGURE ARCHIVELOG DELETION POLICY TO NONE; # default
CONFIGURE SNAPSHOT CONTROLFILE NAME TO '/u01/app/oracle/product/12.1.0/dbhome_1/dbs/snapcf_orcl.f'; #
default

RMAN>
```

〈show all〉

아무런 설정 없이 백업을 하게 되면 현재 이 설정 값을 토대로 RMAN이 알아서 백업을 진행해준다.

*Configure 명령어

위에서 확인한 설정 값들을 수정하고 싶은 경우엔 똑같이 Configure 명령어를 이용하면 변경이 가능하다. 전부 다 입력하기 힘든 경우엔 Show all을 통해서 확인한 후에 복사해서 값을 수정하는 방식을 통해 간단하게 바꿀 수 있다.

```
RMAN> CONFIGURE RETENTION POLICY TO REDUNDANCY 2;
old RMAN configuration parameters:
CONFIGURE RETENTION POLICY TO REDUNDANCY 1;
new RMAN configuration parameters:
CONFIGURE RETENTION POLICY TO REDUNDANCY 2;
new RMAN configuration parameters are successfully stored
```

- Configure backup optimization on;
  최적화를 키면 같은 Device Type으로 이미 백업된 파일에 대해서는 백업을 건너뛴다.
- Configure controlfile autobackup on;
  백업 명령 수행 시에 컨트롤 파일도 같이 자동으로 백업해준다.
- Configure device type disk parallelism 2 backup type to backupset;
  Parallelism이 2이기 때문에 Backupset으로 백업하는 경우에 Channel 2개를 할당해서 백업을 진행하게 된다.
- Configure retention policy to redundancy 2;
  Retention policy의 중복을 2로 설정하면, 최근 2개까지의 백업만 유효한 것으로 본다는 의미이다. 그 이상의 백업들은 Obsolete로 Marking되어 따로 확인이 가능해진다.
  이런 식으로 Configure문을 통해서 원하는 설정 값에 대해서 수정이 가능하다.

Configure controlfile autobackup format for device type disk to '%F';의 예처럼 %F나 %D, %M 같은 것들을 조합해서 백업 파일의 이름에 지정이 가능한데, 이 이름 규칙에 맞추어 RMAN이 알아서 파일의 이름을 생성해준다.

인자	설 명	인자	설 명
%c	중복된 piece의 복사 번호	%s	Backupset 자체의 번호
%d	DB의 이름	%t	Backupset의 timestamp
%D	한달 내에서의 백업 일의 day(DD)	%T	YYYYMMDD
%F	%d%T, sequence를 통해 만든 이름	%u	%s%t의 8글자 축약형 이름
%M	백업 일의 Month(MM)	%U	%u_%p_%c와 같음
%p	Backupset의 piece 번호	%Y	백업 일의 Year(YYYY)

<파일 이름 구성 옵션>

*Report 명령어

Report 명령어는 백업할 수 있는 대상들을 확인할 수 있는 명령어이다. Report 다음에 어떤 대상에 대해서 Report를 볼지 정할 수 있다. 많이 쓰는 것 몇 개에 대해서 알아보자.

```
RMAN> report need backup;

RMAN retention policy will be applied to the command
RMAN retention policy is set to redundancy 2
Report of files with less than 2 redundant backups
File #bkps Name
---- ----- -----------------------------------------------------
1    0     /u01/app/oracle/oradata/ORCL/datafile/o1_mf_system_ch9kffs0_.dbf
3    0     /u01/app/oracle/oradata/ORCL/datafile/o1_mf_sysaux_ch9k5crx_.dbf
4    0     /u01/app/oracle/oradata/ORCL/datafile/o1_mf_undotbs1_ch9kmnfj_.dbf
6    0     /u01/app/oracle/oradata/ORCL/datafile/o1_mf_users_ch9kml2s_.dbf
```

Need backup이라는 파라미터가 뒤에 붙을 수 있다. 이 명령어를 통해서 Retention policy를 만족하지 못하는 것들에 대한 Report를 볼 수 있다.

```
RMAN> report obsolete;

RMAN retention policy will be applied to the command
RMAN retention policy is set to redundancy 2
no obsolete backups found
```

또 Obsolete라는 명령어도 있는데, 이것은 만약 Redundancy policy가 2이고 기간이 7일인 경우, 2개 넘게 백업된 백업 파일과 백업한지 7일이 넘은 백업 파일에 대해서 보여준다. 현재는 백업한 것이 없기 때문에 보이지 않고 있다.

Report schema;라는 명령어를 통해서 현재 DB에 어떤 Schema가 있는지도 확인할 수 있다.

```
RMAN> report schema;

Report of database schema for database with db_unique_name ORCL

List of Permanent Datafiles
===========================
File Size(MB) Tablespace           RB segs Datafile Name
---- -------- -------------------- ------- ------------------------
1    790      SYSTEM               YES     /u01/app/oracle/oradata/ORCL/datafile
/o1_mf_system_ch9kffs0_.dbf
3    600      SYSAUX               NO      /u01/app/oracle/oradata/ORCL/datafile
/o1_mf_sysaux_ch9k5crx_.dbf
4    60       UNDOTBS1             YES     /u01/app/oracle/oradata/ORCL/datafile
/o1_mf_undotbs1_ch9kmnfj_.dbf
6    5        USERS                NO      /u01/app/oracle/oradata/ORCL/datafile
/o1_mf_users_ch9kml2s_.dbf

List of Temporary Files
=======================
File Size(MB) Tablespace           Maxsize(MB) Tempfile Name
---- -------- -------------------- ----------- --------------------
1    60       TEMP                 32767       /u01/app/oracle/oradata/ORCL/data
file/o1_mf_temp_ch9kp6pl_.tmp
```

<Report schema 명령어 결과>

*Backup 명령어

이 Backup 명령어가 실제로 Backup을 수행하는 명령어이다. Backup;이라고만 입력해 보면 역시 뒤에 사용 가능한 Parameter들을 확인할 수 있다.

```
RMAN> backup;

RMAN-00571: ===========================================================
RMAN-00569: =============== ERROR MESSAGE STACK FOLLOWS ===============
RMAN-00571: ===========================================================
RMAN-00558: error encountered while parsing input commands
RMAN-01009: syntax error: found ";": expecting one of: "archivelog, as, auxiliar
y, backuppiece, backupset, backup, channel, check, controlfilecopy, copies, copy
, cumulative, current, database, database root, datafilecopy, datafile, datapump
, db_file_name_convert, db_recovery_file_dest, device, diskratio, duration, file
sperset, force, format, for, from, full, incremental, keep, maxsetsize, nochecks
um, noexclude, nokeep, not, pluggable, pool, proxy, recovery, reuse, section, sk
ip readonly, skip, spfile, tablespace, tag, to, validate, ("
RMAN-01007: at line 1 column 7 file: standard input
```

〈Backup parameter〉

Backup을 할 때에 어떤 방식으로 백업할 지 지정해 줄 수 있다. 백업을 할 때 가능한 두 가지 형태는 Backupset과 Copy이다. Copy는 백업 대상을 그대로 복사하는 Image copy 형태의 백업이고, Backupset은 Oracle에서 지원하는 Backup 방식이다. Backupset은 결국 RMAN을 통해서만 만들고, 다시 읽을 수 있다. 이 Backupset은 Copy와 다르게 커다란 박스 안에 Oracle만 알 수 있는 형태로 담는 것이라고 생각하면 된다. Backupset는 여러 개의 Backuppiece로 구성되는데, Backup section size 60M 처럼 Backuppiece의 크기를 지정해 줄 수 있다. 둘 중에 특별히 사용하고 싶은 방식이 있으면 As를 통해서 Backup as backupset, Backup as copy 처럼 지정해서 사용하면 된다. 지정해주지 않으면 Backupset으로 백업이 된다.

RMAN〉 backup as backupset datafile 1;	1번 datafile을 backupset으로 백업한다.
RMAN〉 backup as backupset database 1;	전체 DB를 backupset으로 백업한다.
RMAN〉 backup as copy tablespace system;	system tablespace를 image copy한다.
RMAN〉 backup as copy spfile;	spfile을 copy한다.
RMAN〉 backup as copy spfile tag 'hello'	spfile를 복사하고 hello라는 tag를 준다.
RMAN〉 backup database plus archivelog;	DB와 archivelog 모두 백업한다.

RMAN〉 backup as backupset tablespace system section size 300M;

system tablespace를 최대 300M 크기의 Backuppiece로 나눠서 분할 백업을 한다.

주의할 점은 Backup을 할 때에 데이터베이스가 Noarchivemode인 경우에는 데이터베이스가 켜져 있으면 백업이 불가능하다는 점이다. 따라서 Noarchivemode인 경우에 백업하기 위해서는 데이터베이스를 Archivemode로 변경하거나, 데이터베이스를 껐다가 Mount mode로 Open하면 된다.
일단 Backup 명령어는 데이터베이스내의 모든 물리적인 대상들에 대해서는 백업이 가능하다. 데이터베이스, 테이블스페이스, 데이터 파일, 컨트롤 파일, Spfile에 대해서 백업이 가능하고 나중에 사용하기 위해서 Tag를 지정해서 백업하는 경우도 있다.

*List 명령어

List 명령어를 통해서 Backup을 한 뒤에 잘 백업이 되었는지 확인할 수 있다.
List copy나 List backupset이라고 입력하면 모든 Copy 백업과 Backupset 백업 파일들에 대해서 확인할 수 있다. 또는 List backup이라고 치면 백업된 모든 파일에 대해서 볼 수 있다.
RMAN> backup as backupset tablespace system section size 300M;로 백업을 한 뒤에 list Backupset을 해보자. Report schema를 통해 확인한 System tablespace의 크기는 790M이다. List backupset을 쳐보면 Backupset 안에 여러 개의 Backuppiece로 저장된 것을 확인할 수 있다.

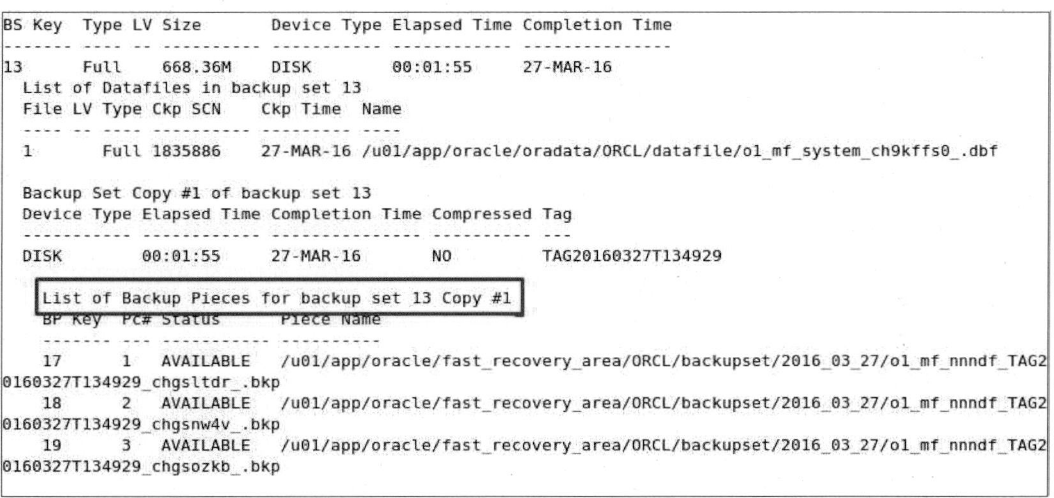

```
BS Key  Type LV Size       Device Type Elapsed Time Completion Time
------- ---- -- ---------- ----------- ------------ ---------------
13      Full    668.36M    DISK        00:01:55     27-MAR-16
  List of Datafiles in backup set 13
  File LV Type Ckp SCN    Ckp Time  Name
  ---- -- ---- ---------- --------- ----
  1       Full 1835886    27-MAR-16 /u01/app/oracle/oradata/ORCL/datafile/o1_mf_system_ch9kffs0_.dbf

  Backup Set Copy #1 of backup set 13
  Device Type Elapsed Time Completion Time Compressed Tag
  ----------- ------------ --------------- ---------- ---
  DISK        00:01:55     27-MAR-16       NO         TAG20160327T134929

    List of Backup Pieces for backup set 13 Copy #1
    BP Key  Pc# Status      Piece Name
    ------- --- ----------- ----------
    17      1   AVAILABLE   /u01/app/oracle/fast_recovery_area/ORCL/backupset/2016_03_27/o1_mf_nnndf_TAG2
0160327T134929_chgsltdr_.bkp
    18      2   AVAILABLE   /u01/app/oracle/fast_recovery_area/ORCL/backupset/2016_03_27/o1_mf_nnndf_TAG2
0160327T134929_chgsnw4v_.bkp
    19      3   AVAILABLE   /u01/app/oracle/fast_recovery_area/ORCL/backupset/2016_03_27/o1_mf_nnndf_TAG2
0160327T134929_chgsozkb_.bkp
```

〈List로 Backup 파일 확인〉

*Delete 명령어

이렇게 List를 통해서 확인한 백업 파일을 사용자가 삭제할 수 있다.

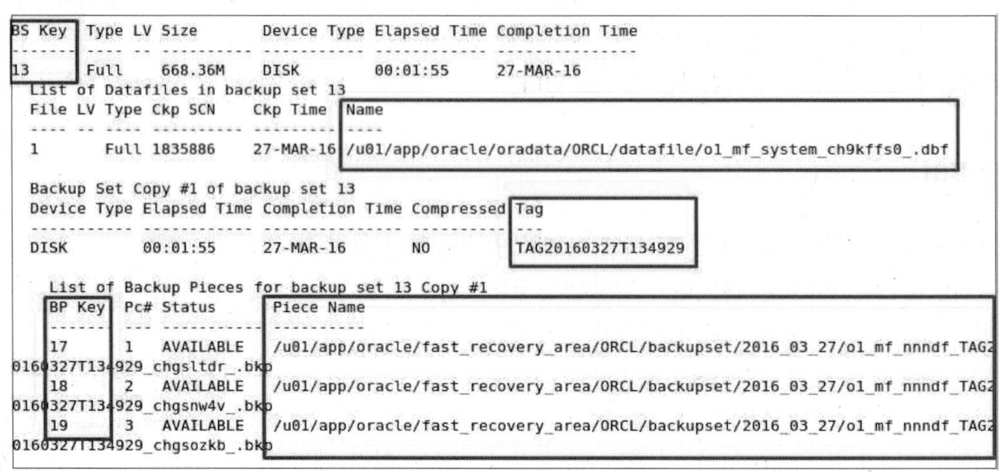

```
BS Key  Type LV Size       Device Type Elapsed Time Completion Time
------- ---- -- ---------- ----------- ------------ ---------------
13      Full    668.36M    DISK        00:01:55     27-MAR-16
  List of Datafiles in backup set 13
  File LV Type Ckp SCN    Ckp Time  Name
  ---- -- ---- ---------- --------- ----
  1       Full 1835886    27-MAR-16 /u01/app/oracle/oradata/ORCL/datafile/o1_mf_system_ch9kffs0_.dbf

  Backup Set Copy #1 of backup set 13
  Device Type Elapsed Time Completion Time Compressed Tag
  ----------- ------------ --------------- ---------- ---
  DISK        00:01:55     27-MAR-16       NO         TAG20160327T134929

    List of Backup Pieces for backup set 13 Copy #1
    BP Key  Pc# Status      Piece Name
    ------- --- ----------- ----------
    17      1   AVAILABLE   /u01/app/oracle/fast_recovery_area/ORCL/backupset/2016_03_27/o1_mf_nnndf_TAG2
0160327T134929_chgsltdr_.bkp
    18      2   AVAILABLE   /u01/app/oracle/fast_recovery_area/ORCL/backupset/2016_03_27/o1_mf_nnndf_TAG2
0160327T134929_chgsnw4v_.bkp
    19      3   AVAILABLE   /u01/app/oracle/fast_recovery_area/ORCL/backupset/2016_03_27/o1_mf_nnndf_TAG2
0160327T134929_chgsozkb_.bkp
```

<Delete시 사용 가능한 Identifier>

Delete를 하는 경우에 일단 list로 어떤 백업 파일이 있는지 확인해야 한다. Delete시 Identifier로 사용할 수 있는 것들은 Name, Tag, Key이다. List에서 모두 확인할 수 있다.

delete backuppiece 17;	BP=17인 Backuppiece를 삭제
delete backuppiece "Piece Name"	그 이름의 Backuppiece를 삭제
delete archivelog all;	모든 Archivelog 삭제
delete archivelog until sequence = 300;	sequence=300까지 Archivelog 삭제
delete backupset tag TAG20160327T134929;	특정 TAG의 Backupset 삭제
delete backupset;	모든 Backupset 삭제
delete backupset 13;	BS=13인 Backupset삭제
delete obsolete;	Retention을 넘긴 백업 파일 삭제
delete backup;	모든 백업 파일 삭제
delete copy of controlfile like '/u01/%';	해당 폴더 내 모든 컨트롤 파일 백업 삭제
delete expired backup;	Crosscheck에서 Fail한 백업 파일 삭제

같은 여러 방식으로 사용자가 원하는 삭제를 수행할 수 있다.

●●● oracle 04

RMAN 배치 파일

여기에서는 Run을 통해서 사용 가능한 배치 파일을 만드는 방법에 대해서 알아볼 것이다.
만드는 방법은 두 가지가 있다. 직접 OS상에서 텍스트 파일로 만드는 방법이 있고, RMAN 상에서 Create script라는 명령어를 통해서 만들 수 있다. 하지만 키보드로 입력하는 내용에는 큰 차이는 없다. 다만 Create script 라는 명령어를 통해서 만드는 경우에는 Catalog database에 저장하기 때문에 Catalog database에 연결을 해야 생성이 가능하다.
여기에서는 vi를 통해 만드는 것만 실습해보게 될 것이다. 실제 Script의 내용은 같기 때문에 Create script를 통해 하는 방법은 간단히 소개해도 알 수 있을 것이다. 일단 OS상에서 vi로 텍스트 파일을 하나 만들어 보자. script.rman이라는 파일을 만들어 보자. OS console에서 vi script.rman이라고 치면 만들어진다. vi 내의 내용은 다음과 같다.

```
run{
configure controlfile autobackup on;
allocate channel c1 device type disk;
allocate channel c2 device type disk;
backup as backupset database tag ORCL format '/u01/app/%t_%U' plus archivelog;
release channel c1;
release channel c2;
}
```

이렇게 친 뒤에 esc를 누르고 :wq라고 쓴 뒤에 엔터를 치면 저장이 되고 다시 OS로 나온다. pwd라는 명령어를 통해 현재 디렉토리를 확인하고, 그 뒤에 RMAN에 접속해보자. RMAN에서 Batch file을 실행하려면 @를 사용하면 된다.
@/home/oracle/script.rman이라고 치면 아까 만든 Batch script가 실행이 된다. @뒤에 붙는 것은 directories/filename이다. Pwd로 확인한 경로와, 만든 Script 이름을 합쳐서 넣으면 된다. 백업이 끝난 뒤에는 List backup을 통해서 확인해보자. 실행하는 방법에는 두 가지 정도 더 있다. RMAN에 접속할 때에 Script를 Parameter로 넣으면 된다.
rman target / @script.rman
rman target / cmdfile='/home/oracle/script.rman' 두 명령어 모두 사용 가능하다.

스크립트를 작성할 때에 항상 모든 문장은 run{ } 블록 안에 들어가야 한다. 모든 문장 끝에는 ;이 붙어야 하고, Allocate channel이나 Set같은 명령어는 여기에서만 사용할 수 있다.
Set으로 설정하는 것들은 거의 Configure처럼 RMAN 백업 설정을 위해서 사용한다. 아니면 위의 예시처럼 Configure를 통해서 Controlfile auto backup을 키거나, 암호화를 이 스크립트를 실행하는 동안 적용할 수 있다.

또한 프로그래밍 언어처럼 유저의 입력을 받아서 처리할 수도 있다. 다음과 같이 쳐서 script1.rman 이라는 Script 파일을 만들어 보자. 내용은

```
run{
allocate channel c1 device type disk;
allocate channel c2 device type disk;
backup as backupset tablespace &1 tag ORCL channel &1;
release channel c1;
release channel c2;
}
```

여기에서 확인할 수 있는 것처럼 여러 Channel을 만들고, 내가 원하는 채널을 백업에 할당할 수 있다. 또한 &1이라고 처리한 부분을 통해서 유저의 입력을 받을 수도 있다. 특별히 개수가 늘어난다고 &1, &2, &3 …. &n 이라고 쓸 필요 없이 &1이라고 똑같이 작성하더라도, 실행하면 따로 따로 받아서 처리한다. 실제로 실행시켜 보면,

```
[oracle@ora12cvm01:orcl:~]$ rman target / @script1.rman
RMAN> run{
2> allocate channel c1 device type disk;
3> allocate channel c2 device type disk;
4> backup as backupset tablespace
Enter value for 1: system
system tag ORCL channel
Enter value for 1: c1
c1;
5> release channel c1;
6> release channel c2;
7> }
8>
```

이런 식으로 사용자가 원하는 대상, 채널 등 입력 변수를 받게 Script를 만들 수도 있다.
Script를 만드는 방법과 실행하는 방법에 대해서 배워보았다. 상황에 따라서 자기에게 필요한 내용의 Script와 Backup schedule을 만들어서 사용할 수 있다. 이제 Create script를 통해서 만드는 방법에 대해서 간단하게 설명하도록 하겠다.
Create script는 RMAN 명령어기 때문에 RMAN을 실행한 후에 작성하게 된다. 그런데 이때에 Catalog DB와도 연결을 해야 한다. 왜냐하면 Create script를 통해서 만든 Script들은 Catalog서버에 저장이 되기 때문이다. 맨 처음에 접속할 때는 OS에서 rman taget / catalog oracle/oracle 같은 식으로 Catalog database와 연결을 해야 한다. 일단 현재는 Catalog DB가 없기 때문에 그냥 Target DB에만 연결한 상태에서 입력을 해보자. 연결이 된 뒤에 이제 Script를 만들 수 있는데, 만드는 방법은 간단하다.

```
RMAN> create script script2
2> comment 'CREATE_BACKUP'
3> {
4> configure controlfile autobackup on;
5> allocate channel c1 device type disk;
6> backup as backupset database tag &1;
7> release channel c1;
8> }
```

이런 방식으로 입력을 하면 Catalog 서버에 저장이 된다. 저장이 된다면 Created script script2라는 메시지가 뜨게 될 것이다.

```
RMAN-00571: ===========================================================
RMAN-00569: =============== ERROR MESSAGE STACK FOLLOWS ===============
RMAN-00571: ===========================================================
RMAN-03002: failure of create script command at 03/27/2016 16:17:14
RMAN-06002: command not allowed when not connected to a recovery catalog
```

현재에는 이런 식으로 Catalog DB에 연결해야 한다는 에러 메시지가 뜨는 것을 볼 수 있을 것이다. 하지만 저장되는 위치가 다르다는 것을 제외하면, OS상에 만드는 Script와 { }안에 적는 내용은 똑같다. 딱 하나 다른 점은 여기에서 스크립트를 작성할 때에는 '{' 앞에 Run을 적지 않아도 된다는 점이다. 실행하고 싶으면 RMAN에 접속해서 run{execute script script2 using 'ORCL';} 이라고 작성하면 된다. Using은 유저가 입력을 해주어야 하는 것에 대해서 입력해주면 된다.

Chapter 03 백업 전 설정

다른 작업과 마찬가지로 실제 백업을 수행하기 전에 확인해야 할 사항들이나 설정해야 하는 것들이 있다. 데이터베이스 설정이나 백업 위치, 어떤 것을 백업할지, 저장되는 곳을 확인해야 하는 요소들이 몇 가지 있는데, 이번 장에서는 백업 전 사전 준비에 대해서 알아 보도록 하겠다.

다음은 이번 장에서 다루게 될 세부 사항들이다.

- Section 01 데이터베이스 설정
- Section 02 백업 대상 확인

●●● oracle 01

데이터베이스 설정

*Archive mode

일단 기본적으로 실무에서 DB를 운영할 때에는 Archive log mode를 켜고 운영하게 될 것이다. Hot 백업을 하기 위해서는 DB에 Archivelog 설정이 되어 있어야 한다. Archivelog mode를 켜지 않는 경우에 DB가 켜진 상태에서 백업을 수행해보면 다음과 같은 에러를 볼 수 있을 것이다.

```
RMAN> backup as backupset database;

Starting backup at 01-APR-16
using target database control file instead of recovery catalog
allocated channel: ORA_DISK_1
channel ORA_DISK_1: SID=7 device type=DISK
RMAN-00571: ===========================================================
RMAN-00569: =============== ERROR MESSAGE STACK FOLLOWS ===============
RMAN-00571: ===========================================================
RMAN-03002: failure of backup command at 04/01/2016 17:49:32
RMAN-06149: cannot BACKUP DATABASE in NOARCHIVELOG mode
```

DB가 켜진 상태에서는 Archivelog mode가 반드시 켜져 있어야 백업을 수행할 수 있다. 보통의 경우에도 hot 백업을 수행하는 경우가 많기 때문에 Archivelog mode를 켜보도록 하자. SQL에 접속해서 다음과 같이 Archive mode에 대해 확인해보자

```
SQL> archive log list;
Database log mode              No Archive Mode
Automatic archival             Disabled
Archive destination            USE_DB_RECOVERY_FILE_DEST
Oldest online log sequence     6
Current log sequence           8
```

Archive mode를 켜기 위해서는 Alter database archivelog라는 명령어를 사용하면 된다.

```
SQL> alter database archivelog;
alter database archivelog
*
ERROR at line 1:
ORA-01126: database must be mounted in this instance and not open in any
Instance
```

현재 DB가 오픈되어 있는 경우에는 Archive mode를 변경하지 못한다. DB를 Shutdown 시킨 후에 Mount 모드로 시작해야 한다. 다시 Archive mode를 활성화시킨 후에 DB를 오픈해보자.

```
SQL> shutdown immediate;
SQL> startup mount;
SQL> alter database archivelog;

Database altered.

SQL> alter database open;

Database altered.
```

Archive log list로 다시 확인해 보면 Archive mode가 설정된 것과, 자동 Archival이 설정된 것과 새롭게 추가된 Archive될 Log 정보도 확인할 수 있다.

```
SQL> archive log list;
Database log mode              Archive Mode
Automatic archival             Enabled
Archive destination            USE_DB_RECOVERY_FILE_DEST
Oldest online log sequence     6
Next log sequence to archive   8
Current log sequence
```

*백업 위치 설정

백업을 하는 경우에 포맷을 통해서 백업 경로를 설정해 줄 수 있다. 설정해주지 않으면 디폴트로 저장하는 위치가 있다. 이 위치를 처음 설치할 때의 설정으로 사용할 수도 있지만 변경도 가능하다. 아래와 같은 명령어를 입력하면

```
SQL> show parameter db_recovery
```

```
SQL> show parameter db_recover;

NAME                                 TYPE                              VALUE
------------------------------------ --------------------------------- ------------------------------
db_recovery_file_dest                string                            /u01/app/oracle/fast_recovery_
                                                                       area
db_recovery_file_dest_size           big integer                       4560M
```

〈Parameter 확인〉

백업하는 파일의 위치와 디렉토리의 크기를 지정해 줄 수 있다. 파라미터 이름을 자세히 보면 db_recovery_file_dest이다. 방금 전에 Archive mode를 켜고 나온 곳에서도 본적이 있는 것이다. Archive log도 이 위치로 Archiving이 되게 되고 있는 것이다. 백업 파일과, Archive log가 같은 공간을 쓰고 있기 때문에 디렉토리 크기를 충분하게 설정해주어야 백업 때문에 DB가 Hang 걸리는 일이 없을 것이다. 내가 원하는 위치와 크기로 이 파라미터를 변경할 수 있다. 다음과 같이 변경하면 된다.

```
SQL> alter system set db_recovery_file_dest_size=5600M;

System altered.

SQL> alter system set db_recovery_file_dest='/u01';

System altered.
```

oracle 02

Backup 대상 확인

데이터베이스 자체를 백업하거나, Spfile은 모두 백업 시에 대상을 지정해주지 않지만, 아카이브 로그나 데이터 파일, 테이블스페이스에 대해서는 백업을 진행하는 경우에 몇 번 데이터 파일인지, 어떤 테이블스페이스인지, 아카이브 로그 어디까지 백업할 것인지 지정해주어야 한다.

*데이터 파일, 테이블스페이스 확인

이것들은 RMAN에서 확인할 수도, SQL에서 View를 통해 확인할 수도 있다. 먼저 RMAN에서 확인하기 위해 RMAN에 접속한 후에 report schema; 라고 입력해보면 다음과 같은 화면을 볼 수 있다.

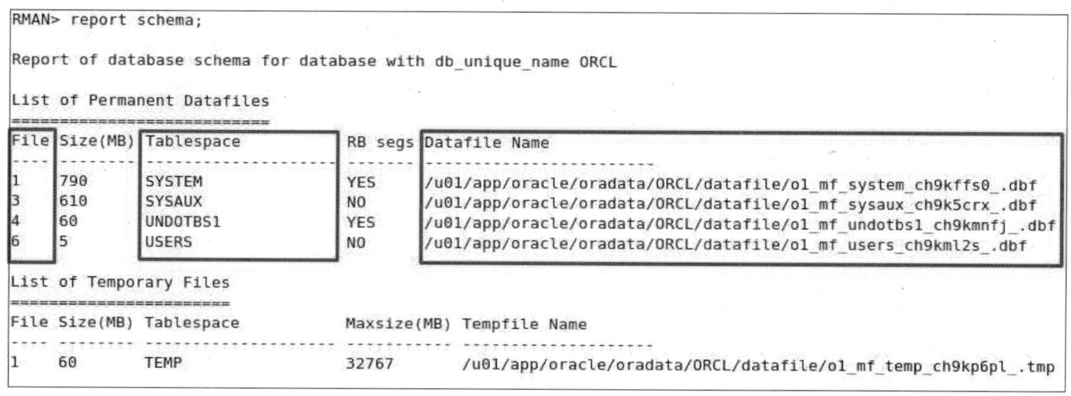

```
RMAN> report schema;

Report of database schema for database with db_unique_name ORCL

List of Permanent Datafiles
===========================
File Size(MB) Tablespace           RB segs Datafile Name
---- -------- -------------------- ------- ------------------------
1    790      SYSTEM               YES     /u01/app/oracle/oradata/ORCL/datafile/o1_mf_system_ch9kffs0_.dbf
3    610      SYSAUX               NO      /u01/app/oracle/oradata/ORCL/datafile/o1_mf_sysaux_ch9k5crx_.dbf
4    60       UNDOTBS1             YES     /u01/app/oracle/oradata/ORCL/datafile/o1_mf_undotbs1_ch9kmnfj_.dbf
6    5        USERS                NO      /u01/app/oracle/oradata/ORCL/datafile/o1_mf_users_ch9kml2s_.dbf

List of Temporary Files
=======================
File Size(MB) Tablespace           Maxsize(MB) Tempfile Name
---- -------- -------------------- ----------- --------------------
1    60       TEMP                 32767       /u01/app/oracle/oradata/ORCL/datafile/o1_mf_temp_ch9kp6pl_.tmp
```

〈Schema 확인〉

테이블스페이스를 백업할 때에는 가운데의 테이블스페이스 이름을 통해서 백업할 수 있고, 데이터 파일을 백업할 때에는 File의 번호나 Datafile name에 있는 Full path를 통해서 대상 지정이 가능하다. SQL에서 확인하는 경우에는 View를 이용하면 되는데 여러 방법이 있겠지만 간단하게 소개해보면 v$datafile 과 v$tablespace view를 조회해보면 알 수 있다.

```
SQL> select file#,name, ts# from v$datafile;
         1 /u01/app/oracle/oradata/ORCL/datafile/o1_mf_system_ch9kffs0_.dbf        0
         3 /u01/app/oracle/oradata/ORCL/datafile/o1_mf_sysaux_ch9k5crx_.dbf        1
         4 /u01/app/oracle/oradata/ORCL/datafile/o1_mf_undotbs1_ch9kmnfj_.dbf      2
         6 /u01/app/oracle/oradata/ORCL/datafile/o1_mf_users_ch9kml2s_.dbf         4
SQL> select ts#, name from v$tablespace;
         1 SYSAUX
         0 SYSTEM
         2 UNDOTBS1
         4 USERS
         3 TEMP
```

<SQL에서 Schema 확인>

```
SQL> select file#,name, ts# from v$datafile;

SQL> select ts#, name from v$tablespace;
```

이 두 문장을 통해서 데이터 파일과 테이블스페이스의 번호와 크기를 알 수 있고 이것을 사용해서 백업에서 내가 원하는 파일을 지정할 수 있다.

*아카이브 로그 파일 확인

```
SQL> desc v$archived_log;
 Name                                      Null?    Type
 ----------------------------------------- -------- ----------------------------
 RECID                                              NUMBER
 STAMP                                              NUMBER
 NAME                                               VARCHAR2(513)
 DEST_ID                                            NUMBER
 THREAD#                                            NUMBER
 SEQUENCE#                                          NUMBER
 RESETLOGS_CHANGE#                                  NUMBER
 RESETLOGS_TIME                                     DATE
 RESETLOGS_ID                                       NUMBER
 FIRST_CHANGE#                                      NUMBER
 FIRST_TIME                                         DATE
 NEXT_CHANGE#                                       NUMBER
 NEXT_TIME                                          DATE
 BLOCKS                                             NUMBER
 BLOCK_SIZE                                         NUMBER
 CREATOR                                            VARCHAR2(7)
 REGISTRAR                                          VARCHAR2(7)
 STANDBY_DEST                                       VARCHAR2(3)
 ARCHIVED                                           VARCHAR2(3)
 APPLIED                                            VARCHAR2(9)
 DELETED                                            VARCHAR2(3)
 STATUS                                             VARCHAR2(1)
 COMPLETION_TIME                                    DATE
 DICTIONARY_BEGIN                                   VARCHAR2(3)
 DICTIONARY_END                                     VARCHAR2(3)
 END_OF_REDO                                        VARCHAR2(3)
 BACKUP_COUNT                                       NUMBER
```

<v$archived_log 뷰 확인>

아카이브 로그는 마찬가지로 SQL에서 확인 가능하다. Archive된 로그들을 확인하는 방법은 여러 가지가 있지만, 가장 간단하게 확인할 수 있는 방법은 그림처럼 v$archived_log 뷰를 이용하는 방법이 있다.

desc v$archived_log; 를 통해서 Attribute를 보고 필요한 정보를 확인하면 된다.

```
SQL> select stamp, sequence#, name from v$archived_log;
```

위와 같은 문장을 통해서 Sequence, File full path, Scn 등을 확인하여 사용할 수 있다.

*File system 확인

이제 앞에서 말한 것처럼 실제로 File system에서 백업할 위치의 정보에 대해 간단히 확인을 해보아야 한다. 디렉토리가 있는지, 용량은 적절한지 등에 대해 확인해 보아야 한다. 일단, Format으로 새로운 백업 위치를 지정해 줄 것이라면, 그 Format에 써놓은 Path가 존재하는지 확인하고 없으면 만들어 주어야 한다. 또는 기본 백업 Path를 활용하는 상황에서도 한 번 확인을 해보아야 한다.
내가 Format으로 지정할 위치나 SQL에서 Show parameter db_recovery_file_dest의 폴더가 실제로 있는지 확인을 해보자. 또, db_recovery_file_dest를 사용하는 경우에는 db_recovery_file_dest_size의 용량을 확인해보고, RMAN에서 얼마나 남았는지 확인을 해 보아야 한다.

SQL에서 v$recovery_file_dest 뷰를 통해서 다음 같은 문장으로 여러 dest의 사용량과, 지워서 비울 수 있는 용량을 확인할 수 있다. 현재 db_recovery_file_dest에서 사용하고 있는 양은 1056451584이고, 비울 수 있는 크기는 10027008이다.

```
select name, space_limit, space_used, space_reclaimable from v$recovery_file_dest;
```

```
SQL> select name, space_limit, space_used, space_reclaimable from v$recovery_file_dest;

NAME
--------------------------------------------------------------------------------
SPACE_LIMIT SPACE_USED SPACE_RECLAIMABLE
----------- ---------- -----------------
/u01/app/oracle/fast_recovery_area
 4781506560 1056451584          10027008
```

〈파일 용량 확인〉

용량이 모자라다면, RMAN에 접속해서 필요 없는 백업 파일이나, Archived log들을 삭제 해주는 방법으로 용량을 회수할 수도 있고, 아니면 db_recovery_file_dest_size의 크기를 늘려주는 방법을 통해서 용량을 확보 할 수도 있다.

●●● oracle 03

RMAN 설정

마지막으로 백업을 하기 전에 RMAN의 설정을 해주어야 한다. 배치 파일을 사용해서 백업하는 경우도 있지만 배치 파일에서도 설정하지 않은 것들이나 RMAN에서 직접 입력해서 백업을 해주는 경우에, 지정해주지 않은 설정들은 모두 기본 설정에 따라서 백업이 진행된다.

현재 RMAN 설정을 보기 위해서는 RMAN에 접속해서 show all; 이라는 명령어를 사용하면 된다. 여러 개의 Configure 문장으로 구성된 설정들을 확인할 수 있다.

```
RMAN> show all;

RMAN configuration parameters for database with db_unique_name ORCL are:
CONFIGURE RETENTION POLICY TO REDUNDANCY 2;
CONFIGURE BACKUP OPTIMIZATION OFF; # default
CONFIGURE DEFAULT DEVICE TYPE TO DISK; # default
CONFIGURE CONTROLFILE AUTOBACKUP ON;
CONFIGURE CONTROLFILE AUTOBACKUP FORMAT FOR DEVICE TYPE DISK TO '%F'; # default
CONFIGURE DEVICE TYPE DISK PARALLELISM 1 BACKUP TYPE TO BACKUPSET; # default
CONFIGURE DATAFILE BACKUP COPIES FOR DEVICE TYPE DISK TO 1; # default
CONFIGURE ARCHIVELOG BACKUP COPIES FOR DEVICE TYPE DISK TO 1; # default
CONFIGURE MAXSETSIZE TO UNLIMITED; # default
CONFIGURE ENCRYPTION FOR DATABASE OFF; # default
CONFIGURE ENCRYPTION ALGORITHM 'AES128'; # default
CONFIGURE COMPRESSION ALGORITHM 'BASIC' AS OF RELEASE 'DEFAULT' OPTIMIZE FOR LOAD TRUE ; # default
CONFIGURE RMAN OUTPUT TO KEEP FOR 7 DAYS; # default
CONFIGURE ARCHIVELOG DELETION POLICY TO NONE; # default
CONFIGURE SNAPSHOT CONTROLFILE NAME TO '/u01/app/oracle/product/12.1.0/dbhome_1/dbs/snapcf_orcl.f'; # default
```

〈Configure 문장으로 구성된 설정들을 확인〉

각각의 설정 값들은 Configure 문장 안에 있는 값만 수정한 후에 그대로 RMAN에 Configure 부분부터 입력해주면 변경이 가능하다. 예를 들어 현재 2로 되어 있는 Retention policy를 변경하고 싶다면 다음과 같이 변경한 후에 다시 show all;을 통해서 확인해 보면 변경이 되는 것을 확인할 수 있다.

```
RMAN> configure retention policy to redundancy 1;

old RMAN configuration parameters:
CONFIGURE RETENTION POLICY TO REDUNDANCY 2;
new RMAN configuration parameters:
CONFIGURE RETENTION POLICY TO REDUNDANCY 1;
new RMAN configuration parameters are successfully stored
```

Chapter 04 RMAN 백업

이번 장에서는 RMAN을 사용하여 데이터베이스를 백업하는 과정에 대해 일반 백업 방식과 Incremental 백업 방식으로 나누어 소개한다.

다음은 이번 장에서 다루게 될 세부 사항들이다.

- Section 01 일반 백업
- Section 02 Incremental 백업

●●● oracle 01

일반 백업

일단 기본적으로 백업을 하는 방법에 대해서 알아보겠다. RMAN으로 데이터베이스 전체 또는 테이블스페이스, 데이터 파일, 아카이브 로그, 컨트롤 파일, Spfile은 백업이 가능하지만, tnsnames.ora나 listener.ora나 password 파일 같은 부수적인 DB 설정 파일들은 백업이 안 된다. 백업하는 방식은 아주 간단하다.

Backup(대상); 으로 사용하면 된다. 테이블스페이스나 데이터 파일 같은 경우에는 어떤 특정한 테이블스페이스나 데이터 파일을 백업할 지 지정해주어야 한다. 백업 방법은 두 가지가 있는데, 앞에서 설명한 Backupset, Backuppiece를 이용하는 방법과 Image copy를 하는 방법이 있다. 오라클에서 제공하는 Backupset을 사용해야 RMAN에서 지원하는 Unused file compression이나, Media block recovery 같은 여러 추가 기능들을 사용자가 모두 이용할 수 있다. 사용자가 원하는 방식을 as 문장을 통해서 지정할 수 있다.

백업을 할 때에 앞에서 말한 것처럼 DB에서 지정해준 위치를 이용할 수도 있고, 사용자가 Format이라는 명령어를 통해서 위치를 지정할 수도 있다. 또한 Tag라는 명령어를 통해서 백업 파일에게 논리적인 이름을 줄 수가 있다. 이 이름을 알고 있으면 나중에 복구를 해야 할 때에 백업 파일의 정보를 알기 위해 RMAN을 찾을 필요 없이 알고 있는 논리적 이름을 통해서 복구를 수행할 수 있다. 또한 어떤 채널을 이용해서 백업을 수행할 것인지도 지정할 수가 있다.

결과적으로 보통 Backup 명령은 다음과 같은 형태로 사용한다.

```
RMAN> backup as (backupset 또는 copy) (target object)
2> format '(위치)' tag=(이름) channel (채널명);
```

Channel을 지정해 주는 경우에는 일반적인 경우에는 불가능하지만, Run이나 Batch file을 사용하는 경우에 채널의 이름을 아는 경우에는 지정해서 사용이 가능하다.

실제로 하나 실행을 해보면, 다음과 같다.

```
RMAN> backup as backupset datafile 1 format='/u01/dt0_temp' tag=temp_back;

Starting backup at 02-APR-16
using channel ORA_DISK_1
channel ORA_DISK_1: starting full datafile backup set
channel ORA_DISK_1: specifying datafile(s) in backup set
input datafile file number=00001 name=/u01/app/oracle/oradata/ORCL/datafile/o1_
mf_system_ch9kffs0_.dbf
channel ORA_DISK_1: starting piece 1 at 02-APR-16
channel ORA_DISK_1: finished piece 1 at 02-APR-16
```

```
piece handle=/u01/dt0_temp tag=TEMP_BACK comment=NONE
channel ORA_DISK_1: backup set complete, elapsed time: 00:00:55
Finished backup at 02-APR-16

Starting Control File and SPFILE Autobackup at 02-APR-16
piece    handle=/u01/app/oracle/fast_recovery_area/ORCL/autobackup/2016_04_02/o1_mf_
s_908091855_chxyg0gf_.bkp comment=NONE
Finished Control File and SPFILE Autobackup at 02-APR-16
```

지정해준 위치에 백업이 됐는지 확인해보면 정상적으로 백업이 완료되었음을 알 수 있다.

```
[oracle@ora12cvm01:orcl:~]$ cd /u01
[oracle@ora12cvm01:orcl:u01]$ ls
app  dt0_temp  log
```

*데이터베이스 백업

데이터베이스 백업은 위의 방법에서 〔Target object〕만 Database라고 바꿔주면 된다.
다음과 같은 Run block을 통해서 데이터베이스 백업을 진행해보자.

```
RMAN> run{
2> allocate channel c1 device type disk;
3> allocate channel c2 device type disk;
4> backup as backupset database format '/u01/%T_%U';
5> release channel c1;
6> release channel c2;
7> }

released channel: ORA_DISK_1
allocated channel: c1
channel c1: SID=47 device type=DISK

allocated channel: c2
channel c2: SID=57 device type=DISK

Starting backup at 02-APR-16
channel c1: starting full datafile backup set
channel c1: specifying datafile(s) in backup set
input  datafile  file  number=00001  name=/u01/app/oracle/oradata/ORCL/datafile/o1_
mf_system_ch9kffs0_.dbf
```

```
input datafile file number=00006 name=/u01/app/oracle/oradata/ORCL/datafile/o1_
mf_users_ch9kml2s_.dbf
channel c1: starting piece 1 at 02-APR-16
channel c2: starting full datafile backup set
channel c2: specifying datafile(s) in backup set
input datafile file number=00003 name=/u01/app/oracle/oradata/ORCL/datafile/o1_
mf_sysaux_ch9k5crx_.dbf
input datafile file number=00004 name=/u01/app/oracle/oradata/ORCL/datafile/o1_
mf_undotbs1_ch9kmnfj_.dbf
channel c2: starting piece 1 at 02-APR-16
channel c1: finished piece 1 at 02-APR-16
piece handle=/u01/20160402_20r20rcb_1_1 tag=TAG20160402T083418 comment=NONE
channel c1: backup set complete, elapsed time: 00:01:55
channel c1: starting full datafile backup set
channel c1: specifying datafile(s) in backup set
channel c2: finished piece 1 at 02-APR-16
piece handle=/u01/20160402_21r20rcb_1_1 tag=TAG20160402T083418 comment=NONE
channel c2: backup set complete, elapsed time: 00:01:56
channel c2: starting full datafile backup set
channel c2: specifying datafile(s) in backup set
including current SPFILE in backup set
channel c2: starting piece 1 at 02-APR-16
channel c2: finished piece 1 at 02-APR-16
piece handle=/u01/20160402_23r20rg0_1_1 tag=TAG20160402T083418 comment=NONE
channel c2: backup set complete, elapsed time: 00:00:01
including current control file in backup set
channel c1: starting piece 1 at 02-APR-16
channel c1: finished piece 1 at 02-APR-16
piece handle=/u01/20160402_22r20rfv_1_1 tag=TAG20160402T083418 comment=NONE
channel c1: backup set complete, elapsed time: 00:00:01
Finished backup at 02-APR-16

released channel: c1

released channel: c2
```

정상적으로 백업이 진행되었다면 list를 통해서 확인해보자. RMAN에서 List backup이라는 명령어로 모든 백업을 확인해 볼 수 있다.

```
RMAN> list backup;

List of Backup Sets
===================

BS Key  Type LV Size       Device Type Elapsed Time Completion Time
------- ---- -- ---------- ----------- ------------ ---------------
42      Full    669.47M    DISK        00:01:45     02-APR-16
        BP Key: 48   Status: AVAILABLE  Compressed: NO  Tag: TAG20160402T083418
        Piece Name: /u01/20160402_20r20rcb_1_1
  List of Datafiles in backup set 42
  File LV Type Ckp SCN    Ckp Time  Name
  ---- -- ---- ---------- --------- ----
  1       Full 1958469    02-APR-16 /u01/app/oracle/oradata/ORCL/datafile/o1_mf_system_
               ch9kffs0_.dbf
  6       Full 1958469    02-APR-16 /u01/app/oracle/oradata/ORCL/datafile/o1_mf_users_
               ch9kml2s_.dbf

BS Key  Type LV Size       Device Type Elapsed Time Completion Time
------- ---- -- ---------- ----------- ------------ ---------------
43      Full    461.68M    DISK        00:01:54     02-APR-16
        BP Key: 49   Status: AVAILABLE  Compressed: NO  Tag: TAG20160402T083418
        Piece Name: /u01/20160402_21r20rcb_1_1
  List of Datafiles in backup set 43
  File LV Type Ckp SCN    Ckp Time  Name
  ---- -- ---- ---------- --------- ----
  3       Full 1958470    02-APR-16 /u01/app/oracle/oradata/ORCL/datafile/o1_mf_sysaux_
               ch9k5crx_.dbf
  4       Full 1958470    02-APR-16 /u01/app/oracle/oradata/ORCL/datafile/o1_mf_undotbs1_
               ch9kmnfj_.dbf

BS Key  Type LV Size       Device Type Elapsed Time Completion Time
------- ---- -- ---------- ----------- ------------ ---------------
44      Full    80.00K     DISK        00:00:00     02-APR-16
        BP Key: 50   Status: AVAILABLE  Compressed: NO  Tag: TAG20160402T083418
        Piece Name: /u01/20160402_23r20rg0_1_1
  SPFILE Included: Modification time: 02-APR-16
  SPFILE db_unique_name: ORCL

BS Key  Type LV Size       Device Type Elapsed Time Completion Time
------- ---- -- ---------- ----------- ------------ ---------------
45      Full    9.61M      DISK        00:00:04     02-APR-16
        BP Key: 51   Status: AVAILABLE  Compressed: NO  Tag: TAG20160402T083418
        Piece Name: /u01/20160402_22r20rfv_1_1
  Control File Included: Ckp SCN: 1958512      Ckp time: 02-APR-16
```

실제 위치에 가서 확인을 해보면 정상적으로 생성된 것을 볼 수 있다.

```
[oracle@ora12cvm01:orcl:~]$ cd /u01
[oracle@ora12cvm01:orcl:u01]$ ls
20160402_20r20rcb_1_1  20160402_22r20rfv_1_1  app
20160402_21r20rcb_1_1  20160402_23r20rg0_1_1  log
```

*테이블스페이스 백업

테이블스페이스 백업은 다음과 같이 수행해보자. 일단 Report schema를 통해 백업할 대상을 확인해 본다.

```
RMAN> report schema;

Report of database schema for database with db_unique_name ORCL

List of Permanent Datafiles
===========================
File Size(MB) Tablespace           RB segs Datafile Name
---- -------- -------------------- ------- ------------------------
1    790      SYSTEM               YES     /u01/app/oracle/oradata/ORCL/datafile/o1_mf_system_ch9kffs0_.dbf
3    620      SYSAUX               NO      /u01/app/oracle/oradata/ORCL/datafile/o1_mf_sysaux_ch9k5crx_.dbf
4    60       UNDOTBS1             YES     /u01/app/oracle/oradata/ORCL/datafile/o1_mf_undotbs1_ch9kmnfj_.dbf
6    5        USERS                NO      /u01/app/oracle/oradata/ORCL/datafile/o1_mf_users_ch9kml2s_.dbf

List of Temporary Files
=======================
File Size(MB) Tablespace           Maxsize(MB) Tempfile Name
---- -------- -------------------- ----------- --------------------
1    60       TEMP                 32767       /u01/app/oracle/oradata/ORCL/datafile/o1_mf_temp_ch9kp6pl_.tmp
```

〈Schema 확인〉

스키마를 확인했으면 다음과 같은 스크립트로 백업을 수행해보자.

```
RMAN> run{
2> allocate channel c1 device type disk;
3> allocate channel c2 device type disk;
4> backup as backupset
5> tablespace system channel c1 format '/u01/system'
6> tablespace system channel c2 format '/u01/users';
7> release channel c1;
8> release channel c2;
9> }

using target database control file instead of recovery catalog
allocated channel: c1
channel c1: SID=43 device type=DISK
```

```
allocated channel: c2
channel c2: SID=42 device type=DISK

Starting backup at 02-APR-16
channel c1: starting full datafile backup set
channel c1: specifying datafile(s) in backup set
input datafile file number=00001 name=/u01/app/oracle/oradata/ORCL/datafile/o1_
mf_system_ch9kffs0_.dbf
channel c1: starting piece 1 at 02-APR-16
channel c2: starting full datafile backup set
channel c2: specifying datafile(s) in backup set
input datafile file number=00001 name=/u01/app/oracle/oradata/ORCL/datafile/o1_
mf_system_ch9kffs0_.dbf
channel c2: starting piece 1 at 02-APR-16
channel c1: finished piece 1 at 02-APR-16
piece handle=/u01/system tag=TAG20160402T085121 comment=NONE
channel c1: backup set complete, elapsed time: 00:02:09
channel c2: finished piece 1 at 02-APR-16
piece handle=/u01/users tag=TAG20160402T085121 comment=NONE
channel c2: backup set complete, elapsed time: 00:02:09
Finished backup at 02-APR-16

Starting Control File and SPFILE Autobackup at 02-APR-16
piece handle=/u01/app/oracle/fast_recovery_area/ORCL/autobackup/2016_04_02/o1_mf_
s_908096013_chy2j4md_.bkp comment=NONE
Finished Control File and SPFILE Autobackup at 02-APR-16

released channel: c1

released channel: c2

[oracle@ora12cvm01:orcl:~]$ cd /u01
[oracle@ora12cvm01:orcl:u01]$ ls
20160402_20r20rcb_1_1  20160402_22r20rfv_1_1  app  system
20160402_21r20rcb_1_1  20160402_23r20rg0_1_1  log  users
```

system과 users 테이블스페이스가 정상적으로 백업이 된 것을 확인할 수 있다.

*데이터 파일 백업

다음은 특정 데이터 파일에 대한 백업을 수행하는 과정을 보여준다.

```
RMAN> run{
2> configure controlfile autobackup off;
3> allocate channel c1 device type disk maxpiecesize 100M;
4> allocate channel c2 device type disk;
5> backup as backupset
6> datafile 1 channel c1 format '/u01/datafile_%U'
7> datafile 6 channel c1 format '/u01/datafile6_%U';
8> release channel c1;
9> release channel c2;
10> }

old RMAN configuration parameters:
CONFIGURE CONTROLFILE AUTOBACKUP ON;
new RMAN configuration parameters:
CONFIGURE CONTROLFILE AUTOBACKUP OFF;
new RMAN configuration parameters are successfully stored

allocated channel: c1
channel c1: SID=48 device type=DISK

allocated channel: c2
channel c2: SID=57 device type=DISK

Starting backup at 02-APR-16
channel c1: starting full datafile backup set
channel c1: specifying datafile(s) in backup set
input datafile file number=00001 name=/u01/app/oracle/oradata/ORCL/datafile/o1_
mf_system_ch9kffs0_.dbf
channel c1: starting piece 1 at 02-APR-16
channel c1: finished piece 1 at 02-APR-16
piece handle=/u01/datafile_2dr20tjb_1_1 tag=TAG20160402T091211 comment=NONE
channel c1: starting piece 2 at 02-APR-16
channel c1: finished piece 2 at 02-APR-16
piece handle=/u01/datafile_2dr20tjb_2_1 tag=TAG20160402T091211 comment=NONE
channel c1: starting piece 3 at 02-APR-16
channel c1: finished piece 3 at 02-APR-16
piece handle=/u01/datafile_2dr20tjb_3_1 tag=TAG20160402T091211 comment=NONE
channel c1: starting piece 4 at 02-APR-16
channel c1: finished piece 4 at 02-APR-16
piece handle=/u01/datafile_2dr20tjb_4_1 tag=TAG20160402T091211 comment=NONE
channel c1: starting piece 5 at 02-APR-16
channel c1: finished piece 5 at 02-APR-16
piece handle=/u01/datafile_2dr20tjb_5_1 tag=TAG20160402T091211 comment=NONE
channel c1: starting piece 6 at 02-APR-16
```

```
channel c1: finished piece 6 at 02-APR-16
piece handle=/u01/datafile_2dr20tjb_6_1 tag=TAG20160402T091211 comment=NONE
channel c1: starting piece 7 at 02-APR-16
channel c1: finished piece 7 at 02-APR-16
piece handle=/u01/datafile_2dr20tjb_7_1 tag=TAG20160402T091211 comment=NONE
channel c1: backup set complete, elapsed time: 00:01:06
channel c1: starting full datafile backup set
channel c1: specifying datafile(s) in backup set
including current control file in backup set
including current SPFILE in backup set
channel c1: starting piece 1 at 02-APR-16
channel c1: finished piece 1 at 02-APR-16
piece handle=/u01/datafile_2er20tle_1_1 tag=TAG20160402T091211 comment=NONE
channel c1: backup set complete, elapsed time: 00:00:03
channel c1: starting full datafile backup set
channel c1: specifying datafile(s) in backup set
input datafile file number=00006 name=/u01/app/oracle/oradata/ORCL/datafile/o1_
mf_users_ch9kml2s_.dbf
channel c1: starting piece 1 at 02-APR-16
channel c1: finished piece 1 at 02-APR-16
piece handle=/u01/datafile6_2fr20tli_1_1 tag=TAG20160402T091211 comment=NONE
channel c1: backup set complete, elapsed time: 00:00:01
Finished backup at 02-APR-16

released channel: c1

released channel: c2

[oracle@ora12cvm01:orcl:~]$ cd /u01
[oracle@ora12cvm01:orcl:u01]$ ls -lrt
total 696448
-rw-r--r-- 1 oracle oinstall       263 Mar 27 12:24 log
drwxrwxr-x 4 oracle oinstall      4096 Mar 27 15:28 app
-rw-r----- 1 oracle oinstall 104857600 Apr  2 09:12 datafile_2dr20tjb_1_1
-rw-r----- 1 oracle oinstall 104857600 Apr  2 09:12 datafile_2dr20tjb_2_1
-rw-r----- 1 oracle oinstall 104857600 Apr  2 09:12 datafile_2dr20tjb_3_1
-rw-r----- 1 oracle oinstall 104857600 Apr  2 09:12 datafile_2dr20tjb_4_1
-rw-r----- 1 oracle oinstall 104857600 Apr  2 09:13 datafile_2dr20tjb_5_1
-rw-r----- 1 oracle oinstall 104857600 Apr  2 09:13 datafile_2dr20tjb_6_1
-rw-r----- 1 oracle oinstall  71385088 Apr  2 09:13 datafile_2dr20tjb_7_1
-rw-r----- 1 oracle oinstall  10190848 Apr  2 09:13 datafile_2er20tle_1_1
-rw-r----- 1 oracle oinstall   1695744 Apr  2 09:13 datafile6_2fr20tli_1_1
```

이번에 데이터 파일 1을 백업하는 Channel의 Maxpiecesize를 100MB로 설정해서 여러 개의 Piece가 만들어 진 것을 확인해 볼 수도 있다.

*Cold 백업

이번에는 아카이브 모드가 설정되어 있지 않은 경우에 백업하는 방법에 대해서 알아보도록 하겠다. 기본적으로 비활성화되어 있는 경우에는 DB가 Mount mode이거나, 파일을 백업하는 경우 해당 테이블스페이스가 오프라인 되어야 한다. 백업하는 스크립트를 만들어보자.

```
RMAN> run{
2> shutdown immediate;
3> startup mount;
4> allocate channel c1 device type disk maxpiecesize 500M;
5> backup as backupset database format '/u01/DB_%U';
6> sql 'alter database open';
7> release channel c1;
8> }

database closed
database dismounted
Oracle instance shut down

connected to target database (not started)
Oracle instance started
database mounted

Total System Global Area     843055104 bytes

Fixed Size                     2929984 bytes
Variable Size                562039488 bytes
Database Buffers             272629760 bytes
Redo Buffers                   5455872 bytes

allocated channel: c1
channel c1: SID=22 device type=DISK

Starting backup at 02-APR-16
channel c1: starting full datafile backup set
channel c1: specifying datafile(s) in backup set
input datafile file number=00001 name=/u01/app/oracle/oradata/ORCL/datafile/o1_
mf_system_ch9kffs0_.dbf
input datafile file number=00003 name=/u01/app/oracle/oradata/ORCL/datafile/o1_
mf_sysaux_ch9k5crx_.dbf
```

```
input datafile file number=00004 name=/u01/app/oracle/oradata/ORCL/datafile/o1_
mf_undotbs1_ch9kmnfj_.dbf
input datafile file number=00006 name=/u01/app/oracle/oradata/ORCL/datafile/o1_
mf_users_ch9kml2s_.dbf
channel c1: starting piece 1 at 02-APR-16
channel c1: finished piece 1 at 02-APR-16
piece handle=/u01/DB_2ir21223_1_1 tag=TAG20160402T102818 comment=NONE
channel c1: starting piece 2 at 02-APR-16
channel c1: finished piece 2 at 02-APR-16
piece handle=/u01/DB_2ir21223_2_1 tag=TAG20160402T102818 comment=NONE
channel c1: starting piece 3 at 02-APR-16
channel c1: finished piece 3 at 02-APR-16
piece handle=/u01/DB_2ir21223_3_1 tag=TAG20160402T102818 comment=NONE
channel c1: backup set complete, elapsed time: 00:01:46
channel c1: starting full datafile backup set
channel c1: specifying datafile(s) in backup set
including current control file in backup set
including current SPFILE in backup set
channel c1: starting piece 1 at 02-APR-16
channel c1: finished piece 1 at 02-APR-16
piece handle=/u01/DB_2jr2125e_1_1 tag=TAG20160402T102818 comment=NONE
channel c1: backup set complete, elapsed time: 00:00:01
Finished backup at 02-APR-16

sql statement: alter database open

released channel: c1
```

RMAN에서도 SQL 문장을 사용할 수 있다는 점을 이용해서 위와 같은 스크립트를 만들 수 있다. DB를 Shutdown 시킨 뒤에 Mount 모드로 스타트시키고 백업을 진행하면 된다. 백업이 다 끝난 뒤에는 DB를 오픈 모드로 변경해주는 스크립트도 마지막에 추가해주면 백업이 정상적으로 마무리가 된다. 이 방법 말고도, 직접 SQLplus에 접속을 한 상태에서 DB를 Mount 모드로 변경 한 후에 RMAN을 실행해서 백업을 진행하더라도 똑같이 진행이 된다.

●●● oracle 02

Incremental 백업

이번에는 Incremental 백업을 수행하는 방법을 알아볼 것이다. 증분 백업이나, 누적 백업도 결국 기존의 백업 문장 예시를 그대로 사용하면 되는데, 증분 백업은 맨 뒤에 incremental level x만 적어주면 된다. 누적 백업은 그 뒤에 Cumulative라고 써주기만 하면 된다. 결국 문장은 다음과 같아진다.

```
RMAN> backup as (backupset 또는 copy) (target object)
2> format '(위치)' tag=(이름) channel (채널명)
3> incremental level (x) (cumulative);
```

Incremental level 다음에 내가 원하는 정책에 맞는 숫자 x를 적어주어야 한다. 결국 누적이든 증분이든 변경된 부분만 백업하기 때문에 이 부분은 공통적으로 적고, 누적 백업으로 진행하고 싶은 경우에만 Cumulative 문장을 적어주면 된다. 임시적으로 스케줄을 만들어서 백업을 진행해보자. 오늘부터 누적 백업을 진행한다고 생각하면 다음과 같이 한다.

일요일　　→ 전주 일요일부터 변한 값 백업
월~수　　→ 금주 일요일부터 변한 값 백업
목　　→ 금주 일요일부터 변한 값 백업
금~토　　→ 금주 수요일부터 변한 값 백업을 한다고 가정하자.

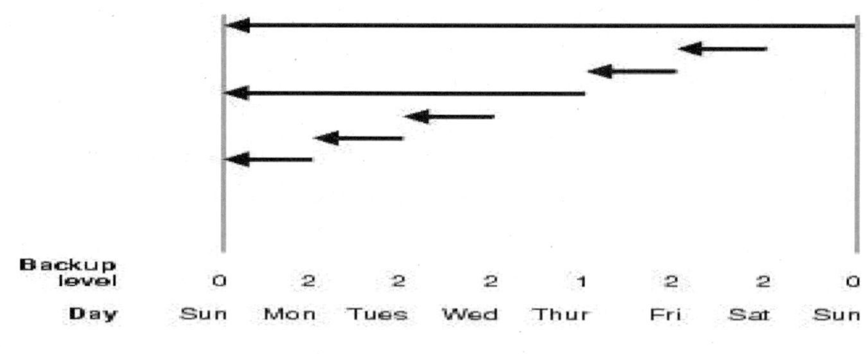

〈Backup schedule〉

위와 같은 스케줄에서 스크립트를 만드는 경우 다른 문장은 모두 똑같지만 백업 문장은 매일매일 달라야 한다. 백업 문장은 다음과 같이 작성하면 된다.

Incremental 백업으로 표현하면, 다음과 같이 쓸 수 있다.

일요일　　→ backup incremental level 0 as backupset database;
월~수　　→ backup incremental level 2 as backupset database;

목요일 → backup incremental level 1 as backupset database;
금~토 → backup incremental level 0 as backupset database;

Cumulative 백업으로 표현하면, 다음과 같이 쓸 수 있다.

일요일 → backup incremental level 0 as backupset database;
월요일 → backup incremental level 1 cumulative as backupset database;
화요일 → backup incremental level 2 cumulative as backupset database;
수요일 → backup incremental level 2 cumulative as backupset databasex;
목요일 → backup incremental level 0 as backupset database;
금요일 → backup incremental level 1 cumulative as backupset database;
토요일 → backup incremental level 2 cumulative as backupset database;

즉, 위와 같이 같은 백업 스케줄이라고 하더라도 Incremental과 Cumulative를 섞어서 만들게 되면 만들 수 있는 문장 구성을 매우 다양하게 할 수 있다. 스케줄에 맞는 백업 명령어들의 Set을 잘 만들어 두고 사용하면 된다.

실제로 한 번 수행해보자. 일단 Level 0로 백업을 해보자. 백업 실습을 진행하다가 용량이 모자라는 경우에는 Delete 명령어를 통해서 용량을 비우고 진행하면 된다. 다음과 같이 스크립트를 써보자.

```
RMAN> run{
2> allocate channel c1 device type disk;
3> backup incremental level 0 as backupset database;
4> release channel c1;
5> }

released channel: ORA_DISK_1
allocated channel: c1
channel c1: SID=7 device type=DISK

Starting backup at 02-APR-16
channel c1: starting incremental level 0 datafile backup set
channel c1: specifying datafile(s) in backup set
input datafile file number=00001 name=/u01/app/oracle/oradata/ORCL/datafile/o1_
mf_system_ch9kffs0_.dbf
input datafile file number=00003 name=/u01/app/oracle/oradata/ORCL/datafile/o1_
mf_sysaux_ch9k5crx_.dbf
input datafile file number=00004 name=/u01/app/oracle/oradata/ORCL/datafile/o1_
mf_undotbs1_ch9kmnfj_.dbf
input datafile file number=00006 name=/u01/app/oracle/oradata/ORCL/datafile/o1_
mf_users_ch9kml2s_.dbf
```

```
channel c1: starting piece 1 at 02-APR-16
channel c1: finished piece 1 at 02-APR-16
piece  handle=/u01/app/oracle/fast_recovery_area/ORCL/backupset/2016_04_02/o1_mf_
nnnd0_TAG20160402T111409_chybqlxj_.bkp tag=TAG20160402T111409 comment=NONE
channel c1: backup set complete, elapsed time: 00:08:50
channel c1: starting incremental level 0 datafile backup set
channel c1: specifying datafile(s) in backup set
including current control file in backup set
including current SPFILE in backup set
channel c1: starting piece 1 at 02-APR-16
channel c1: finished piece 1 at 02-APR-16
piece  handle=/u01/app/oracle/fast_recovery_area/ORCL/backupset/2016_04_02/o1_mf_
ncsn0_TAG20160402T111409_chyc8819_.bkp tag=TAG20160402T111409 comment=NONE
channel c1: backup set complete, elapsed time: 00:00:04
Finished backup at 02-APR-16

released channel: c1
```

이제 SQL에 들어가서 몇 가지 문장을 써본 뒤에 다시 level 1로 백업을 진행해보자.

```
SQL> create table db_modify
  2  as select * from dba_tables;

Table created.

SQL> select count(*) from db_modify;

  COUNT(*)
----------
      2342
```

새로운 table db_modify를 만들어 보았다. 그 뒤에 다시 Level 1 incremental backup을 해보자. 스크립트는 아까 그 문장에서 level 1로만 수정하면 된다.

```
RMAN> run{
2> allocate channel c1 device type disk;
3> backup incremental level 1 as backupset database;
4> release channel c1;
5> }

using target database control file instead of recovery catalog
allocated channel: c1
channel c1: SID=22 device type=DISK

Starting backup at 02-APR-16
channel c1: starting incremental level 1 datafile backup set
channel c1: specifying datafile(s) in backup set
input datafile file number=00001 name=/u01/app/oracle/oradata/ORCL/datafile/o1_
mf_system_ch9kffs0_.dbf
input datafile file number=00003 name=/u01/app/oracle/oradata/ORCL/datafile/o1_
mf_sysaux_ch9k5crx_.dbf
input datafile file number=00004 name=/u01/app/oracle/oradata/ORCL/datafile/o1_
mf_undotbs1_ch9kmnfj_.dbf
input datafile file number=00006 name=/u01/app/oracle/oradata/ORCL/datafile/o1_
mf_users_ch9kml2s_.dbf
channel c1: starting piece 1 at 02-APR-16
channel c1: finished piece 1 at 02-APR-16
piece handle=/u01/app/oracle/fast_recovery_area/ORCL/backupset/2016_04_02/o1_mf_
nnnd1_TAG20160402T113304_chycv1r9_.bkp tag=TAG20160402T113304 comment=NONE
channel c1: backup set complete, elapsed time: 00:03:58
channel c1: starting incremental level 1 datafile backup set
channel c1: specifying datafile(s) in backup set
including current control file in backup set
including current SPFILE in backup set
channel c1: starting piece 1 at 02-APR-16
channel c1: finished piece 1 at 02-APR-16
piece handle=/u01/app/oracle/fast_recovery_area/ORCL/backupset/2016_04_02/o1_mf_
ncsn1_TAG20160402T113304_chyd2kqf_.bkp tag=TAG20160402T113304 comment=NONE
channel c1: backup set complete, elapsed time: 00:00:08
Finished backup at 02-APR-16

released channel: c1
```

결과를 확인해보자. OS상에서 백업된 폴더로 이동해서 새로운 Level 1 백업과 Level 0 백업의 크기를 비교해보자.

```
cd /u01/app/oracle/fast_recovery_area/ORCL/backupset/2016_04_02
```

ls -lrt를 통해 파일 크기를 확인해보면 두 번째, 네 번째 백업 파일은 컨트롤 파일과 Spfile 백업 파일이기 때문에 용량이 똑같다. 하지만 DB 백업 파일인 첫 번째, 세 번째 파일의 크기가 확연히 차이가 나는 것을 알 수 있다. Level 0에서 변경된 부분만을 백업하기 때문에 Level 1으로 백업한 백업 파일의 용량은 압도적으로 작다.

```
[oracle@ora12cvm01:orcl:~]$ cd /u01/app/oracle/fast_recovery_area/ORCL/backupset/2016_04_02
[oracle@ora12cvm01:orcl:2016_04_02]$ ls -lrt
total 1190968
-rw-r----- 1 oracle oinstall 1196105728 Apr  2 11:22 o1_mf_nnnd0_TAG20160402T111409_chybqlxj_.bkp
-rw-r----- 1 oracle oinstall   10190848 Apr  2 11:23 o1_mf_ncsn0_TAG20160402T111409_chyc8819_.bkp
-rw-r----- 1 oracle oinstall    1851392 Apr  2 11:36 o1_mf_nnnd1_TAG20160402T113304_chycv1r9_.bkp
-rw-r----- 1 oracle oinstall   10190848 Apr  2 11:37 o1_mf_ncsn1_TAG20160402T113304_chyd2kqf_.bkp
[oracle@ora12cvm01:orcl:2016_04_02]$
```

〈Incremental 백업 확인〉

다시 한 번 SQL 문장을 실행한 후에 Cumulative 백업을 해보도록 하자.

```
SQL> delete from db_modify where owner like 'S%';

1431 rows deleted.
```

SQL에 접속해서 아까 만든 테이블에서 S로 시작하는 Row들을 모두 지우고 백업을 수행해 보자. 스크립트는 다음과 같다.

```
RMAN> run{
2> allocate channel c1 device type disk;
3> backup incremental level 1 cumulative as backupset database;
4> release channel c1;
5> }

using target database control file instead of recovery catalog
allocated channel: c1
channel c1: SID=35 device type=DISK

Starting backup at 02-APR-16
channel c1: starting incremental level 1 datafile backup set
channel c1: specifying datafile(s) in backup set
input datafile file number=00001 name=/u01/app/oracle/oradata/ORCL/datafile/o1_
mf_system_ch9kffs0_.dbf
input datafile file number=00003 name=/u01/app/oracle/oradata/ORCL/datafile/o1_
mf_sysaux_ch9k5crx_.dbf
input datafile file number=00004 name=/u01/app/oracle/oradata/ORCL/datafile/o1_
mf_undotbs1_ch9kmnfj_.dbf
```

```
input datafile file number=00006 name=/u01/app/oracle/oradata/ORCL/datafile/o1_
mf_users_ch9kml2s_.dbf
channel c1: starting piece 1 at 02-APR-16
channel c1: finished piece 1 at 02-APR-16
piece handle=/u01/app/oracle/fast_recovery_area/ORCL/backupset/2016_04_02/o1_mf_
nnnd1_TAG20160402T122532_chygxk8g_.bkp tag=TAG20160402T122532 comment=NONE
channel c1: backup set complete, elapsed time: 00:04:17
channel c1: starting incremental level 1 datafile backup set
channel c1: specifying datafile(s) in backup set
including current control file in backup set
including current SPFILE in backup set
channel c1: starting piece 1 at 02-APR-16
channel c1: finished piece 1 at 02-APR-16
piece handle=/u01/app/oracle/fast_recovery_area/ORCL/backupset/2016_04_02/o1_mf_
ncsn1_TAG20160402T122532_chyh5pmj_.bkp tag=TAG20160402T122532 comment=NONE
channel c1: backup set complete, elapsed time: 00:00:04
Finished backup at 02-APR-16

released channel: c1
```

제대로 된 다음 다시 OS상에서 용량을 확인해 보면 Cumulative이기 때문에 맨 처음 Level 0부터 백업을 수행하여 Incremental 백업보다는 용량이 커진 것을 확인할 수 있다. 또한, Elapsed time을 비교해 봐도 level 0 incremental 〉 level 1 cumulative 〉 level 1 incremental 백업 순으로 오래 걸렸다. Incremental, cumulative 백업은 이런 식으로 수행하면 된다.

```
[oracle@ora12cvm01:orcl:2016_04_02]$ ls -lrt
total 1208508
-rw-r----- 1 oracle oinstall 1196105728 Apr  2 11:22 o1_mf_nnnd0_TAG20160402T111409_chybqlxj_.bkp
-rw-r----- 1 oracle oinstall   10190848 Apr  2 11:23 o1_mf_ncsn0_TAG20160402T111409_chyc8819_.bkp
-rw-r----- 1 oracle oinstall    1851392 Apr  2 11:36 o1_mf_nnnd1_TAG20160402T113304_chycv1r9_.bkp
-rw-r----- 1 oracle oinstall   10190848 Apr  2 11:37 o1_mf_ncsn1_TAG20160402T113304_chyd2kqf_.bkp
-rw-r----- 1 oracle oinstall    7741440 Apr  2 12:29 o1_mf_nnnd1_TAG20160402T122532_chygxk8g_.bkp
-rw-r----- 1 oracle oinstall   10190848 Apr  2 12:29 o1_mf_ncsn1_TAG20160402T122532_chyh5pmj_.bkp
```

〈Cumulative 백업 확인〉

Chapter 05 RMAN 복구

이번 장에서는 RMAN을 이용하여 데이터베이스를 복구하는 과정을 소개한다.

다음은 이번 장에서 다루게 될 세부 사항들이다.

- Section 01 완전 복구
- Section 02 불완전 복구
- Section 03 Block corruption repair

●●● oracle 01

완전 복구

*Noarchive mode

일단 No archivelog mode에서의 백업을 실습해야 하는데, Archive log list 명령어를 통해 보면 현재 데이터베이스 설정은 Archive mode이다.

```
SQL> archive log list
Database log mode              Archive Mode
Automatic archival             Enabled
Archive destination            USE_DB_RECOVERY_FILE_DEST
Oldest online log sequence     1
Next log sequence to archive   2
Current log sequence           2
```

앞에서 실습한 것과 마찬가지로 Noarchive mode로 변경하기 위해서는 데이터베이스를 Mount 상태에 두어야 한다. DB를 종료시킨 후 Mount 모드로 접속한 다음 Alter database noarchivelog 명령어를 실행시키자.

```
SQL> shutdown immediate;
Database closed.
Database dismounted.
ORACLE instance shut down.
SQL> startup mount;
SQL> alter database noarchivelog;

Database altered.
```

이 설정 값을 반영하기 위해서는 데이터베이스를 한 번 오픈해야 한다. Alter database open; 명령어로 DB를 오픈한 후 Archive log list 명령어를 통해 DB가 제대로 Noarchive 모드로 변경되었는지 확인해보자. 이제 실습을 위해서 RMAN에 접속해서 백업을 수행해야 한다. 앞에서 말했던 것처럼 No archive mode의 DB 백업을 진행하기 위해서는 DB를 Mount mode로 변경해야 한다.

```
RMAN> shutdown immediate;
RMAN> startup mount;
RMAN> backup as backupset database;
```

위의 명령어를 통해 백업을 수행하면 된다. 이제 실제로 복구하는 것을 확인해보기 위해서 데이터 파일들을 모두 삭제해보자. 일단 SQL에서 데이터 파일 위치를 확인한다.

```
SQL> select name from v$datafile;

NAME
--------------------------------------------------------------------------------
/u01/app/oracle/oradata/ORCL/datafile/o1_mf_system_cj2krddh_.dbf
/u01/app/oracle/oradata/ORCL/datafile/o1_mf_sysaux_cj2krdgk_.dbf
/u01/app/oracle/oradata/ORCL/datafile/o1_mf_undotbs1_cj2krdh1_.dbf
/u01/app/oracle/oradata/ORCL/datafile/o1_mf_users_cj2krdj1_.dbf
```

$ORACLE_BASE/oradata/ORCL/datafile 밑에 모든 데이터 파일이 있는 것을 확인한 후 해당 위치로 이동해서 데이터 파일을 모두 삭제한다.

```
[oracle@ora12cvm01:orcl:~]$ cd $ORACLE_BASE/oradata/ORCL/datafile
[oracle@ora12cvm01:orcl:datafile]$ ls
o1_mf_sysaux_cj2krdgk_.dbf  o1_mf_undotbs1_cj2krdh1_.dbf
o1_mf_system_cj2krddh_.dbf  o1_mf_users_cj2krdj1_.dbf
o1_mf_temp_cj2l43rf_.tmp
[oracle@ora12cvm01:orcl:datafile]$ rm *
[oracle@ora12cvm01:orcl:datafile]$ ls
[oracle@ora12cvm01:orcl:datafile]$
```

모든 데이터 파일이 삭제되었으면 복구를 진행해야 한다. RMAN에서 일단 복원을 해보자.

```
RMAN> restore database;

Starting restore at 04-APR-16
using channel ORA_DISK_1

channel ORA_DISK_1: starting datafile backup set restore
channel ORA_DISK_1: specifying datafile(s) to restore from backup set
channel ORA_DISK_1: restoring datafile 00001 to /u01/app/oracle/oradata/ORCL/data
file/o1_mf_system_cj2krddh_.dbf
channel ORA_DISK_1: restoring datafile 00003 to /u01/app/oracle/oradata/ORCL/data
file/o1_mf_sysaux_cj2krdgk_.dbf
channel ORA_DISK_1: restoring datafile 00004 to /u01/app/oracle/oradata/ORCL/data
file/o1_mf_undotbs1_cj2krdh1_.dbf
channel ORA_DISK_1: restoring datafile 00006 to /u01/app/oracle/oradata/ORCL/data
file/o1_mf_users_cj2krdj1_.dbf
```

```
channel ORA_DISK_1: reading from backup piece /u01/app/oracle/fast_recovery_area/
ORCL/backupset/2016_04_04/o1_mf_nnndf_TAG20160404T155014_cj43o98m_.bkp
channel ORA_DISK_1: piece handle=/u01/app/oracle/fast_recovery_area/ORCL/backupset/
2016_04_04/o1_mf_nnndf_TAG20160404T155014_cj43o98m_.bkp tag=TAG20160404T155014
channel ORA_DISK_1: restored backup piece 1
channel ORA_DISK_1: restore complete, elapsed time: 00:01:07
Finished restore at 04-APR-16
```

복원 작업이 끝났으니 제대로 복원이 되었는지 확인해보자.

```
[oracle@ora12cvm01:orcl:datafile]$ ls
o1_mf_sysaux_cj441km7_.dbf  o1_mf_undotbs1_cj441kn4_.dbf
o1_mf_system_cj441khc_.dbf  o1_mf_users_cj441kss_.dbf
o1_mf_temp_cj446ksd_.tmp
```

아까 삭제했던 모든 파일들이 정상적으로 복원이 되었다. 이제 복구 작업도 진행해보자.

```
RMAN> recover database;

Starting recover at 04-APR-16
using channel ORA_DISK_1

starting media recovery

archived log for thread 1 with sequence 2 is already on disk as file
/u01/app/oracle/fast_recovery_area/ORCL/onlinelog/o1_mf_2_cj213lop_.log
archived log file name=/u01/app/oracle/fast_recovery_area/ORCL/onlinelog/o1_mf_2_
cj213lop_.log thread=1 sequence=2
media recovery complete, elapsed time: 00:00:03
Finished recover at 04-APR-16
```

Archive mode에서 생성되었던 아카이브 로그까지 복구가 되고 있다. 이제 데이터베이스를 alter database open; 으로 켜보자.

```
RMAN> alter database open;

RMAN-00571: ===========================================================
RMAN-00569: =============== ERROR MESSAG ===============================
RMAN-00571: ===========================================================
RMAN-03002: failure of sql statement com
ORA-01589: must use RESETLOGS or NORESET
```

켜지지 않는 것을 확인할 수 있다. Noarchive mode에서는 모든 아카이브 로그를 적용해서 DB를 복구할 수 없기 때문에, DB를 오픈할 때에 Resetlogs 옵션을 붙여주어야 한다.
Alter database open resetlogs를 사용하면 정상적으로 복구완료 후 DB 오픈까지 확인할 수 있다. 이로서 Noarchive mode의 백업 절차를 진행해 보았다.

```
RMAN> alter database open resetlogs;

Statement processed
```

*Archive mode

다시 Archive mode로 DB를 변경시켜보자. 앞에서와 똑같이 DB를 Mount로 변경한 다음 Archivelog로 변경시킨 후에 오픈하면 된다.

```
SQL> shutdown immediate;
Database closed.
Database dismounted.
ORACLE instance shut down.
SQL> startup mount;
ORACLE instance started.

Total System Global Area         843055104 bytes
Fixed Size                       2929984 bytes
Variable Size                    562039488 bytes
Database Buffers                 272629760 bytes
Redo Buffers                     5455872 bytes
Database mounted.
SQL> alter database archivelog;

Database altered.

SQL> alter database open;

Database altered.

SQL> archive log list;
Database log mode                Archive Mode
Automatic archival               Enabled
Archive destination              USE_DB_RECOVERY_FILE_DEST
Oldest online log sequence       1
Next log sequence to archive     1
Current log sequence             1
```

기존에 했던 백업 파일들은 모두 삭제하고, 다시 DB 백업을 수행해보자.

```
RMAN> delete backup;
RMAN> backup as backupset database;
```

이렇게 진행하면 되는데, 중요한 것은 DB 백업을 진행할 때에 SQL에 접속해서 Log switch를 수행하는 것이다. Recover할 때에 아카이브 로그가 적용되는 것을 확인하기 위해서 Log switch를 해보자. SQL에서 다음과 같이 입력하면 사용자가 Log switch를 시켜서 아카이브 로그를 생성할 수 있다.

```
SQL> alter system switch logfile;
System altered.

SQL> /
System altered.

SQL> /
System altered.

SQL> /
System altered.

SQL> /
System altered.
```

'/ ' 를 사용하면, 방금 입력했던 명령어를 그대로 한 번 더 입력하는 것과 똑 같은 효과이다. Log switch를 5~6번 정도 일으켜 보자. 현재 만든 아카이브 로그의 정보는 다음과 같이 확인할 수 있다.

```
SQL> select sequence#,archived,stamp from v$archived_log;

 SEQUENCE#  ARCHIVED    STAMP
---------- ---------  ----------
         1  YES        908295775
         2  YES        908295777
         3  YES        908295785
         4  YES        908295790
         5  YES        908295800
         6  YES        908295803

6 rows selected.
```

백업이 완료되면 아까와 마찬가지로, 데이터 파일이 있는 곳에 가서 데이터 파일을 모두 삭제해보자. 명령어는 위와 똑같다. 데이터 파일을 모두 삭제했으면 다시 복원을 진행해야 한다. 모든 데이터 파일이 삭제되었기 때문에 오픈 상태 유지가 불가능하다. 백업을 진행하기 위해서는 Database를 Mount 상태로 내려야 한다. 내린 후에 DB 복원, 복구를 진행시킨다.

```
RMAN> shutdown immediate;
RMAN> startup mount;
RMAN> restore database;
RMAN> recover database;
RMAN> recover database;

Starting recover at 04-APR-16

using channel ORA_DISK_1

starting media recovery

archived log for thread 1 with sequence 1 is already on disk as file /u01/app/
oracle/fast_recovery_area/ORCL/archivelog/2016_04_04/o1_mf_1_1_cj45lcmq_.arc
archived log for thread 1 with sequence 2 is already on disk as file /u01/app/
oracle/fast_recovery_area/ORCL/archivelog/2016_04_04/o1_mf_1_2_cj45ljxt_.arc
archived log for thread 1 with sequence 3 is already on disk as file /u01/app/
oracle/fast_recovery_area/ORCL/archivelog/2016_04_04/o1_mf_1_3_cj45lpk9_.arc
archived log for thread 1 with sequence 4 is already on disk as file /u01/app/
oracle/fast_recovery_area/ORCL/archivelog/2016_04_04/o1_mf_1_4_cj45lxfv_.arc
archived log for thread 1 with sequence 5 is already on disk as file /u01/app/
oracle/fast_recovery_area/ORCL/archivelog/2016_04_04/o1_mf_1_5_cj45m1tm_.arc
archived log for thread 1 with sequence 6 is already on disk as file /u01/app/
oracle/fast_recovery_area/ORCL/archivelog/2016_04_04/o1_mf_1_6_cj45mbh2_.arc
archived log file name=/u01/app/oracle/fast_recovery_area/ORCL/archivelog/2016_
04_04/o1_mf_1_1_cj45lcmq_.arc thread=1 sequence=1
archived log file name=/u01/app/oracle/fast_recovery_area/ORCL/archivelog/2016_
04_04/o1_mf_1_2_cj45ljxt_.arc thread=1 sequence=2
archived log file name=/u01/app/oracle/fast_recovery_area/ORCL/archivelog/2016_
04_04/o1_mf_1_3_cj45lpk9_.arc thread=1 sequence=3
archived log file name=/u01/app/oracle/fast_recovery_area/ORCL/archivelog/2016_
04_04/o1_mf_1_4_cj45lxfv_.arc thread=1 sequence=4
media recovery complete, elapsed time: 00:00:08
Finished recover at 04-APR-16
```

복구를 진행할 때에 Restore한 부분에서 아카이브 로그들을 적용하는 것을 확인할 수 있다. 이제 DB는 정상적으로 오픈된다.

```
RMAN> alter database open;
Statement processed
```

●●● oracle 02

불완전 복구

*Case 1 : no archive backup

아카이브 로그를 DB와 같이 백업하지 않는 경우에 아카이브 로그 파일을 잃어버리는 상황이 발생하면 완전 복구가 불가능해진다. 이와 같은 환경을 만들기 위해서 아카이브 로그 몇 개를 지정된 위치에서 다른 곳으로 옮겨보자. 일단 아카이브 로그의 위치를 찾아보자.

```
SQL> select name from v$archived_log;

NAME
--------------------------------------------------------------------------------
/u01/app/oracle/fast_recovery_area/ORCL/archivelog/2016_04_04/o1_mf_1_1_cj45lcmq_.arc
/u01/app/oracle/fast_recovery_area/ORCL/archivelog/2016_04_04/o1_mf_1_2_cj45ljxt_.arc
/u01/app/oracle/fast_recovery_area/ORCL/archivelog/2016_04_04/o1_mf_1_3_cj45lpk9_.arc
/u01/app/oracle/fast_recovery_area/ORCL/archivelog/2016_04_04/o1_mf_1_4_cj45lxfv_.arc
/u01/app/oracle/fast_recovery_area/ORCL/archivelog/2016_04_04/o1_mf_1_5_cj45m1tm_.arc
/u01/app/oracle/fast_recovery_area/ORCL/archivelog/2016_04_04/o1_mf_1_6_cj45mbh2_.arc
```

$ORACLE_BASE/fast_recovery_area_ORCL/archivelog 아래에 있는 것을 알 수 있다. 해당 위치로 이동해서 몇 개의 파일을 상위 폴더로 옮겨보자.

```
[oracle@ora12cvm01:orcl:~]$ cd $ORACLE_BASE/fast_recovery_area/ORCL/archivelog
[oracle@ora12cvm01:orcl:archivelog]$ ls
2016_04_01  2016_04_02  2016_04_04  o1_mf_1_6_cj2kk94d_.arc
[oracle@ora12cvm01:orcl:archivelog]$ cd 2016_04_04
[oracle@ora12cvm01:orcl:2016_04_04]$ ls -lrt
total 1844
-rw-r----- 1 oracle oinstall 1861120 Apr  4 16:22 o1_mf_1_1_cj45lcmq_.arc
-rw-r----- 1 oracle oinstall    1024 Apr  4 16:22 o1_mf_1_2_cj45ljxt_.arc
-rw-r----- 1 oracle oinstall    1024 Apr  4 16:23 o1_mf_1_3_cj45lpk9_.arc
-rw-r----- 1 oracle oinstall    1024 Apr  4 16:23 o1_mf_1_4_cj45lxfv_.arc
-rw-r----- 1 oracle oinstall    1024 Apr  4 16:23 o1_mf_1_5_cj45m1tm_.arc
-rw-r----- 1 oracle oinstall    1024 Apr  4 16:23 o1_mf_1_6_cj45mbh2_.arc
```

```
[oracle@ora12cvm01:orcl:2016_04_04]$ mv o1_mf_1_5* ./..
[oracle@ora12cvm01:orcl:2016_04_04]$ mv o1_mf_1_6* ./..
[oracle@ora12cvm01:orcl:2016_04_04]$ ls -lrt
total 1836
-rw-r----- 1 oracle oinstall 1861120 Apr  4 16:22 o1_mf_1_1_cj45lcmq_.arc
-rw-r----- 1 oracle oinstall    1024 Apr  4 16:22 o1_mf_1_2_cj45ljxt_.arc
-rw-r----- 1 oracle oinstall    1024 Apr  4 16:23 o1_mf_1_3_cj45lpk9_.arc
-rw-r----- 1 oracle oinstall    1024 Apr  4 16:23 o1_mf_1_4_cj45lxfv_.arc
```

이 상태에서 Archive mode 완전 백업 이미지를 이용해서 다시 아까 상태로 복원을 해보자. 복원에서는 아무 문제가 없지만 복구가 진행되지 않는 것을 확인할 수 있다.

```
RMAN> recover database;

Starting recover at 04-APR-16
using channel ORA_DISK_1

starting media recovery

archived log for thread 1 with sequence 1 is already on disk as file /u01/app/oracle/
ast_recovery_area/ORCL/archivelog/2016_04_04/o1_mf_1_1_cj45lcmq_.arc
archived log for thread 1 with sequence 2 is already on disk as file /u01/app/oracle/
ast_recovery_area/ORCL/archivelog/2016_04_04/o1_mf_1_2_cj45ljxt_.arc
archived log for thread 1 with sequence 3 is already on disk as file /u01/app/oracle/
ast_recovery_area/ORCL/archivelog/2016_04_04/o1_mf_1_3_cj45lpk9_.arc
archived log for thread 1 with sequence 4 is already on disk as file /u01/app/oracle/
ast_recovery_area/ORCL/archivelog/2016_04_04/o1_mf_1_4_cj45lxfv_.arc
RMAN-00571: ===========================================================
RMAN-00569: =============== ERROR MESSAGE STACK FOLLOWS ===============
RMAN-00571: ===========================================================
RMAN-03002: failure of recover command at 04/04/2016 16:59:12
RMAN-06053: unable to perform media recovery because of missing log
RMAN-06025: no backup of archived log for thread 1 with sequence 6 and starting SCN
of 2285201 found to restore
RMAN-06025: no backup of archived log for thread 1 with sequence 5 and starting SCN
of 2285196 found to restore
```

아카이브 로그를 찾을 수 없다고 경고 창이 나타나면서 복구가 되지 않는 것을 확인할 수 있다. 복구를 진행하기 위해서는 아까 옮겨뒀던 파일을 제자리로 옮기거나 불완전 복구를 하는 방법이 있다. 불완전 복구 실습을 해보자. 불완전 복구에서 내가 원하는 지점까지 복구를 하기 위해서는 Set을 사용하기 위해 Run 문장을 사용해서 Script로 실행시켜야 한다.

```
RMAN>

RMAN> run{
2> set until sequence=4;
3> recover database;
4> }

executing command: SET until clause

Starting recover at 04-APR-16
using channel ORA_DISK_1

starting media recovery

archived log for thread 1 with sequence 1 is already on disk as file /u01/app/oracle/
ast_recovery_area/ORCL/archivelog/2016_04_04/o1_mf_1_1_cj45lcmq_.arc
archived log for thread 1 with sequence 2 is already on disk as file /u01/app/oracle/
ast_recovery_area/ORCL/archivelog/2016_04_04/o1_mf_1_2_cj45ljxt_.arc
archived log for thread 1 with sequence 3 is already on disk as file /u01/app/oracle/
ast_recovery_area/ORCL/archivelog/2016_04_04/o1_mf_1_3_cj45lpk9_.arc
archived log file name=/u01/app/oracle/ ast_recovery_area/ORCLarchivelog/2016_04_04/
1_mf_1_1_cj45lcmq_.arc thread=1 sequence=1
archived log file name=/u01/app/oracle/fast_recovery_area/ORCL/archivelog/2016_04_04/
1_mf_1_2_cj45ljxt_.arc thread=1 sequence=2
archived log file name=/u01/app/oracle/fast_recovery_area/ORCL/archivelog/2016_04_04/
1_mf_1_3_cj45lpk9_.arc thread=1 sequence=3
media recovery complete, elapsed time: 00:00:00
Finished recover at 04-APR-16
```

아까 1~6번 아카이브 로그가 있었는데, 56번 아카이브 로그를 옮겼기 때문에 Sequence 4까지 복구가 가능한 상황이다. Set을 이용해서 until sequence=4로 4번 아카이브 로그 까지만 복구하도록 설정해서 DB 복구를 할 수 있다.

이렇게 불완전 복구를 통해서 복구한 DB를 오픈할 때는 Noarchive 때와 마찬가지로, Online log에 쓸 수 없는 값들이 들어있기 때문에 삭제해야 하므로 Resetlogs 옵션과 함께 DB를 오픈하면 정상적으로 오픈이 된다.

```
RMAN> alter database open resetlogs;

Statement processed
```

*Case 2 : archive backup lost

이번 상황은 아카이브 로그를 DB와 함께 백업해준 상황에서 복구 과정에 대해서 알아볼 것이다. 기존의 백업 파일을 삭제하고 새로운 백업을 받아야 한다. 백업을 받기 전에 미리 Log switch를 2~3번 정도 해놓고, 백업을 진행할 때에도 3~4개 정도 받아놓기 바란다.

혹시 아래와 같이 백업 명령어를 입력했을 때에 아카이브 로그를 찾을 수 없다는 에러가 발생하면, RMAN 관리 부분에서 Crosscheck 부분을 참고하여 필요 없어진 Archivelog를 Expired로 변경 시킨 후 삭제하도록 하자.

```
SQL> alter system switch logfile;
SQL> /
SQL> /

RMAN> delete backup
RMAN> backup as backupset database plus archivelog;
```

백업을 눌러둔 후에 log switch를 3~4번 정도 해봐야 한다.

```
Starting backup at 04-APR-16
current log archived
using channel ORA_DISK_1
channel ORA_DISK_1: starting archived log backup set
channel ORA_DISK_1: specifying archived log(s) in backup set
input archived log thread=1 sequence=1 RECID=34 STAMP=908298477
input archived log thread=1 sequence=2 RECID=35 STAMP=908298481
input archived log thread=1 sequence=3 RECID=36 STAMP=908298486
input archived log thread=1 sequence=4 RECID=37 STAMP=908298616
input archived log thread=1 sequence=5 RECID=38 STAMP=908298763
input archived log thread=1 sequence=6 RECID=39 STAMP=908298789
input archived log thread=1 sequence=7 RECID=40 STAMP=908299026
channel ORA_DISK_1: starting piece 1 at 04-APR-16
channel ORA_DISK_1: finished piece 1 at 04-APR-16
piece  handle=/u01/app/oracle/fast_recovery_area/ORCL/backupset/2016_04_04/o1_mf_
annnn_TAG20160404T171706_cj48r3h3_.bkp tag=TAG20160404T171706 comment=NONE
channel ORA_DISK_1: backup set complete, elapsed time: 00:00:01
Finished backup at 04-APR-16

Starting backup at 04-APR-16
using channel ORA_DISK_1
channel ORA_DISK_1: starting full datafile backup set
channel ORA_DISK_1: specifying datafile(s) in backup set
```

```
input datafile file number=00001 name=/u01/app/oracle/oradata/ORCL/datafile/o1_mf_
system_cj46fw9d_.dbf
input datafile file number=00003 name=/u01/app/oracle/oradata/ORCL/datafile/o1_mf_
sysaux_cj46fwc1_.dbf
input datafile file number=00004 name=/u01/app/oracle/oradata/ORCL/datafile/o1_mf_
undotbs1_cj46fwck_.dbf
input datafile file number=00006 name=/u01/app/oracle/oradata/ORCL/datafile/o1_mf_
users_cj46fwdh_.dbf
channel ORA_DISK_1: starting piece 1 at 04-APR-16
channel ORA_DISK_1: finished piece 1 at 04-APR-16
piece handle=/u01/app/oracle/fast_recovery_area/ORCL/backupset/2016_04_04/o1_mf_
nnndf_TAG20160404T171708_cj48r6b2_.bkp tag=TAG20160404T171708 comment=NONE
channel ORA_DISK_1: backup set complete, elapsed time: 00:04:41
Finished backup at 04-APR-16

Starting backup at 04-APR-16
current log archived
using channel ORA_DISK_1
channel ORA_DISK_1: starting archived log backup set
channel ORA_DISK_1: specifying archived log(s) in backup set
input archived log thread=1 sequence=8 RECID=41 STAMP=908299048
input archived log thread=1 sequence=9 RECID=42 STAMP=908299055
input archived log thread=1 sequence=10 RECID=43 STAMP=908299071
input archived log thread=1 sequence=11 RECID=44 STAMP=908299076
input archived log thread=1 sequence=12 RECID=45 STAMP=908299078
input archived log thread=1 sequence=13 RECID=46 STAMP=908299312
channel ORA_DISK_1: starting piece 1 at 04-APR-16
channel ORA_DISK_1: finished piece 1 at 04-APR-16
piece handle=/u01/app/oracle/fast_recovery_area/ORCL/backupset/2016_04_04/o1_mf_
annnn_TAG20160404T172152_cj491235_.bkp tag=TAG20160404T172152 comment=NONE
channel ORA_DISK_1: backup set complete, elapsed time: 00:00:04
Finished backup at 04-APR-16

Starting Control File and SPFILE Autobackup at 04-APR-16
piece handle=/u01/app/oracle/fast_recovery_area/ORCL/autobackup/2016_04_04/o1_mf_
s_908299317_cj491c7r_.bkp comment=NONE
Finished Control File and SPFILE Autobackup at 04-APR-16
```

로그를 보면 알 수 있겠지만 이번에 백업할 때에는 아카이브 로그도 포함해서 백업하라고 지시를 내렸다. 일단 백업 프로세스 처음에 기존에 있던 Online log를 모두 Archive한 다음에 아카이브 로그를 모두 백업한 후 DB 백업에 들어간다. DB 백업이 끝나면 아카이브 로그를 다시 한 번 백업 하는 것을 알 수 있는데, 실제로 DB를 운영하는 경우에 DB를 백업하는 데에 상당히 많은 시간이 걸리기 때문에 Hot 백업 도중에 많은 아카이브 로그가 쌓일 수 있다. 백업이 끝나는 시점에 그 사이에 생성된 아카이브 로그도 모두 다시 백업을 받고 백업을 종료하는 것을 알 수 있다.

다른 실습과 마찬가지로 일단 데이터 파일을 삭제한다. 그리고 방금 전 케이스처럼 Archive log 폴더에 가서 몇 개의 Archivelog를 이동시켜 놓고 복구를 진행해보자.

```
[oracle@ora12cvm01:orcl:datafile]$ ls
o1_mf_sysaux_cj46fwc1_.dbf  o1_mf_undotbs1_cj46fwck_.dbf
o1_mf_system_cj46fw9d_.dbf  o1_mf_users_cj46fwdh_.dbf
o1_mf_temp_cj46sk4r_.tmp
[oracle@ora12cvm01:orcl:datafile]$ rm -rf *
[oracle@ora12cvm01:orcl:datafile]$ ls
[oracle@ora12cvm01:orcl:datafile]$

[oracle@ora12cvm01:orcl:2016_04_04]$ ls -lrt
total 3116
-rw-r----- 1 oracle oinstall   950784  Apr  4 17:07 o1_mf_1_1_cj486x0r_.arc
-rw-r----- 1 oracle oinstall     1024  Apr  4 17:08 o1_mf_1_2_cj4871jx_.arc
-rw-r----- 1 oracle oinstall     4608  Apr  4 17:08 o1_mf_1_3_cj4876ds_.arc
-rw-r----- 1 oracle oinstall    14848  Apr  4 17:10 o1_mf_1_4_cj48c8g5_.arc
-rw-r----- 1 oracle oinstall   357376  Apr  4 17:12 o1_mf_1_5_cj48hv7g_.arc
-rw-r----- 1 oracle oinstall     2048  Apr  4 17:13 o1_mf_1_6_cj48jofz_.arc
-rw-r----- 1 oracle oinstall  1764864  Apr  4 17:17 o1_mf_1_7_cj48r2kr_.arc
-rw-r----- 1 oracle oinstall     8704  Apr  4 17:17 o1_mf_1_8_cj48rr3k_.arc
-rw-r----- 1 oracle oinstall     1024  Apr  4 17:17 o1_mf_1_9_cj48rv2r_.arc
-rw-r----- 1 oracle oinstall     1024  Apr  4 17:17 o1_mf_1_10_cj48sfcw_.arc
-rw-r----- 1 oracle oinstall     1024  Apr  4 17:17 o1_mf_1_11_cj48shdh_.arc
-rw-r----- 1 oracle oinstall     1024  Apr  4 17:17 o1_mf_1_12_cj48spdf_.arc
-rw-r----- 1 oracle oinstall    36864  Apr  4 17:21 o1_mf_1_13_cj49103d_.arc
[oracle@ora12cvm01:orcl:2016_04_04]$ mv o1_mf_1_10_cj48sfcw_.arc ./..
[oracle@ora12cvm01:orcl:2016_04_04]$ mv o1_mf_1_11_cj48shdh_.arc ./..
[oracle@ora12cvm01:orcl:2016_04_04]$ ls -lrt
total 3108
-rw-r----- 1 oracle oinstall   950784 Apr  4 17:07 o1_mf_1_1_cj486x0r_.arc
-rw-r----- 1 oracle oinstall     1024 Apr  4 17:08 o1_mf_1_2_cj4871jx_.arc
-rw-r----- 1 oracle oinstall     4608 Apr  4 17:08 o1_mf_1_3_cj4876ds_.arc
-rw-r----- 1 oracle oinstall    14848 Apr  4 17:10 o1_mf_1_4_cj48c8g5_.arc
-rw-r----- 1 oracle oinstall   357376 Apr  4 17:12 o1_mf_1_5_cj48hv7g_.arc
-rw-r----- 1 oracle oinstall     2048 Apr  4 17:13 o1_mf_1_6_cj48jofz_.arc
-rw-r----- 1 oracle oinstall  1764864 Apr  4 17:17 o1_mf_1_7_cj48r2kr_.arc
-rw-r----- 1 oracle oinstall     8704 Apr  4 17:17 o1_mf_1_8_cj48rr3k_.arc
-rw-r----- 1 oracle oinstall     1024 Apr  4 17:17 o1_mf_1_9_cj48rv2r_.arc
-rw-r----- 1 oracle oinstall     1024 Apr  4 17:17 o1_mf_1_12_cj48spdf_.arc
-rw-r----- 1 oracle oinstall    36864 Apr  4 17:21 o1_mf_1_13_cj49103d_.arc
```

일단 실습에서 데이터 파일을 모두 삭제했고, 10번, 11번 아카이브 로그를 옮겨두었다. 이제 Restore database로 복원을 진행해보자. 복원에 문제가 없을 것이고 Archivelog를 옮겨 두었기 때문에 복구에서 문제가 생길 것처럼 느껴진다. 하지만 백업 시에 아카이브 로그도 백업했기 때문에 RMAN은 알아서 없는 아카이브 로그 10, 11을 백업된 아카이브 로그에서 가져와서 복구에 문제가 발생하지 않는다.

```
RMAN> recover database;

Starting recover at 04-APR-16
using channel ORA_DISK_1

starting media recovery

archived log for thread 1 with sequence 8 is already on disk as file /u01/app/oracle/
fast_recovery_area/ORCL/archivelog/2016_04_04/o1_mf_1_8_cj48rr3k_.arc
archived log for thread 1 with sequence 9 is already on disk as file /u01/app/oracle/
fast_recovery_area/ORCL/archivelog/2016_04_04/o1_mf_1_9_cj48rv2r_.arc
archived log for thread 1 with sequence 12 is already on disk as file /u01/app/oracle/
fast_recovery_area/ORCL/archivelog/2016_04_04/o1_mf_1_12_cj48spdf_.arc
archived log for thread 1 with sequence 13 is already on disk as file /u01/app/oracle/
fast_recovery_area/ORCL/archivelog/2016_04_04/o1_mf_1_13_cj49103d_.arc
archived log file name=/u01/app/oracle/fast_recovery_area/ORCL/archivelog/2016_04_04/
o1_mf_1_8_cj48rr3k_.arc thread=1 sequence=8
archived log file name=/u01/app/oracle/fast_recovery_area/ORCL/archivelog/2016_04_04/
o1_mf_1_9_cj48rv2r_.arc thread=1 sequence=9
channel ORA_DISK_1: starting archived log restore to default destination
channel ORA_DISK_1: restoring archived log
archived log thread=1 sequence=10
channel ORA_DISK_1: restoring archived log
archived log thread=1 sequence=11
channel ORA_DISK_1: reading from backup piece /u01/app/oracle/fast_recovery_area/
ORCL/backupset/2016_04_04/o1_mf_annnn_TAG20160404T172152_cj491235_.bkp
channel ORA_DISK_1: piece handle=/u01/app/oracle/fast_recovery_area/ORCL/backupset/
2016_04_04/o1_mf_annnn_TAG20160404T172152_cj491235_.bkp tag=TAG20160404T172152
channel ORA_DISK_1: restored backup piece 1
channel ORA_DISK_1: restore complete, elapsed time: 00:00:01
archived log file name=/u01/app/oracle/fast_recovery_area/ORCL/archivelog/2016_04_04/
o1_mf_1_10_cj49vmpp_.arc thread=1 sequence=10
channel default: deleting archived log(s)
archived log filename=/u01/app/oracle/fast_recovery_area/ORCL/archivelog/2016_04_04/
o1_mf_1_10_cj49vmpp_.arc RECID=47 STAMP=908300163
archived log file name=/u01/app/oracle/fast_recovery_area/ORCL/archivelog/2016_04_04/
o1_mf_1_11_cj49vmwl_.arc thread=1 sequence=11
channel default: deleting archived log(s)
```

```
archived log file name=/u01/app/oracle/fast_recovery_area/ORCL/archivelog/2016_04_04/
o1_mf_1_11_cj49vmwl_.arc RECID=48 STAMP=908300163
media recovery complete, elapsed time: 00:00:05
Finished recover at 04-APR-16

RMAN> alter database open;

Statement processed
```

정상적으로 Open되는 것까지 확인이 된다. 사실 불완전 백업에 넣어놓기는 했지만 아카이브 로그를 DB와 함께 백업해둔 경우에는 원래 아카이브 로그 파일과 백업해 놓은 아카이브 로그 파일이 모두 문제가 생길 때에만 불완전 복구가 필요하다. 백업해놓은 아카이브 로그가 존재하는 경우에는 아카이브 로그 파일이 손상되어도 그냥 Recover문장을 통해서 완전 복구가 가능하다. 아카이브 로그 백업 파일까지 손상된 경우에는 바로 앞의 예시와 똑같이 복구를 수행해주면 된다.

oracle 03

Block corruption repair

*손상 확인

RMAN에서는 데이터베이스의 유효성을 검사하는 여러 가지 방법이 있다. 모든 방법에는 일단 어떤 것을 사용하든 Validate 문장이 들어간다. 확인 방법은 Validate를 사용하거나, Backup validate 사용하는 방법이 있다. Backup validate를 이용해보면,

```
RMAN> backup validate database archivelog all;

Starting backup at 04-APR-16
using channel ORA_DISK_1
channel ORA_DISK_1: starting full datafile backup set
channel ORA_DISK_1: specifying datafile(s) in backup set
input datafile file number=00001 name=/u01/app/oracle/oradata/ORCL/datafile/o1_
mf_system_cj49o26m_.dbf
input datafile file number=00003 name=/u01/app/oracle/oradata/ORCL/datafile/o1_
mf_sysaux_cj49o282_.dbf
input datafile file number=00004 name=/u01/app/oracle/oradata/ORCL/datafile/o1_
mf_undotbs1_cj49o2x3_.dbf
input datafile file number=00006 name=/u01/app/oracle/oradata/ORCL/datafile/o1_
mf_users_cj49o2z2_.dbf
```

```
channel ORA_DISK_1: backup set complete, elapsed time: 00:02:16
List of Datafiles
=================
File Status Marked Corrupt Empty Blocks Blocks Examined  High SCN
---- ------ -------------- ------------ --------------- ----------
1    OK     0              17124        101123          2602249
  File Name: /u01/app/oracle/oradata/ORCL/datafile/o1_mf_system_cj49o26m_.dbf
  Block Type Blocks Failing Blocks Processed
  ---------- -------------- ----------------
  Data       0              66888
  Index      0              13567
  Other      0              3541

File Status Marked Corrupt Empty Blocks Blocks Examined High SCN
---- ------ -------------- ------------ --------------- ----------
3    OK     4              18700        79388           2602072
  File Name: /u01/app/oracle/oradata/ORCL/datafile/o1_mf_sysaux_cj49o282_.dbf
  Block Type Blocks Failing Blocks Processed
  ---------- -------------- ----------------
  Data       0              14491
  Index      0              8659
  Other      0              37510

File Status Marked Corrupt Empty Blocks Blocks Examined High SCN
---- ------ -------------- ------------ --------------- ----------
4    OK     0              1            7691            2602249
  File Name: /u01/app/oracle/oradata/ORCL/datafile/o1_mf_undotbs1_cj49o2x3_.dbf
  Block Type Blocks Failing Blocks Processed
  ---------- -------------- ----------------
  Data       0              0
  Index      0              0
  Other      0              7679

File Status Marked Corrupt Empty Blocks Blocks Examined High SCN
---- ------ -------------- ------------ --------------- ----------
6    OK     0              17           642             1597339
  File Name: /u01/app/oracle/oradata/ORCL/datafile/o1_mf_users_cj49o2z2_.dbf
  Block Type Blocks Failing Blocks Processed
  ---------- -------------- ----------------
  Data       0              30
  Index      0              5
  Other      0              588
channel ORA_DISK_1: starting archived log backup set
channel ORA_DISK_1: specifying archived log(s) in backup set
```

```
input archived log thread=1 sequence=1  RECID=34 STAMP=908298477
input archived log thread=1 sequence=2  RECID=35 STAMP=908298481
input archived log thread=1 sequence=3  RECID=36 STAMP=908298486
input archived log thread=1 sequence=4  RECID=37 STAMP=908298616
input archived log thread=1 sequence=5  RECID=38 STAMP=908298763
input archived log thread=1 sequence=6  RECID=39 STAMP=908298789
input archived log thread=1 sequence=7  RECID=40 STAMP=908299026
input archived log thread=1 sequence=8  RECID=41 STAMP=908299048
input archived log thread=1 sequence=9  RECID=42 STAMP=908299055
input archived log thread=1 sequence=12 RECID=45 STAMP=908299078
input archived log thread=1 sequence=13 RECID=46 STAMP=908299312
input archived log thread=1 sequence=14 RECID=49 STAMP=908319722
input archived log thread=1 sequence=15 RECID=50 STAMP=908320979
input archived log thread=1 sequence=16 RECID=51 STAMP=908321099
input archived log thread=1 sequence=17 RECID=52 STAMP=908321228
input archived log thread=1 sequence=18 RECID=53 STAMP=908321337
input archived log thread=1 sequence=19 RECID=54 STAMP=908321467
channel ORA_DISK_1: backup set complete, elapsed time: 00:00:03
List of Archived Logs
=======================
Thrd Seq     Status Blocks Failing Blocks Examined Name
---- ------- ------ -------------- --------------- ---------------
1 1 OK 0 1856 /u01/app/oracle/fast_recovery_area/ORCL/archivelog/2016_04_04/o1_mf_1_1_
cj486x0r_.arc
1 2 OK 0 1 /u01/app/oracle/fast_recovery_area/ORCL/archivelog/2016_04_04/ o1_mf_1_2_
cj4871jx_.arc
1 3 OK 0 8 /u01/app/oracle/fast_recovery_area/ORCL/archivelog/2016_04_04/o1_mf_1_3_
cj4876ds_.arc
1 4 OK 0 28/u01/app/oracle/fast_recovery_area/ORCL/archivelog/2016_04_04/o1_mf_1_4_
cj48c8g5_.arc
1 5 OK 0 697/u01/app/oracle/fast_recovery_area/ORCL/archivelog/2016_04_04/o1_mf_1_5_
cj48hv7g_.arc
1 6 OK 0 3/u01/app/oracle/fast_recovery_area/ORCL/archivelog/2016_04_04/o1_mf_1_6_
cj48jofz_.arc
1 7 OK 0 3446/u01/app/oracle/fast_recovery_area/ORCL/archivelog/2016_04_04/o1_mf_1_7_
cj48r2kr_.arc
1 8 OK 0 16/u01/app/oracle/fast_recovery_area/ORCL/archivelog/2016_04_04/o1_mf_1_8_
cj48rr3k_.arc
1 9 OK 01u01/app/oracle/fast_recovery_area/ORCL/archivelog/2016_04_04/o1_mf_1_9
_cj48rv2r_.arc
```

```
1 12 OK 0 1/u01/app/oracle/fast_recovery_area/ORCL/archivelog/2016_04_04/o1_mf_1_12_
cj48spdf_.arc
1 13 OK 0 71/u01/app/oracle/fast_recovery_area/ORCL/archivelog/2016_04_04/o1_mf
_1_13_cj49103d_.arc
1 14 OK 0 6237/u01/app/oracle/fast_recovery_area/ORCL/archivelog/2016_04_04/o1_mf
_1_14_cj4wysvb_.arc
1 15 OK 0 56601/u01/app/oracle/fast_recovery_area/ORCL/archivelog/2016_04_04/o1_mf
_1_15_cj4y620k_.arc
1 16 OK 0 160/u01/app/oracle/fast_recovery_area/ORCL/archivelog/2016_04_04/o1_mf
_1_16_cj4y9v3g_.arc
1 17 OK 0 1628/u01/app/oracle/fast_recovery_area/ORCL/archivelog/2016_04_04/o1_mf_
1_17_cj4yfwsh_.arc
1 18 OK 0 15/u01/app/oracle/fast_recovery_area/ORCL/archivelog/2016_04_04/o1_mf_
1_18_cj4yk987_.arc
1 19 OK 0 67/u01/app/oracle/fast_recovery_area/ORCL/archivelog/2016_04_04/o1_mf
_1_19_cj4yoc5f_.arc
channel ORA_DISK_1: starting full datafile backup set
channel ORA_DISK_1: specifying datafile(s) in backup set
including current control file in backup set
including current SPFILE in backup set
channel ORA_DISK_1: backup set complete, elapsed time: 00:00:01
List of Control File and SPFILE
===============================
File Type    Status Blocks Failing Blocks Examined
------------ ------ -------------- ---------------
SPFILE       OK     0              2
Control File OK     0              620
Finished backup at 04-APR-16
```

일단 문장 자체는 Backup을 하는 문장과 거의 다를 바가 없다. 실제로 실행을 해보아도 백업할 때 나오는 Log와 똑같은 문장과, 체크한 결과 값들이 위와 같이 출력되게 된다. 하지만 실제로 백업을 만들지는 않고 데이터베이스 전체의 Validate를 체크하여 물리적인 파일에서 Block corruption이 발생했는지 찾아본다. 검사 후에 발견된 Corruption은 출력도 되고 v$database_block_corruption 에서도 찾아볼 수 있다. 현재에는 발견된 Corruption이 없다.

방금 방법은 물리적인 손상을 체크하는 방법이었다. 문장을 쓸 때에 Validate 다음에 Check logical 을 넣어서 다음과 같이 사용하면 실제로 논리적인 손상이 있는지 까지 체크해준다.

```
RMAN> backup validate check logical database plus archivelog;
RMAN> validate check logical tablespace users;
RMAN> validate check datafile 1;
RMAN> validate check datafile '/u01/app/oracle/oradata/ORCL/datafile/~~~.dbf'
RMAN> validate check backupset 84;

RMAN> validate current controlfile;


Starting validate at 05-APR-16
using channel ORA_DISK_1
channel ORA_DISK_1: starting validation of datafile
channel ORA_DISK_1: specifying datafile(s) for validation
including current control file for validation
channel ORA_DISK_1: validation complete, elapsed time: 00:00:07
List of Control File and SPFILE
===============================
File Type    Status Blocks Failing Blocks Examined
------------ ------ -------------- ---------------
Control File OK     0              620
Finished validate at 05-APR-16
```

위와 같은 문장들은 백업할 수 있는 대상들에는 거의 모두 사용 가능하다.
실제로 발견된 Corruption은 이 View에서 확인이 가능하다.

```
SQL> desc v$database_block_corruption;
 Name                                      Null?    Type
 ----------------------------------------- -------- ----------------------------
 FILE#                                              NUMBER
 BLOCK#                                             NUMBER
 BLOCKS                                             NUMBER
 CORRUPTION_CHANGE#                                 NUMBER
 CORRUPTION_TYPE                                    VARCHAR2(9)
 CON_ID                                             NUMBER

SQL> select * from v$database_block_corruption;

no rows selected
```

*손상 복구

손상된 블록은 다음과 같은 방법들로 확인이 가능하다.

- List failure나 Validate, Backup … Validate 문장 결과로 확인 가능
- v$database_block_corruption 뷰를 확인
- alert log
- trace files
- Dbverify 유틸리티

이런 방법들을 통해 어떤 파일에 어떤 블록이 손상되었는지 확인이 가능하다. 예를 들어 Trace file에는 다음과 같이 적혀 있다.

```
ORA-01578: ORACLE data block corrupted ( file # 1, block # 14)
ORA-01110: data file 1: '/u01/app/oracle/oradata/ORCL/datafile/system.dbf'
ORA-01578: ORACLE data block corrupted ( file # 6, block # 51)
ORA-01110: data file 1: '/u01/app/oracle/oradata/ORCL/datafile/users.dbf'
```

이 파일 번호와 블록 번호를 이용해서 RMAN에서 복구가 가능한데, 전체 데이터 파일에는 영향을 주지 않고 지정한 블록만을 복구한다. 복구를 수행할 때에 전체 데이터 파일이나 테이블스페이스가 오프라인되는 게 아니고, 지정한 블록만 오프라인이 되었다가 다시 온라인이 되기 때문에 오픈되어 있는 DB에서도 유용하게 사용할 수 있다.

```
RMAN> blockrecover datafile 1 block 14;
RMAN> blockrecover datafile 6 block 61;
RMAN> recover datafile 1 block 14;
RMAN> recover datafile 6 block 61;

RMAN> blockrecover corruption list;

Starting recover at 05-APR-16
using channel ORA_DISK_1

starting media recovery
media recovery complete, elapsed time: 00:00:00

Finished recover at 05-APR-16
```

Chapter 06 RMAN 관리

이번 장에서는 기본적인 RMAN 관리 방법에 대한 과정을 소개한다.

다음은 이번 장에서 다루게 될 세부 사항들이다.

- Section 01 Retention policy
- Section 02 Cross check

●●● oracle 01

Retention policy

보유 정책에 대해서 어떻게 관리를 해야 하는지 알아보자. 일단 Retention policy는 RMAN에서 Configure 문장을 통해서 설정이 가능하다 Window를 몇 일로 설정할지 Redundancy를 몇 개로 설정할지 정할 수 있다. 개수 제한이나, 일수 제한 둘 중에 하나만 사용이 가능하다. Retention policy보다 많은 백업 파일을 가지고 있으면 필요없는 파일로 인식하고 오래된 파일들은 Obsolete로 마킹하고 따로 유지하게 된다.
실제로 백업을 해서 Retention policy가 어떻게 적용되는지 보고 RMAN〉 show all; 을 통해 Configure을 확인하여 Redundancy가 1로 되어있지 않거나 Window로 설정되어 있으면 변경해주자.

```
RMAN> Configure retention policy to redundancy 1;
```

이제 모든 백업을 삭제해보자.

```
RMAN> delete backup;
```

모든 백업을 삭제한 이후에 새롭게 백업을 한 개 받아주자.

```
RMAN > backup as backupset database plus archivelog;
```

백업을 받은 이후에 List backup을 한 번 보자.

```
RMAN> list backup;

List of Backup Sets
===================

BS Key  Size       Device Type Elapsed Time Completion Time
------- ---------- ----------- ------------ ---------------
86      35.06M     DISK        00:00:13     05-APR-16
        BP Key: 102   Status: AVAILABLE  Compressed: NO  Tag: TAG20160405T002512
        Piece Name: /u01/app/oracle/fast_recovery_area/ORCL/backupset/2016_04_05/
        o1_mf_annnn_TAG20160405T002512_cj51tsxs_.bkp

  List of Archived Logs in backup set 86
  Thrd Seq     Low SCN    Low Time  Next SCN   Next Time
  ---- ------- ---------- --------- ---------- ---------
  1    1       2285192    04-APR-16 2286327    04-APR-16
```

```
  1   2      2286327   04-APR-16 2286331   04-APR-16
  1   3      2286331   04-APR-16 2286335   04-APR-16
  1   4      2286335   04-APR-16 2286453   04-APR-16
  1   5      2286453   04-APR-16 2286942   04-APR-16
  1   6      2286942   04-APR-16 2286973   04-APR-16
  1   7      2286973   04-APR-16 2287471   04-APR-16
  1   8      2287471   04-APR-16 2287494   04-APR-16
  1   9      2287494   04-APR-16 2287497   04-APR-16
  1   12     2287505   04-APR-16 2287508   04-APR-16
  1   13     2287508   04-APR-16 2287663   04-APR-16
  1   14     2287663   04-APR-16 2390358   04-APR-16
  1   15     2390358   04-APR-16 2600448   04-APR-16
  1   16     2600448   04-APR-16 2600614   04-APR-16
  1   17     2600614   04-APR-16 2601484   04-APR-16
  1   18     2601484   04-APR-16 2601639   04-APR-16
  1   19     2601639   04-APR-16 2601728   04-APR-16
  1   20     2601728   04-APR-16 2602667   04-APR-16
  1   21     2602667   04-APR-16 2602887   04-APR-16

BS Key  Type LV Size       Device Type Elapsed Time Completion Time
------- ---- -- ---------- ----------- ------------ ---------------
87      Full    1.13G      DISK        00:02:02     05-APR-16
        BP Key: 103   Status: AVAILABLE  Compressed: NO  Tag: TAG20160405T002529
        Piece Name: /u01/app/oracle/fast_recovery_area/ORCL/backupset/2016_04_05/
        o1_mf_nnndf_TAG20160405T002529_cj51vbn8_.bkp
  List of Datafiles in backup set 87
  File LV Type Ckp SCN    Ckp Time  Name
  ---- -- ---- ---------- --------- ----
  1       Full 2603403    04-APR-16 /u01/app/oracle/oradata/ORCL/datafile/o1_mf_
system_cj49o26m_.dbf
  3       Full 2603403    04-APR-16 /u01/app/oracle/oradata/ORCL/datafile/o1_mf_
sysaux_cj49o282_.dbf
  4       Full 2603403    04-APR-16 /u01/app/oracle/oradata/ORCL/datafile/o1_mf_
undotbs1_cj49o2x3_.dbf
  6       Full 2603403    04-APR-16 /u01/app/oracle/oradata/ORCL/datafile/o1_mf_
users_cj49o2z2_.dbf

BS Key  Type LV Size       Device Type Elapsed Time Completion Time
------- ---- -- ---------- ----------- ------------ ---------------
88      Full    9.83M      DISK        00:00:04     05-APR-16
        BP Key: 104   Status: AVAILABLE  Compressed: NO  Tag: TAG20160405T002736
        Piece Name: /u01/app/oracle/fast_recovery_area/ORCL/autobackup/2016_04_05/
        o1_mf_s_908322572_cj51zdv0_.bkp
```

```
SPFILE Included: Modification time: 05-APR-16
SPFILE db_unique_name: ORCL
Control File Included: Ckp SCN: 2603403      Ckp time: 04-APR-16
```

또, Report need backup을 통해서 백업이 필요한 것이 있나 한 번 확인해보자.

```
RMAN> report need backup;

RMAN retention policy will be applied to the command
RMAN retention policy is set to redundancy 1
Report of files with less than 1 redundant backups
File #bkps Name
---- ----- -----------------------------------------------------
```

현재 모든 것들을 백업했기 때문에 Redundancy 1 정책에 의해서 백업해야 하는 파일들은 한 개도 안 나온다. 이 보유 정책을 만족하지 못하는 데이터 파일은 원래 여기에서 확인할 수 있다.

이제 새롭게 백업을 다시 한 번 받아보자.

```
RMAN> backup as backupset database plus archivelog;

Starting backup at 05-APR-16
using channel ORA_DISK_1
skipping archived logs of thread 1 from sequence 1 to 9; already backed up
skipping archived logs of thread 1 from sequence 12 to 21; already backed up
Finished backup at 05-APR-16

Starting backup at 05-APR-16
using channel ORA_DISK_1
channel ORA_DISK_1: starting full datafile backup set
channel ORA_DISK_1: specifying datafile(s) in backup set
```

뒷부분의 DB 백업 부분은 생략했다. 다시 백업을 하려고 하니 아카이브 로그는 이미 백업이 되어 있기 때문에 그냥 스킵되었다. 새롭게 백업을 받은 후에 Report obsolete 명령어를 수행하면 모든 Obsolete 백업 파일을 확인할 수 있다.

```
RMAN> report obsolete;

RMAN retention policy will be applied to the command
RMAN retention policy is set to redundancy 1
Report of obsolete backups and copies
Type                 Key    Completion Time    Filename/Handle
-------------------- ------ ------------------ --------------------
Datafile Copy 3 27-MAR-16/u01/app/oracle/fast_recovery_area/ORCL/datafile/o1_mf_
system_chgv270o_.dbf
Control File Copy 4 27-MAR-16/u01/app/oracle/fast_recovery_area/ORCL/controlfile/
o1_mf_TAG20160327T141446_chgv6gw1_.ctl
Control File Copy 5 01-APR-16/u01/app/oracle/fast_recovery_area/ORCL/controlfile/
o1_mf_TAG20160327T141446_chwk7601_.ctl
Archive Log 34 04-APR-16/u01/app/oracle/fast_recovery_area/ORCL/archivelog/2016_
04_04/o1_mf_1_1_cj486x0r_.arc
Archive  Log 35  4-APR-16/u01/app/oracle/fast_recovery_area/ORCL/archivelog/2016_
04_04/o1_mf_1_2_cj4871jx_.arc
Archive  Log 36  4-APR-16/u01/app/oracle/fast_recovery_area/ORCL/archivelog/2016_
04_04/o1_mf_1_3_cj4876ds_.arc
Archive Log 37 04-APR-16/u01/app/oracle/fast_recovery_area/ORCL/archivelog/2016_
04_04/o1_mf_1_4_cj48c8g5_.arc
Archive Log 38 04-APR-16/u01/app/oracle/fast_recovery_area/ORCL/archivelog/2016_
04_04/o1_mf_1_5_cj48hv7g_.arc
Archive Log 39 04-APR-16/u01/app/oracle/fast_recovery_area/ORCL/archivelog/2016_
04_04/o1_mf_1_6_cj48jofz_.arc
Archive Log 40 04-APR-16/u01/app/oracle/fast_recovery_area/ORCL/archivelog/2016_
04_04/o1_mf_1_7_cj48r2kr_.arc
Archive Log 41 04-APR-16/u01/app/oracle/fast_recovery_area/ORCL/archivelog/2016_
04_04/o1_mf_1_8_cj48rr3k_.arc
Archive Log 42 04-APR-16/u01/app/oracle/fast_recovery_area/ORCL/archivelog/2016_
04_04/o1_mf_1_9_cj48rv2r_.arc
Archive Log 45 04-APR-16/u01/app/oracle/fast_recovery_area/ORCL/archivelog/2016_
04_04/o1_mf_1_12_cj48spdf_.arc
Archive  Log  46  04-APR-16/u01/app/oracle/fast_recovery_area/ORCL/archivelog/2016_
04_04/o1_mf_1_13_cj49103d_.arc
Archive Log 49 04-APR-16/u01/app/oracle/fast_recovery_area/ORCL/archivelog/2016_
04_04/o1_mf_1_14_cj4wysvb_.arc
Archive Log 50 04-APR-16/u01/app/oracle/fast_recovery_area/ORCL/archivelog/2016_
04_04/o1_mf_1_15_cj4y620k_.arc
Archive Log 51 04-APR-16/u01/app/oracle/fast_recovery_area/ORCL/archivelog/2016_
04_04/o1_mf_1_16_cj4y9v3g_.arc
Archive Log 52 04-APR-16/u01/app/oracle/fast_recovery_area/ORCL/archivelog/2016_
04_04/o1_mf_1_17_cj4yfwsh_.arc
Archive Log 53 04-APR-16/u01/app/oracle/fast_recovery_area/ORCL/archivelog/2016_
04_04/o1_mf_1_18_cj4yk987_.arc
```

```
Archive Log 54 04-APR-16/u01/app/oracle/fast_recovery_area/ORCL/archivelog/2016_
04_04/o1_mf_1_19_cj4yoc5f_.arc
Archive Log 55 04-APR-16/u01/app/oracle/fast_recovery_area/ORCL/archivelog/2016_
04_04/o1_mf_1_20_cj4zdort_.arc
Archive Log 56 04-APR-16/u01/app/oracle/fast_recovery_area/ORCL/archivelog/2016_
04_04/o1_mf_1_21_cj4zlk05_.arc
Backup Set          86     05-APR-16
Backup Piece 102 05-APR-16/u01/app/oracle/fast_recovery_area/ORCL/backupset/2016_
04_05/o1_mf_annnn_TAG20160405T002512_cj51tsxs_.bkp
Backup Set          87     05-APR-16
Backup Piece 103 05-APR-16/u01/app/oracle/fast_recovery_area/ORCL/backupset/2016_
04_05/o1_mf_nnndf_TAG20160405T002529_cj51vbn8_.bkp
Backup Set          88     05-APR-16
Backup Piece 104 05-APR-16/u01/app/oracle/fast_recovery_area/ORCL/autobackup/2016
_04_05/o1_mf_s_908322572_cj51zdv0_.bkp
```

첫 번째로 백업해둔 86, 87, 88번 Backup set이 Obsolete로 설정되었다. 이렇게 Obsolete로 설정된 백업 파일들은 RMAN에서 따로 관리되며 Delete obsolete를 통해서 일괄적으로 지울 수 있다. 실제로 다 지워보도록 하자.

```
RMAN> delete obsolete;
RMAN> report obsolete;

RMAN retention policy will be applied to the command
RMAN retention policy is set to redundancy 1
no obsolete backups found
```

이렇게 쓸데 없이 용량을 차지하고 있는 백업 파일들은 RMAN을 통해서 삭제가 가능하다. 자주자주 비워줘야 하는 이유는 db_recover_file_dest의 용량을 관리해 줄 필요가 있기 때문이다. db_recover_file_dest를 사용하는 것을 앞에서 확인했었는데, 아카이브 로그의 Destination을 따로 지정해주지 않는 경우 이 위치의 용량이 꽉 차게 되면 데이터베이스는 아카이브 로그를 더 이상 저장할 수 없기 때문에 멈춰버리는데 이것을 DB hang이라고 부른다. DB hang을 방지하기 위해서는 미리미리 Obsolete 파일들을 삭제해주어야 한다.
사실 Delete obsolete를 할 때 삭제하는 유저가 마음대로 Retention policy를 지정해 줄 수도 있다. 다음과 같이 지정해서 삭제 명령을 내리면, 뒷부분에 있는 것을 Retention policy라고 생각하고 기간이나 개수를 넘는 백업 파일들은 모두 지워버린다.

```
RMAN> delete obsolete redundancy = 3;
RMAN> delete obsolete recovery window of 7 days;
```

●●● oracle 02

Cross check

또한, 방금 말한 DB hang을 막기 위해서 꼭 해줘야 하는 과정이 Crosscheck이다. Crosscheck가 하는 일은 실제 백업 위치에 백업 파일이 있나 RMAN이 가지고 있는 정보를 일일이 확인해보는 과정이다. 이 과정이 중요한 이유는 RMAN을 삭제한 백업파일에 대해서만 백업 정보에서 삭제하기 때문이다. OS상에서 사용자가 OS 명령어 rm을 통해서 지우거나, mv를 통해서 이동시켜서 실제 위치에 없더라도 RMAN을 통해서 삭제한 것이 아니기 때문에 RMAN은 그 용량을 Free하지 않고 잡고 있다.
즉, 실제로 File system 용량은 비어있지만 RMAN은 비어있지 않다고 인식하고 있는 것이다. 이 정보를 가지고 오라클 데이터베이스는 판단을 하기 때문에 실제로 용량이 남아있음에도 불구하고 DB hang이 걸릴 수도 있기에 Crosscheck를 통해 없어진 백업파일을 확인하고, 정보에서 삭제해주어야 한다.
Crosscheck를 하는 과정은 간단해서 RMAN에서 한 줄만 입력하면 된다.

```
RMAN> crosscheck archivelog all;  또는,
RMAN> crosscheck backup; 라고 입력하면 다음과 같은 결과가 나온다.

using channel ORA_DISK_1
crosschecked backup piece: found to be 'AVAILABLE'
backup piece handle=/u01/app/oracle/fast_recovery_area/ORCL/backupset/2016_04_05/
o1_mf_nnndf_TAG20160405T003956_cj52pfj9_.bkp RECID=105 STAMP=908325597
crosschecked backup piece: found to be 'AVAILABLE'
backup piece handle=/u01/app/oracle/fast_recovery_area/ORCL/autobackup/2016_04_05/
o1_mf_s_908322572_cj52vd1h_.bkp RECID=106 STAMP=908325756
Crosschecked 2 objects
```

즉, 가지고 있는 정보를 토대로 실제 데이터가 있는지 찾아보고 있으면 Available로 체크한다. 실제 위치에 존재하지 않으면 그 정보는 Expired라고 나오게 된다. 지금은 Expired가 없지만 한 번 Expired를 조회해보면 다음과 같이 아무 것도 없다고 나오고 있다.

```
RMAN> list expired backup;

specification does not match any backup in the repository
```

이제 새로 DB 백업을 받고 실제로 expired 데이터를 만들어 보도록 하자. 일단 새로 Users tablespace의 백업을 받는다.

```
RMAN> backup as backupset tablespace users;

Starting backup at 05-APR-16
using channel ORA_DISK_1
channel ORA_DISK_1: starting piece 1 at 05-APR-16

channel ORA_DISK_1: finished piece 1 at 05-APR-16
piece  handle=/u01/app/oracle/fast_recovery_area/ORCL/backupset/2016_04_05/o1_mf_
nnndf_TAG20160405T013051_cj55r2wr_.bkp tag=TAG20160405T013051 comment=NONE
channel ORA_DISK_1: backup set complete, elapsed time: 00:03:17
Finished backup at 05-APR-16

Starting Control File and SPFILE Autobackup at 05-APR-16
piece  handle=/u01/app/oracle/fast_recovery_area/ORCL/autobackup/2016_04_05/o1_mf_
s_908322572_cj55y90n_.bkp comment=NONE
Finished Control File and SPFILE Autobackup at 05-APR-16
```

한 번 더 Expired를 확인해보면 아직 Expired 백업 파일은 없다.

```
RMAN> list expired backup;

specification does not match any backup in the repository

RMAN> report obsolete;

RMAN retention policy will be applied to the command
RMAN retention policy is set to redundancy 1
Report of obsolete backups and copies
Type                 Key    Completion Time    Filename/Handle
------------------ ------ ------------------ --------------------
Backup Set           89     05-APR-16
Backup Piece 105 05-APR-16/u01/app/oracle/fast_recovery_area/ORCL/backupset/2016_
04_05/o1_mf_nnndf_TAG20160405T003956_cj52pfj9_.bkp
Backup Set           90     05-APR-16
Backup Piece 106 05-APR-16/u01/app/oracle/fast_recovery_area/ORCL/autobackup/2016_
04_05/o1_mf_s_908322572_cj52vd1h_.bkp
```

Obsolete도 확인해 보면, 이전 부분 Retention policy에서 나중에 만들었던 백업 파일89, 90번이 Obsolete가 되어있는 것을 알 수 있다. 이제 굵은 글씨로 나오는 해당 위치로 가서 방금 만든 Users tablespace를 백업한 백업 파일을 삭제해보자.

```
[oracle@ora12cvm01:orcl:~]$ cd /u01/app/oracle/fast_recovery_area/ORCL/backupset/
2016_04_05
[oracle@ora12cvm01:orcl:2016_04_05]$ ls -lrt
total 2369056
-rw-r----- 1 oracle oinstall 1211768832 Apr  5 00:42 o1_mf_nnndf_TAG20160405T003956_
cj52pfj9_.bkp
-rw-r----- 1 oracle oinstall 1211768832 Apr  5 01:35 o1_mf_nnndf_TAG20160405T013051_
cj55r2wr_.bkp
[oracle@ora12cvm01:orcl:2016_04_05]$ rm o1_mf_nnndf_TAG20160405T013051_cj55r2wr_.bkp
```

OS에서 삭제한 후에 RMAN에서 Expired를 확인해보자.

```
RMAN> list expired backup;

specification does not match any backup in the repository
```

OS 명령어를 통해서 지웠기 때문에, RMAN은 Users tablespace 백업 파일을 지운 사실을 모르고 있다. 이때 Crosscheck를 통해서 Expired로 마킹을 해주면,

```
RMAN> crosscheck backup;

using channel ORA_DISK_1
crosschecked backup piece: found to be 'AVAILABLE'
backup piece handle=/u01/app/oracle/fast_recovery_area/ORCL/backupset/2016_04_05/
o1_mf_nnndf_TAG20160405T003956_cj52pfj9_.bkp RECID=105 STAMP=908325597
crosschecked backup piece: found to be 'AVAILABLE'
backup piece handle=/u01/app/oracle/fast_recovery_area/ORCL/autobackup/2016_04_05/
o1_mf_s_908322572_cj52vd1h_.bkp RECID=106 STAMP=908325756
crosschecked backup piece: found to be 'EXPIRED'
backup piece handle=/u01/app/oracle/fast_recovery_area/ORCL/backupset/2016_04_05/
o1_mf_nnndf_TAG20160405T013051_cj55r2wr_.bkp RECID=107 STAMP=908328722
crosschecked backup piece: found to be 'AVAILABLE'
backup piece handle=/u01/app/oracle/fast_recovery_area/ORCL/autobackup/2016_04_05/
o1_mf_s_908322572_cj55y90n_.bkp RECID=108 STAMP=908328921
Crosschecked 4 objects
```

아까 지운 파일이 Expired로 체크되었기 때문에 List expired backup에서 확인이 가능하다. 또한 Obsolete에 대해서도 확인해 보면 변화가 생겼다.

```
RMAN> list expired backup;

List of Backup Sets
===================

BS Key  Type LV Size       Device Type Elapsed Time Completion Time
------- ---- -- ---------- ----------- ------------ ---------------
91      Full    1.13G      DISK        00:04:22     05-APR-16
        BP Key: 107   Status: EXPIRED  Compressed: NO  Tag: TAG20160405T013051
        Piece Name: /u01/app/oracle/fast_recovery_area/ORCL/backupset/2016_04_05/
       o1_mf_nnndf_TAG20160405T013051_cj55r2wr_.bkp
  List of Datafiles in backup set 91
  File LV Type Ckp SCN    Ckp Time  Name
  ---- -- ---- ---------- --------- ----
  1   Full   2603403   04-APR-16/u01/app/oracle/oradata/ORCL/datafile/o1_mf_system_
cj49o26m_.dbf
  3   Full   2603403   04-APR-16/u01/app/oracle/oradata/ORCL/datafile/o1_mf_sysaux_
cj49o282_.dbf
  4  Full  2603403  04-APR-16/u01/app/oracle/oradata/ORCL/datafile/o1_mf_undotbs1_
cj49o2x3_.dbf
6    Full    2603403    04-APR-16/u01/app/oracle/oradata/ORCL/datafile/o1_mf_users_
cj49o2z2_.dbf

RMAN>
user interrupt received
report obsolete;

RMAN retention policy will be applied to the command
RMAN retention policy is set to redundancy 1
Report of obsolete backups and copies
Type                 Key    Completion Time    Filename/Handle
-------------------- ------ ------------------ --------------------
Backup Set           90     05-APR-16
Backup    Piece     106    05-APR-16/u01/app/oracle/fast_recovery_area/ORCL/autobackup/
2016_04_05/o1_mf_s_908322572_cj52vd1h_.bkp
Backup Set           91     05-APR-16
 Backup   Piece   107   05-APR-16/u01/app/oracle/fast_recovery_area/ORCL/backupset/
2016_04_05/o1_mf_nnndf_TAG20160405T013051_cj55r2wr_.bkp
```

Expired가 찾아지면서 정상적으로 존재하는 89번 백업 파일은 Obsolete에서 해제되고, Expired된 91번 백업 파일이 Obsolete에 나오게 된다. 이렇게 찾아진 Expired 백업 파일 정보도 삭제하기 전까지는 가지고 있기 때문에 RMAN에서 삭제를 해주면 된다. 간단하게 Delete expired backup;이면 된다.

```
RMAN> delete expired backup;

using channel ORA_DISK_1

List of Backup Pieces
BP Key  BS Key  Pc# Cp#    Status      Device Type Piece Name
------- ------- --- --- ----------- ----------- ----------
107       91      1     1   EXPIRED      DISK        /u01/app/oracle/fast_recovery_
area/ORCL/backupset/2016_04_05/o1_mf_nnndf_TAG20160405T013051_cj55r2wr_.bkp

Do you really want to delete the above objects (enter YES or NO)? yes
deleted backup piece
backup piece handle=/u01/app/oracle/fast_recovery_area/ORCL/backupset/2016_04_05/
o1_mf_nnndf_TAG20160405T013051_cj55r2wr_.bkp RECID=107 STAMP=908328722
Deleted 1 EXPIRED objects
```

정상적으로 Expired 백업 파일을 삭제했다. 앞에서 말한 것처럼 Expired 데이터는 Crosscheck 후에 아무리 최신 데이터라고 하더라도 Obsolete로 체크돼서 확인이 가능하다. 앞부분에서 실습한 부분인 Obsolete 백업 파일을 삭제하는 것과 동일하게 Delete obsolete를 통해서도 Expired 백업 파일을 삭제할 수 있다.

이번 장에서 실습한 모든 내용은 백업 파일에 대해서 수행을 했었다. 하지만 Archivelog에 대해서도 똑같이 Expired archivelog를 찾을 수 있다. 주의할 점은, 백업한 Archivelog가 아니라 실제 Archivelog에 대해서 Expired check를 하게 된다는 것이다.

이 내용은 가끔 사용이 되는데 불완전 복구로 복구된 DB는 Resetlogs를 통해서 오픈되기 때문에 가끔 DBA가 이제 필요없는 과거의 Archivelog를 OS에서 날려버리는 경우가 있다. 이렇게 날리는 경우 DB를 운영하는 데에는 별 문제가 없지만, Archivelog를 백업해야 하는 경우에 RMAN이 가지고 있는 모든 Archivelog 정보를 이용해서 Archivelog를 백업하려고 하는데, OS에서 삭제한 Archivelog를 찾지 못해서 백업이 진행되지 않는 경우가 종종 있다.

```
RMAN> backup database plus archivelog;

Starting backup at 05-APR-16
current log archived
using target database control file instead of recovery catalog
allocated channel: ORA_DISK_1
channel ORA_DISK_1: SID=24 device type=DISK
RMAN-00571: ===========================================================
RMAN-00569: =============== ERROR MESSAGE STACK FOLLOWS ===============
RMAN-00571: ===========================================================
RMAN-03002: failure of backup plus archivelog command at 04/05/2016 02:08:01
RMAN-06059: expected archived log not found, loss of archived log compromises
recoverability
ORA-19625: error identifying file /u01/app/oracle/fast_recovery_area/ORCL/archivelog/
2016_04_05/o1_mf_1_22_cj57lmkw_.arc
ORA-27037: unable to obtain file status
Linux-x86_64 Error: 2: No such file or directory
Additional information: 3
```

다음과 같은 에러가 나타나는 경우에는 삭제한 Archivelog를 RMAN에서 Expired로 만들어서 삭제한 후에야 정상적으로 백업이 가능하다.

```
RMAN> crosscheck archivelog all;
RMAN> delete expired archivelog all;
```

Chapter 07 RMAN 복구 시나리오 실습

이번 장에서는 다양한 방식의 RMAN 복구 시나리오를 수행하는 과정을 소개한다.

다음은 이번 장에서 다루게 될 세부 사항들이다.

- Section 01 기존과 다른 위치로 복구
- Section 02 오프라인 불가능한 대상 복구
- Section 03 Drop table 복구
- Section 04 컨트롤 파일 복구
- Section 05 Spfile 복구

●●● oracle 01

기존과 다른 위치로 복구

여러 실습을 진행하기 전에 기존 데이터에 영향을 주지 않고 실습할 수 있도록 새로운 테이블과 테이블스페이스를 만들어주자.

```
SQL> create tablespace RMAN datafile '/u01/rman.dbf' size 50M;

Tablespace created.

SQL> create table sample tablespace RMAN
  2  as select owner, table_name, tablespace_name from dba_tables;

Table created.

SQL> select distinct owner from sample;
OWNER
--------------------------------------------------------------------------------
APEX_040200
MDSYS
OUTLN
CTXSYS
OLAPSYS
FLOWS_FILES
SYSTEM
DVSYS
SCOTT
AUDSYS
DBSNMP
GSMADMIN_INTERNAL
OJVMSYS
ORDSYS
APPQOSSYS
XDB
ORDDATA
SYS
WMSYS
LBACSYS

20 rows selected.
```

성공적으로 생성돼서 조회까지 잘 되는 것을 확인할 수 있다. 이번 실습에서는 데이터 파일의 위치를 변경해서 다른 곳으로 복구해주는 방법에 대해서 알아볼 것이다. 기존의 백업 위치를 이용할 수 없을 경우에 사용하게 되는데, 디스크에 문제가 발생해서 새로운 디스크로 교체하거나 다른 서버를 이용하게 되면서 위치를 변경해야 하는 경우에 사용하게 된다. 일단 RMAN으로 전체 백업을 받아보자.

```
RMAN> backup as as backupset database plus archivelog;

[oracle@ora12cvm01:orcl:~]$ cd /u01
[oracle@ora12cvm01:orcl:u01]$ ls
app  log  rman.dbf
[oracle@ora12cvm01:orcl:u01]$ rm -rf rman.dbf
```

문제가 되는 상황을 만들어주기 위해서 RMAN 테이블스페이스의 데이터 파일을 삭제한다. 이제 이 위치 말고 새로운 곳으로 아까 백업받아 둔 데이터 파일을 복원하고 복구하는 작업을 진행시킨다. RMAN에 접속해서 다음과 같이 script를 짜서 수행해보자. RMAN 테이블스페이스는 오프라인이 가능한 사용자 정의 테이블스페이스이기 때문에 DB를 내리지 않고 백업하는 실습을 진행해 보도록 하겠다.

```
RMAN> run{
2> sql 'alter tablespace RMAN offline immediate';
3> set newname for datafile '/u01/rman.dbf' to '/u01/app/rman.dbf';
4> restore tablespace 'RMAN';
5> switch datafile 5;
6> recover tablespace 'RMAN';
7> sql 'alter tablespace RMAN online';
8> }

sql statement: alter tablespace RMAN offline immediate

executing command: SET NEWNAME

Starting restore at 05-APR-16
using channel ORA_DISK_1

channel ORA_DISK_1: starting datafile backup set restore
channel ORA_DISK_1: specifying datafile(s) to restore from backup set
channel ORA_DISK_1: restoring datafile 00005 to /u01/app/rman.dbf
channel ORA_DISK_1: reading from backup piece /u01/app/oracle/fast_recovery_area/
ORCL/backupset/2016_04_05/o1_mf_nnndf_TAG20160405T180551_cj6zzjo3_.bkp
channel ORA_DISK_1: piece handle=/u01/app/oracle/fast_recovery_area/ORCL/backupset/
2016_04_05/o1_mf_nnndf_TAG20160405T180551_cj6zzjo3_.bkp tag=TAG20160405T180551
```

```
channel ORA_DISK_1: restored backup piece 1
channel ORA_DISK_1: restore complete, elapsed time: 00:00:07
Finished restore at 05-APR-16

datafile 5 switched to datafile copy
input datafile copy RECID=7 STAMP=908389280 file name=/u01/app/rman.dbf

Starting recover at 05-APR-16
using channel ORA_DISK_1

starting media recovery
media recovery complete, elapsed time: 00:00:00

Finished recover at 05-APR-16

sql statement: alter tablespace RMAN online
```

정상적으로 복구까지 완료되었다. DB 오픈 상태에서 복구를 수행하기 위해서 일단 테이블스페이스를 오프라인으로 변경하고, Set newname 명령어를 이용해서 기존의 데이터 파일을 새로운 경로로 지정해주었다. 마지막에 복구가 완료된 후에 RMAN 테이블스페이스를 다시 온라인으로 변경해 주었다. 여기에서 가장 중요한 점은 Script 5번째 줄의 Switch 데이터 파일 5라는 문장이다. 이 문장을 통해서 RMAN은 변경된 데이터 파일의 정보를 컨트롤 파일에 적용해준다. 이 정보를 변경하지 않는다면 나중에 DB를 시작할 때에 에러가 발생하게 된다. 어떤 데이터 파일을 변경했는지 잘 모르겠으면 Switch datafile all; 이라고 사용하게 되면 모든 데이터 파일 변경 점에 대해서 컨트롤 파일에 저장을 해준다.

아까 지정해준 새로운 위치에 가서 데이터 파일이 생성되었는지 확인해보면 기존의 u01밑에는 없고 u01/app밑에 데이터 파일이 생성된 것을 알 수 있다.

```
[oracle@ora12cvm01:orcl:u01]$ ls
app  log
[oracle@ora12cvm01:orcl:u01]$ cd app
[oracle@ora12cvm01:orcl:app]$ ls
oracle  oraInventory  rman.dbf
```

앞에서도 말한 것처럼 기존의 위치가 사용 불가능할 경우나, DB전체의 위치를 옮겨서 복구하는 경우에는 위와 같은 방법으로 복구를 수행하면 된다.

●●● oracle 02

오프라인 불가능한 대상 복구

방금 전에는 오프라인이 가능한 테이블스페이스가 장애가 생겼을 경우의 백업에 대해서 알아보았다. 이번에는 오프라인이 불가능한 테이블스페이스에 장애가 생겼을 경우 복구하는 방법에 대해서 알아보도록 하겠다. System 테이블스페이스를 지워버리자. 지우기 전에 백업이 됐는지는 확인하고 지우도록 하자.

```
[oracle@ora12cvm01:orcl:datafile]$ pwd
/u01/app/oracle/oradata/ORCL/datafile
[oracle@ora12cvm01:orcl:datafile]$ ls -lrt
total 1524292
-rw-r----- 1 oracle oinstall  62922752 Apr  5 17:59 o1_mf_temp_cj4b60to_.tmp
-rw-r----- 1 oracle oinstall   5251072 Apr  5 18:08 o1_mf_users_cj49o2z2_.dbf
-rw-r----- 1 oracle oinstall  62922752 Apr  5 18:29 o1_mf_undotbs1_cj49o2x3_.dbf
-rw-r----- 1 oracle oinstall 828383232 Apr  5 18:29 o1_mf_system_cj49o26m_.dbf
-rw-r----- 1 oracle oinstall 660611072 Apr  5 18:30 o1_mf_sysaux_cj49o282_.dbf
[oracle@ora12cvm01:orcl:datafile]$ rm o1_mf_system_cj49o26m_.dbf
```

지웠으면 방금 전과 같은 방법으로 백업이 되는지 확인해보자.

```
RMAN>  run{
2> sql 'alter tablespace system offline immediate';
3> restore tablespace system;
4>  recover tablespace system;
5> sql 'alter tablespace system online';
6> }

sql statement: alter tablespace system offline immediate
RMAN-00571: ===========================================================
RMAN-00569: =============== ERROR MESSAGE STACK FOLLOWS ===============
RMAN-00571: ===========================================================
RMAN-03009: failure of sql command on default channel at 04/05/2016 18:35:42
RMAN-11003: failure during parse/execution of SQL statement: alter tablespace
system offline immediate
ORA-01541: system tablespace cannot be brought offline; shut down if necessary
```

System 테이블스페이스는 오프라인이 되지 않기 때문에 셧다운을 하라는 에러 메시지를 확인할 수 있다. 셧다운 후에 복구가 가능한 Mount mode로 변경하도록 하자.

```
RMAN> shutdown immediate;
RMAN> startup mount;

RMAN> run{
2> restore tablespace system;
3> recover tablespace system;
4> alter database open;
5> }

Starting restore at 05-APR-16
using target database control file instead of recovery catalog
allocated channel: ORA_DISK_1
channel ORA_DISK_1: SID=23 device type=DISK

channel ORA_DISK_1: starting datafile backup set restore
channel ORA_DISK_1: specifying datafile(s) to restore from backup set
channel ORA_DISK_1: restoring datafile 00001 to /u01/app/oracle/oradata/ORCL/datafile/
o1_mf_system_cj49o26m_.dbf
channel ORA_DISK_1: reading from backup piece /u01/app/oracle/fast_recovery_area/
ORCL/backupset/2016_04_05/o1_mf_nnndf_TAG20160405T180551_cj6zzjo3_.bkp
channel ORA_DISK_1: piece handle=/u01/app/oracle/fast_recovery_area/ORCL/backupset/
2016_04_05/o1_mf_nnndf_TAG20160405T180551_cj6zzjo3_.bkp tag=TAG20160405T180551
channel ORA_DISK_1: restored backup piece 1
channel ORA_DISK_1: restore complete, elapsed time: 00:00:55
Finished restore at 05-APR-16

Starting recover at 05-APR-16
using channel ORA_DISK_1

starting media recovery
media recovery complete, elapsed time: 00:00:03

Finished recover at 05-APR-16

Statement processed
```

Mount 모드에서는 정상적으로 복구와 오픈이 되는 것을 확인할 수 있다. DB 운영에 필수적인 테이블스페이스들은 이렇게 오프라인이 불가능하기 때문에 DB를 내리고 복구 작업을 해야 한다. 오프라인이 불가능한 테이블스페이스를 실제로 확인해보면 다음과 같이 실제로 오프라인 명령어를 실행해본 결과 System, Undotbs1, Temp는 Offline이 불가능한데, Sysaux는 오프라인이 가능한 것으로 확인되었다. Temp는 어차피 복구할 필요가 없기 때문에 상관없지만 System이나 Undotbs1 테이블스페이스가 손상된 경우에는 반드시 DB를 내리고 복구해야 한다.

```
SQL> alter tablespace system offline;
alter tablespace system offline
*
ERROR at line 1:
ORA-01541: system tablespace cannot be brought offline; shut down if necessary

SQL> alter tablespace sysaux offline;

Tablespace altered.

SQL> alter tablespace undotbs1 offline;
alter tablespace undotbs1 offline
*
ERROR at line 1:
ORA-30042: Cannot offline the undo tablespace


SQL> alter tablespace temp offline;
alter tablespace temp offline
*
ERROR at line 1:
ORA-03217: invalid option for alter of TEMPORARY TABLESPACE
```

oracle 03

Drop table 복구

Table이나 User, Index 등을 실수로 드롭해서 복구해야 하는 상황에 대해서도 한 번 실습해보자. 인덱스같은 경우에는 복구하는 것보다 그냥 기존 것을 삭제한 뒤에 다시 만드는 게 빠르다. 한 번 sample 테이블을 지워보자.

```
SQL> drop table sample;

Table dropped.

SQL> select distinct owner from sample;
select distinct owner from sample
                           *
ERROR at line 1:
ORA-00942: table or view does not exist
```

이렇게 잘못 삭제한 대상에 대해서 복구하는 방법은 두 가지가 있는데 첫 번째는 복구를 이용해서 과거 상태로 되돌리는 방법이 있고, 다른 한 가지 방법은 Recyclebin에서 되돌리는 방법이다. 실제적으로 Drop table을 하더라도 메모리를 Release하지 않고 논리적으로 해당 테이블에 대한 정보를 Recyclebin이라는 휴지통 같은 공간에 옮겨두도록 설계가 되었기 때문에 삭제한 테이블에 대한 정보는 Recyclebin에서 확인해서 복구할 수 있다.
일단 간단하게 두 번째 방법으로 Recyclebin을 확인해보면 Recyclebin에 들어있는 것을 알 수 있다.

```
SQL> show recyclebin;
ORIGINAL NAME    RECYCLEBIN NAME                OBJECT TYPE  DROP TIME
---------------- ------------------------------ ------------ -------------------
SAMPLE           BIN$L7rMI7UGGgHgUw8AqMCiPw==$0 TABLE        2016-04-05:18:56:33
WRI$_RCS_45_1    BIN$LwCi/fGhEl7gUw8AqMBUew==$0 TABLE        2016-03-27:12:46:10
WRI$_RCS_68_1    BIN$L6pJ5fxTEibgUw8AqMD9AQ==$0 TABLE        2016-04-04:23:10:19
```

이 정보를 이용해서 다시 돌려놓는 방법은 다음과 같은 명령어를 이용하면 된다.

```
SQL> flashback table sample to before drop;

Flashback complete.

SQL> select distinct owner from sample;

OWNER
--------------------------------------------------------------------------------
APEX_040200
MDSYS
OUTLN
CTXSYS
OLAPSYS
FLOWS_FILES
SYSTEM
DVSYS
SCOTT
AUDSYS
DBSNMP
GSMADMIN_INTERNAL
OJVMSYS
ORDSYS
APPQOSSYS
XDB
ORDDATA
```

```
SYS
WMSYS
LBACSYS

20 rows selected.
```

정상적으로 다시 SQL 문장으로 데이터 조회가 되는 것을 확인할 수 있다. 여기에서 일단 Log switch를 몇 번 시킨 뒤에 DB 백업을 다시 받아두자. 로그 스위치를 하지 않으면 복구가 되지 않는 경우가 종종 있기 때문이다.

```
RMAN> backup as backupset database plus archivelog;
SQL> !date
Tue Apr  5 21:00:02 KST 2016 ß 이 지점이 복구지점이 될 것이다.
```

Table을 드롭한 경우에는 위와 같이 복구가 되지만, User를 드롭하는 경우에는 Recyclebin으로 가지 않기 때문에 RMAN 복구가 필요하다. 또한 Table을 삭제할 때에 Purge 옵션을 사용했거나 아래와 같이 Purge로 Recyclebin에 있는 데이터까지 완전 삭제를 한 경우에는 RMAN으로 복구하는 방법밖에 없다. RMAN 실습을 하기 위해서 다시 Sample 테이블을 삭제하자. 어짜피 RMAN으로 복구할 것이기 때문에 그냥 Purge까지 하고 확인을 해보자.

```
SQL> select to_char(sysdate, 'YYYY-MM-DD HH24:MI:SS') from dual;

TO_CHAR(SYSDATE,'YYYY-MM-DDHH24:MI:SS')
---------------------------------------------------------
2016-04-05 20:13:33

SQL> drop table sample;

Table dropped.

SQL> purge table sample;

Table purged.

SQL> show recyclebin;
ORIGINAL NAME    RECYCLEBIN NAME                  OBJECT TYPE  DROP TIME
---------------- ------------------------------ ------------ -------------------
WRI$_RCS_45_1    BIN$LwCi/fGhEl7gUw8AqMBUew==$0   TABLE        2016-03-27:12:46:10
WRI$_RCS_68_1    BIN$L6pJ5fxTEibgUw8AqMD9AQ==$0   TABLE        2016-04-04:23:10:19
```

위와 같이 드롭된 Table을 복구하기 위해서는 위에서 했던 것처럼 RMAN을 통해서 테이블스페이스를 복구하면 복구가 가능할 것처럼 보인다.

```
RMAN> run{
2> sql 'alter tablespace RMAN offline immediate';
3> sql 'alter session set nls_date_format="YYYY-DD-MM:HH24:MI:SS"';
4> set until time='2016-04-05:21:00:02';
5>  restore tablespace 'RMAN';
6> recover tablespace 'RMAN';
7> sql 'alter tablespace RMAN online';
8> }

sql statement: alter tablespace RMAN offline immediate

sql statement: alter session set nls_date_format="YYYY-DD-MM:HH24:MI:SS"

executing command: SET until clause

Starting restore at 05-APR-16
using channel ORA_DISK_1

channel ORA_DISK_1: starting datafile backup set restore
channel ORA_DISK_1: specifying datafile(s) to restore from backup set
channel ORA_DISK_1: restoring datafile 00005 to /u01/app/rman.dbf
channel ORA_DISK_1: reading from backup piece /u01/app/oracle/fast_recovery_area/
ORCL/backupset/2016_04_05/o1_mf_nnndf_TAG20160405T200909_cj776xbl_.bkp
channel ORA_DISK_1: piece handle=/u01/app/oracle/fast_recovery_area/ORCL/backupset/
2016_04_05/o1_mf_nnndf_TAG20160405T200909_cj776xbl_.bkp tag=TAG20160405T200909
channel ORA_DISK_1: restored backup piece 1
channel ORA_DISK_1: restore complete, elapsed time: 00:00:03
Finished restore at 05-APR-16

Starting recover at 05-APR-16
using channel ORA_DISK_1

starting media recovery
media recovery complete, elapsed time: 00:00:01

Finished recover at 05-APR-16

sql statement: alter tablespace RMAN online
```

복구가 완료된 뒤에 확인해보면 다음과 같다.

```
SQL> select * from sample;
select * from sample
              *
ERROR at line 1:
ORA-00942: table or view does not exist
```

실제로 테이블스페이스 Offline 복구로는 복구가 되지 않는 것을 볼 수 있다. 테이블스페이스만 Until time으로 저 시간까지 복구를 하면 드롭된 테이블은 돌아오지 않는다. 현재의 DB는 드롭한 이후의 Redolog를 가지고 있기 때문에 테이블스페이스만 오프라인해서 복구를 하면 적용되지 않는다. 결국 DB의 불완전 복구가 필요하다. 즉 논리적으로 삭제한 데이터에 대한 복구는 DB를 과거 시점으로 돌리는 방법밖에 없다. 과거 시점으로 돌리기 때문에 DB는 Resetlogs 옵션으로 켜줘야 한다. 실제로 수행해보면 다음과 같다.

```
RMAN> run{
2> shutdown immediate;
3> startup mount;
4> sql 'alter session set nls_date_format="YYYY-MM-DD:HH24:MI:SS"';
5> set until time = '2016-04-05:21:00:02';
6> restore database;
7> recover database;
8> alter database open resetlogs;
9> }
using target database control file instead of recovery catalog
database closed
database dismounted
Oracle instance shut down

connected to target database (not started)
Oracle instance started
database mounted

Total System Global Area     843055104 bytes

Fixed Size                     2929984 bytes
Variable Size                562039488 bytes
Database Buffers             272629760 bytes
Redo Buffers                   5455872 bytes

sql statement: alter session set nls_date_format="YYYY-MM-DD:HH24:MI:SS"
```

```
executing command: SET until clause

Starting restore at 05-APR-16
allocated channel: ORA_DISK_1
channel ORA_DISK_1: SID=22 device type=DISK

channel ORA_DISK_1: starting datafile backup set restore
channel ORA_DISK_1: specifying datafile(s) to restore from backup set
channel ORA_DISK_1: restoring datafile 00001 to /u01/app/oracle/oradata/ORCL/datafile/
o1_mf_system_cj71yohg_.dbf
channel ORA_DISK_1: restoring datafile 00003 to /u01/app/oracle/oradata/ORCL/datafile/
o1_mf_sysaux_cj49o282_.dbf
channel ORA_DISK_1: restoring datafile 00004 to /u01/app/oracle/oradata/ORCL/datafile/
o1_mf_undotbs1_cj49o2x3_.dbf
channel ORA_DISK_1: restoring datafile 00005 to /u01/app/rman.dbf
channel ORA_DISK_1: restoring datafile 00006 to /u01/app/oracle/oradata/ORCL/datafile/
o1_mf_users_cj49o2z2_.dbf
channel ORA_DISK_1: reading from backup piece /u01/app/oracle/fast_recovery_area/
ORCL/backupset/2016_04_05/o1_mf_nnndf_TAG20160405T205635_cj79zngq_.bkp
channel ORA_DISK_1: piece handle=/u01/app/oracle/fast_recovery_area/ORCL/backupset/
2016_04_05/o1_mf_nnndf_TAG20160405T205635_cj79zngq_.bkp tag=TAG20160405T205635
channel ORA_DISK_1: restored backup piece 1
channel ORA_DISK_1: restore complete, elapsed time: 00:01:36
Finished restore at 05-APR-16

Starting recover at 05-APR-16
using channel ORA_DISK_1

starting media recovery

archived log for thread 1 with sequence 3 is already on disk as file /u01/app/
oracle/fast_recovery_area/ORCL/archivelog/2016_04_05/o1_mf_1_3_cj79zvv4_.arc
archived log for thread 1 with sequence 4 is already on disk as file /u01/app/
oracle/fast_recovery_area/ORCL/archivelog/2016_04_05/o1_mf_1_4_cj7b00q0_.arc
archived log for thread 1 with sequence 5 is already on disk as file /u01/app/
oracle/fast_recovery_area/ORCL/archivelog/2016_04_05/o1_mf_1_5_cj7b01w6_.arc
archived log for thread 1 with sequence 6 is already on disk as file /u01/app/
oracle/fast_recovery_area/ORCL/archivelog/2016_04_05/o1_mf_1_6_cj7b056s_.arc
archived log for thread 1 with sequence 7 is already on disk as file /u01/app/
oracle/fast_recovery_area/ORCL/archivelog/2016_04_05/o1_mf_1_7_cj7b5hxq_.arc
archived log file name=/u01/app/oracle/fast_recovery_area/ORCL/archivelog/2016_04_05/
o1_mf_1_3_cj79zvv4_.arc thread=1 sequence=3
archived log file name=/u01/app/oracle/fast_recovery_area/ORCL/archivelog/2016_04_05/
o1_mf_1_4_cj7b00q0_.arc thread=1 sequence=4
```

```
archived log file name=/u01/app/oracle/fast_recovery_area/ORCL/archivelog/2016_04_05/
o1_mf_1_5_cj7b01w6_.arc thread=1 sequence=5
media recovery complete, elapsed time: 00:00:03
Finished recover at 05-APR-16

Statement processed

SQL> select distinct owner from sample;

OWNER
--------------------------------------------------------------------------------
APEX_040200
MDSYS
OUTLN
CTXSYS
OLAPSYS
FLOWS_FILES
SYSTEM
DVSYS
SCOTT
AUDSYS
DBSNMP
GSMADMIN_INTERNAL
OJVMSYS
ORDSYS
APPQOSSYS
XDB
ORDDATA
SYS
WMSYS
LBACSYS

20 rows selected.
```

불완전 백업을 해야 과거 시점으로 돌아가기 때문에 실질적으로 복구가 되는 것을 확인할 수 있다.

●●● oracle 04

컨트롤 파일 복구

컨트롤 파일의 복구가 필요한 복구 작업들이 몇 개 있다. 일단 실제로 컨트롤 파일이 손상된 경우이다. 보통의 경우 컨트롤 파일은 원래 위치에 2~3개 정도 가지고 있고, 백업으로도 가지고 있기 때문에 컨트롤 파일 자체가 손상돼서 복구해야 하는 경우는 적은 편이다. 컨트롤 파일은 현재 컨트롤 파일에 없는 과거의 정보가 필요할 때에 복구해야 하는 상황이 생긴다. 이번에 예로 드는 상황은 테이블스페이스를 드롭한 경우이다.

테이블스페이스를 드롭한 경우에, 컨트롤 파일에는 이제 그 정보가 존재하지 않기 때문에 드롭한 테이블스페이스를 복구하기 위해서는 컨트롤 파일을 복구해야 한다. 백업을 일단 받은 뒤에 Drop tablespace rman을 실행해보자.

```
SQL> select tablespace_name from dba_tablespaces;

TABLESPACE_NAME
------------------------------------------------------------------------------
SYSTEM
SYSAUX
UNDOTBS1
TEMP
USERS
RMAN

6 rows selected.

SQL> alter system switch logfile;

System altered.

SQL> !date
Tue Apr  5 23:40:58 KST 2016

SQL> drop tablespace rman including contents;

Tablespace dropped.

SQL> alter system switch logfile;

System altered.
```

```
SQL> select tablespace_name from dba_tablespaces;

TABLESPACE_NAME
------------------------------------------------------------------------------
SYSTEM
SYSAUX
UNDOTBS1
TEMP
USERS
```

이제 RMAN 테이블스페이스를 복구해야 하므로, DB를 내리고 Mount 모드로 올려서 복구를 진행한다.

```
RMAN> shutdown immediate;
RMAN> startup mount;
RMAN> restore tablespace 'RMAN';

Starting restore at 05-APR-16
using channel ORA_DISK_1
RMAN-00571: ===========================================================
RMAN-00569: =============== ERROR MESSAGE STACK FOLLOWS ===============
RMAN-00571: ===========================================================
RMAN-03002: failure of restore command at 04/05/2016 22:57:43
RMAN-20202: Tablespace not found in the recovery catalog
RMAN-06019: could not translate tablespace name "rman"
```

좀 전까지 잘 썼던 문장이 동작하지 않는데, 그 이유는 컨트롤 파일에 더 이상 RMAN 테이블스페이스에 대한 정보가 없기 때문이다. 따라서 컨트롤 파일을 복구해보자. 어떤 컨트롤 파일 백업이 있는지 일단 확인해보면,

```
RMAN> list backup of controlfile;

List of Backup Sets
===================

BS Key  Type LV Size       Device Type Elapsed Time Completion Time
------- ---- -- ---------- ----------- ------------ ---------------
127     Full    9.89M      DISK        00:00:07     05-APR-16
        BP Key: 143   Status: AVAILABLE  Compressed: NO  Tag: TAG20160405T224341
        Piece                                                              Name:
/u01/app/oracle/fast_recovery_area/ORCL/autobackup/2016_04_05/o1_mf_s_908405021_
cj7j8mvg_.bkp
  Control File Included: Ckp SCN: 2738710      Ckp time: 05-APR-16
```

방금 드롭하기 전에 백업해둔 컨트롤 파일을 찾을 수 있다. 이제 이 컨트롤 파일을 복원해야 하는데 컨트롤 파일은 Mount할 때에 사용하는 파일이기 때문에 Mount 상태에서도 복구가 되지 않으니 Nomount 모드로 다시 DB를 켜보자.

```
RMAN> shutdown;
RMAN> startup nomount;

RMAN> restore controlfile from '/u01/app/oracle/fast_recovery_area/ORCL/autobackup/
2016_04_05/o1_mf_s_908405021_cj7j8mvg_.bkp';

Starting restore at 05-APR-16
allocated channel: ORA_DISK_1
channel ORA_DISK_1: SID=7 device type=DISK

channel ORA_DISK_1: restoring control file
channel ORA_DISK_1: restore complete, elapsed time: 00:00:04
output file name=/u01/app/oracle/oradata/ORCL/controlfile/o1_mf_ch9knytd_.ctl
output file name=/u01/app/oracle/fast_recovery_area/ORCL/controlfile/o1_mf_ch9knz25_.ctl
Finished restore at 05-APR-16
```

아까 찾아두었던 Backup piece 이름을 이용해서 복원을 할 수 있다. 파일 이름을 쓰기 귀찮으면 최근 컨트롤 파일 백업을 사용하면 되는데 간단하게 다음과 같이 진행할 수도 있다.

```
RMAN> restore controlfile from autobackup;

Starting restore at 05-APR-16
using channel ORA_DISK_1

recovery area destination: /u01/app/oracle/fast_recovery_area
database name (or database unique name) used for search: ORCL
channel ORA_DISK_1: AUTOBACKUP /u01/app/oracle/fast_recovery_area/ORCL/autobackup/
2016_04_05/o1_mf_s_908405021_cj7j8mvg_.bkp found in the recovery area
channel ORA_DISK_1: looking for AUTOBACKUP on day: 20160405
channel ORA_DISK_1: restoring control file from AUTOBACKUP /u01/app/oracle/fast_
recovery_area/ORCL/autobackup/2016_04_05/o1_mf_s_908405021_cj7j8mvg_.bkp
channel ORA_DISK_1: control file restore from AUTOBACKUP complete
output file name=/u01/app/oracle/oradata/ORCL/controlfile/o1_mf_ch9knytd_.ctl
output file name=/u01/app/oracle/fast_recovery_area/ORCL/controlfile/o1_mf_ch9knz25_.ctl
Finished restore at 05-APR-16
```

컨트롤 파일을 복원했으니 Mount 모드로 DB를 변경시켜보자. 혹시 그냥 오픈이 되는지 확인해보면 그냥 오픈도 에러가 나고, Resetlogs로 오픈하려고 해도 에러가 난다.

```
RMAN> alter database mount;

RMAN> alter database open;

using target database control file instead of recovery catalog
RMAN-00571: ===========================================================
RMAN-00569: =========== ERROR MESSAGE STACK FOLLOWS ===========
RMAN-00571: ===========================================================
RMAN-03002: failure of sql statement command at 04/05/2016 23:08:04
ORA-01589: must use RESETLOGS or NORESETLOGS option for database open

RMAN> alter database open resetlogs;

RMAN-00571: ===========================================================
RMAN-00569: =========== ERROR MESSAGE STACK FOLLOWS ===========
RMAN-00571: ===========================================================
RMAN-03002: failure of sql statement command at 04/05/2016 23:08:11
ORA-01152: file 1 was not restored from a sufficiently old backup
ORA-01110: data file 1: '/u01/app/oracle/oradata/ORCL/datafile/o1_mf_system_cj71yohg_.dbf'
```

그 이유는 Recover를 하지 않았기 때문으로 다음과 같이 Recover를 한 후에 Resetlogs를 사용해야 오픈이 된다.

```
RMAN> run{
2> sql 'alter session set nls_date_format="YYYY-MM-DD:HH24:MI:SS"';
3> set until time = '2016-04-05:23:40:58';
4> restore database;
5> recover database;
6> alter databse open resetlogs;
7> }
using target database control file instead of recovery catalog
sql statement: alter session set nls_date_format="YYYY-MM-DD:HH24:MI:SS"

executing command: SET until clause

Starting restore at 05-APR-16
Starting implicit crosscheck backup at 05-APR-16
allocated channel: ORA_DISK_1
channel ORA_DISK_1: SID=22 device type=DISK
Crosschecked 9 objects
Finished implicit crosscheck backup at 05-APR-16
```

```
Starting implicit crosscheck copy at 05-APR-16
using channel ORA_DISK_1
Finished implicit crosscheck copy at 05-APR-16

searching for all files in the recovery area
cataloging files...
cataloging done

List of Cataloged Files
=======================
File Name: /u01/app/oracle/fast_recovery_area/ORCL/autobackup/2016_04_05/o1_mf_s_
908408390_cj7mkqwg_.bkp
File Name: /u01/app/oracle/fast_recovery_area/ORCL/archivelog/2016_04_05/o1_mf_1_
2_cj7mmk7t_.arc
File Name: /u01/app/oracle/fast_recovery_area/ORCL/archivelog/2016_04_05/o1_mf_1_
3_cj7mohff_.arc

using channel ORA_DISK_1

channel ORA_DISK_1: starting datafile backup set restore
channel ORA_DISK_1: specifying datafile(s) to restore from backup set
channel ORA_DISK_1: restoring datafile 00001 to /u01/app/oracle/oradata/ORCL/datafile/
o1_mf_system_cj71yohg_.dbf
channel ORA_DISK_1: restoring datafile 00003 to /u01/app/oracle/oradata/ORCL/datafile/
o1_mf_sysaux_cj49o282_.dbf
channel ORA_DISK_1: restoring datafile 00004 to /u01/app/oracle/oradata/ORCL/datafile/
o1_mf_undotbs1_cj49o2x3_.dbf
channel ORA_DISK_1: restoring datafile 00006 to /u01/app/oracle/oradata/ORCL/datafile/
o1_mf_users_cj49o2z2_.dbf
channel ORA_DISK_1: reading from backup piece /u01/app/oracle/fast_recovery_area/
ORCL/backupset/2016_04_05/o1_mf_nnndf_TAG20160405T223914_cj7j03gp_.bkp
channel ORA_DISK_1: piece handle=/u01/app/oracle/fast_recovery_area/ORCL/backupset/
2016_04_05/o1_mf_nnndf_TAG20160405T223914_cj7j03gp_.bkp tag=TAG20160405T223914
channel ORA_DISK_1: restored backup piece 1
channel ORA_DISK_1: restore complete, elapsed time: 00:01:36
channel ORA_DISK_1: starting datafile backup set restore
channel ORA_DISK_1: specifying datafile(s) to restore from backup set
channel ORA_DISK_1: restoring datafile 00005 to /u01/app/rman.dbf
channel ORA_DISK_1: reading from backup piece /u01/app/oracle/fast_recovery_area/
ORCL/backupset/2016_04_05/o1_mf_nnndf_TAG20160405T233947_cj7mkoqs_.bkp
channel ORA_DISK_1: piece handle=/u01/app/oracle/fast_recovery_area/ORCL/backupset/
2016_04_05/o1_mf_nnndf_TAG20160405T233947_cj7mkoqs_.bkp tag=TAG20160405T233947
channel ORA_DISK_1: restored backup piece 1
channel ORA_DISK_1: restore complete, elapsed time: 00:00:04
```

```
Finished restore at 05-APR-16

Starting recover at 05-APR-16
using channel ORA_DISK_1

starting media recovery

archived log for thread 1 with sequence 3 is already on disk as file /u01/app/oracle/
fast_recovery_area/ORCL/archivelog/2016_04_05/o1_mf_1_3_cj7l1132_.arc
archived log for thread 1 with sequence 4 is already on disk as file /u01/app/oracle/
fast_recovery_area/ORCL/archivelog/2016_04_05/o1_mf_1_4_cj7l10sr_.arc
archived log for thread 1 with sequence 1 is already on disk as file /u01/app/oracle/
fast_recovery_area/ORCL/archivelog/2016_04_05/o1_mf_1_1_cj7lpo19_.arc
archived log for thread 1 with sequence 2 is already on disk as file /u01/app/oracle/
fast_recovery_area/ORCL/archivelog/2016_04_05/o1_mf_1_2_cj7mmk7t_.arc
archived log for thread 1 with sequence 3 is already on disk as file /u01/app/oracle/
fast_recovery_area/ORCL/archivelog/2016_04_05/o1_mf_1_3_cj7mohff_.arc
archived log file name=/u01/app/oracle/fast_recovery_area/ORCL/archivelog/2016_04_05/
o1_mf_1_3_cj7l1132_.arc thread=1 sequence=3
archived log file name=/u01/app/oracle/fast_recovery_area/ORCL/archivelog/2016_04_05/
o1_mf_1_4_cj7l10sr_.arc thread=1 sequence=4
archived log file name=/u01/app/oracle/fast_recovery_area/ORCL/archivelog/2016_04_05/
o1_mf_1_1_cj7lpo19_.arc thread=1 sequence=1
archived log file name=/u01/app/oracle/fast_recovery_area/ORCL/archivelog/2016_04_05/
o1_mf_1_1_cj7md762_.arc thread=1 sequence=1
archived log file name=/u01/app/oracle/fast_recovery_area/ORCL/archivelog/2016_04_05/
o1_mf_1_2_cj7mmk7t_.arc thread=1 sequence=2
archived log file name=/u01/app/oracle/fast_recovery_area/ORCL/archivelog/2016_04_05/
o1_mf_1_3_cj7mohff_.arc thread=1 sequence=3
media recovery complete, elapsed time: 00:00:06
Finished recover at 05-APR-16

RMAN> alter database open resetlogs;

Statement processed
```

실행 결과 정상적으로 오픈되는 것을 확인할 수 있고 RMAN 테이블스페이스도 View를 확인해서 복구된 것을 확인할 수 있다.

```
SQL> select tablespace_name from dba_tablespaces;
TABLESPACE_NAME
--------------------------------------------------------------------------------
SYSTEM
SYSAUX
UNDOTBS1
TEMP
USERS
RMAN

6 rows selected.
```

Switch를 하지 않으면 제대로 복구가 되지 않는 경우가 많다. 따라서 테이블스페이스를 지우기 전 후로 한 번씩 Alter system switch logfile을 해주어야 깔끔하게 복구가 된다.

●●● oracle 05

Spfile 복구

이번에는 Spfile이 손상되었을 경우에 복구하는 시나리오에 대해서 실습을 해보자.

일단 Spfile이 손상되었을 때에 Pfile이 있으면 큰 문제가 없다. Pfile이나 Spfile 둘 중 한 개만 있더라도 DB는 정상적으로 오픈이 가능하다. 또한 Pfile이 남아있으면 SQL에서 다음과 같은 문장으로 Spfile을 만들 수 있다.

```
SQL> create spfile from pfile;
```

반대로 Spfile만 있는 경우에는 다음과 같이 Pfile을 만들 수 있다.

```
SQL> create pfile from spfile;
```

문제가 되는 경우는 Pfile, Spfile이 모두 문제가 생겼을 경우이다. 이때에는 백업해둔 Spfile을 복원해서 DB를 오픈해야 한다. 일단 백업된 Spfile이 있는지 다음과 같이 확인한다. 또한, Spfile 백업에는 반드시 DB의 id가 필요하기 때문에 dbid도 확인한다.

```
RMAN> list backup of spfile;
SQL> select dbid from v$database;

      DBID
----------
1435204146
```

백업이 되어있지 않다면 Backup spfile; 문장을 통해서 백업을 진행한다. 백업된 Spfile이 있다면 Pfile과 Spfile을 모두 원래 위치에서 없앤다.

Pfile과 Spfile의 위치는 정해져있는데, $ORACLE_HOME/dbs 밑에 있다. 다음과 같이 진행해서 Pfile과 Spfile을 상위 디렉터리로 옮겨두자. SQL을 키려고 하면 다음과 같이 에러 메기지가 나타난다.

```
[[oracle@ora12cvm01:orcl:~]$ cd $ORACLE_HOME/dbs
[oracle@ora12cvm01:orcl:dbs]$ ls
hc_gxuC.dat  hc_quFy.dat  lkKOREA   orapworcl      spfileorcl.ora
hc_korea.dat init.ora     lkORCL    snapcf_orcl.f
hc_orcl.dat  initorcl.ora orapwkorea spfilekorea.ora
[oracle@ora12cvm01:orcl:dbs]$
[oracle@ora12cvm01:orcl:dbs]$ mv initorcl.ora ./..
[oracle@ora12cvm01:orcl:dbs]$ mv spfileorcl.ora ./..
[oracle@ora12cvm01:orcl:dbs]$ ls
hc_gxuC.dat  hc_orcl.dat  init.ora  lkORCL    orapworcl    spfilekorea.ora
hc_korea.dat hc_quFy.dat  lkKOREA   orapwkorea  snapcf_orcl.f
[oracle@ora12cvm01:orcl:dbs]$

SQL> startup;
ORA-01078: failure in processing system parameters
LRM-00109: could not open parameter file
      '/u01/app/oracle/product/12.1.0/dbhome_1/dbs/initorcl.ora'
```

이제 RMAN을 통해서 복구를 다음과 같이 진행해보자.

```
RMAN> set dbid=1435204146;

executing command: SET DBID

RMAN> startup nomount;

connected to target database (not started)
startup failed: ORA-01078: failure in processing system parameters
LRM-00109: could not open parameter file
      '/u01/app/oracle/product/12.1.0/dbhome_1/dbs/initorcl.ora'

starting Oracle instance without parameter file for retrieval of spfile
Oracle instance started

Total System Global Area    1073741824 bytes
```

```
Fixed Size                  2932632 bytes
Variable Size             281018472 bytes
Database Buffers          784334848 bytes
Redo Buffers                5455872 bytes

RMAN> restore spfile from autobackup;

Starting restore at 06-APR-16
using channel ORA_DISK_1

channel ORA_DISK_1: looking for AUTOBACKUP on day: 20160406
channel ORA_DISK_1: looking for AUTOBACKUP on day: 20160405
channel ORA_DISK_1: looking for AUTOBACKUP on day: 20160404
channel ORA_DISK_1: looking for AUTOBACKUP on day: 20160403
channel ORA_DISK_1: looking for AUTOBACKUP on day: 20160402
channel ORA_DISK_1: looking for AUTOBACKUP on day: 20160401
channel ORA_DISK_1: looking for AUTOBACKUP on day: 20160331
channel ORA_DISK_1: no AUTOBACKUP in 7 days found
RMAN-00571: ===========================================================
RMAN-00569: =============== ERROR MESSAGE STACK FOLLOWS ===============
RMAN-00571: ===========================================================
RMAN-03002: failure of restore command at 04/06/2016 14:30:44
RMAN-06172: no AUTOBACKUP found or specified handle is not a valid copy or piece
```

여기서 Resetlogs로 DB를 킨 뒤에 백업을 한적이 없으면 Autobackup으로 복구가 안되므로 직접 Backupset을 지정해서 복구를 해야 한다.

```
RMAN> restore spfile from '/u01/app/oracle/fast_recovery_area/ORCL/autobackup/2016_
04_06/o1_mf_s_908459651_cj95mw2f_.bkp';

Starting restore at 06-APR-16
using channel ORA_DISK_1

channel ORA_DISK_1: restoring spfile from AUTOBACKUP /u01/app/oracle/fast_recovery_area
/ORCL/autobackup/2016_04_06/o1_mf_s_908459651_cj95mw2f_.bkp
channel ORA_DISK_1: SPFILE restore from AUTOBACKUP complete
Finished restore at 06-APR-16

RMAN> alter database mount;

RMAN-00571: ===========================================================
RMAN-00569: =============== ERROR MESSAGE STACK FOLLOWS ===============
RMAN-00571: ===========================================================
RMAN-03002: failure of sql statement command at 04/06/2016 14:32:32
ORA-00205: error in identifying control file, check alert log for more info
```

DB를 Mount로 올리고 오픈하려고 하면 당연히 되지 않는다. 처음에 Nomount로 켤 때에 Spfile을 이용하지 않았기 때문에 컨트롤 파일을 확인할 수 없기 때문이다. DB를 내린 후에 다시 켜면 정상적으로 켜진다.

```
RMAN> shutdown immediate;
RMAN> startup;

connected to target database (not started)
Oracle instance started
database mounted
database opened

Total System Global Area     843055104   bytes

Fixed Size                     2929984   bytes
Variable Size                566233792   bytes
Database Buffers             268435456   bytes
Redo Buffers                   5455872   bytes
```

Chapter 08 RMAN Catalog 관리

이번 장에서는 RMAN 메타 데이터를 저장하는 Catalog를 관리하는 과정을 소개한다.

다음은 이번 장에서 다루게 될 세부 사항들이다.

- Section 01 Catalog 생성
- Section 02 Catalog 데이터베이스 등록
- Section 03 Catalog를 활용한 스크립트 작성

oracle 01

Catalog 생성

Catalog를 이용하기 위해서는 Catalog로 이용할 서버에서 Catalog용 테이블스페이스와 Catalog owner user를 만들어주어야 한다. 서버가 한 개밖에 없기 때문에 현재 실습 서버에 Catalog 환경을 구성할 것이다. 보통 이 Catalog에는 백업에 대한 정보들이 모두 들어가기 때문에, 실제로 사용할 때에는 문제 발생시에 조금 더 안전하게 다른 서버에다가 구성하는 경우가 많다.

```
SQL> create tablespace ctlg_tb datafile '/u01/app/ctlg.dbf' size 50M autoextend on;

Tablespace created.

SQL> create user ctusr identified by ctusr default tablespace ctlg_tb quota unlimited on ctlg_tb;

User created.

SQL> grant connect, resource, recovery_catalog_owner to ctusr;

Grant succeeded.
```

위와 같이 Catalog 유저를 만들 수 있다. RMAN에 접속할 때에 다음과 같이 접속하면 된다. Local server에 만든 경우 @없이 접속해도 상관없지만 다른 서버에 Catalog를 만든 경우 tnsnames.ora 파일에 등록을 해주고 사용해야 한다. 그 밑에는 RMAN 안에서 접속하는 방법이다.

1)

```
[oracle@ora12cvm01:orcl:~]$ rman target / catalog ctusr/ctusr
Recovery Manager: Release 12.1.0.2.0 - Production on Wed Apr 6 15:44:03 2016
Copyright (c) 1982, 2014, Oracle and/or its affiliates.  All rights reserved.
connected to target database: ORCL (DBID=1435204146)
connected to recovery catalog database
```

2)

```
[oracle@ora12cvm01:orcl:~]$ rman target / catalog ctusr/ctusr@ORCL
```

3)

```
[oracle@ora12cvm01:orcl:~]$ rman
RMAN> connect target /
connected to target database: ORCL (DBID=1435204146)
RMAN> connect catalog ctusr/ctusr
connected to recovery catalog database
```

Catalog 서버에 연결을 한 뒤에 실제로 RMAN에서 사용할 Catalog를 만들면 된다. RMAN에서 다음과 같이 입력하면 된다.

```
[oracle@ora12cvm01:orcl:~]$ rman
RMAN> connect catalog ctusr/ctusr
RMAN> create catalog;

recovery catalog created
```

Catalog 생성이 완료되었다. Catalog를 삭제하는 방법은 간단하다. SQL에서 드롭하는 것처럼 Drop catalog 명령어를 사용하면 바로 삭제가 된다.

```
RMAN> drop catalog;

recovery catalog owner is CTUSR
enter DROP CATALOG command again to confirm catalog removal

RMAN> drop catalog;

recovery catalog dropped
```

Catalog를 삭제하는 것은 백업 정보에 대해서 삭제하는 것과 비슷하기 때문에 삭제하기 전에 한 번 더 Drop catalog 명령어를 치도록 되어있다.

oracle 02

Catalog 데이터베이스 등록

실제로 Catalog를 이용하기 위해서는 Catalog 서버에 DB를 등록해주어야 한다. 일단 Catalog 쪽에서 확인해 보면 현재 등록된 DB는 없다고 나온다. 당연히 DB를 등록하기 위해서는 등록할 DB와 Catalog DB에 모두 연결한 상태여야 한다. 다음과 같이 접속한 뒤에 등록을 해보자.

```
SQL> connect ctusr/ctusr
Connected.

SQL> select db_key, db_id from db;

no rows selected
```

```
[oracle@ora12cvm01:orcl:~]$ rman target / catalog ctusr/ctusr

RMAN>  register database;

database registered in recovery catalog
starting full resync of recovery catalog
full resync complete
```

정상적으로 등록이 되었으므로 Catalog 쪽에서 다시 한 번 확인을 해본다.

```
SQL> select db_key, db_id from db;

    DB_KEY      DB_ID
---------- ----------
       202 1435204146
```

이런 식으로 DB를 등록한 뒤에 백업 작업을 하게 되면 Catalog 서버에도 모든 정보가 저장되기 때문에 조금 더 안전하게 DB를 운용할 수 있어진다. DB를 등록 해제하는 방법은 간단하다. 등록하는 것처럼 두 개의 서버를 모두 연결한 후에 Unregister해주면 된다.

```
RMAN> unregister database;

database name is "ORCL" and DBID is 1435204146

Do you really want to unregister the database (enter YES or NO)? yes
database unregistered from the recovery catalog
```

앞에서 했던 모든 작업과 실습들은 항상 Target에만 접속해서 수행했었지만, Catalog 서버가 있다면 Catalog 서버에도 동시에 접속해서 작업을 수행해도 똑같이 백업, 복원, 복구 작업이 가능하다.
DB 말고 각각의 백업 파일에 대해서 등록하는 것도 가능한데 다음과 같이 입력하면 대상 파일들은 Catalog를 통해서 관리가 된다. 다른 곳에서 가져온 백업 파일들을 등록해서 일괄적으로 관리가 되도록 하기 위해서이다.

- catalog controlfilecopy '파일명';
- catalog backup controlfile '파일명';
- catalog datafilecopy '파일명';
- catalog archivelog '파일명';

Catalog backuppiece '파일명'; 등으로 사용이 가능하다. 실제로 써보면 다음과 같이 등록이 된다.

```
RMAN> catalog backuppiece '/u01/app/tt';

cataloged backup piece
backup piece handle=/u01/app/tt RECID=169 STAMP=908474708
```

catalog 서버에서 확인해 봐도 등록이 잘 되어있다.

```
SQL> select bp_recid, bp_stamp, handle from bp order by bp_recid;

  BP_RECID   BP_STAMP HANDLE
---------------------------------------------------------------------------------
       156   908470297  /u01/app/oracle/fast_recovery_area/ORCL/backupset/2016_04_06/
        o1_mf_annnn_TAG20160406T165
       157   908470343  /u01/app/oracle/fast_recovery_area/ORCL/backupset/2016_04_06/
        o1_mf_annnn_TAG20160406T165
       158   908470345  /u01/app/oracle/fast_recovery_area/ORCL/backupset/2016_04_06/
        o1_mf_annnn_TAG20160406T165
       159   908470346  /u01/app/oracle/fast_recovery_area/ORCL/backupset/2016_04_06/
        o1_mf_annnn_TAG20160406T165
       160   908470357  /u01/app/oracle/fast_recovery_area/ORCL/backupset/2016_04_06/
        o1_mf_nnndf_TAG20160406T165
       161   908470810  /u01/app/oracle/fast_recovery_area/ORCL/backupset/2016_04_06/
        o1_mf_annnn_TAG20160406T170
       162  908470823 /u01/app/oracle/fast_recovery_area/ORCL/autobackup/2016_04_06/
        o1_mf_s_908470820_cj9jjq29
       164  908473907 /u01/app/oracle/fast_recovery_area/ORCL/autobackup/2016_04_06/
        o1_mf_s_908473903_cj9mk34n
       165  908474078 /u01/ee
       166  908474083 /u01/app/oracle/fast_recovery_area/ORCL/autobackup/2016_04_06/
        o1_mf_s_908474082_cj9mpm32
       168  908474563 /u01/app/oracle/fast_recovery_area/ORCL/autobackup/2016_04_06/
        o1_mf_s_908474563_cj9n5n03
       170  908474724 /u01/app/tt
```

●●● oracle 03

Catalog를 활용한 스크립트 작성

앞에서 설명하지 않고 지나갔던 Catalog를 활용한 Script 파일 작성에 대해 여기에서 조금 더 학습을 하고 지나가도록 하겠다. OS에서 Script 파일을 작성하는 것과 비슷한 면도 있고 RMAN에서 Script를 작성해서 수행하는 것과 비슷한 면이 있다. 일단 입력하는 것은 RMAN에서 입력하기 때문에 한줄한줄 입력할 때마다 RMAN에서 알아서 문법 체크를 해주고, Catalog 서버에 Script가 저장되기 때문에 쉽게 이용이 가능하다. OS에 저장해놓는 것보다 간단하게 이용이 가능한데 OS에 저장해두면 경로를 일일이 지정해주거나, 경로에서 접속해서 수행해야 하는데, Catalog 서버를 이용하면 Script 이름만 알면 쉽게 수행이 가능하기 때문이다. 실제로 다음과 같이 Script를 생성해보자.

```
RMAN> create script "test"
2> comment "test_script"{
3> allocate channel c1 device type disk;
4> crosscheck archivelog all;
5> delete expired archivelog all;
6> release channel c1;
7> }

created script test
```

정상적으로 생성이 되었다. 이렇게 직접 입력해서 만드는 방법도 있지만 기존의 Script를 이용해서 Catalog 서버에 Script를 등록하는 것도 가능하다. 일단 OS에서 Script를 하나 만들어보자.

```
[oracle@ora12cvm01:orcl:~]$ vi catalog.script
{
allocate channel c1 device type disk;
crosscheck backup;
delete expired backup;
release channel c1;
}
[oracle@ora12cvm01:orcl:~]$ rman target / catalog ctusr/ctusr

RMAN> create script "test1" from file './catalog.script';

script commands will be loaded from file ./catalog.script
created script test1
```

실제로 catalog 서버에서 확인해보면 다음과 같이 나온다.

```
SQL> select scr_name, scr_comment from scr;

SCR_NAME                 SCR_COMMENT
--------------------------------------------------------------------------------
test                     test_script
test1
```

정상적으로 등록이 된 것을 볼 수 있다. Catalog 서버 말고 RMAN 자체에서 다음과 같이 확인할 수도 있다.

```
RMAN> list script names;

List of Stored Scripts in Recovery Catalog

    Scripts of Target Database ORCL

       Script Name
       Description
       -----------------------------------------------------------------------
       test
       test_script

       test1
```

내용을 보고 싶으면 Print를 이용하면 된다.

```
RMAN> print script "test";

printing stored script: test
{
allocate channel c1 device type disk;
crosscheck archivelog all;
delete expired archivelog all;
release channel c1;
}
```

또한, replace를 이용하면 Script의 내용을 수정할 수도 있고, Delete를 통해서 Script 자체를 삭제하는 것도 가능하다. 모든 Script를 한 번에 관리할 수 있기 때문에 편하다.

```
RMAN> replace script "test" from file './catalog.script';

script commands will be loaded from file ./catalog.script
replaced script test

RMAN> print script "test";

printing stored script: test
```

```
{
allocate channel c1 device type disk;
crosscheck backup;
delete expired backup;
release channel c1;
}

RMAN> delete script "test";

deleted script: test
```

이렇게 Catalog에 등록한 Script를 사용하는 방법은 간단하다. Run{} 안에 Execute script "~~"와 같이 사용하면 된다. 다음과 같이 실행 가능하다.

```
RMAN> exit

Recovery Manager complete.
[oracle@ora12cvm01:orcl:~]$ vi catalog.script
[oracle@ora12cvm01:orcl:~]$ rman target / catalog ctusr/ctusr

Recovery Manager: Release 12.1.0.2.0 - Production on Wed Apr 6 17:34:01 2016

Copyright (c) 1982, 2014, Oracle and/or its affiliates.  All rights reserved.

connected to target database: ORCL (DBID=1435204146)
connected to recovery catalog database

RMAN> replace script "test1" from file './catalog.script';

script commands will be loaded from file ./catalog.script
replaced script test1

RMAN> run{
2> execute script "test1";
3> }

executing script: test1

allocated channel: c1
channel c1: SID=51 device type=DISK
```

```
crosschecked backup piece: found to be 'AVAILABLE'
backup piece handle=/u01/app/oracle/fast_recovery_area/ORCL/backupset/2016_04_06/
o1_mf_annnn_TAG20160406T165136_cj9j09p9_.bkp RECID=156 STAMP=908470297
crosschecked backup piece: found to be 'AVAILABLE'
backup piece handle=/u01/app/oracle/fast_recovery_area/ORCL/backupset/2016_04_06/
o1_mf_annnn_TAG20160406T165136_cj9j1qpw_.bkp RECID=157 STAMP=908470343
crosschecked backup piece: found to be 'AVAILABLE'
backup piece handle=/u01/app/oracle/fast_recovery_area/ORCL/backupset/2016_04_06/
o1_mf_annnn_TAG20160406T165136_cj9j1s67_.bkp RECID=158 STAMP=908470345
crosschecked backup piece: found to be 'AVAILABLE'
backup piece handle=/u01/app/oracle/fast_recovery_area/ORCL/backupset/2016_04_06/
o1_mf_annnn_TAG20160406T165136_cj9j1tj7_.bkp RECID=159 STAMP=908470346
crosschecked backup piece: found to be 'AVAILABLE'
backup piece handle=/u01/app/oracle/fast_recovery_area/ORCL/backupset/2016_04_06/
o1_mf_nnndf_TAG20160406T165231_cj9j259p_.bkp RECID=160 STAMP=908470357
crosschecked backup piece: found to be 'AVAILABLE'
backup piece handle=/u01/app/oracle/fast_recovery_area/ORCL/backupset/2016_04_06/
o1_mf_annnn_TAG20160406T170009_cj9jjc4j_.bkp RECID=161 STAMP=908470810
crosschecked backup piece: found to be 'AVAILABLE'
backup piece handle=/u01/app/oracle/fast_recovery_area/ORCL/autobackup/2016_04_06/
o1_mf_s_908470820_cj9jjq29_.bkp RECID=162 STAMP=908470823
Crosschecked 7 objects

specification does not match any backup in the repository

released channel: c1
```

여기서 유의할 점이 한 가지 있는데, 원래 Script를 OS에서 만드는 경우 Run{ 으로 시작하게 작성한다. 그래야 Run부터 실행하면서 모든 문장을 수행하기 때문이다. 그런데 이 상태로 그냥 등록을 한 뒤에 사용하려고 하면 Run{execute script "~~"} 로 사용하기 때문에 Run이 두 번 나오게 되어 실행이 되지 않는다. 그렇기 때문에 OS의 Script를 등록할 때에는 Run을 제거하고 등록해야 한다.

```
[oracle@ora12cvm01:orcl:~]$ rman target / catalog ctusr/ctusr script test1;
```

접속하는 부분 뒤에 Script ~~만 붙이면 자동으로 접속하자마자 Script를 수행하고 OS로 빠져 나온다. 앞에서 본 것처럼 Script에서 입력 변수를 받게 되어있는 경우에는 Using 문장을 이용해서 다음과 같이 수행하면 된다. 일단 Script 내용을 다음과 같이 수정한 후에 등록을 해준다.

```
[oracle@ora12cvm01:orcl:~]$ vi catalog.script
{
allocate channel c1 device type disk;
crosscheck backup;
delete expired backup;
backup archivelog all format '/u01/&1';
release channel c1;
}
RMAN> replace script "test1" from file './catalog.script';

[oracle@ora12cvm01:orcl:~]$ rman target / catalog ctusr/ctusr script test1 using
'ee'
[oracle@ora12cvm01:orcl:~]$ cd /u01
[oracle@ora12cvm01:orcl:u01]$ ls
app  ee  log
```

이상으로 Catalog에 대한 실습을 마친다.

Chapter 09 Datapump 적용 백업 및 복구

이번 장에서는 물리적으로 데이터를 백업하는 방식인 Datadump 유틸리티에 대한 적용 과정을 소개한다.

다음은 이번 장에서 다루게 될 세부 사항들이다.

- Section 01 Datadump의 개념
- Section 02 Expdp 실행
- Section 03 Impdp 실행

●●● oracle 01

Datapump의 개념

백업 부분에서 마지막으로 다루게 될 주제는 Datapump이다. Datapump는 오라클에서 제공하는 백업 방법중에 하나인데 RMAN과는 다른 개념이다. 일단 둘의 가장 큰 차이점은 물리적인 백업이냐, 논리적인 백업이냐의 차이이다. RMAN은 모든 데이터를 물리적으로 백업한다. 실제로 데이터 파일이나 컨트롤 파일 자체를 물리적으로 그대로 복사해서 백업하는 방식이다. 하지만 Datapump를 이용한 백업은 논리적인 백업이다. 즉, 물리적인 바이너리 파일을 보고 복사하는 게 아니고, SQL에서 확인하는 것처럼 논리적으로 실제 데이터를 확인하면서 백업을 진행한다. 그렇기 때문에 RMAN보다는 백업의 진행 속도는 느린 편이다.

Datapump를 사용해서 백업을 받으면 모든 데이터는 SQL에서 사용 가능한 문장으로 변형이 되서 백업된다. 즉, DDL과 DML 문장으로 백업이 된다. 이 백업을 통째로 다시 읽어 들이면 DDL로 Table이나 User를 만들고, DML을 통해서 한 개의 Row씩 복구를 하게 된다. RMAN이 데이터 파일 자체를 복원하고, Redolog를 적용해나가면서 복구하는 방식과는 아예 다르다.

Datapump와 RMAN은 결국 사용 방법이 다른데, RMAN은 실제로 백업 복구를 위해서 많이 사용하게 되고, Datapump는 백업이나 복구보다는 데이터를 다른 DB로 이전하는 경우에 더 많이 사용한다. 사실 Datapump라는 기능은 추가된 기능으로 기존의 Import, Export와 중복되는 기능이다.

즉, Import와 Export의 문제를 해결하기 위해서 만든 것이 Datapump이다. Import와 Export는 시간이 매우 오래 걸리고, 중간에 작업이 끊기는 경우에 처음부터 다시 해야하는 단점이 있었다. Datapump는 작업을 중단했다가 나중에 다시 연결해서 진행할 수도 있고 기존의 Import, Export보다 약 20배 정도까지도 빠르다고 한다.

일단 실습을 진행하기 위해서 scott 유저를 사용가능 하도록 설정해보자.

```
SQL> alter user scott account unlock;
SQL> alter user scott identified by scott;
SQL> grant connect,resource to scott;
```

그리고 앞으로 Datapump에서 사용할 Directory를 만들고, scott 유저에게 권한을 주도록 하자. 실제 폴더를 하나 만든 뒤에 사용하면 된다. 오라클은 Directory를 사용하도록 해서 Export된 데이터에 대한 보안을 강화해 두었다.

```
[oracle@ora12cvm01:orcl:datapump]$ cd /u01
[oracle@ora12cvm01:orcl:u01]$ mkdir datapump
SQL> create or replace directory datapump as '/u01/datapump';
SQL> grant write,read on directory datapump to scott;
```

이제 Datapump를 사용할 준비가 완료되었다. Datapump는 OS상에서 Expdp, Impdp 명령어를 이용해서 사용할 수 있다. 일단 scott 유저의 Table들을 확인해보도록 하자.

```
SQL> connect scott/scott
Connected.
SQL> select table_name from user_tables;

TABLE_NAME
--------------------------------------------------------------------------------
DEPT
EMP
BONUS
SALGRADE
```

●●● oracle 02

Expdp 실행

Expdp를 통해서 추출하는 모드는 총 4가지를 지원하는데 Full, Tablespaces, Schemas, Tables이다. Full은 DB 전체 추출 모드이고, 나머지는 보면 알 수 있듯이 원하는 스키마나 테이블, 테이블스페이스만 추출하는 것이다. 일단 scott schema를 전부 추출해보자.

```
[oracle@ora12cvm01:orcl:datapump]$ expdp scott/scott schemas=scott directory=datapump
job_name=t dumpfile=scm1.dmp

Export: Release 12.1.0.2.0 - Production on Wed Apr 6 19:16:10 2016

Copyright (c) 1982, 2014, Oracle and/or its affiliates.  All rights reserved.

Connected to: Oracle Database 12c Enterprise Edition Release 12.1.0.2.0 - 64bit
Production
With the Partitioning, OLAP, Advanced Analytics and Real Application Testing
options
Starting "SCOTT"."T":  scott/******** schemas=scott directory=datapump job_name=t
dumpfile=scm1.dmp
Estimate in progress using BLOCKS method...
Processing object type SCHEMA_EXPORT/TABLE/TABLE_DATA
Total estimation using BLOCKS method: 192 KB
Processing object type SCHEMA_EXPORT/PRE_SCHEMA/PROCACT_SCHEMA
```

```
Processing object type SCHEMA_EXPORT/TABLE/TABLE
Processing object type SCHEMA_EXPORT/TABLE/COMMENT
Processing object type SCHEMA_EXPORT/TABLE/INDEX/INDEX
Processing object type SCHEMA_EXPORT/TABLE/CONSTRAINT/CONSTRAINT
Processing object type SCHEMA_EXPORT/TABLE/INDEX/STATISTICS/INDEX_STATISTICS
Processing object type SCHEMA_EXPORT/TABLE/CONSTRAINT/REF_CONSTRAINT
Processing object type SCHEMA_EXPORT/TABLE/STATISTICS/TABLE_STATISTICS
Processing object type SCHEMA_EXPORT/STATISTICS/MARKER
. . exported "SCOTT"."DEPT"                          6.031 KB    4 rows
. . exported "SCOTT"."EMP"                           8.781 KB   14 rows
. . exported "SCOTT"."SALGRADE"                      5.960 KB    5 rows
. . exported "SCOTT"."BONUS"                             0 KB    0 rows
Master table "SCOTT"."T" successfully loaded/unloaded
******************************************************************************
Dump file set for SCOTT.T is:
  /u01/datapump/scm1.dmp
Job "SCOTT"."T" successfully completed at Wed Apr 6 19:18:54 2016 elapsed 0
00:02:34

[oracle@ora12cvm01:orcl:datapump]$ cd /u01/datapump
[oracle@ora12cvm01:orcl:datapump]$ ls
expdat.dmp  export.log  scm1.dmp
[oracle@ora12cvm01:orcl:datapump]$
```

정상적으로 파일이 생성되는 것을 확인할 수 있다. 일단 Expdp를 쓰는 방법은 다음과 같다.

```
expdp username/password
[schemas=? / tablespaces=? / tables=? / full=y]
job_name=?
directory=?
dumpfile=?
logfile=?
parallel=?
Include/exclude=?
parfile=?
content=[all, data_only, metadata_only]
encryption=[all, data_only, metadata_only, none]
encryption_password=?
```

Mode는 네 개 중에 한 가지를 골라야 한다. 다른 내용들은 모두 생략이 가능하다. Job_name은 이 작업의 이름을 지정해두는 것인데, 중간에 멈췄다가 다시 접속할 때에 이 job_name을 이용해야 하기 때문에 지정하고 사용하는 경우가 있다. directory는 아까 SQL에서 만든 Directory를 사용하면 된다. 지정해주지 않으면 기본 Directory에 추출된다.

또한 Dumpfile을 지정하면 추출 파일의 이름을 지정할 수 있다. 위와 같은 경우에는 "scm1.dmp라는 파일로 저장을 해달라."고 지정하는 것이다. Logfile은 작업 로그를 따로 보고 싶은 경우에, Parallel은 병렬 작업을 하고 싶을 경우에 몇 개로 나눠서 할 것인지 지정할 수 있다. Include/Exclude는 지정된 것중에 빼고 싶은 데이터가 있을 때에 사용한다. Content는 모두 백업할지, 데이터만 백업할지, 메타 데이터만 백업할지 고를 수 있다. 또한 암호화 기능도 제공한다.
여러 가지 더 수행을 해보면 다음과 같이 테이블 몇 개만 백업한 게 확실히 파일 크기가 작다.

```
[oracle@ora12cvm01:orcl:datapump]$ expdp scott/scott tables=emp,bonus directory=datapump
job_name=t dumpfile=tbs1.dmp
[oracle@ora12cvm01:orcl:datapump]$ expdp scott/scott tables=emp directory=datapump
job_name=t parallel=3 dumpfile=tbs2.dmp
[oracle@ora12cvm01:orcl:datapump]$ ls -lrt
total 1056
-rw-r----- 1 oracle oinstall 335872 Apr  6 19:08 expdat.dmp
-rw-r----- 1 oracle oinstall 335872 Apr  6 19:18 scm1.dmp
-rw-r----- 1 oracle oinstall 196608 Apr  6 19:33 tbs1.dmp
-rw-r----- 1 oracle oinstall 192512 Apr  6 20:32 tbs2.dmp
-rw-r--r-- 1 oracle oinstall   1374 Apr  6 20:32 export.log
```

전체 데이터베이스 추출하는 방법과, 그 과정에서 Crtl+C를 통해서 Export를 멈췄다가 다시 실행하는 실습을 해보자.

```
[oracle@ora12cvm01:orcl:datapump]$ expdp system/oracle full=y directory=datapump
job_name=t parallel=3 dumpfile=full.dmp

Export: Release 12.1.0.2.0 - Production on Wed Apr 6 20:34:41 2016

Copyright (c) 1982, 2014, Oracle and/or its affiliates.  All rights reserved.

Connected to: Oracle Database 12c Enterprise Edition Release 12.1.0.2.0 - 64bit
Production
With the Partitioning, OLAP, Advanced Analytics and Real Application Testing
options
Starting "SYSTEM"."T":   system/******** full=y directory=datapump job_name=t
parallel=3 dumpfile=full.dmp
Estimate in progress using BLOCKS method...
Processing object type DATABASE_EXPORT/EARLY_OPTIONS/VIEWS_AS_TABLES/TABLE_DATA
Processing object type DATABASE_EXPORT/NORMAL_OPTIONS/TABLE_DATA
Processing object type DATABASE_EXPORT/NORMAL_OPTIONS/VIEWS_AS_TABLES/TABLE_DATA
Processing object type DATABASE_EXPORT/SCHEMA/TABLE/TABLE_DATA
Total estimation using BLOCKS method: 8.390 MB
```

```
. . exported "WMSYS"."WM$CONSTRAINTS_TABLE$"                0 KB       0 rows
. . exported "SYS"."AUD$"                                   0 KB       0 rows
. . exported "WMSYS"."WM$LOCKROWS_INFO$"                    0 KB       0 rows
. . exported "WMSYS"."WM$UDTRIG_INFO$"                      0 KB       0 rows
. . exported "LBACSYS"."OLS$AUDIT_ACTIONS"              5.757 KB       8 rows
. . exported "LBACSYS"."OLS$DIP_EVENTS"                 5.546 KB       2 rows
. . exported "LBACSYS"."OLS$INSTALLATIONS"              6.960 KB       2 rows
. . exported "LBACSYS"."OLS$PROPS"                      6.242 KB       5 rows
. . exported "SYS"."DAM_CLEANUP_EVENTS$"                    0 KB       0 rows
. . exported "SYS"."DAM_CLEANUP_JOBS$"                      0 KB       0 rows
. . exported "SYS"."DAM_CONFIG_PARAM$"                  6.531 KB      14 rows
. . exported "SYS"."TSDP_ASSOCIATION$"                      0 KB       0 rows
. . exported "SYS"."TSDP_CONDITION$"                        0 KB       0 rows
. . exported "SYS"."TSDP_FEATURE_POLICY$"                   0 KB       0 rows
. . exported "SYS"."TSDP_PARAMETER$"                    5.953 KB       1 rows
. . exported "SYS"."TSDP_POLICY$"                       5.921 KB       1 rows
. . exported "SYS"."TSDP_PROTECTION$"                       0 KB       0 rows
. . exported "SYS"."TSDP_SENSITIVE_DATA$"                   0 KB       0 rows
. . exported "SYS"."TSDP_SENSITIVE_TYPE$"                   0 KB       0 rows
. . exported "SYS"."TSDP_SOURCE$"                           0 KB       0 rows
. . exported "SYS"."TSDP_SUBPOL$"                       6.328 KB       1 rows
. . exported "SYSTEM"."REDO_DB"                         25.59 KB       1 rows
. . exported "SYSTEM"."REDO_LOG"                            0 KB       0 rows
. . exported "WMSYS"."WM$BATCH_COMPRESSIBLE_TABLES$"        0 KB       0 rows
. . exported "WMSYS"."WM$CONS_COLUMNS$"                     0 KB       0 rows
. . exported "WMSYS"."WM$ENV_VARS$"                     6.023 KB       3 rows
. . exported "WMSYS"."WM$EVENTS_INFO$"                  5.820 KB      12 rows
. . exported "WMSYS"."WM$HINT_TABLE$"                   9.460 KB      75 rows
. . exported "WMSYS"."WM$MODIFIED_TABLES$"                  0 KB       0 rows
. . exported "WMSYS"."WM$MP_GRAPH_WORKSPACES_TABLE$"        0 KB       0 rows
. . exported "WMSYS"."WM$MP_PARENT_WORKSPACES_TABLE$"       0 KB       0 rows
```

중간쯤에 Ctrl+C를 통해서 작업을 취소하면 Export〉 로 접속이 되어있는 것을 확인할 수 있다. Status를 통해서 현재 작업 상황을 확인하고, Stop을 통해서 멈춰보자.

```
Export> status

Job: T
  Operation: EXPORT
  Mode: FULL
  State: EXECUTING
```

```
  Bytes Processed: 130,744
  Percent Done: 40
  Current Parallelism: 3
  Job Error Count: 0
  Dump File: /u01/datapump/full.dmp
  bytes written: 167,936

Worker 1 Status:
  Instance ID: 1
  Instance name: orcl
  Host name: ora12cvm01
  Process Name: DW00
  State: EXECUTING
  Object Type: DATABASE_EXPORT/PRE_INSTANCE_IMPCALLOUT/MARKER
  Completed Objects: 1
  Total Objects: 1
  Worker Parallelism: 1

Worker 2 Status:
  Instance ID: 1
  Instance name: orcl
  Host name: ora12cvm01
  Process Name: DW01
  State: EXECUTING
  Object Schema: SYSTEM
  Object Name: SCHEDULER_PROGRAM_ARGS
  Object Type: DATABASE_EXPORT/NORMAL_OPTIONS/VIEWS_AS_TABLES/TABLE_DATA
  Completed Objects: 66
  Total Objects: 10
  Worker Parallelism: 1

Worker 3 Status:
  Instance ID: 1
  Instance name: orcl
  Host name: ora12cvm01
  Process Name: DW02
  State: EXECUTING
  Object Schema: SYS
  Object Name: KU$_USER_MAPPING_VIEW
  Object Type: DATABASE_EXPORT/EARLY_OPTIONS/VIEWS_AS_TABLES/TABLE_DATA
  Completed Objects: 1
  Total Objects: 1
  Worker Parallelism: 1
```

```
Export> stop
Are you sure you wish to stop this job ([yes]/no): yes

[oracle@ora12cvm01:orcl:datapump]$
```

이제 다시 접속해보자. 접속할 때에는 Attach 명령어를 이용해야 한다. Attach에는 기존의 작업한 user.job_name을 적어야 한다. 다음과 같이 입력하고 접속을 하면 종전에 Status로 봤던 상태가 다시 나오게 된다.

```
[oracle@ora12cvm01:orcl:datapump] expdp system/oracle attach=system.t

Export> start_job
```

이제 start_job을 하면 아까처럼 콘솔 창에 나오지는 않지만, Background에서 기존의 작업이 멈춘 부분부터 이어서 진행이 된다. Exit로 나가면 된다. 작업 상태를 확인하기 위해서는 아까처럼 접속을 한 다음에 status를 확인해야 한다.

```
Export> status

Job: T
  Operation: EXPORT
  Mode: FULL
  State: EXECUTING
  Bytes Processed: 162,392
  Percent Done: 26
  Current Parallelism: 3
  Job Error Count: 0
  Dump File: /u01/datapump/full.dmp
  bytes written: 233,472
```

확인해보면 다음과 같이 executing이 나온다. Exit로 나가면 된다.

```
Export> status

UDE-31626: operation generated ORACLE error 31626
ORA-31626: job does not exist
ORA-39086: cannot retrieve job information
ORA-06512: at "SYS.DBMS_DATAPUMP", line 3905
ORA-06512: at "SYS.DBMS_DATAPUMP", line 5203
ORA-06512: at line 1
```

작업이 모두 끝났을 때에는 status로 확인을 해봐도 나오지 않는다.

```
Export> exit
```

또한, 11g부터 생긴 기능으로 Export를 받을 때에 암호화를 지정할 수 있다. Expdp 명령어를 사용할 때에 맨 뒤에 다음과 같이 어떤 것을 암호화할지, 비밀번호를 정해줄 수 있다.

```
encryption=(all, data_only, metadata_only) encryption_password=xxxxxx
```

oracle 03

Impdp 실행

이제 추출에 성공했으니, Impdp를 진행해보자. Impdp에서 어떤 Parameter들을 사용할 수 있나 확인해보면, 일단 Expdp에서 사용한 Parameter들은 왠만한 것들은 다 사용할 수 있다. Import할 때에 추가로 설정 가능한 Parameter들에 대해서만 조금 더 설명을 하겠다.

```
impdp username/password
        table_exists_action = skip, append, drop, truncate
        remap_schema = scott:test
        remap_datafile = '/u01/app/rman.dbf':'/u01/rman.dbf'
        remap_tablespace = users:users2
```

이름만 봐도 알겠지만, 복구 도중에 같은 이름의 Table을 발견한 경우, 복구 도중에 Schema를 다른 이름으로 바꿔야 하거나 데이터 파일의 이름을 바꿔야 하거나, 테이블스페이스의 이름을 바꿔야 하는 경우에 대해서 Parameter를 사용해서 처리할 수 있게 해놓았다.
remap_schema를 이용해서 복구할 수 있도록 새로운 유저를 만들어보자.

```
SQL> create user imp_test identified by oracle default tablespace users;
User created.

SQL> grant connect, resource to imp_test;
Grant succeeded.

SQL> connect imp_test/oracle
Connected.
SQL> select table_name from user_tables;
```

```
no rows selected

SQL> connect system/oracle
Connected.
SQL> grant unlimited tablespace to imp_test;

Grant succeeded.
```

새로운 유저를 만들었고, 아무런 테이블이 없는 것을 확인할 수 있다. 이제 Impdp를 통해서 다시 복원을 해보자.

```
[oracle@ora12cvm01:orcl:datapump]$ impdp system/oracle dumpfile=scm1.dmp
content=metadata_only directory=datapump remap_schema=scott:imp_test
```

scott 유저의 scm1.dmp 추출 파일을 이용해서 Metadata만, scott schema를 새로운 유저 스키마로 변경시켜서 백업한다. 실제로 돌려보면 다음과 같이 Metadata만 백업이 된 것을 확인할 수 있다.

```
Import: Release 12.1.0.2.0 - Production on Wed Apr 6 21:30:23 2016

Copyright (c) 1982, 2014, Oracle and/or its affiliates.  All rights reserved.

Connected to: Oracle Database 12c Enterprise Edition Release 12.1.0.2.0 - 64bit
Production
With the Partitioning, OLAP, Advanced Analytics and Real Application Testing
options
Master table "SYSTEM"."SYS_IMPORT_FULL_01" successfully loaded/unloaded
Starting "SYSTEM"."SYS_IMPORT_FULL_01": system/******** dumpfile=scm1.dmp
content=metadata_only directory=datapump remap_schema=scott:imp_test
Processing object type SCHEMA_EXPORT/PRE_SCHEMA/PROCACT_SCHEMA
Processing object type SCHEMA_EXPORT/TABLE/TABLE
Processing object type SCHEMA_EXPORT/TABLE/INDEX/INDEX
Processing object type SCHEMA_EXPORT/TABLE/CONSTRAINT/CONSTRAINT
Processing object type SCHEMA_EXPORT/TABLE/INDEX/STATISTICS/INDEX_STATISTICS
Processing object type SCHEMA_EXPORT/TABLE/CONSTRAINT/REF_CONSTRAINT
Processing object type SCHEMA_EXPORT/TABLE/STATISTICS/TABLE_STATISTICS
Processing object type SCHEMA_EXPORT/STATISTICS/MARKER
Job "SYSTEM"."SYS_IMPORT_FULL_01" successfully completed at Wed Apr 6 21:33:09
2016 elapsed 0 00:02:38

SQL> connect imp_test/oracle
Connected.
SQL> select table_name from user_tables;
```

```
TABLE_NAME
--------------------------------------------------------------------------------
SALGRADE
EMP
DEPT
BONUS

SQL> select * from emp;

no rows selected
```

이제 한 번 데이터를 넣어보자.

```
[oracle@ora12cvm01:orcl:datapump]$    impdp    system/oracle    dumpfile=scm1.dmp
directory=datapump remap_schema=scott:imp_test table_exists_action=append
```

이번에는 Content는 Data, Metadata를 모두 Import하고, 존재하는 Table에 대해서는 Data만 삽입하도록 지정해 두었다. 여러 방법이 있겠지만 이런 방식으로도 Data만 Import를 할 수도 있다.

```
Import: Release 12.1.0.2.0 - Production on Wed Apr 6 21:43:03 2016

Copyright (c) 1982, 2014, Oracle and/or its affiliates.  All rights reserved.

Connected to: Oracle Database 12c Enterprise Edition Release 12.1.0.2.0 - 64bit
Production
With the Partitioning, OLAP, Advanced Analytics and Real Application Testing
options
Master table "SYSTEM"."SYS_IMPORT_FULL_01" successfully loaded/unloaded
Starting   "SYSTEM"."SYS_IMPORT_FULL_01":     system/********   dumpfile=scm1.dmp
directory=datapump remap_schema=scott:imp_test table_exists_action=append
Processing object type SCHEMA_EXPORT/PRE_SCHEMA/PROCACT_SCHEMA
Processing object type SCHEMA_EXPORT/TABLE/TABLE
Table "IMP_TEST"."DEPT" exists. Data will be appended to existing table but all
dependent metadata will be skipped due to table_exists_action of append
Table "IMP_TEST"."EMP" exists. Data will be appended to existing table but all
dependent metadata will be skipped due to table_exists_action of append
Table "IMP_TEST"."BONUS" exists. Data will be appended to existing table but all
dependent metadata will be skipped due to table_exists_action of append
Table "IMP_TEST"."SALGRADE" exists. Data will be appended to existing table but
all dependent metadata will be skipped due to table_exists_action of append
Processing object type SCHEMA_EXPORT/TABLE/TABLE_DATA
```

```
. . imported "IMP_TEST"."DEPT"                          6.031 KB       4 rows
. . imported "IMP_TEST"."EMP"                           8.781 KB      14 rows
. . imported "IMP_TEST"."SALGRADE"                      5.960 KB       5 rows
. . imported "IMP_TEST"."BONUS"                             0 KB       0 rows
Processing object type SCHEMA_EXPORT/TABLE/INDEX/INDEX
Processing object type SCHEMA_EXPORT/TABLE/CONSTRAINT/CONSTRAINT
Processing object type SCHEMA_EXPORT/TABLE/INDEX/STATISTICS/INDEX_STATISTICS
Processing object type SCHEMA_EXPORT/TABLE/CONSTRAINT/REF_CONSTRAINT
Processing object type SCHEMA_EXPORT/TABLE/STATISTICS/TABLE_STATISTICS
Processing object type SCHEMA_EXPORT/STATISTICS/MARKER
Job "SYSTEM"."SYS_IMPORT_FULL_01" successfully completed at Wed Apr 6 21:45:04
2016 elapsed 0 00:01:56

SQL> select count(*) from emp;

  COUNT(*)
----------
        14
SQL> select count(*) from salgrade;

  COUNT(*)
----------
         5

SQL> select count(*) from dept;

  COUNT(*)
----------
         4
```

정상적으로 데이터만 입력이 된 것을 확인 할 수 있다. 이런 방식을 통해서 논리적으로 원하는 것들만 백업, 복구가 가능한 것이 Datapump이다. 즉, 데이터 이전을 세세하게 사용자가 원하는 대로 새롭게 매핑을 하거나, 예외 상황에 대해서 조절해서 논리적으로 백업, 복구 할 수 있는 기능이 Datapump 이다.

오라클 11g 부터 12c

완벽바이블

오라클 데이터베이스 운영자를 위한 최고의 선택!

※ 학습 효율을 높이기 위한 분권 처리

- 1권 -

Part 01 작업 환경 설정
오라클 데이터베이스 환경을 구성하는 과정을 설명한다.

Part 02 오라클 SQL
SQL에 대한 기본적인 문법과 기능을 이해하고 오라클 데이터베이스 관리에 필요한 기본적인 사항들을 설명한다.

Part 04 멀티테넌트 아키텍처
12c 버전의 핵심 아키텍처인 멀티테넌트에 대한 내용을 설명한다.

Part 05 백업 및 복구
12c 데이터베이스에 대한 백업 및 복구 과정에 대하여 설명한다.

- 2권 -

Part 03 오라클 데이터베이스 관리
오라클 데이터베이스 관리 측면에서 반드시 이해해야 하는 오라클 아키텍쳐와 세부 관리 기능에 관하여 설명한다.

NO.3
ORACLE BIBLE

정가 : 45,000원

13000
9 788998 955830
ISBN 978-89-98955-83-0

한권으로 끝내는

오라클 11g 부터 12c 완벽바이블

| 최원준 · 양현수 · 김보겸 지음 |

• Part 03 오라클 데이터베이스 관리

아티오 ArtStudio

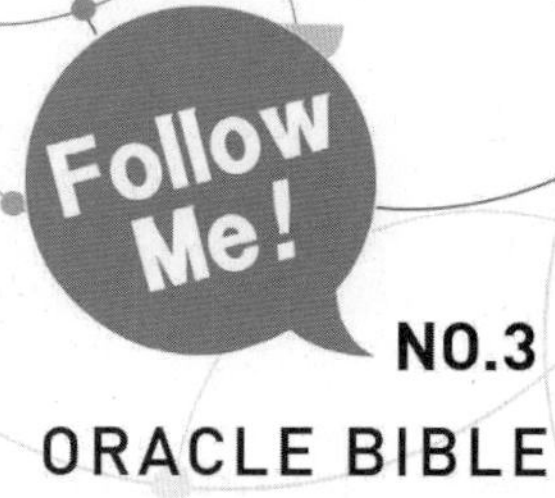

한권으로 끝내는

오라클 11g 부터 12c 완벽바이블

| 최원준 · 양현수 · 김보겸 지음 |

- 미국 오라클 본사 DB 컨설팅 및 삼성SDS 아키텍처 17년 노하우를 집대성
- OCP 자격증 준비를 위한 필독서

2권 : Contents

실습을 위한 스크립트 파일은 아티오(www.atio.co.kr) 자료실에서 다운받으시면 됩니다.

Part 03 오라클 데이터베이스 관리

Contents

Contents

ORACLE

database

오라클 데이터베이스 관리

PART 03

Part 03에서는 오라클 데이터베이스 관리 측면에서 반드시 이해해야 하는 오라클 12c 세부 아키텍처에 관하여 소개하고 있다.
이번 책에서 가장 중요한 파트가 아닌가 싶다. 특히, 메모리와 디스크 영역에 대한 전반적인 개념을 확실히 이해하는 것이 중요하다고 생각된다.

Chapter 01 오라클 서버(Server) 이해

이번 장에서는 오라클 서버의 세부적인 내용에 대한 독자들의 전체적인 이해를 돕고자 오라클 서버의 기본 구조를 간략하게 소개하고자 한다.
'오라클' 이라는 단어가 의미하는 대상은 너무나 다양하다. '오라클' 이라는 단어가 개발자들에게는 애플리케이션 데이터들이 저장되어있는 공간이라는 의미가 될 수도 있고 시스템 아키텍처들에게는 특정 시스템 구축, 운영에 있어서 최적의 선택이 될 수 있는 데이터베이스 종류 중 하나로서의 의미도 될 수 있다. 이처럼 '오라클' 이라는 단어는 어떤 관점으로 보느냐에 따라 얼마든지 달라질 수도 있다는 이야기이다.

오라클을 사용하는 주체가 누구냐에 따라서 구분한다면 어떻게 구분할 수 있을까. 일단은 데이터들을 물리적으로 저장하는 주체가 되는 쪽이 '오라클 서버'가 되며 오라클 서버에 로컬이든 원격이든 접속해서 데이터를 요청하고 그 요청에 대한 응답을 받는 주체가 되면 '오라클 클라이언트'라고 구분을 하면 쉬울 듯하다. 이번 장에서 소개하게 되는 '오라클'은 바로 오라클 서버를 의미한다는 사실을 인지하기 바란다.

다음은 이번 장에서 다루게 될 세부 사항들이다.

- Section 01 오라클 서버 기본 구조
- Section 02 오라클 인스턴스 기본 구조
- Section 03 오라클 데이터베이스 기본 구조
- Section 04 오라클 세션(Session) 이해

●●● oracle 01

오라클 서버 기본 구조

오라클 서버는 과연 어떤 요소들로 구성되어 있는지 살펴보도록 한다.

아래 그림을 통해 알 수 있듯이 오라클 서버는 크게 인스턴스와 데이터베이스로 이루어져 있다고 볼 수가 있다. 이미 언급한 적이 있지만 인스턴스는 오라클 서버가 사용하는 메모리 영역이며 데이터베이스는 오라클 서버가 사용하는 디스크 혹은 물리적인 영역이라고 이해하면 된다.

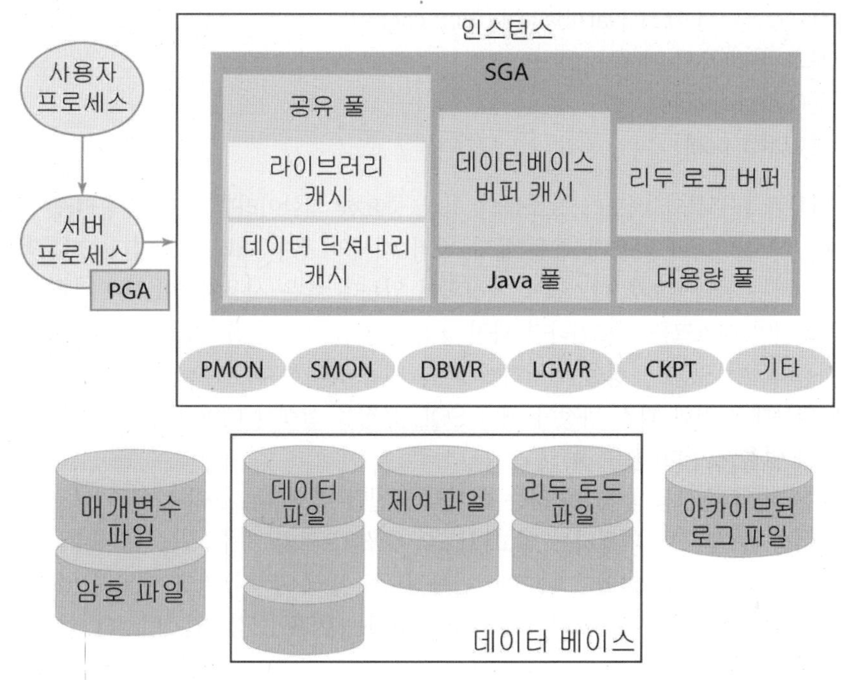

<오라클 서버의 기본 구조>

그리고 왼쪽 상단을 보면 SGA와 연동하는 사용자 프로세스(User process)와 서버 프로세스(Server process)가 존재하는 것을 볼 수가 있는데 이들은 오라클 서버와 외부에서 접속하는 클라이언트 프로그램들과의 연동 부분에 사용되는 프로세스들로서 오라클 서버를 운영하는데 있어 중요한 부분을 차지한다. 왜냐하면 특히 서버 프로세스의 경우 오라클 서버에 접속한 각 사용자들의 요청(쿼리, DML 등)을 전반적으로 관리해주는 프로세스이기 때문이다.

●●● oracle 02

오라클 인스턴스 기본 구조

이제 오라클 서버를 구성하는 요소 중 메모리 영역인 오라클 인스턴스에 대하여 살펴보도록 하자. 기본적으로 인스턴스는 SGA(System Global Area) 영역과 다수의 백그라운드 프로세스(Background process)들로 구성되며 SGA 영역 내부에는 다음과 같은 메모리 요소들이 존재한다.

① 공유 풀(Shared pool)
② 데이터베이스 버퍼 캐시(Database buffer cache)
③ 리두 로그 버퍼(Redo log buffer)
④ 라지 풀(Large pool)
⑤ 자바 풀(Java pool)

SGA를 이루는 대부분의 메모리 요소들의 가장 중요한 역할이라면 일단 애플리케이션의 성능 향상을 위함이 아닌가 싶다. 이 가운데 공유 풀과 버퍼 캐시의 경우 더더욱 그렇다. 기본적으로 사용자들이 원하는 데이터는 물리적으로 디스크에 저장되어 있는데 많은 사용자들이 데이터를 매번 읽고, 쓰기할 때마다 물리적인 디스크를 건드린다면 과연 좋은 성능을 기대할 수 있을까?(데이터베이스 버퍼 캐시)
그리고 사용자들이 SQL 문장을 실행하게 되면 제법 복잡한 파스(Parse)라는 과정을 거쳐 데이터를 처리하게 되는데 이러한 파스 과정이 매번 SQL 문장을 실행할 때마다 반복적으로 수행된다면 성능에 좋을 이유가 없을 것이다(공유 풀).
이처럼 SGA 영역은 사용자가 요청하는 데이터를 일단 메모리로 올리고 자주 사용되는 데이터는 오래 메모리에 머물 수 있도록 지원하는 알고리즘을 제공함으로써 자주 찾는 데이터에 대해서는 불필요한 프로세싱(디스크 I/O, 파스)을 그때그때 반복적으로 발생시키지 말고 메모리 영역에서 바로 처리할 수 있도록 도와준다. 나머지 메모리 요소들에 대해서는 이후 [2장. 인스턴스의 소개]에서 자세히 소개하도록 한다.
그리고 인스턴스 영역을 이루는 또 다른 중요한 영역인 백그라운드 프로세스에 대해서 간략히 살펴보자. 일단 아래와 같은 주요 백그라운드 프로세스를 기반으로 구성되어 있으며 12c 버전의 경우 운영 옵션 혹은 관리 옵션에 따라 추가적으로 200개 정도까지도 생성될 수 있는 아키텍처를 지원하고 있다.

• PMON • SMON • DBWR • LGWR • CKPT

이들 백그라운드 프로세스들의 주요 역할이라면 인스턴스 영역과 데이터베이스 영역을 연결해주는 연결 통로로서의 역할(DBWR, LGWR)과 데이터 복구 수행 역할(SMON), 데이터베이스 일관성 유지 역할(CKPT), 사용자 세션관리 역할(PMON) 등을 제공한다. 이외에도 많은 백그라운드 프로세스들이 존재하는데 대부분의 경우 특별한 자신들만의 고유의 역할을 담당하게 된다.
대부분 새로운 오라클 소프트웨어 버전이 출시되면 새롭게 추가되는 기능들이 있기 마련인데 그들과 상관관계를 가지는 백그라운드 프로세스가 새롭게 소개되곤 한다는 점에서 앞으로도 계속적으로 백그라운드 프로세스의 수는 늘어날 것으로 예상된다.

●●● oracle 03

오라클 데이터베이스 기본 구조

앞에서 오라클 서버를 구성하는 메모리 영역인 인스턴스에 대해서 간략히 소개하였고 이제 오라클 서버를 구성하는 물리적인 공간인 데이터베이스에 대해서 소개하고자 한다. 데이터베이스는 기본적으로 다음과 같이 3개의 요소로 나눌 수 있다.

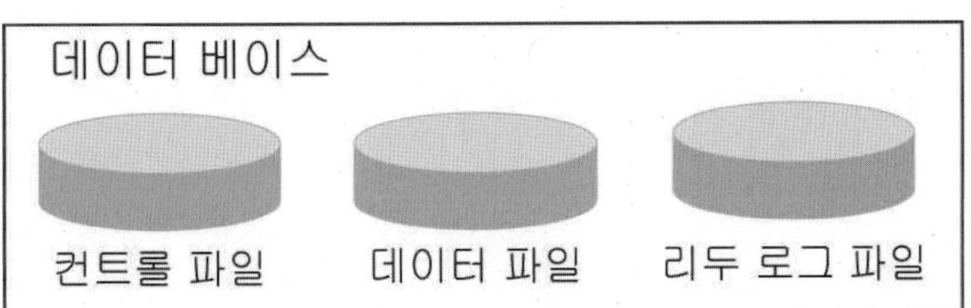

<데이터베이스 구성 요소>

① 데이터 파일(Data file)

데이터 파일은 시스템 데이터(오라클 서버가 내부적으로 저장하고 있는 내부 데이터)와 애플리케이션 데이터(사용자의 실제 데이터)를 물리적으로 저장하는 파일이다. 예를 들자면 scott 사용자의 테이블들이 물리적으로 저장되어 있는 공간이라고 이해하면 된다.

② 리두 로그 파일(Redo log file)

데이터베이스 내부에서 임의의 변경 작업들이 발생하는 경우 리두 로그라는 변경 정보가 자동으로 생성되는데 이러한 변경 정보들을 물리적으로 저장하는 공간이 바로 리두 로그 파일이다. 이후 데이터를 복구해야 할 필요가 있는 경우 사용되어야 하는 파일이므로 데이터베이스 복구 측면에서 너무나 중요한 파일이다.

③ 컨트롤 파일(Control file)

오라클 서버 전반적인 일관성(Consistency)에 대한 정보와 물리적인 데이터베이스 구조 정보를 관리하는 영역을 컨트롤 파일이라고 부른다.

데이터베이스의 물리적 구조가 바뀌는 경우, 예를 들자면 새로운 데이터 파일을 추가 혹은 삭제하는 경우 해당 데이터 파일에 대한 정보가 컨트롤 파일로부터 변경된다. 또 하나의 역할이라면 오라클 서버 전체적인 데이터의 일관성을 보장하기 위해 중심이 되는 SCN 번호를 관리해준다. 데이터 파일, 리두 로그 파일 그리고 컨트롤 파일내부에 SCN 번호가 저장되는데 데이터베이스 시작할 때 이 번호가 모두 동일해야만 데이터베이스가 성공적으로 오픈된다. 그 기준점이 되는 SCN 번호를 중앙 관리해주는 기능을 제공한다.

다음은 데이터베이스를 구성하는 데이터 파일, 리두 로그 파일 그리고 컨트롤 파일의 위치와 각각의 이름들을 확인하는 과정이다.

```
SQL> select name from v$datafile;

NAME
--------------------------------------------------------------------------------
/u01/app/oracle/oradata/orcl/system01.dbf
/u01/app/oracle/oradata/orcl/sysaux01.dbf
/u01/app/oracle/oradata/orcl/undotbs01.dbf
/u01/app/oracle/oradata/orcl/users01.dbf

SQL> select member from v$logfile;
MEMBER
--------------------------------------------------------------------------------
/u01/app/oracle/oradata/orcl/redo03.log
/u01/app/oracle/oradata/orcl/redo02.log
/u01/app/oracle/oradata/orcl/redo01.log

SQL> select name from v$controlfile;
NAME
--------------------------------------------------------------------------------
/u01/app/oracle/oradata/orcl/control01.ctl
/u01/app/oracle/fast_recovery_area/orcl/control02.ctl
```

●●● oracle 04

오라클 세션(Session) 이해

기본적으로 세션의 개념은 오라클 서버에 접속된 사용자의 연결(Connection)을 의미한다. 하지만 애플리케이션의 아키텍처에 따라 세션의 개념이 다른 의미로 해석될 수도 있다

기존 2 Tier 클라이언트/서버 환경에서는 임의의 사용자가 클라이언트로서 사용자 아이디와 암호를 입력하고 로컬이든 원격이든 오라클 서버에 접속하여 데이터를 주고 받는 방식이었다.

이러한 클라이언트/서버 아키텍처에서의 세션의 의미는 사용자 연결(Connection) 그 자체라고 봐도 과언이 아니었다. 오라클 사용자가 임의의 클라이언트 프로그램(VB, Java, Oracle Forms etc)을 실행시켜서 오라클 서버에 접속 하고자 하는 경우 오라클 서버 프로세스는 사용자의 프로세스와 연결되면서 사용자 프로세스가 요청하는 작업을 맡아서 오라클 서버 쪽에서 수행하는 역할을 담당하였다.

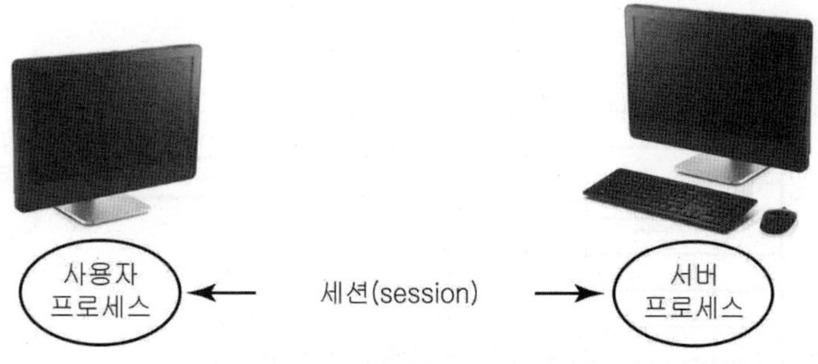

<기존 클라이언트/서버 환경에서의 세션의 생성>

아직도 클라이언트/서버 환경에서 오라클 서버를 운영하는 경우도 적지 않다. 하지만 2000년대 초반부터 인터넷 환경이 대세를 이루면서 많은 애플리케이션들이 기존의 클라이언트/서버 아키텍처에서 Tier 1(http 기반의 브라우저), Tier 2(WEB 서버, WEB+WAS/AP 서버) 그리고 Tier 3(데이터베이스 서버)를 사용하는 3 Tier 웹 애플리케이션 아키텍처로 전환되기에 이르렀다.

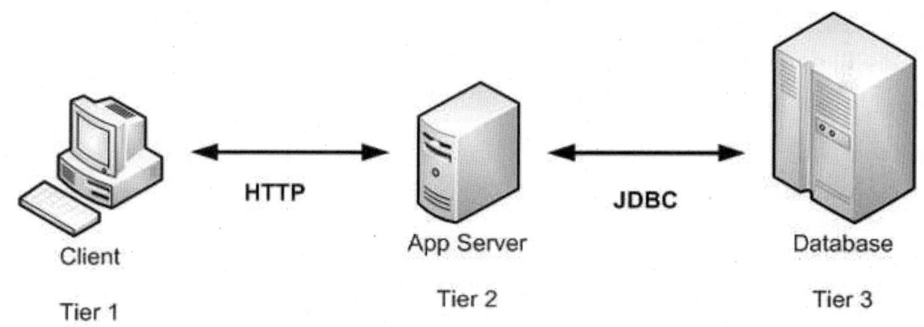

<3 Tier 웹 애플리케이션 환경>

일반적으로 웹 사용자가 브라우저에 http URL을 입력하면 웹사이트로 접속하는 구조라고 이해하면 된다. 물론 세부 아키텍처는 조금씩 다를 수는 있지만 기본적으로 이러한 기본적인 3 Tier 아키텍처를 가진다. 그렇다면 이 경우 웹 사용자의 접속 요청이 시작되면 어떤 과정을 거치게 되는지 예를 들어 살펴보자(3 Tier: 사용자 → WEB 서버 + WAS/AP → 데이터베이스 서버).

일단, Tier 1에서 웹 사용자는 http 프로토콜을 사용하여 WEB 서버에 접속하게 된다. 일반적으로 단순한 웹 페이지들의 경우에는 WEB 서버에서 html 파일을 작성한 후 페이지를 사용자 브라우저로 전송함으로써 사용자 연결이 종료되지만 보다 동적인 데이터가 필요하거나 데이터베이스에서 데이터를 가져와야 하는 경우에는 WAS/AP를 거쳐 데이터베이스까지 접속해야 하는 상황으로 이어진다. 이제 중요한 사항이 바로 WAS/AP 서버와 데이터베이스 서버간의 연결이 어떻게 이루어져 있는지에 대한 부분이다. 다음의 그림은 WAS/AP와 데이터베이스 서버 간에 Connection pool을 적용한 연결을 보여주는 그림이다.

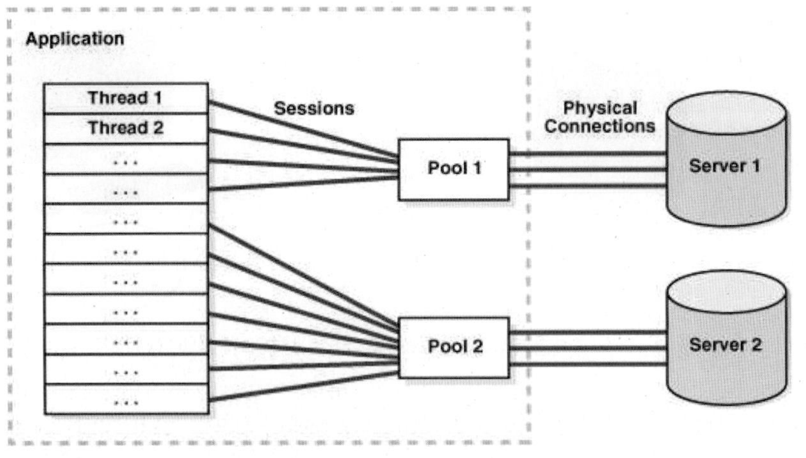

<기본적인 Connection pool 개념>

사용자 요청이 올 때 마다 WAS/AP와 데이터베이스 서버 간의 연결을 이루는 방식이 아니라 WAS/AP를 기동하는 시점 초기부터 20개 혹은 30개의 데이터베이스 연결(Pools of connections)을 이루어 놓고 이후에 사용자 요청이 오는 경우 이미 이루어져있는 연결 가운데 하나의 pool을 사용하여 데이터베이스에 연결되는 방식이라고 이해하면 될듯하다. 이러한 연결 방식을 Connection pool 방식이라고 일반적으로 이야기한다.

그러므로 이러한 3 Tier 아키텍처의 경우에는 오라클 서버 입장에서 세션의 의미는 웹 사용자 각각의 세션이 아니라 WAS/AP 서버에서 미리 연결해 놓은 접속 바로 이것이 세션이 된다는 의미이다.

Chapter 02 오라클 인스턴스(Instance) 이해

이번 장에서는 오라클 서버를 구성하는 영역 가운데 메모리 영역에 대한 특히 오라클 인스턴스를 구성하는 각각의 요소들에 대해 소개하고자 한다.

다음은 이번 장에서 다루게 될 세부 사항들이다.

- Section 01 인스턴스(Instance) 기본 개념 이해
- Section 02 SGA(System Global Area) 이해
- Section 03 공유 풀 : 라이브러리 캐시(Library cache)
- Section 04 공유 풀 : 데이터 딕셔너리 캐시(Data dictionary cache)
- Section 05 공유 풀 : Result cache
- Section 06 공유 풀 : Reserved pool
- Section 07 데이터베이스 버퍼 캐시(Database buffer cache)
- Section 08 리두 로그 버퍼(Redo log buffer)
- Section 09 라지 풀(Large pool)과 자바 풀(Java pool)
- Section 10 PGA(Program Global Area) / UGA(User Global Area)
- Section 11 사용자 프로세스(User process) 와 서버 프로세스(Server process)
- Section 12 백그라운드 프로세스 소개
- Section 13 인스턴스 복구(Instance recovery) 이해
- Section 14 체크포인트(Checkpoint) 이해
- Section 15 시스템 체인지 넘버(System change number) 이해
- Section 16 CKPT(Checkpoint) 프로세스
- Section 17 DBWR(Database writer) 프로세스
- Section 18 LGWR(Log writer) 프로세스
- Section 19 LREG(Listener registration process) 프로세스
- Section 20 MMON, Mnnn, MMNL 프로세스
- Section 21 PMON(Process monitor) 프로세스
- Section 22 SMON(System monitor) 프로세스
- Section 23 아카이버(ARCH) 프로세스

●●● oracle 01

인스턴스 기본 개념 이해

오라클 서버의 구성요소 중 메모리 영역을 인스턴스라고 이미 소개한 적이 있다. 오라클 서버는 인스턴스가 시작되지 않고는 데이터베이스에 있는 데이터를 접근할 수 없는 아키텍처로 되어있다. 그러므로 오라클 서버를 기동하게 되면 먼저 메모리 영역인 인스턴스가 시작하게 되고 그 이후에 데이터를 실제로 저장하고 있는 데이터베이스 영역이 오픈되는 구조라고 이해하면 된다. 또한 각각의 데이터베이스 마다 자신들만의 인스턴스를 1:1 관계로 구성하게 되기 때문에 인스턴스가 다수의 데이터베이스에 의해 공유되지 못한다.

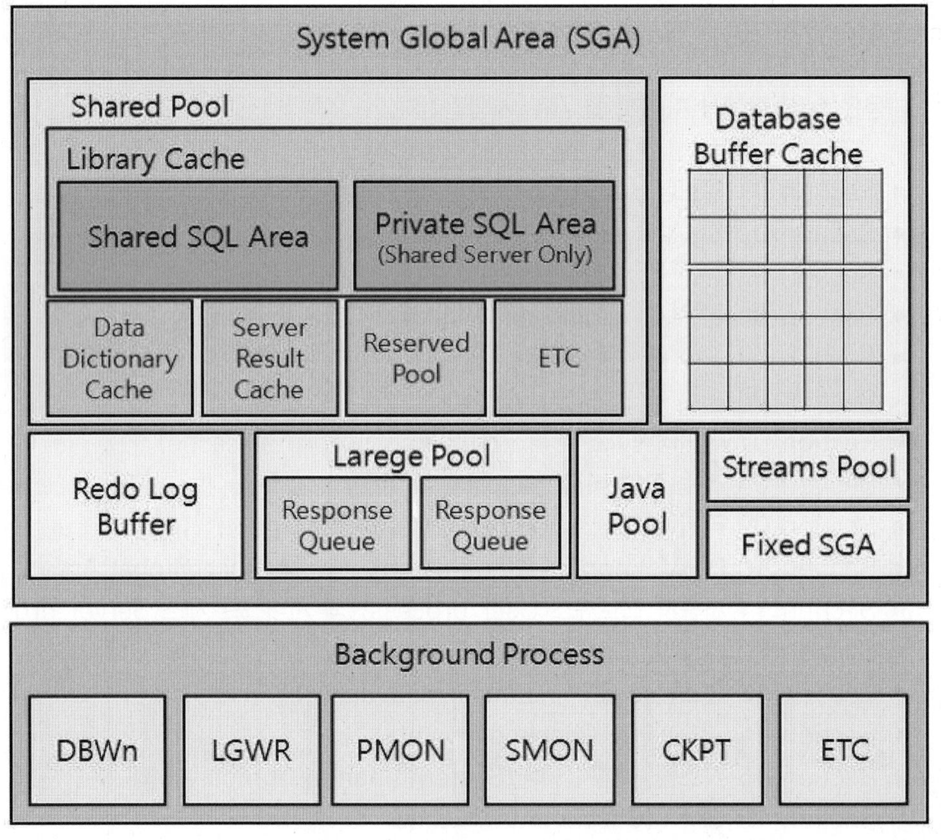

단일 서버에 다수의 오라클 서버를 구축하는 경우에는 SID라는 인스턴스 식별자를 가지고 그들을 구별한다. 단 하나의 서버에는 동일한 SID를 가질 수 없는 제약 사항이 존재한다.

●●● oracle 02

SGA(System Global Area) 이해

일단 오라클 서버가 시작되면 오라클은 기본적으로 SGA라는 메모리 영역을 가장 먼저 할당한다. 오라클 데이터베이스 운영자(DBA)의 관점에서 볼 때 SGA를 어떻게 관리하느냐는 오라클 데이터베이스의 전체적인 성능에 큰 영향을 준다는 점에서 무척 중요하다. 다음은 SGA를 구성하는 가장 기본적이며 중요한 메모리 영역을 보여준다.

<table>
<tr><td>공유 풀(Shared pool)</td><td>라이브러리 캐시(Library cache)
데이터 딕셔너리 캐시(Dictionary cache)
Result cache
Reserved pool</td></tr>
<tr><td colspan="2">데이터베이스 버퍼 캐시(Database buffer cache)</td></tr>
<tr><td colspan="2">리두 로그 버퍼(Redo log buffer)</td></tr>
</table>

그리고 이외에도 두 가지 메모리 영역이 부수적으로 설정될 수도 있다.

- 자바 풀(Java pool)
- 라지 풀(Large pool)

*SGA 메모리 할당 정보 확인

다음의 명령을 통해 현재 할당된 SGA 메모리 할당 정보를 확인할 수 있다.

```
SQL> show sga
Total System Global Area 1258291200  bytes → 전체 SGA 할당 용량
Fixed Size                  2923920  bytes → 백그라운드 프로세스에 할당된 공간
Variable Size             738198128  bytes → 공유 풀, 라지 풀, 자바 풀에 할당된 공간
Database Buffers          503316480  bytes → 데이터베이스 버퍼 캐시에 할당된 공간
Redo Buffers               13852672  bytes → 리두 로그 버퍼에 할당된 공간
```

관련 초기화 파라미터 : memory_max_target, memory_target, sga_max_size, sga_target

●●● oracle 03

공유 풀 : 라이브러리 캐시(Library cache)

사용자가 SQL 문장 또는 PL/SQL 문장을 실행하는 경우 오라클은 내부적으로 해당 문장들에 대한 파스(Parse)라는 과정을 수행한다. 다음의 SQL 문장을 예를 들어 파스 과정을 설명하고자 한다.

```
SQL> select empno, ename from emp;

     EMPNO ENAME
---------- ------------------------------
      7369 SMITH
      7499 ALLEN
      7521 WARD
      7566 JONES
      7654 MARTIN
      7698 BLAKE
      7782 CLARK
      7788 SCOTT
      7839 KING
      7844 TURNER
      7876 ADAMS
      7900 JAMES
      7902 FORD
      7934 MILLER
```

Step1) SQL 문장이 메모리에 로딩된다(하드 파싱).
Step2) 문장, 문법 확인(Syntax)
문장 자체적으로 문장 오류가 있는지 확인한다. 예를 들자면, select 를 silect 라고 작성했는지를 확인하는 과정이다. 다음은 문법이 잘못된 경우 파스 에러를 보여준다.

```
SQL> silect empno, ename from emp;
SP2-0734: unknown command beginning "silect emp..." - rest of line ignored.
```

Step3) 시멘틱 확인(Semantic)
SQL 문장에 사용된 테이블 이름이나 컬럼 이름이 정확한지, 그리고 SQL 문장을 사용하는 사용자가 해당 테이블에 대한 권한이 충분한지 여부를 데이터 딕셔너리를 참조하여 확인하는 과정이다. 다음은 테이블 이름, 컬럼 이름 그리고 권한 관련 데이터 딕셔너리 정보가 일치하지 않아서 발생하는 파스 에러를 보여준다.

```
SQL> select empno,ename from emmp;
select empno,ename from emmp
                        *
ERROR at line 1:
ORA-00942: table or view does not exist

SQL> select emno, ename from emp ;
select emno, ename from emp
       *
ERROR at line 1:
ORA-00904: "EMNO": invalid identifier

SQL> show user
USER is "SCOTT"
SQL> select * from dba_tables;
select * from dba_tables
              *
ERROR at line 1:
ORA-00942: table or view does not exist
```

Step4) 쿼리 변환(Query transformation)

내부적으로 복잡한 SQL 문장을 보다 효율적으로 수행할 수 있는 다른 SQL 문장으로 내부적으로 변환시키는 과정이다. 예를 들자면 empno between 7300 and 7600 이라는 문장이 실행되면 이를 empno〉=7300 and empno〈=7600 의 형식으로 내부 변환을 수행하게 된다. 보다 자세한 내용은 SQL 튜닝 문서들을 참조하기 바란다.

Step5) 실행 계획 생성(Optimization)

이제 드디어 오라클은 해당 SQL 문장을 어떤 방식으로 실행할 것인지에 대한 최단 경로를 선택한다.

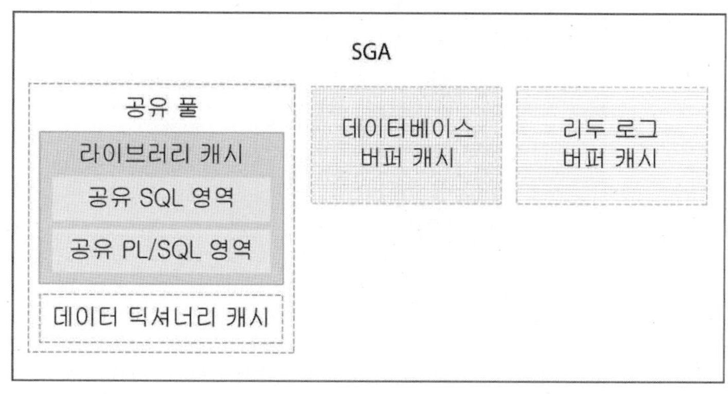

〈라이브러리 캐시〉

모든 파스 과정이 완료되면 파스된 SQL 문장들과 그들의 실행 계획들이 공유 풀의 한 영역인 라이브러리 캐시(Library cache)에 저장되고, 이들은 같은 인스턴스를 사용하는 사용자들에 의하여 이후에 지속적으로 공유될 수 있다. 좀더 자세하게 이야기해 보면 SQL 관련 정보들은 라이브러리 캐시 내부의 한 부분인 공유 SQL 영역(Shared SQL area)에 저장되며 PL/SQL 관련 정보들의 경우에는 마찬가지로 라이브러리 캐시 내의 또 다른 영역인 공유 PL/SQL 영역(Shared PL/SQL area)에 나누어 각각 저장된다.

이렇게 라이브러리 캐시에 파스된 SQL 관련 정보를 저장하는 이유는 오라클의 성능을 높여주는 역할을 하기 때문이다. 이미 어느 정도 감을 잡았겠지만 이후에 임의의 사용자가 라이브러리 캐시에 이미 저장되어 있는 SQL 문장을 실행하는 경우 파스 과정을 다시 거치지 않고 바로 메모리에 저장된 파스 정보를 그대로 사용하게 된다. 결국 파스에 소요되는 자원을 최소화시켜줌으로서 데이터 처리 속도를 높여주는 결과를 주게 된다는 의미이다.

하지만 라이브러리 캐시의 크기는 어느 정도의 크기로 한정되어 있는데 어떻게 그 모든 SQL 문장 관련 정보를 이곳에 저장할 수 있을까? 사실 오라클은 데이터베이스가 시작해서부터 최근까지 실행된 모든 SQL 정보를 이곳에 저장할 수 없다. 오라클은 Least Recently Used(LRU)라는 알고리즘을 적용하여 SQL 문장들 가운데 가장 최근까지 자주 실행된 SQL 문장들만을 이곳에 보관하는 방법을 제공한다. 생각해보면 아주 이해가 되는 방법이기도 하다. 왜냐하면 자주 사용되지도 않는 SQL 문장들을 굳이 메모리에 저장해 놓는다는 것은 그리 현명한 방법이 아니기 때문이다. 메모리는 무척 비싼 공간임을 잊지 않기 바란다.

*라이브러리 캐시에 저장된 SQL 확인 과정

Step1) SQL 문장 실행

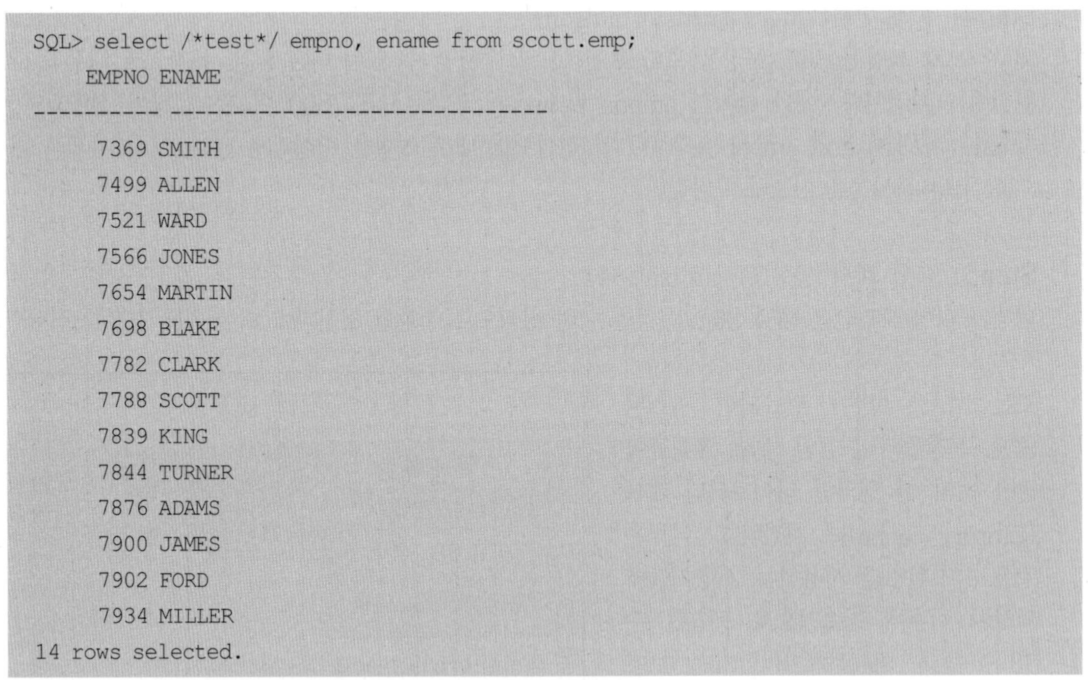

```
SQL> select /*test*/ empno, ename from scott.emp;
     EMPNO ENAME
---------- ------------------------------
      7369 SMITH
      7499 ALLEN
      7521 WARD
      7566 JONES
      7654 MARTIN
      7698 BLAKE
      7782 CLARK
      7788 SCOTT
      7839 KING
      7844 TURNER
      7876 ADAMS
      7900 JAMES
      7902 FORD
      7934 MILLER
14 rows selected.
```

※ /*test*/ 라는 주석을 사용하면 이후 검색할 때 보다 쉽게 찾을 수 있다는 장점이 있다.

Step2) v$sql 뷰를 통한 SQL 문장 확인

```
SQL> select sql_id,sql_text from v$sql
  2  where sql_text like '%test%';

SQL_ID          SQL_TEXT
------------    ------------------------------------------------------------
9sxw3ahf689rr   select /*test*/ empno, ename from scott.emp
```

이처럼 특정 SQL 문장이 라이브러리 캐시에 저장되어 있는지를 확인할 수 있다.
Where 조건절에 '%test%'를 사용하여 test라는 문자열이 포함되어 있는 SQL 문장만 출력 가능하다.

관련 초기화 파라미터 : shared_pool_size
관련 뷰 : vsql, vsqlarea

oracle 04

공유 풀 : 데이터 딕셔너리 캐시(Data dictionary cache)

SQL 문장에 대한 파싱이 시작되면 데이터 딕셔너리(Data dictionary)로부터 지속적으로 객체와 객체의 권한, 객체의 구조, 사용자가 정의한 테이블, 뷰, 인덱스 기타 데이터베이스 오브젝트 정보를 참조하게 된다. 이처럼 파싱 과정 가운데 참조된 데이터 딕셔너리 오브젝트 정보를 저장하는 공간을 데이터 딕셔너리 캐시(Data dictionary cache)라고 부른다.
데이터 딕셔너리 캐시 오브젝트란 데이터 딕셔너리 캐시 영역에 저장된 개별 데이터 딕셔너리 오브젝트를 의미한다.
가령 사용자가 실행한 SQL 문장 중에 emp_id_seq 라는 시퀀스가 있다고 하자. 시퀀스 emp_id_seq는 물리적으로는 system 테이블스페이스의 sys.seq$라는 시스템 테이블에 저장되어 있다. 사용자가 시퀀스 emp_id_seq를 참조하게 되면 sys.seq$ 테이블에서 시퀀스 emp_id_seq에 해당하는 로우 데이터(Row data)를 데이터베이스 버퍼 캐시를 경유하여 데이터 딕셔너리 캐시로 읽어 들이게 되는데 이 과정에서 시퀀스 emp_id_seq에 해당하는 라이브러리 캐시 오브젝트가 생성된다는 의미이다. 테이블이나 인덱스나, 권한, 역할……어떤 데이터 딕셔너리 오브젝트가 임의의 SQL 문장에서 참조되면 동일한 방식으로 데이터 딕셔너리 캐시에 로딩된다고 이해하면 된다.
다음 그림은 사용자가 select * from scott.emp; 라는 명령을 실행하는 경우 해당 파스 정보가 라이브러리 캐시 영역(Row cache 영역이라고도 부른다)에 기록되는 상황을 보여준다.

Shared pool
Library cache
PGA
User process
Optmizer
TABLE: SCOTT.EMP Columns Grants Depnedencies
cursor: select' from scott.emp
sqlarea
Row cache
dc_tabes
dc_segments
dc_columns
Processes enqueues ...
Buffer cache
tab $
seg $
col $
Dictionary

이처럼 데이터 딕셔너리 오브젝트들이 데이터 딕셔너리 캐시에 로딩되고 나면 그 후로는 디스크에 저장된 데이터 딕셔너리 오브젝트 정보를 다시 읽어들이는 것이 아니라 메모리 영역인 데이터 딕셔너리 캐시에 저장되어져 있는 정보를 바로 가져다가 사용하게 된다. 당연히 디스크 I/O가 발생하지 않으므로 보다 효율적인 데이터베이스 관리 방법이 된다.

데이터 딕셔너리 오브젝트의 속성을 변경하고자 하는 프로세스는 그에 해당하는 데이터 딕셔너리 캐시 오브젝트에 대한 Row cache lock을 획득해야 한다(Row cache lock은 딕셔너리 캐시 영역을 보호하는 락이다). 그러므로 다수의 프로세스가 동시에 데이터 딕셔너리 오브젝트 정보를 참조하거나 변경하는 경우 딕셔너리 캐시에서의 경합이 발생할 수 있다는 점에 유의하기 바란다.

*라이브러리 캐시 정보 확인

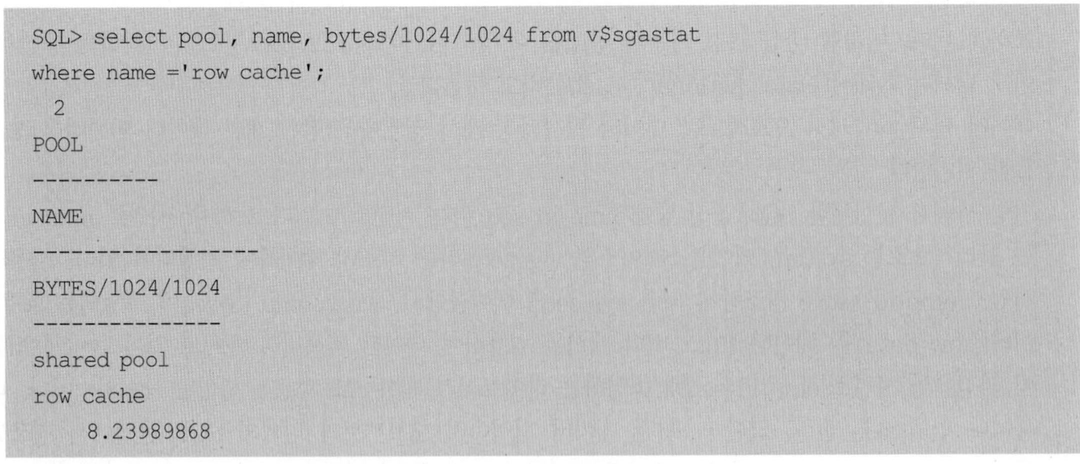

```
SQL> select pool, name, bytes/1024/1024 from v$sgastat
where name ='row cache';
  2
POOL
----------
NAME
-------------------
BYTES/1024/1024
---------------
shared pool
row cache
     8.23989868
```

현재 8M 정도의 라이브러리 캐시 공간이 할당되어 있음을 확인할 수 있다.

관련 초기화 파라미터 : v$rowcache, shared_pool_size

●●● oracle 05

공유 풀 : Result cache

11g 버전 이전에는 사용자의 SQL 쿼리 문장이 실행되는 경우 어떤 방식으로 처리가 되었을까 잠시 생각해보자. 특히 데이터베이스 버퍼 캐시에서 필요한 데이터를 읽는 경우만을 살펴보자.
데이터베이스 버퍼 캐시는 한 사람만 사용하라고 만든 메모리 구조가 아니다. 다수의 사용자들이 모두 함께 사용하는 공동의 공간이다.
누군가가 임의의 SQL 문장(특히 쿼리 문장)을 실행하게 되면 그 요청을 받은 서버 프로세스가 가장 먼저 하는 일은 무엇일까? 바로 데이터베이스 버퍼 캐시 내부에 자신이 찾는 버퍼가 저장되어 있는지를 확인하는 과정이다. 하지만 다수의 사용자가 아무런 순서도 없이 무작정 이러한 확인 과정을 수행하게 되는 상황은 데이터베이스 일관성 측면에서 볼 때 바람직하지 못하다. 그래서 오라클은 내부적으로 래취(Latch) 라는 락(Lock)을 주면서 래치를 잡은 사용자에게만 확인 과정을 수행하도록 허락하였다. 문제는 한 번에 한 사용자만 래치를 잡을 수 밖에 없기 때문에 나머지 다른 사용자들이 대기(Wait) 상태로 들어가는 상황이 발생하게 되고 이는 결과적으로 전체적인 성능에까지 영향을 주게 된다는 점이다.
11g를 통해 소개된 Result cache 는 이러한 대기 상황을 줄여줄 수 있는 대안으로 사용 가능하다. 왜냐하면 Result cache는 사용자가 임의의 SQL 혹은 PL/SQL 문장을 실행하는 경우 그 결과값(오라클 블록 혹은 오라클 버퍼가 아님. 사용자에게 반환되는 SQL 쿼리 결과값 자체를 말함)을 메모리(공유 풀 : Result cache)에 저장한 후 이후에 같은 결과값이 요청되는 경우 이를 Result cache에서 찾아 사용자에게 바로 반환해주는 기능을 제공하기 때문이다. 이러한 Result cache 영역이 생성되는 공간이 바로 공유 풀이 되는 것이다.
다음과 같은 문장들은 Result cache에 저장된다.

- 일반적인 SQL Query
- 특정 시점에 대한 Flashback query
- Query 결과가 Read-consistent 한 Snapshot 인 경우
- View 또는 Inline view 형태의 Query block

다음의 쿼리들은 Result cache에 저장되지 못한다.

- Dictionary 및 Temporary table에 대한 SQL 쿼리 문장
- Sequence의 Curval/Nextval에 대한 SQL 쿼리 문장
- current_date, current_timestamp, local_timestamp, userenv/sys_context(with non_constant variables)
- sys_guid, sysdate, sys_timestamp 등의 함수 호출이 포함된 SQL 쿼리 문장
- Non-deterministic PL/SQL 함수를 호출하는 SQL 쿼리 문장

Result cache는 다음과 같은 기본값으로 공유 풀 내부에 생성된다.

- memory_target 사용 시 : memory_target 값의 0.25%
- sga_target 사용 시 : sga_target 값의 0.5%
- shared_pool_size 사용 시 : shared_pool_size 값의 1%

하지만 Result cache의 크기를 인위적으로 지정해야 하는 상황일 때에는 result_cache_max_size 라는 파라미터를 사용해서 설정 가능하다. 하지만 공유 풀 크기의 75%가 넘지 않는 선에서 할당해줄 것을 권고하는 바이다.

다음은 Result cache의 설정 방식을 살펴보도록 한다.

Step1) result_cache_mode 파라미터 설정
Result cache 활성화를 위해서는 result_cache_mode 파라미터를 사용하게 되는데 설정 값은 두 가지 옵션이 가능하다.

- Manual : 이 값을 설정하는 경우에는 각각의 SQL 문장마다 /+result_cache/ 힌트를 사용해야만 Result cache에 저장된다.
- Force : 모든 SQL이 Result cache의 대상이 된다.

```
SQL> show parameter result_cache_mode
NAME                                 TYPE
------------------------------------ --------------------------------
VALUE
------------------------------
result_cache_mode                    string
MANUAL
```

Step2) 현재 할당되어있는 메모리 현황을 파악한다.

```
SQL> show parameter memory_target
NAME                                 TYPE
------------------------------------ ---------------------------------
VALUE
------------------------------
memory_target                        big integer
1200M
SQL> show parameter result_cache_max_size
NAME                                 TYPE
------------------------------------ ---------------------------------
VALUE
------------------------------
result_cache_max_size                big integer
3M
SQL> show parameter result_cache_max_result
NAME                                 TYPE
------------------------------------ ---------------------------------
VALUE
------------------------------
result_cache_max_result              integer
5
```

Step3) Result cache, 공유 풀 그리고 데이터베이스 버퍼 캐시까지 모두 Flush 시킨다.

```
SQL> execute dbms_result_cache.flush;
SQL> alter system flush shared_pool;
SQL> alter system flush buffer_cache;
```

Step4) 테스트를 시작하기 전 Result cache 분석 결과를 확인한다.

```
SQL> set serveroutput on
SQL> execute dbms_result_cache.memory_report;
R e s u l t   C a c h e   M e m o r y   R e p o r t
[Parameters]
Block Size          = 0 bytes
Maximum Cache Size  = 0 bytes (0 blocks)
Maximum Result Size = 0 bytes (0 blocks)
[Memory]
Total Memory = 5440 bytes [0.003% of the Shared Pool]
... Fixed Memory = 5440 bytes [0.003% of the Shared Pool]
... Dynamic Memory = 0 bytes [0.000% of the Shared Pool]
```

마지막 "Dynamic Memory = 0 bytes [0.000% of the Shared Pool]" 를 통해 현재 Result cache에 저장되어 있는 데이터가 아무 것도 없음을 확인할 수 있다.
v$result_cache_statistics 뷰를 통해서도 Result cache 관련 통계치를 확인할 수 있다.

```
SQL> select id, name, value from v$result_cache_statistics;
ID    NAME                            VALUE
----- ------------------------------ --------------------
    1 Block Size (Bytes)               1024
    2 Block Count Maximum              3072
    3 Block Count Current                 0
    4 Result Size Maximum (Blocks)      153
    5 Create Count Success                0
    6 Create Count Failure                0
    7 Find Count                          0
    8 Invalidation Count                  0
    9 Delete Count Invalid                0
   10 Delete Count Valid                  0
   11 Hash Chain Length                   0
   12 Find Copy Count                     0
   13 Latch (Share)                       0
```

Create Count Success 값이 0이란 의미는 현재 Result cache 영역에 생성된 오브젝트가 없다는 의미이며, Find Count 값이 0이란 의미는 Result cache에 저장된 데이터가 사용된 적이 아직 없었다는 의미로 이해하면 된다.

Step5) SQL 문장을 실행한다.
이제 select empno, ename from scott.emp 문장의 결과값을 Result cache 영역에 저장하고자 /*+ result_cache */ 힌트를 사용하여 실행하도록 한다.

```
SQL> set autotrace on;
SQL> select /*+ result_cache */ empno, ename from scott.emp;

     EMPNO ENAME
---------- ------------------------------
      7369 SMITH
      7499 ALLEN
      7521 WARD
      7566 JONES
      7654 MARTIN
      7698 BLAKE
```

```
      7782  CLARK
      7788  SCOTT
      7839  KING
      7844  TURNER
      7876  ADAMS
      7900  JAMES
      7902  FORD
      7934  MILLER

14 rows selected.

Execution Plan
----------------------------------------------------------
Plan hash value: 3956160932


--------------------------------------------------------------------------------

| Id  | Operation         | Name                | Rows  | Bytes | Cost (%CPU)| Time     |
--------------------------------------------------------------------------------


|   0 | SELECT STATEMENT |                      |   14  |   140 |     3   (0)| 00:00:01 |
|   1 | RESULT CACHE      | 67dac36dfcdw9cuc3sc3w6avh4 |  |       |      |          |
|   2 | TABLE ACCESS FULL| EMP                  |   14  |   140 |     3   (0)| 00:00:01 |
--------------------------------------------------------------------------------

Result Cache Information (identified by operation id):
------------------------------------------------------

   1 - column-count=2; dependencies=(SCOTT.EMP); name="select /*+ result_cache *
/ empno, ename from scott.emp"

Statistics
----------------------------------------------------------
         23  recursive calls
          0  db block gets
         35  consistent gets
          7  physical reads
          0  redo size
        853  bytes sent via SQL*Net to client
        551  bytes received via SQL*Net from client
          2  SQL*Net roundtrips to/from client
          2  sorts (memory)
          0  sorts (disk)
         14  rows processed
```

emp 테이블에 대한 풀 스캔의 결과가 Result cache에 저장되었음을 위의 실행 계획을 통해서도 확인할 수 있다.

```
SQL> column id format 9999
SQL> column name format a30
SQL> column value format a20
SQL> select id, name, value from v$result_cache_statistics;

   ID NAME                                     VALUE
----- ------------------------------ --------------------
    1 Block Size (Bytes)                         1024
    2 Block Count Maximum                        3072
    3 Block Count Current                          32
    4 Result Size Maximum (Blocks)                153
    5 Create Count Success                          1
    6 Create Count Failure                          0
    7 Find Count                                    0
    8 Invalidation Count                            0
    9 Delete Count Invalid                          0
   10 Delete Count Valid                            0
   11 Hash Chain Length                             1
   12 Find Copy Count                               0
   13 Latch (Share)                                 0
```

Create Count Success 값이 1로 변경된 것을 확인할 수 있다. 이 의미는 현재 Result cache 영역에 생성된 오브젝트가 1개 발생했다는 의미이다. 하지만 Find Count 값은 여전히 0을 보여준다. 이 의미는 Result cache로부터 데이터를 반환한 경우가 발생한 적이 없다는 의미로 이해하면 된다.

Step6) SQL 문장을 다시 실행하여 아직 Find Count 값이 증가하는지 확인하도록 한다. 이번에는 힌트를 제거하고 실행하도록 한다.

```
SQL>  select empno, ename from scott.emp;

Execution Plan
----------------------------------------------------------
Plan hash value: 3956160932

--------------------------------------------------------------------------
| Id  | Operation         | Name | Rows  | Bytes | Cost (%CPU)| Time     |
--------------------------------------------------------------------------
|   0 | SELECT STATEMENT  |      |    14 |   140 |     3   (0)| 00:00:01 |
|   1 |  TABLE ACCESS FULL| EMP  |    14 |   140 |     3   (0)| 00:00:01 |
--------------------------------------------------------------------------
```

```
ID    NAME                                     VALUE
----- ------------------------------ ------------------
    1 Block Size (Bytes)                        1024
    2 Block Count Maximum                       3072
    3 Block Count Current                         32
    4 Result Size Maximum (Blocks)               153
    5 Create Count Success                         1
    6 Create Count Failure                         0
    7 Find Count                                   0
    8 Invalidation Count                           0
    9 Delete Count Invalid                         0
   10 Delete Count Valid                           0
   11 Hash Chain Length                            1
   12 Find Copy Count                              1
   13 Latch (Share)                                0
```

Find Count 값이 아무런 변동이 없을 뿐만 아니라 Result cache를 사용하지도 않고 단순히 emp 테이블에 대한 풀 스캔을 진행하고 있는 것을 확인할 수 있다. 이번에는 이전에 Result cache를 생성할 때 사용했던 동일한 문장을 실행하도록 한다.

```
SQL> select /*+ result_cache */ empno, ename from scott.emp;
SQL> select id, name, value from v$result_cache_statistics;

   ID NAME                                     VALUE
----- ------------------------------ ------------------
    1 Block Size (Bytes)                        1024
    2 Block Count Maximum                       3072
    3 Block Count Current                         32
    4 Result Size Maximum (Blocks)               153
    5 Create Count Success                         1
    6 Create Count Failure                         0
    7 Find Count                                   1
    8 Invalidation Count                           0
    9 Delete Count Invalid                         0
   10 Delete Count Valid                           0
   11 Hash Chain Length                            1
   12 Find Copy Count                              1
   13 Latch (Share)                                0
```

이제야 Find Count 값이 1로 변경된 것을 확인할 수 있다. 이상의 테스트 결과로 볼 때 Result cache에 SQL 실행 결과값을 초기에 저장할 때도 /*+ result_cache */ 힌트를 사용해야 하며 이후에 Result cache에 저장된 결과값을 사용하고자 하는 경우에도 /*+ result_cache */ 힌트를 사용해주어야 한다는 사실을 확인하였다.

- 관련 뷰 : v$result_cache_statistics;
- 관련 초기화 파라미터 : result_cache_max_size, result_cache_max_result, memory_target, sga_target, shared_pool_size

●●● oracle 06

공유 풀 : Reserved pool

SQL 문장이나 PL/SQL 패키지가 파싱되고 나면 이들 오브젝트는 메모리상에 저장된다고 이미 언급한적이 있다. 이때 오라클은 내부적으로 Chunk라는 메모리 조각으로 이들을 나누어 저장하게 된다. 기본적으로 1KB와 4KB 크기의 Chunk를 사용하는데 해당 오브젝트의 크기가 커서 4KB 이상의 (5KB) Chunk를 사용해야 하는 상황이 발생하게 되면 오라클은 라이브러리 캐시가 아닌 다른 영역에 이들을 저장, 관리하게 된다. 이때 사용되는 메모리 영역을 Reserved pool이라 한다. 현재 9MB 정도의 공간이 할당되어있는 것을 확인할 수 있다. 보다 큰 공간을 할당하기 위해서는 alter 명령을 사용하여 인위적으로 파라미터값을 상향 조정시켜주면 된다.

```
SQL> show parameter shared_pool_reserved_size

NAME                                 TYPE
------------------------------------ ------------------------------------
VALUE
------------------------------
shared_pool_reserved_size            big integer
9227468
```

- 관련 뷰 : v$shared_pool_reserved
- 관련 초기화 파라미터 : shared_pool_reserved_size

●●● oracle 07

데이터베이스 버퍼 캐시(Database buffer cache)

일반적으로 사용자들이 임의의 쿼리를 실행하거나 DML(특히 Update 문장)을 실행하게 되면 오라클은 그 쿼리 결과 값을 가지는 오라클 블록을 데이터 파일로부터 물리적으로 읽어들여서 복사본을 일단 데이터베이스 버퍼 캐시에 저장한다. 이후에 같은 데이터 블록을 요구하는 SQL 문장이 실행되면 오라클은 일단 데이터베이스 버퍼 캐시에 결과 값들을 가지는 오라클 블록이 존재하는지 확인하는 과정을 거치게 된다. 이때 해당 블록이 데이터베이스 버퍼 캐시에 존재하면 그곳으로부터 바로 읽어서 처리해주지만 존재하지 않는다면 디스크에 저장된 데이터 파일로부터 디스크 I/O를 발생시키며 다시 읽게 된다. 당연히 디스크 I/O 없이 바로 메모리로부터 해당 블록을 읽어들이는 것이 성능 측면에서 좋은 방법이 되는 것은 당연하다. 바로 이러한 상황이 데이터베이스 버퍼 캐시가 전체 오라클 데이터베이스의 가동에 있어서 중요한 의미를 부여하는 이유 중 하나가 된다.

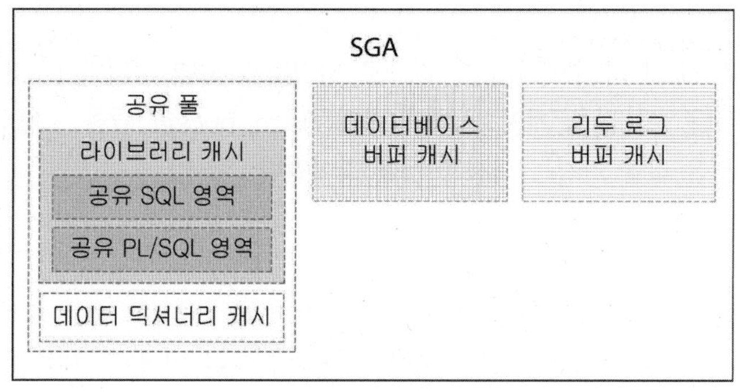

<데이터베이스 버퍼 캐시>

*데이터베이스 버퍼 캐시 내부 구조 관리

데이터베이스 버퍼 캐시는 아래와 같은 Hash table 구조로 관리가 된다.

> **tip**
>
> 해시 테이블은 인스턴스가 시작될 때 내부적으로 자동 생성된다.

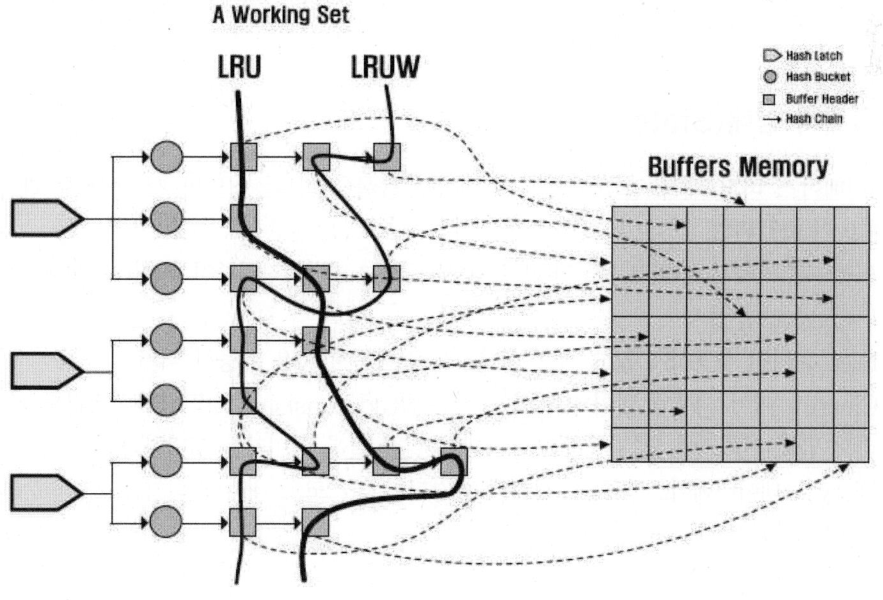

Step1)

찾고자 하는 버퍼가 어디에 위치하는지에 대한 정보를 얻기 위해서는 결국 해시 체인을 스캔해야만 한다. 하지만 오라클은 내부적으로 동일한 시점에 래치를 획득한 하나의 프로세스만 해시 체인을 스캔하도록 제약을 걸어두었다. 결국 래치를 획득하는 것이 첫 번째 순서가 될 것이다.

Step2)

일단 래치를 획득한 상태에서 오라클 블록의 주소값(DBA = Data Block Address)과 오라클 블록의 클라스 정보를 Hash 함수에 Input 값으로 입력하게 되면 임의의 Hash value가 함수 Output 값으로 나오게 된다. 이 값을 가지고 해시 버켓(Hash bucket)들을 스캔하여 자신이 가지고 있는 Hash value와 같은 값을 가지는 해시 버켓을 찾아간다.

Step3)

이처럼 특정 해시 버켓에 도달하게 되면 그 해시 버켓 내부에 체인 방식으로 연결된 버퍼 헤더(Buffer header)들을 처음부터 스캔을 하다가 찾고자 하던 버퍼가 발견되면 이 시점에서 일단 래치는 반환하고 해당 버퍼를 액세스하게 된다.

이때 만약 해당 버퍼가 다른 프로세스에 의해 사용중인 경우가 발생하면 해당 버퍼 헤더에 저장되어 있는 버퍼 Lock wait list(대기자 명단)에 자신을 등록한 후 버퍼 락이 해제될 때까지 기다려야하는 상황이 발생하게 된다(바로 이때 발생하는 대기 이벤트가 buffer busy waits이다).

이제 버퍼 락을 점유한 채 사용하고 있던 프로세스의 작업이 끝나 버퍼 락이 해제되면 대기자 명단에 있었던 나의 프로세스가 버퍼 락을 획득한 후 원했던 작업을 진행할 수 있게 된다.

Step4)

작업 완료 후에는 버퍼 락을 해제해야 되는데 이때 다른 프로세스와 충돌이 일어날 수 있으므로 해당 버퍼가 속한 Cache buffer chains latch를 다시 획득해야 한다.

*버퍼 자체의 상태(State)

데이터베이스 버퍼 캐시 영역에 올라온 데이터 블록(버퍼)는 임의의 시점에서 아래 경우 중 하나의 상태를 가지게 된다.

- Pinned : 해시 버퍼로부터 버퍼 락을 획득하고 현재 작업중인 버퍼, 버퍼 락을 반환할 때까지 Pinned 상태 유지
- Free : 아직 사용하지 않고 있는 버퍼로서 언제든지 사용 가능한 버퍼
- Clean : 이미 사용된 적이 있지만 지금은 Read consistent 버전의 이미지를 가지고 있는 버퍼. 다시 말해 디스크에 있는 블록 이미지와 동일한 블록 이미지를 의미한다.
- Dirty : 데이터베이스 버퍼 캐시에서 변경되어 디스크로 내려 적히기를 기다리는 버퍼. 이후 체크포인트 대상 버퍼

*버퍼 요청(읽기, 쓰기) 시점에 따른 버퍼의 상태(Mode)

- Consistent Mode Get : 커밋되지 않은 트랜잭션이 두 개의 로우를 변경하는 동안 다른 프로세스가 읽기 요청(Select)이 들어오게 되면 변경된 버퍼 이미지가 아닌 읽기 요청이 들어온 바로 그 시점에서의 데이터를 돌려줘야 한다. 왜냐하면 아직 커밋되지 않은 상태이기 때문이다. 이러한 상황이 발생하게 되면 버퍼를 읽어 들일 때 Read consistency 를 유지하기 위해 언두로 부터 언두 데이터를 생성하여 새로운 버퍼를 생성하게 되고 그 버퍼(Consistent mode)를 사용자에게 돌려주게 된다.
- Current Mode Get : 커밋되지 않은 트랜잭션이 두 개의 로우를 변경하는 동안 다른 프로세스가 쓰기 요청(Update, Delete)이 들어오게 되면 트랜잭션이 커밋되지 않은 상태의 버퍼(Current mode)를 돌려줘야 한다. 결국 최종적으로 변경된 블록 이미지를 말한다.

*LRU 알고리즘의 소개

그렇다면 일단 데이터베이스 버퍼 캐시 내부에 자리를 잡은 버퍼들은 데이터베이스를 종료할 때까지 그대로 버퍼에 남아있을 수 있겠는가? 과연 이것이 좋은 방법일까?
기본적으로 오라클은 메모리에서의 Queuing 알고리즘으로써 LRU(Least Recently Used) 리스트를 사용한다. 간단히 이야기하자면 사용 빈도가 높은 버퍼일수록 더 오래 데이터베이스 버퍼 캐시 내에 존재할 수 있도록 관리하는 알고리즘이다. 반대로 이야기하자면 자주 사용되지 않는 버퍼들의 경우에는 임의의 시점에서 데이터베이스 버퍼 캐시 밖으로 나가야 한다는 의미이다.
크게 두 가지 종류의 LRU 리스트가 존재한다.

- LRU 리스트 : 더티 버퍼를 제외한 모든 버퍼를 관리한다.
- Dirty 리스트(LRUW) : 같은 데이터 블록에 대한 데이터베이스 버퍼 캐시에 저장된 버퍼 이미지와 데이터 파일에 저장되어 있는 물리적인 블록 이미지가 서로 다른 버퍼(Dirty buffer)들을 관리하는 리스트이다.

이중에서 오라클은 리스트 스캔의 효율성을 위해 LRU 리스트나 Dirty 리스트를 다시 메인 리스트(Main list)와 보조 리스트(Auxiliary list)로 나누어 관리한다.

종 류	내 용
LRU 리스트(대체 리스트)	메인 리스트 : 사용된 버퍼들의 리스트, 핫 영역과 콜드 영역으로 구분하여 관리한다.
	보조 리스트 : 미 사용된 버퍼들이나 DBWR에 의해 기록된 버퍼들의 리스트를 관리한다.
LRUW 리스트	메인 리스트 : 변경된 버퍼들의 리스트(Dirty buffer)
	보조 리스트 : Dirty buffer 중 현재 DBWR에 의해 기록중인 버퍼들의 리스트

다음은 LRU 메인 리스트의 구조를 보여준다.

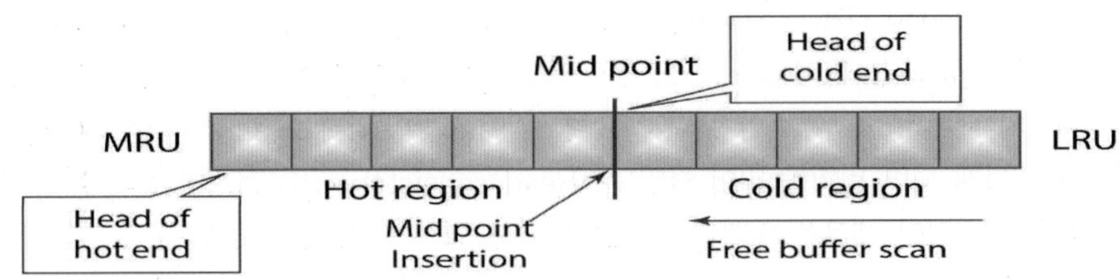

- LRU 리스트의 메인 리스트는 크게 핫 영역(Hot region)과 콜드 영역(Cold region)으로 나누어 진다.
- 자주 사용되는 블록들은 핫 영역에서 머물 가능성이 크며 자주 사용되지 않는 블록들은 콜드 영역에 머물 가능성이 크다.
- 개별 버퍼마다 터치 카운트를 사용하여 관리하는데 프로세스에 의하여 스캔이 이루어질 때마다 터치 카운트가 1씩 증가하게 된다.
- LRU 끝에 있는 버퍼의 터치 카운트가 1 이하면서 프리 상태일 경우 프리 버퍼로 사용되고 터치 카운트가 2 이상인 블록은 핫 영역의 머리 부분(Head of hot end)으로 옮겨지고 터치 카운트는 0으로 초기화 된다.

사용자가 요청하는 데이터를 디스크에서 읽어들이고 이들을 데이터베이스 버퍼 캐시로 가지고 올라가게 되면 다음과 같은 과정이 진행된다.
우선 LRU의 보조 리스트에서 프리 버퍼를 제일 먼저 확보하고자 한다. 이때 프리 버퍼의 수가 충분하면 바로 사용하지만 만약 프리 버퍼가 부족한 경우에는 메인 리스트의 콜드 영역 끝부터(LRU end) 프리 버퍼를 찾게 된다.
LRUW 리스트(메인 리스트)에 존재하는 더티 버퍼들은 임의의 조건이 만족되는 경우 DBWR에 의해 데이터 파일로 내려 적히게 되며 이후 이들은 프리 버퍼로 전환되면서 LRU의 보조 리스트로 등록된다.

*데이터베이스 버퍼 캐시 영역 구성 방법

데이터베이스 버퍼 캐시는 다음 세 가지 종류의 풀(Pool)을 사용하여 보다 세부적으로 구성할 수 있다.

① Default 버퍼 풀(db_cache_size 파라미터 적용, 기본적으로 생성된다)
db_cache_size라는 파라미터를 적용하여 생성하는데 이는 SGA 내부에 구성하는 기본 데이터베이스 버퍼 캐시 영역을 의미한다. 반드시 생성해주어야 하는 기본 풀이다.

② Keep 버퍼 풀(db_keep_cache_size 파라미터 적용)

db_keep_cache_size 파라미터에 의하여 생성되는 이 영역은 자주 재사용 되는 블록들을 저장하고자 하는 경우 추가적으로 생성 가능하다.

앞에서 이미 언급한적이 있지만 기본 데이터베이스 버퍼 캐시(Default 풀)만을 사용하게 되면 모든 오라클 블록들이 한 곳에서만 저장, 관리되어지게 되는데 여기서 문제는 자주 사용하는 오라클 블록들이 저장되어 있더라도 불필요한 오라클 블록(자주 사용되지는 않는)들이 자주 데이터베이스 버퍼 캐시에 올라오게 되면 LRU 알고리즘에 의하여 냉정하게 버퍼 캐시로부터 나가야하는 상황이 발생할 수도 있다는 것이다. 이런 상황이 자주 발생하게 되면 성능에 영향을 줄 수도 있기 때문에 정말 중요하고 자주 참조되는 테이블의 데이터의 경우에는 별도의 공간인 Keep 버퍼 풀에 저장, 관리되도록 설정할 수 있는 것이다. Keep 풀을 구성하기 위해 db_keep_cache_size 파라미터 값을 정할 때는 현재 버퍼 캐시 영역에 어떤 오브젝트들이 가장 많이 캐시되어 있는지 오브젝트의 이름을 찾아내고 그 해당 테이블의 사이즈를 정확히 계산하여 이들의 총 합을 파라미터 값으로 설정하도록 한다. 다음은 임의의 테이블에 대한 속성에 Keep 버퍼 풀을 사용하도록 설정해주는 명령이다.

```
SQL> alter table scott.emp
2   storage(buffer_pool keep);
Table altered.
```

③ Recycle 버퍼 풀(db_recycle_cache_size 파라미터 적용)

db_recycle_cache_size 파라미터에 의하여 생성된 공간은 언제든지 제거되어 재사용 될 수 있는 공간을 의미한다. 즉 자주 재사용되지 않는 데이터 블록을 임시적으로 저장하게 될 공간을 설정해주는 개념이다. 주로 풀 테이블 스캔(Full table scan)이 수행되면 해당 테이블에 대한 모든 오라클 블록들이 디스크로부터 읽혀져 데이터베이스 버퍼 캐시로 올라오지만 실제적으로 필요한 데이터는 적은 수 오라클 블록에 저장되어 있는 경우가 대부분이다. 여기서의 문제는 이러한 불필요한 풀 테이블 스캔이 빈번하게 발생하다 보면 중요한 데이터들이 버퍼 캐시로부터 나가야하는 상황을 초래할 수 있다는 점이다. 그러므로 풀 테이블 스캔이 실행되는 대상이 되는 테이블들의 경우에는 Default 버퍼 풀로 보내지 말고 따로 Recycle 버퍼 풀이라는 영역으로 보내서 임시적으로 저장하는 방식을 설정할 수 있다. 다음은 임의의 테이블에 대한 속성을 Recycle 버퍼 풀을 사용하도록 설정해주는 명령이다.

```
SQL> alter table scott.emp
2   storage(buffer_pool recycle);
Table altered.
```

- 관련 초기화 파라미터 : db_cache_size, db_nk_cache_size(n=4,8,16,32)

oracle 08

리두 로그 버퍼(Redo log buffer)

오라클은 내부적으로 임의의 변경사항이 발생하게 되면 이러한 하나하나의 변경 정보들을 "리두 로그" 라는 형식으로 메모리 상에서 발생시키고 리두 로그 버퍼라는 메모리 영역에 일단 저장시킨다.

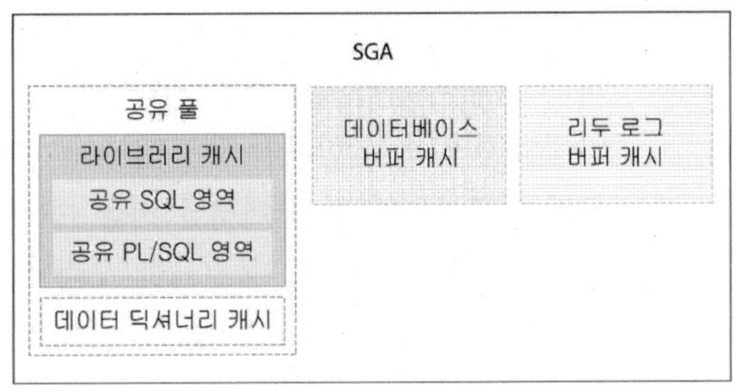

〈리두 로그 버퍼 캐시〉

다시 말하자면 리두 로그 버퍼는 주로 DDL(create, drop, alter) 또는 DML(insert, update, insert) 문장에 의하여 데이터베이스에 저장된 값 또는 데이터베이스 구조에 변경이 생기는 경우 이러한 변경 정보를 놓치지 않고 저장하는 메모리 영역이다.

리두 로그 버퍼에 저장되는 이러한 정보들은 커밋이 되는 순간 로그라이터(LGWR)라는 백그라운드 프로세스에 의하여 리두 로그 파일로 물리적으로 저장된다. 이처럼 물리적으로 리두 로그 파일로 내려적는 이유는 간단하다. 그토록 중요한 정보인데 리두 로그 버퍼라는 메모리에만 저장한다는 것은 다소 위험하기 때문이다.

*리두 로그 구조

그럼 과연 리두 로그의 내부에는 어떤 정보가 저장되어 있으며 어떤 방식으로 관리되는지 자세히 살펴보자. 아래 그림은 각각의 리두 로그부터 이들을 물리적으로 저장하고 있는 리두 로그 파일까지 전반적인 리두 로그 관련된 구성 정보를 한눈에 보여준다.

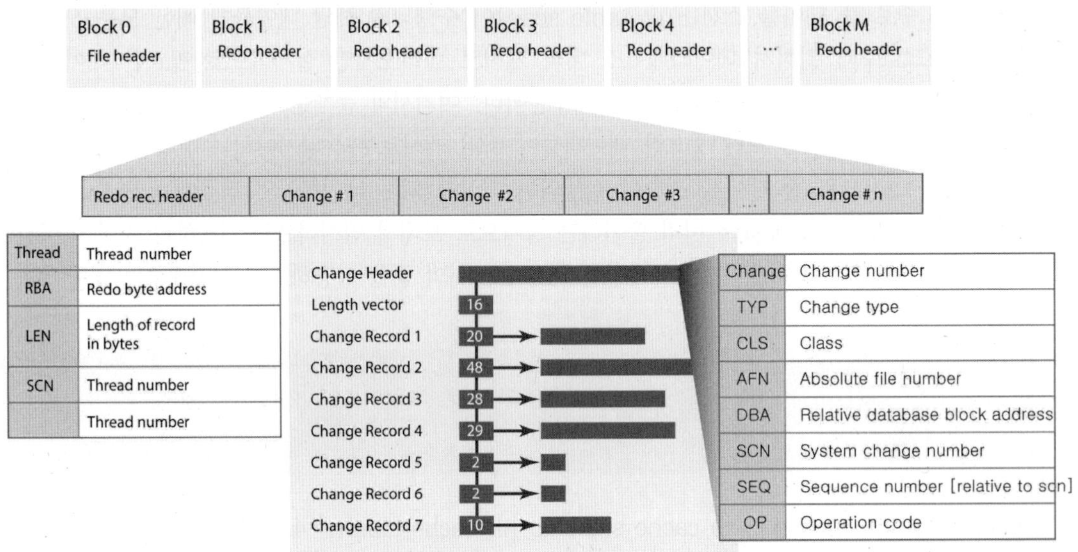

〈리두 로그 세부 정보〉

리두 로그 파일은 파일 헤더(File header), 리두 헤더(Redo header) 그리고 리두 레코드(Redo record)로 구성되며 리두 레코드는 리두 레코드 헤더(Redo record header)와 체인지 벡터들(Change vector 체인지#1, 체인지#12…..)로 구성된다. 결국 리두 로그는 체인지 벡터(Change vector)들의 총합으로 구성된 리두 레코드(Redo record)들로 구성된다는 의미이다.
여기서 체인지 벡터란 하나의 데이터 블록에 대한 단일 변경 내역으로서 변경된 블록 주소, 변경된 시점에서의 SCN(System Commit Number), 그리고 변경을 발생시킨 SQL 명령문 정보를 의미하는데 일단 PGA에서 생성되어 리두 로그 버퍼에 기록된다. 이때 리두 레코드 포맷(Redo record format) 형식으로 로우 단위로 리두 로그 버퍼에 복사된다. 이러한 체인지 벡터들의 집합을 리두 레코드(Redo record)라고 이해하면 된다. 가장 쉽게 이해하자면, 이후 데이터베이스 복구가 필요한 경우 바로 이들 체인지 벡터들이 복구해야 할 궁극적인 목표가 된다.

*로그 생성 방식

논리적 로그 생성

변경을 발생시키는 명령문과 변경 사항을 롤백시킬 수 있는 명령문만을 저장한다. 예를 들어, insert into emp where empno=134 라는 DML 문장이 실행되면 내부적으로 insert 문장 자체와 insert 문장을 롤백 시키는데 적용할 수 있는 delete emp where empno=134 라는 롤백 명령문 자체가 리두 로그에 저장되는 방식이다. 이 경우 변경된 블록의 주소 값 정보가 없기 때문에 롤백 시간이 길어지는 경우가 발생할 수 있다. 예를 들어 여러 블록에 insert 문장을 수행하던 중 트랜잭션이 비정상적으로 종료되는 상황이 발생하게 되면 어느 블록은 변경이 되고 어느 블록은 변경이 미처 되지 않았는지에 대한 정보를 파악할 길이 없기 때문에 전체 insert 문장을 수행하고 모든 insert 문장에 대한 롤백을 수행하는 과정을 거치게 된다.

물리적 로그 생성

물리적 로그 생성 방식은 변경되기 전의 블록의 전체 이미지와 변경 후의 블록의 전체 이미지를 모두 리두 로그에 기록하기 때문에 리두 로그 용량이 무척 커질 수도 있게 된다.

논리적/물리적 로그 생성

앞에서 언급한 논리적 로그 정보를 포함하고 추가적으로, 변경 후 값(New value)과 변경이 발생한 블록의 주소 값 그리고 변경 전 값(Old value)을 저장하고 있는 언두 블록의 주소 값을 함께 저장한다. 저장 용량이 비교적 작으면서도 빠른 롤백을 보장하는 방식이다.

*선 로그 기법 개념(Write log ahead)

- DML 수행 시 데이터를 변경하기 앞서 리두 로그를 생성한다.
- DBWR가 더티 버퍼를 디스크에 기록하기 전에 LGWR가 먼저 호출되어 리두 로그 버퍼의 정보를 리두 로그 파일에 기록한다.

이러한 선 로그 기법의 적용으로 DML 수행 중 장애가 발생하는 경우 데이터 복구가 가능하다.

페이지 고정 규칙 개념

데이터 정합성 보장을 위하여 변경 전 데이터를 가지고 있는 블록(데이터 버퍼 캐시에 저장된)이미지는 리두 로그 생성 시작 시부터 데이터 변경 완료 시점까지 변경되지 않는다는 내부 관리 방식이다.

논리적 리두 로그 정렬 개념

리두 로그가 생성된 순서에 따라 순차적으로 리두 로그 버퍼에 기록된다는 의미이다. 리두 로그의 생성 순서는 SCN 번호로 정해지며 그 순서 그대로 리두 로그 버퍼에 기록된다

커밋 시 리두 로그 저장 개념(Log force at commit)

커밋 수행 시 커밋 리두 레코드를 생성한 후 LGWR를 통해 리두 로그 버퍼에 기록된 리두 레코드를 리두 로그 파일에 물리적으로 기록하는 것을 의미한다.

리두 로그 생성 절차

이제 전체적으로 어떤 과정을 통해 리두 로그가 생성되는지 정리해보자.

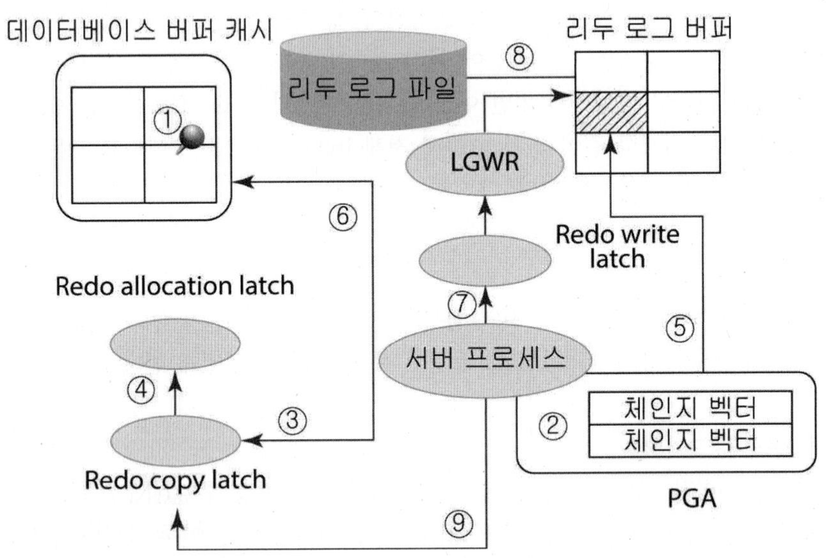

① 데이터 버퍼 캐시 내에서 변경되는 데이터/데이터 블록 관련 트랜잭션 정보 발생
(DML 실행 후 데이터 블록이 실제로 변경되기 바로 전까지의 과정)
DML 문장이 시작되면 해당 로우가 저장된 데이터 버퍼를 아무도 동시에 변경할 수 없도록 일단 해당 데이터 블록/버퍼를 Pin 모드로 전환시키고 다음을 진행한다.
데이터 블록 헤더에 기록된 트랜잭션 슬롯(Transaction slot) 정보와 언두 블록 헤더에 기록된 트랜잭션 슬롯(Transaction slot) 정보에 대한 체인지 벡터가 이후 PGA에 기록된다. 이유는 간단하다. 이후에 리두 로그를 사용하여 트랜잭션 롤백을 수행해야 하는 경우 변경 이전 값으로 돌려놓아야 하는데 어디서 변경 이전 값을 찾아올 수 있는지에 대한 위치 정보가 리두 로그에서 찾을 수 있어야 하기 때문이다.

② 앞에서 언급한 모든 변경 관련 정보들에 대한 체인지 벡터를 PGA 내부에 기록한다.

③ 체인지 벡터를 리두 로그 버퍼에 기록하기 위해 필요한 Redo copy latch를 획득한다.

④ 리두 로그 버퍼에 공간 할당을 받기 위한 Redo allocation latch를 획득한다.

⑤ 리두 로그 버퍼 공간이 있다면 Redo allocation latch를 즉시 반환하고 리두 로그 버퍼의 프리 공간에 체인지 벡터를 비로소 기록하게 된다.

⑥ 기록이 완료되면 Redo copy latch를 반환한다.

⑦ 리두 로그 버퍼에 체인지 벡터 정보가 기록되고 나면 이미 Pin 상태로 만들어둔 데이터 버퍼 블록에 실제적인 데이터 변경을 수행하게 된다. 리두 로그 버퍼의 여유 공간 확보 실패 시에는 Redo copy latch, Redo allocation latch를 일단 반환하고 Redo write latch 획득 후 LGWR을 호출한다.

⑧ 호출을 받은 LGWR는 리두 로그 버퍼의 변경된 리두 데이터들을 리두 로그 파일에 기록함으로서 리두 로그 버퍼 내부의 여유 공간을 확보한다.

⑨ 일단 리두 로그 버퍼 내부의 영유 공간이 확보되면 오라클 서버 프로세스는 다시 3번부터 작업을 진행한다.

●●● oracle 09

라지 풀(Large pool)과 자바 풀(Java pool)

*라지 풀

라지 풀은 선택적으로 설정할 수 있는 메모리 공간으로서 다음과 같은 성격을 가진다.

- 공유 서버(Shared server) 환경으로 오라클을 가동하는 경우 많은 사용자들의 세션 요청이 발생하게 되면 세션 정보(사용자 정보 및 변수값)를 저장하는 UGA(User Global Area)라는 메모리 영역이 PGA가 아닌 공유 풀 내부에 생성된다. 하지만 라지 풀이 설정되면 UGA 메모리가 공유 풀 대신 라지 풀 영역에 생성되므로 공유 풀의 부담을 덜어주는 기능을 제공하게 된다.
- 데이터베이스(Database) 백업과 복구를 위해 RMAN을 사용하는 경우 backup_disk_io = n과 backup_tape_io_slave = true라고 설정되면 오라클은 라지 풀 영역을 사용하게 된다.
- 라지 풀의 크기는 large_pool_size라는 파라미터에 의하여 static하게 결정할 수도 있으며 alter system set large_pool_size = 10M; 처럼 alter system 문장을 사용하여 dynamic하게도 설정해줄 수 있다.
- 병렬 프로세스(Parallel processes)를 사용하는 경우 각 프로세스가 저장하는 병렬 프로세스 메시지를 저장, 관리하는 메모리 공간으로서 공유 풀을 사용하게 되지만 라지 풀을 설정하게 되면 공유 풀 대신 사용될 수 있다.

*자바 풀

자바 풀은 라지 풀과 마찬가지로 선택적으로 설정할 수 있는 메모리 공간이다.

- Oracle 8i 버전부터 제공되는 Jserver 옵션은 데이터베이스 내에 자바 컴파일러와 자바 실행 코드를 내장하고 있어 데이터베이스 내에서 자바 애플리케이션을 작성할 수도 있고 또한 실행할 수 있다. 이처럼 Jserver 옵션을 설치하여 개발하는 환경에서는 반드시 SGA 영역 내에 자바 풀 영역을 설정해야 한다. .
- 자바 풀의 크기는 java_pool_size라는 파라미터를 사용하여 설정할 수 있다.
- 관련 초기화 파라미터 : large_pool_size, java_pool_size

●●● oracle 10

PGA(Program Global Area) / UGA(User Global Area)

PGA 영역은 세션을 생성한 사용자 프로세스의 요구를 처리하기 위한 서버 프로세스가 사용하는 공간으로서 다음과 같은 정보를 저장, 관리한다.

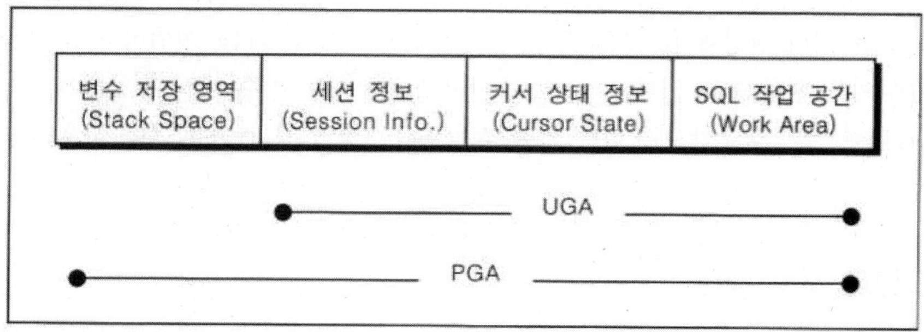

① 정렬 공간(Work area/Sort area) : 정렬 작업을 수행하기 위해 사용되는 공간
다음은 정렬 공간을 사용할 수 있는 작업들을 정리해본 것이다.
- Order By, Group By, Rollup 절 사용
- Distinct, Union, Minus, Insersect 구문 사용
- 분석 함수 사용
- 인덱스 생성
- 비트맵 인덱스 사용 시 비트맵 연산 수행
- 소트 머지 조인 , 해시 조인 수행
- 통계 정보 생성

만약 정렬(Sort) 작업이 주로 사용되어 정렬 공간이 부족하게 되면 임시 테이블스페이스 내부의 임시 세그먼트를 사용하여 정렬을 진행하게 된다.

② 세션 정보(Session information) : 사용자 세션 정보를 저장하는 공간

③ 커서 정보(Cursor state) : SQL 문장의 파싱 정보를 저장하는 커서의 주소를 저장하는 공간

④ 변수 저장 공간(Stack space) : SQL 문장 내에서 바인드 변수(Bind variable)를 사용하는 경우 해당 변수 값을 저장하는 공간

이 가운데 변수 저장 공간을 제외한 나머지 메모리 영역은 PGA의 내부 메모리 요소인 UGA (User Global Area)에 저장된다. 결국 PGA = UGA + 변수 저장 공간 이라고 이해하면 된다.

하지만 UGA의 경우 오라클 서버가 전용(Dedicate) 서버 모드로 설정되어 있는 경우와 공유(Shared) 서버 모드로 설정되어 있는 경우 저장되는 위치가 변경된다,

- 전용(Dedicate) 서버 모드인 경우
  전용 서버 모드라면 하나의 서버 프로세스가 하나의 사용자 프로세스를 담당하도록 설정하는 것인데 이때는 PGA 영역에 사용자의 세션 정보(Session information), 정렬 영역(Sort area), 커서 정보(Cursor state) 그리고 스택 공간(Stack space)을 모두 저장하게 된다. 결국 UGA 메모리도 PGA 메모리 내부에 저장된다는 의미이다.
- 공유(Shared) 서버 모드인 경우
  공유 서버 모드는 전용 서버 모드와는 달리 하나의 서버 프로세스가 다수의 사용자 프로세스를 담당하도록 설정하는 것이다. 결국 하나의 서버 프로세스가 다수의 사용자 프로세스를 담당하게 되는 공유 서버 환경에서는 비교적 작은 메모리를 가지는 PGA 영역이 모든 정보를 처리하기에는 부담이 발생할 수도 있다. 그러므로 이러한 경우에는 변수 저장 공간을 제외한 UGA 영역은 PGA 대신 좀더 충분한 메모리를 할당 받은 SGA 영역 특히 공유 풀을 사용하여 저장 관리하게 된다.

*임시 세그먼트 사용 방식

앞에서도 이미 언급한 적이 있지만 PGA 내부의 정렬 공간이 큰 정렬 작업을 처리하기 부족한 상태라면 다음과 같은 방식으로 임시 세그먼트를 사용한다. 이제 내부적으로 어떤 방식으로 사용되는지 인덱스 생성 명령을 실행하는 경우를 예를 들어 살펴보자.

① 인덱스 생성 명령 실행, 지정한 테이블스페이스에 임시 세그먼트 생성

```
CREATE INDEX Cust_idx on Customer(id)
TABLESPACE idv_tbs
```

Customer

id	Name
1245	Edward
2779	Tiffany
1725	Andrew
4663	Chelsea
...	...
1923	Bob

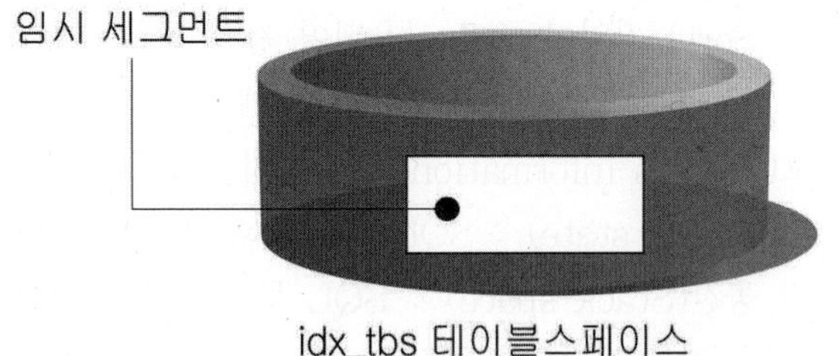

② 고객 테이블을 읽으면서 순서대로 PGA의 SQL 작업 공간에 고객번호 정렬(Sort)

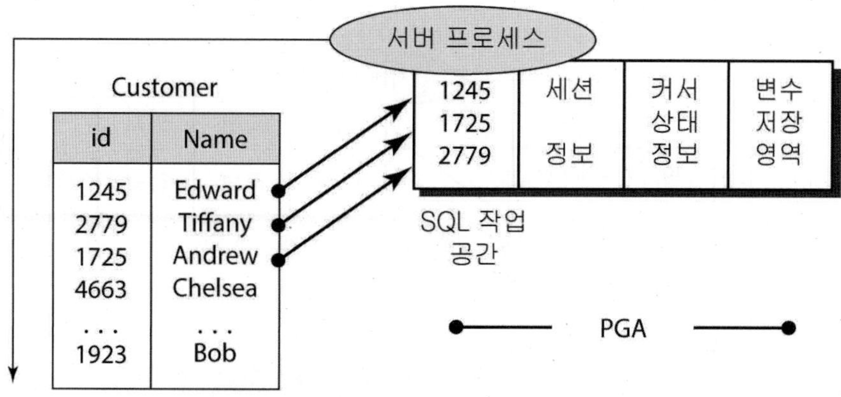

③ 할당받은 SQL 공간을 2단계에서 모두 사용하여 임시 테이블스페이스에 위치한 임시 세그먼트로 내려 쓰면서 작업 공간 확보, 새로운 데이터를 읽어서 메모리 정렬

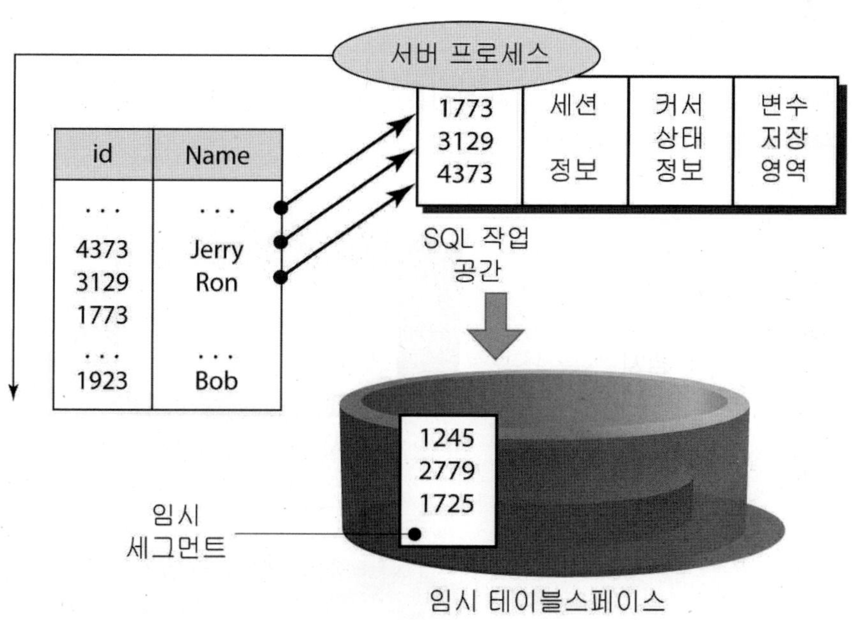

④ 2, 3 단계를 반복하며 테이블을 끝까지 읽어, 임시 테이블스페이스의 임시 세그먼트에 저장. SQL 작업 공간 단위의 정렬만 수행되었음(아직 전체 데이터에 대한 정렬은 발생하지 않은 상태)

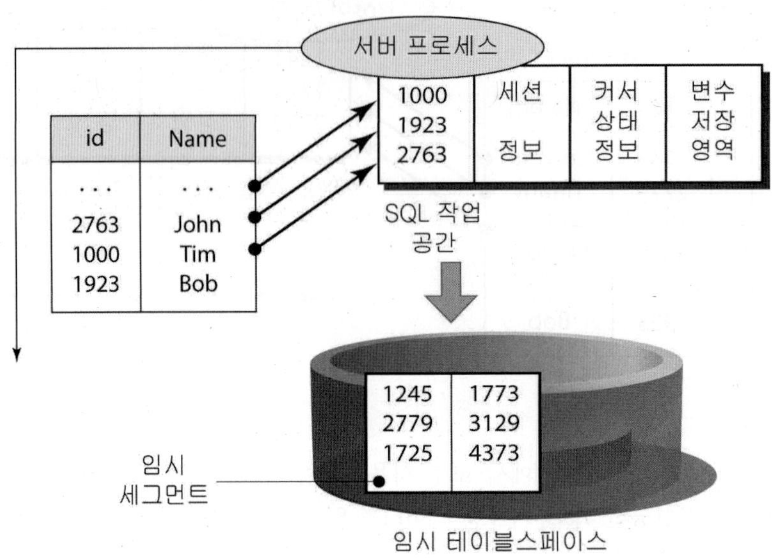

⑤ 테이블의 데이터를 모두 읽어서 임시 테이블스페이스의 임시 세그먼트에 정렬하였다면 정렬 머지를 수행하여 전체 데이터를 정렬

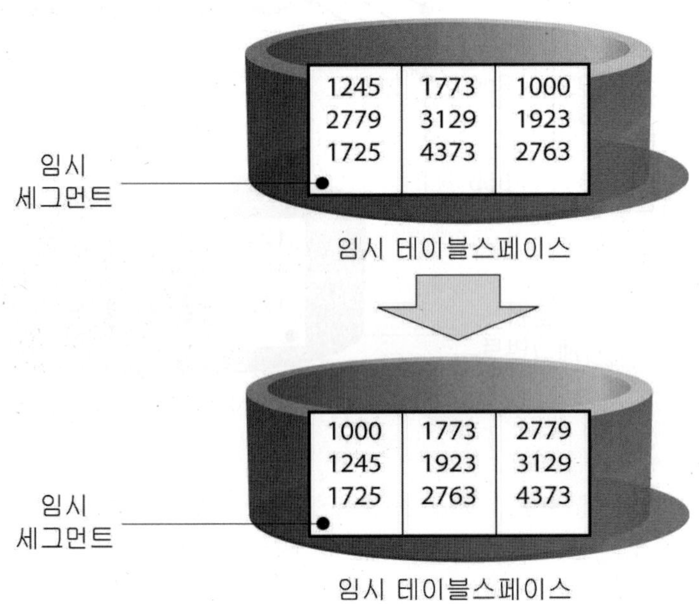

⑥ 임시 테이블스페이스에 전체 정렬 완료된 임시 세그먼트는 1단계에 생성된 테이블스페이스의 임시 세그먼트로 복사. 이후 고객 인덱스(cust_idx) 이름을 부여받는다.

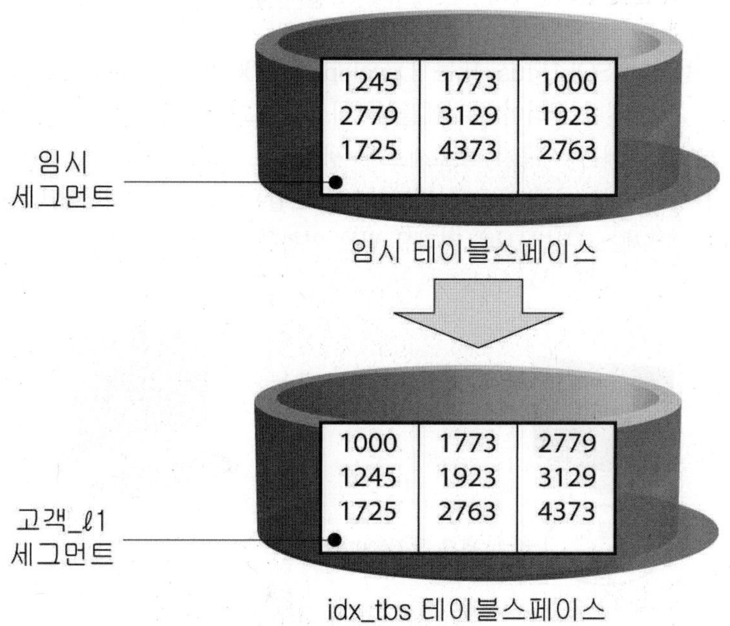

⑦ cust_idx 인덱스로 데이터 복사 완료 후 임시 테이블스페이스의 임시 세그먼트는 초기화 된다.

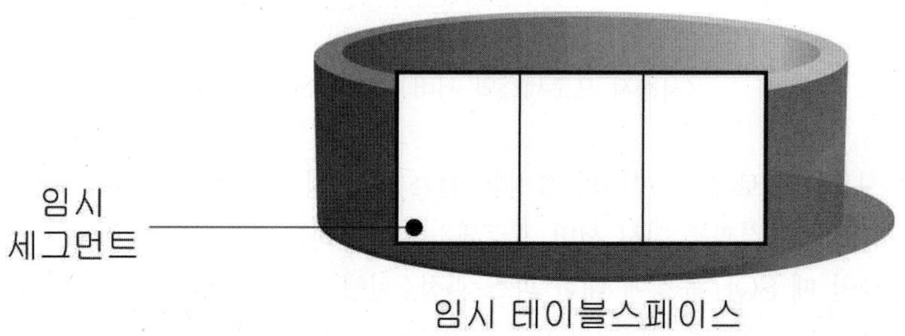

- 관련 뷰 : v$session, v$statname
- 관련 Latch : Redo copy latch, Redo allocation latch, Redo write latch
- 관련 초기화 파라미터 : work_size_policy, pga_aggregate_target, bitmap_merge_area_size, hash_area_size,

●●● oracle 11

사용자 프로세스와 서버 프로세스

사용자 프로세스란 사용자가 'SQL*Plus' 또는 'Developer 2000 Forms' 같은 오라클 애플리케이션이나 비주얼 베이직과 같은 일반 클라이언트 애플리케이션 프로그램들을 사용하여 데이터베이스에 접속하게 되면 클라이언트 쪽에는 사용자 프로세스가 생성되고 오라클 서버 쪽에는 서버 프로세스(Server process)가 생성된다. 이때 사용자 프로세스의 역할은 서버 프로세스에게 사용자의 명령을 전달하는 역할과 서버 프로세스로부터 실행 결과를 받는 역할을 수행하게 된다.

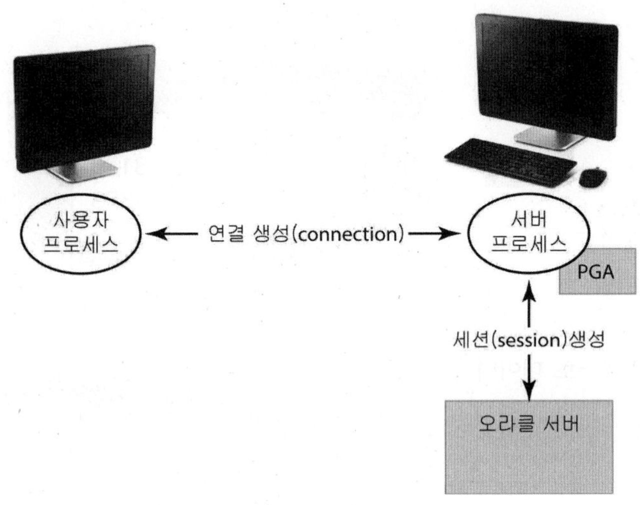

<사용자 프로세스와 서버 프로세스>

서버 프로세스는 사용자 프로세스로부터의 요청을 받고 그 요청 사항을 처리하기 위해 오라클 서버와 지속적으로 연동하며 요청 결과를 다시 서버 프로세스에 전달하는 역할을 수행한다. 이미 앞에서 공유 풀과 관련해서 설명할 때 SQL 문장에 대한 파스 과정, 실행 과정 그리고 패치 과정에 대해서 설명한 적이 있다. 이 과정들을 수행하는 담당자가 바로 서버 프로세스라고 이해하면 된다.

●●● oracle 12

백그라운드 프로세스 소개

오라클 12c 버전에서의 개괄적인 백그라운드 프로세스에 대한 구성도를 보여준다. 박스로 표현된 요소(PMON, SMON …) 들이 바로 오라클 백그라운드 프로세스들이다.

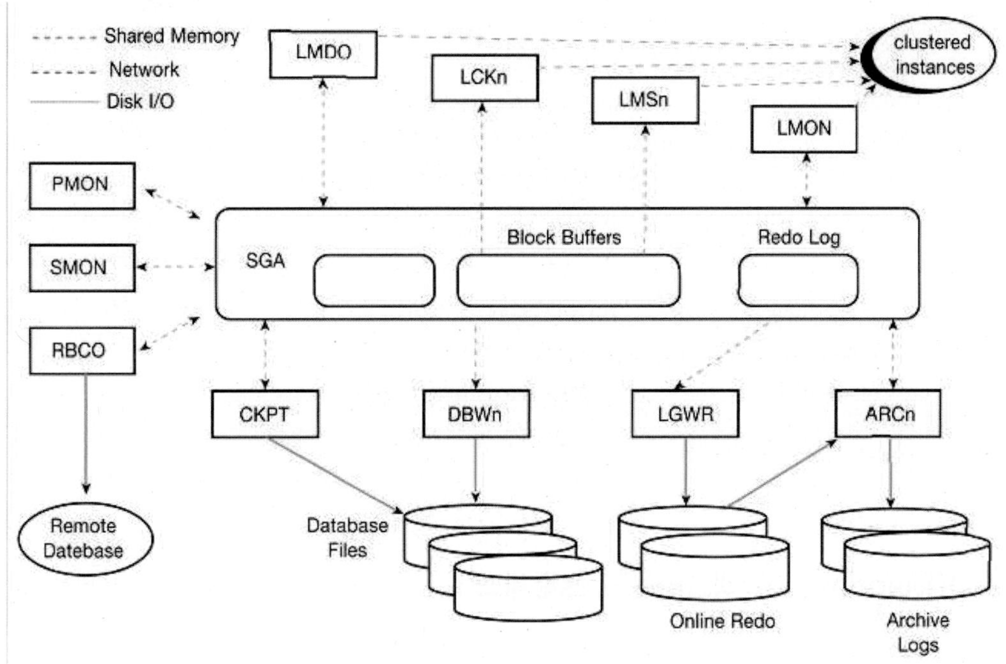

저자가 사용하고 있는 오라클 버전은 12.1.0.2 버전이다. 현재 총 22개의 백그라운드 프로세스가 기동되어 있는 상태임을 다음과 같이 확인할 수 있다.

```
SQL> select version from v$instance;

VERSION
--------------------------------------------------
12.1.0.2.0

SQL> @check_background_process.sql

PADDR                NAME       DESCRIPTION
-------------------- ---------- ------------------------------
00000000AAA584C8     CJQ0       Job Queue Coordinator
00000000AAA579A0     AQPC       AQ Process Coord
00000000AAA55828     SMCO       Space Manager Process
00000000AAA541D8     TMON       Transport Monitor
00000000AAA52060     MMNL       Manageability Monitor Process
00000000AAA51538     MMON       Manageability Monitor Process
00000000AAA50A10     PXMN       PX Monitor
00000000AAA4FEE8     LREG       Listener Registration
00000000AAA4F3C0     RECO       distributed recovery
00000000AAA4E898     SMON       System Monitor Process
```

```
00000000AAA4DD70     CKPT      checkpoint
00000000AAA4D248     LGWR      Redo etc.
00000000AAA4C720     DBW0      db writer process 0
00000000AAA4BBF8     DIA0      diagnosibility process 0
00000000AAA4B0D0     VKRM      Virtual sKeduler for Resource
00000000AAA4A5A8     DBRM      DataBase Resource Manager
00000000AAA48F58     DIAG      diagnosibility process
00000000AAA48430     MMAN      Memory Manager
00000000AAA47908     GEN0      generic0
00000000AAA46DE0     VKTM      Virtual Keeper of TiMe process
00000000AAA462B8     PSP0      process spawner 0
00000000AAA45790     PMON      process cleanup
22 rows selected.
```

*필수적(Mandatory) 백그라운드 프로세스

다음 8개의 백그라운드 프로세스는 오라클 12c 서버 기동 시 반드시 정상적으로 시작되어야 하는 필수 프로세스들이다.

약자	프로세스 이름	담당 역할
CKPT	Checkpoint 프로세스	체크포인트 담당
DBWn	Database writer 프로세스	Dirty 버퍼를 데이터 파일로 저장. 1-100개 까지 설정 가능 처음 10개 이름은 DBW0-DBW9 포맷 그 이후는 DBWa-DBWz 포맷
LGWR	Log writer 프로세스	리두 로그를 리두 로그 파일로 저장 작업 수행
LREG	Listener registration 프로세스	리스너에게 인스턴스, 서비스, 핸들러 정보를 공지 작업 수행
MMON, Mnnn, MMNL	Manageability monitor 프로세스	MMON : AWR에 SGA의 통계수집관리 및 ADDM 분석 실행 작업 조정자 Mnnn : 실제 AWR에 SGA의 통계 수집 관리 및 ADDM 분석 실행 MMNL : 활성 세션 이력 정보 수집 및 변화율 계산
PMON	Process Monitor 프로세스	오라클 프로세스에 대한 모니터링
RECO	Recoverer 프로세스	분산 데이터베이스 환경에서의 복구
SMON	System Monitor 프로세스	시스템 전반적인 모니터링

〈필수적 백그라운드 프로세스 소개〉

*선택적(Optional) 백그라운드 프로세스

다음은 주요 12c 버전에서 선택적으로 사용할 수 있는 백그라운드 프로세스들을 정리한 것이다.

약자	프로세스 이름	담당 역할
ARC	Archiver 프로세스	리두 로그 파일에서 로그 스위치 발생 시 아카이브 리두 로그 파일 생성 담당
BWnn	Database writer 프로세스	DBWR와 동일 프로세스 37-100 번째 까지의 DBWR 프로세스 이름(BW36-BW99)
CSnn	I/O Calibration 프로세스	I/O Calibration 수행 시 스토리지로 I/O 요청 담당
DIA0	Diagnostic 프로세스	Hang 과 Deadlock 진단 및 처리 DIAG 프로세스에게 진단 작업 요청 수행
DIAG	Diagnostic capture 프로세스	진단 덤프 및 Global oradebug 명령 수행
GEN0	General task execution 프로세스	SQL과 DML에 대한 일반 작업 수행
OFSD	Oracle file server background 프로세스	파일 시스템에 대한 관리 요청 또는 I/O 요청을 오라클 스레드를 사용하여 수행 업무
VKTM	Virtual keeper of time 프로세스	지속시간 간격을 측정하는 데 사용되는 타이머와 사람이 읽을 수 있는 Wall clock time 제공

〈선택적 백그라운드 프로세스 소개〉

*환경 특화된 백그라운드 프로세스

다음은 특정 환경에 특화된 백그라운드 프로세스들을 정리한 것이다.

ASM 관련

ASMB	ASM 관리 백그라운드 프로세스	ASM 인스턴스에 연결하여 시간에 따라 변경되는 통계를 제공 ASM 인스턴스에 자신의 존재를 'heartbeat' 신호
RBAL	ASM Rebalance 프로세스	ASM 디스크 그룹에 Disk를 추가하거나 제거할 때 Rebalance 작업 처리

RAC 관련

MON	락 모니터 프로세스	클러스터 내의 인스턴스의 장애 감지 클러스터 내의 인스턴스 추가,제거할 때 락과 여타 자원 재구성
LMSn	락 관리자 서버 프로세스	서로 관련된 SGA 블록 버퍼 캐시의 일관성을 유지(최대 35개)
LMD0	락 관리자 데몬 프로세스	LMSn 프로세스가 다루는 큐에 리소스에 대한 요청을 보내는 중재자 역할 글로벌 데드락 감지, 해결 / 글로벌 환경에서 락 타임아웃을 감시
LCK0	Lock 프로세스	LMD0와 유사한 기능 처리 블록 버퍼를 제외한 모든 글로벌 자원에 대한 요청 처리
LHMB	락 관리자 하트비트 프로세스	LMON, LMD0, LMSn 모니터링, Heartbeat

*특정 오라클 유틸리티 관련 백그라운드 프로세스

다음은 특정 오라클 유틸리티에 특화된 백그라운드 프로세스들을 정리한 것이다.

ABMR	Auto BRM 프로세스	RMAN 오라클 블록 복구 요청이 오면 이를 BMR Slave 프로세스에게 수행 요청 담당 중복된 오라클 블록 복구 과정에 대한 Filter 수행 및 Flood control 수행 담당
CJQ0, Jnnn	Job queue 프로세스	DBMS_JOB 패키지를 통한 Job queue 사용 j000~J999 프로세스 생성 가능(job_queue_processes) Jnnn 프로세스는 차례대로 한 번에 한 번씩 작업 처리 후 사라짐
QMNC Qnnn	Advanced queue 프로세스	aq_tm_processes 파라미터로 qnnn 프로세스 개수 설정(10gR2: 최대 10개, 11gR2: 최대 41개) Jnnn 프로세스와 달리 작업에 상관없이 계속 상주
EMNC	Event monitor 프로세스	이벤트 관리와 공지 활동으로 조정 Streams Event Notifications, Continuous Query Notifications, and Fast Application Notifications 등
MMAN	Memory manger 프로세스	자동으로 SGA의 일부 영역의 size를 조절 shared/java/streams/large pool, default buffer cache
CTWR	Change tracking 프로세스	RMAN의 증분 백업의 성능을 개선하기 위해 변경 추적 파일 유지 target DB는 OMF, FRA 설정되어 있어야 함 ALTER DATABASE [ENABLE / DISABLE] BLOCK CHANGE TRACKING
RVWR	Recovery writer 프로세스	Flashback Database 기능을 활성화하면 flashback buffer 원본 정보를 FRA에 있는 Flashback logs 파일에 기록 archive mode, FRA 설정되어 있어야 함 ALTER DATABASE FLASHBACK ON; (mount 단계에서)
DMnn/ DWnn	Data pump master /Worker 프로세스	기존 export/import 프로세스를 완벽하게 대체 DMnn : 클라이언트 프로세스에서 데이터를 수집하고 DWnn을 조정 DWnn : 실제 메타 데이터와 데이터를 처리

●●● oracle 13

인스턴스 복구(Instance recovery) 이해

임의의 시점에 데이터베이스가 비정상 종료되는 경우 인스턴스 영역 특히 데이터베이스 버퍼 캐시 영역에 저장되어 있던 모든 버퍼들을 한 순간에 잃게 된다. 이러한 문제가 발생하게 되면 데이터 정합성에 영향을 미칠 수도 있기 때문에 잃어 버린 버퍼들이 발생시킬 수도 있는 데이터베이스 정합성 문제를 해결해주어야 한다. 이 전체적인 복구 과정을 "인스턴스 복구" 라고 부른다.

인스턴스 복구의 목표는 컨트롤 파일에 최종적으로 기록된 SCN과 데이터 파일에 적힌 SCN과 리두 로그 파일에 적힌 SCN과 모두 일치하는 단계까지 복구를 진행하는 것이다.

인스턴스 복구는 다음의 세 가지 과정으로 수행된다.

Step1) 롤 포워드 과정(Roll forward)
사용자들이 자신의 트랜잭션에 대하여 커밋을 수행한 후 인스턴스에 문제가 발생하는 경우를 고려해 보자. 일단 커밋은 했기 때문에 LGWR가 변경 기록을 리두 로그 버퍼로부터 리두 로그 파일로 기록한다. 정합성 측면에서 보자면 리두 로그 파일에 해당 트랜잭션이 커밋되었다는 정보가 적혔다면 해당 트랜잭션과 관련된 실제로 변경된 버퍼(Dirty 버퍼)들은 데이터베이스가 시작될 때 데이터 파일 내부에 반영되어 있어야 한다. 그래야 리두 로그에 적힌 내용과 실제 상황이 일치하게 되는 것이다. 이를 처리해주기 위하여 오라클은 내부적으로 SMON을 사용하여 이후에 다시 데이터베이스가 시작되자마자 리두 로그 파일에 적혀진 내용대로 데이터 베이스 버퍼 캐시에 변경된 버퍼를 재구성하고 데이터 파일로 내려 적어주는 과정을 수행하게 되는데 바로 이것이 롤 포워드(Roll forward) 과정이다.

Step2) 데이터베이스 오픈
일단 롤 포워드 과정이 완료되고 나면 커밋된 데이터들(잃어버리지 말아야하는 데이터)에 대한 복구는 완료되었기 때문에 데이터베이스 입장에서는 큰 문제는 해결한 것으로 판단하고 데이터베이스를 오픈시켜 준다.
문제는 오픈된 데이터베이스 내부에 저장되어 있는 커밋되지 않은 데이터들이다. DBWR는 데이터베이스 버퍼 캐시의 공간이 부족한 경우 커밋되지 않은 데이터들이라 할지라도 공간을 만들어주기 위해 종종 데이터 파일로 아직 커밋되지 않은 버퍼를 내려적을 수도 있다. 정상적으로 데이터베이스를 오픈하는 경우에는 리두 로그 파일 정보에 근거해서 볼 때 커밋되지 않은 데이터는 데이터베이스 내부에 존재해서는 안된다. 하지만 이미 내려와 버린 커밋되지 않은 데이터는 제거(Rollback)해야 하는 상황이 발생하게 되는데 이를 인스턴스 복구 과정 중 '롤 백(Rollback)'이라고 부른다.

Step3) 롤백 과정
Step 2)에서 언급한대로 그 이전에 수행하던 커밋되지 않은 트랜잭션에 의하여 락이 걸려있던 데이터에 대한 롤백 과정이 언두 데이터를 적용함으로서 진행된다.

이처럼 인스턴스가 비정상 종료되는 경우 발생할 수 있는 두 가지 상황을 복구하는 모든 과정을 '인스턴스 복구' 과정이라 한다. 결국 인스턴스 복구 과정이 성공적으로 완료되면 리두 로그 파일에 적힌 내용이 그대로 데이터 파일에 반영된 상태라고 이해하면 된다.

●●● oracle 14

체크포인트(Checkpoint) 이해

체크포인트는 기본적으로 데이터베이스의 일관성을 유지하기 위한 내부적인 통합 메커니즘으로서 다양한 종류, 수준에서의 체크포인트가 내부적으로 쉴 새 없이 진행된다.
데이터베이스 버퍼 캐시 내부에 저장되어 있는 더티 버퍼가 데이터 파일로 내려 적히는 이벤트를 체크포인트라고 이해하는 독자들이 제법 많은데 사실 단순히 더티 버퍼들이 데이터 파일로 내려 적히는 이벤트를 모두 체크포인트라고 이해하는 것은 잘못된 것이다.
체크포인트는 임의의 시점에서의 데이터베이스의 트랜잭션의 동기화를 유지하기 위한 이벤트라고 이해해야 한다. 반드시 트랜잭션 동기화라는 목적 하에서 커밋된 트랜잭션에 관련된 더티 버퍼들이 데이터 파일로 내려 적혀야만 이를 체크포인트라고 부를 수 있다는 것이다.
그러므로 트랜잭션 동기화 기준 시점은 리두 로그 파일에 마지막(최근)으로 기록된 트랜잭션(Last commit point)이 완료된 시점, 즉 커밋이 발생된 바로 그 시점(System commit number)이라고 이해해야 한다. 결국 최종적으로 커밋된 트랜잭션 기록이 리두 로그 파일에 기록되어 있는 상태에서 데이터베이스 전체적인 트랜잭션 동기화(Synchronization)가 유지된다는 의미는 해당 트랜잭션에 의해 변경된 더티 버퍼들이 데이터베이스 버퍼 캐시로부터 데이터 파일로 내려적혀야만 하고 컨트롤 파일 내부에는 어느 시점까지의 더티 버퍼들이 데이터 파일에 내려 적혔다라는 동기화 정보가 기록되어야만 한다는 것이다. 진정한 의미의 체크포인트란 이처럼 데이터베이스 트랜잭션 동기화를 위해 더티 버퍼가 내려적히는 바로 그 이벤트라고 부를 수 있다.

더티 버퍼는 트랜잭션이 커밋되었든 되지 않았든 상관없이 수행된 결과값, 즉 새로운 값(New value)을 저장하고 있는 버퍼이다. 그렇기 때문에 이미 발생한 트랜잭션의 결과값을 데이터 파일에 최종적으로 내려 적기까지는 사실상 진정한 의미의 트랜잭션의 종료라고 보기는 어렵다. 왜냐하면 아직 결과값을 가지는 더티 버퍼가 메모리에만 존재하기 때문이다.
물론 트랜잭션의 모든 전후 과정이 리두 로그의 형태로 리두 로그 버퍼를 통해서 리두 로그 파일에 기록되어 있기 때문에 트랜잭션의 결과값을 잃어버리지는 않겠지만 (리두 로그를 가지고 복구를 수행하면 가능하다) 결과값을 가지는 더티 버퍼들이 데이터 파일에 많이 내려 적혀있으면 있을수록 임의 시점에서 갑자기 인스턴스가 비정상 종료하게 되는 경우 리두 로그를 통해 복구해야 할 양이 적어지게 된다.
가장 바람직한 상황은 리두 로그 파일에 트랜잭션 관련 리두 로그가 모두 적히고 이들과 관계된 더티 버퍼들까지도 데이터 파일에 안전하게 저장되는 경우가 아닐까 싶다. 이러한 트랜잭션의 동기화는 결국 리두 로그 파일에 저장된 트랜잭션 정보와 데이터 파일에 기록된 트랜잭션 정보의 동기화를 위해 체크포인트가 필요하다는 의미이다.
더티 버퍼가 내려적히는 경우는 사실 체크포인트 이벤트(트랜잭션 동기화를 위한)가 아닌 경우에도 얼마든지 발생할 수 있는데 그러한 경우는 체크포인트라고 부르지 않는다는 점에 다시 한 번 유의하기 바란다.

*풀 체크포인트(Full checkpoint) 개념

데이터베이스에서 전체적으로 체크포인트가 발생하며, 데이터베이스 버퍼 캐시 영역에 존재하는 모든 더티 버퍼가 데이터 파일에 기록된다.

① 풀 체크포인트 발생 조건
Shutdown(abort 경우는 제외)
Alter system checkpoint global;
② 풀 체크포인트 관련 통계 값
DBWR checkpoints
DBWR checkpoint buffers written
DBWR thread checkpoint buffers written
③ 풀 체크포인트 시 기록되는 트랜잭션 동기화 정보
컨트롤 파일과 데이터 파일 헤더에 SCN 정보가 갱신된다(Checkpoint_change#)

*스레드 체크포인트(Thread checkpoint) 개념

Thread 체크포인트는 RAC 환경의 경우 각각의 인스턴스에 대해 별도로 발생하는 체크포인트를 말한다.

① 스레드 체크포인트 발생 조건
Shutdown(abort 경우는 제외)
Alter system checkpoint local;
② 스레드 체크포인트 관련 통계 값
DBWR checkpoints
DBWR checkpoint buffers written
DBWR thread checkpoint buffers written
③ 스레드 체크포인트 시 기록되는 트랜잭션 동기화 정보
컨트롤 파일과 데이터 파일 헤더에 SCN 정보가 갱신된다(Checkpoint_change#)

*파일 체크포인트(File checkpoint) 개념

테이블스페이스 및 데이터 파일에 속한 더티 버퍼가 내려적히는 경우 발생하는 체크포인트이다

① 파일 체크포인트 발생 조건
Alter tablespace XXX offline
Alter tablespace XXX begin backup
Alter tablespace XXX read only
② 파일 체크포인트 관련 통계 값
DBWR tablespace checkpoint buffers written
DBWR checkpoint buffers written
DBWR checkpoints
③ 파일 체크포인트 시 기록되는 트랜잭션 동기화 정보
컨트롤 파일과 데이터 파일 헤더에 SCN 정보가 갱신된다(Checkpoint_change#).

*로그 스위치 체크포인트(Log switch checkpoint) 개념

로그 스위치가 발생하는 경우 발생하는 체크포인트이다

① 로그 스위치 체크포인트 발생 조건
Alter system switch logfile
② 로그 스위치 체크포인트 관련 통계 값
DBWR checkpoints
DBWR checkpoint buffers written
background checkpoints started
background checkpoints completed
③ 로그스 위치 체크포인트 시 기록되는 트랜잭션 동기화 정보
컨트롤 파일과 데이터 파일 헤더에 SCN 정보가 갱신된다(Checkpoint_change#).

*인크리멘탈 체크포인트(Incremental checkpoint) 개념

로그 스위치 체크포인트가 발생하게 되면 자칫 순간적으로 많은 수의 더티 버퍼가 내려 적힐 수도 있다는 부담 때문에 매 3초마다 DBWR가 체크포인트를 진행할 대상이 되는 더티 버퍼가 존재하는지 일단 확인을 하고 필요하다고 판단되는 경우 체크포인트를 진행하는 기능이다. 중요한 점은 3초마다 무조건 더티 버퍼가 존재하면 체크포인트를 진행하는 것이 아니라 fast_start_mttr_target 값을 기준으로 해당되는 더티 버퍼(체크포인트 큐에 등록되어 있는 버퍼) 수를 고려해서 최종적으로 내려 적을 더티 버퍼를 정하고 그들만 내려적는 과정을 수행한다는 점이다. 다시 말하자면 3초마다 더티 버퍼의 수가 fast_start_mttr_target에 설정된 시간 내에 복구가 가능하다고 판단되면 인크리멘탈 체크포인트를 진행하지 않지만 시간 내에 복구가 불가능하다고 판단되면 버퍼 캐시에 남아있는 더티 버

퍼의 수가 fast_start_mttr_target 시간 내에 복구할 수 있는 만큼만 남겨두고 체크포인트를 진행하게 된다는 의미이다. 한 가지 특이한 사항은 체크포인트가 완료되면 CKPT 프로세스에게 데이터 파일 헤더에는 SCN을 갱신하지 말고 컨트롤 파일에만 최근 RBA(Redo Byte Address : 리두 로그 파일 내부의 Redo entry 주소 정보) 정보를 갱신하라고 지시를 내린다는 것이다.

① 인크리멘탈 체크포인트 발생 조건
　3초마다
② 인크리멘탈 체크포인트 관련 통계 값
　DBWR checkpoint buffers written
③ 인크리멘탈 체크포인트 시 기록되는 트랜잭션 동기화 정보
　컨트롤 파일에만 RBA 정보가 갱신된다.
　데이터 파일 헤더에는 기록되는 정보가 없다.

*오브젝트 체크포인트(Object checkpoint) 개념

DDL 작업 시 관련 세그먼트의 더티 블록만 데이터 파일에 기록된다.
컨트롤 파일 및 데이터 파일 헤더 정보 갱신이 없다.
drop, truncate 명령 등 일부 DDL 명령에만 적용 가능하다.

① 오브젝트 체크포인트 발생 조건
　Drop table XXX
　Drop table XXX purge
　Truncate table XXX
② 오브젝트 체크포인트 관련 통계 값
　DBWR object drop buffers written
　DBWR checkpoints

*fast_start_mttr_target 파라미터 소개

체크포인트와 관련된 중요한 파라미터인 fast_start_mttr_target에 대해 잠시 살펴보자.
어느 시점에서 데이터베이스가 비정상 종료되는 경우 다시 인스턴스를 시작할 때 인스턴스 복구를 수행하고 데이터베이스를 오픈하는 시점까지 필요한 총 시간을 미리 정하기 위해 사용한다. 물론 궁극적인 목적은 인크리멘탈 체크포인트 간격을 조정해 주기 위한 것이다.

예를 들어 fast_start_mttr_target =600초 라는 의미는 인스턴스 복구가 완료되고 데이터베이스가 오픈되는데까지 600초 내에 완료될 수 있도록 더티 버퍼들을 데이터 파일로 간간이 내려적으라는 의미가 된다(인크리멘탈 체크포인트 간격을 조정하라는 의미).
다시 한 번 강조하지만 데이터베이스 버퍼 캐시에 더티 버퍼가 많은 상태에서 데이터베이스가 비정상

종료되면 이후에 복구해야 할 더티 버퍼의 수가 많아지게 되고 이로 인해 복구하는 시간이 오래 걸리게 된다는 사실을 반드시 기억하기 바란다.

●●● oracle 15

시스템 체인지 넘버(System change number) 이해

일단 가벼운 마음으로 SCN을 설명하고자 한다. SCN은 단순히 오라클 데이터베이스 내부 시계라고 할 수 있다. 이 세상의 모든 시계가 계속 오른쪽으로 돌 듯이 SCN은 계속 올라간다. 저자의 말이 틀렸는지 확인해보자. 일단 현재 SCN을 찾고 1초에 한 번씩 계속 같은 명령어를 쳐서 SCN이 올라가는지 확인해보도록 한다.

```
SQL> select current_scn from v$database;

CURRENT_SCN
-----------
    2116180

SQL> /

CURRENT_SCN
-----------
    2116182

SQL> /

CURRENT_SCN
-----------
    2116183

SQL> /

CURRENT_SCN
-----------
    2116184
SQL> /

CURRENT_SCN
-----------
    2116185
```

아무것도 하지 않고 계속 위의 명령만 1초에 한 번씩 실행시켰는데도 SCN은 계속 올라만 가는 것을 확인하였다. 앞에서 SCN은 '오라클 시계이다' 라고 하였는데 아마 독자들은 "음 …그런 것 같기도 하네 ? …" 라고 생각할 듯 하다.
그러면 명확하게 증명해 보이겠다.

```
SQL> select current_scn from v$database;
CURRENT_SCN
-----------
    2115956
```

현재 SCN 값은 2115956이라고 했을 때 다음과 같이 scn_to_timestamp 함수를 사용하면 SCN을 실제 시간으로 전환 가능하다.

```
SQL> select scn_to_timestamp(2115956) as timestamp from dual;
TIMESTAMP
---------------------------------------------------------------------------
18-MAR-16 04.10.06.000000000 PM
2016년 3월 18일 오후 4시 10분 06초 !!!!!!!
```

저자의 PC에 시간도 함께 확인해보자. 4시 11분49초.

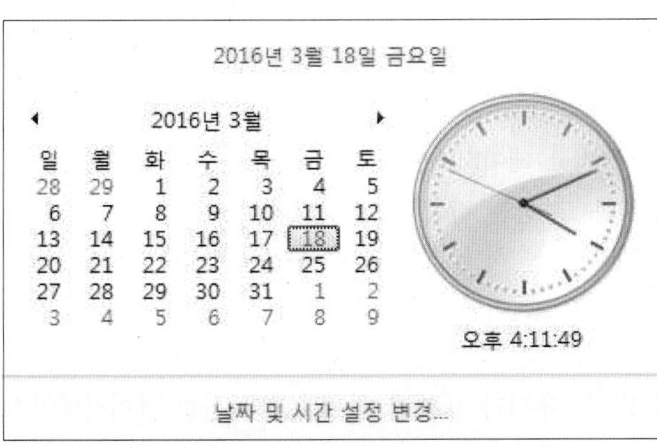

〈Windows 시간 정보 확인 #1〉

저자의 경우에는 이런저런 명령어도 치고 원고도 쓰고 있자니 시간 차이가 나버렸지만 SCN이 오라클 시계라는 것을 증명하기에 충분하다. 대략 5분 정도 후 다시 SCN을 확인해보자. 그 사이 SCN 넘버가 증가한 것을 알 수 있다.

```
SQL> select current_scn from v$database;

CURRENT_SCN
-----------
   2116115

SQL> select scn_to_timestamp(2116115) as timestamp from dual;

TIMESTAMP
---------------------------------------------------------------------------
18-MAR-16 04.16.27.000000000 PM
```

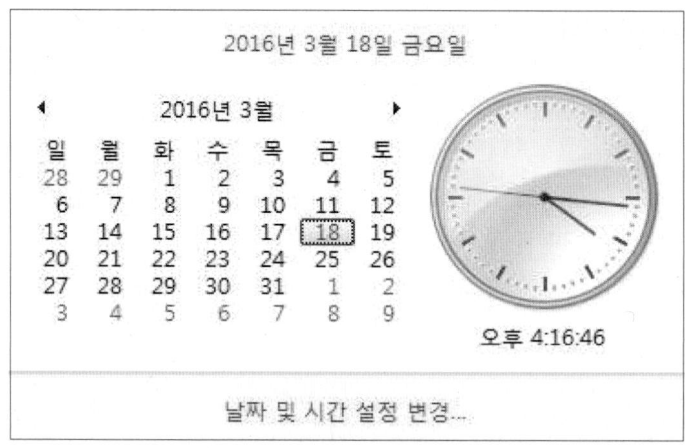

〈Windows 시간 정보 확인 #2〉

저자는 지난 5분여 동안 아무것도 하지 않았다. 맹세코 데이터베이스에는 위에 명령어 입력하는 것 이외에는 아무런 작업을 하지 않았다. 하지만 SCN은 그 동안 지속적으로 증가했다.

자, 이제 한 가지 개념을 더 추가하도록 하자. SCN은 단순히 시계라고 볼 수만은 없다는 점이다. 사실상 SCN은 데이터베이스 내부에서 발생하는 임의의 트랜잭션이 종료될 때마다 증가하는 방식이다. 그렇다면 데이터베이스에 대해 사용자가 아무것도 하지 않는 상태임에도 불구하고 왜 SCN은 계속 증가하는 것일까? 단순히 시계라서? 절대 그렇지 않다. 우리가 느끼지 못할뿐인데 사실 데이터베이스 내부적으로는 항상 지속적으로 내부적으로 트랜잭션이 실행되고 있다. 그렇다면 누가 과연 이런 작업들을 내부적으로 수행하고 있을까?

바로 인스턴스를 이루는 백그라운드 프로세스들이다. 이들은 절대 쉬는 일이 없다. 항상 내부적으로 일을 하고 있다. 바로 이 일들을 내부 트랜잭션이라고 이해하면 쉽다.

결론을 내리자면 SCN은 오라클 시계라고 봐도 좋다. 하지만 트랜잭션이 완료될 때마다 찍히는 그런 시계라고 봐야 할 것이다.

이제 본격적으로 SCN의 개념과 종류에 대해서 살펴보도록 하자. 다시 한 번 강조하지만 SCN은 계속 계속 증가하고 있다. 독자들이 자는 중에도… 계속..

*체크포인트와 직접적으로 연관된 SCN

참고로 DBWR 프로세스가 트랜잭션 동기화를 위해서 데이터베이스 버퍼 캐시에 저장된 Dirty 버퍼들을 데이터 파일로 내려 적는 작업을 체크포인트라고 이미 앞에서 언급한 적이 있다.

시스템 체크포인트 SCN

데이터베이스 수준에서 체크포인트가 발생한 그 시점에서의 SCN이 모든 데이터 파일 헤더와 컨트롤 파일에 기록되며 v$database 뷰를 통해 확인이 가능하다.

```
SQL>select checkpoint_change# "System Checkpoint SCN" from v$database;
System Checkpoint SCN
---------------------
              2113717
```

데이터 파일 체크포인트 SCN

체크포인트가 발생한 그 시점에서의 SCN이 각각의 데이터 파일 헤더에 기록되는데 그 SCN을 동시에 컨트롤 파일에도 저장한다. v$datafile 뷰를 통해 확인이 가능하다.

```
select name, checkpoint_change# "Datafile Checkpoint SCN" from v$datafile;
NAME                                                Datafile Checkpoint SCN
--------------------------------------------------- -----------------------
/u01/app/oracle/oradata/orcl/system01.dbf                          2113717
/u01/app/oracle/oradata/orcl/sysaux01.dbf                          2113717
/u01/app/oracle/oradata/orcl/undotbs01.dbf                         2113717
/u01/app/oracle/oradata/orcl/users01.dbf                           2113717
```

시작(Start) SCN

체크포인트가 발생한 그 시점에서의 SCN이 데이터 파일 헤더에 저장되는데 그 SCN 정보를 v$datafile_header 뷰를 통해 확인할 수 있다.

```
select name, checkpoint_change# "Start SCN" from v$datafile_header;
NAME                                                Start SCN
--------------------------------------------------- ----------
/u01/app/oracle/oradata/orcl/system01.dbf              2113717
/u01/app/oracle/oradata/orcl/sysaux01.dbf              2113717
/u01/app/oracle/oradata/orcl/undotbs01.dbf             2113717
/u01/app/oracle/oradata/orcl/users01.dbf               2113717
```

스톱(Stop) SCN

데이터베이스 종료 시(정상 종료라는 가정)에는 최종적으로 체크포인트가 마지막으로 한 번 더 발생한다. 이 때 비로소 스톱 SCN 값이 최종 시스템 체크포인트 SCN을 가지게 된다.

결국 정상 종료 시에는 시스템 체크포인트 SCN, 데이터 파일 체크포인트 SCN, 시작 SCN 그리고 스톱 SCN값들이 최종 체크포인트 SCN으로 동일한 SCN을 가지게 된다는 의미이다. 만약 비정상적으로 종료하게 되면 스톱 SCN은 무한대가 돼버린다. 왜냐하면 아직 종료되었다고 보지 않기 때문이다.

```
select name, last_change# "Stop SCN" from v$datafile;
NAME                                                            Stop SCN
--------------------------------------------------- ----------
/u01/app/oracle/oradata/orcl/system01.dbf
/u01/app/oracle/oradata/orcl/sysaux01.dbf
/u01/app/oracle/oradata/orcl/undotbs01.dbf
/u01/app/oracle/oradata/orcl/users01.dbf
```

다음은 데이터베이스 종료 후 최종 체크포인트 SCN으로 모두 동일한 SCN을 가지는 상황을 보여준다(마운트 모드에서 확인 가능).

```
참조 스크립트 : checkscn.sql
set linesize 200
column name format a50
column current_scn format a10
column checkpoint_change# format a10
select current_scn "Current SCN",checkpoint_change# "System Checkpoint SCN" from
v$database;
select checkpoint_change# "System Checkpoint SCN" from v$database;
select name, checkpoint_change# "Datafile Checkpoint SCN" from v$datafile;
select name, checkpoint_change# "Start SCN" from v$datafile_header;
select name, last_change# "Stop SCN" from v$datafile;

SQL> @check_SCN.sql

Current SCN System Checkpoint SCN
----------- ---------------------
          0               2119808

System Checkpoint SCN
---------------------
              2119808
```

```
NAME                                                Datafile Checkpoint SCN
--------------------------------------------------- -----------------------
/u01/app/oracle/oradata/orcl/system01.dbf                       2119808
/u01/app/oracle/oradata/orcl/sysaux01.dbf                       2119808
/u01/app/oracle/oradata/orcl/undotbs01.dbf                      2119808
/u01/app/oracle/oradata/orcl/users01.dbf                        2119808


NAME                                                Start SCN
--------------------------------------------------- ----------
/u01/app/oracle/oradata/orcl/system01.dbf             2119808
/u01/app/oracle/oradata/orcl/sysaux01.dbf             2119808
/u01/app/oracle/oradata/orcl/undotbs01.dbf            2119808
/u01/app/oracle/oradata/orcl/users01.dbf              2119808


NAME                                                  Stop SCN
--------------------------------------------------- ----------
/u01/app/oracle/oradata/orcl/system01.dbf             2119808
/u01/app/oracle/oradata/orcl/sysaux01.dbf             2119808
/u01/app/oracle/oradata/orcl/undotbs01.dbf            2119808
/u01/app/oracle/oradata/orcl/users01.dbf              2119808
```

결국 시스템 체크포인트 SCN, 데이터 파일 체크포인트 SCN, 시작(Start) SCN, 스톱(Stop) SCN 이들은 모두 체크포인트와 관련된 SCN이라고 이해하면 된다.

*SCN(System Commit Number)

임의의 트랜잭션이 커밋되면 해당 트랜잭션은 고유한 SCN 번호를 LGWR 로부터 부여 받아서 리두 로그 파일에 적히게 된다.
이처럼 트랜잭션이 커밋될 때 부여 받는 번호를 System Commit Number(SCN)라 한다. 오라클은 SCN을 통해 트랜잭션 커밋과 관련된 정보를 지속적으로 관리하게 된다.

tip

SCN은 SCN base(4bytes) + SCN Wrap(2 bytes)로 구성되어 있다.

다음은 SCN이 저장/기록되는 위치와 그 시점에 대해 소개한다.

- 컨트롤 파일 헤더 영역
  체크포인트가 발생하는 경우(DBWR에 의해)
  불완전 복구 수행 시 리셋 로그 수행하는 경우(Resetlogs)
- 데이터 블록(BLOCK COMMON HEADER /Cache Layer(Common)) 영역

Block CleanOut 시 마지막 SCN을 각 블록 헤더에 기록

- 데이터 블록(ITL entries)
  데이터 블록의 Transaction layers 안에 있는 ITL entries에 commit된 SCN 정보 기록 (Delayed block cleanout)
- 데이터 파일 헤더(모든 데이터 파일 헤더에 아래의 경우에 SCN을 기록)
  최종 체크포인트 발생 시
  Begin backup수행 시
  최종 복구 후 사용 된 마지막 SCN을 기록
- 리두 레코드/리두 로그 버퍼
  커밋이 수행되면 커밋 레코드에 SCN을 포함하여 저장
- 그 외 언두 세그먼트와 테이블스페이스 헤더에도 기록

*데이터베이스 복구 과정과 관련된 SCN

이제는 데이터베이스 복구 과정과 관련된 SCN에 대해서 살펴보자. 일반적으로 정상적으로 데이터베이스가 운영되는 상황이라면 앞에서 살펴 본대로 시스템 체크포인트 SCN, 데이터 파일 체크포인트 SCN, 시작(Start) SCN 값이 모두 같은 SCN을 가진다. 왜냐하면 정상적으로 체크포인트가 발생할 때마다 정상적으로 컨트롤 파일, 데이터 파일 헤더 그리고 각각의 데이터 파일에 모두 동일한 SCN이 성공적으로 저장되기 때문이다.

데이터베이스가 기동될 때 는 SCN이 과연 어떻게 반응하게 될지 살펴보자.

일단 시작 SCN이 컨트롤 파일에 저장되어 있는 데이터 파일 체크포인트 SCN과 동일한 SCN을 가지고 있는지 확인하는 과정이 진행된다. 그 다음으로는 시작 SCN이 스톱 SCN과 동일한지 확인한다. 여기까지 아무 문제없이 진행되었다면 오라클 서버는 "아!! 정상적으로 종료된 후에 다시 기동되었구나 ?"라고 판단하고 인스턴스를 시작한다.

하지만 비정상 종료를 하게 되면 스톱SCN에 값이 여전히 널(Null) 상태가 되므로 오라클 서버는 "앗!! 왜이러지 ? 뭔가 잘못됐어. 혹시 복구가 필요한거 아니야?" 라고 판단하게 된다. 물론 인스턴스 복구 과정은 SMON에 의하여 자동적으로 진행되지만 심각한 미디어 복구가 필요한 경우에는 미디어 복원/복구 과정을 통해 데이터베이스를 복구하는 상황을 초래하게 된다.

*기타 SCN

쿼리 SCN

임의의 쿼리가 시작하는 바로 그 시점에서의 SCN

블록 SCN

데이터 블록이 마지막으로 변경된 바로 그 시점에서의 SCN

이처럼 임의의 작업을 수행할 때 대부분의 경우 해당 작업이 시작하고 끝나는 포인트에서의 SCN 값이 항상 어딘가에서 관리해주고 있다고 보면 쉽다.

●●● oracle 16

CKPT(Checkpoint) 프로세스

CKTP 프로세스가 담당하는 일은 크게 두 가지로 정리할 수 있다. 첫째는 데이터 파일과 컨트롤 파일 헤더에 체크포인트(Checkpoint) 관련 정보를 업데이트하는 일이고 두 번째는 DBWR에게 Dirty buffer들을 디스크로 내려 적으라는 요청을 던지는 일이다.

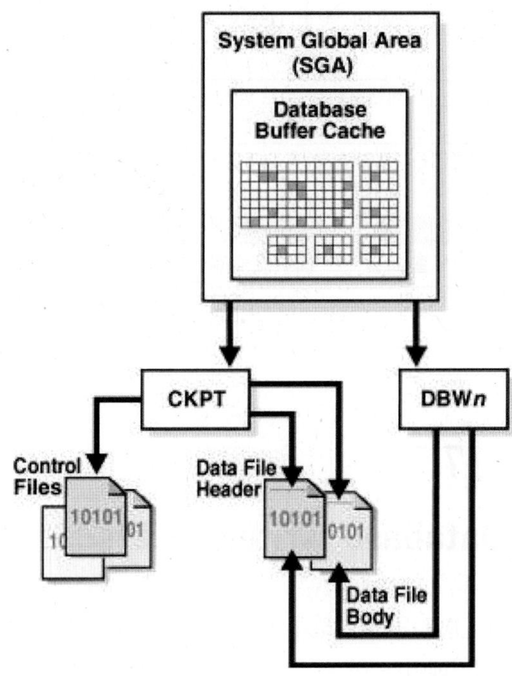

- 체크포인트가 발생하면 오라클은 CKPT 프로세스로 하여금 DBWR에게 신호를 보내서 체크포인트를 수행하도록 한다. 이때 DBWR는 커밋이 된 데이터와 커밋이 아직 안된 데이터 모두를 데이터 파일에 적어주는 작업을 하게 된다.
- CKPT 프로세스는 LGWR에게 신호를 보내서 리두 로그 버퍼에 존재하는 리두 정보를 리두 로그 파일에 기록하도록 하는 기능도 동시에 수행한다.
- CKPT 프로세스는 데이터 파일과 컨트롤 파일의 파일 헤더에 저장되어져 있는 체크포인트 정보를 갱신한다.

체크포인트가 발생하면 다음의 정보들이 갱신된다.

① 시스템 체인지 넘버	② 로그 시퀀스 넘버
③ 아카이브 로그 이름	④ 체크포인트 넘버

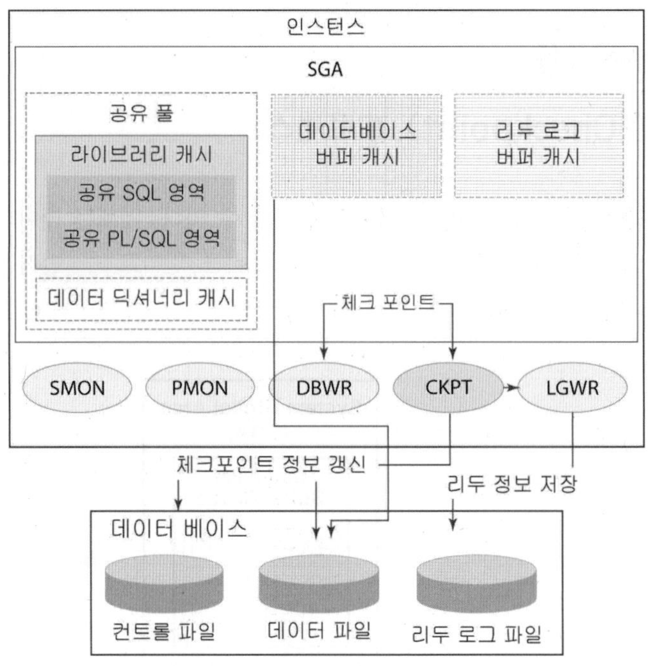

〈체크포인트 프로세스(CKPT)〉

●●● oracle 17

DBWR(Database writer) 프로세스

사용자들이 임의의 쿼리나 DML을 실행하게 되면 해당 쿼리 결과 값을 가지는 오라클 블록이 디스크로부터 읽혀져서 일단 데이터베이스 버퍼 캐시 영역에 저장된다고 이미 언급한 적이 있다. 이처럼 비어있던 데이터베이스 버퍼 캐시(프리 버퍼만 존재하는 상태)에 임의의 오라클 블록이 변경되면 기존의 프리 버퍼가 더티 버퍼(Dirty buffer)로 변경되어지는 상황이 벌어진다. 결국 오라클을 오랫동안 사용하다가 보면 데이터베이스 버퍼 캐시에 점점 더티 버퍼가 늘어가는 상황을 초래하며 계속적으로 늘어가다가 보면 데이터베이스 버퍼 캐시가 완전히 더티 버퍼로 채워져 더 이상 제 기능을 하지 못하는 경우까지도 갈 수도 있게 되는데 이러한 이유로 DBWR는 이처럼 늘어나는 더티 버퍼들을 데이터 파일로 내려 적음으로써 데이터베이스 버퍼 캐시 영역에 프리 버퍼를 항상 보유할 수 있도록 해준다. 그렇다고 아무 때나 DBWR가 내려 적는 작업을 수행하는 것은 아니다.

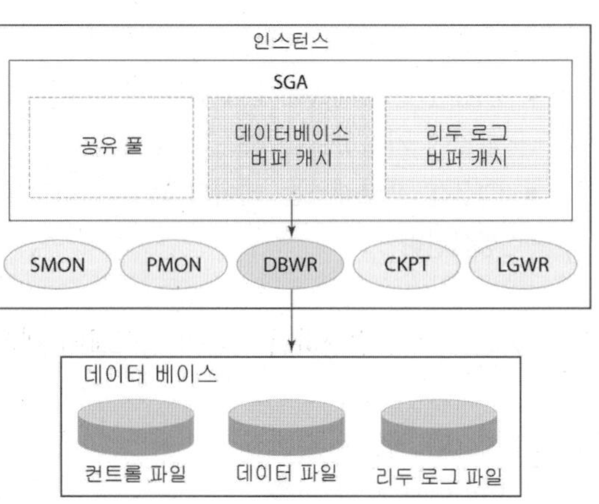

다음은 DBWR가 더티 버퍼를 데이터 파일로 내려적는 경우(체크포인트 포함)를 나열한 것이다.

① 앞에서 이미 언급한 종류의 체크포인트가 발생하는 경우
② 새로운 데이터 블록을 데이터베이스 버퍼 캐시로 불러들이려고 할 때 여유 공간이 없는 경우
임의의 SQL 문장이 실행되고 데이터베이스 버퍼 캐시에 찾고자 하는 데이터가 존재하지 않는 경우 오라클은 데이터 파일로부터 데이터를 읽어 들여와서 그 데이터를 데이터베이스 버퍼 캐시에 저장한다고 설명했던 적이 있다. 이때 만약 데이터베이스 버퍼 캐시에 여유 공간이 없는 경우에 자동적으로 더티 버퍼를 내려적게 된다. 이 경우는 체크포인트라고 부르지 않는다.
③ 더티 버퍼의 수가 어느 정도의 Threshold 값에 도달하는 경우
데이터베이스 버퍼 캐시 내의 더티 버퍼들의 개수가 어느 정도의 수에 도달하게 되면 미리 더티 버퍼를 내려적게 된다. 이 경우는 체크포인트라고 부르지 않는다.

oracle 18

LGWR(Log writer) 프로세스

기본적으로 트랜잭션이라고 함은 오라클 사용자로부터 요구된 작업 하나 하나를 의미한다. 커밋(Commit)이란 이러한 트랜잭션이 발생하는 경우 변경된 기록 정보, 곧 리두 로그 정보를 리두 로그 버퍼로부터 리두 로그 파일로 내려적는 상황이 발생하는데 이를 커밋이라고 부른다.

그렇다면 트랜잭션과 커밋은 어떤 관계일까?
오라클에서 하나의 트랜잭션이라는 의미는 마지막으로 커밋이 발생한 이후부터 다음 커밋이 발생할 때까지의 작업을 의미한다는 개념을 잊지 말기 바란다. 다음은 커밋이 발생하는 동안 오라클 내부적으로 이루어지는 과정을 보여준다. 특히 커밋이 진행되는 과정 가운데 LGWR가 어떤 역할을 하는지에 유의하기 바란다.

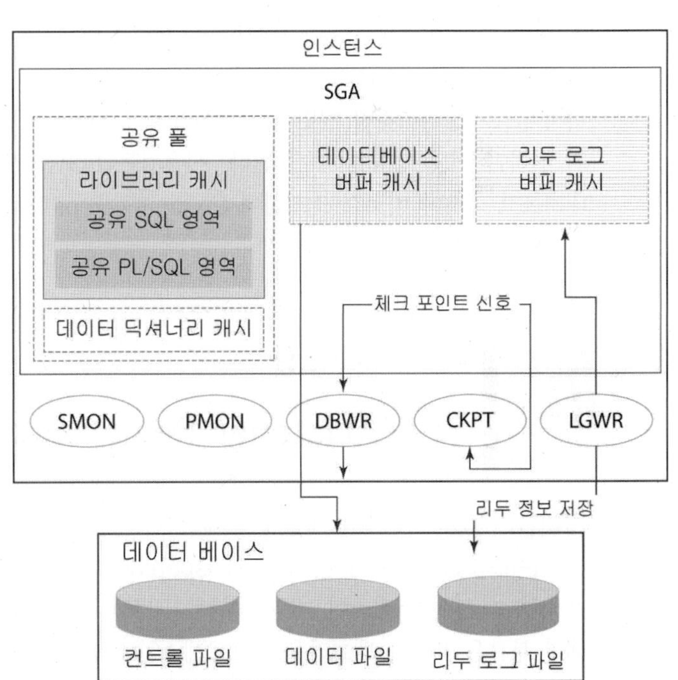

Step1) 사용자가 커밋을 실행하고 나면 제일 먼저 서버 프로세스는 현재 커밋 기록을 SCN 번호와 함께 리두 로그 버퍼에 기록한다.

Step2) LGWR가 그 시점에서의 모든 리두 로그 기록들을 리두 로그 파일로 내려쓰게 된다.

메모리에 있던 인스턴스에 관계된 모든 변경 기록들이 실제 리두 로그 파일에 저장되므로 이제는 변경된 기록들을 절대 잃어버리지 않고 반영구적으로 보관이 가능해진 셈이다.

Step3) 사용자에게 커밋이 완료됐음을 알린다.

Step4) 이후 로그 스위치가 발생하는 경우 LGWR는 DBWR에게 체크포인트를 발생시킬 것을 요구한다.

Step5) DBWR는 체크포인트를 발생시키며 데이터베이스 버퍼 캐시에 존재하는 더티 버퍼들을 데이터 파일에 기록해 준다.

> **tip**
>
> 커밋을 하는 것 자체와 DBWR이 데이터베이스 버퍼 캐시에 저장되어 있는 더티 버퍼들을 데이터 파일로 내려쓰는 과정(체크포인트)과는 동시에 발생하지 않으며 서로 독립적으로 발생할 수 있다.

결국 앞의 과정을 통해서 살펴본 것처럼 LGWR는 리두 로그 버퍼에 있는 리두 정보들을 리두 로그 파일에 기록해 주는 역할을 제공한다. 과연 어느 상황에서 LGWR가 작동하는지 다음의 사항을 살펴보자.

- 커밋이 발생하는 경우
- 리두 로그 버퍼에 축적된 리두 정보가 1MB가 되는 경우
- 리두 로그 버퍼의 1/3이 채워지는 경우

마지막으로 정리하자면 일반적으로 사용자가 임의의 DML을 실행한 다음 변경된 값을 영구히 저장하기 위하여 커밋 명령을 주게 된다. 사용자는 LGWR가 완전히 변경된 리두 정보를 완전히 디스크에 내려쓰고 나서야 비로소 스크린에 Commit complete라는 메시지를 받게 된다.

●●● oracle 19

LREG(Listener Registration Process) 프로세스

LREG는 12c 버전에서 새롭게 소개된 백그라운드 프로세스로서 데이터베이스/인스턴스 내에서 설정된 서비스(Services)와 디스패처(Dispatchers) 프로세스들에 대한 정보를 리스너에 등록하는 기능을 제공한다. 사실 서비스에 대한 등록은 PMON 프로세스가 담당해왔으나 12c 부터는 서비스 등록에 대한 부분은 새로운 백그라운드 프로세스인 LREG 프로세스가 담당하는 것으로 바뀌었다.

다음과 같이 리스너 명령을 통해서 등록된 서비스를 확인할 수 있다.

```
[oracle@ora12cvm01:orcl:trace]$ lsnrctl status
LSNRCTL for Linux: Version 12.1.0.2.0 - Production on 19-MAR-2016 23:43:20
Copyright (c) 1991, 2014, Oracle.  All rights reserved.
Connecting to (DESCRIPTION=(ADDRESS=(PROTOCOL=TCP)(HOST=ora12cvm01)(PORT=1521)))
STATUS of the LISTENER
------------------------
Alias                     LISTENER
Version                   TNSLSNR for Linux: Version 12.1.0.2.0 - Production
Start Date                19-MAR-2016 23:42:54
Uptime                    0 days 0 hr. 0 min. 26 sec
Trace Level               off
Security                  ON: Local OS Authentication
SNMP                      OFF
Listener Parameter File   /u01/app/oracle/product/12.1.0/dbhome_1/network/admin/
listener.ora
Listener Log File         /u01/app/oracle/diag/tnslsnr/ora12cvm01/listener/alert/
log.xml
Listening Endpoints Summary...
  (DESCRIPTION=(ADDRESS=(PROTOCOL=tcp)(HOST=ora12cvm01)(PORT=1521)))
  (DESCRIPTION=(ADDRESS=(PROTOCOL=ipc)(KEY=EXTPROC1521)))
Services Summary...
Service "orcl" has 1 instance(s).
  Instance "orcl", status READY, has 1 handler(s) for this service...
The command completed successfully
```

다음은 tracing을 사용하여 리스너 등록 과정에 대한 정보를 확인하는 과정을 보여준다.

```
SQL> alter system set events='immediate trace name listener_registration level 3';
System altered.

 [oracle@ora12cvm01:orcl:trace]$ pwd
/u01/app/oracle/diag/rdbms/orcl/orcl/trace

[oracle@ora12cvm01:orcl:trace]$ ls -lrt
-rw-r----- 1 oracle oinstall      82  Mar 19 23:34 orcl_lreg_28968.trm
-rw-r----- 1 oracle oinstall    3125  Mar 19 23:34 orcl_lreg_28968.trc
-rw-r----- 1 oracle oinstall  108703  Mar 19 23:34 alert_orcl.log

[oracle@ora12cvm01:orcl:trace]$ cat orcl_lreg_28968.trc
------------------------------
Start Registration Information
------------------------------
```

```
 Last update: 436895542 (18 seconds ago)
Flag: 0xc, 0x6
State: succ=0, wait=0, fail=1
 Non-CDB: root pdb 0 last pdb 0 open max pdb 0
 Listeners:
  0 - (ADDRESS=(PROTOCOL=TCP)(HOST=ora12cvm01)(PORT=1521)) pdb 0
      state=4, err=3
      nse[0]=12541, nse[1]=12541, nte[0]=0, nte[1]=0, nte[2]=0
      ncre=0
      endp=(ADDRESS=(PROTOCOL=TCP)(HOST=ora12cvm01)(PORT=1521))
      flg=0x0 nse=0

Instance: orcl (PDB 0 flag 0x1 state 0)
  flg=0x0, upd=0x8
  info=(INF=(HOST=ora12cvm01)(REGION=)(DB_NAME=orcl)(VINST_NAME=))
  node load=0, max=5120
  inst load=1, max=472

Services:
  0 - orcl
      flg=0x4, upd=0x0, pdb=0
      goodnes=0, delta=0
  1 - orclXDB
      flg=0x5, upd=0x0, pdb=0
      goodnes=0, delta=0

Handlers:
  0 - Dedicated
      flg=0x80002002, upd=0x2
      services=orcl
      hdlr load=22, max=299

Dispatcher Handlers:

CMON Handlers:

CMON Handlers for Listener Networks:

Listen Endpoints:

----------------------------
End Registration Information
----------------------------
```

●●● oracle 20

MMON, Mnnn, MMNL 프로세스

MMON(Manageability monitor) 프로세스는 Automatic Workload Repository(AWR)에 관련된 많은 기능을 담당한다. 예를 들어, AWR 스냅샷 관리, SGA의 통계 수집 관리 및 ADDM 분석 관리를 전체적으로 담당한다. 그리고 실제로 이 기능을 실행하는 프로세스로서 Mnnn가 지원하게 된다. MMNL(Manageability monitor light) 프로세스는 Active Session History(ASH) 통계치를 SGA에서 디스크로 내려 적는 기능을 한다.

기본적으로는 데이터베이스 기동 시 MMON과 MMNL 프로세스만 시작되어지며 Mnnn 프로세스는 실제 작업이 수행될 때만 시작되고 다시 내려가는 방식으로 운영된다.

다음은 데이터베이스 기동 시 시작된 모든 12c 백그라운드 프로세스의 리스트를 보여준다.

```
[oracle@ora12cvm01:orcl:trace]$ ps -ef|grep orcl
oracle    3400  4061  0 09:24 pts/1    00:00:00 grep orcl
oracle   28905     1  0 01:54 ?        00:00:00 ora_pmon_orcl
oracle   28909     1  0 01:54 ?        00:00:00 ora_psp0_orcl
oracle   28914     1  0 01:54 ?        00:00:18 ora_vktm_orcl
oracle   28920     1  0 01:54 ?        00:00:00 ora_gen0_orcl
oracle   28924     1  0 01:54 ?        00:00:00 ora_mman_orcl
oracle   28932     1  0 01:54 ?        00:00:00 ora_diag_orcl
oracle   28936     1  0 01:54 ?        00:00:08 ora_dbrm_orcl
oracle   28940     1  0 01:54 ?        00:00:00 ora_vkrm_orcl
oracle   28944     1  0 01:54 ?        00:00:19 ora_dia0_orcl
oracle   28948     1  0 01:54 ?        00:00:00 ora_dbw0_orcl
oracle   28952     1  0 01:54 ?        00:00:00 ora_lgwr_orcl
oracle   28956     1  0 01:54 ?        00:00:08 ora_ckpt_orcl
oracle   28960     1  0 01:54 ?        00:00:00 ora_smon_orcl
oracle   28964     1  0 01:54 ?        00:00:00 ora_reco_orcl
oracle   28968     1  0 01:54 ?        00:00:00 ora_lreg_orcl
oracle   28972     1  0 01:54 ?        00:00:00 ora_pxmn_orcl
oracle   28976     1  0 01:54 ?        00:00:00 ora_mmon_orcl
oracle   28980     1  0 01:54 ?        00:00:01 ora_mmnl_orcl
oracle   28984     1  0 01:54 ?        00:00:00 ora_d000_orcl
oracle   28988     1  0 01:54 ?        00:00:00 ora_s000_orcl
```

특히 MMON의 경우는 12c에서 새로나온 기능인 Real-Time ADDM이란 기능을 담당해준다.

12c에서 Real-Time ADDM 기능이란 매 3초 마다 데이터베이스 성능 이슈가 내부적으로 발견되면 이를 자동적으로 분석해주는 역할을 수행하는데 다음과 같은 방식으로 진행된다.

① 매 3초마다 MMON이 락이나 래치 획득 없이 메모리로부터 성능 통계 값을 추출한다.

② MMON은 이들 통계 값을 분석한 후 필요하다고 판단되면 Real-Time ADDM 분석을 시작한다.

③ MMON Slave 프로세스들은 Real-Time ADDM 보고서를 생성하고 AWR 내부에 저장한다. (DBA_HIST_REPORTS 뷰 참조)

다음은 어떤 상황이 발생하는 경우 Real-Time ADDM이 성능 분석 대상과 기동 기준을 보여준다. 결국 Real-Time ADDM은 항상 기동되는 것이 아니라 다음의 조건에 해당되는 경우에만 기동된다는 의미이다.

성능 분석 대상	기동 여부 기준
High load	평균 활성화 세션(Active sessions)의 수가 CPU 코어 수의 3배이상인지 확인
I/O bound	Single 블록 읽기 성능 측면에서 활성화 세션에 미치는 I/O 영향이 존재하는지 확인
CPU bound	활성화 세션의 CPU 사용율이 전체 CPU 사용율의 10% 이상인지 확인 그리고 전체 CPU 사용율이 50% 이상인지 확인
Over-allocated memory	메모리 할당이 전체 물리적 메모리(RAM)의 95% 이상인지 확인
Interconnect bound	인터커넥트(Interconnect)를 통한 Single 블록 전송 시간
Session limit	Session limit 100%에 가까워져 있는 지 확인
Process limit	Process limit 100%에 가까워져 있는 지 확인
Hung session	Hung 세션의 수가 전체 세션의 10% 이상인지 확인
Deadlock detected	Deadlock이 발견되었는지 확인

<Real-time ADDL 관련 성능 분석 대상>

●●● oracle 21

PMON(Process monitor) 프로세스

PMON은 기본적으로 다른 모든 백그라운드 프로세스에 대한 모니터링과 서버 프로세스/디스페처 프로세스가 비정상 종료되는 경우 필요한 복구 과정(사용하던 리소스 회수)을 담당한다.
일종의 감독관 및 청소부 역할을 한다고 볼 수 있으며 한 가지 예를 들자면 다음과 같다.
사용자가 데이터베이스 서버에 접속하면 서버 프로세스와 이때 서버 프로세스가 사용하게 될 PGA 메모리가 할당된다. 사용자가 emp 테이블에 대한 Update 문장을 실행하게 되면 서버 프로세스는 emp 테이블과 해당 로우에 요구되는 락(Lock)을 획득하게 된다.
Update 문장을 실행하는 동안 문제가 발생하여 서버 프로세스가 비정상 종료되면 PMON은 비정상 종료된 서버 프로세스가 수행하던 Update 문장을 롤백하게 되며 할당받은 PGA 메모리 그리고 emp 테이블과 로우에 획득되었던 락(Lock) 등 해당 서버 프로세스가 사용하던 모든 자원을 해제 및 회수 시키는 역할을 담당하게 된다.

*RECO(Recovery process) 프로세스

다음의 예와 같이 Two-phase commit이 요구되는 분산 데이터베이스 환경에서 트랜잭션 처리를 담당하며 도중 문제가 발생하는 경우(In-doubt transactions) 해당 트랜잭션을 자동적으로 복구해주는 역할을 담당한다.

로컬 Update 트랜잭션

```
Update  emp
set
  sal = sal * 1.1
where
     dept = 30;
```

원격 Update 트랜잭션(new_york이라는 dblink를 통해 원격 데이터베이스에 연결)

```
update emp@new_york
  emp@new_york
set
  sal = sal * 1.1
where
  dept = 40;
```

RECO 프로세스는 이러한 분산 데이터베이스 환경에서 임의의 트랜잭션이 하나의 Unit으로 커밋 혹은 롤백될 수 있도록 관리해주는 역할을 담당한다고 이해하면 된다.

●●● oracle **22**

SMON(System monitor) 프로세스

데이터베이스 인스턴스가 비정상으로 종료되는 경우 인스턴스를 다시 시작할 때 비정상 종료가 미처 처리하지 못한 데이터 정합성 부분을 복구해주는 인스턴스 복구 과정을 처리해준다.
SMON은 인스턴스 복구 과정 이외에도 데이터 파일 내부의 공간을 더욱 사용 가능한 상태로 만들어주기 위한 Combine, Coalescing 등의 작업을 수행하며 더 나아가 템포러리 세그먼트에 잡혀있던 공간을 해제시켜주는 역할도 담당한다.

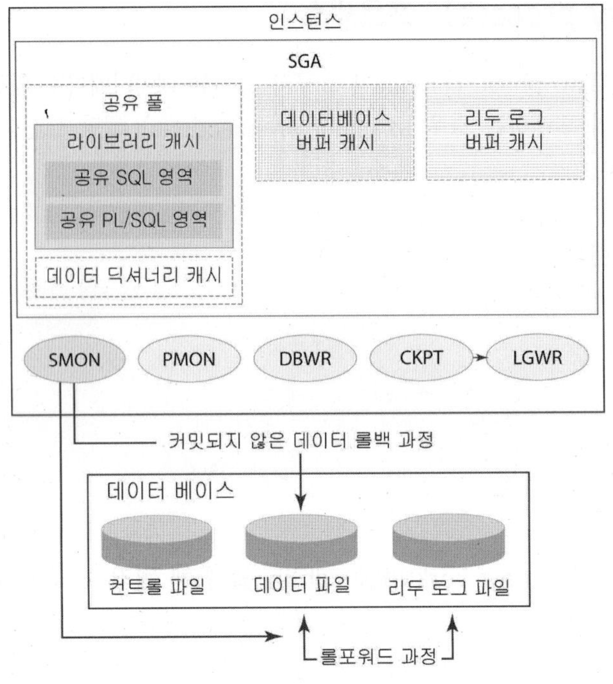

〈시스템 모니터(SMON) 프로세스〉

●●● oracle 23

아카이버(ARCH) 프로세스

ARCH 프로세스는 반드시 요구되는 백그라운드 프로세스는 아니지만 무척 중요한 역할을 담당한다. 특히 리두 정보를 저장하는 리두 로그 파일로부터 생성되는 아카이브 리두 로그 파일을 생성시켜주는 역할을 담당함으로써 이후에 데이터베이스의 백업과 복구측면에서 상당히 중요한 일들을 수행하게 된다.

좀더 자세히 말하자면 다음과 같다. 기존에 존재하는 리두 로그 파일은 로그 스위치에 의하여 순환적으로 사용된다. 다시 말해서 일단 로그 스위치에 의하여 모든 리두 로그 파일이 사용되고 나서 처음 위치로 돌아오는 경우 리두 로그 파일은 기존의 리두 정보를 모두 지우면서 새로운 리두 정보를 그 파일에 기록하게 된다. 결국 이러한 상황이 벌어지면 기존에 저장하고 있던 리두 정보는 영구적으로 잃어버리게 된다.

이러한 상황을 대비하여 리두 로그 파일이 재 사용되기 전에 기존의 리두 로그 파일에 저장되어 있는 리두 정보를 제3의 디스크 또는 테이프 드라이브에 백업해둘 필요가 있게 되었으며 이 과정 가운데 오라클은 기존의 리두 로그 파일을 기본으로 해서 아카이브 파일을 생성시켜 주고, 이때 ARCH 프로세스가 그 작업을 담당한다. 이렇게 생성되는 아카이브 파일은 로그 스위치가 발생할 때마다 log_arch_dest라는 파라미터에 설정된 위치에 자동적으로 저장, 관리된다.

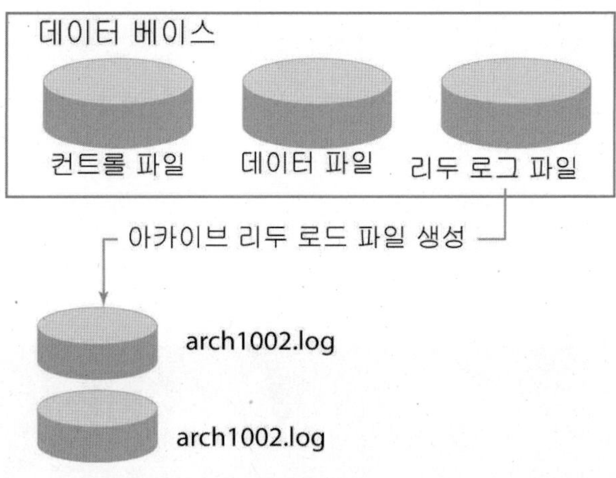

<아카이브 리두 로그 파일 생성>

아카이브 모드 설정 문제는 데이터베이스를 생성할 때 반드시 고려해야 하는 사항이다. 데이터 자체가 별로 중요하지 않다면 리두 정보를 아카이브 해야 할 이유까지는 없지만 어느 정도 조직에 중요한 데이터라면 이후에 데이터 복구 측면에서 보다 효율적인 관리를 위해서 반드시 데이터베이스를 아카이브 로그 모드(Archive log mode)로 설정해서 리두 로그 파일을 백업해두는 것이 필요할 것이다.

Chapter 03 인스턴스(Instance) 관리

이번 장에서는 사실상 실무에서 오라클 데이터베이스 운영자(DBA)로서 가장 많이 접하게 되는 상황인 인스턴스/데이터베이스의 시작과 종료에 관한 내용에 관하여 살펴보고자 한다. 특히 오라클 인스턴스를 시작하기 위해 요구되는 파라미터와 이를 저장, 관리하고 있는 파라미터 파일에 대한 관리방법을 이해하는 것이 중요하다.

다음은 이번 장에서 다루게 될 세부 사항들이다.

- Section 01 파라미터 파일의 소개
- Section 02 주요 파라미터 소개
- Section 03 인스턴스/데이터베이스 시작(Startup) 과정 이해
- Section 04 Restrict 모드로의 데이터베이스 시작
- Section 05 Force 모드로의 데이터베이스 시작
- Section 06 Read Only 모드로의 데이터베이스 시작
- Section 07 인스턴스/데이터베이스 종료(Shutdown) 과정 이해
- Section 08 ADR(Automatic Diagnostic Repository) 이해
- Section 09 Alert 로그 파일 이해
- Section 10 ADRCI(ADR command line interface) 이해
- Section 11 백그라운드 트레이스(Background trace) 파일
- Section 12 사용자 트레이스(User trace) 파일

●●● oracle 01

파라미터 파일의 소개

오라클 서버(인스턴스/데이터베이스)를 생성 및 기동하기 위해서 반드시 필요한 파일이 바로 파라미터 파일이다. 오라클 서버를 기동할 때 가장 먼저 읽히고 그 내부 파라미터 값들에 의해 오라클 서버 자체를 전체적으로 구성해주는 중요한 역할을 담당한다.
다음은 파라미터 파일에 대한 내용을 정리한 것이다.

① 파라미터 파일은 크게 두 가지 종류가 지원된다. 텍스트 파일 형식인 pfile과 바이너리 파일 형식인 spfile이 그것인데 10g 버전 이후에는 spfile 사용을 권고하고 있다.
② 오라클 서버 생성 및 기동을 위하여 요구되는 가장 기본이 되는 파일이므로 파라미터 파일이 존재하지 않으면 오라클 서버 기동 자체가 불가능하다.
③ 하나의 물리적 서버 내부에 다수의 오라클 서버 환경을 구성하는 경우 각각의 오라클 서버마다 해당 서버 환경에 대한 파라미터 파일이 존재해야 한다. 다시 말하자면 하나의 파라미터 파일은 하나의 오라클 서버 환경만을 지원한다는 의미이다.

파라미터 파일에 저장, 관리되는 대부분의 파라미터들은 다음과 같은 구분에 포함된다.

- 파일이나 디렉토리의 위치 설정
- 프로세스, 데이터베이스 리소스의 제한 수준 설정
- SGA 크기와 같이 메모리 리소스 크기 설정
- 특정 성능 관련 설정

파라미터 파일은 pfile과 spfile의 형식으로 생성, 관리할 수 있다. 이들의 차이를 간략히 정리하자면 다음과 같다(인스턴스 이름 SID=orcl 이라는 가정하에).

파일 이름	pfile	spfile
기본 파일 위치	$ORACLE_HOME/dbs (UNIX, Linux) , $ORACLE_HOME\database (Windows)	pfile과 동일 위치
기본 파일 이름	initSID.ora	spfileSID.ora
내용 변경	관리자(유저)	서버 프로세스
파일 형태	ASCII(vi 편집기로 편집 가능)	Binary(vi 편집기로 편집 불가)

부연 설명을 하자면 pfile은 일반 텍스트 파일이다. 따라서 해당 운영체제에 따른 텍스트 에디터를 사용하여 인위적인(Manual) 편집이 가능하다. 그리고 pfile에 내용을 인위적으로 수정하는 경우 이를 시스템에 반영하기 위해서는 반드시 데이터베이스를 다시 시작해야만 한다.

9i 이전에는 파라미터 파일로서 pfile만이 존재했었다. 기존의 pfile은 initSID.ora라는 파일 이름을 가지며 기본적으로 $ORACLE_HOME/dbs 디렉터리 아래에 위치한다.

```
[oracle@ora12cvm01:orcl:dbs]$ echo $ORACLE_SID
orcl
[oracle@ora12cvm01:orcl:~]$ cd $ORACLE_HOME/dbs
[oracle@ora12cvm01:orcl:dbs]$ ls -lrt
total 24
-rw-r--r-- 1 oracle oinstall 2992 Feb  3  2012 init.ora
-rw-r----- 1 oracle oinstall   24 Mar 15 18:45 lkORCL
-rw-r----- 1 oracle oinstall 7680 Mar 15 19:20 orapworcl
-rw-rw---- 1 oracle oinstall 1544 Mar 18 18:06 hc_orcl.dat
-rw-r----- 1 oracle oinstall 2560 Mar 18 18:06 spfileorcl.ora
```

pfile은 보이지 않고 spfile만 현재 생성되어 있는 것을 확인할 수 있는데 이는 데이터베이스를 생성할 때 DBCA를 사용했기 때문이다. 필요하다면 다음과 같이 간단히 pfile도 생성할 수 있다.

```
[oracle@ora12cvm01:orcl:dbs]$ sqlplus '/as sysdba'
SQL> create pfile from spfile;
File created.

[oracle@ora12cvm01:orcl:~]$ cd $ORACLE_HOME/dbs
[oracle@ora12cvm01:orcl:dbs]$ ls -lrt
total 28
-rw-r--r-- 1 oracle oinstall 2992 Feb  3  2012 init.ora
-rw-r----- 1 oracle oinstall   24 Mar 15 18:45 lkORCL
-rw-r----- 1 oracle oinstall 7680 Mar 15 19:20 orapworcl
-rw-rw---- 1 oracle oinstall 1544 Mar 18 18:06 hc_orcl.dat
-rw-r----- 1 oracle oinstall 2560 Mar 18 18:06 spfileorcl.ora
-rw-r--r-- 1 oracle oinstall  963 Mar 21 21:54 initorcl.ora
```

이제 pfile(initorcl.ora)도 생성된 것을 확인할 수 있다.

spfile은 바이너리(Binary) 파일의 형태이므로 텍스트 파일인 pfile과는 다르게 사용자가 에디터를 사용해서 기록 또는 갱신할 수가 없다. 오라클이 내부적으로 spfile을 관리한다고 보면 된다.

spfile을 생성하기 위해서는 sysdba 권한을 가진 사용자이어야만 가능하다. 결국 sysdba 권한을 가지는 sys 사용자만이 가능하다는 이야기이다(system 사용자마저도 불가능하다).

DBCA를 사용하여 데이터베이스를 생성하는 경우 최종적으로는 spfile만 $ORACLE_HOME/dbs 위치에 생성된다. 하지만 사용자 스크립트를 사용해서 데이터베이스를 생성하는 경우에는 반드시 pfile을 먼저 인위적으로 생성하고 이후에 spfile을 생성하는 방식으로 진행해야만 한다. 솔직한 저자의 생각은 가끔은 DBCA가 너무 많은 작업을 해주기 때문에 우리가 알아야 할 부분들을 모르고 넘어가는 경우가 종종 생기는듯하여 조금은 씁쓸한 생각이 든다.

*pfile과 spfile을 사용하는 인스턴스 시작

현재 ORACLE_SID가 orcl(소문자)이므로 pfile의 파일 이름은 initorcl.ora이고 spfile의 파일 이름은 spfileorcl.ora 파일임을 확인할 수 있다. 만약 ORACLE_SID가 ORCL(대문자)이라면 pfile의 파일 이름은 initORCL.ora이고 spfile의 파일 이름은 spfileORCL.ora으로 생성되었을 것이다.
이처럼 유닉스와 리눅스 환경에서는 인스턴스의 이름인 SID, $ORACLE_SID를 대문자, 소문자로 설정되었는지에 따라서 pfile과 spfile 파일 이름에 영향을 준다는 점에 유의하기 바란다.
이처럼 pfile과 spfile이 모두 생성되어있는 상태에서 오라클 서버를 시작하게 되면 어떤 파일을 읽어서 인스턴스가 시작되는지 4가지 케이스를 살펴보자(예를 들어, SID=orcl 인 경우).

Case1)

pfile와 spfile 파일들이 모두 생성되어 있으면 spfile이 먼저 선택되어 인스턴스를 시작한다.
spfileorcl.ora 파일과 initorcl.ora 파일이 기본 위치($ORACLE_HOME/dbs)에 둘 다 모두 존재하는 경우 spfileorcl.ora 파일이 먼저 선택된다는 의미이다.

```
[oracle@ora12cvm01:orcl:dbs]$ ls -lrt
total 28
-rw-r--r-- 1 oracle oinstall  2992   Feb  3  2012 init.ora
-rw-r----- 1 oracle oinstall    24   Mar 15 18:45 lkORCL
-rw-r----- 1 oracle oinstall  7680   Mar 15 19:20 orapworcl
-rw-rw---- 1 oracle oinstall  1544   Mar 18 18:06 hc_orcl.dat
-rw-r----- 1 oracle oinstall  2560   Mar 18 18:06 spfileorcl.ora
-rw-r--r-- 1 oracle oinstall   963   Mar 21 21:54 initorcl.ora
SQL> startup
ORACLE instance started.
Total System Global Area 1258291200  bytes
Fixed Size                  2923920  bytes
Variable Size             788529776  bytes
Database Buffers          452984832  bytes
Redo Buffers               13852672  bytes
Database mounted.
Database opened.
```

인스턴스를 시작할 때 pfile이 아닌 spfile을 사용했는지 확인하도록 한다.

```
SQL> show parameter spfile

NAME                                 TYPE
------------------------------------ ----------------------------------
VALUE
------------------------------
spfile                               string
/u01/app/oracle/product/12.1.0
/dbhome_1/dbs/spfileorcl.ora

SQL> show parameter pfile

NAME                                 TYPE
------------------------------------ ----------------------------------
VALUE
------------------------------
spfile                               string
/u01/app/oracle/product/12.1.0
/dbhome_1/dbs/spfileorcl.ora
```

show parameter spfile과 show parameter pfile의 결과가 모두 spfile 임을 보여주고 있다.

Case2)

pfile와 spfile 파일들이 모두 생성되어 있는 상황일지라도 다음과 같이 startup pfile 옵션을 사용하여 인위적으로 pfile을 사용해서 인스턴스를 시작하라고 설정할 수도 있다. 사실 이 방법은 pfile이 어느 위치에 있던 상관없이 spfile이 아닌 pfile을 사용해서 인스턴스를 시작할 때 적용할 수 있는 방법이다.

```
[oracle@ora12cvm01:orcl:~]$ echo $ORACLE_HOME
/u01/app/oracle/product/12.1.0/dbhome_1
[oracle@ora12cvm01:orcl:~]$ sqlplus '/as sysdba'
Connected to an idle instance.
SQL> startup pfile='/u01/app/oracle/product/12.1.0/dbhome_1/dbs/initorcl.ora'
ORACLE instance started.
Total System Global Area  1258291200  bytes
Fixed Size                   2923920  bytes
Variable Size              788529776  bytes
Database Buffers           452984832  bytes
Redo Buffers                13852672  bytes
Database mounted.
Database opened.
```

```
SQL>show parameter spfile
NAME                                 TYPE
------------------------------------ ------------------------------------
VALUE
------------------------------
spfile                               string
SQL> SQL> show parameter pfile
NAME                                 TYPE
------------------------------------ ------------------------------------
VALUE
------------------------------
spfile                               string
```

이번에는 show parameter spfile과 show parameter pfile의 결과가 모두 Null 임을 보여주고 있다. 이 의미는 spfile이 아닌 pfile이 사용되어 인스턴스가 시작되었다라는 의미이다.

Case3)

기본 위치($ORACLE_HOME/dbs)에 spfile만 존재하면 spfileorcl.ora 파일만 선택된다.

Case4)

기본 위치($ORACLE_HOME/dbs)에 pfile만 존재하면 initorcl.ora 파일만 선택된다.

●●● oracle 02

주요 파라미터 소개

*파라미터값 확인

임의의 파라미터 값을 확인하기 위해서는 일반적으로 다음 두 가지 방법을 자주 사용한다.

- **SQL>show parameter [파라미터 이름]**

```
SQL> show parameter instance_name
NAME                                 TYPE
------------------------------------ ------------------------------------
VALUE
------------------------------
instance_name                        string
orcl
```

- **v$parameters 뷰 참조**

```
SQL> column name format a30
SQL> column value format a20
SQL> select name, value from v$parameter where name ='instance_name';

NAME                           VALUE
------------------------------ --------------------
instance_name                   orcl
```

사실상 v$parameter 뷰를 참조하면 읽기 편한 포맷으로 출력이 가능해서 좋긴 하지만 실무에서는 긴 쿼리 문장까지 실행해가면서 파라미터 값을 확인할 여유가 대부분 없다. 그러므로 주로 show parameter 명령을 사용하여 빨리 원하는 값을 확인하는 방식을 사용하게 된다.

*파라미터의 구분

기본적으로 파라미터는 정적(Static) 파라미터와 동적(Dynamic) 파라미터로 구분할 수가 있다.
정적 파라미터는 현재 이미 시작된 인스턴스에 대한 실시간 변경이 불가능한 파라미터를 의미하며 동적 파라미터는 이미 시작된 인스턴스라 할지라도 실시간 변경이 가능한 파라미터를 의미한다.
다음과 같이 v$parameter 뷰를 다음 두 컬럼을 통해 임의의 파라미터에 대해 동적 파라미터인지 정적 파라미터인지 확인할 수 있다.

```
SQL> desc v$parameter
 Name                                      Null?    Type
 ----------------------------------------- -------- ----------------------------
 NUM                                                NUMBER
 NAME                                               VARCHAR2(80)
 TYPE                                               NUMBER
 VALUE                                              VARCHAR2(4000)
 DISPLAY_VALUE                                      VARCHAR2(4000)
 DEFAULT_VALUE                                      VARCHAR2(255)
 ISDEFAULT                                          VARCHAR2(9)
 ISSES_MODIFIABLE                                   VARCHAR2(5)
 ISSYS_MODIFIABLE                                   VARCHAR2(9)
 ISPDB_MODIFIABLE                                   VARCHAR2(5)
 ISINSTANCE_MODIFIABLE                              VARCHAR2(5)
 ISMODIFIED                                         VARCHAR2(10)
 ISADJUSTED                                         VARCHAR2(5)
 ISDEPRECATED                                       VARCHAR2(5)
```

```
ISBASIC                                      VARCHAR2(5)
DESCRIPTION                                  VARCHAR2(255)
UPDATE_COMMENT                               VARCHAR2(255)
HASH                                         NUMBER
CON_ID                                       NUMBER
```

- isses_modifiable 컬럼 : alter session set 명령으로 변경 가능 여부(True/False)
- issys_modifiable : alter system set 명령으로 변경 가능 여부(Immediate/False)

```
SQL> column name format a15
SQL> select name, isses_modifiable,issys_modifiable from v$parameter
  2  where name ='sga_target';

NAME            ISSES_MODIFIABL  ISSYS_MODIFIABLE
--------------- ---------------  ---------------------------
sga_target      FALSE            IMMEDIATE
```

sga_target 파라미터는 alter session set 명령으로 변경이 불가능하며 alter system set 명령의 경우에는 즉시 반영이 가능한 동적 파라미터라는 의미이다.

```
SQL> select name, isses_modifiable,issys_modifiable from v$parameter
 2  where name ='sga_max_size';

NAME            ISSES_MODIFIABL  ISSYS_MODIFIABLE
--------------- ---------------  ---------------------------
sga_max_size    FALSE            FALSE
```

sga_max_size 파라미터는 alter session 명령으로 변경이 불가능하며 alter system 명령의 경우에는 즉시 반영이 불가능한 정적 파라미터라는 의미이다.

*alter system set 명령 세부 옵션 소개

다음은 alter system set 명령을 사용하여 파라미터 값을 변경 시 사용가능한 옵션을 소개한다.

```
SQL> alter system set [파라미터 네임]=[변경값] scope=[spfile|memory|both];
```

- scope

  spfile을 사용하여 인스턴스가 시작된 경우에만 가능한다

- spfile

  이미 시작된 인스턴스에는 실시간 반영이 불가능하며 spfile 내용만 변경한다. 이 경우 인스턴스를 반드시 재 기동시켜주어야 spfile에 변경된 값이 반영되면서 인스턴스가 시작한다. 정적 파라미터를 변경해야 하는 경우에는 spfile 옵션을 반드시 사용해야 한다

  예) processes 파라미터(정적 파라미터)

```
SQL> alter system set processes =300 scope=both;
alter system set processes =300 scope=both
              *
ERROR at line 1:
ORA-02095: specified initialization parameter cannot be modified
SQL> alter system set processes =300 scope=memory;
alter system set processes =300 scope=memory
              *
ERROR at line 1:
ORA-02095: specified initialization parameter cannot be modified
SQL> alter system set processes =300 scope=spfile;
System altered.
SQL> shutdown immediate;
Database closed.
Database dismounted.
ORACLE instance shut down.
SQL> show parameter processes
processes integer
300
```

- memory

  이미 시작된 인스턴스에 설정된 파라미터값에 실시간 반영되며spfile 내용은 변경되지 않는다. spfile 내용이 변경되지 않았기 때문에 인스턴스를 재 기동하면 원래 spfile에 설정되었던 값으로 돌아간다.

  예) shared_pool_size 파라미터(동적 파라미터)

```
SQL> show parameter shared_pool_size
NAME                               TYPE
------------------------------------ ----------------------------------
VALUE
------------------------------
shared_pool_size                     big integer
0
SQL> alter system set shared_pool_size=112M scope=memory;
System altered.
SQL> show parameter shared_pool_size
```

```
NAME                                 TYPE
------------------------------------ ---------------------------------
VALUE
------------------------------
shared_pool_size                     big integer
112M
SQL> shutdown immediate
Database closed.
Database dismounted.
ORACLE instance shut down.
SQL> startup
ORACLE instance started.
Total System Global Area  1258291200 bytes
Fixed Size                   2923920 bytes
Variable Size              788529776 bytes
Database Buffers           452984832 bytes
Redo Buffers                13852672 bytes
Database mounted.
Database opened.
SQL> show parameter shared_pool_size
NAME                                 TYPE
------------------------------------ ---------------------------------
VALUE
------------------------------
shared_pool_size                     big integer
0
```

- both

  alter system set 명령 시 scope 옵션을 사용하지 않아도 기본적으로 scope=both 옵션을 적용한다(Default).

  이미 시작된 인스턴스에 설정된 파라미터값에 실시간 반영되며 spfile 내용도 함께 변경된다. spfile 내용도 변경되었기 때문에 인스턴스를 재 기동하더라도 변경된 값을 유지하게 된다.

  예) db_cache_size 파라미터(동적 파라미터)

```
SQL> show parameter  db_cache_size
NAME                                 TYPE
------------------------------------ ---------------------------------
VALUE
------------------------------
db_cache_size                        big integer
0
SQL> alter system set db_cache_size=112M scope=both;
System altered.
SQL> show parameter  db_cache_size
```

```
NAME                                 TYPE
------------------------------------ ----------------------------------
VALUE
------------------------------
db_cache_size                        big integer
112M
SQL> shutdown immediate
Database closed.
Database dismounted.
ORACLE instance shut down.
SQL> startup
ORACLE instance started.
Total System Global Area 1258291200 bytes
Fixed Size                  2923920 bytes
Variable Size             788529776 bytes
Database Buffers          452984832 bytes
Redo Buffers               13852672 bytes
Database mounted.
Database opened.
SQL> show parameter  db_cache_size
NAME                                 TYPE
------------------------------------ ----------------------------------
VALUE
------------------------------
db_cache_size                        big integer
112M
```

*파라미터 값 변경

파라미터 값을 변경하고자 하는 경우 spfile을 사용하여 인스턴스가 시작한 경우인지 아니면 pfile을 사용해서 인스턴스가 시작한 경우인지에 따라서 다음과 같이 변경 방법이 달라지므로 유의하기 바란다.

구분	spfile 사용하여 인스턴스를 시작한 경우	pfile 사용하여 인스턴스를 시작한 경우
동적 파라미터 변경 시	alter system set xxx scope=both; alter system set xxx scope=memory;	alter system set xxx; alter system set xxx scope=memory; alter system set xxx scope=spfile; ERROR at line 1: ORA-32001: write to SPFILE requested but no SPFILE is in use → 사용불가
정적 파라미터 변경 시	alter system set xxx scope=spfile 인스턴스 재 기동 필요	pfile을 vi 로 수정하고 인스턴스 재 기동 필요

<spfile, pfile 사용시 파라미터 변경 방법>

*주요 파라미터 정리

다음은 주요 파라미터에 대해 간략히 정리한 것이다.

주요 파라미터 이름	설정 대상
BACKGROUND_DUMP_DEST	백그라운드 프로세스로부터 발생하는 로그 파일의 위치와 alert log 로그 파일의 위치에 대한 설정
CLUSTER_DATABASE	RAC 환경에서 운영되는 데이터베이스인지 여부 설정
COMPATIBLE	호환가능한 오라클 버전 설정
CONTORL_FILES	컨트롤 파일의 위치 설정, 최대 8개
CURSOR_SHARING	하드 파스가 많은 경우 이를 줄이기 위해 커서를 공유하기 위한 설정
DB_BLOCK_SIZE	데이터베이스를 초기 생성 시 표준 오라클 블록의 크기를 설정(데이터베이스 생성 후 변경 불가)
PGA_AGGREGATE_TARGET	각각의 서버 프로세스에 할당되어지는 PGA 의 크기 설정
PROCESSES	OS 상에서 기동 가능한 오라클 프로세스의 최대값 설정(백그라운드 프로세스+서버 프로세스 etc) SESSIONS과 TRANSACTIONS 파라미터의 기본값은 이 파라미터 값으로 변동
RECYCLEBIN	휴지통과 같은 개념으로서 테이블 Drop 시 딕셔너리 상에는 더 이상 존재하지 않으나 물리적인 테이블은 여전히 남아있어 쉽게 복구할 수 있는 옵션 설정
REMOTE_LISTENER	원격지 서버 리스너 이름 설정
REMOTE_LOGIN_PASSWORDFILE	원격지 데이터베이스 접속 시 암호 파일 사용 여부
RESULT_CACHE_MAX_RESULT	Result cache 내부의 결과값의 최대 크기 설정
RESULT_CACHE_MAX_SIZE	Result cache 크기 설정
RESULT_CACHE_MODE	Result cache 운영 방식
SESSIONS	오라클 서버 접속 가능한 최대 세션 수 설정
DB_CACHE_SIZE	데이터베이스 버퍼 캐시 크기 설정
DB_CREATE_FILE_DEST	OMF 환경 구성 시 데이터 파일의 기본 위치 설정
DB_CREATE_ONLINE_LOG_DEST_n	OMF 환경 구성 시 리두 로그 파일과 컨트롤 파일의 기본 위치 설정
DB_DOMAIN	데이터베이스에 대한 도메인 설정
DB_FILE_MULTIBLOCK_READ_COUNT	한 번의 I/O 로 읽을 수있는 최대 오라클 블록의 수 설정
DB_NAME	데이터베이스 이름 설정
DB_nK_CACHE_SIZE	표준 블록 사이즈(db_block_size파라미터값)가 아닌 블록 사이즈로 구성된 버퍼 캐시 크기 설정
DB_RECOVERY_FILE_DEST	Flash/fast recovery area 경로 설정

〈주요 파라미터 소개〉

주요 파라미터 이름	설정 대상
DB_UNIQUE_NAME	데이터베이스의 고유성/유일성을 보장하기 위한 설정
DB_WRITER_PROCESS	DBWR의 초기 기동 개수 설정
INSTANCE_NUMBER	RAC 환경에서 인스턴스에 대한 고유번호 설정
LOG_BUFFER	리두 로그 버퍼의 크기 설정
LOG_ARCHIVE_DEST_STATE_n	아카이브 위치의 활성화 여부 설정
NLS_LANGUAGE	데이터베이스내에서 기본적으로 사용되는 언어 설정
NLS_TERRITORY	해당 언어와, 날짜(요일,주) 사용하는 지역 지정
OPEN_CURSORS	각 세션당 PGA 내부에서 동시에 오픈 할 수 있는 커서의 최대 개수 설정
COMPLEX_VIEW_MERGING_FALSE	옵티마이저가 SQL 문장에 대한 실행계획을 생성할 때 뷰 쿼리를 메인 쿼리와 합쳐서 수행하는 Merge 기능(View를 포함하는 쿼리일 경우) 설정
_FAST_START_INSTANCE_RECOVERY_TARGET	RAC 환경에서, 한쪽 노드가 장애로 비정상 종료되는 경우 다른 노드에서 인스턴스 복구를 완료하는데 걸리는 타겟 시간 설정
_IN_MEMORY_UNDO	DML 시 생성되는 언두 데이터를 일반적인 언두 세그먼트에 기록하지 않고 공유 풀내부의 In-Memory 풀에 기록하도록 설정
SESSION_CACHED_CURSORS	하나의 세션이 PGA 에 캐시할 수 있는 최대 커서의 개수 설정
SESSION_MAX_OPEN_FILES	각 세션에서 열 수 있는 최대 Bfiles의 개수 설정
SHARED_POOL_SIZE	공유 풀의 크기 설정
SGA_MAX_SIZE	SGA에 할당된 총 크기
SGA_TARGET(10g 부터)	ASSM(Automatic shared memory management) 활성화 시 전체 SGA 크기 설정
UNDO_TABLESPACE	활성화 된 Active 언두 테이블스페이스의 이름 설정
UNDO_MANAGEMENT	자동 언두 세그먼트 기능 설정
USER_DUMP_DEST	User process가 생성하는 Trace 파일의 저장 경로
MEMORY_TARGET	오라클 SGA와 PGA 전체 크기 자동 튜닝 기능 활성화 시 전체 메모리 크기 설정

●●● oracle 03

인스턴스/데이터베이스 시작(Startup) 과정 이해

일반 오라클 사용자들은 오라클 데이터베이스 운영자(DBA)에 의해 오라클 인스턴스와 데이터베이스가 오픈되지 않은 상태인 경우 데이터베이스의 접속 자체가 불가능하다. 그러므로 오라클 데이터베이스 운영자(DBA)가 해야 할 일 중에 하나가 바로 인스턴스와 데이터베이스 사용자들을 위해 정상적인 상태로 기동(Startup)시켜 주는 것이다.

일반적으로 오라클 데이터베이스를 Startup이란 명령을 사용하여 기동하게 되면 자동적으로 다음의 3단계를 순차적으로 거쳐서 데이터 파일들이 오픈된 상태까지 한꺼번에 수행한다.

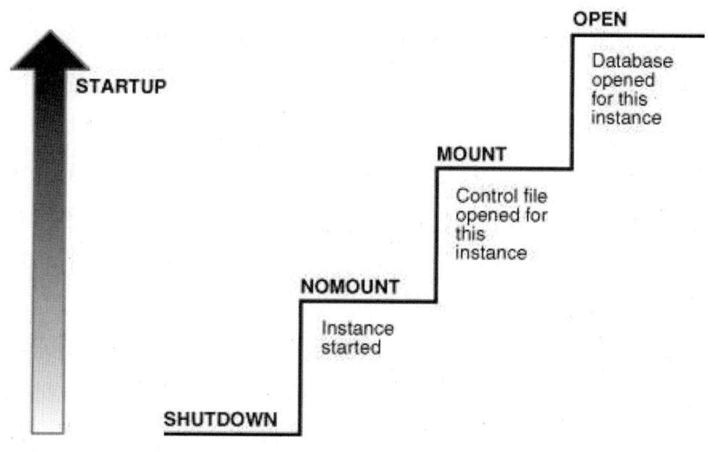

<데이터베이스 시작 과정>

```
[oracle@ora12cvm01:orcl:dbs]$ sqlplus '/as sysdba'
SQL*Plus: Release 12.1.0.2.0 Production on Wed Mar 23 09:41:26 2016
Copyright (c) 1982, 2014, Oracle.  All rights reserved.
Connected to an idle instance.
SQL> startup
ORACLE instance started.
Total System Global Area 1258291200  bytes
Fixed Size                  2923920  bytes
Variable Size             788529776  bytes
Database Buffers          452984832  bytes
Redo Buffers               13852672  bytes
Database mounted.
Database opened.
```

이제 데이터베이스를 시작하는 각각의 과정에 관해 세부적으로 알아보도록 하자.

Step1) 인스턴스의 시작(Startup instance - Nomount 모드)

일반적으로 어느 컴퓨터이건 간에 전원 버튼을 켜게 되면 가장 먼저 컴퓨터 내부적으로 생성하는 영역이 바로 메모리 영역인 것과 마찬가지로 오라클 데이터베이스의 경우에도 메모리 영역부터 생성한다. 오라클 데이터베이스의 경우에는 운영체제의 물리적 메모리에 시작하려는 데이터베이스를 위한 인스턴스(Instance)라는 메모리 영역이 가장 먼저 생성된다. 결국 이 말은 System Global Area (SGA) 영역 - 데이터베이스 버퍼 캐시, 리두 로그 버퍼, 공유 풀 기타 - 과 백그라운드 프로세스들이 메모리 영역에 생성된다는 의미이다.
물론 이를 가능하게 해주는 것이 바로 오라클 데이터베이스의 파라미터(Parameter) 파일인 pfile 또는 spfile 파일이며, 이로 인하여 기본적인 오라클 환경이 설정되어진다는 점을 다시 한 번 기억하기 바란다. 이처럼 인스턴스 만이 생성되어진 상태를 "현재 데이터베이스 인스턴스는 Nomount 상태에 있다" 라고 말한다.
하지만 다음의 경우 종종 인스턴스를 시작하는 것이 실패하기도 한다.

- 파라미터 설정에 오류가 존재하는 경우
- SGA를 제한된 크기 이상으로 생성하고자 하는 경우
- sysdba, sysoper, sysbackup, sysdg 권한이 없는 사용자가 인스턴스를 시작하려는 경우

Step2) 데이터베이스 마운트(Mount 모드)

실무에서 오라클 데이터베이스 운영자(DBA)로 작업을 하다가 보면 데이터베이스에 대한 변경이나 수정이 필요로 되는 경우 주로 마운트 상태에서 작업하게 된다. 여러 가지 경우가 가능하겠지만 다음처럼처럼 주로 아카이브 옵션을 변경하는 경우나 데이터베이스를 백업(Backup)한 후 복구(Recovery)를 실행하는 경우 자주 사용되는 시작 모드이다.
만약 Mount 상태가 아니라면 다음과 같은 에러를 가진다.

```
SQL> alter database archivelog;
alter database archivelog
*
ORA-01126: database must be mounted EXCLUSIVE and not open for this operation
```

또한 반드시 기억해야 할 점은 데이터베이스가 마운트 됨에 따라 오라클 인스턴스에 의해 발생되는 가장 중요한 사항은 파라미터 파일의 control_files라는 파라미터에 설정된 컨트롤 파일의 위치를 확인하고 이들을 오픈시킨다는 점이다. 이는 컨트롤 파일이 사용 가능한 상태가 된다는 것을 의미한다. 그리고 데이터베이스가 마운트 상태인 경우에는 여전히 일반 사용자들의 접속은 불가능하게 된다는 점이다. 오로지 데이터베이스 운영자(DBA)만이 접속이 가능하다.

Step3) 데이터베이스 오픈(Open 모드)

데이터베이스가 오픈된다는 말은 이제 일반 사용자들이 데이터베이스로 접속을 할 수 있게 되었다는 것을 의미하는 것이며, 이때 오라클은 컨트롤 파일에 저장되어 있는 정보를 사용하여 데이터 파일과 리두 로그 파일들을 일반 사용자들이 사용할 수 있도록 오픈 시켜준다.

백그라운드 프로세스인 SMON은 이처럼 데이터베이스가 오픈되는 순간 사용 가능해지는 리두 로그 파일들에 대한 일관성(Consistency)을 확인하게 되는데, 만일 이상이 있다면 인스턴스 리커버리(Instance recovery)를 수행하게 되어 자동적으로 일관성을 유지하도록 조정해 주는 역할을 한다.

다음의 예는 현재 마운트(Mount) 상태에 있는 데이터베이스를 최종적으로 오픈(Open)시켜주는 순차적 과정을 보여준다.

만약 데이터베이스 종료 상태에서 오픈 모드까지 단계 별로 시작해야 하는 경우에는 다음과 같이 alter database 명령을 사용하여 순차적으로 다음 단계로 진행할 수 도 있다.

```
SQL> startup nomount
ORACLE instance started.
Total System Global Area  1258291200  bytes
Fixed Size                   2923920  bytes
Variable Size              788529776  bytes
Database Buffers           452984832  bytes
Redo Buffers                13852672  bytes

SQL> alter database mount;
Database altered.

SQL> alter database open;
Database altered.
```

다음은 데이터베이스를 시작할 때 사용하는 startup 명령어와 사용 가능한 선택사항(Option)들을 정리한 내용이다.

```
startup [force][restrict][pfile = file name]
        [open][recover][database] | mount | nomount]
```

- open : 인스턴스를 생성하고 데이터베이스를 오픈시켜 주는 옵션이다. 모든 사용자들이 접속하여 사용할 수 있는 상태가 되는 것이다. startup 명령 다음에 아무런 선택사항이 뒤에 오지 않는 경우 오라클은 이를 기본 설정으로 사용한다. 결국 데이터베이스 오픈 모드까지 진행한다는 의미이다.
- mount : 일단 인스턴스가 메모리에 생성되고 컨트롤 파일이 사용가능한 상태가 된다. 하지만 데이터 파일과 리두 로그 파일은 오픈되지 않은 상태를 말한다.

- nomount : 인스턴스가 메모리에 생성되고 데이터베이스(데이터 파일, 컨트롤 파일, 그리고 리두 로그 파일)는 오픈되지 않은 상태이다.
- pfile =parfile : 주로 기본적으로 사용하는 spfile을 사용하지 않고 사용자 임의의 pfile을 사용하여 인스턴스를 시작하려는 경우 사용할 수 있는 옵션이다.
- restrict : 데이터베이스가 restrict 옵션을 가지고 시작된 경우에는 Restricted session이라는 권한(Privilege)을 가지는 사용자만이 데이터베이스에 접속 가능하게 된다.
- recover : 데이터베이스가 오픈되는 동시에 미디어 복구(Media recovery)를 실행한다.
- force : 인스턴스를 시작하기 전에 그 이전에 사용중인 인스턴스를 종료시킨다.

oracle 04

Restrict 모드로의 데이터베이스 시작

데이터베이스가 Restrict 옵션으로 오픈되면 Restricted session이라는 권한(Privilege)을 가지는 사용자만이 데이터베이스에 접속이 가능하게 된다.
다음은 Restricted session 권한의 적용을 소개한다.

Step1) 데이터베이스를 정상적으로 시작하고 난 후에 alter system 명령을 사용하여 Restrict 모드로 변환시킨다.

```
[oracle@ora12cvm01:orcl:dbs]$ sqlplus '/as sysdba'
SQL*Plus: Release 12.1.0.2.0 Production on Wed Mar 23 09:41:26 2016
Copyright (c) 1982, 2014, Oracle.  All rights reserved.
Connected to an idle instance.
SQL> startup
ORACLE instance started.
Total System Global Area  1258291200  bytes
Fixed Size                   2923920  bytes
Variable Size              788529776  bytes
Database Buffers           452984832  bytes
Redo Buffers                13852672  bytes
Database mounted.
Database opened.
SQL> alter system enable restricted session;
System altered.
```

Step2) 다른 터미널을 사용하여 임의의 일반 사용자로서 데이터베이스에 접속을 시도한다. 이때 scott 사용자는 현재 Restricted session 권한이 없는 상태라는 사실에 유의하기 바란다.

```
[oracle@ora12cvm01:orcl:dbs]$ sqlplus scott/tiger
ERROR:
ORA-01035: ORACLE only available to users with RESTRICTED SESSION privilege
```

Step3) 이제 DBA가 scott 사용자에게 restrict 모드로 설정되어있는 데이터베이스에 접속할 수 있는 권한인 "restricted session" 권한을 부여한다.

```
[oracle@ora12cvm01:orcl:dbs]$ sqlplus '/as sysdba'
SQL> grant restricted session to scott;
Grant succeeded.
```

Step4) scott 사용자는 이제야 비로소 데이터베이스에 정상적인 접속이 가능해진다.

```
[oracle@ora12cvm01:orcl:dbs]$ sqlplus scott/tiger
SQL>
```

참고로 Alter system disable restricted session을 사용하면 현재 Restricted session 상태인 데이터베이스가 정상적인 상태로 돌아오게 된다.

```
[oracle@ora12cvm01:orcl:dbs]$ sqlplus '/as sysdba'
SQL> alter system disable restricted session;
System altered.
```

●●● oracle 05

Force 모드로의 데이터베이스 시작

데이터베이스를 Force 옵션으로 시작하면 현재 이미 오픈되어 있는 데이터베이스를 Shutdown abort 시키고 정상적으로 Startup 시키는 과정을 수행하게 된다.
다음은 Startup force 명령이 수행되는 동안 Alert 로그 파일에 기록된 내용을 보여준다.
Alert 로그 파일에 tail -f 명령을 수행하고 다른 터미널에서 Startup force를 수행한다.

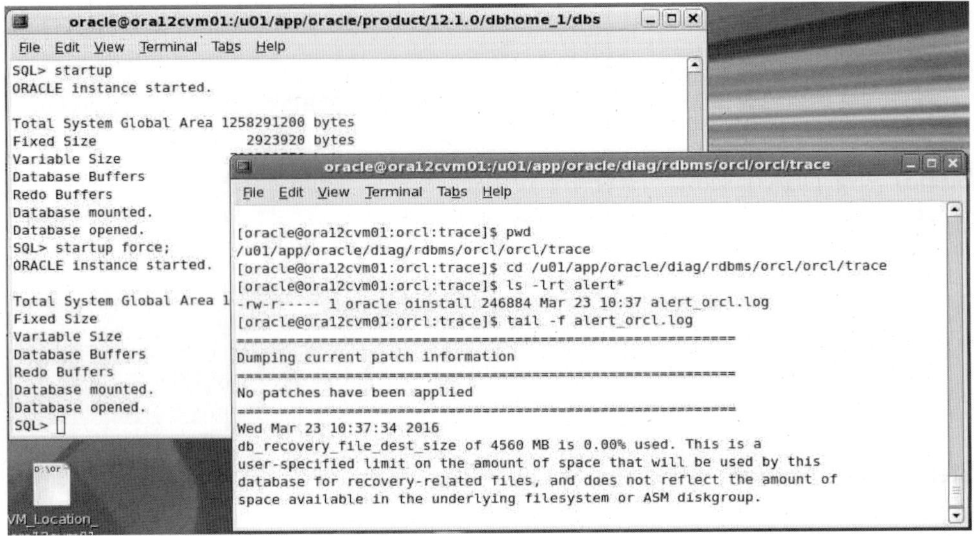

<Startup force 명령 수행 과정>

```
[oracle@ora12cvm01:orcl:trace]$ tail -f alert_orcl.log
Shutting down instance (abort)
License high water mark = 6
Wed Mar 23 10:37:18 2016
USER (ospid: 26429): terminating the instance
Wed Mar 23 10:37:19 2016
Instance terminated by USER, pid = 26429
Wed Mar 23 10:37:19 2016
Instance shutdown complete
Wed Mar 23 10:37:22 2016
Starting ORACLE instance (normal) (OS id: 26795)
```

●●● oracle 06

Read Only 모드로의 데이터베이스 시작

데이터베이스를 시작할 때 Read-only 모드로 설정하는 것이 가능하다. 이 경우는 기본적으로 조회성 쿼리만을 수행하고자 또는 허락하고자 하는 상황에서 설정하곤 한다. 일단 임의의 데이터베이스가 Read-only 모드로 시작하게 되면 대부분의 DML은 실패하게 된다. 결국 디스크에 "쓰기(Writing) 작업"이 불가능해진다는 이야기가 된다. 하지만 컨트롤 파일, 트레이스 파일(Trace file), 감사 파일(Audit file), Alert 로그 파일들에서는 여전히 쓰기작업이 이루어진다는 사실에 유의하기 바란다. 왜냐하면 이러한 파일들은 데이터베이스 가동에 반드시 필요한 정보를 저장해야 하기 때문이다.

데이터베이스를 시작할 때 마운트 모드까지만 진행하고 alter database open read only 명령을 사용하여 데이터베이스를 Read-only 모드로 오픈한다.

```
[oracle@ora12cvm01:orcl:dbs]$ sqlplus '/as sysdba'
SQL> startup mount
ORACLE instance started.
Total System Global Area  1258291200  bytes
Fixed Size                   2923920  bytes
Variable Size              788529776  bytes
Database Buffers           452984832  bytes
Redo Buffers                13852672  bytes
Database mounted.
SQL> alter database open read only;
Database altered.
```

다음은 scott 사용자가 임의의 테이블을 생성하는 과정을 보여준다. 현재 데이터베이스가 Read-only 모드로 설정되어있기 때문에 create table 문장의 실행은 실패하게 된다.

```
[oracle@ora12cvm01:orcl:dbs]$ sqlplus scott/tiger
SQL> create table scott.readonly_tb
  2  (eid number(2),
  3  ename varchar2(10));
create table scott.readonly_tb
*
ERROR at line 1:
ORA-00604: error occurred at recursive SQL level 1
ORA-16000: database or pluggable database open for read-only access
```

●●● oracle 07

인스턴스/데이터베이스 종료(Shutdown) 과정 이해

다음과 같은 Shutdown 명령을 사용하여 startup 명령이 수행한 단계를 반대로 한 단계씩 수행한다.

```
SQL> shutdown;
Database closed.
Database dismounted.
ORACLE instance shut down.
```

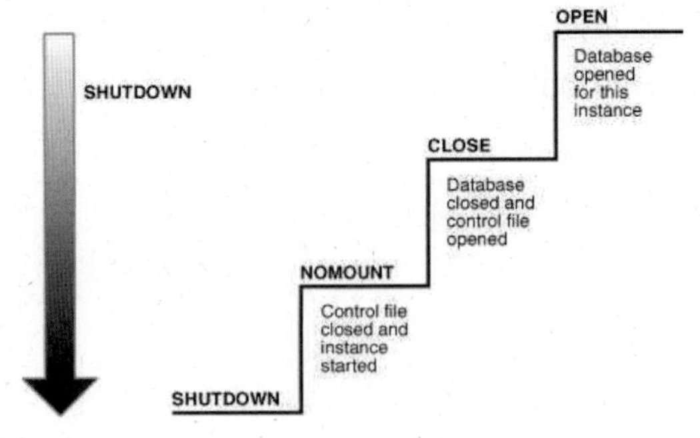

<데이터베이스 종료 과정>

다음은 데이터베이스를 종료시킬 때 진행되는 과정을 자세히 살펴보자.

Step1) 데이터베이스를 클로즈시킨다(Close database).
사용 중이던 데이터 파일과 리두 로그 파일을 클로즈시키는 과정이다. 일단 데이터베이스가 클로즈되면 일반 사용자들이 더 이상 작업이 불가능해진다. 데이터베이스를 정상적으로 클로즈시키는 경우 가장 먼저 오라클 내부적으로 실행되는 것은 주로 DML 문장들로 인하여 발생된 데이터베이스 버퍼 캐시의 더티 버퍼들을 데이터 파일로 내려적는 체크포인트를 수행하는 것이다.

Step2) 데이터베이스를 디스마운트시킨다(Dismount database).
컨트롤 파일이 더 이상 사용되지 않는다.

Step3) 인스턴스를 종료시킨다(Shutdown instance).
SGA와 백그라운드 프로세스들이 운영체제의 메모리로부터 사라지게 된다.

다음은 데이터베이스를 종료할 때 사용하는 명령어와 사용 가능한 선택사항(Option)들을 설명하고 있다.

```
SHUTDOWN [normal] | transactional | immediate | abort]
```

A=Abort, I=Immediate, T=Transactional, N=Normal

종료 모드	A	I	T	N
새로운 연결 허용	아니오	아니오	아니오	아니오
현재 세션 종료시까지 대기	아니오	아니오	아니오	예
련재 트랜잭션 종료시까지 대기	아니오	아니오	예	예
체크포인트 적용 및 파일 닫기	아니오	예	예	예

<Shutdown 옵션>

Normal
보통 아무런 선택사항 없이 Shutdown; 명령을 실행하게 되면 오라클은 기본적으로 Normal 옵션을 사용하게 된다. 일단 명령이 주어지게 되면 오라클은 현재 로그인해서 작업 중이던 모든 사용자들이 연결을 끊을 때까지 기다리게 된다. 이후에 모든 사용자가 연결을 끊는 동시에 실제적으로 데이터베이스는 종료된다. Normal 옵션이 가장 일반적인 Shutdown 옵션이지 않을까 생각하는 독자들이 많을 텐데 현업에서는 일반적으로 Normal 옵션은 잘 사용하지 않는다. 이유는 모든 사용자 세션이 종료될 때까지 기다리는 경우가 거의 드물기 때문이다.

Transactional
임의의 트랜잭션이 이미 과거의 시점에 실행되어 현재까지 종료되지 않고 진행중에 있는 경우 데이터베이스 운영자(DBA)에 의해 데이터베이스를 종료할 때 이 옵션을 사용하게 되면 현재 오라클 사용자들에 의해 진행중이었던 트랜잭션들이 모두 종료될 때까지 기다렸다가 완전히 종료되는 동시에 데이터베이스가 종료되는 경우이다. 이 옵션을 사용하는 주된 이유가 바로 여기 있다.

Immediate
현재 진행되고 있는 트랜잭션이 있다 하더라도 무조건 중지시키고 데이터베이스를 종료시키는 옵션이다. 다시 말해서 현재 오라클 사용자들의 트랜잭션이 모두 종료되지 않은 상태라 할지라도 오라클은 그들이 연결을 끊을 때까지 기다리지 않고 무조건 데이터베이스를 Shutdown 시킨다.
하지만 데이터베이스를 종료시키는 동안 데이터버퍼 캐시에 존재하는 더티 버퍼들을 안전하게 데이터 파일로 내려적어주는 체크포인트를 수행한 후에 인스턴스를 자연스럽게 종료시기 때문에 인스턴스 복구가 불필요하게 된다.

Abort
현재 작업되고 있는 모든 트랜잭션과 이미 로그인하여 오라클을 사용하고 있는 모든 사용자들을 일시에 종료시킨다. 여기까지는 Immediate 옵션과 거의 같지만 Abort 옵션의 경우 체크포인트를 수행하지 않고 데이터베이스를 종료시키기 때문에 다시 재 기동시 SMON에 의한 인스턴스 복구가 반드시 요구된다.

oracle 08

ADR(Automatic Diagnostic Repository) 이해

오라클 서버를 사용하는 동안 오라클 서버 내부/외부로부터 에러가 발생하거나 문제가 발생하면 제일 처음 분석해야 할 파일이 바로 Alert 로그 파일을 포함하는 트레이스(Trace) 파일들이다. 왜냐하면 이들 트레이스 파일에는 인스턴스가 시작하고 종료되는 기간 동안 발생하는 이벤트에 대한 많은 정보(일반 내부 운영 정보와 에러 관련된 정보 모두 포함) 들을 저장하고 있기 때문이다. 다음은 이들 트레이스 파일들 가운데 가장 중요한 역할을 하는 Alert 로그 파일에 기록되는 주요 정보들을 구분해 본 것이다.

- 데이터베이스 시작 및 종료 과정 관련 정보
- 컨트롤 파일 변경 관련 정보
- 오라클 내부 에러 관련 정보
- 로그 스위치 관련 정보
- 체크포인트 관련 정보
- 파라미터 관련 정보

ADR은 오라클 서버가 생성하는 모든 트레이스 파일들이 저장되는 위치를 의미한다.
이제 ADR의 위치를 찾아보도록 하자.
기본적으로 ADR이 저장되는 기본위치인(ADR_BASE)는 다음과 같이 diagnostic_dest 라는 파라미터 값을 확인하면 쉽게 찾을 수 있다.

```
SQL> show parameter diagnostic_dest

NAME                                 TYPE
------------------------------------ ----------------------------------
VALUE
------------------------------
diagnostic_dest                      string
/u01/app/oracle
```

만약 $ORACLE_BASE가 설정되어 있다면, diagnostic_dest의 기본 위치는 $ORACLE_BASE가 되지만 $ORACLE_BASE가 설정되어 있지 않은 경우 diagnostic_dest의 위치는 $ORACLE_HOME/log로 설정된다.
그렇다면 실제 Alert 로그 파일을 포함한 모든 트레이스 파일들이 정확히 어느 위치에 저장되어 있는지는 주로 다음 두 가지 방법을 사용하여 확인 가능하다.

$ADR_HOME 사용

$ADR_HOME = $ADR_BASE/diag/rdbms/〔데이터베이스 이름〕/〔인스턴스 이름〕의 형식을 따르며 이 책에서는 다음과 같이 $ADR_HOME의 위치가 설정된 것을 확인할 수 있다.

```
[oracle@ora12cvm01:orcl:orcl]$ pwd
/u01/app/oracle/diag/rdbms/orcl/orcl
[oracle@ora12cvm01:orcl:orcl]$ ls -lrt
total 88
drwxr-x--- 2 oracle oinstall  4096 Mar 15 19:16 sweep
drwxr-x--- 2 oracle oinstall  4096 Mar 15 19:16 stage
drwxr-x--- 2 oracle oinstall  4096 Mar 15 19:16 metadata_pv
drwxr-x--- 2 oracle oinstall  4096 Mar 15 19:16 metadata_dgif
drwxr-x--- 6 oracle oinstall  4096 Mar 15 19:16 log
drwxr-x--- 2 oracle oinstall  4096 Mar 15 19:16 ir
drwxr-x--- 2 oracle oinstall  4096 Mar 15 19:16 incpkg
drwxr-x--- 2 oracle oinstall  4096 Mar 15 19:16 incident
drwxr-x--- 2 oracle oinstall  4096 Mar 15 19:16 hm
drwxr-x--- 2 oracle oinstall  4096 Mar 15 19:16 cdump
drwxr-x--- 2 oracle oinstall  4096 Mar 15 19:16 alert
drwxr-x--- 2 oracle oinstall  4096 Mar 15 19:17 metadata
drwxr-x--- 2 oracle oinstall  4096 Mar 15 19:17 lck
drwxr-x--- 3 oracle oinstall 36864 Mar 23 10:58 trace
```

v$diag_info 뷰 사용

다음은 v$diag_info 뷰를 사용하여 각각의 트레이스 파일들이 저장되는 위치를 확인하는 과정을 보여준다.

```
SQL> column value format a25
SQL> column value format a50
SQL> set linesize 100
SQL> set pagesize 100
SQL> select name, value from v$diag_info;
NAME                         VALUE
--------------------------- --------------------------------------------------
Diag Enabled                 TRUE
ADR Base                      /u01/app/oracle
ADR Home                      /u01/app/oracle/diag/rdbms/orcl/orcl
Diag Trace                    /u01/app/oracle/diag/rdbms/orcl/orcl/trace
Diag Alert                    /u01/app/oracle/diag/rdbms/orcl/orcl/alert
Diag Incident                 /u01/app/oracle/diag/rdbms/orcl/orcl/incident
Diag Cdump                    /u01/app/oracle/diag/rdbms/orcl/orcl/cdump
Health Monitor                /u01/app/oracle/diag/rdbms/orcl/orcl/hm
Default Trace File            /u01/app/oracle/diag/rdbms/orcl/orcl/trace/orcl_or
                              a_26906.trc
Active Problem Count          0
Active Incident Count         0
```

tip

이전 버전을 사용해본 독자라면 조금 혼란스러울 수도 있다. 왜냐하면 10g 까지는 전혀 다른 위치에 트레이스 파일을 생성, 관리했기 때문이다. 다음은 기존 위치와 새로운 위치를 보여준다.

기존 위치	새로운 위치
USER_DUMP_DEST	$ADR HOME/trace
BACKGROUND_DUMP_DEST	$ADR HOME/trace
CORE_DUMP_DEST	$ADR HOME/cdump

〈ADR 관련 Trace file 위치〉

●●● oracle 09

Alert 로그 파일 이해

가장 중요한 트레이스 파일 중 하나인 Alert 로그 파일은 $ADR_HOME/trace와$ADR_HOME/alert라는 위치에 각각 생성, 관리된다. 한 가지 특이한 점은 이들 파일들의 포맷 자체가 다르다는 점인데 $ADR_HOME/trace 디렉토리에는 항상 사용해오던 텍스트 파일 버전인 alert_orcl.log 이름으로 저장되고 $ADR_HOME/alert 디렉토리에는 xml 파일 형태인 log.xml 파일로 생성되어 있다. 사용상 편한 파일을 사용하면 된다.

```
[oracle@ora12cvm01:orcl:orcl]$ cd trace
[oracle@ora12cvm01:orcl:trace]$ ls -lrt alert*
-rw-r----- 1 oracle oinstall 247262 Mar 23 10:57 alert_orcl.log
[oracle@ora12cvm01:orcl:trace]$ cat alert_orcl.log
...............
...............
Wed Mar 23 10:37:34 2016
db_recovery_file_dest_size of 4560 MB is 0.00% used. This is a
user-specified limit on the amount of space that will be used by this
database for recovery-related files, and does not reflect the amount of
space available in the underlying filesystem or ASM diskgroup.
Wed Mar 23 10:48:41 2016
Warning: VKTM detected a time drift.
Time drifts can result in an unexpected behavior such as time-outs. Please check
trace file for more details.
Wed Mar 23 10:57:28 2016
Default pga_aggregate_limit value is too high for the
```

```
amount of physical memory in the system
pga_aggregate_limit is 2048 MB
limit based on physical memory and SGA usage is 1929 MB
Wed Mar 23 12:06:26 2016
Resize operation completed for file# 3, old size 675840K, new size 686080K

[oracle@ora12cvm01:orcl:orcl]$ cd alert
[oracle@ora12cvm01:orcl:alert]$ ls -lrt
total 1200
-rw-r----- 1 oracle oinstall 1222087 Mar 23 10:57 log.xml
[oracle@ora12cvm01:orcl:alert]$ cat log.xml
..............
..............
<msg time='2016-03-23T10:57:28.825+09:00' org_id='oracle' comp_id='rdbms'
 type='UNKNOWN' level='16' host_id='ora12cvm01'
 host_addr='192.168.0.15' pid='26851'>
 <txt>limit based on physical memory and SGA usage is 1929 MB
 </txt>
</msg>
<msg time='2016-03-23T12:06:26.636+09:00' org_id='oracle' comp_id='rdbms'
 type='UNKNOWN' level='16' host_id='ora12cvm01'
 host_addr='192.168.0.15' module='KTSJ' pid='26922'>
 <txt>Resize operation completed for file# 3, old size 675840K, new size 686080K
 </txt>
</msg>
```

그러면 구체적으로 어떤 정보들이 Alert 로그 파일에 저장되는지 간단하게 몇 가지 명령을 실행해 보고 그로 인하여 생기는 로그 메시지를 확인하도록 한다. 임의의 명령에 대한 Alert 로그 메시지를 확인하기 위해서는 하나의 터미널에서 Alert 로그 파일을 tail -f 명령으로 잡아놓고 다른 터미널에서 특정 SQL 명령을 수행하는 방식을 사용하면 일일이 나중에 파일을 열어 명령어가 수행된 시간을 맞추어 가면서 찾는 것보다 훨씬 수월할 것이다.

*데이터베이스가 시작하는 경우

```
명령어) SQL>startup
로그 정보)
Wed Mar 23 13:38:54 2016
Starting ORACLE instance (normal) (OS id: 31397)
Wed Mar 23 13:38:54 2016
CLI notifier numLatches:3 maxDescs:519
Wed Mar 23 13:38:54 2016
```

```
…..
…..
Starting background process CJQ0
Wed Mar 23 13:39:05 2016
CJQ0 started with pid=33, OS id=31646
Completed: ALTER DATABASE OPEN
Wed Mar 23 13:39:08 2016
Shared IO Pool defaulting to 32MB. Trying to get it from Buffer Cache for process
31498.
```

*데이터베이스가 종료하는 경우

```
명령어) SQL>shutdown immediate
로그 정보)
Wed Mar 23 13:36:43 2016
Shutting down instance (immediate)
Stopping background process SMCO
Shutting down instance: further logons disabled
Wed Mar 23 13:36:45 2016
Stopping background process CJQ0
Stopping background process MMNL
Stopping background process MMON
…..
…..
Wed Mar 23 13:36:49 2016
Stopping background process VKTM
Wed Mar 23 13:36:58 2016
Instance shutdown complete
```

*로그 스위치가 발생하는 경우

```
명령어)
 SQL>alter system switch logfile;
로그 정보)
Wed Mar 23 13:40:51 2016
Thread 1 advanced to log sequence 20 (LGWR switch)
  Current log# 2 seq# 20 mem# 0: /u01/app/oracle/oradata/orcl/redo02.log
```

*파라미터가 변경되는 경우

```
명령어)
 SQL> alter system set shared_pool_size=112M;
로그 정보)
Wed Mar 23 13:44:09 2016
ALTER SYSTEM SET shared_pool_size=112M SCOPE=BOTH;
```

*데이터베이스를 아카이브 모드로 변경시키는 경우(에러 발생)

```
명령어)
SQL> startup nomount
ORACLE instance started.
SQL> alter database archivelog;
alter database archivelog
*
ERROR at line 1:
ORA-01507: database not mounted

로그 정보)
Wed Mar 23 13:45:48 2016
alter database archivelog
ORA-1507 signalled during: alter database archivelog...
```

●●● oracle 10

ADRCI(ADR Command Line Interface)

ADRCI는 오라클 11g 버전부터 새로 소개된 유틸리티로서 ADR 관련 정보를 보다 쉽게 확인할 수 있는 기능을 지원한다.
ADRCI 유틸리티를 사용하기 위해서는 Problem과 Incident의 개념을 먼저 이해할 필요가 있다. Problem이란 데이터베이스 운영 중 발생하는 ORA-600, ORA-7445, ORA-4031, ORA-1578와 같이 심각한 이슈들을 말하며 이러한 Problem들에 대한 발생 빈도를 이야기할 때 Incident라는 용어를 사용한다. 'ORA-0600 에러가 여러 번 기록되는 상황이라면 ORA-0600이라는 Problem에 대해 다수의 Incident가 발생했다는 의미가 된다.

다음과 같이 help 명령을 통해 ADRCI 유틸리티가 제공하는 모든 옵션들을 확인할 수 있다.

```
adrci> help

 HELP [topic]
   Available Topics:
        CREATE REPORT
        ECHO
        EXIT
        HELP
        HOST
        IPS
        PURGE
        RUN
        SET BASE
        SET BROWSER
        SET CONTROL
        SET ECHO
        SET EDITOR
        SET HOMES | HOME | HOMEPATH
        SET TERMOUT
        SHOW ALERT
        SHOW BASE
        SHOW CONTROL
        SHOW HM_RUN
        SHOW HOMES | HOME | HOMEPATH
        SHOW INCDIR
        SHOW INCIDENT
        SHOW LOG
        SHOW PROBLEM
        SHOW REPORT
        SHOW TRACEFILE
        SPOOL
        SELECT

 There are other commands intended to be used directly by Oracle, type
 "HELP EXTENDED" to see the list
```

이 가운데 몇 가지 자주 사용하는 명령어/옵션을 소개하고자 한다.

ADR_HOME 위치 확인

adrci〉 show homes
ADR Homes:
diag/rdbms/orcl/orcl

Alert 로그 내용 확인

다음은 ADRCI를 사용하여 Alert 로그 정보를 확인하는 과정을 보여준다. Alert.log 파일을 직접 OS 상에서 열어보지 않아도 Alert 로그 내용을 확인 할 수 있다는 장점이 있다.

```
[oracle@ora12cvm01:orcl:trace]$ adrci
ADRCI: Release 12.1.0.2.0 - Production on Wed Mar 23 12:44:09 2016
Copyright (c) 1982, 2014, Oracle and/or its affiliates.  All rights reserved.
ADR base = "/u01/app/oracle"
adrci> show alert
```

다음은 ADRCI 유틸리티 사용시 적용 가능한 Alert 로그 파일 검색에 대한 다양한 옵션을 보여준다.

tail -f 옵션 적용

다음은 주로 OS 상에서 Alert 로그 파일에 대해 tail -f 옵션을 수행하는 것과 동일한 효과를 주는 ADRCI 에서의 tail -f 옵션을 보여준다.
adrci〉 show alert -tail -f

tail N

마지막 30 라인에 대한 정보만 확인하고자 하는 경우 다음과 같이 tail 옵션을 적용할 수도 있다.
adrci〉 show alert -tail 30

특정 오라클 에러 번호 검색

adrci〉 show incident -p ″problem_key=′ORA 0600′

현재 발생된 Problem 확인

```
adrci> show problem
ADR Home = /u01/app/oracle/diag/clients/user_oracle/host_1823443996_82:
*************************************************************************
0 rows fetched
ADR Home = /u01/app/oracle/diag/tnslsnr/ora112/listener:
*************************************************************************
0 rows fetched
ADR Home = /u01/app/oracle/diag/tnslsnr/ora12cvm01/listener:
*************************************************************************
0 rows fetched
ADR Home = /u01/app/oracle/diag/rdbms/orcl/orcl:
**************
***********************************************************
0 rows fetched
```

현재 발생된 Incident 확인

```
adrci> show incident
ADR Home = /u01/app/oracle/diag/clients/user_oracle/host_1823443996_82:
*************************************************************************
0 rows fetched
ADR Home = /u01/app/oracle/diag/tnslsnr/ora112/listener:
*************************************************************************
0 rows fetched
ADR Home = /u01/app/oracle/diag/tnslsnr/ora12cvm01/listener:
*************************************************************************
0 rows fetched
ADR Home = /u01/app/oracle/diag/rdbms/orcl/orcl:
*************************************************************************
0 rows fetched
```

이제는 ADRCI 유틸리티가 제공하는 기능 중 가장 중요한 IPS(Incident Packaging Service)에 대해 살펴보고자 한다. IPS는 말 그대로 Incident 정보를 Packaging(포장/압축)하는 것을 의미한다. 오라클 서포트(Oracle support)로 임의의 이슈에 대한 SR을 등록할 때 대부분의 경우 발생한 특정 이슈에 대한 로그 정보를 SR에 업로드 시키는 과정을 수행하게 된다. 이 작업이 생각보다 지겨운 일이다. 게다가 버전이 올라가면서 기능들도 많아지고 참고해야 할 트레이스 파일들의 종류도 많아짐에 따라 필요로 하는 로그 파일을 일일이 찾아서 SR로 업로드하는 것 자체가 무척 피곤한 일이 아닐 수 없다.

IPS를 이용하면 특정 Incident 정보를 특정 폴더에 압축 파일로 자동 생성하여 SR(service request)로 업로드 시킬 수 있는 기능을 사용할 수 있다.

- Problem id 100에 관련된 Trace file 들을 /tmp directory에 압축 파일로 생성
  adrci〉ips pack problem 100 in /tmp
- Problem_key 'ORA 1578'를 가지는 모든 Problem에 관련된 Trace file 들을 현재 디렉토리에 압축 파일로 생성
  adrci〉ips pack problemkey "ORA 1578"
- 최근 8초 이내에 발생한 Incident에 대한 압축 파일을 생성
  adrci〉ips pack seconds 8
- 특정 시간대의 Incident에 대한 압축 파일을 생성
  adrci〉ips pack time '2007-05-01 10:00:00.00' to '2007-05-01 23:00:00.00'

이처럼 다양한 옵션을 사용하여 특정 이슈에 대한 압축 파일을 생성할 수 있다.

●●● oracle 11

백그라운드 트레이스 파일(Background trace file)

백그라운드 트레이스 파일은 임의의 시점에서 백그라운드 프로세스들에 의해 발생되는 로그 메시지들이 저장되는 파일이며 백그라운드 트레이스 파일들이 저장되는 위치는 Alert 로그 파일과 같은 위치인 /u01/app/oracle/diag/rdbms/orcl/orcl/trace이다.

```
[oracle@ora12cvm01:orcl:~]$ cd /u01/app/oracle/diag/rdbms/orcl/orcl/trace
[oracle@ora12cvm01:orcl:trace]$
[oracle@ora12cvm01:orcl:trace]$ ls -lrt
total 8240
-rw-r----- 1 oracle oinstall     88  Mar 15 19:16 orcl_vktm_13262.trm
-rw-r----- 1 oracle oinstall   1215  Mar 15 19:16 orcl_vktm_13262.trc
-rw-r----- 1 oracle oinstall     70  Mar 15 19:16 orcl_vkrm_13288.trm
-rw-r----- 1 oracle oinstall   1087  Mar 15 19:16 orcl_vkrm_13288.trc
-rw-r----- 1 oracle oinstall    195  Mar 15 19:16 orcl_ora_13246.trm
-rw-r----- 1 oracle oinstall   4417  Mar 15 19:16 orcl_ora_13246.trc
-rw-r----- 1 oracle oinstall    117  Mar 15 19:17 orcl_ckpt_13304.trm
-rw-r----- 1 oracle oinstall   1139  Mar 15 19:17 orcl_ckpt_13304.trc
-rw-r----- 1 oracle oinstall     79  Mar 15 19:17 orcl_ora_13339.trm
-rw-r----- 1 oracle oinstall   1076  Mar 15 19:17 orcl_ora_13339.trc
-rw-r----- 1 oracle oinstall    198  Mar 15 19:17 orcl_m000_13394.trm
-rw-r----- 1 oracle oinstall   1164  Mar 15 19:17 orcl_m000_13394.trc
-rw-r----- 1 oracle oinstall    198  Mar 15 19:18 orcl_m000_13443.trm
-rw-r----- 1 oracle oinstall   1164  Mar 15 19:18 orcl_m000_13443.trc
-rw-r----- 1 oracle oinstall    697  Mar 15 19:18 orcl_dbw0_13296.trm
-rw-r----- 1 oracle oinstall   3625  Mar 15 19:18 orcl_dbw0_13296.trc
```

●●● oracle 12

사용자 트레이스 파일(User trace file)

사용자 트레이스 파일은 서버 프로세스에 접속된 사용자 프로세스들이 발생시키는 트레이스 파일로써 주로 사용자 프로세스가 SQL 트레이스를 활성화 시킬 때 생성된다. 사용자 트레이스 파일들이 저장되는 위치는 Alert 로그 파일과 같은 위치인 /u01/app/oracle/diag/rdbms/orcl/orcl/trace이다. 다음은 사용자 세션에 대해 트레이스를 설정하는 과정을 보여준다.

*Alter session 명령 사용(세션 레벨)

사용자는 자신의 세션에 대하여 사용자 트레이스를 설정할 수 있다. Alter session 권한이 있어야만 SQL 트레이스를 활성화 시킬 수 있다.

```
[oracle@ora12cvm01:orcl:trace]$ sqlplus '/as sysdba'
SQL> grant alter session to scott;
Grant succeeded.
```

이제 scott 사용자로 접속하여 SQL 트레이스를 활성화시킨 후 트레이스 할 SQL 문장을 수행한다. 마지막으로 SQL 문장이 종료되면 SQL 트레이스를 비활성화 시킨다.

```
[oracle@ora12cvm01:orcl:~]$ sqlplus scott/tiger
SQL> alter  session set sql_trace=true;
Session altered.
SQL> select empno, ename from emp
  2  where empno=7902;

     EMPNO  ENAME
---------- ------------------------------
      7902  FORD
SQL>  alter  session set sql_trace=false;
Session altered.
```

현재 접속된 scott 사용자의 OS 프로세스 아이디를 확인한다(v$process 뷰의spid 컬럼).

```
[oracle@ora12cvm01:orcl:trace]$ sqlplus '/as sysdba'
SQL> column USERNAME format a20
SQL> column OS_PROCESS format a20
SQL> select s.username USERNAME, p.spid OS_PROCESS
  2  from v$process p, v$session s
  3  where p.addr = s.paddr
  4  and s.username = 'SCOTT';

USERNAME             OS_PROCESS
-------------------- --------------------
SCOTT                32752
```

현재 접속된 scott 사용자의 OS 프로세스 아이디가 32752 임을 확인하고 트레이스 파일을 찾는다. 사용자 트레이스 파일 이름은 해당 사용자의 OS 프로세스 아이디가 파일 이름에 기본적으로 포함된다. 그러므로 다음과 같이 쉽게 찾을 수 있다.

```
[oracle@ora12cvm01:orcl:trace]$ cd /u01/app/oracle/diag/rdbms/orcl/orcl/trace
-rw-r----- 1 oracle oinstall     237 Mar 23 14:32 orcl_ora_32752.trm
-rw-r----- 1 oracle oinstall   26294 Mar 23 14:32 orcl_ora_32752.trc
```

이처럼 생성된 SQL 트레이스 파일은 내용을 쉽게 알아볼 수 없는 포맷이기 때문에 다음과 같이 Tkprof 명령을 사용하여 이해하기 쉬운 포맷으로 전환시켜준 후 내용을 살펴본다. 이렇게 생성된 트레이스 파일은 사용자가 실행한 SQL 문장의 파스, 실행 그리고 패치 과정에 대한 트레이스 정보를 보여준다.

```
[oracle@ora12cvm01:orcl:trace]$ tkprof orcl_ora_32752.trc scott_trace.txt
TKPROF: Release 12.1.0.2.0 - Development on Wed Mar 23 14:34:46 2016
Copyright (c) 1982, 2014, Oracle and/or its affiliates.  All rights reserved.
[oracle@ora12cvm01:orcl:trace]$ cat scott_trace.txt
TKPROF: Release 12.1.0.2.0 - Development on Wed Mar 23 14:35:17 2016

Copyright (c) 1982, 2014, Oracle and/or its affiliates.  All rights reserved.
Trace file: orcl_ora_32752.trc
Sort options: default
********************************************************************************
count    = number of times OCI procedure was executed
cpu      = cpu time in seconds executing
elapsed  = elapsed time in seconds executing
disk     = number of physical reads of buffers from disk
query    = number of buffers gotten for consistent read
current  = number of buffers gotten in current mode (usually for update)
rows     = number of rows processed by the fetch or execute call
********************************************************************************

select empno, ename from emp
where empno=7902

call     count    cpu     elapsed     disk      query     current      rows
------- ------  -------- ---------- ---------- ---------- ----------  ----------
Parse        1    0.00      0.08          0          0          0          0
Execute      1    0.00      0.00          0          0          0          0
Fetch        2    0.00      0.00          1          2          0          1
------- ------  -------- ---------- ---------- ---------- ----------  ----------
total        4    0.00      0.08          1          2          0          1
```

```
Misses in library cache during parse: 1
Optimizer mode: ALL_ROWS
Parsing user id: 102
Number of plan statistics captured: 1
Rows (1st) Rows (avg) Rows (max)  Row Source Operation
```

위와 같은 SQL 트레이스는 dbms_system.set_sql_trace_in_session과 sql_trace 파라미터를 수정함에 의해서도 얼마든지 가능하다.

Chapter 04 데이터 파일(Data files)과 테이블스페이스(tablespaces) 관리

이번 장에서는 오라클 서버의 물리적 저장 공간을 의미하는 데이터베이스의 구조와 관리 방법을 소개하고자 한다.
특히 논리적 저장 공간으로서의 테이블스페이스에 대한 개념과 물리적 저장공간으로서의 데이터 파일에 대한 개념을 이해함으로써 이후 테이블 또는 인덱스와 같은 사용자 오브젝트들을 저장, 관리시 보다 최적화된 저장 환경을 제공할 수 있도록 한다.

다음은 이번 장에서 다루게 될 세부 사항들이다.

- Section 01 물리적 저장 공간으로서의 데이터베이스 이해
- Section 02 테이블스페이스 생성
- Section 03 시스템(System) 테이블스페이스
- Section 04 시스옥스(Sysaux) 테이블스페이스
- Section 05 언두(Undo) 테이블스페이스
- Section 06 임시(Temporary) 테이블스페이스
- Section 07 테이블스페이스 온라인/오프라인 설정
- Section 08 Read Only 테이블스페이스 설정
- Section 09 테이블스페이스/데이터 파일 크기 조정
- Section 10 테이블스페이스/데이터 파일 위치 변경
- Section 11 테이블스페이스/데이터 파일 삭제

●●● oracle 01

물리적 저장 공간으로서의 데이터베이스 이해

데이터베이스의 물리적 저장 공간은 테이블스페이스(Tablespace), 세그먼트(Segment), 익스텐트(Extent), 그리고 오라클 블록(Oracle block)이라는 논리적인 개념을 사용하여 설계되며 이들은 OS 블록의 형태인 물리적인 데이터 파일의 형태로 최종적으로 구성된다.

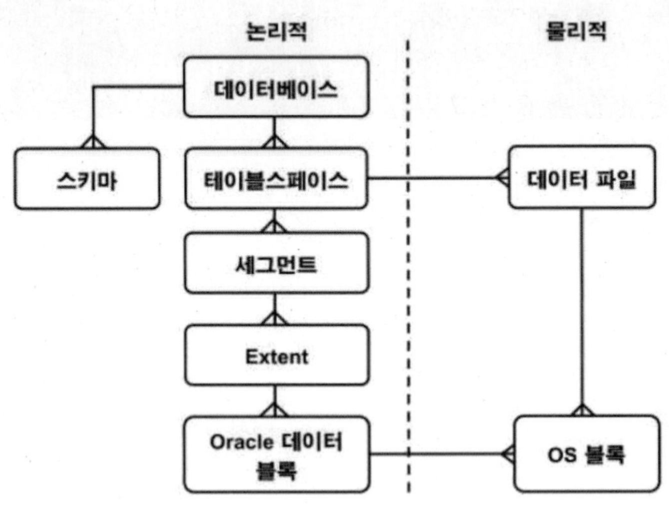

〈데이터베이스의 논리적/물리적 구성〉

위의 그림을 통해서 알 수 있는 것은 하나의 데이터베이스가 기본적으로 여러 개의 테이블스페이스들로 이루어지고, 각각의 테이블스페이스는 여러 개의 세그먼트로 이루어지고, 또 각각의 세그먼트는 다시 여러 개의 익스텐트로 이루어지고, 마지막으로 하나의 익스텐트는 여러 개의 오라클 블록으로 이루어진다는 것을 보여준다.

결국 오라클에서는 임의의 데이터를 저장할 때 최소 단위인 오라클 블록의 형태로 저장하는 것이다. 그리고 이러한 블록들이 여러 개 모여서 하나의 익스텐트를 이루고 이러한 익스텐트들이 모여 하나의 세그먼트를 이루고 더 나아가 하나의 테이블스페이스라는 공간에 저장된다. 이렇게 생성된 테이블스페이스 공간이 비로소 실제 데이터 파일의 형태로 저장이 된다는 의미이다.
물론 데이터베이스를 운용하면서 시간이 흐름에 따라 많은 트랜잭션이 데이터베이스에 발생하게 되는데 이때 많은 데이터가 저장 또는 삭제, 갱신되기도 한다. 주로 데이터가 저장되는 상황을 보면 우리는 다음과 같은 질문을 할 수가 있다.

지금 현재 데이터 파일들이 50MB의 데이터를 처리할 수 있는 용량임을 가정할 때 만약 데이터가 늘어나 더 많은 공간이 필요하게 된다면 어떻게 처리를 할 수 있을까?
이런 경우는 실무에서도 오라클 데이터베이스 운영자(DBA)들이 자주 경험하는 문제이기도 하다. 무작정 아무 데이터 파일이나 더 추가하기만 하면 되는 것은 아니다. 데이터들의 특성에 따라 저장될 데이터 파일의 종류를 결정하고 해당하는 데이터 파일을 추가해서 저장하여야만 한다. 왜냐하면 특성이 같은 데이터들을 같은 종류의 데이터 파일에 저장시켜서 관리하는 것이 전체적인 효율 면에서 더 낫기 때문이다.
이것은 학교 시스템을 보아도 이해가 되는 부분이다. 우리가 말하는 교육기관은 기본적으로 초등학교, 중학교, 고등학교, 그리고 대학교라는 것으로 나누어져 있다. 각각의 교육기관이 학생들의 나이나 수준에 따라 구분하여 학생들을 받아들이고 교육을 시키는 것을 생각해 보자. 새로운 초등학교 학생을 대학교에서 교육받도록 하는 것, 또는 대학교 신입생을 중학교에서 교육받도록 하는 것은 전혀 효율적이지 못하다. 물론 이런 경우에 무작정 섞어놓은 학생들을 관리하는 것도 쉽지 않다.
오라클 데이터베이스에서도 이러한 관계가 성립된다. 각각의 다른 테이블스페이스가 존재하고 제각기 받아들이는 데이터의 종류가 다를 수 있는 것이다.
예를 들어 시스템 테이블스페이스(System tablespace)에는 데이터 딕셔너리(Data dictionary) 정보라든지 스토어드 프로시저(Stored procedure)의 정의, 기타 등등 시스템 수준의 데이터들이 저장되는 곳이다. 정렬(Sorting) 작업 시 생기게 되는 임시 데이터들을 이곳에 저장하게 된다면 어울리지 않는다. 특히 시스템 테이블스페이스는 전체 데이터베이스에 영향을 미치는 중요한 공간이므로 일시적으로 생겼다가 없어지는 이러한 임시 데이터들과 함께 저장되는 것은 전혀 이해가 안 되는 설계가 되어버린다. 이후에 각각의 테이블스페이스의 종류를 다룰 때 더 자세하게 설명하도록 한다.

tip

데이터 딕셔너리 정보란 다음과 같이 데이터베이스 전체적인 구성 정보에 대한 메타 데이터를 의미한다.

- 데이터베이스의 물리적, 논리적 구조 정보
- 데이터베이스 오브젝트의 정의 정보
- 데이터베이스 제약 조건에 관련된 정보
- 데이터베이스 사용자에 관련된 정보
- 데이터베이스 권한 및 역할에 관련된 정보
- 데이터베이스 감사 및 보안에 관련된 정보

다음은 데이터베이스를 이루는 각각의 논리적/물리적 구성에 관한 내용이다.

① 테이블스페이스

- 하나의 데이터베이스는 하나 또는 다수의 테이블스페이스라는 논리적 공간으로 이루어진다.
- 하나의 테이블스페이스는 단지 하나의 데이터베이스에 속해야 한다.
- 하나의 테이블스페이스는 한 개 또는 다수의 데이터 파일로 이루어진다.

② 데이터 파일

- 하나의 데이터 파일이 여러 가지의 테이블스페이스 데이터를 저장할 수 없다.
- DBA는 데이터베이스를 생성한 이후 데이터 파일의 크기를 변경할 수 있어야 하며 때로는

- 테이블스페이스에 저장되어져 있는 오브젝트의 크기가 커질 때마다 그와 함께 커질 수 있도록 설정할 수도 있다.

③ **세그먼트**

- 하나의 테이블스페이스 내부에 저장된 각 데이터베이스 오브젝트를 세그먼트라고 말할 수 있다.
- 하나의 테이블스페이스에는 다수의 세그먼트를 저장할 수도 있다.
- 하나의 세그먼트가 다수의 테이블스페이스에 나누어 저장될 수 없다.
- 하나의 세그먼트는 다수의 데이터 파일에는 나누어 저장될 수도 있다. 단 그 데이터 파일들이 같은 테이블스페이스 내부에 할당되어 있는 경우에만 가능하다.

④ **익스텐트**

- 하나의 세그먼트에 할당된 공간을 익스텐트라 한다.
- 하나의 세그먼트는 한 개 또는 다수의 익스텐트로 구성된다.
- 하나의 세그먼트가 다수의 데이터 파일에 나누어 저장될 수 없다

⑤ **오라클 블록**

- DB를 구성하는 가장 최소 저장 공간으로 실제 로우(Row) 데이터가 바로 이곳에 저장된다.
- 오라클 블록의 크기는 db_block_size라는 파라미터에 의하여 정해지며 변경이 불가능하다. 다른 블록 사이즈를 사용하고자 한다면 테이블스페이스를 추가로 생성하면서 다른 크기로 설정하는 옵션은 가능하다.

oracle 02

테이블스페이스 생성

임의의 데이터베이스 오브젝트들이 물리적으로 저장되어질 공간이 데이터 파일이 할당되는 논리적인 공간인 테이블스페이스 생성에 대한 과정을 살펴보자.

사전 요구 사항

- 테이블스페이스를 생성하기 위해서는 Create tablespace 시스템 권한이 요구된다.
- 시스옥스 테이블스페이스를 생성하기 위해서는 Sysdba 시스템 권한이 요구된다.
- 테이블스페이스 생성 시 데이터베이스는 오픈 상태이어야 한다.

*Create tablespace 명령어 옵션 소개

```
CREATE
[ BIGFILE | SMALLFILE ]
{ permanent_tablespace_clause
| temporary_tablespace_clause
| undo_tablespace_clause
} ;
```

- BIGFILE
  최대 4천만개의 오라클 블록을 저장할 수 있는 단 하나의 데이터 파일만을 가질 수 있는 테이블스페이스로서 오라클 10g 버전부터 소개된 테이블스페이스이다.
  - 32KB 블록 사이즈 테이블스페이스의 최소 파일 사이즈는 12MB.
  - 8KB 블록 사이즈 테이블스페이스의 최소 파일 사이즈는 7MB.
  - 32KB 블록 사이즈 테이블스페이스의 최대 파일 사이즈는 128TB.
  - 8KB 블록 사이즈 테이블스페이스의 최대 파일 사이즈는 32TB.
  - Locally Managed Tablespace/automatic segment space management 형식으로 생성됨
  - 동적으로 Logical Volume을 확장할 수 있고 Striping/RAID를 지원하는 ASM(Automatic Storage Management) 또는 LVM(Logical Volume Manager)과 함께 사용 권고
- SMALLFILE
  빅파일 테이블스페이스가 아닌 모든 일반 테이블스페이스로서 최대 1022개의 데이터 파일(4백만개의 오라클 블록으로 구성된)을 가질 수 있다.
- permanent_tablespace_clause

```
TABLESPACE tablespace
[ DATAFILE file_specification [, file_specification ]... ]                ①
{ MINIMUM EXTENT size_clause                                              ②
| BLOCKSIZE integer [ K ]                                                 ③
| logging_clause                                                          ④
| FORCE LOGGING                                                           ⑤
| ENCRYPTION tablespace_encryption_spec                                   ⑥
| DEFAULT [ table_compression ] [ inmemory_clause ] [ ilm_clause ] [ storage_clause ]
                                                                          ⑦
| { ONLINE | OFFLINE }                                                    ⑧
| extent_management_clause
| segment_management_clause
| flashback_mode_clause
}
```

① 데이터 파일 생성 위치 및 크기 설정
② 테이블스페이스에 저장되는 테이블/인덱스들의 최소 익스텐트 크기 설정
dictionary-managed tablespace 의 경우에만 적용 가능
③ 오라클 블록 크기 설정(2KB, 4 KB,8 KB,16 KB,32 KB)
db_block_size 파라미터 값이 Default 블록 크기임
Non default 블록 크기는 db_nk_cache_size 파라미터를 우선 설정한 후 테이블스페이스 생성 시 해당 Non default 블록 크기 값을 설정해야 한다.
임시 테이블스페이스의 경우 반드시 default 블록 크기로 생성해야 한다.
④ 테이블스페이스에 저장되는 테이블/인덱스들에 발생되는 리두 로그 생성(로깅) 설정
⑤ 테이블스페이스에 저장되는 테이블/인덱스들의 리두 로그 강제 생성(Force logging) 설정
⑥ 테이블스페이스에 저장되는 테이블/인덱스들의 암호화 설정

⑦ 테이블스페이스에 저장되는 테이블/인덱스들의 기본 스토리지 설정(테이블 압축 여부, 인메모리 영역으로의 저장 여부)
⑧ 테이블스페이스 온라인/오프라인 설정

- temporary_tablespace_clause

```
TEMPORARY TABLESPACE tablespace
[ TEMPFILE file_specification [, file_specification ]... ]        ①
[ tablespace_group_clause ]                                       ②
[ extent_management_clause ]
```

① 임시 파일의 위치 및 크기 설정
② 임시 테이블스페이스 그룹 설정

- undo_tablespace_clause

```
UNDO TABLESPACE tablespace
[ DATAFILE file_specification [, file_specification ]... ]        ①
[ extent_management_clause ]
[ tablespace_retention_clause ]
```

① 언두 데이터 파일의 위치와 크기 설정

- extent_management_clause

```
EXTENT MANAGEMENT LOCAL
[ AUTOALLOCATE                                                    ①
| UNIFORM [ SIZE size_clause ]                                    ②
  ]
```

① 오라클이 내부적으로 할당되어질 익스텐트의 크기를 자동으로 조정, 관리
② 오라클 운영자가 할당되어질 익스텐트의 크기를 인위적으로 설정

- segment_management_clause

```
SEGMENT SPACE MANAGEMENT { AUTO | MANUAL }
```

- flashback_mode_clause

```
FLASHBACK { ON | OFF }
```

- inmemory_clause

```
INMEMORY [ inmemory_parameters ]
| NO INMEMORY

inmemory_parameters
```

```
[ inmemory_memcompress ] [ inmemory_priority ] [ inmemory_distribute ]
[ inmemory_duplicate ]
inmemory_memcompress
MEMCOMPRESS FOR { DML | QUERY [ LOW | HIGH ] | CAPACITY [ LOW | HIGH ] }
| NO MEMCOMPRESS
inmemory_priority
PRIORITY { NONE | LOW | MEDIUM | HIGH | CRITICAL }
inmemory_distribute
DISTRIBUTE [ AUTO | BY { ROWID RANGE | PARTITION | SUBPARTITION } ]
inmemory_duplicate
DUPLICATE | DUPLICATE ALL | NO DUPLICATE
```

- logging_clause

```
{ LOGGING | NOLOGGING |  FILESYSTEM_LIKE_LOGGING }
```

- tablespace_encryption_spec

```
[ USING 'encrypt_algorithm' ]
```

*테이블스페이스 Extent management 이해

테이블/인덱스를 저장하고 있는 저장 공간의 할당(Allocation) 및 반환(Deallocation)은 익스텐트를 할당/반환 함으로써 발생한다. 결국 테이블에 데이터가 늘어나서 더 많은 저장 공간을 요구하는 경우 오라클 블록 단위로 공간을 추가해주는 방식이 아니라 익스텐트를 단위로 공간을 추가하는 방식이라는 의미이다. 이처럼 익스텐트를 할당하고 반환하는 내부 과정이 진행되면 현재 어떤 익스텐트가 사용 가능한지 여부를 확인하고 이를 할당해주는 과정이 수행되는데 이때 해당 익스텐트에 대한 현황 정보를 시스템 테이블스페이스 내부에 저장된 데이터 딕셔너리 테이블을 참조(Extent management dictionary)하는지 아니면 자체 데이터 파일 헤더 블록에 저장된 비트맵를 참조(Extent management local)하는지에 따라 Extent management 옵션이 다르게 설정된다.

Extent management dictionary 설정의 경우에는 사용가능 익스텐트 정보를 참조하기 위해 해당 정보가 물리적으로 저장되어 있는 오라클 블록을 읽게 됨으로써 많은 경합이 발생(동시에 다수의 요청을 처리하는 경우 더 심하다)하게 되는데 반해 Extent management local 설정의 경우에는 해당 비트맵 정보가 저장된 데이터 파일 헤더 블록을 참조함으로써 다수의 요청이 동시에 들어오더라도 각각의 데이터 파일 헤더 블록에 분산된 정보를 참조함으로 인해 경합을 최소화 할 수 있는 장점을 제공한다.

*Segment space management

예를 들어, Insert 문장을 사용하여 테이블에 데이터 로우를 저장하는 경우 테이블을 이루는 블록 들 가운데 어느 블록에 로우를 저장할 수 있는지 대한 정보(프리리스트, Freelist)를 관리하는 것을 Segment space management 라 한다.
프리리스트는 Manual과 Auto 방식으로 관리된다. 여기서는 Manual에 대한 내용만 간단히 살펴보기로 하자.

Manual

다수의 프리리스트를 의도적 그리고 계획적으로 설정하지 않는 한 오라클은 각각의 오브젝트(테이블 혹은 인덱스)에 단 하나의 블록(이 블록을 프리리스트 블록이라고 한다)을 세그먼트(테이블혹은 인덱스) 헤더에 생성하고 어떤 블록들이 현재 Insert 문장에 사용될 수 있는지에 대한 정보를 관리한다.
문제는 동시에 다수의 프로세스(Insert 문장 요청)가 동일한 프리리스트 블록을 액세스 할 수 없다는 점이다. 왜냐하면 사용 가능한 블록을 찾기 위해 프리리스트 블록을 읽는 동안 락(Lock)이 발생하게 되기 때문이다.
그리고 또 하나의 문제는 다수의 프로세스가 동일한 블록을 사용하여 데이터를 Insert 하게되는 경우가 얼마든지 발생할 수 있다는 점이다. 왜냐하면 모든 테이블 내에 있는 블록의 프리리스트가 단 하나의 세그먼트 헤더 블록에 의하여 관리되기 때문이다.
이러한 이유로 다수의 프로세스(Insert 문장요청)가 동시에 동일한 테이블에 수행되는 경우 성능에 문제가 발생하곤 한다. 결국 세그먼트 헤더에 걸리는 락의 문제를 해결하고자 소개된 기능이 바로 Segment space management auto 옵션이다.

●●● oracle 03

시스템(System) 테이블스페이스

시스템 테이블스페이스는 데이터베이스를 생성하고 운영하는데 있어서 가장 중요한 역할을 한다. 간단히 말하자면 데이터베이스에 있어서 기본적으로 반드시 요구되는 저장 공간이라고 이해하면 될 것 같다. 시스템 테이블스페이스는 주로 데이터베이스를 생성할 때 초기에 생성되며 데이터 딕셔너리 뷰의 기반이 되는 데이터 딕셔너리 베이스 테이블과 스토어드 프로시저(Stored procedure)와 같은 PL/SQL 오브젝트들이 저장되는 공간이라는 점도 반드시 기억해야 할 사항이다.
위에서 "사실상 데이터베이스를 구성하는 데는 시스템 테이블스페이스만 존재해도 가능하다."는 사항을 지적했는데 그 이유는 모든 정보를 시스템 테이블스페이스에 저장한다 해서 데이터베이스 운영이 불가능하지는 않다는 것을 의미한다. 하지만 사용자들이 자신들의 일반 정보들을 시스템 테이블스페이스에 저장하는 것은 권고하지 않는다. 왜냐하면 사용자 오브젝트들이 시스템 테이블스페이스 내부에 저장된 상태에서 문제가 발생하는 경우 시스템 테이블스페이스가 오픈되지 못하는 상황이 발생할 수도 있기 때문이다. 시스템 테이블스페이스에 문제가 생기면 데이터베이스는 자동으로 종료될 뿐만 아니라 심각한 복구 상황을 만들 수도 있는 만큼 주의를 기울여야 한다.

oracle 04

시스옥스(Sysaux) 테이블스페이스

오라클 서버 내부에는 다양한 유틸리티 및 기능(옵션)들이 제공되는데 이들을 적용하고자 하는 경우 이들이 필요로 하는 임의의 기본 테이블스페이스 공간을 생성해주어야만 했었다. 이때 대부분의 경우 시스템 테이블스페이스가 기본 테이블스페이스로서 제공되었었으나 이로 인한 시스템 테이블스페이스의 안정성(Fragmentation, Corruption, Space Pressure)에 문제가 생기기 시작하면서 이들 요소를 한 공간에 저장, 관리하는 기능을 제공하는 관리 테이블스페이스로서 시스옥스 테이블스페이스가 제공되기 시작한 것이다.

tip

시스옥스 테이블스페이스 내부에 저장된 이들 유틸리티 및 기능(옵션)을 시스옥스 테이블스페이스 요소(Occupants)라고 부른다.

다음은 현재 저자의 시스옥스 테이블스페이스 내부에 저장, 관리되고 있는 요소(Occupants)들의 이름과 사용자 아이디를 보여준다.

```
SQL> column occupant_name format a30
SQL> column schema_name format a30
SQL> select occupant_name,schema_name from v$sysaux_occupants;

OCCUPANT_NAME                 SCHEMA_NAME
----------------------------- ------------------------------
LOGMNR                         SYSTEM
LOGSTDBY                       SYSTEM
SMON_SCN_TIME                  SYS
AUDSYS                         AUDSYS
PL/SCOPE                       SYS
STREAMS                        SYS
AUDIT_TABLES                   SYS
XDB                            XDB
AO                             SYS
XSOQHIST                       SYS
```

```
XSAMD                          OLAPSYS
SM/AWR                         SYS
SM/ADVISOR                     SYS
SM/OPTSTAT                     SYS
SM/OTHER                       SYS
STATSPACK                      PERFSTAT
SDO                            MDSYS
WM                             WMSYS
ORDIM                          ORDSYS
ORDIM/ORDDATA                  ORDDATA
ORDIM/ORDPLUGINS               ORDPLUGINS
ORDIM/SI_INFORMTN_SCHEMA       SI_INFORMTN_SCHEMA
EM                             SYSMAN
TEXT                           CTXSYS
ULTRASEARCH                    WKSYS
ULTRASEARCH_DEMO_USER          WK_TEST
EXPRESSION_FILTER              EXFSYS
EM_MONITORING_USER             DBSNMP
TSM                            TSMSYS
SQL_MANAGEMENT_BASE            SYS
AUTO_TASK                      SYS
JOB_SCHEDULER                  SYS

32 rows selected.
```

시스옥스 테이블스페이스는 일반 사용자 생성 테이블스페이스가 아니기 때문에 특별한 이해와 관리가 필요하다. 다음은 시스옥스 테이블스페이스 관리 시 유의사항을 정리한 것이다.

- 시스옥스 테이블스페이스는 반드시 존재해야 하는 테이블스페이스이므로 제거할 수 없다.

```
SQL> drop tablespace SYSAUX including contents and datafiles;
drop tablespace SYSAUX including contents and datafiles
*
ERROR at line 1:
ORA-13501: Cannot drop SYSAUX tablespace
```

- 시스옥스 테이블스페이스는 Transportable tablespace 적용 대상에서 제외된다.
- 시스옥스 테이블스페이스는 읽기 전용 테이블스페이스로 변경될 수 없다.

```
SQL> alter tablespace SYSAUX read only;
alter tablespace SYSAUX read only
*
ERROR at line 1:
ORA-13505: SYSAUX tablespace can not be made read only
```

● 시스옥스 테이블스페이스 이름은 변경될 수 없다.

```
SQL> alter tablespace SYSAUX rename to OPT_TBS;
alter tablespace SYSAUX rename to OPT_TBS
*
ERROR at line 1:
ORA-13502: Cannot rename SYSAUX tablespace
```

● 오라클 10g/11g/12c 버전으로 이전 및 업그레이드(Upgrade)하는 경우 Migrate 모드로 인스턴스를 시작한 후 인위적으로 시스옥스 테이블스페이스를 생성해주어야 한다

```
SQL> startup migrate
SQL> create tablespace sysaux datafile xxxx;
```

● 시스옥스 테이블스페이스에 손상이 발생한 경우 전체 시스템에는 별 영향을 주지 않지만 그 내부에 저장되어 있는 요소들에 대한 기능은 사용할 수 없다.

● 시스옥스 테이블스페이스 내부에 저장된 요소를 다른 테이블스페이스로 옮기거나 외부에 저장된 요소를 시스옥스 테이블스페이스 내부로 옮기고자 하는 경우 최적의 이전 방법을 다음 쿼리를 통해 확인하고 진행하도록 한다.

```
SQL> column occupant_name format a35
SQL> column schema_name format a20
SQL> column move_procedure format a40
SQL> set linesize 120
SQL> select occupant_name,schema_name,move_procedure from v$sysaux_occupants;
```

Occupant_Name	Schema_Name	Move_Procedure
LOGMNR	SYSTEM	SYS.DBMS_LOGMNR_D.SET_TABLESPACE
LOGSTDBY	SYSTEM	SYS.DBMS_LOGSTDBY.SET_TABLESPACE
SMON_SCN_TIME	SYS	
AUDSYS	AUDSYS	
PL/SCOPE	SYS	
STREAMS	SYS	
AUDIT_TABLES	SYS	DBMS_AUDIT_MGMT.move_dbaudit_tables
XDB	XDB	XDB.DBMS_XDB.MOVEXDB_TABLESPACE
AO	SYS	DBMS_AW.MOVE_AWMETA
XSOQHIST	SYS	DBMS_XSOQ.OlapiMoveProc
XSAMD	OLAPSYS	DBMS_AMD.Move_OLAP_Catalog
SM/AWR	SYS	
SM/ADVISOR	SYS	
SM/OPTSTAT	SYS	

<시스옥스 테이블스페이스 내부 Occupant를 옮기는 프로시져 소개>

Occupant_Name	Schema_Name	Move_Procedure
SM/OTHER	SYS	
STATSPACK	PERFSTAT	
SDO	MDSYS	MDSYS.MOVE_SDO
WM	WMSYS	DBMS_WM.move_proc
ORDIM	ORDSYS	ordsys.ord_admin.move_ordim_tblspc
ORDIM/ORDDATA	ORDDATA	ordsys.ord_admin.move_ordim_tblspc
ORDIM/ORDPLUGINS	ORDPLUGINS	ordsys.ord_admin.move_ordim_tblspc
ORDIM/SI_INFORMTN_SCHEMA	SI_INFORMTN_SCHEMA	ordsys.ord_admin.move_ordim_tblspc
EM	SYSMAN	emd_maintenance.move_em_tblspc
TEXT	CTXSYS	DRI_MOVE_CTXSYS
ULTRASEARCH	WKSYS	MOVE_WK
ULTRASEARCH_DEMO_USER	WK_TEST	MOVE_WK
EXPRESSION_FILTER	EXFSYS	
EM_MONITORING_USER	DBSNMP	
TSM	TSMSYS	
SQL_MANAGEMENT_BASE	SYS	
AUTO_TASK	SYS	
JOB_SCHEDULER	SYS	

이 가운데 로그 마이너(LOGMNR) 요소를 users라는 테이블스페이스로 옮기고 다시 시스옥스 테이블스페이스로 돌아오는 과정을 수행해보자.

```
SQL> exec SYS.DBMS_LOGMNR_D.SET_TABLESPACE('USERS');
PL/SQL procedure successfully completed.
```

다시 시스옥스 테이블스페이스로 옮기는 과정을 수행한다.

```
SQL>  exec SYS.DBMS_LOGMNR_D.SET_TABLESPACE('SYSAUX');
PL/SQL procedure successfully completed.
```

●●● oracle 05

언두(Undo) 테이블스페이스

데이터베이스를 운영 시 사용자들이 많은 DML 문장을 실행하게 된다. 대부분은 해당 트랜잭션에 대하여 커밋을 실행하지만 가끔은 진행하고 있는 트랜잭션에 대한 롤백을 실행하기도 한다. 언두 세그먼트는 언두 테이블스페이스 내부에 생성되는 세그먼트로서 임의의 트랜잭션을 실행하는 경우 변경 이전 값(실제 데이터 예를 들어, 10을 20으로 변경하는 경우 변경 이전 값인 10을 의미한다)을 저장함으로써 사용자가 임의의 트랜잭션에 대하여 롤백을 실행하는 경우 이전 이미지를 다시 복원시키는 기능을 제공한다.

다음 그림은 임의의 Update 문장이 실행되는 경우 발생되는 언두 데이터와 리두 로그 발생에 대한 과정을 보여준다.

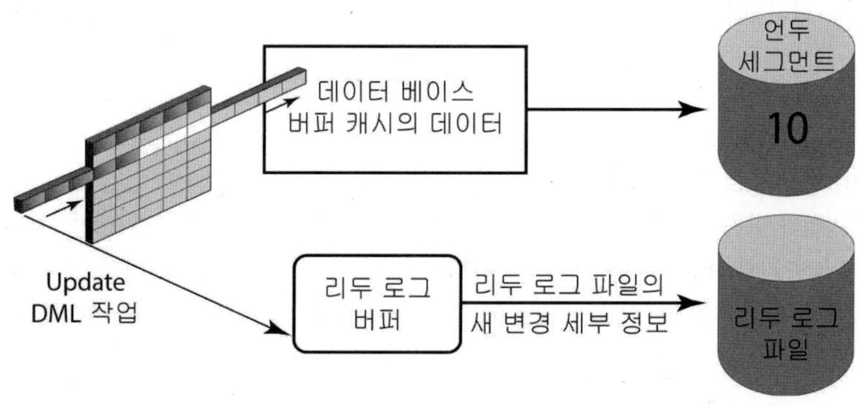

<Update 문장 실행 시 undo와 redo 생성>

임의의 변경 작업이 실행되는 경우 그 이전 이미지는 언두 테이블스페이스의 언두 세그먼트 내부에 저장되고 그 변경 작업에 대한 리두로그 정보는 리두 로그 버퍼를 통해 리두 로그 파일에 저장되는 과정을 보여준다.

결국 사용자가 임의의 값을 갱신(Update), 추가(Insert), 삭제(Delete)하는 경우 이전 이미지(언두 데이터)를 커밋 또는 롤백 시점 이전까지 일시적으로 저장하는 기능을 제공한다는 의미이다. 다음은 언두 테이블스페이스가 제공하는 기본적인 개념 및 기능을 정리한 것이다.

- Transaction rollback : 임의의 트랜잭션이 진행된 후 커밋을 수행하지 않은 작업에 대해 롤백을 수행하게 되면 작업 수행 전의 데이터로 복구 지원한다.
- Read consistency 유지 : 임의의 트랜잭션이 진행되는 동안(커밋 또는 롤백되기 이전) 변경 작업을 수행하는 사용자 이외의 다른 모든 사용자는 변경 이전 값(커밋 또는 롤백되기 이전)을 참조하도록 지원한다.
- Transaction recovery : 임의의 트랜잭션을 완료되지 않은 상태에서 인스턴스가 비정상 종료(체

크포인트 미수행) 되는 경우 데이터베이스가 재 기동되는 시점에서 커밋되지 않았던 (실패한 트랜잭션이 변경하고 있던) 데이터가 롤백되어야만 하는데 이때 언두 세그먼트에 저장된 언두 데이터를 사용하여 그 이전 값(원래값)으로 복원시켜 준다.

- 언두 테이블스페이스는 무조건 Locally managed 테이블스페이스 방식을 따른다.

결국 언두 테이블스페이스에 대한 익스텐트 할당 및 반환 과정이 비트맵으로 이루어진다는 점에 유의하기 바란다.
언두 테이블스페이스에는 트랜잭션의 롤백을 위한 언두 정보가 저장되므로 다른 데이터베이스 오브젝트를 저장하는 일이 없도록 해주어야 한다.

오라클에서는 이러한 언두 테이블스페이스를 관리하는데 크게 두 가지의 방법을 제공한다.

① 자동 언두 관리(Automatic undo management)
자동 언두 관리 모드에서는 자동적으로 언두 세그먼트를 생성, 관리 심지어는 튜닝이 이루어지는데 이에 대한 내용은 이후 더욱 자세히 설명된다.

② 인위적 언두 관리(Manual undo management)
인위적인 언두 정보 관리는 사실상 오라클 9i 이전 버전에서 사용해오던 방법으로, 이전 버전에서 사용하던 방법과 다를 것이 없다. DBA가 인위적으로 각각의 언두 세그먼트를 생성, 관리해야 한다.
예를 들어, 오라클 9i 버전 이전에는 다음과 같이 언두 테이블스페이스(오라클 9 버전 이전에는 롤백 테이블스페이스라고 명명했다)를 생성하고 그 내부에 언두 세그먼트를 각각 인위적으로 생성해주어야 했다.

```
SQL>CREATE TABLESPACE RBS01
DATAFILE '/xxx/xxx/rbs01.dbf' SIZE 100M REUSE
DEFAULT STORAGE(
       INITIAL                  80K
       NEXT                     80K
       MINEXTENTS               10
       PCTINCREASE              0)
ONLINE;
```

다음의 과정은 R01, R02, R03, R04라는 4개의 언두 세그먼트를 생성하는 과정을 보여주고 있다.

```
SQL>CREATE ROLLBACK SEGMENT R01
TABLESPACE RBS01
STORAGE (MINEXTENTS 10 OPTIMAL 800K);
ALTER ROLLBACK SEGMENT R01 ONLINE;
```

```
SQL>CREATE ROLLBACK SEGMENT R02
TABLESPACE RBS01
STORAGE (MINEXTENTS 10 OPTIMAL 800K);
ALTER ROLLBACK SEGMENT R02 ONLINE;

SQL>CREATE ROLLBACK SEGMENT R03
TABLESPACE RBS01
STORAGE (MINEXTENTS 10 OPTIMAL 800K);
ALTER ROLLBACK SEGMENT R03 ONLINE;

SQL>CREATE ROLLBACK SEGMENT R04
TABLESPACE RBS01
STORAGE (MINEXTENTS 10 OPTIMAL 800K);
ALTER ROLLBACK SEGMENT R04 ONLINE;
```

일단 이처럼 언두 세그먼트를 인위적으로 생성하게 되면 비로소 이전 이미지에 대한 저장, 관리가 가능해진다. 하지만 데이터베이스에 많은 트랜잭션이 동시에 진행되는 경우 더 많은 언두 세그먼트가 동시에 필요하게 될 수도 있는데 인위적인 언두 테이블스페이스를 사용하는 경우에는 일일이 그때 그때 위의 Create rollback segment 명령을 사용하여 생성해주어야 하며 이후 사용량이 줄게 되면 다시 이들을 제거하는 등 모든 관리를 인위적으로 수행해야 하는 번거로움이 있었다.
하지만 자동 언두 테이블스페이스를 사용하게 되면 이러한 번거로움이 없어지고 오라클 서버에서 내부적으로 필요할 때 내부 언두 세그먼트를 온라인 /오프라인 시켜주면서 필요한 만큼 사용할 수 있도록 지원하게 된다. 기본적으로 오라클 10g 버전 이후로는 자동 언두 테이블스페이스를 사용할 것을 권고하는 바이다.

*언두 세그먼트/익스텐트

언두 테이블스페이스는 기본적으로 전체적인 공간을 제공하는 것으로 이해하면 되지만 사실상 실제적인 언두 관리는 각각의 세그먼트 내부에서 발생하므로 내부 구조를 이해하는 것이 필요하다.
언두 세그먼트는 다음과 같은 내부 구조를 가진다. 언두 세그먼트도 하나의 세그먼트이므로 세그먼트는 다수의 익스텐트로 구성된다. 그리고 첫 번째 익스텐트 내부에는 언두 헤더 정보(Extend control, Extent map, Retention table, Transaction table, Transaction control, Free block pool)가 저장된다.

- Extent control : 언두 세그먼트를 구성하는 익스텐트의 개수(#extent), 언두 헤더 블록을 제외한 블록 개수(#blocks) 그리고 HWM(High Water Mark) 위치 정보를 저장한다.
- Extent map : 언두 세그먼트 내부의 익스텐트 주소 및 할당 관리를 위한 Map 정보 저장
  언두 세그먼트를 구성하는 각 인스텐트의 시작 DBA(블록 주소) 및 익스텐트를 구성하는 블록 개수를 저장한다.
- Retention table : 언두 Retention 적용을 위한 공간으로서 언두 세그먼트를 구성하는 각각의

익스텐트에 대한 커밋된 시점(Commit time)을 나타낸다. 해당 시간과 언두 Retension 설정 수치를 이용하여 각 인스텐트의 상태를 관리한다.

- Transaction control
- Free block pool
- Transaction table : 트랜잭션 테이블을 구성하는 각 슬롯들은 트랜잭션 관리를 위해 중요한 정보를 저장하고 있다.

다음 그림은 언두 헤더에 저장되어 있는 세부 정보를 보여준다.

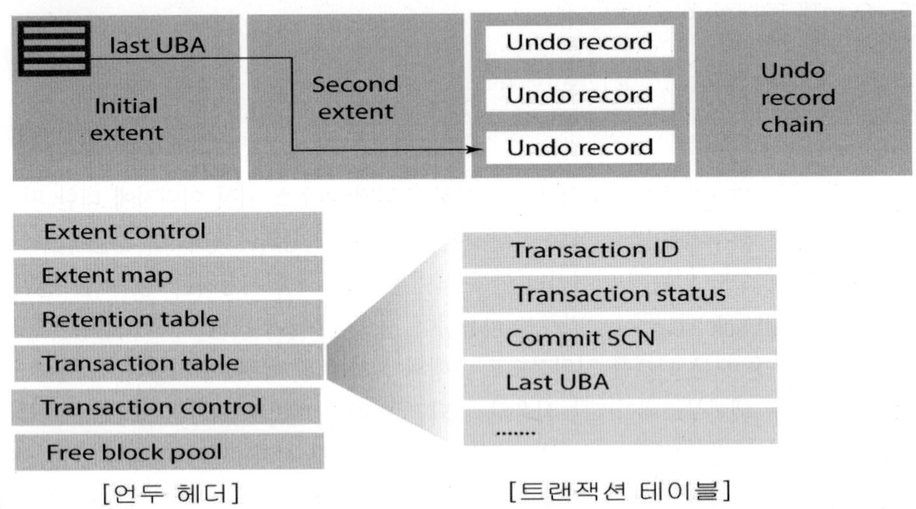

이 가운데 가장 중요한 트랜잭션 테이블(ITL) 영역에는 특정 트랜잭션에 대한 세부 정보가 모두 기록된다. 먼저 ITL 슬롯 영역에 대해서 살펴보자. 다음과 같은 정보가 ITL 슬롯 영역에 저장된다.

- 트랜잭션 ID : USN(Undo Segment Number)# + Slot# + Wrap#
- 트랜잭션 상태 정보 : 현재 트랜잭션이 Active 상태인지 Commit된 상태인지 확인
- 커밋 SCN : 트랜잭션이 커밋된 시점에서의 SCN 값 저장
- Last UBA(Undo Block Address) : 롤백 수행시 이전 값을 찾아올 언두 블록 주소 값 저장

다음 그림은 첫 번째 익스텐트(Initial extent) 내부의 언두 헤더 블록 내부 구조 특히 ITL 슬롯과 락 바이트 정보와 관련된 구조를 보여준다.
언두 헤더 블록의 블록 헤더에는 ITL 슬롯(Slot) 정보가 저장되어 있고 나머지 영역은 락 바이트(Lock byte) 정보가 저장되어 있다.

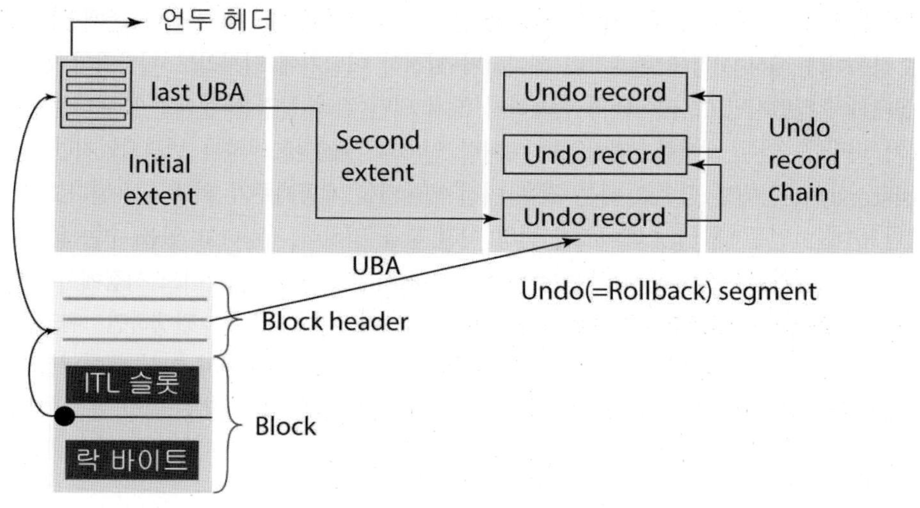

<언두 헤더 ITL 슬롯 및 락 바이트 정보>

*언두 세그먼트의 종류

시스템 언두 세그먼트(System undo segment)와 넌 시스템 언두 세그먼트(Non-system undo segment)로 구분된다.

① 시스템 언두 세그먼트
오라클 데이터베이스를 생성 시 시스템 테이블스페이스에 생성되는 언두 세그먼트로서 이는 시스템 테이블스페이스에 발생하는 언두 정보를 관리하는데 사용된다.

② 넌 시스템 언두 세그먼트
시스템 테이블스페이스를 제외한 모든 테이블스페이스에 발생하는 언두 정보를 관리하는 세그먼트로서 대부분의 사용자들이 사용하게 되는 언두 공간이라고 이해하면 된다.

*언두 데이터의 보관/유지기간(undo_retention 파라미터)

사용자가 임의의 쿼리(Select)문장을 실행하는 경우 오라클 서버는 내부적으로 바로 그 시점에서의 SCN을 확인하게 된다. 그리고 쿼리 문장이 얼마나 오래 돌던지 상관없이 쿼리가 시작되는 바로 그 시점 SCN에 존재하는(커밋된) 데이터를 읽고자 한다.
예를 들어, A라는 사용자가 1시간 정도 진행될 임의의 쿼리를 오전 9시 정각(09:00)에 시작하는 경우를 생각해보자. 1시간 정도 돌아갈 예정이니 대략 오전 10시 정도면 쿼리가 종료되고 사용자에게 결과값을 출력하게 될 것이다. 결국 9시에 시작한 쿼리의 결과값이 10시부터 스크린에 출력된다는 의미이다. 10시부터 스크린에서 출력되기 시작하지만 실제로 출력되어야 하는 데이터는 쿼리를 시작한 시각인 9시 정각 시점에 존재하던 데이터이어야만 한다. 이 한 시간 동안 아무런 데이터의 변경이 없다면 문제는 아주 간단하다. 모든 데이터가 9시 시점이나 10시 시점이나 동일하기 때문이다.

하지만 문제는 9시부터 10시까지 한 시간 동안 다른 사용자들이 9시 시점에 존재하는 데이터를 갱신하는 경우이다. 9시 시점에 존재하던 데이터가 여전히 어딘가에 임시라도 저장되어 있다면 쿼리 문장은 실패하지 않겠지만 그 데이터가 존재하지 않게 되면 쿼리 문장은 실패하게 된다는 점을 반드시 기억하기 바란다. 언두 테이블스페이스는 이처럼 임의의 DML에 의하여 변경되었지만 누군가가 Read consistency 관점에서 필요로 하는 경우 이전 데이터를 제공해주기 위해 사용된다고 이해하면 된다. 하지만 문제는 언두 테이블스페이스가 변경 이전 값을 영원히 저장하고 있을 수는 없다는 것이다. 지키려고 노력은 하지만 영원히 지키는 것은 불가능하다. 다시 말하자면 어느 시점에서는 언두 데이터가 언두 테이블스페이스로부터 삭제된다는 의미인데 이러한 상황이 발생하면 쿼리문장 실행 시 Snapshot too old라는 에러를 맞게 된다. 결국 쿼리가 어느 시점에서 이전 데이터를 언두 테이블스페이스를 통해 찾아야 하는데 그 데이터가 더 이상 존재하지 않는 경우 쿼리 문장 자체가 실패하게 된다는 의미이다.

*언두 익스텐트 운영 방식

언두 세그먼트는 다수의 언두 익스텐트로 구성되는데 다음이 3개의 상태 중 하나의 상태로 존재한다.

- Active : 현재 진행중인 트랜잭션이 사용하는 상태
- Unexpired : 진행하던 트랜잭션이 커밋 또는 롤백된 상태이지만 undo_retention 파라미터에 의해 아직도 유지하고자 하는 상태
- Expired : 진행하던 트랜잭션이 커밋 또는 롤백된 상태이므로 이후 다른 트랜잭션에 의해 언제든지 재사용 가능한 상태

기본적으로 임의의 트랜잭션이 발생하게 되면 언두 세그먼트를 할당받게 되고 그 내부의 익스텐트를 사용하는 방식인데 사용하고자 하는 익스텐트가 Active 상태이면 재사용하지 못하고 새로운 익스텐트를 할당받아야만 한다.
우측 그림에서 트랜잭션 1번의 경우 1번 , 2번 익스텐트를 사용하다가 3번 익스텐트를 계속적으로 사용해야하는 경우 그 3번째 익스텐트가 Expired 상태이거나 undo_retention 파라미터값에 의해 여전히 유지해야 하는 상태가 아니라면 아무 문제없이 사용하게 되며 그 순간 3번째 익스텐트는 Active 상태가 되어 버린다.

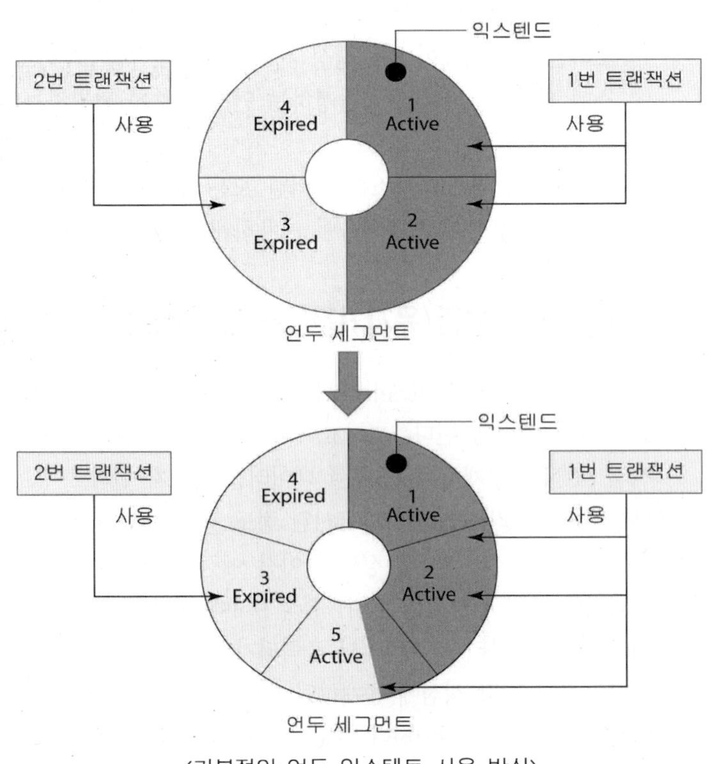

<기본적인 언두 익스텐트 사용 방식>

다음의 경우를 살펴보자. 1번 트랜잭션이 1번, 2번 익스텐트를 사용하는 중이고 2번 트랜잭션이 3번과 4번을 현재 사용하고 있는 경우이다. 문제는 1번 트랜잭션이 1번, 2번을 모두 사용하고 추가적인 익스텐트가 필요한 경우 3번 익스텐트를 재사용할 수가 없는 상황이다 이유는 3번 익스텐트는 2번 트랜잭션에 의하여 현재 사용중(Active)이기 때문이다. 이러한 경우 오라클은 2번 익스텐트와 3번 익스텐트 사이에 새로운 익스텐트를 추가해주게 되며(5번 익스텐트) 이를 사용하게 되는 방식이다.
5번 익스텐트까지도 모두 사용하게 되면 똑같은 방식으로 3번 익스텐트가 Expired 상태이거나 undo_retention 파라미터값에 의해 유지해야 하는 상황인지를 확인하게 되고 그때도 여전히 재사용이 불가능한 상태이면 새로운 익스텐트를 계속적으로 할당받게 되는 것이다. 이처럼 계속적으로 익스텐트를 할당받게 되면 세그먼트의 크기가 점점 커지게 되며 테이블스페이스가 허용하는 최대치까지 확장하여 사용하게 된다. 물론 어느 시점에서 undo_retention 파라미터값에 의해 유지하고자 하던 익스텐트가 그 유지 기간을 넘어가는 그 시점에서 재사용이 가능한 상태가 되버리며 임의의 트랜잭션에 의해 재사용이 가능해지는 것이다.

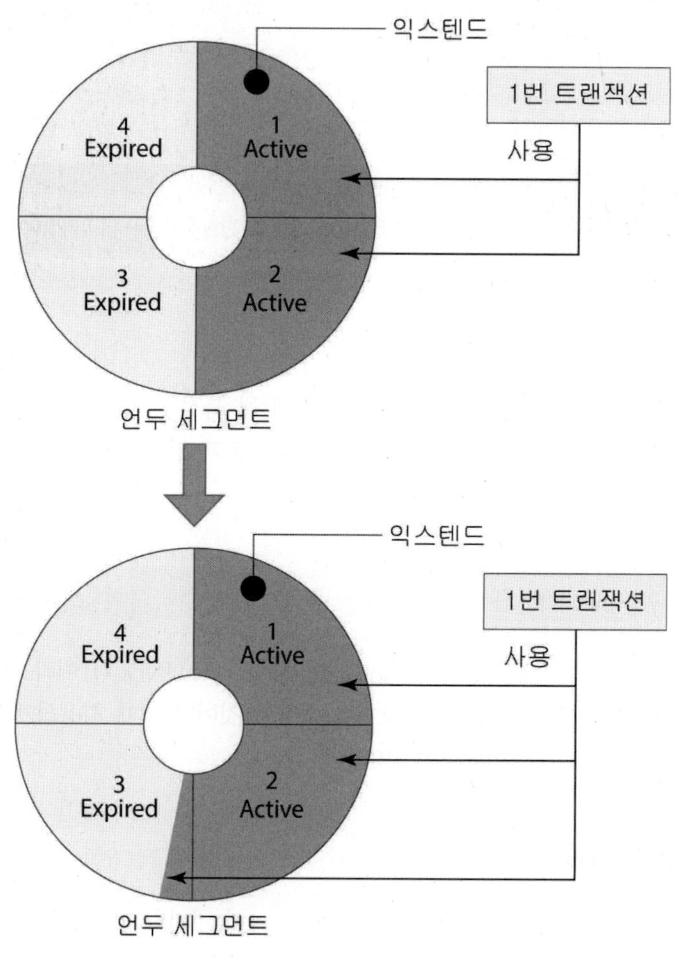

<언두 익스텐트 추가 상황>

*자동 언두 관리(Automatic undo management) 세부 설정

언두 세그먼트를 자동적으로 관리하는 방법을 사용할 경우에는 반드시 하나의 언두 테이블스페이스만을 활성화 시켜주어야 한다. .
자동 언두 세그먼트의 관리를 위해서는 기본적으로 다음 두 개의 파라미터를 파라미터 파일에 반드시 설정해준 후에 인스턴스를 시작해야만 한다.

undo_management 파라미터

undo_management 파라미터는 오라클 서버가 자동 언두 관리 모드로 운영할 것인지 인위적 언두 관리 모드로 운영할 것인지를 결정해준다.
이 파라미터의 설정 값으로는 Auto와 Manual이 가능한데 자동 언두 관리를 위해서는 Auto로 설정해주어야 한다.

```
SQL>alter system set undo_management = AUTO scope=spfile;
SQL>shutdown immediate
SQL>startup
```

tip

undo_management 파라미터는 정적 파라미터이므로 spfile을 변경시킨 후 데이터베이스를 재 기동 시켜주는 방식으로 설정해 준다.

undo_tablespace

undo_tablespace 파라미터는 데이터베이스가 사용하게 될 특정 테이블스페이스 이름을 설정해 준다.
undo_management 파라미터와는 달리 undo_tablespace 파라미터는 다음과 같이 다이너믹하게 변경이 가능하다.

```
SQL> alter system set undo_tablespace  = UNDO01;
```

결국 undo_management = AUTO와 undo_tablespace = UNDO01이라고 설정해주게 되면 "앞으로 해당 데이터베이스를 자동 언두 관리 모드로 운영할 것이며 이때 사용하게 될 테이블스페이스는 UNDO01이라는 테이블스페이스이다"라는 의미가 된다.

*언두 테이블스페이스 생성

다음은 undotbs1라는 언두 테이블스페이스를 create undo tablespace 문장을 사용하여 생성하는 과정을 보여준다.

```
SQL> CREATE UNDO TABLESPACE "UNDOTBS1" DATAFILE
'/u01/app/oracle/oradata/orcl/undotbs01.dbf' SIZE 26214400
AUTOEXTEND ON NEXT 5242880 MAXSIZE 32767M BLOCKSIZE 8192
EXTENT MANAGEMENT LOCAL AUTOALLOCATE;
```

*언두 테이블스페이스 변경

일단 언두 테이블스페이스가 생성되고 나서 이에 관련된 옵션들을 변경하려면 alter tablespace 명령을 사용할 수 있다. 예를 들어, 다음의 경우는 undotbs1라는 테이블스페이스에 새로운 데이터 파일을 추가하는 과정을 보여준다.

```
SQL> alter tablespace undotbs1 add datafile
'/u01/app/oracle/oradata/orcl/undotbs01_01.db' size 100M;
Tablespace altered.
```

*언두 테이블스페이스 활성화

지금까지는 자동 언두 모드를 채택하는 경우 단지 하나의 언두 테이블스페이스 만을 사용한다고 언급했다. 그러나 사실상은 여러 개의 언두 테이블스페이스를 생성해 놓을 수는 있지만 단지 하나만의 언두 테이블스페이스가 인스턴스에 의하여 사용되어야만 한다는 것이 보다 정확한 표현이 될 것 같다. 다음은 기존에 사용하고 있던 undotbs1이라는 언두 테이블스페이스를 alter system 문장을 사용하여 undotbs2라는 새로운 언두 테이블스페이스로 교환하는 과정을 보여준다. 이를 실행하기 전에 undotbs2라는 언두 테이블스페이스가 미리 생성되어 있는 상태이어야 한다.

```
SQL> show parameter undo_tablespace
undo_tablespace                    string
UNDOTBS1

SQL> CREATE UNDO TABLESPACE "UNDOTBS2" DATAFILE
'/u01/app/oracle/oradata/orcl/undotbs02.dbf' SIZE 26214400
AUTOEXTEND ON NEXT 5242880 MAXSIZE 32767M BLOCKSIZE 8192

EXTENT MANAGEMENT LOCAL AUTOALLOCATE;

SQL> alter system set undo_tablespace = undotbs2;
System altered.

SQL> show parameter undo_tablespace
undo_tablespace                    string
UNDOTBS2
```

이제부터 발생하는 언두 정보는 새롭게 지정된 undots02라는 언두 테이블스페이스를 활성화하여 사용하게 된다.

*언두 테이블스페이스 관련 정보 확인

```
================================================================================
참조 스크립트 : check_undo_stats.sql
================================================================================
```

언두 테이블스페이스 관련 파라미터 값 및 데이터 파일 위치(크기)정보를 확인해보자

```
SQL>  @check_undo_stats.sql
NAME                                 TYPE                                  VALUE
-------------------- ---------------------------------- ----------------------
temp_undo_enabled                    boolean                               FALSE
undo_management                      string                                AUTO
undo_retention                       integer                               900
undo_tablespace                      string                                UNDOTBS1

TABLESPACE FILE_NAME                                        STATUS     BYTES/1024/1024
-------- ---------------------------------------------- ---------- ---------------
UNDOTBS1   /u01/app/oracle/oradata/orcl/undotbs01.dbf    AVAILABLE             240
```

현재 언두 테이블스페이스는 UNDOTBS1 이라는 테이블스페이스(240MB) 활성화되어 있으며 undo_retention은 900초(15분)으로 설정되어 있음을 확인할 수 있다.

```
TABLESPACE_NAME       STATUS     Extent Count  Total Blocks  SPACEINGB
-------------------- ---------- ------------ ------------ ----------
UNDOTBS1              UNEXPIRED            18          984   .007507324
UNDOTBS1              EXPIRED              30          360   .002746582
```

18개의 UNEXPIRED 언두 익스텐트와 30개의 EXPIRED 언두 익스텐트가 존재함을 확인할 수 있다.

*언두 테이블스페이스 제거

언두 테이블스페이스를 제거하기 위해서는 다음과 같이 Drop tablespace 명령을 사용할 수 있다. 특히 Including contents and datafiles 절은 언두 테이블스페이스에 생성된 언두 세그먼트과 이미 생성된 물리적인 파일까지 모두 제거해주는 옵션으로서 일반적으로 자주 사용하는 옵션이다.

```
SQL>  drop tablespace undotbs2 including contents and datafiles;
Tablespace dropped.
```

하지만 다음과 같이 현재 사용 중에 있는 액티브(Active)한 언두 테이블스페이스의 경우에는 제거할 수 없다는 점에 유의하기 바란다.

```
SQL> drop tablespace undotbs1 including contents and datafiles;
drop tablespace undotbs1 including contents and datafiles
*
ERROR at line 1:
ORA-30013: undo tablespace 'UNDOTBS1' is currently in use
```

현재 활성화되어 사용중인 언두 테이블스페이스를 제거하려고 한다면 다음의 과정을 거쳐야만 한다.

Step1) 새로운 언두 테이블스페이스를 생성하고 alter system set undo_tablespace = undots02 문장을 사용하여 새로운 언두 테이블스페이스로 교환해준다.
Step2) 기존에 사용하던 undotbs1 언두 테이블스페이스를 사용하던 모든 트랜잭션이 종료될 때까지 기다린다.
Step3) drop tablespace undotbs1 명령을 사용하여 기존에 사용하던 undotbs1이라는 언두 테이블스페이스를 제거한다.

●●● oracle 06

임시(Temporary) 테이블스페이스

임시 테이블스페이스는 데이터베이스를 쿼리하는 과정에서 정렬 작업이 생기는 경우 메모리에 부담을 덜어주는 기능을 해준다. 그러므로 자신의 작업에 많은 정렬 작업이 예상된다면 가급적 임시 테이블스페이스를 생성해주는 것이 전체적인 관리 측면에서 도움을 줄 것이다. 왜냐하면 정렬 작업이 너무 큰 경우 모든 정렬 작업을 메모리에서 담당할 수 없는 경우 그 작업은 실패하게 된다. 이러한 상황을 피하기 위해서는 반드시 임시 테이블스페이스를 생성해주도록 하자.
다음은 임시 테이블스페이스를 생성하는 문장의 예를 보여준다.

```
SQL>CREATE TEMPORARY TABLESPACE "TEMP" TEMPFILE
  '/u01/app/oracle/oradata/orcl/temp01.dbf' SIZE 62914560
  AUTOEXTEND ON NEXT 655360 MAXSIZE 32767M
  EXTENT MANAGEMENT LOCAL UNIFORM SIZE 1048576
```

그리고 임시 테이블스페이스를 생성할 때는 가급적 로컬리 매니지 테이블스페이스 방식으로 생성해주는 것이 관리 측면에서 수월하다는 점에 유의하기 바라며 언두 테이블스페이스와 마찬가지로 다른 데이터베이스 오브젝트를 이곳에 저장하는 오류를 범하지 않기 바란다. 가장 큰 이유라면 일단 임시 테이블스페이스에 저장되는 데이터 자체가 상당히 불안정한 데이터들이므로 이러한 장소에 중요한 데이터들을 저장하는 것은 매우 좋지 않기 때문이다.

*디폴트 임시 테이블스페이스 설정

디폴트 임시 테이블스페이스는 데이터베이스 하나에 하나만을 설정해주면 된다. 많은 독자들이 디폴트 임시 테이블스페이스를 따로 새롭게 생성해주는 것으로 알고 있는 경우가 많은데 그렇지 않다. 디폴트 임시 테이블스페이스는 기존에 이미 설정해 둔 임시 테이블스페이스를 디폴트 임시 테이블스페이스로 다음과 같이 설정해주는 것일 뿐이다.

```
SQL> ALTER DATABASE DEFAULT TEMPORARY TABLESPACE TEMP;
```

이처럼 디폴트 임시 테이블스페이스를 설정해주는 이유는 다음과 같다.
특정한 사용자에 대하여 임시 테이블스페이스를 할당해주지 않게 되면 그 특정 사용자를 제외한 다른 사용자들이 발생시키는 정렬 정보가 시스템 테이블스페이스에 저장되기 때문이다.

```
SQL> ALTER USER scott TEMPORARY TABLESPACE TEMP;
SQL> ALTER USER hr TEMPORARY TABLESPACE TEMP;
SQL> ALTER USER oe TEMPORARY TABLESPACE TEMP;
```

위에서 scott, hr, oe 사용자의 경우는 임시 테이블스페이스를 temp라는 테이블스페이스로 설정하였기 때문에 이들이 발생시키는 정렬 정보는 당연히 temp라는 임시 테이블스페이스에 저장된다. 하지만 디폴트 임시 테이블스페이스가 설정되어 있지 않으면 이들을 제외한 다른 사용자들의 정렬 정보는 시스템 테이블스페이스에 저장되어 버리고 만다. 이러한 상황을 방지하기 위해서 반드시 디폴트 임시 테이블스페이스를 생성하는 습관을 들이기 바란다.
다음은 디폴트 임시 테이블스페이스를 사용하는데 따르는 몇 가지 제한 사항을 나열한 것이다.

- 일단 설정된 디폴트 임시 테이블스페이스는 새로운 디폴트 임시 테이블스페이스가 존재하지 않는 한 제거할 수 없다.
- 디폴트 임시 테이블스페이스는 어느 시점에서라도 절대로 오프라인이 될 수 없다.
- 사용자가 인위적으로 디폴트 임시 테이블스페이스를 일반 테이블스페이스로 변경시킬 수 없다.

●●● oracle 07

테이블스페이스 온라인/오프라인 설정

테이블스페이스는 인위적으로 오프라인으로 변경시킬 수 있으며, 일단 오프라인으로 변경되면 사용자들은 해당 테이블스페이스에 저장된 데이터를 사용할 수 없게 된다
다음의 경우에 해당하는 테이블스페이스는 오프라인으로 변경될 수 없다.

① 시스템 테이블스페이스
시스템 테이블스페이스를 오프라인으로 변경하지 말아야 하는 이유는 간단하다. 데이터베이스를 운영하면서 기본적으로 제공되어야 하는 정보가 바로 시스템 테이블스페이스에 저장, 관리되는 데이터 딕셔너리에서 제공되기 때문이다.

② 디폴트 임시 테이블스페이스
디폴트 임시 테이블스페이스가 오프라인으로 된다는 이야기는 임의 사용자들의 정렬 정보가 시스템 테이블스페이스로 가서 저장된다는 이야기가 되므로 절대로 오프라인으로 변경시켜서는 안된다.

③ 현재 사용중인 언두 세그먼트를 저장하고 있는 언두 테이블스페이스
임의의 트랜잭션이 실행되면 기본적으로 롤백을 위해 언두정보가 반드시 사용 가능해야 하는데 이러한 정보가 저장되어지게되는 언두 테이블스페이스가 오프라인으로 변경된다면 사용자가 롤백하는 경우 실패를 초래하게 된다.

다음은 임의의 테이블스페이스를 오프라인으로 변경하는 기본 형식을 보여준다.

```
ALTER TABLESPACE tablespace
      ONLINE | OFFLINE [ normal|temporary|immediate|for recover]
```

• Normal : Normal 옵션을 사용하여 오프라인으로 변경시키면 해당 테이블스페이스에 설정된 모든 데이터 파일에 저장되어 있는 모든 블록들의 복사본이 SGA로부터 제거되어 해당 데이터 파일에 안전하게 저장된다.
• Temporary : 해당 테이블스페이스에 저장되어있는 온라인 데이터 파일에 대해서만 체크포인트를 발생시킨다. 그러므로 만약 오프라인 데이터 파일이 존재한다면 그들의 경우에는 인스턴스 리커버리가 요구될 수도 있다.
• Immediate : 이 옵션을 사용하게 되면 해당 테이블스페이스에 해당하는 데이터 파일에 대하여 체크포인트를 실행시키지 않고 오프라인으로 변경한다. 그러므로 이후에 다시 온라인으로 변경시키는 경우 반드시 인스턴스 리커버리를 시켜주어야 한다.
• For recove r: 테이블스페이스 포인트 인타임(Point-in-time) 복구를 하는 경우 사용한다.

기본적으로 Normal 옵션이 실행된다는 사실에 유의하기 바란다.

다음은 users란 테이블스페이스를 오프라인으로 변경시키는 문장을 보여준다.

```
SQL> alter tablespace users offline;
Tablespace altered.
```

다시 온라인으로 변경하려면 다음과 같이 처리하면 된다.

```
SQL>  alter tablespace users online;
Tablespace altered.
```

●●● oracle 08

Read only 테이블스페이스 설정

임의의 테이블스페이스를 Read-only 테이블스페이스로 변경시켜주게 되면 그 테이블스페이스에 해당하는 데이터 파일에 대하여 체크포인트가 자동적으로 실행되며 이들에 대한 쓰기 작업(Write)이 불가능해진다. 하지만 이미 실행 중에 있는 트랜잭션들에 대해서는 그들이 커밋 또는 롤백이 되어야 비로소 Read-only 테이블스페이스로서 변경이 완성된다.
한 가지 유의해야 하는 사항은 다음과 같다.
만약 Read-only 테이블스페이스에 저장되어있는 세그먼트를 Drop 명령을 사용하여 제거하는 경우에는 어떻게 될까? 해당 테이블스페이스가 Read-only 테이블스페이스라 할지라도 가능하다. 왜냐하면 Drop 명령의 경우는 실제 물리적 파일이 아닌 데이터 딕셔너리 정보만을 변경시키기 때문이다.
다음은 users란 테이블스페이스를 Read-only 테이블스페이스로 변경시키는 문장을 보여준다.

```
SQL> alter tablespace users read only;
```

다시 Read-write 테이블스페이스로 변경시키려면 다음과 같이 실행시키면 된다.

```
SQL> alter tablespace users read write;
```

●●● oracle 09

테이블스페이스/데이터 파일 크기 조정

데이터베이스를 운영하는 동안 임의의 테이블스페이스의 크기를 조절해야 하는 상황이 발생할 수가 있는데 주로 다음의 두 가지 방법으로 처리한다.

① 새로운 데이터 파일의 추가

다음은 test_tbs 테이블스페이스에 100M 크기의 새로운 test_tbs2.dbf 파일을 추가하는 과정을 보여준다.

```
SQL>alter tablespace test_tbs add datafile
' /u01/app/oracle/oradata/orcl/test_tbs2.dbf ' size 100 M;
```

② 기존의 데이터 파일 크기의 변경

기존의 데이터 파일의 크기를 변경하는데는 인위적인 방법과 자동적인 방법으로 나눌 수가 있다.

인위적인 방법

다음은 인위적으로 test_tbs2.dbf 파일의 크기를 300M로 증가시키고 있는 과정을 보여준다.

```
SQL>alter tablespace test_tbs add datafile
' /u01/app/oracle/oradata/orcl/test_tbs2.dbf ' resize 300M;
```

자동적인 방법

다음은 test_tbs2.dbf 파일이 기존의 모든 공간을 사용하는 경우 자동적으로 파일 크기를 10MB씩 최대 500MB 까지 증가할 수 있도록 만드는 과정을 보여준다.

```
SQL>alter tablespace test_tbs
datafile ' /u01/app/oracle/oradata/orcl/test_tbs2.dbf ' autoextend on next 10M
maxsize 500M;
```

●●● oracle 10

테이블스페이스/데이터 파일 위치 변경

기존에 생성해둔 데이터 파일의 위치를 변경시키는 경우 처리하는 방법을 소개하고자 한다.
이때 일단 새롭게 옮기려고 하는 위치에 해당 데이터 파일을 복사하여 위치시켜야 한다는 점에 유의하기 바란다.

다음은 /u01/app/oracle/oradata/orcl/test_tbs2.dbf 파일을 /u02/app/oracle/oradata/orcl/test_tbs2.dbf로 위치를 변경시키는 과정을 보여준다. 이때 다음과 같이 두 가지 서로 다른 명령을 사용할 수 있다. 특히 alter database rename 명령의 경우는 시스템 테이블스페이스에 해당하는 데이터 파일의 위치를 변경시키는 경우 사용할 수 있는데 그 이유는 시스템 테이블스페이스의 경우는 오프라인으로 변경이 불가능하기 때문이다. 그 외의 일반적인 테이블스페이스의 경우에는 alter tablespace ....rename 명령을 사용해도 무난하다.

alter tablespace ....rename 명령

① 일단 해당 테이블스페이스를 오프라인으로 변경시킨다.
SQL>alter tablespace test_tbs offline;

② 해당 데이터 파일을 새로운 위치로 복사하여 옮긴다.
$ cp /u01/app/oracle/oradata/orcl/test_tbs2.dbf /u02/app/oracle/oradata/orcl/

③ alter tablespace ...rename 명령을 실행한다.
SQL>alter tablespace psud1 rename datafile
' /u01/app/oracle/oradata/orcl/test_tbs2.dbf ' to ' /u02/app/oracle/oradata/orcl/test_tbs2.dbf ';

④ 해당 테이블스페이스를 온라인으로 변경시킨다.
SQL>alter tablespace test_tbs online;

⑤ 기존에 존재하던 데이터 파일을 OS 명령(rm)으로 제거한다.
$ rm /u01/app/oracle/oradata/orcl/test_tbs2.dbf

●●● oracle **11**

테이블스페이스/데이터 파일 삭제

이미 존재하는 테이블스페이스를 제거하기 위해서는 drop tablespace 명령을 다음과 같이 실행한다.

```
SQL>drop tablespace test_tbs;
```

일단 위와 같은 명령을 사용하여 테이블스페이스를 제거하게 되면 일단 데이터 딕셔너리로부터 테이블스페이스를 제거하는 과정이 발생한다. 이때 실제 해당 테이블스페이스에 해당하는 데이터 파일들은 제거되지 않고 남아있다는 사실에 유의하기 바란다. 왜냐하면 임의의 테이블스페이스가 drop tablespace 명령으로 제거되면 컨트롤 파일에 있는 파일 포인터만이 제거되기 때문이다. 실질적인 데이터 파일은 제거되지 않는다.
하지만 다음과 같이 and datafiles라는 파라미터와 including contents라는 파라미터를 함께 사용하게 되면 해당 데이터 파일(and datafiles 적용) 뿐만 아니라 그 내부에 저장되어져 있는 세그먼트들(including contents 적용)도 모두 함께 제거될 수 있다.

하지만 테이블스페이스에 여전히 데이터가 존재하는 경우에는 단순히 drop tablespace 명령으로 테이블스페이스를 제거할 수 없다. 이때는 반드시 including contents 옵션을 적용하여야 한다는 사실과 이 경우 많은 양의 언두 정보가 발생할 수 있다는 사실도 유념하기 바란다.
그리고 마지막으로 언급하고 싶은 사항은 임의의 테이블스페이스를 제거하기 전에 가급적이면 해당 테이블스페이스를 오프라인으로 만든 후에 제거하라는 것인데 이는 일단 제거하기로 결정한 후라면 해당 테이블스페이스에 새로운 트랜잭션이 발생하는 것을 방지하기 위함이다.

```
SQL> drop tablespace test_tbs including contents and datafiles;
```

마지막으로 Cascade constraints 옵션을 사용하게 되면 제거되어지는 테이블스페이스 내부에 저장되어져 있는 테이블들에 걸려있는 Primary key와 Unique key를 참조하는 제한 조건들을 다른 테이블스페이스에 해당하는 테이블로부터 함께 제거한다.

Chapter 05 스토리지 구조(Storage) 이해

이번 장에서는 데이터베이스를 구성할 때 고려해야 할 논리적인 구조에 대하여 자세히 살펴보고자 한다. 세그먼트, 익스텐트, 오라클 블록에 대한 올바른 이해와 이들을 적용할 때 고려해야 하는 사항들에 대한 설명이 이어진다. 데이터베이스를 생성할 때 저장 공간을 올바르게 설정해주지 않게 되면 데이터 관리 측면에서 비효율적인 결과를 초래하게 되므로 세심한 주의가 요구된다.

다음은 이번 장에서 다루게 될 세부 사항들이다.

- Section 01 오라클 세그먼트
- Section 02 세그먼트 종류
- Section 03 Manual Segment Space Management(MSSM)
- Section 04 Automatic Segment Space Management(ASSM)
- Section 05 오라클 익스텐트
- Section 06 익스텐트 파라미터
- Section 07 Extent 관리 - Extent management dictionary
- Section 08 Extent 관리 - Extent management local
- Section 09 오라클 블록
- Section 10 로우 마이그레이션(Row migration)/ 로우 체이닝(Row chaining)
- Section 11 오라클 블록 덤프 분석

●●● oracle 01

오라클 세그먼트

오라클 세그먼트는 테이블, 인덱스, 언두와 같이 특정 스토리지 공간을 필요로 하는 데이터베이스 오브젝트를 의미하며 이들은 오라클 블록들의 모임인 익스텐트들의 집합으로 구성된다. 다음 그림은 데이터 파일, 세그먼트, 익스텐트, 오라클 블록 간의 관계를 보여준다.

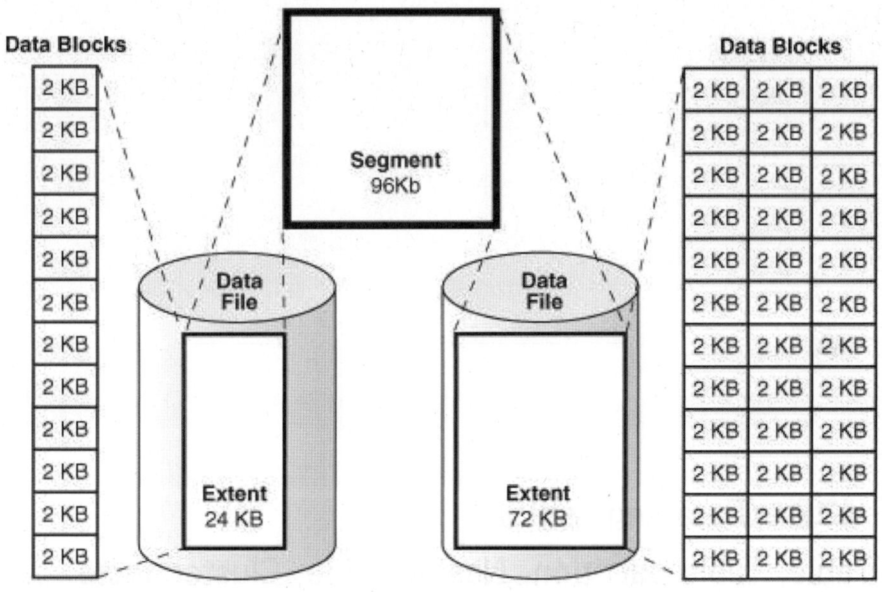

〈오라클 세그먼트 구조〉

하나의 세그먼트는 다수의 익스텐트들로 구성되는데 이중 가장 첫 번째 익스텐트의 첫 번째 블록을 세그먼트 헤더 블록이라고 부르고 이곳에 익스텐트 맵(Extent map) 정보, 프리리스트 관리 정보와 HWM(High Water Mark) 정보와 같이 세그먼트 전반적인 요약 정보가 저장된다.

●●● oracle 02

세그먼트 종류

세그먼트는 오라클 12c 버전의 경우 크게 다음 6가지 Type으로 구분할 수 있다.
이번 장에서는 세그먼트 종류에 대한 개요 수준에서 설명하고 다음 장에서 각각의 세그먼트들에 대한 세부적인 내용을 소개하도록 한다.

```
===================================================
참조 스크립트 : check_segment_types.sql
===================================================
SQL> @check_segment_types.sql

SEGMENT_TYPE
------------------------------------------------------
LOBINDEX
INDEX PARTITION
TABLE SUBPARTITION
ROLLBACK
TABLE PARTITION
NESTED TABLE
LOB PARTITION
SYSTEM STATISTICS
LOBSEGMENT
INDEX
TABLE
TYPE2 UNDO
CLUSTER

13 rows selected.
```

*데이터 세그먼트(Data segments) : Table, Table partition, Nested table, Cluster table

테이블(Table) :
테이블 세그먼트는 앞에서도 간단히 언급한 적이 있지만 그야말로 테이블 하나가 저장되는 공간이라고 이해하면 될 것 같다. 혹 독자들 가운데에서는 DBA가 테이블 내부에 저장되는 로우들에 대한 오라클 블록상의 위치를 컨트롤할 수 있지 않을까 하는 생각을 할 수도 있지만 사실은 그렇지 못하다. 임의의 테이블 세그먼트에 저장되어지는 데이터는 어떤 정해진 순서 또는 방식을 가지고 저장되지 않는다는 점에 유의하기 바란다.
또 한 가지 사항은 임의의 테이블 세그먼트에 저장되어지는 데이터는 반드시 하나의 테이블스페이스 내부에 저장되어야 한다는 점이다. 결국 하나의 테이블에 저장된 데이터가 여러 개의 다른 테이블스페이스에 나누어 저장될 수 없음을 의미한다.

테이블 파티션/서브 파티션(Table partition or subpartition) :
이 유형은 파티셔닝에 사용되는 것으로서 테이블 세그먼트와 매우 유사하고, 테이블 파티션/서브 파티션 세그먼트는 파티션된 테이블 데이터를 저장한다. 파티션 테이블은 한 개 이상의 파티션 세그먼트로 구성되고, 복합 파티션 테이블은 한 개 이상의 서브 파티션 세그먼트로 구성된다.

중첩 테이블(Nested table)

테이블 타입의 아이템을 Nested table이라고 부른다.

*인덱스 세그먼트(Index segments) : Index, Index-organized table, Index partition

인덱스(Index) :

오라클 데이터베이스에서는 로우 아이디를 가지고 실제 데이터를 찾는다는 개념. 그것이 가장 쉽게 일반적인 인덱스의 개념을 설명하는 것이 될 것 같다. 이를 이해하기 위하여 로우 아이디에 관하여 잠시 언급하고자 한다.

로우 아이디(ROWID)는 임의의 컬럼에 해당하는 로우 데이터가 물리적으로 데이터베이스 디스크 어딘가에 저장되어있는지에 대한 주소라고 이해하면 될 것 같다. 당연히 주소를 가지고 어느 누군가를 찾는 것이 쉬운 것처럼 데이터베이스의 경우에도 마찬가지가 되는 것이다. 데이터가 물리적으로 어디에 저장되어 있는지 그 주소를 가지고 찾아가는 것, 바로 이것이 인덱스를 사용하게 되면 얻게되는 이점이 되는 것이다.

임의의 테이블에 대하여 인덱스 컬럼을 설정하게 되면 해당 로우 데이터 값과 각각의 로우에 해당하는 ROWID 값이 저장되는 공간이 생성되는데 바로 이것이 인덱스 테이블이다.

이러한 인덱스 테이블이 저장되는 물리적인 저장 공간이 바로 인덱스 세그먼트이다.

인덱스 파티션(Index partition)

테이블 파티션 세그먼트와 유사하다.

인덱스를 생성할 때 인덱스를 여러 테이블스페이스에 나누어 저장함으로써 인덱스를 검색할 때 보다 효율적으로 가능케 한다.

*LOB 세그먼트(LOB segments) : LOB index, LOB partition

LOB 인덱스와 LOB 세그먼트는 대형 객체 또는 LOB 데이터를 저장한다.

한 테이블을 파티션으로 구성한다면 LOB 세그먼트 또한 파티션으로 구성되며, LOB 파티션 세그먼트가 사용된다.

*언두 세그먼트(Undo segments) : Rollback(오라클 8i까지), Type2 Undo(오라클 9i 이후)

언두 세그먼트는 데이터베이스에 변경을 주는 DML 트랜잭션(Transaction)에 의해 사용되는데 데이터가 변경되기 이전의 데이터가 언두 세그먼트에 저장된다. 그리고 하나의 특징은 테이블 세그먼트나 인덱스 세그먼트의 경우 그 안에 저장된 데이터들은 어느 시점동안 그대로 남아 있는 경우가 대부분이지만 언두 세그먼트는 그렇지 않다는 점이다. 어느 시점에 사용자 프로세스가 데이터베이스에 변경을 처리한 후 커밋하고 나면 이전에 사용자의 데이터를 가지고 있던 언두 세그먼트 내에 저장되어 있던 이전 이미지들은 모두 사라지고 그 공간의 재사용이 가능해진다.

```
=====================================================
참조 스크립트 : check_type2undo_seg.sql
=====================================================

SQL> @check_type2undo_seg.sql

SEGMENT_NAME                   SEGMENT_TYPE            TABLESPACE_NAME
------------------------------ ------------------------ ---------------
_SYSSMU1_2326716099$            TYPE2 UNDO              UNDOTBS1
_SYSSMU2_1582804868$            TYPE2 UNDO              UNDOTBS1
_SYSSMU3_3285411314$            TYPE2 UNDO              UNDOTBS1
_SYSSMU4_4250244621$            TYPE2 UNDO              UNDOTBS1
_SYSSMU5_750802473$             TYPE2 UNDO              UNDOTBS1
_SYSSMU6_3167659685$            TYPE2 UNDO              UNDOTBS1
_SYSSMU7_2435451351$            TYPE2 UNDO              UNDOTBS1
_SYSSMU8_1462975257$            TYPE2 UNDO              UNDOTBS1
_SYSSMU9_3739287458$            TYPE2 UNDO              UNDOTBS1
_SYSSMU10_4058727488$           TYPE2 UNDO              UNDOTBS1
```

*임시 세그먼트(Temporary segments)

데이터베이스 사용자가 Create index, Select group by와 같은 정렬에 관계되는 쿼리(Query)를 하게되는 경우에 사용자 프로세스는 가능하다면 메모리에서 먼저 정렬 작업을 실행하게 된다. 그러나 예를 들어 무척 큰 규모의 테이블에 대해 인덱스를 생성하려는 경우가 되면 많은 메모리 영역이 요구되어지게 되는데 메모리 크기가 전체 정렬 작업에 사용되는 임시 데이터들을 감당하지 못하게 되면 그때 임시 세그먼트가 생성되면서 나머지 정렬 작업이 임시 세그먼트에서 이루어지게 된다.

tip

- 데이터베이스 오브젝트와 세그먼트와의 차이

데이터베이스 오브젝트는 오라클에서 데이터를 관리하기 위해 생성하는 모든 것을 말한다. Table, Index, View, Sequence, Synonym, Constraint, Role 기타 등등
세그먼트란 이러한 데이터베이스 오브젝트들 가운데 물리적인 저장 공간을 가지고 있는 것들을 말한다.

●●● oracle 03

Manual Segment Space Management(MSSM)

세그먼트 내부 공간을 관리하는 방식 중 하나인 MSSM(Manual Segment Space Management)에 대해 프리 리스트(Free list) 관리, HWM(High Water Mark) 관리 측면에서 소개하고자 한다.

*프리 리스트 관리

MSSM 방식에서의 세그먼트의 공간 관리는 프리 리스트(Free list)라는 방법을 사용하는데 이는 각각의 세그먼트 헤더 블록 내부의 헤더(Header)와 테일(Tail) 영역에 프리 리스트의 시작과 끝 위치 정보를 저장, 관리한다. 이러한 정보를 통해 누군가가 프리 블록을 필요로 하는 경우 프리 리스트의 시작과 끝을 참조하여 할당해줄 프리 블록을 찾게 된다는 것이다. 다음의 그림은 세그먼트 헤더와 테일 영역에 기록된 프리 블록의 정보를 참조하는 방식을 보여준다.

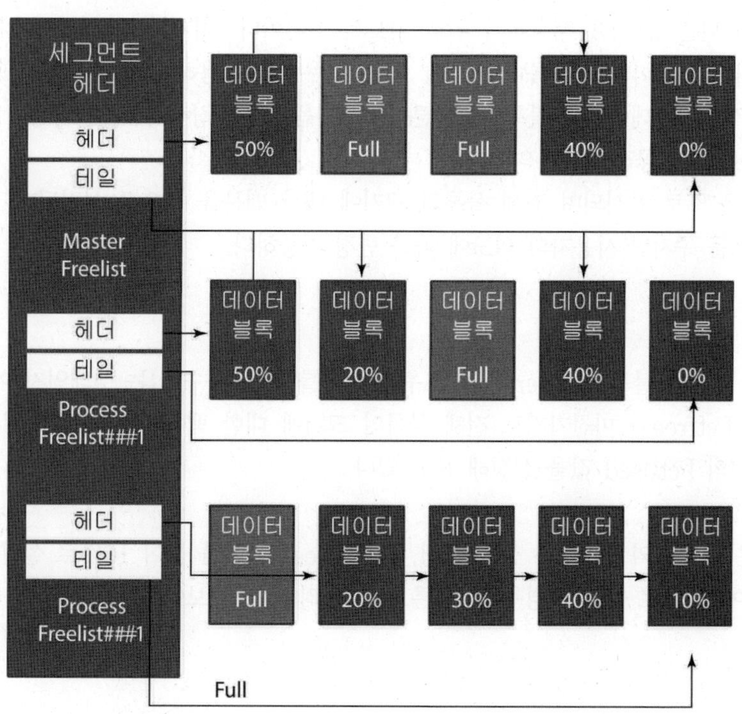

<Manual segment space management 관리 방식>

물론 각각의 일반 데이터 블록의 헤더에는 해당 블록이 세그먼트 헤더에 위치한 프리 리스트에 존재하는지 아닌지에 대한 정보와 그 다음에 사용 가능한 프리 블록의 위치 정보를 가지는 구조라고 이해하면 된다.

*Pctfree와 Pctused

그렇다면 임의의 블록이 프리 리스트에 포함될 프리 블록인지 아닌지에 대한 결정은 내부적으로 어떻게 이루어질까.

먼저 프리 블록 여부를 결정하는 Pctfree와 Pctused라는 파라미터 설정을 이해하고 이들이 어떤 상호 관계를 통해 프리 블록을 결정하는지에 대해 살펴보자. 우측 그림은 오라클 블록 내부에 설정된 Pctfree와 Pctused 구성을 보여준다.

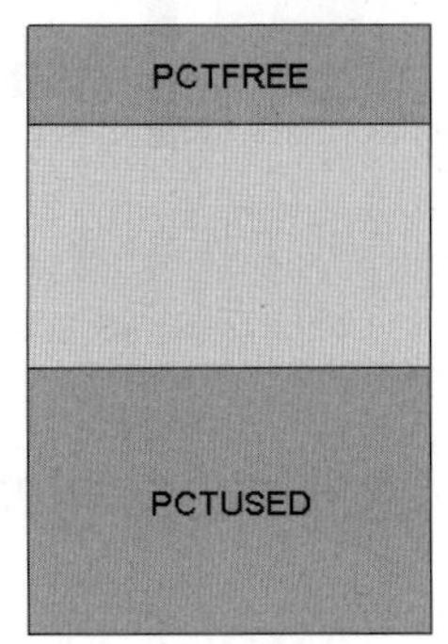

Pctfree

특정 로우 데이터에 대한 컬럼 값이 Update될 때 새로운 값이 이전 값보다 커서 기존 로우 데이터의 길이보다 길어지는 경우 현재 해당 로우 데이터가 저장되어 있던 기존 공간에 남아있지 못하고 길어진 로우 데이터를 저장할 수 있는 같은 블록 내부 공간 어딘가로 로우 데이터가 옮겨져야 하는 상황이 발생하게 되는데, 이때 사용하기 위한 확보된 공간이다. 여기서 '확보'라는 의미는 Insert 문장이 실행되어 새로운 데이터가 블록에 Insert 되는 경우에는 사용하지 못하는 공간으로서 단지 Update 문장 실행 시 로우 데이터를 블록 내 다른 곳으로 옮겨서 저장해야 하는 상황이 생기는 경우에 사용할 수 있는 확보된 공간이라는 의미이다.

Pctfree 값은 %로 표시되며 전체 블록의 크기에 대한 백분율 값으로 설정된다. 오라클은 기본 설정값으로 10%를 주지만 사용자의 의도에 따라 변경 가능하다.

Pctused

Pctused는 임의의 블록이 Insert되는 로우 데이터를 저장할 수 있는 상태인지 여부를 결정해주는 파라미터로서 Pctfree와 마찬가지로 전체 블록의 크기에 대한 백분율 값으로 설정된다. 오라클은 기본적으로 40%의 Pctused 값을 설정해 주고 있다.

다음 그림은 Insert와 Update 문장 실행 시 Pctfree 값(예를 들어 10%로 설정된 경우)과 Pctused 값(예를 들어 70%로 설정된 경우)에 따른 내부 관리 방식을 보여준다.

- **Insert 문장이 실행되는 경우**

Block1

Pctfree = 10

Pctused = 60

1	AAA	Female
2	AAB	Female
3	ABB	Male
4	BBB	Male
5	BAA	Female

현재 로우 데이터(1 ~ 5까지)가 Pctused 60% 까지 모두 사용한 상태이다.
여기 로우 데이터(6 ~ 8까지)가 Insert 되어지면 어디까지 사용할 수 있을까? 아래 그림처럼 Pctfree 10% 영역을 제외한 모든 영역을 Insert 문장 실행 시 사용 가능하다.

Block1

Pctfree = 10

Pctused = 60

1	AAA	Female
2	AAB	Female
3	ABB	Male
4	BBB	Male
5	BAA	Female
6	BBA	Female
7	CCC	Male

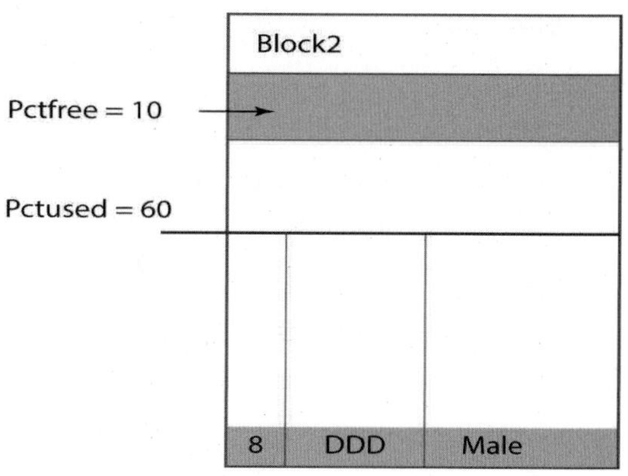

로우 데이터(1 ~ 7까지) 는 Pctfree 영역을 제외한 나머지 90%의 공간 내에 저장 가능하지만 로우 데이터 8의 경우에는 이미 Pctfree 영역을 제외한 나머지 90%의 공간이 모두 사용된 상태이므로 아래 그림같이 새로운 블록을 찾아 해당 로우 데이터를 저장해야만 한다(Pctfree 영역 10% 영역이 비어있다 하더라도).
결국 Pctfree 공간은 Insert 문장을 실행해서 로우 데이터가 Insert 되는 경우에는 사용하지 못하는 공간이란 의미이다.

- **Update 문장이 실행되는 경우**

이제 Update 문장이 실행되는 경우를 살펴보자. 4번째 로우 데이터 가운데 "Male"을 "Female"이라는 값으로 업데이트하는 경우 기존의 로우 데이터 크기보다 길어지게 되므로 현재 사용하고 있는 로우 위치에 남지 못하고 길어진 로우 데이터를 저장할 새로운 공간으로 옮겨져야 한다.

Block1

Pctfree = 10

Pctused = 60

1	AAA	Female
2	AAB	Female
3	ABB	Male
4	BBB	Male
5	BAA	Female
6	BBA	Female
7	CCC	Male

그러므로 현재 로우 위치는 유지하면서 새로운 값 "Female"은 Pctfree 공간에 저장하는 방식으로 관리하게 된다.

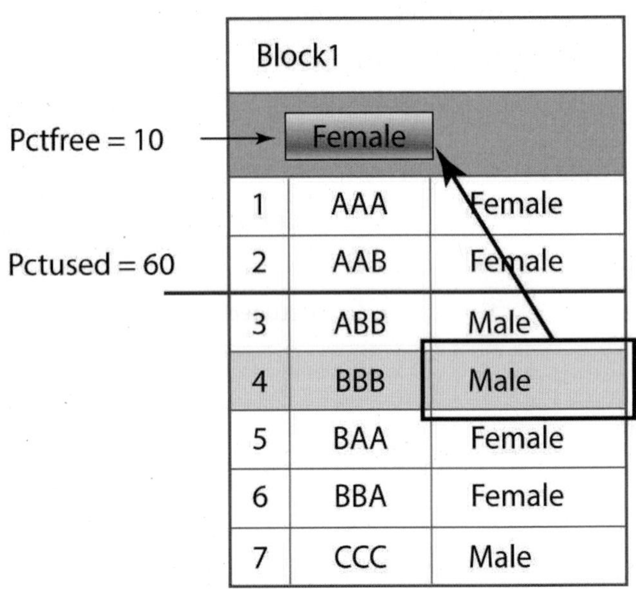

- **Delete 문장/Insert 문장이 실행되는 경우**

이제는 저장되어 있는 로우 데이터를 Delete 하고 이후 Insert 문장을 실행하는 경우를 살펴보자.
현재 로우 데이터가 Pctfree 10% 아래 모든 공간을 사용하고 있다고 가정하자.

Block1

Pctfree = 10

Pctused = 60

1	AAA	Female
2	AAB	Female
3	ABB	Male
4	BBB	Male
5	BAA	Female
6	BBA	Female
7	CCC	Male

1번 로우를 Delete하게 되면 로우 데이터를 저장하고 있던 공간이 생기면서 아래로 "훅" 하고 내려간다. 마치 테트리스 게임에서 블록이 맞춰지면 아래로 내려가는 것 처럼.

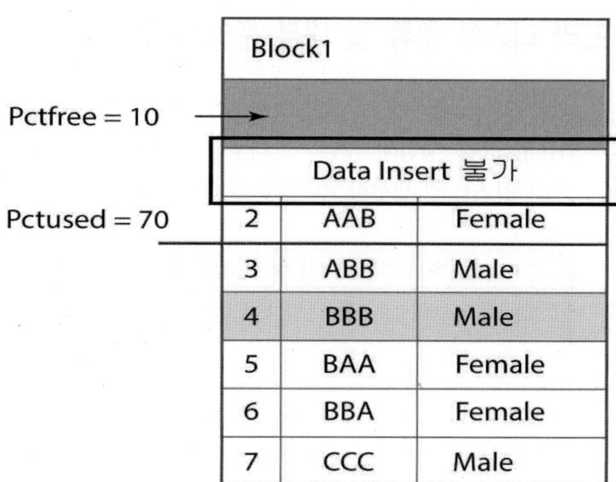

이 상태에서 Insert 문장이 실행되면 비어진 공간이 남아있으니 로우 데이터를 Insert 할 수 있을것 같지만 사실상 오라클은 이 공간을 Insert되는 로우 데이터를 위해서 내어주지 않는다. 이유는 아직 Pctfree 60%라고 잡아놓은 경계선까지 로우 데이터 저장 공간이 내려오지 않았기 때문이다.

Block1 (Pctfree = 10, Pctused = 70)

2	AAB	Female
3	ABB	Male
4	BBB	Male
5	BAA	Female
6	BBA	Female
7	CCC	Male

이후 2번 로우와 3번 로우까지 Delete가 되면 로우 데이터 저장 공간이 Pctused 60% 경계선 아래까지 내려오게 되므로 그제서야 새로운 로우 데이터를 위해 공간을 내어준다.

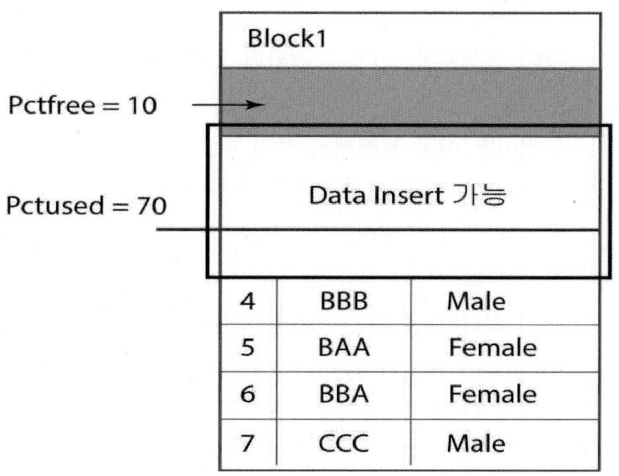

이처럼 Pctused는 임의의 데이터 블록이 Insert 문장이 실행되어지는 경우 Insert 되는 로우 데이터를 받아줄 수 있는지 여부를 결정하는 중요한 역할을 하게 된다.
이와 같이 Pctfree 와 Pctused 파라미터의 역할을 통해 임의의 블록이 프리 블록인지 아닌지 여부가 결정나게 되며 이러한 정보가 결과적으로 세그먼트 헤더 영역에 저장되어 있는 프리 리스트에 반영된다.

*프리 리스트 종류 및 내부 운영 방식

기본적으로 오라클에서는 내부적으로 각각의 세그먼트에 대해 한 개의 마스터 프리 리스트(Master freelist)를 생성해 준다. 그리고 세그먼트 생성 시 Freelists라는 옵션을 사용하여 다수의 프로세스 프리 리스트를 생성할 수 있도록 허락한다.

tip

만약 Freelists 값을 1 로 설정하게 되면 마스터 프리 리스트 자체가 프로세스 프리 리스트로서 사용된다.

세그먼트의 크기가 커지면서 증가된 로우 데이터를 저장하기 위한 익스텐트를 할당받게 되는데 이처럼 새롭게 할당된 익스텐트에 속한 블록들은 프리 블록으로서 일단 마스터 프리 리스트에 저장된다.
이후에 실제로 프리 블록을 누군가가 요청하는 경우 이 요청을 직접 받는 프리 리스트는 자신이 관리하고 있는 프리 블록을 먼저 사용하고 더 많은 수의 프리 블록이 필요한 경우 마스터 프리 리스트로부터 필요한 만큼의 프리 블록을 얻어와 사용자에게 할당하는 방식으로 진행된다.
하지만 프리 블록이 항상 사용 가능한 것만은 아니다. 마스터 프리 리스트에 더 이상 프리 블록이 존재하지 않는 경우가 발생하면 오라클은 HW 락을 획득하고 HWM을 위로 이동시켜서 프리 블록을 다시 확보하게 되는데 이때 HWM을 이동하는 과정에서 HW 락 경합이 발생할 수 있으며, 이 경우 enq:HW - contention이라는 리소스에 대한 대기 상황이 발생하게 되어 성능에 영향을 미칠 수도 있다.

tip

HWM(High Water Mark)을 여러 프로세스가 동시에 변경하는 것을 막기 위한 락을 HW 락이라고 부른다. HWM을 이동시키고자 하는 프로세스는 반드시 HW 락을 획득해야 한다.

그렇다면 만일 기존에 프리 리스트에 없었던 블록이 다시 프리 블록으로 전환되어지게 되면 어떤 상황이 발생할까. 이처럼 전환된 프리 블록은 트랜잭션 프리 리스트라는 곳에 별도로 관리되며 특정 트랜잭션이 진행되는 기간 동안에는 마스터 프리 리스트에 있는 프리 블록을 사용하는 것이 아니라 가급적이면 이곳 트랜잭션 프리 리스트에 관리되는 프리 블록을 먼저 사용하게 된다. 어쩌면 당연한 이유인지도 모른다. 왜냐하면 하나의 트랜잭션이 진행되면 가급적이면 물리적으로 가까이 있는 블록을 사용해서 로우 데이터를 저장하는 것이 이후 I/O 측면에서 당연히 도움이 되기 때문이 아닌가 싶다.
물론 트랜잭션이 완료되는 순간 이들은 마스터 프리 리스트로 옮겨지게 된다.
이제 하나의 프로세스 프리 리스트를 생성하는 경우와 다수의 프로세스 프리 리스트를 생성하는 경우 어떤 차이점을 가지는지 살펴보자. 결론부터 이야기하자면 세그먼트에 저장된 많은 프리 블록에 대한 관리가 다수의 프로세스 프리 리스트로 관리가 되기 때문에 다수의 프로세스들이 동시에 프리 블록을 원하는 경우 프리 리스트가 저장된 세그먼트 헤더 블록에 생기는 경합 상황(Buffer lock)이 줄어들 수 있다는 점이다. 그러므로 많은 사용자들이 동시에 많은 로우 데이터를 Insert하는 경우에는 하나의 프로세스 프리 리스트를 생성하는 것 보다는 Freelists 옵션을 사용하여 다수의 프로세스 프리 리스트를 생성할 것을 권고하는 바이다.

하지만 Freelists 옵션의 경우 프로세스 프리 리스트에 걸리는 경합 문제는 어느 정도 해결해줄 수 있지만 마스터 프리 리스트 걸리는 경합 문제는 여전히 해결하지 못한다. 그러므로 오라클은 프리 리스트 그룹(Freelist groups)이라는 옵션을 제공하여 각각의 프리 리스트 그룹이 각자 독립적인 마스터 프리 리스트와 독립적인 프로세스 프리 리스트를 가짐으로서 마스터 프리 리스트에 걸리는 경합 상황마저도 해결할 수 있도록 해준다. 다음 그림은 세그먼트 헤더에 걸리는 경합 상황을 보여준다. 다시 한 번 강조하지만 MSSM 방식에서 프리 리스트 정보는 세그먼트 헤더 블록에만 저장되어 있다는 사실이다. 그래서 다수의 프로세스가 동시에 프리 블록을 요청하는 경우 세그먼트 헤더에 경합이 발생할 수밖에 없다는 의미이다. 다음의 그림은 S1, S2, S3, S4라는 4개의 세션에서 insert into emp values(1, 'CHOI'); 라는 문장을 동시에 실행하는 경우를 보여준다.

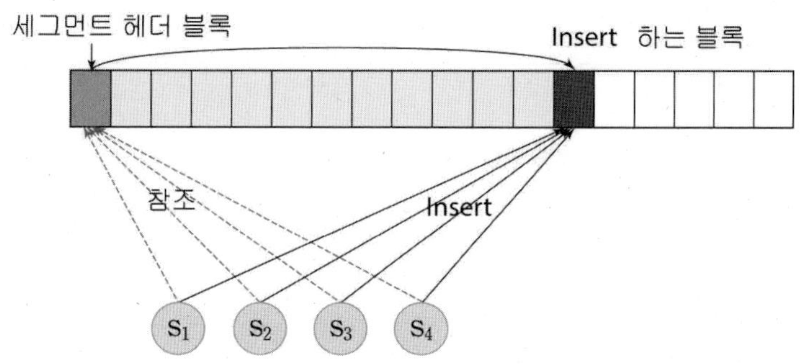

*HWM(High Water Mark) 관리

HWM은 임의의 세그먼트에 속한 블록들 가운데 이전에 사용된 블록 영역과 아직 한 번도 사용된 적이 없는 블록 영역을 구분하는 식별 자로써 세그먼트가 실제로 사용한 블록의 총 개수를 구하는데 사용될 수 있다.

> **tip**
>
> "실제로 사용한 블록"의 의미는 이전에 한 번이라도, 잠시라도 사용된 적이 있었던 블록을 의미한다.

결국 지금 현재 로우 데이터를 저장하고 있을 수도 있고 예전에 사용된 적이 있었으나 지금은 비어있는 블록을 모두 포함하는 개념이라고 이해하면 된다.
이제 내부적으로 오라클이 어떤 방식으로 HWM을 관리하는지 살펴보도록 하자.
기본적으로 오라클은 익스텐트를 할당하고 사용하기 시작하면 다음의 공식을 적용하여 HWM을 위로 이동시킨다.

이동 블록 개수= freelists x _bump_highwater_mark_count

_bump_highwater_mark_count 파라미터는 기본값 5를 가진다.

그러므로 freelists가 1이고 _bump_highwater_mark_count 파라미터 값이 5라면 결국HWM이 이동할 때 5개 블록씩 이동하게 된다는 의미이다.

여기서 "5개 블록씩 이동하게 된다"는 의미는 블록이 할당되고 난 후 실제로 사용하기 위해 포맷하는 과정을 말한다. 오라클은 할당만 되었다고 사용할 수 있도록 허락하지 않는다. 반드시 실제 사용 전에 포맷하는 과정이 진행되어야만 하는데 바로 이 과정이 HWM이 이동하면서 진행된다. 아래 그림은 테이블을 생성한 직후의 HWM 위치와 10,000 건의 로우 데이터가 Insert된 이후 HWM의 위치 그리고 5,000 건의 로우 데이터가 Delete된 후 HWM의 위치를 보여준다. 이처럼 한 번 이동한 HWM은 데이터가 단순히 Delete되는 경우에는 아래로 다시 내려오지 않는다는 점에 유의하기 바란다. 이후 다양한 방법의 테이블 Reorg 과정을 거쳐야만 HWM의 위치를 아래로 조정 가능하다.

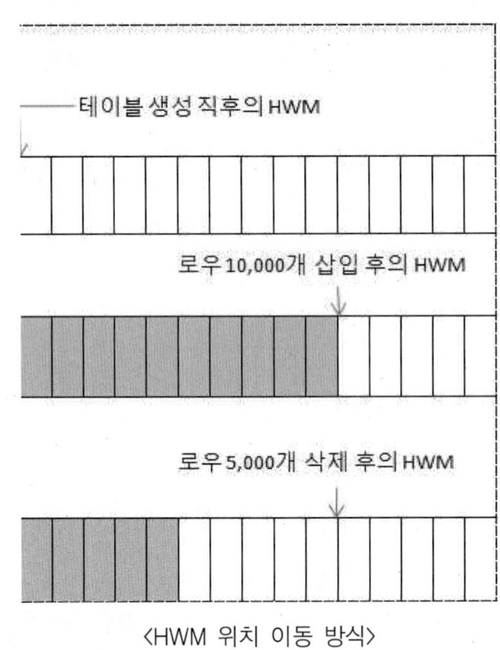

〈HWM 위치 이동 방식〉

문제는 대용량의 로우 데이터를 Insert하는 문장이 많은 사용자에 의하여 동시에 실행되는 경우 내부적으로 많은 양의 프리 블록을 동시에 요청하게 되는데 이러한 경우 HWM도 무척 빠른 속도로 이동할 수밖에 없는 상황을 초래하게 될 것이다. 이때 프로세스 프리 리스트의 개수가 작게 설정되어지게 되면 HW락 경합에 의한 enq:HW - contention 대기 현상이 생길 수 있다. Buffer lock 경합과 마찬가지로 HW락 경합에 의한 성능 문제 또한 Freelists 옵션 값을 사용하여 프로세스 프리 리스트의 개수를 늘려줌으로써 어느 정도 해결이 가능하다.

*기타 오라클 블록 내부 스토리지 옵션

이미 프리 리스트 관리에 밀접히 관련있는 Pctfree, Pctused, Freelists 와 Freelist group 옵션에 대해서는 앞에서 충분히 설명하였고 이제는 기타 블록 내부 스토리지 설정 옵션을 소개하고자 한다.

Initrans

임의의 블록을 동시에 접근하는 프로세스/트렉잭션의 초기 수를 나타낸다(기본값은 1. Initrans 값을 작게 설정하는 경우는 테이블이 크고 테이블에 동시에 접근하는 사용자의 수가 적을 경우이고, 높게 설정하는 경우는 동시 접근 사용자가 많은 경우가 된다.

Maxtrans

임의의 블록을 동시에 접근하는 프로세스/트렉잭션의 최대값으로 Initrans의 상대적 개념이다(255까지 설정 가능). Maxtrans 값이 너무 작은 경우에는 블록을 액세스해서 실제적인 일을 하기 위해서는 다른 프로세스가 일을 완료할 때까지 대기해야 하는 상황이 발생한다. 그러므로 동시에 많은 사용자들이 블록에 액세스 해야하는 경우에는 Maxtrans 값을 크게 잡아주어야 한다.

●●● oracle 04

Automatic Segment Space Management(ASSM)

이제는 세그먼트 내부 공간을 관리하는 방식 중 ASSM에 대해 프리 리스트 관리, HWM 관리 측면에서 소개하고자 한다.

*프리 리스트 관리

MSSM 방식에서는 Pctfree와 Pctused 옵션값에 따라 프리 블록 여부를 결정하는 방식이었다면 ASSM 방식에서는 다음과 같이 BMB(BitMap Blocks) 블록을 사용하여 관리하는 방식을 사용한다. 임의의 세그먼트가 생성되면 다수의 BMB 블록이 내부적으로 설정된다. 이 BMB 내부에는 자신(BMB)이 관리를 맡은(할당된) 오라클 블록들 가운데 로우 데이터를 Insert 할 때 사용할 수 있는 프리 블록의 리스트(프리 리스트)를 4 Bit의 비트맵을 이용하여 관리한다.
다음은 블록이 저장된 상태를 6가지의 비트맵을 사용하여 관리함을 보여준다. 결국 임의의 블록은 다음 6가지 상태 중 하나에 반드시 속하게 된다는 의미이며 그 상태를 알려주는 비트맵 정보를 통해 프리 블록 여부를 결정한다는 것이다.

① 0101: 블록 내부에 75% 이상의 여유 공간을 가지는 블록
② 0100: 블록 내부에 50% 이상 75% 미만의 이상의 여유 공간을 가지는 블록
③ 0011: 블록 내부에 25% 이상 50% 미만의 여유 공간을 가지는 블록
④ 0010: 블록 내부에 25% 미만의 여유 공간을 가지는 블록
⑤ 0001: 블록 내부에 0%의 여유 공간을 가지는 블록(Full)
⑥ 0000: 한 번도 사용되지 않은 블록(HWM 위의 블록)

위와 같은 블록 공간의 상태에 따른 비트맵 정보가 모든 데이터 블록의 헤더 부분에 저장되고 최종적으로 BMB Level 1 블록에 일괄 저장, 관리되는 방식이다.

tip

익스텐트가 지속적으로 추가되어 세그먼트의 크기가 커지게 되면 하나의 BMB Level 1 블록에서 관리하는 수가 늘어나게 되고 이에 따라 이들을 관리하게 될 BMB Level 2, 3 블록들도 늘어나는 상황이 발생할 수 있다.

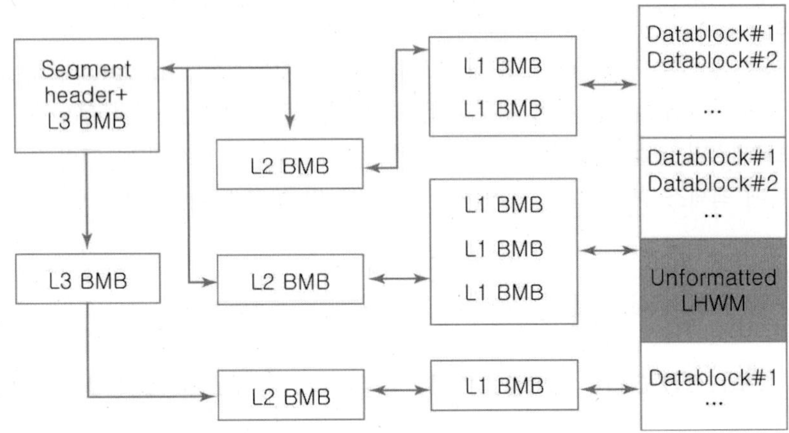

<Automatic Segment Space Management 관리 방식>

하나의 BMB Level 1 블록에서 관리하는 데이터 블록의 개수는 세그먼트의 크기에 따라 달라진다.

- 1M 이하 : 16Blocks
- 1M 보다 크고 32M 이하일 경우 : 64 Blocks
- 32M 보다 크고 1G 이하일 경우 : 256 Blocks
- 1G 초과일 경우 : 1024 Blocks

세그먼트에 새로운 로우 데이터를 입력하기 위해 프리 블록을 찾아야 할 경우에는 가장 먼저 세그먼트 헤더 블록에 저장되어 있는 BMB Level 3을 거치고 이후 BMB Level 2 블록을 거쳐 실제 블록의 비트맵이 저장되어 있는 BMB Level 1을 찾은 후 프리 블록을 할당받고 로우 데이터를 Insert하게 되는 방식이다. 이처럼 로우 데이터가 Insert되고 나면 당연히 사용 공간 정보가 변경되었으므로 변경된 용량 수준에 따라 블록의 헤더에 저장되어 있는 비트맵이 변경된다.

여기서 한 가지 중요한 것은 세그먼트의 블록을 순서대로 사용하는 것이 아니라는 것이다. 예를 들어 A 유저와 B 유저가 동시에 같은 테이블에 데이터를 입력할 경우 A와 B가 서로 다른 L2와 L1로 나누어져 다른 블록에 데이터를 입력할 경우가 생긴다.

특히 다수의 BMB Level 1이 각각의 블록들을 별도로 따로 따로 관리함으로 인해 다수의 사용자가 동일한 테이블에 데이터를 Insert하는 경우라 할지라도 Insert되는 프리 블록의 위치를 관리하는 BMB Level 2, Level 1 블록이 하나가 아닌 여러 블록(MBM Level 1 #1, #2, #3…..)에 분산되어 있기 때문에 기존의 MSSM 방식을 적용하는 경우(하나의 세그먼트 헤더 블록에 프리 리스트 정보가 모두 저장되어 있는 경우) 보다 프리 리스트를 관리하는 블록에 걸리는 경합이 상대적으로 분산되는 중요한 기능을 제공한다.

다음 그림은 처음부터 모두 찾아나가는 방식이 아니라 BMB Level로 구성된 B-tree 인덱스 구조를 통해 사용하고자 하는 블록을 보다 효율적으로 빨리 찾는 과정을 보여준다.

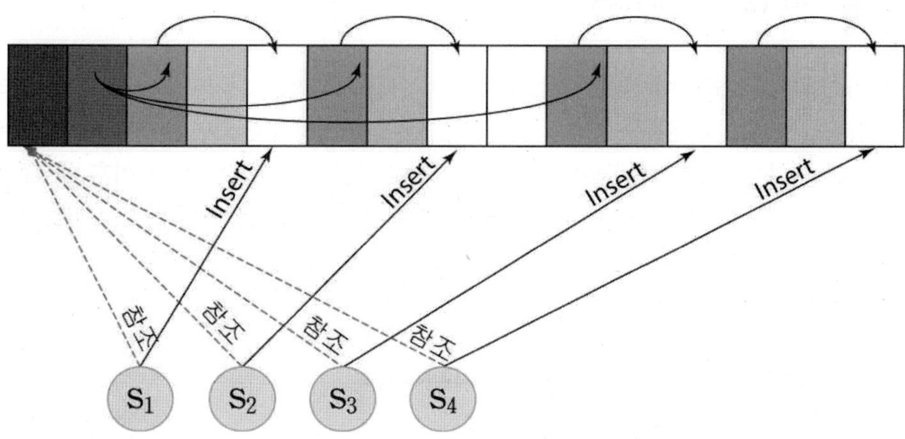

위의 그림을 통해서 재미있는 사항을 확인할 수 있는데 이는 바로 프리 블록들이 중간 중간에 나누어 존재한다는 점이다. 그렇다면 HWM 정보는 과연 어떻게 관리되는지 살펴보도록 하자.

*HWM 관리

MSSM 방식에서는 하나의(유일한) HWM을 기준으로 아래쪽은 현재 사용 중이거나 이전에 사용된 적이 있는 블록 오른쪽은 한 번도 사용하지 않은, 진정한 프리 블록을 나타냈다. 그런데 ASSM 방식 특성상 BMB Level 블록들이 관리, 담당하는 블록들은 각각 나누어져 있기 때문에 HWM의 개념 역시 각각의 BMB Level 1 블록이 관리하는 블록들 내부적으로 별도로 적용되는 것이 이론상 맞는다. 이런 상황에서 HWM 개념을 적용하기 위해 각각의 BMB Level 1 블록이 관리하는 블록들 내부에만 적용하는 High HWM과 Low HWM이라는 개념을 적용한다.

Low HWM 이하의 블록들은 모두 포맷되어진 상태의 블록으로서 현재 사용하고 있는 블록들을 의미하며 High HWM 이상의 블록들은 포맷되지 않은 상태의 블록을 의미하게 된다. 그리고 Low HWM과 High HWM 사이에는 포맷은 되었지만 아직까지는 사용되지 않은 블록들이 존재할 수 있으며 이러한 블록들은 이후에 Insert 문장이 실행되는 경우 프리 블록으로서 사용되는 바로 그 시점에 포맷이 되어 사용된다.

> **tip**
>
> HWM이 이동하는 블록의 수는 MSSM에서 소개한 동일한 방식을 따른다.

●●● oracle 05

오라클 익스텐트

오라클 익스텐트는 오라클에서 데이터를 저장하는 가장 기본적인 단위인 오라클 블록 여러 개를 합쳐 놓은 저장 공간이라고 이해하면 된다. 사용자가 테이블을 생성하게 되면 초기에 데이터가 없는 상황이라도 기본값을 가지고 연속적인 블록을 묶어서 익스텐트를 생성하게 되는데 이후 새로운 공간이 필요하게 되면 익스텐트를 계속적으로 추가하여 사용하게 된다. 이처럼 임의의 오브젝트(테이블, 인덱스)에 저장할 데이터가 늘어나는 경우 해당 오브젝트의 저장 공간을 추가적으로 할당받아야 하는데 이때 할당받는 기준이 바로 익스텐트이다.

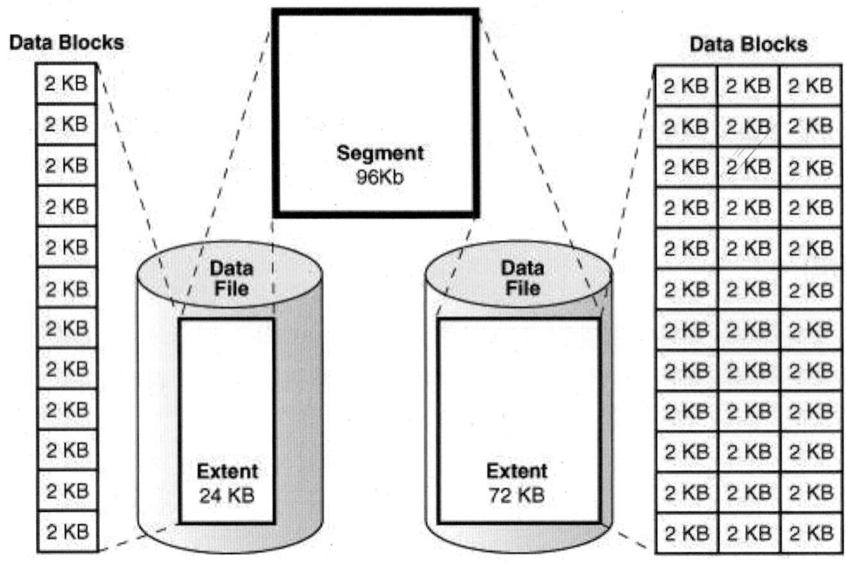

〈오라클 익스텐트 구조〉

●●● oracle 06

익스텐트 파라미터

- Initial

  데이터베이스 오브젝트(테이블, 인덱스)를 초기에 생성할 때 할당되는 익스텐트의 크기를 설정하는 파라미터로서 일반적으로 5개의 오라클 블록의 크기를 잡아준다. 이유는 HWM이 기본 설정으로 볼 때 5개 블록씩 증가하기 때문이다.

  예를 들어, 오라클 블록 크기가 8KB인 경우라면 Initial 익스텐트의 크기는 40KB로 설정한다.

- **Next**
  Initial 익스텐트가 생성된 이후 더 많은 공간이 필요로 하는 경우 사용하게될 다음 익스텐트의 크기를 설정한다.
- **Minextents**
  세그먼트가 최초로 생성될 때 할당되는 익스텐트의 개수를 설정한다. 기본값은 1이며 온라인 상태에서는 변경할 수 없다.
- **Maxextents**
  한 세그먼트에 할당할 수 있는 최대 익스텐트의 개수이며 온라인 상태에서는 변경할 수 없다.
- **Pctincrease**
  다음에 할당될 익스텐트의 증가 비율을 그 이전 익스텐트의 크기를 기준으로 설정한다. 만약 현재 마지막으로 할당된 익스텐트의 크기가 40KB인 상태에서 Pctincrease 값을 50으로 설정해 주었다면 다음에 할당되어질 새로운 익스텐트의 크기는 40K * (1 +0.5) = 60KB가 된다는 의미이다.

위의 익스텐트 파라미터 가운데 Initial과 Minextents를 제외하고는 다음 생성되어질 익스텐트부터 반영된다는 점을 기억하기 바란다.

●●● oracle 07

Extent 관리 - Extent mnagement dictionary

테이블 또는 인덱스에 데이터를 추가할 때 기존에 할당된 모든 익스텐트를 사용한 상태인 경우 새로운 익스텐트를 할당 받아서 그곳에 데이터를 저장해야 한다.
이때 사용 가능한 익스텐트를 할당 받는 과정에 대해서 살펴보고자 한다.
이전 오라클 8 버전까지는 사용 가능한 익스텐트 정보는 FET$(Free Extent Table)라는 딕셔너리 테이블을 통해서 관리하였고(DBA_FREE_SPACE 뷰를 통해 조회 가능) 사용 가능하지 않은 익스텐트 정보는 UET$(Used Extent Table)라는 딕셔너리 테이블을 통해서 관리하였다 (DBA_EXTENTS 뷰를 통해 조회 가능).
따라서 기존 생성된 익스텐트 공간이 추가되거나 반환되거나 하는 작업이 수행되면 이들 딕셔너리 테이블들을 참조하여 현재 익스텐트 할당 정보를 확인하고 이를 기반으로 갱신하는 과정을 통해 익스텐트를 할당, 반환하는 과정이 내부적으로 이루어졌다. 이처럼 FET$, UET$ 라는 딕셔너리 테이블을 통해 익스텐트 공간을 일괄적으로 관리하는 방식을 Dictionary Management Tablespace(DMT)라고 하였고 오랜 동안 사용해왔다. 하지만 익스텐트를 관리하는 이들 FET$, UET$ 딕셔너리 테이블에 많은 요청이 동시에 몰리게 되면 경합 상황이 발생하여 익스텐트를 할당 받고 또 반환하는 과정에서 성능 문제가 발생하였는데 이에 대해 조금 더 이해하도록 하자.

예를 들어 새로운 프리 익스텐트가 필요한 상황이 되면 오라클 서버 프로세스는 자신이 필요한 크기의 익스텐트를 어디서 할당받을 수 있는지를 확인하기 위해 FET$ 테이블을 뒤지게 된다. 이때 서버 프로세스는 FET$를 뒤지다가 자신의 원하는 익스텐트 크기보다 큰 익스텐트를 찾게 되면 일단 Marker를 해두고 계속적으로 자신이 원하는 크기의 익스텐트를 찾을 때까지 진행한다.
끝까지 검색해서 자신이 원하는 크기의 익스텐트가 발견되지 않으면 이전에 Marker 해둔 큰 익스텐트를 자신이 원하는 크기로 분할하여 사용하게 된다. 분할하고 남은 공간은 다른 사용자가 사용할 수 있도록 프리 익스텐트로 남겨둔다.

하지만 원하는 크기의 프리 익스텐트를 찾지 못하게 되면 비슷한 크기의 프리 익스텐트를 통합하여 원하는 크기의 익스텐트를 할당받게 되지만 이 마저도 가능하지 않은 경우에는 비로소 새로운 익스텐트를 요청하게 되는 과정을 거치게 된다.
이 모든 과정의 결과로 할당받은 익스텐트 관련된 정보는 다시 FET$, UET$ 그리고 SEG$ 딕셔너리 테이블에 반영하게 되며 최종적으로 세그먼트 헤더 영역에 새로운 익스텐트가 해당 세그먼트에 할당되었다는 정보를 기록하게 된다.

만약 이런 과정을 여러 서버 프로세스가 동시에 진행해야 한다면 하나의 서버 프로세스가 이들 딕셔너리 테이블을 갱신하는 동안에는 다른 서버 프로세스가 무조건 대기하는 상태가 되어 전체적인 측면에서 보면 성능에 심각한 문제가 생기곤 했다. 대기 상태가 발생하는 이유는 오라클은 내부적으로 반드시 1번에 하나의 서버 프로세스만이 이들 딕셔너리 테이블을 액세스할 수 있도록 ST락(Lock)이라는 것을 만들어서 ST락을 확보한 프로세스만이 해당 딕셔너리를 갱신할 수 있도록 설정한 것이다.
이상으로 오라클 익스텐트를 관리하는 방식 가운데 딕셔너리 테이블에 의존하는 방식인 Extent management dictionary 방식에 대해 살펴보았다.

●●● oracle 08

Extent 관리 - Extent management local

Extent management dictionary 설정의 경우에는 사용 가능 익스텐트 정보를 참조하기 위해 해당 정보가 물리적으로 저장되어 있는 딕셔너리 테이블을 읽게 됨으로써 많은 경합이 발생(동시에 다수의 요청을 처리하는 경우 더 심하다)하게 되는데 반해 Extent management local 설정의 경우에는 해당 비트맵 정보가 저장된 다수의 데이터 파일 헤더 블록을 참조함으로써 다수의 요청이 동시에 들어오더라도 각각의 데이터 파일 헤더 블록에 분산된 정보를 참조함으로 인해 경합을 최소화 할 수 있는 장점을 제공한다. 딕셔너리 테이블에 대한 액세스가 전혀 필요 없는 만큼 동시에 다수의 서버 프로세스에 의한 경합 상황도 최소화된다고 이해하면 된다.

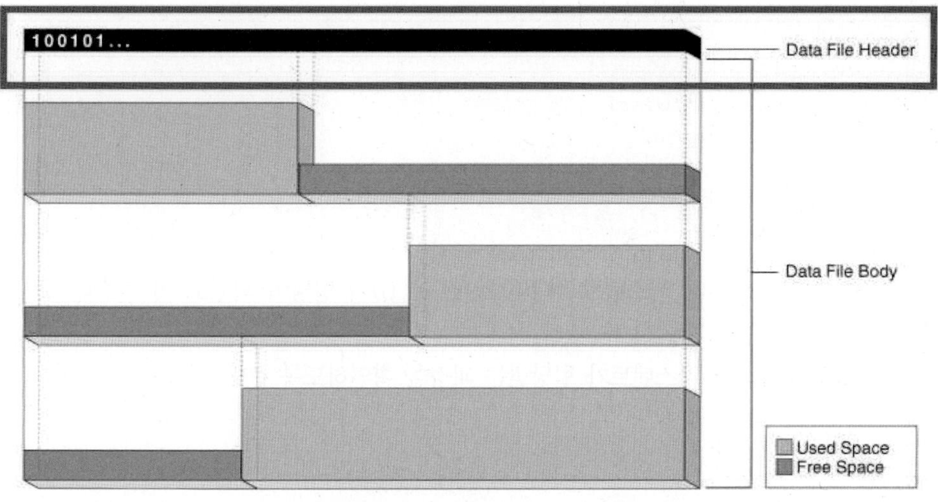

<비트맵을 통한 Free extents 관리>

위의 그림을 통해서 데이터 파일 헤더 영역에 해당 데이터 파일 내부의 익스텐트 가용 여부를 기록한 비트맵 정보를 확인할 수 있다. 비트맵의 각각의 비트는, 하나의 블록 또는 블록의 그룹에 해당하는 정보를 의미한다. 이처럼 임의의 익스텐트가 할당, 반환 시 오라클은 내부적으로 해당 블록의 새로운 상태를 나타내기 위해 비트맵 값을 바로 변경한다.

100101 의 의미는 다음과 같다.
#1 익스텐 트: 처음 5개 블록은 FULL(1), 그 다음 7개 블록은 EMPTY(0)
#2 익스텐트 : 처음 7 개 블록은 EMPTY(0), 그 다음 3 개 블록은 FULL(1)
#3 익스텐트 : 처음 4 개 블록은 EMPTY(0), 그 다음 8 개 블록은 FULL(1)

이러한 비트맵 관리를 통해서 매번 익스텐트 정보를 얻기 위한 데이터 딕셔너리 테이블을 참조, 갱신하는 불필요한 Recursive SQL 실행할 필요가 없어지게 된 것이다.

*익스텐트 할당

extend_test_tb 라는 테이블을 생성하고 내부 익스텐트의 구성 정보를 dba_extents 뷰를 통해서 확인하도록 한다.

```
================================================================
참조 스크립트:   cr_tbs_extent.sql
                check_extent_info.sql
================================================================

SQL> @cr_tbs_extent.sql
```

```
Tablespace created.
Table created.
SQL>@check_extent_info.sql
TABLESPACE_NAME  EXTENT_ID   BLOCKS     BYTES
--------------- ---------- ---------- ----------
EXTENT_TEST_TBS         0        8       65536
```

65536KB(64KB) 크기의 익스텐트 1개(extend_id 0)가 할당이 되었고 이 익스텐트는 8 오라클 블록으로 이루어져 있음을 확인할 수 있다.
이제 데이터를 추가해서 익스텐트가 할당받는 과정을 확인하도록 한다.

```
==========================================================================
참조 스크립트: add_data_tb.sql
==========================================================================
SQL> @add_data_tb.sql
SQL> @check_extent_info.sql
TABLESPACE_NAME  EXTENT_ID     BLOCKS      BYTES
--------------- ---------- ---------- ----------
EXTENT_TEST_TBS          0          8      65536
EXTENT_TEST_TBS          1          8      65536
EXTENT_TEST_TBS          2          8      65536
```

처음 할당받은 익스텐트를 모두 사용하고 추가적으로 두 개의 익스텐트를 더 할당 받아서 로우 데이터를 저장한 것을 확인할 수 있다.
특정 테이블에 익스텐트를 수동으로 추가 할당하려면 다음과 같이 Alter table 명령을 사용할 수도 있다.

```
==========================================================================
참조 스크립트: allocate_extent.sql
==========================================================================

SQL> @allocate_extent.sql
SQL> @check_extent_info.sql

TABLESPACE_NAME  EXTENT_ID     BLOCKS      BYTES
--------------- ---------- ---------- ----------
EXTENT_TEST_TBS          0          8     65536
EXTENT_TEST_TBS          1          8     65536
EXTENT_TEST_TBS          2          8     65536
EXTENT_TEST_TBS          3          8     65536
EXTENT_TEST_TBS          4          8     65536
```

인위적으로 4번째 익스텐트(extent_id 4)가 추가된 것을 확인할 수 있다.
일반적으로 운영 시 그때 그때 익스텐트를 수동으로 할당해주는 경우는 대용량 데이터를 추가할 때 미리 할당하는 경우가 아니면 거의 드물다.
수동으로 익스텐트를 할당하는 장점을 구지 말하자면 아무래도 수동으로 익스텐트를 미리 미리 할당해주면 해당 세그먼트를 이루는 익스텐트들이 연속적으로 이어서 생성되기 때문이 아닐까 싶다.

*익스텐트 관련 Storage 옵션 설정

익스텐트 관련 Storage 옵션은 오브젝트를 생성할 때와 테이블스페이스를 생성할 때 두 시점에서 설정할 수 있다. 그런데 오브젝트를 생성할 때 Storage 옵션을 설정하게 되면 테이블스페이스를 생성할 때 설정했었던 Storage 옵션값과 다른 값으로도 설정 가능하다. 다시 말하자면 테이블스페이스 수준에서의 Storage 옵션값과 테이블 수준에서의 Storage 옵션값이 둘 다 존재하는 경우에는 테이블 수준에서 설정한 값이 우선 순위를 가진다는 사실에 유의하기 바란다.
특히 익스텐트 크기 설정은 저장될 테이블스페이스가 어떤 방식으로 생성되었는지에 따라 크게 다음 두 가지의 방식으로 설정 가능하다.

① Extent management local인 테이블스페이스에 저장된 경우
Uniform : 오라클 운영자가 특정 익스텐트 크기로 설정 가능하다.
Autoallocate : 오라클 서버가 자동으로 익스텐트 크기를 조정한다.
② Extent management dictionary인 테이블스페이스에 저장된 경우
Uniform과 Autoallocate 옵션 사용이 불가능하며 기존의 Storage 옵션(initial, next, pctincrease 등등)을 사용하여 인위적으로 익스텐트 크기를 설정한다.

*익스텐트 반환

다음은 할당된 익스텐트를 반환시키는 과정을 살펴보자.

```
==========================================================================
참조 스크립트: deallocate_extent.sql
==========================================================================
SQL> @deallocate_extent.sql
Table altered.
SQL>  @check_extent_info.sql
TABLESPACE_NAME  EXTENT_ID     BLOCKS      BYTES
--------------- ---------- ---------- ----------
EXTENT_TEST_TBS          0          8      65536
EXTENT_TEST_TBS          1          8      65536
EXTENT_TEST_TBS          2          8      65536
```

Unused 상태(한 번도 사용된 적이 없는 상태)의 익스텐트가 반환된 것을 확인할 수 있다. 여기서 주의할 사항은 만약 4번 익스텐트 데이터가 저장되어 있다가 데이터가 이후에 삭제되어서 현재 비어 있는 경우에는 Unused 상태가 아니기 때문에 이러한 익스텐트들은 위의 명령으로는 반환이 불가능하다는 사실에 유의하기 바란다. 참고로 이러한 경우에는 테이블 Reorg하는 과정을 진행해야 한다.

●●● oracle 09

오라클 블록

데이터가 실제로 저장되어 있는 가장 작은 단위인 오라클 블록을 구성하는 요소에 대하여 살펴보도록 하자. 다음 그림은 오라클 블록의 세부 구조를 보여준다.

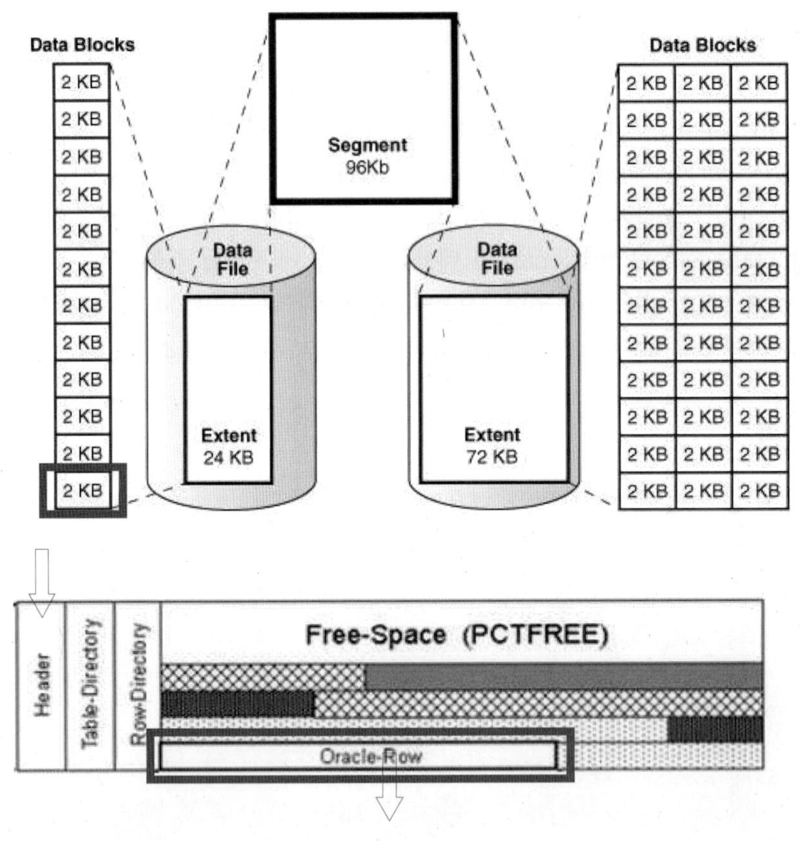

Row-Overhead	Number of Columns	Cluster Key	Rowid	Column Length	Column Data	Column Length	Column Data

<오라클 블록 세부 구조>

오라클 블록은 논리적인 공간으로서 물리적으로는 다음과 같이 다수의 OS 블록으로 이루어진다. 물리적으로 오라클 블록이라는건 존재하지 않는다는 것이다. 아래의 경우는 8KB 오라클 블록이 8개의 1KB OS 블록으로 구성됨을 보여준다. 그러므로 오라클 8KB 블록은 물리적으로는 그리고 실질적으로는 단지 8개의 1KB OS 블록이라는 의미이다. 따라서 OS 블록의 크기 설정 시 오라클 블록의 크기를 고려하여 설정하는 것이 성능 향상 측면에서 중요하다.

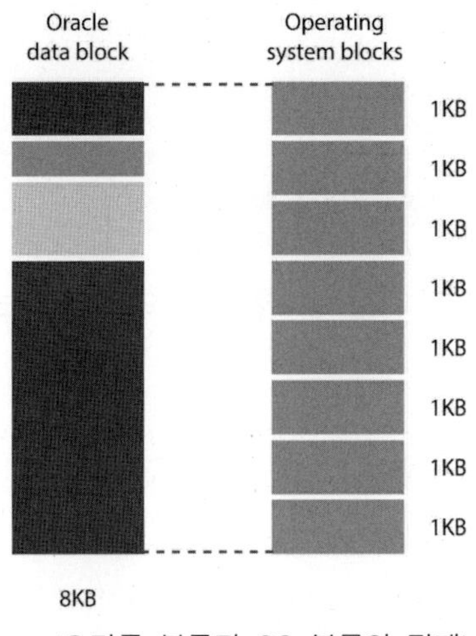

〈오라클 블록과 OS 블록의 관계〉

기본적으로 하나의 오라클 블록은 다음과 같이 Block header와 Data layer 영역으로 크게 나누어진다. 그리고 Block header는 다시 Cache layer, Transaction layer로 구성되며 Data layer는 Table directory, Row directory, Free space, Row data 영역으로 세부적으로 나누어진다.

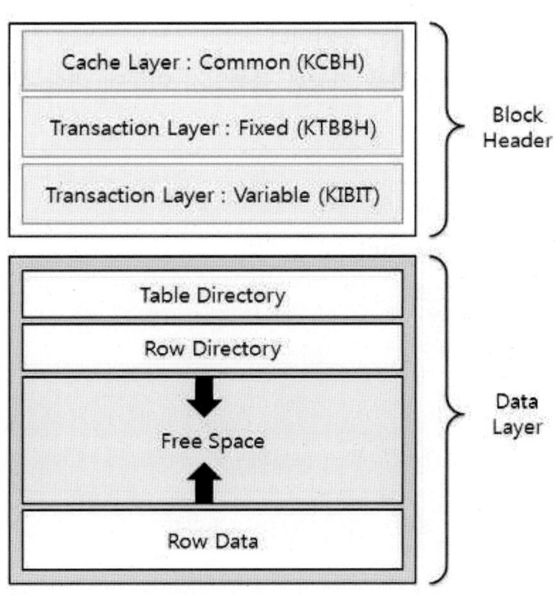

〈오라클 블록을 이루는 블록 헤더와 데이터 레이어〉

*블록 헤더(Block header)

Cashe layer

Common header 라고도 불리어지며 다음과 같이 KCBH로 조회가 가능하다

```
SQL> select component,type,description,type_size
  2  from v$type_size
  3 where type='KCBH';

COMPONENT  TYPE       DESCRIPTION                              TYPE_SIZE
---------- ---------- ---------------------------------------- ---------
KCB        KCBH       BLOCK COMMON HEADER                             20
```

DBA 정보, 블록 Type, 포맷 그리고 가장 중요한 SCN이 저장되는 공간이다.

Transaction layer(Fixed)

다음과 같이 KTBBH로 조회가 가능하다.

```
SQL> select component,type,description,type_size
  2 from v$type_size
  3 where type='KTBBH';

COMPONENT  TYPE       DESCRIPTION                              TYPE_SIZE
---------- ---------- ---------------------------------------- ---------
KTB        KTBBH      TRANSACTION FIXED HEADER                        48
```

블록 Type, 마지막으로 수행된 Block Cleanout 시간, ITL 정보, 프리 리스트 링크 정보, 프리 공간 락(Lock) 관련 정보 등이 저장되는 공간이다.
특히 이 공간은 해당 블록이 현재 사용 가능한 블록인지 여부에 대한 정보를 저장하면서 Insert 문장이 실행되는 경우 사용하게 된다.

Transaction layer(Variable)

다음과 같이 KTBIT로 조회가 가능하다.

```
SQL> select component,type,description,type_size
  2  from v$type_size
  3 where type='KTBIT';

COMPONENT  TYPE       DESCRIPTION                              TYPE_SIZE
---------- ---------- ---------------------------------------- ---------
KTB        KTBIT      TRANSACTION VARIABLE HEADER                     24
```

변경하기 원하는 실제 ITL 관련 정보가 저장되어 있다.
기본적으로 테이블에 대해서는 1개 그리고 인덱스에 대해서는 2개가 설정되지만 데이블이나 인덱스를 생성할 때 Intrans 옵션을 사용하여 증가시킬 수도 있다.
결국 동시에 많은 사용자 프로세스가 동일한 블록에 변경 작업을 수행하는 경우에는 ITL을 증가시켜 주는 것이 도움이 된다.

tip

- ITL(Interested transaction)

특정 블록에 데이터를 변경해야 하는데 현재 다른 사용자가 같은 블록을 변경하고 있는 경우 자신의 정보를 적어 놓고 순서를 기다리는 대기자 명단 저장소라고 이해하면 된다. Transaction layer(Variable) 영역에 쓰이는 이유는 사용자가 많으면 내용도 많아질 것이고 사용자가 적으면 내용도 적어지기 때문이다.

*Data layer

실제 데이터가 저장되는 곳으로서 프리 공간에 대한 관리가 중요한 영역이다.
로우 인덱스(첫 번째 빈 공간의 포인터 주소), 테이블 인덱스, 로우 데이터, 프리 공간 관련 정보가 저장되어 있다.

- 테이블 디렉토리(Table directory)
  클러스터 테이블 데이터를 저장하는 경우 클러스터 테이블을 구성하는 테이블에 대한 정보를 저장한다. 클러스터 테이블이 아닌 경우에는 이곳에 데이터가 저장되지 않는다.
- 로우 디렉토리(Row directory)
  블록 내부의 컬럼 데이터에 대한 정보를 저장한다.
- Free 스페이스(Free space)
  Update 명령을 처리하는 경우 사용하게 되는 공간이다. 물론 Update 작업이 많은 경우라면 당연히 Free 스페이스의 크기를 충분히 설정하면 더욱 효율적인 Update 작업이 가능해진다.
- 로우 데이터(Row data)
  실제 물리적 테이블 혹은 인덱스 데이터 자체를 저장하는 영역이다.

로우 마이그레이션/로우 체이닝

*로우 마이그레이션(Row migration)

임의의 블록 내부에 이미 저장되어 있는 로우 데이터에 대해 Update 문장이 실행되는 경우를 생각해 보자. 기존의 로우 데이터 길이보다 작거나 같다면 아무 일도 발생하지 않고 해당 값만 업데이트가 될 것이다. 하지만 새로운 로우 데이터의 길이가 기존의 로우 데이터 길이보다 길어버리게 되면 일단은 남아있는 Pctfree 영역을 사용하여 로우 데이터를 저장하고자 하지만 만약 Pctfree 영역이 새로운 로우 데이터값을 저장하기에 적은 경우가 발생하게 되면 기존의 로우 데이터가 저장되어 있던 곳에 'Forwarding address'라는 포인터 주소 값(새로운 로우 데이터가 저장된 새로운 블록의 주소)만을 남기고 전혀 새로운 블록을 사용하여 새로운 로우 데이터 전체를 옮겨 저장하게 되는데 이를 로우 마이그레이션이라고 한다.

로우 마이그레이션 해결 방법

로우 마이그레이션 자체가 기존 저장되어 있는 로우 데이터에 Update가 실행되는 경우 해당 블록에 빈 여유 공간이 없어서 다른 블록으로 옮겨지는 것이므로 Pctfree 값을 크게 잡아줌으로써 Update 시 같은 블록 내에 저장될 수 있도록 설정해줌으로써 일부 해결할 수 있다.

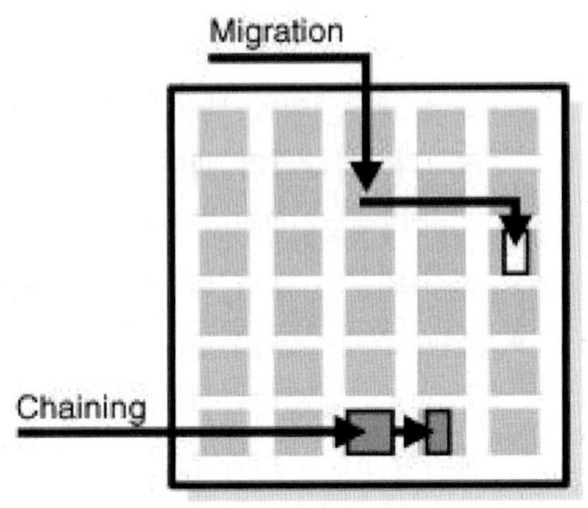

〈로우 마이그레이션/로우 체이닝〉

*로우 체이닝(Row chaining)

로우 체이닝의 경우는 Insert 되거나 Update되는 로우 데이터의 길이가 오라클 블록의 크기보다 큰 경우에 발생하는데 이 때 하나의 로우 데이터가 여러 개의 블록에 나누어 저장되는 방식을 로우 체이닝이라고 이해하면 될 듯하다.

데이터가 저장되는 로우를 크게 나누면 Row overhead(Row header)와 Column data 부분으로 나눌 수 있다. Row overhead 부분에는 해당 Row에 동시에 트랜잭션을 일으키는 것을 막기 위한 Lock 정보 부분과 해당 Row piece에 들어있는 Column data의 개수 등이 기록된다.

모든 로우마다 Row overhead를 가진다. Column data 부분은 실제 data가 저장되는 곳으로서 만약 로우 데이터가 너무 길어서 하나의 블록의 컬럼 데이터 부분에 모두 기록하기 어려운 경우가 발생하면 오라클은 해당 Row를 다른 블록에 연결해서 저장하게 된다

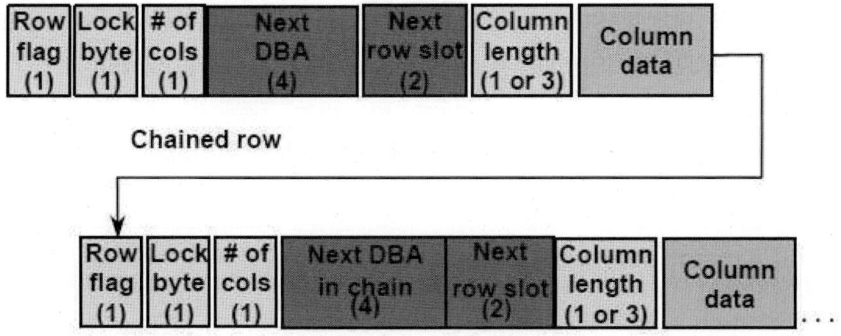

〈로우 체이닝 구조〉

예를 들어 블록#1에 3KB의 여유 공간이 남아있는 상태에서 8KB의 새로운 로우 데이터가 Insert 되는 경우 블록#1에 3KB를 저장하고 나머지 5KB는 블록#2에 이어서 저장한다는 의미이다.

로우 체이닝 해결 방법

로우 체이닝이 발생하는 원인이 로우 데이터의 길이가 저장하는 블록의 크기보다 큰 경우이기 때문에 이를 해결하기 위해서는 현재 사용하고 있는 블록 크기보다 큰 블록을 사용하는 방법을 적용할 수 있다. 하지만 크기가 큰 블록을 사용하게 되면 예전 보다 더 많은 수의 로우 데이터가 저장될 수 있기 때문에 이로 인해 발생하는 경합 상황들이 더 자주 발생할 수도 있으니 충분한 테스트를 거쳐 설정해야 한다.

●●● oracle 11

오라클 블록 덤프 분석

오라클 블록 덤프를 위한 scott.blk_test 테이블을 생성한다.
SQL〉 create table scott.blk_test as select * from dba_objects;
다음과 같이 dba_segments 뷰를 통하여 blk_test 라는 테이블의 저장 구조를 확인하도록 하자.

```
==============================================================
참조 스크립트: check_segment_info.sql
==============================================================
SQL> @check_segment_info.sql
HEADER_FILE HEADER_BLOCK      BYTES     BLOCKS    EXTENTS
----------- ------------ ---------- ---------- ----------
          6          218   13631488       1664         28
```

blk_test 테이블의 저장 정보는 다음과 같다.
데이터 파일 6번, 블록 번호 218번에 저장되어 있으며 blk_test 테이블의 크기는 13631488 bytes (13MB) 이고, 총 1664개 블록(28개의 익스텐트)으로 이루어져 있다는 의미이다.

이제는 dba_extents 뷰를 통하여 익스텐트와 블록에 대한 정보를 확인하자.

```
==============================================================
참조 스크립트: check_extents_info.sql
==============================================================

SQL> @check_extents_info.sql

SEGMENT_NA  EXTENT_ID   BLOCK_ID     BLOCKS      BYTES
---------- ---------- ---------- ---------- ----------
BLK_TEST            0        216          8      65536
BLK_TEST            1        224          8      65536
BLK_TEST            2        232          8      65536
BLK_TEST            3        240          8      65536
BLK_TEST            4        248          8      65536
BLK_TEST            5        256          8      65536
BLK_TEST            6        264          8      65536
BLK_TEST            7        272          8      65536
BLK_TEST            8        280          8      65536
BLK_TEST            9        288          8      65536
BLK_TEST           10        296          8      65536
BLK_TEST           11        304          8      65536
BLK_TEST           12        312          8      65536
BLK_TEST           13        320          8      65536
BLK_TEST           14        328          8      65536
BLK_TEST           15        336          8      65536
BLK_TEST           16        384        128    1048576
BLK_TEST           17        512        128    1048576
BLK_TEST           18        640        128    1048576
BLK_TEST           19        768        128    1048576
BLK_TEST           20        896        128    1048576
BLK_TEST           21       1024        128    1048576
BLK_TEST           22       1152        128    1048576
BLK_TEST           23       1280        128    1048576
BLK_TEST           24       1408        128    1048576
BLK_TEST           25       1536        128    1048576
BLK_TEST           26       1664        128    1048576
BLK_TEST           27       1792        128    1048576
```

위의 결과를 통해 현재 blk_test 테이블의 첫 번째 익스텐트(extent_id = 0)가 오라클 블록 주소(block_id = 216)부터 이후로 8개로 이루어져 있다는 의미이다. 그러므로 다음 익스텐트(exten_id=1)는 216 + 8 = 224 부터 시작하는 것을 알 수가 있다.

이제 헤더 블록에 대한 덤프를 진행하자. 먼저 헤더 블록의 위치를 다음과 같이 정확히 찾아야 한다.

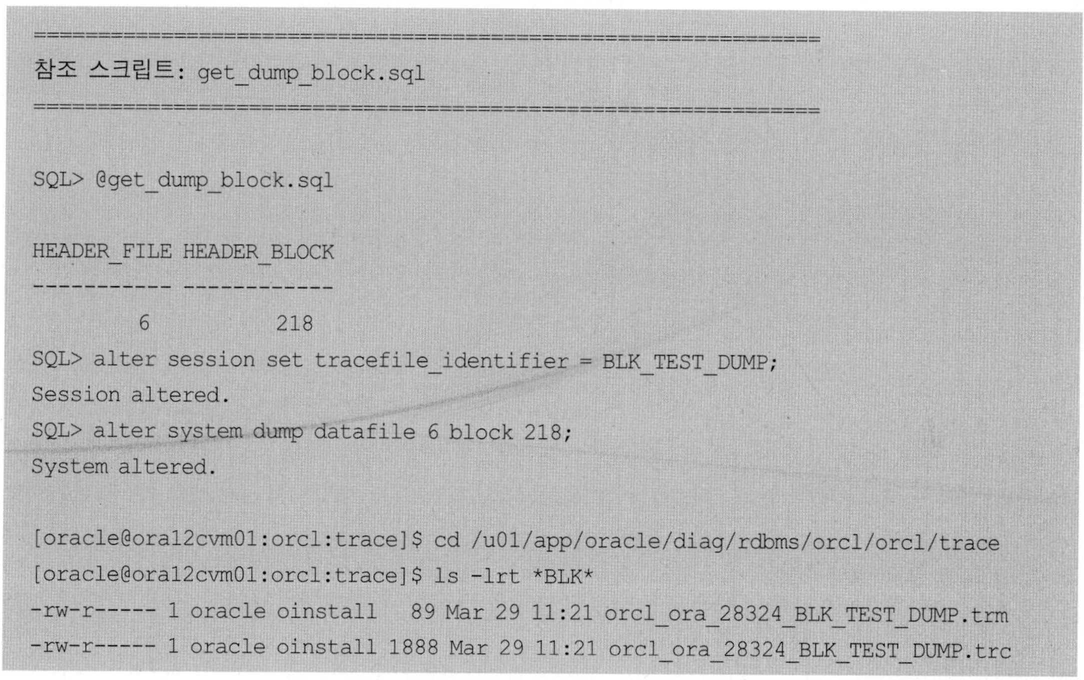

```
=================================================================
참조 스크립트: get_dump_block.sql
=================================================================

SQL> @get_dump_block.sql

HEADER_FILE HEADER_BLOCK
----------- ------------
          6          218
SQL> alter session set tracefile_identifier = BLK_TEST_DUMP;
Session altered.
SQL> alter system dump datafile 6 block 218;
System altered.

[oracle@ora12cvm01:orcl:trace]$ cd /u01/app/oracle/diag/rdbms/orcl/orcl/trace
[oracle@ora12cvm01:orcl:trace]$ ls -lrt *BLK*
-rw-r----- 1 oracle oinstall   89 Mar 29 11:21 orcl_ora_28324_BLK_TEST_DUMP.trm
-rw-r----- 1 oracle oinstall 1888 Mar 29 11:21 orcl_ora_28324_BLK_TEST_DUMP.trc
```

이제 덤프 파일의 내용을 살펴보도록 하자.

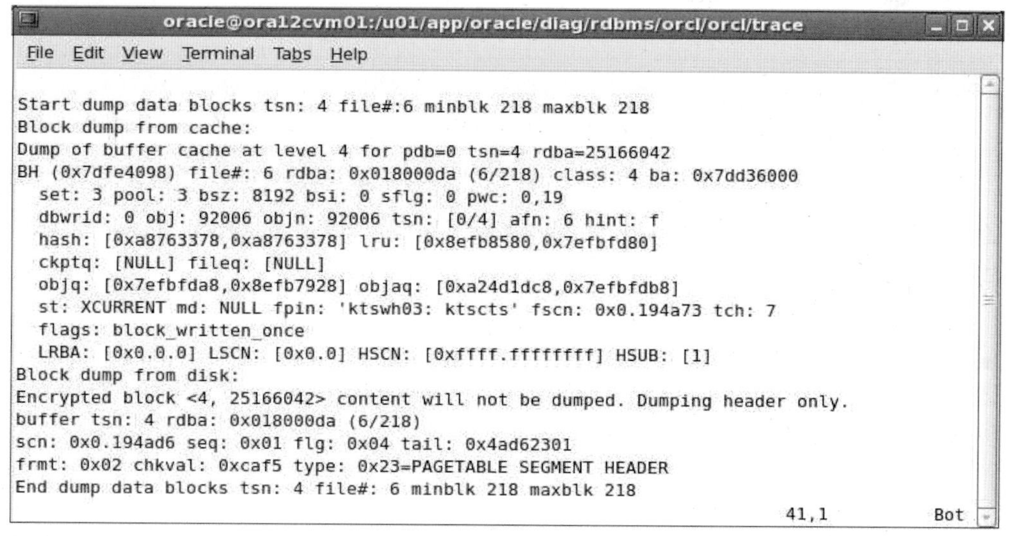

```
oracle@ora12cvm01:/u01/app/oracle/diag/rdbms/orcl/orcl/trace
File Edit View Terminal Tabs Help

Start dump data blocks tsn: 4 file#:6 minblk 218 maxblk 218
Block dump from cache:
Dump of buffer cache at level 4 for pdb=0 tsn=4 rdba=25166042
BH (0x7dfe4098) file#: 6 rdba: 0x018000da (6/218) class: 4 ba: 0x7dd36000
  set: 3 pool: 3 bsz: 8192 bsi: 0 sflg: 0 pwc: 0,19
  dbwrid: 0 obj: 92006 objn: 92006 tsn: [0/4] afn: 6 hint: f
  hash: [0xa8763378,0xa8763378] lru: [0x8efb8580,0x7efbfd80]
  ckptq: [NULL] fileq: [NULL]
  objq: [0x7efbfda8,0x8efb7928] objaq: [0xa24d1dc8,0x7efbfdb8]
  st: XCURRENT md: NULL fpin: 'ktswh03: ktscts' fscn: 0x0.194a73 tch: 7
  flags: block_written_once
  LRBA: [0x0.0.0] LSCN: [0x0.0] HSCN: [0xffff.ffffffff] HSUB: [1]
Block dump from disk:
Encrypted block <4, 25166042> content will not be dumped. Dumping header only.
buffer tsn: 4 rdba: 0x018000da (6/218)
scn: 0x0.194ad6 seq: 0x01 flg: 0x04 tail: 0x4ad62301
frmt: 0x02 chkval: 0xcaf5 type: 0x23=PAGETABLE SEGMENT HEADER
End dump data blocks tsn: 4 file#: 6 minblk 218 maxblk 218
                                                          41,1          Bot
```

- Start dump data blocks tsn: 4 file#:6 minblk 218 maxblk 218
  블록 덤프의 Range를 알려준다. 6번 데이터 파일 218번 블록에 대한 덤프라는 의미이다.
- tsn=4 rdba=25166042
  블록이 저장된 테이블스페이스의 번호는 4, RDBA 주소는 25166042 의미이다.
  이처럼 RDBA 혹은 DBA 주소를 알면 저장되어 있는 파일 번호와 블록 주소를 다음과 같이 쉽게 찾을 수 있다.

```
SQL>
DBMS_UTILITY.DATA_BLOCK_ADDRESS_FILE(25166042)
----------------------------------------------
                                            6
SQL>
DBMS_UTILITY.DATA_BLOCK_ADDRESS_BLOCK(25166042)
-----------------------------------------------
                                          218
dbwrid: 0 obj: 92006 objn: 92006 tsn: [0/4] afn: 6 hint: f
SQL>col status format 99999
SQL>col name format a10
SQL>select obj#, owner#, name, status, ctime, type# from sys.obj$ where obj#=92006;

      OBJ#     OWNER#  NAME       STATUS         CTIME          TYPE#
---------- ---------- ---------- ------ ------------------ ----------
     92006        102  BLK_TEST       1      29-MAR-16            2
```

그리고 다음과 같이 username 값도 user_id 값을 가지고 찾을 수 있다.

```
SQL> select username from dba_users where user_id=102;
USERNAME
--------------------
SCOTT
```

결국 Object#92006 는 Owner#가 102(scott), 오브젝트 이름은 blk_test, Type# 2, 즉 테이블이라는 의미이다.

- scn: 0x0.194ad6
  SCN 0x0.194ad6를 Decimal로 변환하면 1657558이다.

다음과 같이 current_scn과 checkpoint_change# 값을 확인하도록 하자.

```
SQL> select current_scn from v$database;

CURRENT_SCN
-----------
   1658872

SQL> /

CURRENT_SCN
-----------
   1658874

SQL> /

CURRENT_SCN
-----------
   1658876
```

Current_scn 값은 아랑곳하지 않고 계속 증가하고 있지만 checkpoint_change# 값은 1653953 에 정지해 있는 상태이다. 왜냐하면 아직 체크포인트가 발생하지 않았기 때문이다.

```
SQL> select CHECKPOINT_CHANGE# from v$database;
CHECKPOINT_CHANGE#
------------------
         1653953
```

- tail : 0x4ad62301
  Tail은 다수의 OS 블록으로 이루어져 있는 오라클 블록의 처음과 끝의 일관성을 유지하기 위한 정보가 저장되어 있다.
  Chkval은 checksum 정보가 저장되어 있다.
- frmt : 0x02 → Decimal 로 2
  블록 포맷 버전 정보
- chkval : 0xcaf5 → Decimal 로 51957
  Chkval은 checksum 정보가 저장되어다.
- type : 0x23=PAGETABLE SEGMENT HEADER 블록의 Type을 저장한다.

이상으로 오라클 블록 헤더에 대한 덤프 파일 내용을 살펴보았다.

Chapter 06 테이블(Non-partition tables) 관리

이번 장에서는 오라클 사용자에게 가장 친숙한 테이블의 생성과 관리 방법에 대한 내용이 소개된다. 특히 로우 아이디에 대한 개념과 테이블을 생성할 때 설정해주는 스토리지 파라미터에 대한 개념을 반드시 이해하여 보다 효율적인 테이블 관리가 가능하도록 해야 한다.

다음은 이번 장에서 다루게 될 세부 사항들이다.

- Section 01 테이블(Non-partition table) 생성
- Section 02 테이블 생성 기본 명령어 옵션 이해(Create table)
- Section 03 컬럼 데이터 타입
- Section 04 테이블 세그먼트, 익스텐트, 블록 정보 확인
- Section 05 테이블 Parallel 옵션 변경
- Section 06 테이블 제약(Constraints) 조건 변경
- Section 07 테이블 제약 조건(Constraints) 추가 및 삭제
- Section 08 테이블 트리거(Trigger) 활성화/비활성화
- Section 09 테이블이 사용하지 않는 공간(Unused space) 반환 및 인위적 익스텐트 할당
- Section 10 테이블 기본 컬럼 값(Default column value) 설정
- Section 11 테이블 컬럼 이름 변경(Rename)
- Section 12 테이블 컬럼 제거(Dropping column)
- Section 13 테이블 가상 컬럼 추가(Virtual column)
- Section 14 테이블 컬럼 크기 변경
- Section 15 테이블 이동(Move)
- Section 16 테이블 데이터 삭제-1(Delete)
- Section 17 테이블 데이터 삭제-2(Truncate)
- Section 18 테이블 제거(Drop)
- Section 19 테이블 통계 값 산출 방법

●●● oracle 01

테이블(Non-partition table) 생성

오라클 환경에서 테이블을 생성하고자 하는 경우 다음과 같이 중요한 선행 조건을 만족해야만 한다. 일단 Create table/Create any table 시스템 권한 소유 여부를 확인해야만 한다.
자기 자신의 스키마 내부에 테이블을 생성하기 위해서는 Create table 시스템 권한이 필요하고 타인의 스키마에 테이블을 생성하기 위해서는 Create any table 시스템 권한이 필요하다.

```
SQL> show user
USER is "SYS"
SQL> create user wchoi identified by wchoi_pw
2  default tablespace users
3  temporary tablespace temp;
```

최소한 인스턴스에 접속할 수 있도록 Create session 권한만 부여한다.

```
SQL> show user
USER is "SYS"
SQL> grant create session to wchoi;
SQL> connect wchoi/wchoi_pw
SQL> show user
USER is "WCHOI"
SQL> create table oraemp
 ( empno number (2),
   empname varchar(10));
  2    3  create table oraemp
*
ERROR at line 1:
ORA-01031: insufficient privileges
```

이처럼 Create session 권한만 가지고는 테이블을 생성할 수 없다. 그러므로 sys 사용자로부터 다음과 같이 Create table 권한을 부여 받아야만 한다.

```
SQL> show user
USER is "SYS"
SQL> grant create table to wchoi;
SQL> connect wchoi/wchoi_pw
SQL> show user
USER is "WCHOI"
SQL> create table oraemp
  2  ( empno number (2),
  empname varchar(10));
```

두 번째로는 Unlimited tablespace 시스템 권한 소유 여부를 확인해야만 한다. 오라클 환경에서는 테이블이 저장하고자 하는 특정 테이블스페이스에 대한 사용 공간을 할당 받든지 Unlimited tablespace 시스템 권한을 부여받아야만 테이블을 생성할 수 있다.

●●● oracle 02

테이블 생성 기본 명령어 옵션 이해(Create table)

다음은 SQL 문장을 통해 테이블 생성에 대한 개념을 소개하고자 한다.
오라클 공식 문서를 보면 Create table 명령과 관련된 옵션들이 상당히 많다. 많아도 너무 많다. 아마도 이 책의 반 이상을 테이블 생성 관련된 옵션에 대해 소개해야 할지도 모를 정도로 많다. 지면상 모두 소개하는 것은 큰 의미가 없을 듯하여 저자는 자주 실무에서 사용하는 보편적인 옵션들 위주로 개념 설명을 이어가고자 한다.

tip

Create table문장의 모든 옵션들을 확인하기 위해서는 오라클 공식 문서Database SQL Language Reference를 참조하기 바란다.

다음은 설명에 사용될 emp 테이블(scott 사용자 스키마)의 구성을 보여준다.

```
======================================================
참조 스크립트: query_emp_table.sql
======================================================
select * from scott.emp;
```

```
oracle@ora12cvm01:~/scripts
File Edit View Terminal Tabs Help

EMPNO ENAME      JOB              MGR HIREDATE                  SAL       COMM     DEPTNO
------ ---------- --------- ------ ------------------- ---------- ---------- ----------
  7369 SMITH      CLERK           7902 17-DEC-80                 800                    20
  7499 ALLEN      SALESMAN        7698 20-FEB-81                1600        300         30
  7521 WARD       SALESMAN        7698 22-FEB-81                1250        500         30
  7566 JONES      MANAGER         7839 02-APR-81                2975                    20
  7654 MARTIN     SALESMAN        7698 28-SEP-81                1250       1400         30
  7698 BLAKE      MANAGER         7839 01-MAY-81                2850                    30
  7782 CLARK      MANAGER         7839 09-JUN-81                2450                    10
  7788 SCOTT      ANALYST         7566 19-APR-87                3000                    20
  7839 KING       PRESIDENT            17-NOV-81                5000                    10
  7844 TURNER     SALESMAN        7698 08-SEP-81                1500          0         30
  7876 ADAMS      CLERK           7788 23-MAY-87                1100                    20
  7900 JAMES      CLERK           7698 03-DEC-81                 950                    30
  7902 FORD       ANALYST         7566 03-DEC-81                3000                    20
  7934 MILLER     CLERK           7782 23-JAN-82                1300                    10

14 rows selected.

SQL> ▌
```

tip

기존에 존재하는 테이블에 대한 구성 정보(DDL)는 다음과 같이 dbms_metadata.get_ddl 함수를 사용하면 쉽게 얻을 수 있다.

```
==============================================================
참조 스크립트: get_DDL_table.sql
spool get_ddl_table.sql
select dbms_metadata.get_ddl('TABLE','EMP','SCOTT') from dual;
==============================================================
```

이제 emp 테이블에 대한 구성 정보를 구해보자.

```
SQL>@get_DDL_table.sql
```

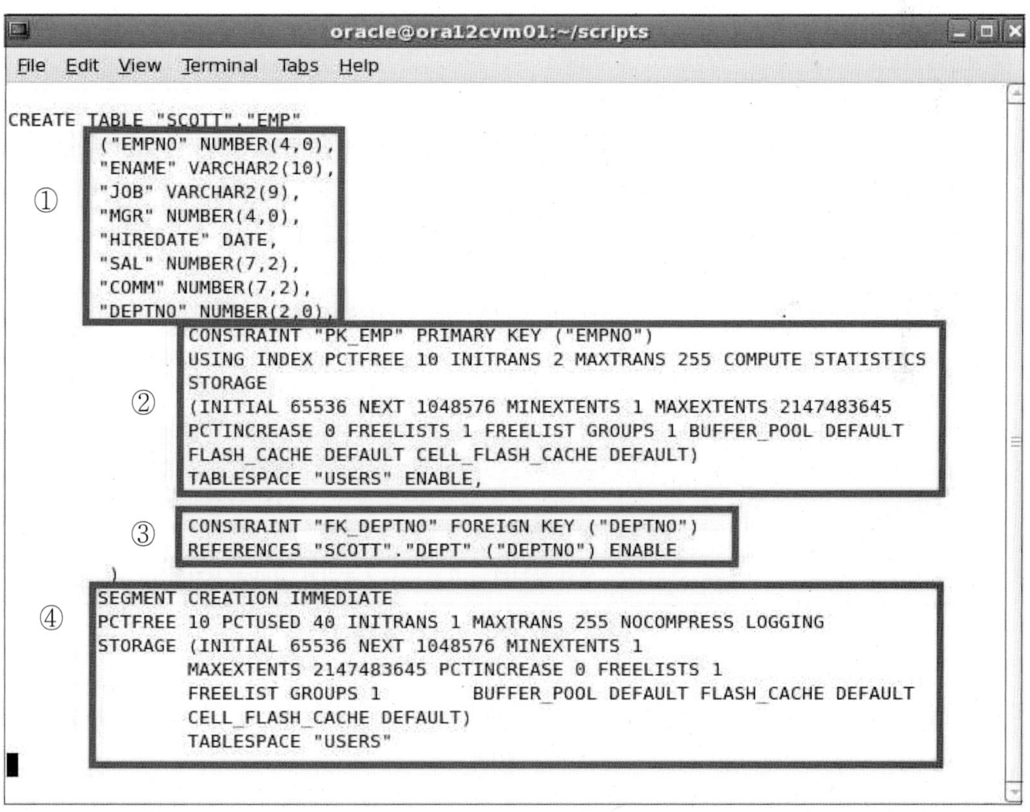

① scott 사용자 소유의 emp 테이블에 설정될 8개 컬럼을 정의하고 있다
② emp 테이블에 설정된 empno 컬럼에 pk_emp라는 Primary key를 정의하고 있다. 임의의 테이블 컬럼에 Primary key를 정의하면 내부적으로 Index를 자동으로 생성시켜 준다.
Storage 절을 통해 Users 테이블스페이스에 저장될 Index에 적용될 스토리지 세부 옵션을 함께 정의하고 있다.

옵 션		설 명
Pctfree	10	인덱스의 경우 Update가 발생되지 않기 때문에 pctfree 10의 의미는 인덱스 블록의 최대 90% 정도 공간까지만 인덱스 데이터를 Insert하는데 사용 가능
Initrans	2	2개의 로우에 대해 동시에 액세스 가능 이후 Maxtrans 파라미터에 설정된 최대 개수만큼 자동 증가 특별한 설정이 없으면 인덱스의 경우 기본적으로 2로 설정
Maxtrans	255	최대255개의 로우가 동시에 액세스 가능
Initial	65536	첫 번째 익스텐트의 크기가 65536 bytes(64KB)로 설정
Next	1048576	첫 번째 익스텐트를 모두 데이터로 채우고 나서 두 번째 익스텐트가 요구될 때 두 번째 익스텐트의 크기
Minextents	1	인덱스 생성 시 최소한 1개의 익스텐트는 반드시 할당
Maxextents	2147483645	인덱스에 대해 최대 214748364개의 익스텐트까지 할당 가능
Pctincrease	0	세번째 이후 익스텐트가 할당되어지는 경우에는 바로 그 이전 익스텐트 크기와 같은 크기로 생성됨. 결국 세 번째 익스텐트를 포함하는 그 이후의 익스텐트는 모두 1MB 크기로 생성됨
Freelists	1	세그먼트 헤더 영역에 저장되는 프리리스트의 개수
Freelist Groups	1	세그먼트 헤더 영역에 저장되는 프리 리스트 그룹의 개수
Buffer_Pool	Default	인덱스가 데이터베이스 버퍼 캐시 영역으로 읽혀질 때 저장되는 버퍼 풀 이름으로서 Default buffer pool에 저장됨
Flash_Cache	Default	인덱스 블록이 메인 메모리(데이터베이스 버퍼 캐시)로부터 Aged out되는 경우 SSD 기반 Flash cache 영역에 저장하기 위한 설정. LRU 알고리즘에 의해 관리되므로 항상 Flash cache에 저장되어 있다는 보장을 할 수 없음
Cell_Flash_Cache	Default	엑사 데이터(Exadata) 스토리지 서버에 설정된 Flash cache 영역

〈인덱스 생성 관련 스토리지 옵션〉

③ Child 테이블(emp)에 설정된 deptno 컬럼과 Parent 테이블(dept) 에 설정된 deptno 컬럼간의 fk_deptno라는 Foreign key를 정의하고 있다
④ emp 테이블을 users 테이블스페이스에 저장할 때 적용될 스토리지 세부 옵션을 정의하고 있다.

옵 션		설 명
Segment Creation	Immediate	테이블이 생성되는 시점에 익스텐트를 할당하고 세그먼트를 생성하는 옵션이다. Segment creation Deferred 옵션은 데이터가 입력되는 시점에서 익스텐트를 할당하고 세그먼트를 생성하게 된다.
Pctfree	10	Update 수행 시 새로운 로우의 길이가 기존 로우 길이보다 큰 경우 데이터를 블록 내부에 기록하기 위해 Reserved된 공간으로서 테이블 블록의 최대 90% 정도의 공간까지만 테이블 데이터를 Insert하는데 사용 가능
Pctused	40	프리 블록 여부를 결정해주는 파라미터. Pctused 40% 라인까지 데이터가 내려오면(Delete) 다시 프리 블록으로서 프리 리스트에 기록됨
Initrans	1	하나의 로우는 동시에 하나의 액세스만 허용 이후 Maxtrans 파라미터에 설정된 최대 개수만큼 자동 증가 특별한 설정이 없으면 테이블의 경우 기본적으로 1로 설정
Maxtrans	255	최대255개의 로우가 동시에 액세스 가능
Nocompress		테이블 압축 모드 비활성 상태
Logging		테이블에 변경 작업이 발생하는 경우 리두 로그가 발생
Initial	65536	첫 번째 익스텐트의 크기가 65536 bytes(64KB)로 설정
Next	1048576	첫 번째 익스텐트를 모두 데이터로 채우고 나서 두 번째 익스텐트가 요구될 때 두 번째 익스텐트의 크기
Minextents	1	테이블 생성 시 최소한 1개의 익스텐트는 반드시 할당
Maxextents	2147483645	테이블에 대해 최대 214748364개의 익스텐트까지 할당 가능
Pctincrease	0	세번째 이후 익스텐트가 할당되어지는 경우에는 바로 그 이전 익스텐트 크기와 동일한 크기로 생성됨. 결국 세 번째 익스텐트 부터는 모두1MB 크기로 생성됨
Freelists	1	세그먼트 헤더 영역에 저장되는 프리 리스트의 개수
Freelist Groups	1	세그먼트 헤더 영역에 저장되는 프리 리스트 그룹의 개수
Buffer_Pool	Default	테이블 블록이 데이터베이스 버퍼 캐시 영역으로 읽혀질 때 저장되는 버퍼 풀 이름으로서 Default buffer pool에 저장됨
Flash_Cache	Default	테이블 블록이 메인 메모리(데이터베이스 버퍼 캐시)로부터 Aged out 되는 경우SSD 기반 Flash cache 영역에 저장하기 위한 설정. LRU 알고리즘에 의해 관리되므로 항상 Flash cache에 저장되어 있다는 보장을 할 수 없음
Cell_Flash_Cache	Default	엑사데이터(Exadata) 스토리지 서버에 설정된 Flash cache 영역

〈테이블 생성 관련 스토리지 옵션〉

테이블을 생성할 때 다음 사항들만큼은 최소한 고려되어야 한다.

- 컬럼 정의 시 컬럼 이름 및 데이터 타입 선택
- 관계형 데이터베이스의 기본인 Relationship 정의 및 데이터 정합성을 위한 제약조건 선택

  ※ 제약 조건에 대한 자세한 내용은 11장(제약 조건)을 참조 바란다

- 테이블이 물리적으로 저장될 테이블스페이스 선택
  ※ 테이블스페이스에 대한 자세한 내용은 5장(데이터 파일과 테이블스페이스)을 참조 바란다
- 스토리지 저장 옵션 선택

*기타 테이블 생성 방법 소개

CTAS #1. 모든 컬럼에 대한 모든 로우 데이터 포함

기존의 테이블로부터 새로운 테이블을 생성할 때 기존 컬럼에 대한 모든 로우 데이터를 포함하는 경우에 사용할 수 있는 방법이다.

```
==========================================================
참조 스크립트: cr_tb_ctas1.sql
create table emp_test_1
as select * from emp;
==========================================================
```

Step1) 테이블 생성

SQL>@ cr_tb_ctas1.sql

Step2) 테이블 로우 데이터 조회

```
select * from scott.emp_test_1;
EMPNO ENAME      JOB        MGR    HIREDATE          SAL        COMM       DEPTNO
----- ---------- ---------- ------ ---------------- ---------- ---------- -------
 7369  SMITH      CLERK      7902   17-DEC-80         800                    20
 7499  ALLEN      SALESMAN   7698   20-FEB-81        1600         300        30
 7521  WARD       SALESMAN   7698   22-FEB-81        1250         500        30
 7566  JONES      MANAGER    7839   02-APR-81        2975                    20
 7654  MARTIN     SALESMAN   7698   28-SEP-81        1250        1400        30
 7698  BLAKE      MANAGER    7839   01-MAY-81        2850                    30
 7782  CLARK      MANAGER    7839   09-JUN-81        2450                    10
 7788  SCOTT      ANALYST    7566   19-APR-87        3000                    20
 7839  KING       PRESIDENT         17-NOV-81        5000                    10
 7844  TURNER     SALESMAN   7698   08-SEP-81        1500           0        30
 7876  ADAMS      CLERK      7788   23-MAY-87        1100                    20
 7900  JAMES      CLERK      7698   03-DEC-81         950                    30
 7902  FORD       ANALYST    7566   03-DEC-81        3000                    20
 7934  LER        CLERK      7782   23-JAN-82        1300                    10
```

CTAS #2. 모든 컬럼에 대한 일부 로우 데이터 포함

기존의 테이블로부터 새로운 테이블을 생성할 때 모든 컬럼에 대한 일부 로우 데이터만 포함하는 경우에 사용할 수 있는 방법이다.

```
=======================================================
참조 스크립트: cr_tb_ctas2.sql
create table emp_test_2
as select * from emp
where deptno=10;
=======================================================
```

Step1) 테이블 생성

SQL>@cr_tb_ctas2.sql

Step2) 테이블 로우 데이터 조회

```
select * from scott.emp_test_2;
EMPNO ENAME      JOB          MGR HIREDATE                SAL       COMM     DEPTNO
------ ---------- ---------- ------ ----------------- ---------- ---------- -----
7782 CLARK      MANAGER      7839  09-JUN-81               2450                  10
7839 KING       PRESIDENT          17-NOV-81               5000                  10
7934 MILLER     CLERK        7782  23-JAN-82               1300                  10
```

CTAS #3. 일부 컬럼에 대한 모든 로우 데이터 포함

기존의 테이블로부터 새로운 테이블을 생성할 때 기존 일부(특정) 컬럼에 대한 모든 로우 데이터를 포함하는 경우에 사용할 수 있는 방법이다

```
=======================================================
참조 스크립트: cr_tb_ctas3.sql
create table emp_test_3
as select ename from emp
=======================================================
```

Step1) 테이블 생성

SQL>@cr_tb_ctas3.sql

Step2) 테이블 로우 데이터 조회

```
select * from emp_test_3

ENAME
----------
SMITH
ALLEN
WARD
JONES
MARTIN
BLAKE
CLARK
SCOTT
KING
TURNER
ADAMS
JAMES
FORD
MILLER

ows selected.
```

CTAS #4. 일부 컬럼에 대한 일부 로우 데이터 포함

기존의 테이블로부터 새로운 테이블을 생성할 때 일부 컬럼에 대한 일부 로우 데이터를 포함하는 경우 적용할 수 있는 방법이다.

```
=====================================================
참조 스크립트: cr_tb_ctas4.sql
create table emp_test_4
as select ename from emp
where ename ='TURNER';
=====================================================
```

Step1) 테이블 생성

SQL>@cr_tb_ctas4.sql

Step2) 테이블 로우 데이터 조회

```
SQL> select * from emp_test_4;
ENAME
----------
TURNER
```

Default on null 컬럼 옵션을 사용하는 테이블 생성 방법

테이블 생성 시 정의하는 옵션으로서 컬럼에 널(Null)값이 입력되면 Default로 설정된 값이 대신 입력되도록 설정하는 방법이다.

```
=======================================================
참조 스크립트: cr_tb_default.sql
CREATE TABLE myemp (employee_id number, last_name varchar2(10),
                    mgr_id NUMBER DEFAULT ON NULL 7566 NOT NULL);
SELECT empno, ename, mgr
  FROM emp
  WHERE mgr IS NULL;

INSERT INTO myemp (employee_id, last_name, mgr_id)
  (SELECT empno, ename, mgr from emp);

SELECT employee_id, last_name, mgr_id
  FROM myemp
WHERE employee_id = 7839;
=======================================================
```

Step1) 테이블 생성

SQL>@cr_tb_default.sql

이때 Default on null 옵션을 사용하여 mgr_id 컬럼에 Null값이 입력되는 경우에는 기본값으로 7566 을 입력시키겠다는 의미이다.

Step2) emp 테이블에서 mgr 값이 null인 로우를 찾는다.

```
SELECT empno, ename, mgr
  FROM emp
WHERE mgr IS NULL;

EMPNO  ENAME        MGR
------ ---------- ------
  7839  KING
```

Step3) emp 테이블 mgr 컬럼값이 널인 로우(empno=7839)가 myemp 테이블로 입력될 때 기본값으로서 7566이 입력된다.

```
INSERT INTO myemp (employee_id, last_name, mgr_id)
  (SELECT empno, ename, mgr from emp);
```

Step4) 기본값으로서 7566이 입력된 것을 확인할 수 있다.

```
SELECT employee_id, last_name, mgr_id
  FROM myemp
WHERE employee_id = 7839;

EMPLOYEE_ID  LAST_NAME                          MGR_ID
----------- ------------------------------ ----------
7839         G                                  7566
```

Identitiy Column 컬럼 옵션을 사용하는 테이블 생성 방법

```
=====================================================
참조 스크립트: cr_identity_column.sql
CREATE TABLE emp_info (empno NUMBER GENERATED AS IDENTITY, ename varchar2(30));
=====================================================
```

테이블 생성 시 정의하는 옵션으로서 컬럼 값이 시퀀스에 의하여 자동으로 증가하는 값이 입력된다.

Step1) 테이블을 생성한다.
SQL>@cr_identity_column.sql

Step2) 새로운 6개의 로우를 입력한다. 이때 empno 컬럼값은 시퀀스에 의해 자동으로 1씩 증가하는 값으로 입력된다.

```
SQL>INSERT INTO emp_info (ename) values ('Employee Name');
SQL>INSERT INTO emp_info (ename) values ('Employee Name');
SQL>INSERT INTO emp_info (ename) values ('Employee Name');
SQL>INSERT INTO emp_info (ename) values ('Employee Name');
SQL>INSERT INTO emp_info (ename) values ('Employee Name');
SQL>INSERT INTO emp_info (ename) values ('Employee Name');
SQL>commit;
```

Step3) 테이블을 조회한다.
SQL>select * from emp_info;

```
  EMPNO      ENAME
---------- --------------------
         1   Employee Name
```

```
        2 Employee Name
        3 Employee Name
        4 Employee Name
        5 Employee Name
        6 Employee Name
6      rows selected.
```

임시 테이블 생성 방법

임시 테이블 생성 시 정의하는 옵션으로서 트랜잭션이 완료된 이후에도 데이터가 유지되도록 허락하며 최종적으로 세션을 종료하는 경우 데이터가 삭제되는 설정이다.

```
=======================================================
참조 스크립트: cr_temp_tb.sql
CREATE GLOBAL TEMPORARY TABLE my_temp_table (
  id          NUMBER,
  description  VARCHAR2(20)
)
ON COMMIT PRESERVE ROWS;
=======================================================
```

Step1) 임시 테이블을 생성한다.

SQL〉@ cr_temp_tb.sql

Step2) 데이터를 입력하고 트랜잭션을 완료한 후 로우 데이터가 여전히 존재하는 것을 확인한다.

```
SQL> insert into my_temp_table VALUES (1, 'ONE');
SQL>commit;
```

Step3) 테이블을 조회한다.

```
SQL> select * from my_temp_table;
       ID DESCRIPTION
---------- -------------------------------------------------------------
        1 ONE
```

Step4) 다시 세션을 시작하고 로우 데이터가 아직도 존재하는지 확인한다.

```
SQL>connect scott/tiger
SQL>select * from my_temp_table;
no rows selected
SQL>
```

Deferred segment creation 옵션을 사용하는 테이블 생성 방법

테이블 생성 시 정의하는 옵션으로서 데이터가 입력 되기 전까지는 세그먼트를 생성하지 않는 방법으로서 11gR2 버전을 통해 소개되었다.

많은 독자들이 지금까지 테이블이 세그먼트라고 생각하고 있을 것이라 생각된다. 대부분의 경우 이 둘은 같은 의미로 사용된다. 하지만 사실은 엄격히 말하자면 둘은 다르다. 테이블은 저장 공간을 할당받아야만 비로소 세그먼트가 된다라는 점을 반드시 기억하기 바란다. Segment creation deferred 옵션을 적용하면 테이블에 데이터가 저장되어야만 비로서 세그먼트로서 등록된다.

많은 테이블들이 생성되어 있지만 대부분 사용하지 않고 있는 경우 저장 공간을 낭비하지 않게 하기 위한 옵션으로 유용하게 사용할 수 있다.

```
=======================================================
참고 스크립트: cr_seg_cr_defer.sql
CREATE TABLE cr_tb_defer (col1 NUMBER, col2 VARCHAR2(20))
SEGMENT CREATION DEFERRED;
=======================================================
```

Step1) Segment creation deferred 옵션으로 테이블을 생성한다.

SQL〉@ cr_seg_cr_defer.sql

Step2 세그먼트로 등록되었는지 확인하도록 한다. 테이블로는 등록되었지만 아직 세그먼트로는 등록되지 않은 것을 확인할 수 있다. 이 의미는 아직 저장 공간이 할당되지 않았다는 의미이다.
특히 익스텐트가 실제로 할당이 되었는지 확인해 보자.

```
SQL> select table_name from user_tables
where table_name ='CR_TB_DEFER';

TABLE_NAME
------------------
CR_TB_DEFER
SQL> select segment_name,
       segment_type
FROM   user_segments
WHERE segment_name ='CR_TB_DEFER';
no rows selected

SQL>select segment_name, extent_id, blocks, bytes
from user_extents
where segment_name = 'CR_TB_DEFER';
no rows selected
```

아직 세그먼트로 등록된 상태가 아님을 확인할 수 있다.

Step3) 데이터를 입력한 후 세그먼트로 등록이 되었는지 확인하도록 한다. 특히 익스텐트가 세그먼트 생성이 된 후에야 비로소 할당이 되었음을 확인할 수 있다.

```
SQL>insert into cr_tb_defer values (1, 'CHOI');
SQL>commit;
SQL> select table_name from user_tables
where table_name ='CR_TB_DEFER';
TABLE_NAME
------------------------------
CR_TB_DEFER
SQL> select segment_name,
      segment_type
from   user_segments
where SEGMENT_NAME ='CR_TB_DEFER';

SEGMENT_NAME         SEGMENT_TYPE
-------------------- --------------------
CR_TB_DEFER          TABLE
SQL> select segment_name, extent_id, blocks, bytes
from user_extents
where segment_name = 'CR_TB_DEFER';

SEGMENT_NAME          EXTENT_ID     BLOCKS      BYTES
-------------------- ---------- ---------- ----------
CR_TB_DEFER                   0          8      65536
```

이제 세그먼트로 등록되었음을 확인할 수 있다.

Parallel 옵션을 사용하는 테이블 생성 방법

테이블 생성 시 정의하는 옵션으로서 테이블을 생성하는 시점에서 Parallel 프로세스의 수를 최적으로 설정하여 보다 빨리 테이블 생성을 완료할 수 있도록 하는 기능을 지원한다. 물론 이후에 테이블을 사용할 때에도 Parallel 옵션이 적용된다.

```
========================================================
참조 스크립트 : cr_parallel_tb.sql
create table emp_pl PARALLEL
as select * from emp;
========================================================
```

Step1) Parallel 옵션으로 테이블을 생성한다.
SQL〉@ cr_parallel_tb.sql

●●● oracle 03

컬럼 데이터 타입

오라클과 같이 다수의 테이블들 간의 Entity-Relation 형태로 데이터베이스를 구축하는 경우에는 데이터 처리의 복잡성 및 정합성을 효율적으로 처리하기 위해 컬럼에 대한 데이터 타입 선정에 유의해야 한다.

다음은 주로 사용하는 오라클 12c 제공(Built-in) 데이터 타입인 Char, Varchar2, Long, Number, Date, Clob, Blob, Bfile, Rowid에 대한 설명이다. 특히 오라클은 Long 데이터 타입의 경우 제한적으로 사용할 것을 권고하고 있다는 사실을 기억하기 바라며 가급적이면 Lob 데이터 타입을 대신 사용하기 바란다.

CHAR [(size [BYTE | CHAR])]
- 고정길이 문자형 데이터 타입으로서 BYTE와 CHAR 모두 가능 BYTE는 컬럼을 Byte 표현하는 경우 사용 CHAR는 컬럼을 Character 로 표현하는 경우 사용 - 최대 저장 길이 : 2000 Bytes까지, 2000 Character까지 - 최소 저장 길이 : 1 Bytes 이상, 1 Character - 주민등록번호, 전화번호와 같이 컬럼 값의 길이가 특정 크기로 정해지는 경우 사용 권고 - 저장하고 남은 공간은 Null 값이 저장 - 입력 값 뒤에 Blank 공간이 있는 경우 Blank 값도 저장 - 입력 값이 없는 경우 Null 값이 저장

VARCHAR2(size [BYTE | CHAR])
- 가변길이 문자형 데이터 타입으로서 BYTE 와 CHAR 모두 가능 BYTE는 컬럼을 Byte로 표현하는 경우 사용 CHAR 는 컬럼을 Character 로 표현하는 경우 사용 - 최대 저장 길이: 4000 Bytes 까지, 4000 Character까지 - 최소 저장 길이: 1 Bytes 이상, 1 Character - 저장하고 남은 공간은 Null 값이 저장 - 입력 값 뒤에 Blank 공간이 있는 경우 Blank 값도 저장 - 입력 값이 없는 경우 Null 값이 저장 - 컬럼 값의 길이가 정해지지 않은 경우 혹은 Null값이 자주 입력되어지는 경우 사용

LONG
- 더 이상 사용 하지 않을 것을 권고(Backward compatibility) - 가변 길이 문자형 데이터 타입 - 최대 저장 길이: 2 Gigabytes 까지 저장 - 하나의 테이블에 하나의 LONG 타입만 사용 가능 - (NOT) NULL을 제외한 다른 제약 조건은 지정 불가 - 인덱스 생성 불가 - PL/SQL 프로시저나 함수에서 LONG 타입의 변수 입력 불가 - PL/SQL 함수에서 LONG 타입 출력 불가 - SELECT문 내에서 WHERE, GROUP BY, ORDER BY, CONNECT BY, DISTINCT 적용 불가 - SQL Function(SUBSTR,REPLACE,..) 사용 불가 - CREATE TABLE .. AS SELECT.. 사용불가

NUMBER [(p [,s])]
- 숫자 형 데이터 타입으로서 양수, 음수, 0 값 저장 가능 - P(Precision)은 1 자릿수부터 38 자릿수까지 가능. S 자릿수까지 포함 - S(Scale)은 -84 자릿수부터 127 자릿수까지 가능 - P와 S 모두 Decimal(십진수) 적용 - 총 22 Bytes 크기까지 저장 가능 - 주로 연산(+, -, *, /) 이 필요한 컬럼은 Number 타입으로 지정.

DATE
- 시간 정보를 저장하는 날짜형 타입 - 컬럼 크기는 7 Bytes로 고정 - January 1, 4712 BC 부터 December 31, 9999 AD 까지 저장 가능 - 기본 포맷: YEAR, MONTH, DAY, HOUR, MINUTE, SECOND - NLS_DATE_FORMAT 과 NLS_TERRITORY 파라미터 값에 의해 포맷이 정해짐 - SYSDATE는 참조하는 그 시점에서의 현재 시각 정보 출력

tip

LOB란 Large Object의 약자로서 대용량 데이터를 저장하고 관리하기 위해 오라클에서 제공하는 기본 데이터 타입이다. 오라클의 기본 데이터 형태는 문자, 숫자, 날짜 등 구조적인 데이터 타입인데 시대가 변함에 따라 비 구조적/비 정형적 데이터 타입인 사진, 음악, 동영상 등의 처리도 필요하게 되어 생겨난 형태가 LOB라고 이해하면 된다. LOB의 종류에는 내부 CLOB(Character), BLOB(Binary), 그리고 외부 LOB타입인 BFILE 등이 지원된다.

CLOB
- 문자형 LOB 데이터 타입으로서 Single-byte 또는 Multi-byte 문자열 저장 - 고정길이/가변 길이 문자열 저장 - 최대 저장길이: (4 gigabytes - 1) * (database block size) - Database character set 사용 ※ NCLOB: Database National Character set 사용

BLOB
- 바이너리 LOB 데이터 타입 - 최대 저장길이: (4 gigabytes - 1) * (database block size)

BFILE
- 데이터베이스 외부에 저장되어있는 바이너리 LOB 데이터 파일의 주소 값(Pointer) 저장 - 최대 저장길이: 4 Gigabytes

RAW(size)
- Raw binary data 저장(이미지 파일, 동영상 기타) - size 값 지정 필수 - 최대 저장길이: 2000 Bytes

LONG RAW
- Raw binary data 저장 - 최대 저장길이: 2 Gigabytes ※ LONG과 거의 유사하며 저장과 추출만 가능, 데이터 가공은 불가

ROWID

```
- Base 64 문자열 형태의 로우 물리적 주소 값 저장
- ROWID pseudocolumn 값을 저장하기 위한 데이터 타입

SQL> select rowid from scott.emp;

ROWID
------------------
AAAWbUAAGAAAADFAAA
AAAWbUAAGAAAADFAAB
AAAWbUAAGAAAADFAAC
AAAWbUAAGAAAADFAAD
AAAWbUAAGAAAADFAAE
AAAWbUAAGAAAADFAAF
AAAWbUAAGAAAADFAAG
AAAWbUAAGAAAADFAAH
AAAWbUAAGAAAADFAAI
AAAWbUAAGAAAADFAAJ
AAAWbUAAGAAAADFAAK
AAAWbUAAGAAAADFAAL
AAAWbUAAGAAAADFAAM
AAAWbUAAGAAAADFAAN
```

●●● oracle 04

테이블 세그먼트, 익스텐트, 블록 정보 확인

생성된 테이블에 대한 세그먼트, 익스텐트 그리고 블록 정보를 확인하는 과정을 살펴보자.

```
=======================================================
참조 스크립트: check_segment_info.sql
select NUM_ROWS "Total Rows", INITIAL_EXTENT "Init ext size", NEXT_EXTENT "Next
ext size", BLOCKS "Blk below HWM", EMPTY_BLOCKS "Blks beyond HWM"
from dba_tables
where table_name='EMP_TEST' and owner='SCOTT';
=======================================================
```

현재 데이터베이스 블록 크기 정보를 확인하도록 한다.

```
SQL> show parameter db_block_size

db_block_size                    integer                          8192
```

블록 크기가 현재 8KB 로 설정되어 있음을 확인할 수 있다.
emp_test 테이블을 생성하고 dbms_stats 패키지를 사용하여 테이블에 대한 통계값을 얻는다.

```
SQL> create table scott.emp_test as select * from dba_objects;
SQL> exec dbms_stats.gather_table_stats('SCOTT','EMP_TEST');
```

dba_tables 뷰로부터 테이블 관련 정보를 확인한다.

```
SQL> @check_segment_info.sql

Total Rows Init ext size Next ext size Blk below HWM Blks beyond HWM
---------- ------------- ------------- ------------- ---------------
     91600         65536       1048576          1572               0
```

위의 출력 결과를 통해 다음과 같은 사항을 확인할 수 있다.

- emp_test 테이블에 저장된 총 로우 개수 : 91600 개
- Initial extent 크기 : 65536 bytes(64 KB)
- Next extent 크기 : 1048576 bytes(1 MB)
- HWM 아래 블록의 총 개수 : 1572개
- HWM 위 블록의 총 개수 : 0개

다음은 HWM 아래 블록 아래 블록 중 실제 사용 중(데이터가 저장되어 있는)인 블록의 개수를 확인한다.

```
SQL> select count(*) "Blks Actually in Use below HWM"
from
(select substr(rowid,1,15) from scott.emp_test group by substr(rowid,1,15));

Blks Actually in Use below HWM
------------------------------
                          1538
```

HWM 아래 블록 가운데 실제로 데이터가 저장되어 있는 블록의 개수가 1538 개임을 확인할 수 있다. 결국 HWM 아래 전체 블록 1572 개 가운데 1538개의 블록에 현재 데이터가 저장되어 있고 나머지 34개는 비어있는 상태라는 의미이다.

```
SQL> select header_file "DB File#", header_block, bytes/1024/1024 "Total size in
MB", blocks "How many blks", extents "How many exts"
from dba_segments where segment_name='EMP_TEST' and owner='SCOTT';

DB File# HEADER_BLOCK Total size in MB How many blks How many exts
---------- ------------ ---------------- ------------- -------------
       6        346              13         1664            28
```

- emp_test 테이블이 저장되어 있는 데이터 파일 번호 : File# 6
- 세그먼트 헤더 블록의 시작 : 346
- 세그먼트 전체 크기 : 13MB
  이는 할당된 총 익스텐트의 합으로서 모든 블록에 데이터가 저장되어 있다는 의미는 아니다. 무조건 할당된 총 크기라고 봐야 한다.
- 세그먼트에 할당된 총 블록 개수 : 1664개
- 세그먼트에 할당된 총 익스텐트의 개수 : 28개.
  이는 할당된 28개의 익스텐트 내부의 모든 블록에 데이터가 저장되어 있다는 의미는 아니다. 무조건 할당된 총 개수라고 봐야 한다.

다음은 할당된 총 28개의 익스텐트들에 대한 세부 정보를 보여준다.

```
SQL> select segment_name , extent_id , block_id, blocks "How many blks inside
ext", bytes/1024 "Ext size in KB"
from dba_extents
where segment_name='EMP_TEST' and owner='SCOTT';

SEGMENT_NAME          EXTENT_ID  BLOCK_ID How many blks inside ext Ext size in KB
-------------------- ---------- ---------- ------------------------ --------------
EMP_TEST                      0        344                        8             64
EMP_TEST                      1       3936                        8             64
EMP_TEST                      2       3944                        8             64
EMP_TEST                      3       3952                        8             64
EMP_TEST                      4       3960                        8             64
EMP_TEST                      5       3968                        8             64
EMP_TEST                      6       3976                        8             64
EMP_TEST                      7       3984                        8             64
```

```
EMP_TEST                    8      3992                    8           64
EMP_TEST                    9      4000                    8           64
EMP_TEST                   10      4008                    8           64
EMP_TEST                   11      4016                    8           64
EMP_TEST                   12      4024                    8           64
EMP_TEST                   13      4032                    8           64
EMP_TEST                   14      4040                    8           64
EMP_TEST                   15      4048                    8           64
EMP_TEST                   16      4096                  128         1024
EMP_TEST                   17      4224                  128         1024
EMP_TEST                   18      4352                  128         1024
EMP_TEST                   19      4480                  128         1024
EMP_TEST                   20      4608                  128         1024
EMP_TEST                   21      4736                  128         1024
EMP_TEST                   22      4864                  128         1024
EMP_TEST                   23      4992                  128         1024
EMP_TEST                   24      5120                  128         1024
EMP_TEST                   25      5248                  128         1024
EMP_TEST                   26      5376                  128         1024
EMP_TEST                   27      5504                  128         1024

28 rows selected.
```

- 처음 16개의 익스텐트의 크기 : 각각 64KB
- 하나의 64KB 크기의 스텐트 내부에 존재하는 블록의 개수 : 8개
- 나머지 12개의 익스텐트의 크기 : 각각 1MB
- 하나의 1MB 크기의 익스텐트 내부에 존재하는 블록의 개수 : 128개

이제 emp_test 테이블에 데이터를 더 추가하여 세그먼트가 확장되는 경우 스토리지 구조 정보를 다시 확인하도록 한다.

```
SQL> insert into scott.emp_test select * from scott.emp_test;
91600 rows created.

SQL> commit;

SQL> exec dbms_stats.gather_table_stats('SCOTT','EMP_TEST');

SQL> select NUM_ROWS "Total Rows", INITIAL_EXTENT "Init ext size", NEXT_EXTENT
"Next ext size", BLOCKS "Blk below HWM", EMPTY_BLOCKS "Blks beyond HWM"
from dba_tables
where table_name='EMP_TEST' and owner='SCOTT';
```

```
Total Rows Init ext size Next ext size Blk below HWM Blks beyond HWM
---------- ------------- ------------- ------------- ----------------
   183200        65536      1048576          3176               0
```

- emp_test 테이블 총 로우 개수 : 183200 개로 이전(91600 개)의 2배
- Initial extent 크기 : 65536 bytes(64 KB)
- Next extent 크기 : 1048576 bytes(1 MB)
- HWM 아래 블록의 총 개수 : 3176개 로 이전(1572개)의 2배
- HWM 위 블록의 총 개수 : 0개

```
SQL> select count(*) "Blks Actually in Use below HWM"
from
(select substr(rowid,1,15) from scott.emp_test group by substr(rowid,1,15));

Blks Actually in Use below HWM
------------------------------
                          3070
```

HWM 아래 블록 가운데 실제로 데이터가 저장되어있는 블록의 개수: 3070 개로 이전(1538 개)의 2배가 된다.
다음은 할당된 총 40개의 익스텐트들에 대한 세부 정보를 보여준다

```
SQL> select header_file "DB File#", header_block, bytes/1024/1024 "MB", blocks
"How many blks", extents "How many exts"
from dba_segments where segment_name='EMP_TEST' and owner='SCOTT';

DB File# HEADER_BLOCK         MB       How many blks How many exts
---------- ------------ ---------- ------------- -------------
         6          346         25          3200            40
```

- emp_test 테이블이 저장되어 있는 데이터 파일 : File# 6
- 세그먼트 헤더 블록의 시작 : 346
- 세그먼트 전체 크기 : 25MB(할당된 총 익스텐트의 합으로서 모든 블록에 데이터가 저장되어 있다는 의미는 아니다. 무조건 할당되어진 총 크기라고 봐야 한다)
- 세그먼트에 할당된 총 블록 개수 : 3200개로 이전(1664개)의 2배
- 세그먼트에 할당된 총 익스텐트의 개수 : 40개(할당된 28개의 익스텐트 내부의 모든 블록에 데이터가 저장되어있다는 의미는 아니다. 무조건 할당되어진 총 개수라고 봐야 한다)

```
SQL> select segment_name , extent_id , block_id, blocks "How many blks inside
ext", bytes/1024 "Ext size in KB"
from dba_extents
where segment_name='EMP_TEST' and owner='SCOTT';

SEGMENT_NAME         EXTENT_ID   BLOCK_ID How many blks inside ext Ext size in KB
-------------------- ---------- ---------- ------------------------ --------------
EMP_TEST                     0        344                        8             64
EMP_TEST                     1       3936                        8             64
EMP_TEST                     2       3944                        8             64
EMP_TEST                     3       3952                        8             64
EMP_TEST                     4       3960                        8             64
EMP_TEST                     5       3968                        8             64
EMP_TEST                     6       3976                        8             64
EMP_TEST                     7       3984                        8             64
EMP_TEST                     8       3992                        8             64
EMP_TEST                     9       4000                        8             64
EMP_TEST                    10       4008                        8             64
EMP_TEST                    11       4016                        8             64
EMP_TEST                    12       4024                        8             64
EMP_TEST                    13       4032                        8             64
EMP_TEST                    14       4040                        8             64
EMP_TEST                    15       4048                        8             64
EMP_TEST                    16       4096                      128           1024
EMP_TEST                    17       4224                      128           1024
EMP_TEST                    18       4352                      128           1024
EMP_TEST                    19       4480                      128           1024
EMP_TEST                    20       4608                      128           1024
EMP_TEST                    21       4736                      128           1024
EMP_TEST                    22       4864                      128           1024
EMP_TEST                    23       4992                      128           1024
EMP_TEST                    24       5120                      128           1024
EMP_TEST                    25       5248                      128           1024
EMP_TEST                    26       5376                      128           1024
EMP_TEST                    27       5504                      128           1024
EMP_TEST                    28       5632                      128           1024
EMP_TEST                    29       5760                      128           1024
EMP_TEST                    30       5888                      128           1024
EMP_TEST                    31       6016                      128           1024
EMP_TEST                    32       6144                      128           1024
EMP_TEST                    33       6272                      128           1024
EMP_TEST                    34       6400                      128           1024
EMP_TEST                    35       6528                      128           1024
EMP_TEST                    36       6656                      128           1024
EMP_TEST                    37       6784                      128           1024
EMP_TEST                    38       6912                      128           1024
EMP_TEST                    39       7040                      128           1024

40 rows selected.
```

- 처음 16개의 익스텐트의 크기 : 각각64KB
- 하나의64KB 익스텐트 내부에 존재하는 블록의 개수 : 8개
- 나머지 34개의 익스텐트의 크기 : 각각 1MB
- 하나의1MB 익스텐트 내부에 존재하는 블록의 개수 : 128개

이제 모든 데이터를 Delete 명령을 사용하여 삭제하는 경우 스토리지 구조 정보를 확인하도록 한다.

```
SQL>delete table scott.emp_test;
183200 rows deleted.

SQL>commit;

SQL> select NUM_ROWS "Total Rows", INITIAL_EXTENT "Init ext size", NEXT_EXTENT
"Next ext size", BLOCKS "Blk below HWM", EMPTY_BLOCKS "Blks beyond HWM"
from dba_tables
where table_name='EMP_TEST' and owner='SCOTT';

Total Rows Init ext size Next ext size Blk below HWM Blks beyond HWM
---------- ------------- ------------- ------------- ---------------
0             65536      1048576        3176            0
```

- emp_test 테이블 총 로우 개수 : 0 개로 모든 로우가 삭제되었음을 알 수 있다.
- HWM 아래 블록의 총 개수 : 3176개 로 이전(3176개)과 동일
- HWM 위 블록의 총 개수 : 0개

Delete 명령으로 로우를 삭제하더라도 HWM의 위치는 변하지 않음을 확인할 수 있다.

```
SQL> select count(*) "Blks Actually in Use below HWM"
from
(select substr(rowid,1,15) from scott.emp_test group by substr(rowid,1,15));

Blks Actually in Use below HWM
------------------------------
                             0
```

HWM 아래 블록 가운데 실제로 데이터가 저장되어있는 블록의 개수: 0 개 로서 데이터를 저장하고 있는 블록이 존재하지 않음을 확인할 수 있다.

```
SQL> select header_file "DB File#", header_block, bytes/1024/1024 "MB", blocks
"How many blks", extents "How many exts"
from dba_segments where segment_name='EMP_TEST' and owner='SCOTT';

DB File# HEADER_BLOCK         MB How many blks How many exts
---------- ------------ ---------- ------------- -------------
         6          346         25          3200            40
```

Delete 이전과 동일함을 확인할 수 있다.

```
SQL> select segment_name , extent_id , block_id, blocks "How many blks inside
ext", bytes/1024 "Ext size in KB"
from dba_extents
where segment_name='EMP_TEST' and owner='SCOTT';

SEGMENT_NAME          EXTENT_ID   BLOCK_ID How many blks inside ext Ext size in KB
-------------------- ---------- ---------- ------------------------ --------------
EMP_TEST                      0        344                        8             64
EMP_TEST                      1       3936                        8             64
EMP_TEST                      2       3944                        8             64
EMP_TEST                      3       3952                        8             64
EMP_TEST                      4       3960                        8             64
EMP_TEST                      5       3968                        8             64
EMP_TEST                      6       3976                        8             64
EMP_TEST                      7       3984                        8             64
EMP_TEST                      8       3992                        8             64
EMP_TEST                      9       4000                        8             64
EMP_TEST                     10       4008                        8             64
EMP_TEST                     11       4016                        8             64
EMP_TEST                     12       4024                        8             64
EMP_TEST                     13       4032                        8             64
EMP_TEST                     14       4040                        8             64
EMP_TEST                     15       4048                        8             64
EMP_TEST                     16       4096                      128           1024
EMP_TEST                     17       4224                      128           1024
EMP_TEST                     18       4352                      128           1024
EMP_TEST                     19       4480                      128           1024
EMP_TEST                     20       4608                      128           1024
EMP_TEST                     21       4736                      128           1024
```

```
EMP_TEST                    22       4864                    128             1024
EMP_TEST                    23       4992                    128             1024
EMP_TEST                    24       5120                    128             1024
EMP_TEST                    25       5248                    128             1024
EMP_TEST                    26       5376                    128             1024
EMP_TEST                    27       5504                    128             1024
EMP_TEST                    28       5632                    128             1024
EMP_TEST                    29       5760                    128             1024
EMP_TEST                    30       5888                    128             1024
EMP_TEST                    31       6016                    128             1024
EMP_TEST                    32       6144                    128             1024
EMP_TEST                    33       6272                    128             1024
EMP_TEST                    34       6400                    128             1024
EMP_TEST                    35       6528                    128             1024
EMP_TEST                    36       6656                    128             1024
EMP_TEST                    37       6784                    128             1024
EMP_TEST                    38       6912                    128             1024
EMP_TEST                    39       7040                    128             1024

40 rows selected.
```

Delete 이전과 동일함을 확인할 수 있다.
이제 Truncate 명령을 사용하는 경우 스토리지 구조 정보를 확인하도록 한다

```
SQL> truncate table scott.emp_test;

SQL> select NUM_ROWS "Total Rows", INITIAL_EXTENT "Init ext size", NEXT_EXTENT
"Next ext size", BLOCKS "Blk below HWM", EMPTY_BLOCKS "Blks beyond HWM"
from dba_tables
where table_name='EMP_TEST' and owner='SCOTT';


Total Rows Init ext size Next ext size Blk below HWM Blks beyond HWM
---------- ------------- ------------- ------------- ---------------
         0         65536       1048576             0               0
```

HWM 아래 블록의 총 개수: 0개로서 HWM가 완전히 아래로 떨어진 것을 확인할 수 있다. 바로 이것이 Delete 명령과의 큰 차이점이라고 볼 수 있다.

```
SQL> select count(*) "Blks Actually in Use below HWM"
from
(select substr(rowid,1,15) from scott.emp_test group by substr(rowid,1,15));

Blks Actually in Use below HWM
------------------------------
                             0

SQL> select header_file "DB File#", header_block, bytes/1024/1024 "MB", blocks
"How many blks", extents "How many exts"
from dba_segments where segment_name='EMP_TEST' and owner='SCOTT';


DB File#   HEADER_BLOCK         MB  How many blks How many exts
---------- ------------ ---------- ------------- -------------
         6          346      .0625             8             1
```

첫 번째 익스텐트를 제외하고 모든 익스텐트가 반환(deallocated)된 것을 확인할 수 있다.

```
SQL> select segment_name , extent_id , block_id, blocks "How many blks inside
ext", bytes/1024 "Ext size in KB"
from dba_extents
where segment_name='EMP_TEST' and owner='SCOTT';

SEGMENT_NAME         EXTENT_ID  BLOCK_ID  How many blks inside ext Ext size in KB
-------------------- ---------- ---------- ------------------------ --------
EMP_TEST                      0        344                        8       64
```

이제 첫 번째 익스텐트만 남아있음을 확인할 수 있다.

●●● oracle 05

테이블 Parallel 옵션 변경

테이블에 대한 Parallel 설정 옵션을 변경하는 과정을 소개한다.
서버에 가용한 CPU(Core, Processes)가 여유가 있는 경우 임의의 작업 시 Parallel 프로세스를 사용하여 보다 빠른 처리를 할 수 있다는 장점을 제공한다.

```
=====================================================
참조 스크립트 : alter_tb_parallel.sql
ALTER TABLE customers PARALLEL;
=====================================================
```

현재 Parallel 프로세스가 비활성화 되어있는 상태를 보여준다. Degree가 1이란 의미는 단일 프로세스만 사용하겠다는 의미이다.

```
SQL> select degree from user_tables
  2  where table_name='CUSTOMERS';
DEGREE
------------------------------
         1
```

다음은 Parallel 프로세스 옵션을 설정하는 과정을 보여준다.

```
SQL> ALTER TABLE customers PARALLEL;
Table altered.
SQL> select degree from user_tables
  2  where table_name='CUSTOMERS';

DEGREE
------------------------------
   DEFAULT
```

다음은 프로세스의 개수를 4로 설정하는 과정을 보여준다.

```
SQL> ALTER TABLE customers PARALLEL 4;
Table altered.
SQL> select degree from user_tables
  2  where table_name='CUSTOMERS';
DEGREE
------------------------------
         4
```

다음은 Parallel 프로세스를 비활성화 상태로 변경하는 방법이다.

```
SQL> ALTER TABLE customers NOPARALLEL;
Table altered.
SQL> select degree from user_tables
  2  where table_name='CUSTOMERS';
DEGREE
------------------------------
         1
```

●●● oracle 06

테이블 제약(Constraints) 조건 변경

```
=====================================================
참조 스크립트: alter_tb_validate_constraints.sql
ALTER TABLE employees
   ENABLE NOVALIDATE PRIMARY KEY
   ENABLE NOVALIDATE CONSTRAINT emp_last_name_nn;
=====================================================
```

Step1) employees 테이블에 설정된 제약 조건들의 Validation 현재 상태를 확인하고 EMP_EMP_ID_PK와 EMP_LAST_NAME_NN 제약 조건을 NOVALIDATE 상태로 변경한다.

```
SQL> connect hr/hr
SQL>SELECT CONSTRAINT_NAME, CONSTRAINT_TYPE, STATUS FROM USER_CONSTRAINTS WHERE
TABLE_NAME='EMPLOYEES';
CONSTRAINT_NAME      CON   STATUS
-------------------- ---- --------------------
EMP_EMAIL_UK             U   ENABLED
EMP_EMP_ID_PK            P   ENABLED
```

```
EMP_DEPT_FK            R   ENABLED
EMP_JOB_FK             R   ENABLED
EMP_MANAGER_FK         R   ENABLED
EMP_LAST_NAME_NN       C   ENABLED
EMP_EMAIL_NN           C   ENABLED
EMP_HIRE_DATE_NN       C   ENABLED
EMP_JOB_NN             C   ENABLED
EMP_SALARY_MIN         C   ENABLED
SQL> ALTER TABLE employees
  ENABLE NOVALIDATE PRIMARY KEY
  ENABLE NOVALIDATE CONSTRAINT emp_last_name_nn;

SQL>SELECT   CONSTRAINT_NAME,   CONSTRAINT_TYPE,   STATUS,   VALIDATED   FROM
USER_CONSTRAINTs WHERE TABLE_NAME='EMPLOYEES';
CONSTRAINT_NAME      CON STATUS               VALIDATED
-------------------- --- -------------------- --------------------
EMP_EMAIL_UK         U   ENABLED              VALIDATED
EMP_EMP_ID_PK        P   ENABLED              NOT VALIDATED
EMP_DEPT_FK          R   ENABLED              VALIDATED
EMP_JOB_FK           R   ENABLED              VALIDATED
EMP_MANAGER_FK       R   ENABLED              VALIDATED
EMP_LAST_NAME_NN     C   ENABLED              NOT VALIDATED
EMP_EMAIL_NN         C   ENABLED              VALIDATED
EMP_HIRE_DATE_NN     C   ENABLED              VALIDATED
EMP_JOB_NN           C   ENABLED              VALIDATED
EMP_SALARY_MIN       C   ENABLED              VALIDATED
10 rows selected.
```

Step2) employees 테이블에 설정된 제약 조건들의 현재 상태를 확인하고 EMP_EMP_ID_PK와 EMP_LAST_NAME_NN 제약 조건을 다시 VALIDATE 상태로 변경한다.

```
SQL> ALTER TABLE employees
  ENABLE VALIDATE PRIMARY KEY
  ENABLE VALIDATE CONSTRAINT emp_last_name_nn;
SQL>SELECT   CONSTRAINT_NAME,   CONSTRAINT_TYPE,   STATUS,   VALIDATED   FROM
USER_CONSTRAINTs WHERE TABLE_NAME='EMPLOYEES';
CONSTRAINT_NAME      CON STATUS               VALIDATED
-------------------- --- -------------------- --------------------
EMP_EMAIL_UK         U   ENABLED              VALIDATED
EMP_EMP_ID_PK        P   ENABLED              VALIDATED
EMP_DEPT_FK          R   ENABLED              VALIDATED
EMP_JOB_FK           R   ENABLED              VALIDATED
```

```
EMP_MANAGER_FK        R  ENABLED             VALIDATED
EMP_LAST_NAME_NN      C  ENABLED             VALIDATED
EMP_EMAIL_NN          C  ENABLED             VALIDATED
EMP_HIRE_DATE_NN      C  ENABLED             VALIDATED
EMP_JOB_NN            C  ENABLED             VALIDATED
EMP_SALARY_MIN        C  ENABLED             VALIDATED
1 ows selected.
```

●●● oracle 07

테이블 제약 조건(Constraints) 추가 및 삭제

```
==========================================================
참조 스크립트: @alter_tb_check_constraints.sql
ALTER TABLE employees ADD CONSTRAINT check_comp
   CHECK (salary + (commission_pct*salary) <= 5000)
   DISABLE;
==========================================================
```

Step1) Check 제약 조건을 추가하면서 비활성화 상태로 설정한다.

```
SQL> connect hr/hr
SQL>SELECT   CONSTRAINT_NAME,   CONSTRAINT_TYPE,   STATUS,   VALIDATED   FROM
USER_CONSTRAINTs WHERE TABLE_NAME='EMPLOYEES';
CONSTRAINT_NAME      CON STATUS              VALIDATED
-------------------- --- ------------------ --------------------
EMP_EMAIL_UK          U  ENABLED             VALIDATED
EMP_EMP_ID_PK         P  ENABLED             VALIDATED
EMP_DEPT_FK           R  ENABLED             VALIDATED
EMP_JOB_FK            R  ENABLED             VALIDATED
EMP_MANAGER_FK        R  ENABLED             VALIDATED
EMP_LAST_NAME_NN      C  ENABLED             VALIDATED
EMP_EMAIL_NN          C  ENABLED             VALIDATED
EMP_HIRE_DATE_NN      C  ENABLED             VALIDATED
EMP_JOB_NN            C  ENABLED             VALIDATED
EMP_SALARY_MIN        C  ENABLED             VALIDATED
SQL>ALTER TABLE employees ADD CONSTRAINT check_comp
   CHECK (salary + (commission_pct*salary) <= 5000)
   DISABLE;
```

```
SQL>  SELECT  CONSTRAINT_NAME,  CONSTRAINT_TYPE,  STATUS,  VALIDATED  FROM
USER_CONSTRAINTs WHERE TABLE_NAME='EMPLOYEES' AND
CONSTRAINT_NAME='CHECK_COMP';
CONSTRAINT_NAME      CON STATUS               VALIDATED
-------------------- --- -------------------- --------------------
CHECK_COMP            C   DISABLED             NOT VALIDATED
```

Step2) Check 제약 조건을 제거한다.

```
SQL> ALTER TABLE employees DROP CONSTRAINT check_comp;
```

●●● oracle **08**

테이블 트리거(Trigger) 활성화/비활성화

임의의 테이블에 설정되어 있는 트리거에 대한 활성화/비활성화 방법을 살펴보자.

```
=======================================================
참조 스크립트: alter_tb_trigger.sql
ALTER TRIGGER SECURE_EMPLOYEES DISABLE;
=======================================================
```

Step1) 현재 employees 테이블에 설정되어 있는 트리거 정보를 조회한다.

```
select TRIGGER_NAME,STATUS from user_triggers where table_name='EMPLOYEES';
TRIGGER_NAME        STATUS
-------------------- --------------------
UPDATE_JOB_HISTORY   ENABLED
SECURE_EMPLOYEES     DISABLED
```

Step2) 다음과 같이 모든 트리거를 활성화 시킨다.

```
SQL> ALTER TABLE employees ENABLE ALL TRIGGERS;
Table altered.
SQL> select TRIGGER_NAME,STATUS from user_triggers where table_name='EMPLOYEES';

TRIGGER_NAME           STATUS
-------------------- --------------------
UPDATE_JOB_HISTORY     ENABLED
SECURE_EMPLOYEES       ENABLED
```

Step3) 다음과 같이 SECURE_EMPLOYEES 라는 트리거를 비활성화 시킨다.

```
SQL> ALTER TRIGGER SECURE_EMPLOYEES DISABLE;
Trigger altered.
SQL> select TRIGGER_NAME,STATUS from user_triggers where table_name='EMPLOYEES';

TRIGGER_NAME        STATUS
-------------------- --------------------
UPDATE_JOB_HISTORY   ENABLED
SECURE_EMPLOYEES     DISABLED
```

●●● oracle 09

테이블이 사용하지 않는 공간 반환 및 인위적 익스텐트 할당

다음은 테이블이 사용하지 않는 공간을 반환하는 과정을 살펴보자.

```
=======================================================
참조 스크립트: alter_tb_unused_space.sql
ALTER TABLE scott.emp_test
DEALLOCATE UNUSED;
=======================================================
```

Step1) 테이블을 생성하고 HWM 아래로 몇 개의 블록이 존재하는지 확인하도록 한다.

```
SQL> connect /as sysdba
SQL>drop table scott.emp_test purge;
SQL>create table scott.emp_test as select * from dba_objects;
SQL>exec dbms_stats.gather_table_stats('SCOTT','EMP_TEST');
SQL>select BLOCKS "Blk below HWM"
from dba_tables
where table_name='EMP_TEST' and owner='SCOTT';
Blk below HWM
-------------
        1572
```

현재 HWM 아래로 총 1572 개의 블록이 할당되어 있음을 확인할 수 있다.
이제 세그먼트에 할당된 총 익스텐트의 개수를 확인하도록 하자.

```
SQL> select blocks "How many blks", extents "How many exts"
from dba_segments where segment_name='EMP_TEST' and owner='SCOTT';

How many blks How many exts
------------- -------------
       1664           28
```

세그먼트에 할당된 총 익스텐트의 개수가 28개임을 확인할 수 있다.

Step2) 이제 10개의 익스텐트를 인위적으로 추가하면 HWM은 기존 위치에 그대로 유지되지만 익스텐트는 현재 28개에서 38개로 증가된다. 바로 이 추가된 10개의 익스텐트가 Unused space라고 보면 된다. HWM 위에 위치한 공간이라고 이해하면 된다.

```
SQL> alter table scott.emp_test allocate extent;
<동일한 명령을 총 10회 실행 한다>
SQL>alter table scott.emp_test allocate extent;
SQL>exec dbms_stats.gather_table_stats('SCOTT','EMP_TEST');
```

현재 HWM의 위치를 확인하도록 한다.

```
SQL>select BLOCKS "Blk below HWM"
from dba_tables
where table_name='EMP_TEST' and owner='SCOTT';
Blk below HWM
-------------
       1572
```

익스텐트를 할당하기 전과 동일한 위치에 HWM이 있음을 확인할 수 있다.
다시 전체적으로 몇 개의 익스텐트가 할당되었는지 확인하도록 하자.

```
SQL> select blocks "How many blks", extents "How many exts"
from dba_segments where segment_name='EMP_TEST' and owner='SCOTT';
How many blks How many exts
------------- -------------
       2944           38
```

28개에서 38개로 10개의 익스텐트가 증가된 것을 확인할 수 있다.

Step3) 이제 Unused space를 반환시키도록 하자.

```
SQL> ALTER TABLE scott.emp_test
   DEALLOCATE UNUSED;
SQL>exec dbms_stats.gather_table_stats('SCOTT','EMP_TEST');
SQL>select BLOCKS "Blk below HWM"
from dba_tables
where table_name='EMP_TEST' and owner='SCOTT';
Blk below HWM
-------------
        1572

SQL> select blocks "How many blks", extents "How many exts"
from dba_segments where segment_name='EMP_TEST' and owner='SCOTT';
How many blks How many exts
------------- -------------
        1576          28
```

Unused space를 반환시키고 난 후 다시 원래 28개로 돌아왔음을 확인할 수 있다.

●●● oracle 10

테이블 기본 컬럼 값(Default column value) 설정

컬럼에 데이터가 입력될 때 기본 컬럼값을 사용하는 과정을 보여준다.

```
=======================================================
참조 스크립트 : alter_tb_default_colValue.sql
ALTER TABLE product_information
  MODIFY (min_price DEFAULT 10);
=======================================================
```

Step1) 테이블을 생성한다.

```
SQL>CREATE TABLE product_information
(product_id number(10),
 product_name varchar2(30),
list_price number(8,2),
min_price number(8,2));
```

```
SQL>INSERT INTO product_information (product_id, product_name,
   list_price, min_price)
   VALUES (300, 'left-handed mouse', 40.50, 30.99);
SQL>select * from product_information;
PRODUCT_ID PRODUCT_NAME         LIST_PRICE  MIN_PRICE
---------- -------------------- ---------- ----------
       300 left-handed mouse          40.5      30.99
```

Step2) min_ price 컬럼에 Default 값을 10으로 설정한다.

```
SQL>ALTER TABLE product_information
  MODIFY (min_price DEFAULT 10);
```

Step3) 로우 데이터를 추가한다. 이때 min_price 컬럼값은 지정하지 않는다.

```
SQL>INSERT INTO product_information (product_id, product_name,
   list_price)
   VALUES (400, 'right-handed mouse', 40.50);
SQL>SELECT *
    FROM product_information
PRODUCT_ID PRODUCT_NAME         LIST_PRICE  MIN_PRICE
---------- -------------------- ---------- ----------
       300  left-handed mouse         40.5      30.99
       400  right-handed mouse        40.5         10
```

이처럼 min_price 값이 자동적으로 10으로 입력된 것을 확인할 수 있다.

컬럼 기본값을 더 이상 사용하지 않으려면 다음과 같이 Null로 설정한다.

```
SQL> ALTER TABLE product_information
   MODIFY (min_price DEFAULT NULL);
```

테이블 컬럼 이름 변경(Rename)

테이블에 대한 컬럼 이름을 변경하는 과정을 소개한다.

```
=======================================================
참조 스크립트 : alter_tb_column_name.sql
ALTER TABLE customers
RENAME COLUMN credit_limit TO credit_amount;
=======================================================
```

Step1) oe 사용자로 접속한 후 customer 테이블을 조회한다.

```
SQL> desc customers
 Name                                      Null?    Type
 ----------------------------------------- -------- ----------------------------
 CUSTOMER_ID                               NOT NULL NUMBER(6)
 CUST_FIRST_NAME                           NOT NULL VARCHAR2(20)
 CUST_LAST_NAME                            NOT NULL VARCHAR2(20)
 CUST_ADDRESS                                       CUST_ADDRESS_TYP
 PHONE_NUMBERS                                      PHONE_LIST_TYP
 NLS_LANGUAGE                                       VARCHAR2(3)
 NLS_TERRITORY                                      VARCHAR2(30)
 CREDIT_LIMIT                                       NUMBER(9,2)
 CUST_EMAIL                                         VARCHAR2(30)
 ACCOUNT_MGR_ID                                     NUMBER(6)
 CUST_GEO_LOCATION                                  MDSYS.SDO_GEOMETRY
 DATE_OF_BIRTH                                      DATE
 MARITAL_STATUS                                     VARCHAR2(20)
 GENDER                                             VARCHAR2(1)
 INCOME_LEVEL                                       VARCHAR2(20)
```

Step2) 컬럼 이름 credit_limit을 credit_amount으로 변경한다.

```
SQL> ALTER TABLE customers
  2  RENAME COLUMN credit_limit TO credit_amount;
Table altered.
SQL> desc customers
```

```
Name                                      Null?    Type
----------------------------------------- -------- ----------------------------
CUSTOMER_ID                               NOT NULL NUMBER(6)
CUST_FIRST_NAME                           NOT NULL VARCHAR2(20)
CUST_LAST_NAME                            NOT NULL VARCHAR2(20)
CUST_ADDRESS                                       CUST_ADDRESS_TYP
PHONE_NUMBERS                                      PHONE_LIST_TYP
NLS_LANGUAGE                                       VARCHAR2(3)
NLS_TERRITORY                                      VARCHAR2(30)
CREDIT_AMOUNT                                      NUMBER(9,2)
CUST_EMAIL                                         VARCHAR2(30)
ACCOUNT_MGR_ID                                     NUMBER(6)
CUST_GEO_LOCATION                                  MDSYS.SDO_GEOMETRY
DATE_OF_BIRTH                                      DATE
MARITAL_STATUS                                     VARCHAR2(20)
GENDER                                             VARCHAR2(1)
INCOME_LEVEL                                       VARCHAR2(20)
```

Step3) 변경 사항을 복구한다.

```
SQL> ALTER TABLE customers
  2  RENAME COLUMN credit_amount TO credit_limit;
Table altered.
```

●●● oracle 12 테이블 컬럼 제거(Dropping column)

테이블 컬럼을 제거하고자 할 때 다른 테이블과의 관계(Relationship)로 인해 제거하지 못하는 경우 Cascade 옵션을 사용하여 제거하는 과정을 소개한다.

```
==========================================================
참조 스크립트 : alter_tb_column_drop.sql
ALTER TABLE t1 DROP (pk);
ALTER TABLE t1 DROP (c1);
ALTER TABLE t1 DROP (pk) CASCADE CONSTRAINTS;
==========================================================
```

Step1) scott 사용자로 접속한 후 테이블을 생성한다.

```
SQL> connect scott/tiger
SQL>CREATE TABLE t1 (
   pk NUMBER PRIMARY KEY,
   fk NUMBER,
   c1 NUMBER,
   c2 NUMBER,
   CONSTRAINT ri FOREIGN KEY (fk) REFERENCES t1,
   CONSTRAINT ck1 CHECK (pk > 0 and c1 > 0),
   CONSTRAINT ck2 CHECK (c2 > 0)
);

SQL>desc t1;
Name                                      Null?    Type
 ----------------------------------------- -------- ---------------
 PK                                        NOT NULL NUMBER
 FK                                                 NUMBER
 C1                                                 NUMBER
 C2                                                 NUMBER

SQL> ALTER TABLE t1 DROP (pk);
ALTER TABLE t1 DROP (pk)
                     *
ERROR at line 1:
ORA-12992: cannot drop parent key column

SQL> ALTER TABLE t1 DROP (c1);
ALTER TABLE t1 DROP (c1)
                     *
ERROR at line 1:
ORA-12991: column is referenced in a multi-column constraint
```

이처럼 특정 컬럼에 제약 조건이 걸려있는 경우 컬럼 삭제가 불가능하다는 사실을 확인하였다.

Step2) Cascade constraint 옵션을 사용하여 Primary 키가 설정된 컬럼을 제거한다.

```
SQL> ALTER TABLE t1 DROP (pk) CASCADE CONSTRAINTS;
SQL> desc t1;
Name                                      Null?    Type
 ----------------------------------------- -------- ---------------
 FK                                                NUMBER
 C1                                                NUMBER
 C2                                                NUMBER
```

●●● oracle 13

테이블 가상 컬럼 추가(Virtual column)

테이블에 가상 컬럼을 추가하는 방법을 살펴보자.
다음은 salary 컬럼과 commition_pct 컬럼을 통합하는 가상 컬럼 income을 추가하는 과정을 보여준다.

```
=====================================================
참조 스크립트 : alter_tb_virtual_column.sql
ALTER TABLE emp2 ADD
(income AS (salary + (salary*commission_pct)));
=====================================================
```

Step1) hr 사용자로 접속하여 테이블을 생성한다.

```
SQL>connect hr/hr
SQL>CREATE TABLE emp2 AS SELECT * FROM employees;
SQL>DESC EMP2

Name                                      Null?    Type
 ----------------------------------------- -------- ----------------------------
 EMPLOYEE_ID                                        NUMBER(6)
 FIRST_NAME                                         VARCHAR2(20)
 LAST_NAME                                 NOT NULL VARCHAR2(25)
 EMAIL                                     NOT NULL VARCHAR2(25)
 PHONE_NUMBER                                       VARCHAR2(20)
 HIRE_DATE                                 NOT NULL DATE
 JOB_ID                                    NOT NULL VARCHAR2(10)
 SALARY                                             NUMBER(8,2)
 COMMISSION_PCT                                     NUMBER(2,2)
 MANAGER_ID                                         NUMBER(6)
 DEPARTMENT_ID                                      NUMBER(4)
```

Step2) income이라는 가상 컬럼을 생성하도록 한다.

```
SQL>ALTER TABLE emp2 ADD (income AS (salary + (salary*commission_pct)));
SQL> DESC EMP2

Name                                       Null?      Type
 ----------------------------------------- -------- ----------------------------
 EMPLOYEE_ID                                           NUMBER(6)
 FIRST_NAME                                            VARCHAR2(20)
 LAST_NAME                                  NOT NULL   VARCHAR2(25)
 EMAIL                                      NOT NULL   VARCHAR2(25)
 PHONE_NUMBER                                          VARCHAR2(20)
 HIRE_DATE                                  NOT NULL   DATE
 JOB_ID                                     NOT NULL   VARCHAR2(10)
 SALARY                                                NUMBER(8,2)
 COMMISSION_PCT                                        NUMBER(2,2)
 MANAGER_ID                                            NUMBER(6)
 DEPARTMENT_ID                                         NUMBER(4)
 INCOME                                                NUMBER
```

●●● oracle 14

테이블 컬럼 크기 변경

테이블 컬럼 salary 컬럼 (8,2)를 (9,2)으로 변경하는 과정을 살펴보자.

```
======================================================
참조 스크립트 : alter_tb_mod_col_size.sql
ALTER TABLE emp2
   MODIFY (salary NUMBER(9,2));
======================================================
Step 1) hr 사용자로 접속하여 테이블을 생성한다.
SQL> connect hr/hr
SQL>CREATE TABLE emp2 AS SELECT * FROM employees;
SQL>DESC EMP2
Name                                       Null?      Type
 ----------------------------------------- --------   ---------------------
 EMPLOYEE_ID                                           NUMBER(6)
 FIRST_NAME                                            VARCHAR2(20)
 LAST_NAME                                  NOT NULL   VARCHAR2(25)
 EMAIL                                      NOT NULL   VARCHAR2(25)
```

```
PHONE_NUMBER                                           VARCHAR2(20)
HIRE_DATE                            NOT NULL          DATE
JOB_ID                               NOT NULL          VARCHAR2(10)
SALARY                                                 NUMBER(8,2)
COMMISSION_PCT                                         NUMBER(2,2)
MANAGER_ID                                             NUMBER(6)
DEPARTMENT_ID                                          NUMBER(4)
```

현재 salary 컬럼크 기가 (8,2)로 설정되어 있음을 확인할 수 있다.
이제 salary 컬럼 (8,2)를 (9,2)으로 변경하는 과정을 살펴보자.

```
SQL> ALTER TABLE emp2
    MODIFY (salary NUMBER(9,2));
SQL> DESC EMP2
Name                                      Null?             Type
 ----------------------------------------- ----------------- -----------------
 EMPLOYEE_ID                                                 NUMBER(6)
 FIRST_NAME                                                  VARCHAR2(20)
 LAST_NAME                                 NOT NULL          VARCHAR2(25)
 EMAIL                                     NOT NULL          VARCHAR2(25)
 PHONE_NUMBER                                                VARCHAR2(20)
 HIRE_DATE                                 NOT NULL          DATE
 JOB_ID                                    NOT NULL          VARCHAR2(10)
 SALARY                                                      NUMBER(9,2)
 COMMISSION_PCT                                              NUMBER(2,2)
 MANAGER_ID                                                  NUMBER(6)
 DEPARTMENT_ID                                               NUMBER(4)
```

●●● oracle 15

테이블 이동(Move)

다음은 테이블을 다른 테이블스페이스로 옮기는 과정을 살펴보도록 한다.
실무에서 종종 테이블을 이리저리 옮겨야 하는 상황이 발생한다. 예를 들면, 신규 스토리지를 구입하고 그 영역에 새로운 테이블스페이스를 생성한 후 기존 테이블을 옮기는 작업들이 좋은 예가 되겠다. 또 다른 예라면 기존 테이블스페이스가 더 이상 확장이 불가능한 경우 일단 공간이 여유가 있는 다른 테이블스페이스로 테이블을 옮겨야 하는 상황도 또 다른 예가 되겠다. 테이블을 옮기는 것 자체는 일단 크게 문제가 되지 않지만 테이블이 옮겨진 이후 해당 테이블에 생성되어 있는 모든 인덱스들이 Unusable 상태가 되므로 이들을 재 생성해주어야 한다는 점은 반드시 기억하기 바란다.

```
================================================================
참조 스크립트 : tb_move.sql
alter table oe.customers move tablespace cust_test_tbs;
================================================================
```

Step1) oe.customers 테이블이 저장되어 있는 현재 테이블스페이스를 확인한다.

```
SQL> select table_name, tablespace_name
    from dba_tables
    where owner='OE' and table_name='CUSTOMERS';

TABLE_NAME      TABLESPACE_NAME
--------------- --------------------
CUSTOMERS       USERS
```

Step2) oe.customers 테이블을 다른 테이블스페이스로 옮긴다.

```
SQL> alter table oe.customers move tablespace cust_test_tbs;
SQL> select table_name, tablespace_name
    from dba_tables
    where owner='OE' and table_name='CUSTOMERS';
TABLE_NAME      TABLESPACE_NAME
--------------- --------------------
CUSTOMERS       CUST_TEST_TBS
```

customer 테이블이 cust_test_tbs 테이블스페이스로 옮겨진 것을 확인할 수 있다.

●●● oracle 16

테이블 데이터 삭제-1(Delete)

테이블의 로우 데이터를 삭제하는 방법은 여러 가지가 가능한데 그 중 일반적으로 자주 사용하는 명령어인 Delete 명령을 실행하면 내부적으로 어떤 상황이 발생하는지 살펴보자.
예를 들어 oe.base_tb 테이블의 모든 로우 데이터를 삭제하는 명령문은 다음과 같다.

SQL〉 delete from oe.base_tb;

Delete 명령을 사용할 때 테이블 내부에 대량의 로우 데이터가 저장되어 있으면 로우 데이터가 삭제될 때마다 내부적으로 많은 자원이 소모된다. 예를 들어 CPU, 리두 로그 파일, 테이블이나 인덱스에 대한 롤백 세그먼트 등의 자원이 동시 다발 적으로 사용된다. 특히 Delete 명령어가 DML 문장이기 때문에 리두 로그와 언두가 동시에 발생하게 되어 더욱 자원 소모가 큰 작업이 될 수 있다.
혹시라도 테이블에 트리거(Trigger)가 걸려있다면 각 로우 데이터가 삭제될 때마다 실행되기도 한다.
그러므로 Delete 문장을 단순하게 생각하고 남용해서는 안 된다는 점 반드시 기억하기 바란다.
마지막으로 어쩌면 가장 중요한 사항은 데이블 데이터는 삭제되지만 이미 사용하던(할당된) 영역은 그대로 유지된다는 점이다. 결국 HWM이 내려오지 않고 그대로 유지된다는 의미이다. 이 문제는 단순한 문제가 아니다. 왜냐하면 옵티마이저가 SQL 문장에 대한 실행 계획을 작성할 때 Table full scan을 선택하는 경우 오라클은 무조건 HWM 아래 있는 블록들을 모두 스캔하기 때문이다. 모든 데이터가 삭제된 테이블을 읽게 되는 상황인데도 불구하고 HWM 까지 무조건 스캔하는 상황은 반드시 피해야 할 상황인 듯하다.

```
========================================================
참조 스크립트 : tb_delete.sql
delete from oe.base_tb;
========================================================
```

Step1) oe.base_tb 테이블을 생성한다.

```
SQL> create table oe.base_tb as select object_id, object_name, object_type from
dba_objects;
select count(*) from oe.base_tb;
COUNT(*)
----------
    91783
```

Step2) oe.base_tb 테이블에 할당된 세그먼트, 익스텐트, 블록 정보를 확인한다.
현재 19개의 익스텐트가 할당되어 있음을 확인할 수 있다.

```
select segment_name, extent_id, block_id, blocks, bytes
from dba_extents
where segment_name='BASE_TB';

SEGMENT_NAME     EXTENT_ID   BLOCK_ID BLOCKS      BYTES
--------------- ---------- ---------- ------ ----------
BASE_TB                  0       4080      8      65536
BASE_TB                  1       4088      8      65536
BASE_TB                  2       5544      8      65536
BASE_TB                  3       5560      8      65536
BASE_TB                  4       5568      8      65536
```

```
BASE_TB                    5       5576      8       65536
BASE_TB                    6       5584      8       65536
BASE_TB                    7       5592      8       65536
BASE_TB                    8       5600      8       65536
BASE_TB                    9       5608      8       65536
BASE_TB                   10       5616      8       65536
BASE_TB                   11       5624      8       65536
BASE_TB                   12       5632      8       65536
BASE_TB                   13       5640      8       65536
BASE_TB                   14       5648      8       65536
BASE_TB                   15       5656      8       65536
BASE_TB                   16       5760    128     1048576
BASE_TB                   17       5888    128     1048576
BASE_TB                   18       6016    128     1048576
BASE_TB                   19       6144    128     1048576

20 rows selected.
```

Step3) oe.base_tb 테이블에 저장된 로우 데이터를 Delete 명령을 사용하여 삭제한다.

```
delete from oe.base_tb;
91783 rows deleted.
commit;
select count(*) from oe.base_tb;
COUNT(*)
----------
         0
```

Step4) oe.base_tb 테이블에 할당된 세그먼트, 익스텐트, 블록 정보를 다시 확인한다. 모든 데이터가 삭제되었음에도 불구하고 현재 여전히 19개의 익스텐트가 할당되어 있음을 확인할 수 있다.

```
select segment_name, extent_id, block_id, blocks, bytes
from dba_extents
where segment_name='BASE_TB';
SEGMENT_NAME     EXTENT_ID  BLOCK_ID BLOCKS      BYTES
--------------- ---------- ---------- ------ ----------
BASE_TB                  0       4080      8      65536
BASE_TB                  1       4088      8      65536
BASE_TB                  2       5544      8      65536
BASE_TB                  3       5560      8      65536
```

```
BASE_TB                   4      5568      8       65536
BASE_TB                   5      5576      8       65536
BASE_TB                   6      5584      8       65536
BASE_TB                   7      5592      8       65536
BASE_TB                   8      5600      8       65536
BASE_TB                   9      5608      8       65536
BASE_TB                  10      5616      8       65536
BASE_TB                  11      5624      8       65536
BASE_TB                  12      5632      8       65536
BASE_TB                  13      5640      8       65536
BASE_TB                  14      5648      8       65536
BASE_TB                  15      5656      8       65536
BASE_TB                  16      5760    128     1048576
BASE_TB                  17      5888    128     1048576
BASE_TB                  18      6016    128     1048576
BASE_TB                  19      6144    128     1048576

20 rows selected.
```

●●● oracle 17

테이블 데이터 삭제-2(Truncate)

테이블 데이터를 삭제하는 또 다른 방식이 바로 Truncate 명령을 사용하는 방법이다.
명령어 자체는 다음과 같이 상당히 간단하다. .

```
SQL> truncate table oe.base_tb;
```

Ttruncate 명령은 테이블에서 모든 로우 데이터를 삭제하는 가장 빠르고 효율적인 방법이다. Truncate 명령을 수행하는 경우 내부적으로 어떤 상황이 발생하는지 살펴보자.

Truncate 명령어는 DDL 명령이므로 언두 정보를 생성하지 않고 즉시 자동 커밋을 수행한다. 그 만큼 자원 사용 측면에서 효율적이다. 실제로 대용량 데이터를 Delete 하는 경우와 비교해볼 때 큰 차이를 보여준다.

Truncate 명령어는 DDL 명령문으로 언두가 발생하지 않으므로 결국 롤백이 불가능하다는 점을 유의하기 바란다. 한 번 Truncate 하면 거기서 끝이란 이야기다.

임의 테이블에 Truncate 명령을 실행하면 해당 테이블에 설정된 제약 조건이나 트리거 그리고 권한에 전혀 영향을 주지 않는다. 그냥 데이터만 빨리 제거한다.

Delete 명령과는 다르게 일단 Truncate 명령이 실행되면 데이터를 삭제하는 동시에 해당 테이블에 할당된 익스텐트를 반환하게 된다. 이때 Initial 익스텐드만 남기고 모두 반환하게 되는데 이 과정 가운데 HWM이 아래로 재조정된다.
Delete 문장의 경우 해당 트리거가 실행된다고 앞에서 설명한 적이 있다 하지만 Truncate 명령은 트리거 실행 없이 데이터를 삭제한다.
정리하자면 Delete 명령과 비교할 때 Truncate 명령의 가장 큰 장점은 바로 빠르다는 점과 HWM이 재조정된다는 두 가지라고 이해하기 바란다.

```
==========================================================
참조 스크립트 : tb_truncate.sql
delete from oe.base_tb;
==========================================================
```

Step1) oe.base_tb 테이블을 생성한다.

```
create table oe.base_tb as select object_id, object_name, object_type from
dba_objects;
select count(*) from oe.base_tb;
COUNT(*)
----------
     91783
```

Step2) oe.base_tb 테이블에 할당된 세그먼트, 익스텐트, 블록 정보를 확인한다.
현재 19개의 익스텐트가 할당되어 있음을 확인할 수 있다

```
select segment_name, extent_id, block_id, blocks, bytes
from dba_extents
where segment_name='BASE_TB';

SEGMENT_NAME     EXTENT_ID   BLOCK_ID BLOCKS      BYTES
--------------- ---------- ---------- ------ ----------
BASE_TB                  0       4080      8      65536
BASE_TB                  1       4088      8      65536
BASE_TB                  2       5544      8      65536
BASE_TB                  3       5560      8      65536
BASE_TB                  4       5568      8      65536
BASE_TB                  5       5576      8      65536
BASE_TB                  6       5584      8      65536
BASE_TB                  7       5592      8      65536
BASE_TB                  8       5600      8      65536
```

```
BASE_TB                  9       5608     8          65536
BASE_TB                 10       5616     8          65536
BASE_TB                 11       5624     8          65536
BASE_TB                 12       5632     8          65536
BASE_TB                 13       5640     8          65536
BASE_TB                 14       5648     8          65536
BASE_TB                 15       5656     8          65536
BASE_TB                 16       5760   128        1048576
BASE_TB                 17       5888   128        1048576
BASE_TB                 18       6016   128        1048576
BASE_TB                 19       6144   128        1048576
20 rows selected.
```

Step3) oe.base_tb 테이블에 저장된 로우 데이터를 Truncate 명령을 사용하여 삭제한다.

```
truncate table oe.base_tb;
Table truncated.
select count(*) from oe.base_tb;
COUNT(*)
----------
         0
```

Step4) oe.base_tb 테이블에 할당된 세그먼트, 익스텐트, 블록 정보를 다시 확인한다. Delete 문장을 실행했을 때와는 다르게 1개의 익스텐트만 할당되어 있음을 확인할 수 있다. 나머지 18개의 익스텐트들은 시스템에 반환되었음을 확인할 수 있다.

```
select segment_name, extent_id, block_id, blocks, bytes
from dba_extents
where segment_name='BASE_TB';

SEGMENT_NAME     EXTENT_ID  BLOCK_ID  BLOCKS      BYTES
--------------- ---------- ---------- ------ ----------
BASE_TB                  0      4080       8      65536
```

●●● oracle 18

테이블 제거(Drop)

Purge 옵션을 사용하지 않고 테이블이 제거되면 그 테이블 관련 모든 인덱스, 제약 조건, 트리거들도 함께 제거되며, 제거된 테이블에 종속된 오브젝트들은 Invalid 상태가 된다. 또한 제거된 테이블에 부여된 권한들도 제거된다.
하지만 Purge 옵션을 사용하여 테이블을 제거하게 되면 즉시 제거되지 않고 Recyclebin에 남아있어서 이후 테이블을 복구할 때 즉시 복원이 가능하며 Recyclebin에서 제거되어야 비로소 완전히 테이블이 제거된다. 여기서 "Recyclebin 에 남아있어서" 라는 의미는 다음과 같다.

일단 테이블이 purge 옵션 사용 없이 제거되면 테이블은 물리적인 공간을 그대로 유지하게 된다. 다시 말하자면 테이블이 물리적으로는 여전히 그 자리에 존재한다는 의미이다. 하지만 테이블은 데이터 딕셔너리 상 더 이상 존재하지 않는다. 그러므로 제거된 테이블을 참조하려고 하면 에러가 발생하게 되는 것이다. Recyclebin이란 의미는 이러한 제거된 테이블의 정보를 별도로 저장하고 있는 특별한 데이터 딕셔너리라고 이해하면 쉬울 듯하다. 제거된 테이블 정보는 이러한 특별한 데이터 딕셔너리인 Recyclebin에 등록되어 완전히 제거될 때까지 유지/관리된다는 의미이다.
그리고 제거된 테이블과 그와 관련된 오브젝트들(인덱스,제약조건 등)은 "BIN$$" 라는 Prefix를 가지는 다른 이름으로 변경되어 있어 등록된다. 그러므로 필요한 경우 dba_recyclebin 뷰를 통해 원래 테이블 이름과 Recyclebin에 등록된 테이블 이름을 참조하여 필요한 작업들을 수행할 수 있다.
그렇다면 이러한 Recyclebin이 필요한 이유는 무엇일까?

Purge 옵션을 사용하지 않고 테이블을 제거하게 되면 Flashback drop 명령을 사용하여 제거된 테이블과 함께 제거된 오브젝트들을 간단히 복구할 수 있다는 장점을 제공한다. 데이터베이스를 운영하면서 테이블이 실수로 제거되는 경우 이를 복구하는게 그냥 단순하지 않다는 사실을 운영을 해본 독자라면 충분히 공감할 것이다.
그럼 언제까지 Recyclebin에 제거된 테이블이 남아있을 수 있을까?
일단 제거된 테이블이 저장되어 있는 테이블스페이스의 공간이 부족한 상황인 경우 새로운 공간을 할당하기 전에 제거된 테이블을 먼저 물리적으로 제거하는 과정이 발생한다. 이때 실질적으로 테이블이 제거된다.
그리고 purge recyclebin, purge dba_recyclebin과 같은 Purge 명령을 사용하게 되면 인위적으로 이들을 실질적으로 제거할 수 있다.

```
=====================================================
참조 스크립트 : tb_drop.sql
drop table oe.base_tb purge;
=====================================================
```

Step1) oe.base_tb 테이블을 생성한다.

```
SQL> create table oe.base_tb as select object_id, object_name, object_type from
dba_objects;
```

Step2) oe.base_tb 테이블의 object_id 컬럼에 인덱스를 생성한다.

```
SQL> create index oe.idx_object_id on oe.base_tb(object_id);
```

Step3) oe.base_tb 테이블에 할당된 세그먼트, 익스텐트, 블록 정보를 확인한다.
현재 19개의 익스텐트가 할당되어 있음을 확인할 수 있다.

```
SQL> select segment_name, extent_id, block_id, blocks, bytes
from dba_extents
where segment_name='BASE_TB';

SEGMENT_NAME     EXTENT_ID   BLOCK_ID     BLOCKS      BYTES
--------------- ---------- ---------- ---------- ----------
BASE_TB                  0       4080          8      65536
BASE_TB                  1       4088          8      65536
BASE_TB                  2       5544          8      65536
BASE_TB                  3       5560          8      65536
BASE_TB                  4       5568          8      65536
BASE_TB                  5       5576          8      65536
BASE_TB                  6       5584          8      65536
BASE_TB                  7       5592          8      65536
BASE_TB                  8       5600          8      65536
BASE_TB                  9       5608          8      65536
BASE_TB                 10       5616          8      65536
BASE_TB                 11       5624          8      65536
BASE_TB                 12       5632          8      65536
BASE_TB                 13       5640          8      65536
BASE_TB                 14       5648          8      65536
BASE_TB                 15       5656          8      65536
BASE_TB                 16       5760        128    1048576
BASE_TB                 17       5888        128    1048576
BASE_TB                 18       6016        128    1048576
BASE_TB                 19       6144        128    1048576
20 rows selected.

SQL> select count(*) from oe.base_tb;
COUNT(*)
----------
     91795
```

Step4) 현재 Recyclebin에 저장되어 있는 데이터베이스 오브젝트를 확인하도록 한다. 총 11개의 데이터베이스 오브젝트가 Recyclebin에 등록되어 있음을 알 수가 있다.

```
SQL> SELECT SUBSTR(object_name,1,10),substr(object_type,1,5),substr(owner,1,4)
FROM dba_objects
WHERE object_name LIKE '%RECYCLEBIN%';

SUBSTR(OBJECT_NAME,1,10)       SUBSTR(OBJECT_T  SUBSTR(OWNER
------------------------------ ---------------- ------------
RECYCLEBIN                      TABLE            SYS
RECYCLEBIN                      INDEX            SYS
RECYCLEBIN                      INDEX            SYS
RECYCLEBIN                      INDEX            SYS
USER_RECYC                      VIEW             SYS
DBA_RECYCL                      VIEW             SYS
CDB_RECYCL                      VIEW             SYS
USER_RECYC                      SYNON            PUBL
RECYCLEBIN                      SYNON            PUBL
DBA_RECYCL                      SYNON            PUBL
CDB_RECYCL                      SYNON            PUBL

11 rows selected.
```

Step5) oe.base_tb 테이블과 IDX_OBJECT_ID 라는 인덱스가 저장되어 있는 테이블스페이스를 확인하도록 한다.

```
SQL> select segment_name,tablespace_name from dba_segments
where segment_name ='BASE_TB';

SEGMENT_NAME     TABLESPACE
---------------- ----------
BASE_TB          USERS

SQL> select index_name,tablespace_name from dba_indexes
where index_name ='IDX_OBJECT_ID';

INDEX_NAME     TABLESPACE
-------------- ----------
IDX_OBJECT_ID  USERS
```

Step6) Drop 명령을 사용하여 테이블을 제거하고 Recyclebin을 확인하도록 한다.

```
SQL> drop table oe.base_tb;
Table dropped.

SQL> select object_name,ORIGINAL_NAME,ts_name from recyclebin;

OBJECT_NAME            ORIGINAL_NAME    TS_NAME
-------------------- ---------------- ----------
BIN$MCvaPZLuaergUw8A  IDX_OBJECT_ID    USERS
qMCHDQ==$0

BIN$MCvaPZLvaergUw8A BASE_TB          USERS
qMCHDQ==$0

SQL> SELECT object_name,original_name,operation,type,dropscn,droptime
FROM dba_recyclebin;

OBJECT_NAME          ORIGINAL_NAME  OPERATION  TYPE     DROPSCN  DROPTIME
-------------------- ---------------- ---------- ---------- ---------- --------------------
BIN$MCvaPZLvaergUw8A BASE_TB          DROP       TABLE      2396337   2016-04-11:10:07:58
qMCHDQ==$0

BIN$MCvaPZLuaergUw8A IDX_OBJECT_ID    DROP       INDEX      2396333   2016-04-11:10:07:58
qMCHDQ==$0
```

현재 oe.base_tb 테이블과 IDX_OBJECT_ID 인덱스가 모두 제거된 후 이제는 Recyclebin에 등록되어 있음을 확인할 수 있다.

Step7) 더 이상 dba_segments 데이터 딕셔너리 뷰에서는 찾아볼 수 없음을 확인할 수 있다. 이 의미는 사용자들이 제거된 oe.base_tb 테이블과 IDX_OBJECT_ID 인덱스를 사용할 수 없는 상태라는 의미가 된다.

```
SQL> select segment_name,tablespace_name from dba_segments
where segment_name ='BASE_TB';

no rows selected

SQL> select index_name,tablespace_name from dba_indexes
where index_name ='IDX_OBJECT_ID';

no rows selected
```

Step8) oe.base_tb 테이블과 IDX_OBJECT_ID 인덱스를 Recyclebin으로부터 완전히 제거하기 위해 Purge 명령을 사용한다.

```
SQL> purge table oe.base_tb;
Table purged.
```

더 이상 Recyclebin에 등록되어 있지 않은 상태임을 확인할 수 있다.

```
SQL> select object_name,ORIGINAL_NAME,ts_name from recyclebin;
no rows selected
```

Step9) 다시 oe.base_tb 테이블을 생성한 후 이제는 drop … purge 명령을 사용하여 oe.base_tb 테이블을 제거하도록 한다.

```
SQL> create table oe.base_tb as select object_id, object_name, object_type from
dba_objects;

SQL> drop table oe.base_tb purge;

SQL> select object_name,ORIGINAL_NAME,ts_name from recyclebin;
no rows selected
```

이번에는 제거된 oe.base_tb 테이블이 Recyclebin에 등록되지 않았음을 확인할 수 있다.

Step10) 다시 oe.base_tb 테이블을 생성한 후 이제는 drop … purge 명령을 사용하여 oe.base_tb 테이블을 제거하도록 한다.

```
SQL> create table oe.base_tb as select object_id, object_name, object_type from
dba_objects;

SQL> drop table oe.base_tb purge;

SQL> select object_name,ORIGINAL_NAME,ts_name from recyclebin;

no rows selected
```

이처럼 Purge 옵션을 사용하여 제거된 테이블은 완전히 제거된다는 사실을 확인할수 있다.

Step11) oe.base_tb 테이블을 다시 생성하고 purge 옵션 사용없이 제거하도록 한다.

```
SQL> create table oe.base_tb as select object_id, object_name, object_type from
dba_objects;

SQL> drop table oe.base_tb;
```

테이블은 제거되었지만 Recyclebin에 등록되어 있을 것이다. 이제 flashback … before drop 명령을 사용하여 제거된 테이블을 복원하도록 한다.

```
SQL> flashback table oe.base_tb to before drop;
select count(*) from oe.base_tb;
SQL>
  COUNT(*)
----------
     91795
```

모든 테이블 데이터가 완전히 복원된 것을 확인할 수 있다.

oracle 19

테이블 통계 값 산출 방법

테이블이 생성되고 데이터가 입력/삭제/변경되는 경우 기본적인 정보들은 데이터 딕셔너리에 기록되지만 데이터 관련 많은 정보들이 사실상 정확히 반영되지 않는다. 그러므로 테이블을 생성한 후 그리고 DML이 실행된 후에는 정확한 테이블 통계 값을 구해주어야 이후 옵티마이저가 실행 계획을 생성할 때보다 정확한 정보를 참조하여 진행할 수 있게 된다. 그러므로 테이블에 대한 통계 값에 대한 관리는 너무나 중요하다. 특히 실무에서 부정확한 통계 값은 데이터베이스 전체 성능에 지대한 영향을 미치는 경우를 너무나 많이 보아왔다. 그만큼 테이블에 대한 통계 값 관리에 대해서 명확히 이해하고 넘어가기 바란다.

기본적으로 통계 값 산출의 대상에 따라 기본적으로 dbms_stats 패키지 내부에 설정되어있는 다음 5개의 종류의 프로시져를 사용한다.

gather_index_stats	인덱스 통계 정보 생성
gather_table_stats	테이블과 그 테이블과 연관된 인덱스에 대한 통계 정보 생성
gather_schema_ stats	스키마의 모든 Object에 대한 통계 정보 생성
gather_database_ stats	데이터베이스의 모든 Object에 대한 통계 정보 생성
gather_system_stats	시스템(CPU, I/O 등)에 대한 통계 정보 생성

DBMS_STATS.GATHER_INDEX_STATS (	ownname	VARCHAR2,	
	indname	VARCHAR2,	
	partname	VARCHAR2	DEFAULT NULL,
	estimate_percent	NUMBER	DEFAULT NULL,
	stattab	VARCHAR2	DEFAULT NULL,
	statid	VARCHAR2	DEFAULT NULL,
	degree	NUMBER	DEFAULT NULL,
	granularity	VARCHAR2	DEFAULT 'DEFAULT',
	no_validate	BOOLEAN	DEFAULT FALSE);
DBMS_STATS.GATHER_TABLE_STATS (	ownname	VARCHAR2,	
	tabname	VARCHAR2,	
	partname	VARCHAR2	DEFAULT NULL,
	estimate_percent	NUMBER	DEFAULT NULL,
	block_sample	BOOLEAN	DEFAULT FALSE,
	method_opt	VARCHAR2	DEFAULT 'FOR ALL COLUMNS SIZE 1',
	degree	NUMBER	DEFAULT NULL,
	granularity	VARCHAR2	DEFAULT 'DEFAULT',
	cascade	BOOLEAN	DEFAULT FALSE,
	stattab	VARCHAR2	DEFAULT NULL,
	statid	VARCHAR2	DEFAULT NULL,
	statown	VARCHAR2	DEFAULT NULL,
	no_validate	BOOLEAN	DEFAULT FALSE);

DBMS_STATS.GATHER_SCHEMA_STATS (	ownname	VARCHAR2,	
	estimate_percent	NUMBER	DEFAULT NULL
	block_sample	BOOLEAN	DEFAULT FALSE
	method_opt	VARCHAR2	DEFAULT 'FOR ALL COLUMNS SIZE 1'
	degree	NUMBER	DEFAULT NULL,
	granularity	VARCHAR2	DEFAULT 'DEFAULT'
	cascade	BOOLEAN	DEFAULT FALSE,
	stattab	VARCHAR2	DEFAULT NULL,
	statid	VARCHAR2	DEFAULT NULL,
	options	VARCHAR2	DEFAULT 'GATHER',
	[objlist	OUT	objecttab,]
	statown	VARCHAR2	DEFAULT NULL,
	no_validate	BOOLEAN	DEFAULT FALSE,
	gather_temp	BOOLEAN	DEFAULT FALSE);
DBMS_STATS.GATHER_DATABASE_STATS (	estimate_perce	nt NUMBER	DEFAULT NULL,
	block_sample	BOOLEAN	DEFAULT FALSE,
	method_opt	VARCHAR2	DEFAULT 'FOR ALL COLUMNS SIZE 1',
	degree	NUMBER	DEFAULT NULL,
	granularity	VARCHAR2	DEFAULT 'DEFAULT',
	cascade	BOOLEAN	DEFAULT FALSE,
	stattab	VARCHAR2	DEFAULT NULL,
	statid	VARCHAR2	DEFAULT NULL,
	options	VARCHAR2	DEFAULT 'GATHER',
	[objlist	OUT	objecttab,]
	statown	VARCHAR2	DEFAULT NULL,
	gather_sys	BOOLEAN	DEFAULT FALSE,
	no_validate	BOOLEAN	DEFAULT FALSE,
	gather_temp	BOOLEAN	DEFAULT FALSE);
DBMS_STATS.GATHER_SYSTEM_STATS (	gathering_mode	VARCHAR2	DEFAULT 'NOWORKLOAD',
	interval	INTEGER	DEFAULT NULL,
	stattab	VARCHAR2	DEFAULT NULL,
	statid	VARCHAR2	DEFAULT NULL,
	statown	VARCHAR2	DEFAULT NULL);

다음은 이들 프로시저에 공통적으로 사용되는 옵션에 대해 살펴보자.

옵 션	설 명
ownname	스키마 이름 ownname => 'ORCL'
indname	인덱스 이름 indname => 'CUST_LNAME_IX'
partname	파티션 이름 partname => 'P201101'
tabname	테이블 이름 tabname => 'CUSTOMERS'
statown	통계 테이블을 소유하는 스키마의 이름 ※ 통계 테이블이란 임의의 통계 값을 다른 임의의 테이블에 기록할 수 있는데 이때 사용하는 테이블을 의미한다.
stattab	통계 테이블의 이름
statid	통계 테이블 내의 통계 정보의 ID
estimate_percent	통계값 산출의 대상이 되는 로우 데이터의 양(%로 정의) estimate_percent => 5 ※ 로우 데이터의 양을 높게 잡으면 잡을수록 통계 값은 보다 정확하겠지만 그만큼 통계 값을 산출하는 시간이 길어진다는 단점도 존재한다. 100 ~ 0.000001 까지 설정 가능
method_opt	FOR ALL [INDEXED | HIDDEN] COLUMNS [size_clause] 혹은 FOR COLUMNS [size_clause] column | attribute [size_clause] [, column|attribute [size_clause]...] 형식으로 사용 가능 size_clause := size {integer | REPEAT | AUTO | SKEWONLY}은 다음의 세부 옵션이 가능하다. - integer : 히스토그램의 개수 설정. 최대 1,254 개까지 가능 - REPEAT : 기존에 히스토그램이 설정된 컬럼에만 히스토그램 적용 - AUTO : workload 및 data의 분산 상태를 기반으로 오라클에 의해 선택된 컬럼에만 히스토그램 사용 - SKEWONLY : data의 분산 상태를 기반으로 오라클에 의해 선택된 컬럼에만 히스토그램 사용 FOR ALL COLUMNS SIZE 1로 설정하면 히스토그램을 생성하지 않는다. ※method_opt 옵션은 히스토그램 설정에 관련된 옵션으로서 전체적인 로우 데이터 정보뿐만이 아니라 컬럼 값에 저장된 데이터들의 분포 정보까지도 필요한 경우 적용하는 옵션이다. 예를 들어, gender라는 컬럼에 90%가 M이고 나머지 10% 가 F임에도 불구하고 히스토그램을 적용하지 않으면 옵티마이저는 단순히 M과 F 값이 50%씩 저장되어 있다고 가정하고 이 정보를 사용하여 실행 계획을 작성한다. 물론 잘못된 정보이다. 그러므로 히스토그램은 컬럼에 저장된 값들의 분포가 일정하지 않고 특정 값에 모여있는 경우 이 정보를 옵티마이저에게 제공하여 옵티마이저가 보다 정확한 정보를 가지고 실행계획을 수립할 수 있도록 도와주는 역할을 제공하게 된다.
degree	통계값 산출 시 동시에 몇 개의 프로세스를 사용하는지에 대한 병렬 처리 개수 설정. 만약 Null로 설정되면 해당 오브젝트(테이블, 인덱스)의 생성시에 명시된 Degree 값이 기본적으로 적용된다. ※ 종종 테이블 크기가 큰 경우 degree 옵션을 높여서 보다 빨리 통계 값을 구할 수 있도록 해준다.
cascade	테이블에 대한 통계값 산출 시 해당 테이블의 모든 인덱스에 대해서도 통계 정보를 동시에 생성 cascade => TRUE

옵 션	설 명
granularity	해당 오브젝트(테이블. 인덱스)가 파티션되어 있는 경우 적용 가능 granularity => 'ALL' 가능한 세부 옵션은 다음과 같다. 'DEFAULT' global 및 partition 레벨의 통계 정보 'PARTITION' partition 레벨의 통계 정보 'SUBPARTITION' subpartiton 레벨의 통계 정보 'GLOBAL' global 레벨의 통계 정보 'ALL' global, partition, subpartition 레벨의 통계 정보
options	통계 값을 산출할 대상 오브젝트들의 레벨 설정 GATHER : 해당 레벨 내의 모든 객체들 GATHER AUTO : 오라클이 자체적으로 새 통계 정보 생성이 필요한 객체들의 리스트 설정 및, 생성 방법을 정함 ※ 이 옵션의 사용 시, 사용가능한 파라미터들은 ownname, stattab, statid, objlist, statown이며 기타 파라미터들은 무시된다.
gather_temp	Global temporary table에 통계 정보 저장. 해당 테이블은 'on commit serve rows' 옵션을 사용해야만 함 이 테이블에 저장된 통계 정보는 모든 세션들에 대해 공유 가능
gathering_mode	'NOWORKLOAD' : 오라클의 내부적인 설정을 기준으로 한 통계 정보 생성 실제 작업량에 대한 정보가 없을 시에 사용 (예: 개발환경, 테스트 환경) 'START | STOP' : 통계 정보 작업의 시작 및 종료 설정 'INTERVAL' : INTERVAL 파라미터와 같이 사용 시간 지정이 반드시 필요하며 지정한 시간 별 통계 정보 생성 실행 시 GATHERING_MODE => 'STOP' 을 사용하여 종료
block_sample	로우 샘플링 대신 랜덤 블록 샘플링 실행 Estimate 시에만 사용 가능 로우 샘플링보다는 효과적이지만 데이터의 블록 별 분포도가 안 좋을 시에는 부적절한 정보 생성
no_validate	True로 설정할 시 해당 객체를 참조하는 커서의 재 파싱 실행
objlist	쓸모없는 객체나 비어있는 객체의 리스트 반환
gather_sys	'SYS' 유저의 객체에 대해 통계 정보 생성
interval	지정 분 동안의 DB 실시간 SGA 사용량의 의거한 통계 정보 생성 Gathering_mode => 'INTERVAL' 일 때에만 사용 가능

자, 이제 테이블에 대한 통계 값을 구해보자.

```
=====================================================
참조 스크립트: exec_tb_stats.sql
EXEC DBMS_STATS.gather_table_stats('OE', 'BASE_TB');
=====================================================
```

Step1) 테이블을 생성하고 데이터를 입력한다.

```
SQL> create table oe.tb_stat
      (stat_id number(10),
       stat_num number(10),
       stat_name varchar2(20));

Table created.


SQL> begin
   for i in 1001 .. 5000 loop
   insert into oe.tb_stat  values ( i , i , 'statname');
   end loop ;
   end ;
    /

PL/SQL procedure successfully completed.

SQL> select count(*) from oe.tb_stat purge;
COUNT(*)
----------
     4000
```

총 4,000 개의 로우 데이터가 입력되어 있음을 확인하였다.

Step2) 이제 데이터 딕셔너리 뷰를 통해 oe.tb_stat 테이블 관련 통계값을 확인하도록 하자.

```
SQL> select num_rows
      , blocks
      , empty_blocks
      , avg_space
      , avg_row_len
      , last_analyzed
from  dba_tables
where owner = 'OE'
and   table_name = 'TB_STAT';

NUM_ROWS BLOCKS EMPTY_BLOCKS AVG_SPACE AVG_ROW_LEN LAST_ANALYZED
-------- ------ ------------ --------- ----------- ---------------
```

테이블에 대한 아무런 정보도 존재하지 않음을 확인할 수 있다. 모두 널(Null)값이다. 이 상태에서 사용자가 oe.tb_stat 테이블을 조회하게 되면 옵티마이저는 비용 계산을 해야하는데 마땅한 통계 데이터가 존재하지 않기 때문에 내부적으로 임의로 산정한 추정치를 적용하여 비용을 계산하게 된다. 물론 이러한 방식은 실제 데이터와는 상관없기 때문에 이렇게 정해진 실행 계획이 정상적이지 않을 확률이 높게 된다.

Step3) 이제 DBMS_STATS.gather_table_stats 프로시저를 사용하여 테이블에 대한 통계값을 산출하도록 하고 다시 통계 정보를 확인하도록 한다.

```
SQL> EXEC DBMS_STATS.gather_table_stats('OE', 'TB_STAT');
PL/SQL procedure successfully completed.


  COUNT(*)
----------
      4000

SQL> select num_rows
     , blocks
     , empty_blocks
     , avg_space
     , avg_row_len
     , last_analyzed
from  dba_tables
where owner = 'OE'
and   table_name = 'TB_STAT';

NUM_ROWS BLOCKS EMPTY_BLOCKS AVG_SPACE AVG_ROW_LEN LAST_ANALYZED
-------- ------ ------------ --------- ----------- ------------------
    4000     13            0         0          17          18-MAY-16
```

이제 테이블에 대한 통계값을 데이터 딕셔너리 뷰를 통해 확인할 수 있다.

Chapter 07 인덱스(Non-partition indexes) 관리

이번 장에서는 최소한의 데이터 블록 읽기를 통한 성능 향상을 위한 방법 중 하나인 인덱스에 대한 세부적인 내용을 살펴보고자 한다. 많은 성능 문제와 관련하여 인덱스의 역할은 너무나 크다. 그러므로 인덱스에 대한 충분한 이해가 요구된다.

다음은 이번 장에서 다루게 될 세부 사항들이다.

- Section 01 인덱스 개념 및 기본 명령어 옵션
- Section 02 논리적/물리적 인덱스
- Section 03 B-tree 구조 인덱스와 Bitmap 구조 인덱스 개념
- Section 04 인덱스 엔트리(Index row entry) 구조
- Section 05 B-tree 구조 인덱스 생성 과정
- Section 06 B-tree 구조 인덱스 사용 방식
- Section 07 Bitmap 구조 인덱스 생성 과정
- Section 08 인덱스 종류 구분 기준
- Section 09 Single 컬럼 인덱스
- Section 10 Composite 인덱스
- Section 11 Unique 인덱스
- Section 12 Function based 인덱스
- Section 13 Reverse key 인덱스
- Section 14 Bitmap 인덱스
- Section 15 인덱스 공간 할당
- Section 16 인덱스 재생성(Rebuilding)
- Section 17 인덱스 온라인 재생성(Online rebuilding)
- Section 18 인덱스 Coalescing
- Section 19 인덱스 Validation
- Section 20 인덱스 사용 모니터링(Usage monioring)
- Section 21 인덱스 제거
- Section 22 인덱스 적용에 따른 고려사항

●●● oracle 01

인덱스 개념 및 기본 명령어 옵션

인덱스에 대해서 강의할 때 항상 예를 드는 것이 1,000 페이지가 넘는 책에서 원하는 키워드를 찾는 경우이다.

예를 들어, 인덱스와 관련된 B-tree라는 개념에 대해서 빨리 찾고자 하는 경우 일단 크게 두 가지 방법이 가능하다. 우선 첫 페이지부터 한장씩 넘기면서 "B-tree" "B-tree" "B-tree" "B-tree" 중얼거리면서 찾는 방법 그리고 책 맨 뒤에 참조 페이지(찾아보기)로 바로 가서 "B-tree" 라는 단어가 어느 페이지에 있는지 페이지 번호를 찾아서 바로 그 페이지로 가서 찾는 방법이다.
오라클은 데이터를 테이블 내부 오라클 블록에 물리적으로 저장한다. 하나 하나의 오라클 블록을 책의 "페이지"로 간주해 보자. 데이터를 읽을 때 첫 번째 블록부터 하나하나 읽어나가는 방법이 책의 경우 페이지를 한장씩 넘어가는 방식이라면 인덱스를 사용하여 "B-tree" 라는 데이터가 저장된 블록의 주소를 바로 찾아서 그 내부에 저장된 "B-tree" 라는 데이터를 바로 찾을 수 있는 방식이라고 이해하면 된다. 그러므로 실무에서 데이터베이스 성능에 문제가 생겨서 튜닝을 해야 하는 경우 대부분 가장 먼저 손을 대게 되는 영역이 바로 인덱스이다. 그만큼 데이터베이스 운영에 있어서 중요한 기능을 제공하는 만큼 명확한 이해가 요구된다.

그렇다면 인덱스를 생성하면 모든 성능을 보장해 줄까? 물론 그렇지 않다. 인덱스를 부적절한 상황에서 사용하게 되면 그 역시 데이터베이스 성능에 영향을 미칠 수도 있으니 이점 유의하기 바란다. 인덱스는 테이블 데이터를 기반으로 생성하는 방식이다. 결국 테이블 없이는 인덱스를 생성하지 못한다는 의미이다. 이 이야기는 너무나 중요하다. 왜냐하면 테이블에 데이터가 입력될 때 또는 변경될 때마다 그 테이블을 기반으로 생성되어 있는 모든 인덱스들에도 데이터가 입력되든지 변경되든지 어떤 형태로든 반영되어야 한다는 것이다.

일반적으로 실무에서 보면 하나의 테이블에는 기본적으로 최소한 한 두 개의 인덱스가 생성되어 있는 경우가 흔하다. 결국 그 하나의 테이블에 변경이 생길 때마다 실시간으로 해당 인덱스도 변경되므로 인덱스를 잘못 활용하게 되면 오히려 성능에 영향을 주게 된다는 사실을 반드시 기억하기 바란다.
그리고 인덱스를 적용할 때에도 가장 적합한 인덱스를 적용하는 것 역시 중요한 사항이다. 자칫 부적합한 인덱스를 적용하게 되면 해당 인덱스를 저장하기 위한 공간만 사용하고 실제로는 내부적으로 인덱스를 사용하지 않고 테이블을 모두 읽게 되는 상황이 발생하여 그 역시 성능에 큰 영향을 미치기도 한다. 이 외에도 인덱스 관련된 장, 단점 및 고려 사항들이 너무나 많다.
SQL 문장을 통해 인덱스 생성에 대한 개념을 소개하고자 한다. 테이블의 경우와 마찬가지로 Create index 명령과 관련된 옵션들도 너무나 많다.그래서 자주 실무에서 사용하는 보편적인 옵션들 위주로 개념 설명을 진행하고자 한다. 설명에 사용될 oe.customers 테이블 cust_last_name 컬럼에 생성된 cust_lname_ix 라는 인덱스의 DDL을 추출해서 구성 내용을 살펴보도록 한다.

먼저 oe.customers 테이블에 생성되어 있는 인덱스 이름을 확인하자.

```
==========================================================
참조 스크립트:check_index_info.sql
SELECT index_name, table_owner, table_name, column_name
FROM   DBA_IND_COLUMNS
WHERE index_owner = 'OE' and table_name='CUSTOMERS';
==========================================================
SQL> @check_index_info.sql
INDEX_NAME                     TABLE_OWNE TABLE_NAME                COLUMN_NAME
------------------------------ ---------- ------------------------- ---------------
CUST_ACCOUNT_MANAGER_IX        OE         CUSTOMERS                 ACCOUNT_MGR_ID
CUST_LNAME_IX                  OE         CUSTOMERS                 CUST_LAST_NAME
CUST_EMAIL_IX                  OE         CUSTOMERS                 CUST_EMAIL
CUST_UPPER_NAME_IX             OE         CUSTOMERS                 SYS_NC00028$
CUST_UPPER_NAME_IX             OE         CUSTOMERS                 SYS_NC00029$
CUSTOMERS_PK                   OE         CUSTOMERS                 CUSTOMER_ID

6 rows selected.
```

현재 6개의 인덱스가 CUSTOMERS 테이블에 관련하여 생성되어 있음을 확인할 수 있다.
이 가운데 CUST_LNAME_IX 인덱스에 대한 DDL 문장을 다음과 같이 dbms_metadata.get_ddl 함수를 사용하여 얻을 수 있다.

```
==========================================================
참조 스크립트: get_DDL_index.sql
spool get_ddl_index.log
select dbms_metadata.get_ddl('INDEX','CUST_LNAME_IX','OE') from dual;
spool off
==========================================================
SQL>@get_DDL_index.sql
SQL>vi get_ddl_index.log
```

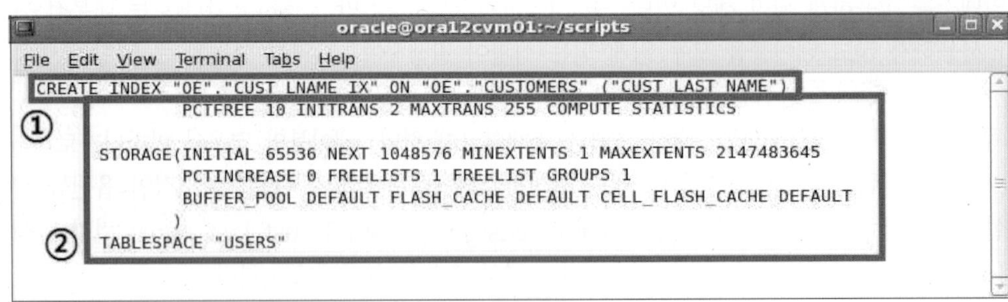

① oe 스키마 customers 테이블의 cust_last_name이라는 컬럼에 cust_lname_ix라는 인덱스를 생성한다는 의미이다.

② Storage 절을 통해 Users 테이블스페이스에 저장될 Index에 적용될 스토리지 세부 옵션을 함께 정의하고 있다.

옵 션		설 명
Pctfree	10	인덱스의 경우 Update가 발생되지 않기 때문에 Pctfree 10의 의미는 인덱스 블록의 최대 90% 정도의 공간까지만 인덱스 데이터를 Insert하는데 사용 가능
Initrans	2	2개의 로우에 대해 동시에 액세스 가능 이후 Maxtrans 파라미터에 설정된 최대 개수만큼 자동 증가 특별한 설정이 없으면 인덱스의 경우 기본적으로 2로 설정
Maxtrans	255	최대255개의 로우가 동시에 액세스 가능
Initial	65536	첫 번째 익스텐트의 크기가 65536 bytes(64KB)로 설정
Next	1048576	첫 번째 익스텐트를 모두 데이터로 채우고 나서 두 번째 익스텐트가 요구될 때 두 번째 익스텐트의 크기
Minextents	1	인덱스 생성 시 최소한 1개의 익스텐트는 반드시 할당
Maxextents	2147483645	인덱스에 대해 최대 214748364개의 익스텐트까지 할당 가능
Pctincrease	0	세 번째 이후 익스텐트가 할당되어지는 경우에는 바로 그 이전 익스텐트 크기와 같은 크기로 생성됨. 결국 세 번째 익스텐트를 포함하는 그 이후의 익스텐트는 모두1MB 크기로 생성됨
Freelists	1	세그먼트 헤더 영역에 저장되는 프리 리스트의 개수
Freelist Groups	1	세그먼트 헤더 영역에 저장되는 프리 리스트 그룹의 개수
Buffer_Pool	Default	인덱스가 데이터베이스 버퍼 캐시 영역으로 읽혀질 때 저장되는 버퍼 풀 이름으로서 Default buffer pool 에 저장됨
Flash_Cache	Default	인덱스 블록이 메인 메모리(데이터베이스 버퍼 캐시)로부터 Aged out 되는 경우 SSD 기반 Flash cache 영역에 저장하기 위한 설정. LRU 알고리즘 의해 관리되므로 항상 Flash cache에 저장되어 있다는 보장을 할 수 없음
Cell_Flash_Cache	Default	엑사데이터(Exadata) 스토리지 서버에 설정된 Flash cache 영역

〈인덱스 생성 관련 옵션〉

●●● oracle 02

논리적/물리적 인덱스

인덱스는 다음과 같이 논리적 인덱스와 물리적 인덱스로 크게 구분할 수가 있으며 각각의 경우에 대하여 세부적으로 여러 가지 형태의 인덱스들이 존재한다. 다음은 각각에 관한 설명이다.

<table>
<tr><td rowspan="2">논리적 인덱스</td><td>B-tree 구조</td><td>Single 컬럼 인덱스
Composite 인덱스
Unique 인덱스
Non-unique 인덱스
Function based 인덱스
Reverse 인덱스</td></tr>
<tr><td>Bitmap 구조</td><td>Bitmap 인덱스</td></tr>
<tr><td>물리적 인덱스</td><td colspan="2">Partitioned 인덱스
Non-partitioned 인덱스</td></tr>
</table>

논리적 인덱스란 임의의 애플리케이션 측면을 고려하는 경우로서 말 그대로 인덱스가 물리적으로 데이터베이스 어디에 어떻게 저장되는지는 고려할 필요 없이 단지 개념적으로만 인덱스를 구분하는 것이다. 반면에 물리적 인덱스란 논리적인 구분과는 다르게 개념적인 구분보다는 물리적으로 인덱스가 어떤 방식으로 저장되는지에 대한 방식에 따라 구분하는 것이다. 특히 임의의 인덱스에 대한 파티션 개념이 적용되는지 여부가 중요하다.
그리고 인덱스의 이해를 위해서는 B-tree 구조와 Bitmap 구조를 반드시 이해해야 한다. 간단히 말해 이 두 구조의 차이는 데이터를 데이터 그대로 저장할 것인지 아니면 데이터를 비트맵으로 전환시켜 저장할 것인지에 대한 방식의 차이라고 볼 수가 있다.

●●● oracle 03

B-tree 구조 인덱스와 Bitmap 구조 인덱스 개념

*B-tree 구조 인덱스

대부분의 논리적인 인덱스들은 다음과 같은 B-tree 구조로 이루어지며 내부적으로는 Root 블록, Branch 블록 그리고 Leaf 블록으로 구성된다.

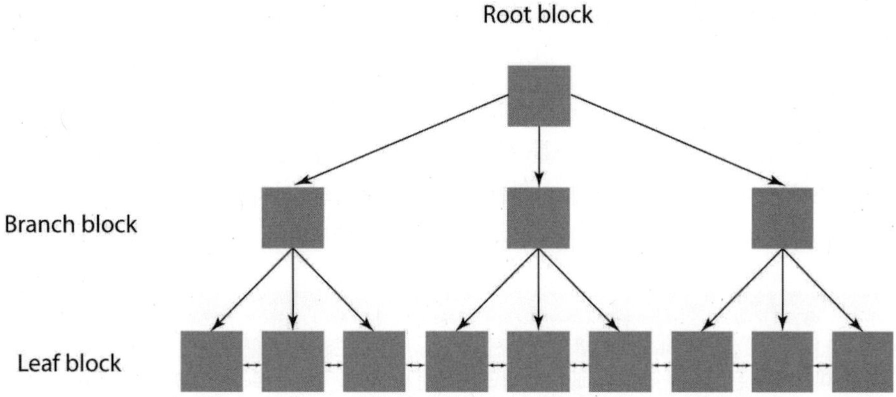

Root block

Branch block

Leaf block

<B-Tree 인덱스 구조>

B-tree 인덱스는 가장 상위에 Root 블록이 위치하고 그 아래 Branch 블록이 위치하며 맨 아래 Leaf 블록이 위치하는 구조로서 Root 블록과 Branch 블록들은 인덱스 컬럼 값이 인덱스 내부 어디에 저장되었는지에 대한 포인터 값이 저장된 공간이며 실제적인 인덱스 컬럼 값은 Leaf 블록에 저장된다.

처음 가보는 백화점에서 쇼핑을 하게 되면 어느 위치에 무슨 매장이 있는지 헤매는 경우가 발생한다. 이때 백화점 내에 위치한 Information center를 찾아가면 정확한 위치를 알려주고 바로 그 매장을 찾아갈 수가 있는 것처럼 Root 블록과 Branch 블록은 정확한 인덱스 블록의 위치가 어딘지를 알려주는 주소 정보를 가진다.

Leaf 블록은 인덱스를 생성할 때 지정한 컬럼의 "실제 값"과 그 값(테이블에서의 값)이 물리적으로 저장되어 있는 테이블 블록(인덱스 블록이 아닌)의 주소 정보(ROWID)를 저장하는데 여기서 "실제 값"이란 앞에서 예로 들었던 "B-tree" 라는 단어가 되고 "B-tree" 라는 단어가 기록된 페이지 번호가 바로 "ROWID" 라고 이해하면 된다.

결국 B-tree 라는 단어를 인덱스에서 먼저 찾고 그 내부에 저장된 주소 정보, 곧 B-tree 라는 단어가 저장된 테이블 블록의 주소 정보(ROWID) 값을 찾은 후 테이블로 가서 해당 ROWID 값을 가지는 주소를 찾는 방식이라는 것이다. 지금까지 설명을 듣다보면 독자들 가운데에서 이런 질문이 나올 듯하다. "그런데 테이블에서 바로 읽으면 되지 구지 인덱스 갔다가 다시 테이블로 와서 또 읽어요?" 이 정도 질문이 나온다면 이미 인덱스에 대해 이해할 충분한 준비가 된 것이라고 본다. 답은 영어로 It depends !!!! 그렇다. 상황에 따라서 얼마든지 달라질 수 있다는 것이다. 다행히도 오라클은 이 결정을 내부적으로 일단 처리해준다. 그 결정을 내리기 위해서는 기본적으로 테이블의 크기가 얼마나 큰지, SQL 문장이 Select 하고자 하는 데이터의 양은 얼마나 되는지, 그리고 메모리에 찾는 데이터가 얼마나 이미 올라가있는지, 제대로 된 인덱스를 사용하고 있는지 등의 많은 내부적인 요소들을 분석한 후 인덱스를 사용해서 테이블을 참조하는 것이 더 좋은 옵션일지를 결정하게 된다. 바로 이 역할을 담당하는 오라클 요소를 옵티마이저(Optimizer)라고 부른다. 이후에 인덱스 종류를 설명하면서 보다 세부적인 내용을 살펴보도록 하자.

B-tree 구조 인덱스들은 기본적으로 다음 4개의 요소로 구성된다.

Root 블록

인덱스의 가장 상위 블록이며 인덱스를 사용하는 경우 가장 먼저 액세스하게 되는 블록이다. Root 블록을 액세스하는 이유는 다음 아래 단계인 Branch 블록의 위치 정보(Separator key값과 DBA 정보)를 얻기 위함이다. 그래야 그 다음 단계인 Leaf 블록의 위치 정보를 얻을 수 있기 때문이다.

> **tip**
>
> Separator key 값이란 아래쪽에 위치한 어느 Branch 블록으로 가야 할지에 대한 결정 시 사용될 비교 대상 값이라고 이해하면 된다. 이 값과 비교해서 작으면 어떤 Branch 블록으로 가고 크면 어떤 Branch 블록으로 간다는 의미이다.

DBA(Database Block Address) 정보란 데이터베이스 내부의 고유 블록 주소(유일성 보장)를 말하며 Separator key 값 비교에 의해 결정된 Branch 블록의 물리적 주소가 된다.

Branch 블록

Branch 블록은 Root 블록과 Leaf 블록 사이에 위치하며 Root 블록을 거쳐 내려온 후 Leaf 블록의 정확한 위치 정보를 찾기 위한 목적으로 사용된다. 내부에 저장된 내용은 Leaf 블록의 Separator key값과 DBA 정보로서 Root 블록의 경우와 거의 유사하다.

Leaf 블록

Root 블록과 Branch 블록을 거쳐 마지막으로 실제 찾고 있던 인덱스 Key 컬럼 값과 해당 테이블에서의 해당 로우의 위치(ROWID) 정보가 저장되어 있는 구조이다.

Double linked 리스트

Leaf 블록간의 양 방향 스캔이 가능하도록 해주는 기능으로서 컬럼 값을 인덱스 Leaf 블록에서 스캔할 때 구지 Branch 블록까지 올라갔다가 다시 내려오는 과정을 반복하지 않고 다른 Branch 블록 아래 등록된 Leaf 블록이라 할지라도 계속적으로 읽어갈 수 있도록 허락한다.

oracle 04

인덱스 엔트리(Index row entry) 구조

Leaf 블록 내부에 저장된 로우 데이터는 다음과 같은 구조로 이루어져 있다.

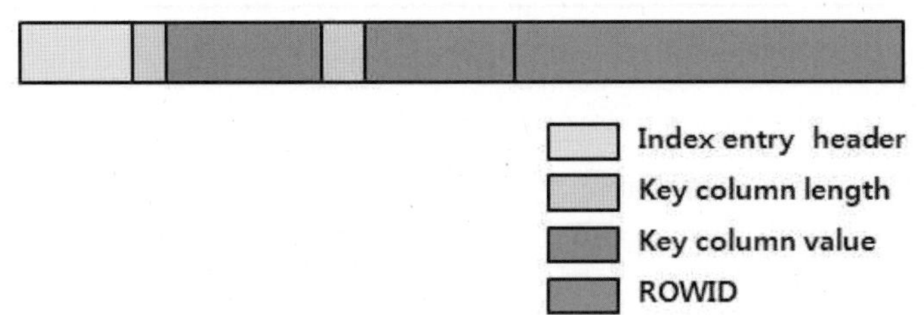

〈인덱스 엔트리 구조〉

*인덱스 엔트리 헤더(Entry header)

인덱스 블록 내부에 존재하는 컬럼들의 번호와 각각의 컬럼에 대한 잠금(Locking) 정보가 저장되어 있다.

인덱스 키 컬럼 길이(Key length)와 컬럼 값(Key value)

이 두 개의 값이 하나의 쌍(Pair)으로서 저장되는데 이러한 쌍의 전체 개수가 인덱스 내부에 저장할 수 있는 인덱스 컬럼의 최대값이 된다.

로우 아이디(ROWID)

인덱스 키 컬럼이 저장되어 있는 테이블 상에서의 위치 정보가 저장된다.

```
SQL> select employee_id, rowid from hr.employees;
EMPLOYEE_ID ROWID
----------- ------------------
        100  AAAWhMAAGAAAAfbAAA
        101  AAAWhMAAGAAAAfbAAB
        102  AAAWhMAAGAAAAfbAAC
        103  AAAWhMAAGAAAAfbAAD
        104  AAAWhMAAGAAAAfbAAE
        105  AAAWhMAAGAAAAfbAAF
        106  AAAWhMAAGAAAAfbAAG
        107  AAAWhMAAGAAAAfbAAH
        108  AAAWhMAAGAAAAfbAAI
        109  AAAWhMAAGAAAAfbAAJ
..................
```

이 가운데 employee_id가 100인 경우를 보면 다음과 같은 구조로 이루어져 있다.

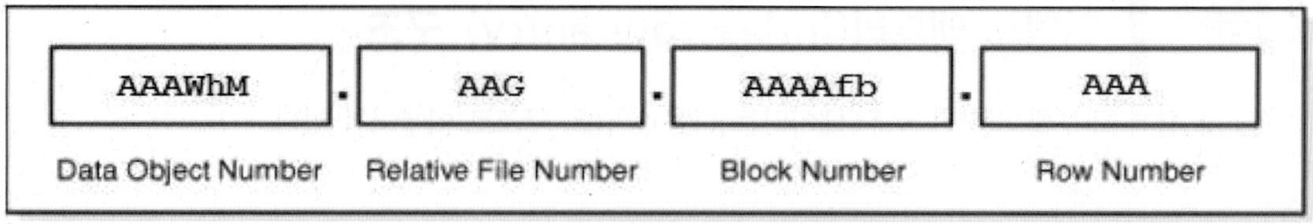

〈Record 구조〉

AAAWhM : Database segment를 식별하기 위한 Data object number(오브젝트 번호) 로서 employee_id = 100이란 값이 저장된 로우가 어떤 테이블에 속하는 로우인지에 대한 정보이다.

- AAG : 테이블스페이스에 상대적인 Datafile number(데이터 파일 번호)로서 employee_id = 100이란 값이 저장된 로우가 어떤 데이터 파일에 속하는 로우인지에 대한 정보이다.
- AAAAfb : Row를 포함하는 Data block number(블록 번호)로서 employee_id = 100이란 값이 저장된 로우가 어떤 블록에 속하는 로우인지에 대한 정보이다.
- AAA : Block에서의 Row Slot(슬롯 넘버) 로서 employee_id = 100이란 값이 저장된 로우가 어떤 임의의 블록 내부에서 몇 번째 위치에 저장되어 있는 로우인지에 대한 정보이다.

결국 employee_id = 100이란 값이 저장된 로우가 어떤 테이블에 속하며, 어떤 데이터 파일에 저장되어 있으며, 어떤 오라클 블록 내부에 저장되어 있으며 마지막으로 그 블록에서 과연 몇 번째 로우에 저장되어 있는지에 대한 정보가 바로 로우 아이디라는 것이다. 그야말로 특정 로우가 저장되어 있는 물리적인 주소이다.

이러한 각각의 인덱스 엔트리는 다음의 속성을 가진다.

만약 여러 개의 로우 데이터가 같은 인덱스 키 컬럼값을 가지는 경우에는 인덱스 키 값이 반복되어 저장될 수 있으며 모든 인덱스 키 컬럼들이 Null 값을 가지는 경우 해당하는 로우 데이터에 대한 인덱스 엔트리는 존재하지 않는다. 다시 말하자면 B-tree 인덱스의 경우에는 Null 값은 저장하지 않는다는 의미이다. 그러므로 이후 where 조건 절에서 Null 값을 조회하는 경우 B-tree 인덱스가 사용되지 못하는 경우가 발생할 수 있다는 점을 반드시 기억하기 바란다.

●●● oracle 05

B-tree 구조 인덱스 생성 과정

인덱스가 생성되는 내부 과정을 이해하면 인덱스 전체를 이해하는 데 큰 도움이 되므로 조금 어려운 내용일 수도 있겠지만 진행하고자 한다.

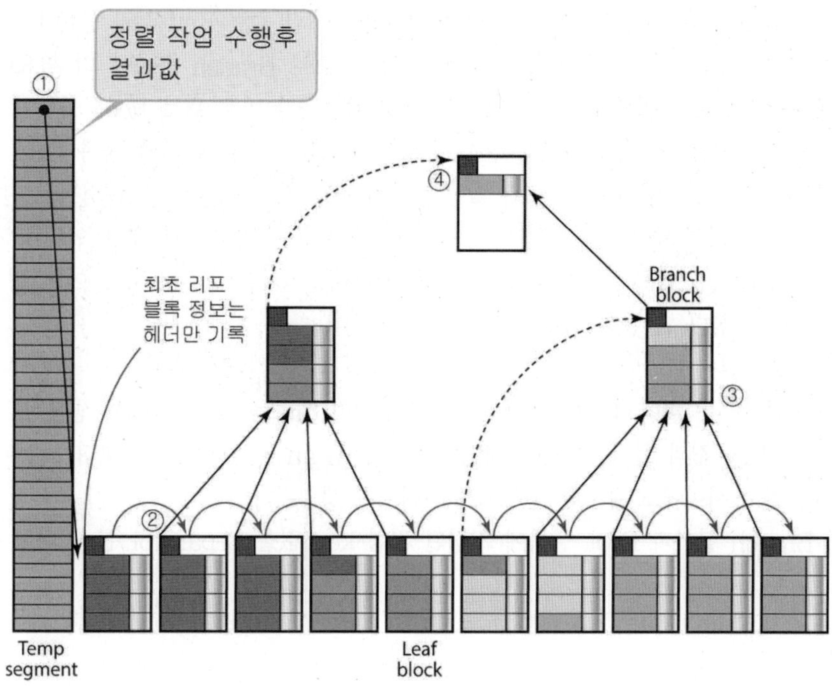

다음은 Employees 테이블의 department_id 컬럼에 idx_dept_id라는 인덱스를 생성하는 문장이다.

```
SQL> create index hr.idx_dept_id on hr.employees(department_id)
```

① 오라클은 가장 먼저 employees 테이블의 department_id 컬럼 값들을 모두 읽어들인 다음 정렬 작업이 필요한지 여부를 분석하고 필요한 경우 정렬 작업을 진행한다. "필요한 경우"란 이미 department_id 컬럼 값들이 정렬되어 있는 상태라면 구지 정렬 작업을 진행하지 않는다는 의미이다. 그리고 이때 사용하는 공간은 임시 테이블스페이스 내부의 임시 세그먼트 공간이 된다.

② 정렬되어진 컬럼값에 대한 인덱스 엔트리 정보(인덱스 엔트리 헤더 + 키 컬럼 길이 + 키 컬럼 값 + ROWID)를 인덱스 B-tree 상의 맨 아래에 위치한 첫 번째 Leaf 블록(가장 왼쪽 블록) 에서부터 저장하기 시작한다.

③ 첫 번째 Leaf 블록(가장 왼쪽 블록)에 인덱스 엔트리들이 계속적으로 저장되면 어느 시점(Pctfree 수준)에서 더 이상 저장하지 못하는 단계가 된다. 이런 경우 아직 더 저장해야 할 인덱스 엔트리들이 남아있는 경우 새로운 블록을 찾아서 저장하는 방식으로 진행하게 된다. 바로 이 시점(두 번째 블록으로 넘어가는 순간)에서 내부적으로 Branch 블록을 생성하게 되며 바로 여기에는 첫 번째 블록에 저장된 인덱스 엔트리 가운데 가장 마지막에 저장된 컬럼 Key 값(단순히 컬럼 값)과 첫 번째 블록의 DBA 값을 기록하게 된다. 이처럼 정렬된 테이블 컬럼 값을 계속해서 기록하게 되면 인덱스 블록(Leaf 블록)을 하나 둘 셋 넷….사용하게 될 것이고 다른 블록으로 넘어갈 때 마다 Branch 블록에 그 이전 블록에 마지막으로 저장된 컬럼 Key 값(단순히 컬럼 값)과 첫 번째 블록의 DBA 값을 기록하는 방식으로 계속 진행하게 된다.

④ 이렇게 Lead 블록이 늘어나게 되면 당연히 이들에 대한 컬럼 Key 값과 블록 DBA 값을 기록해오던 첫 번째 Branch 블록도 모두 채워지고 추가적으로 Branch 블록이 더 필요한 상황이 발생하게 된다. 이처럼 두 번째 Branch 블록이 생성되는 순간 바로 위로 Root 블록이 내부적으로 생성되며 전과 마찬가지로 Branch 블록에 저장된 마지막 컬럼 Key 값과 블록 DBA 값을 Root 블록에 기록하게 된다. 이 과정은 모든 컬럼 값들이 저장되는 순간까지 지속적으로 진행된다.
이러한 과정을 통해서 결국 하나의 인덱스가 생성되는 것이다. 사실상 인덱스 생성에서의 핵심은 언제 Branch 블록과 Root 블록이 생성되는지 그리고 그 내부에는 어떤 정보들이 저장되는지가 아닌가 싶다. 간단히 정리하자면 다음과 같다.

Leaf 블록에는 모든 컬럼 값들이 실제적으로 저장되며 새로운 Leaf 블록이 생길 때 마다 마지막으로 저장된 컬럼 Key 값과 블록 DBA를 상단에 위치한 Branch 블록에 기록한다는 것이다. Branch 블록과 Root 블록 사이에도 유사한 방식으로 인덱스가 생성된다.
이제 왜 Branch 블록과 Root 블록에 저장된 컬럼 key 값을 Separator Key 라고 부르는지 이해해 보자.

임의의 블록에 저장되어있는 컬럼 값 가운데 가장 큰 값이 Branch 블록(여기에는 각각의 Leaf 블록에 저장되어 있는 마지막 컬럼 값과 DBA 값들만 저장되어 있음)에 기록되어 있으니 누군가가 Branch 블록에 가서 내가 1234 라는 값을 찾고 있는데 어디로 가야 하나요 라고 물으면 오라클은 Branch 블록에 저장된 컬럼 값과 비교해서 작으면 왼쪽 크면 오른쪽으로 가라고 지시하게 되는 것이다. 물론 정확한 Leaf 블록의 DBA 정보도 가지고 있으니 가야 할 방향과 가야 할 정확한 Leaf 블록을 찾을 수 있게 된다. 이러한 이유로 Branch 블록에 저장된 컬럼 key 값을 Separator key 라고 부르는 것이다. 분리를 시켜주는 기준이 되는 Key이기 때문이다.

●●● oracle 06

B-tree 구조 인덱스 사용 방식

*Select 문장 실행 시

이제 총 27개의 로우 데이터가 저장되어 있는 hr.departments 테이블을 예를 들어 임의의 Select 문장이 실행되는 경우 인덱스가 어떤 내부적인 방식을 가지고 실제 컬럼 값을 찾아가는지 살펴보도록 하자. 보다 쉬운 이해를 독자들에게 전달하기 위해 한 개의 인덱스 Leaf 블록에는 최대 7개의 컬럼 정보(컬럼 key값과 ROWID 값)까지만 저장 가능하다는 가정 하에서 진행된다는 점 유의하기 바란다.

DEPT ID	DEPT NAME	MGR ID	LOC ID	ROWID
10	Administration	200	1700	AAAWhHAAGAAAAe7AAA
20	Marketing	201	1800	AAAWhHAAGAAAAe7AAB
30	Purchasing	114	1700	AAAWhHAAGAAAAe7AAC
40	Human Resources	203	2400	AAAWhHAAGAAAAe7AAD
50	Shipping	121	1500	AAAWhHAAGAAAAe7AAE
60	IT	103	1400	AAAWhHAAGAAAAe7AAF
70	Public Relations	204	2700	AAAWhHAAGAAAAe7AAG
80	Sales	145	2500	AAAWhHAAGAAAAe7AAH
90	Executive	100	1700	AAAWhHAAGAAAAe7AAI
100	Finance	108	1700	AAAWhHAAGAAAAe7AAJ
110	Accounting	205	1700	AAAWhHAAGAAAAe7AAK
120	Treasury		1700	AAAWhHAAGAAAAe7AAL
130	Corporate Tax		1700	AAAWhHAAGAAAAe7AAM
140	Control And Credit		1700	AAAWhHAAGAAAAe7AAN
150	Shareholder Services		1700	AAAWhHAAGAAAAe7AAO
160	Benefits		1700	AAAWhHAAGAAAAe7AAP
170	Manufacturing		1700	AAAWhHAAGAAAAe7AAQ
180	Construction		1700	AAAWhHAAGAAAAe7AAR
190	Contracting		1700	AAAWhHAAGAAAAe7AAS
200	Operations		1700	AAAWhHAAGAAAAe7AAT
210	IT Support		1700	AAAWhHAAGAAAAe7AAU
220	NOC		1700	AAAWhHAAGAAAAe7AAV
230	IT Helpdesk		1700	AAAWhHAAGAAAAe7AAW
240	Government Sales		1700	AAAWhHAAGAAAAe7AAX
250	Retail Sales		1700	AAAWhHAAGAAAAe7AAY
260	Recruiting		1700	AAAWhHAAGAAAAe7AAZ
270	Payroll		1700	AAAWhHAAGAAAAe7AAa

<Departments 테이블에 대한 ROWID 값 확인>

다음과 같은 Select 문장이 실행되면 내부적으로 어떤 과정을 거쳐서 인덱스를 사용하게 되는지 살펴보자.

```
SQL> select * from hr.departments
where department_id = 30;
```

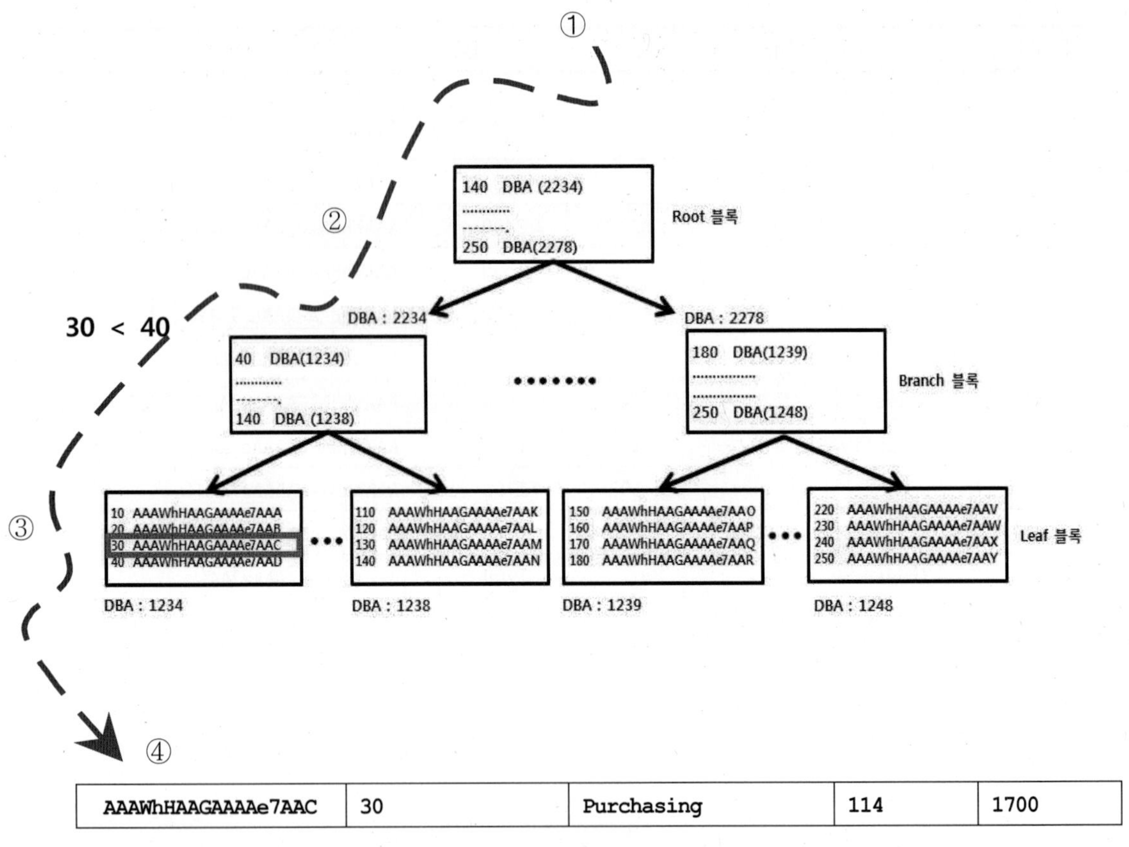

AAAWhHAAGAAAAe7AAC	30	Purchasing	114	1700

<Select 문장 실행시 인덱스 사용 과정>

① 가장 먼저 인덱스의 Root 블록을 확인한다. 루트 블록의 Separator key를 확인해 보니 〔140, DBA 2234〕 값이 기록되어 있다. department_id의 컬럼 값이 140을 기준으로 작은 값이면 왼쪽, 큰 값이면 오른쪽으로 진행한다. 실제로는 Branch 블록의 DBA 주소인 2234 주소를 가지는 블록으로 진행하는 방식이다. 30이 140 보다 작으므로 왼쪽 하단에 위치한 Branch 블록(DBA 2234)으로 진행한다.

② Branch 블록에 도착한 후 저장되어 있는 Separator key 값을 확인한 결과 〔40, DBA 1234〕이다. 30 〈 40 이므로 왼쪽 하단 방향으로 진행하게 되며 이때 Leaf 블록의 DBA 주소가 1234인 블록으로 최종적으로 도착하게 된다.

③ Leaf 블록에 도착해서 내부에 저장된 컬럼 값을 위부터 하나씩 스캔 하여 30이라는 값을 찾는다.

④ 30이라는 컬럼 값을 찾으면 함께 저장되어있는 로우 아이디를 가지고 테이블로 가서 전체 로우를 읽는다

이처럼 B-tree 구조 인덱스를 사용하게 되면 읽어야 할 블록의 개수를 최소화시킬수 있는 것이다.

*Insert 문장 실행시

테이블에 Insert 문장이 실행되면 인덱스에도 그 값이 추가되어야 한다.

다시 한 번 강조하지만 인덱스에 데이터가 추가될 때는 이미 정렬 상태에서 저장되어있는 데이터들 마지막에 들어가든지 아니면 중간에 끼어들어가야 하는 상황이 발생하게 된다.
마지막 값이 삽입되는 경우 기존 블록에 공간이 남아 있는 상태라면(아직 Pctfree 까지 채워지지 않은 상태) 그대로 기존 블록에 정렬 상태를 고려해서 입력되면 아무 문제가 없다. 하지만 Pctfree까지 모두 채워져 있는 상태인 경우라면 새로운 인덱스 블록을 찾아서 입력을 해야 한다.

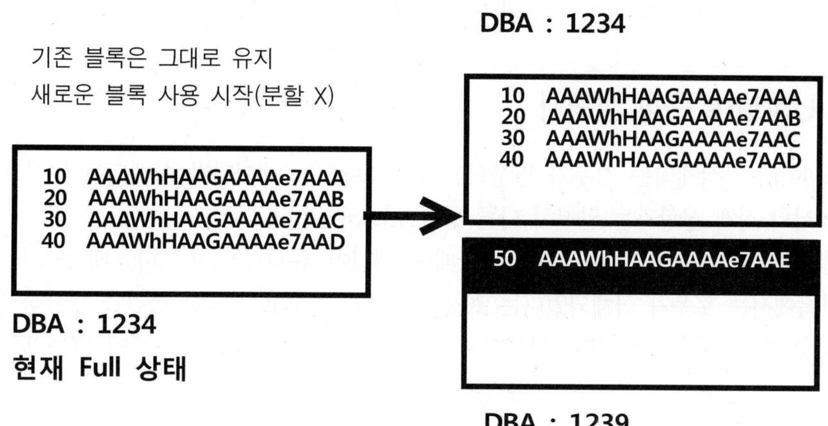

<Insert 문장 실행시 인덱스 관리 #1>

하지만 만약 중간 값이 삽입되는 경우에는 어떻게 될까?

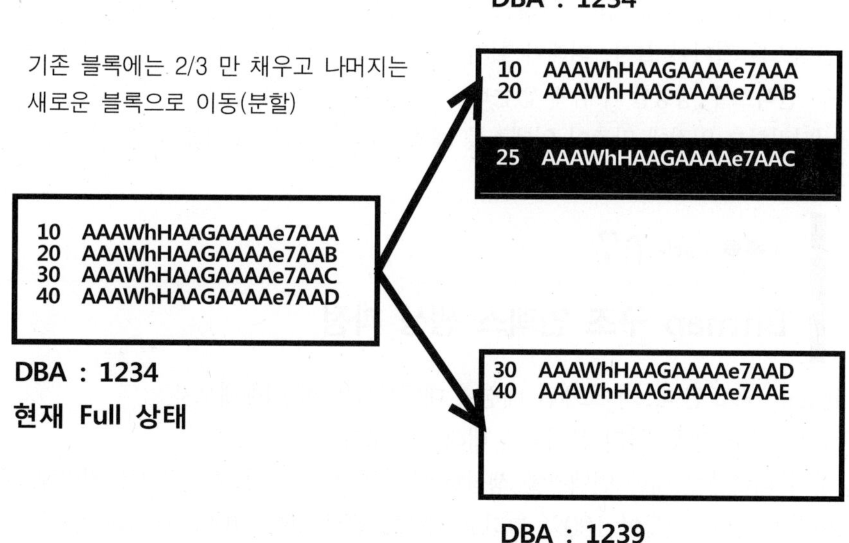

<Insert 문장 실행시 인덱스 관리 #2>

마찬가지로 기존 블록의 공간이 남아있는 경우에는 정렬 상태를 고려하여 그대로 입력하면 되지만 만약 블록에 여유 공간이 없는 경우가 되면 기존 블록을 나누게 되는 분할(Split)이 발생하는데 이때 기

존 블록은 2/3만 채우고 새로운 블록에 나머지 1/3 을 옮겨서 저장하게 된다. 여기서 어느 정도의 공간을 남기고 새로운 블록으로 옮기는 이유는 이후 또 다른 중간 값이 입력될 때 계속적으로 블록이 분할되지 않도록 하기 위함이다.

하지만 이러한 분할이 지속적으로 발생한 후 새로운 값들이 남은 공간을 채우지 않으면 Pctfree 아래 남은 공간들이 사실상 낭비되는 상황이 발생할 수도 있다는 점을 기억하기 바란다.

*Delete, Update 문장 실행시

테이블 데이터가 삭제되는 경우가 발생하면 인덱스에서도 데이터가 삭제되어야 하는데 인덱스에서는 테이블에서의 삭제 상황과는 완전히 다른 방식으로 처리된다.
일단 결론부터 말하자면 인덱스에서는 삭제란 개념이 존재하지 않는다. 데이터가 삭제되면 인덱스 Leaf 블록에서는 로우가 삭제되었다는 표시(Flag)만 해주고 사실상 공간을 반환하지 않는다. 그대로 남아있다고 봐도 과언이 아니다. 이처럼 데이터가 삭제되다가 Leaf 블록에 있는 모든 데이터가 삭제되면 이 사실을 Branch 블록은 알아야만 한다. 그래야 스캔할 때 제외시킬 테니까. 그래서 Branch 블록에서는 이제 Leaf 블록(완전히 삭제되었다는 블록)의 주소를 표시하는 로우에 삭제 표시(Flag)를 하게 되는 방식이다. 역시 Branch 블록에서도 데이터가 실제로 삭제되지는 않는다.
Update가 실행되는 경우에도 테이블에서의 Update 상황과 완전히 다르게 처리된다. 결론부터 말하자면 인덱스에서는 Update란 존재하지 않는다. 무조건 Delete를 먼저 실행하고 Insert가 진행되는 방식이다.
지금까지 DML이 실행되는 경우 인덱스에 어떤 영향을 미치는지 살펴보았다. 이 정도 설명이면 어떤 컬럼에 인덱스를 걸어야 할지, 피해야 할지 감이 잡혔을 것이라 믿는다. 하지만 종종 피할 수 없는 상황일 경우 인덱스를 생성할 수밖에 없는데 이때는 정기적으로 인덱스 블록 내부의 낭비가 얼마나 되는지 모니터링하고 일정에 맞추어 인덱스를 재생성하는 작업을 고려해야 할 것이다.

●●● oracle 07

Bitmap 구조 인덱스 생성 과정

먼저 Bitmap 구조 인덱스가 소개된 배경에 대해서 간략히 이해해보자.
일단 B-tree 구조 인덱스들의 문제점에 대해 살펴보자.

- 대용량의 테이블에 대한 인덱스를 생성할 때 인덱스를 설정하는 테이블 컬럼에 대한 컬럼(인덱스 컬럼이라 부른다) 값들이 100% 그리고 압축도 전혀 없이 그대로 B-tree 인덱스 Leaf 블록에 저장된다는 사실이다.
- 인덱스 컬럼에 저장된 컬럼 값들의 분포가 좋아야만(B-tree인덱스 컬럼 값의 분포도가 좋아야만) 성능 향상을 기대할 수 있다. 컬럼 값들이 중복된 값이 많게 되면 그만큼 읽어야 할 로우가 많아질 수 있다고 볼 수 있으니 결국 B-tree 구조 상 적지 않은 인덱스 블록을 액세스해야 하기 때문이다.

- Composite 인덱스를 생성한 경우 Where 조건 절에서 자주 사용되지 않는 컬럼이 Composite 인덱스의 인덱스 컬럼에 포함되어 있다면 그 만큼 효율성이 떨어질 수밖에 없다는 점이다.
- 부정형 연산자(Not)나 Null 값을 사용하는 경우 B-tree가 일반적으로 선택되지 않는다.
- AND나 OR 연산이 필요한 경우 B-tree 인덱스로서는 성능을 보장받지 못한다.
- 인덱스 컬럼의 크기가 큰 경우 전체 인덱스 크기에 큰 영향을 미친다.

지금까지 위에서 언급한 대부분의 문제점들이 Bitmap 인덱스 구조로 해결된다.

*Bitmap 인덱스 구조란 무엇일까?

oe.customers 테이블로부터 cust_last_name과 gender 컬럼값을 확인하자.
gender 컬럼의 경우 모든 로우(customer)에 대해서 M(남자) 아니면 F(여자) 값만이 가능하다. 만약 Gender 컬럼에 대해 B-tree 인덱스 구조로 인덱스를 생성하게 되면 M과 F란 값이 엄청나게 중복되면서 인덱스 Leaf 블록에 저장되게 될 것이다. 테이블이 작으면 모르겠지만 크기가 큰 경우라면 이 또한 성능에 영향을 미칠 수 있다.

```
SQL> select rowid, cust_last_name, gender
2  from oe.customers;
```

ROWID	CUST_LAST_NAME	GEN
AAAWhkAAGAAAAhbAAA	Welles	M
AAAWhkAAGAAAAhbAAB	Pacino	M
AAAWhkAAGAAAAhbAAC	Taylor	F
AAAWhkAAGAAAAhbAAD	Sutherland	F
AAAWhkAAGAAAAhbAAE	MacGraw	F
……(중략)	…(중략)	…(중략)
AAAWhkAAGAAAAheAAi	Dench	M
AAAWhkAAGAAAAheAAn	Dvrrie	F
AAAWhkAAGAAAAheAAr	Sanders	M
AAAWhkAAGAAAAhfAAU	Danson	M
AAAWhkAAGAAAAhfAAZ	Sen	M

<custormers 테이블의 cust_last_name 컬럼값에 대한 ROWID>

이제 oe.customers 테이블의 gender 컬럼에 Bitmap 인덱스를 생성하자.

```
SQL> create index oe.bit_idx_cust_lastname_gen on oe.customers(gender);
```

Step1) gender 컬럼에 대한 인덱스를 생성해야 하므로 가장 먼저 customers 테이블을 스캔한다.
Step2) Leaf 블록에 저장될 인덱스 엔트리를 생성한다.
인덱스 엔트리는 Bitmap generator에 의해 생성되는데 아래와 같이 기본적으로 인덱스 엔트리 헤더, 컬럼 키값, Start ROWID, End ROWID 그리고 마지막으로 해당 Bitmap 정보를 저장한다.

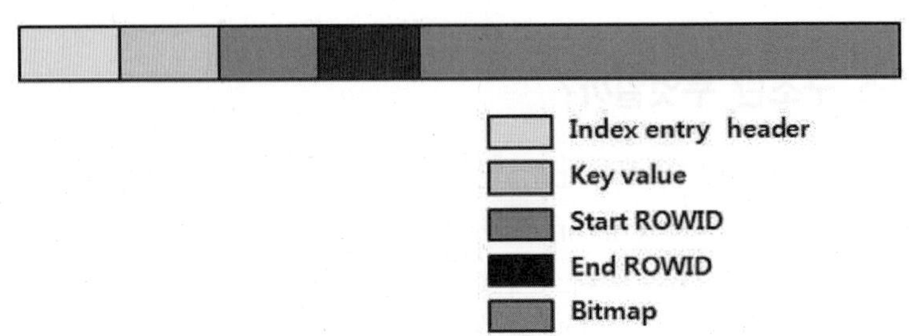

〈Bitmap 인덱스 엔트리 구조〉

Bitmap:

ROWID	CUST_LAST_NAME	GEN	M(Bitmap)	F(Bitmap)
AAAWhkAAGAAAAhbAAA	Welles	M	1	0
AAAWhkAAGAAAAhbAAB	Pacino	M	1	0
AAAWhkAAGAAAAhbAAC	Taylor	F	0	1
AAAWhkAAGAAAAhbAAD	Sutherland	F	0	1
AAAWhkAAGAAAAhbAAE	MacGraw	F	0	1
......(중략)	...(중략)	...(중략)	(중략)	(중략)
AAAWhkAAGAAAAheAAi	Dench	M	1	0
AAAWhkAAGAAAAheAAn	Dvrrie	F	0	1
AAAWhkAAGAAAAheAAr	Sanders	M	1	0
AAAWhkAAGAAAAhfAAU	Danson	M	1	0
AAAWhkAAGAAAAhfAAZ	Sen	M	1	0

〈M, F 값에 대한 Bitmap 생성〉

Bitmap 인덱스를 생성할 때 필요한 Bitmap을 만들기 위해서는 각각의 컬럼 값에 대한 Bit 값이 필요하다. 위의 테이블을 살펴보면 특정 컬럼에 해당하는 값만 1로 표현하고 그렇지 않은 경우 0으로 기록된 것을 확인할 수 있다. 예를 들자면 CUST_LAST_NAME 값이 Wells인 사람의 경우 gender가 M(Male)이므로 M에 대한 Bitmap 자리에만 1을 표시하고 F에 대한 Bitmap 자리에는 0이라고 기록한다는 것이다.

결국 M 값에 대한 비트맵은 다음과 같다.

1	1	0	0	0		1	0	1	1	1

결국 F 값에 대한 비트맵은 다음과 같다.

0	0	1	1	1		0	1	0	0	0

Start ROWID : oe.customers 테이블에 저장된 첫 번째 로우의 로우 아이디는 다음과 같다.

AAAWhkAAGAAAAhbAAA	Welles	M	1	0

End ROWID : oe.customers 테이블에 저장된 마지막 로우의 로우 아이디는 다음과 같다.

AAAWhkAAGAAAAhfAAZ	Sen	M	1	0

Step3) Step2에서 생성된 비트맵들에 대한 정렬 작업이 수행된다(컬럼 key 값과 start ROWID 순으로 정렬된다). 인덱스에 저장될 때는 항상 정렬 작업이 먼저 수행된 후 저장된다는 점은 B-tree 구조와 동일하다.

```
SQL> select rowid, cust_last_name, gender
  2  from oe.customers
  3  order by cust_last_name, rowid;
```

ROWID	CUST_LAST_NAME	GEN
AAAWhkAAGAAAAhcAAY	Adjani	F
AAAWhkAAGAAAAhdAAi	Adjani	F
AAAWhkAAGAAAAheAAS	Alexander	F
AAAWhkAAGAAAAheAAm	Alexander	F
AAAWhkAAGAAAAhdAAl	Altman	F
……(중략)	…(중략)	…(중략)
AAAWhkAAGAAAAhcAAQ	de Niro	M
AAAWhkAAGAAAAhdAAh	de Niro	F
AAAWhkAAGAAAAm2AAa	de Niro	M
AAAWhkAAGAAAAhcAAF	von Sydow	M
AAAWhkAAGAAAAhcAAT	von Sydow	F

<custermers 테이블의 cust_last_name 컬럼값에 대한 ROWID>

Step4) 정렬된 인덱스 엔트리들을 Leaf 블록에 저장한다. 사실상 이후부터는 앞에서 이미 살펴본 B-tree 구조와 동일하다. 결국 B-tree와 Bitmap 인덱스 구조의 차이라면 바로 Leaf 블록에 저장되는 인덱스 엔트리의 구조(저장되는 데이터의 종류) 면에서의 차이라고 보면 간단하다.

이처럼 일단 비트맵 인덱스가 생성되어지면 세그먼트가 메모리에 생성되어지게 되는데 이때 사용되어지는 파라미터가 바로 create_bitmap_area_size라는 것이다. 결국 이 파라미터는 메모리 내에 어느 정도 크기의 비트맵 세그먼트를 생성할 것인지를 통제하게 된다. 기본 값은 8MB이다. 하지만 비트맵 인덱스를 설정하는 컬럼의 Cardinality가 크면 - 컬럼 값들이 여러 개의 종류로 나누어지는 경우 - 더욱 큰 메모리의 영역이 필요하게 되며 Cardinality가 작은 경우 - 남자 또는 여자, 단지 두 개의 값을 가지는 경우-에는 적은 메모리를 가지고도 충분히 통제가 가능하다

다음과 같은 Select 문장이 실행되면 내부적으로 어떤 과정을 거쳐서 Bitmap 인덱스를 사용하게 되는지 살펴보자.

```
SQL> select * from oe.customers
where gender = 'F';
```

Step5) Root 블록과 Branch 블록을 거쳐 F 값이 저장되어 있는 Leaf 블록까지 내려온다. 내부적으로 다음과 같은 인덱스 엔트리가 저장되어 있다.

F　AAAWhkAAGAAAAhbAAA　　AAAWhkAAGAAAAhfAAZ　　11000....10111

실제 읽어야 하는 레코드는 위의 Bitmap 가운데(11000....10111) 1 이라고 기록된 위치에 있는 레코드이다. 왜냐하면 그 자리에만 F 라는 값이 저장되어 있기 때문이다.

이 시점에서 오라클은 Start ROWID, End ROWID에 Bitmap 정보를 통해 실제 ROWID 값을 산출하게 되며 테이블에 저장된 로우를 액세스가 가능해진다.

그럼 과연 어떤 컬럼들이 Bitmap 인덱스 키가 될 수 있을까? 일단은 상당히 많은 로우 데이터가 저장되어 있는 경우와 그 컬럼에 저장된 값들이 중복이 많은 경우에 효과적인 적용일 수 있다. 왜냐하면 Bitmap 인덱스의 장점이 많은 데이터를 Bitmap이라는 형식으로 압축 저장하기 때문이다. 압축 저장이므로 당연히 중복 값이 많을수록 효과적이라는 의미이다.

그리고 SQL 문장으로 쿼리를 할 때 AND/OR 연산자(Operator)가 자주 사용하게 되는 여러 개의 Where 조건 절을 사용하는 경우가 또한 좋은 대상이 될 텐데 그 이유는 AND/OR 연산은 단순히 0와 1로 값을 비교하게 되면 실제 문자나 숫자 값으로 비교하는 것보다 무척 빠른 연산이 내부적으로 이루어지기 때문이다.

이상으로 B-tree 와 Bitmap 인덱스의 개념 및 생성 과정에 대하여 살펴보았다.

●●● oracle 08

인덱스 종류 구분 기준

다양한 인덱스의 종류에 대해서 살펴보도록 하자. Bitmap 인덱스를 제외하고는 대부분 B-tree 구조로 구성되었다는 점을 다시 한 번 기억하기 바란다.

*인덱스 종류 구분 기준

기본적으로 인덱스의 종류는 다음과 같은 다양한 기준으로 세부적으로 분류해 볼 수 있다.

구분 기준	인덱스 종류	설명
인덱스 컬럼 값의 유일성	Unique 인덱스	인덱스 컬럼에 유일한 값들만 저장 및 입력 가능하다는 것이 보장되었는지 여부. Primary key 또는 Unique key 제한 조건이 걸려있는 경우 자동으로 Unique 인덱스가 생성된다. 그러므로 단순히 컬럼에 값들이 유일해야 하는 것이 아니라 내부적으로 제한 조건을 통해 유일성이 보장되어 있어야 한다는 의미이다.
	Non-unique 인덱스	인덱스 컬럼에 유일한 값들만 저장 및 입력 가능하다는 것이 보장되지 않음(Primary key 또는 Unique key 제한 조건이 없는 상태)
인덱스 구성 컬럼 개수	Single 컬럼 인덱스	인덱스 구성 컬럼 개수가 한 개로 제한
	Composite 또는 Concatenated 인덱스	인덱스 구성 컬럼 개수가 한 개 이상
인덱스 생성 주체 여부	사용자 인덱스	Create index 문장을 사용하여 사용자가 직접 생성
	자동 인덱스	Primary 또는 Unique 키 설정에 따라 내부적으로 인덱스가 자동 생성
파티션 여부	Partition 인덱스	인덱스를 파티션 하는 설정
	Non-partition 인덱스	인덱스가 파티션 되지 않는 설정
특정기능 지원 여부	Function 기반	인덱스 컬럼에 Function 처리를 위함
인덱스 정렬 방식	Decending 인덱스	인덱스를 저장할 때 내림차순으로 정렬하여 저장
	Ascening 인덱스	인덱스를 저장할 때 오름차순으로 정렬하여 저장

〈인덱스 종류〉

사실 위의 구분을 기반으로 여러 가지 조합이 얼마든지 가능하고 실제로 조합이 되는 경우가 대부분이다. 예를 들어, single 컬럼에 인덱스를 생성하는 경우를 살펴보자. 다음은 인덱스 생성 시 고려 사항 및 제한 사항을 나열한 것이다.

- 단일 컬럼에 인덱스를 생성한다(single 컬럼 인덱스).
- 해당 컬럼의 값이 유일하다(Unique 인덱스).
- 인덱스는 파티션 하지 않는다(Non-partition 인덱스).
- 인덱스 정렬시 오름차순으로 정렬한다(Ascending 인덱스).

결국 single 컬럼에 인덱스를 생성하는 간단한 상황임에도 불구하고 4개의 인덱스 종류의 조합이라고 봐야 한다는 것이다.
이 모든 조합에 대해서 하나 하나를 지면에 담기가 쉽지 않으니 독자들의 양해를 바란다. 따라서 주로 사용되는 인덱스 종류(조합)를 소개하면서 이 부분에 대한 커멘트를 필요하다면 그때 그때 추가하도록 하겠다.

*인덱스 종류 설명에 사용되어질 테이블 생성 과정(총 316개 로우)

```
=========================================================
참조 스크립트: cr_index.sql
create index oe.idx_cust_id
on oe.cust_idx_test(customer_id) tablespace idx_cust_test_tbs;
=========================================================
SQL>@cr_index.sql
SQL> create table oe.cust_idx_test
(customer_id number(6),
  cust_first_name varchar2(20),
  cust_last_name varchar2(20),
  date_of_birth date,
  credit_limit number(9,2),
  gender varchar2(1))
tablespace cust_test_tbs;

SQL> insert into oe.cust_idx_test
SQL> select customer_id, cust_first_name, cust_last_name,
date_of_birth,credit_limit, gender
     from oe.customers ;
SQL> commit;
SQL> EXEC DBMS_STATS.gather_table_stats('OE', 'CUST_IDX_TEST');
```

스키마.테이블 이름	
oe.cust_idx_test	
컬럼 이름	데이터 타입
CUSTOMER_ID	NUMBER(6)
CUST_FIRST_NAME	VARCHAR2(20)
CUST_LAST_NAME	VARCHAR2(20)
DATE_OF_BIRTH	DATE
CREDIT_LIMIT	NUMBER(9,2)
GENDER	VARCHAR2(1)

현재 oe.cust_idx_test 테이블에는 아무런 제한 조건이 설정되지 않은 상태임을 반드시 기억하기 바란다. 이후에 각각의 인덱스 소개를 통해 필요한 경우 필요한 제약 조건만을 설정할 예정이다. 그 이유는 몇몇 제약 조건들은 자동으로 내부적으로 인덱스를 생성해주기 때문에 이로 인한 혼돈이 생길 수도 있기 때문이다. 일단은 아무 제한 조건 없이 깨끗한 상태에서 시작한다.

CUST_ID	CUST_FIRST_NAME	CUST_LAST_NAME	DATE_OF_BI	CREDIT_LIMIT	GENDER
101	Constantin	Welles	20-Feb-72	100	M
102	Harrison	Pacino	02-Mar-53	100	M
103	Manisha	Taylor	22-Mar-83	100	F
104	Harrison	Sutherland	31-Mar-72	100	F
105	Matthias	MacGraw	21-Apr-69	100	F
106	Matthias	Hannah	30-Apr-60	100	M
107	Matthias	Cruise	21-May-69	100	F
108	Meenakshi	Mason	20-Jun-57	100	M
109	Christian	Cage	30-Jun-38	100	M
(중략)	(중략)	(중략)	(중략)	(중략)	(중략)
927	Bryan	Belushi	10-May-61	2300	M
928	Burt	Spielberg	09-Jun-54	5000	M
929	Burt	Neeson	19-Jun-78	5000	M
930	Buster	Jackson	08-Jul-24	900	M
931	Buster	Edwards	08-Aug-47	900	M
932	Buster	Bogart	17-Aug-52	900	M
934	C. Thomas	Nolte	07-Sep-59	600	M
980	Daniel	Loren	17-Sep-70	200	M
981	Daniel	Gueney	07-Oct-73	200	M

인덱스 생성에 필요한 테이블이 준비되었다. 이제부터 소개하는 각각의 인덱스에 대한 생성 및 관리 과정에 동일하게 사용할 예정이다.

●●● oracle 09

Single 컬럼 인덱스

: Non-Unique/Single/User/Non-Partition/Ascending

Uni	Non-Uni	Single	Com	User	Auto	Part	Non-Part	Func	Dsc	Asc
	◎	◎		◎			◎			◎

Non-Unique/Single/User/Non-Partition/Ascending 인덱스 생성 과정 및 조회 시 인덱스 사용 여부 확인 과정을 살펴본다.

```
=====================================================
참조 스크립트: cr_single_idx.sql, check_index_status.sql
create index oe.idx_cust_id
on oe.cust_idx_test(customer_id) tablespace idx_cust_test_tbs;
=====================================================
```

Step1) 테이블 조회시 인덱스 사용 여부 확인

현재 인덱스가 없는 상태이므로 당연히 인덱스를 사용하지 못하는 상황임은 분명하다. 하지만 실행 계획(Set autotrace on/off 사용하여 실행 계획을 확인한다) 확인을 통해 인덱스가 사용되지 않고 있다는 사실을 명확히 확인하기 바란다. 이후 인덱스를 생성한 후 조회를 다시 수행하는 경우 그때 생성된 실행 계획과 비교해봐야 할 것이다.

```
SQL> set autotrace on
SQL> select customer_id, cust_last_name
from oe.cust_idx_test
where customer_id=219;

USTOMER_ID CUST_LAST_NAME
----------- --------------------
       219 Sen
Execution Plan
----------------------------------------------------------
Plan hash value: 1445876391
--------------------------------------------------------------------------------
| Id  | Operation          | Name             | Rows  | Bytes | Cost (%CPU)| Time     |
--------------------------------------------------------------------------------
|   0 | SELECT STATEMENT   |                  |     1 |    12 |     3   (0)| 00:00:01 |
|*  1 |  TABLE ACCESS FULL| CUST_IDX_TEST |     1 |    12 |     3   (0)| 00:00:01 |
```

operation 컬럼을 보면 CUST_IDX_TEST에 대해 Full 테이블 스캔(TABLE ACCESS FULL)을 수행했고 12 Bytes의 데이터를 읽었으며 총 3이라는 Cost를 사용했다는 사실을 확인할 수 있다.

```
SQL> set autotrace off
```

Step2) customer_id 컬럼에 Single 컬럼 인덱스 생성 및 인덱스 관련 통계값 산출

```
SQL> create index oe.idx_cust_id
on oe.cust_idx_test(customer_id) tablespace idx_cust_test_tbs;

SQL>EXEC DBMS_STATS.gather_index_stats('OE', 'IDX_CUST_ID');
```

Step3) 인덱스 상태 조회

생성된 인덱스의 상태를 확인하도록 한다.

```
SQL> @check_index_status.sql
INDEX_NAME    TABLE_NAME    TABLESPACE_NAME    INDEX_TYPE UNIQUENESS STATUS  VISIBILITY
------------- ------------- ------------------ ---------- ---------- ------- ----------
IDX_CUST_ID   CUST_IDX_TEST IDX_CUST_TEST_TBS  NORMAL     NONUNIQUE  VALID   VISIBLE

INDEX_NAME    TABLE_OWNE TABLE_NAME    COLUMN_NAME
------------- ---------- ------------- -------------
IDX_CUST_ID   OE         CUST_IDX_TEST CUSTOMER_ID
```

IDX_CUST_ID 인덱스가 CUSTOMER_ID 컬럼에 생성되었고 Normal 인덱스(Bitmap 구조가 아닌 B-tree 구조)이며 Non-unique 한 상태이다. 그리고 마지막으로 현재 상태가 VALID, VISIBLE 임을 확인할 수 있다. 여기서 Non-unique 한 상태인 이유는 유일성을 보장할 수 있는 아무런 제한 조건이 없는 컬럼에 생성된 인덱스이기 때문이다.

Step4) 테이블 조회시 인덱스 사용 여부 확인

Autotrace 를 통해 인덱스 생성 이후 테이블 조회시 인덱스가 사용되는지 여부를 확인하도록 한다.

```
SQL> set autotrace on
SQL>select customer_id, cust_last_name
from oe.cust_idx_test
where customer_id=219;
```

```
Execution Plan
----------------------------------------------------------
Plan hash value: 524693513
------------------------------------------------------------------------------------------------
| Id  | Operation                           | Name          | Rows | Bytes | Cost (%CPU)| Time     |
------------------------------------------------------------------------------------------------
|   0 | SELECT STATEMENT                    |               |    1 |    12 |     2   (0)| 00:00:01 |
|   1 |  TABLE ACCESS BY INDEX ROWID BATCHED| CUST_IDX_TEST |    1 |    12 |     2   (0)| 00:00:01 |
|*  2 |   INDEX RANGE SCAN                  | IDX_CUST_ID   |    1 |       |     1   (0)| 00:00:01 |

SQL>set autotrace off
```

operation 컬럼을 보면 IDX_CUST_ID 인덱스에 대한 INDEX RANGE SCAN을 먼저 수행했고 그 다음 ROWID 를 가지고 CUST_IDX_TEST 테이블을 액세스 했다는 사실을 확인할 수 있다. 총 12 Bytes의 데이터를 읽었으며 총 2라는 Cost를 사용했다는 사실을 확인할 수 있다(Cost 3에서 2로 감소). 이 경우 인덱스를 통해 테이블을 조회하는 것이 보다 효율적이었다는 사실을 Cost 정보를 통해 알 수 있다.

tip

일반적으로 Cost 정보가 낮으면 효율적인 실행 계획이라고 볼 수도 있지만 항상 이것이 보장되지는 않는다. 종종 Cost가 낮아도 실제 실행시간을 보면 더 오래 걸리는 경우도 종종 발생한다.

특히 여기서 INDEX RANGE SCAN을 수행하는 이유는 인덱스 컬럼에 대한 유일성이 보장되지 않았기 때문인데 다음과 같이 Where 조건절에 customer_id=219를 만족하는 값이 유일하다 할지라도 내부적으로는 Index unique scan을 수행하지 못하고 Range scan 방식을 선택하게 된다.

```
SQL> select customer_id, cust_last_name
from oe.cust_idx_test
where customer_id=219;

CUSTOMER_ID CUST_LAST_NAME
----------- --------------------
        219 Sen
```

Step5) 메모리 정리

이후에 수행되는 테스트를 위해 공유 풀과 데이터베이스 버퍼 캐시를 모두 비우도록 한다.

```
SQL>alter system flush shared_pool;
SQL>alter system flush buffer_cache;
```

●●● oracle 10

Composite 인덱스

: Non-Unique/Composite/User/Non-Partition/Ascending

Uni	Non-Uni	Single	Com	User	Auto	Part	Non-Part	Func	Dsc	Asc
	◎		◎	◎			◎			◎

Non-Unique/Composite/User/Non-Partition/Ascending 인덱스 생성 과정 및 조회 시 인덱스 사용 여부 확인 과정을 살펴본다.

```
========================================================
참조 스크립트: cr_composite_idx.sql, check_index_status.sql
create index oe.IDX_CUSTID_GENDER
on oe.cust_idx_test(customer_id,gender) tablespace idx_cust_test_tbs;
========================================================
```

Step1) 테이블 조회시 인덱스 사용 여부 확인

현재 인덱스가 없는 상태이므로 당연히 인덱스를 사용하지 못하는 상황임은 분명하다. 하지만 실행 계획(Set autotrace on/off 사용하여 실행 계획을 확인한다) 확인을 통해 인덱스가 사용되지 않고 있다는 사실을 명확히 확인하기 바란다.

이후 인덱스를 생성한 후 조회를 다시 수행하는 경우 그때 생성된 실행 계획과 비교해봐야 할 것이다.

```
SQL> set autotrace on
SQL> select customer_id, cust_last_name
from oe.cust_idx_test
where customer_id=219;

USTOMER_ID CUST_LAST_NAME
----------- --------------------
       219 Sen
Execution Plan
-------------------------------------------------------------
Plan hash value: 1445876391
-------------------------------------------------------------------------------------
| Id  | Operation          | Name          | Rows  | Bytes | Cost (%CPU)| Time     |
-------------------------------------------------------------------------------------
|   0 | SELECT STATEMENT   |               |     1 |    12 |     3   (0) | 00:00:01 |
|*  1 |  TABLE ACCESS FULL | CUST_IDX_TEST |     1 |    12 |     3   (0) | 00:00:01 |
```

operation 컬럼을 보면 CUST_IDX_TEST에 대해 Full 테이블 스캔(TABLE ACCESS FULL) 을 수행했고 12 Bytes의 데이터를 읽었으며 총 3이라는 Cost를 사용했다는 사실을 확인할 수 있다.

```
SQL> set autotrace off
```

Step2) customer_id과 gender 컬럼에 composit 컬럼 인덱스 생성 및 인덱스 관련 통계값 산출

```
SQL> create index oe.IDX_CUSTID_GENDER
on oe.cust_idx_test(customer_id,gender) tablespace idx_cust_test_tbs;

SQL> EXEC DBMS_STATS.gather_index_stats('OE', 'IDX_CUSTID_GENDER');
```

Step3) 인덱스 상태 조회
생성된 인덱스의 상태를 확인하도록 한다.

```
SQL> @check_index_status.sql
INDEX_NAME           TABLE_NAME     TABLESPACE_NAME     INDEX_TYPE UNIQUENESS STATUS
VISIBILITY
---------------- ------------ ----------------- ---------- ---------- ------- ----------
IDX_CUSTID_GENDER    CUST_IDX_TEST IDX_CUST_TEST_TBS  NORMAL     NONUNIQUE  VALID   VISIBLE


INDEX_NAME           TABLE_OWNE  TABLE_NAME     COLUMN_NAME
-------------------- ---------- ------------ -------------
IDX_CUSTID_GENDER    OE          CUST_IDX_TEST  CUSTOMER_ID
IDX_CUSTID_GENDER    OE          CUST_IDX_TEST  GENDER
```

IDX_CUSTID_GENDER 인덱스가 CUSTOMER_ID와 gender 컬럼(composite)에 생성되었고 Normal 인덱스(B-tree 구조)이며 Non-unique한 상태이다. 그리고 마지막으로 현재 상태가 VALID, VISIBLE 임을 확인할 수 있다. 여기서 Non-unique 한 상태인 이유는 위의 경우가 마찬가지로 유일성을 보장할 수 있는 아무런 제한 조건이 없는 컬럼이기 때문이다..

Step4) 테이블 조회시 인덱스 사용 여부 확인
Autotrace를 통해 인덱스 생성 이후 테이블 조회시 인덱스가 사용되는지 여부를 확인하도록 한다.

```
set autotrace on
select customer_id, cust_last_name, gender
from oe.cust_idx_test
where customer_id=219 and gender='M';

CUSTOMER_ID CUST_LAST_NAME       GENDER
----------- -------------------- ----------
        219 Sen                  M


Execution Plan
----------------------------------------------------------
Plan hash value: 596303537

-------------------------------------------------------------------------------------------------------
| Id  | Operation                           | Name              | Rows  | Bytes | Cost (%CPU)| Time     |
-------------------------------------------------------------------------------------------------------
|   0 | SELECT STATEMENT                    |                   |     1 |    14 |     2   (0)| 00:00:01 |
|   1 |  TABLE ACCESS BY INDEX ROWID BATCHED| CUST_IDX_TEST     |     1 |    14 |     2   (0)| 00:00:01 |
|*  2 |   INDEX RANGE SCAN                  | IDX_CUSTID_GENDER |     1 |       |     1   (0)| 00:00:01 |
-------------------------------------------------------------------------------------------------------


set autotrace on
```

operation 컬럼을 보면 IDX_CUSTID_GENDER 인덱스에 대한INDEX RANGE SCAN을 먼저 수행했고 그 다음 ROWID를 가지고 CUST_IDX_TEST 테이블을 액세스 했다는 사실을 확인할 수 있다. 총 14 Bytes의 데이터를 읽었으며 총 2라는 Cost를 사용했다는 사실을 확인할 수 있다(Cost 3에서 2로 감소). 여기서 INDEX RANGE SCAN 을 수행하는 이유는 인덱스 컬럼에 대한 유일성이 보장되지 않았기 때문이다.
이 경우도 인덱스를 통해 테이블을 조회하는 것이 보다 효율적이 였다는 사실을 Cost 정보를 통해 알 수 있다.

Step5) 메모리 정리
이후에 수행되는 테스트를 위해 공유 풀과 데이터베이스 버퍼 캐시를 모두 비우도록 한다.

```
SQL>alter system flush shared_pool;
SQL>alter system flush buffer_cache;
```

●●● oracle 11

Unique 인덱스

Unique/Single/Auto/Non-Partition/Ascending

Uni	Non-Uni	Single	Com	User	Auto	Part	Non-Part	Func	Dsc	Asc
◎		◎			◎		◎			◎

Unique/Single/Auto/Non-Partition/Ascending 인덱스 생성 과정 및 조회 시 인덱스 사용 여부 확인 과정을 살펴본다.

```
=======================================================
참조 스크립트: cr_unique_idx.sql, check_index_status.sql
alter table  oe.cust_idx_test add constraint cust_pk primary key (customer_id);
=======================================================
```

Step1) 테이블 조회시 인덱스 사용 여부 확인

현재 인덱스가 없는 상태이므로 당연히 인덱스를 사용하지 못하는 상황임은 분명하다. 하지만 실행 계획(Set autotrace on/off 사용하여 실행 계획을 확인한다) 확인을 통해 인덱스가 사용되지 않고 있다는 사실을 명확히 확인하기 바란다.

이후 인덱스를 생성한 후 조회를 다시 수행하는 경우 그때 생성된 실행 계획과 비교해봐야 할 것이다.

```
SQL> set autotrace on
SQL> select customer_id, cust_last_name
from oe.cust_idx_test
where customer_id=219;

USTOMER_ID CUST_LAST_NAME
----------- --------------------
       219 Sen
Execution Plan
------------------------------------------------------------
Plan hash value: 1445876391
-----------------------------------------------------------------------------------
| Id  | Operation          | Name          | Rows  | Bytes | Cost (%CPU)| Time     |
-----------------------------------------------------------------------------------
|   0 | SELECT STATEMENT   |               |     1 |    12 |     3   (0)| 00:00:01 |
|*  1 |  TABLE ACCESS FULL | CUST_IDX_TEST |     1 |    12 |     3   (0)| 00:00:01 |
```

operation 컬럼을 보면 CUST_IDX_TEST에 대해 Full 테이블 스캔(TABLE ACCESS FULL) 을 수행했고 12 Bytes의 데이터를 읽었으며 총 3이라는 Cost를 사용했다는 사실을 확인할 수 있다.

```
SQL> set autotrace off
```

Step2) 이번에는 인덱스를 사용자가 별도로 생성해주는 것이 아니라 Primary 제약 조건을 통해 자동으로 Unique 인덱스를 내부적으로 생성시키는 과정을 소개한다.
customer_id 컬럼에 Primary 제약 조건을 설정하면 그 컬럼에 대한 유일성이 보장되는 동시에 자동적으로(내부적으로) Unique 인덱스를 생성해준다.

```
SQL> alter table  oe.cust_idx_test add constraint cust_pk primary key (customer_id);
```

Step3) 인덱스 상태 조회
생성된 인덱스의 상태를 확인하도록 한다.

```
SQL> @check_index_status.sql
INDEX_NAME          TABLE_NAME    TABLESPACE_NAME    INDEX_TYPE UNIQUENESS STATUS  VISIBILITY
----------------- ------------ ------------------ ---------- ---------- ------- ----------
CUST_PK             CUST_IDX_TEST USERS              NORMAL     UNIQUE     VALID   VISIBLE


INDEX_NAME             TABLE_OWNE TABLE_NAME     COLUMN_NAME
-------------------- ---------- ------------- -------------
CUST_PK                OE         CUST_IDX_TEST  CUSTOMER_ID
```

customer_id 컬럼에 Primary 제약 조건을 설정함에 따라 CUST_PK 인덱스가 customer_id 컬럼에 자동 생성되었고 Normal 인덱스(B-tree 구조)이며 현재 상태가 VALID, VISIBLE 임을 확인할 수 있다. 여기서 중요한 것은 인덱스 컬럼의 유일성(Uniqueness)이 보장되어 Unique scan이 가능해 진다는 사실이다.

Step4) 테이블 조회시 인덱스 사용 여부 확인
Autotrace를 통해 인덱스 생성 이후 테이블 조회시 인덱스가 사용되는지 여부를 확인하도록 한다.

```
SQL> set autotrace on

SQL> select customer_id, cust_last_name
from oe.cust_idx_test
where customer_id=219;

CUSTOMER_ID CUST_LAST_NAME
----------- --------------------
        219 Sen

Execution Plan
----------------------------------------------------------
Plan hash value: 3896314112

--------------------------------------------------------------------------------------------
| Id  | Operation                   | Name         | Rows  | Bytes  | Cost (%CPU)| Time     |
--------------------------------------------------------------------------------------------
|   0 | SELECT STATEMENT            |              |    1  |    12  |     1   (0)| 00:00:01 |
|   1 |  TABLE ACCESS BY INDEX ROWID| CUST_IDX_TEST | 1 |  12    |     1   (0)| 00:00:01 |
|*  2 |   INDEX UNIQUE SCAN         | CUST_PK      |    1  |        |     0   (0)| 00:00:01 |

SQL> set autotrace off
```

operation 컬럼을 보면 CUST_PK 인덱스에 대한 INDEX UNIQUE SCAN을 먼저 수행했고 그 다음 ROWID를 가지고 CUST_IDX_TEST 테이블을 액세스 했다는 사실을 확인할 수 있다.
여기서 INDEX_RANGE_SCAN이 아닌 INDEX_UNIQUE_SCAN을 수행한 이유는 인덱스 컬럼에 Primary key 설정으로 인한 유일성이 보장되었기 때문이다.
총 12 Bytes의 데이터를 읽었으며 총 1이라는 Cost를 사용했다는 사실을 확인할 수 있다. 지금 얻은 Cost 1은 앞에서 INDEX_RANGE_SCAN을 하던 방식보다도 더 효율적인 방식이었다는 사실을 증명하는 것이다.

Step5) 메모리 정리

이후에 수행되는 테스트를 위해 공유 풀과 데이터베이스 버퍼 캐시를 모두 비우도록 한다.

```
SQL>alter system flush shared_pool;
SQL>alter system flush buffer_cache;
```

●●● oracle 12

Function based 인덱스

Non-Unique/Single/User/Non-Partition/Function/Ascending

Uni	Non-Uni	Single	Com	User	Auto	Part	Non-Part	Func	Dsc	Asc
	◎	◎		◎			◎	◎		◎

Non-Unique/Single/User/Non-Partition/Function/Ascending 인덱스 생성 과정 및 조회 시 인덱스 사용 여부 확인 과정을 살펴본다.

```
=====================================================
참조 스크립트: cr_function_idx.sql, check_index_status.sql
create index oe.idx_cust_name
on oe.cust_idx_test(cust_last_name) tablespace idx_cust_test_tbs;
=====================================================
```

Step1) 테이블 조회시 인덱스 사용 여부 확인

현재 인덱스가 없는 상태이므로 당연히 인덱스를 사용하지 못하는 상황임은 분명하다. 하지만 실행 계획(Set autotrace on/off 사용하여 실행 계획을 확인한다) 확인을 통해 인덱스가 사용되지 않고 있다는 사실을 명확히 확인하기 바란다.

이후 인덱스를 생성한 후 조회를 다시 수행하는 경우 그때 생성된 실행 계획과 비교해봐야 할 것이다.

```
SQL> set autotrace on
SQL> select customer_id, cust_last_name
from oe.cust_idx_test
where cust_last_name='SEN';

CUSTOMER_ID CUST_LAST_NAME
----------- --------------------
       121 Sen
       378 Sen
       219 Sen

Execution Plan
----------------------------------------------------------
Plan hash value: 1445876391
--------------------------------------------------------------------------------------
| Id  | Operation          | Name            | Rows  | Bytes | Cost (%CPU)| Time     |
```

```
---------------------------------------------------------------------------------
|   0 | SELECT STATEMENT  |               |     3 |    36 |     3   (0)| 00:00:01 |
|*  1 |  TABLE ACCESS FULL| CUST_IDX_TEST |     3 |    36 |     3   (0)| 00:00:01 |

SQL> set autotrace off
```

operation 컬럼을 보면 CUST_IDX_TEST에 대해 Full 테이블 스캔(TABLE ACCESS FULL) 을 수행했고 36 Bytes의 데이터를 읽었으며 총 3이라는 Cost를 사용했다는 사실을 확인할 수 있다.

Step2) cust_last_name 컬럼에 인덱스를 생성한다.

```
SQL> create index oe.idx_cust_name
on oe.cust_idx_test(cust_last_name) tablespace idx_cust_test_tbs;
```

Step3) 인덱스 상태 조회

생성된 인덱스의 상태를 확인하도록 한다.

```
SQL> @check_index_status.sql
INDEX_NAME          TABLE_NAME    TABLESPACE_NAME    INDEX_TYPE UNIQUENESS STATUS  VISIBILITY
-------------------- ------------- ------------------ ---------- ---------- -------- ----------
IDX_CUST_NAME        CUST_IDX_TEST IDX_CUST_TEST_TBS  NORMAL     NONUNIQUE  VALID   VISIBLE


INDEX_NAME          TABLE_OWNE TABLE_NAME     COLUMN_NAME
------------------- ---------- -------------- --------------
IDX_CUST_NAME       OE         CUST_IDX_TEST  CUST_LAST_NAME
```

IDX_CUST_NAME 인덱스가 CUST_LAST_NAME 컬럼에 생성되었고 Normal 인덱스(B-tree 구조)이며 현재 상태가 VALID, VISIBLE 임을 확인할 수 있다.

Step4) 테이블 조회시 인덱스 사용 여부 확인

Autotrace를 통해 인덱스 생성 이후 테이블 조회시 인덱스가 사용되는지 여부를 확인하도록 한다. 현재 IDX_CUST_NAME 인덱스가 CUST_LAST_NAME 컬럼에 생성되어 있는 상태이므로 다음과 같은 문장을 실행한다. 인덱스가 사용될 것이라는 기대와 함께.

```
SQL> set autotrace on

SQL> select customer_id, cust_last_name
from oe.cust_idx_test
where upper(cust_last_name)= 'SEN';

CUSTOMER_ID CUST_LAST_NAME
----------- --------------------
        121 Sen
        378 Sen
        219 Sen

Execution Plan
----------------------------------------------------------
Plan hash value: 1445876391

-------------------------------------------------------------------------------------
| Id  | Operation          | Name          | Rows  | Bytes | Cost (%CPU)| Time     |
-------------------------------------------------------------------------------------
|   0 | SELECT STATEMENT   |               |     3 |    36 |     3   (0)| 00:00:01 |
|*  1 |  TABLE ACCESS FULL | CUST_IDX_TEST|     3 |    36 |     3   (0)| 00:00:01 |
-------------------------------------------------------------------------------------

SQL> set autotrace on
```

operation 컬럼을 통해 기대했던 것과는 다르게 인덱스가 사용되지 않았음을 확인할 수 있다. 그 이유는 인덱스가 걸려있는 컬럼에 함수(Function)가 설정되어 있었고 조회 문장에 Where 조건절에 함수 자체가 사용되었기 때문이다. 자세히 살펴보면 인덱스가 생성된 것은 함수 결과값에 대해서가 아니라 cust_last_name 이라는 컬럼값 자체에 생성되었기 때문에 해당 컬럼에 대한 함수값을 인덱스로부터 찾지 못한다. 그러므로 옵티마이저는 인덱스를 선택하지 않았다.
이러한 경우에는 다음과 같이 함수가 걸려있는 컬럼 자체를 함수까지 포함해서 인덱스를 생성하면 해결된다.

```
SQL> drop index oe.idx_cust_name;

SQL> create index oe.idx_upper_cust_name
on oe.cust_idx_test(UPPER(cust_last_name)) tablespace idx_cust_test_tbs;

SQL> @check_index_status.sql
```

```
INDEX_NAME           TABLE_NAME    TABLESPACE_NAME    INDEX_TYPE UNIQUENESS STATUS  VISIBILITY
----------------- ------------- ------------------ ---------- ---------- ------- ----------
IDX_UPPER_CUST_NAME  CUST_IDX_TEST IDX_CUST_TEST_TBS  FUNCTION-B NONUNIQUE  VALID   VISIBLE
                                                    ASED NORMA
                                                    L

INDEX_NAME           TABLE_OWNE TABLE_NAME    COLUMN_NAME
-------------------- ---------- ------------- -------------
IDX_UPPER_CUST_NAME  OE         CUST_IDX_TEST SYS_NC00007$
```

IDX_UPPER_CUST_NAME 인덱스가 CUST_LAST_NAME 컬럼에 생성되었고 더 이상 Normal 인덱스(B-tree 구조)가 아닌 FUNCTION-BASED NORMAL 형태로 생성된 것을 확인할 수 있다.

이제 다시 한 번 동일한 문장을 실행하고 결과를 확인해보자.

```
SQL> set autotrace on
SQL> select customer_id, cust_last_name
from oe.cust_idx_test
where upper(cust_last_name)= 'SEN';


CUSTOMER_ID CUST_LAST_NAME
----------- --------------------
        121 Sen
        378 Sen
        219 Sen


Execution Plan
----------------------------------------------------------
Plan hash value: 603504750

----------------------------------------------------------------------------------------------------
| Id  | Operation                           | Name                | Rows  | Bytes | Cost (%CPU)| Time     |
----------------------------------------------------------------------------------------------------
|   0 | SELECT STATEMENT                    |                     |     3 |    72 |     2   (0)| 00:00:01 |
|   1 |  TABLE ACCESS BY INDEX ROWID BATCHED| CUST_IDX_TEST       |     3 |    72 |     2   (0)| 00:00:01 |
|*  2 |   INDEX RANGE SCAN                  | IDX_UPPER_CUST_NAME |     1 |       |     1   (0)| 00:00:01 |
----------------------------------------------------------------------------------------------------
```

이제야 IDX_UPPER_CUST_NAME 인덱스가 사용되면서 보다 효율적으로 실행되었음을 확인할 수 있다.

Step5) 메모리 정리

이후에 수행되는 테스트를 위해 공유 풀과 데이터베이스 버퍼 캐시를 모두 비우도록 한다.

```
SQL>alter system flush shared_pool;
SQL>alter system flush buffer_cache;
```

●●● oracle 13

Reverse key 인덱스

Reverse Key 인덱스는 테이블 컬럼 값을 인덱스에 저장할 때 컬럼 값을 반대로 변환 시킨 후 저장하는 인덱스 방식을 말한다.
예를 들어, order_id 라는 컬럼 값이 시퀀스를 통해 입력되는 경우를 생각해보자.
1,000부터 1씩 계속적으로 증가하면서 입력되는 경우 B-tree 인덱스 구조의 특성상 Leaf 블록들이 왼쪽 첫 번째부터 오른쪽으로 새로운 Leaf 블록을 할당받게 되고 인덱스 컬럼 값과 로우 아이디 값들을 채워가게 될 것이다. 당연히 같은 Leaf 블록을 계속적으로 잡고 데이터가 입력이 되는 방식이 된다. 이러한 상황을 블록 경합이라고 한다. 왜냐하면 데이터를 블록에 입력시킬 때 그 블록에 대한 락(Lock) 이 걸리기 때문이다.
시퀀스를 사용해서 계속 증가하므로 왼쪽에 있는 Leaf 블록에 데이터가 저장될 이유는 전혀 없이 지속적으로 오른쪽에 위치한 Leaf 블록들이 증가하는 방식으로 진행된다. 이러한 과정이 진행되는 동안 블록 수가 늘어가면서 이들을 등록해야 하는 Branch 블록에도 입력 과정이 발생하게 된다. 결국 Branch 블록에도 블록 경합이 얼마든지 발생할 수가 있다.
이런 이유로 Reverse key 인덱스는 컬럼 값을 우측 표와 같이 반대로 전환시킨 후 인덱스에 저장한다.

기존 컬럼 값	Reverse key 적용 후 컬럼 값
241	142
242	242
243	342
244	442
245	532
246	642
247	742
248	842
249	942

이렇게 변환되면 2로 시작하는 컬럼 값이 1xx, 2xx, 3xx …… 이런 방식으로 변환되어 인덱스에 저장된다. 이러한 이유로 앞에서 설명한 Leaf 블록과 Branch 블록에 발생하는 경합 문제가 해결될 수 있다..
하지만 Where 조건절에 = 조건이 아닌 범위(Between and)로 데이터를 검색하게 되면 사실상 모든 인덱스 블록을 다 액세스 해야 하는 상황이 발생할 수 있기 때문에 대부분의 경우 옵티마이저는 인덱스 사용을 선택하지 않는다. 왜냐하면 Reverse key 인덱스는 정상적인 인덱스보다 더 여러 블록에 분산되어 있으므로 훨씬 더 많은 인덱스 블록을 읽어야 하기 때문이다.

Non-Unique/Single/User/Non-Partition/ Reverse /Ascending

Uni	Non-Uni	Single	Com	User	Auto	Part	Non-Part	Reverse	Dsc	Asc
	◎	◎		◎			◎	◎		◎

Non-Unique/Single/User/Non-Partition/Reverse/Ascending 인덱스 생성 과정 및 조회 시 인덱스 사용 여부 확인 과정을 살펴본다.

```
====================================================
참조 스크립트: cr_reverse_idx.sql, check_index_status.sql
create index oe.idx_rev_cust_id on oe.cust_idx_test(customer_id) reverse
tablespace idx_cust_test_tbs;
====================================================
```

Step1) 테이블 조회시 인덱스 사용 여부 확인
현재 인덱스가 없는 상태이므로 당연히 인덱스를 사용하지 못하는 상황임은 분명하다. 하지만 실행 계획(Set autotrace on/off 사용하여 실행 계획을 확인한다) 확인을 통해 인덱스가 사용되지 않고 있다는 사실을 명확히 확인하기 바란다.
이후 인덱스를 생성한 후 조회를 다시 수행하는 경우 그때 생성된 실행 계획과 비교해봐야 할 것이다.

```
SQL> set autotrace on

SQL> select customer_id, cust_last_name
from oe.cust_idx_test
where customer_id=219;

USTOMER_ID CUST_LAST_NAME
----------- --------------------
       219 Sen

Execution Plan
```

```
------------------------------------------------------------
Plan hash value: 1445876391

-------------------------------------------------------------------------------
| Id  | Operation          | Name          | Rows  | Bytes | Cost (%CPU)| Time     |
-------------------------------------------------------------------------------
|   0 | SELECT STATEMENT   |               |     1 |    12 |     3   (0)| 00:00:01 |
|*  1 |  TABLE ACCESS FULL| CUST_IDX_TEST |     1 |    12 |     3   (0)| 00:00:01 |
```

operation 컬럼을 보면 CUST_IDX_TEST에 대해 Full 테이블 스캔(TABLE ACCESS FULL)을 수행했고 12 Bytes의 데이터를 읽었으며 총 3이라는 Cost를 사용했다는 사실을 확인할 수 있다.

set autotrace off

Step2) customer_id 컬럼에 Reverse key 인덱스를 생성한다.

```
SQL> create index oe.idx_rev_cust_id
on oe.cust_idx_test(customer_id) reverse
tablespace idx_cust_test_tbs;

EXEC DBMS_STATS.gather_index_stats('OE', 'IDX_REV_CUST_ID');
```

Step3) 인덱스 상태 조회
생성된 인덱스의 상태를 확인하도록 한다.

```
SQL> @check_index_status.sql
INDEX_NAME           TABLE_NAME    TABLESPACE_NAME     INDEX_TYPE UNIQUENESS STATUS  VISIBILITY
-------------------- ------------- ------------------- ---------- ---------- ------- ----------
IDX_REV_CUST_ID      CUST_IDX_TEST IDX_CUST_TEST_TBS  NORMAL/REV NONUNIQUE  VALID   VISIBLE


INDEX_NAME           TABLE_OWNE  TABLE_NAME     COLUMN_NAME
-------------------- ---------- ------------- -------------
IDX_REV_CUST_ID      OE         CUST_IDX_TEST  CUSTOMER_ID
```

IDX_REV_CUST_ID 인덱스가 CUSTOMER_ID 컬럼에 생성되었다. 특히 더 이상 Normal 인덱스(B-tree 구조)가 아닌 Normal/REV 형식임을 유의하기 바란다.

Step4) 테이블 조회시 인덱스 사용 여부 확인
Autotrace를 통해 인덱스 생성 이후 테이블 조회시 인덱스가 사용되는지 여부를 확인하도록 한다.

```
SQL> set autotrace on
SQL> select customer_id, cust_last_name
from oe.cust_idx_test
where customer_id=219;

CUSTOMER_ID CUST_LAST_NAME
----------- --------------------
        219 Sen

Execution Plan
----------------------------------------------------------
Plan hash value: 20860112

------------------------------------------------------------------------------------------
| Id  | Operation                           | Name             | Rows  | Bytes | Cost (%CPU)| Time     |
------------------------------------------------------------------------------------------
|   0 | SELECT STATEMENT                    |                  |     1 |    12 |     2   (0)| 00:00:01 |
|   1 |  TABLE ACCESS BY INDEX ROWID BATCHED| CUST_IDX_TEST    |     1 |    12 |     2   (0)| 00:00:01 |
|*  2 |   INDEX RANGE SCAN                  | IDX_REV_CUST_ID  |     1 |       |     1   (0)| 00:00:01 |
------------------------------------------------------------------------------------------

SQL> set autotrace off
```

operation 컬럼을 보면 IDX_REV_CUST_ID 인덱스에 대한 INDEX RANGE SCAN을 먼저 수행했고 그 다음 ROWID를 가지고 CUST_IDX_TEST 테이블을 액세스 했다는 사실을 확인할 수 있다. Reverse key 인덱스 사용시 한 가지 유의해야 하는 사항이 있는데 이는 Where 조건 절에서 컬럼 값을 범위 형태로 조회하는 경우 인덱스가 사용되지 않을 수도 있다라는 점이다. 다음의 경우를 살펴보자.

```
SQL> set autotrace on
SQL> select customer_id, cust_last_name
from oe.cust_idx_test
where customer_id between 200 and 250;
SQL> set autotrace off
Execution Plan
----------------------------------------------------------
Plan hash value: 1445876391

-----------------------------------------------------------------------------------
| Id  | Operation         | Name          | Rows  | Bytes | Cost (%CPU)| Time     |
-----------------------------------------------------------------------------------
|   0 | SELECT STATEMENT  |               |    20 |   240 |     3   (0)| 00:00:01 |
|*  1 |  TABLE ACCESS FULL | CUST_IDX_TEST |    20 |   240 |     3   (0)| 00:00:01 |
-----------------------------------------------------------------------------------
```

이처럼 Where 조건절에서 컬럼값에 대한 조회 조건을 범위의 형태로 제한하는 경우 Reverse key 인덱스가 사용되지 않고 그냥 Full table scan 방식으로 수행된 것을 확인하였다. 그러므로 Reverse key 인덱스를 적용할 때는 가급적이면 = 조건인 경우에만 사용할 것을 권고하는 바이다.

Step5) 메모리 정리
이후에 수행되는 테스트를 위해 공유 풀과 데이터베이스 버퍼 캐시를 모두 비우도록 한다.

```
SQL>alter system flush shared_pool;
SQL>alter system flush buffer_cache;
```

●●● oracle **14**

Bitmap 인덱스

Non-Unique/Single/User/Non-Partition/ Bitmap/Ascending

Uni	Non-Uni	Single	Com	User	Auto	Part	Non-Part	Bitmap	Dsc	Asc
	◎	◎		◎			◎	◎		◎

Non-Unique/Single/User/Non-Partition/ Bitmap/Ascending 인덱스 생성 과정 및 조회 시 인덱스 사용 여부 확인 과정을 살펴본다.

```
======================================================
참조 스크립트: cr_bitmap_idx.sql, check_index_status.sql
create bitmap index oe.bit_idx_cust_id
on oe.cust_idx_test(gender) tablespace idx_cust_test_tbs;
======================================================
```

Step1) 테이블 조회시 인덱스 사용 여부 확인
현재 인덱스가 없는 상태이므로 당연히 인덱스를 사용하지 못하는 상황임은 분명하다. 하지만 실행 계획(Set autotrace on/off 사용하여 실행 계획을 확인한다) 확인을 통해 인덱스가 사용되지 않고 있다는 사실을 명확히 확인하기 바란다.
이후 인덱스를 생성한 후 조회를 다시 수행하는 경우 그때 생성된 실행 계획과 비교해봐야 할 것이다. oe.cust_idx_test 테이블의 Gender 컬럼에 Bitmap 인덱스를 생성하려고 하는데 M 값이 70%가 넘고 F 값도 거의 30%에 이르기 때문에 인덱스를 생성하더라도 인덱스를 사용하지 않을 수도 있다는 판단 하에 다음과 같이 98% 이상을 M 값으로 변경시켜 준 후 진행한다.

```
update oe.cust_idx_test
SQL> set gender='M'
where customer_id < 930;
SQL> commit;
SQL> set autotrace on
SQL> select customer_id, cust_last_name,gender
from oe.cust_idx_test
where gender='F';
---------------------------------------------------------------------------------
| Id  | Operation          | Name          | Rows  | Bytes | Cost (%CPU)| Time     |
---------------------------------------------------------------------------------
|   0 | SELECT STATEMENT   |               |  160 |  2240 |     3   (0)| 00:00:01 |
|*  1 |  TABLE ACCESS FULL | CUST_IDX_TEST |  160 |  2240 |     3   (0)| 00:00:01 |
```

operation 컬럼을 보면 CUST_IDX_TEST에 대해 Full 테이블 스캔(TABLE ACCESS FULL)을 수행했고 2240 Bytes의 데이터를 읽었으며 총 3이라는 Cost를 사용했다는 사실을 확인할 수 있다.

```
SQL> set autotrace off
```

Step2) gender컬럼에 bit_idx_cust_id라는 Bitmap인덱스를 생성한다.

```
SQL> create bitmap index oe.bit_idx_cust_id
on oe.cust_idx_test(gender) tablespace idx_cust_test_tbs;

SQL> EXEC DBMS_STATS.gather_index_stats('OE', 'BIT_IDX_CUST_ID');
```

Step3) 인덱스 상태 조회
생성된 인덱스의 상태를 확인하도록 한다.

```
SQL> @check_index_status.sql
INDEX_NAME           TABLE_NAME    TABLESPACE_NAME     INDEX_TYPE UNIQUENESS  STATUS
-------------------- ------------- ------------------- ---------- ----------  ------
BIT_IDX_CUST_ID      CUST_IDX_TEST IDX_CUST_TEST_TBS    BITMAP     NONUNIQUE   VALID


INDEX_NAME            TABLE_OWNE  TABLE_NAME      COLUMN_NAME
-------------------- ---------- -------------   -------------
BIT_IDX_CUST_ID        OE          CUST_IDX_TEST  GENDER
```

BIT_IDX_CUST_ID 인덱스가 Gender 컬럼에 생성되었고 인덱스 형태가 이제는Bitmap 형식임을 확인할 수 있다.

Step4) 테이블 조회시 인덱스 사용 여부 확인

Autotrace를 통해 인덱스 생성 이후 테이블 조회시 인덱스가 사용되는지 여부를 확인하도록 한다.

```
SQL> set autotrace on

SQL> select customer_id, cust_last_name, gender
from oe.cust_idx_test
where gender='F';

------------------------------------------------------------------------------------------------------------
| Id  | Operation                            | Name           | Rows  | Bytes | Cost (%CPU)| Time     |
------------------------------------------------------------------------------------------------------------
|   0 | SELECT STATEMENT                     |                |     3 |    42 |     2   (0)| 00:00:01 |
|   1 |  TABLE ACCESS BY INDEX ROWID BATCHED| CUST_IDX_TEST  |     3 |    42 |     2   (0)| 00:00:01 |
|   2 |   BITMAP CONVERSION TO ROWIDS        |                |       |       |            |          |
|*  3 |    BITMAP INDEX SINGLE VALUE         | BIT_IDX_CUST_ID|       |       |            |          |

set autotrace off
```

operation 컬럼을 통해 BITMAP INDEX SINGLE VALUE를 통해서 Bitmap 인덱스를 사용하여 테이블을 액세스함을 확인할 수 있다. 읽은 데이터의 분량도 42 bytes로서 기존 2240 Bytes보다 큰 효율을 보이고 있다. 이처럼 데이터의 중복이 많고(Cardinality가 좋은) 데이터의 양 자체도 많은 경우 Bitmap 인덱스가 효율적인 선택이 될 수도 있다는 점을 기억하기 바란다.

Step5) 메모리 정리

이후에 수행되는 테스트를 위해 공유 풀과 데이터베이스 버퍼 캐시를 모두 비우도록 한다.

```
SQL>alter system flush shared_pool;
SQL>alter system flush buffer_cache;
```

●●● oracle 15

인덱스 공간 할당

이전에도 언급한 적이 있지만 인덱스가 참조하고 있는 기존의 테이블에 DML이 실행되는 경우 인덱스에도 마찬가지로 큰 영향을 준다는 사실을 염두에 두기 바란다. 예를 들어, 엄청난 양의 데이터를 새롭게 테이블에 추가하려는 계획을 하고 있다면 인덱스가 그 데이터를 처리할 수 있는 정도의 공간을 가지고 있는지에 대하여 일단 확인하도록 하고 만약 공간에 여유가 없는 상태라면 다음과 같이 새로운 Extent를 할당시켜 주어야 한다.

```
SQL> select owner, segment_name, segment_type, bytes/1024/1024 MB
  from dba_segments
   where segment_name='CUST_LNAME_IX';

OWNER       SEGMENT_NAME         SEGMENT_TY        MB
---------- -------------------- ---------- ----------
OE          CUST_LNAME_IX        INDEX          .0625

SQL> select segment_name, extent_id, block_id, blocks, bytes
from dba_extents
where segment_name='CUST_LNAME_IX';

SEGMENT_NAME     EXTENT_ID  BLOCK_ID     BLOCKS      BYTES
--------------- ---------- ---------- ---------- ----------
CUST_LNAME_IX            0       2880          8      65536
```

현재 CUST_LNAME_IX 인덱스의 경우 하나의 익스텐트만이 할당되어 있는 상태(extend_id가 0만 존재)이고 총 0.625MB의 공간만이 할당되어 있는 상태이다.

```
SQL> alter index oe.cust_lname_ix allocate extent;
Index altered.
SQL> alter index oe.cust_lname_ix allocate extent;
Index altered.
SQL> alter index oe.cust_lname_ix allocate extent;
Index altered.
```

다시 할당된 익스텐트를 확인하면 다음과 같이 3개의 익스텐트가 추가되어 총 0.25 MB의 공간이 할당된 것을 확인할 수 있다.

```
SQL> select owner, segment_name, segment_type, bytes/1024/1024 MB
  from dba_segments
   where segment_name='CUST_LNAME_IX';

OWNER      SEGMENT_NAME    SEGMENT_TY         MB
---------- --------------- ---------- ----------
OE         CUST_LNAME_IX   INDEX             .25

SQL> select segment_name, extent_id, block_id, blocks, bytes
from dba_extents
where segment_name='CUST_LNAME_IX';
SEGMENT_NAME     EXTENT_ID  BLOCK_ID     BLOCKS      BYTES
--------------- ---------- ---------- ---------- ----------
CUST_LNAME_IX            0       2880          8      65536
CUST_LNAME_IX            1       4080          8      65536
```

```
CUST_LNAME_IX              2        4088          8          65536
CUST_LNAME_IX              3        5544          8          65536
```

●●● oracle 16

인덱스 재생성(Rebuilding)

이전에 언급한 적이 있듯이 사용자들이 인덱스가 설정된 테이블에 대하여 DML 작업 특히 Delete 명령을 수행하는 경우 해당 인덱스 엔트리는 논리적으로만 제거되고 실제 인덱스 엔트리는 인덱스 블록에 남아있게 된다고 하였다. 이러한 경우 종종 인덱스를 재생성해주어야 논리적으로만 제거된 인덱스 엔트리들을 완전히 제거할 수 있다. 인덱스의 재생성은 다음과 같은 의미를 가진다.

- 기존에 존재하는 인덱스를 기본으로 새로운 인덱스를 생성하기 때문에 새롭게 인덱스를 생성하는 것보다 속도면으로 빠르다.
- 인덱스를 재생성 할 때는 정렬 작업이 발생하지 않는다. 왜냐하면 기존의 인덱스(이미 정렬되어진 상태)를 기반으로 재생성되기 때문이다.
- 새로운 인덱스가 생성되면 그 이전에 존재하던 인덱스는 제거된다. 이 경우 인덱스를 저장하는 테이블스페이스에는 그 이전 인덱스와 새로운 인덱스 모두를 저장할 수 있는 충분한 공간이 제공되어야 한다.
- 인덱스가 재생성되면 그동안 논리적으로만 제거(Delete)되었던 인덱스 엔트리들이 이제야 완전히 인덱스로부터 제거된다.
- 인덱스가 재생성되는 동안 임의의 사용자가 쿼리를 실행시키게 되면 기존에 존재하는 인덱스를 사용하게 된다.

다음은 인덱스를 재생성해 주어야 하는지 그 시점을 소개한다.

- 기존에 존재하는 인덱스를 다른 테이블스페이스로 옮겨주어야 하는 상황.
- 해당 인덱스에 제거된 인덱스 엔트리가 많은 경우

제거된 인덱스들이 필요 없는 공간을 차지하고 있기 때문에 종종 인덱스를 재생성시켜 주어야 한다.

- 기존에 생성되어진 인덱스를 Reverse key 인덱스로 변경시켜 주고자 할때
- 기존의 인덱스가 참조하고 있는 테이블이 alter table .....move tablespace 명령으로 다른 테이블스페이스로 옮겨지는 경우

이 가운데 실무에서 종종 발생하는 상황으로서 테이블이 Alter table .....move tablespace 명령으로 다른 테이블스페이스로 옮겨지는 경우 인덱스에 어떤 영향이 발생하고 이를 어떻게 해결하는지 살펴보도록 한다.

```
=====================================================
참조 스크립트: exe_index_rebuild.sql, check_index_status.sql
alter index oe.idx_cust_id rebuild;
=====================================================
```

Step1) 인덱스를 생성한다.

```
SQL> create index oe.idx_cust_id on oe.cust_idx_test(customer_id)
tablespace idx_cust_test_tbs;
```

Step2) 인덱스의 상태를 확인하도록 한다.

```
SQL>@ check_index_status.sql

INDEX_NAME          TABLE_NAME   TABLESPACE_NAME   INDEX_TYPE UNIQUENESS STATUS  VISIBILITY
------------------- ------------ ----------------- ---------- ---------- ------- ----------
IDX_CUST_ID         CUST_IDX_TEST IDX_CUST_TEST_TBS NORMAL    NONUNIQUE  VALID   VISIBLE

INDEX_NAME           TABLE_OWNE TABLE_NAME    COLUMN_NAME
-------------------- ---------- ------------- -------------
IDX_CUST_ID          OE         CUST_IDX_TEST CUSTOMER_ID
```

Step3) 인덱스를 다른 테이블스페이스로 이동시킨다.

```
SQL> alter table oe.cust_idx_test move tablespace users;
```

Step4) 인덱스의 상태를 다시 확인하도록 한다.

```
SQL>@ check_index_status.sql
INDEX_NAME  TABLE_NAME   TABLESPACE_NAME   INDEX_TYPE UNIQUENESS STATUS  VISIBILITY
------- ------------- ------------------ ---------- ---------- ------- ----------
IDX_CUST_ID CUST_IDX_TEST IDX_CUST_TEST_TBS  NORMAL    NONUNIQUE  UNUSABL VISIBLE
                                                                  E

INDEX_NAME           TABLE_OWNE TABLE_NAME    COLUMN_NAME
-------------------- ---------- ------------- -------------
IDX_CUST_ID          OE         CUST_IDX_TEST CUSTOMER_ID
```

인덱스를 다른 테이블스페이스로 이동시킨 후에 인덱스 상태를 확인하니 Unusable 상태로 변한 것을 확인할 수 있다. 이 상태에서는 해당 인덱스를 사용할 수 없기 때문에 많은 SQL 문장들에 대한 성능을 보장할 수 없게 되어버린다. 인덱스가 다른 테이블스페이스로 이동되어 버리면 해당 로우 아이디가 변경될 수 밖에 없다. 왜냐하면 로우 아이디에는 물리적인 로우의 주소값을 저장하고 있기 때문이다. 이처럼 인덱스에는 해당 로우에 대한 로우 아이디값을 저장하고 있는데 로우 아이디가 변경되었으니 해당 인덱스을 사용할 수 없게 된다는 측면에서는 어쩌면 당연한 이유가 될 것이다.

Step5) 인덱스를 재생성하고 인덱스 상태를 다시 확인한다.

```
SQL> alter index oe.idx_cust_id rebuild;

SQL>@ check_index_status.sql
INDEX_NAME          TABLE_NAME    TABLESPACE_NAME    INDEX_TYPE UNIQUENESS STATUS  VISIBILITY
------------------ ------------ ------------------ ---------- ---------- ------- ----------
IDX_CUST_ID         CUST_IDX_TEST IDX_CUST_TEST_TBS  NORMAL     NONUNIQUE  VALID   VISIBLE

INDEX_NAME            TABLE_OWNE TABLE_NAME    COLUMN_NAME
-------------------- ---------- ------------- -------------
IDX_CUST_ID           OE         CUST_IDX_TEST CUSTOMER_ID
```

인덱스를 재생성하고 나니 이제야 정상적으로 인덱스가 사용 가능 상태가 된다는 것을 확인하였다. 물론 내부적으로 로우 아이디값이 다시 갱신되고 인덱스 자체가 기존의 인덱스를 기반으로 다시 생성되는 과정이 진행된 것이다.

●●● oracle **17**

인덱스 온라인 재생성(Online rebuilding)

온라인 상태에서 인덱스를 재생성할 때는 Online이라는 키워드를 추가해주면 일반 재생성시 사용하는 명령어와 거의 동일하다.

SQL〉 alter index oe.idx_cust_id rebuild online;

사용자들이 일반적인 작업을 하는 동안 임의의 테이블에 대한 인덱스를 생성하거나 재생성하는 과정은 종종 많은 시간을 요구하곤 한다. 그러므로 특히 많은 용량의 데이터를 저장하고 있는 테이블에 대한 인덱스 생성 또는 재생성시에는 가급적이면 많은 데이터를 다루는 DML을 사용하는 것을 자제하는 것이 좋다.

일단 온라인 재생성 방법을 수행하게 되면 해당 테이블에 DML 락(Lock)이 걸리게 되므로 해당 테이블에 대한 다른 DDL 등을 실행할 수 없게 된다는 점에 유의하기 바란다.
온라인 상태에서 임의의 인덱스를 재생성할 때는 다음의 몇 가지 제한 사항이 존재한다.

- 임시 테이블(Temporary table)에 설정된 인덱스를 재생성할 수 없다.
- 사용하지 않고 있는 공간을 제거(Deallocate) 할 수 없다.

바로 이 점이 기존의 오프라인 재생성 방법과의 가장 큰 차이점이 아닌가 싶다. 만약 관리자 측면에서 현재 인덱스 내에 존재하는 필요 없는 공간에 대한 제거까지도 원하는 경우라면 온라인 재생성 방법을 선택하는 것은 옳지 않은 결정일 것이다.

- Pctfree 파라미터 값을 변경시킬 수 없다.

●●● oracle 18

인덱스 Coalescing

인덱스를 사용하다가 보면 테이블에 대한 데이터의 제거(Delete) 또는 갱신(Update) 과정을 통해서 인덱스 엔트리를 저장하는 인덱스 Leaf node의 공간에 빈 공간(Fragmentation)들이 생겨서 공간 관리 측면에서 불합리한 상황이 벌어지곤 한다.
이때는 해당 인덱스를 재생성할 수도 있지만 다음과 같이 인덱스에 대한 Coalescing을 해줌으로서 해결해줄 수도 있다.

```
SQL> alter index oe.cust_lname_ix coalesce;
```

이러한 Coalescing 과정을 수행하고 나면 다음과 같이 일부만 채워져 있던 인덱스 Leaf 블록들이 하나의 블록으로 모아져서(Coalescing) 인덱스 내부의 공간이 보다 효율적으로 관리된다. 이러한 Coalescing 과정은 다분히 인덱스 블록 수준에서 재생성하는 개념으로 받아드리면 좋을 듯하다.

●●● oracle 19

인덱스 Validation

인덱스가 정상적으로 성능에 도움을 주기 위해서는 기본적으로 B-tree 구조를 안정적으로 가지고 가야만 한다. 조금더 고급스럽게 표현하자면 "인덱스가 전체적으로 밸랜스가 좋아야 한다" 라고 한다. 한

쪽에 치우치지 않고 B-tree가 전체적으로 골고루 확장되어가야 한다는 의미이다. 다음의 과정을 통해 임의의 인덱스가 정상적인 상태인지를 확인하고 결과에 따라 재생성을 해야 한다.

```
========================================================
참조 스크립트: check_index_fragmentation.sql
select name, blocks, pct_used, distinct_keys lf_rows, del_lf_rows,
(del_lf_rows/lf_rows_len) *100
from index_stats;
========================================================
```

Step1) base_tb 라는 테이블을 생성하고 object_id 컬럼에 인덱스를 생성한다.

```
SQL> create table oe.base_tb as select object_id, object_name, object_type from
dba_objects;
SQL> EXEC DBMS_STATS.gather_table_stats('OE', 'BASE_TB');
SQL> create index oe.idx_object_id on oe.base_tb(object_id);
SQL> EXEC DBMS_STATS.gather_index_stats('OE', 'IDX_OBJECT_ID');
```

Step2) 현재 인덱스의 내부 구조를 확인하기 위하여 Validation을 수행한다.

```
SQL> analyze index oe.idx_object_id validate structure;

SQL> select name, blocks, pct_used, distinct_keys lf_rows, del_lf_rows,
(del_lf_rows/lf_rows_len) *100
from index_stats;

NAME      BLOCKS PCT_USED   LF_ROWS    DEL_LF_ROWS (DEL_LF_ROWS/LF_ROWS_LEN)*100
--------- ------ ---------- ---------- ----------- -----------------------------
IDX_OBJECT_ID     256         90         91783           0                    0
```

DEL_LF_ROWS가 바로 삭제된 로우의 개수를 의미하며 LF_ROWS가 전체 로우의 개수를 의미한다. 현재 (del_lf_rows/lf_rows_len) *100 값이 0으로서 인덱스 내부 구조가 최적화되어 있다고 볼 수 있다. 결국 현재 존재하는 로우의 개수 대비 삭제된 로우의 개수가 많으면 많을수록 비효율적인 상태라는 의미가 된다. 이후에 언급되겠지만 (del_lf_rows/lf_rows_len) *100 값이 30% 이상이 되면 인덱스 재생성을 고려해야 한다는 점을 유의하기 바란다.

Step3) 현재 인덱스 내부의 비효율적인 공간을 인위적으로 발생시키기 위해 Insert/Delete 문장을 지속적으로 실행한다. 인덱스 내부의 데이터는 Delete되지 않고 Delete 되었다는 Mark만 남기고 그대로 저장하고 있는 내부 구조를 가진다. 그러므로 Delete 문장과 Insert 문장을 지속적으로 실행하게 되면 B-tree 구조 내부에 비효율적인 공간들이 많이 생기게 된다.

```
SQL> delete from oe.base_tb where object_id > 1 and object_id < 90000;
SQL> insert into oe.base_tb select * from oe.base_tb;
SQL> delete from oe.base_tb;
SQL> insert into  oe.base_tb select object_id, object_name, object_type from dba_objects;
delete from oe.base_tb where object_id > 1 and object_id < 90000;
```

Step4) 인덱스의 내부 구조를 다시 확인하기 위하여 Validation을 수행한다.

```
SQL> analyze index oe.idx_object_id validate structure;

SQL> select name, blocks, pct_used, distinct_keys lf_rows, del_lf_rows,
(del_lf_rows/lf_rows_len) *100
from index_stats;

NAME        BLOCKS  PCT_USED   LF_ROWS DEL_LF_ROWS (DEL_LF_ROWS/LF_ROWS_LEN)*100
---------- ------ ---------- ---------- ----------- -----------------------------
IDX_OBJECT_ID       512       65      91784     136160                    6.17888452
```

지금 위의 결과만을 보게 되면 del_lf_rows와 lf_rows 컬럼 값의 비율((del_lf_rows/lf_rows_len) *100 계산값)이 6.17% 로서 30% 이하이므로 그다지 나쁘지 않은 상태이므로 구지 인덱스 재생성이 필요하지 않을 수도 있다.
하지만 del_lf_rows와 lf_rows 컬럼 값의 비율((del_lf_rows/lf_rows_len) *100 계산값)이 30%를 넘게 되면 해당 인덱스 재생성을 고려하길 권고하는 바이다.

Step5) 만약 step3에서 30% 이상의 비효율적인 공간이 존재함이 발견되는 경우 이를 최적화 시키기 위해서는 다음과 같이 인덱스 재생성을 수행하도록 한다.

```
SQL> alter index oe.idx_object_id rebuild nologging parallel 2;
SQL> analyze index oe.idx_object_id validate structure;
SQL>@check_index_fragmentation.sql
NAME        BLOCKS  PCT_USED   LF_ROWS DEL_LF_ROWS (DEL_LF_ROWS/LF_ROWS_LEN)*100
-------------- ------ ---------- ---------- ----------- -----------------
IDX_OBJECT_ID      16        75      2589          0                    0
```

이처럼 인덱스 재생성 이후 다시 최적의 상태로 돌아왔음을 확인할 수 있다.

●●● oracle 20

인덱스 사용 모니터링(Usage monioring)

v$object_usage라는 뷰를 통하여 현재 사용하지 않고 있는 인덱스를 찾아내는 방법을 소개하고자 한다. 이 방법은 오라클 9i 버전에서부터 제공되는 새로운 기능 중에 하나이다.
인덱스를 설정해놓고 사용하지 않는다는 의미는 해당 인덱스들이 불필요한 공간을 차지하고 있다는 이야기가 될 수 있다. 그러므로 종종 다음의 과정을 수행하여 사용하고 있지 않은 인덱스를 찾아내어 제거하는 습관을 들이도록 하자.

```
=======================================================
참조 스크립트: exec_index_usage_mon.sql, check_index_status.sql
alter index oe.idx_object_id monitoring usage;
select index_name, used from v$object_usage;
=======================================================
```

Step1) idx_object_id 라는 인덱스에 대한 사용 여부를 확인하기 위해 모니터링 기능을 활성화 시키고 해당 인덱스를 사용하는 조회 문장을 실행시킨다.

```
SQL> alter index oe.idx_object_id monitoring usage;
SQL> set autotrace on
SQL> select count(*) from oe.base_tb where object_id=92333;
-------------------------------------------------------------------------------------
| Id  | Operation          | Name          | Rows  | Bytes | Cost (%CPU)| Time     |
-------------------------------------------------------------------------------------
|   0 | SELECT STATEMENT   |               |     1 |     5 |     1   (0)| 00:00:01 |
|   1 |  SORT AGGREGATE    |               |     1 |     5 |            |          |
|*  2 |   INDEX RANGE SCAN | IDX_OBJECT_ID |     1 |     5 |     1   (0)| 00:00:01 |

set autotrace off
```

Step2) v$object_usage 뷰를 통해 해당 인덱스가 사용되었는지 여부를 확인한다.

```
SQL> select index_name, used
from v$object_usage;

INDEX_NAME           USED
-------------------- ----------
IDX_OBJECT_ID         YES
```

USED 라는 컬럼값 YES 라는 값의 의미는 모니터링을 활성화 한 이후 사용된 적이 있었다는 의미이다.

Step3) idx_object_id라는 인덱스에 대한 모니터링 기능을 비활성화 시킨다.

```
SQL> alter index oe.idx_object_id nomonitoring usage;
```

●●● oracle **21**

인덱스 제거

인덱스를 제거하는 명령의 기본 옵션은 다음과 같다.

SQL〉 drop index 인덱스 이름;

실무에서 자주 사용하게 되는 명령은 임의의 테이블에 걸려있는 모든 인덱스를 제거하는 방법과 특정 컬럼에 걸려있는 인덱스들만 제거하는 방법이 자주 사용된다.

```
============================================================
참조 스크립트 : gen_drop_index.sql
accept TABLE_NAME  prompt "    on which table: "
set    termout off
store  set saved_settings replace
set    heading off verify off autotrace off feedback off
spool  drop_index.sql

select 'DROP INDEX '||ui.index_name||';'
from   user_indexes ui
where  table_name like upper('&TABLE_NAME.%')
/
spool  off
set    termout on
@drop_index.sql
============================================================
```

Step1) oe.cust_idx_test 라는 테이블 customer_id 컬럼에 oe.cust_idx_test 라는 인덱스를 생성하고 상태를 확인한다.

```
SQL>@cr_index.sql
INDEX_NAME   TABLE_NAME   TABLESPACE_NAME INDEX_TYPE UNIQUENESS STATUS  VISIBILITY
--------- ------------- --------------- ---------- ---------- ------- ----------
IDX_CUST_ID  CUST_IDX_TEST IDX_CUST_TEST_TBS  NORMAL    NONUNIQUE  VALID   VISIBLE

INDEX_NAME          TABLE_OWNE   TABLE_NAME     COLUMN_NAME
-------------------- ---------- ------------- -------------
IDX_CUST_ID          OE           CUST_IDX_TEST CUSTOMER_ID
```

Step2) gen_drop_index.sql 스크립트를 사용하여 CUST_IDX_TEST에 생성된 인덱스를 모두 제거하도록 한다.

```
SQL> connect oe/oe
Connected.
SQL> @gen_drop_index.sql
    on which table: CUST_IDX_TEST
```

Step3) 인덱스가 제거되었는지 check_index_status.sql 스크립트를 통해 확인하도록 한다.

```
SQL>connect system/manager
SQL>@check_index_status.sql
no rows selected
```

더 이상 인덱스가 존재하지 않음을 확인할 수 있다.

다음은 인덱스를 제거하게 되는 여러 가지 상황을 보여준다.

- 유효성 검사 후 문제가 되는 인덱스를 발견하는 경우
  해당 인덱스 블록에 Corruction이 존재하는 경우이므로 삭제하고 다시 재생성해 주어야 한다.
- 자주 사용하지 않는 인덱스인 경우
  자주 사용하지 않는 인덱스는 공간을 차지하면서 유지해야할 이유가 없다.
- 설정해놓은 인덱스에 몇 개의 컬럼을 더 추가하려고 한다든지 기존의 컬럼을 삭제하려는 경우
  테이블의 경우에는 Alter table 명령을 사용하여 작업할 수가 있었지만 불행하게도 인덱스의 경우에는 일단 기존의 인덱스를 제거(Drop)하고 나서 다시 Create index 명령을 사용하여 새롭게 생성해주어야 한다. 이때 필요하다면 새로운 컬럼들을 추가하거나 기존의 컬럼을 포함시키지 않으면 된다.
- 많은 양의 데이터를 테이블에 Insert하는 경우(Bulk load)
  인덱스를 제거해주는 경우 가운데 데이터베이스의 성능 측면에서 반드시 고려해야 하는 사항이 바로 이점이다. 이유는 간단하다. 많은 양의 데이터가 테이블에 한꺼번에 추가되는 경우 최소한

그만큼의 데이터 추가가 인덱스에도 동시에 발생하기 때문이다. 그러므로 이 경우에는 일단 해당 인덱스를 제거한 후에 데이터를 추가시키고 모든 추가 과정이 끝난 후에 마지막으로 인덱스를 한꺼번에 재생성해주는 방법을 택하도록 한다.

●●● oracle 22

인덱스 적용에 따른 고려사항

인덱스 적용에 따른 몇 가지 중요한 고려 사항에 대해 마지막으로 정리하고자 한다.

- 인덱스는 테이블의 로우(Row)와 하나씩 대응되는 별도의 저장체(Object)를 말하며 인덱스를 생성시킨 컬럼(Column) 들과 테이블 로우의 논리적인 주소(Rowid)로 구성되고 이들간에 서로 정렬(Sort)되어 있다. 인덱스는 하나의 테이블에 여러 개를 지정할 수 있으며 하나의 컬럼은 여러 개의 인덱스에 포함될 수도 있다. 또한 테이블과는 무관하여 생성 및 삭제가 독립적이다. 경우에 따라 테이블은 전혀 인덱스를 가지지 않을 수도 있으며 인덱스의 변화에 따라 실행 결과는 결코 달라지지 않고 다만 처리 경로에 영향을 미칠 따름이다.

- 애플리케이션의 수정없이 인덱스의 조정만으로도 처리 경로는 저절로 바뀌게 되므로 실제 실무상에서 적용해 보면 인덱스의 적절한 지정만으로도 60% 이상의 액세스 효율성을 향상시킬 수 있다. 인덱스는 결코 특정 애플리케이션을 위해 지정하는 것이 아니라 몇 개의 인덱스가 수십, 수백가지의 처리 경우를 모두 만족할 수 있도록 지정해야 한다. 가장 최적의 인덱스를 어떻게 구성할 것인가는 수많은 애플리케이션을 잘 작성하는 것보다 훨씬 중요하다는 사실을 반드시 명심해야 한다.

- 생성시킨 컬럼으로 정렬(Sort)되어 있다. 만약 동일한 값이 여러 개가 있다면 같은 값의 인덱스 로우는 다시 ROWID로 정렬되어 저장된다. 인덱스에 있는 Rowid는 테이블에 있는 로우의 물리적인 주소(Address)가 아니다. 즉, 테이블에는 ROWID가 실제로는 존재하지 않으며 인덱스에 있는 ROWID는 다만 테이블에 있는 해당 로우를 찾기 위해 사용되는 논리적인 정보일 뿐이다.

- 생성된 인덱스는 경우에 따라 하나 이상 사용되기도 하고 전혀 사용되지 않을 수도 있다. 옵티마이저(Optimizer)에 의해 판단되는 액세스 경로는 주어진 조건, 인덱스의 구성, 통계 정보, 클러스터링, Select list, 사용자의 코딩(Coding), 힌트(Hint), 옵티마이저 모드(Mode) 등에 따라 다양하게 나타나며 이 결정된 액세스 경로에 따라 수행 속도가 좌우된다.

- 생성 원리에 대한 이해를 바탕으로 좋은 액세스 경로가 생성될 수 있도록 테이블을 설계하고, 적절하고 종합적인 경우를 대비한 인덱스의 지정, 넓은 범위의 처리나 조인(Join)의 효율성을 향상하기 위한 클러스터링, 인덱스 적용 원칙에 맞는 SQL의 코딩(Coding), 효율적인 SQL의 구사, 통계 자료의 주기적인 재생성, 힌트나 사용 제한기능(Suppressing)을 활용한 옵티마이저를 제어하는 등의 노력이 필요하다.

- 부정형(Not, <>)으로 조건을 기술한 경우에도 인덱스는 사용하지 않는다. 인덱스 컬럼은 비교되는 상수값의 스트링(String)과 B*_Tree 방식으로 비교하여 찾는 것이므로 주어진 값이 아닌 값을 찾는 부정형 조건에는 직접 비교해야 할 값이 존재하지 않으므로 논리적으로 볼 때 이미 비교할 방법이 없기 때문이다. 물론 부정형으로 작성된 SQL도 상당 부분 긍정형으로 바꾸어 인덱스를 사용하게 할 수 있다.

- 인덱스 컬럼이 Null로 비교되면 사용될 수 없다. 그것은 컬럼의 값이 Null인 로우는 인덱스에 저장되지 않기 때문이다. 물론 여러 컬럼으로 구성된 결합 인덱스의 첫번째 가 아닌 컬럼의 값을 Null로 비교하는 경우에는 인덱스가 사용된다.

- 옵티마이저가 필요에 따라 상기 적용 원칙을 준수했음에도 불구하고 특정 인덱스의 사용을 취사 선택함으로써 사용되지 않는 인덱스가 생길 수 있다. 이는 인덱스 머지(Merge)를 피하기 위해 조건의 랭킹(Ranking)에 차이가 있을 때의 취사 선택, 사용자의 힌트, 통계 정보에 의거하여 산출된 액세스 비용(Cost)의 차이 등의 이유로 발생되며 옵티마이저 모드에 따라 서로 다를 수도 있다.

위와 같은 중요한 사항들을 고려하여 인덱스 생성 및 관리 정책에 반영하여 효과적인 인덱스 운영을 할 수 있기를 바란다.

Chapter 08 파티션 테이블(Partition tables) / 파티션 인덱스(Partition indexes) 관리

이번 장에서는 대용량의 데이터를 저장하는 테이블과 인덱스들을 특정 방식으로 보다 작은 단위로 나누어 조회 성능을 향상시키기 위한 테이블/인덱스 관리 방식인 파티션 테이블/인덱스에 대해 설명하고자 한다.
각각의 파티션이 별도의 물리적인 공간에 저장됨에 의해 개별적으로 관리가 가능하며, 다른 파티션에 독립적으로 데이터가 분리되어 있기 때문에 보다 나은 성능을 기대할 수 있다.

다음은 이번 장에서 다루게 될 세부 사항들이다.

- Section 01 테이블 파티션(Table partition) 이해
- Section 02 Range 파티션 생성 및 관리
- Section 03 List 파티션 생성 및 관리
- Section 04 Hash 파티션 생성 및 관리
- Section 05 Composite 파티션 생성 및 관리
- Section 06 Range-list 복합 파티션 생성 및 관리
- Section 07 Range-hash 복합 파티션 생성 및 관리
- Section 08 Range-range 복합 파티션 생성 및 관리
- Section 09 Reference 파티션 생성 및 관리
- Section 10 Interval 파티션 생성 및 관리
- Section 11 System 파티션 생성 및 관리
- Section 12 Virtual column 파티션 생성 및 관리
- Section 13 인덱스 파티션(Index partition) 이해
- Section 14 Global 파티션 인덱스 생성 및 관리
- Section 15 Local 파티션 인덱스 생성 및 관리

●●● oracle 01

테이블 파티션(Table partition) 이해

테이블의 크기가 기하급수적으로 증가하고 있는 요즘 대용량 데이터가 저장되어 있는 테이블에 대한 조회성 업무 또는 갱신 업무들의 부담이 무척 커져 버렸다. 이처럼 테이블의 저장 용량이 크거나 계속되는 데이터 증가가 예상되는 경우 대용량 테이블을 작은 단위의 파티션이라는 단위로 나누어 저장함으로써 성능 향상 및 효율적인 관리를 가능케 한다.

테이블을 파티션 함으로서 얻게 되는 장점은 무엇일까?

일단 테이블 스캔을 하는 경우 전체 테이블을 스캔하지 않고 특정 혹은 최소한의 파티션만을 스캔 함으로서 스캔 범위를 줄이는 효과를 준다. 스캔 범위가 줄어든다는 의미는 그만큼 적은 수의 블록을 액세스하기만 하면 된다는 것이므로 성능 향상에 큰 도움이 되는 경우를 종종 목격하게 된다.

특정 파티션 별로 별도의 백업 및 다양한 관리 작업을 수행할 수도 있다. 예를 들어, 대용량 테이블 모두 풀 백업하지 않고 최근 특정 파티션만을 백업할 수도 있다. 그리고 대용량 테이블을 하나의 테이블스페이스에 저장할 필요 없이 각각의 파티션 별로 특정 테이블스페이스에 물리적으로 나누어 저장할 수도 있다.

결국 파티션의 장점은 기본적으로는 성능 향상에 있지만 관리 측면에서도 유연성을 제공한다는 측면에서 장점이 있다고 사료된다. 하지만 파티션을 적용함으로써 오히려 주의해야 하는 사항들도 물론 존재한다.

파티션을 적용함에 따라 주의해야 하는 사항을 정리하면 다음과 같다

기본적으로 관리 포인트가 늘어난다는 점은 피할 수 없는 단점이기도 하다. 예를 들어, 매달 말일 다음달에 사용하게 될 새로운 Range 파티션을 추가해야 한다는 점이라든지 전역 인덱스가 Invalid/Unusable 되는 경우 다시 Rebuild 해주어야 한다든지, 여러 가지 관리 포인트들이 늘어날 수도 있다는 점에 유의하기 바란다.

이제 다양한 파티셔닝 기법에 대해 살펴보도록 하자.

●●● oracle 02

Range 파티션 생성 및 관리

Range 파티션은 파티션을 나누는 기준이 되는 키(이를 파티션 키(Partition key)라고 부른다)가 되는 컬럼 값의 범위를 기준으로 파티션을 생성하는 방식으로서 테이블은 논리적으로만 정의되고 실제 테이블 데이터는 각각의 파티션에 나누어 저장되는 구조이다. Range 파티션이 임의의 컬럼 값의 범위를 기준으로 파티션을 나누는 방식이므로 주로 현업에서는 날짜(년, 월, 주)를 기준으로 파티션을 나눌 때 자주 사용한다.

기본적으로 다음 두 가지 옵션을 적용하여 Range 파티션을 생성한다.

① Partition by range(컬럼1, 컬럼2….)
Range 파티션을 생성할 때 적용할 파티션 키 컬럼을 설정하는 옵션이다.
② Values less than(컬럼값) :
각각의 Range partition에 포함될 최대값(MAX Value)을 설정하는 옵션이다.

다음은 Range 파티션을 관리하는 기본적인 과정을 보여준다.

- 파티션 생성(Create)
- 데이터 조회
- 데이터 입력
- 데이터 삭제
- 파티션 추가(Add)
- 파티션 제거(Drop)
- 파티션 이름 변경(Rename)
- 파티션 이동(Move)
- 파티션 통합(Merge)
- 파티션 분할(Split)
- 파티션 교환(Exchange)

```
================================================================
참조 스크립트 : cr_range_partition.sql, check_partition_info.sql
CREATE TABLE scott.sales
        (sales_no       NUMBER(2)       NOT NULL,
         sales_date     DATE            NOT NULL,
         sales_region   CHAR(2),
         customer_id    NUMBER(5),
         price          NUMBER(8))
PARTITION BY RANGE (sales_date)
       (PARTITION sales_2013 VALUES LESS THAN
                (to_date('01-JAN-2014','dd-MON-yyyy')) TABLESPACE SALES_2013_TBS,
       PARTITION sales_2014 VALUES LESS THAN
                (to_date('01-JAN-2015','dd-MON-yyyy')) TABLESPACE SALES_2014_TBS,
       PARTITION sales_2015 VALUES LESS THAN
                (to_date('01-JAN-2016','dd-MON-yyyy')) TABLESPACE SALES_2015_TBS,
       PARTITION sales_2016 VALUES LESS THAN
                (to_date('01-JAN-2017','dd-MON-yyyy')) TABLESPACE SALES_2016_TBS);
================================================================
```

*파티션 생성(Create)

각각의 파티션을 저장할 4개의 테이블스페이스를 생성하고 range 파티션 테이블을 생성한다.

```
SQL> CREATE TABLESPACE SALES_2013_TBS
DATAFILE '/u01/app/oracle/oradata/orcl/sales_2013_tbs01.dbf' size 10 M autoextend
on next 10m maxsize 100m;
SQL> CREATE TABLESPACE SALES_2014_TBS
DATAFILE '/u01/app/oracle/oradata/orcl/sales_2014_tbs01.dbf' size 10 M autoextend
on next 10m maxsize 100m;
SQL> CREATE TABLESPACE SALES_2015_TBS
DATAFILE '/u01/app/oracle/oradata/orcl/sales_2015_tbs01.dbf' size 10 M autoextend
on next 10m maxsize 100m;
SQL> CREATE TABLESPACE SALES_2016_TBS
DATAFILE '/u01/app/oracle/oradata/orcl/sales_2016_tbs01.dbf' size 10 M autoextend
on next 10m maxsize 100m;
SQL> CREATE TABLE scott.sales
       (sales_no       NUMBER(2)      NOT NULL,
        sales_date     DATE           NOT NULL,
        sales_region   CHAR(2),
        customer_id    NUMBER(5),
        price          NUMBER(8))
PARTITION BY RANGE (sales_date)
      (PARTITION sales_2013 VALUES LESS THAN
             (to_date('01-JAN-2014','dd-MON-yyyy')) TABLESPACE SALES_2013_TBS,
      PARTITION sales_2014 VALUES LESS THAN
             (to_date('01-JAN-2015','dd-MON-yyyy')) TABLESPACE SALES_2014_TBS,
      PARTITION sales_2015 VALUES LESS THAN
             (to_date('01-JAN-2016','dd-MON-yyyy')) TABLESPACE SALES_2015_TBS,
      PARTITION sales_2016 VALUES LESS THAN
             (to_date('01-JAN-2017','dd-MON-yyyy')) TABLESPACE SALES_2016_TBS);

SQL> INSERT INTO scott.sales VALUES (1,'21-FEB-2013','NJ',8722,14);
SQL> INSERT INTO scott.sales VALUES (2,'23-JUN-2014','NY',8722,22);
SQL> INSERT INTO scott.sales VALUES (3,'16-DEC-2015','CA',8723,15);
SQL> INSERT INTO scott.sales VALUES (4,'09-MAR-2016','PA',8724,18);
SQL> INSERT INTO scott.sales VALUES (5,'19-APR-2013','PA',8725,44);
SQL> INSERT INTO scott.sales VALUES (6,'31-MAY-2013','NJ',8725,51);
SQL> INSERT INTO scott.sales VALUES (7,'17-MAR-2013','NY',8726,38);
SQL> INSERT INTO scott.sales VALUES (8,'27-NOV-2015','NY',8723,39);
SQL> INSERT INTO scott.sales VALUES (9,'15-JUN-2014','CA',8723,11);
SQL> INSERT INTO scott.sales VALUES (10,'25-MAY-2015','NJ',8723,23);
SQL> INSERT INTO scott.sales VALUES (11,'21-FEB-2013','NJ',8262,14);
SQL> INSERT INTO scott.sales VALUES (12,'23-JUN-2014','NY',8722,22);
SQL> INSERT INTO scott.sales VALUES (13,'16-DEC-2015','CA',8523,15);
SQL> INSERT INTO scott.sales VALUES (14,'09-MAR-2016','PA',8764,28);
SQL> INSERT INTO scott.sales VALUES (15,'19-APR-2013','PA',8729,44);
SQL> INSERT INTO scott.sales VALUES (16,'31-MAY-2013','NJ',8725,31);
SQL> INSERT INTO scott.sales VALUES (17,'17-MAR-2013','NY',8226,38);
SQL> INSERT INTO scott.sales VALUES (18,'27-NOV-2015','NY',8323,39);
SQL> INSERT INTO scott.sales VALUES (19,'15-JUN-2014','CA',8743,16);
SQL> INSERT INTO scott.sales VALUES (20,'25-MAY-2015','NJ',8723,23);
SQL> Commit;
```

range 파티션 되어진 scott.sales 테이블에 저장된 데이터를 확인한다.

```
SQL> select * from scott.sales
order by sales_no;
SALES_NO SALES_DATE         SALES CUSTOMER_ID  PRICE
-------- ------------------ ----- ----------- ------
       1 21-FEB-13          NJ           8722     14
       2 23-JUN-14          NY           8722     22
       3 16-DEC-15          CA           8723     15
       4 09-MAR-16          PA           8724     18
       5 19-APR-13          PA           8725     44
       6 31-MAY-13          NJ           8725     51
       7 17-MAR-13          NY           8726     38
       8 27-NOV-15          NY           8723     39
       9 15-JUN-14          CA           8723     11
      10 25-MAY-15          NJ           8723     23
      11 21-FEB-13          NJ           8262     14
      12 23-JUN-14          NY           8722     22
      13 16-DEC-15          CA           8523     15
      14 09-MAR-16          PA           8764     28
      15 19-APR-13          PA           8729     44
      16 31-MAY-13          NJ           8725     31
      17 17-MAR-13          NY           8226     38
      18 27-NOV-15          NY           8323     39
      19 15-JUN-14          CA           8743     16
      20 25-MAY-15          NJ           8723     23
20 rows selected.
```

다음은 sales 테이블에 대한 테이블 통계값을 산출하는 과정을 보여준다.

```
SQL> EXEC DBMS_STATS.gather_table_stats('SCOTT', 'SALES');
```

다음은 sales 테이블에 대한 파티션 정보를 확인하는 과정이다. 파티션들이 각 테이블스페이스에 나누어 저장되어 있으며 각각의 파티션에 로우가 나누어 저장(8 ,4 ,6, 2)되어 있음을 확인할 수 있다.

```
SQL>@check_partition_info.sql
PARTITION_NAME       TABLESPACE_NAME      NUM_ROWS
-------------------- -------------------- --------
SALES_2013           SALES_2013_TBS              8
SALES_2014           SALES_2014_TBS              4
SALES_2015           SALES_2015_TBS              6
SALES_2016           SALES_2016_TBS              2
```

*데이터 조회(Select)

다음은 특정 파티션에 저장되어진 실제 데이터를 확인하는 과정을 보여준다.

```
SQL> select * from scott.sales partition(sales_2013) order by sales_no;
SALES_NO SALES_DATE         SALES CUSTOMER_ID  PRICE
-------- ------------------ ----- ----------- ------
       1 21-FEB-13            NJ         8722     14
       5 19-APR-13            PA         8725     44
       6 31-MAY-13            NJ         8725     51
       7 17-MAR-13            NY         8726     38
      11 21-FEB-13            NJ         8262     14
      15 19-APR-13            PA         8729     44
      16 31-MAY-13            NJ         8725     31
      17 17-MAR-13            NY         8226     38
8 rows selected.
```

*데이터 입력(Insert)

다음은 특정 파티션 테이블에 새로운 데이터를 입력하는 과정을 보여준다.
한 가지 중요한 사항은 입력하는 데이터가 해당 range 파티션 범위에 해당되지 않으면 다음과 같이 에러가 발생한다는 점이다.
예를 들어, 2013년에 대한 값을 저장해야 하는 파티션에 2015년 값을 입력하고자 하는 경우 입력하는 값이 2013년 값이 아니기 때문에 다음과 같이 입력 에러가 발생하게 된다.

```
SQL> INSERT INTO scott.sales partition(sales_2013) values
      (30,'17-OCT-2015','NY',8226,21)
                *
ERROR at line 1:
ORA-14401: inserted partition key is outside specified partition
```

2013년 값을 입력하는 경우 정상적으로 입력됨을 다음과 같이 확인할 수 있다.

```
SQL> INSERT INTO scott.sales partition(sales_2013) values
      (30,'17-OCT-2013','NY',8226,21);
SQL> commit;

SQL> select * from scott.sales partition(sales_2013) order by sales_no;
```

```
SALES_NO SALES_DATE          SALES CUSTOMER_ID  PRICE
-------- ------------------ ----- ----------- ------
       1 21-FEB-13            NJ          8722     14
       5 19-APR-13            PA          8725     44
       6 31-MAY-13            NJ          8725     51
       7 17-MAR-13            NY          8726     38
      11 21-FEB-13            NJ          8262     14
      15 19-APR-13            PA          8729     44
      16 31-MAY-13            NJ          8725     31
      17 17-MAR-13            NY          8226     38
      30 17-OCT-13            NY          8226     21
9 rows selected.
```

*데이터 삭제(Delete)

다음은 파티션 sales_2013으로부터 데이터를 삭제하는 과정을 보여준다.

```
SQL> delete from scott.sales partition(sales_2013);
SQL> commit;
SQL> select * from scott.sales partition(sales_2013) order by sales_no;
no rows selected
```

*파티션 추가(Add)

다음은 기존 Range 파티션 되어진 테이블에 새로운 파티션을 추가하는 과정을 보여준다. 현재 4개의 파티션이 생성되어 있음을 확인할 수 있다.

```
SQL>@check_partition_info.sql
PARTITION_NAME          TABLESPACE_NAME          NUM_ROWS
-------------------- --------------------        --------
SALES_2013              SALES_2013_TBS               8
SALES_2014              SALES_2014_TBS               4
SALES_2015              SALES_2015_TBS               6
SALES_2016              SALES_2016_TBS               2
```

파티션을 추가하기 전에 추가될 파티션을 물리적으로 저장하게 될 새로운 테이블스페이스를 생성하도록 한다.

```
SQL> CREATE TABLESPACE SALES_2017_TBS
DATAFILE '/u01/app/oracle/oradata/orcl/sales_2017_tbs01.dbf' size 10 M autoextend
on next 10m maxsize 100m;
```

이제 새로운 파티션을 추가하도록 한다.

```
SQL> alter table scott.sales
add partition sales_2017
values less than(to_date('01-JAN-2018','dd-MON-yyyy'))
tablespace SALES_2017_TBS;
SQL>EXEC DBMS_STATS.gather_table_stats('SCOTT', 'SALES');
```

다음은 새로운 파티션이 추가된 sales 테이블에 대한 파티션 정보를 보여준다.
sales_2017 파티션이 새롭게 추가된 것을 확인할 수 있다.

```
SQL>@check_partition_info.sql
PARTITION_NAME       TABLESPACE_NAME      NUM_ROWS
-------------------- -------------------- --------
SALES_2013           SALES_2013_TBS              0
SALES_2014           SALES_2014_TBS              4
SALES_2015           SALES_2015_TBS              6
SALES_2016           SALES_2016_TBS              2
SALES_2017           SALES_2017_TBS              0
```

*파티션 제거(Drop)

다음은 sales_2017 파티션을 scott.sales 테이블로부터 제거하는 과정을 보여준다.

```
SQL> alter table scott.sales drop partition sales_2017;
SQL>@check_partition_info.sql
PARTITION_NAME       TABLESPACE_NAME      NUM_ROWS
-------------------- -------------------- --------
SALES_2013           SALES_2013_TBS              0
SALES_2014           SALES_2014_TBS              4
SALES_2015           SALES_2015_TBS              6
SALES_2016           SALES_2016_TBS              2
```

sales_2017 파티션이 제거되었음을 확인할 수 있다.

*파티션 이름 변경(Rename)

다음은 기존 파티션 이름 sales_2016을 sales_2016_last라는 이름으로 변경하는 과정을 보여준다.

```
SQL> alter table scott.sales rename partition sales_2016 to sales_2016_last;
SQL>@check_partition_info.sql
PARTITION_NAME          TABLESPACE_NAME          NUM_ROWS
-------------------- --------------------        --------
SALES_2013              SALES_2013_TBS              0
SALES_2014              SALES_2014_TBS              4
SALES_2015              SALES_2015_TBS              6
SALES_2016_LAST         SALES_2016_TBS              2
```

다음은 기존 파티션 이름으로 복구하는 과정을 보여준다.

```
SQL> alter table scott.sales rename partition sales_2016_last to sales_2016;
SQL>@check_partition_info.sql
PARTITION_NAME          TABLESPACE_NAME          NUM_ROWS
-------------------- --------------------        --------
SALES_2013              SALES_2013_TBS              0
SALES_2014              SALES_2014_TBS              4
SALES_2015              SALES_2015_TBS              6
SALES_2016              SALES_2016_TBS              2
```

*파티션 이동(Move)

다음은 파티션을 다른 테이블스페이스 공간으로 물리적으로 옮기는 과정을 보여준다.

```
SQL> alter table scott.sales move partition sales_2016 tablespace SALES_2017_TBS;
SQL>@check_partition_info.sql
PARTITION_NAME       TABLESPACE_NAME      NUM_ROWS
-------------------- -------------------- --------
SALES_2013           SALES_2013_TBS              0
SALES_2014           SALES_2014_TBS              4
SALES_2015           SALES_2015_TBS              6
SALES_2016           SALES_2017_TBS              2
```

sales_2016 파티션이 SALES_2017_TBS 테이블스페이스로 이동하였음을 확인할 수 있다.
다음은 다시 원래의 테이블스페이스 SALES_2016_TBS 로 복구하는 과정을 보여준다.

```
SQL> alter table scott.sales move partition sales_2016 tablespace SALES_2016_TBS;
SQL>@check_partition_info.sql
PARTITION_NAME       TABLESPACE_NAME      NUM_ROWS
-------------------- -------------------- --------
SALES_2013           SALES_2013_TBS              0
SALES_2014           SALES_2014_TBS              4
SALES_2015           SALES_2015_TBS              6
SALES_2016           SALES_2016_TBS              2
```

*파티션 통합(Merge)

다음은 2개의 sange 파티션 sales_2015와 sales_2016 파티션을 sales_2015_2016 이라는 하나의 파티션으로 통합하는 과정을 보여준다.

```
SQL> alter table scott.sales merge partitions sales_2015,sales_2016
into partition sales_2015_2016;
SQL>@check_partition_info.sql
PARTITION_NAME      TABLESPACE_NAME                NUM_ROWS
-------------------- --------------------          --------
SALES_2013          SALES_2013_TBS                        0
SALES_2014          SALES_2014_TBS                        4
SALES_2015_2016     USERS                                 8
```

파티션에 대한 통합 과정을 수행할 때 테이블스페이스 이름을 별도로 설정하지 않으면 기본 테이블스페이스(저자의 경우 Users 테이블스페이스)로 자동 설정된다는 점에 유의하기 바란다.

*파티션 분할(Split)

다음은 sales_2015_2016라는 하나의 파티션을 sales_2015와 sales_2016 2개의 파티션으로 분할하는 과정을 보여준다.

tip

분할을 위한 조건은 AT 다음에 설정한다.

명령어 가운데 파티션 분할 조건인 at('01-JAN-2016')의 의미는 다음과 같다.

sales_2015_2016 파티션을 분할할 때 그 기준을 2016년 1월1일 값으로 설정한다는 의미이다. 결국 파티션 키 컬럼인 sales_date 컬럼 값이 2016년 1월1일 이전 값(결국 2015년 12월 31일까지의 값)이면 sales_2015 파티션으로 저장되고 2016년 1월1일 이후 값이면 두 번째 파티션인 sales_2016 파티션으로 저장된다는 의미이다.

```
SQL> alter table scott.sales split partition sales_2015_2016
at('01-JAN-2016')
into (partition sales_2015, partition sales_2016);
SQL>@check_partition_info.sql
PARTITION_NAME          TABLESPACE_NAME           NUM_ROWS
-------------------- --------------------         --------
SALES_2013              SALES_2013_TBS               0
SALES_2014              SALES_2014_TBS               4
SALES_2015              USERS                        6
SALES_2016              USERS                        2
```

여기서도 마찬가지로 파티션 분할 작업을 수행할 때 테이블스페이스 이름을 별도로 설정하지 않으면 기본 테이블스페이스(저자의 경우 Users 테이블스페이스)로 자동 설정된다는 점에 유의하기 바란다.

*파티션 교환(Exchange)

다음은 sales_2014 라는 파티션을 제3의 일반 테이블(scott.sales2)과 교환하는 과정을 보여준다. sales_2014 파티션에 저장된 모든 데이터를 일단 삭제하여 비어있는 파티션으로 만든 다음 파티션 외부의 테이블인 scott.sales2에 저장되어 있는 데이터를 파티션 내부로 입력받는 방식이라고 이해하면 된다.

Step1) 파티션 교환 과정 설명을 위해 일단 sales_2014 파티션에 저장되어 있는 데이터를 확인하고 모두 삭제하도록 한다.

```
SQL> select * from scott.sales partition(sales_2014) order by sales_no;
SALES_NO     SALES_DATE            SALES   CUSTOMER_ID    PRICE
--------     ------------------    -----   -----------    ------
       2     23-JUN-14             NY         8722        22
       9     15-JUN-14             CA         8723        11
      12     23-JUN-14             NY         8722        22
      19     15-JUN-14             CA         8743        16

SQL> delete from scott.sales partition(sales_2014);
4 rows deleted.
SQL> commit;
SQL> select * from scott.sales partition(sales_2014) order by sales_no;
no rows selected
```

Step2) 데이터가 삭제된 sales_2014 파티션과 교환되어질 일반 테이블인 scott.sales2 테이블을 생성하고 데이터를 입력한다.

```
SQL> CREATE TABLE scott.sales2
       (sales_no       NUMBER(2)       NOT NULL,
        sales_date     DATE            NOT NULL,
        sales_region   CHAR(2),
        customer_id    NUMBER(5),
        price          NUMBER(8));
SQL> INSERT INTO scott.sales2 VALUES (1,'21-FEB-2014','CA',8722,14);
SQL> INSERT INTO scott.sales2 VALUES (2,'23-JUN-2013','CA',8722,22);
SQL> INSERT INTO scott.sales2 VALUES (3,'16-DEC-2015','CA',8723,15);
SQL> commit;
SQL> EXEC DBMS_STATS.gather_table_stats('SCOTT', 'SALES2');
SQL> select * from scott.sales2 order by sales_no;

SALES_NO       SALES_DATE                SALES CUSTOMER_ID  PRICE
--------       ------------------        ----- ----------- ------
       1       21-FEB-14                 CA         8722     14
       2       23-JUN-13                 CA         8722     22
       3       16-DEC-15                 CA         8723     15
```

이처럼 scott.sales2 테이블에3개의 로우 데이터가 입력되어 저장되어 있는 상태임을 확인할 수 있다. 이후에 이 데이터들이 Sales_2014 파티션과 교환되면서 Sales_2014 파티션 내부로 저장될 것이다.

Step3) scott.sales2 테이블을 sales_2014 파티션과 교환하는 과정을 수행 완료 후 파티션 sales_2014에 저장된 데이터를 최종적으로 확인하도록 한다.

```
SQL> alter table scott.sales exchange partition sales_2014 with table scott.sales2;
SQL> EXEC DBMS_STATS.gather_table_stats('SCOTT', 'SALES');
SQL> select * from scott.sales partition(sales_2014) order by sales_no;
SALES_NO SALES_DATE         SALES CUSTOMER_ID  PRICE
-------- ------------------ ----- ----------- ------
       1 21-FEB-14          CA           8722     14
       2 23-JUN-13          CA           8722     22
       3 16-DEC-15          CA           8723     15
```

이전에 비어있던 sales_2014 파티션의 데이터는 교환 대상인 sales2 테이블로 옮겨갔다고 이해하면 된다. 그러므로 sales2 테이블에는 다음과 같이 아무런 데이터가 존재하지 않는다. 결국 서로의 데이터를 맞교환한 것이다.

```
SQL> select * from scott.sales2 order by sales_no;
no rows selected

SQL>@check_partition_info.sql
PARTITION_NAME       TABLESPACE_NAME       NUM_ROWS
-------------------- -------------------- --------
SALES_2013           SALES_2013_TBS              0
SALES_2014           USERS                       3
SALES_2015           USERS                       6
SALES_2016           USERS                       2
```

여기서도 마찬가지로SALES_2014 파티션이 교환 작업을 수행할 때 테이블스페이스 이름을 설정하지 않으면 기본 테이블스페이스(저자의 경우 Users 테이블스페이스)로 자동 설정된다는 점에 유의하기 바란다.

●●● oracle 03

List 파티션 생성 및 관리

List 파티션은 파티션 키(Key) 컬럼의 컬럼 값을 기준으로 파티션 테이블을 생성하는 방식이다. 다음은 List 파티션 적용 시 고려해야 할 사항을 정리한 것이다.

- 각각의 Unique한 컬럼 값에 대한 분포가 균등한 경우
- 파티션 키 컬럼은 단일 컬럼만 적용 가능하다
- 대소문자를 구분하므로 데이터 입력 시 주의해야 한다.
- 파티션 키 컬럼 값이 아닌 다른 값이 입력되는 경우 에러가 발생한다.
- 파티션 키 컬럼 값은 Null 값 또한 명시 가능하다.

다음은 List 파티션을 관리하는 기본적인 과정을 보여준다.

- 파티션 생성(Create)
- 데이터 조회
- 데이터 입력
- 데이터 삭제
- 파티션 추가(Add)
- 파티션 제거(Drop)
- 파티션 이름 변경(Rename)
- 파티션 이동(Move)
- 파티션 통합(Merge)
- 파티션 분할(Split)
- 파티션 교환(Exchange)

```
===========================================================
참조 스크립트 : cr_list_partition.sql, check_partition_info.sql
SQL> CREATE TABLE scott.sales
       (sales_no       NUMBER(2)      NOT NULL,
        sales_date     DATE           NOT NULL,
        sales_region   CHAR(2),
        customer_id    NUMBER(5),
        price          NUMBER(8))
PARTITION BY LIST (sales_region)
      (PARTITION sales_NJ VALUES('NJ')  TABLESPACE SALES_NJ_TBS,
      PARTITION sales_NY VALUES('NY')   TABLESPACE SALES_NY_TBS,
      PARTITION sales_CA VALUES('CA')   TABLESPACE SALES_CA_TBS,
      PARTITION sales_PA VALUES('PA')   TABLESPACE SALES_PA_TBS);
===========================================================
```

*파티션 생성(Create)

다음은 List 파티션을 생성하는 과정을 보여준다.
일단 각각의 파티션을 저장할 4개의 테이블스페이스를 생성한다.

```
SQL> CREATE TABLESPACE SALES_NJ_TBS
DATAFILE '/u01/app/oracle/oradata/orcl/sales_NJ_tbs01.dbf' size 10 M autoextend
on next 10M maxsize 100m;
SQL> CREATE TABLESPACE SALES_NY_TBS
DATAFILE '/u01/app/oracle/oradata/orcl/sales_NY_tbs01.dbf' size 10 M autoextend
on next 10M maxsize 100m;
SQL> CREATE TABLESPACE SALES_CA_TBS
DATAFILE '/u01/app/oracle/oradata/orcl/sales_CA_tbs01.dbf' size 10 M autoextend
on next 10M maxsize 100m;
SQL> CREATE TABLESPACE SALES_PA_TBS
DATAFILE '/u01/app/oracle/oradata/orcl/sales_PA_tbs01.dbf' size 10 M autoextend
on next 10M maxsize 100m;

SQL> CREATE TABLE scott.sales
       (sales_no       NUMBER(2)      NOT NULL,
        sales_date     DATE           NOT NULL,
        sales_region   CHAR(2),
        customer_id    NUMBER(5),
        price          NUMBER(8))
PARTITION BY LIST (sales_region)
      (PARTITION sales_NJ VALUES('NJ')  TABLESPACE SALES_NJ_TBS,
      PARTITION  sales_NY VALUES('NY')  TABLESPACE SALES_NY_TBS,
```

```
    PARTITION sales_CA VALUES('CA')  TABLESPACE SALES_CA_TBS,
    PARTITION sales_PA VALUES('PA')  TABLESPACE SALES_PA_TBS);

SQL> INSERT INTO scott.sales VALUES (1,'21-FEB-2013','NJ',8722,14);
SQL> INSERT INTO scott.sales VALUES (2,'23-JUN-2014','NY',8722,22);
SQL> INSERT INTO scott.sales VALUES (3,'16-DEC-2015','CA',8723,15);
SQL> INSERT INTO scott.sales VALUES (4,'09-MAR-2016','PA',8724,18);
SQL> INSERT INTO scott.sales VALUES (5,'19-APR-2013','PA',8725,44);
SQL> INSERT INTO scott.sales VALUES (6,'31-MAY-2013','NJ',8725,51);
SQL> INSERT INTO scott.sales VALUES (7,'17-MAR-2013','NY',8726,38);
SQL> INSERT INTO scott.sales VALUES (8,'27-NOV-2015','NY',8723,39);
SQL> INSERT INTO scott.sales VALUES (9,'15-JUN-2014','CA',8723,11);
SQL> INSERT INTO scott.sales VALUES (10,'25-MAY-2015','NJ',8723,23);
SQL> INSERT INTO scott.sales VALUES (11,'21-FEB-2013','NJ',8262,14);
SQL> INSERT INTO scott.sales VALUES (12,'23-JUN-2014','NY',8722,22);
SQL> INSERT INTO scott.sales VALUES (13,'16-DEC-2015','CA',8523,15);
SQL> INSERT INTO scott.sales VALUES (14,'09-MAR-2016','PA',8764,28);
SQL> INSERT INTO scott.sales VALUES (15,'19-APR-2013','PA',8729,44);
SQL> INSERT INTO scott.sales VALUES (16,'31-MAY-2013','NJ',8725,31);
SQL> INSERT INTO scott.sales VALUES (17,'17-MAR-2013','NY',8226,38);
SQL> INSERT INTO scott.sales VALUES (18,'27-NOV-2015','NY',8323,39);
SQL> INSERT INTO scott.sales VALUES (19,'15-JUN-2014','CA',8743,16);
SQL> INSERT INTO scott.sales VALUES (20,'25-MAY-2015','NJ',8723,23);
SQL> Commit;
```

다음은 scott.sales 테이블에 저장된 데이터를 보여준다.

```
SQL> select * from scott.sales
order by sales_no;
SALES_NO SALES_DATE         SALES  CUSTOMER_ID  PRICE
-------- ------------------ ----- ----------- ------
       1 21-FEB-13            NJ         8722     14
       2 23-JUN-14            NY         8722     22
       3 16-DEC-15            CA         8723     15
       4 09-MAR-16            PA         8724     18
       5 19-APR-13            PA         8725     44
       6 31-MAY-13            NJ         8725     51
       7 17-MAR-13            NY         8726     38
       8 27-NOV-15            NY         8723     39
       9 15-JUN-14            CA         8723     11
      10 25-MAY-15            NJ         8723     23
      11 21-FEB-13            NJ         8262     14
      12 23-JUN-14            NY         8722     22
```

```
        13 16-DEC-15            CA          8523     15
        14 09-MAR-16             PA          8764     28
        15 19-APR-13             PA          8729     44
        16 31-MAY-13             NJ          8725     31
        17 17-MAR-13             NY          8226     38
        18 27-NOV-15             NY          8323     39
        19 15-JUN-14             CA          8743     16
        20 25-MAY-15             NJ          8723     23

20 rows selected.
```

다음은 sales 테이블에 대한 통계값을 산출하는 과정을 보여준다.

```
SQL> EXEC DBMS_STATS.gather_table_stats('SCOTT', 'SALES');
```

다음은 sales 테이블에 대한 파티션 정보를 보여준다.
파티션들이 각각의 테이블스페이스에 나누어 저장되어 있으며 4, 6, 6, 4개의 로우가 각 파티션에 나누어 저장되어 있음을 확인할 수 있다.

```
SQL>@check_partition_info.sql
PARTITION_NAME        TABLESPACE_NAME       NUM_ROWS
-------------------- -------------------- --------
SALES_CA             SALES_CA_TBS                4
SALES_NJ             SALES_NJ_TBS                6
SALES_NY             SALES_NY_TBS                6
SALES_PA             SALES_PA_TBS                4
```

*데이터 조회(Select)

다음은 List 파티션되어진 scott.sales 테이블의 SALES_CA 파티션에 저장된 데이터를 보여준다.

```
SQL> select * from scott.sales partition(SALES_CA) order by sales_no;;
SALES_NO SALES_DATE          SALES CUSTOMER_ID  PRICE
-------- ------------------ ----- ----------- ------
       3 16-DEC-15             CA          8723     15
       9 15-JUN-14             CA          8723     11
      13 16-DEC-15             CA          8523     15
      19 15-JUN-14             CA          8743     16
```

*데이터 입력(Insert)

다음은 파티션 테이블로 데이터를 입력하는 과정이다. 한 가지 중요한 사항은 입력하는 데이터가 해당 파티션을 생성할 때 사용된 파티션 키 값에 해당되지 않으면 다음과 같이 에러가 발생한다는 것이다. 다음은 SALES_CA라는 파티션으로 새로운 값을 입력하는 과정을 보여주는데 파티션 키 컬럼(sales_region 컬럼) 값이 CA이므로 이 새로운 로우는 SALES_CA라는 파티션에 입력이 가능하다.

```
SQL> INSERT INTO scott.sales partition(SALES_CA) values
     (30,'17-OCT-2013','CA',8226,21);
SQL> commit;
SQL> select * from scott.sales partition(SALES_CA) order by sales_no;

SALES_NO SALES_DATE         SALES CUSTOMER_ID  PRICE
-------- ------------------ ----- ----------- ------
       3 16-DEC-15            CA          8723     15
       9 15-JUN-14            CA          8723     11
      13 16-DEC-15            CA          8523     15
      19 15-JUN-14            CA          8743     16
      30 17-OCT-13            CA          8226     21
```

*데이터 삭제

```
SQL> delete from scott.sales partition(SALES_CA);
SQL> commit;
SQL> select * from scott.sales partition(SALES_CA) order by sales_no;
no rows selected
```

*파티션 추가(Add)

다음은 새로운 파티션을 추가하는 과정으로재 4개의 파티션이 생성되어 있음을 확인할 수 있다.

```
SQL>@check_partition_info.sql
PARTITION_NAME       TABLESPACE_NAME      NUM_ROWS
-------------------- -------------------- --------
SALES_CA              SALES_CA_TBS               4
SALES_NJ              SALES_NJ_TBS               6
SALES_NY              SALES_NY_TBS               6
SALES_PA              SALES_PA_TBS               4
```

먼저 추가되는 파티션에 저장하게 될 새로운 테이블스페이스를 생성하도록 한다.

```
SQL> CREATE TABLESPACE SALES_AZ_TBS
DATAFILE '/u01/app/oracle/oradata/orcl/sales_AZ_tbs01.dbf' size 10 M autoextend
on next 10m maxsize 100m;
SQL> alter table scott.sales add partition SALES_AZ values ('AZ') tablespace
SALES_AZ_TBS;
SQL>EXEC DBMS_STATS.gather_table_stats('SCOTT', 'SALES');
```

다음은 Sales 테이블에 대한 파티션 정보를 보여준다. SALES_AZ 파티션이 새롭게 추가된 것을 확인할 수 있다.

```
SQL>@check_partition_info.sql
PARTITION_NAME       TABLESPACE_NAME      NUM_ROWS
-------------------- -------------------- --------
SALES_AZ              SALES_AZ_TBS               0
SALES_CA              SALES_CA_TBS               0
SALES_NJ              SALES_NJ_TBS               6
SALES_NY              SALES_NY_TBS               6
SALES_PA              SALES_PA_TBS               4
```

*파티션 제거(Drop)

다음은 sales_AZ 라는 파티션을 scott.sales 테이블로부터 제거하는 과정을 보여준다.

```
SQL> alter table scott.sales drop partition sales_AZ;
SQL>@check_partition_info.sql
PARTITION_NAME       TABLESPACE_NAME       NUM_ROWS
-------------------- -------------------- --------
SALES_CA              SALES_CA_TBS               0
SALES_NJ              SALES_NJ_TBS               6
SALES_NY              SALES_NY_TBS               6
SALES_PA              SALES_PA_TBS               4
```

*파티션 이름 변경(Rename)

다음은 기존 파티션 이름인 sales_PA를 sales_WEST_PA라는 이름으로 변경하는 과정을 보여준다.

```
SQL> alter table scott.sales rename partition sales_PA to sales_WEST_PA;
SQL>@check_partition_info.sql
PARTITION_NAME       TABLESPACE_NAME       NUM_ROWS
-------------------- -------------------- --------
SALES_CA             SALES_CA_TBS                0
SALES_NJ             SALES_NJ_TBS                6
SALES_NY             SALES_NY_TBS                6
SALES_WEST_PA        SALES_PA_TBS                4
```

다음은 기존 파티션 이름으로 복구하는 과정을 보여준다.

```
SQL> alter table scott.sales rename partition sales_WEST_PA to sales_PA;
SQL>@check_partition_info.sql
PARTITION_NAME       TABLESPACE_NAME       NUM_ROWS
-------------------- -------------------- --------
SALES_CA             SALES_CA_TBS                0
SALES_NJ             SALES_NJ_TBS                6
SALES_NY             SALES_NY_TBS                6
SALES_PA             SALES_PA_TBS                4
```

*파티션 이동(Move)

다음은 파티션을 다른 테이블스페이스로 옮기는 과정을 보여준다.

```
SQL> alter table scott.sales move partition sales_PA tablespace SALES_NY_TBS;


SQL>@check_partition_info.sql

PARTITION_NAME       TABLESPACE_NAME       NUM_ROWS
-------------------- -------------------- --------
SALES_CA             SALES_CA_TBS                0
SALES_NJ             SALES_NJ_TBS                6
SALES_NY             SALES_NY_TBS                6
SALES_PA             SALES_NY_TBS                4


SQL> alter table scott.sales move partition sales_PA tablespace SALES_PA_TBS;
```

```
SQL>@check_partition_info.sql

PARTITION_NAME       TABLESPACE_NAME      NUM_ROWS
-------------------- -------------------- --------
SALES_CA             SALES_CA_TBS                0
SALES_NJ             SALES_NJ_TBS                6
SALES_NY             SALES_NY_TBS                6
SALES_PA             SALES_PA_TBS                4
```

*파티션 통합(Merge)

다음은 2개의 파티션을 하나의 파티션으로 통합하는 과정을 보여준다.
sales_NY,sales_NJ 파티션을 sales_NORTHEAST 파티션으로 통합한다.

```
SQL> alter table scott.sales merge partitions sales_NY,sales_NJ
into partition sales_NORTHEAST;


SQL>@check_partition_info.sql

PARTITION_NAME       TABLESPACE_NAME      NUM_ROWS
-------------------- -------------------- --------
SALES_CA             SALES_CA_TBS                0
SALES_NORTHEAST      USERS                      12
SALES_PA             SALES_PA_TBS                4
```

파티션이 통합 작업을 수행할 때 테이블스페이스 이름을 설정하지 않으면 기본 테이블스페이스(저자의 경우 Users 테이블스페이스)로 자동 설정된다는 점에 유의하기 바란다.

*파티션 분할(Split)

다음은 1개의 파티션을 2개의 파티션으로 분할하는 과정을 보여준다.
VALUES 다음에는 분할 조건을 설정한다.

다음의 경우는 sales_NORTHEAST라는 파티션을 sales_NY와 sales_NJ 2개의 파티션으로 분할한다. 이때 분할 조건은 NY 값이란 의미인데 결국 NY값이면 데이터는 into 가로 절의 첫 번째 파티션인 sales_NY로 저장되고 NY가 아니면 두 번째 파티션인 sales_NJ 파티션으로 저장된다는 의미이다.

```
SQL> ALTER TABLE scott.sales
SPLIT PARTITION sales_NORTHEAST
VALUES ('NY')
INTO (
        PARTITION sales_NY TABLESPACE sales_NY_TBS,
        PARTITION sales_NJ TABLESPACE sales_NJ_TBS);

SQL>@check_partition_info.sql

PARTITION_NAME       TABLESPACE_NAME      NUM_ROWS
-------------------- -------------------- --------
SALES_CA             SALES_CA_TBS                0
SALES_NJ             SALES_NJ_TBS                6
SALES_NY             SALES_NY_TBS                6
SALES_PA             SALES_PA_TBS                4
```

파티션 통합 작업을 수행할 때 테이블스페이스 이름을 지정했기 때문에 특정 테이블스페이스로 설정된 것을 확인할 수 있다.

*파티션 교환(Exchange)

다음은 sales_CA 파티션을 제3의 일반 테이블(scott.sales2)과 교환하는 과정을 보여준다.
sales_CA 파티션에 저장된 모든 데이터를 삭제하여 비어있는 파티션으로 만든 후 scott.sales2에 저장된 데이터를 입력받는 방식이라고 이해하면 된다.
현재 sales_CA 파티션에는 이미 아무런 데이터가 존재하지 않으므로 데이터를 삭제할 필요 없이 진행하도록 한다.

```
SQL> select * from scott.sales partition(sales_CA) order by sales_no;

no rows selected

SQL> select * from scott.sales partition(sales_2014) order by sales_no;
no rows selected

SQL> CREATE TABLE scott.sales2
       (sales_no       NUMBER(2)        NOT NULL,
        sales_date     DATE             NOT NULL,
        sales_region   CHAR(2),
        customer_id    NUMBER(5),
        price          NUMBER(8));
```

```
SQL> INSERT INTO scott.sales2 VALUES (1,'21-FEB-2014','CA',8722,14);
SQL> INSERT INTO scott.sales2 VALUES (2,'23-JUN-2013','CA',8722,22);
SQL> INSERT INTO scott.sales2 VALUES (3,'16-DEC-2015','CA',8723,15);
SQL> commit;
SQL> EXEC DBMS_STATS.gather_table_stats('SCOTT', 'SALES2');
SQL> select * from scott.sales2 order by sales_no;

SALES_NO SALES_DATE         SALES CUSTOMER_ID  PRICE
-------- ------------------ ----- ----------- ------
       1 21-FEB-14           CA          8722     14
       2 23-JUN-13           CA          8722     22
       3 16-DEC-15           CA          8723     15
SQL> alter table scott.sales exchange partition sales_CA with table scott.sales2;

SQL> EXEC DBMS_STATS.gather_table_stats('SCOTT', 'SALES');

SQL> select * from scott.sales partition(sales_CA) order by sales_no;


SALES_NO SALES_DATE         SALES CUSTOMER_ID  PRICE
-------- ------------------ ----- ----------- ------
       1 21-FEB-14           CA          8722     14
       2 23-JUN-13           CA          8722     22
       3 16-DEC-15           CA          8723     15
```

비어있던 sales_CA 파티션의 데이터는 교환 대상인 sales2 테이블로 옮겨갔다고 이해하면 된다. 그러므로 sales2 테이블에는 아무런 데이터가 존재하지 않는다.

```
SQL> select * from scott.sales2 order by sales_no;
no rows selected

SQL>@check_partition_info.sql

PARTITION_NAME       TABLESPACE_NAME      NUM_ROWS
-------------------- -------------------- --------
SALES_2013           SALES_2013_TBS              0
SALES_2014           USERS                       3
SALES_2015           USERS                       6
SALES_2016           USERS                       2
```

파티션 교환 작업을 수행할 때 테이블스페이스 이름을 설정하지 않으면 기본 테이블스페이스(저자의 경우 Users 테이블스페이스)로 자동 설정된다는 점에 유의하기 바란다.

●●● oracle 04

Hash 파티션 생성 및 관리

Hash 파티션은 파티션 키 컬럼값에 Hash 함수를 적용한 후 결과값에 따라 테이블을 파티션하는 방식이다. Range 파티션이나 List 파티션의 경우에는 명확히 어떤 데이터가 어느 파티션에 저장되어 있는지 알 수 있지만 Hash 파티션의 경우에는 이러한 정보를 확인하기가 쉽지 않다. 이 점은 Hash 파티션의 장단점을 동시에 보여주는 부분이다. 왜냐하면 데이터의 위치를 알 수는 없지만 모든 파티션에 저장된 데이터 양이 일정하다는 장점을 지원한다. 그러므로 사실 Hash 파티션의 경우에는 데이터 이력 관리의 목적보다는 특정 파티션에 데이터가 몰려서 저장됨으로써 야기되는 성능 문제를 해결하고자 하는 목적으로 나온 파티션 방법이라고 이해하도록 하자.

다음은 Hash 파티션을 관리하는 기본적인 과정을 보여준다.

```
==========================================================
참조 스크립트 : cr_hash_partition.sql, check_partition_info.sql
CREATE TABLE scott.sales
       (sales_no       NUMBER(2)       NOT NULL,
        sales_date     DATE            NOT NULL,
        sales_region   CHAR(2),
        customer_id    NUMBER(5),
        price          NUMBER(8))
PARTITION BY HASH (sales_no)
       PARTITIONS 4 STORE IN (SALES_TBS_1, SALES_TBS_2, SALES_TBS_3, SALES_TBS_4);
```

- 파티션 생성
- 데이터 조회
- 데이터 입력
- 데이터 삭제
- 파티션 추가
- 파티션 제거(Drop)
- 파티션 이름변경(Rename)
- 파티션 이동(Move)
- 파티션 통합(Merge)
- 파티션 분할(Split)
- 파티션 교환(Exchange)

*파티션 생성(Create)

다음은 Hash 파티션을 생성하는 과정을 보여준다.

일단 각각의 파티션을 저장할 4개의 테이블스페이스를 생성한다.

```
SQL> CREATE TABLESPACE SALES_TBS_1
DATAFILE '/u01/app/oracle/oradata/orcl/sales_tbs01.dbf' size 10 M;
SQL> CREATE TABLESPACE SALES_TBS_2
DATAFILE '/u01/app/oracle/oradata/orcl/sales_tbs02.dbf' size 10 M;
SQL> CREATE TABLESPACE SALES_TBS_3
DATAFILE '/u01/app/oracle/oradata/orcl/sales_tbs03.dbf' size 10 M;
SQL> CREATE TABLESPACE SALES_TBS_4
DATAFILE '/u01/app/oracle/oradata/orcl/sales_tbs04.dbf' size 10 M;

SQL> DROP TABLE scott.sales PURGE;

SQL> CREATE TABLE scott.sales
       (sales_no        NUMBER(2)       NOT NULL,
        sales_date      DATE            NOT NULL,
        sales_region    CHAR(2),
        customer_id     NUMBER(5),
        price           NUMBER(8))
PARTITION BY HASH (sales_no)
       PARTITIONS 4 STORE IN (SALES_TBS_1, SALES_TBS_2, SALES_TBS_3, SALES_TBS_4);

SQL> INSERT INTO scott.sales VALUES (1,'21-FEB-2013','NJ',8722,14);
SQL> INSERT INTO scott.sales VALUES (2,'23-JUN-2014','NY',8722,22);
SQL> INSERT INTO scott.sales VALUES (3,'16-DEC-2015','CA',8723,15);
SQL> INSERT INTO scott.sales VALUES (4,'09-MAR-2016','PA',8724,18);
SQL> INSERT INTO scott.sales VALUES (5,'19-APR-2013','PA',8725,44);
SQL> INSERT INTO scott.sales VALUES (6,'31-MAY-2013','NJ',8725,51);
SQL> INSERT INTO scott.sales VALUES (7,'17-MAR-2013','NY',8726,38);
SQL> INSERT INTO scott.sales VALUES (8,'27-NOV-2015','NY',8723,39);
SQL> INSERT INTO scott.sales VALUES (9,'15-JUN-2014','CA',8723,11);
SQL> INSERT INTO scott.sales VALUES (10,'25-MAY-2015','NJ',8723,23);
SQL> INSERT INTO scott.sales VALUES (11,'21-FEB-2013','NJ',8262,14);
SQL> INSERT INTO scott.sales VALUES (12,'23-JUN-2014','NY',8722,22);
SQL> INSERT INTO scott.sales VALUES (13,'16-DEC-2015','CA',8523,15);
SQL> INSERT INTO scott.sales VALUES (14,'09-MAR-2016','PA',8764,28);
SQL> INSERT INTO scott.sales VALUES (15,'19-APR-2013','PA',8729,44);
SQL> INSERT INTO scott.sales VALUES (16,'31-MAY-2013','NJ',8725,31);
SQL> INSERT INTO scott.sales VALUES (17,'17-MAR-2013','NY',8226,38);
SQL> INSERT INTO scott.sales VALUES (18,'27-NOV-2015','NY',8323,39);
SQL> INSERT INTO scott.sales VALUES (19,'15-JUN-2014','CA',8743,16);
SQL> INSERT INTO scott.sales VALUES (20,'25-MAY-2015','NJ',8723,23);
SQL> Commit;
```

다음은 scott.sales 테이블에 저장된 데이터를 보여준다.

```
SQL> select * from scott.sales
order by sales_no;

SALES_NO SALES_DATE         SALES CUSTOMER_ID  PRICE
-------- ------------------ ----- ----------- ------
       1 21-FEB-13            NJ         8722     14
       2 23-JUN-14            NY         8722     22
       3 16-DEC-15            CA         8723     15
       4 09-MAR-16            PA         8724     18
       5 19-APR-13            PA         8725     44
       6 31-MAY-13            NJ         8725     51
       7 17-MAR-13            NY         8726     38
       8 27-NOV-15            NY         8723     39
       9 15-JUN-14            CA         8723     11
      10 25-MAY-15            NJ         8723     23
      11 21-FEB-13            NJ         8262     14
      12 23-JUN-14            NY         8722     22
      13 16-DEC-15            CA         8523     15
      14 09-MAR-16            PA         8764     28
      15 19-APR-13            PA         8729     44
      16 31-MAY-13            NJ         8725     31
      17 17-MAR-13            NY         8226     38
      18 27-NOV-15            NY         8323     39
      19 15-JUN-14            CA         8743     16
      20 25-MAY-15            NJ         8723     23

20 rows selected.
```

다음은 Sales 테이블에 대한 통계값을 산출하는 과정을 보여준다.

```
SQL> EXEC DBMS_STATS.gather_table_stats('SCOTT', 'SALES');
```

다음은 Sales 테이블에 대한 파티션 정보를 보여준다. 파티션들이 각각의 테이블스페이스에 나누어 저장되어 있으며 20개의 로우가 각 파티션에 나누어 저장되어 있음을 확인할 수 있다.

```
SQL>@check_partition_info.sql
PARTITION_NAME       TABLESPACE_NAME      NUM_ROWS
-------------------- -------------------- --------
SYS_P648              SALES_TBS_1                3
SYS_P649              SALES_TBS_2                5
SYS_P650              SALES_TBS_3                5
SYS_P651              SALES_TBS_4                7
```

*데이터 조회(Select)

다음은 특정 파티션으로부터 데이터를 조회하는 과정을 보여준다.

```
SQL> select * from scott.sales partition(SYS_P648) order by sales_no;
SALES_NO SALES_DATE         SALES CUSTOMER_ID  PRICE
-------- ------------------ ----- ----------- ------
       6 31-MAY-13            NJ        8725     51
      11 21-FEB-13            NJ        8262     14
      13 16-DEC-15            CA        8523     15
```

*데이터 입력(Insert)

다음은 특정 파티션 테이블로 데이터를 입력하는 과정을 보여준다.
한 가지 중요한 사항은 입력하는 데이터가 해당 파티션 범위에 해당되지 않으면 다음과 같이 에러가 발생한다는 것이다.

```
SQL> INSERT INTO scott.sales partition(SYS_P648) values
      (30,'17-OCT-2013','CA',8226,21);
SQL> commit;
SQL> select * from scott.sales partition(SYS_P648) order by sales_no;

SALES_NO          SALES_DATE     SALES     CUSTOMER_ID PRICE
------------    ------------  ----------  ----------- ------
   6              31-MAY-13        NJ           8725     51
  11              21-FEB-13        NJ           8262     14
  13              16-DEC-15        CA           8523     15
  30              17-OCT-13        CA           8226     21
```

*데이터 삭제(Delete)

```
SQL> delete from scott.sales partition(SYS_P648);
SQL> commit;
SQL> select * from scott.sales partition(SYS_P648) order by sales_no;

no rows selected
```

*파티션 추가(Add)

다음은 새로운 파티션을 추가하는 과정으로 현재 4개의 파티션이 생성되어 있음을 확인할 수 있다.

```
SQL>@check_partition_info.sql

PARTITION_NAM E       TABLESPACE_NAME      NUM_ROWS
-------------------- -------------------- --------
SYS_P648              SALES_TBS_1                3
SYS_P649              SALES_TBS_2                5
SYS_P650              SALES_TBS_3                5
SYS_P651              SALES_TBS_4                7
```

먼저 추가되는 파티션에 저장하게 될 새로운 테이블스페이스를 생성하자.

```
SQL> CREATE TABLESPACE SALES_HASH_TBS
DATAFILE '/u01/app/oracle/oradata/orcl/sales_hash_tbs01.dbf' size 10 M autoextend
on next 10m maxsize 100m;
```

두 개의 파티션을 추가하도록 한다.

```
SQL> alter table scott.sales add partition ;
SQL> alter table scott.sales add partition SALES_HASH tablespace SALES_HASH_TBS;
SQL>EXEC DBMS_STATS.gather_table_stats('SCOTT', 'SALES');
```

다음은 sales 테이블에 대한 파티션 정보를 보여준다. SYS_P654 파티션이 Users 테이블스페이스에 새롭게 추가된 것을 확인할 수 있다. 파티션을 추가할 때 특정 테이블스페이스를 지정하지 않으면 사용자 Default 테이블스페이스에 저장된다.

```
SQL>@check_partition_info.sql

PARTITION_NAME        TABLESPACE_NAME      NUM_ROWS
-------------------- -------------------- --------
SALES_HASH            SALES_HASH_TBS             4
SYS_P648             SALES_TBS_1                0
SYS_P649             SALES_TBS_2                1
SYS_P650             SALES_TBS_3                5
SYS_P651             SALES_TBS_4                7
SYS_P654             USERS                      0
```

*파티션 제거(Drop)

Hash 파티션은 삭제할 수 없으니 유의하기 바란다.

```
SQL> alter table scott.sales drop partition SALES_HASH;
alter table scott.sales drop partition SALES_HASH
                                       *
ERROR at line 1:
ORA-14255: table is not partitioned by Range, List, Composite Range or Composite
List method
```

*파티션 이름 변경(Rename)

다음은 파티션 SYS_P648 이름을 SALES_TEMP로 변경하는 과정을 보여준다.

```
SQL> alter table scott.sales rename partition SYS_P648 to sales_TEMP;
EXEC DBMS_STATS.gather_table_stats('SCOTT', 'SALES');

SQL>@check_partition_info.sql

PARTITION_NAME       TABLESPACE_NAME      NUM_ROWS
-------------------- -------------------- --------
SALES_HASH           SALES_HASH_TBS              4
SALES_TEMP           SALES_TBS_1                 0
SYS_P649             SALES_TBS_2                 1
SYS_P650             SALES_TBS_3                 5
SYS_P651             SALES_TBS_4                 7
SYS_P654             USERS                       0
```

파티션 이름을 다시 복구한다.

```
SQL> alter table scott.sales rename partition sales_TEMP to SYS_P648;

PARTITION_NAME       TABLESPACE_NAME      NUM_ROWS
-------------------- -------------------- --------
SALES_HASH           SALES_HASH_TBS              4
SYS_P648             SALES_TBS_1                 0
SYS_P649             SALES_TBS_2                 1
SYS_P650             SALES_TBS_3                 5
SYS_P651             SALES_TBS_4                 7
SYS_P654             USERS                       0
```

*파티션 이동(Move)

파티션 P648을 SALES_TBS_5 테이블스페이스로 옮기는 과정을 보여준다.

```
SQL> alter table scott.sales move partition SYS_P648 tablespace SALES_TBS_5;
SQL>@check_partition_info.sql

PARTITION_NAME       TABLESPACE_NAME      NUM_ROWS
-------------------- -------------------- --------
SALES_HASH            SALES_HASH_TBS             4
SYS_P648              SALES_TBS_1                0
SYS_P649              SALES_TBS_2                1
SYS_P650              SALES_TBS_3                5
SYS_P651              SALES_TBS_4                7
SYS_P654              USERS                      0
```

파티션을 기존 테이블스페이스로 다시 복구한다.

```
SQL> alter table scott.sales move partition SYS_P648 tablespace SALES_TBS_1;
SQL>@check_partition_info.sql

PARTITION_NAME       TABLESPACE_NAME      NUM_ROWS
-------------------- -------------------- --------
SALES_HASH           SALES_HASH_TBS              4
SYS_P648             SALES_TBS_1                 0
SYS_P649             SALES_TBS_2                 1
SYS_P650             SALES_TBS_3                 5
SYS_P651             SALES_TBS_4                 7
SYS_P654             USERS                       0
```

*파티션 통합(Merge)

Hashing 파티션은 통합할 수 없다.

```
SQL> alter table scott.sales merge partitions SYS_P650,SYS_P651
into partition SYS_P650_P651;
SELECT partition_name,tablespace_name, num_rows
FROM dba_tab_partitions where table_name='SALES' and table_owner='SCOTT'
ORDER by table_name, partition_name;
  2 alter table scott.sales merge partitions SYS_P650,SYS_P651

ERROR at line 1:
ORA-14255: table is not partitioned by Range, List, Composite Range or Composite
List method
```

*파티션 분할(Split)

Hashing 파티션은 분할할 수 없다.

*파티션 교환(Exchange)

다음은 SYS_P651 파티션을 제3의 일반 테이블(scott.sales2)과 교환하는 과정을 보여준다. SYS_P651 파티션에 저장된 모든 데이터를 삭제하여 비어있는 파티션으로 만든 후 scott.sales2에 저장된 데이터를 입력받는 방식이라고 이해하면 된다.

```
SQL> select * from scott.sales partition(SYS_P651) order by sales_no;

ALES_NO   SALES_DATE         SALES CUSTOMER_ID  PRICE
-------- ------------------ ----- ----------- ------
     1     21-FEB-13           NJ       8722       14
     3     16-DEC-15           CA       8723       15
     4     09-MAR-16           PA       8724       18
     7     17-MAR-13           NY       8726       38
    14     09-MAR-16           PA       8764       28
    15     19-APR-13           PA       8729       44
    16     31-MAY-13           NJ       8725       31

SQL> delete from scott.sales partition(SYS_P651);
SQL> commit;

SQL> select * from scott.sales partition(SYS_P651) order by sales_no;

no rows selected

SQL> CREATE TABLE scott.sales2
       (sales_no       NUMBER(2)       NOT NULL,
        sales_date     DATE            NOT NULL,
        sales_region   CHAR(2),
        customer_id    NUMBER(5),
        price          NUMBER(8));

SQL> INSERT INTO scott.sales2 VALUES (1,'21-FEB-2014','CA',8722,14);
SQL> INSERT INTO scott.sales2 VALUES (2,'23-JUN-2013','CA',8722,22);
SQL> INSERT INTO scott.sales2 VALUES (3,'16-DEC-2015','CA',8723,15);
SQL> commit;
SQL> EXEC DBMS_STATS.gather_table_stats('SCOTT', 'SALES2');
SQL> select * from scott.sales2 order by sales_no;
```

```
SALES_NO SALES_DATE         SALES CUSTOMER_ID  PRICE
-------- ------------------ ----- ----------- ------
    1     21-FEB-14           CA        8722      14
    2     23-JUN-13           CA        8722      22
    3     16-DEC-15           CA        8723      15

SQL> alter table scott.sales exchange partition SYS_P651 with table scott.sales2
                                                              *
ERROR at line 1:
ORA-14099: all rows in table do not qualify for specified partition
```

Hash 파티션 교환 시 종종 발생하는 에러인데 이러한 경우에는 다음과 같이 Without validation 옵션을 사용하게 되면 해결된다.

```
SQL> alter table scott.sales exchange partition SYS_P651 with table scott.sales2
  2  without validation;

Table altered.

SQL> EXEC DBMS_STATS.gather_table_stats('SCOTT', 'SALES');

SQL> select * from scott.sales partition(SYS_P651) order by sales_no;


SALES_NO SALES_DATE         SALES CUSTOMER_ID  PRICE
-------- ------------------ ----- ----------- ------
    1     21-FEB-14           CA        8722      14
    2     23-JUN-13           CA        8722      22
    3     16-DEC-15           CA        8723      15
```

비어있던 SYS_P651 파티션의 데이터는 교환 대상인 sales2 테이블로 옮겨갔다고 이해하면 된다. 그러므로 sales2 테이블에는 아무런 데이터가 존재하지 않는다.

```
SQL> select * from scott.sales2 order by sales_no;

no rows selected

SQL>@check_partition_info.sql

PARTITION_NAME       TABLESPACE_NAME      NUM_ROWS
-------------------- -------------------- --------
SALES_HASH           SALES_HASH_TBS              4
SYS_P648             SALES_TBS_1                 0
SYS_P649             SALES_TBS_2                 1
SYS_P650             SALES_TBS_3                 5
SYS_P651             USERS                       3
SYS_P654             USERS                       0
```

파티션이 교환 작업을 수행할 때 테이블스페이스 이름을 설정하지 않으면 기본 테이블스페이스(저자의 경우 Users 테이블스페이스)로 자동 설정된다는 점에 유의하기 바란다.

oracle 05 Composite 파티션 생성 및 관리

파티션 컬럼을 단일 컬럼이 아닌 두 개의 컬럼을 적용하여 두 컬럼 값에 따른 파티션을 생성하는 방식이다. 1차적인 파티션은 메인 파티션(Main partition)이라 하고 2차적인 파티션은 서브 파티션(Sub partition)이라고 부르며 실질적인 데이터는 서브 파티션에 저장된다.

예를 들면 Range-list 파티션 방식은 Range 파티션 방식을 사용하여 데이터를 일단 분할하고 분할된 데이터에 대해서 List 파티션 방식을 적용하여 서브 파티션을 생성하는 방식이라고 이해하면 된다.

다음과 같이 오라클 버전에 따라 다양한 조합의 Composite 파티션 지원이 가능하다.

8i	Range + Hash
9i, 10g	Range + List , Range + Hash
11g	Range + List, Range + Hash, Range + Range , List + Range , List + Hash, List + List

●●● oracle 06

Range-list 복합 파티션 생성 및 관리

다음은 Range-list 복합 파티션을 관리하는 기본적인 과정을 보여준다.

```
=====================================================
참조 스크립트: cr_range_list_partition.sql, check_subpartition_info.sql

CREATE TABLE scott.sales
       (sales_no       NUMBER(2)        NOT NULL,
        sales_date     DATE             NOT NULL,
        sales_region   CHAR(2),
        customer_id    NUMBER(5),
        price          NUMBER(8))
PARTITION BY RANGE (sales_date)
SUBPARTITION BY LIST(sales_region)
      (PARTITION sales_2013 VALUES LESS THAN (to_date('01-JAN-2014','dd-MON-yyyy'))
             (SUBPARTITION sales_2013_NJ values('NJ') TABLESPACE SALES_2013_NJ_TBS,
              SUBPARTITION sales_2013_NY values('NY') TABLESPACE SALES_2013_NY_TBS,
              SUBPARTITION sales_2013_CA values('CA') TABLESPACE SALES_2013_CA_TBS,
              SUBPARTITION sales_2013_PA values('PA') TABLESPACE SALES_2013_PA_TBS),
      PARTITION sales_2014 VALUES LESS THAN (to_date('01-JAN-2015','dd-MON-yyyy'))
             (SUBPARTITION sales_2014_NJ values('NJ') TABLESPACE SALES_2014_NJ_TBS,
              SUBPARTITION sales_2014_NY values('NY') TABLESPACE SALES_2014_NY_TBS,
              SUBPARTITION sales_2014_CA values('CA') TABLESPACE SALES_2014_CA_TBS,
              SUBPARTITION sales_2014_PA values('PA') TABLESPACE SALES_2014_PA_TBS),
      PARTITION sales_2015 VALUES LESS THAN (to_date('01-JAN-2016','dd-MON-yyyy'))
             (SUBPARTITION sales_2015_NJ values('NJ') TABLESPACE SALES_2015_NJ_TBS,
              SUBPARTITION sales_2015_NY values('NY') TABLESPACE SALES_2015_NY_TBS,
              SUBPARTITION sales_2015_CA values('CA') TABLESPACE SALES_2015_CA_TBS,
              SUBPARTITION sales_2015_PA values('PA') TABLESPACE SALES_2015_PA_TBS),
      PARTITION sales_2016 VALUES LESS THAN (to_date('01-JAN-2017','dd-MON-yyyy'))
             (SUBPARTITION sales_2016_NJ values('NJ') TABLESPACE SALES_2016_NJ_TBS,
              SUBPARTITION sales_2016_NY values('NY') TABLESPACE SALES_2016_NY_TBS,
              SUBPARTITION sales_2016_CA values('CA') TABLESPACE SALES_2016_CA_TBS,
              SUBPARTITION sales_2016_PA values('PA') TABLESPACE SALES_2016_PA_TBS),
      PARTITION sales_2017 VALUES LESS THAN (to_date('01-JAN-2018','dd-MON-yyyy'))
             (SUBPARTITION sales_2017_NJ values('NJ') TABLESPACE SALES_2017_NJ_TBS,
              SUBPARTITION sales_2017_NY values('NY') TABLESPACE SALES_2017_NY_TBS,
              SUBPARTITION sales_2017_CA values('CA') TABLESPACE SALES_2017_CA_TBS,
              SUBPARTITION sales_2017_PA values('PA') TABLESPACE SALES_2017_PA_TBS)
    );
```

*파티션 생성(Create)

다음은 Range-List 복합 파티션을 생성하는 과정을 보여준다.

```
PARTITION BY RANGE (sales_date)
SUBPARTITION BY LIST(sales_region)
```

sales 테이블의 sales_date 컬럼에 대한 Range 파티션을 먼저 적용하고 sales_region 컬럼에 대한 List 파티션을 적용하는 과정을 보여준다.

각각의 서브 파티션을 저장할 20개의 테이블스페이스를 생성한다.

```
SQL> CREATE TABLESPACE SALES_2013_NJ_TBS
DATAFILE '/u01/app/oracle/oradata/orcl/sales_2013_NJ_tbs01.dbf' size 10 M;
SQL> CREATE TABLESPACE SALES_2013_NY_TBS
DATAFILE '/u01/app/oracle/oradata/orcl/sales_2013_NY_tbs01.dbf' size 10 M;
SQL> CREATE TABLESPACE SALES_2013_CA_TBS
DATAFILE '/u01/app/oracle/oradata/orcl/sales_2013_CA_tbs01.dbf' size 10 M;
SQL> CREATE TABLESPACE SALES_2013_PA_TBS
DATAFILE '/u01/app/oracle/oradata/orcl/sales_2013_PA_tbs01.dbf' size 10 M;

SQL> CREATE TABLESPACE SALES_2014_NJ_TBS
DATAFILE '/u01/app/oracle/oradata/orcl/sales_2014_NJ_tbs01.dbf' size 10 M;
SQL> CREATE TABLESPACE SALES_2014_NY_TBS
DATAFILE '/u01/app/oracle/oradata/orcl/sales_2014_NY_tbs01.dbf' size 10 M;
SQL> CREATE TABLESPACE SALES_2014_CA_TBS
DATAFILE '/u01/app/oracle/oradata/orcl/sales_2014_CA_tbs01.dbf' size 10 M;
SQL> CREATE TABLESPACE SALES_2014_PA_TBS
DATAFILE '/u01/app/oracle/oradata/orcl/sales_2014_PA_tbs01.dbf' size 10 M;

SQL> CREATE TABLESPACE SALES_2015_NJ_TBS
DATAFILE '/u01/app/oracle/oradata/orcl/sales_2015_NJ_tbs01.dbf' size 10 M;
SQL> CREATE TABLESPACE SALES_2015_NY_TBS
DATAFILE '/u01/app/oracle/oradata/orcl/sales_2015_NY_tbs01.dbf' size 10 M;
SQL> CREATE TABLESPACE SALES_2015_CA_TBS
DATAFILE '/u01/app/oracle/oradata/orcl/sales_2015_CA_tbs01.dbf' size 10 M;
SQL> CREATE TABLESPACE SALES_2015_PA_TBS
DATAFILE '/u01/app/oracle/oradata/orcl/sales_2015_PA_tbs01.dbf' size 10 M;

SQL> CREATE TABLESPACE SALES_2016_NJ_TBS
DATAFILE '/u01/app/oracle/oradata/orcl/sales_2016_NJ_tbs01.dbf' size 10 M;
```

```
SQL> CREATE TABLESPACE SALES_2016_NY_TBS
DATAFILE '/u01/app/oracle/oradata/orcl/sales_2016_NY_tbs01.dbf' size 10 M;
SQL> CREATE TABLESPACE SALES_2016_CA_TBS
DATAFILE '/u01/app/oracle/oradata/orcl/sales_2016_CA_tbs01.dbf' size 10 M;
SQL> CREATE TABLESPACE SALES_2016_PA_TBS
DATAFILE '/u01/app/oracle/oradata/orcl/sales_2016_PA_tbs01.dbf' size 10 M;
SQL> CREATE TABLESPACE SALES_2017_NJ_TBS
DATAFILE '/u01/app/oracle/oradata/orcl/sales_2017_NJ_tbs01.dbf' size 10 M;
SQL> CREATE TABLESPACE SALES_2017_NY_TBS
DATAFILE '/u01/app/oracle/oradata/orcl/sales_2017_NY_tbs01.dbf' size 10 M;
SQL> CREATE TABLESPACE SALES_2017_CA_TBS
DATAFILE '/u01/app/oracle/oradata/orcl/sales_2017_CA_tbs01.dbf' size 10 M;
SQL> CREATE TABLESPACE SALES_2017_PA_TBS
DATAFILE '/u01/app/oracle/oradata/orcl/sales_2017_PA_tbs01.dbf' size 10 M;

SQL> CREATE TABLE scott.sales
       (sales_no       NUMBER(2)     NOT NULL,
        sales_date     DATE          NOT NULL,
        sales_region   CHAR(2),
        customer_id    NUMBER(5),
        price          NUMBER(8))
PARTITION BY RANGE (sales_date)
SUBPARTITION BY LIST(sales_region)
     (PARTITION sales_2013 VALUES LESS THAN (to_date('01-JAN-2014','dd-MON-yyyy'))
          (SUBPARTITION sales_2013_NJ values('NJ') TABLESPACE SALES_2013_NJ_TBS,
           SUBPARTITION sales_2013_NY values('NY') TABLESPACE SALES_2013_NY_TBS,
           SUBPARTITION sales_2013_CA values('CA') TABLESPACE SALES_2013_CA_TBS,
           SUBPARTITION sales_2013_PA values('PA') TABLESPACE SALES_2013_PA_TBS),
     PARTITION sales_2014 VALUES LESS THAN (to_date('01-JAN-2015','dd-MON-yyyy'))
          (SUBPARTITION sales_2014_NJ values('NJ') TABLESPACE SALES_2014_NJ_TBS,
           SUBPARTITION sales_2014_NY values('NY') TABLESPACE SALES_2014_NY_TBS,
           SUBPARTITION sales_2014_CA values('CA') TABLESPACE SALES_2014_CA_TBS,
           SUBPARTITION sales_2014_PA values('PA') TABLESPACE SALES_2014_PA_TBS),
     PARTITION sales_2015 VALUES LESS THAN (to_date('01-JAN-2016','dd-MON-yyyy'))
          (SUBPARTITION sales_2015_NJ values('NJ') TABLESPACE SALES_2015_NJ_TBS,
           SUBPARTITION sales_2015_NY values('NY') TABLESPACE SALES_2015_NY_TBS,
           SUBPARTITION sales_2015_CA values('CA') TABLESPACE SALES_2015_CA_TBS,
           SUBPARTITION sales_2015_PA values('PA') TABLESPACE SALES_2015_PA_TBS),
     PARTITION sales_2016 VALUES LESS THAN (to_date('01-JAN-2017','dd-MON-yyyy'))
          (SUBPARTITION sales_2016_NJ values('NJ') TABLESPACE SALES_2016_NJ_TBS,
           SUBPARTITION sales_2016_NY values('NY') TABLESPACE SALES_2016_NY_TBS,
           SUBPARTITION sales_2016_CA values('CA') TABLESPACE SALES_2016_CA_TBS,
           SUBPARTITION sales_2016_PA values('PA') TABLESPACE SALES_2016_PA_TBS),
     PARTITION sales_2017 VALUES LESS THAN (to_date('01-JAN-2018','dd-MON-yyyy'))
          (SUBPARTITION sales_2017_NJ values('NJ') TABLESPACE SALES_2017_NJ_TBS,
           SUBPARTITION sales_2017_NY values('NY') TABLESPACE SALES_2017_NY_TBS,
           SUBPARTITION sales_2017_CA values('CA') TABLESPACE SALES_2017_CA_TBS,
           SUBPARTITION sales_2017_PA values('PA') TABLESPACE SALES_2017_PA_TBS)
   );
```

```
SQL> INSERT INTO scott.sales VALUES (1,'21-FEB-2013','NJ',8722,14);
SQL> INSERT INTO scott.sales VALUES (2,'23-JUN-2014','NY',8722,22);
SQL> INSERT INTO scott.sales VALUES (3,'16-DEC-2015','CA',8723,15);
SQL> INSERT INTO scott.sales VALUES (4,'09-MAR-2016','PA',8724,18);
SQL> INSERT INTO scott.sales VALUES (5,'19-APR-2013','PA',8725,44);
SQL> INSERT INTO scott.sales VALUES (6,'31-MAY-2013','NJ',8725,51);
SQL> INSERT INTO scott.sales VALUES (7,'17-MAR-2013','NY',8726,38);
SQL> INSERT INTO scott.sales VALUES (8,'27-NOV-2015','NY',8723,39);
SQL> INSERT INTO scott.sales VALUES (9,'15-JUN-2014','CA',8723,11);
SQL> INSERT INTO scott.sales VALUES (10,'25-MAY-2015','NJ',8723,23);
SQL> INSERT INTO scott.sales VALUES (11,'21-FEB-2013','NJ',8262,14);
SQL> INSERT INTO scott.sales VALUES (12,'23-JUN-2014','NY',8722,22);
SQL> INSERT INTO scott.sales VALUES (13,'16-DEC-2015','CA',8523,15);
SQL> INSERT INTO scott.sales VALUES (14,'09-MAR-2016','PA',8764,28);
SQL> INSERT INTO scott.sales VALUES (15,'19-APR-2013','PA',8729,44);
SQL> INSERT INTO scott.sales VALUES (16,'31-MAY-2013','NJ',8725,31);
SQL> INSERT INTO scott.sales VALUES (17,'17-MAR-2013','NY',8226,38);
SQL> INSERT INTO scott.sales VALUES (18,'27-NOV-2015','NY',8323,39);
SQL> INSERT INTO scott.sales VALUES (19,'15-JUN-2014','CA',8743,16);
SQL> INSERT INTO scott.sales VALUES (20,'25-MAY-2015','NJ',8723,23);
SQL> Commit;

SQL> EXEC DBMS_STATS.gather_table_stats('SCOTT', 'SALES');
SQL>@ check_subpartition_info.sql

PARTITION_NAME      TABLESPACE_NAME     SUBPARTITION_NAME   NUM_ROWS
-------------------- -------------------- -------------------- --------
SALES_2013          SALES_2013_NJ_TBS   SALES_2013_NJ              4
SALES_2013          SALES_2013_NY_TBS   SALES_2013_NY              2
SALES_2013          SALES_2013_CA_TBS   SALES_2013_CA              0
SALES_2013          SALES_2013_PA_TBS   SALES_2013_PA              2
SALES_2014          SALES_2014_NJ_TBS   SALES_2014_NJ              0
SALES_2014          SALES_2014_NY_TBS   SALES_2014_NY              2
SALES_2014          SALES_2014_CA_TBS   SALES_2014_CA              2
SALES_2014          SALES_2014_PA_TBS   SALES_2014_PA              0
SALES_2015          SALES_2015_NJ_TBS   SALES_2015_NJ              2
SALES_2015          SALES_2015_NY_TBS   SALES_2015_NY              2
SALES_2015          SALES_2015_PA_TBS   SALES_2015_PA              0
SALES_2015          SALES_2015_CA_TBS   SALES_2015_CA              2
SALES_2016          SALES_2016_NJ_TBS   SALES_2016_NJ              0
SALES_2016          SALES_2016_NY_TBS   SALES_2016_NY              0
SALES_2016          SALES_2016_CA_TBS   SALES_2016_CA              0
SALES_2016          SALES_2016_PA_TBS   SALES_2016_PA              2
SALES_2017          SALES_2017_NJ_TBS   SALES_2017_NJ              0
SALES_2017          SALES_2017_CA_TBS   SALES_2017_CA              0
SALES_2017          SALES_2017_NY_TBS   SALES_2017_NY              0
SALES_2017          SALES_2017_PA_TBS   SALES_2017_PA              0

20 rows selected.
```

*파티션 조회(Select)

다음은 파티션 레벨에서의 데이터 조회와 서브 파티션 레벨에서의 데이터 조회 과정을 보여준다. sales 테이블에 저장된 모든 데이터를 보여준다. 총 20개의 로우가 저장되어 있다.

```
SQL> select * from scott.sales order by sales_no;

SALES_NO SALES_DATE         SALES CUSTOMER_ID  PRICE
-------- ------------------ ----- ----------- ------
       1  21-FEB-13          NJ        8722       14
       2  23-JUN-14          NY        8722       22
       3  16-DEC-15          CA        8723       15
       4  09-MAR-16          PA        8724       18
       5  19-APR-13          PA        8725       44
       6  31-MAY-13          NJ        8725       51
       7  17-MAR-13          NY        8726       38
       8  27-NOV-15          NY        8723       39
       9  15-JUN-14          CA        8723       11
      10  25-MAY-15          NJ        8723       23
      11  21-FEB-13          NJ        8262       14
      12  23-JUN-14          NY        8722       22
      13  16-DEC-15          CA        8523       15
      14  09-MAR-16          PA        8764       28
      15  19-APR-13          PA        8729       44
      16  31-MAY-13          NJ        8725       31
      17  17-MAR-13          NY        8226       38
      18  27-NOV-15          NY        8323       39
      19  15-JUN-14          CA        8743       16
      20  25-MAY-15          NJ        8723       23

20 rows selected.
```

전체 20개의 로우 가운데 sales_date 컬럼에 대한 Range 파티션(2013 값)을 적용하면 8개의 로우가 걸러지고 sales_region 컬럼에 대한 List 파티션(NJ 값)까지 적용하면 최종적으로는 4개의 로우가 최종 SALES_2013_NJ 서브 파티션에 저장된다.

```
SQL> select * from scott.sales partition (SALES_2013) order by sales_no;
SALES_NO  SALES_DATE         SALES CUSTOMER_ID  PRICE
-------- ------------------ ----- ----------- ------
       1  21-FEB-13          NJ        8722       14
       5  19-APR-13          PA        8725       44
       6  31-MAY-13          NJ        8725       51
       7  17-MAR-13          NY        8726       38
      11  21-FEB-13          NJ        8262       14
```

```
    15    19-APR-13            PA        8729      44
    16    31-MAY-13            NJ        8725      31
    17    17-MAR-13            NY        8226      38

8 rows selected.
```

SALES_2013_NJ 서브 파티션에 저장되는 데이터는 다음과 같다.

```
SQL> select * from scott.sales subpartition (SALES_2013_NJ)
order by sales_no;

SALES_NO  SALES_DATE         SALES CUSTOMER_ID  PRICE
-------- ------------------ ----- ----------- ------
     1     21-FEB-13            NJ        8722      14
     6     31-MAY-13            NJ        8725      51
    11     21-FEB-13            NJ        8262      14
    16     31-MAY-13            NJ        8725      31

4 rows selected
```

●●● oracle 07

Range-hash 복합 파티션 생성 및 관리

```
========================================================
참조 스크립트 : cr_range_hash_partition.sql, check_subpartition_info.sql
CREATE TABLE scott.sales
       (sales_no        NUMBER(2)         NOT NULL,
        sales_date      DATE              NOT NULL,
        sales_region    CHAR(2),
        customer_id     NUMBER(5),
        price           NUMBER(8))
PARTITION BY RANGE (sales_date)
SUBPARTITION BY HASH(sales_no)
       SUBPARTITIONS 4
       STORE IN (sales_2013_SALESNO_TBS, sales_2014_SALESNO_TBS, sales_2015_SALESNO_TBS,
                sales_2016_SALESNO_TBS)
       (PARTITION sales_2013 VALUES LESS THAN (to_date('01-JAN-2014','dd-MON-yyyy')),
       PARTITION sales_2014 VALUES LESS THAN (to_date('01-JAN-2015','dd-MON-yyyy')),
       PARTITION sales_2015 VALUES LESS THAN (to_date('01-JAN-2016','dd-MON-yyyy')),
       PARTITION sales_2016 VALUES LESS THAN (to_date('01-JAN-2017','dd-MON-yyyy'))
       );
```

*파티션 생성(Create)

다음은 Range-hash 복합 파티션을 생성하는 과정을 보여준다.

```
PARTITION BY RANGE (sales_date)
SUBPARTITION BY HASH(sales_no)
SUBPARTITIONS 4
```

sales 테이블의 sales_date 컬럼에 대한 Range 파티션을 먼저 적용하고 sales_no 컬럼에 대한 Hash 파티션(4)을 적용하는 과정을 보여준다.
각각의 서브 파티션을 저장할 4개의 테이블스페이스를 생성한다.

```
SQL> CREATE TABLESPACE SALES_2013_SALESNO_TBS
DATAFILE '/u01/app/oracle/oradata/orcl/sales_2013_salesno_tbs01.dbf' size 10 M
autoextend on next 10 m maxsize 100 m;
SQL> CREATE TABLESPACE SALES_2014_SALESNO_TBS
DATAFILE '/u01/app/oracle/oradata/orcl/sales_2014_salesno_tbs01.dbf' size 10 M
autoextend on next 10 m maxsize 100 m;
SQL> CREATE TABLESPACE SALES_2015_SALESNO_TBS
DATAFILE '/u01/app/oracle/oradata/orcl/sales_2015_salesno_tbs01.dbf' size 10 M
autoextend on next 10 m maxsize 100 m ;
SQL> CREATE TABLESPACE SALES_2016_SALESNO_TBS
DATAFILE '/u01/app/oracle/oradata/orcl/sales_2016_salesno_tbs01.dbf' size 10 M
autoextend on next 10 m maxsize 100 m;


SQL> CREATE TABLE scott.sales
       (sales_no      NUMBER(2)      NOT NULL,
        sales_date    DATE           NOT NULL,
        sales_region  CHAR(2),
        customer_id   NUMBER(5),
        price         NUMBER(8))
PARTITION BY RANGE (sales_date)
SUBPARTITION BY HASH(sales_no)
       SUBPARTITIONS 4
       STORE IN (sales_2013_SALESNO_TBS, sales_2014_SALESNO_TBS, sales_2015_SALESNO_TBS,
                sales_2016_SALESNO_TBS)
       (PARTITION sales_2013 VALUES LESS THAN (to_date('01-JAN-2014','dd-MON-yyyy')),
       PARTITION sales_2014 VALUES LESS THAN (to_date('01-JAN-2015','dd-MON-yyyy')),
       PARTITION sales_2015 VALUES LESS THAN (to_date('01-JAN-2016','dd-MON-yyyy')),
       PARTITION sales_2016 VALUES LESS THAN (to_date('01-JAN-2017','dd-MON-yyyy'))
       );
```

```
SQL> INSERT INTO scott.sales VALUES (1,'21-FEB-2013','NJ',8722,14);
SQL> INSERT INTO scott.sales VALUES (2,'23-JUN-2014','NY',8722,22);
SQL> INSERT INTO scott.sales VALUES (3,'16-DEC-2015','CA',8723,15);
SQL> INSERT INTO scott.sales VALUES (4,'09-MAR-2016','PA',8724,18);
SQL> INSERT INTO scott.sales VALUES (5,'19-APR-2013','PA',8725,44);
SQL> INSERT INTO scott.sales VALUES (6,'31-MAY-2013','NJ',8725,51);
SQL> INSERT INTO scott.sales VALUES (7,'17-MAR-2013','NY',8726,38);
SQL> INSERT INTO scott.sales VALUES (8,'27-NOV-2015','NY',8723,39);
SQL> INSERT INTO scott.sales VALUES (9,'15-JUN-2014','CA',8723,11);
SQL> INSERT INTO scott.sales VALUES (10,'25-MAY-2015','NJ',8723,23);
SQL> INSERT INTO scott.sales VALUES (11,'21-FEB-2013','NJ',8262,14);
SQL> INSERT INTO scott.sales VALUES (12,'23-JUN-2014','NY',8722,22);
SQL> INSERT INTO scott.sales VALUES (13,'16-DEC-2015','CA',8523,15);
SQL> INSERT INTO scott.sales VALUES (14,'09-MAR-2016','PA',8764,28);
SQL> INSERT INTO scott.sales VALUES (15,'19-APR-2013','PA',8729,44);
SQL> INSERT INTO scott.sales VALUES (16,'31-MAY-2013','NJ',8725,31);
SQL> INSERT INTO scott.sales VALUES (17,'17-MAR-2013','NY',8226,38);
SQL> INSERT INTO scott.sales VALUES (18,'27-NOV-2015','NY',8323,39);
SQL> INSERT INTO scott.sales VALUES (19,'15-JUN-2014','CA',8743,16);
SQL> INSERT INTO scott.sales VALUES (20,'25-MAY-2015','NJ',8723,23);
SQL> Commit;
```

메인 파티션 4개, 서브 파티션 4개로 이루어지므로 총 16개의 파티션이 생성된다.

```
SQL> EXEC DBMS_STATS.gather_table_stats('SCOTT', 'SALES');
SQL>@ check_subpartition_info.sql

PARTITION_NAME       TABLESPACE_NAME            SUBPARTITION_NAME    NUM_ROWS
-------------------- ------------------------- -------------------- --------
SALES_2013           SALES_2015_SALESNO_TBS    SYS_SUBP681
SALES_2013           SALES_2014_SALESNO_TBS    SYS_SUBP680
SALES_2013           SALES_2013_SALESNO_TBS    SYS_SUBP679
SALES_2013           SALES_2016_SALESNO_TBS    SYS_SUBP682
SALES_2014           SALES_2015_SALESNO_TBS    SYS_SUBP685
SALES_2014           SALES_2014_SALESNO_TBS    SYS_SUBP684
SALES_2014           SALES_2013_SALESNO_TBS    SYS_SUBP683
SALES_2014           SALES_2016_SALESNO_TBS    SYS_SUBP686
SALES_2015           SALES_2013_SALESNO_TBS    SYS_SUBP687
SALES_2015           SALES_2014_SALESNO_TBS    SYS_SUBP688
SALES_2015           SALES_2015_SALESNO_TBS    SYS_SUBP689
SALES_2015           SALES_2016_SALESNO_TBS    SYS_SUBP690
SALES_2016           SALES_2013_SALESNO_TBS    SYS_SUBP691
SALES_2016           SALES_2014_SALESNO_TBS    SYS_SUBP692
SALES_2016           SALES_2015_SALESNO_TBS    SYS_SUBP693
SALES_2016           SALES_2016_SALESNO_TBS    SYS_SUBP694

16 rows selected.
```

*파티션 조회(Select)

다음은 파티션 레벨에서의 데이터 조회와 서브 파티션 레벨에서의 데이터 조회 과정을 보여준다. sales 테이블에 저장된 모든 데이터를 보여준다. 총 20개의 로우가 저장되어 있다.

```
SQL> select * from scott.sales order by sales_no;

SALES_NO SALES_DATE         SALES CUSTOMER_ID  PRICE
-------- ------------------ ----- ----------- ------
       1  21-FEB-13           NJ        8722      14
       2  23-JUN-14           NY        8722      22
       3  16-DEC-15           CA        8723      15
       4  09-MAR-16           PA        8724      18
       5  19-APR-13           PA        8725      44
       6  31-MAY-13           NJ        8725      51
       7  17-MAR-13           NY        8726      38
       8  27-NOV-15           NY        8723      39
       9  15-JUN-14           CA        8723      11
      10  25-MAY-15           NJ        8723      23
      11  21-FEB-13           NJ        8262      14
      12  23-JUN-14           NY        8722      22
      13  16-DEC-15           CA        8523      15
      14  09-MAR-16           PA        8764      28
      15  19-APR-13           PA        8729      44
      16  31-MAY-13           NJ        8725      31
      17  17-MAR-13           NY        8226      38
      18  27-NOV-15           NY        8323      39
      19  15-JUN-14           CA        8743      16
      20  25-MAY-15           NJ        8723      23

20 rows selected.
```

전체 20개의 로우 가운데 sales_date 컬럼에 대한 Range 파티션이 적용되면 8개의 로우가 걸러지고 sales_no 컬럼에 대한 Hash 파티션까지 적용하면 최종적으로는 4개의 로우만 남게 된다. 이들 4개의 로우가 4개의 Hash 파티션에 할당되므로 1개씩의 로우가 각각의 Hash 파티션에 저장되어진다.

전체 20개의 로우 가운데 sales_date 컬럼에 대한 Range 파티션(2013 값)을 적용하면 8개의 로우가 걸러지고 Sales_no 컬럼에 대한 Hash 파티션(4개)까지 적용하면 최종적으로는 1개의 로우가 최종 SYS_SUBP681 서브 파티션에 저장된다.

```
SQL> select * from scott.sales partition (SALES_2013) order by sales_no;
select * from scott.sales subpartition () order by sales_no;

SALES_NO SALES_DATE         SALES CUSTOMER_ID  PRICE
-------- ------------------ ----- ----------- ------
       1  21-FEB-13           NJ        8722       14
       5  19-APR-13           PA        8725       44
       6  31-MAY-13           NJ        8725       51
       7  17-MAR-13           NY        8726       38
      11  21-FEB-13           NJ        8262       14
      15  19-APR-13           PA        8729       44
      16  31-MAY-13           NJ        8725       31
      17  17-MAR-13           NY        8226       38

8 rows selected.


SQL> select * from scott.sales subpartition (SYS_SUBP681) order by sales_no;

order by sales_no;

SALES_NO SALES_DATE         SALES CUSTOMER_ID  PRICE
-------- ------------------ ----- ----------- ------
       5  19-APR-13           PA        8725       44
```

결국 위의 1개의 로우만 SYS_SUBP681라는 서브 파티션에 저장된다.
SYS_SUBP680라는 서브 파티션에 저장되는 데이터는 다음과 같다.

```
SQL> select * from scott.sales subpartition (SYS_SUBP680) order by sales_no;

SALES_NO SALES_DATE         SALES CUSTOMER_ID  PRICE
-------- ------------------ ----- ----------- ------
      17  17-MAR-13          NY        8226       38
```

●●● oracle 08

Range-range 복합 파티션 생성 및 관리

```
========================================================
참조 스크립트: cr_range_range_partition.sql, check_subpartition_info.sql
SQL> CREATE TABLE scott.sales
       (sales_no        NUMBER(2)           NOT NULL,
        sales_date      DATE            NOT NULL,
        sales_region    CHAR(2),
        customer_id     NUMBER(5),
        price           NUMBER(8))
PARTITION BY RANGE (sales_date)
SUBPARTITION BY RANGE(price)
      (
      PARTITION sales_2013 VALUES LESS THAN (to_date('01-JAN-2014','dd-MON-yyyy'))
            (SUBPARTITION sales_2013_50 VALUES LESS THAN (50) TABLESPACE SALES_2013_50_TBS,
             SUBPARTITION sales_2013_100 VALUES LESS THAN (100) TABLESPACE SALES_2013_100_TBS
            ),
     PARTITION sales_2014 VALUES LESS THAN (to_date('01-JAN-2015','dd-MON-yyyy'))
            (SUBPARTITION sales_2014_50 VALUES LESS THAN (50) TABLESPACE SALES_2014_50_TBS,
             SUBPARTITION sales_2014_100 VALUES LESS THAN (100) TABLESPACE SALES_2014_100_TBS
            ),
     PARTITION sales_2015 VALUES LESS THAN (to_date('01-JAN-2016','dd-MON-yyyy'))
            (SUBPARTITION sales_2015_50 VALUES LESS THAN (50) TABLESPACE SALES_2015_50_TBS,
             SUBPARTITION sales_2015_100 VALUES LESS THAN (100) TABLESPACE SALES_2015_100_TBS
            ),
     PARTITION sales_2016 VALUES LESS THAN (to_date('01-JAN-2017','dd-MON-yyyy'))
            (SUBPARTITION sales_2016_50 VALUES LESS THAN (50) TABLESPACE SALES_2016_50_TBS,
             SUBPARTITION sales_2016_100 VALUES LESS THAN (100) TABLESPACE SALES_2016_100_TBS
            )
    );
```

*파티션 생성(Create)

다음은 Range-range 복합 파티션을 생성하는 과정을 보여준다.

```
PARTITION BY RANGE (sales_date)
SUBPARTITION BY RANGE(price)
```

sales 테이블의 sales_date 컬럼에 대한 Range 파티션을 먼저 적용하고 price 컬럼에 대해서도 Range 파티션을 적용하는 과정을 보여준다.
각각의 서브 파티션을 저장하여 8 개의 테이블스페이스를 생성한다.

```
SQL> CREATE TABLESPACE SALES_2013_50_TBS
DATAFILE '/u01/app/oracle/oradata/orcl/sales_2013_50_tbs01.dbf' size 10 M
       autoextend on next 10m maxsize 100m;
SQL> CREATE TABLESPACE SALES_2013_100_TBS
DATAFILE '/u01/app/oracle/oradata/orcl/sales_2013_100_tbs01.dbf' size 10 M
       autoextend on next 10m maxsize 100m;
SQL> CREATE TABLESPACE SALES_2014_50_TBS
DATAFILE '/u01/app/oracle/oradata/orcl/sales_2014_50_tbs01.dbf' size 10 M
       autoextend on next 10m maxsize 100m;
SQL> CREATE TABLESPACE SALES_2014_100_TBS
DATAFILE '/u01/app/oracle/oradata/orcl/sales_2014_100_tbs01.dbf' size 10 M
       autoextend on next 10m maxsize 100m;
SQL> CREATE TABLESPACE SALES_2015_50_TBS
DATAFILE '/u01/app/oracle/oradata/orcl/sales_2015_50_tbs01.dbf' size 10 M
       autoextend on next 10m maxsize 100m;
SQL> CREATE TABLESPACE SALES_2015_100_TBS
DATAFILE '/u01/app/oracle/oradata/orcl/sales_2015_100_tbs01.dbf' size 10 M
       autoextend on next 10m maxsize 100m;
SQL> CREATE TABLESPACE SALES_2016_50_TBS
DATAFILE '/u01/app/oracle/oradata/orcl/sales_2016_50_tbs01.dbf' size 10 M
       autoextend on next 10m maxsize 100m;
SQL> CREATE TABLESPACE SALES_2016_100_TBS
DATAFILE '/u01/app/oracle/oradata/orcl/sales_2016_100_tbs01.dbf' size 10 M
       autoextend on next 10m maxsize 100m;


SQL> CREATE TABLE scott.sales
       (sales_no       NUMBER(2)      NOT NULL,
        sales_date     DATE           NOT NULL,
        sales_region   CHAR(2),
        customer_id    NUMBER(5),
        price          NUMBER(8))
PARTITION BY RANGE (sales_date)
SUBPARTITION BY RANGE(price)
      (
      PARTITION sales_2013 VALUES LESS THAN (to_date('01-JAN-2014','dd-MON-yyyy'))
            (SUBPARTITION sales_2013_50 VALUES LESS THAN (50) TABLESPACE SALES_2013_50_TBS,
             SUBPARTITION sales_2013_100 VALUES LESS THAN (100) TABLESPACE SALES_2013_100_TBS
            ),
      PARTITION sales_2014 VALUES LESS THAN (to_date('01-JAN-2015','dd-MON-yyyy'))
            (SUBPARTITION sales_2014_50 VALUES LESS THAN (50) TABLESPACE SALES_2014_50_TBS,
             SUBPARTITION sales_2014_100 VALUES LESS THAN (100) TABLESPACE SALES_2014_100_TBS
            ),
      PARTITION sales_2015 VALUES LESS THAN (to_date('01-JAN-2016','dd-MON-yyyy'))
             (SUBPARTITION sales_2015_50 VALUES LESS THAN (50) TABLESPACE SALES_2015_50_TBS,
            SUBPARTITION sales_2015_100 VALUES LESS THAN (100) TABLESPACE SALES_2015_100_TBS
            ),
      PARTITION sales_2016 VALUES LESS THAN (to_date('01-JAN-2017','dd-MON-yyyy'))
             (SUBPARTITION sales_2016_50 VALUES LESS THAN (50) TABLESPACE SALES_2016_50_TBS,
```

```
        SUBPARTITION sales_2016_100 VALUES LESS THAN (100) TABLESPACE SALES_2016_100_TBS
          )
    );

SQL> INSERT INTO scott.sales VALUES (1,'21-FEB-2013','NJ',8722,14);
SQL> INSERT INTO scott.sales VALUES (2,'23-JUN-2014','NY',8722,22);
SQL> INSERT INTO scott.sales VALUES (3,'16-DEC-2015','CA',8723,15);
SQL> INSERT INTO scott.sales VALUES (4,'09-MAR-2016','PA',8724,18);
SQL> INSERT INTO scott.sales VALUES (5,'19-APR-2013','PA',8725,44);
SQL> INSERT INTO scott.sales VALUES (6,'31-MAY-2013','NJ',8725,51);
SQL> INSERT INTO scott.sales VALUES (7,'17-MAR-2013','NY',8726,38);
SQL> INSERT INTO scott.sales VALUES (8,'27-NOV-2015','NY',8723,39);
SQL> INSERT INTO scott.sales VALUES (9,'15-JUN-2014','CA',8723,11);
SQL> INSERT INTO scott.sales VALUES (10,'25-MAY-2015','NJ',8723,23);
SQL> INSERT INTO scott.sales VALUES (11,'21-FEB-2013','NJ',8262,14);
SQL> INSERT INTO scott.sales VALUES (12,'23-JUN-2014','NY',8722,22);
SQL> INSERT INTO scott.sales VALUES (13,'16-DEC-2015','CA',8523,15);
SQL> INSERT INTO scott.sales VALUES (14,'09-MAR-2016','PA',8764,28);
SQL> INSERT INTO scott.sales VALUES (15,'19-APR-2013','PA',8729,44);
SQL> INSERT INTO scott.sales VALUES (16,'31-MAY-2013','NJ',8725,31);
SQL> INSERT INTO scott.sales VALUES (17,'17-MAR-2013','NY',8226,38);
SQL> INSERT INTO scott.sales VALUES (18,'27-NOV-2015','NY',8323,39);
SQL> INSERT INTO scott.sales VALUES (19,'15-JUN-2014','CA',8743,16);
SQL> INSERT INTO scott.sales VALUES (20,'25-MAY-2015','NJ',8723,23);
SQL> Commit;
```

메인 파티션 4개, 서브 파티션 2개로 이루어지므로 총 8개의 파티션이 생성된다.

```
EXEC DBMS_STATS.gather_table_stats('SCOTT', 'SALES');
SQL>@ check_subpartition_info.sql

PARTITION_NAME       TABLESPACE_NAME           SUBPARTITION_NAME    NUM_ROWS
-------------------- ------------------------- -------------------- --------
SALES_2013           SALES_2013_50_TBS         SALES_2013_50               6
SALES_2013           SALES_2013_100_TBS        SALES_2013_100              2
SALES_2014           SALES_2014_50_TBS         SALES_2014_50               4
SALES_2014           SALES_2014_100_TBS        SALES_2014_100              0
SALES_2015           SALES_2015_50_TBS         SALES_2015_50               6
SALES_2015           SALES_2015_100_TBS        SALES_2015_100              0
SALES_2016           SALES_2016_50_TBS         SALES_2016_50               2
SALES_2016           SALES_2016_100_TBS        SALES_2016_100              0

8 rows selected.
```

*파티션 조회(Select)

다음은 파티션 레벨에서의 데이터 조회와 서브 파티션 레벨에서의 데이터 조회 과정을 보여준다. sales 테이블에 저장된 모든 데이터를 보여준다. 총 20개의 로우가 저장되어 있다.

```
SQL> select * from scott.sales order by sales_no;

SALES_NO SALES_DATE         SALES CUSTOMER_ID  PRICE
-------- ------------------ ----- ----------- ------
       1  21-FEB-13          NJ        8722       14
       2  23-JUN-14          NY        8722       22
       3  16-DEC-15          CA        8723       15
       4  09-MAR-16          PA        8724       18
       5  19-APR-13          PA        8725       44
       6  31-MAY-13          NJ        8725       81
       7  17-MAR-13          NY        8726       38
       8  27-NOV-15          NY        8723       39
       9  15-JUN-14          CA        8723       11
      10  25-MAY-15          NJ        8723       23
      11  21-FEB-13          NJ        8262       74
      12  23-JUN-14          NY        8722       22
      13  16-DEC-15          CA        8523       15
      14  09-MAR-16          PA        8764       28
      15  19-APR-13          PA        8729       44
      16  31-MAY-13          NJ        8725       31
      17  17-MAR-13          NY        8226       38
      18  27-NOV-15          NY        8323       39
      19  15-JUN-14          CA        8743       16
      20  25-MAY-15          NJ        8723       23

20 rows selected.
```

예를 들어, 전체 20개의 로우 가운데 sales_date 컬럼에 대한 Range 파티션(2013 값)을 적용하면 8개의 로우가 걸러지고 Price 컬럼에 대한 Range 파티션(50보다 작은 값)까지 적용하면 최종적으로는 6개의 로우가 최종 SALES_2013_50서브 파티션에 저장된다.

```
SQL> select * from scott.sales partition (SALES_2013) order by sales_no;

SALES_NO SALES_DATE         SALES CUSTOMER_ID  PRICE
-------- ------------------ ----- ----------- ------
       1  21-FEB-13            NJ        8722       14
       5  19-APR-13            PA        8725       44
       6  31-MAY-13            NJ        8725       81
       7  17-MAR-13            NY        8726       38
      11  21-FEB-13            NJ        8262       74
      15  19-APR-13            PA        8729       44
      16  31-MAY-13            NJ        8725       31
      17  17-MAR-13            NY        8226       38

8 rows selected.


SQL> select * from scott.sales subpartition (SALES_2013_50) order by sales_no;

order by sales_no;

SALES_NO SALES_DATE         SALES CUSTOMER_ID  PRICE
-------- ------------------ ----- ----------- ------
       1  21-FEB-13            NJ        8722       14
       5  19-APR-13            PA        8725       44
       7  17-MAR-13            NY        8726       38
      15  19-APR-13            PA        8729       44
      16  31-MAY-13            NJ        8725       31
      17  17-MAR-13            NY        8226       38

6 rows selected.
```

결국 위의6개의 로우만 SALES_2013_50라는 서브 파티션에 저장된다.
SALES_2013_100라는 서브 파티션에 저장되는 데이터는 다음과 같다.

```
SQL> select * from scott.sales subpartition (SALES_2013_100) order by sales_no;

SALES_NO SALES_DATE         SALES CUSTOMER_ID  PRICE
-------- ------------------ ----- ----------- ------
       6  31-MAY-13            NJ        8725       81
      11  21-FEB-13            NJ        8262       74
```

●●● oracle 09

Reference 파티션 생성 및 관리

Reference 파티션은 두 개의 테이블이 Parent-child 관계가 설정되어있는 경우 Parent 테이블에서 임의의 컬럼(Child 테이블에 Foreign key)에 파티션을 적용하게 되면 Child 테이블에서도 동일한 파티션 키를 가지고 파티션되는 기능을 제공한다.
일단 다음 두 가지 조건이 맞는 경우에 Reference 파티션을 적용 가능하다.

- 두 테이블 사이에는 Primary key와 Foreign key 제약 조건이 설정되어 있어야 한다.
- Parent 테이블에서의 파티션 키 컬럼이 Child 테이블에서 Not null로 정의되어 있어야 한다.

```
=======================================================
참조 스크립트 : cr_reference_partition.sql, check_partition_info.sql
create table scott.sales_items
( sale_id number(12) not null
, product_id number not null
, quantity number not null
, sales_amount number not null
, constraint sales_items_sales_fk foreign key (sale_id)
references scott.sales(sale_id)
)
partition by reference (sales_items_sales_fk);
=======================================================
```

Parent 테이블에서의 파티션 키 컬럼(sale_date)이 Child 테이블에서 Not null로 정의되어 있어야 한다.

```
Parent Table: Sales
: Primary Key → sale_id
: Partition Key → sales_date
Child Table: Sales_items
: Forign Key → sales_items_sales_fk
```

*파티션 생성(Create)

```
SQL> connect /as sysdba

SQL> DROP TABLE scott.sales_items PURGE;
SQL> DROP TABLE scott.sales PURGE;

SQL> DROP TABLESPACE SALES_TBS_1 INCLUDING CONTENTS AND DATAFILES;
SQL> DROP TABLESPACE SALES_TBS_2 INCLUDING CONTENTS AND DATAFILES;

SQL> CREATE TABLESPACE SALES_TBS_2
DATAFILE '/u01/app/oracle/oradata/orcl/sales_tbs_01.dbf' size 20M autoextend on
next 10M maxsize 100M;
SQL> CREATE TABLESPACE SALES_TBS_1
DATAFILE '/u01/app/oracle/oradata/orcl/sales_tbs_02.dbf' size 20M autoextend on
next 10M maxsize 100M;


SQL> create table scott.sales
( sale_id number(12) not null
, sale_date date not null
, sale_mode varchar2(8)
, sale_status varchar2(1)
)
partition by range (sale_date)
( partition p_before_jan_2016 values less than
      (to_date('01-JAN-2016','dd-MON-yyyy'))
, partition p_2016_jan values less than (to_date('01-FEB-2016','dd-MON-yyyy'))
, partition p_2016_feb values less than (to_date('01-MAR-2016','dd-MON-yyyy'))
, partition p_2016_mar values less than (to_date('01-APR-2016','dd-MON-yyyy'))
, partition p_2016_apr values less than (to_date('01-MAY-2016','dd-MON-yyyy'))
, partition p_2016_may values less than (to_date('01-JUN-2016','dd-MON-yyyy'))
, partition p_2016_jun values less than (to_date('01-JUL-2016','dd-MON-yyyy'))
, partition p_2016_jul values less than (to_date('01-AUG-2016','dd-MON-yyyy'))
, partition p_2016_aug values less than (to_date('01-SEP-2016','dd-MON-yyyy'))
, partition p_2016_sep values less than (to_date('01-OCT-2016','dd-MON-yyyy'))
, partition p_2016_oct values less than (to_date('01-NOV-2016','dd-MON-yyyy'))
, partition p_2016_nov values less than (to_date('01-DEC-2016','dd-MON-yyyy'))
, partition p_2016_dec values less than (to_date('01-JAN-2017','dd-MON-yyyy'))
) parallel;
```

sales 테이블 sale_id 컬럼에 Primary key를 생성한다.

```
SQL> alter table scott.sales add constraint sales_pk
primary key (sale_id);

SQL> create table scott.sales_items
( sale_id number(12) not null
, product_id number not null
, quantity number not null
, sales_amount number not null
, constraint sales_items_sales_fk foreign key (sale_id)
references scott.sales(sale_id)
)
partition by reference (sales_items_sales_fk);



SQL> col table_name format a20
SQL> col tablespace_name format a20
SQL> col partition_name format a20
SQL> col num_rows format 99
SQL> col high_value format a30
SQL> set linesize 120
SQL> set pagesize 200
SQL> col partitioning_type format a20
SQL> col ref_ptn_constraint_name format a20
SQL> col ref_table format a20
SQL> col ref_ptn_constraint_name format a20



SQL> select table_name, partitioning_type, ref_ptn_constraint_name
from dba_part_tables
where table_name in ('SALES','SALES_ITEMS') and owner='SCOTT';

TABLE_NAME           PARTITIONING_TYPE    REF_PTN_CONSTRAINT_N
-------------------- -------------------- --------------------
SALES                RANGE
SALES_ITEMS          REFERENCE            SALES_ITEMS_SALES_FK
```

sales_items table이 sales_items_orders_fk를 참조하여 파티셔닝 되었음을 확인할 수 있다. 실제로 sales_items table은 Sales와 동일하게 sale_date 컬럼을 기준으로 동일하게 파티셔닝 되었다.

```
SQL> select dpt.table_name, dpt.partitioning_type, dc.table_name ref_table
from dba_part_tables dpt,
(select dcc.table_name, dcc.constraint_name from dba_constraints dc, dba_constraints dcc
where dc.constraint_name=dcc.constraint_name and dc.owner=dcc.owner) dc
where dpt.ref_ptn_constraint_name = dc.constraint_name(+)
and dpt.table_name in ('SALES','SALES_ITEMS') and dpt.owner='SCOTT';

TABLE_NAME           PARTITIONING_TYPE    REF_TABLE
-------------------- -------------------- --------------------
SALES_ITEMS          REFERENCE            SALES_ITEMS
SALES                ANGE

SQL> select table_name, partition_name, high_value
from dba_tab_partitions
where table_name in ('SALES','SALES_ITEMS') and table_owner='SCOTT'
order by partition_position, table_name;

TABLE_NAME           PARTITION_NAME       HIGH_VALUE
-------------------- -------------------- ------------------------------
SALES                P_BEFORE_JAN_2016    TO_DATE(' 2016-01-01 00:00:00',
                                          'SYYYY-MM-DD HH24:MI:SS', 'N
                                          LS_CALENDAR=GREGORIA

SALES_ITEMS          P_BEFORE_JAN_2016
SALES                P_2016_JAN           TO_DATE(' 2016-02-01 00:00:00',
                                          'SYYYY-MM-DD HH24:MI:SS', 'N
                                          LS_CALENDAR=GREGORIA

SALES_ITEMS          P_2016_JAN
SALES                P_2016_FEB           TO_DATE(' 2016-03-01 00:00:00',
                                          'SYYYY-MM-DD HH24:MI:SS', 'N
                                          LS_CALENDAR=GREGORIA

SALES_ITEMS          P_2016_FEB
SALES                P_2016_MAR           TO_DATE(' 2016-04-01 00:00:00',
                                          'SYYYY-MM-DD HH24:MI:SS', 'N
                                          LS_CALENDAR=GREGORIA

SALES_ITEMS          P_2016_MAR
SALES                P_2016_APR           TO_DATE(' 2016-05-01 00:00:00',
                                          'SYYYY-MM-DD HH24:MI:SS', 'N
                                          LS_CALENDAR=GREGORIA

SALES_ITEMS          P_2016_APR
SALES                P_2016_MAY           TO_DATE(' 2016-06-01 00:00:00',
                                          'SYYYY-MM-DD HH24:MI:SS', 'N
                                          LS_CALENDAR=GREGORIA
```

```
SALES_ITEMS          P_2016_MAY
SALES                P_2016_JUN           TO_DATE(' 2016-07-01 00:00:00',
                                          'SYYYY-MM-DD HH24:MI:SS', 'N
                                          LS_CALENDAR=GREGORIA

SALES_ITEMS          P_2016_JUN
SALES                P_2016_JUL           TO_DATE(' 2016-08-01 00:00:00',
                                          'SYYYY-MM-DD HH24:MI:SS', 'N
                                          LS_CALENDAR=GREGORIA

SALES_ITEMS          P_2016_JUL
SALES                P_2016_AUG           TO_DATE(' 2016-09-01 00:00:00',
                                          'SYYYY-MM-DD HH24:MI:SS', 'N
                                          LS_CALENDAR=GREGORIA

SALES_ITEMS          P_2016_AUG
SALES                P_2016_SEP           TO_DATE(' 2016-10-01 00:00:00',
                                          'SYYYY-MM-DD HH24:MI:SS', 'N
                                          LS_CALENDAR=GREGORIA

SALES_ITEMS          P_2016_SEP
SALES                P_2016_OCT           TO_DATE(' 2016-11-01 00:00:00'
                                          'SYYYY-MM-DD HH24:MI:SS', 'N,
                                          LS_CALENDAR=GREGORIA

SALES_ITEMS          P_2016_OCT
SALES                P_2016_NOV           TO_DATE(' 2016-12-01 00:00:00'
                                          'SYYYY-MM-DD HH24:MI:SS', 'N,
                                          LS_CALENDAR=GREGORIA

SALES_ITEMS          P_2016_NOV
SALES                P_2016_DEC           TO_DATE(' 2017-01-01 00:00:00'
                                          'SYYYY-MM-DD HH24:MI:SS', 'N,
                                          LS_CALENDAR=GREGORIA

SALES_ITEMS          P_2016_DEC

26 rows selected.
```

sales_items partition의 high_value는 비어있는 것을 확인 할 수 있다.
자식 테이블은 바운더리를 부모에게서 가져오기 때문이다. 또한 파티션 이름은 동일하게 사용하고 있음을 볼 수 있다.

이제 sales와 sales_items 테이블에 데이터를 입력한다.

```
SQL> insert into scott.sales values (1, to_date('24-OCT-2016','dd-MON-yyyy'), 'auto', 'I') ;
SQL> insert into scott.sales values (2, to_date('25-OCT-2016','dd-MON-yyyy'), 'manual', 'P') ;
SQL> insert into scott.sales values (3, to_date('26-NOV-2016','dd-MON-yyyy'), 'manual', 'U') ;
SQL> insert into scott.sales_items values (1, 12, 40, 12000) ;
SQL> insert into scott.sales_items values (1, 2, 1, 2000) ;
SQL> insert into scott.sales_items values (2, 1, 4, 900) ;
SQL> insert into scott.sales_items values (2, 87, 4, 6200) ;
SQL> insert into scott.sales_items values (2, 2, 4, 3400) ;
SQL> insert into scott.sales_items values (3, 1, 90, 1200) ;
SQL> insert into scott.sales_items values (3, 90, 10, 9000) ;
SQL> insert into scott.sales_items values (3, 74, 12, 8000) ;
SQL> commit;

SQL> EXEC DBMS_STATS.gather_table_stats('SCOTT', 'SALES');
SQL> EXEC DBMS_STATS.gather_table_stats('SCOTT', 'SALES_ITEMS');
```

*파티션 조회(Select)

alter session set nls_date_format='dd-mon-yyyy' ;

다음은 sales 테이블에 저장되어 있는 데이터를 보여준다.

```
SQL> select * from scott.sales order by sale_id;

SALE_ID SALE_DATE           SALE_MODE  SAL
------- ------------------- ---------- ---
      1 24-oct-2016          auto       I
      2 25-oct-2016          manual     P
      3 26-nov-2016          manual     U
```

현재 sales 테이블의 경우 sale_date 컬럼이 파티션 키이므로 다음과 같이 2016년 Oct 데이터는 P_2016_OCT 파티션에 저장되고 2016년 Nov 데이터는 P_2016_NOV 파티션에 저장된다.

```
SQL> select *
from scott.sales partition (p_2016_oct);

SALE_ID SALE_DATE
---------- --------------------
         1 24-oct-2016
         2 25-oct-2016


SQL> select *
  2  from scott.sales partition (p_2016_nov);

SALE_ID SALE_DATE            SALE_MODE  SAL
------- -------------------- ---------- ---
      3  26-nov-2016           manual     U
```

sales 테이블의 p_2016_Oct 파티션에 저장된 값들의 sale_id 값을 보면 1과 2임을 기억하고 있도록 한다.

다음은 sales_items 테이블에 저장되어 있는 데이터를 보여준다.

```
SQL> select * from scott.sales_items order by sale_id;


SALE_ID PRODUCT_ID QUANTITY SALES_AMOUNT
------- ---------- -------- ------------
      1         12       40        12000
      1          2        1         2000
      2          1        4          900
      2         87        4         6200
      2          2        4         3400
      3          1       90         1200
      3         90       10         9000
      3         74       12         8000

8 rows selected.
```

다음은 sales_items 테이블의 p_2016_oct 파티션에 저장된 데이터를 보여준다.

```
SQL> select *
from scott.sales_items partition (p_2016_oct);

SALE_ID PRODUCT_ID QUANTITY SALES_AMOUNT
------- ---------- -------- ------------
      1         12       40        12000
      1          2        1         2000
      2          1        4          900
      2         87        4         6200
      2          2        4         3400
```

sales_items 테이블의 p_2016_Oct 파티션에 저장된 값들을 보면 sale_id 값이 1과 2라는 사실을 확인할 수 있다.

현재 sales_items 테이블의 경우 sale_date 컬럼이 존재하지 않지만 마치 존재하는 것처럼 먼저 sale_date 컬럼으로 파티션이 생성되고 그 내부에는 sale_id 컬럼값이 sales 테이블의 동일한 파티션에 저장되어 있는 sale_id 값과 동일한 데이터들만 저장된다.

다시 한 번 정리하자면 Sales 테이블의 P_2016_OCT 파티션을 살펴보자. 위의 결과를 통해 현재 P_2016_OCT 파티션에는 단 2개의 로우가 저장되어 있으며 이들의 sale_id 값은 1과 2인 경우이다.

```
SALE_ID SALE_DATE
---------- --------------------
         1 24-oct-2016
         2 25-oct-2016
```

sales_items 테이블의 P_2016_OCT 파티션에는 2016년 데이터어야 하고 sale_id가 1 또는 2인 데이터가 저장된다는 의미이다.

이런 방식으로 Parent 테이블과 Child 테이블이 Reference 파티션으로 생성되면 두 테이블이 sale_date 컬럼으로 조인하는 경우 양쪽의 동일한 파티션만을 사용해서 데이터를 얻어낼 수 있다는 장점이 있다. 그리고 이미 Primary 키와 Foreign key 값들로 정리되어 있으므로 보다 좋은 성능을 기대할 수 있다.

●●● oracle 10

Interval 파티션 생성 및 관리

Range partitioning의 기능을 이용하면 키 컬럼의 값을 기준으로 특정 범위에 대한 파티션을 생성할 수 있다. 하지만 이런 Range partitioning을 사용할 때 지정된 파티션 영역에 포함되지 않는 값을 입력하면 에러가 발생한다. 이러한 점 때문에 파티션을 미리 만들어 두어야 하는데, 적정한 영역의 값을 예측하기도 힘들고 매번 파티션 영역을 추가해 주어야 하는 번거로움이 있다.
그래서 11g에서는 자동으로 파티션을 추가해 주는 Interval 파티션 기능이 추가되었다. Range 파티션 정의 시 기존에는 파티션과 최대값을 정의하였는데 Interval 파티션에서는 최대값을 지정하는 대신 각 영역을 지정할 간격(Interval)만 지정해 주면 된다.
다음은 Interval 파티션 생성시 고려해야 할 사항을 정리한 것이다.

① Interval 파티션을 설정할 때 파티션 키는 반드시 Number 혹은 Date 컬러이어야만 한다.
② Index-organized 테이블은 지원하지 않는다.
③ Interval 파티션 테이블에는 도메인 인덱스(Domain index)는 생성할 수 없다.
④ Interval 파티션에서는 Maxvalue가 정의하지 않는다.
⑤ 파티션 컬럼에 Null 값은 허용되지 않는다

```
=========================================================
참조 스크립트 : cr_interval_partition.sql, check_partition_info.sql
CREATE TABLE scott.sales
       (sales_no       NUMBER(2)      NOT NULL,
        sales_date     DATE           NOT NULL,
        sales_region   CHAR(2),
        customer_id    NUMBER(5),
        price          NUMBER(8))
PARTITION BY RANGE (sales_date)
INTERVAL (NUMTOYMINTERVAL(1,'MONTH'))
STORE IN (SALES_TBS_1,SALES_TBS_2)
  (PARTITION sales_2013_JAN VALUES LESS THAN (to_date('01-FEB-2013','dd-MON-yyyy'))
       );
=========================================================
```

2013년 1월31까지의 데이터는 sales_2013_JAN 파티션에 저장하고 그 이후에는 매달 파티션이 자동 생성되어 해당 달에 포함되는 데이터는 해당 파티션에 저장되도록 설정하는 과정을 살펴본다.

*파티션 생성(Create)

2013년 1월 까지의 파티션을 생성한다(첫 번째 파티션만 인위적으로 생성).

```
SQL> connect /as sysdba

SQL> CREATE TABLESPACE SALES_TBS_2
DATAFILE '/u01/app/oracle/oradata/orcl/sales_tbs_01.dbf' size 20M autoextend on
next 10M maxsize 100M;
SQL> CREATE TABLESPACE SALES_TBS_1
DATAFILE '/u01/app/oracle/oradata/orcl/sales_tbs_02.dbf' size 20M autoextend on
next 10M maxsize 100M;

SQL> CREATE TABLE scott.sales
       (sales_no       NUMBER(2)        NOT NULL,
        sales_date     DATE             NOT NULL,
        sales_region   CHAR(2),
        customer_id    NUMBER(5),
        price          NUMBER(8))
PARTITION BY RANGE (sales_date)
INTERVAL (NUMTOYMINTERVAL(1,'MONTH'))
STORE IN (SALES_TBS_1,SALES_TBS_2)
       (PARTITION sales_2013_JAN VALUES LESS THAN
               (to_date('01-FEB-2013','dd-MON-yyyy'))
       );

INSERT INTO scott.sales VALUES (1,'21-JAN-2013','NJ',8722,14);
```

이제부터 2013년 2월 이후 데이터가 입력되므로 새로운 파티션이 Interval 파티셔닝 기능으로 인하여 생성된다. 매달 기준으로.

```
SQL> INSERT INTO scott.sales VALUES (2,'23-FEB-2013','NY',8722,22);
SQL> INSERT INTO scott.sales VALUES (3,'16-MAR-2013','CA',8723,15);
SQL> INSERT INTO scott.sales VALUES (4,'09-APR-2013','PA',8724,18);
SQL> INSERT INTO scott.sales VALUES (5,'19-MAY-2013','PA',8725,44);
SQL> INSERT INTO scott.sales VALUES (6,'22-JUN-2013','NJ',8725,51);
SQL> INSERT INTO scott.sales VALUES (7,'17-JUL-2013','NY',8726,38);
SQL> INSERT INTO scott.sales VALUES (8,'27-AUG-2013','NY',8723,39);
SQL> INSERT INTO scott.sales VALUES (9,'15-SEP-2013','CA',8723,11);
SQL> INSERT INTO scott.sales VALUES (10,'25-OCT-2013','NJ',8723,23);
SQL> INSERT INTO scott.sales VALUES (11,'21-NOV-2013','NJ',8262,14);
SQL> INSERT INTO scott.sales VALUES (12,'23-DEC-2013','NY',8722,22);
SQL> Commit;
```

```
SQL> EXEC DBMS_STATS.gather_table_stats('SCOTT', 'SALES');
SQL> col table_name format a10
SQL> col tablespace_name format a20
SQL> col partition_name format a20
SQL> col num_rows format 99
SQL> col high_value format a20
SQL> set linesize 120
SQL> set pagesize 200

SQL>@check_partition_info.sql

TABLE_NAME TABLESPACE_NAME      PARTITION_NAME       NUM_ROWS HIGH_VALUE
--------- -------------------- -------------------- -------- --------------------
SALES      USERS                SALES_2013_JAN              1 TO_DATE(' 2013-02-01
                                                              00:00:00', 'SYYYY-M
                                                              M-DD HH24:MI:SS', 'N
                                                              LS_CALENDAR=GREGORIA

SALES      SALES_TBS_2          SYS_P695                    1 TO_DATE(' 2013-03-01
                                                              00:00:00', 'SYYYY-M
                                                              M-DD HH24:MI:SS', 'N
                                                              LS_CALENDAR=GREGORIA

SALES      SALES_TBS_1          SYS_P696                    1 TO_DATE(' 2013-04-01
                                                              00:00:00', 'SYYYY-M
                                                              M-DD HH24:MI:SS', 'N
                                                              LS_CALENDAR=GREGORIA

SALES      SALES_TBS_2          SYS_P697                    1 TO_DATE(' 2013-05-01
                                                              00:00:00', 'SYYYY-M
                                                              M-DD HH24:MI:SS', 'N
                                                              LS_CALENDAR=GREGORIA

SALES      SALES_TBS_1          SYS_P698                    1 TO_DATE(' 2013-06-01
                                                              00:00:00', 'SYYYY-M
                                                              M-DD HH24:MI:SS', 'N
                                                              LS_CALENDAR=GREGORIA

SALES      SALES_TBS_2          SYS_P699                    1 TO_DATE(' 2013-07-01
                                                              00:00:00', 'SYYYY-M
                                                              M-DD HH24:MI:SS', 'N
                                                              LS_CALENDAR=GREGORIA

SALES      SALES_TBS_1          SYS_P700                    1 TO_DATE(' 2013-08-01
                                                              00:00:00', 'SYYYY-M
                                                              M-DD HH24:MI:SS', 'N
                                                              LS_CALENDAR=GREGORIA
```

```
SALES      SALES_TBS_2         SYS_P701                  1 TO_DATE(' 2013-09-01
                                                           00:00:00', 'SYYYY-M
                                                           M-DD HH24:MI:SS', 'N
                                                           LS_CALENDAR=GREGORIA

SALES      SALES_TBS_1         SYS_P702                  1 TO_DATE(' 2013-10-01
                                                           00:00:00', 'SYYYY-M
                                                           M-DD HH24:MI:SS', 'N
                                                           LS_CALENDAR=GREGORIA

SALES      SALES_TBS_2         SYS_P703                  1 TO_DATE(' 2013-11-01
                                                           00:00:00', 'SYYYY-M
                                                           M-DD HH24:MI:SS', 'N
                                                           LS_CALENDAR=GREGORIA

SALES      SALES_TBS_1         SYS_P704                  1 TO_DATE(' 2013-12-01
                                                           00:00:00', 'SYYYY-M
                                                           M-DD HH24:MI:SS', 'N
                                                           LS_CALENDAR=GREGORIA

SALES      SALES_TBS_2         SYS_P705                  1 TO_DATE(' 2014-01-01
                                                           00:00:00', 'SYYYY-M
                                                           M-DD HH24:MI:SS', 'N
                                                           LS_CALENDAR=GREGORIA
12 rows selected.
```

*파티션 조회(Select)

다음은 Sales 테이블에 저장된 데이터를 보여준다.

```
SALES_NO SALES_DATE         SALES CUSTOMER_ID  PRICE
-------- ------------------ ----- ----------- ------
       1  21-JAN-13           NJ        8722      14
       2  23-FEB-13           NY        8722      22
       3  16-MAR-13           CA        8723      15
       4  09-APR-13           PA        8724      18
       5  19-MAY-13           PA        8725      44
       6  22-JUN-13           NJ        8725      51
       7  17-JUL-13           NY        8726      38
       8  27-AUG-13           NY        8723      39
       9  15-SEP-13           CA        8723      11
      10  25-OCT-13           NJ        8723      23
      11  21-NOV-13           NJ        8262      14
      12  23-DEC-13           NY        8722      22

12 rows selected.
```

다음은 SYS_P601 파티션(2013년 2월 데이터 저장)에 저장되어 있는 데이터를 보여준다.

```
SQL> select * from scott.sales partition(SYS_P601);

SALES_NO SALES_DATE         SALES CUSTOMER_ID  PRICE
-------- ------------------ ----- ----------- ------
23-FEB-13         NY          8722     22
```

●●● oracle 11

System 파티션 생성 및 관리

테이블 생성시 파티션 구간을 미리 설정하는 것이 아니라 임의로 나눈 파티션에 대해 사용자가 원하는 파티션에 데이터를 저장하는 방식이다.

- 사용자가 'System partition'으로 되어 있는 테이블에 DML하고자 할 때 직접 파티션을 지정해 주어야 한다.
- Insert는 반드시 파티션을 지정해야 한다.
- Delete, Update 할 경우 필수는 아니나 지정하지 않을 경우 모든 파티션을 검색한다.
- 로컬 인덱스 생성 시 인덱스도 동일한 방법으로 파티셔닝 된다.

11g 버전에서 소개되었던 System Partitioning은 파티션을 나눌 때 Database Layer가 아닌 Application Layer에서 통제하는 기능이다. 예를들어 데이터를 입력할 때 해당 로우가 입력되는 위치(파티션)를 결정하는 것은 Application에서 명시하게 된다. DBA는 파티션을 정의하는 역할만 해주면 된다.
이러한 기능은 어떠한 논리적인 기준으로도 파티션을 할 수 없는 테이블이 존재한다고 가정할 때 사용할 수 있도록 추가한 기능이다. 그 예는 다음과 같다.
다음은 System 파티션을 적용할 때 고려 사항을 정리한 것이다.

- Partition by system 구문으로 파티션 생성시 이름을 명시하지 않으면 SYS_Pn 의 형태로 생성이 된다.
- SYS_Pn의 n 값은 1 to 1024K-1 범위에서 생성된다.
- 시스템 파티셔닝은 Index-organized tables이나 Cluster의 일부분인 테이블에서는 사용 불가능하다.
- 컴포지트 파티셔닝에서 사용 불가능하다.
- 시스템 파티션은 나눌 수 없다.
- Create table ... as select 구문으로 명시할 수 없다.

- System-partitioned 테이블에 Insert into...as 서브쿼리를 사용하려면 서브쿼리에서 리턴된 값을 입력할 파티션 확장자 구문을 명시해야 한다.

```
=========================================================
참조 스크립트: cr_system_partition.sql, check_partition_info.sql
SQL> CREATE TABLE scott.sales
       (sales_no       NUMBER(2)     NOT NULL,
        sales_date     DATE          NOT NULL,
        sales_region   CHAR(2),
        customer_id    NUMBER(5),
        price          NUMBER(8))
PARTITION BY SYSTEM
       (
       PARTITION SALES_SYS_PART1 TABLESPACE SALES_SYS_PART1_TBS,
       PARTITION SALES_SYS_PART2 TABLESPACE SALES_SYS_PART2_TBS,
       PARTITION SALES_SYS_PART3 TABLESPACE SALES_SYS_PART3_TBS,
       PARTITION SALES_SYS_PART4 TABLESPACE SALES_SYS_PART4_TBS
       );
=========================================================
```

sales 테이블에 System 파티션을 4개 생성한다.
sales_no 컬럼 값을 입력할 때 오라클이 내부적으로 어떤 파티션에 저장할지를 정해주는 것이 아니라 Insert 문장을 작성하는 사용자가 원하는 파티션에 의도적으로 입력할 수 있도록 설정하는 과정을 살펴본다.

*파티션 생성(Create)

```
SQL> connect /as sysdba
SQL> DROP TABLE scott.sales PURGE;

SQL> DROP TABLESPACE SALES_SYS_PART1_TBS INCLUDING CONTENTS AND DATAFILES;
SQL> DROP TABLESPACE SALES_SYS_PART2_TBS INCLUDING CONTENTS AND DATAFILES;
SQL> DROP TABLESPACE SALES_SYS_PART3_TBS INCLUDING CONTENTS AND DATAFILES;
SQL> DROP TABLESPACE SALES_SYS_PART4_TBS INCLUDING CONTENTS AND DATAFILES;

SQL> CREATE TABLESPACE SALES_SYS_PART1_TBS
DATAFILE '/u01/app/oracle/oradata/orcl/sales_sys_part01.dbf' size 20M autoextend
on next 10M maxsize 100M;
SQL> CREATE TABLESPACE SALES_SYS_PART2_TBS
```

```
DATAFILE '/u01/app/oracle/oradata/orcl/sales_sys_part02.dbf' size 20M autoextend
on next 10M maxsize 100M;
SQL> CREATE TABLESPACE SALES_SYS_PART3_TBS
DATAFILE '/u01/app/oracle/oradata/orcl/sales_sys_part03.dbf' size 20M autoextend
on next 10M maxsize 100M;
SQL> CREATE TABLESPACE SALES_SYS_PART4_TBS
DATAFILE '/u01/app/oracle/oradata/orcl/sales_sys_part04.dbf' size 20M autoextend
on next 10M maxsize 100M;


SQL> CREATE TABLE scott.sales
       (sales_no       NUMBER(2)     NOT NULL,
        sales_date     DATE          NOT NULL,
        sales_region   CHAR(2),
        customer_id    NUMBER(5),
        price          NUMBER(8))
PARTITION BY SYSTEM
       (
       PARTITION SALES_SYS_PART1 TABLESPACE SALES_SYS_PART1_TBS,
       PARTITION SALES_SYS_PART2 TABLESPACE SALES_SYS_PART2_TBS,
       PARTITION SALES_SYS_PART3 TABLESPACE SALES_SYS_PART3_TBS,
       PARTITION SALES_SYS_PART4 TABLESPACE SALES_SYS_PART4_TBS
       );
```

이제 System 파티션에 데이터를 입력해보자.

```
SQL> INSERT INTO scott.sales VALUES (1,'21-JAN-2013','NJ',8722,14);

SQL> INSERT INTO scott.sales VALUES (1,'21-JAN-2013','NJ',8722,14)
                 *
ERROR at line 1:
ORA-14701: partition-extended name or bind variable must be used for DMLs on
tables partitioned by the System method
```

일반적인 Insert 문장을 사용하면 이처럼 에러가 발생하는 것을 볼 수 있다.

System 파티션에 데이터를 입력할 때는 Values 구문 전에 어떤 파티션에 값을 입력할지 명시해주어야 한다. System 파티션을 사용할 경우 입력되어질 데이터가 저장되는 위치를 결정하는 것은 Application의 역할이기 때문이다(Database에서 결정해주지 않는다).

```
SQL> INSERT INTO scott.sales PARTITION(SALES_SYS_PART1) VALUES (1,'21-FEB-2013','NJ',8722,14);
SQL> INSERT INTO scott.sales PARTITION(SALES_SYS_PART2) VALUES (2,'23-JUN-2014','NY',8722,22);
SQL> INSERT INTO scott.sales PARTITION(SALES_SYS_PART3) VALUES (3,'16-DEC-2015','CA',8723,15);
SQL> INSERT INTO scott.sales PARTITION(SALES_SYS_PART4) VALUES SQL> (4,'09-MAR-2016','PA',8724,18);
SQL> INSERT INTO scott.sales PARTITION(SALES_SYS_PART1) VALUES (5,'19-APR-2013','PA',8725,44);
SQL> INSERT INTO scott.sales PARTITION(SALES_SYS_PART2) VALUES (6,'31-MAY-2013','NJ',8725,51);
SQL> INSERT INTO scott.sales PARTITION(SALES_SYS_PART3) VALUES (7,'17-MAR-2013','NY',8726,38);
SQL> INSERT INTO scott.sales PARTITION(SALES_SYS_PART4) VALUES (8,'27-NOV-2015','NY',8723,39);
SQL> INSERT INTO scott.sales PARTITION(SALES_SYS_PART1) VALUES (9,'15-JUN-2014','CA',8723,11);
SQL> INSERT INTO scott.sales PARTITION(SALES_SYS_PART2) VALUES (10,'25-MAY-2015','NJ',8723,23);
SQL> INSERT INTO scott.sales PARTITION(SALES_SYS_PART3) VALUES (11,'21-FEB-2013','NJ',8262,14);
SQL> INSERT INTO scott.sales PARTITION(SALES_SYS_PART4) VALUES (12,'23-JUN-2014','NY',8722,22);
SQL> INSERT INTO scott.sales PARTITION(SALES_SYS_PART1) VALUES (13,'16-DEC-2015','CA',8523,15);
SQL> INSERT INTO scott.sales PARTITION(SALES_SYS_PART2) VALUES (14,'09-MAR-2016','PA',8764,28);
SQL> INSERT INTO scott.sales PARTITION(SALES_SYS_PART3) VALUES (15,'19-APR-2013','PA',8729,44);
SQL> INSERT INTO scott.sales PARTITION(SALES_SYS_PART4) VALUES (16,'31-MAY-2013','NJ',8725,31);
SQL> INSERT INTO scott.sales PARTITION(SALES_SYS_PART1) VALUES (17,'17-MAR-2013','NY',8226,38);
SQL> INSERT INTO scott.sales PARTITION(SALES_SYS_PART2) VALUES (18,'27-NOV-2015','NY',8323,39);
SQL> INSERT INTO scott.sales PARTITION(SALES_SYS_PART3) VALUES (19,'15-JUN-2014','CA',8743,16);
SQL> INSERT INTO scott.sales PARTITION(SALES_SYS_PART4) VALUES (20,'25-MAY-2015','NJ',8723,23);
SQL> commit;

EXEC DBMS_STATS.gather_table_stats('SCOTT', 'SALES');
```

*파티션 조회

```
SQL>@check_partition_info.sql

TABLE_NAME TABLESPACE_NAME      PARTITION_NAME       NUM_ROWS
---------- -------------------- -------------------- --------
SALES      SALES_SYS_PART1_TBS  SALES_SYS_PART1             5
SALES      SALES_SYS_PART2_TBS  SALES_SYS_PART2             5
SALES      SALES_SYS_PART3_TBS  SALES_SYS_PART3             5
SALES      SALES_SYS_PART4_TBS  SALES_SYS_PART4             5


SQL> select * from scott.sales order by sales_no;

SALES_NO SALES_DATE         SALES CUSTOMER_ID  PRICE
-------- ------------------ ----- ----------- ------
       1  21-FEB-13          NJ        8722       14
       2  23-JUN-14          NY        8722       22
```

```
       3  16-DEC-15          CA        8723      15
       4  09-MAR-16          PA        8724      18
       5  19-APR-13          PA        8725      44
       6  31-MAY-13          NJ        8725      51
       7  17-MAR-13          NY        8726      38
       8  27-NOV-15          NY        8723      39
       9  15-JUN-14          CA        8723      11
      10  25-MAY-15          NJ        8723      23
      11  21-FEB-13          NJ        8262      14
      12  23-JUN-14          NY        8722      22
      13  16-DEC-15          CA        8523      15
      14  09-MAR-16          PA        8764      28
      15  19-APR-13          PA        8729      44
      16  31-MAY-13          NJ        8725      31
      17  17-MAR-13          NY        8226      38
      18  27-NOV-15          NY        8323      39
      19  15-JUN-14          CA        8743      16
      20  25-MAY-15          NJ        8723      23

20 rows selected.

SQL> select * from scott.sales partition(SALES_SYS_PART1) order by sales_no;

SALES_NO  SALES_DATE         SALES CUSTOMER_ID  PRICE
-------- ------------------ ----- ----------- ------
       1  21-FEB-13           NJ         8722      14
       5  19-APR-13           PA         8725      44
       9  15-JUN-14           CA         8723      11
      13  16-DEC-15           CA         8523      15
      17  17-MAR-13           NY         8226      38
```

●●● oracle 12

Virtual column 파티션 생성 및 관리

10g 버전의 오라클에서는 파티셔닝 키가 물리적으로 테이블에 존재할 경우에만 테이블을 파티셔닝할 수 있었다. 따라서 특정 컬럼에서 파생된 값으로 파티셔닝을 하고 싶을 때에는 파생된 값의 컬럼을 추가하고 트리거를 이용하여 컬럼의 값을 생성해야 했다. 하지만 11g에서는 이러한 오버헤드를 줄일 수 있도록 실제 테이블에 존재하는 컬럼이 아니어도 런타임 동안 계산하여 가상 컬럼을 생성할 수 있다. 즉, 가상 컬럼을 위한 별도의 저장 공간이 필요하지 않다. 이렇게 생성된 가상 컬럼 값으로 파티셔닝을 가능하게 해준다.
다음은 Virtual column 파티션을 생성할 때 고려 사항을 정리한 것이다.

- Virtual columns의 인덱스는 Function-based indexes에 상응한다.
- 가상 컬럼은 Where 절에서 Update, Delete를 참조할 수 있지만 DML 문장으로 다룰 수 없다.
- 가상 컬럼을 포함한 테이블은 Result caching의 권한이 있다.
- Function의 표현은 반드시 테이블 생성시에 정의되어야 한다. 하지만 그 이후에 잘못된 컬럼은 Recompile할 수 있다. 이럴 경우에는 Function을 Recompile 한 후 다음과 같은 단계를 거쳐야 한다.
- 가상 컬럼의 제약 조건을 Diable한 후 다시 Enabled 해준다.
- 가상 컬럼의 Index는 반드시 재 생성한다.
- 가상 컬럼을 참조하는 Mview를 Refresh 해준다.
- 캐시의 쿼리가 가상 컬럼을 참조한다면 Result cache는 비워주어야 한다. 테이블의 통계도 반드시 갱신해주어야 한다.
- 가상 컬럼은 Index-organized, External, Object, Cluster, Temporary tables을 지원하지 않는다.

가상 컬럼을 사용한 구문은 다음과 같은 제약을 갖는다.

- 다른 가상 컬럼을 이름으로 참조할 수 없다.
- 같은 테이블에서 정의된 컬럼만 참조 가능하다.
- 비 결정적인 User-defined 함수를 참조한다면 파티셔닝 키 컬럼으로 사용될 수 없다.
- 구문의 산출물은 반드시 Scalar 값이어야 한다. User-defined 타입, Lob, Long raw 타입은 리턴될 수 없다.

```
==========================================================
참조 스크립트 : cr_virtual_column_partition.sql, check_partition_info.sql
CREATE TABLE scott.sales
       (sales_no        NUMBER(2)       NOT NULL,
        sales_date      DATE            NOT NULL,
        sales_region    CHAR(2),
        customer_id     NUMBER(5),
        sales_quantity NUMBER(5),
        price           NUMBER(8),
        total_sales_price as (sales_quantity * price) VIRTUAL
        )
PARTITION BY RANGE (total_sales_price)
      (
       PARTITION sales_lessthan_1 VALUES LESS THAN (100) TABLESPACE SALES_100_TBS,
      PARTITION sales_lessthan_1000 VALUES LESS THAN (1000) TABLESPACE SALES_1000_TBS,
      PARTITION sales_lessthan_3000 VALUES LESS THAN (3000) TABLESPACE SALES_3000_TBS,
      PARTITION sales_lessthan_6000 VALUES LESS THAN (6000) TABLESPACE SALES_6000_TBS,
       PARTITION sales_max VALUES LESS THAN (maxvalue) TABLESPACE SALES_MAX_TBS
       );

==========================================================
```

sales 테이블에 System 파티션을 4개 생성한다.
sales_no 컬럼 값을 입력할 때 오라클이 내부적으로 어떤 파티션에 저장할지를 정해주는 것이 아니라 Insert 문장을 작성하는 사용자가 원하는 파티션에 의도적으로 입력할 수 있도록 설정하는 과정을 살펴본다.

*파티션 생성

```
SQL> connect /as sysdba

SQL> DROP TABLE scott.sales_items PURGE;
SQL> DROP TABLE scott.sales PURGE;

SQL> DROP TABLESPACE SALES_100_TBS INCLUDING CONTENTS AND DATAFILES;
SQL> DROP TABLESPACE SALES_1000_TBS INCLUDING CONTENTS AND DATAFILES;
SQL> DROP TABLESPACE SALES_3000_TBS INCLUDING CONTENTS AND DATAFILES;
SQL> DROP TABLESPACE SALES_6000_TBS INCLUDING CONTENTS AND DATAFILES;
SQL> DROP TABLESPACE SALES_MAX_TBS INCLUDING CONTENTS AND DATAFILES;
```

```
SQL> CREATE TABLESPACE SALES_100_TBS
DATAFILE '/u01/app/oracle/oradata/orcl/sales_100_tbs01.dbf' size 20 M;
SQL> CREATE TABLESPACE SALES_1000_TBS
DATAFILE '/u01/app/oracle/oradata/orcl/sales_1000_tbs01.dbf' size 20 M;
SQL> CREATE TABLESPACE SALES_3000_TBS
DATAFILE '/u01/app/oracle/oradata/orcl/sales_3000_tbs01.dbf' size 20 M;
SQL> CREATE TABLESPACE SALES_6000_TBS
DATAFILE '/u01/app/oracle/oradata/orcl/sales_6000_tbs01.dbf' size 20 M;
SQL> CREATE TABLESPACE SALES_MAX_TBS
DATAFILE '/u01/app/oracle/oradata/orcl/sales_max_tbs01.dbf' size 20 M;

SQL> CREATE TABLE scott.sales
       (sales_no        NUMBER(2)      NOT NULL,
        sales_date      DATE           NOT NULL,
        sales_region    CHAR(2),
        customer_id     NUMBER(5),
        sales_quantity NUMBER(5),
        price           NUMBER(8),
        total_sales_price as (sales_quantity * price) VIRTUAL
        )
PARTITION BY RANGE (total_sales_price)
       (
        PARTITION sales_lessthan_1 VALUES LESS THAN (100) TABLESPACE SALES_100_TBS,
        PARTITION sales_lessthan_1000 VALUES LESS THAN (1000) TABLESPACE SALES_1000_TBS,
       PARTITION sales_lessthan_3000 VALUES LESS THAN (3000) TABLESPACE SALES_3000_TBS,
       PARTITION sales_lessthan_6000 VALUES LESS THAN (6000) TABLESPACE SALES_6000_TBS,
        PARTITION sales_max VALUES LESS THAN (maxvalue) TABLESPACE SALES_MAX_TBS
        );

SQL>  INSERT  INTO  scott.sales(sales_no,sales_date,sales_region,customer_id,sales_quantity,
price) VALUES (1,'21-FEB-2013','NJ',8722,10,14);
SQL>  INSERT  INTO  scott.sales  (sales_no,sales_date,sales_region,customer_id,sales_quantity,
price)VALUES (2,'23-JUN-2014','NY',8722,28,22);
SQL>  INSERT  INTO  scott.sales  (sales_no,sales_date,sales_region,customer_id,sales_quantity,
price)VALUES (3,'16-DEC-2015','CA',8723,40,15);
SQL>  INSERT  INTO  scott.sales  (sales_no,sales_date,sales_region,customer_id,sales_quantity,
price) VALUES(4,'09-MAR-2016','PA',8724,100,18);
SQL>  INSERT  INTO  scott.sales  (sales_no,sales_date,sales_region,customer_id,sales_quantity,
price) VALUES (5,'19-APR-2013','PA',8725,210,44);
SQL>  INSERT  INTO  scott.sales  (sales_no,sales_date,sales_region,customer_id,sales_quantity,
price) VALUES (6,'31-MAY-2013','NJ',8725,30,51);
SQL>  INSERT  INTO  scott.sales  (sales_no,sales_date,sales_region,customer_id,sales_quantity,
price)  VALUES (7,'17-MAR-2013','NY',8726,1,38);
SQL> INSERT INTO scott.sales  (sales_no,sales_date,sales_region,customer_id,sales_quantity,
price) VALUES (8,'27-NOV-2015','NY',8723,32,39);
SQL> INSERT INTO scott.sales  (sales_no,sales_date,sales_region,customer_id,sales_quantity,
price) VALUES (9,'15-JUN-2014','CA',8723,322,11);
SQL> INSERT INTO scott.sales  (sales_no,sales_date,sales_region,customer_id,sales_quantity,
price) VALUES (10,'25-MAY-2015','NJ',8723,96,23);
```

```
SQL> INSERT INTO scott.sales (sales_no,sales_date,sales_region,customer_id,sales_quantity,
price) VALUES (11,'21-FEB-2013','NJ',8262,43,14);
SQL> INSERT INTO scott.sales (sales_no,sales_date,sales_region,customer_id,sales_quantity,
price) VALUES (12,'23-JUN-2014','NY',8722,211,22);
SQL> INSERT INTO scott.sales (sales_no,sales_date,sales_region,customer_id,sales_quantity,
price) VALUES (13,'16-DEC-2015','CA',8523,500,15);
SQL> INSERT INTO scott.sales (sales_no,sales_date,sales_region,customer_id,sales_quantity,
price) VALUES (14,'09-MAR-2016','PA',8764,344,28);
SQL> INSERT INTO scott.sales (sales_no,sales_date,sales_region,customer_id,sales_quantity,
price) VALUES (15,'19-APR-2013','PA',8729,330,44);
SQL> NSERT INTO scott.sales (sales_no,sales_date,sales_region,customer_id,sales_quantity,
price) ALUES (16,'31-MAY-2013','NJ',8725,326,31);
SQL> INSERT INTO scott.sales (sales_no,sales_date,sales_region,customer_id,sales_quantity,
price) VALUES (17,'17-MAR-2013','NY',8226,500,38);
SQL> INSERT INTO scott.sales (sales_no,sales_date,sales_region,customer_id,sales_quantity,
price) VALUES (18,'27-NOV-2015','NY',8323,300,39);
SQL> INSERT INTO scott.sales (sales_no,sales_date,sales_region,customer_id,sales_quantity,
price) VALUES (19,'15-JUN-2014','CA',8743,441,16);
SQL> INSERT INTO scott.sales (sales_no,sales_date,sales_region,customer_id,sales_quantity,
price) VALUES (20,'25-MAY-2015','NJ',8723,98,23);
SQL> Commit;
```

*파티션 조회

```
SQL> EXEC DBMS_STATS.gather_table_stats('SCOTT', 'SALES');
SQL> col table_name format a20
SQL> col partition_name format a30
SQL> col num_rows format 9999
SQL> col high_value format a20
SQL> set linesize 120
SQL> set pagesize 200
SQL> SELECT table_name, partition_name, num_rows, high_value
FROM dba_tab_partitions where table_name='SALES' and table_owner='SCOTT'
ORDER by table_name, partition_name;

TABLE_NAME           PARTITION_NAME                 NUM_ROWS HIGH_VALUE
-------------------- ------------------------------ -------- -------------
SALES                SALES_LESSTHAN_1                      1          100
SALES                SALES_LESSTHAN_1000                   4         1000
SALES                SALES_LESSTHAN_3000                   5         3000
```

```
SALES                SALES_LESSTHAN_6000                 2          6000
SALES                SALES_MAX                           8         MAXVALUE

SQL> select * from scott.sales order by sales_no;

SALES_NO SALES_DATE      SALES CUSTOMER_ID SALES_QUANTITY  PRICE TOTAL_SALES_PRICE
-------- -------------- ----- ----------- -------------- ------ -----------------
       1  21-FEB-13        NJ      8722            10       14               140
       2  23-JUN-14        NY      8722            28       22               616
       3  16-DEC-15        CA      8723            40       15               600
       4  09-MAR-16        PA      8724           100       18              1800
       5  19-APR-13        PA      8725           210       44              9240
       6  31-MAY-13        NJ      8725            30       51              1530
       7  17-MAR-13        NY      8726             1       38                38
       8  27-NOV-15        NY      8723            32       39              1248
       9  15-JUN-14        CA      8723           322       11              3542
      10  25-MAY-15        NJ      8723            96       23              2208
      11  21-FEB-13        NJ      8262            43       14               602
      12  23-JUN-14        NY      8722           211       22              4642
      13  16-DEC-15        CA      8523           500       15              7500
      14  09-MAR-16        PA      8764           344       28              9632
      15  19-APR-13        PA      8729           330       44             14520
      16  31-MAY-13        NJ      8725           326       31             10106
      17  17-MAR-13        NY      8226           500       38             19000
      18  27-NOV-15        NY      8323           300       39             11700
      19  15-JUN-14        CA      8743           441       16              7056
      20  25-MAY-15        NJ      8723            98       23              2254

20 rows selected.


SQL> select * from scott.sales partition(SALES_LESSTHAN_3000);

SALES_NO SALES_DATE      SALES CUSTOMER_ID SALES_QUANTITY  PRICE TOTAL_SALES_PRICE
-------- -------------- ----- ----------- -------------- ------ -----------------
       4  09-MAR-16        PA        8724          100       18              1800
       6  31-MAY-13        NJ        8725           30       51              1530
       8  27-NOV-15        NY        8723           32       39              1248
      10  25-MAY-15        NJ        8723           96       23              2208
      20  25-MAY-15        NJ        8723           98       23              2254
```

●●● oracle 13

인덱스 파티션(Index partition) 이해

대용량 테이블을 사용하는 경우 대부분 인덱스의 크기도 만만치 않다. 그러므로 인덱스 역시 파티션을 적용하여 관리하게 되면 성능상 큰 도움이 될 때가 많다.
아래 그림은 파티션을 고려하는 경우 적용 가능한 인덱스 종류를 보여준다.

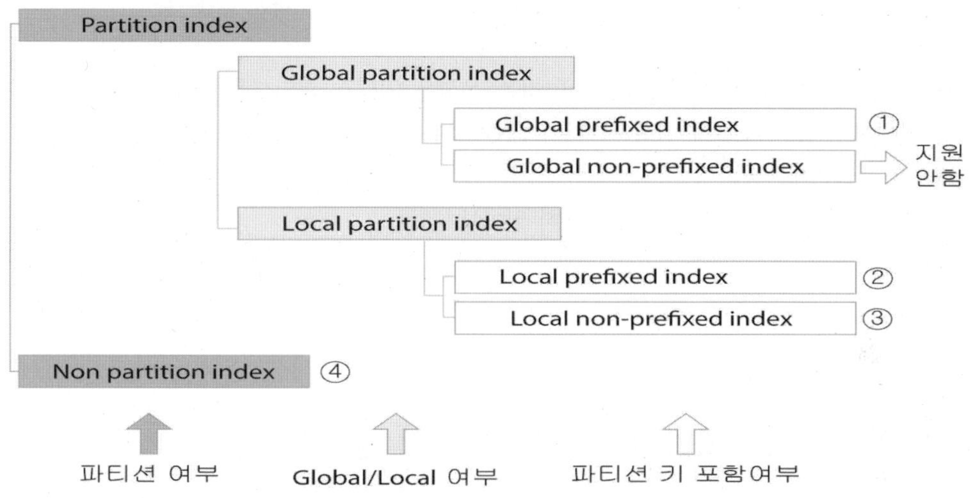

기본적으로 파티션 여부에 따라 크게 Partition 인덱스와 Non-partition 인덱스로 구분한다. 그리고 Global 혹은 Local인지 여부에 따라 Global partition 인덱스와 Local partition 인덱스로 나누어 진다. 마지막으로 인덱스를 생성할 때 사용하는 인덱스 키 컬럼이 파티션 키 컬럼과 동일한지 여부에 따라 동일하면 Prefix 다르면 Non-prefix 인덱스로 구분된다. 이들 각각의 기본 개념에 대해 먼저 살펴보자.

*Global / Local 개념

테이블을 파티션할 때 파티션 키로서 A라는 컬럼을 사용했다고 가정하자.

- Global : 인덱스를 파티션할 때 A가 아닌 다른 컬럼을 인덱스 파티션 키로 사용하는 경우이거나 같은 컬럼(A)으로 인덱스를 파티션하지만 하나의 테이블 파티션이 아닌 다수의 테이블 파티션에 걸쳐 인덱스가 생성되는 경우를 말한다.
- Local : 인덱스를 파티션할 때 테이블 파티션 키 A를 사용하는 경우

결국 하나의 인덱스 파티션이 테이블 파티션 하나와 대응되며, 대응되는 인덱스 파티션과 테이블 파티션은 각각 동일한 범위를 갖게 된다는 의미이다.

tip

일반적으로 파티션 테이블 환경에서는 Global 인덱스보다 Local 인덱스가 성능 향상 측면에서 볼 때 우월하나 Local 인덱스를 생성할 수 없는 경우 그 대안으로서 Global 인덱스를 고려하게 된다.

*Prefixed / Non-prefixed

- Prefixed : 인덱스 파티션 키가 인덱스 첫 번째 컬럼과 같은 경우
- Non-prefixed : 인덱스 파티션 키가 인덱스 첫 번째 컬럼과 다른 경우

사실상 'Prefixed' 혹은 'Non-prefixed' 라는 옵션은 인덱스 파티션을 생성할 때 표시 하지 않는다. 다만 앞에서 언급한 조건에 만족하는지에 대한 여부를 내부적으로 확인하고 데이터 딕셔너리에서 일괄적으로 관리하게 된다.
이제 각각의 파티션 인덱스에 대해 자세히 알아보자.

oracle 14

Global 파티션 인덱스 생성 및 관리

```
==========================================================
참조 스크립트 : cr_global_index_partition.sql, check_indexpartition_table_info.sql
create index scott.employees_global_idx
on scott.employees (employee_id)
global partition by range(employee_id)
(
partition gp1_idx values less than (120) tablespace IDX_EMPLOYEES_120_TBS,
partition gp2_idx values less than (160) tablespace IDX_EMPLOYEES_160_TBS,
partition gp3_idx values less than (200) tablespace IDX_EMPLOYEES_200_TBS,
partition gp4_idx values less than (maxvalue) tablespace IDX_EMPLOYEES_MAX_TBS
)
;

==========================================================
```

*파티션 테이블 생성

Global 파티션 인덱스 생성을 위한 파티션 테이블을 생성한다. 일반적으로 Range 파티션 테이블을 많이 사용하므로 Range 파티션 테이블을 생성하고 이를 기반으로 설명을 진행하고자 한다.
scott.employees 테이블을 파티션할 때 파티션 키는 department_id 컬럼으로 설정하여 진행한다.

```
SQL> CREATE TABLESPACE EMPLOYEES_20_TBS
DATAFILE '/u01/app/oracle/oradata/orcl/employees_20_tbs01.dbf' size 10 M
      autoextend on next 10m maxsize 100m;
SQL> CREATE TABLESPACE EMPLOYEES_40_TBS
DATAFILE '/u01/app/oracle/oradata/orcl/employees_40_tbs01.dbf' size 10 M
      autoextend on next 10m maxsize 100m;
SQL> CREATE TABLESPACE EMPLOYEES_60_TBS
DATAFILE '/u01/app/oracle/oradata/orcl/employees_60_tbs01.dbf' size 10 M
      autoextend on next 10m maxsize 100m;
SQL> CREATE TABLESPACE EMPLOYEES_80_TBS
DATAFILE '/u01/app/oracle/oradata/orcl/employees_80_tbs01.dbf' size 10 M
      autoextend on next 10m maxsize 100m;
SQL> CREATE TABLESPACE EMPLOYEES_100_TBS
DATAFILE '/u01/app/oracle/oradata/orcl/employees_100_tbs01.dbf' size 10 M
      autoextend on next 10m maxsize 100m;
SQL> CREATE TABLESPACE EMPLOYEES_120_TBS
DATAFILE '/u01/app/oracle/oradata/orcl/employees_120_tbs01.dbf' size 10 M
      autoextend on next 10m maxsize 100m;

SQL> create table scott.employees_test
as select employee_id,department_id,last_name,hire_date,salary
      from hr.employees;

SQL> create table scott.employees
(
employee_id number,
department_id number,
last_name varchar2(20),
hire_date date,
salary number
)
partition by range (department_id)
(
partition p_20 values less than(21) tablespace EMPLOYEES_20_TBS,
partition p_40 values less than(41) tablespace EMPLOYEES_40_TBS,
partition p_60 values less than(61) tablespace EMPLOYEES_60_TBS,
partition p_80 values less than(81) tablespace EMPLOYEES_80_TBS,
```

```
partition p_100 values less than(101) tablespace EMPLOYEES_100_TBS,
partition p_120 values less than(121)tablespace EMPLOYEES_120_TBS
)
;
SQL> insert into scott.employees
      select * from scott.employees_test where department_id IS NOT NULL ;
SQL> commit;
SQL> EXEC DBMS_STATS.gather_table_stats('SCOTT', 'EMPLOYEES');
```

scott.employees 테이블에 저장된 데이터를 확인한다.

```
SQL> select * from scott.employees order by employee_id;

EMPLOYEE_ID DEPARTMENT_ID    LAST_NAME            HIRE_DATE   SALARY
----------- ------------- -------------------- ---------- --------
    100           90          King                17-JUN-87    24000
    101           90          Kochhar             21-SEP-89    17000
    102           90          De Haan             13-JAN-93    17000
    103           60          Hunold              03-JAN-90     9000
    104           60          Ernst               21-MAY-91     6000
    105           60          Austin              25-JUN-97     4800
    106           60          Pataballa           05-FEB-98     4800
    107           60          Lorentz             07-FEB-99     4200
    108          100          Greenberg           17-AUG-94    12000
    109          100          Faviet              16-AUG-94     9000
    110          100          Chen                28-SEP-97     8200
    111          100          Sciarra             30-SEP-97     7700
    112          100          Urman               07-MAR-98     7800
    113          100          Popp                07-DEC-99     6900
    114           30          Raphaely            07-DEC-94    11000
    115           30          Khoo                18-MAY-95     3100
    116           30          Baida               24-DEC-97     2900
    117           30          Tobias              24-JUL-97     2800
    118           30          Himuro              15-NOV-98     2600
    119           30          Colmenares          10-AUG-99     2500
    120           50          Weiss               18-JUL-96     8000
    121           50          Fripp               10-APR-97     8200
    122           50          Kaufling            01-MAY-95     7900
    123           50          Vollman             10-OCT-97     6500
    124           50          Mourgos             16-NOV-99     5800
    125           50          Nayer               16-JUL-97     3200
    126           50          Mikkilineni         28-SEP-98     2700
    127           50          Landry              14-JAN-99     2400
    128           50          Markle              08-MAR-00     2200
    129           50          Bissot              20-AUG-97     3300
    130           50          Atkinson            30-OCT-97     2800
```

131	50	Marlow	16-FEB-97	2500
132	50	Olson	10-APR-99	2100
133	50	Mallin	14-JUN-96	3300
134	50	Rogers	26-AUG-98	2900
135	50	Gee	12-DEC-99	2400
136	50	Philtanker	06-FEB-00	2200
137	50	Ladwig	14-JUL-95	3600
138	50	Stiles	26-OCT-97	3200
139	50	Seo	12-FEB-98	2700
140	50	Patel	06-APR-98	2500
141	50	Rajs	17-OCT-95	3500
142	50	Davies	29-JAN-97	3100
143	50	Matos	15-MAR-98	2600
144	50	Vargas	09-JUL-98	2500
145	80	Russell	01-OCT-96	14000
146	80	Partners	05-JAN-97	13500
147	80	Errazuriz	10-MAR-97	12000
148	80	Cambrault	15-OCT-99	11000
149	80	Zlotkey	29-JAN-00	10500
150	80	Tucker	30-JAN-97	10000
151	80	Bernstein	24-MAR-97	9500
152	80	Hall	20-AUG-97	9000
153	80	Olsen	30-MAR-98	8000
154	80	Cambrault	09-DEC-98	7500
155	80	Tuvault	23-NOV-99	7000
156	80	King	30-JAN-96	10000
157	80	Sully	04-MAR-96	9500
158	80	McEwen	01-AUG-96	9000
159	80	Smith	10-MAR-97	8000
160	80	Doran	15-DEC-97	7500
161	80	Sewall	03-NOV-98	7000
162	80	Vishney	11-NOV-97	10500
163	80	Greene	19-MAR-99	9500
164	80	Marvins	24-JAN-00	7200
165	80	Lee	23-FEB-00	6800
166	80	Ande	24-MAR-00	6400
167	80	Banda	21-APR-00	6200
168	80	Ozer	11-MAR-97	11500
169	80	Bloom	23-MAR-98	10000
170	80	Fox	24-JAN-98	9600
171	80	Smith	23-FEB-99	7400
172	80	Bates	24-MAR-99	7300
173	80	Kumar	21-APR-00	6100
174	80	Abel	11-MAY-96	11000
175	80	Hutton	19-MAR-97	8800
176	80	Taylor	24-MAR-98	8600
177	80	Livingston	23-APR-98	8400

```
      179            80          Johnson            04-JAN-00       6200
      180            50          Taylor             24-JAN-98       3200
      181            50          Fleaur             23-FEB-98       3100
      182            50          Sullivan           21-JUN-99       2500
      183            50          Geoni              03-FEB-00       2800
      184            50          Sarchand           27-JAN-96       4200
      185            50          Bull               20-FEB-97       4100
      186            50          Dellinger          24-JUN-98       3400
      187            50          Cabrio             07-FEB-99       3000
      188            50          Chung              14-JUN-97       3800
      189            50          Dilly              13-AUG-97       3600
      190            50          Gates              11-JUL-98       2900
      191            50          Perkins            19-DEC-99       2500
      192            50          Bell               04-FEB-96       4000
      193            50          Everett            03-MAR-97       3900
      194            50          McCain             01-JUL-98       3200
      195            50          Jones              17-MAR-99       2800
      196            50          Walsh              24-APR-98       3100
      197            50          Feeney             23-MAY-98       3000
      198            50          OConnell           21-JUN-99       2600
      199            50          Grant              13-JAN-00       2600
      200            10          Whalen             17-SEP-87       4400
      201            20          Hartstein          17-FEB-96      13000
      202            20          Fay                17-AUG-97       6000
      203            40          Mavris             07-JUN-94       6500
      204            70          Baer               07-JUN-94      10000
      205           110          Higgins            07-JUN-94      12000
      206           110          Gietz              07-JUN-94       8300

  106 rows selected.
```

scott.employees 테이블에 대한 파티션 정보를 확인한다. 현재 6개의 Range 파티션으로 구성된 것을 확인할 수 있다.

```
SQL> @check_indexpartition_table_info.sql

PARTITION_NAME       TABLESPACE_NAME      NUM_ROWS
-------------------- -------------------- --------
P_100                EMPLOYEES_100_TBS           9
P_120                EMPLOYEES_120_TBS           2
P_20                 EMPLOYEES_20_TBS            3
P_40                 EMPLOYEES_40_TBS            7
P_60                 EMPLOYEES_60_TBS           50
P_80                 EMPLOYEES_80_TBS           35

6 rows selected.
```

*파티션 인덱스 생성

scott.employees 테이블에 대한 Global 파티션 인덱스를 scott.employees 테이블의 employee_id 컬럼에 생성한다.

이때 Global 파티션 인덱스 키로는 employee_id 컬럼으로 설정한다.

이미 앞에서 scott.employees 테이블을 파티션할 때 파티션 키로 department_id 컬럼을 사용한 것을 기억하기 바란다. 결국 테이블을 파티션할 때 사용한 키가 아닌 다른 컬럼으로 인덱스를 만드는 경우 Global 인덱스가 되며 이를 파티션까지 수행하게 되면 바로 Global 파티션 인덱스가 되는 것이다. 이 경우 Global 파티션 인덱스는 테이블 파티션과는 전혀 다른 구조로 이루어지게 되며 대부분 전체 파티션에 걸쳐 저장되어 있는 데이터에 대한 인덱스가 생성된다고 이해하면 된다.

```
SQL> CREATE TABLESPACE IDX_EMPLOYEES_120_TBS
DATAFILE  '/u01/app/oracle/oradata/orcl/idx_employees_120_tbs01.dbf'  size  10  M
autoextend on next 10m maxsize 160m;
SQL> CREATE TABLESPACE IDX_EMPLOYEES_160_TBS
DATAFILE  '/u01/app/oracle/oradata/orcl/idx_employees_160_tbs01.dbf'  size  10  M
autoextend on next 10m maxsize 160m;
SQL> CREATE TABLESPACE IDX_EMPLOYEES_200_TBS
DATAFILE  '/u01/app/oracle/oradata/orcl/idx_employees_200_tbs01.dbf'  size  10  M
autoextend on next 10m maxsize 160m;
SQL> CREATE TABLESPACE IDX_EMPLOYEES_max_TBS
DATAFILE  '/u01/app/oracle/oradata/orcl/idx_employees_max_tbs01.dbf'  size  10  M
autoextend on next 10m maxsize 160m;
SQL> CREATE TABLESPACE IDX_EMPLOYEES_MOVE_TBS
DATAFILE  '/u01/app/oracle/oradata/orcl/idx_employees_move_tbs01.dbf'  size  10  M
autoextend on next 10m maxsize 160m;


SQL> create index scott.employees_global_idx
on scott.employees (employee_id)
global partition by range(employee_id)
(
partition gp1_idx values less than (120) tablespace IDX_EMPLOYEES_120_TBS,
partition gp2_idx values less than (160) tablespace IDX_EMPLOYEES_160_TBS,
partition gp3_idx values less than (200) tablespace IDX_EMPLOYEES_200_TBS,
partition gp4_idx values less than (maxvalue) tablespace IDX_EMPLOYEES_MAX_TBS
)
;
```

Global 파티션의 구성 정보를 확인하도록 하자.

EMPLOYEES_GLOBAL_IDX라는 Global 파티션 인덱스가 생성되었고 이는 GP1_IDX, GP2_IDX, GP3_IDX, GP4_IDX 라는 4개의 파티션에 나누어 저장되었음을 확인할 수 있다.

```
SQL> @check_indexpartition_info.sql

INDEX_NAME           PARTITION_NAME  TABLESPACE_NAME      HIGH_VALUE NUM_ROWS STATUS
-------------------- --------------  ---------- -------- ---------- -------- ------
EMPLOYEES_GLOBAL_IDX  GP1_IDX        IDX_EMPLOYEES_120_TBS  120        20     USABLE
EMPLOYEES_GLOBAL_IDX  GP2_IDX        IDX_EMPLOYEES_160_TBS  160        40     USABLE
EMPLOYEES_GLOBAL_IDX  GP3_IDX        IDX_EMPLOYEES_200_TBS  200        39     USABLE
EMPLOYEES_GLOBAL_IDX  GP4_IDX        IDX_EMPLOYEES_MAX_TBS  MAXVALUE    7     USABLE
```

*파티션 인덱스 Rename

현재 생성되어 있는 파티션의 이름을 변경하는 과정을 살펴보자.

```
SQL> alter index scott.employees_global_idx rename partition gp4_idx to gp_max_idx;

SQL> @check_indexpartition_info.sql

INDEX_NAME           PARTITION_NAME  TABLESPACE_NAME      HIGH_VALUE NUM_ROWS STATUS
-------------------- --------------  ---------- -------- ---------- -------- ------
EMPLOYEES_GLOBAL_IDX  GP1_IDX        IDX_EMPLOYEES_120_TBS  120        20     USABLE
EMPLOYEES_GLOBAL_IDX  GP2_IDX        IDX_EMPLOYEES_160_TBS  160        40     USABLE
EMPLOYEES_GLOBAL_IDX  GP3_IDX        IDX_EMPLOYEES_200_TBS  200        39     USABLE
EMPLOYEES_GLOBAL_IDX  GP_MAX_IDX     IDX_EMPLOYEES_MAX_TBS  MAXVALUE    7     USABLE
```

이처럼 gp4_idx 파티션을 gp_max_idx 라는 이름으로 변경된 것을 확인할 수 있다.

*파티션 Move

현재 생성되어 있는 파티션을 다른 테이블스페이스로 옮기는 과정을 살펴보자.

```
SQL> alter index scott.employees_global_idx rebuild partition GP1_IDX tablespace
IDX_EMPLOYEES_MOVE_TBS;

SQL> @check_indexpartition_info.sql

INDEX_NAME           PARTITION_NAME  TABLESPACE_NAME      HIGH_VALUE NUM_ROWS STATUS
-------------------- --------------  ---------- -------- ---------- -------- ------
EMPLOYEES_GLOBAL_IDX  GP1_IDX        IDX_EMPLOYEES_MOVE_TBS 120        20     USABLE
EMPLOYEES_GLOBAL_IDX  GP2_IDX        IDX_EMPLOYEES_160_TBS  160        40     USABLE
EMPLOYEES_GLOBAL_IDX  GP3_IDX        IDX_EMPLOYEES_200_TBS  200        39     USABLE
EMPLOYEES_GLOBAL_IDX  GP_MAX_IDX     IDX_EMPLOYEES_MAX_TBS  MAXVALUE    7     USABLE
```

이처럼 GP1_IDX 파티션이 IDX_EMPLOYEES_MOVE_TBS 테이블스페이스로 옮겨진 것을 확인할 수 있다.

*파티션 인덱스 Drop & Rebuild

인덱스 파티션이 제거된 후 이후 다른 인덱스 파티션이 Rebuild 되면서 데이터를 모두 통합하는 과정을 살펴보자.

현재 생성되어 있는 GP1_IDX 파티션(120 영역에 해당하는 20개의 데이터를 저장하던)을 제거하게 되면 그 내부에 저장되어 있던 데이터들(20개)이 함께 제거된다. 이때 GP2_IDX 파티션(120 부터 160까지 영역에 해당하는 40개의 데이터를 저장하던)을 Rebuild 해주게 되면 GP1_IDX 파티션에 저장되어 있던 인덱스 데이터(20개)들이 Rebuild 과정을 통해 통합되면서 GP2_IDX 파티션이 이제는 총 60개(처음부터 160영역까지)를 저장하게 된다.

```
SQL> alter index scott.employees_global_idx drop partition GP1_IDX;

SQL> @check_indexpartition_info.sql

INDEX_NAME           PARTITION_NAME   TABLESPACE_NAME      HIGH_VALUE NUM_ROWS STATUS
------------------ --------------  ---------- -------- ---------- -------- ------
EMPLOYEES_GLOBAL_IDX     GP2_IDX         IDX_EMPLOYEES_160_TBS     160          40    UNUSABLE
EMPLOYEES_GLOBAL_IDX     GP3_IDX         IDX_EMPLOYEES_200_TBS     200          39    USABLE
EMPLOYEES_GLOBAL_IDX     GP_MAX_IDX      IDX_EMPLOYEES_MAX_TBS     MAXVALUE      7    USABLE


SQL> alter index scott.employees_global_idx  rebuild partition GP2_IDX tablespace
IDX_EMPLOYEES_120_TBS;
SQL> @check_indexpartition_info.sql

INDEX_NAME           PARTITION_NAME   TABLESPACE_NAME      HIGH_VALUE NUM_ROWS STATUS
------------------ --------------  ---------- -------- ---------- -------- ------
EMPLOYEES_GLOBAL_IDX     GP2_IDX         IDX_EMPLOYEES_120_TBS     160          60    USABLE
EMPLOYEES_GLOBAL_IDX     GP3_IDX         IDX_EMPLOYEES_200_TBS     200          39    USABLE
EMPLOYEES_GLOBAL_IDX     GP_MAX_IDX      IDX_EMPLOYEES_MAX_TBS     MAXVALUE      7    USABLE
```

*테이블 파티션 Drop & 인덱스 파티션 Rebuild

임의의 테이블 파티션이 제거되면 해당 테이블에 생성되어 있는 Global 인덱스는 Unusable 상태가 된다. 이처럼 Unusable 상태가 된 Global 인덱스를 Rebuild 하는 과정을 살펴보자.

현재 6개의 파티션 테이블이 존재한다.

```
SQL> @check_indexpartition_table_info.sql

PARTITION_NAME       TABLESPACE_NAME      NUM_ROWS
-------------------- -------------------- --------
   P_100             EMPLOYEES_100_TBS           9
   P_120             EMPLOYEES_120_TBS           2
   P_20              EMPLOYEES_20_TBS            3
   P_40              EMPLOYEES_40_TBS            7
   P_60              EMPLOYEES_60_TBS           50
   P_80              EMPLOYEES_80_TBS           35

6 rows selected.
```

현재 3개의 EMPLOYEES_GLOBAL_IDX 라는 인덱스에는 Global 인덱스 파티션이 존재한다.

```
SQL> @check_indexpartition_info.sql

INDEX_NAME           PARTITION_NAME   TABLESPACE_NAME      HIGH_VALUE NUM_ROWS STATUS
------------------ -------------- ---------- -------- ---------- -------- ------
EMPLOYEES_GLOBAL_IDX     GP2_IDX         IDX_EMPLOYEES_120_TBS     160          60    USABLE
EMPLOYEES_GLOBAL_IDX     GP3_IDX         IDX_EMPLOYEES_200_TBS     200          39    USABLE
EMPLOYEES_GLOBAL_IDX     GP_MAX_IDX      IDX_EMPLOYEES_MAX_TBS     MAXVALUE      7    USABLE
```

3개의 테이블 파티션(partition P_20, partition P_40, partition P_60 파티션)을 제거한 후 Global 파티션 정보를 확인하면 Status가 Unusable로 변경됨을 확인할 수 있다.

```
SQL> alter table scott.employees drop partition P_20;
SQL> alter table scott.employees drop partition P_40;
SQL> alter table scott.employees drop partition P_60;

SQL> @check_indexpartition_info.sql

INDEX_NAME           PARTITION_NAME   TABLESPACE_NAME      HIGH_VALUE NUM_ROWS STATUS
------------------ -------------- ---------- -------- ---------- -------- ------
EMPLOYEES_GLOBAL_IDX     GP2_IDX         IDX_EMPLOYEES_120_TBS     160          60    UNUSABLE
EMPLOYEES_GLOBAL_IDX     GP3_IDX         IDX_EMPLOYEES_200_TBS     200          39    UNUSABLE
EMPLOYEES_GLOBAL_IDX     GP_MAX_IDX      IDX_EMPLOYEES_MAX_TBS     MAXVALUE      7    UNUSABLE
```

3개의 테이블 파티션(partition P_20, partition P_40, partition P_60 파티션)에 대한 Rebuild를 수행하고 나면 이제 정상적으로 Global 파티션의 Status가 Usable 로 변경됨을 확인할 수 있다. 실제로 현업에서 파티션 테이블에 대한 파티션 Add, 파티션 Drop과 같은 변경 작업이 수행되면 해당 파티션 테이블에 걸려있는 파티션 인덱스들은 모두 Unusable 상태가 되므로 이점에 유의하여 사후 관리가 중요하다는 점을 반드시 기억하기 바란다.

```
SQL> alter index scott.employees_global_idx  rebuild partition GP2_IDX tablespace
IDX_EMPLOYEES_120_TBS;
SQL> alter index scott.employees_global_idx  rebuild partition GP3_IDX tablespace
IDX_EMPLOYEES_200_TBS;
SQL>  alter  index  scott.employees_global_idx    rebuild  partition  GP_MAX_IDX
tablespace IDX_EMPLOYEES_MAX_TBS;

SQL> @check_indexpartition_info.sql


INDEX_NAME           PARTITION_NAME   TABLESPACE_NAME     HIGH_VALUE NUM_ROWS STATUS
------------------ --------------   ---------- -------- ---------- -------- ------
EMPLOYEES_GLOBAL_IDX      GP2_IDX          IDX_EMPLOYEES_120_TBS    160          24   USABLE
EMPLOYEES_GLOBAL_IDX      GP3_IDX          IDX_EMPLOYEES_200_TBS    200          19   USABLE
EMPLOYEES_GLOBAL_IDX      GP_MAX_IDX       IDX_EMPLOYEES_MAX_TBS     MAXVALUE      3   USABLE
```

●●● oracle 15

Local 파티션 인덱스 생성 및 관리

```
=====================================================
참조 스크립트: cr_local_prefixed_index_partition.sql
check_local_indexpartition_table_info.sql,
               check_indexpartition_table_info.sql
create index scott.emp_lp_idx
on scott.employees (department_id)
local
(
partition lpp1_idx tablespace IDX_EMP_20_TBS,
partition lpp2_idx tablespace IDX_EMP_40_TBS,
partition lpp3_idx tablespace IDX_EMP_60_TBS,
partition lpp4_idx tablespace IDX_EMP_80_TBS,
partition lpp5_idx tablespace IDX_EMP_100_TBS,
```

```
partition lpp6_idx tablespace IDX_EMP_120_TBS
)
;
==========================================================
```

*파티션 테이블 생성

Local 파티션 인덱스 생성을 위한 파티션 테이블을 생성한다.

```
PARTITION_NAME        TABLESPACE_NAME       NUM_ROWS
-------------------- -------------------- --------
     P_100             EMPLOYEES_100_TBS          9
     P_120             EMPLOYEES_120_TBS          2
     P_20              EMPLOYEES_20_TBS           3
     P_40              EMPLOYEES_40_TBS           7
     P_60              EMPLOYEES_60_TBS          50
     P_80              EMPLOYEES_80_TBS          35

6 rows selected.
```

*파티션 인덱스 생성

scott.employees 테이블에 대한 Local 파티션 인덱스를 scott.employees 테이블의 department_id 컬럼에 생성한다.

이때 Local 파티션 인덱스 키 지정은 필요하지 않다. 왜냐하면 scott.employees 테이블 파티션을 생성 시 사용했던 동일한 키로 Local 파티션 인덱스도 파티션되어야 하기 때문이다. 그러므로 당연히 Local 파티션 인덱스의 파티션 개수는 테이블 파티션의 개수와 동일하게 된다.

이 경우 Local 파티션 인덱스는 테이블 파티션과는 동일한 구조로 이루어지게 되며 특정 파티션에 저장되어 있는 데이터에 대한 인덱스가 생성된다고 이해하면 된다.

```
SQL> create index scott.emp_lp_idx
on scott.employees (department_id)
local
(
partition lpp1_idx tablespace IDX_EMP_20_TBS,
partition lpp2_idx tablespace IDX_EMP_40_TBS,
partition lpp3_idx tablespace IDX_EMP_60_TBS,
partition lpp4_idx tablespace IDX_EMP_80_TBS,
```

```
partition lpp5_idx tablespace IDX_EMP_100_TBS,
partition lpp6_idx tablespace IDX_EMP_120_TBS
)
;

SQL> EXEC DBMS_STATS.gather_index_stats('SCOTT', 'EMP_LP_IDX');
```

Local 파티션 인덱스의 구성 정보를 확인하도록 하자.
EMP_LP_IDX 라는 Local 파티션 인덱스가 생성되었고 이는 LPP1_IDX, LPP2_IDX, LPP3_IDX, LPP4_IDX, LPP5_IDX , LPP6_IDX 라는 6개의 파티션(테이블 파티션 개수와 동일)에 나누어 저장되었음을 확인할 수 있다.

```
SQL> @check_local_indexpartition_info.sql

INDEX_NAME          PARTITION_NAME   TABLESPACE_NAME     HIGH_VALUE NUM_ROWS STATUS
------------------ --------------   ---------- -------- ---------- -------- ------
EMP_LP_IDX              LPP1_IDX       IDX_EMP_20_TBS         21          3    USABLE
EMP_LP_IDX              LPP2_IDX       IDX_EMP_40_TBS         41          7    USABLE
EMP_LP_IDX              LPP3_IDX       IDX_EMP_60_TBS         61         50    USABLE
EMP_LP_IDX              LPP4_IDX       IDX_EMP_80_TBS         81         35    USABLE
EMP_LP_IDX              LPP5_IDX       IDX_EMP_100_TBS        101         9    USABLE
EMP_LP_IDX              LPP6_IDX       IDX_EMP_120_TBS        121         2    USABLE

6 rows selected.
```

*파티션 인덱스 Rename

현재 생성되어 있는 파티션의 이름을 변경하는 과정을 살펴보자.

```
SQL> alter index scott.emp_lp_idx rename partition lpp6_idx to lpp_max_idx;

SQL> @check_local_indexpartition_info.sql

INDEX_NAME          PARTITION_NAME   TABLESPACE_NAME     HIGH_VALUE NUM_ROWS STATUS
------------------ --------------   ---------- -------- ---------- -------- ------
EMP_LP_IDX              LPP1_IDX       IDX_EMP_20_TBS         21          3    USABLE
EMP_LP_IDX              LPP2_IDX       IDX_EMP_40_TBS         41          7    USABLE
EMP_LP_IDX              LPP3_IDX       IDX_EMP_60_TBS         61         50    USABLE
EMP_LP_IDX              LPP4_IDX       IDX_EMP_80_TBS         81         35    USABLE
```

```
EMP_LP_IDX            LPP5_IDX       IDX_EMP_100_TBS         101          9   USABLE
EMP_LP_IDX            LPP_MAX_IDX    IDX_EMP_120_TBS         121          2   USABLE

6 rows selected.
```

이처럼 lpp6_idx 파티션을 lpp_max_idx 라는 이름으로 변경된 것을 확인할 수 있다.

*파티션 Move

현재 생성되어 있는 파티션을 다른 테이블스페이스로 옮기는 과정을 살펴보자.

```
SQL> alter index scott.emp_lp_idx rebuild partition LPP1_IDX tablespace IDX_EMP_MOVE_TBS;

SQL> @check_local_indexpartition_info.sql

INDEX_NAME         PARTITION_NAME   TABLESPACE_NAME     HIGH_VALUE NUM_ROWS STATUS
------------------ --------------   ---------- -------- ---------- -------- ------
EMP_LP_IDX            LPP1_IDX       IDX_EMP_MOVE_TBS        21          3   USABLE
EMP_LP_IDX            LPP2_IDX       IDX_EMP_40_TBS          41          7   USABLE
EMP_LP_IDX            LPP3_IDX       IDX_EMP_60_TBS          61         50   USABLE
EMP_LP_IDX            LPP4_IDX       IDX_EMP_80_TBS          81         35   USABLE
EMP_LP_IDX            LPP5_IDX       IDX_EMP_100_TBS        101          9   USABLE
EMP_LP_IDX            LPP_MAX_IDX    IDX_EMP_120_TBS        121          2   USABLE

6 rows selected.
```

이처럼 LPP1_IDX 파티션이 IDX_EMP_MOVE_TBS 테이블스페이스로 옮겨진 것을 확인할 수 있다.

*파티션 인덱스 Drop & Rebuild

```
SQL> alter index scott.emp_lp_idx drop partition LPP1_IDX
                *
ERROR at line 1:
ORA-14076: submitted alter index partition/subpartition operation is not valid for
local partitioned index
```

*테이블 파티션 Drop & 인덱스 파티션 Rebuild

임의의 테이블 파티션이 제거되면 해당 테이블에 생성되어 있는 Local 인덱스는 단순히 제거된다. 현재 6개의 테이블 파티션이 존재한다.

```
SQL> @check_indexpartition_table_info.sql

PARTITION_NAME       TABLESPACE_NAME      NUM_ROWS
-------------------- -------------------- --------
    P_100              EMP_100_TBS
    P_120              EMP_120_TBS
    P_20               EMP_20_TBS
    P_40               EMP_40_TBS
    P_60               EMP_60_TBS
    P_80               EMP_80_TBS
6 rows selected.
```

현재 EMP_LP_IDX라는 인덱스에는6개의 Local 인덱스 파티션이 존재한다.

```
SQL> @check_local_indexpartition_info.sql

INDEX_NAME          PARTITION_NAME  TABLESPACE_NAME     HIGH_VALUE NUM_ROWS STATUS
------------------ --------------  ---------- -------- ---------- -------- ------
EMP_LP_IDX            LPP1_IDX        IDX_EMP_MOVE_TBS       21          3   USABLE
EMP_LP_IDX            LPP2_IDX        IDX_EMP_40_TBS         41          7   USABLE
EMP_LP_IDX            LPP3_IDX        IDX_EMP_60_TBS         61         50   USABLE
EMP_LP_IDX            LPP4_IDX        IDX_EMP_80_TBS         81         35   USABLE
EMP_LP_IDX            LPP5_IDX        IDX_EMP_100_TBS       101          9   USABLE
EMP_LP_IDX            LPP_MAX_IDX      IDX_EMP_120_TBS      121          2   USABLE
```

3개의 테이블 파티션(partition P_20, partition P_40, partition P_60 파티션)을 제거한 후 Local 파티션 정보를 확인하면 처음 3개의 인덱스 파티션들이 함께 제거됨을 확인할 수 있다.

```
SQL> alter table scott.employees drop partition P_20;
SQL> alter table scott.employees drop partition P_40;
SQL> alter table scott.employees drop partition P_60;

SQL> @check_indexpartition_info.sql
INDEX_NAME          PARTITION_NAME  TABLESPACE_NAME     HIGH_VALUE NUM_ROWS STATUS
------------------ --------------  ---------- -------- ---------- -------- ------
EMP_LP_IDX            LPP4_IDX        IDX_EMP_80_TBS         81        5       USABLE
EMP_LP_IDX            LPP5_IDX        IDX_EMP_100_TBS       101        9       USABLE
EMP_LP_IDX            LPP_MAX_IDX      IDX_EMP_120_TBS      121        2       USABLE
```

Chapter 09 리두 로그 파일(Redo log files) 관리

이번 장에서는 데이터베이스에서 발생하는 모든 변경 정보를 기록하는 파일인 리두 로그 파일에 대해 설명하고자 한다.

다음은 이번 장에서 다루게 될 세부 사항들이다.

- Section 01 리두 로그 이해
- Section 02 리두 로그 파일 기본 구조
- Section 03 리두 로그 덤프(Dump) 정보 확인
- Section 04 리두 레코드 헤더(Redo record header)
- Section 05 체인지 벡터(Change vector)
- Section 06 체인지 벡터에 기록된 체인지 레코드(Change record)
- Section 07 트랜잭션 수행에 따른 리두/언두 발생
- Section 08 리두 로그 버퍼로부터 리두 로그 파일에 내려 적하는 조건
- Section 09 리두 로그 파일 위치 및 상태 확인
- Section 10 로그 스위치(Log switch)와 체크 포인트(Checkpoint)
- Section 11 리두 로그 그룹 / 멤버 관리

●●● oracle 01

리두 로그 이해

리두 로그는 데이터베이스에 발생한 모드 변경 사항에 대한 기록 정보로 구성되는데 주로 인스턴스 복구 또는 미디어 복구가 필요한 경우 유용하게 사용된다. 그리고 변경된 데이터(New value)는 데이터베이스 버퍼 캐시(데이터 블록 내부)에 기록되기 전에 리두 로그의 형태로 리두 로그 버퍼에 먼저 저장되며 변경된 더티 버퍼가 데이터 파일에 저장되기 전에 리두 로그 파일에 먼저 저장된다는 점에 유의하기 바란다. 다시 말하자면 실제로 변경된 데이터가 데이터 파일에 저장되기 전에 리두 로그 버퍼 혹은 리두 로그 파일에 변경 정보가 먼저 저장된다는 의미이다. 일단 이러한 변경 정보들이 리두 로그 파일에 물리적으로 저장되면 실제 데이터에 문제가 생기더라도 얼마든지 복구가 가능하게 된다. 바로 이러한 이유로 리두 로그는 존재한다고 이해하면 된다.
다음은 리두 로그에 저장되는 정보들을 나열한 것이다.

- DML 문장에 의해 발생된 모든 변경 사항
- DML 문장 자체는 저장되지 않는다
- DDL 문장에 의해 발생된 모든 변경 사항
- DDL 문장은 문장 자체가 저장된다.
- Recursive SQL 문장들에 의해 발생된 모든 변경 사항

※ Recursive SQL : 사용자가 실행하는 SQL 문장이 아닌 오라클 내부적으로 수행되는 내부(Internal) SQL 문장을 의미한다.

●●● oracle 02

리두 로그 파일 기본 구조

OS 혹은 오라클 버전에 따라 차이가 있을 수는 있지만 기본적으로 리두 로그 파일은 512 Bytes의 OS 블록 사이즈를 사용한다. 이제 리두 로그 파일 내부가 과연 어떻게 구성되어 있는지 살펴보자.
다음과 같이 리두 로그 파일은 File header, Redo header 그리고 하나 또는 다수의 Redo record(Redo record 1, 2, 3 …)로 구성되어 있으며 이들은 각각의 OS 블록 내부에 저장된다.

Block 0	Block 1	Block 2	Block 3	Block 4	...	Block M
File Header	Redo Header	Redo Record 1	Redo Records 2 & 3	Redo Records 3 & 4		Redo Record N

〈리두 로그 파일 내부 구조〉

그리고 각각의 Redo record는 다음과 같이 Redo record 헤더와 하나 또는 다수의 Change vector(Change#1, 2, 3 …)들로 구성된다. 결국 Redo record는 Change vector들을 저장하고 있는 공간이라고 이해하면 된다.

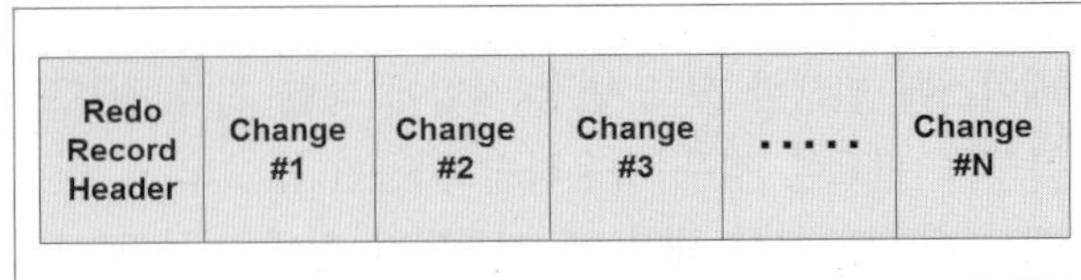

〈Redo record의 내부 구조〉

●●● oracle 03

리두 로그 덤프(Dump) 정보 확인

리두 로그 파일을 덤프함으로써 리두 로그 파일에 기록되어 있는 리두 정보를 상세히 확인할 수 있다. t1이라는 테이블을 생성하고 c1 컬럼에 t1_idx01이라는 인덱스를 생성하도록 한다.

```
SQL >create table t1 ( c1 number, c2 varchar2(10), c3 char(20));

Table created.

SQL >create index t1_idx01 on t1(c1);

Index created.

SQL >alter system switch logfile;

System altered.

SQL >col first_change# format 999999999999999
SQL >col member format a60
SQL >set linesize 140
SQL >select a.first_change#, a.status, b.member
  2  from   v$log a, v$logfile b
  3  where  a.group#=b.group#
  4  /

   FIRST_CHANGE# STATUS           MEMBER
---------------- ---------------- ----------------------------------
  11183973161928 INACTIVE         /data01/oradata/ENTER/redo01.log
  11183973161997 ACTIVE           /data02/oradata/ENTER/redo02.log
  11183973162166 CURRENT          /data03/oradata/ENTER/redo03.log
```

```
SQL >insert into t1 values ( 1, 'ABC', 100 );

1 row created.

SQL >commit;

Commit complete.

SQL >alter system dump logfile '/data03/oradata/ENTER/redo03.log' scn min
      11183973162166;

System altered.
```

결국 red03.log라는 리두 로그 파일에는 insert into t1 values(1, 'ABC',100)이라는 문장에 대한 리두 로그 정보가 기록된다.

●●● oracle 04

리두 레코드 헤더(Redo record header)

Redo record 헤더에는 다음과 같은 리두 로그 전반적인 정보가 저장된다.

```
REDO RECORD - Thread:1 RBA: 0x00001a.0000000e.0044 LEN: 0x0184 VLD: 0x01 CON_UID: 0
SCN: 0x0000.00262b51 SUBSCN:  1 03/25/2016 16:08:07
```

Thread	Thread number	인스턴스의 Thread 번호로서 Non-RAC 인스턴스는 항상 1을 가지며 RAC 인스턴스의 경우는 1, 2…로 설정된다.
RBA	Redo Byte Address	Redo record의 시작 주소(10 Bytes)로서 각각의 Redo record에는 각각의 RBA가 할당된다. 기본 포맷은 아래의 형식을 가진다. <log sequence#>.<redo block>.<offset within the block>
LEN	Length of record in bytes	Redo record의 길이(Hexadecimal)
SCN	System Change/ Commit Number	해당 Redo record가 커밋된 시점에서의 SCN을 의미한다. 총 6 Bytes (SCN Base 4 Bytes + SCN Wrap 2 Bytes)으로 이루어져 있으며 Redo record 헤더에 저장된다.
03/25/ 2016 16:08:07	Date and time of change	변경된 시점

●●● oracle 05

체인지 벡터(Change vector)

체인지 벡터는 하나의 데이터 블록 내에서 발생한 변경 사항에 대한 세부 정보를 저장하며 다음과 같이 Change vector header, Length vector 그리고 Change record 1 ,2 ,3 …으로 구성된다.

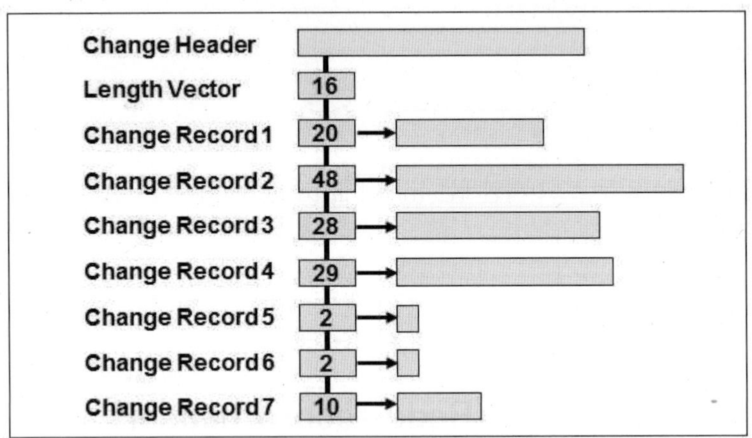

〈체인지 벡터의 구조〉

여기서 중요한 사항은 일반적으로 리두 로그라고 하면 데이터 블록에서의 변경만을 생각하기 쉬운데 오라클의 경우에는 변경 이전 값이 무엇이었는지를 안전하게 보관하고 있어야 할 언두 블록에도 변경 정보를 기록하게 된다는 점을 기억하기 바란다. 그러므로 체인지 벡터 내부에는 Undo header, Undo block, Data segment header 그리고 Data block에 대한 실제 변경 사항들이 저장된다고 생각해야 한다.

그렇다면 체인지 벡터 정보가 생성되는 시점은 과연 언제일까? 체인지 벡터 정보는 데이터가 데이터베이스 버퍼 캐시에서 변경되기 전에 PGA 영역에서 먼저 생성되고 이후에 리두 로그 버퍼로 기록된다. 이미 앞에서 설명한대로 서버 프로세스는 원하는 데이터 블록이 데이터베이스 버퍼 캐시에 존재하는지 확인하고 없는 경우에는 데이터 블록을 복사한 후 데이터베이스 버퍼 캐시로 올리게 된다. 이 때 해당 블록/버퍼는 다른 사용자가 사용하지 못하게 락(Lock)이 걸리게 되고 이후 변경 작업이 시작하면서부터 리두 로그에 저장하기 위해 내부적으로 체인지 벡터를 생성하게 되는 것이다.
다음은 체인지 벡터 헤더에 기록된 정보를 소개한다.

```
CHANGE #3 CON_ID:0 TYP:0 CLS:1 AFN:6 DBA:0x018000dd OBJ:92647 SCN:0x0000.00262b51 SEQ:2
OP:11.2 ENC:0 RBL:0 FLG:0x0000
```

<table>
<tr><td>CHANGE #</td><td>Change vector #</td><td>Change vector 번호로서 특정 Redo record 내에서만 유일한 번호를 가진다.</td></tr>
<tr><td>CON_ID</td><td>Container database ID</td><td>오라클 12c 환경 특히 CDB/PDB 환경의 경우 Container의 식별자로 사용한다.</td></tr>
<tr><td>TYP</td><td>Type</td><td>0-Normal, 1-New block 2-Delayed logging</td></tr>
<tr><td>CLS</td><td>Class</td><td>변경이 발생된 블록이 어떤 Type의 블록인지 알려준다.
예) CLS 1 → 변경된 블록이 데이터 블록임을 의미한다.</td></tr>
<tr><td>AFN</td><td>Absolute File Number</td><td>각각의 데이터 파일에 할당된 Absolute File Number로서 변경이 발생한 데이터 파일 번호를 확인할 수 있다.
v$datafile / v$tempfile 뷰의 file# 컬럼
dba_data_files/dba_temp_file 뷰의 file_id 컬럼
예) AFN:6 → users01.dbf 파일이 변경되었음을 의미한다.
SQL> column name format a50
SQL> select file#, name from v$datafile;
    FILE# NAME
---------- --
        1 /u01/app/oracle/oradata/orcl/system01.dbf
        3 /u01/app/oracle/oradata/orcl/sysaux01.dbf
        4 /u01/app/oracle/oradata/orcl/undotbs01.dbf
        6 /u01/app/oracle/oradata/orcl/users01.dbf</td></tr>
<tr><td>DBA</td><td>Database Block Address</td><td>변경이 발생한 오라클 블록의 주소로서 모든 오라클 블록은 특정 DBA를 가진다. 각각의 블록은 총 4 Bytes 길이의 DBA를 가지는데 위쪽 10 Bit는 Relative file number를 의미하고 아래쪽 22 Bit는 Block number를 의미한다. 다음과 같이 DBA 정보를 통해 변경이 발생한 해당 데이터 파일과 해당 블록 넘버를 찾을 수 있다.
예) DBA = 0x018000dd (Hexadecimal) → Redo_test 라는 테이블에 속한 블록임을 확인할 수 있다.
SQL> set serveroutput on
SQL> DECLARE
        dba_num   NUMBER := TO_NUMBER ('018000dd','XXXXXXXX');
        file_num   NUMBER := DBMS_UTILITY.DATA_BLOCK_ADDRESS_FILE (dba_num);
        block_num   NUMBER := DBMS_UTILITY.DATA_BLOCK_ADDRESS_BLOCK (dba_num);
BEGIN
        DBMS_OUTPUT.PUT_LINE ('File Number : '||file_num);
        DBMS_OUTPUT.PUT_LINE ('Block Number : '||block_num);
END;
/
SQL> File Number : 6
Block Number: 221
이제 어떤 데이터베이스 오브젝트에 변경이 발생한 것인지 오브젝트의 이름을 확인하도록 한다.
SQL> select segment_name
from dba_extents
where file_id = &FILE_ID
and &&BLOCK_ID between block_id and block_id + blocks - 1
and rownum = 1
;
Enter value for file_id: 6
old   3: where file_id = &FILE_ID
new   3: where file_id = 6
Enter value for block_id: 221
old   4: and &&BLOCK_ID between block_id and block_id + blocks - 1
new   4: and 221 between block_id and block_id + blocks - 1

SEGMENT_NAME

REDO_TEST
변경이 발생된 오브젝트가 REDO_TEST라는 테이블임을 알 수 있다.</td></tr>
</table>

OBJ	Object ID	변경이 발생한 데이터베이스 오브젝트의 아이디를 알려준다. 예) OBJ: 92647 → 변경된 오브젝트가 Redo_test 테이블임을 확인할 수 있다. SQL> select owner,object_name,data_object_id from dba_objects 2 where data_object_id =92647; OWNER OBJECT_NAME DATA_OBJECT_ID --------------- ----------- ---------------- SCOTT REDO_TEST 92647
SCN	System Change/Commit Number	System Change/Commit Number를 의미한다. 예) SCN:0x0000.00262b51 (Hexadecimal)→ Decimal로 변환하면 실제 SCN은 2501457임을 확인할 수 있다.
SEQ	Sequence #	동일 SCN 시점에서의 Operation 순서
OP	Operation Code	OP 코드는 내부적으로 어떤 작업이 수행되었는지에 대한 정보를 보여준다. 기본 포맷은 layer.opcode 이다. 예) OP:11.2 → Layer 11 아래의 Opcode 2를 의미한다 (Insert row piece - KDOIRP). 결국 지금 Change vector에 기록된 Operation은 Insert 문장이었다는 사실을 확인할 수 있다.

• **CLS 값 참조 테이블 #1**
(데이터 세그먼트에 대한)

CLS #	의미
1	Data block
2	Sort block
3	Save undo block
4	Segment header
5	Save undo header
6	Free list
7	Extent map
8	1st level bitmap block
9	2nd level bitmap block
10	3rd level bitmap block
11	Bitmap block
12	Bitmap index block
13	File header block
14	Unused
15	System undo block
16	System undo block
17	Undo header
18	Undo block

• **CLS 값 참조 테이블 #2**
(언두 세그먼트에 대한)

Undo segment	Undo header	Undo block
1	17	18
2	19	20
3	21	22
4	23	24
5	25	26
6	27	28
7	29	30
8	31	32
9	33	34
10	35	36
.....	.....	.....

• OP 값 참조 테이블

다음은 Layer 와 Sub operation code 리스트를 보여준다.

```
Layer 1    : Transaction Control - KCOCOTCT
Opcode 1   : KTZ ForMaT block - KTZFMT
Opcode 2   : Transaction Z Redo Data Header - KTZRDH
Opcode 3   : KTZ Allocate Record Callback - KTZARC
Opcode 4   : KTZ REPlace record value - KTZREP
Opcode 5   : KTZ Undo for RePlace - KTZURP
Layer 2    : Transaction Read - KCOCOTRD
Layer 3    : Transaction Update - KCOCOTUP
Layer 4    : Transaction Block - KCOCOTBK [ktbcts.h]
Opcode 1   : Block cleanout opcode - KTBOPCLN
Opcode 2   : physical cleanout opcode - KTBPHCLN
Opcode 3   : single array change - KTBSARC
Opcode 4   : Multiple changes to an array - KTBMARC
Opcode 5   : format block - KTBOPFMB
Opcode 6   : commit-time block cleanout opcode - KTBOPBCC
Opcode 7   : ITL cleanout callback - KTBOPCLNL
Opcode 8   : Transaction Block Redo Block Commit Cleanout - KTBOPBCCL
Layer 5    : Transaction Undo - KCOCOTUN [ktucts.h]
Opcode 1   : Undo block or undo segment header - KTURDB
Opcode 2   : Update rollback segment header - KTURDH
Opcode 3   : Rollout a transaction begin - KTURBG
Opcode 4   : Commit transaction (transaction table update) - KTURCM - no undo record
Opcode 5   : Create rollback segment (format) - no undo record - KTUFMT
Opcode 6   : Rollback record index in an undo block - KTUIRB
Opcode 7   : Begin transaction (transaction table update) - KTUUBG
Opcode 8   : Mark transaction as dead - KTURMR
Opcode 9   : Undo routine to rollback the extend of a rollback segment - KTUUAE
Opcode 10  : Redo to perform the rollback of extend of rollback segment - KTUREH
             to the segment header.
Opcode 11  : Rollback DBA in transaction table entry - KTUBRB
Opcode 12  : Change transaction state (in transaction table entry) - KTURST
Opcode 13  : Convert rollback segment format (V6 -> V7) - KTURCT
Opcode 14  : Change extent allocation parameters in a rollback segment - KTURUC
Opcode 15  : Undo Redo ConverT transaction table - KTURCTS
Opcode 16  : KTU - Redo for ConverT to Unlimited extents format - KTURCTU
Opcode 17  : KTU Redo - Convert for extent Move in extent map in - KTURCTM
              unlimited format to segment header
Opcode 18  : Transaction Undo segment Redo set Parent Xid - KTURPX
Opcode 19  : Transaction start audit log record - KTUTSL
Opcode 20  : Transaction continue audit log record - KTUTSC
Opcode 21  : Transaction Control Redo ConverT undo seg Down to 8.0 format- KTURCVD
Opcode 22  : Transaction Redo - PHysical Changes - KTURPHC
Opcode 23  : Disable Block level Recovery - KTURDBR
Opcode 24  : Kernel Transaction Undo Relog CHanGe - KTURLGU
```

```
Opcode 25   : Join sub Transaction - KTURJT
Opcode 26   : Undo STopper undo callback - KTUUST
Opcode 27   : Transaction Control System Managed us Format - KTUSMFMT
Opcode 28   : Undo Need To Propagate - KTUUNTP  askmaclean.com
Opcode 29   : big undo - KTUBDB
Opcode 30   : change ondisk state for a distributed transaction - KTURCDTS
Opcode 31   : Flashback Archive Txn Table Redo Callback - KTUFATTRC
Opcode 32   : Flashback Archive Txn Table Redo Set - KTUFATTRS
Opcode 33   : change notification commit marker - KTUCHNF
Opcode 34   : NTP bit for change notfn - KTUQCNTTRC
Opcode 35   : Flashback Archive Collect Txn Table Redo Set - KTUFACTTRS
Layer 6     : Control File - KCOCODCF [tbs.h]
Opcode 1    : TaBleSpace Remove DataFile - TBSCRDF
Opcode 2    : TaBleSpace Add DataFile - TBSCADF
Opcode 3    : TaBleSpace OFfLine - TBSCOFL
Opcode 4    : TaBleSpace ONLine - TBSCONL
QREF: REDO Opcode - Quick Reference (Doc ID 29733.1) To Bottom
Modified: 01-May-2013 Type: REFERENCE Status: PUBLISHED [ INTERNAL ] Priority: 3 (7)
Knowledge Authoring HealthPlan KM Reports Keyword Dictionary RCA Search Knowledge
Base (Beta) Advanced
Opcode 4    : TaBleSpace ONLine - TBSCONL
Opcode 5    : TaBleSpace ReaD-Write - TBSCRDW
Opcode 6    : TaBleSpace ReaD-Only - TBSCRDO
Opcode 7    : TaBleSpace Remove TableSpace - TBSCRTS
Opcode 8    : TaBleSpace Add TableSpace - TBSCATS
Opcode 9    : TaBleSpace Undo TsPitr - TBSCUTP
Opcode 10   : TaBleSpace undo plugged datafile convert - TBSCUCV
Opcode 11   : Tablespace Undo Rename - TBSCREN
Layer 10    : INDEX - KCOCODIX [kdi.h]
Opcode 1    : load index block (Loader with direct mode) - KDICPDO
Opcode 2    : Insert leaf row - KDICLIN
Opcode 3    : Purge leaf row - KDICLPU
Opcode 4    : Mark leaf row deleted - KDICLDE
Opcode 5    : Restore leaf row (clear leaf delete flags) - KDICLRE
Opcode 6    : Lock index block - KDICLOK
Opcode 7    : Unlock index block - KDICULO
Opcode 8    : Initialize new leaf block - KDICLNE
Opcode 9    : Apply Itl Redo - KDICAIR
Opcode 10   : Set leaf block next link - KDICLNX
Opcode 11   : Set leaf block previous link - KDICLPR
Opcode 12   : Init root block after split - KDICRSP
Opcode 13   : Make leaf block empty - KDICLEM
Opcode 14   : Restore block before image - KDICIMA
Opcode 15   : Branch block row insert - KDICBIN
Opcode 16   : Branch block row purge - KDICBPU
Opcode 17   : Initialize new branch block - KDICBNE
Opcode 18   : Update keydata in row - KDICLUP
```

```
Opcode 19   : Clear row's split flag - KDICLCL
Opcode 20   : Set row's split flag - KDICLSE
Opcode 21   : General undo above the cache (undo) - KDICUGE
Opcode 22   : Undo operation on leaf key above the cache (undo) - KDICULK
Opcode 23   : Restore block to b-tree - KDICREB
Opcode 24   : Shrink ITL (transaction entries) - KDICSIT
Opcode 25   : Format root block redo - KDICFRB
Opcode 26   : Undo of format root block (undo) - KDICUFB
Opcode 27   : Redo for undo of format root block - KDICUFR
Opcode 28   : Undo for migrating block - KDICUMG
Opcode 29   : Redo for migrating block - KDICMG
Opcode 30   : IOT leaf block nonkey update - KDICLNU
Opcode 31   : Direct load root redo - KDICDLR
Opcode 32   : Combine operation for insert and restore rows - KDICCOM
Opcode 33   : Temp index redo apply - KDICTIX  askmaclean.com
Opcode 34   : Remove block from b-tree and empty block - KDICFRE
Opcode 35   : - KDICLCU
Opcode 36   : Supplemental logging - KDICLMN
Opcode 37   : Undo of non-key updates - KDICULN
Opcode 38   : Logical non-key update - KDICICU
Opcode 39   : Branch update range - KDICBUR
Opcode 40   : Branch DBA update - KDICBDU
Layer 11    : Row Access - KCOCODRW [kdocts.h]
Opcode 1    : Interpret Undo Record (Undo) - KDOIUR
Opcode 2    : Insert Row Piece - KDOIRP
Opcode 3    : Drop Row Piece - KDODRP
Opcode 4    : Lock Row Piece - KDOLKR
Opcode 5    : Update Row Piece - KDOURP
Opcode 6    : Overwrite Row Piece - KDOORP
Opcode 7    : Manipulate First Column (add or delete the 1st column) - KDOMFC
Opcode 8    : Change Forwarding address - KDOCFA
Opcode 9    : Change the Cluster Key Index - KDOCKI
Opcode 10   : Set Key Links- KDOSKL
Change the forward & backward key links on a cluster key
Opcode 11   : Quick Multi-Insert (ex: insert as select ...) - KDOQMI
Opcode 12   : Quick Multi-Delete - KDOQMD
Opcode 13   : Toggle Block Header flags - KDOTBF
Opcode 14   : KDODSC
Opcode 15   : KDOMBC
Opcode 16   : Logminer support - RM for rowpiece with only logminer columns - KDOLMN
Opcode 17   : Logminer support - RM for LOB id key information - KDOLLB
Opcode 18   : Logminer support - RM for LOB operation errors - KDOLBE
Opcode 19   : Logminer support - array updates - KDOURA
Opcode 20   : Logminer support - KDOSHK
Opcode 21   : Logminer support - KDOURP2
Opcode 22   : Logminer support - KDOCMP
Opcode 23   : Logminer support - KDODCU
```

```
Opcode 24   : Logminer support - KDOMRK
Opcode 25   : Logminer support - KDOAIR
Layer 12    : Cluster - KCOCODCL [?]
Layer 13    : Transaction Segment - KCOCOTSG [ktscts.h]
Opcode 1    : Data Segment Format - KTSDSF
Opcode 2    : format free list block - KTSFFB
Opcode 3    : redo for convert to unlimited extents format - KTSRCTU
Opcode 4    : fix segment header by moving its extent to ext 0 - KTSRFSH
Opcode 5    : format data block - KTSFRBFMT
Opcode 6    : set link value on block - KTSFRBLNK
Opcode 7   : freelist related fgroup/segheader redo - KTSFRGRP
Opcode 8   : freelist related fgroup/segheader undo - KTSFUGRP
Opcode 9   : undo for linking block to xnt freelist - KTSFUNLK
Opcode 10 : BITMAP - format segment header - KTSBSFO
Opcode 11 : BITMAP - format bitmap block - KTSBBFO
Opcode 12 : BITMAP - format bitmap index block - KTSBIFO
Opcode 12 : BITMAP - format bitmap index block - KTSBIFO
Opcode 13 : BITMAP - redo for bmb - KTSBBREDO
Opcode 14 : BITMAP - undo for BMB - KTSBBUNDO
Opcode 15 : BITMAP - redo for index map - KTSBIREDO
Opcode 16 : BITMAP - undo for index map - KTSBIUNDO
Opcode 17 : Bitmap Seg - format segment Header - KTSPHFO
Opcode 18 : Bitmap Seg - format First level bitmap block - KTSPFFO
Opcode 19 : Bitmap Seg - format Second level bitmap block - KTSPSFO
Opcode 20 : Bitmap Seg - format Third level bitmap block - KTSPTFO
Opcode 21 : Bitmap Seg - format data block - KTSPBFO
Opcode 22 : Bitmap Seg - Redo for L1 bmb - KTSPFREDO
Opcode 23 : Bitmap Seg - Undo for L1 BMB - KTSPFUNDO
Opcode 24 : Bitmap Seg - Redo for L2 bmb - KTSPSREDO
Opcode 25 : Bitmap Seg - Undo for L2 BMB - KTSPSUNDO
Opcode 26 : Bitmap Seg - Redo for L3 bmb - KTSPTREDO
Opcode 27 : Bitmap Seg - Undo for L3 BMB - KTSPTUNDO
Opcode 28 : Bitmap Seg - Redo for pagetable segment header block - KTSPHREDO
Opcode 29 : Bitmap Seg - Undo for pagetable segment header block - KTSPHUNDO
Opcode 30 : Bitmap Seg - format L1 BMB for LOB segments - KTSPLBFFO
Opcode 31 : Bitmap Seg - Shrink redo for L1 - KTSKFREDO
Opcode 32 : Bitmap Seg - Shrink redo for segment header - KTSKHREDO
Opcode 33 : Bitmap Seg - Shrink redo for extent map blk - KTSKEREDO
Opcode 34 : Bitmap Seg - Shrink undo for segment header - KTSKHUNDO
Opcode 35 : Bitmap Seg - Shrink undo for L1 - KTSKFUNDO
Opcode 36 : Bitmap Seg shrink related - KTSKSREDO
Opcode 37 : Bitmap Seg shrink related - KTSKSUNDO
Opcode 38 : Bitmap Seg shrink related - KTSKTREDO
Opcode 39 : Bitmap Seg shrink related - KTSKTUNDO
Opcode 40 : Bitmap Seg - Shrink redo for extent map blk - KTSKEUNDO
Opcode 41 : NGLOB format opcode Extent Header - KTSLEFREDO
Opcode 42 : NGLOB format opcode Persistent Undo - KTSLPFREDO
```

```
Opcode 43 : NGLOB format opcode Hash bucket - KTSLHFREDO
Opcode 44 : NGLOB format opcode Free SPace - KTSLFFREDO
Opcode 45 : NGLOB format opcode Segment Header - KTSLSFREDO
Opcode 46 : NGLOB format opcode data block - KTSLBFREDO
Opcode 47 : NGLOB block update Extent Header redo - KTSLEUREDO
Opcode 48 : NGLOB block update Extent Header undo - KTSLEUUNDO
Opcode 49 : NGLOB block update Hash Bucket redo - KTSLHUREDO
Opcode 50 : NGLOB block update Hash Bucket undo - KTSLHUUNDO
Opcode 51  : NGLOB block update Free Space redo - KTSLFUREDO
Opcode 52  : NGLOB block update Free Space undo - KTSLFUUNDO
Opcode 53  : NGLOB block update Persistent Undo redo - KTSLPUREDO
Opcode 54  : NGLOB block update Persistent Undo undo - KTSLPUUNDO
Opcode 55  : NGLOB block update Segment Header redo - KTSLSUREDO
Opcode 56  : NGLOB block update Segment Header undo - KTSLSUUNDO
Layer 14   : Transaction Extent - KCOCOTEX [kte.h]
Opcode 1   : Unlock Segment Header - KTECUSH
Opcode 2   : Redo set extent map disk LocK - KTECRLK
Opcode 3   : redo for conversion to unlimited format - KTEFRCU
Opcode 4   : extent operation redo - KTEOPEMREDO
Opcode 5   : extent operation undo - KTEOPEUNDO
Opcode 6   : extent map format redo - KTEOPEFREDO
Opcode 7   : redo - KTECNV
Opcode 8   : undo for truncate ops, flush the object - KTEOPUTRN
Opcode 9   : undo for reformat of a ctl block - KTEFUCTL
Opcode 10  : redo to facilitate above undo - KTEFRCTL
Opcode 11  : redo to clean xids in seghdr/fgb - KTECRCLN
Opcode 12  : SMU-Retention: Redo to propagate extent commit time - KTEOPRPECT
Layer 15   : Table Space - KCOCOTTS [ktt.h]
Opcode 1   : format save undo header - KTTFSU
Opcode 2   : add save undo record - KTTSUN
Opcode 3   : move to next block - KTTNBK
Opcode 4   : point to next save undo record - KTTNAS
Opcode 5   : update saveundo blk during save undo application - KTTUSB
Layer 16   : Row Cache - KCOCOQRC
Layer 17   : Recovery (REDO) - KCOCORCV [kcv.h]
Opcode 1   : End Hot Backup - KCVOPEHB
This operation clears the hot backup
in-progress flags in the indicated list of files
Opcode 2   : ENable Thread - KCVOPENT
This operation creates a redo record
signalling that a thread has been enabled
Opcode 3    : Crash Recovery Marker - KCVOPCRM
Opcode 4    : ReSiZeable datafiles - KCVOPRSZ
Opcode 5    : tablespace ONline - KCVOPONL
Opcode 6    : tablespace OFFline - KCVOPOFF
Opcode 7    : tablespace ReaD Write - KCVOPRDW
Opcode 8    : tablespace ReaD Only - KCVOPRDO
```

```
Opcode 9   : ADDing datafiles to database - KCVOPADD
Opcode 10  : tablespace DRoP - KCVOPDRP
Opcode 11  : Tablespace PitR - KCVOPTPR
Opcode 12  : PLUgging datafiles to database - KCVOPPLG_PRE10GR2
Opcode 13  : convert plugged in datafiles - KCVOPCNV
Opcode 14  : ADding dataFiles to database - KCVOPADF_PRE10GR2
Opcode 15 : heart-beat redo - KCVOPHBR
Opcode 16 : tablespace rename - KCVOPTRN
Opcode 17 : ENable Thread - KCVOPENT_10GR2
Opcode 18 : tablespace ONline - KCVOPONL_10GR2
Opcode 19 : tablespace OFFline - KCVOPOFF_10GR2
Opcode 20 : tablespace ReaD Write - KCVOPRDW_10GR2
Opcode 21 : tablespace ReaD Only - KCVOPRDO_10GR2
Opcode 22 : PLUgging datafiles to db - KCVOPPLG_10GR2
Opcode 23 : ADding dataFiles to database - KCVOPADF_10GR2
Opcode 24 : convert plugged in datafiles - KCVOPCNV_10GR2
Opcode 25 : Tablespace PitR - KCVOPTPR_10GR2
Opcode 26 : for file drop in tablespace - KCVOPFDP
Opcode 27 : for internal thread enable - KCVOPIEN
Opcode 28 : readable standby metadata flush - KCVOPMFL
Opcode 29 : database key creation (after bumping compatible to 11g) - KCVOPDBK
Opcode 30 : ADding dataFiles to database - KCVOPADF
Opcode 31 : PLUgging datafiles to db - KCVOPPLG
Opcode 32 : for modifying space header info - KCVOPSPHUPD
Opcode 33 : TSE Masterkey Rekey - KCVOPTMR
Layer 18 : Hot Backup Log Blocks - KCOCOHLB [kcb.h] / [kcb2.h]
Opcode 1 : Log block image - KCBKCOLB
Opcode 2 : Recovery testing - KCBKCORV
Opcode 3 : Object/Range reuse - KCBKCOREU
Layer 19 : Direct Loader Log Blocks - KCOCODLB [kcbl.h]
Opcode 1 : Direct block logging - KCBLCOLB
Opcode 2 : Invalidate range - KCBLCOIR
Opcode 3 : Direct block relogging - KCBLCRLB
Opcode 4 : Invalidate range relogging - KCBLCRIR
Layer 20 : Compatibility Segment operations - KCOCOKCK [kck.h]
Opcode 1 : Format compatibility segment - KCKFCS
Opcode 2 : Update compatibility segment - KCKUCS
Opcode 3 : Update Root Dba in controlfile and file header 1 - KCKURD
Opcode 4 : Set bit in a SQL Tuning Existence Bit Vector - KCK_INV_SQL_SIG
Opcode 5 : Invalidate an SQL Statement by Signature - KCK_INV_SQL_SIG
Opcode 6 : Unauthorize cursors after sys privilege revoke - KCK_UNAUTH_CUR
Layer 21 : LOB segment operations - KCOCOLFS [kdl2.h]
Opcode 1 : Write data into ILOB data block - KDLOPWRI
Layer 22 : Tablespace bitmapped file operations - KCOCOTBF [ktfb.h]
Opcode 1 : format space header - KTFBHFO
Opcode 2 : space header generic redo - KTFBHREDO
Opcode 3 : space header undo - KTFBHUNDO
```

```
Opcode 4 : space bitmap block format - KTFBBFO
Opcode 5 : bitmap block generic redo - KTFBBREDO
Layer 23 : write behind logging of blocks - KCOCOLWR [kcbb.h]
Opcode 1 : Dummy block written callback - KCBBLWR
Opcode 2  : log reads - KCBBLRD
Opcode 3  : log DirectWrites - KCBBLDWR
Layer 24  : Logminer related (DDL or OBJV# redo) - KCOCOKRV [krv0.h]
Opcode 1  : common portion of the ddl - KRVDDL
Opcode 2  : direct load redo - KRVDLR
Opcode 3  : lob related info - KRVLOB
Opcode 4  : misc info - KRVMISC
Opcode 5  : user info - KRVUSER
Opcode 6  : direct load redo 10i - KRVDLR10
Opcode 7  : logminer undo opcode - KRVUOP
Opcode 8  : xmlredo - doc or dif - opcode - KRVXML
Opcode 9  : PL/SQL redo - KRVPLSQL
Opcode 10 : Uniform Redo Unchained - KRVURU
Opcode 11 : txn commit marker - KRVCMT
Opcode 12 : supplog marker - KRVCFF
Layer 25  : Queue Related - KCOCOQUE [kdqs.h]
Opcode 1  : undo - KDQSUN
Opcode 2  : init - KDQSIN
Opcode 3  : enqueue - KDQSEN
Opcode 4  : update - KDQSUP
Opcode 5  : delete - KDQSDL
Opcode 6  : lock - KDQSLK
Opcode 7  : min/max - KDQSMM
Layer 26  : Local LOB Related - KCOCOLOB [kdli3.h]
Opcode 1  : generic lob undo - KDLIRUNDO
Opcode 2  : generic lob redo - KDLIRREDO
Opcode 3  : lob block format redo - KDLIRFRMT
Opcode 4  : lob invalidation redo - KDLIRINVL
Opcode 5  : lob cache-load redo - KDLIRLOAD
Opcode 6  : direct lob direct-load redo - KDLIRBIMG
Opcode 7  : dummy calibration redo - KDLIRCALI
Layer 27  : Block Change Tracking - KCOCOBCT [krc2.h]
Opcode 1  : op-code for bitmap switch - KRCPBSW
```

●●● oracle 06

체인지 벡터에 기록된 체인지 레코드(Change record)

다음은 체인지 벡터 내부에 저장된 체인지 레코드 내용을 덤프 파일로부터 확인하는 과정을 보여준다.

```
CHANGE #3 CON_ID:0 TYP:0 CLS:1 AFN:6 DBA:0x018000dd OBJ:92647 SCN:0x0000.00262b51 SEQ:2
OP:11.2 ENC:0 RBL:0 FLG:0x0000
####################################################################
여기부터 Change record의 시작으로 실제로 변경된 내역이 기록된다.
####################################################################
KTB Redo
op: 0x01  ver: 0x01
compat bit: 4 (post-11) padding: 1
op: F  xid:  0x0009.015.00000698    uba: 0x010001ac.00f6.19
KDO Op code: IRP row dependencies Disabled
  xtype: XA flags: 0x00000000  bdba: 0x018000dd  hdba: 0x018000da
itli: 1  ispac: 0  maxfr: 4858
tabn: 0 slot: 0(0x0) size/delt: 11
fb: --H-FL-- lb: 0x1  cc: 2
null: --
col  0: [ 2]  c1 02
col  1: [ 4]  43 48 4f 49
```

<table>
<tr>
<td>XID</td>
<td>Transac
tion
ID</td>
<td>트랜잭션 아이디로서 XID는 8 Bytes의 길이로 구성된다.
XID는 트랜잭션을 구분하는 구분자로 주로 사용되지만 해당 트랜잭션과 관련된 언두 헤더 블록, 언두 블록 및 데이터 블록에 대한 정보를 연결하기 위한 고리로써도 사용된다. 그리고 한가지 중요한 점은 임의의 트랜잭션이 시작하려면 언두 헤더 블록 내의 트랜잭션 슬롯을 할당받는 것이 선행되어야 한다는 점이다.
결국 변경 작업이 시작되기 전에 변경 이전 값을 저장할 공간을 미리 할 받아야만 한다는 의미이다.
xid: 0x0009.015.00000698 → Decimal로 변환하면 9.21.1688
트랜잭션이 사용중인 Undo segment number (USN) (0x0009)
→ Decimal로 변환하면 9 → _SYSSMU9_3739287458$ 세그먼트를 의미한다.
SQL> column segment_name format a40
SQL> select segment_id,segment_name from dba_rollback_segs;

SEGMENT_ID SEGMENT_NAME
---------- --
         0 SYSTEM
        10 _SYSSMU10_4058727488$
         9 _SYSSMU9_3739287458$
         8 _SYSSMU8_1462975257$
         7 _SYSSMU7_2435451351$
         6 _SYSSMU6_3167659685$
         5 _SYSSMU5_750802473$
         4 _SYSSMU4_4250244621$
         3 _SYSSMU3_3285411314$</td>
</tr>
</table>

		2 _SYSSMU2_1582804868\$ 1 _SYSSMU1_2326716099\$ Undo segment header에 저장된 Transaction table slot (015) → Decimal로 변환하면 21 시퀀스 넘버(00000698) → Decimal로 변환하면 1688

UBA	Undo Block Address	변경된 언두 블록의 주소로서 UBA는 7 Bytes의 길이로 구성된다.
		uba:0x010001ac.00f6.19 → Decimal로 변환하면 16777644.246.25
		언두 블록의 DBA (0x010001ac) → Decimal로 변환하면 16777644
		DECLARE
		    l_dba NUMBER := TO_NUMBER ('010001ac','XXXXXXXX');
		    l_file NUMBER := DBMS_UTILITY.DATA_BLOCK_ADDRESS_FILE (l_dba);
		    l_block NUMBER := DBMS_UTILITY.DATA_BLOCK_ADDRESS_BLOCK (l_dba);
		BEGIN
		    DBMS_OUTPUT.PUT_LINE ('File : '||l_file);
		    DBMS_OUTPUT.PUT_LINE ('Block : '||l_block);
		END;
		File : 4
		Block : 428
		SQL> column name format a50
		SQL> select file#, name from v\$datafile;
		  FILE# NAME
		---------- --
		    1 /u01/app/oracle/oradata/orcl/system01.dbf
		    3 /u01/app/oracle/oradata/orcl/sysaux01.dbf
		    4 /u01/app/oracle/oradata/orcl/undotbs01.dbf
		    6 /u01/app/oracle/oradata/orcl/users01.dbf
		SQL> @check_FileNumber_BlockNumber.sql
		File Number : 6
		Block Number : 221
		
		PL/SQL procedure successfully completed.
		
		SQL> @check_block_id_table_name.sql
		Enter value for file_id: 4
		old 3: where file_id = &FILE_ID
		new 3: where file_id = 4
		Enter value for block_id: 428
		old 4: and &&BLOCK_ID between block_id and block_id + blocks - 1
		new 4: and 428 between block_id and block_id + blocks - 1
		
		SEGMENT_NAME
		-------------------------------- 	
		_SYSSMU9_3739287458\$
		
		이처럼 XID가 참조하던 언두 세그먼트 이름과 동일함을 확인할 수 있다.
		시퀀스 넘버(00f6) → Decimal로 변환하면 246
		언두 블록 내부의 레코드 넘버(19) → Decimal로 변환하면 25

KDO Op code: IRP	Mnemonic 코드: IRP → Insert 문장이(Insert single row) 실행되었음을 확인할 수 있다(아래 표 참조).
tabn: 0 slot: 0 (0x0) size/delt: 11	Slot 0를 사용 중임을 확인할 수 있다. 블록 헤더에 저장되어 있는 로우 디렉토리(Row directory) 내부의 트랜잭션 슬롯 번호(Transaction slot number)를 의미한다.
col 1: [4] 43 48 4f 49	col 1: [4] 43 48 4f 49 → CHOI 라는 값이 Insert된 것을 확인할 수 있다(Hex to string converter 사용).

• Mnemonic(약자) 정보를 포함하는 Opcode

Op code	약 자	설 명
11.2	IRP	Insert single row
11.3	DRP	Delete single row
11.4	LKR	Lock row
11.5	URP	Update row
11.6	ORP	Chained row
11.9	CKI	Cluster key index
11.10	SKL	Set cluster key pointers
11.11	QMI	Insert multiple rows
11.12	QMD	Delete multiple rows

●●● oracle 07

트랜잭션 수행에 따른 리두/언두 발생

트랜잭션이 발생하는 경우 내부적으로 리두 로그와 언두 측면에서 어떤 과정이 진행되는지 살펴보도록 하자.

```
SQL> create table t1
  2  (c1 number(2),
  3  c2 number(3));
Table created.
SQL> insert into t1 values (1,100);
1 row created.
SQL>  insert into t1 values (2,200);
1 row created.
SQL> commit;
Commit complete.
SQL> select c1,c2 from t1;
        C1         C2
---------- ----------
         1        100
         2        200
```

현재 t1 테이블에는 두 개의 로우 데이터가 저장되어 있는 상태이다. 이제 이들에 대한 Update 문장을 실행하고 내부적으로 발생되는 리두 로그와 언두에 대해서 이해하도록 하자. 그리고 데이터 블록과 언두 블록은 현재 데이터베이스 버퍼 캐시 영역에 올라와 있는 상태라고 가정한다. 아래 모든 과정은 일단 메모리 내에서 발생하는 상황이라고 이해하면 된다.

Statements

Redo Logs

Undo Header

SLOT	STATUS	
0		

Undo Block

Data Block

SLOT	C1	C2
0	1	100
1	2	200

Step1) 다음의 Update 문장을 실행하여 c1이 1인 로우에 대해 c2 컬럼값을 100에서 101로 변경한다.

```
UPDATE t1
SET c2 = 101
WHERE c1 = 1;
```

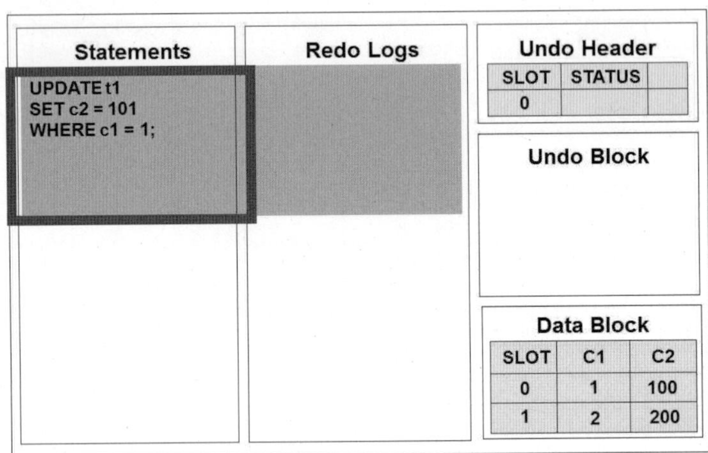

Step2) Update 문장이 실행되면 가장 먼저 리두 로그에 언두 헤더 블록의 트랜잭션 슬롯(Slot)의 상태(Status)가 10으로 변경됨을 기록한다.

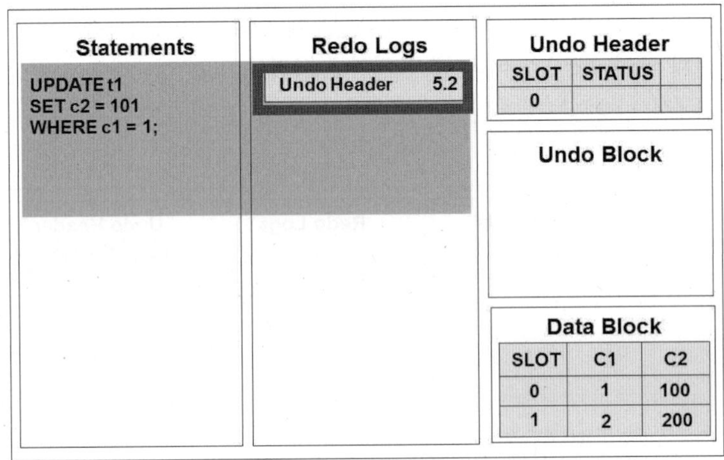

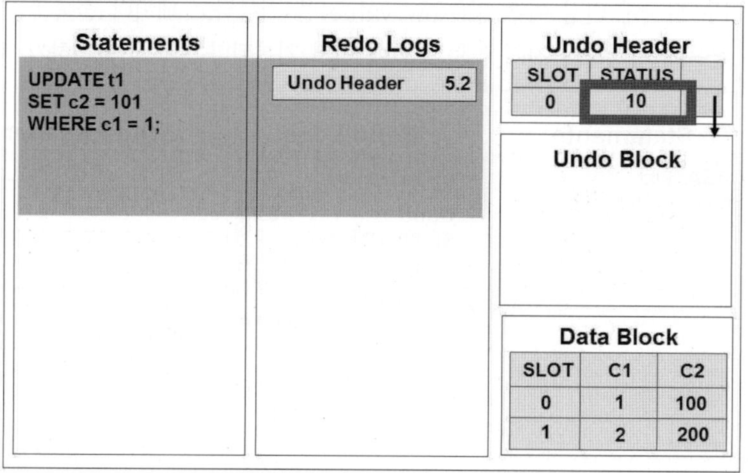

Step3) 이제 리두 로그에 변경 이전 값(Old value)을 기록하고 언두 블록에 변경 이전 값을 저장한다. 언두 블록에 저장하기 전에 리두 로그에 먼저 기록된다는 점에 유의하기 바란다.

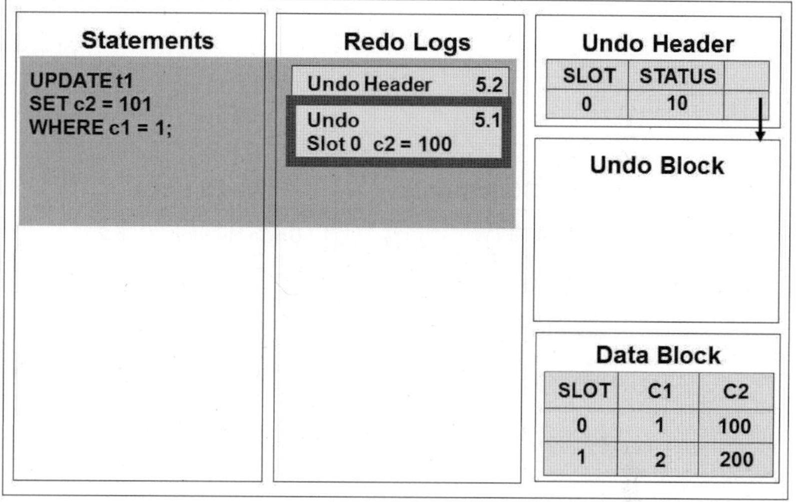

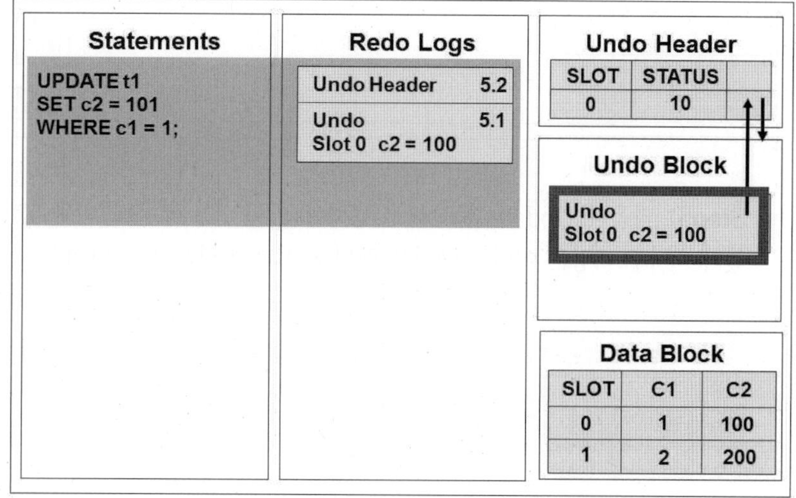

Step4) 이제 리두 로그에 변경 이후 값(New value)을 기록하고 데이터 블록에 변경 이후 값을 저장한다. 데이터 블록에 저장하기 전에 리두 로그에 먼저 기록된다는 점에 유의하기 바란다.

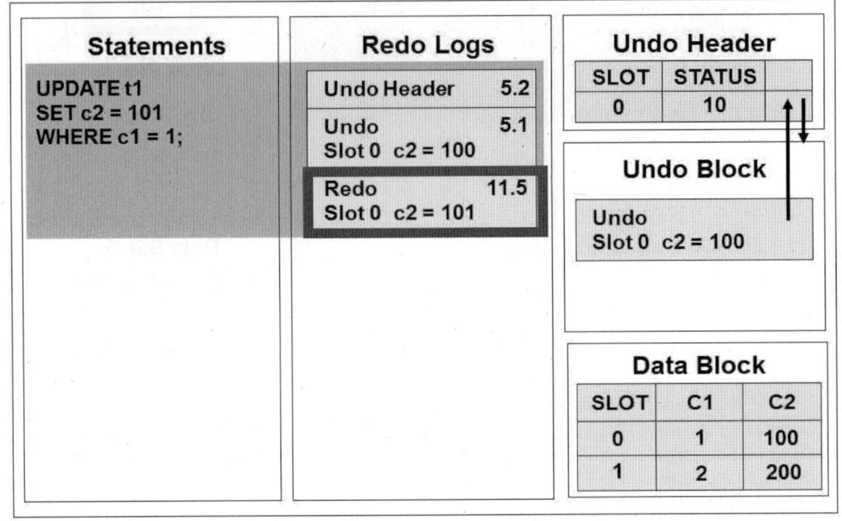

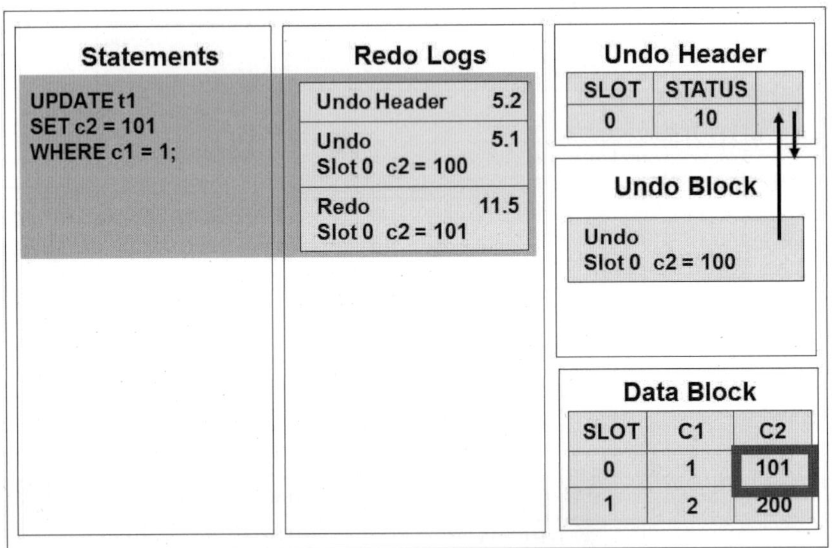

Step5) 다음의 Update 문장을 실행하여 c1이 2인 로우에 대해 c2 컬럼값을 200에서 201로 변경한다. 이후 과정은 이미 앞에서 진행된 과정과 동일하게 진행된다.

```
UPDATE t1
SET c2 = 201
WHERE c1 = 2;
```

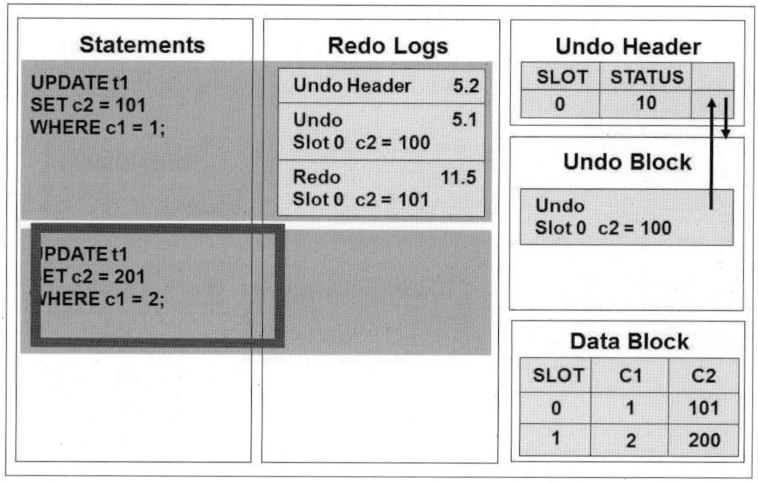
Statements
UPDATE t1
SET c2 = 101
WHERE c1 = 1;
PDATE t1
ET c2 = 201
HERE c1 = 2;
Redo Logs
Undo Header 5.2
Undo 5.1
Slot 0 c2 = 100
Redo 11.5
Slot 0 c2 = 101
Undo Header
SLOT STATUS
0 10
Undo Block
Undo
Slot 0 c2 = 100
Data Block
SLOT C1 C2
0 1 101
1 2 200

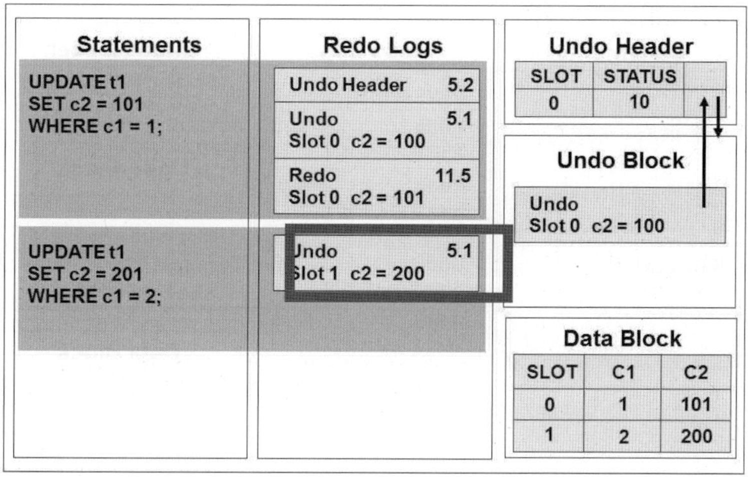
Statements
UPDATE t1
SET c2 = 101
WHERE c1 = 1;
UPDATE t1
SET c2 = 201
WHERE c1 = 2;
Redo Logs
Undo Header 5.2
Undo 5.1
Slot 0 c2 = 100
Redo 11.5
Slot 0 c2 = 101
Jndo 5.1
Slot 1 c2 = 200
Undo Header
SLOT STATUS
0 10
Undo Block
Undo
Slot 0 c2 = 100
Data Block
SLOT C1 C2
0 1 101
1 2 200

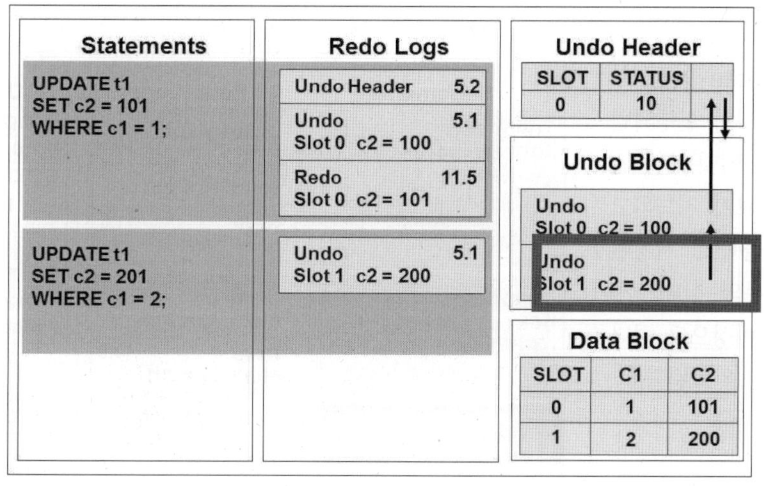
Statements
UPDATE t1
SET c2 = 101
WHERE c1 = 1;
UPDATE t1
SET c2 = 201
WHERE c1 = 2;
Redo Logs
Undo Header 5.2
Undo 5.1
Slot 0 c2 = 100
Redo 11.5
Slot 0 c2 = 101
Undo 5.1
Slot 1 c2 = 200
Undo Header
SLOT STATUS
0 10
Undo Block
Undo
Slot 0 c2 = 100
Jndo
Slot 1 c2 = 200
Data Block
SLOT C1 C2
0 1 101
1 2 200

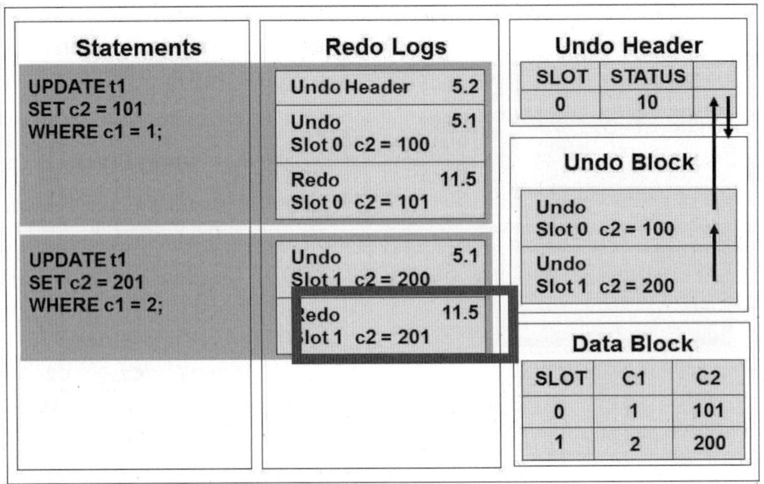

Step6) 커밋 실행

두 개의 Update 문장 실행에 대한 커밋이 실행되면 리두 로그에 커밋 관련된 리두 로그 정보가 기록되고 언두 헤더 블록에 저장된 트랜잭션 슬롯의 상태가 9로 변경되며 이상으로 하나의 트랜잭션이 완료된다.

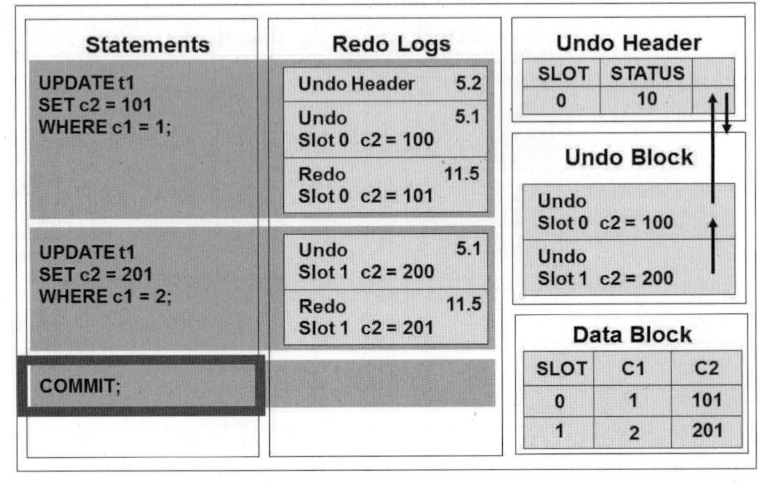

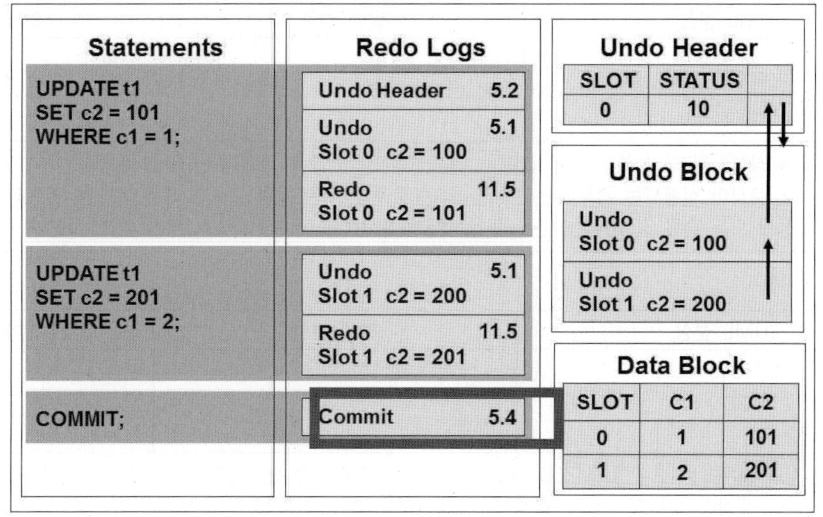

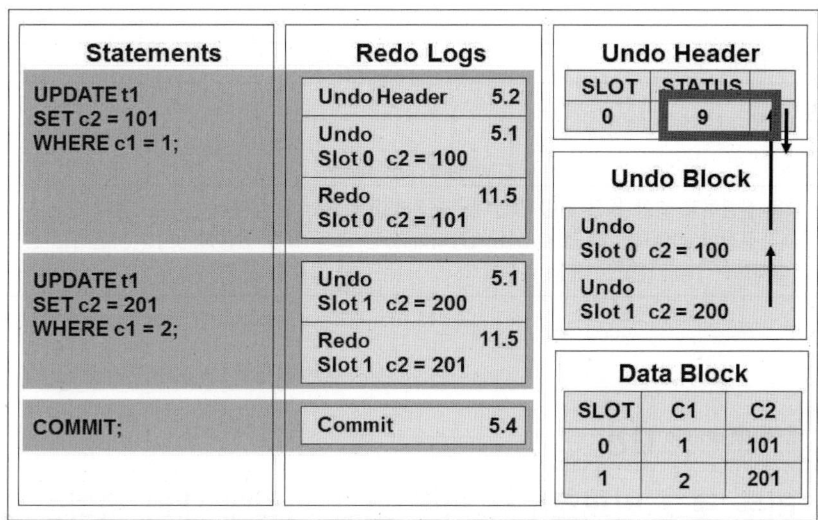

지금까지의 과정을 통해 데이터베이스에 트랜잭션이 실행되는 경우 (예를 들어 Update 문장) 내부적으로 "변경 기록" 정보가 생성되는데 이는 리두 로그와 언두 관련 정보가 모두 포함된다는 사실을 확인할 수 있었다.

다음은 Update 문장을 포함한 기본적인 DML 문장 실행에 따른 리두와 언두 발생에 대해 개괄적으로 소개한 것이다.

<table>
<tr><th>DML 문장</th><th>발생 언두</th><th>발생 리두</th></tr>
<tr><td>Insert into scott.redo_test
Values (1, 'CHOI');</td><td>Delete row 1</td><td>Row 1
eid=1
ename := 'CHOI'</td></tr>
<tr><td colspan="3">Insert 문장을 실행하게 되면 특정 컬럼 값만 Insert되지 않고 로우 전체가 Insert 된다.
이처럼 Insert 문장이 실행되는 경우에는 Insert되는 로우의 모든 컬럼 값들이 리두 로그에 기록되고 언두 블록에는 Insert되기 전의 모든 컬럼 값(사실상 널값)들을 저장하게 된다.</td></tr>
</table>

<table>
<tr><th>DML 문장</th><th>발생 언두</th><th>발생 리두</th></tr>
<tr><td>UPDATE scott.redo_test
SET ename = 'LEE'
WHERE eid = 1;</td><td>Row 1
ename := 'CHOI'</td><td>Row 1
ename := 'LEE'</td></tr>
<tr><td colspan="3">Update 문장의 경우에는 모든 컬럼 값을 Update 할 수도 있지만 특정 컬럼 값만 Update 할 수도 있다.
이처럼 Update 문장이 실행되면 언두 블록에는 해당 로우(모든 컬럼 혹은 특정 컬럼)에 대한 Update 이전 값만 저장되고 리두 로그에는 해당 로우(모든 컬럼 혹은 특정 컬럼)에 대한 Update되는 새로운 값만 저장된다.</td></tr>
</table>

<table>
<tr><th>DML 문장</th><th>발생 언두</th><th>발생 리두</th></tr>
<tr><td>DELETE FROM scott.redo_test
WHERE eid = 1;</td><td>Row 1
eid := 1
ename := 'LEE'</td><td>Delete row 1</td></tr>
<tr><td colspan="3">Delete 문장을 실행하게 되면 특정 컬럼 값만 Delete되지 않고 로우 전체가 Delete된다.
이처럼 Delete 문장이 실행되면 해당 로우에 저장되어 있던 모든 컬럼 값들이 Delete 된다는 정보가 리두 로그에 기록되고 언두 블록에는 Delete되는 해당 로우에 대한 모든 컬럼 값들이 저장된다.</td></tr>
</table>

●●● oracle 08

리두 로그 버퍼로부터 리두 로그 파일에 내려 적히는 조건

리두 로그 버퍼에 기록된 리두 로그 정보는 아래와 같은 상황이 되면 LGWR에 의해 리두 로그 파일로 내려 적히게 된다.

- 마지막으로 LGWR가 내려 적은 후 3초 이후
- 로그 버퍼 전체 크기의 1/3이 채워지는 경우
- 사용자가 Commit 명령을 수행했을 때 (Transaction이 종료 되었을 때)
- DBWR이 LGWR에게 쓰기를 요청할 때
  DBWR가 더티 버퍼를 데이터 파일로 내려적을 때 만약 해당 더티 버퍼와 연관된 리두 로그 정보가 리두 로그 파일에 저장되지 않은 상태인 경우 DBWR는 LGWR에게 연관된 리두 로그 정보를 리두 로그 파일로 내려적으라는 신호를 주게 된다.
- 리두 로그 스위치가 발생하는 경우

이처럼 리두 로그 파일에 내려 적히고 나면 리두 로그 버퍼는 새로운 공간을 확보하게 되어 새로운 리두 로그 정보를 저장할 수 있게 된다.

●●● oracle 09

리두 로그 파일 위치 및 상태 확인

다음과 같이 v$logfile과 v$log 뷰를 통해 현재 리두 로그 파일의 위치 및 상태를 확인할 수 있다.

```
SQL>set line 200
SQL>col group# for 999
SQL>col mb for 9999
SQL>col member for a45
SQL>col seq# for 999
SQL>col status for a8
SQL>col arc for a5

SQL>select a.group#, a.member, b.bytes/1024/1024 MB, b.sequence# "SEQ#",
b.status, b.archived "ARC", b.first_change#
from v$logfile a, v$log b where a.group#=b.group# order by 1,2;
GROUP#  MEMBER                                       MB  SEQ#  STATUS    ARC    FIRST_CHANGE#
------ --------------------------------------------- ---- ---- -------- ----- -------------
     1 /u01/app/oracle/oradata/orcl/redo01.log       50   28  INACTIVE  NO          2520727
     2 /u01/app/oracle/oradata/orcl/redo02.log       50   29  INACTIVE  NO          2534289
     3 /u01/app/oracle/oradata/orcl/redo03.log       50   30  CURRENT   NO          2546561
```

group#	리두 로그 그룹 넘버로서 새로운 리두 로그 그룹이 추가될 때마다 1씩 증가한다.
member	임의의 리두 로그 그룹에 속한 파일 위치로서 최소한 한 개의 파일이 요구되지만 일반적으로는 한 개 이상의 멤버를 생성한다. 이유는 한 개의 리두 로그 파일에 손상이 생기는 경우 데이터베이스 운영에 문제가 발생하기 때문이다. 대부분의 경우 두 개의 멤버를 생성한다. 참고로 리두 로그 파일과 리두 로그 멤버는 같은 의미이다.
bytes	Bytes로 계산된 리두 로그 파일의 크기
sequence#	리두 로그 파일에 할당된 로그 시퀀스 넘버(Log sequence number)로서 로그 스위치가 발생할 때마다 1씩 증가한다. 위의 결과를 통해 각각의 멤버들에게 현재 할당되어있는 로그 시퀀스 넘버를 확인할 수 있다.

status	리두 로그 파일의 상태로서 Unused, Active, Inactive 그리고 Current 중 하나의 상태를 가지게 된다. Current : 현재 LGWR에 의하여 사용되고 있는 상태임을 말한다. Active : 현재 LGWR가 적고 있는 리두 로그 그룹은 아니지만 내부에 기록된 리두 로그와 연관된 더티 버퍼들이 아직 체크 포인트 되지 않은 상태임을 말한다. 그러므로 이후 복구를 위해 반드시 필요한 리두 로그 그룹을 말한다. Inactive : 내부에 기록된 리두 로그 정보와 연관된 더티 버퍼들에 대한 체크 포인트가 완료된 상태. 그러므로 이미 아카이브 되었다면 Overwrite 되어도 좋은 상태를 말한다. Unused : 아직 사용되지 않은 상태를 말한다.
archived	리두 로그 파일이 아카이브 되었는지 여부를 말한다.
first_change#	리두 로그 파일에 기록된 가장 낮은 SCN으로서 해당 파일에 가장 먼저 기록된 리두 로그 정보에 대한 SCN을 말한다.

●●● oracle 10

로그 스위치(Log switch)와 체크 포인트(Checkpoint)

LGWR가 Current 리두 로그 그룹에 속한 리두 로그 파일에 기록을 하던 중 저장 공간이 부족하게 되면 그 다음 리두 로그 그룹에 속한 리두 로그 파일을 사용하게 되는데 이를 '로그 스위치'라고 한다. 일단 로그 스위치가 발생하면 DBWR에게 체크 포인트를 수행하라는 신호를 발생시키게 되며 DBWR은 데이터베이스 버퍼 캐시에 저장된 더티 버퍼들을 데이터 파일로 내려적는 체크 포인트를 진행하게 된다.

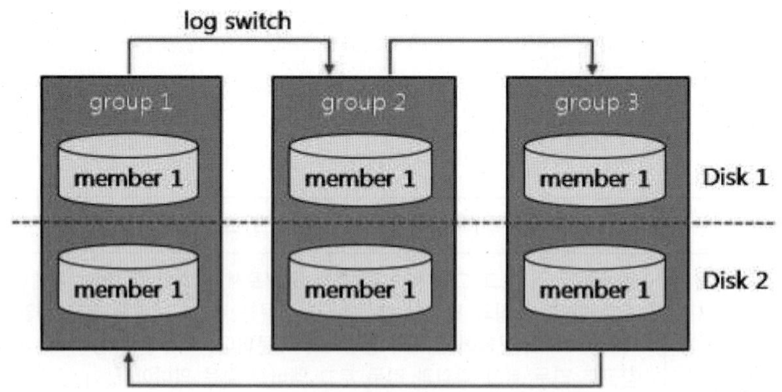

로그 스위치는 같은 방식으로 계속적으로 발생하게 되며 그때마다 로그 시퀀스 넘버가 1씩 증가하게 된다.
로그 스위치는 다음과 같이 Alter system 명령을 사용하여 인위적으로 수행시킬 수도 있다.
현재 리두 로그 파일들의 상태를 확인하면 다음과 같다.
특히 리두 로그 파일들에 할당된 로그 시퀀스 넘버와 상태 컬럼 값이 로그 스위치가 발생함에 따라 어떻게 변경되는지 살펴보자.

```
GROUP# MEMBER                                       MB SEQ# STATUS   ARC   FIRST_CHANGE#
------ ------------------------------------------- ----- ---- -------- ----- --------
     1 /u01/app/oracle/oradata/orcl/redo01.log        50   31 INACTIVE NO          2557992
     2 /u01/app/oracle/oradata/orcl/redo02.log        50   32 INACTIVE NO          2568134
     3 /u01/app/oracle/oradata/orcl/redo03.log        50   33 CURRENT  NO          2576459
```

현재 리두 로그 그룹 #3에 해당하는 /u01/app/oracle/oradata/orcl/redo03.log 파일이 Current 상태를 가지며 로그 시퀀스 넘버는 33을 할당 받은 상태임을 확인할 수 있다.
이제 로그 스위치를 인위적으로 발생시키도록 한다.

```
SQL> alter system switch logfile;
System altered.
```

이제는 /u01/app/oracle/oradata/orcl/redo01.log 파일이 Current 상태이며 로그 시퀀스 넘버는 34로서 증가한 상태임을 확인할 수 있다.

```
GROUP# MEMBER                                       MB SEQ# STATUS   ARC   FIRST_CHANGE#
------ ------------------------------------------- ----- ---- -------- ----- --------
     1 /u01/app/oracle/oradata/orcl/redo01.log        50   34 CURRENT  NO          2577303
     2 /u01/app/oracle/oradata/orcl/redo02.log        50   32 INACTIVE NO          2568134
     3 /u01/app/oracle/oradata/orcl/redo03.log        50   33 ACTIVE   NO          2576459
```

다시 한번 로그 스위치를 인위적으로 발생시키도록 한다.

```
SQL> alter system switch logfile;
System altered.
```

이제는 /u01/app/oracle/oradata/orcl/redo02.log 파일이 Current 상태이며 로그 시퀀스 넘버는 35로서 증가한 상태임을 확인할 수 있다.

```
GROUP# MEMBER                                       MB SEQ# STATUS   ARC   FIRST_CHANGE#
------ ------------------------------------------- ----- ---- -------- ----- --------
     1 /u01/app/oracle/oradata/orcl/redo01.log        50   34 ACTIVE   NO          2577303
     2 /u01/app/oracle/oradata/orcl/redo02.log        50   35 CURRENT  NO          2577310
     3 /u01/app/oracle/oradata/orcl/redo03.log        50   33 ACTIVE   NO          2576459
```

이후 체크 포인트가 완료되면 다음과 같이 Current 리두 로그 그룹을 제외한 나머지 리두 로그 그룹의 상태는 Inactive로 변경된다.

```
GROUP# MEMBER                                              MB SEQ# STATUS   ARC   FIRST_CHANGE#
------ ------------------------------------------------ ----- ---- -------- ----- --------
     1 /u01/app/oracle/oradata/orcl/redo01.log            50   34 INACTIVE NO          2577303
     2 /u01/app/oracle/oradata/orcl/redo02.log            50   35 CURRENT  NO          2577310
     3 /u01/app/oracle/oradata/orcl/redo03.log            50   33 INACTIVE NO          2576459
```

*리두 로그 파일과 체크 포인트

로그 스위치가 발생하게 되면 체크 포인트가 발생한다고 하는데 이를 보다 정확하게 이야기하자면 로그 스위치 체크 포인트라고 부른다. 그러므로 리두 로그 파일의 크기가 내려 적히는 리두 로그의 양을 예상하지 못하여 지나치게 작게 설정되는 경우에는 불필요한 체크 포인트가 자주 발생하게 된다. 이처럼 로그 스위치가 지나치게 빈번하게 발생하게 되면 로그 스위치 때마다 체크 포인트도 발생해야 하기 때문에 전체적인 데이터베이스 성능 저하를 가져올 수도 있다.

리두 로그 파일의 크기가 너무 작아 로그 스위치가 자주 발생하게 되는 경우의 또 다른 문제점은 리두 로그 파일의 상태가 Active인 상태로 오래 지속되는 것이다. 리두 로그 파일은 로그 스위치가 발생한 후 체크 포인트가 완료되는 시점까지 Active 상태를 유지하게 된다. 그런데 아직 체크 포인트가 완료되지 않은 시점에서 또 다른 로그 스위치가 발생하게 되면 이전에 진행하던 체크 포인트와 새롭게 시작된 체크 포인트가 각각 병렬로 수행되는 것이 아니라 이전 체크 포인트와 새로운 체크 포인트가 하나로 통합되어 새로운 체크 포인트가 완료되어야만 그 이전 체크 포인트도 완료되는 상황이 발생하게 되어 이전 리두 로그 파일과 새로운 리두 로그 파일의 상태가 동시에 Inactive 상태로 바뀌는 경우가 생긴다.

실제 운영 중에 리두 로그 파일의 상태가 Active인 상태로 유지되다가 큰 배치 작업이 완료되면서 한꺼번에 모두 Inactive로 되는 현상이 바로 이러한 원인 때문이다. 즉, 이것은 이전 리두 로그 파일에 대한 체크 포인트가 완료되지 않아서 나머지 리두 로그 파일들이 기다리는 상황이 아니라 빈번한 로그 스위치로 인하여 체크 포인트가 연속적으로 통합되면서 발생하게 된다.

체크 포인트가 진행중인 경우 데이터 파일 헤더에 SCN을 기록하는 과정이 진행되기 때문에 헤더 블록에 락(Lock)이 발생하게 된다 그러므로 Active 상태로 오랫동안 유지하는 것은 그다지 바람직하지 않다. 이러한 이유로 매 3초마다 수행되는 인크리멘탈 체크 포인트가 소개된 것이다. 결국 인크리멘탈 체크 포인트는 로그 스위치 발생시 큰 체크 포인트가 발생하지 않도록 중간 중간에 매 3초마다 fast_start_mttr_target 파라미터 값에 의해 인크리멘탈 체크 포인트를 수행하는 것이며 이로 인해 실제 로그 스위치로 인한 체크 포인트가 발생하는 경우 실제 내려 적을 더티 버퍼의 수가 적당 양을 유지할 수 있도록 설정해준다.

●●● oracle 11

리두 로그 그룹 / 멤버 관리

*리두 로그 그룹 추가 및 제거

일단 현재 리두 로그 파일의 구성 및 상태를 확인하도록 하고 새로운 그룹을 추가해보자.

```
GROUP# MEMBER                                      MB  SEQ# STATUS   ARC   FIRST_CHANGE#
------ ----------------------------------------- ----- ---- -------- ----- -------------
     1 /u01/app/oracle/oradata/orcl/redo01.log    50   43  INACTIVE NO          2578880
     2 /u01/app/oracle/oradata/orcl/redo02.log    50   44  INACTIVE NO          2591565
     3 /u01/app/oracle/oradata/orcl/redo03.log    50   45  CURRENT  NO          2602233

SQL> alter database add logfile group 4 '/u01/app/oracle/oradata/orcl/redo04.log'
size 50M;
Database altered.
GROUP# MEMBER                                      MB  SEQ# STATUS   ARC   FIRST_CHANGE#
------ ----------------------------------------- ----- ---- -------- ----- -------------
     1 /u01/app/oracle/oradata/orcl/redo01.log    50   43  INACTIVE NO          2578880
     2 /u01/app/oracle/oradata/orcl/redo02.log    50   44  INACTIVE NO          2591565
     3 /u01/app/oracle/oradata/orcl/redo03.log    50   45  CURRENT  NO          2602233
     4 /u01/app/oracle/oradata/orcl/redo04.log    50    0  UNUSED   YES               0
```

50MB 크기의 /u01/app/oracle/oradata/orcl/redo04.log 리두 로그 멤버(파일)를 가지는 새로운 (4번째) 리두 로그 그룹이 추가된 것을 확인할 수 있다. 그리고 이제 새롭게 생성된 파일이기 때문에 Unused 상태가 되지만 다음과 같이 로그 스위치를 수행해주면 정상적인 상태로 설정된다.

```
SQL> alter system switch logfile;
System altered.

SQL> @check_redologfile_status.sql

GROUP# MEMBER                                      MB  SEQ# STATUS   ARC   FIRST_CHANGE#
------ ----------------------------------------- ----- ---- -------- ----- -------------
     1 /u01/app/oracle/oradata/orcl/redo01.log    50   43  INACTIVE NO          2578880
     2 /u01/app/oracle/oradata/orcl/redo02.log    50   44  INACTIVE NO          2591565
     3 /u01/app/oracle/oradata/orcl/redo03.log    50   45  ACTIVE   NO          2602233
     4 /u01/app/oracle/oradata/orcl/redo04.log    50   46  CURRENT  NO          2609975
```

*리두 로그 그룹 추가 및 제거

현재 구성은 각 리두 로그 그룹에 각 하나의 리두 로그 멤버가 생성되어 있다.
오라클이 정상적으로 구동하기 위해서는 각 리두 로그 그룹에 최소한 하나의 리두 로그 멤버가 정상적인 상태가 되어있어야 한다. 그러므로 실무에서 리두 로그 파일을 구성하는 경우 최소한 두 개의 멤버를 다음과 같이 각각의 리두 로그 그룹에 생성해주게 된다.

```
SQL> alter database add logfile member '/u02/app/oracle/oradata/orcl/redo01_1.log' to group 1;

Database altered.

SQL> alter database add logfile member '/u02/app/oracle/oradata/orcl/redo02_1.log' to group 2;

Database altered.

SQL> alter database add logfile member '/u02/app/oracle/oradata/orcl/redo03_1.log' to group 3;
Database altered.

SQL> alter database add logfile member '/u02/app/oracle/oradata/orcl/redo04_1.log' to group 4;

Database altered.


GROUP# MEMBER                                      MB  SEQ# STATUS   ARC   FIRST_CHANGE#
------ ------------------------------------------ ----- ---- -------- ----- -------------
     1 /u01/app/oracle/oradata/orcl/redo01.log     50    43 INACTIVE NO          2578880
     1 /u02/app/oracle/oradata/orcl/redo01_1.log   50    43 INACTIVE NO          2578880
     2 /u01/app/oracle/oradata/orcl/redo02.log     50    44 INACTIVE NO          2591565
     2 /u02/app/oracle/oradata/orcl/redo02_1.log   50    44 INACTIVE NO          2591565
     3 /u01/app/oracle/oradata/orcl/redo03.log     50    45 INACTIVE NO          2602233
     3 /u02/app/oracle/oradata/orcl/redo03_1.log   50    45 INACTIVE NO          2602233
     4 /u01/app/oracle/oradata/orcl/redo04.log     50    46 CURRENT  NO          2609975
     4 /u02/app/oracle/oradata/orcl/redo04_1.log   50    46 CURRENT  NO          2609975

8 rows selected.
```

지금까지 리두 로그 그룹과 멤버를 추가하는 과정을 살펴보았다.

이제 리두 로그 그룹을 제거하는 과정을 살펴보도록 하자. 현재 Current 상태인 리두 로그 그룹 4번을 제거하도록 하자.

```
SQL> alter database drop logfile group 4;
alter database drop logfile group 4
*
ERROR at line 1:
ORA-01623: log 4 is current log for instance orcl (thread 1) - cannot drop
ORA-00312: online log 4 thread 1: '/u01/app/oracle/oradata/orcl/redo04.log'
ORA-00312: online log 4 thread 1: '/u02/app/oracle/oradata/orcl/redo04_1.log'
```

이처럼 리두 로그 그룹이나 리두 로그 멤버를 제거하고자 하는 경우에는 제거 대상이 되는 그룹 또는 멤버가 현재 어떤 상태인지를 반드시 확인하고 진행해야 한다. 결론부터 말하자면 리두 로그 그룹 또는 리두 로그 멤버의 상태가 Current와 Active인 경우에는 제거가 불가능하다. 그러므로 로그 스위치를 인위적으로 수행한 후 해당 그룹 또는 멤버의 상태를 Inactive로 만든 후에 제거하는 과정을 거쳐야 한다. 어쩌면 당연한 이야기이다. 현재 LGWR이 실시간으로 내려적고 있는 Current 리두 로그 그룹을 제거할 수 없으며 아직 연관된 더티 버퍼들이 체크 포인트가 완료되지 않은 상태인 Active 리두 로그 그룹도 마찬가지로 제거되서는 안되기 때문이다.

```
GROUP# MEMBER                                        MB  SEQ# STATUS   ARC   FIRST_CHANGE#
------ -------------------------------------------- ----- ---- -------- ----- -------------
     1 /u01/app/oracle/oradata/orcl/redo01.log      50   47  CURRENT  NO        2610975
     1 /u02/app/oracle/oradata/orcl/redo01_1.log    50   47  CURRENT  NO        2610975
     2 /u01/app/oracle/oradata/orcl/redo02.log      50   44  INACTIVE NO        2591565
     2 /u02/app/oracle/oradata/orcl/redo02_1.log    50   44  INACTIVE NO        2591565
     3 /u01/app/oracle/oradata/orcl/redo03.log      50   45  INACTIVE NO        2602233
     3 /u02/app/oracle/oradata/orcl/redo03_1.log    50   45  INACTIVE NO        2602233
     4 /u01/app/oracle/oradata/orcl/redo04.log      50   46  ACTIVE   NO        2609975
     4 /u02/app/oracle/oradata/orcl/redo04_1.log    50   46  ACTIVE   NO        2609975
```

이제 Current에서 Active 상태로 변경되었다. 상황에 따라서 잠시 후 체크 포인트가 완료되면 다음과 같이 Inactive로 자동으로 변경되기도 하지만 때에 따라서는 시간이 더 걸리는 경우도 생긴다. 이때는 Alter system checkpoint 명령을 사용하여 인위적으로 체크 포인트를 수행하면 Inactive로 변경시킬 수가 있다.

```
SQL> SQL> /
GROUP# MEMBER                                        MB  SEQ# STATUS   ARC   FIRST_CHANGE#
------ -------------------------------------------- ----- ---- -------- ----- -------------
     1 /u01/app/oracle/oradata/orcl/redo01.log      50   47 CURRENT   NO          2610975
     1 /u02/app/oracle/oradata/orcl/redo01_1.log    50   47 CURRENT   NO          2610975
     2 /u01/app/oracle/oradata/orcl/redo02.log      50   44 INACTIVE  NO          2591565
     2 /u02/app/oracle/oradata/orcl/redo02_1.log    50   44 INACTIVE  NO          2591565
     3 /u01/app/oracle/oradata/orcl/redo03.log      50   45 INACTIVE  NO          2602233
     3 /u02/app/oracle/oradata/orcl/redo03_1.log    50   45 INACTIVE  NO          2602233
     4 /u01/app/oracle/oradata/orcl/redo04.log      50   46 INACTIVE  NO          2609975
     4 /u02/app/oracle/oradata/orcl/redo04_1.log    50   46 INACTIVE  NO          2609975
```

일단 리두 로그 그룹 4번의 상태가 이처럼 Inactive 임을 확인한 후에 비로소 제거할 수 있다.

```
SQL> alter database drop logfile group 4;
Database altered.

GROUP# MEMBER                                        MB  SEQ# STATUS    ARC  FIRST_CHANGE#
------ ------------------------------------------ ----- ---- -------- ----- -------------
     1 /u01/app/oracle/oradata/orcl/redo01.log       50   47 CURRENT   NO        2610975
     1 /u02/app/oracle/oradata/orcl/redo01_1.log     50   47 CURRENT   NO        2610975
     2 /u01/app/oracle/oradata/orcl/redo02.log       50   44 INACTIVE  NO        2591565
     2 /u02/app/oracle/oradata/orcl/redo02_1.log     50   44 INACTIVE  NO        2591565
     3 /u01/app/oracle/oradata/orcl/redo03.log       50   45 INACTIVE  NO        2602233
     3 /u02/app/oracle/oradata/orcl/redo03_1.log     50   45 INACTIVE  NO        2602233
```

이제 리두 로그 멤버를 제거하는 과정을 살펴보도록 하자. 현재 리두 로그 그룹 3번의 두 번째 리두 로그 멤버를 제거하도록 하자.

```
SQL>  alter database drop logfile member '/u02/app/oracle/oradata/orcl/redo03_1.log';
Database altered.
```

이제 같은 리두 로그 그룹의 마지막 리두 로그 멤버를 제거하도록 하자.

```
SQL> alter database drop logfile member '/u01/app/oracle/oradata/orcl/redo03.log';
alter database drop logfile member '/u01/app/oracle/oradata/orcl/redo03.log'
*
ERROR at line 1:
ORA-00361: cannot remove last log member /u01/app/oracle/oradata/orcl/redo03.log
for group 3
```

이처럼 임의의 리두 로그 그룹에는 최소한 하나의 멤버는 반드시 유지해야 한다는 사실을 알 수가 있다. 리두 로그 그룹 2번에서 두번째 리두 로그 멤버도 제거하도록 한다.

```
SQL> alter database drop logfile member '/u02/app/oracle/oradata/orcl/redo02_1.log';

GROUP# MEMBER                                        MB  SEQ# STATUS    ARC  FIRST_CHANGE#
------ ------------------------------------------ ----- ---- -------- ----- -------------
     1 /u01/app/oracle/oradata/orcl/redo01.log       50   47 CURRENT   NO        2610975
     1 /u02/app/oracle/oradata/orcl/redo01_1.log     50   47 CURRENT   NO        2610975
     2 /u01/app/oracle/oradata/orcl/redo02.log       50   44 INACTIVE  NO        2591565
     3 /u01/app/oracle/oradata/orcl/redo03.log       50   45 INACTIVE  NO        2602233
```

이제 현재 Current 상태인 리두 로그 그룹 1번의 두 번째 리두 로그 멤버를 제거해보자.

```
SQL> alter database drop logfile member '/u02/app/oracle/oradata/orcl/redo01_1.log';
alter database drop logfile member '/u02/app/oracle/oradata/orcl/redo01_1.log'
*
ERROR at line 1:
ORA-01609: log 1 is the current log for thread 1 - cannot drop members
ORA-00312: online log 1 thread 1: '/u01/app/oracle/oradata/orcl/redo01.log'
ORA-00312: online log 1 thread 1: '/u02/app/oracle/oradata/orcl/redo01_1.log'
```

이처럼 Current인 리두 로그 그룹에 포함되어 있는 리두 로그 멤버도 맘대로 제거할 수 없다. 이전과 마찬가지로 로그 스위치를 수행하여 Inactive 상태로 변경시킨 후 제거하도록 한다.

```
SQL> alter system switch logfile;

System altered.

SQL> alter database drop logfile member '/u02/app/oracle/oradata/orcl/redo01_1.log';

Database altered.
SQL> @check_redologfile_status.sql

GROUP# MEMBER                                        MB  SEQ# STATUS    ARC   FIRST_CHANGE#
------ --------------------------------------------- ----- ---- -------- ----- -------------
     1 /u01/app/oracle/oradata/orcl/redo01.log       50   47  ACTIVE    NO         2610975
     2 /u01/app/oracle/oradata/orcl/redo02.log       50   48  CURRENT   NO         2611576
     3 /u01/app/oracle/oradata/orcl/redo03.log       50   45  INACTIVE  NO         2602233
```

이제 모든 것이 초기 설정대로 돌아온 것을 확인할 수 있다.

지금까지 리두 로그 파일에 대한 세부 사항을 살펴보았다.

Chapter 10 컨트롤 파일(Control files) 관리

오라클 데이터베이스에서 컨트롤 파일의 존재와 의미는 상당히 크다. 데이터베이스가 시작 또는 종료될 때마다 데이터베이스의 상태를 확인해주며 데이터베이스 내부에 물리적인 변경 사항이 존재하는 경우 이를 반영하여 처리해주는 등 컨트롤 파일의 역할은 참으로 중요하다. 아주 간단한 예를 들어 컨트롤 파일이 없으면 오라클 데이터베이스를 마운트할 수가 없다. 이번 장에서는 컨트롤 파일의 구조를 이해하고 생성, 관리하는 부분에 대하여 설명하고자 한다. 특히 컨트롤 파일에 대한 덤프 분석을 통해 보다 확실한 이해를 돕고자 한다.

다음은 이번 장에서 다루게 될 세부 사항들이다.

- Section 01 컨트롤 파일 개념
- Section 02 컨트롤 파일 관리
- Section 03 컨트롤 파일 덤프 생성 및 분석

●●● oracle 01

컨트롤 파일 개념

컨트롤 파일은 현재 설정되어 있는 물리적 데이터베이스의 상태에 관한 정보를 저장하는 바이너리(Binary) 파일이다. 바이너리 파일이므로 사용자들이 나름대로 작성하는 파일은 아니고, 단지 오라클 서버만이 컨트롤 파일을 관리할 수 있다.
컨트롤 파일의 사용과 그 역할은 다음과 같이 정리할 수 있다.

- 컨트롤 파일은 Nomount에서 Mount 상태로 올라가는 시점에서 읽혀진다.
  데이터베이스가 오픈되기 직전에 컨트롤 파일이 열리면서 오픈하고자 하는 데이터 파일의 이름 또는 위치 등의 정보를 오라클 서버에게 알려주는 기능을 한다고 보면 이해가 쉬울 듯하다.
  그러므로 컨트롤 파일에 저장된 데이터 파일 관련 정보는 실제 파일들의 정보와 반드시 일치해야만 성공적으로 데이터베이스를 오픈할 수 있게 된다.
- 하나의 컨트롤 파일은 하나의 데이터베이스의 정보를 관리한다.
  하나의 컨트롤 파일에는 하나의 데이터베이스에 관련된 정보만을 저장한다.
- 컨트롤 파일은 데이터베이스가 사용됨에 따라 계속적으로 갱신된다.
  데이터베이스를 사용함에 따라 데이터베이스에 임의의 변경 사항이 존재하면 그때마다 오라클 서버는 자동적으로 컨트롤 파일을 갱신한다. 따라서 컨트롤 파일에는 최근까지 변경된 데이터베이스의 상태에 관한 정보가 저장되어 있다고 볼 수 있는 것이다.
- 컨트롤 파일이 없이는 데이터베이스를 사용할 수 없기 때문에 반드시 존재해야만 하며 멀티플렉스(Multiplex) 개념을 적용하여 서로 다른 디스크에 같은 컨트롤 파일을 여러 개 생성, 관리해야만 한다.
  앞에서 살펴본 것처럼 컨트롤 파일이 존재하지 않거나 파일 자체에 문제가 생기게 되면 데이터베이스 운영상 큰 문제를 가지게 되므로 반드시 서로 다른 디스크에 여러 개의 파일을 생성하여 안전하게 관리해야만 한다.
- 컨트롤 파일은 재사용되는 영역과 고정 영역으로 구분할 수 있다.
  재사용 영역은 말 그대로 컨트롤 파일에 기록된 내용들이 임의의 시점에서 재사용될 수 있는 영역으로서 RMAN 백업 정보 혹은 아카이브 정보들이 기록되고 지워지고 하는 과정들이 얼마든지 발생할 수 있는 영역이라고 이해하면 된다. 그러므로 재사용 영역의 경우 저장 공간이 늘어날 수도 있기 때문에 데이터베이스에 영향을 주지 않고 컨트롤 파일의 크기 자체가 사용되는 만큼 늘어나게 된다.
  반면에 고정 영역은 데이터베이스의 초기 생성 혹은 인스턴스가 시작될 때부터 사용할 수 있는 공간이 고정되어 있기 때문에 더 많은 공간이 요구되는 경우 컨트롤 파일을 재 구성하든지 특정 파라미터 값을 상향 조정 함으로써 고정 영역을 확장시키지 않는 한 더 이상 기록할 수 없도록 되어 있다. 이 말은 결국 데이터베이스 운영상 문제를 야기시킬 수도 있는 상황이 발생 가능하다는 의미이다.

예를 들어, db_files =200으로 설정되어 있는 경우 200개 이상의 데이터 파일을 생성하고 온라인시킬 수가 없도록 되어 있다. 이때 db_files=200이라고 설정되면 200개의 데이터 파일 정보를 저장할 수 있는 공간이 컨트롤 파일에 할당되어진다. 그렇기 때문에 201번째 데이터 파일은 생성할 수 없게 된다. 왜냐하면 컨트롤 파일에는 200개만 생성할 수 있는 공간만 할당되어 있기 때문이다. 이러한 경우에는 db_files 파라미터 값을 300으로 상향 조정한 후 데이터 파일을 추가할 수 있도록 설정해 주어야 한다. 이 의미는 300개의 데이터 파일을 저장할 수 있는 공간이 확보된다는 뜻이다.

*컨트롤 파일에 기록되는 내용

다음은 컨트롤 파일에 저장되어 있는 정보를 나열한 것이다. 12c 버전 현재 총 41개의 정보들이 저장, 관리되고 있다.

- 데이터베이스 이름
- 테이블스페이스 이름
- 데이터 파일의 위치와 파일 이름
- 리두 로그 파일의 위치와 파일 이름
- 현재의 로그 시퀀스 넘버(Log sequence number)
- 체크 포인트 정보
- 아카이브 정보
- RMAN 백업 정보
- Restore point 정보
- 데이터베이스 블록 Corruption 정보
- 플래시백 로그 정보

이외에도 많은 정보들이 컨트롤 파일에 저장, 관리된다. 다음과 같이 v$controlfile_record_section 뷰를 통해서 컨트롤 파일 내부에 저장된 데이터에 대한 상세한 정보를 확인할 수 있다.

```
##########################################################################
SQL> desc v$controlfile_record_section
 Name                                               Null?    Type
 -------------------------------------------------- -------- ----------
 TYPE                                                        VARCHAR2(28)
 RECORD_SIZE                                                 NUMBER
 RECORDS_TOTAL                                               NUMBER
 RECORDS_USED                                                NUMBER
 FIRST_INDEX                                                 NUMBER
 LAST_INDEX                                                  NUMBER
 LAST_RECID                                                  NUMBER
 CON_ID                                                      NUMBER

column type format a30
set linesize 120
select type,record_size,records_total,records_used
from v$controlfile_record_section;
##########################################################################
SQL> @check_controlfile_controlfile_record_section.sql
```

```
TYPE                         RECORD_SIZE  RECORDS_TOTAL  RECORDS_USED
---------------------------- ------------ -------------  ------------
DATABASE                             316              1             1
CKPT PROGRESS                       8180             11             0
REDO THREAD                          256              8             1
REDO LOG                              72             16             4
DATAFILE                             520            100             6
FILENAME                             524           2298            13
TABLESPACE                            68            100             5
TEMPORARY FILENAME                    56            100             1
RMAN CONFIGURATION                  1108             50             0
LOG HISTORY                           56            292            47
OFFLINE RANGE                        200            163             0
ARCHIVED LOG                         584             28             0
BACKUP SET                            96            170             0
BACKUP PIECE                         780            209             0
BACKUP DATAFILE                      200            245             0
BACKUP REDOLOG                        76            215             0
DATAFILE COPY                        736            200             0
BACKUP CORRUPTION                     44            371             0
COPY CORRUPTION                       40            409             0
DELETED OBJECT                        20            818             0
PROXY COPY                           928            246             0
BACKUP SPFILE                        124            131             0
DATABASE INCARNATION                  56            292             2
FLASHBACK LOG                         84           2048             0
RECOVERY DESTINATION                 180              1             1
INSTANCE SPACE RESERVATION            28           1055             1
REMOVABLE RECOVERY FILES              32           1000             0
RMAN STATUS                          116            141             1
THREAD INSTANCE NAME MAPPING          80              8             8
MTTR                                 100              8             1
DATAFILE HISTORY                     568             57             0
STANDBY DATABASE MATRIX              400             31            31
GUARANTEED RESTORE POINT             212           2048             0
RESTORE POINT                        212           2083             0
DATABASE BLOCK CORRUPTION             80           8384             0
ACM OPERATION                        104             64             9
FOREIGN ARCHIVED LOG                 604           1002             0
PDB RECORD                           684             10             0
AUXILIARY DATAFILE COPY              584            128             0
MULTI INSTANCE REDO APPLY            556              1             0
PDBINC RECORD                        144            113             0
```

●●● oracle 02

컨트롤 파일 관리

이제 컨트롤 파일을 추가, 삭제 그리고 재 생성하는 방법을 살펴보고자 한다.

*컨트롤 파일 추가

컨트롤 파일을 추가로 생성하는 과정을 살펴보자.

Step1) 현재 생성되어 있는 컨트롤 파일의 위치를 확인하도록 한다.

```
SQL>col value format a105
SQL>SELECT value
FROM gv$parameter
WHERE name = 'control_files';
VALUE
---------------------------------------------------------------------------
/u01/app/oracle/oradata/orcl/control01.ctl,/u01/app/oracle/fast_recovery_area/
orcl/control02.ctl
```

Step2) SPFILE 파라미터 변경(동적 파라미터이므로 scope=spfile 사용)

```
SQL> SQL> alter system set control_files = '/u01/app/oracle/oradata/orcl/control01.ctl',
'/u01/app/oracle/fast_recovery_area/orcl/control02.ctl',
'/u02/app/oracle/oradata/orcl/control03.ctl' scope=spfile;
```

Step3) 데이터베이스를 종료한다.

```
SQL> shutdown immediate
Step4) 컨트롤 파일 추가
[oracle@ora12cvm01:orcl:trace]$ cp /u01/app/oracle/oradata/orcl/control01.ctl u02/
app/oracle/oradata/orcl/control03.ctl
SQL> startup
SQL> col value format a105
SELECT value
FROM gv$parameter
WHERE name = 'control_files';
VALUE
---------------------------------------------------------------------------
/u01/app/oracle/oradata/orcl/control01.ctl, /u01/app/oracle/fast_recovery_area/orcl/
control02.ctl,
/u02/app/oracle/oradata/orcl/control03.ctl
```

*컨트롤 파일 삭제

기존의 컨트롤 파일을 삭제하는 과정을 살펴보자.

Step1) 현재 생성되어 있는 컨트롤 파일의 위치를 확인하도록 한다.

```
SQL> col value format a105
SELECT value
FROM gv$parameter
WHERE name = 'control_files';
VALUE
-----------------------------------------------------------------------------
/u01/app/oracle/oradata/orcl/control01.ctl,/u01/app/oracle/fast_recovery_area/orcl/
control02.ctl,/u02/app/oracle/oradata/orcl/control03.ctl
```

Step2) SPFILE 파라미터 변경(동적 파라미터이므로 scope=spfile 사용)

```
SQL> alter system set control_files = '/u01/app/oracle/oradata/orcl/control01.ctl',
'/u01/app/oracle/fast_recovery_area/orcl/control02.ctl'
scope=spfile;
```

Step3) 데이터베이스 종료

```
SQL> shutdown immediate
```

Step4) 컨트롤 파일 삭제

```
[oracle@ora12cvm01:orcl:trace]$ rm /u02/app/oracle/oradata/orcl/control03.ctl
```

Step5) 데이터베이스 재기동

```
SQL> startup
SQL> col value format a105
SELECT value
FROM gv$parameter
WHERE name = 'control_files';
VALUE
-----------------------------------------------------------------------------
/u01/app/oracle/oradata/orcl/control01.ctl,/u01/app/oracle/fast_recovery_area/orcl/
control02.ctl
```

*컨트롤 파일 재생성(Noresetlogs 경우)

Noresetlogs → 리두 로그 파일에 문제 없는 상태로서 완전 복구를 원하는 경우 사용할 수 있는 방법이다.

Step1) 트레이스 파일 생성(컨트롤 파일 재생성시 사용할 스크립트가 저장되어 있다)

```
SQL> alter database backup controlfile to trace as '/home/oracle/cr_controlfile.sql';

[oracle@ora12cvm01:orcl:orcl]$ cd /home/oracle
[oracle@ora12cvm01:orcl:~]$ ls -lrt
total 40
-rw-r--r-- 1 oracle oinstall 15613 Oct 24  2014 db.rsp
-rw-r--r-- 1 oracle oinstall   117 Oct 24  2014 login.sql
-rw-r--r-- 1 oracle oinstall    59 Dec 21 20:08 afiedt.buf
drwxr-xr-x 2 oracle oinstall  4096 Mar 11 00:14 Desktop
drwxr-xr-x 2 oracle oinstall  4096 Mar 28 13:36 scripts
-rw-r--r-- 1 oracle oinstall  5764 Mar 28 14:18 cr_controlfile.sql
[oracle@ora12cvm01:orcl:~]$ cp cr_controlfile.sql cr_controlfile_No_Resetlog.sql
```

Step2) Noresetlogs 아래 스크립트만 남기고 모두 삭제한다.

```
[oracle@ora12cvm01:orcl:~]$ vi cr_controlfile_No_Resetlog.sql
--
--     Set #1. NORESETLOGS case
--
-- The following commands will create a new control file and use it
-- to open the database.
-- Data used by Recovery Manager will be lost.
-- Additional logs may be required for media recovery of offline
-- Use this only if the current versions of all online logs are
-- available.

-- After mounting the created controlfile, the following SQL
-- statement will place the database in the appropriate
-- protection mode:
--  ALTER DATABASE SET STANDBY DATABASE TO MAXIMIZE PERFORMANCE

STARTUP NOMOUNT
CREATE CONTROLFILE REUSE DATABASE "ORCL" NORESETLOGS  NOARCHIVELOG
    MAXLOGFILES 16
    MAXLOGMEMBERS 3
```

```
    MAXDATAFILES 100
    MAXINSTANCES 8
    MAXLOGHISTORY 292
LOGFILE
  GROUP 1 '/u01/app/oracle/oradata/orcl/redo01.log'  SIZE 50M BLOCKSIZE 512,
  GROUP 2 '/u01/app/oracle/oradata/orcl/redo02.log'  SIZE 50M BLOCKSIZE 512,
  GROUP 3 '/u01/app/oracle/oradata/orcl/redo03.log'  SIZE 50M BLOCKSIZE 512
-- STANDBY LOGFILE
DATAFILE
  '/u01/app/oracle/oradata/orcl/system01.dbf',
  '/u01/app/oracle/oradata/orcl/sysaux01.dbf',
  '/u01/app/oracle/oradata/orcl/undotbs01.dbf',
  '/u01/app/oracle/oradata/orcl/users01.dbf'
CHARACTER SET WE8MSWIN1252
;

-- Commands to re-create incarnation table
-- Below log names MUST be changed to existing filenames on
-- disk. Any one log file from each branch can be used to
-- re-create incarnation records.
-- ALTER DATABASE REGISTER LOGFILE
'/u01/app/oracle/fast_recovery_area/ORCL/archivelog/2016_03_28/o1_mf_1_1_%u_.arc';
-- ALTER DATABASE REGISTER LOGFILE
'/u01/app/oracle/fast_recovery_area/ORCL/archivelog/2016_03_28/o1_mf_1_1_%u_.arc';
-- Recovery is required if any of the datafiles are restored backups,
-- or if the last shutdown was not normal or immediate.
RECOVER DATABASE

-- Database can now be opened normally.
ALTER DATABASE OPEN;

-- Commands to add tempfiles to temporary tablespaces.
-- Online tempfiles have complete space information.
-- Other tempfiles may require adjustment.
ALTER TABLESPACE TEMP ADD TEMPFILE '/u01/app/oracle/oradata/orcl/temp01.dbf'
     SIZE 62914560  REUSE AUTOEXTEND ON NEXT 655360  MAXSIZE 32767M;
-- End of tempfile additions.
--
```

Step3) 모든 컨트롤 파일을 삭제한다.

```
[oracle@ora12cvm01:orcl:~]$ rm /u01/app/oracle/oradata/orcl/control01.ctl
 [oracle@ora12cvm01:orcl:~]$ rm /u01/app/oracle/fast_recovery_area/orcl/control02.ctl
```

Step4) 데이터베이스를 종료시킨다. 컨트롤 파일이 모두 삭제된 상태이므로 Abort 옵션을 사용하여 종료시킨다.

```
SQL> shutdown immediate
ORA-00210: cannot open the specified control file
ORA-00202: control file: '/u01/app/oracle/oradata/orcl/control01.ctl'
ORA-27041: unable to open file
Linux-x86_64 Error: 2: No such file or directory
Additional information: 3
SQL> shutdown abort
ORACLE instance shut down.
```

Step5) 컨트롤 파일 재생성 스크립트를 실행한다.

```
SQL> @cr_controlfile_No_Resetlog.sql
ORACLE instance started.

Total System Global Area 1258291200  bytes
Fixed Size                  2923920  bytes
Variable Size             771752560  bytes
Database Buffers          469762048  bytes
Redo Buffers               13852672  bytes
Control file created.
Media recovery complete.
Database altered.
Tablespace altered.
```

Step6) 컨트롤 파일 확인

```
CONTROL FILE NAME
----------------------------------------------------------------------------
/u01/app/oracle/oradata/orcl/control01.ctl
/u01/app/oracle/fast_recovery_area/orcl/control02.
```

*컨트롤 파일 재생성(Resetlogs 경우)

Resetlogs Case → 리두 로그 파일에 문제 없는 상태로서 완전 복구를 원하는 경우 사용할 수 있는 방법이다.

Step1) 이후에 컨트롤 파일을 재생성할 때 사용할 스크립트를 준비한다.

```
cr_controlfile_Resetlog.sql
[oracle@ora12cvm01:orcl:~]$ cp cr_controlfile.sql cr_controlfile_Resetlog.sql
```

Step2) Resetlogs case 아래 스크립트만 남기고 위쪽에 있는 모든 내용을 삭제한다.

```
[oracle@ora12cvm01:orcl:~]$ vi cr_controlfile.sql

--     Set #2. RESETLOGS case
--
-- The following commands will create a new control file and use it
-- to open the database.
-- Data used by Recovery Manager will be lost.
-- The contents of online logs will be lost and all backups will
-- be invalidated. Use this only if online logs are damaged.

-- After mounting the created controlfile, the following SQL
-- statement will place the database in the appropriate
-- protection mode:
--  ALTER DATABASE SET STANDBY DATABASE TO MAXIMIZE PERFORMANCE

STARTUP NOMOUNT
CREATE CONTROLFILE REUSE DATABASE "ORCL" RESETLOGS  NOARCHIVELOG
    MAXLOGFILES 16
    MAXLOGMEMBERS 3
    MAXDATAFILES 100
    MAXINSTANCES 8
    MAXLOGHISTORY 292
LOGFILE
  GROUP 1 '/u01/app/oracle/oradata/orcl/redo01.log'  SIZE 50M BLOCKSIZE 512,
  GROUP 2 '/u01/app/oracle/oradata/orcl/redo02.log'  SIZE 50M BLOCKSIZE 512,
  GROUP 3 '/u01/app/oracle/oradata/orcl/redo03.log'  SIZE 50M BLOCKSIZE 512
-- STANDBY LOGFILE
```

```
DATAFILE
  '/u01/app/oracle/oradata/orcl/system01.dbf',
  '/u01/app/oracle/oradata/orcl/sysaux01.dbf',
  '/u01/app/oracle/oradata/orcl/undotbs01.dbf',
  '/u01/app/oracle/oradata/orcl/users01.dbf'
CHARACTER SET WE8MSWIN1252
;
-- Commands to re-create incarnation table
-- Below log names MUST be changed to existing filenames on
-- disk. Any one log file from each branch can be used to
-- re-create incarnation records.
-- ALTER DATABASE REGISTER LOGFILE
'/u01/app/oracle/fast_recovery_area/ORCL/archivelog/2016_03_28/o1_mf_1_1_%u_.arc';
-- ALTER DATABASE REGISTER LOGFILE
'/u01/app/oracle/fast_recovery_area/ORCL/archivelog/2016_03_28/o1_mf_1_1_%u_.arc';
-- Recovery is required if any of the datafiles are restored backups,
-- or if the last shutdown was not normal or immediate.
RECOVER DATABASE USING BACKUP CONTROLFILE

-- Database can now be opened zeroing the online logs.
ALTER DATABASE OPEN RESETLOGS;

-- Commands to add tempfiles to temporary tablespaces.
-- Online tempfiles have complete space information.
-- Other tempfiles may require adjustment.
ALTER TABLESPACE TEMP ADD TEMPFILE '/u01/app/oracle/oradata/orcl/temp01.dbf'
     SIZE 62914560  REUSE AUTOEXTEND ON NEXT 655360  MAXSIZE 32767M;
-- End of tempfile additions.
--
```

Step3) 모든 리두 로그 파일과 컨트롤 파일을 삭제한다.

```
[oracle@ora12cvm01:orcl:~]$ rm /u01/app/oracle/oradata/orcl/redo01.log
[oracle@ora12cvm01:orcl:~]$ rm /u01/app/oracle/oradata/orcl/redo02.log
[oracle@ora12cvm01:orcl:~]$ rm /u01/app/oracle/oradata/orcl/redo03.log
```

Step4) 데이터베이스를 종료시킨다. 컨트롤 파일이 모두 삭제된 상태이므로 Abort 옵션을 사용하여 종료시킨다.

```
SQL> shutdown immediate
```

Step5) 컨트롤 파일 재생성 스크립트를 실행한다.

```
SQL> @cr_controlfile_Resetlog.sql
ORACLE instance started.

Total System Global Area  1258291200  bytes
Fixed Size                   2923920  bytes
Variable Size              771752560  bytes
Database Buffers           469762048  bytes
Redo Buffers                13852672  bytes
Control file created.
Media recovery complete.
Database altered.
Tablespace altered.
```

Step6) 컨트롤 파일 확인

```
CONTROL FILE NAME
--------------------------------------------------------------------------------
/u01/app/oracle/oradata/orcl/control01.ctl
/u01/app/oracle/fast_recovery_area/orcl/control02.
```

●●● oracle 03

컨트롤 파일 덤프 생성 및 분석

다음은 컨트롤 파일에 대한 이해를 돕기 위해 덤프 파일을 생성하고 내용을 분석하는 과정을 보여준다.

Step1) 컨트롤 파일에 대한 덤프 생성

```
SQL> alter session set tracefile_identifier='CTL_DUMP';
Session altered.
SQL> oradebug setmypid;
Statement processed.
SQL> oradebug dump controlf 3;
Statement processed.
-rw-r----- 1 oracle oinstall   122 Mar 28 15:34 orcl_aqpc_27572.trm
-rw-r----- 1 oracle oinstall   999 Mar 28 15:34 orcl_aqpc_27572.trc
-rw-r----- 1 oracle oinstall    82 Mar 28 15:35 orcl_dbrm_27454.trm
-rw-r----- 1 oracle oinstall  2766 Mar 28 15:35 orcl_dbrm_27454.trc
-rw-r----- 1 oracle oinstall   191 Mar 28 15:37 orcl_ora_27851_CTL_DUMP.trm
-rw-r----- 1 oracle oinstall 51344 Mar 28 15:37 orcl_ora_27851_CTL_DUMP.trc
```

Step2) 컨트롤 파일에 대한 덤프 내용 분석

```
oracle@ora12cvm01:/u01/app/oracle/diag/rdbms/orcl/orcl/trace
File  Edit  View  Terminal  Tabs  Help
***************************************************************************
DATABASE ENTRY
***************************************************************************
 (size = 316, compat size = 316, section max = 1, section in-use = 1,
  last-recid= 0, old-recno = 0, last-recno = 0)
 (extent = 1, blkno = 1, numrecs = 1)
 03/28/2016 15:31:11
 DB Name "ORCL"
 Database flags = 0x00404001 0x00001200
 Controlfile Creation Timestamp  03/28/2016 15:31:11
 Incmplt recovery scn: 0x0000.00000000
 Resetlogs scn: 0x0000.0018531f Resetlogs Timestamp  03/28/2016 15:31:13
 Prior resetlogs scn: 0x0000.00000001 Prior resetlogs Timestamp  07/07/2014 05:38:47
 Redo Version: compatible=0xc100200
 #Data files = 4, #Online files = 4
 Database checkpoint: Thread=1 scn: 0x0000.00187b2d
 Threads: #Enabled=1, #Open=1, Head=1, Tail=1
 enabled  threads:  01000000 00000000 00000000 00000000 00000000 00000000
 00000000 00000000 00000000 00000000 00000000 00000000 00000000 00000000
                                                              60,1          3%
```

DB Name: 데이터베이스 이름 ORCL

Database checkpoint(00187b2d) : 현재 컨트롤 파일에 기록되어 있는 데이터베이스 전체의 기준이 되는 Checkpoint SCN 번호 → Decimal 값으로 1604397

이후 데이터 파일 헤더에 기록된 Checkpoint scn과 동일하다는 사실을 확인하게 될 것이다.

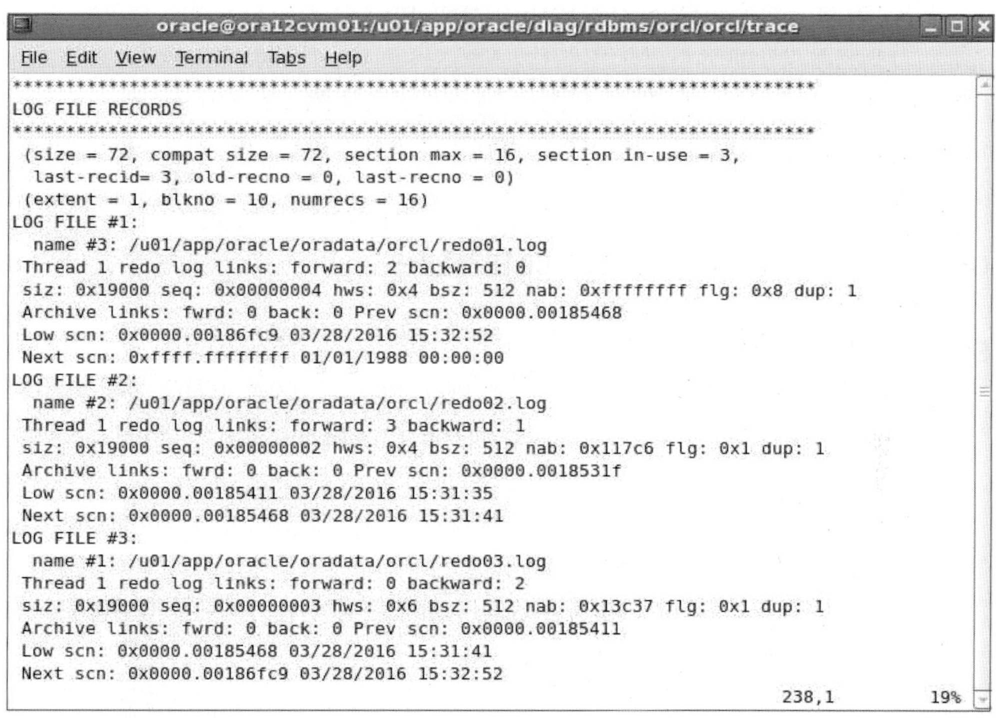

```
oracle@ora12cvm01:/u01/app/oracle/diag/rdbms/orcl/orcl/trace
File  Edit  View  Terminal  Tabs  Help
***************************************************************************
LOG FILE RECORDS
***************************************************************************
 (size = 72, compat size = 72, section max = 16, section in-use = 3,
  last-recid= 3, old-recno = 0, last-recno = 0)
 (extent = 1, blkno = 10, numrecs = 16)
LOG FILE #1:
  name #3: /u01/app/oracle/oradata/orcl/redo01.log
 Thread 1 redo log links: forward: 2 backward: 0
 siz: 0x19000 seq: 0x00000004 hws: 0x4 bsz: 512 nab: 0xffffffff flg: 0x8 dup: 1
 Archive links: fwrd: 0 back: 0 Prev scn: 0x0000.00185468
 Low scn: 0x0000.00186fc9 03/28/2016 15:32:52
 Next scn: 0xffff.ffffffff 01/01/1988 00:00:00
LOG FILE #2:
  name #2: /u01/app/oracle/oradata/orcl/redo02.log
 Thread 1 redo log links: forward: 3 backward: 1
 siz: 0x19000 seq: 0x00000002 hws: 0x4 bsz: 512 nab: 0x117c6 flg: 0x1 dup: 1
 Archive links: fwrd: 0 back: 0 Prev scn: 0x0000.0018531f
 Low scn: 0x0000.00185411 03/28/2016 15:31:35
 Next scn: 0x0000.00185468 03/28/2016 15:31:41
LOG FILE #3:
  name #1: /u01/app/oracle/oradata/orcl/redo03.log
 Thread 1 redo log links: forward: 0 backward: 2
 siz: 0x19000 seq: 0x00000003 hws: 0x6 bsz: 512 nab: 0x13c37 flg: 0x1 dup: 1
 Archive links: fwrd: 0 back: 0 Prev scn: 0x0000.00185411
 Low scn: 0x0000.00185468 03/28/2016 15:31:41
 Next scn: 0x0000.00186fc9 03/28/2016 15:32:52
                                                        238,1          19%
```

```
SQL> select GROUP#,FIRST_CHANGE#,NEXT_CHANGE#,status from  v$log;
GROUP# FIRST_CHANGE# NEXT_CHANGE# STATUS
------ ------------- ------------ --------
     1       1601481   2.8147E+14 CURRENT
     2       1594385      1594472 INACTIVE
     3       1594472      1601481 INACTIVE
```

현재 리두 로그 그룹 #1은 Current이며 First_Change#(Low SCN)은 1601481이고 아직 로그 스위치가 발생하지 않았기 때문에 리두 로그 그룹 #1의 Next_Change#(Next SCN) 값은 임시로 무한대 값을 가진다. 이후 로그 스위치가 발생하면 그 다음으로 Current가 되는 리두 로그 그룹의 First_Change#(Low SCN) 값과 동일한 값을 가지게 된다.

리두 로그 그룹 #2의 경우에는 First_Change#(Low SCN)SCN이 1594385이며 Next_Change#(Next SCN)은 1594472가 된다.

리두 로그 그룹 #3의 경우에는 First_Change#(Low SCN)이 1594472이며 Next_Change#(Next SCN)은 1601481가 된다.

```
oracle@ora12cvm01:/u01/app/oracle/diag/rdbms/orcl/orcl/trace
File Edit View Terminal Tabs Help
***************************************************************************
DATA FILE RECORDS
***************************************************************************
 (size = 520, compat size = 520, section max = 100, section in-use = 6,
  last-recid= 13, old-recno = 0, last-recno = 0)
 (extent = 1, blkno = 11, numrecs = 100)
DATA FILE #1:
  name #6: /u01/app/oracle/oradata/orcl/system01.dbf
creation size=0 block size=8192 status=0xe flg=0x1 head=6 tail=6 dup=1
 pdb_id 0, tablespace 0, index=2 krfil=1 prev_file_in_ts=0 prev_file_in_pdb=0
 unrecoverable scn: 0x0000.00000000 01/01/1988 00:00:00
 Checkpoint cnt:175 scn: 0x0000.00187b2d 03/28/2016 15:34:27
 Stop scn: 0xffff.ffffffff 03/28/2016 15:34:03
 Creation Checkpointed at scn:  0x0000.00000007 07/07/2014 05:38:57
 thread:0 rba:(0x0.0.0)
                                                          243,1         22%
```

Checkpoint cnt:175 scn: 0x0000.00187b2d →

Decimal로 변환하면 1604397이다.

Stop scn: 0xffff.ffffffff

데이터베이스가 아직 종료 상태가 아니므로 Stop SCN은 임시로 무한대 값을 가진다. 이후 데이터베이스가 종료되면 최종적으로 발생한 마지막 Checkpoint scn이 데이터 파일 헤더와 컨트롤 파일에 갱신될텐데 이때 Stop SCN 값은 바로 이 최종 Checkpoint scn 값과 동일한 값을 가지게 된다. 만약에 운영 중 DB가 장애가 생겨서 Shutdown abort 되어버리면 Checkpoint scn 값과 Stop scn의 값이 동기화되지 않은 상황에서 종료하게 되므로 이후 복구가 요구된다. 정상적인 경우 Checkpoint scn 값과 Stop scn 값은 동일한 상태에서 데이터베이스가 종료하게 된다.

다른 모든 데이터 파일의 경우 Data File #1 (system01.dbf) 경우와 동일한 Checkpoint scn을 가진다는 사실 또한 나머지 덤프를 확인해보면 알 수 있다.

바로 이것이 체크 포인트 시 CKPT 프로세스에 의해 데이터 파일 헤더와 컨트롤 파일에 동일한 Checkpoint scn을 기록한다는 사실을 증명한다. 저자의 경우는 모두 동일한 Checkpoint SCN 번호 0x0000.00187b2d → Decimal 값으로 1604397을 가진다.

Chapter 11 사용자(Users) 관리

이번 장에서는 데이터베이스 사용자의 생성, 관리 방법과 데이터베이스 스키마 개념에 대해 소개한다.

다음은 이번 장에서 다루게 될 세부 사항들이다.

- Section 01 데이터베이스 스키마의 개념
- Section 02 데이터베이스 수준에서의 사용자 생성
- Section 03 테이블스페이스에 대한 사용자의 저장공간(Quota) 설정
- Section 04 사용자의 제거

oracle 01

데이터베이스 스키마의 개념

오라클 데이터베이스에서 '스키마(Schema)'의 의미를 이해하는 것은 너무나 중요하다. 스키마는 다음의 성격을 가진다.

- 스키마는 데이터베이스 오브젝트의 집합이라고 부를 수 있다.
- 하나의 사용자가 생성되면 그 사용자에 해당하는 스키마가 생성된다.
- 하나의 사용자는 하나의 스키마를 가질 수 있다.

예를 들어 scott라는 사용자가 DBA에 의하여 생성되면 scott라는 스키마가 생성되어지며 scott 사용자가 생성하는 모든 데이터베이스 오브젝트들은 결국 scott라는 스키마에 포함되어진다는 의미이다. 다시 말해서 사용자 아이디 scott와 스키마 이름 scott는 같은 의미를 가지게 된다. 다음은 하나의 스키마에 포함될 수 있는 데이터베이스 오브젝트들을 나열한 것이다.

- 테이블
- 인덱스
- 뷰
- 시퀀스
- 시노님
- 트리거
- 제한 조건(Constraints)
- 스토어드 프로시저(Stored procedures)
- 데이터베이스 링크(Database link)

기본적으로 이러한 데이터베이스 오브젝트들은 어느 하나의 스키마에 포함되어져야 하며 자신의 스키마에 속하지 않은 데이터베이스 오브젝트에 대한 작업을 수행하기 위해서는 해당하는 권한을 그 오브젝트를 소유하고 있는 스키마, 결국 사용자에게 부여받아야 가능하다는 사실을 반드시 기억하기 바란다.

oracle 02

데이터베이스 수준에서의 사용자 생성

다음은 오라클 데이터베이스의 사용자를 생성하는 SQL 문장의 기본 형식을 보여준다.

```
CREATE USER user
IDENTIFIED  BY password | externally
[ DEFAULT TABLESPACE tablespace ]
[ QUOTA integer [k|m]  | unlimited  ON tablespace ]
[PASSWORD EXPIRE]
[ACCOUNT  LOCK | UNLOCK]
[ PROFILE profile |default ]
```

예를 들자면 다음과 같이 sbs라는 오라클 사용자를 생성할 수 있다.

```
$sqlplus system/manager
SQL> create user sbs
  2  identified by sbs_pw
  3  default tablespace users
  4  temporary tablespace temp
  5  quota 20M on users
  6  password expire
```

*User created.

User
사용자 아이디를 입력한다. 예를 들어 sbs.

BY password | externally
데이터베이스에 의하여 사용자 확인 과정을 거치면서 반드시 암호를 입력하도록 설정한다. sbs_pw라는 암호를 설정해준다. 결국 이후에 sbs 사용자가 서버에 접속하려면 반드시 sbs_pw라는 암호를 입력시켜주어야 한다는 것이다.
다음은 Externally라는 옵션을 사용하는 경우이다. 이 경우는 데이터베이스 사용자가 이미 운영체제 수준에서 아이디와 암호 확인이 끝난 상태라면 데이터베이스에 접속할 때 암호를 다시 입력시킬 필요 없이 서버에 접속할 수 있도록 허락하는 경우이다. 다음과 같이 kbs 사용자를 생성한다. 이때 반드시 Externally라는 옵션을 사용해야만 한다.

① kbs라는 사용자를 데이터베이스 내에 생성하도록 하자.

```
SQL> create user kbs
  2  identified externally
  3  default tablespace users
  4  temporary tablespace temp
  5  quota 20M on users
6 password expire;
```

② 일단 kbs 사용자를 데이터베이스에 생성한 후에 반드시 기본적인 권한을 부여하지 않으면 아무리 운영체제에서 이미 확인된 후라 하더라도 데이터베이스에 로그인이 불가능하다는 점이다. 그러므로 기본적으로 Connect와 Resource 권한은 kbs 사용자에게 부여해 주도록 하자.

```
SQL> grant connect, resource to kbs;
```

③ 다음과 같이 os_authent_prefix라는 파라미터 값을 " "라고 파라미터 파일로부터 설정해주어야 한다.

```
$ sqlplus '/as sysdba'
SQL> alter system set os_authent_prefix=" " scope=spfile;
System altered.

SQL> shutdown immediate
Database closed.
Database dismounted.
ORACLE instance shut down.
SQL> startup
ORACLE instance started.

Total System Global Area    251658240  bytes
Fixed Size                    2923096  bytes
Variable Size               192939432  bytes
Database Buffers             50331648  bytes
Redo Buffers                  5464064  bytes
Database mounted.
Database opened.
```

④ 운영체제(Unix)로부터 데이터베이스 아이디(kbs)와 같은 아이디(kbs)를 생성한다.

```
$su -
Password:

# useradd -m -d /opt/oracle -s /bin/ksh -g dba kbs
# passwd kbs
New password:
Re-enter new password:
passwd (SYSTEM): passwd successfully changed for kbs
#
```

결국 지금까지 수행한 작업은 파라미터 파일에 해당 파라미터를 설정해주고 나서 kbs라는 사용자 아이디를 운영체제 수준과 데이터베이스 내부에 생성한 것이다. 데이터베이스 사용자 아이디의 경우 Externally 옵션을 사용하지 않고 생성된 경우라면 반드시 해당하는 암호를 입력시켜야 데이터베이스에 접속할 수 있으나 이제는 상황이 다르다. 다음과 같이 sqlplus라는 간단한 명령으로 데이터베이스에 접속이 가능해진다.

다음의 명령을 실행하기 전에 운영체제에 로그인할 때는 반드시 kbs 사용자 아이디를 사용해야만 한다는 점을 잊어서는 안 된다.

⑤ kbs 사용자 아이디를 가지고 운영체제와 데이터베이스로부터 인증을 시도한다. 이제는 데이터베이스 접속 시 암호를 입력시킬 필요가 없다는 점에 유의하기 바란다.

```
# su - kbs
$id
kbs
$ sqlplus /
SQL>
default tablespace users
```

- default tablespace users
  오라클 사용자가 임의의 데이터베이스 오브젝트를 생성할 때 인위적으로 해당 오브젝트가 저장되어질 테이블스페이스를 지정하지 않게 되면 기본적으로 default tablespace에 설정된 테이블스페이스로 저장되어진다. 여기서는 users라는 default tablespace를 설정해 주고 있다.
- temporary tablespace temp
  사용자 sbs에 의하여 발생되는 임시 정렬 데이터들은 temp라는 테이블스페이스의 공간을 사용하도록 설정하고 있는 것이다.
- quota 20M on users
  users라는 default tablespace 공간에 sbs 사용자가 사용할 수 있는 최대 공간을 설정한다.
- password expire

다음은 sbs 사용자 생성 시 password 파라미터를 expire로 설정하는 경우 어떤 상황이 벌어지는 지를 보여준다. 이처럼 설정되면 sbs 사용자가 SQL*Plus를 사용하여 데이터베이스에 접속하려는 경우 암호를 변경시켜야 하는 과정을 거치게 된다.

```
$sqlplus sbs/sbs_pw
ERROR:
ORA-28001: the password has expired
Changing password for sbs
New password:
Retype new password:
Password changed
Connected to:
SQL>
```

다음은 일단 password 파라미터를 사용하지 않고 사용자 sbs를 생성한 상태에서 상황에 따라 sbs 사용자가 나름대로 자신의 암호를 변경시켜줄 수 있도록 하는 방법을 소개한다. DBA는 다음과 같이 sbs 사용자가 이후에 로그인할 때 암호를 변경시킬 수 있도록 Alter user .....expire 명령을 사용하여 처리할 수 있다.

```
$sqlplus system/manager
SQL> alter user scott password expire;
User altered.
```

이제 sbs 사용자로서 접속하도록 한다. 이때 sbs 사용자는 기존에 사용하던 암호를 사용한다. 물론 에러가 발생하게 되며 이때 새로운 암호를 입력시키게 된다. 왜냐하면 DBA가 sbs 사용자의 암호를 취소(Expire)시켰기 때문이다.

●●● oracle 03

테이블스페이스에 대한 사용자의 저장공간(Quota) 설정

임의의 테이블스페이스가 존재할 때 오라클은 각각의 사용자들로 하여금 테이블스페이스 내부의 일정 크기의 제한된 공간을 사용하도록 한계를 정해줄 수 있다고 이미 앞에서 언급한 적이 있다. 하지만 다음과 같은 경우 설정된 공간의 한계를 조정할 수도 있음에 유의하기 바란다.

- 임의의 사용자에 의하여 생성된 테이블이 갑자기 많은 정보를 추가하게 되는 상황이 벌어지는 경우 현재 설정되어진 저장 공간으로는 테이블에 저장된 정보를 감당하기 어려워지는 경우를 말한다.
- 애플리케이션에 변경이 생기는 경우 그에 대한 결과로 더 많은 수의 테이블 또는 인덱스가 요구되는 경우

다음과 같이 임의의 사용자에게 할당된 테이블스페이스의 저장공간(Quota)을 변경해줄 수가 있다.

```
$sqlplus system/manager
SQL> alter user scott
  2  quota 30M on users;
User altered.
```

dba_ts_quotas 뷰를 통해서 확인하도록 하자. scott 사용자에 대한 MAX_BS라는 컬럼 값이 31457280으로서 30M의 저장 공간을 확보하고 있음을 확인할 수 있다.

```
SQL> select * from dba_ts_quotas;
TABLESPACE_NAME  USERNAME   BYTES      MAX_BS      BLOCKS   MAX_BLOCKS
---------------- --------   -----  ------------ ------   -----------
USERS            SBS            0      20971520       0          2560
USERS            SCOTT    6291456      31457280     768          3840
```

이제 30MB로 설정된 scott 사용자의 저장 공간을 60MB로 증가시켜 보자.

```
SQL> alter user scott
2  quota 60M on users;
User altered.

SQL> select * from dba_ts_quotas;

TABLESPACE_NAME  USERNAME   BYTES      MAX_BS      BLOCKS   MAX_BLOCKS
---------------- --------   -----  ------------ ------   -----------
USERS            SBS            0      20971520       0          2560
USERS            SCOTT    6291456      62914560     768          3840
```

scott 사용자에 대한 MAX_BS라는 컬럼 값이 이제는 62914560으로서 60MB의 저장 공간으로 확장된 것을 확인할 수 있다.

oracle 04

사용자의 제거

데이터베이스 내의 사용자를 제거할 때는 다음의 명령어를 실행시킨다.

```
SQL> drop user babo;
drop user babo
*
ERROR at line 1:
ORA-01922: CASCADE must be specified to drop 'BABO'
```

위의 문장이 실패한 이유는 무엇일까? babo라는 사용자를 제거하는 과정에서 오라클은 babo라는 스키마에 여전히 데이터베이스 오브젝트가 존재한다는 사실을 찾아냈기 때문이다. 이처럼 임의의 사용자, 즉 스키마를 제거하려면 그 스키마 내부에 데이터베이스 오브젝트가 존재해서는 안 된다. 만약 오브젝트가 존재하는 상황에서 스키마 자체를 제거하려면 다음과 같이 Cascade 옵션을 함께 사용하면 된다.

```
SQL> drop user babo cascade;
User dropped.
```

또한 제거하려는 사용자가 현재 데이터베이스 내부에 접속한 상태이면 그 사용자를 제거할 수 없다. 다음은 general이라는 사용자가 현재 Sqlplus에서 접속한 상태에서 DBA가 사용자를 제거하려는 작업을 수행하는 과정을 보여준다.

```
oracle_utest06_SCOTT>sqlplus system/manager

SQL> drop user general;
drop user general
*
ERROR at line 1:
ORA-01940: cannot drop a user that is currently connected
```

general 사용자가 sqlplus에서 접속을 끊게 되면 다음과 같이 아무 문제없이 general 사용자를 제거할 수 있다.

```
SQL> connect general/general_pw
Connected.
SQL> exit
```

이제 general 사용자를 제거할 수 있다.

```
SQL> drop user general;
User dropped.
```

Chapter 12 사용자 암호(Password) 및 리소스(Resource) 관리

이번 장에서는 데이터베이스 사용자가 사용하는 암호에 대한 관리와 그들이 사용하게 되는 자원에 대한 관리 방법을 소개한다. 특히 오라클에서는 이들에 대한 파라미터를 설정할 때 프로파일을 생성하여 그 프로파일 내부에 해당 파라미터를 추가하는 방식으로 사용하게 되는데 이처럼 생성된 프로파일은 DBA에 의하여 각각의 사용자에게 할당되어지며 해당 파라미터가 할당받은 사용자들에게 적용된다. 자원 관리는 전체적인 서버 운영에 있어서도 중요한 사항이니 만큼 불필요하게 지나친 자원을 사용하는 경우가 없도록 설정해주어야 한다.

다음은 이번 장에서 다루게 될 세부 사항들이다.

- Section 01 데이터베이스 프로파일의 사용
- Section 02 데이터베이스 프로파일 생성
- Section 03 데이터베이스 프로파일 변경과 제거
- Section 04 사용자 자원 관리(Resource management)
- Section 05 사용자 세션 수준(Session level) 자원 관리
- Section 06 사용자 콜 수준(Call level) 자원 관리

●●● oracle 01

데이터베이스 프로파일의 사용

프로파일이란 오라클 데이터베이스를 사용함에 따르는 암호(Password)와 리소스(Resource)에 대한 제한을 주기 위하여 생성하는 하나의 오브젝트로서 일단 생성해 놓은 후(DBA에 의하여 생성된다) 이후에 오라클 사용자들에게 할당해주는 방식으로 운영된다.
기본적으로 다음의 사항을 프로파일을 사용하여 관리할 수 있다.

*암호 사용과 암호 사용 기간에 관한 설정

다음은 암호 사용과 사용 기간에 관련된 파라미터에 관한 설명이다.

failed_login_attempts
몇 번이나 로그인에 실패하면 사용자가 잠금 상태(Lock)에 걸리는지에 관한 설정이다. 다음의 과정을 살펴보도록 하자. scott 사용자가 잘못된 암호를 가지고 접속하려고 하고 있다. 3번까지 시도해 보지만 결국 실패하고 만다. scott 사용자의 올바른 암호는 tiger이다.

```
oracle_utest06_scott > sqlplus scott/tiger
ERROR:
ORA-01017: invalid username/password; logon denied
Enter user-name: scott
Enter password:
ERROR:
ORA-01017: invalid username/password; logon denied
Enter user-name: scott
Enter password:
ERROR:
ORA-01017: invalid username/password; logon denied
SP2-0157: unable to CONNECT to ORACLE after 3 attempts, exiting SQL*Plus
```

이제 정확한 암호를 가지고 sqlplus에 접속해보도록 하자. 예상대로라면 현재 scott 사용자는 잠금 상태(Lock)가 걸려 있어야 한다. 왜냐하면 두 번 이상 잘못된 암호를 사용해서 로그인에 실패했기 때문이다. failed_login_attempts 2 파라미터 설정을 참조하기 바란다.

```
oracle_utest06_scott > sqlplus scott/tiger
ERROR:
ORA-28000: the account is locked
```

이제 system/manager(DBA)로 접속하여 scott 사용자를 잠금 해제(Unlock)시켜주도록 하자.

```
SQL> alter user scott account unlock;
User altered.
```

다시 scott 사용자로서 sqlplus에 접속하도록 하자. 이때는 올바른 암호를 사용한다.

```
SQL> connect scott/tiger
Connected.
```

이처럼 잠금 상태가 풀려진 것을 확인할 수 있다.

password_lock_time

일단 잠금 상태에 걸리면 얼마나 오래 동안 잠금 상태로 있게 되는지에 관한 설정이다. 예를 들어 Password_lock_time unlimited의 의미는 일단 잠금 상태에 걸리게 되면 DBA가 잠금 상태를 해제시켜줄 때까지 암호는 무한정 잠금 상태에 있게 된다는 것을 의미한다.

password_life_time

일단 암호가 취소되고 나서 어느 정도 기간동안 원래의 암호가 사용될 수 있는지에 관한 설정이다. 예를 들어 Password_life_time 20의 의미는 암호가 어느 시점에서 취소되더라도 20일 동안은 원래의 암호를 사용하여 새로운 암호를 재 생성할 수 있다는 의미이다.

password_grace_time

암호가 취소되고 난 후 다시 같은 암호를 사용하여 접속하려고 할 때 오라클은 어느 정도 기간동안 자상하게 사용자에게 암호를 갱신해줄 것을 요구한다.
이 파라미터의 이해를 위하여 일단 scott 사용자의 암호를 취소시키도록 하자. 당연히 이 과정도 system/manager(DBA)로 접속하여 실행하여야 한다.

```
SQL> alter user scott password expire;
User altered.
```

이제 취소된 암호를 가지는 scott 사용자가 접속을 시도한다. 이때 오라클은 scott 사용자에게 암호를 갱신할 것을 요구한다.

```
oracle_utest06_scott > sqlplus scott/tiger
ERROR:
ORA-28001: the password has expired
Changing password for scott
New password:
Retype new password:
Password changed
SQL>
```

이제는 새롭게 정해진 암호를 사용하여 sqlplus에 접속할 수 있다.

password_reuse_time

정해진 기간 동안만 현재 설정된 암호를 사용할 수 있음을 의미한다. 만약 이 파라미터 값이 Default 또는 Unlimited 값이 아닌 임의의 정수 값이 설정되면 password_reuse_max 파라미터 값은 반드시 Unlimited로 설정되어야만 한다.

password_reuse_max

현재 사용하고 있는 암호를 최대한 몇 번 사용할 수 있는지를 의미한다. 만약 이 파라미터 값이 Default 또는 Unlimited 값이 아닌 임의의 정수 값이 설정되면 password_reuse_time 파라미터 값은 반드시 Unlimited로 설정되어야만 한다.

CPU 시간

프로파일을 사용하여 오라클 서버 사용에 따른 CPU 사용에 관한 관리가 가능하다.

cpu_per_session이 대표적인 CPU 관리에 관한 파라미터로서 각각의 오라클 사용자 세션이 사용할 수 있는 CPU 시간을 제한할 수 있다.

I/O 과정

각각의 오라클 사용자 세션이 발생시킬 수 있는 데이터 블록 읽음(Logical+ physical read) 에 대한 제한을 Logical_reads_per_session 파라미터를 사용하여 설정해줄 수 있다.

이처럼 프로파일은 각각의 사용자들의 암호 관리에서부터 각각의 사용자들이 소모하게 되는 CPU 시간 그리고 사용자들이 생성하는 세션에 대하여 어느 정도의 제한을 설정해줌으로써 보다 효율적인 관리를 하기 위하여 사용된다.

●●● oracle 02

데이터베이스 프로파일 생성

프로파일 생성은 일반 사용자들에 의하여 수행되는 것이 아니라 system/manager(DBA)에 의하여 이루어진다.

```
$ sqlplus system/manager
       SQL>create profile scott_user limit
       failed_login_attempts 2
       password_lock_time unlimited
       password_life_time 20
       password_reuse_time 30
       password_grace_time 10
       sessions_per_user 5
       cpu_per_session 10000
       idle_time 50
       connect_time 480;
Profile created.
```

이처럼 생성된 scott_user 라는 프로파일을 scott 사용자에게 할당해주도록 하자. 이 과정 역시 DBA에 의하여 이루어진다.

```
SQL> alter user scott profile scott_user;
Profile altered
```

이제 scott 사용자는 scott_user 라는 프로파일에 설정된 파라미터 값들에 의하여 영향을 받게된다. 다음은 프로파일이 적용되는 상황을 살펴보기 위하여 failed_login_attempts 2라는 파라미터 값이 실제로 적용되는 상황을 살펴보도록 하자.

scott 사용자가 잘못된 암호를 가지고 3번이나 접속하려는 과정을 보여준다. 물론 암호가 틀리기 때문에 sqlplus에 접속하지 못한다. 3번 실패 후에는 자동적으로 sqlplus로부터 Exit하게 된다.

●●● oracle 03

데이터베이스 프로파일 변경과 제거

프로파일은 다음과 같이 alter profile을 사용하여 기존의 내용을 변경해줄 수가 있다. 다음의 예는 scott_user 프로파일에 설정되어있는 failed_login_attempts라는 파라미터 값을 4로 변경해주는 과정을 보여준다.

```
SQL>alter profile scott_user
2   failed_login_attempts 4;
```

이처럼 변경된 파라미터 값은 현재 사용중인 세션에 대해서는 적용되지 않고 새로운 세션이 시작될 때 적용된다는 사실을 유의하기 바란다.

tip

파라미터 값은 현재 사용중인 세션에 대해서는 적용되지 않고 새로운 세션이 시작될 때 적용된다.

기존에 생성해놓은 프로파일을 제거하고자 할 때는 다음과 같이 Drop profile 명령을 사용한다.

```
SQL> drop profile scott_user;
drop profile scott_user
*
ERROR at line 1:
ORA-02382: profile SCOTT_USER has users assigned, cannot drop without CASCADE
```

위의 문장이 실패한 것을 확인할 수 있다. 문제는 현재 제거하려는 프로파일을 사용하고 있는 사용자가 있는 경우에는 해당 프로파일을 제거할 수 없다. 이때는 다음과 같이 Cascade 옵션을 사용하여 프로파일을 제거하도록 한다.

```
SQL> drop profile scott_user cascade;
Profile dropped.
```

앞의 문장을 보면 Cascade 옵션이 사용되고 있는데 이는 scott_user라는 프로파일을 제거하는 동시에 scott_user 프로파일을 부여받은 사용자들로부터 프로파일을 제거하는 역할까지도 함께 수행할 수 있도록 해준다. 일단 특정 프로파일을 빼앗긴(?) 사용자들에게는 오라클 서버가 디폴트 프로파일(Default profile)을 자동적으로 설정해준다. 그러므로 이때부터는 오라클 서버가 부여한 디폴트 프로파일의 설정을 따르게 되는 것이다. 참고로 디폴트 프로파일은 어느 누구에 의해서도 제거될 수 없다는 사실을 기억하기 바란다.

●●● oracle 04

사용자 자원 관리(Resource management)

자원 관리(Resource management)라 하면 대부분 현재 사용하고 있는 CPU와 세션 연결(Session connection)에 관련된 사항을 관리하는 부분을 의미한다. 다시 말해서 사용자들이 사용하는 CPU와 그들에 대한 세션을 관리하여 보다 효율적인 서버 관리를 하겠다는 뜻이다.

기본적으로 자원 관리는 세션 수준(Session level), 콜 수준(Call level)으로 크게 나누어 관리할 수 있다. 이미 앞에서 간단하게 언급했던 것처럼 자원 관리를 위한 파라미터들을 프로파일에 설정하여 일반 사용자들에게 부여해줄 수가 있다. 다음은 자원 관리에 관계된 파라미터들을 설정하고 scott 사용자에게 할당해주는 과정을 보여준다.

```
$ sqlplus system/manager
SQL>create profile scott_user_limit
       sessions_per_user 5
       cpu_per_session 10000
       idle_time 50
       connect_time 480;
Profile created.
```

이처럼 생성된 scott_user라는 프로파일을 scott 사용자에게 할당해주도록 하자. 이 과정 역시 DBA에 의하여 이루어진다.

```
SQL> alter user scott profile scott_user;
Profile altered
```

이때부터 해당 프로파일을 부여받은 사용자들은 프로파일 내부에 설정된 자원 관리에 관한 파라미터의 제한을 받게 된다.

암호 관리를 위한 파라미터와는 달리 자원 관리를 위한 파라미터를 실제로 적용하기 위해서는 다음의 순서를 반드시 수행해야 한다.

Step1) Create profile 명령을 사용하여 해당 파라미터를 포함하는 프로파일을 생성한다.
Step2) Create user 또는 Alter user 명령을 사용하여 해당 프로파일을 사용자(들)에게 할당해준다.
Step3) Alter system 명령을 사용하여 해당 프로파일이 실제로 적용되도록 해주는 방법과 파라미터 파일에 resource_limit 파라미터를 추가(True 또는 False)하여 설정하는 방법가운데 하나를 적용하면 된다.

```
$ sqlplus '/as sysdba'
SQL> alter system set resource_limit = true;
System altered.
```

이처럼 실행된 사항은 이후에 다시 데이터베이스가 종료되거나 Alter system 명령으로 다시 변경될 때까지 유효한 상태가 된다.

●●● oracle 05

사용자 세션 수준(Session level) 자원 관리

'세션 수준에서의 자원 관리'라는 의미는 오라클 사용자가 서버에 접속해서 자신만의 오라클 세션이 이루어지면 그 세션 내에서 해당 자원에 대한 관리가 이루어진다는 것을 의미한다. 다음은 세션 수준에서의 자원 관리를 위하여 사용될 수 있는 파라미터를 소개한다.

cpu_per_session

일단 사용자가 세션을 생성하고 작업을 하기 시작해서 그 세션동안 사용할 수 있는 전체 cpu 시간(Total CPU time)에 대한 제한을 위하여 사용된다. 결국 DBA가 임의의 사용자가 사용하게 될 cpu_per_session 파라미터 값을 실제 필요로 하는 값보다 작게 설정해 주게 되면 다음과 같은 상황이 벌어진다. 각각의 사용자들에게 그들이 너무 지나친 CPU를 사용하지 못하도록 제한하려고 할 때 이 파라미터를 설정해주면 된다.

```
SQL> select * from emp;
ERROR:
ORA-02392: exceeded session limit on CPU usage, you are being logged off
```

sessions_per_user

session_per_user 파라미터는 같은 사용자로서 동시에 몇 명까지 세션을 생성할 수 있는지에 관한 설정이다. 예를 들어, scott 사용자에 대한 프로파일에 session_per_ user 파라미터 값을 3이라고 설정했다면 scott 사용자 아이디로 4번째가 로그인하려는 순간 다음과 같은 에러 메시지를 가지게 된다. 결국 이 파라미터는 같은 아이디로써 접속하게될 사용자의 숫자를 제한하는 기능을 한다.

```
$ sqlplus scott/tiger
ERROR:
ORA-02391: exceeded simultaneous SESSIONS_PER_USER limit
```

connect_time

데이터베이스에 연결하고자 하는 경우 연결 시간에 대한 제한을 주려는 경우 사용할 수 있다.

idle_time

서버 프로세스가 어느 정도 시간동안 Idle해도 좋다는 제한을 주려는 경우 사용할 수 있다.

logical_reads_per_session

오라클 사용자들이 세션 내에서 발생시키는 IO에 대한 제한을 주는 파라미터이다. 만약 제한 수준에 도달하게 되면 다음과 같은 에러 메시지를 발생시킨다.

```
SQL> /
select * from emp
*
ERROR at line 1:
ORA-02394: exceeded session limit on IO usage, you are being logged off
```

oracle 06

사용자 콜 수준(Call level) 자원 관리

'콜 수준에서의 자원 관리'라 하면 각각의 SQL 문장이 실행될 때 사용되는 자원에 대한 제한을 주는 경우를 말한다. 다음과 같이 2개의 파라미터를 적용할 수 있다.

- cpu_per_call
  사용자가 실행시키는 SQL 문장이 많은 cpu를 사용하게되는 경우 제한할 수 있다.
- logical_reads_per_call
  사용자가 실행시키는 SQL 문장이 많은 IO를 발생시키는 경우 제한할 수 있다.

이처럼 각각의 SQL 문장들이 해당 파라미터에 의하여 제한되어지면 그 문장의 실행은 중단되며 지금까지 수행되던 사항들은 모두 롤백되어 진다. 세션 수준에 관한 파라미터의 제한 수준에 도달하면 그 세션으로부터 Exit되어지지만 콜 수준의 경우에는 그대로 연결된 상태로 남아있게 된다. 결국 콜 수준의 자원 관리를 위한 파라미터에 설정된 제한값에 도달하게 되면 해당 문장만이 롤백되어질 뿐 이미 연결되어진 사용자의 세션은 잃지 않는다는 것을 의미한다.

Chapter 13 권한(Privileges) 관리

이번 장에서는 데이터베이스 사용자들의 권한에 대한 부여와 제거 방법을 소개한다. 오라클에서의 사용자 권한은 크게 시스템 권한과 오브젝트 권한으로 나누어진다. 데이터베이스에 있어서의 권한은 무척 중요한 의미를 가진다. 간단한 예를 들자면 임의의 사용자에게 Create session이 없다면 그 사용자는 아예 데이터베이스에 접속조차 하지 못한다. 결국 데이터베이스에 대한 임의의 작업을 수행하는 경우 그 작업을 수행할 수 있는 권한이 없다면 해당 작업을 성공적으로 이룰 수 없다는 것을 의미한다.

다음은 이번 장에서 다루게 될 세부 사항들이다.

- Section 01 시스템 권한
- Section 02 시스템 권한의 부여
- Section 03 Sysdba와 Sysoper 권한
- Section 04 시스템 권한의 제거와 With admin option의 적용
- Section 05 오브젝트 권한
- Section 06 오브젝트 권한의 부여
- Section 07 오브젝트 권한의 제거와 With grant option의 적용과의 관계

●●● oracle 01

시스템 권한

시스템 전반적인 작업을 수행하기 위하여 요구되는 권한들을 시스템 권한이라고 명명하며 각각의 스키마 오브젝트들에 관한 관리를 위하여 사용된다.
다음은 시스템 권한에 속하는 권한들을 나열한 것이다. 이외에도 100개가 넘는 시스템 권한들이 사용 가능하다.

구분	시스템 권한의 종류
table	create table create any table alter any table drop any table select any table update any table delete any table
index	create any index alter any index drop any index
tablespace	create tablespace alter tablespace drop tablespace unlimited tablespace
session	create session alter session restricted session

〈시스템 권한의 종류〉

대부분의 Any라는 키워드가 들어가는 시스템 권한들의 경우 스키마에 상관없이 해당 권한을 수행할 수 있다는 점에 유의하기 바란다. 예를 들어, scott라는 사용자가 Create any table이라는 시스템 권한을 가지게 되면 또 다른 사용자인 oe 라는 사용자의 스키마에 대해서도 테이블을 맘대로 생성할 수 있게 된다는 것을 의미한다.
Create table 시스템 권한만을 부여받은 상태이고 Create any table이라는 시스템 권한을 부여받지 않은 상태인 scott 사용자가 다른 제 3의 스키마인 oe라는 사용자의 스키마 내에 테이블을 생성하려고 하면 다음과 같이 실패한다. 왜냐하면 기본적으로 오라클에서는 자신의 스키마 내에서는 모든 테이블을 생성할 수 있지만(Create table 시스템 권한을 부여받았다는 사실을 전제로 인하여) 다른 스키마 내의 테이블을 생성할 수 없도록 되어 있다.

```
SQL> connect scott/tiger
Connected.
SQL>  create table oe.emp_test
  2   ( emp_id number (5),
  3   emp_name varchar2(15),
  4   emp_address varchar2(20),
  5   since_employeed date);
 create table oe.emp_test
*
ERROR at line 1:
ORA-01031: insufficient privileges
```

이제 DBA로부터 Create any table이라는 권한을 부여받도록 하자.

```
$ sqlplus system/manager
SQL> grant create any table to SCOTT;
Grant succeeded.
```

이제 scott 사용자로 접속하여 oe 스키마 내부에 emp_test라는 테이블을 생성해보도록 하자.

```
SQL> connect scott/tiger
Connected.
SQL> create table oe.emp_test
  2  ( emp_id number (5),
  3  emp_name varchar2(15),
  4  emp_address varchar2(20),
  5  since_employeed date);

Table created.
```

성공적으로 다른 스키마(oe) 내부에 임의의 테이블을 맘대로 생성할 수가 있었다. 이처럼 다른 스키마(oe) 내부에 임의의 테이블을 생성하게 되면 그 테이블의 소유는 자신에게 있지 않으며 해당 스키마(oe)에 속하게 된다는 점에 유의하기 바란다. 다음은 scott 사용자가 방금 생성한 emp_test 테이블이 자신의 스키마에 속해있는지 확인하는 절차이다.

```
SQL> select table_name from user_tables;
TABLE_NAME
------------------------------
DEPT
DEPT20_STUDENT
DEPT20_STUDENT_EXPRESS
DEPTLOC
NEW_STUDENT
NEW_STUDENT_ITV
NEW_STUDENT_LOCALTZ
NEW_STUDENT_TZ
STUDENT
TUITION
10 rows selected.
```

위의 결과를 통해서 확인할 수 있듯이 emp_test 테이블은 Scott 스키마에 속해있지 않다. emp_test 테이블은 oe 스키마에 포함된다는 점 유의하기 바란다. 다음은 oe 사용자로 접속하여 emp_test 테이블이 자신의 스키마에 속해있는지 확인하는 과정이다.

```
SQL> connect oe/oe_pw
Connected.
SQL> select table_name from user_tables;
TABLE_NAME
------------------------------
EMP_TEST
```

이처럼 create any table과 같이 Any라는 키워드를 가지는 시스템 권한들은 다른 스키마의 오브젝트에 대하여서도 얼마든지 해당 작업을 수행할 수 있게 된다는 사실을 반드시 기억하기 바란다.
다음은 시스템 권한들이 가지는 특성에 대하여 살펴보도록 한다.

- 시스템 권한들은 Grant 명령으로 DBA(system/manager)로부터 부여받을 수 있으며 Revoke 명령을 통해서 제거될 수 있다.
- Create index라는 시스템 권한은 존재하지 않는다.
- Create table, Create procedure, Create cluster와 같은 시스템 권한들의 경우는 해당 오브젝트를 제거(Drop)하는 권한도 함께 가지게 된다.
- Unlimited tablespace 시스템 권한은 임의의 역할(Role)에 부여(Grant)해 줄 수 없다. 결국 임의의 역할을 생성해 놓고 그 역할에 Unlimited tablespace라는 시스템 권한은 추가해줄 수 없다는 의미이다.

●●● oracle 02

시스템 권한의 부여

다음은 시스템 권한을 DBA로부터 부여받은 scott 사용자가 다시 그 시스템 권한을 general이라는 사용자에게 부여하는 과정을 보여준다. 앞에서도 언급했지만 시스템 권한은 DBA로부터 부여받게 된다. 여기서 DBA란 system/manager로 접속하는 것을 의미한다.

```
SQL> connect scott/tiger
SQL> grant create any table to oe;
grant create any table to oe
*
ERROR at line 1:
ORA-01031: insufficient privileges
```

이처럼 일반 사용자는 기본적으로 자신이 DBA로부터 부여받은 시스템 권한을 제3의 사용자에게 부여해 줄 수 없다. 다음은 Grant 명령의 기본 형식을 보여준다.

```
GRANT system privilege|role TO user|role|public
[WITH ADMIN OPTION]
```

특히 임의의 시스템 권한을 Public에게 부여해주게 되면 해당 권한이 그 데이터베이스 내부에 존재하는 모든 스키마 사용자에게 부여된다는 것을 의미한다. 그리고 With admin option이란 옵션을 함께 사용하게 되면 시스템 권한을 부여받는 임의의 사용자가 자신이 부여받은 시스템 권한을 다른 제3의 사용자에게 부여할 수 있는 능력을 가지게 된다는 점 기억하기 바란다.

```
$ sqlplus system/manager
SQL> grant create any table to scott
  2  with admin option;
Grant succeeded.
```

With admin option 옵션을 함께 사용하여 Create any table 권한을 부여받았으므로 이제는 scott 사용자가 Create any table이라는 시스템 권한을 다른 사용자에게도 부여할 수 있는 능력을 가지게 된다.

```
SQL> connect scott/tiger
Connected.
SQL> grant create any table to oe;
Grant succeeded.
```

●●● oracle 03

Sysdba와 Sysoper 권한

이 두 개의 권한은 전체 오라클 데이터베이스 운영에 대하여 큰 비중을 차지한다. 왜냐하면 이들 두 개의 권한에는 일반 사용자들이 사용하면 문제가 발생할 수 있는 중요한 명령어들(예를 들자면 Startup 또는 Shutdown 명령어)이 포함되어 있기 때문이다. 다음은 이 두 개의 권한들에 대한 명령어들의 예를 보여준다.

구분	명령어
sysoper	startup shutdown alter database open alter database mount alter database backup control file to recover database alter database archivelog
sysdba	With admin option을 사용하여 부여받은 sysoper 권한 모두 create database alter database begin backup alter database end backup

구분	명령어
sysdba	restricted session recover database until

결국 Sysdba 권한이 Sysoper 권한을 모두 포함한다는 것을 의미한다.

●●● oracle 04

시스템 권한의 제거와 With admin option의 적용

일반적으로 시스템 권한을 제거할 때는 다음과 같이 Revoke 명령을 사용한다.

```
$ sqlplus system/manager
SQL> revoke  create any table  from SCOTT;
Revoke succeeded.
```

하지만 만약 With admin option을 가지고 부여된 시스템 권한을 철회하는 경우에는 조금 더 세심한 주의가 요구된다. 예를 들어 scott 사용자와 oe 사용자가 있다고 보자. DBA에 의하여 Create any table 시스템 권한이 scott 사용자에게 부여되고 다시 scott 사용자는 같은 시스템 권한을 또 다른 사용자인 oe 사용자에게 부여하는 상황을 고려해보자. 그리고 나서 DBA가 Create any table 시스템 권한을 scott 사용자로부터 철회시키는 경우 과연 scott 사용자와 oe 사용자에게 어떠한 상황이 벌어지는지 살펴보도록 하자. 결론을 먼저 말하자면 다음과 같다. 이 경우 scott 사용자에게 주어져 있던 Create any table 권한은 철회되지만 scott 사용자에 의하여 부여받은 oe 사용자의 Create any table 권한은 그대로 남아있게 된다.

```
$ sqlplus system/manager
SQL> revoke create any table from SCOTT;
Revoke succeeded.
```

이제 scott 사용자로 접속하여 과연 여전히 Create any table 시스템 권한을 가지고 있는지 살펴보도록 하자.

```
SQL> connect scott/tiger
Connected.
SQL> create table oe.dept_test
  2  (dept_id number(5),
  3  dept_name varchar2(10));
create table oe.dept_test
*
ERROR at line 1:
ORA-01031: insufficient privileges
```

이처럼 scott 사용자는 더 이상 Create any table 시스템 권한을 가지고 있지 않다는 것을 확인할 수 있다. 이제는 oe라는 사용자의 경우를 살펴보도록 하자. 다음은 oe 사용자가 또다른 사용자인 hr 스키마에 dept_test라는 테이블을 생성하고자 하는 경우이다.

```
SQL> connect oe/oe
Connected.
SQL> create table hr.dept_test
  2  (dept_id number(5),
  3  dept_name varchar2(10));
Table created.
```

이처럼 oe 사용자의 경우는 아직도 Create any table 시스템 권한을 유지하게 된다.

●●● oracle 05

오브젝트 권한

오브젝트 권한은 기본적으로 각각의 스키마에 포함되는 오브젝트에 관한 권한을 의미한다. 예를 들어, scott 스키마에 Student 테이블이 존재하는 경우 scott 사용자는 Student 테이블에 대한 Select, Delete, Insert, Update와 같은 모든 작업이 가능하다. 그 이유는 자신의 스키마에 존재하는 오브젝트에 대해서 그 스키마의 주인인 자신은 모든 작업이 가능하다는 것을 의미한다. 자신의 스키마가 아닌 다른 스키마에 포함되어 있는 오브젝트에 대해서는 그 오브젝트를 생성한 사용자가 임의의 작업을 수행할 수 있는 권한을 나에게 주지 않는 한은 아무 작업도 수행할 수가 없다. 하지만 데이터베이스를 운영하다 보면 다른 스키마에 있는 오브젝트에 대해서도 쿼리가 요구되거나 임의의 정보를 갱신해야 하는 상황이 발생하게 되는데 이때 바로 해당 오브젝트에 대한 권한들이 요구된다.
다음은 데이터베이스 오브젝트에 대한 사용 가능한 권한들을 나열한 것이다.

권한의 종류	테이블	뷰	시퀀스	프로시저
Select	×	×	×	
Delete	×	×		
Update	×	×		
Alter	×		×	×
References	×			
Execute				×
Index	×	×		
Insert	×	×		

〈오브젝트 권한 구분〉

●●● oracle 06

오브젝트 권한의 부여

다음은 scott 사용자가 hr 사용자에게 scott 스키마에 포함되어 있는 emp 테이블에 대하여 Select 할 수 있는 권한을 부여하는 과정을 보여준다.

```
SQL> connect scott/tiger
SQL> grant select on student to hr;
Grant succeeded.
```

이제 hr 사용자는 scott 스키마에 포함되어 있는 emp라는 테이블에 대하여 쿼리가 가능하다. 그러면 hr 사용자가 자신이 scott 사용자로부터 부여받은 오브젝트 권한을 다른 사용자에게도 부여할 수 있는지 알아보도록 하자.

```
$ sqlplus hr/hr
SQL> grant select on SCOTT.emp to oe;
grant select on SCOTT.emp to oe
                 *
ERROR at line 1:
ORA-01031: insufficient privileges
```

이를 가능케 하려면 scott 사용자가 hr 사용자에게 오브젝트 권한을 부여할 때 다음과 같이 with grant option을 사용해야만 한다.

```
SQL> connect scott/tiger
SQL> grant select on student to hr
  2  with grant option;
Grant succeeded.
```

이제야 비로소 hr 사용자는 general 사용자에게 같은 오브젝트 권한을 부여할 수 있는 능력을 가지게 된다.

```
$ sqlplus hr/hr
SQL> grant select on scott.emp to oe;
Grant succeeded.
```

oracle 07

오브젝트 권한의 제거와 With grant option 적용과의 관계

일반적으로 오브젝트 권한을 제거할 때는 시스템 권한을 제거할 때와 마찬가지로 다음과 같이 Revoke 명령을 사용한다.

```
SQL> connect scott/tiger
SQL> revoke  select on student from hr;
Revoke succeeded.
```

하지만 만약 With grant option을 가지고 부여된 오브젝트 권한을 제거하는 경우에는 조금 더 세심한 주의가 요구된다. 예를 들어 scott 사용자가 hr 사용자에게 자신의 스키마에 포함되어 있는 emp 테이블에 대한 Select 권한을 부여했다고 하자. 그리고 이후에 hr 사용자가 oe라는 사용자에게 scott 스키마의 emp 테이블을 Select할 수 있는 오브젝트 권한을 또 다시 부여했다고 보자. 이 경우 만약 scott 사용자가 hr 사용자로부터 해당 오브젝트 권한을 제거하게 되면 어떤 상황이 벌어질까?
결론부터 말하자면 다음과 같다. 이 경우 hr과 oe 사용자 모두에게 부여됐던 오브젝트 권한이 한꺼번에 제거된다. 결국 오브젝트 권한의 경우에는 자신에게 부여됐던 권한이 제거되면 자신이 부여한 권한도 역시 함께 제거된다는 것이다.

```
SQL> connect scott/tiger
SQL> revoke  select on emp from hr;
Revoke succeeded.
```

이제 hr 사용자로 접속하여 과연 여전히 scott 스키마에 포함되는 emp 테이블을 Select 할 수 있는지 살펴보도록 하자.

```
SQL> select * from scott.emp;
select * from scott.emp
              *
ERROR at line 1:
ORA-00942: table or view does not exist
```

그렇다면 oe 사용자의 경우는 어떨까? oe 사용자로 접속하여 같은 과정을 수행해보자.

```
SQL> select * from scott.emp
select * from scott.emp
              *
ERROR at line 1:
ORA-00942: table or view does not exist
```

이처럼 hr 사용자로부터 해당 오브젝트 권한을 부여받은 oe 사용자도 이제는 더 이상 Select on scott.emp라는 오브젝트 권한을 가지고 있지 않다는 것을 확인할 수 있다.

Chapter 14 역할(Roles) 관리

임의의 오라클 사용자가 오라클 데이터베이스에 접속하게 되면 여러 가지의 권한(Privilege)을 포함하는 역할(Role)을 부여(Grant)받을 수가 있는데 오라클 사용자가 부여받은 역할의 종류에 따라 데이터베이스 내에서 수행할 수 있는 한계가 정해지게 된다. 다시 말하면 하나의 역할이란 하나 또는 다수의 권한을 모아놓은 권한들의 집합이라는 개념이다. 특히 오라클 사용자의 수가 많은 경우에 각각의 오라클 사용자들에게 필요로 되는 권한을 부여하려고 할 때 무척 용이하게 사용될 수 있는 개념이다.

다음은 이번 장에서 다루게 될 세부 사항들이다.

- Section 01 역할의 생성, 변경, 부여, 철회
- Section 02 역할의 특성
- Section 03 역할의 수행 과정 이해
- Section 04 기본 역할(Default role)의 설정
- Section 05 역할의 활성/비활성
- Section 06 역할의 제거
- Section 07 역할에 관한 데이터 딕셔너리 정보

●●● oracle 01

역할의 생성, 변경, 부여, 철회

역할을 생성하는 가장 큰 이유는 보다 효율적으로 권한을 관리하고자 하는 것이다. 권한을 필요로 하는 사용자가 많은 경우 모든 권한들을 일일이 하나씩 해당 사용자에게 부여하는 것보다 일련의 권한을 포함하는 역할들을 생성하여 한번에 해당 사용자에게 부여해주는 것이 보다 효율적이라는 의미이다. 다음은 역할을 생성하는 기본 형식을 보여준다.

```
CREATE ROLE role [NOT IDENTIFIED | IDENTIFIED}
{BY password |EXTERNALLY |GLOBALLY | USING packagename}]
```

- ROLE
  역할의 이름
- NO IDENTIFIED
  역할을 활성화시키고자 할 때 암호를 입력시킬 필요가 없도록 설정하는 것이다
- IDENTIFIED BY
  역할을 활성화시키고자 할 때 암호를 입력시키도록 설정하는 것이다

```
SQL> create role pwrole identified by pwrole_pw;
```

위와 같이 암호와 함께 생성된 역할을 활성화시키고자 할 때는 반드시 암호를 입력시켜야만 한다.

```
SQL> set role pwrole;
set role pwrole
*
ERROR at line 1:
ORA-01979: missing or invalid password for role 'PWROLE'

SQL> set role pwrole
2 identified by pwrole_pw;

Role set.
```

- EXTERNALLY
  역할을 활성화시키고자 할 때 해당 사용자가 반드시 운영체제 수준에서 일단 인증되어져야 한다는 것을 의미한다.

```
$sqlplus system/manager
SQL> create role osauthen identified externally;
Role created.
```

이제 osauthen이란 역할을 활성화시켜 보도록 하자.

```
SQL> set role osauthen ;
set role osauthen
*
ERROR at line 1:
ORA-01989: role 'OSAUTHEN' not authorized by operating system
·GLOBALLY
```

역할을 사용하고자 하는 사용자가 반드시 Enterprise directory service에 의하여 인증되어져야 한다는 것을 의미한다.

- USING packagename
  승인된 애플리케이션 수준에서 반드시 활성화되어져야 하는 역할들을 의미한다.

기존에 생성한 역할을 변경시켜 주고자 할 때는 다음과 같이 Alter role 명령을 사용할 수 있다. 다음은 Alter role 명령의 기본 형식을 보여준다.

```
ALTER ROLE role [NOT IDENTIFIED | IDENTIFIED}
{BY password |EXTERNALLY |GLOBALLY | USING packagename}]
```

다음은 기존에 생성해놓은 lab_role에 대한 암호 확인 과정을 Identified by 옵션으로 변경하는 과정을 보여준다.

```
SQL> alter role lab_role identified by lab_role_pw;
Role altered.
```

다음은 역할을 부여할 때 사용하는 기본 형식을 보여준다.

```
GRANT role TO {userid |role|PUBLIC} [WITH ADMIN OPTION]
```

- role
  역할의 이름
- userid

역할을 부여하고자 하는 사용자의 아이디이다.

- role
  역할을 부여하고자 하는 또 다른 역할의 이름이다.
- PUBLIC
  데이터베이스 사용자 모두에게 역할을 부여하고자 할 때 사용할 수 있다.
- WITH ADMIN OPTION
  이 옵션을 사용하면 역할을 부여받은 사용자가 다른 사용자들에게 같은 역할을 부여해줄 수 있는 권한을 함께 부여하게 된다.

다음은 역할을 철회할 때 사용하는 기본 형식을 보여준다.

```
REVOKE role FROM {userid |role|PUBLIC}
```

- role
  철회하고자 하는 역할의 이름이다
- userid
  철회하고자 하는 역할을 부여받은 사용자의 아이디이다
- role
  철회하고자 하는 역할을 부여받은 다른 역할의 이름이다
- PUBLIC
  데이터베이스 사용자 모두로부터 그들에게 부여된 역할을 철회하고자 할 때 사용할 수 있다.

다음은 Select any table이라는 권한을 Superrole 역할로부터 철회하는 문장이다.

```
SQL> revoke select any table from superrole;
Revoke succeeded.
```

●●● oracle 02

역할의 특성

역할에 대한 이해를 돕기 위해 이들의 특성을 알아보도록 하자.

① 역할은 사용자 또는 다른 역할에게 부여해줄 수가 있는데 이때 자기 자신(역할)에게 자기 자신(역할)을 부여해줄 수는 없다.

다음은 selfrole과 superrole이라는 두 개의 역할을 생성하고 selfrole을 다른 역할에 부여하는 방법과 자기 자신에게 부여하는 방법에 대하여 살펴보고자 한다.

```
$ sqlplus system/manager
SQL> create role selfrole;
Role created.
```

다음은 selfrole에 connect, resource 권한을 부여하는 과정이다.

```
SQL> grant connect, resource to selfrole;
Grant succeeded.

SQL> create role superrole;
Role created.
```

다음은 create any table, select any table 권한을 superrole 역할에 부여하는 과정이다.

```
SQL> grant create any table, select any table to superrole;
Grant succeeded.
```

다음은 selfrole 역할을 또다른 역할인 superrole에게 부여하는 과정이다.

```
SQL> grant selfrole to superrole;
Grant succeeded.
```

아무 문제없이 부여할 수 있음을 확인할 수 있다. 다음은 selfrole 역할을 selfrole 역할 자신에게 부여하는 과정이다.

```
SQL> grant selfrole to selfrole;
grant selfrole to selfrole
*
ERROR at line 1:
ORA-01934: circular role grant detected
```

이처럼 자기 자신(역할)에게 자기 자신의 역할을 부여할 수는 없다는 사실에 유의하기 바란다.

② 역할에는 시스템 권한과 오브젝트 권한을 모두 함께 포함할 수 있다.
위에서 생성한 superrole에는 create any table, select any table와 같은 시스템 권한들이 포함되어 있다. 여기에 select on scott.student라는 오브젝트 권한을 함께 부여해보자.

```
SQL> grant select on scott.student to superrole;
Grant succeeded.
```

③ 역할은 임시적으로 비활성화(사용가능하지 않는 상태) 또는 활성화(사용 가능한 상태)로 설정해줄 수가 있다. 이에 대한 설명은 이후에 자세히 언급되어진다.
④ 역할을 활성화 시키고자 할 때 암호를 입력하도록 설정할 수도 있다.
⑤ 각각의 역할의 이름은 데이터베이스 내에 유일해야만 한다.

```
SQL> create role superrole;
create role superrole
*
ERROR at line 1:
ORA-01921: role name 'SUPERROLE' conflicts with another user or role name
```

⑥ 역할은 어느 스키마에도 소속되어 있는 것이 아니다.

●●● oracle 03

역할의 수행 과정 이해

역할에 대한 충분한 이해를 돕기 위해 4개의 새로운 사용자아이디(ceo, manager, lab, sales)와 4개의 역할(ceo_role, manager_role, lab_role, sales_role)을 생성해보자. 그리고 각각의 역할에는 해당 권한들을 부여하도록 하자.먼저 ceo_role, manager_role, lab_role, sales_role을 system/manager로 접속하여 생성하도록 하자.

```
$ sqlplus system/manager
SQL> create role ceo_role identified by ceo_role_pw;
Role created.

SQL> create role manager_role identified by manager_role_pw;
Role created.

SQL> create role lab_role;
Role created.

SQL> create role sales_role;
Role created.
```

실습을 위한 사용자 아이디는 system/manager로 접속하여 간단하게 다음과 같이 생성하도록 하자.

```
SQL> create user ceo identified by ceo_pw;
User created.

SQL> create user manager identified by manager_pw;
User created.

SQL> create user lab identified by lab_pw;
User created.

SQL> create user sales identified by sales_pw;
User created.
```

실습을 위한 간단한 4개의 테이블(ceo.classified, manager.hr, lab.research와 sales.ma rket)을 각각 ceo, manager, lab, sales 스키마에 생성하도록 하자.
이들 사용자들이 스키마를 생성할 수 있도록 기본적인 권한을 부여하도록 한다.

```
SQL> grant connect, resource to ceo, manager, lab, sales;
Grant succeeded.
```

이제 ceo 스키마를 생성하도록 하자.

```
$sqlplus ceo/ceo_pw
SQL> create table classified
( c_id number(5),
c_title varchar2(15) );
Table created
SQL> insert into classified values (1, 'c_samsung');
1 row inserted

SQL> insert into classified values (2, 'c_hyundae');
1 row created.
```

이제 manager 스키마를 생성하도록 하자.

```
$sqlplus manager/manager_pw
SQL> create table hr
2 ( hr_id number(5),
3 hr_title varchar2(15));
Table created.

SQL> insert into hr
2 values (100, 'h_lab');
1 row created.

SQL> insert into hr
2 values (102, 'h_sales');
1 row created.
```

이제 lab 스키마를 생성하도록 하자.

```
$sqlplus lab/lab_pw
SQL> create table research
2 ( r_id number(5),
3 r_title varchar2(15));
Table created.

SQL> insert into research
2 values (1, 'r_samsung');
1 row created.

SQL> insert into research
2 values (2, 'r_hyundae');
1 row created.
```

마지막으로 sales 스키마를 생성하도록 하자.

```
$sqlplus sales/sales_pw
SQL> create table market
2 ( m_id number(5),
3 m_title varchar2(15));
Table created.

SQL> insert into market
2 values (1, 'm_samsung');
1 row created.
SQL> insert into market
2 values (2, 'm_hyundae');
1 row created.
```

해당 권한을 system/manager로 접속하여 해당 역할에 부여하도록 하자.

- ceo_role

```
SQL> grant select any table, delete any table, update any table to ceo_role;
Grant succeeded.
```

- manager_role

```
SQL> grant select any table to manager_role;
Grant succeeded.
```

- lab_role

```
SQL>grant select, update on lab.research to lab_role;
Grant succeeded.
```

- sales_role

```
SQL>grant select, update on sales.market to sales_role;
Grant succeeded.
```

이제 각각의 사용자들에게 해당 역할을 부여하도록 하자.

```
SQL> grant ceo_role to ceo;
Grant succeeded.

SQL> grant manager_role to manager;
Grant succeeded.

SQL> grant lab_role to lab;
Grant succeeded.

SQL> grant sales_role to sales;
Grant succeeded.
```

이와 같은 과정으로 임의의 사용자에게 해당 역할을 부여해줄 수가 있다.

이제 과연 각자에게 할당되어진 역할을 사용할 수 있는지 ceo 사용자의 경우를 들어 확인해보도록 하자. ceo 사용자의 경우만을 들어 보도록 한다. 현재 ceo 사용자는 select any table, delete any table, update any table 권한을 부여받은 상태이다. 예를 들어 lab.research 테이블의 로우 값을 Update시키는 작업을 수행해보도록 하자. 다음 문장이 가능한 이유는 update any table 권한을 가지고 있기 때문이다.

```
SQL> update lab.research
2 set r_title ='r_att'
3 where r_id =1;
1 row updated.
```

●●● oracle 04

기본 역할(Default role)의 설정

하나의 데이터베이스에는 여러 개의 역할들이 생성되어 있을 수가 있고 한 사용자가 여러 개의 역할을 부여받은 상태일 수가 있다. 기본적으로는 사용자가 로그인해서 데이터베이스에 접속하게 되면 그 사용자가 부여받은 모든 역할들이 활성화되어 진다. 하지만 종종 그 모든 역할들이 사용되지 않고 그 중 일부만이 요구되어지는 경우 그 사용자에 대한 기본 역할을 설정해줄 수가 있다. 일단 기본 역할이 임의의 사용자에게 설정되어지면 그 사용자가 로그인해서 접속하게 되면 다른 역할들은 비활성화되어 지며 기본 역할에 포함되어져 있는 권한들만이 사용 가능하게 된다.
다음은 기본 역할을 설정해주는 기본 형식을 보여준다.

```
ALTER USER userid DEFAULT ROLE {role |ALL [EXCEPT role] | NONE }
```

- ROLE
  기본 역할에 포함시켜 주려는 역할의 이름을 지정한다.
- ALL
  그 사용자가 부여받은 모든 역할을 기본 역할에 포함시킨다는 의미이다.
- EXCEPT
  EXCEPT 옵션 이후에 나오는 역할을 제외한 모든 역할을 기본 역할에 포함시킨다는 의미이다.
- NONE
  기본 역할에 포함시키고자 하는 역할이 없다는 것을 의미한다.

기본 역할에 포함시켜줄 수 있는 역할은 아무나 자격이 있는 것이 아니다. Grant 명령으로 직접 부여받았던 역할만이 가능하다는 점 유의하기 바란다.
다음은 lab_role, sales_role을 부여받은 lab 사용자에게 기본 역할로서 lab_role을 설정해주는 과정을 보여준다.

```
$sqlplus system/manager
SQL> grant lab_role, sales_role to lab;
Grant succeeded.
SQL> alter user lab default role lab_role;
User altered.
```

이때까지만 해도 lab 사용자는 다음과 같이 sales 스키마의 market 테이블을 쿼리할 수 있다.

```
SQL> select * from sales.market;

M_ID M_TITLE
---------- ---------------
1 m_samsung
2 m_hyundae
```

하지만 lab 사용자가 현재 세션을 종료시키고 다시 데이터베이스에 접속하여 같은 쿼리를 실행시키게 되면 다음과 같이 에러가 발생한다.

```
$sqlplus lab/lab_pw
SQL> select * from sales.market;
select * from sales.market
*
ERROR at line 1:
ORA-00942: table or view does not exist
```

이처럼 임의의 역할들을 임의의 사용자에 대한 기본 역할로 설정하게 되면 이후에 그 사용자가 데이터베이스에 접속할 때 기본 역할에 포함된 역할만이 자동적으로 활성화됨을 의미한다.

●●● oracle 05

역할의 활성/비활성

임의의 역할을 활성 또는 비활성 상태로 설정하기 위해서 다음의 Set role 명령을 사용한다.

```
SET ROLE {role [IDENTIFIED BY password] | ALL [EXCEPT role] |NONE }
```

바로 앞장 기본 역할의 설정 마지막 부분에서 lab 사용자에게 lab_role만을 기본 역할로 설정해주었던 것을 기억하기 바란다. 그러므로 이후에 다시 데이터베이스에 접속하고 나면 그 이전에 함께 부여받았던 sales_role은 비활성 상태에 존재하며 단지 기본 역할에 포함되어진 lab_role만이 활성화 되어있는 것을 확인할 수 있다. 이제 비활성화 상태에 있던 sales_role을 활성화시키도록 하자. 이때 반드시 활성화시키려는 사용자 아이디로 접속해야만 한다.

```
$sqlplus lab/lab_pw
SQL> select * from sales.market;
select * from sales.market
*
ERROR at line 1:
ORA-00942: table or view does not exist

SQL> set role sales_role;
Role set.

SQL> select * from sales.market;
M_ID M_TITLE
---------- ---------------
1 m_samsung
2 m_hyundae
```

●●● oracle 06

역할의 제거

기존에 생성되어진 역할을 데이터베이스로부터 제거하려면 다음과 같이 Drop role 명령을 사용한다. 다음은 sales_role 역할을 데이터베이스로부터 제거하는 명령이다.

SQL〉 drop role sales_role;
Role dropped.

일단 하나의 역할이 데이터베이스로부터 제거되면 그 역할을 부여받았었던 모든 사용자와 역할로부터 해당 역할이 제거된다.
아무나 역할을 제거할 수 있는 것은 아니다. With admin option 옵션을 사용하여 해당 역할을 부여받았다든지 아니면 drop any role이란 시스템 권한을 가진 사용자만이 가능하다는 사실을 유의하기 바란다.

●●● oracle 07

역할에 관한 데이터 딕서너리 정보

```
dba_roles
SQL> desc dba_roles;
Name Null? Type
----------------------------------------- -------- ----------------------------
ROLE NOT NULL VARCHAR2(30)
PASSWORD_REQUIRED VARCHAR2(8)
SQL> select * from dba_roles;

ROLE PASSWORD
------------------------------ --------
CONNECT NO
RESOURCE NO
DBA NO
SELECT_CATALOG_ROLE NO
EXECUTE_CATALOG_ROLE NO
DELETE_CATALOG_ROLE NO
EXP_FULL_DATABASE NO
IMP_FULL_DATABASE NO
RECOVERY_CATALOG_OWNER NO
GATHER_SYSTEM_STATISTICS NO
LOGSTDBY_ADMINISTRATOR NO
AQ_ADMINISTRATOR_ROLE NO
AQ_USER_ROLE NO
GLOBAL_AQ_USER_ROLE GLOBAL
OEM_MONITOR NO
HS_ADMIN_ROLE NO
LAB_ROLE YES
PLUSTRACE NO
SCOTT_OWNER NO
SELFROLE NO
SUPERROLE NO
DELETEROLE NO
PASSROLE YES
PWROLE YES
OSAUTHEN EXTERNAL
CEO_ROLE YES
MANAGER_ROLE YES

27 rows selected.
```

```
dba_role_privs 뷰
SQL> desc dba_role_privs
Name Null? Type
----------------------------------------- -------- ----------------------------
GRANTEE VARCHAR2(30)
GRANTED_ROLE NOT NULL VARCHAR2(30)
ADMIN_OPTION VARCHAR2(3)
DEFAULT_ROLE VARCHAR2(3)

SQL> select * from dba_role_privs;

GRANTEE GRANTED_ROLE ADM DEF
------------------------------ ------------------------------ --- ---
CEO CONNECT NO YES
CEO CEO_ROLE NO YES
CEO RESOURCE NO YES
DBA PLUSTRACE YES YES
DBA EXP_FULL_DATABASE NO YES
DBA IMP_FULL_DATABASE NO YES
DBA DELETE_CATALOG_ROLE YES YES
DBA SELECT_CATALOG_ROLE YES YES
DBA EXECUTE_CATALOG_ROLE YES YES
DBA GATHER_SYSTEM_STATISTICS NO YES
KBS CONNECT NO YES
KBS RESOURCE NO YES
KSI CONNECT NO YES
KSI RESOURCE NO YES
LAB CONNECT NO NO
LAB LAB_ROLE NO YES
LAB RESOURCE NO NO
MANAGER CONNECT NO NO
MANAGER LAB_ROLE NO NO
MANAGER RESOURCE NO NO
MANAGER MANAGER_ROLE NO YES
CEO_ROLE CONNECT NO YES
..............................
..............................
CEO_ROLE RESOURCE NO YES
SELFROLE CONNECT NO YES
SELFROLE RESOURCE NO YES
SCOTT_OWNER PLUSTRACE NO YES
ROLE_USER SELFROLE NO YES
ROLE_USER SUPERROLE NO YES
SUPERROLE SELFROLE NO YES

role_role_privs 뷰
```

```
Name Null? Type
----------------------------------------- -------- ----------------------------
ROLE NOT NULL VARCHAR2(30)
GRANTED_ROLE NOT NULL VARCHAR2(30)
ADMIN_OPTION VARCHAR2(3)

SQL> select * from role_role_privs;

ROLE GRANTED_ROLE ADM
------------------------------ ------------------------------ ---
DBA PLUSTRACE YES
DBA EXP_FULL_DATABASE NO
DBA IMP_FULL_DATABASE NO
DBA DELETE_CATALOG_ROLE YES
DBA SELECT_CATALOG_ROLE YES
DBA EXECUTE_CATALOG_ROLE YES
DBA GATHER_SYSTEM_STATISTICS NO
OEM_MONITOR CONNECT NO
OEM_MONITOR RESOURCE NO
EXP_FULL_DATABASE SELECT_CATALOG_ROLE NO
EXP_FULL_DATABASE EXECUTE_CATALOG_ROLE NO
IMP_FULL_DATABASE SELECT_CATALOG_ROLE NO
IMP_FULL_DATABASE EXECUTE_CATALOG_ROLE NO
SELECT_CATALOG_ROLE HS_ADMIN_ROLE NO
EXECUTE_CATALOG_ROLE HS_ADMIN_ROLE NO
LOGSTDBY_ADMINISTRATOR CONNECT NO

dba_sys_privs 뷰

SQL> desc dba_sys_privs
Name Null? Type
----------------------------------------- -------- ----------------------------
GRANTEE NOT NULL VARCHAR2(30)
PRIVILEGE NOT NULL VARCHAR2(40)
ADMIN_OPTION VARCHAR2(3)

SQL> select * from dba_sys_privs;
GRANTEE PRIVILEGE ADM
------------------------------ ---------------------------------------- ---
RESOURCE CREATE INDEXTYPE NO
RESOURCE CREATE PROCEDURE NO
SCOTT_OWNER CREATE VIEW NO
SCOTT_OWNER CREATE TABLE NO
```

```
dba_tab_privs 뷰
SQL> desc dba_tab_privs
Name Null? Type
----------------------------------------- -------- ----------------------------
GRANTEE NOT NULL VARCHAR2(30)
OWNER NOT NULL VARCHAR2(30)
TABLE_NAME NOT NULL VARCHAR2(30)
GRANTOR NOT NULL VARCHAR2(30)
PRIVILEGE NOT NULL VARCHAR2(40)
GRANTABLE VARCHAR2(3)
HIERARCHY VARCHAR2(3)

SQL> select * from dba_tab_privs
2 where table_name ='STUDENT';

GRANTEE         OWNER    TABLE_NAME         GRANTOR  PRIVILEGE          GRA      HIE
---------       ------   --------------     ------   ---------          ---      ---
GENERAL         SCOTT    STUDENT            SCOTT    UPDATE             NO       NO
KBS             SCOTT    STUDENT            SCOTT    SELECT             NO       NO
SUPERROLE       SCOTT    STUDENT            SCOTT    SELECT             NO       NO
session_roles 뷰

SQL> desc session_roles
Name Null? Type
----------------------------------------- -------- ----------------------------
ROLE NOT NULL VARCHAR2(30)

$sqlplus lab/lab_pw
SQL> select * from session_roles;

ROLE
------------------------------
MANAGER_ROLE
CONNECT
RESOURCE
```

Chapter 15 제약 조건(Constraints) 관리

이번 장은 제약 조건에 대한 종류와 설정 방법을 소개한다. 기본적으로 제약 조건을 설정하는 이유는 데이터베이스 내에 어느 시점에서든지 올바른 데이터가 저장되어지도록 제약하기 위함이라는 점에 유의하기 바란다. 그리고 제약 조건을 임시적으로 사용가능하지 않는 상태로도 설정해줄 수 있으며 제약 조건을 적용하는 시점에 대해서도 DBA에 의하여 조정 가능하다는 점도 이해하기 바란다.

다음은 이번 장에서 다루게 될 세부 사항들이다.

- Section 01 제약 조건의 종류
- Section 02 제약 조건의 상태 확인
- Section 03 제약 조건의 확인 시점 구분(Immediate, Deferred 옵션 사용)
- Section 04 Foreign key 제약 조건 부여 시 유의사항
- Section 05 제약 조건의 활성화(Enabling)와 비활성화(Disabling)
- Section 06 Exception 테이블의 사용
- Section 07 제약 조건에 관한 데이터 딕셔너리 정보

●●● oracle 01

제약 조건의 종류

이미 Part 02 SQL 과정에서 자세히 언급한 적이 있기 때문에 여기에서는 간단히 정리하고 넘어가도록 한다. 여기서 dept 테이블과 Student 테이블을 다시 한번 살펴보자.

```
student 테이블
S_ID         S_NAME      DEPT_ID    DEPT_NAME
---------- ------------ ---------- ------------
   101       Tom             30        STAT
   102       Sean            60        IE
   107       Robert         140        MSIS
   109       Joan           110        ECON
   115       Keummi
   126       Jennifer       110        ECON
   137       Mark            90        ME
   148       Jacky           20        PHY
   149       Brian           20        PHY
   155       Peter          120        ART
   166       Kevin           30        STAT
   167       Steve           10        MATH
   178       Jerry          120        ART
   179       Park            60        IE

14 rows selected.

dept 테이블
DEPT_ID      DEPT_NAME     TA_ID    DEPT_LOC_ID
---------- ------------ ---------- -----------
    10       MATH           115       10002
    20       PHY            148       10001
    30       STAT                     10006
    60       IE             179       10007
    90       ME             137       10004
   110       ECON           126       10003
   120       ART            155       10005
   140       MSIS           107       10008
   150       ARCH           140       10009
   170       CHE            173       10008
   180       TUU            188       10002
   190       ACC                      10010

12 rows selected
```

Not null 제약 조건

Not null 제약 조건이 걸려있는 해당 컬럼에는 Null 값이 절대로 입력되어서는 안 된다는 의미이다.

Primary key와 Foreign key 제약 조건

이 경우 Primary key는 어떤 로우(Row) 전체를 대표할 수 있는 컬럼에 부여되는 제약 조건으로서 기본적으로 Primary 키가 설정된 컬럼 값들은 Unique(유일성)하고 Not null이어야만 한다. 그리고 Foreign key는 이처럼 한 테이블(지금의 경우는 Dept 테이블)에서의 Primary key(dept_id)가 다른 임의의 테이블(여기서는 Student 테이블)에서 Primary key 아니면 Functionally dependent 컬럼 중에 하나가 되는 경우를 말한다.

Unique 제약 조건

Unique key 제약 조건이라는 것은 Primary key 제약 조건과 마찬가지로 Unique 제약 조건이 정의된 컬럼에 있는 데이터들은 중복되어질 수 없이 유일하여야 한다는 것이다. Unique key 제약 조건은 해당하는 컬럼이 Null value를 가질 수도 있다는 것이 Primary key 제약 조건과의 차이점이다.

Check 제약 조건

Check 제약 조건은 임의의 컬럼에 저장되어지게 될 데이터 값들에 대하여 데이터로서 유효한지 여부를 확인하는 제약 조건이다.

●●● oracle 02

제약 조건의 상태 확인

제약 조건은 임의의 시점에서 다음의 네 가지 상태를 가질 수 있다.

- Disable : 테이블에 새로운 데이터가 들어올 때 제약 조건의 확인 과정을 받지 않는다는 의미
- Enable : 테이블에 새로운 데이터가 들어올 때 제약 조건의 확인 과정을 받는다는 의미
- Novalidate : 기존에 이미 테이블에 저장되어있는 데이터의 경우 제약 조건의 확인 과정을 받지 않는다는 의미
- Validate : 기존에 이미 테이블에 저장되어 있는 데이터의 경우 제약 조건의 확인 과정을 받는다는 의미

결국 크게 두 가지 개념으로 나누어서 이해하면 보다 쉽게 이해가 될듯하다. 데이터의 확인 과정을 두 부분으로 나누도록 하자. 하나는 이미 테이블 내에 존재하고 있는 데이터의 확인 과정(Validate/novalidate) 그리고 다른 하나는 아직 테이블 내에 존재하지 않으며 이제 테이블에 저장되려고 하는 데이터의 확인 과정(Enable/disable)이다. 각각의 과정마다 두 가지의 선택을 할 수 있는 것이다. 결국 다음의 네 가지의 상태를 가지게 된다.

① **Disable novalidate**

앞으로 들어오게 될 새로운 데이터들에 대해서 제약 조건에 대한 확인 과정을 거치지 않으며(Disable) 이미 테이블 내에 존재하는 기존의 데이터에 대해서도 제약 조건에 대한 확인 과정을 수행하지 않는다(Novalidate)는 의미이다. 결국은 기존에 존재하는 데이터들 가운데 혹시라도 제약 조건에 위반되는 데이터가 있다 하더라도 찾아내지 않겠다는 것을 의미하며 새로 들어오는 데이터가 제약 조건을 위반하는 데이터가 들어온다 하더라도 이에 대하여 문제삼지 않겠다는 설정이다.

② **Disable validate**

앞으로 들어오게 될 새로운 데이터들에 대해서 제약 조건에 대한 확인 과정을 거치지 않으며(Disable) 이미 테이블 내에 존재하는 기존의 데이터에 대해서는 제약 조건에 대한 확인 과정을 수행하겠다(Validate)는 의미이다. 결국 어느 시점이든 항상 테이블 내에는 반드시 제약 조건을 위반하는 데이터가 있어서는 안되므로 이 경우는 새로운 데이터가 입력되는 것이 불가능한 상태가 된다. 현실적으로는 발생하기 어려운 상태이다.

③ **Enable novalidate**

앞으로 들어오게 될 새로운 데이터들에 대해서 제약 조건에 대한 확인 과정을 거치며(Enable) 이미 테이블 내에 존재하는 기존의 데이터에 대해서는 제약 조건에 대한 확인 과정을 수행하지 않는다(Novalidate)는 의미이다. 결국은 기존에 존재하는 데이터들 가운데 혹시라도 제약 조건에 위반되는 데이터가 있다 하더라도 찾아내지 않겠다는 것을 의미하며 새로 들어오는 데이터의 경우에는 제약 조건을 위반하는 데이터가 들어오면 이를 허락하지 않겠다는 설정이다.

④ **Enable validate**

앞으로 들어오게 될 새로운 데이터들에 대해서 제약 조건에 대한 확인 과정을 거치며(Enable) 이미 테이블 내에 존재하는 기존의 데이터에 대해서도 제약 조건에 대한 확인 과정을 수행하겠다는(Validate)는 의미이다. 결국은 기존에 존재하는 데이터들 가운데 혹시라도 제약 조건에 위반되는 데이터가 있다면 확인 과정을 수행할 것을 의미하며 새로 들어오는 데이터가 제약 조건을 위반하는 경우에도 확인 과정을 수행하여 데이터가 테이블 내에 저장되는 것을 방지하겠다는 의미이다.

하지만 일반적으로 Enable 옵션을 사용하게 되면 Novalidate 옵션을 인위적으로 사용하지 않는 한 기본적으로 Validate 옵션을 가지게 되며 Disable 옵션을 사용하는 경우에는 Validate 옵션을 인위적으로 사용하지 않는 한 기본적으로 Novalidate 옵션을 가지게 된다. 결국 일단 Enable 옵션을 사용하는 경우라면 대부분의 경우 내부에 저장되는 데이터 역시 Validate할 가능성이 크다는 것을 의미하지만 반면에 Disable 옵션을 사용하는 경우라면 들어오는 데이터를 확인하는 과정이 없으므로 테이블 내에는 기본적으로 엉망인 데이터가 존재하게 된다는 것을 의미한다.

다음은 제약 조건의 설정이 변경되는 경우 발생할 수 있는 유의사항을 나열한 것이다.

- 임의의 컬럼에 대한 Unique key 또는 Primary key가 Disable 상태에서 Enable 상태로 변경되고 동시에 해당 컬럼에 대한 인덱스가 부여되지 않은 상태라면 자동적으로 Unique 인덱스가 생성된다.
- 임의의 제약 조건이 Novalidate 상태에서 Validate 상태로 변경되면 모든 데이터를 확인하는 과정이 수행된다.

●●● oracle 03

제약 조건의 확인 시점 구분(Immediate, Deferred 옵션 사용)

제약 조건을 확인하는 시점에 따라서 크게 두 가지로 분류할 수 있다.

① Immediate

Immediate 경우는 매번 DML 문장이 실행될 때마다 바로 바로 제약 조건에 대한 확인 과정을 수행하는 것이다.

```
SQL>insert.....................;
<insert에 대한 제약 조건 확인 과정>
SQL>insert.....................;
<insert에 대한 제약 조건 확인 과정>
SQL>update.....................;
<update에 대한 제약 조건 확인 과정>
SQL>delete.....................;
<delete에 대한 제약 조건 확인 과정>
```

② Deferred

Immediate 경우는 매번 DML이 실행될 때마다 바로 바로 제약 조건에 대한 확인 과정을 수행하는 것이 아니라 이후에 커밋을 수행할 때 그때서야 비로소 제약 조건에 대한 확인 과정을 수행한다. 결국 여러 DML 문장이 실행되는 것을 모아서 한꺼번에 트랜잭션 커밋시 확인하겠다는 의미이다.

```
SQL> insert.....................;
SQL> insert.....................;
SQL> update.....................;
SQL> delete.....................;
SQL> commit;
<제약 조건 확인 과정>
```

이와 같이 임의의 트랜잭션에 대하여 Immediate 또는 Deferred 옵션을 적용하기 위해서는 다음과 같이 Set constraints 문장과 Alter session set constraints 문장을 사용할 수가 있다.

- set constraints
  다음은 각각의 제약 조건에 대하여 Set constraints 문장을 수행하는 경우이다.

```
SQL> set constraints ck_tuition immediate;    또는
SQL> set constraints ck_tuition deferred;
```

만약 모든 제약 조건에 대하여 Set constraints 문장을 수행하려면 다음과 같이 all 옵션을 사용하면 된다.

```
SQL> set constraints all immediate;           또는
SQL> set constraints all deferred;
```

- alter session set constraints
  Alter session 명령을 사용하게 되면 해당 세션에 대하여 모든 제약 조건에 대하여 다음과 같이 설정할 수 있다.

```
SQL> alter session set constraint = immediate;   또는
SQL> alter session set constraint = deferred;
```

●●● oracle 04

Foreign key 제약 조건 부여시 유의 사항

Foreign key 제약 조건이 설정된 테이블에 대한 작업 시 다음사항을 반드시 고려해야 한다.
Parent 테이블을 제거(Drop)하는 경우
기본적으로 Foreign key가 존재하는 테이블을 Child 테이블이라고 명명하고 Foreign key 컬럼이 참조하는 Primary key가 존재하는 테이블을 Parent 테이블이라고 명명하였던 것을 기억하기 바란다. 이러한 관계가 설정되어있는 경우 Parent 테이블을 제거(Drop)하려는 경우 다음과 같이 설정되어있는 Foreign key 제약 조건을 미리 제거하여야한 한다.

```
SQL>drop table dept cascade constraints;
```

Foreign key 제약 조건이 남아있는 상태에서는 다음과 같이 Parent 테이블을 제거(Drop)할 수 없다.

```
SQL> drop table dept;
drop table dept
           *
ERROR at line 1:
ORA-02449: unique/primary keys in table referenced by foreign keys
```

*Parent 테이블의 로우를 Truncate 하는 경우

Parent 테이블을 Truncate하는 경우에도 제거(Drop)하는 상황과 마찬가지로 이미 설정되어 있는 Foreign key 제약 조건을 미리 제거하여야한 한다. Foreign key 제약 조건이 남아있는 상태에서는 다음과 같이 Parent 테이블을 Truncate할 수 없다

```
SQL> truncate table dept;
truncate table dept
               *
ERROR at line 1:
ORA-02266: unique/primary keys in table referenced by enabled foreign keys
```

*Parent 테이블을 저장하고 있는 테이블스페이스를 제거(Drop)하는 경우

Parent 테이블이 저장되어있는 임의의 테이블스페이스를 제거하려는 경우에도 마찬가지로 Cascade constraints 옵션을 사용하여 Foreign key 제약 조건을 함께 제거해야만 한다.

```
SQL> drop tablespace scottd1;
drop tablespace scottd1
*
ERROR at line 1:
ORA-01549: tablespace not empty, use INCLUDING CONTENTS option
```

다음은 Cascade constraints 옵션을 함께 사용하여 해당 테이블스페이스를 제거하는 과정을 보여준다.

```
SQL> drop tablespace data01 including contents cascade constraints;
```

*Parent 테이블에 대한 DML 실행 시

Parent 테이블에 대하여 DML을 실행하는 경우 특히 유의해야 한다.

Delete

Parent 테이블로부터 임의의 로우를 제거(Delete)하려는 경우 만약 Delete cascade 옵션이 사용되지 않는 경우라면 이 경우 반드시 Child 테이블에 그 로우가 존재해서는 안 된다. 결국 Child 테이블에 존재하지 않는 로우는 Parent 테이블에서 아무 문제없이 제거할 수 있다는 의미이다.

Update

Parent 테이블의 로우를 갱신(Update)하는 경우에는 Child 테이블 내에 변경 이전의 값이 존재해서는 안 된다. 왜냐하면 Child 테이블에서는 여전히 그 이전 값을 가지고 있는 상태에서 Parent 테이블의 내용이 변경되어서는 안되기 때문이다. 만약 Parent 테이블의 로우가 갱신될 때 Child 테이블의 로우가 동시에 갱신되도록 하기 위해서는 Child 테이블의 Foreign key 제약 조건이 설정되어 있는 컬럼에 인덱스를 걸어 주면 해결된다.

●●● oracle 05

제약 조건의 활성화(Enabling)와 비활성화(Disabling)

예를 들어, 현재 dept_pk라는 제약 조건이 Disable되어 있는 경우 Novalidate와 Validate 옵션을 사용하여 다음과 같이 해당 제약 조건을 Enable 시켜줄 수 있다.

Enable novalidate

다음과 같이 Novalidate 옵션을 사용하게 되면 Validate 옵션을 사용하는 경우보다 훨씬 빠르게 해당 제약 조건을 Enable 시켜줄 수가 있다. 왜냐하면 만약 제약 조건이 Deferrable 상태라면 현재 이미 테이블 내부에 존재하는 데이터에 대해서는 제약 조건에 대한 확인 과정을 거치지 않기 때문이다.

```
SQL>alter table dept enable novalidate constraint dept_pk;
```

또한 이 경우 해당 테이블에 대하여 테이블 락(Lock)이 걸리지 않으므로 많은 DML을 실행하는 OLTP 환경에서 사용할 수 있는 설정이다. 결국 제약 조건을 Enable 시켜주고는 싶은데 현재 해당 테이블에 많은 DML이 발생하는 경우에는 일단 Enable novalidate 상태로 만들어주고 이후에 Alter table 명령을 사용하여 Validate 상태로 설정해주면 된다.

Enable validate

다음과 같이 Validate 옵션을 사용하게 되면 Novalidate 옵션을 사용하는 경우보다 많은 시간이 걸린다. 왜냐하면 일단 해당 테이블에 락(Lock)이 걸리게 되어 현재 이미 저장되어있는 모두 로우에 대한 제약 조건 확인 과정이 끝날 때까지 아무런 DML 작업을 수행할 수가 없게 된다.

```
SQL>alter table dept enable validate constraint dept_pk;
```

일반적으로 임의의 제약 조건을 Enable 시켜주는 경우 Validate 옵션이 기본 설정이라는 점 유의하기 바란다.

●●● oracle 06

Exception 테이블의 사용

앞에서 언급한 것처럼 Disable 되어져 있던 제약 조건을 Enable 시키는 경우(Validate) 테이블 내부에 저장되어 있는 로우를 확인하는 과정이 수행된다. 이때 사용할 수 있는 방법이 바로 Exception 테이블이다.

Exception 테이블은 다음과 같이 utlexcptl.sql이라는 스크립트를 실행시키면 자동으로 생성된다.

```
$ cd $ORACLE_HOME/rdbms/admin
$ sqlplus system/manager
SQL> @utlexpt1.sql
Table created.
```

Exception 테이블에 어떤 정보가 저장되어 지는지 Describe 명령을 실행해보자.

```
SQL> desc exceptions
 Name                                      Null?    Type
 ----------------------------------------- -------- ----------------------------
 ROW_ID                                             ROWID
 OWNER                                              VARCHAR2(30)
 TABLE_NAME                                         VARCHAR2(30)
 CONSTRAINT                                         VARCHAR2(30)
```

다음은 Exception 테이블 사용을 위하여 임의의 제약 조건을 Disable 시켜놓고 제약 조건을 위반하는 임의의 데이터를 Child 테이블에 추가시키도록 하자. 이후에 제약 조건을 다시 Enable 시키게 되면 제약 조건을 위반하는 데이터가 Exception 테이블에 저장되어진다.

```
SQL> alter table scott.student
  2  disable constraint FK1_DEPT_ID;
Table altered.
SQL> select dept_id from scott.dept;
```

이제 Child 테이블에 새로운 값을 추가하도록 하자. 이때 dept_id 컬럼에는 Parent 테이블에 존재하지 않는 값을 추가하도록 한다. 왜냐하면 나중에 Child 테이블에 Foreign key 제약 조건을 다시 Enable 시키게 되면 제약 조건을 위반하는 값을 찾아내야만 하기 때문이다. 참고로 Parent 테이블에 존재하지 않는 값은 Child 테이블에 존재할 수 없다는 것이 Primary key와 Foreign key 관계에서의 가장 중요한 점임을 다시 한번 강조하는 바이다.

```
SQL>insert into student
  2 values (335,'Tommy',190,TO_DATE('JUL 17,1995','MON DD,YYYY'),'IE_206',7890);
1 row created.
```

190이라는 dept_id 값은 dept 테이블에 존재하지 않는다. 따라서 이후에 Child 테이블에 Foreign key 제약 조건을 다시 Enable 시키게 되면 제약 조건을 자동적으로 위반하게 된다.
다음은 exception 테이블을 사용하여 제약 조건을 Enable 시켜보도록 하자. 제약 조건 확인 과정을 통해서 생성되는 문제의 로우 데이터를 확인할 수 있다.
참고로 한번 실행하고 나서 이후에 다시 실행하고자 할 때는 반드시 그 이전에 존재하는 exception 테이블의 내용을 제거(Truncate)하고 나서 수행하도록 한다.

Step1) 제약 조건을 Exception 테이블을 사용하여 Enable 시켜준다.

```
SQL> connect system/manager
Connected.
SQL> alter table scott.student
  2  enable validate constraint FK1_DEPT_ID
  3  exceptions into system.exceptions;
enable validate constraint FK1_DEPT_ID
                           *
ERROR at line 2:
ORA-02298: cannot validate (SCOTT.FK1_DEPT_ID) - parent keys not found
```

Step2) Exception 테이블에 저장된 제약 조건을 위반하는 로우를 Child 테이블로부터 찾아내는 과정이다.

```
SQL> select rowid, s_id ,s_name, dept_id
  2  from scott.student
  3  where rowid in (select row_id
  4  from exceptions)
  5 for update;

ROWID                  S_ID       S_NAME         DEPT_ID
------------------ ---------- ------------ ----------
AAABbmAADAAAAAKAAO    335       Tommy              190
```

Step3) 문제의 로우를 찾아내어 제약 조건에 맞도록 갱신해주는 과정을 수행한다.

```
SQL>update scott.student
  2  set dept_id = 120
  3  where rowid= 'AAABbmAADAAAAAKAAO'
1 row updated.
```

dept_id 값을 갱신할 때는 Parent 테이블의 dept_id 컬럼에 존재하는 값을 선택해주어야 한다.

Step4) Update 문장에 대하여 커밋을 수행하는 과정을 보여준다.

```
SQL> commit;
Commit complete.
```

Step5) Exception 테이블의 내용을 제거한다.

```
SQL> truncate table exceptions;
Table truncated.
```

Step6) 다시 제약 조건을 Enable 시켜준다.

```
SQL>  alter table scott.student
  2   enable validate constraint FK1_DEPT_ID
  3  exceptions into system.exceptions;
```

●●● oracle 07

제약 조건에 대한 데이터 딕셔너리 정보

*dba_constraints

dba_constraints 뷰는 일반 사용자들은 참조할 수 없다.

```
$ sqlplus system/manager
SQL> desc dba_constraints;
 Name                                               Null?       Type
 ----------------------------- -------- --------            ---------------------
 OWNER                                              NOT NULL    VARCHAR2(30)
```

```
 CONSTRAINT_NAME                          NOT NULL       VARCHAR2(30)
 CONSTRAINT_TYPE                                         VARCHAR2(1)
 TABLE_NAME                               NOT NULL       VARCHAR2(30)
 SEARCH_CONDITION                                        LONG
 R_OWNER                                                 VARCHAR2(30)
 R_CONSTRAINT_NAME                                       VARCHAR2(30)
 DELETE_RULE                                             VARCHAR2(9)
 STATUS                                                  VARCHAR2(8)
 DEFERRABLE                                              VARCHAR2(14)
 DEFERRED                                                VARCHAR2(9)
 VALIDATED                                               VARCHAR2(13)
 GENERATED                                               VARCHAR2(14)
 BAD                                                     VARCHAR2(3)
 RELY                                                    VARCHAR2(4)
 LAST_CHANGE                                             DATE
 INDEX_OWNER                                             VARCHAR2(30)
 INDEX_NAME                                              VARCHAR2(30)
 INVALID                                                 VARCHAR2(7)
 VIEW_RELATED                                            VARCHAR2(14)

SQL>select owner, constraint_name, constraint_type, table_name, status
from dba_constraints
where owner = 'SCOTT';

OWNER  CONSTRAINT_NAME      C    TABLE_NAME                 STATUS
-----  ------------------- --   -----------------------   -------
SCOTT  CK_TUITION           C    STUDENT  ENABLED
SCOTT  ECON_STU110_CK       V    ECON_STUDENT_VIEW          ENABLED
SCOTT  ECON_STU110_CKVIEW   V    ECON_STUDENT_CHECK_VIEW    ENABLED
SCOTT  FK1_DEPT_ID          R    STUDENT                    ENABLED
SCOTT  IE_STU60_CK          V    IE_STUDENT_VIEW            ENABLED
SCOTT  MATH_STU10_CK        V    MATH_STUDENT_VIEW          ENABLED
SCOTT  PHY_STU20_CK         V    PHY_STUDENT_VIEW           ENABLED
SCOTT  PK_DEPT_ID           P    DEPT                       ENABLED
SCOTT  PK_S_ID              P    STUDENT                    ENABLED
SCOTT  STAT_STU30_CK        V    STAT_STUDENT_VIEW          ENABLED
SCOTT  SYS_C00952           C    STUDENT                    ENABLED
SCOTT  SYS_C00955           C    DEPT                       ENABLED
SCOTT  SYS_C00957           C    DEPTLOC                    ENABLED
SCOTT  SYS_C00958           C    NEW_STUDENT_LOCALTZ        ENABLED
.....................................
.....................................
.....................................
SCOTT          SYS_C00963        C        DEPT20_STUDENT_EXPRESS      ENABLED
```

*dba_cons_columns

```
SQL> desc dba_cons_columns;
 Name                                          Null?           Type
 -----------------------------                 --------      ----------------
 OWNER                                         NOT NULL         VARCHAR2(30)
 CONSTRAINT_NAME                               NOT NULL         VARCHAR2(30)
 TABLE_NAME                                    NOT NULL         VARCHAR2(30)
 COLUMN_NAME                                                    VARCHAR2(4000)
 POSITION                                                       NUMBER


SQL> select owner, constraint_name,table_name,column_name
  2  from dba_cons_columns
  3  where owner='SCOTT';

OWNER          CONSTRAINT_NAME          TABLE_NAME      COLUMN_NAME
-----------    ------------------       ------------    ---------------
SCOTT          CK_TUITION               STUDENT         TUITION
SCOTT          FK1_DEPT_ID              STUDENT         DEPT_ID
SCOTT          PK_DEPT_ID               DEPT            DEPT_ID
.....................................


.....................................
.....................................
SCOTT          PK_S_ID          STUDENT          S_ID
SCOTT          SYS_C00952       STUDENT          S_ID
SCOTT          SYS_C00955       DEPT             DEPT_ID
```

Chapter 16 감사(Auditing) 관리

이번 장에서는 데이터베이스 내에서 진행되는 사용자들의 작업에 대한 감사 정보를 관리하는 방법을 소개한다. 데이터베이스 감사를 통해 의심이 가는 데이터베이스의 작업을 모니터링하고, 기록 정보 수집이 가능해진다.

다음은 이번 장에서 다루게 될 세부 사항들이다.

- Section 01 감사 시 유의사항과 감사 대상 구분
- Section 02 데이터베이스 감사와 옵션

●●● oracle 01

감사 시 유의 사항과 감사 대상 구분

감사(Auditing)란 주로 현재 어떤 사용자가 데이터베이스에 대하여 어떤 작업을 수행하고 있는지를 검사(Monitoring)하는 과정이라고 볼 수가 있다. 예를 들어, 임의의 사용자가 중요한 테이블에 저장되어 있는 데이터를 삭제하는 작업을 DBA는 감사 과정을 통하여 식별해 낼 수가 있다. 또한 DBA는 현재 어떤 테이블들이 갱신되고 있으며 어느 정도의 디스크 I/O가 발생하고 있는지, 얼마나 많은 사용자들이 동시에 접속하고 있는지에 관한 정보들을 분석할 수가 있다. 결국은 데이터베이스 내에서 발생하는 작업들에 대한 검사를 하는 과정이라고 이해하도록 하자.
다음은 감사 대상에 관한 분류를 보여준다.

*기본 감사(Default auditing)

데이터베이스 감사에 대한 특별한 설정 없이도 오라클은 기본적으로 데이터베이스가 시작하고 종료하는 과정에 대한 감사 정보를 다음과 같이 생성, 저장한다. 이러한 감사 정보를 저장하는 파일들은 audit_file_dest 파라미터에 설정된 위치에 저장된다.

```
SQL> show parameter audit_file_dest

NAME                                 TYPE
------------------------------------ ---------------------------------
VALUE
------------------------------
audit_file_dest                      string
/u01/app/oracle/admin/orcl/adump
```

데이터베이스에 발생된 감사 정보를 살펴보도록 하자.

```
[oracle@ora12cvm01:orcl:adump]$ pwd
/u01/app/oracle/admin/orcl/adump
[oracle@ora12cvm01:orcl:adump]$ ls
orcl_j000_10500_20160406220147643556143795.aud
orcl_j000_11510_20160417091831023466143795.aud
orcl_j000_1199_20160402131824194965143795.aud
orcl_j000_12031_20160411221823205164143795.aud
orcl_j000_13531_20160403134359985491143795.aud
orcl_j000_13946_20160410132612333853143795.aud
orcl_j000_13960_20160331232256888130143795.aud
...
```

다음은 실제적으로 데이터베이스가 종료되고 다시 시작할 때 감사 정보가 발생하는 예를 보여준다. 이후에 감사 정보가 발생하는 시간(새로운 감사 기록을 저장하는 파일)을 확인하기 위하여 Date 명령을 사용하여 현재 시각을 확인한다. 데이터베이스를 종료시키고 다시 시작하려고 하는 현재시각은 2003년 9월 10일 12시 59분 16초라는 사실을 기억하고 있기 바란다.
현재 아마도 이미 많은 감사 파일들이 생성되어 있을 것이다. 이해를 돕기 위해 이전에 생성되어 있는 모든 감사 파일을 삭제하도록 한다.

```
[oracle@ora12cvm01:orcl:adump]$ rm *
[oracle@ora12cvm01:orcl:adump]$ sqlplus '/as sysdba'
SQL> !date
Tue May 17 12:20:56 KST 2016
```

데이터베이스를 종료한다.

```
SQL> shutdown immediate
Database closed.
Database dismounted.
ORACLE instance shut down.
```

다시 감사 파일이 생성되었는지 확인한다.

```
[oracle@ora12cvm01:orcl:adump]$ ls -lrt
total 4
-rw-r----- 1 oracle oinstall 763 May 17 12:21 orcl_ora_6060_20160517122125937575143795.aud
```

위의 감사 기록을 보면 감사 파일이 생성된 시점이 2015년 5월17일 12시 21분 라는 것을 확인할 수 있다. 그러므로 데이터베이스 종료 직전의 시각인 2015년 5월17일 12시 20분 56초와 비교해볼 때 위에 기록된 정보가 바로 우리가 원하는 감사 기록임을 쉽게 확인할 수 있다.

이제 감사 파일에 기록된 내용을 살펴보자.

```
[oracle@ora12cvm01:orcl:adump]$ vi orcl_ora_6060_20160517122125937575143795.aud
Audit                                                                   file
/u01/app/oracle/admin/orcl/adump/orcl_ora_6060_20160517122125937575143795.aud
Oracle Database 12c Enterprise Edition Release 12.1.0.2.0 - 64bit Production
With the Partitioning, OLAP, Advanced Analytics and Real Application Testing
options
```

```
ORACLE_HOME = /u01/app/oracle/product/12.1.0/dbhome_1
System name:    Linux
Node name:      ora12cvm01
Release:        2.6.18-308.el5
Version:        #1 SMP Sat Feb 25 12:40:07 EST 2012
Machine:        x86_64
Storage:        ?
Instance name: orcl
Redo thread mounted by this instance: 0 <none>
Oracle process number: 0
Unix process pid: 6060, image:
Tue May 17 12:21:25 2016 +09:00  → 감사정보가 기록된 시간 확인
LENGTH : '149'
ACTION :[7] 'CONNECT'
DATABASE USER:[1] '/'
PRIVILEGE :[6] 'SYSDBA'
CLIENT USER:[6] 'oracle'
CLIENT TERMINAL:[5] 'pts/1'
STATUS:[1] '0'
DBID:[0] ''
```

이처럼 데이터베이스가 종료될 때마다 해당 프로세스에 대한 감사 정보가 자동적으로 생성된다. 이제 데이터베이스를 시작하고 다시 감사 파일을 확인하도록 한다.

```
[oracle@ora12cvm01:orcl:adump]$ ls -lrt
total 16
-rw-r----- 1 oracle oinstall  763 May 17 12:21 orcl_ora_6060_20160517122125937575143795.aud
-rw-r----- 1 oracle oinstall  778 May 17 12:23 orcl_ora_6060_20160517122343101350143795.aud
-rw-r----- 1 oracle oinstall 1477 May 17 12:23 orcl_ora_6186_20160517122343137512143795.aud
-rw-r----- 1 oracle oinstall 1006 May 17 12:23 orcl_ora_6205_20160517122347404227143795.aud
```

첫 번째 감사 파일 내용을 확인하도록 하자.

```
[oracle@ora12cvm01:orcl:adump]$ vi orcl_ora_6060_20160517122343101350143795.aud
Audit file /u01/app/oracle/admin/orcl/adump/orcl_ora_6060_20160517122343101350143795.aud
Oracle Database 12c Enterprise Edition Release 12.1.0.2.0 - 64bit Production
With the Partitioning, OLAP, Advanced Analytics and Real Application Testing options
ORACLE_HOME = /u01/app/oracle/product/12.1.0/dbhome_1
System name:    Linux
Node name:      ora12cvm01
Release:        2.6.18-308.el5
Version:        #1 SMP Sat Feb 25 12:40:07 EST 2012
```

```
Machine:        x86_64
Instance name: orcl
Redo thread mounted by this instance: 0 <none>
Oracle process number: 299
Unix process pid: 6060, image: oracle@ora12cvm01 (TNS V1-V3)
Tue May 17 12:23:43 2016 +09:00
LENGTH : '144'
ACTION :[7] 'STARTUP'
DATABASE USER:[1] '/'
PRIVILEGE :[6] 'SYSDBA'
CLIENT USER:[6] 'oracle'
CLIENT TERMINAL:[0] ''
STATUS:[1] '0'
DBID:[0] ''
```

sysdba로 접속했다는 내용 이외에는 특별한 내용은 기록되어 있지 않다.
두 번째 감사 파일 내용을 확인하도록 하자.

```
[oracle@ora12cvm01:orcl:adump]$ cat orcl_ora_6186_20160517122343137512143795.aud
Audit file /u01/app/oracle/admin/orcl/adump/orcl_ora_6186_20160517122343137512143795.aud
Oracle Database 12c Enterprise Edition Release 12.1.0.2.0 - 64bit Production
With the Partitioning, OLAP, Advanced Analytics and Real Application Testing options
ORACLE_HOME = /u01/app/oracle/product/12.1.0/dbhome_1
System name:    Linux
Node name:      ora12cvm01
Release:        2.6.18-308.el5
Version:        #1 SMP Sat Feb 25 12:40:07 EST 2012
Machine:        x86_64
Instance name: orcl
Redo thread mounted by this instance: 0 <none>
Oracle process number: 22
Unix process pid: 6186, image: oracle@ora12cvm01 (TNS V1-V3)
Tue May 17 12:23:43 2016 +09:00
LENGTH : '149'
ACTION :[7] 'CONNECT'
DATABASE USER:[1] '/'
PRIVILEGE :[6] 'SYSDBA'
CLIENT USER:[6] 'oracle'
CLIENT TERMINAL:[5] 'pts/1'
STATUS:[1] '0'
DBID:[0] ''
Tue May 17 12:23:43 2016 +09:00
LENGTH : '425'
ACTION :[281] 'SELECT DECODE(null,'','Total System Global Area','')
       NAME_COL_PLUS_SHOW_SGA,   SUM(VALUE), DECODE (null,'', 'bytes','')
       units_col_plus_show_sga FROM V$SGA    UNION ALL    SELECT NAME
       NAME_COL_PLUS_SHOW_SGA , VALUE,    DECODE (null,'', 'bytes','')
       units_col_plus_show_sga FROM V$SGA'
DATABASE USER:[1] '/'
PRIVILEGE :[6] 'SYSDBA'
CLIENT USER:[6] 'oracle'
CLIENT TERMINAL:[5] 'pts/1'
STATUS:[1] '0'
DBID:[0] ''

Tue May 17 12:23:47 2016 +09:00
LENGTH : '176'
ACTION :[22] 'ALTER DATABASE   MOUNT'
DATABASE USER:[1] '/'
PRIVILEGE :[6] 'SYSDBA'
CLIENT USER:[6] 'oracle'
CLIENT TERMINAL:[5] 'pts/1'
STATUS:[1] '0'
DBID:[10] '1435468607'
```

위의 감사 기록에는 sysdba 사용자가 Alter database mount 라는 명령을 수행했다는 내용이 기록되어 있는것을 확인할 수 있다.

이제 세 번째 감사파 일의 내용을 살펴보자.

```
[oracle@ora12cvm01:orcl:adump]$ vi orcl_ora_6205_20160517122347404227143795.aud
[oracle@ora12cvm01:orcl:adump]$ cat orcl_ora_6205_20160517122347404227143795.aud
Audit file /u01/app/oracle/admin/orcl/adump/orcl_ora_6205_20160517122347404227143795.aud
Oracle Database 12c Enterprise Edition Release 12.1.0.2.0 - 64bit Production
With the Partitioning, OLAP, Advanced Analytics and Real Application Testing options
ORACLE_HOME = /u01/app/oracle/product/12.1.0/dbhome_1
System name:    Linux
Node name:      ora12cvm01
Release:        2.6.18-308.el5
Version:        #1 SMP Sat Feb 25 12:40:07 EST 2012
Machine:        x86_64
Instance name: orcl
Redo thread mounted by this instance: 1
Oracle process number: 22
Unix process pid: 6205, image: oracle@ora12cvm01 (TNS V1-V3)

Tue May 17 12:23:47 2016 +09:00
LENGTH : '160'
ACTION :[7] 'CONNECT'
DATABASE USER:[1] '/'
PRIVILEGE :[6] 'SYSDBA'
CLIENT USER:[6] 'oracle'
CLIENT TERMINAL:[5] 'pts/1'
STATUS:[1] '0'
DBID:[10] '1435468607'

Tue May 17 12:23:48 2016 +09:00
LENGTH : '173'
ACTION :[19] 'ALTER DATABASE OPEN'
DATABASE USER:[1] '/'
PRIVILEGE :[6] 'SYSDBA'
CLIENT USER:[6] 'oracle'
CLIENT TERMINAL:[5] 'pts/1'
STATUS:[1] '0'
DBID:[10] '1435468607'
```

위의 감사 기록에는 sysdba 사용자가 Alter database open 이라는 명령을 수행했다는 내용이 기록되어 있는 것을 확인할 수 있다.

기본적으로 감사 파일을 통해서 다음의 5가지 정보를 얻을 수 있다.

- ACTION : 'CONNECT'
  어떤 명령이 실행되었는지 확인 가능하다. 지금 이 경우는 Connect 명령이 실행되었음을 보여준다.
- DATABASE USER : '/'
  데이터베이스에 접속할 때 어떤 사용자로 접속했는지 확인 가능하다. 지금 이 경우는 /(sys) 사용자로서 접속했음을 확인할 수 있다.
- PRIVILEGE : SYSDBA
  데이터베이스 접속 시 어떤 권한을 가지고 접속하였는지 확인 가능하다. 지금 이 경우는 sysdba 권한을 가지고 접속했음을 확인할 수 있다.
- CLIENT USER : oracle
  데이터베이스가 아닌 유닉스 서버 자체에 접속할 때 어떤 사용자 아이디로 접속했는지 확인 가능하다. 이 경우는 oracle이라는 사용자 아이디로 오라클 서버에 접속했음을 확인할 수 있다.
- CLIENT TERMINAL : pts/1
  유닉스 서버에 접속할 때 사용자에 할당된 터미널 아이디를 확인할 수 있다.

데이터베이스 감사

데이터베이스 감사는 DBA에 의하여 설정되어야만 수행 가능하다. 주로 데이터베이스 감사라고 하면 임의의 선택된 사용자들이 데이터베이스를 어떤 방식으로 사용 중인지 어떤 작업을 하고 있는지에 관한 정보를 얻고자 하는 방법이다.

애플리케이션 감사

데이터베이스 감사의 경우에는 임의의 테이블에 발생하는 정보를 모아서 감사 파일에 기록이 가능하지만 실제 값들이 어떤 방식으로 변경되는지에 대해서는 정보를 가지고 있지 못하다. 하지만 애플리케이션 수준에서 직접 프로그램을 준비하게 되면 실제 값들의 변경 정보까지도 얻을 수가 있다는 점에서 데이터베이스 감사 방법보다 효율적일 수 있다.

●●● oracle 02

데이터베이스 감사와 옵션

*스키마 오브젝트 감사 방법

임의의 스키마에 포함된 오브젝트에 관한 감사 정보를 얻을 수 있다. 다음은 psu 사용자의 스키마에 포함되어 있는 student와 dept 테이블에 관한 감사 정보를 얻는 과정을 보여준다.

어느 누구든 이들 테이블에 대한 임의의 작업을 수행하게 되면 해당 작업에 대한 감사 정보가 발생된다. 스키마 오브젝트에 관한 감사 정보를 얻기 위해서는 다음과 같이 미리 DBA에 의하여 설정되어야만 한다는 사실에 유의하기 바란다.

```
SQL> connect scott/tiger
SQL>DROP TABLE myemp PURGE;
SQL>CREATE TABLE myemp as SELECT empno, ename, mgr from emp;
SQL>select * from myemp;
 EMPNO      ENAME                       MGR
---------- ----------------------- ----------
   7369      SMITH                      7902
   7499      ALLEN                      7698
   7521      WARD                       7698
   7566      JONES                      7839
   7654      MARTIN                     7698
   7698      BLAKE                      7839
   7782      CLARK                      7839
   7788      SCOTT                      7566
   7839      KING
   7844      TURNER                     7698
   7876      ADAMS                      7788
   7900      JAMES                      7698
   7902      FORD                       7566
   7934      MILLER                     7782
14 rows selected.
[oracle@ora12cvm01:orcl:scripts]$ sqlplus '/as sysdba'
SQL> audit select on scott.myemp by session;
Audit succeeded.
```

이제 all_def_audit_opts 뷰를 살펴보자. all_def_audit_opts 뷰에는 감사 과정에서 요구되는 옵션들을 제공한다.

```
SQL> select * from all_def_audit_opts;

ALT     AUD      COM      DEL     GRA     IND     INS       LOC
------- -------- -------- ------- ------- ------- --------- ---------
REN     SEL      UPD      REF     EXE     FBK     REA
------- -------- -------- ------- ------- ------- ---------
 /        /        /        /       /       /       /         /
 /        /        /       -/-      /       /       /
```

이후 감사 정보가 나오면 위의 옵션에 대해 성공인 경우에는 S, 실패의 경우는 F로 표시가 된다.
다음의 3 과정에 대한 감사 정보를 얻고자 한다.

Step1) scott 사용자로 접속하여 Scott.mytable 테이블에 대한 조회를 수행한다.

```
[oracle@ora12cvm01:orcl:~]$ sqlplus scott/tiger
SQL> select * from myemp;

     EMPNO ENAME                           MGR
---------- ------------------------------ ----------
      7369 SMITH                          7902
      7499 ALLEN                          7698
      7521 WARD                           7698
      7566 JONES                          7839
      7654 MARTIN                         7698
      7698 BLAKE                          7839
      7782 CLARK                          7839
      7788 SCOTT                          7566
      7839 KING
      7844 TURNER                         7698
      7876 ADAMS                          7788
      7900 JAMES                          7698
      7902 FORD                           7566
      7934 MILLER                         7782
14 rows selected.
```

Step2) 이제 hr 사용자로 접속하여 scott.mytable 테이블에 대한 조회를 수행한다. hr 사용자의 경우 다른 스키마의 오브젝트를 조회할 수 있는 권한이 없음으로 실패하게 된다.

```
[oracle@ora12cvm01:orcl:~]$ sqlplus hr/hr
SQL> select * from scott.myemp;
select * from scott.myemp
              *
ERROR at line 1:
ORA-00942: table or view does not exist
```

Step3) system 사용자로 접속하여 scott.myemp 테이블에 대한 조회를 수행한다. system 사용자의 경우 DBA 권한이 있으므로 당연히 아무 문제없이 쿼리가 가능하다.

```
SQL> connect system/manager
Connected.
SQL> select * from scott.myemp;
  EMPNO         ENAME                      MGR
---------- --------------------------- ----------
  7369          SMITH                      7902
  7499          ALLEN                      7698
  7521          WARD                       7698
  7566          JONES                      7839
  7654          MARTIN                     7698
  7698          BLAKE                      7839
  7782          CLARK                      7839
  7788          SCOTT                      7566
  7839          KING
  7844          TURNER                     7698
  7876          ADAMS                      7788
  7900          JAMES                      7698
  7902          FORD                       7566
  7934          MILLER                     7782
14 rows selected.
```

Step4) dba_obj_audit_opts 뷰를 쿼리하여 감사 정보를 얻는다.

system/manager로 접속한 상태에서 dba_audit_object 뷰를 쿼리해보면 Step3까지 수행한 작업들에 대한 감사 정보를 얻을 수 있다.

```
================================================================
check_audit_info.sql
================================================================
connect system/manager
col username format a12
col priv_used format a30
col ses_actions format a20
select username, priv_used, ses_actions from dba_audit_object
where obj_name='MYEMP' and owner ='SCOTT';
================================================================
SQL> @check_dba_audit_object.sql
USERNAME       PRIV_USED                  SES_ACTIONS
--------       ------------------------------ --------------------
SCOTT                                         ---------S------
HR                                            ---------F------
SYSTEM         SELECT ANY TABLE               ---------S------
```

결과를 분석해보면 다음과 같다.

scott 사용자가 자신의 스키마 오브젝트인 Myemp 테이블에 실행한 Select 문장의 경우는 성공(S)으로 표시되었고 두 번째 사용자였던 hr 사용자의 경우는 실패(F)로 표시되고 있으며 마지막으로 system 사용자의 경우에는 scott 사용자와 마찬가지로 성공적으로 Select 문장을 수행한 것으로 분석되었다는 사실을 확인할 수가 있다.

*시스템 권한(Privilege)에 관한 감사 방법

데이터베이스 내부에 설정된 시스템 권한에 관한 감사 정보를 얻을 수 있다.

다음은 감사가 가능한 시스템 권한들의 리스트를 나열한 것이다.

```
=================================================================
check_sys_priv_map.sql
=================================================================
connect system/manager
set pagesize 300
col PRIVILEGE format 999
col NAME format a40
col PROPERTY format 999
select * from system_privilege_map;
=================================================================
SQL> @check_sys_priv_map.sql
PRIVILEGE       NAME                                      PROPERTY
---------       ---------------------------------         --------
      -3        ALTER SYSTEM                                  0
      -4        AUDIT SYSTEM                                  0
      -5        CREATE SESSION                                0
      -6        ALTER SESSION                                 0
      -7        RESTRICTED SESSION                            0
     -10        CREATE TABLESPACE                             0
     -11        ALTER TABLESPACE                              0
     -12        MANAGE TABLESPACE                             0
     -13        DROP TABLESPACE                               0
…
…
-393   SELECT ANY MEASURE FOLDER                    0
-394   ALTER ANY MEASURE FOLDER                     0
-395   SELECT ANY CUBE BUILD PROCESS                0
-396   ALTER ANY CUBE BUILD PROCESS                 0
-397   READ ANY TABLE                               0
237 rows selected.
```

이와 같이 총 237개의 시스템 권한들에 대한 감사가 가능하다.

scott와 system 사용자들이 Creat table이라는 시스템 권한을 사용하는 경우를 감사하기 위하여 다음과 같이 Audit 명령을 실행한다.

```
[oracle@ora12cvm01:orcl:adump]$ cd /u01/app/oracle/admin/orcl/adump
[oracle@ora12cvm01:orcl:adump]$ rm *
SQL> audit create table by scott, system;
Audit succeeded.
```

tip

감사 옵션을 제거할 때는 Noaudit 명령을 사용한다.

```
SQL>noaudit create table by scott, system;
```

다음은 어떤 권한을 감사하려고 하는지 다시 한번 확인하는 과정이다. dba_priv_audit_opts 뷰를 참조하기 바란다.

```
=================================================================
check_dba_priv_audit_opts;
=================================================================
connect system/manager
col user_name format a7
col proxy_name format a10
col privilege format a20
col success format a10
col failure format a10
select * from sys.dba_priv_audit_opts;
=================================================================
SQL> @check_audit_opt.sql
USER_NA    PROXY_NAME          PRIVILEGE       SUCCESS    FAILURE
-------    ----------------    -----------     --------   -------
SYSTEM     CREATE ANY TABLE    BY ACCESS       BY ACCESS
SCOTT      CREATE ANY TABLE    BY ACCESS       BY ACCESS
SYSTEM     CREATE TABLE        BY ACCESS       BY ACCESS
SCOTT      CREATE TABLE        BY ACCESS       BY ACCESS
```

scott 사용자와 system 사용자에 대한 감사 기능이 활성화 되었음을 확인할 수 있다.
이제 실제 감사 정보를 얻기 위하여 다음의 작업을 수행한다.

Step1) scott 사용자로 접속하여 테이블을 한 개 생성한다.

```
SQL> connect scott/tiger
Connected.
SQL> create table scott_test1 (testcolumn1 number);
Table created.
```

Step2) hr 사용자로 접속하여 테이블을 한 개 생성한다.

```
SQL> connect hr/hr
Connected.
SQL> create table hr_test1 (testcolumn1 number);
Table created.
```

Step3) system 사용자로 접속하여 테이블을 한 개 생성한다.

```
SQL> connect system/manager
Connected.
SQL> create table system_test1 (testcolumn1 number);
Table created.
```

Step4) Step3)까지의 감사 정보를 얻기 위하여 dba_audit_object 뷰를 확인한다. 여기서 hr 사용자에 대한 Create table 권한의 사용 정보가 빠져 있는 이유는 처음에 System으로부터 감사 대상으로서 포함되지 않았기 때문이란 점 유의하기 바란다.

```
SQL> @check_audit_info.sql
Connected.

USERNAME     PRIV_USED                         SES_ACTIONS
------------ ------------------------------ --------------------
SCOTT                                       ---------S------
HR                                          ---------F------
SCOTT        CREATE TABLE
SCOTT        CREATE TABLE
SCOTT        CREATE TABLE
SYSTEM       CREATE TABLE
SYSTEM       CREATE ANY TABLE
SYSTEM       SELECT ANY TABLE                 ---------S------
8 rows selected.
```

dba_audit_trail 뷰를 통해서도 권한에 관한 감사 정보를 얻을 수가 있다.

```
===============================================================
 check_dba_audit_trail.sql
===============================================================
connect system/manager
col action format 9999
col action_name format a20
col username format a10
select action, action_name, username
from dba_audit_trail ;
===============================================================
SQL> @check_dba_audit_trail.sql
ACTION         ACTION_NAME          USERNAME
------         ------------------- ----------
   103         SESSION REC          SCOTT
   103         SESSION REC          HR
     1         CREATE TABLE         SCOTT
     1         CREATE TABLE         SCOTT
     1         CREATE TABLE         SCOTT
     1         CREATE TABLE         SYSTEM
     1         CREATE TABLE         SYSTEM
   103         SESSION REC          SYSTEM

8 rows selected.
```

*SQL 문장에 관한 감사 방법

DDL과 DML 같은 일련의 SQL 문장이 실행되는 사항에 대한 감사를 수행하는 것이 바로 SQL 문장의 감사라고 말할 수 있다. 예를 들어 Audit table이란 문장을 수행하면 기본적으로 Create table, Alter table, Drop table이라는 SQL 문장에 관한 감사 정보도 얻을 수가 있으며 Audit select table이라는 문장을 수행하면 테이블과 연관된 뷰(View)라든지 스냅샷(Snapshot)으로부터 발생하는 모든 Select 문장들로 하여금 감사 정보를 얻을 수가 있다. 결국 권한 감사와 다른 부분이라면 권한 감사는 시스템 권한에 관련된 감사 정보만을 다룬다는 사실에 유의하기 바란다.
다음은 SQL 문장에 관한 감사 정보를 얻기 위하여 사용할 수 있는 SQL 문장들의 종류를 검색해본 것이다.

```
==============================================================
check_stmt_audit_option_map.sql
==============================================================
connect system/manager
col OPTION# format 9999
col name format a40
col property format 9999
select * from stmt_audit_option_map;
select * from stmt_audit_option_map
where name like '%TABLE%';
==============================================================
SQL> @check_stmt_audit_option_map.sql
OPTION#    NAME                                      PROPERTY
------- ---------------------------------------- --------
   3       ALTER SYSTEM                                  0
   4       SYSTEM AUDIT                                  0
   5       CREATE SESSION                                0
   6       ALTER SESSION                                 0
   7       RESTRICTED SESSION                            0
   8       TABLE                                         0
   9       CLUSTER                                       0
  10       CREATE TABLESPACE                             0
  11       ALTER TABLESPACE                              0
  12       MANAGE TABLESPACE                             0
  13       DROP TABLESPACE                               0
…
…
386       DROP SQL TRANSLATION PROFILE                   0
387       CREATE CREDENTIAL                              0
388       CREATE ANY CREDENTIAL                          0
389       LOGMINING                                      0
391       EXEMPT DML REDACTION POLICY                    0
392       EXEMPT DDL REDACTION POLICY                    0
393       SELECT ANY MEASURE FOLDER                      0
394       ALTER ANY MEASURE FOLDER                       0
395       SELECT ANY CUBE BUILD PROCESS                  0
396       ALTER ANY CUBE BUILD PROCESS                   0
397       READ ANY TABLE                                 0
308 rows selected.
```

이 가운데 테이블에 관계된 정보만을 출력시키면 다음과 같이 30개의 문장에 대한 감사가 가능하다.

```
OPTION#         NAME                              PROPERTY
-------         -----------------------------     --------
      8         TABLE                                    0
     10         CREATE TABLESPACE                        0
     11         ALTER TABLESPACE                         0
     12         MANAGE TABLESPACE                        0
     13         DROP TABLESPACE                          0
     14         TABLESPACE                               0
     15         UNLIMITED TABLESPACE                     0
     40         CREATE TABLE                             0
     41         CREATE ANY TABLE                         0
     42         ALTER ANY TABLE                          0
     43         BACKUP ANY TABLE                         0
     44         DROP ANY TABLE                           0
     45         LOCK ANY TABLE                           0
     46         COMMENT ANY TABLE                        0
     47         SELECT ANY TABLE                         0
     48         INSERT ANY TABLE                         0
     49         UPDATE ANY TABLE                         0
     50         DELETE ANY TABLE                         0
     56         REDEFINE ANY TABLE                       0
    213         UNDER ANY TABLE                          0
     54         ALTER TABLE                              0
     57         LOCK TABLE                               0
     58         COMMENT TABLE                            0
     65         SELECT TABLE                             0
     66         INSERT TABLE                             0
     67         UPDATE TABLE                             0
     68         DELETE TABLE                             0
     69         GRANT TABLE                              0
    243         FLASHBACK ANY TABLE                      0
    397         READ ANY TABLE                           0
30 rows selected.
```

이제 실행하려고 하는 SQL 문장의 감사 과정은 scott와 system 사용자가 임의의 SQL 문장을 실행함에 따라 발생하는 감사 정보를 얻으려고 하는 것이다.

```
================================================================
check_dba_stmt_audit_opts.sql
================================================================

col user_name format a8
```

```
col proxy_name format a6
col audit_option format a20
col privilege format a15
col success format a10
col failure format a10
select * from dba_stmt_audit_opts;
==================================================================
[oracle@ora12cvm01:orcl:scripts]$ sqlplus system/manager
SQL>  audit table by scott,system;
Audit succeeded.
SQL> @check_dba_stmt_audit_opts.sql
USER_NAM  PROXY_ AUDIT_OPTION     SUCCESS    FAILURE
--------  ---------------------- ---------- ----------
SCOTT     TABLE                  BY ACCESS  BY ACCESS
SYSTEM    TABLE                  BY ACCESS  BY ACCESS
```

이제 실제 SQL 문장에 관한 감사 정보를 얻기 위하여 다음의 작업을 수행한다.

Step1) scott 사용자로서 데이터베이스에 접속하여 Myemp 테이블로부터 empnp 컬럼 값이 "7934"인 로우의 제거를 시도한다.

```
SQL> connect scott/tiger
Connected.
SQL> delete from myemp where empno=7934;
1 row deleted.
SQL> commit;
Commit complete.
```

Step2) 이제는 system/manager로 접속하여 scott 스키마에 student 테이블에 새로운 값을 추가시키는 SQL 문장을 실행한다.

```
SQL> connect system/manager
Connected.
SQL> insert into scott.myemp values(7935,'CHOI',7889);
1 row created.
SQL> commit;
Commit complete.
```

Step3) Step2)까지의 감사 정보를 얻기 위하여 dba_audit_object 뷰를 확인한다.

```
SQL> @check_dba_audit_object.sql
Connected.

USERNAME     PRIV_USED                          SES_ACTIONS
------------ ------------------------------ -------------------
SCOTT                                       ---------S------
HR                                          ---------F------
SCOTT         CREATE TABLE
SCOTT         CREATE TABLE
SCOTT         CREATE TABLE
SYSTEM        CREATE TABLE
SYSTEM        CREATE ANY TABLE
SYSTEM        SELECT ANY TABLE              ---------S------
SYSTEM        SELECT ANY TABLE              ---------S------
9 rows selected.
```

dba_audit_trail 뷰를 통해서도 권한에 관한 감사 정보를 얻을 수가 있다.

```
SQL> @check_dba_audit_trail.sql
Connected.

ACTION  ACTION_NAME         USERNAME
------ ------------------ ----------
 103    SESSION REC         SCOTT
 103    SESSION REC         HR
   1    CREATE TABLE        SCOTT
   1    CREATE TABLE        SCOTT
   1    CREATE TABLE        SCOTT
   1    CREATE TABLE        SYSTEM
   1    CREATE TABLE        SYSTEM
 103    SESSION REC         SYSTEM
 103    SESSION REC         SYSTEM
9 rows selected.
```

FOLLOW ME! ❸

한권으로 끝내는

오라클 11g 부터 12c 완벽 바이블

2016년 9월 20일 초판 발행
2023년 4월 10일 3판 인쇄
2023년 4월 20일 3판 발행

펴낸이 | 김정철
펴낸곳 | 아티오
표 지 | 박효은
편 집 | 드림윅스
지은이 | 최원준, 양현수, 김보겸
전 화 | 031-983-4092
팩 스 | 031-696-5780
등 록 | 2013년 2월 22일
정 가 | 45,000원
홈페이지 | http://www.atio.co.kr

국립중앙도서관 출판예정도서목록(CIP)

한권으로 끝내는 오라클 11g부터 12c 완벽 바이블 / 지은이: 최원준. -- 김포 : 아티오, 2016
p. ; cm

ISBN 978-89-98955-83-0 13000 : ₩45000

오라클[Oracle]
관계형 데이터베이스[關係形--]

005.7533-KDC6
005.756-DDC23 CIP2016021051

※ 아티오는 Art Studio의 줄임말로 혼을 깃들인 예술적인 감각으로 도서를 만들어 독자에게 최상의 지식을 전달해 드리고자 하는 마음을 담고 있습니다.

▣ 소스 파일 제공

스크립트 파일은 아티오(www.atio.co.kr) 홈 페이지의 [자료실]에서 다운받으시면 됩니다.